Ami lecteur

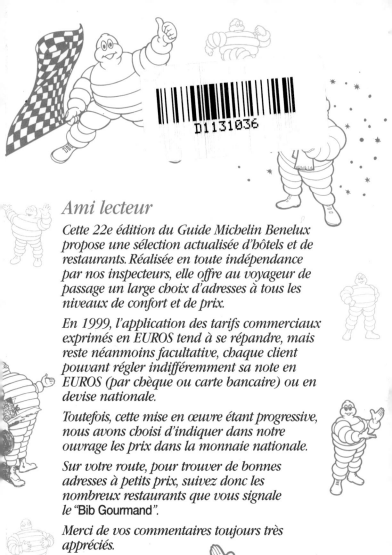

Cette 22e édition du Guide Michelin Benelux propose une sélection actualisée d'hôtels et de restaurants. Réalisée en toute indépendance par nos inspecteurs, elle offre au voyageur de passage un large choix d'adresses à tous les niveaux de confort et de prix.

En 1999, l'application des tarifs commerciaux exprimés en EUROS tend à se répandre, mais reste néanmoins facultative, chaque client pouvant régler indifféremment sa note en EUROS (par chèque ou carte bancaire) ou en devise nationale.

Toutefois, cette mise en œuvre étant progressive, nous avons choisi d'indiquer dans notre ouvrage les prix dans la monnaie nationale.

Sur votre route, pour trouver de bonnes adresses à petits prix, suivez donc les nombreux restaurants que vous signale le "Bib Gourmand"*.*

Merci de vos commentaires toujours très appréciés.

Bon voyage avec Michelin.

Sommaire

5 *Comment se servir du guide*

12 *Les cartes de voisinage*

51 *Les langues parlées au Benelux*

54 *La bière, les vins et les fromages*

62 *Les établissements à étoiles*

64 **"Bib Gourmand"** *(repas soignés à prix modérés)*

66 *Hôtels et restaurants particulièrement agréables*

69 *Belgique*

70 *Cartes des bonnes tables à étoiles (✿),*
des **"Bib Gourmand"** *(☺),*
des établissements agréables, isolés, très tranquilles

73 *Hôtels, restaurants, plans de ville, curiosités*

317 *Grand-Duché de Luxembourg*

345 *Pays-Bas*

548 *Principales Marques Automobiles*

553 *Jours fériés 1999*

554 *Indicatifs téléphoniques internationaux*

556 *Distances*

560 *Atlas des principales routes*

564 *Lexique*

Le choix d'un hôtel, d'un restaurant

Ce guide vous propose une sélection d'hôtels et restaurants établie à l'usage de l'automobiliste de passage. Les établissements, classés selon leur confort, sont cités par ordre de préférence dans chaque catégorie.

Catégories

⌂⌂⌂⌂⌂	XXXXX	*Grand luxe et tradition*
⌂⌂⌂⌂	XXXX	*Grand confort*
⌂⌂⌂	XXX	*Très confortable*
⌂⌂	XX	*De bon confort*
⌂	X	*Assez confortable*
M		*Dans sa catégorie, hôtel d'équipement moderne*
sans rest.		*L'hôtel n'a pas de restaurant*
	avec ch.	*Le restaurant possède des chambres*

Agrément et tranquillité

Certains établissements se distinguent dans le guide par les symboles rouges indiqués ci-après. Le séjour dans ces maisons se révèle particulièrement agréable ou reposant.
Cela peut tenir d'une part au caractère de l'édifice, au décor original, au site, à l'accueil et aux services qui sont proposés, d'autre part à la tranquillité des lieux.

⌂⌂⌂⌂⌂ à ⌂	*Hôtels agréables*
XXXXX à X	*Restaurants agréables*
« Parc fleuri »	*Élément particulièrement agréable*
🐦 (rouge)	*Hôtel très tranquille ou isolé et tranquille*
🐦	*Hôtel tranquille*
≼ mer	*Vue exceptionnelle*
≼	*Vue intéressante ou étendue.*

Les localités possédant des établissements agréables ou très tranquilles sont repérées sur les cartes placées au début de chaque pays traité dans ce guide.

Consultez-les pour la préparation de vos voyages et donnez-nous vos appréciations à votre retour, vous faciliterez ainsi nos enquêtes.

L'installation

Les chambres des hôtels que nous recommandons possèdent, en général, des installations sanitaires complètes. Il est toutefois possible que dans les catégories et , certaines chambres en soient dépourvues.

30 ch	*Nombre de chambres*
	Ascenseur
	Air conditionné
TV	*Télévision dans la chambre*
	Établissement en partie réservé aux non-fumeurs
	Téléphone dans la chambre, direct avec l'extérieur
	Chambres accessibles aux handicapés physiques
	Repas servis au jardin ou en terrasse
	Balnéothérapie, Cure thermale
	Salle de remise en forme
	Piscine : de plein air ou couverte
	Sauna – Jardin de repos
	Ponton d'amarrage
	Tennis à l'hôtel – Chevaux de selle
25 à 150	*Salles de conférences : capacité des salles*
	Garage dans l'hôtel (généralement payant)
P	*Parking (pouvant être payant)*
	Accès interdit aux chiens (dans tout ou partie de l'établissement)
Fax	*Transmission de documents par télécopie*
mai-oct.	*Période d'ouverture, communiquée par l'hôtelier En l'absence de mention, l'établissement est ouvert toute l'année.*
9411 KL	*Code postal de l'établissement (Grand-Duché de Luxembourg et Pays-Bas en particulier)*

La table

Les étoiles

Certains établissements méritent d'être signalés à votre attention pour la qualité de leur cuisine. Nous les distinguons par **les étoiles de bonne table***.*

Nous indiquons pour ces établissements, trois spécialités culinaires et, au Grand-Duché de Luxembourg des vins locaux, qui pourront orienter votre choix.

✿✿✿ **Une des meilleures tables, vaut le voyage**
On y mange toujours très bien, parfois merveilleusement. Grands vins, service impeccable, cadre élégant... Prix en conséquence.

✿✿ **Table excellente, mérite un détour**
Spécialités et vins de choix... Attendez-vous à une dépense en rapport.

✿ **Une très bonne table dans sa catégorie**
L'étoile marque une bonne étape sur votre itinéraire. Mais ne comparez pas l'étoile d'un établissement de luxe à prix élevés avec celle d'une petite maison où à prix raisonnables, on sert également une cuisine de qualité.

Le nom du chef de cuisine figure après la raison sociale lorsqu'il exploite personnellement l'établissement. Exemple : XX ✿ **Panorama** (Martin)...

Le "Bib Gourmand"

Repas soignés à prix modérés

Vous souhaitez parfois trouver des tables plus simples, à prix modérés ; c'est pourquoi nous avons sélectionné des restaurants proposant, pour un rapport qualité-prix particulièrement favorable, un repas soigné.

Ces maisons sont signalées par le "Bib Gourmand" *et* Repas.

Repas *: environ 1 100 francs belges, 60 florins ou 1 100 francs luxembourgeois.*

Consultez les cartes des étoiles de bonne table ✿✿✿, ✿✿, ✿ et des "Bib Gourmand" *placées au début de chaque pays et les listes signalées au sommaire.*

Voir aussi *page suivante.*

Les prix

Les prix que nous indiquons dans ce guide ont été établis à l'automne 1998 et s'appliquent à la **haute saison**. *Ils sont susceptibles de modifications, notamment en cas de variations des prix des biens et services. Ils s'entendent taxes et services compris. Aucune majoration ne doit figurer sur votre note, sauf éventuellement une taxe locale.*

Les hôtels et restaurants figurent en gros caractères lorsque les hôteliers nous ont donné tous leurs prix et se sont engagés, sous leur propre responsabilité, à les appliquer aux touristes de passage porteurs de notre guide.

Les week-ends et dans les grandes villes, certains hôtels pratiquent des prix avantageux, renseignez-vous lors de votre réservation.

Les exemples suivants sont donnés en francs belges.

Entrez à l'hôtel le Guide à la main, vous montrerez ainsi qu'il vous conduit là en confiance.

Repas

Établissement proposant un menu simple à moins de 850 *francs ou* 45 *florins.*

Repas *Lunch 700* — *Repas servi le midi et en semaine seulement.*

Menus à prix fixe :

Repas 750/2800 — *Minimum* 750 *et maximum* 2800 *des menus servis aux heures normales (12 h à 14 h 30 et 19 h à 21 h 30 en Belgique – 12 h à 14 h et 17 h à 21 h aux Pays-Bas).*
Certains menus ne sont servis que pour 2 couverts minimum ou par table entière.

bc — *Boisson comprise (vin)*

Repas à la carte :

Repas carte 1200 à 3000 — *Le premier prix correspond à un repas normal comprenant : entrée, plat garni et dessert.*
Le 2e prix concerne un repas plus complet (avec spécialité) comprenant : deux plats et dessert.

Chambres

☕ 150	*Prix du petit déjeuner (supplément éventuel si servi en chambre).*
ch 1500/2500	*Prix minimum* (1500) *pour une chambre d'une personne prix maximum* (2500) *pour une chambre de deux personnes.*
suites	*Se renseigner auprès de l'hôtelier.*
29 ch ☕ 1700/2900	*Prix des chambres petit déjeuner compris.*

Demi-pension

½ P 1600/1800	*Prix minimum et maximum de la demi-pension (chambre, petit déjeuner et l'un des deux repas) par personne et par jour, en saison. Il est indispensable de s'entendre par avance avec l'hôtelier pour conclure un arrangement définitif.*

Les arrhes

Certains hôteliers demandent le versement d'arrhes. Il s'agit d'un dépôt-garantie qui engage l'hôtelier comme le client. Bien faire préciser les dispositions de cette garantie.

Cartes de crédit

AE ⓓ E (MC) VISA JCB	*Cartes de crédit acceptées par l'établissement : American Express – Diners Club – Eurocard (MasterCard) – Visa – Japan Credit Bureau*

Les villes

1000	*Numéro postal à indiquer dans l'adresse avant le nom de la localité*
✉ *4900 Spa*	*Bureau de poste desservant la localité*
P	*Capitale de Province*
C *Herve*	*Siège administratif communal*
210 *T 3* **909** ⑤	*Numéro de la Carte Michelin et carroyage ou numéro du pli*
	En 1999, les cartes **212** *à* **214** *seront remplacées par 2 nouvelles publications*
G. Belgique-Lux.	*Voir le guide vert Michelin Belgique-Luxembourg*
4 283 h	*Population (d'après chiffres du dernier recensement officiel publié)*
BX **A**	*Lettres repérant un emplacement sur le plan*
⛳18	*Golf et nombre de trous*
✻, ←	*Panorama, point de vue*
✈	*Aéroport*
🚗 ℘ *425214*	*Localité desservie par train-auto Renseignements au numéro de téléphone indiqué*
⛴	*Transports maritimes*
🚤	*Transports maritimes pour passagers seulement*
ℹ	*Information touristique*

Les curiosités

Intérêt

★★★	*Vaut le voyage*
★★	*Mérite un détour*
★	*Intéressant*

Situation

Voir	*Dans la ville*
Env	*Aux environs de la ville*
N, S, E, O	*La curiosité est située : au Nord, au Sud, à l'Est, à l'Ouest*
②, ④	*On s'y rend par la sortie ② ou ④ repérée par le même signe sur le plan du Guide et sur la carte*
2 km	*Distance en kilomètres*

La voiture, les pneus

Pour vos pneus, consultez les pages bordées de bleu ou adressez-vous à l'une de nos Agences Régionales. En fin de guide figure une liste des principales marques automobiles pouvant éventuellement vous aider en cas de panne.
Vous pouvez également consulter utilement les principaux automobiles clubs du Benelux :

Belgique

Royal Automobile Club de Belgique (RACB),
FIA, rue d'Arlon 53 – Bte 3,
1040 Bruxelles
✆ (02) 287 09 00

Royal Motor Union
boulevard d'Avroy 254 – Bte 1,
4000 Liège
✆ (04) 252 70 30

Touring Club Royal de Belgique (TCB)
AIT, rue de la Loi 44, 1040 Bruxelles
✆ (02) 233 22 11

Vlaamse Automobilistenbond (VTB-VAB)
Sint-Jakobsmarkt 45, 2000 Antwerpen
✆ (03) 253 63 63

Luxembourg

Automobile Club du Grand Duché de Luxembourg (ACL)
FIA & AIT, route de Longwy 54,
8007 Bertrange
✆ 45 00 45 1

Pays-Bas

Koninklijke Nederlandse Automobiel Club (KNAC)
FIA, Wassenaarseweg 220,
2596 EC Den Haag
✆ (070) 383 16 12

Koninklijke Nederlandse Toeristenbond (ANWB)
AIT, Wassenaarseweg 220,
2596 EC Den Haag
✆ (070) 314 71 47

Vitesse : Limites autorisées (en km/h)

	Autoroute	*Route*	*Agglomération*
Belgique	120	90	50
GD Luxembourg	120	90	50
Pays-Bas	100/120	80	50

Les cartes de voisinage

Avez-vous pensé à les consulter ?

Vous souhaitez trouver une bonne adresse, par exemple, aux environs de Arnhem ?

Consultez la carte qui accompagne le plan de la ville.

La « carte de voisinage » (ci-contre) attire votre attention sur toutes les localités citées au Guide autour de la ville choisie, et particulièrement celles situées dans un rayon de 30 km (limite de couleur).

Les « cartes de voisinage » vous permettent ainsi le repérage rapide de toutes les ressources proposées par le Guide autour des métropoles régionales.

Nota :

Lorsqu'une localité est présente sur une « carte de voisinage », sa métropole de rattachement est imprimée en BLEU sur la ligne des distances de ville à ville.

Vous trouverez EDE sur la carte de voisinage de ARNHEM.

Exemple :

EDE *Gelderland* **908** *I 5 – 98 220 h.*
Env. *Parc National de la Haute Veluwe★★★*
Amsterdam 81 – Arnhem 19 – Apeldoorn 32 – Utrecht 43.

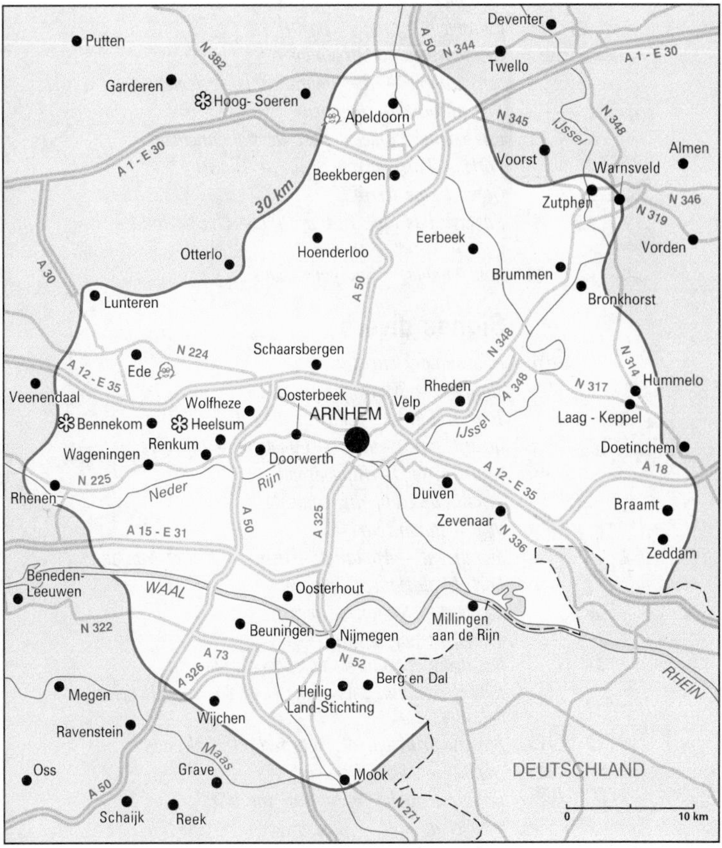

Toutes les « Cartes de voisinage » sont localisées sur l'Atlas en fin de Guide.

Les plans

Hôtels
Restaurants

Curiosités

Bâtiment intéressant et entrée principale
Édifice religieux intéressant :
Cathédrale, église ou chapelle

Voirie

Autoroute, route à chaussées séparées
échangeur : complet, partiel
Grande voie de circulation
Sens unique – Rue impraticable, réglementée
Rue piétonne – Tramway
Pasteur *Rue commerçante – Parc de stationnement*
Porte – Passage sous voûte – Tunnel
Gare et voie ferrée
Passage bas (inf. à 4 m 20) – Charge limitée (inf. à 15 t.)
Pont mobile – Bac pour autos

Signes divers

Information touristique
Mosquée – Synagogue
Tour – Ruines – Moulin à vent – Château d'eau
Jardin, parc – Bois – Cimetière – Calvaire
Stade – Golf – Hippodrome
Piscine de plein air, couverte
Vue – Panorama
Monument – Fontaine – Usine – Centre commercial
Port de plaisance – Phare
Aéroport – Station de métro
Transport par bateau :
passagers et voitures, passagers seulement
Repère commun aux plans et aux cartes Michelin détaillées
Bureau principal de poste restante, Téléphone
Hôpital – Marché couvert
Bâtiment public repéré par une lettre :
H P *- Hôtel de ville – Gouvernement Provincial*
J *- Palais de justice*
M T *- Musée – Théâtre*
U *- Université, grande école*
POL. G *- Police (commissariat central) – Gendarmerie*

Beste lezer

Dit is de 22ste editie van de Michelingids Benelux. Hij biedt in zijn huidige vorm een bijgewerkte selectie van hotels en restaurants. De gids werd op geheel onafhankelijke manier gemaakt door onze inspecteurs. Hij biedt de reiziger op doorreis een uitgebreide keuze aan adressen in alle categorieën van comfort en prijs.

In 1999 zullen prijzen steeds vaker worden vermeld in EURO. Toch blijft de keuze van betaling vrij; ofwel betaalt men in EURO (met cheque, bankpas of bankkaart), ofwel in de nationale munt. Voorlopig vermelden wij de prijzen nog steeds in de nationale munteenheid.

Leuke adresjes werden uitgezocht, waar jullie tegen een schappelijke prijs kunnen eten. Volg gewoon het "Bib Gourmand"*-hoofdje !*

Alvast hartelijk dank voor uw waardevolle op- en aanmerkingen.

Michelin wenst u een goede reis !

Inhoud

17 *Het gebruik van deze gids*

24 *Omgevingskaarten*

52 *De talen in de Benelux*

54 *Bier, wijn en kaas*

62 *De sterrenrestaurants*

64 "Bib Gourmand" *: Verzorgde maaltijden voor een schappelijke prijs*

66 *Aangename hotels en restaurants*

69 *België*

70 *Kaart waarop de sterrenrestaurants (✿),* "Bib Gourmand" *en de aangename, afgelegen en zeer rustige bedrijven zijn aangegeven*

73 *Hotels, restaurants, stadsplattegronden, bezienswaardigheden*

317 *Groothertogdom Luxemburg*

345 *Nederland*

548 *Belangrijkste Auto-Importeurs*

553 *Feestdagen in 1999*

554 *Internationale landnummers*

556 *Afstanden*

560 *Kaarten met de belangrijkste wegen*

564 *Woordenlijst*

Keuze van een hotel, van een restaurant

De selectie van hotels en restaurants in deze gids is bestemd voor de automobilist op doorreis. In de verschillende categorieën, die overeenkomen met het geboden comfort, worden de bedrijven in volgorde van voorkeur opgegeven.

Categorieën

⌂⌂⌂⌂⌂	XXXXX	*Zeer luxueus, traditioneel*
⌂⌂⌂⌂	XXXX	*Eerste klas*
⌂⌂⌂	XXX	*Zeer comfortabel*
⌂⌂	XX	*Geriefelijk*
⌂	X	*Vrij geriefelijk*
M		*Moderne inrichting*
sans rest.		*Hotel zonder restaurant*
	avec ch.	*Restaurant met kamers*

Aangenaam en rustig verblijf

Bepaalde bedrijven worden in de gids aangeduid met de onderstaande rode tekens. Een verblijf in die bedrijven is bijzonder aangenaam of rustig. Dit kan enerzijds te danken zijn aan het gebouw, aan de originele inrichting, aan de ligging, aan de ontvangst en aan de diensten die geboden worden, anderzijds aan het feit dat het er bijzonder rustig is.

⌂⌂⌂⌂⌂ tot ⌂	*Aangename hotels*
XXXXX tot X	*Aangename restaurants*
« Parc fleuri »	*Bijzonder aangenaam gegeven*
🐎	*Zeer rustig of afgelegen en rustig hotel*
🐎	*Rustig hotel*
⋞ mer	*Prachtig uitzicht*
⋞	*Interessant of weids uitzicht*

Voorin elk gedeelte van de gids dat aan een bepaald land gewijd is, staat een kaart met de plaatsen met aangename of zeer rustige bedrijven. Raadpleeg deze kaarten bij het voorbereiden van uw reis en laat ons bij thuiskomst weten wat uw ervaringen zijn. Op die manier kunt u ons behulpzaam zijn.

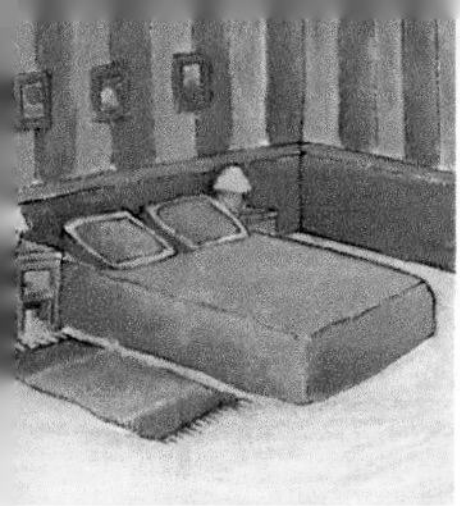

Inrichting

De hotelkamers die wij aanbevelen, beschikken in het algemeen over een volledige sanitaire voorziening. Het kan echter voorkomen dat deze bij sommige kamers in de hotelcategorieën en ontbreekt.

30 ch	*Aantal kamers*
	Lift
	Airconditioning
TV	*Televisie op de kamer*
	Bedrijf dat gedeeltelijk gereserveerd is voor niet-rokers
	Telefoon op de kamer met rechtstreekse buitenlijn
	Kamers toegankelijk voor lichamelijk gehandicapten
	Maaltijden worden geserveerd in tuin of op terras
	Balneotherapie, Thalassotherapie, Badkuur
	Fitness
	Zwembad : openlucht of overdekt
	Sauna – Tuin
	Aanlegplaats
	Tennis bij het hotel – Rijpaarden
25 à 150	*Vergaderzalen : aantal plaatsen*
	Garage bij het hotel (meestal tegen betaling)
P	*Parkeerplaats (eventueel tegen betaling)*
	Honden worden niet toegelaten (in het hele bedrijf of in een gedeelte daarvan)
Fax	*Telefonische doorgave van documenten*
mai-oct.	*Openingsperiode ; door de hotelhouder opgegeven Het ontbreken van deze vermelding betekent, dat het bedrijf het gehele jaar geopend is*
9411 KL	*Postcode van het bedrijf (in het bijzonder voor Groothertogdom Luxemburg en Nederland)*

Keuken

Sterren

Bepaalde bedrijven verdienen extra aandacht vanwege de kwaliteit van hun keuken. Wij geven ze aan met één of meer sterren.

Bij deze bedrijven vermelden wij meestal drie culinaire specialiteiten en voor Luxemburg lokale wijnen. Wij adviseren u daaruit een keuze te maken, zowel voor uw eigen genoegen als ter aanmoediging van de kok.

✿✿✿ **Uitzonderlijke keuken : de reis waard**

Het eten is altijd zeer lekker, soms buitengewoon, beroemde wijnen, onberispelijke bediening, stijlvol interieur... Overeenkomstige prijzen.

✿✿ **Verfijnde keuken : een omweg waard**

Bijzondere specialiteiten en wijnen... Verwacht geen lage prijzen.

✿ **Een uitstekende keuken in zijn categorie**

De ster wijst op een goed rustpunt op uw route. Maar vergelijk niet de ster van een luxueus bedrijf met hoge prijzen met die van een klein restaurant dat ook een verzorgde keuken biedt tegen redelijke prijzen.

De naam van de chef-kok staat vermeld achter de naam van het bedrijf als hij zelf het etablissement uitbaat.
Voorbeeld : XX ✿ **Panorama** (Martin)...

De "Bib Gourmand"

Verzorgde maaltijden voor een schappelijke prijs

Soms wenst u iets eenvoudiger te eten, voor een schappelijke prijs. Om die reden hebben wij eetgelegenheden geselecteerd die bij een zeer gunstige prijs-kwaliteit verhouding, een goede maaltijd serveren.
Deze bedrijven worden aangeduid met de "Bib Gourmand" Repas.
Repas *: ongeveer 1 100 Belgische franken, 60 gulden of 1 100 Luxemburgse franken.*

Raadpleeg de kaarten van de sterren ✿✿✿, ✿✿, ✿ en van de "Bib Gourmand" *voorin elk gedeelte van deze gids dat aan een bepaald land gewijd is en de lijsten vermeld in de inhoud.*
Zie ook op de volgende pagina.

Prijzen

De prijzen in deze gids werden in het najaar 1998 genoteerd en zijn geldig tijdens **het hoogseizoen**. *Zij kunnen gewijzigd worden,*
met name als de prijzen van goederen en diensten veranderen. In de vermelde bedragen is alles inbegrepen (bediening en belasting).
Op uw rekening behoort geen ander bedrag te staan, behalve eventueel een plaatselijke belasting.
De naam van een hotel of restaurant is dik gedrukt als de hotelhouder ons al zijn prijzen heeft opgegeven en zich voor eigen verantwoording heeft verplicht deze te berekenen aan toeristen die onze gids bezitten.
Talrijke hotels hebben tijdens het weekend voordelige prijzen (grote steden). Informeer U.
Onderstaande voorbeelden zijn in Belgische franken gegeven.
Als u met de gids in de hand een hotel of restaurant binnen gaat, laat u zien dat wij u dat bedrijf hebben aanbevolen.

Maaltijden

Bedrijf dat een eenvoudig menu serveert van minder dan 850 *Belgische franken of* 45 *gulden.*

Repas *Lunch 700* — *Deze maaltijd wordt enkel 's middags geserveerd en meestal alleen op werkdagen.*

Vaste prijzen voor menu's :

Repas 750/2800 — *laagste* (750) *en hoogste* (2800) *prijs van menu's die op normale uren geserveerd worden (12-14.30 u. en 19-21.30 u. in België – 12-14 u. en 17-21 u. in Nederland).*
Sommige menu's worden alleen geserveerd voor minimum 2 personen of per tafel.

bc — *Drank inbegrepen (wijn)*

Maaltijden « à la carte » :

Repas carte 1200 à 3000 — *De eerste prijs betreft een normale maaltijd, bestaande uit een voorgerecht, een hoofdgerecht en een dessert.*
De tweede prijs betreft een meer uitgebreide maaltijd (met een specialiteit) bestaande uit : twee gerechten, en een dessert.

Kamers

☕ 150	*Prijs van het ontbijt (mogelijk wordt een extra bedrag gevraagd voor ontbijt op de kamer).*
ch 1500/2500	*Laagste prijs* (1500) *voor een eenpersoonskamer en hoogste prijs* (2500) *voor een tweepersoonskamer.*
suites	*Zich wenden tot de hotelhouder*
29 **ch** ☕ 1700/2900	*Prijzen van de kamers met ontbijt.*

Half pension

½ P 1600/1800	*Laagste en hoogste prijs voor half pension (kamer, ontbijt en één van de twee maaltijden), per persoon en per dag, in het hoogseizoen. Het is raadzaam om van tevoren met de hotelhouder te overleggen en een goede afspraak te maken.*

Aanbetaling

Sommige hotelhouders vragen een aanbetaling. Dit bedrag is een garantie, zowel voor de hotelhouder als voor de gast. Het is wenselijk te informeren naar de bepalingen van deze garantie.

Creditcards

AE (D) E (MC) VISA JCB	*Creditcards die door het bedrijf geaccepteerd worden : American Express – Diners Club – Eurocard (MasterCard) – Visa – Japan Credit Bureau*

Steden

1000	*Postcodenummer, steeds te vermelden in het adres voor de plaatsnaam*
✉ 4900 Spa	*Postkantoor voor deze plaats*
P	*Hoofdstad van de provincie*
C Herve	*Gemeentelijke administratieve zetel*
210 T 3 909 ⑤	*Nummer van de Michelinkaart en graadnet of nummer van het vouwblad*
	In 1999 worden de kaarten met nrs. 212, 213 *en* 214 *vervangen door 2 nieuwe publicaties*
G. Belgique-Lux.	*Zie de groene Michelingids België-Luxemburg*
4 283 h	*Totaal aantal inwoners (volgens de laatst gepubliceerde, officiële telling)*
BX **A**	*Letters die de ligging op de plattegrond aangeven*
⛳18	*Golf en aantal holes*
※, ⋞	*Panorama, uitzicht*
✈	*Vliegveld*
🚗 ☎ 425214	*Plaats waar de autoslaaptrein stopt. Inlichtingen bij het aangegeven telefoonnummer.*
⛴	*Bootverbinding*
🚤	*Bootverbinding (uitsluitend passagiers)*
ℹ	*Informatie voor toeristen - VVV*

Bezienswaardigheden

Classificatie

★★★	*De reis waard*
★★	*Een omweg waard*
★	*Interessant*

Ligging

Voir	*In de stad*
Env.	*In de omgeving van de stad*
N, S, E, O	*De bezienswaardigheid ligt : ten noorden (N), ten zuiden (S), ten oosten (E), ten westen (O)*
②, ④	*Men komt er via uitvalsweg ② of ④, die met hetzelfde teken is aangegeven op de plattegrond in de gids en op de kaart*
2 km	*Afstand in kilometers*

Auto en banden

Raadpleeg voor uw banden de bladzijden met blauwe rand of wendt u tot één van de Michelin-filialen.

Achter in deze gids vindt u een lijst met de belangrijkste auto-importeurs die u van dienst zouden kunnen zijn.

U kunt ook de hulp inroepen van een automobielclub in de Benelux :

België

Vlaamse Automobilistenbond (VTB-VAB)
Sint-Jakobsmarkt 45, 2000 Antwerpen
☏ (03) 253 63 63

Koninklijke Automobiel Club van België (KACB)
FIA, Aarlenstraat 53 – Bus 3, 1040 Brussel
☏ (02) 287 09 00

Royal Motor Union
boulevard d'Avroy 254 – Bte 1, 4000 Liège
☏ (04) 252 70 30

Touring Club van België (TCB)
AIT, Wetstraat 44, 1040 Brussel
☏ (02) 233 22 11

Luxemburg

Automobile Club du Grand Duché de Luxembourg (ACL)
FIA & AIT, route de Longwy 54, 8007 Bertrange
☏ 45 00 45 1

Nederland

Koninklijke Nederlandse Automobiel Club (KNAC)
FIA, Wassenaarseweg 220, 2596 EC Den Haag
☏ (070) 383 16 12

Koninklijke Nederlandse Toeristenbond (ANWB)
AIT, Wassenaarseweg 220, 2596 EC Den Haag
☏ (070) 314 71 47

Maximumsnelheden (km/u)

	Autosnelwegen	Wegen	Bebouwde kom
België	120	90	50
Luxemburg	120	90	50
Nederland	100/120	80	50

Omgevingskaarten

Sla ze erop na!

Bent u op zoek naar een hotel of een restaurant in de buurt van bijvoorbeeld Arnhem ?

Gebruik dan de kaart die bij de stadsplattegrond hoort.

Deze kaart (zie hiernaast) geeft de in de Gids vermelde plaatsen aan die zich in de buurt van de geselecteerde stad bevinden.
De plaatsen die binnen een straal van 30 km liggen, bevinden zich binnen de blauwe lijn.

Aan de hand van deze kaarten kan men dadelijk de in de Gids geselecteerde bedrijven in de buurt van de verschillende regionale hoofdplaatsen terugvinden.

N.B. :

Wordt een gemeente of dorp op een kaart van de omgeving in de buurt van een stad aangegeven, dan wordt deze stad in het blauw vermeld.

Voorbeeld :

EDE staat vermeld op de kaart van de omgeving van ARNHEM.

EDE *Gelderland* **908** *I 5 – 98 220 h.*
Env. *Parc National de la Haute Veluwe★★★*
Amsterdam 81 – Arnhem 19 – Apeldoorn 32 – Utrecht 43.

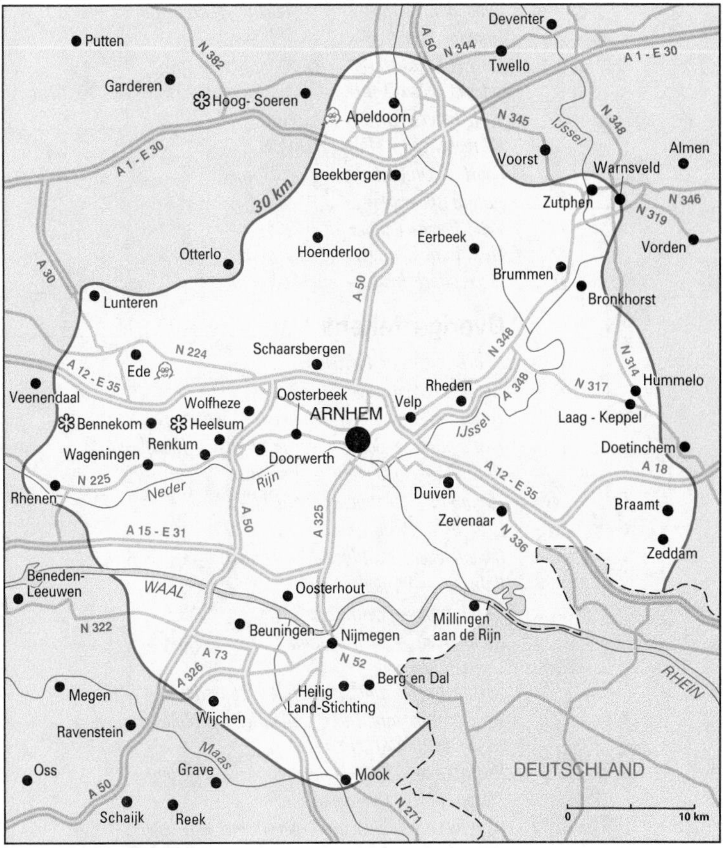

Alle Kaarten van de omgeving in de buurt van grote steden worden achter in de Atlas vermeld.

Plattegronden

□ ● Hotels
■ ● Restaurants

Bezienswaardigheden

Interessant gebouw met hoofdingang
Interessant kerkelijk gebouw :
Kathedraal, kerk of kapel

Wegen

Autosnelweg, weg met gescheiden rijbanen
4 **4** *knooppunt/aansluiting : volledig, gedeeltelijk*
Hoofdverkeersweg
← ◄ ɪ═════ɪ *Eenrichtingsverkeer – Onbegaanbare straat,*
beperkt toegankelijk
Voetgangersgebied – Tramlijn
Pasteur **P** *Winkelstraat – Parkeerplaats*
Poort – Onderdoorgang – Tunnel
Station spoorweg
⟨4ᵐ20⟩ ⑮ *Vrije hoogte (onder 4 m 20) –*
Maximum draagvermogen (onder 15 t.)
△ **B** *Beweegbare brug – Auto-veerpont*

Overige tekens

🚩 *Informatie voor toeristen*
☪ ✡ *Moskee – Synagoge*
● ○ ∴ 🐦 Ⓡ *Toren – Ruïne – Windmolen – Watertoren*
🌳 ‡ ‡ ✝ *Tuin, park – Bos – Begraafplaats – Kruisbeeld*
○ 🏇 *Stadion – Golfterrein – Renbaan*
≋ ≋ *Zwembad : openlucht, overdekt*
⤙ 🌲 *Uitzicht – Panorama*
■ ◉ *Gedenkteken, standbeeld – Fontein*
✿ 🛒 *Fabriek – Winkelcentrum*
⚓ 🗼 *Jachthaven – Vuurtoren*
✈ ⊛ *Luchthaven – Metrostation*
Vervoer per boot :
⛴ ⇌ *passagiers en auto's, uitsluitend passagiers*
③ *Verwijsteken uitvalsweg : identiek op plattegronden*
en Michelinkaarten
🖼 ☏ ℡ ✆ *Hoofdkantoor voor poste-restante – Telefoon*
✚ ⊠ *Ziekenhuis – Overdekte markt*
▨ ▢ *Openbaar gebouw, aangegeven met een letter :*
H P *- Stadhuis – Provinciehuis*
J *- Gerechtshof*
M T *- Museum – Schouwburg*
U *- Universiteit, hogeschool*
POL. *- Politie (in grote steden, hoofdbureau) –*
G *- Marechaussee/rijkswacht*

Lieber Leser

Die vorliegende 22. Ausgabe des Roten Michelin-Führers Benelux bringt eine aktuelle Auswahl an Hotels und Restaurants. Sie wurde von unseren Inspektoren in völliger Unabhängigkeit erstellt und bietet dem Reisenden eine breit gefächerte Auswahl von Adressen in allen Komfort- und Preisklassen.

1999 gehen immer mehr Geschäfte dazu über, ihre Preise in EURO anzugeben, wenn dies auch noch nicht verbindlich vorgeschrieben ist und es dem Kunden freigestellt bleibt, ob er seine Rechnung in EURO (bei bargeldloser Zahlung) oder in der Landeswährung begleichen will.
Da sich diese Umstellung aber nach und nach vollzieht, haben wir uns entschieden, in der vorliegenden Ausgabe die Preise noch in der Landeswährung anzugeben.

Wenn Sie unterwegs gut und preiswert essen möchten, folgen Sie dem **"Bib Gourmand"**, *der Ihnen den Weg zu zahlreichen Restaurants mit besonders günstigem Preis-/Leistungsverhältnis weist.*

Vielen Dank für Ihre Anregungen und Hinweise, die uns stets willkommen sind.

Gute Reise mit Michelin

Inhaltsverzeichnis

29 *Zum Gebrauch dieses Führers*

36 *Umgebungskarten*

52 *Die Sprachen im Benelux*

55 *Biere, Weine und Käse*

62 *Die Stern-Restaurants*

64 "Bib Gourmand" *: Sorgfältig zubereitete, preiswerte Mahlzeiten*

66 *Angenehme Hotels und Restaurants*

69 *Belgien*

70 *Karte : Stern-Restaurants (✿),* "Bib Gourmand" *(☺), angenehme, sehr ruhige, abgelegene Häusern*

73 *Hotels, Restaurants, Stadtpläne, Sehenswürdigkeiten*

317 *Großherzogtum Luxemburg*

345 *Niederlande*

548 *Wichtigsten Automarken*

553 *Feiertage im Jahr 1999*

554 *Internationale Telefon-Vorwahlnummern*

556 *Entfernungen*

560 *Atlas der Hauptverkehrsstraßen*

564 *Lexikon*

Wahl eines Hotels, eines Restaurants

Die Auswahl der in diesem Führer aufgeführten Hotels und Restaurants ist für Durchreisende gedacht. In jeder Kategorie drückt die Reihenfolge der Betriebe (sie sind nach ihrem Komfort klassifiziert) eine weitere Rangordnung aus.

Kategorien

	XXXXX	*Großer Luxus und Tradition*
	XXXX	*Großer Komfort*
	XXX	*Sehr komfortabel*
	XX	*Mit gutem Komfort*
	X	*Mit Standard Komfort*
M		*Moderne Einrichtung*
sans rest.		*Hotel ohne Restaurant*
	avec ch.	*Restaurant vermietet auch Zimmer*

Annehmlichkeiten

Manche Häuser sind im Führer durch rote Symbole gekennzeichnet (s. unten.) Der Aufenthalt in diesen ist wegen der schönen, ruhigen Lage, der nicht alltäglichen Einrichtung und Atmosphäre sowie dem gebotenen Service besonders angenehm und erholsam.

bis	*Angenehme Hotels*
XXXXX bis X	*Angenehme Restaurants*
« Parc fleuri »	*Besondere Annehmlichkeit*
	Sehr ruhiges, oder abgelegenes und ruhiges Hotel
	Ruhiges Hotel
< mer	*Reizvolle Aussicht*
<	*Interessante oder weite Sicht*

Die den einzelnen Ländern vorangestellten Übersichtskarten, auf denen die Orte mit besonders angenehmen oder sehr ruhigen Häusern eingezeichnet sind, helfen Ihnen bei der Reisevorbereitung. Teilen Sie uns bitte nach der Reise Ihre Erfahrungen und Meinungen mit. Sie helfen uns damit, den Führer weiter zu verbessern.

Einrichtung

Die meisten der empfohlenen Hotels verfügen über Zimmer, die alle oder doch zum größten Teil mit Bad oder Dusche ausgestattet sind.
In den Häusern der Kategorien und kann diese jedoch in einigen Zimmern fehlen.

30 ch	*Anzahl der Zimmer*
	Fahrstuhl
	Klimaanlage
TV	*Fernsehen im Zimmer*
	Haus teilweise reserviert für Nichtraucher
	Zimmertelefon mit direkter Außenverbindung
	Für Körperbehinderte leicht zugängliche Zimmer
	Garten-, Terrassenrestaurant
	Badeabteilung, Thermalkur
	Fitneßraum
	Freibad – Hallenbad
	Sauna – Liegewiese, Garten
	Bootssteg
	Hoteleigener Tennisplatz – Reitpferde
25 à 150	*Konferenzräume (Mindest- und Höchstkapazität)*
	Hotelgarage (wird gewöhnlich berechnet)
P	*Parkplatz (manchmal gebührenpflichtig)*
	Hunde sind unerwünscht (im ganzen Haus bzw. in den Zimmern oder im Restaurant)
Fax	*Telefonische Dokumentenübermittlung*
mai-oct.	*Öffnungszeit, vom Hotelier mitgeteilt Häuser ohne Angabe von Schließungszeiten sind ganzjährig geöffnet*
9411 KL	*Angabe des Postbezirks (bes. Niederlande und Großherzogtum Luxemburg)*

Küche

Die Sterne

Einige Häuser verdienen wegen ihrer überdurchschnittlich guten Küche Ihre besondere Beachtung. Auf diese Häuser weisen die Sterne hin.

*Bei den mit « **Stern** » ausgezeichneten Betrieben nennen wir drei kulinarische Spezialitäten (mit Landweinen in Luxemburg), die Sie probieren sollten.*

✿✿✿ **Eine der besten Küchen : eine Reise wert**

Man ißt hier immer sehr gut, öfters auch exzellent, edle Weine, tadelloser Service, gepflegte Atmosphäre... entsprechende Preise.

✿✿ **Eine hervorragende Küche : verdient einen Umweg**

Ausgesuchte Menus und Weine... angemessene Preise.

✿ **Eine sehr gute Küche : verdient Ihre besondere Beachtung**

Der Stern bedeutet eine angenehme Unterbrechung Ihrer Reise.
Vergleichen Sie aber bitte nicht den Stern eines sehr teuren Luxusrestaurants mit dem Stern eines kleineren oder mittleren Hauses, wo man Ihnen zu einem annehmbaren Preis eine ebenfalls vorzügliche Mahlzeit reicht.

Wenn ein Hotel oder Restaurant vom Küchenchef selbst geführt wird, ist sein Name (in Klammern) erwähnt.
Beispiel : ✕✕ ✿ **Panorama** (Martin)...

☺ Der "Bib Gourmand"

Sorgfältig zubereitete, preiswerte Mahlzeiten

Für Sie wird es interessant sein, auch solche Häuser kennenzulernen, die eine etwas einfachere Küche zu einem besonders günstigen Preis/Leistungs-Verhältnis bieten.
Im Text sind die betreffenden Restaurants durch das rote Symbol ☺ "Bib Gourmand" *und* Repas *vor dem Menupreis kenntlich gemacht.*
Repas *: ungefähr 1 100 belgische Franc, 60 Gulden oder 1 100 luxemburgische Franc.*

Benützen Sie die Übersichtskarten für die Häuser mit ✿✿✿, ✿✿, ✿ *und* "Bib Gourmand" ☺. *Sie befinden sich am Anfang des jeweiligen Landes. Eine zusammenfassende Liste aller Länder finden Sie in der Einleitung.*

Siehe auch ∞ *nächste Seite.*

Preise

*Die in diesem Führer genannten Preise wurden uns im Herbst 1998 angegeben, es sind **Hochsaisonpreise**. Sie können sich mit den Preisen von Waren und Dienstleistungen ändern. Sie enthalten Bedienung und MWSt.*
Es sind Inklusivpreise, die sich nur noch durch eine evtl. zu zahlende lokale Taxe erhöhen können.
Zahlreiche Hotels im großen Städten bieten sehr günstige Wochenendtarife.
Die Namen der Hotels und Restaurants, die ihre Preise genannt haben, sind fettgedruckt.
Gleichzeitig haben sich diese Häuser verpflichtet, die von den Hoteliers selbst angegebenen Preise den Benutzern des Michelin-Führers zu berechnen.
Die folgenden Beispiele sind in belgischen Francs angegeben.
Halten Sie beim Betreten des Hotels den Führer in der Hand. Sie zeigen damit, daß Sie aufgrund dieser Empfehlung gekommen sind.

Mahlzeiten

☺	*Restaurant, das ein einfaches Menu unter* 850 *belgischen Francs oder* 45 *Gulden anbietet.*
Repas *Lunch 700*	*Menu im allgemeine nur Werktags mittags serviert.*

Feste Menupreise :

Repas 750/2800	*Mindest-* 750 *und Höchstpreis* 2800 *für die Menus (Gedecke), die zu den normalen Tischzeiten serviert werden (12-14.30 Uhr und 19-21.30 Uhr in Belgien, 12-14 Uhr und 17-21 Uhr in den Niederlanden). Einige Menus werden nur tischweise oder für mindestens 2 Personen serviert.*
bc	*Getränke inbegriffen (Wein)*

Mahlzeiten « à la carte » :

Repas carte 1200 à 3000	*Der erste Preis entspricht einer einfachen Mahlzeit und umfaßt Vorspeise, Tagesgericht mit Beilage, Dessert. Der zweite Preis entspricht einer reichlicheren Mahlzeit (mit Spezialität) bestehend aus: zwei Hauptgängen, Dessert.*

Zimmer

☕ 150	*Preis des Frühstücks (wenn es im Zimmer serviert wird kann ein Zuschlag erhoben werden).*
ch 1500/2500	*Mindestpreis* (1500) *für ein Einzelzimmer, Höchstpreis* (2500) *für ein Doppelzimmer.*
suites	*Auf Anfrage*
29 ch ☕ 1700/2900	*Zimmerpreis inkl. Frühstück.*

Halbpension

½ P 1600/1800	*Mindestpreis und Höchstpreis für Halbpension (Zimmer, Frühstück und 1 Hauptmahlzeit) pro Person und Tag während der Hauptsaison. Es ist ratsam, sich beim Hotelier vor der Anreise nach den genauen Bedingungen zu erkundigen.*

Anzahlung

Einige Hoteliers verlangen eine Anzahlung. Diese ist als Garantie sowohl für den Hotelier als auch für den Gast anzusehen. Es ist ratsam, sich beim Hotelier nach den genauen Bestimmungen zu enkundigen.

Kreditkarten

AE ⓓ E (MC) VISA JCB	*Vom Haus akzeptierte Kreditkarten : American Express – Diners Club – Eurocard (MasterCard) – Visa – Japan Credit Bureau*

Städte

1000	*Postleitzahl, bei der Anschrift vor dem Ortsnamen anzugeben*
✉ 4900 Spa	*Postleitzahl und zuständiges Postamt*
[P]	*Provinzhauptstadt*
[C] Herve	*Sitz der Kreisverwaltung*
210 T 3 909 ⑤	*Nummer der Michelin-Karte mit Koordinaten bzw. Faltseite*
	Die Karten 212, 213 und 214 werden 1999 durch 2 Neuveröffentlichungen ersetzt
G. Belgique-Lux.	*Siehe Grünen Michelin-Reiseführer Belgique-Luxembourg*
4 283 h	*Einwohnerzahl (letzte offizielle Volkszählung)*
BX **A**	*Markierung auf dem Stadtplan*
18	*Golfplatz und Lochzahl*
※, ≤	*Rundblick, Aussichtspunkt*
✈	*Flughafen*
☎ 425214	*Ladestelle für Autoreisezüge. Nähere Auskünfte unter der angegebenen Telefonnummer*
⛴	*Autofähre*
⛴	*Personenfähre*
[i]	*Informationsstelle*

Sehenswürdigkeiten

Bewertung

★★★	*Eine Reise wert*
★★	*Verdient einen Umweg*
★	*Sehenswert*

Lage

Voir	*In der Stadt*
Env.	*In der Umgebung der Stadt*
N, S, E, O	*Im Norden (N), Süden (S), Osten (E), Westen (O) der Stadt*
②, ④	*Zu erreichen über die Ausfallstraße ② bzw ④, die auf dem Stadtplan und auf der Michelin-Karte identisch gekennzeichnet sind*
2 km	*Entfernung in Kilometern*

Das Auto, die Reifen

Hinweise für Ihre Reifen finden Sie auf den blau umrandeten Seiten oder Sie bekommen Sie direkt in einer unserer Niederlassungen.
Am Ende des Führers finden Sie eine Adress-Liste der wichtigsten Automarken, die Ihnen im Pannenfalle eine wertvolle Hilfe leisten kann.
Sie können sich aber auch an die wichtigsten Automobilclubs in den Beneluxstaaten wenden :

Belgien

Royal Automobile Club de Belgique (RACB)
FIA, rue d'Arlon 53 – Bte 3, 1040 Bruxelles
✆ (02) 287 09 00

Royal Motor Union
boulevard d'Avroy 254 – Bte 1, 4000 Liège
✆ (04) 252 70 30

Touring Club Royal de Belgique (TCB)
AIT, rue de la Loi 44, 1040 Bruxelles
✆ (02) 233 22 11

Vlaamse Automobilistenbond (VTB-VAB)
Sint-Jakobsmarkt 45, 2000 Antwerpen
✆ (03) 253 63 63

Luxemburg

Automobile Club du Grand Duché de Luxembourg (ACL)
FIA & AIT, route de Longwy 54, 8007 Bertrange
✆ 45 00 45 1

Niederlande

Koninklijke Nederlandse Automobiel Club (KNAC)
FIA, Wassenaarseweg 220, 2596 EC Den Haag
✆ (070) 383 16 12

Koninklijke Nederlandse Toeristenbond (ANWB)
AIT, Wassenaarseweg 220, 2596 EC Den Haag
✆ (070) 314 71 47

Geschwindigkeitsbegrenzung (in km/h)

	Autobahn	*Landstraße*	*Geschlossene Ortschaften*
Belgien	*120*	*90*	*50*
Luxemburg	*120*	*90*	*50*
Niederlande	*100/120*	*80*	*50*

Umgebungskarten

Denken sie daran sie zu benutzen

Die Umgebungskarten sollen Ihnen die Suche eines Hotels oder Restaurants in der Nähe der größeren Städte erleichtern.

Wenn Sie beispielsweise eine gute Adresse in der Nähe von Arnhem brauchen, gibt Ihnen die Karte schnell einen Überblick über alle Orte, die in diesem Michelin-Führer erwähnt sind. Innerhalb der in Kontrastfarbe gedruckten Grenze liegen Gemeinden, die im Umkreis von 30 km sind.

Anmerkung :

Auf der Linie der Entfernungen zu anderen Orten erscheint im Ortstext die jeweils nächste größere Stadt mit Umgebungskarte in BLAU.

Beispiel :

Sie finden EDE auf der Umgebungskarte von ARNHEM.

EDE *Gelderland* **908** *I 5 – 98 220 h.*
Env. *Parc National de la Haute Veluwe★★★*
Amsterdam 81 – Arnhem 19 – Apeldoorn 32 – Utrecht 43.

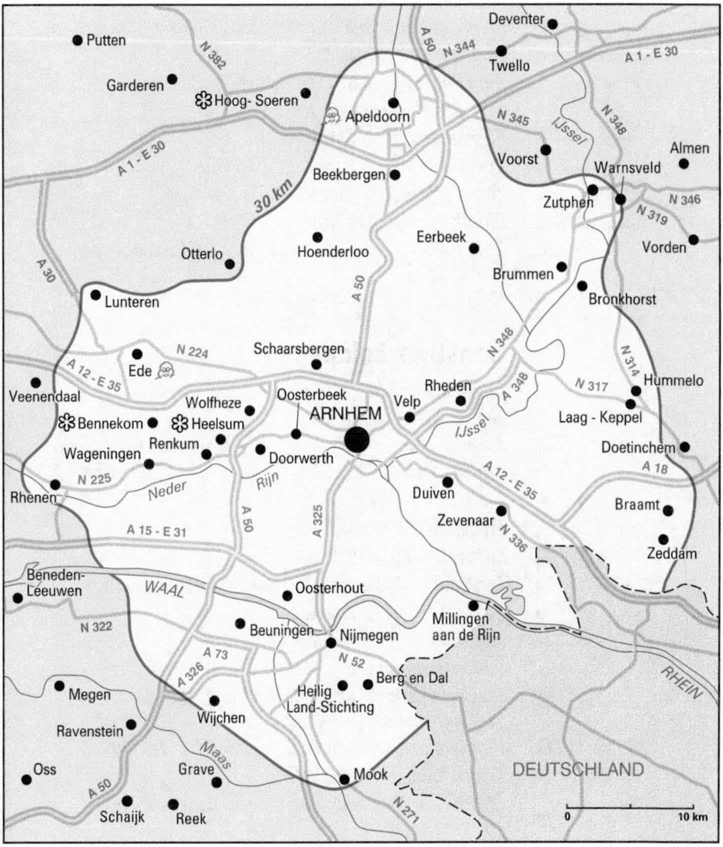

Alle Umgebungskarten sind schematisch im Kartenteil am Ende des Bandes eingezeichnet.

Stadtpläne

Hotels
Restaurants

Sehenswürdigkeiten

Sehenswertes Gebäude mit Haupteingang
Sehenswerter Sakralbau
Kathedrale, Kirche oder Kapelle

Straßen

Autobahn, Schnellstraße
Anschlußstelle : Autobahneinfahrt und/oder-ausfahrt,
Hauptverkehrsstraße
Einbahnstraße – Gesperrte Straße, mit
- Verkehrsbeschränkungen
Fußgängerzone – Straßenbahn
Pasteur *Einkaufsstraße – Parkplatz, Parkhaus*
Tor – Passage – Tunnel
Bahnhof und Bahnlinie
4m2 15 *Unterführung (Höhe bis 4,20 m) – Höchstbelastung (unter 15 t.)*
B *Bewegliche Brücke – Autofähre*

Sonstige Zeichen

Informationsstelle
Moschee – Synagoge
Turm – Ruine – Windmühle – Wasserturm
Garten, Park – Wäldchen – Friedhof – Bildstock
9 *Stadion – Golfplatz – Pferderennbahn*
Freibad – Hallenbad
Aussicht – Rundblick
Denkmal – Brunnen – Fabrik – Einkaufszentrum
Jachthafen – Leuchtturm
Flughafen – U-Bahnstation
Schiffsverbindungen : Autofähre – Personenfähre
3 *Straßenkennzeichnung (identisch auf Michelin Stadtplänen und – Abschnittskarten)*
Hauptpostamt (postlagernde Sendungen), Telefon
Krankenhaus – Markthalle
Öffentliches Gebäude, durch einen Buchstaben gekennzeichnet :
H P *- Rathaus – Provinzregierung*
J *- Gerichtsgebäude*
M T *- Museum – Theater*
U *- Universität, Hochschule*
POL. *- Polizei (in größeren Städten Polizeipräsidium)*
G *- Gendarmerie*

Dear Reader

This 22nd edition of the Michelin Guide Benelux offers the latest selection of hotels and restaurants. Independently compiled by our inspectors, the Guide offers travellers a wide choice of establishments at all levels of comfort and price.

In 1999, prices in EURO will become more widely used, although to a large extent they remain optional, so that a customer may settle their bill in EURO (either by cheque or credit card) or in the local currency.
The implementation of the EURO is still under development, and we have therefore decided to continue to include prices in this Guide in local currency.

On your travels look out for the many restaurants awarded the "Bib Gourmand" *symbol, which indicates moderately priced menus and good value for money.*

Thank you for your comments which are always appreciated.

Bon voyage !

Contents

40 *How to use this guide*

48 *Local maps*

53 *Spoken languages in the Benelux*

55 *Beers, wines and cheeses*

62 *Starred establishments*

64 "Bib Gourmand" *: Good food at moderate prices*

66 *Particularly pleasant hotels and restaurants*

69 *Belgium*

70 *Maps of star-rated restaurants (✿),*
"Bib Gourmand" *(☺) pleasant, secluded and very quiet establishments*

73 *Hotels, restaurants, town plans, sights*

317 *Grand Duchy of Luxembourg*

345 *Netherlands*

548 *Main Car Manufacturers*

553 *Bank Holidays in 1999*

554 *International dialling codes*

556 *Distances*

560 *Atlas of main roads*

564 *Lexicon*

Choosing a hotel or restaurant

This guide offers a selection of hotels and restaurants to help the motorist on his travels. In each category establishments are listed in order of preference according to the degree of comfort they offer.

Categories

	XXXXX	*Luxury in the traditional style*
	XXXX	*Top class comfort*
	XXX	*Very comfortable*
	XX	*Comfortable*
	X	*Quite comfortable*
M		*In its class, hotel with modern amenities*
sans rest.		*The hotel has no restaurant*
	avec ch.	*The restaurant also offers accommodation*

Peaceful atmosphere and setting

Certain hotels and restaurants are distinguished in the guide by the red symbols shown below. Your stay in such establishments will be particularly pleasant or restful, owing to the character of the building, its decor, the setting, the welcome and services offered, or simply the peace and quiet to be enjoyed there.

to	*Pleasant hotels*
XXXXX to X	*Pleasant restaurants*
« Parc fleuri »	*Particularly attractive feature*
	Very quiet or quiet, secluded hotel
	Quiet hotel
< mer	*Exceptional view*
<	*Interesting or extensive view*

The maps preceding each country indicate places with such very peaceful, pleasant hotels and restaurants. By consulting them before setting out and sending us your comments on your return you can help us with our enquiries.

Hotel facilities

In general the hotels we recommend have full bathroom and toilet facilities in each room. This may not be the case, however for certain rooms in categories and .

30 ch	*Number of rooms*
	Lift (elevator)
	Air conditioning
	Television in room
	Hotel partly reserved for non-smokers
	Direct-dial phone in room
	Rooms accessible to disabled people
	Meals served in garden or on terrace
	Hydrotherapy
	Exercise room
	Outdoor or indoor swimming pool
	Sauna – Garden
	Landing stage
	Hotel tennis court – Horse-riding
25 à 150	*Equipped conference hall (minimum and maximum capacity)*
	Hotel garage (additional charge in most cases)
	Car park (a fee may be charged)
	Dogs are excluded from all or part of the hotel
Fax	*Telephone document transmission*
mai-oct.	*Dates when open, as indicated by the hotelier Where no date or season is shown, establishments are open all year round*
9411 KL	*Postal code (Netherlands and Grand Duchy of Luxembourg only)*

Cuisine

Stars

Certain establishments deserve to be brought to your attention for the particularly fine quality of their cooking. ***Michelin stars*** *are awarded for the standard of meals served. For such establishments we list 3 speciality dishes (and some local wines in Luxembourg). Try them, both for your pleasure and to encourage the chef in his work.*

✿✿✿ **Exceptional cuisine, worth a special journey**

One always eats here extremely well, sometimes superbly. Fine wines, faultless service, elegant surroundings. One will pay accordingly !

✿✿ **Excellent cooking, worth a detour**

Specialities and wines of first class quality. This will be reflected in the price.

✿ **A very good restaurant in its category**

The star indicates a good place to stop on your journey. But beware of comparing the star given to an expensive « de luxe » establishment to that of a simple restaurant where you can appreciate fine cuisine at a reasonable price.

The name of the chef appears between brackets when he is personally managing the establishment. Example : XX ✿ **Panorama** (Martin)...

The "Bib Gourmand"

Good food at moderate prices

You may also like to know of other restaurants with less elaborate, moderately priced menus that offer good value for money and serve carefully prepared meals. In the guide such establishments bear the "Bib Gourmand" ☺ *and* Repas *just before the price of the meals.*
Repas *: approximately 1 100 Belgian Francs, 60 Guilders or 1 100 Luxembourg Francs.*

Consult the maps of star-rated restaurants ✿✿✿, ✿✿, ✿ *and* "Bib Gourmand" ☺ *preceding each country and lists indicated in the summary.*

See also ∞ *on next page.*

Prices

Prices quoted are valid for autumn 1998 and apply to **high season.**
Changes may arise if goods and service costs are revised. The rates include tax and service and no extra charge should appear on your bill, with the possible exception of a local tax.
Hotels and restaurants in bold type have supplied details of all their rates and have assumed responsibility for maintaining them for all travellers in possession of this Guide.
Many hotels offer reduced prices at weekends (large towns).
The following examples are given in Belgian Francs.
Your recommendation is self evident if you always walk into a hotel Guide in hand.

Meals

	Establishment serving a simple menu for less than 850 *Francs or* 45 *Guilders.*
Repas *Lunch 700*	*This meal is served at lunchtime and normally during the working week.*

Set meals

Repas 750/2800	*Lowest price* 750 *and highest price* 2800 *for set meals served at normal hours (noon to 2.30 pm and 7 to 9.30 pm in Belgium – noon to 2 pm and 5 to 9 pm in the Netherlands).* *Certain menus are only served for a minimum of 2 people or for an entire table.*
bc	*Wine included*

« A la carte » meals

Repas carte 1200 à 3000	*The first figure is for a plain meal and includes hors-d'œuvre, main dish of the day with vegetables and dessert.* *The second figure is for a fuller meal (with « spécialité ») and includes 2 main courses and dessert.*

Rooms

☕ 150 *Price of continental breakfast (additional charge when served in the bedroom).*

ch 1500/2500 *Lowest price* (1500) *for a single room and highest price* (2500) *for a double.*

suites *Ask the hotelier*

29 ch ☕ 1700/2900 *Price includes breakfast.*

Half board

½ P 1600/1800 *Lowest and highest prices (room, breakfast and one of two meals), per person, per day in the season.*
It is advisable to agree on terms with the hotelier before arriving.

Deposits

Some hotels will require a deposit, which confirms the commitment of customer and hotelier alike. Make sure the terms of the agreement are clear.

Credit cards

AE ⓓ E (MC) VISA JCB *Credit cards accepted by the establishment American Express – Diners Club – Eurocard (MasterCard) – Visa – Japan Credit Bureau*

Towns

1000	*Postal number to be shown in the address before the town name*
✉ *4900 Spa*	*Postal number and name of the post office serving the town*
P	*Provincial capital*
C *Herve*	*Administrative centre of the "commune"*
210 *T 3* **909** ⑤	*Michelin map number, co-ordinates or fold*
	In 1999, 2 new titles will replace Maps **212**, **213** *and* **214**
G. Belgique-Lux.	*See Michelin Green Guide Belgique-Luxembourg*
4 283 h	*Population (as in publication of most recent official census figures)*
BX **A**	*Letters giving the location of a place on the town plan*
18	*Golf course and number of holes*
✳, ⋞	*Panoramic view, viewpoint*
✈	*Airport*
🚗 ✆ 425214	*Place with a motorail connection ; further information from telephone number listed*
⛴	*Shipping line*
⛴	*Passenger transport only*
i	*Tourist Information Centre*

Sights

Star-rating

★★★	*Worth a journey*
★★	*Worth a detour*
★	*Interesting*

Location

Voir	*Sights in town*
Env.	*On the outskirts*
N, S, E, O	*The sight lies north, south, east or west of the town*
②, ④	*Sign on town plan and on the Michelin road map indicating the road leading to a place of interest*
2 km	*Distance in kilometres*

Car, tyres

For your tyres, refer to the pages bordered in blue or contact one of the Michelin Branches.
A list of the main Car Manufacturers with a breakdown service is to be found at the end of the Guide.
The major motoring organisations in the Benelux countries are :

Belgium

Royal Automobile Club de Belgique (RACB)
FIA, rue d'Arlon 53 – Bte 3, 1040 Bruxelles
✆ (02) 287 09 00

Royal Motor Union
boulevard d'Avroy 254 – Bte 1, 4000 Liège
✆ (04) 252 70 30

Touring Club Royal de Belgique (TCB)
AIT, rue de la Loi 44, 1040 Bruxelles
✆ (02) 233 22 11

Vlaamse Automobilistenbond (VTB-VAB)
Sint-Jakobsmarkt 45, 2000 Antwerpen
✆ (03) 253 63 63

Luxembourg

Automobile Club du Grand Duché de Luxembourg (ACL)
FIA & AIT, route de Longwy 54, 8007 Bertrange
✆ 45 00 45 1

Netherlands

Koninklijke Nederlandse Automobiel Club (KNAC)
FIA, Wassenaarseweg 220, 2596 EC Den Haag
✆ (070) 383 16 12

Koninklijke Nederlandse Toeristenbond (ANWB)
AIT, Wassenaarseweg 220, 2596 EC Den Haag
✆ (070) 314 71 47

Maximum speed limits

	Motorways	*All other roads*	*Built-up areas*
Belgium	*120 km/h (74 mph)*	*90 km/h (56 mph)*	*50 km/h (31 mph)*
Luxembourg	*120 km/h (74 mph)*	*90 km/h (56 mph)*	*50 km/h (31 mph)*
Netherlands	*100 km/h (62 mph)* *120 km/h (74 mph)*	*80 km/h (50 mph)*	*50 km/h (31 mph)*

Local maps

May we suggest that you consult them

Should you be looking for a hotel or restaurant not too far from Arnhem, for example, you can now consult the map along with the town plan.

The local map (opposite) draws your attention to all places around the town or city selected, provided they are mentioned in the Guide. Places located within a range of 30 km are clearly identified by the use of a different coloured background.

The various facilities recommended near the different regional capitals can be located quickly and easily.

Note :

Entries in the Guide provide information on distances to nearby towns. Whenever a place appears on one of the local maps, the name of the town or city to which it is attached is printed in BLUE.

Example :

EDE *Gelderland* **908** *I 5 – 98 220 h.*
Env. *Parc National de la Haute Veluwe★★★*
Amsterdam 81 – Arnhem 19 – Apeldoorn 32 – Utrecht 43.

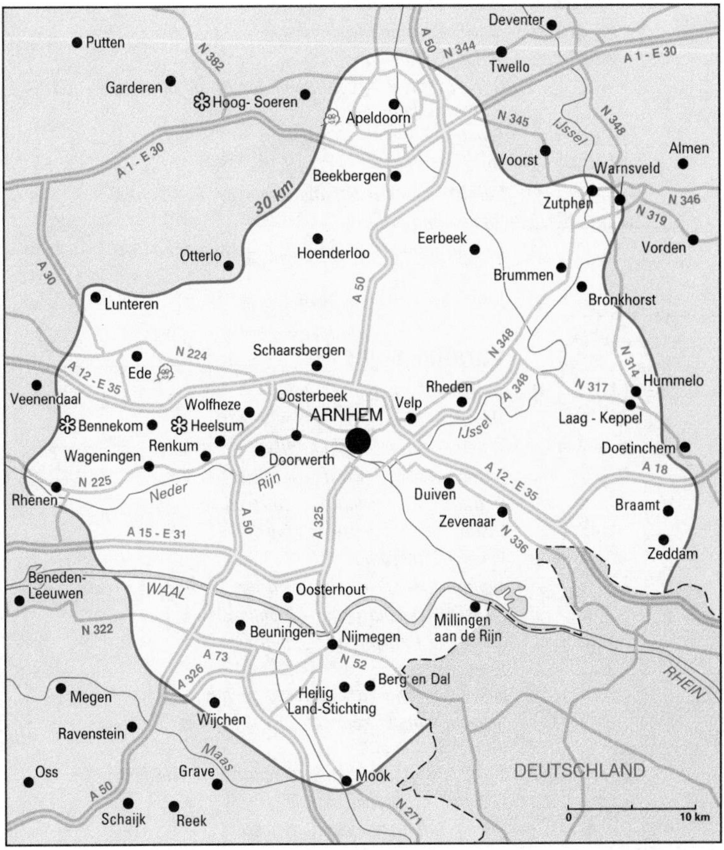

All local maps are located on the Atlas at the end of the Guide.

Town plans

□ ● *Hotels*
■ ● *Restaurants*

Sights

Place of interest and its main entrance
Interesting place of worship :
Cathedral, church or chapel

Roads

Motorway, dual carriageway
4 **4** *Junction : complete, limited*
Major thoroughfare
One-way street – Unsuitable for traffic or street subject
- to restrictions
Pedestrian street – Tramway
Pasteur **P** *Shopping street – Car park*
Gateway – Street passing under arch – Tunnel
Station and railway
⊡ ⑮ *Low headroom (13 ft. max.) – Load limit*
(under 15 t.)
△ **B** *Lever bridge – Car ferry*

Various signs

🛈 *Tourist Information Centre*
Mosque – Synagogue
● ◉ ∴ ⚑ ♖ *Tower – Ruins – Windmill – Water tower*
Garden, park – Wood – Cemetery – Cross
Stadium – Golf course – Racecourse
≊ ≊ *Outdoor or indoor swimming pool*
View – Panorama
■ ◉ ✿ *Monument – Fountain – Factory – Shopping centre*
Pleasure boat harbour – Lighthouse
✈ ◉ *Airport – Underground station*
Ferry services :
passengers and cars, passengers only
③ *Refence number common to town plans*
and Michelin maps
Main post office with poste restante – Telephone
✛ ✉ *Hospital – Covered market*
Public buildings located by letter :
H P *- Town Hall – Provincial Government Office*
J *- Law Courts*
M T *- Museum – Theatre*
U *- University, College*
POL. *- Police (in large towns police headquarters)*
G *- Gendarmerie*

Les langues parlées au Benelux

Située au cœur de l'Europe, la Belgique est divisée en trois régions : la Flandre, Bruxelles et la Wallonie. Chaque région a sa personnalité bien marquée. Trois langues y sont utilisées : le néerlandais en Flandre, le français en Wallonie et l'allemand dans les cantons de l'Est. La Région de Bruxelles-Capitale est bilingue avec une majorité francophone. La frontière linguistique correspond à peu près aux limites des provinces. Ce « multilinguisme » a des conséquences importantes sur l'organisation politique et administrative du pays, devenu État Fédéral depuis 1993.

Au Grand-Duché, outre le « Lëtzebuergesch », dialecte germanique, la langue officielle est le français. L'allemand est utilisé comme langue culturelle.

Aux Pays-Bas le néerlandais est la langue officielle. Néanmoins dans la province de Frise, le frison se parle encore couramment.

De talen in de Benelux

In het hartje van Europa ligt België, verdeeld in Vlaanderen, Brussel en Wallonië. Elke regio heeft zijn eigen karakter. Er worden drie talen gesproken : Nederlands in Vlaanderen, Frans in Wallonië en Duits in de Oostkantons. Het Brussels Hoofdstedelijk Gewest is tweetalig met een meerderheid aan Franstaligen. De taalgrens komt ongeveer overeen met de grenzen van de provincies. Het feit dat België een meertalig land is, heeft belangrijke gevolgen voor de politieke en bestuurlijke organisatie. Dit leidde tot de vorming van een Federale Staat in 1993.

In het Groot-Hertogdom wordt het « Lëtzebuergesch », een Duits dialect gesproken. De officiële taal is het Frans. Het Duits is de algemene cultuurtaal.

De officiële taal in Nederland is het Nederlands. In de provincie Friesland wordt nog Fries gesproken.

Die Sprachen im Benelux

Belgien, ein Land im Herzen von Europa, gliedert sich in drei Regionen : Flandern, Brüssel und Wallonien. Jede dieser Regionen hat ihre eigene Persönlichkeit. Man spricht hier drei Sprachen : Niederländisch in Flandern, Französisch in Wallonien und Deutsch in den östlichen Kantonen. Die Gegend um die Haupstadt Brüssel ist zweisprachig, wobei die Mehrheit Französisch spricht. Die Sprachengrenze entspricht in etwa den Provinzgrenzen. Diese Vielsprachigkeit hat starke Auswirkungen auf die politische und verwaltungstechnische Struktur des Landes, das seit 1993 Bundesstaat ist.

Im Grossherzogtum wird ausser dem « Lëtzebuergesch », einem deutschen Dialekt als offizielle Sprache französisch gesprochen. Die deutsche Sprache findet als Sprache der Kultur Verwendung.

In den Niederlanden wird niederländisch als offizielle Sprache gesprochen. Das Friesische wird jedoch in der Provinz Friesland noch sehr häufig gesprochen.

Spoken languages in the Benelux

Situated at the heart of Europe, Belgium is divided into three regions : Flanders, Brussels and Wallonia. Each region has its own individual personality. Three different languages are spoken : Dutch in Flanders, French in Wallonia and German in the eastern cantons. The Brussels-Capital region is bilingual, with the majority of its population speaking French. The linguistic frontiers correspond more or less to those of the provinces. The fact that the country, which has been a Federal State since 1993, is multilingual, has important consequences on its political and administrative structures.

In the Grand Duchy, apart from « Lëtzebuergesch », a German dialect, the official language is French. German is used as a cultural language.

In the Netherlands Dutch is the official language. However, Frisian is still widely spoken in the Friesland province.

La bière en Belgique

La Belgique est le pays de la bière par excellence. On y brasse environ 400 bières différentes, commercialisées sous plus de 800 appellations. Une partie se consomme à la pression, dite « au tonneau ».

On distingue trois types de bières, selon leur procédé de fermentation : les bières de fermentation spontanée (type Lambic), haute (type Ale) et basse (type Lager).

Suite à une deuxième fermentation en bouteille, le Lambic devient ce qu'on appelle la Geuze. La Kriek et la Framboise ont une saveur fruitée due à l'addition de cerises et de framboises. Ces bières sont caractéristiques de la région bruxelloise.

En Flandre, on trouve des bières blanches, brunes et rouges, en Wallonie on brasse des bières spécifiques à certaines saisons. Partout en Belgique, on trouve des Ales, des bières Trappistes et des bières d'abbayes. Parmi les bières belges, les fortes dorées et les régionales aux caractères typés occupent une place spéciale. La Pils belge, une bière blonde, est une excellente bière de table.

Amères, aigrelettes, acides, fruitées, épicées ou doucerettes, les bières belges s'harmonisent souvent avec bonheur à la gastronomie locale.

Het Belgische bier

België is het land van het bier bij uitstek. Men brouwt er ongeveer 400 verschillende biersoorten. Zij worden onder meer dan 800 benamingen op de markt gebracht. Sommige bieren worden "van het vat" gedronken.

De bieren kunnen volgens hun gistingsproces in 3 groepen worden onderverdeeld: bieren met een spontane gisting (type Lambiek), hoge gisting (type Ale) en lage gisting (type Lager). Geuze is een op flessen nagegiste Lambiek. Kriek en Framboise hebben hun fruitige smaak te danken aan de toevoeging van krieken (kersen) en frambozen. Deze bieren zijn typisch voor de streek van Brussel.

Vlaanderen is rijk aan witte, bruine en rode bieren. In Wallonië bereidt men seizoengebonden bieren. Overal in België brouwt men ales, trappisten- en abdijbieren. De sterke blonde bieren en de zogenaamde streekbieren nemen een speciale plaats in onder de Belgische bieren. De Belgische pils, een blond bier, is een uitstekend tafelbier.

Het Belgische bier met zijn bittere, rinse, zure, zoete smaak of kruidig aroma, kan zonder problemen bij een gastronomisch streekgerecht worden gedronken.

Das belgische Bier

Belgien ist das Land des Bieres schlechthin.
In Belgien werden ungefähr 400 verschiedene Biersorten gebraut, die unter mehr als 800 Bezeichnungen vermarktet werden. Ein Teil davon wird vom Faß getrunken.

Man unterscheidet drei Biertypen nach ihrer Gärmethode: Bier mit spontaner Gärung (Typ Lambic), obergärig (Typ Ale) und untergärig (Typ Lager). Nach einer zweiten Gärung in der Flasche wird das Lambic zu Geuze. Das Kriek und das Framboise haben einen fruchtigen Geschmack, der durch den Zusatz von Kirschen und Himbeeren entsteht. Diese Biere sind typisch für die Brüsseler Gegend.

In Flandern findet man helles, braunes und rotes Bier, während die Saisonbiere typisch für Wallonien sind. Überall in Belgien gibt es verschiedene Sorten Ale, Trappistenbier und Klosterbier. Unter den belgischen Biersorten nehmen die goldbraunen Starkbiere und die Biere mit speziellem regionalen Charakter einen besonderen Platz ein. Das belgische Pils, ein helles Bier, ist ein exzellentes Tafelbier.

Mit den Geschmacksrichtungen herb, leicht säuerlich, fruchtig, würzig oder süßlich kann das belgische Bier ein deftiges regionales Menü begleiten.

The beers of Belgium

Belgium is the country for beer "par excellence".
There are over 800 different brands on sale there today.
The breweries produce approximately 400 different beers.
In the flat country of the Ardennes beer is served in 35,000 cafes. Some of it is on draught – "from the barrel".

There are three different types of beer dependent upon which fermentation process is used: spontaneous fermentation (Lambic), high (Ale) and low (Lager).

Following a second fermentation in the bottle, the Lambic becomes what is called Geuze. Kriek and Framboise have a fruity taste due to the addition of cherries and raspberries. These beers are characteristic of the Brussels region.

In Flanders, pale ale, brown ale and bitter are found.
In Wallonie beers are brewed which are particular to each season. Throughout Belgium there are Ales, Trappist beers and Abbey beers. Of all the Belgian beers, the strong golden ones and the regional ones with their own individual characters are held in special regard.
Belgian Pils, a light ale, is excellent to have on the table.

Whether bitter, vinegarish, acidic, fruity, spicey or mild, Belgian beers are the perfect accompaniment to local specialities.

Le vin au Luxembourg

Le vignoble luxembourgeois produit essentiellement du vin blanc. Depuis l'époque romaine, l'Elbling, cultivé sur les bords de la Moselle, donne un vin sec et acidulé.

Ce cépage a été progressivement remplacé par l'Auxerrois, le Pinot blanc, le Pinot gris, le Gewurztraminer ou le Rivaner. Actuellement, le Pinot gris est le cépage le plus demandé. Il donne le vin le plus moelleux et le plus aromatique et permet une consommation jeune.

Le vignoble luxembourgeois couvre environ 1 345 ha. dans la vallée de la Moselle. Quelques 850 viticulteurs sont groupés en 5 caves coopératives, qui représentent 70 % de la production. L'autre partie est vinifiée par une vingtaine de viticulteurs indépendants. Les vins luxembourgeois sont toujours vendus sous le nom du cépage ; l'étiquette de ceux bénéficiant de l'Appellation d'Origine Contrôlée (A.O.C.) mentionne en outre le nom du village, du lieu et du producteur.

Le canton de Remich (Schengen, Wintrange, Remich) et le canton de Grevenmacher (Wormeldange, Ahn, Machtum, Grevenmacher), ont droit à l'appellation "Moselle Luxembourgeoise" et sont considérés comme étant les plus réputés.

Au Grand-Duché, on produit également des vins mousseux et des crémants en quantité importante et quelques vins rosés à partir du cépage Pinot noir.

Pratiquement partout, ces vins jeunes, servis au verre, en carafe ou à la bouteille, vous feront découvrir un "petit" vignoble qui mérite votre considération.

De Luxemburgse wijn

In Luxemburg wordt vooral witte wijn verbouwd. De Elbling, die sinds de oudheid wordt verbouwd langs de oevers van de Moezel, is een droge en lichtelijk zurige wijn.

Deze wijnstok werd geleidelijk aan vervangen door de Auxerrois, de Pinot blanc, de Pinot gris, de Gewurztraminer en de Rivaner. De Pinot gris is voor het ogenblik de meest gevraagde wijn. Het is de meest volle en zachte wijn, die jong kan worden gedronken.

Het Luxemburgse wijngebied beslaat in de Moezelvallei ongeveer 1345 ha. Ongeveer 850 wijnbouwers zijn gegroepeerd in 5 coöperatieve wijnkelders. Zij nemen 70 % van de produktie voor hun rekening. Een twintigtal onafhankelijke wijnbouwers verbouwt de rest van de wijnproduktie. De Luxemburgse wijnen worden steeds onder de naam van de wijnstok verkocht; het etiket van de wijnen, die de benaming "Appellation d'Origine Contrôlée" (gecontroleerde benaming van de wijn) dragen, vermeldt bovendien de naam van het dorp, de plaats en de wijnbouwer.

Het kanton Remich (Schengen, Wintrange, Remich) en het kanton Grevenmacher (Wormeldange, Ahn, Machtum, Grevenmacher) mogen de naam "Moselle luxembourgeoise" dragen. Deze kantons worden beschouwd als de meest beroemde.

In het Groot-Hertogdom wordt ook een grote hoeveelheid mousserende en licht mousserende wijnen bereid, evenals enkele roséwijnen op basis van de wijnstok Pinot noir.

Deze jonge wijnen zijn praktisch overal per glas, karaf of fles verkrijgbaar. Op die manier ontdekt u een "kleine" wijnstreek, die meer dan de moeite waard is.

Services et taxes

En Belgique, au Grand-Duché de Luxembourg et aux Pays-Bas, les prix s'entendent service et taxes compris.

Der luxemburgische Wein

Im luxemburgischen Weinbaugebiet wird im wesentlichen Weißwein angebaut. Seit der Zeit der Römer ergibt der Elbling, der an den Ufern der Mosel wächst, einen trockenen und säuerlichen Wein.

Diese Rebsorte wurde nach und nach durch den Auxerrois, den Pinot blanc, den Pinot gris, den Gewürztraminer oder den Rivaner ersetzt. Zur Zeit ist der Pinot gris die gefragteste Rebsorte. Sie ergibt den lieblichsten und aromatischsten Wein, der schon jung getrunken werden kann.

Das luxemburgische Weinbaugebiet umfaßt zirka 1345 Hektar im Moseltal. Ungefähr 850 Winzer haben sich zu 5 Weinbaugenossenschaften zusammengeschlossen, die 70 % der Produktion vertreten. Der übrige Teil wird von etwa 20 Winzern produziert. Die luxemburgischen Weine werden immer unter dem Namen der Rebsorte verkauft, die besondere Appellation d'Origine Contrôlée (geprüfte Herkunftsbezeichnung) nennt auch das Dorf, die Lage und den Produzenten.

Nur das Gebiet des Kantons Remich (Schengen, Wintrange, Remich) und des Kantons Grevenmacher (Wormeldange, Ahn, Machtun, Grevenmacher) haben wegen ihrer besonderen Lage das Recht auf die Bezeichnung "Moselle Luxembourgiose".

Im Großherzogtum werden auch Sekt und Crémant in bedeutenden Mengen sowie einige Roseweine auf der Basis von Pinot noir produziert.

Fast überall lassen diese jungen Weine – im Glas, in der Karaffe oder in der Flasche serviert – Sie ein "kleines" Weinbaugebiet entdecken, das eine größere Bekanntheit verdient.

*Halten Sie beim Betreten des Hotels oder des Restaurants den Führer in der Hand
Sie zeigen damit, daß Sie aufgrund dieser Empfehlung gekommen sind.*

The wines of Luxembourg

Luxembourg is essentially a white wine producer. The Elbling grape, grown on the banks of the Moselle, has been yielding a dry acidic wine since Roman times.

However, this grape has been gradually replaced by the Auxerrois, the Pinot blanc, the Pinot gris, the Gewurztraminer and the Rivaner. The Pinot gris is currently the most popular. It gives the most mellow, aromatic wine and can be drunk whilst still young.

Vineyards cover approximately 1345 hectares of the Moselle valley. Some 850 wine growers are grouped into 5 cooperative "caves", which overall produce 70 % of the wine, the remainder being made up by another 20 independent wine growers. Wines from Luxembourg are always sold under the name of the grape. The label, which bears the AOC ("Appellation d'Origine Contrôlée), also gives the vintage, producer and location of the vine.

Wine produced in the cantons (districts) of Remich (Schengen, Wintrange, Remich) and Grevenmacher (Warmeldange, Ahn, Machtum, Grevenmacher) is the most reputed and has the right to be called "Moselle Luxembourgeoise".

Sparkling wines and a large number of Crémants are also produced in the Grand Duchy, as well as some rosés based on Pinot noir.

These young wines, served by the glass, carafe or bottle, will usually give you a taste of a little known wine which is well worth trying.

Le fromage en Hollande

La Hollande produit 11 milliards de litres de lait par an dont la moitié est transformée en fromage par environ 110 laiteries. Dans les provinces de Zuid-Holland et d'Utrecht, quelques fermiers préparent encore de façon artisanale le fromage. La fabrication du fromage est le fruit d'une longue tradition, plusieurs musées en retracent l'histoire (Alkmaar, Bodegraven, Arnhem, Wageningen).

Au moyen-âge déjà, le fromage aux Pays-Bas faisait l'objet d'un commerce actif comme en témoignent encore aujourd'hui les marchés pittoresques d'Alkmaar, Purmerend, Gouda, Bodegraven, Woerden et Edam.

On peut distinguer plusieurs catégories de fromages : Le Gouda, parfois aux grains de cumin, l'Edam, le Maasdam, le Leidse, la Mimolette, le Friese aux clous de girofle et le Kernhem.

Selon la durée de la maturation qui va de 4 semaines à plus de 3 ans, on distingue du fromage jeune, mi-vieux et vieux. Quelques fromages de brebis (en général sur les îles) et de chèvre complètent la gamme.
La majorité de ces fromages vous fera terminer un repas en beauté.

De Hollandse kaas

Nederland produceert 11 miljard liter melk per jaar. De helft wordt door zo'n 110 melkerijen bereid tot kaas. In de provincies Zuid-Holland en Utrecht maken nog enkele boeren op ambachtelijke wijze kaas. Het kaasmaken kent een lange traditie, waarvan verschillende musea de geschiedenis illustreren (Alkmaar, Bodegraven, Arnhem, Wageningen).

In de middeleeuwen werd in Nederland reeds druk kaas verhandeld. Ook nu nog worden er in Alkmaar, Purmerend, Gouda, Bodegraven, Woerden en Edam schilderachtige kaasmarkten gehouden.

Er zijn verschillende soorten kaas: Gouda, soms met komijn, Edam, Maasdam, Leidse kaas, Mimolette, Friese kaas met kruidnagels en Kernhem.

Naargelang de duur van het rijpingsproces (van 4 weken tot meer dan 3 jaren) onderscheidt men jonge, belegen en oude kaas.

Enkele schapekazen (vooral op de eilanden) en geitekazen vervolledigen het assortiment.

Met de meeste van deze kazen kan u op passende wijze de maaltijd beëindigen.

Der holländische Käse

Die Niederlande produzieren jährlich 11 milliarden Liter Milch, wovon die Hälfte in zirka 110 Molkereien zu Käse verarbeitet wird. In den Provinzen Zuid-Holland und Utrecht bereiten einige Bauern den Käse noch auf traditionelle Weise zu. Die Käseherstellung hat eine lange Tradition, die in mehreren Museen vergegenwärtigt wird (Alkmaar, Bodegraven, Arnhem, Wageningen).

Schon im Mittelalter wurde in den Niederlanden mit Käse gehandelt, wovon auch heute noch die folkloristischen Märkte in Alkmaar, Purmerend, Gouda, Bodegraven, Woerden und Edam zeugen.

Man unterscheidet verschiedene Käsearten: den Gouda, den es manchmal auch mit Kümmelkörnern gibt, den Edamer, den Maasdamer, den Leidse, den Mimolette, den Friese mit Nelken und den Kernhemer.

Je nach Reifezeit, die von 4 Wochen bis über 3 Jahre dauern kann, unterscheidet man jungen, mittelalten und alten Käse. Einige Sorten Schafs– (meist von den Inseln) und Ziegenkäse ergänzen die Palette.
Die meisten dieser Käsesorten werden für Sie der krönende Abschluß einer gelungenen Mahlzeit sein.

The cheeses of Holland

Holland produces 11 billion litres of milk a year, half of which is made into cheese by approximately 110 dairies. In the provinces of Zuid-Holland and Utrecht, some farmers still make cheese in the old-fashioned way. Cheese-making stems from an age-old tradition, the history of which is documented in several museums (Alkmaar, Bodegraven, Arnham, Wageningen).

In the Middle Ages there was already an active cheese trade in Holland and this can still be seen today in the quaint markets of Alkmaar, Purmerend, Gouda, Badegraven, Woerden and Edam.

There are several different categories of cheese: Gouda, sometimes made with cumin seeds, Edam, Maasdam, Leidse, Mimolette, Friese with cloves and Kernham.

According to the length of maturing, which varies from 4 weeks to more than 3 years, a cheese is identified as young, medium or mature. A few sheeps cheeses (generally on the islands) and goats cheeses complete the selection.

Most of these cheeses will round your meal off beautifully.

Les établissements à étoiles
De sterrenrestaurants
Die Stern-Restaurants
Starred establishments

✿✿✿

Belgique / België

Brugge Q. Centre *De Karmeliet*
Bruxelles *Comme Chez Soi*
Bruxelles
- Ganshoren *Bruneau*

✿✿

Belgique / België

Antwerpen Q. Ancien *'t Fornuis*
- Env. à Kapellen *De Bellefleur*
Bruxelles *Sea Grill (H. Radisson SAS)*
- Q. des Sablons *L'Ecailler du Palais Royal*
- Ganshoren *Claude Dupont*
- Env. à Groot-Bijgaarden *De Bijgaarden*
Hasselt à Stevoort *Scholteshof*
Kruishoutem *Hof van Cleve*
Namur à Lives-sur-Meuse *La Bergerie*
Paliseul *Au Gastronome*
Pepinster *Host. Lafarque*
Sankt-Vith *Zur Post*
Tongeren à Vliermaal *Clos St. Denis*
Waregem *'t Oud Konijntje*

Grand-Duché de Luxembourg

Echternach à Geyershaff *La Bergerie (H. De la Bergerie)*

Nederland

Amsterdam Q. Centre *La Rive (H. Amstel)*
Blokzijl *Kaatje bij de Sluis*
Haarlem à Overveen *De Bokkedoorns*
Hoorn *De Oude Rosmolen*
Kruiningen *Inter Scaldes (H. Le Manoir)*
Maastricht *Toine Hermsen*
Rotterdam *Parkheuvel*
Sluis *Oud Sluis*
Weert *l'Auberge*
Zwolle *De Librije*

✿

Belgique / België

Amay *Jean-Claude Darquenne*
Antwerpen Q. Ancien *De Kerselaar*
- *De Matelote*
- Env. à Boechout *De Schone van Boskoop*
Arbre *L'Eau Vive*
Baillonville *Le Capucin Gourmand*
Beaumont à Solre-St-Géry *Le Prieuré Saint-Géry*
Berlare *'t Laurierblad*
- aux étangs de Donkmeer *Lijsterbes*
Blaregnies *Les Gourmands*
Bornem *Eyckerhof*
Brugge Q. Centre *De Snippe*
- *Den Gouden Harynck*
- *Hermitage*
- Brugge
- Env. à Varsenare *Manoir Stuivenberg*
Bruxelles
- Q. Grand'Place *La Maison du Cygne*
- Q. des Sablons *Trente rue de la Paille*
- Q. Palais de Justice *Maison du Bœuf (H. Hilton)*
- Q. Bois de la Cambre *Villa Lorraine*
- *La Truffe Noire*
- Q. Atomium *Les Baguettes Impériales*
- Anderlecht *Saint Guidon*
- Auderghem *La Grignotière*
- Etterbeek *Stirwen*
- Watermael-Boitsfort *Au Vieux Boitsfort*
- Woluwé-St-Pierre *Des 3 Couleurs*

Bruxelles
- **Env. à Groot-Bijgaarden** *Michel*
- **à Hoeilaart** *Aloyse Kloos*
- **à Machelen** *Pyramid*
- **à Overijse** *Barbizon*

Corroy-le-Grand *Le Grand Corroy*
Dendermonde *'t Truffeltje*
Elewijt *Kasteel Diependael*
Ellezelles *Château du Mylord*
Fauvillers *Le Château de Strainchamps*
Gembloux *Le Prince de Liège*
Gent Q. Centre *Jan Van den Bon*
Habay-La-Neuve *Les Forges du Pont d'Oye*
Hamme *De Plezanten Hof*
Hasselt à Lummen *Kasteel St-Paul*
Heure *Le Pré Mondain*
Houthalen *De Barrier*
Keerbergen *The Paddock*
Kortrijk *St. Christophe*
- au Sud *Village Gastronomique du Château*
Lavaux-Ste-Anne *du Château*
Leuven *Syre Pynnock*
- *Belle Epoque*
Liège Vieille Ville *Robert Lesenne*
- Env. à Neuville-en-Condroz *Le Chêne Madame*
Mechelen *D'Hoogh*
Montignies-St-Christophe *La Villa Romaine*
Namur à Temploux *L'Essentiel*
Nassogne *La Gourmandine*
Ninove *Hof ter Eycken*
Noirefontaine *Aub. du Moulin Hideux*
Oignies-en-Thiérache *Au Sanglier des Ardennes*
Oostende *Au Vigneron (H. Oostendse Compagnie)*
Oostmalle *De Eiken*
Opglabbeek *Slagmolen*
De Panne *Host. Le Fox*
Reninge *'t Convent*
Ronse *Host. Shamrock*
St-Hubert *La Maison Blanche*
Soheit-Tinlot *Le Coq aux Champs*
Spontin à Dorinne *Le Vivier d'Oies*
Virton à Torgny *Aub. de la Grappe d'Or*
Waasmunster *De Snip*
Zeebrugge *Maison Vandamme*
- *'t Molentje*
Zwevegem *'t Ovenbuur*

Grand-Duché de Luxembourg

Diekirch *Hiertz*
Esch-sur-Alzette *Fridrici*
- *Domus*
Frisange *Lea Linster*
Gaichel *La Gaichel*
Luxembourg - Centre *Clairefontaine*
- *St-Michel*
- Périph. patinoire Kockelscheuer *Patin d'Or*
- Env. à Hesperange *L'Agath*
Moutfort *Le Bouquet Garni*
Schouweiller *La table des Guilloux*

Nederland

Amersfoort *Mariënhof*
Amsterdam Q. Centre *Vermeer (H. Barbizon Palace)*
- *Christophe*
- *Sichuan Food*
Apeldoorn
- à Hoog Soeren *Het Jachthuis*
Bennekom *Het Koetshuis*
Borculo *De Stenen Tafel*
Burgum *Koriander*
Delft *De Zwethheul*
Dordrecht à Zwijndrecht *Hermitage*
Driebergen-Rijsenburg *Lai Sin*
Eindhoven *De Karpendonkse Hoeve*
Enschede *Het Koetshuis Schuttersveld*
Etten-Leur *De Zwaan*
Giethoorn *De Lindenhof*
Groningen *Muller*
- à Aduard *Herberg Onder de Linden*
Den Haag *'t Ganzenest*
- Env. à Leidschendam *Villa Rozenrust*
- à Voorburg *Savelberg*
Hardenberg à Heemse *De Bokkepruik (H. Herbergh de Rustenbergh)*
Heelsum *De Kromme Dissel*
's-Hertogenbosch *Chalet Royal*
Hilversum *Spandershoeve*
Loenen *Tante Koosje*
Maarssen *De Wilgenplas*
Maasbracht *Da Vinci*
Maastricht *Beluga*
- au Sud *Château Neercanne*
Middelburg *Het Groot Paradijs*
Ootmarsum *De Wanne (H. De Wiemsel)*
Overloon *Onder de Boompjes*
Rotterdam *De Engel*
Sint-Oedenrode *Wollerich*
Schoorl *Merlet*
Ubachsberg *De Leuf*
Uden *Helianthushof*
Valkenburg *Prinses Juliana*
Vreeland *De Nederlanden*
Waddeneilanden / Terschelling à Oosterend *De Grië*
Wittem à Wahlwiller *Der Bloasbalg*
Yerseke *Nolet-Het Reymerswale*
IJmuiden *Imko's*
Zeist à Bosch en Duin *de Hoefslag (H. de Hoefslag)*
Zweeloo *Idylle*

"Bib Gourmand"

Repas soignés à prix modérés

Verzorgde maaltijden voor een schappelijke prijs

Sorgfältig zubereitete, preiswerte Mahlzeiten

Good food at moderate prices

Repas

Belgique / België

Antwerpen	
– Q. Ancien	*De Reddende Engel*
– Périph. à Berchem	*De Troubadour*
–	*Margaux*
Barvaux	*La Poivrière*
Bellevaux-Ligneuville	*Du Moulin*
Blankenberge	*Escapade*
–	*Borsalino*
Bouillon	
– à Corbion	*Ardennes*
Bruxelles	
–	*Astrid « Chez Pierrot »*
–	*J et B*
– Q. Grand'Place	*Aux Armes de Bruxelles*
– Q. Ste-Catherine	*La Belle Maraîchère*
–	*Le Loup Galant*
– Q. des Sablons	*La Clef des Champs*
– Auderghem	*La Citronelle*
– Ganshoren	*Cambrils*
– Ixelles	*Le Couvert d'Argent*
–	*La Pagode d'Or*
– St-Gilles	*Les Capucines*
– St-Josse-ten-Noode	*Les Dames Tartine*
– Schaerbeek	*Senza Nome*
–	*Le Cadre Noir*
– Uccle	*La Villa d'Este*
–	*Willy et Marianne*
– Env. à Strombeek-Bever	*Val Joli*
– Env. à Vilvoorde	*'t Puur Toeval*
Charleroi	
– à Montignies-sur-Sambre	*Le Gastronome*
Chaumont-Gistoux	
– à Dion-Valmont	*D'un goût à L'autre*
Crupet	*Les Ramiers*
Dinant	
– à Falmignoul	*Les Crétias*
Durbuy	*Le Moulin*
Ecaussinnes-Lalaing	*Le Pilori*
Genk	*'t Konijntje*
Genval	
– à Rixensart	*Le Broceliande*
De Haan	
– à Vlissegem	*Vijfweghe*
Jalhay	*Au Vieux Hêtre*
Knokke-Heist	
– à Knokke	*Ambassador*
–	*'t Kantientje*
Kortrijk	
– à Aalbeke	*St-Cornil*
Lasne à Plancenoit	*Le Vert d'Eau*
Leuven à Vaalbeek	*De Bibliotheek*
Leuze-en-Hainaut	*Le Châlet de la Bourgogne*
Liège – Vieille Ville	*Enoteca*
– Périph. à Chênée	*Le Gourmet*
Lier	*Numerus Clausus*
Liers	*La Bartavelle*
Malmédy	*Plein Vent*
Marche-en-Famenne	*Aux Menus Plaisirs*
Marcourt	*Le Marcourt*
Marenne	*Les Pieds dans le Plat*
Mons	*Alter Ego*
Mouscron	*Madame*
Namur	
– à Bouge	*Les Alisiers*
Oostduinkerke-Bad	*Eglantier (H. Hof ter Duinen)*
Oostende	*Petit Nice*
–	*La Crevette*
Ottignies à Céroux-Mousty	*La Cinquième Saison*
De Panne	*De Braise*
Perwez	*La Frairie*
Profondeville	*La Sauvenière*
Rochefort	
– à Belvaux	*Aub. des Pérées*
St-Hubert	*Le Cor de Chasse*
Sankt-Vith	*Pip Margraff*

Spa *Le Sofloti*
Stoumont *Zabonprés*
Vielsalm
– à Hébronval *Le Val d'Hébron*
Vresse-sur-Semois *Le Relais*
Wavre *Le Vert Délice*
Wenduine *Odette*
– *Kallista-Bristol*

Grand-Duché de Luxembourg

Bourscheid-Plage *Theis*
Frisange
– à Hellange *Lëtzebuerger Kaschthaus*
Luxembourg-Grund *Kamakura*
– Env. à Bridel *Le Rondeau*
– à Walferdange *L'Etiquette*
Wiltz
– à Winseler *L'Aub. Campagnarde*

Nederland

Alphen *Bunga Melati*
Amersfoort *Dorloté*
Amsterdam
– Q. Centre *Café Roux (H. The Grand)*
– *Tout Court*
– *Van Vlaanderen*
– *De Gouden Reael*
– Q. Sud et Ouest *Pakistan*
Amsterdam
Env. à Amstelveen *De Jonge Dikkert*
à Ouderkerk a/d Amstel *'t Jagershuis*
– *Het Kampje*
Apeldoorn *Poppe*
Bennebroek *De Jonge Geleerde Man*
Beverwijk *'t Gildehuys*
Breda *de Stadstuin*
Buren *Brasserie Proeverijen de Gravin*
Delft *L'Orage*
Drunen *Gelagkamer Busio*
Edam *De Fortuna*
Ede *Het Pomphuis*
Egmond aan Zee *La Châtelaine*
Enkhuizen *De Drie Haringhe*
Groningen *De Pauw*
Den Haag
– Env. à Voorburg *Papermoon*
Haarlem à Bloemendaal *Terra Cotta*
Haren *Rôtiss. de Rietschans*
Heeze *Host. Van Gaalen*
Helmond *De Raymaert*
Hindeloopen *De Gasterie*
Holten sur le Holterberg *Bistro De Holterberg*
Houten *Coco Pazzo*
Leiden *Anak Bandung*
– *De Moerbei*
Maastricht *Gadjah Mas*
Middelburg *De Gespleten Arent*
Middelharnis *Brasserie 't Vingerling*
Middelstum *Herberg « In de Valk »*
Naarden *Chef's*
Odoorn à Valthe *De Gaffel*
Oeffelt *'t Veerhuis*
Oosterwolde *De Kienstobbe*
Rinsumageest *Het Rechthuis*
Rotterdam *Brasserie La Vilette*
– Env. à Schiedam *Bistrot Hosman Frères*
Utrecht *Kaatje's*
Valkenburg *'t Mergelheukske*
Venlo
– à Tegelen *Aubergine*
Wijk aan Zee *Le Cygne*
Yerseke *Nolet's Vistro*
Zwolle *'t Pestengasthuys*

Hôtels agréables
Aangename Hotels
Angenehme Hotels
Particularly pleasant Hotels

Nederland

Amsterdam Q. Centre — *Amstel*

Belgique / België

Bruxelles
- Q. Grand'Place — *Royal Windsor*
- Q. Léopold — *Stanhope*
- Woluwé-St-Lambert — *Montgomery*

Nederland

Amsterdam Q. Centre — *Europe*
Beetsterzwaag — *Lauswolt*
Bergambacht — *De Arendshoeve*
Ootmarsum — *De Wiemsel*

Belgique / België

Antwerpen Q. Ancien — *De Witte Lelie*
Brugge Q. Centre — *De Tuilerieën*
- — *Relais Oud Huis Amsterdam*
- — *Die Swaene*

Bruxelles - St-Gilles — *Manos Stephanie*
Comblain-la-Tour — *Host. St-Roch*
Genval — *Le Manoir*
Habay-la-Neuve — *Les Ardillières*
Malmédy à Bévercé — *Host. Trôs Marets*
Noirefontaine — *Aub. du Moulin Hideux*
Reninge — *'t Convent*

Nederland

Drunen — *de Duinrand*
Kruiningen — *Le Manoir*
Oisterwijk — *De Swaen*
Ootmarsum à Lattrop — *De Holtweijde*
Valkenburg — *Prinses Juliana*
- à Houthem — *Château St. Gerlach*

Belgique / België

Antwerpen Q. Sud — *Firean*
Ave et Auffe — *Host. Le Ry d'Ave*
Vieuxville — *Château de Palogne*

Grand-Duché de Luxembourg

Luxembourg
Périphérie à Dommeldange — *Host. du Grünewald*

Nederland

Amsterdam Q. Centre — *Ambassade*
Blokzijl — *Kaatje bij de Sluis*

Restaurants agréables
Aangename Restaurants
Angenehme Restaurants
Particularly pleasant Restaurants

XXXXX

Belgique / België

Bruxelles
- **Env. à Groot-Bijgaarden** *De Bijgaarden*

Hasselt à Stevoort *Scholteshof (avec ch)*
Tongeren à Vliermaal *Clos St. Denis*

XXXX

Belgique / België

Bruxelles
- **Q. Grand'Place** *La Maison du Cygne*
- **Q. Palais de Justice** *Maison du Bœuf (H. Hilton)*
- **Q. Bois de la Cambre** *Villa Lorraine*
- **Env. à Overijse** *Barbizon*

Ellezelles *Château du Mylord*
Essene *Bellemolen*
Hasselt à Lummen *Kasteel St-Paul*
Kortrijk à Marke *Marquette (avec ch)*
Namur à Lives-sur-Meuse *La Bergerie*
Verviers *Château Peltzer*
Waregem *'t Oud Konijntje*

Grand-Duché de Luxembourg

Gaichel *La Gaichel (avec ch)*

Nederland

Amsterdam Q. Centre *La Rive (H. Amstel)*
Eindhoven *De Karpendonkse Hoeve*
Kruiningen *Inter Scaldes (H. Le Manoir)*
Valkenburg *Juliana (H. Prinses Juliana)*
Zaandam *De Hoop Op d'Swarte Walvis*
Zeist à Bosch en Duin *De Hoefslag*

XXX

Belgique / België

Aalter à Lotenhulle *Den Ouwen Prins*
Brugge Q. Centre *De Snippe (avec ch)*
- **Env. à Varsenare** *Manoir Stuivenberg (avec ch)*

Bruxelles *Comme Chez Soi*
- **Woluwé-St-Pierre** *Des 3 Couleurs*

Diest *De Proosdij*
Dinant à Lisogne *Moulin de Lisogne (avec ch)*
Elewijt *Kasteel Diependael*
Gavere *Deboeverie*
Habay-la-Neuve *Les Forges (avec ch)*
Hasselt *Figaro*
Kemmel *Host. Kemmelberg (avec ch)*
Kortrijk au Sud *Village Gastronomique (avec ch)*
Olen *'t Doffenhof*
Pepinster *Host. Lafarque (avec ch)*
Ronse *Host. Shamrock (avec ch)*
Spa à Creppe *Manoir de Lebioles (avec ch)*
Yvoir *Host. Henrotte – Au Vachter (avec ch)*

Grand-Duché de Luxembourg

Echternach à Geyershaff *La Bergerie (H. De la Bergerie)*

Nederland

Delft *De Zwethheul*
Groningen à Aduard *Herberg Onder de Linden (avec ch)*
Den Haag
- Env. à Voorburg *Savelberg (avec ch)*
Haarlem à Overveen *De Bokkedoorns*
's-Hertogenbosch *Chalet Royal*
Meppel à De Wijk *Havesathe de Havixhorst (avec ch)*
Ootmarsum *De Wanne (H. De Wiemsel)*
Vreeland *De Nederlanden (avec ch)*
Waalre *De Treeswijkhoeve*
Wittem *Kasteel Wittem (avec ch)*
Wittem à Wahlwiller *Der Bloasbalg*

Belgique / België

Arbre *L'Eau Vive*
Beernem *di Coylde*
Bornem *Eyckerhof*
Brugge
- Périph. au Sud-Ouest *Herborist (avec ch)*
Crupet *Les Ramiers*
Geel *De Cuylhoeve*
Gent Q. Centre *Waterzooi*
Oudenburg à Roksem *Ten Daele*
Tielt *De Meersbloem*
Virton à Torgny *Aub. de la Grappe d'Or (avec ch)*

Grand-Duché de Luxembourg

Schouweiler *A la table des Guilloux*

Nederland

Markelo *In de Kop'ren Smorre (avec ch)*
Nuth *Pingerhof*
Sluis *Oud Sluis*
Ubachsberg *De Leuf*
Wolphaartsdijk *'t Veerhuis*

Belgique/België

Gent Périphérie à Afsnee *'t Stoofpotje*

Nederland

Holten sur le Holterberg *Bistro de Holterberg*
Waddeneilanden /
Terschelling à Oosterend *De Grië*

Belgique
België
Belgien

Les prix sont donnés en francs belges.
De prijzen zijn vermeld in Belgische franken.
Die Preise sind in belgischen Francs angegeben.

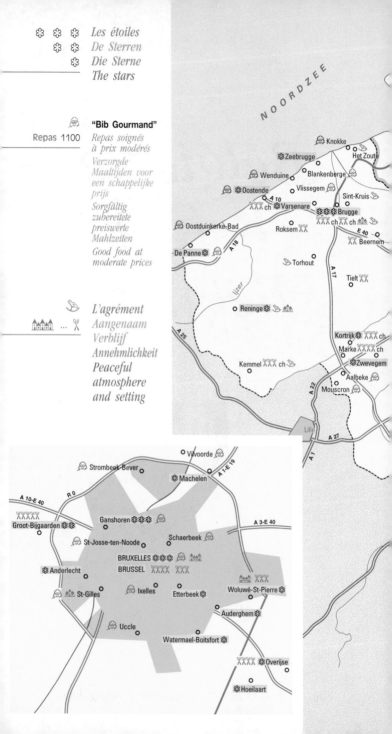

✿ ✿ ✿ *Les étoiles*
✿ ✿ *De Sterren*
✿ *Die Sterne*
The stars

(Bib) **"Bib Gourmand"**
Repas 1100 *Repas soignés à prix modérés*
Verzorgde Maaltijden voor een schappelijke prijs
Sorgfältig zubereitete preiswerte Mahlzeiten
Good food at moderate prices

L'agrément
Aangenaam Verblijf
Annehmlichkeit
Peaceful atmosphere and setting

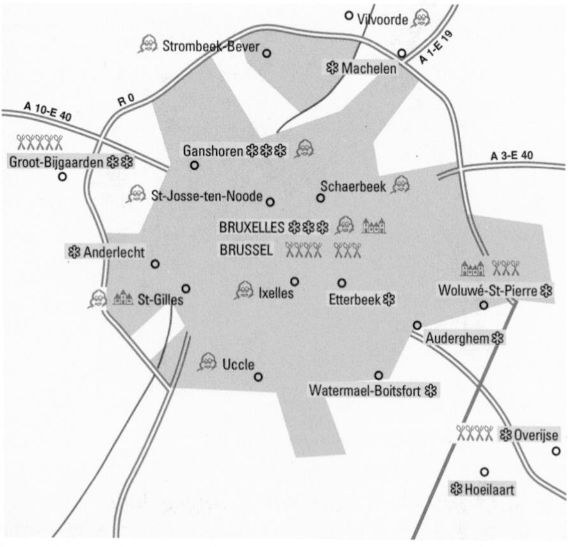

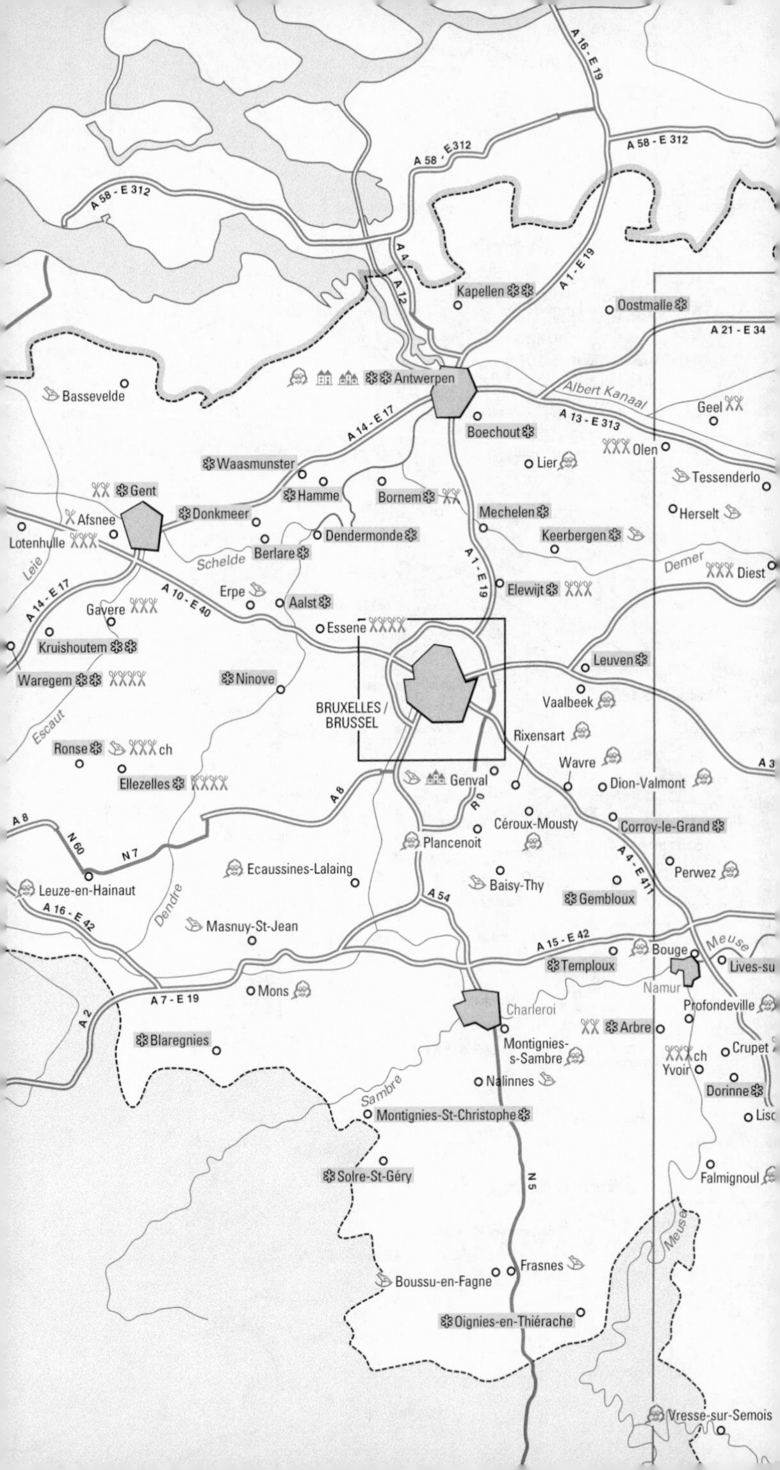
A 16 - E 19
A 58 - E 312
A 58 - E 312
A 58 - E 312
A 4
A 12
A 1 - E 19
Kapellen ✽✽
Oostmalle ✽
A 21 - E 34
✽✽ Antwerpen
Albert Kanaal
Bassevelde
A 14 - E 17
A 13 - E 313
Geel
Boechout ✽
Olen
Lier
✽ Waasmunster
Tessenderlo
✽ Gent
✽ Hamme
Bornem ✽
Mechelen ✽
Herselt
Afsnee
✽ Donkmeer
Dendermonde ✽
Keerbergen ✽
Lotenhulle
Berlare ✽
Schelde
Leie
Demer
Diest
A 14 - E 17
A 10 - E 40
Erpe
Aalst ✽
A 1 - E 19
Elewijt ✽
Gavere
Essene
Kruishoutem ✽✽
Leuven ✽
Waregem ✽✽
✽ Ninove
BRUXELLES / BRUSSEL
Vaalbeek
Escaut
Rixensart
Ronse ✽
ch
Wavre
A 3
Ellezelles ✽
Genval
Dion-Valmont
A 8
A 8
R 0
Céroux-Mousty
Corroy-le-Grand ✽
N 60
N 7
Plancenoit
A 4 - E 411
Ecaussines-Lalaing
Perwez
Leuze-en-Hainaut
Baisy-Thy
✽ Gembloux
A 54
A 16 - E 42
Dendre
Masnuy-St-Jean
A 15 - E 42
Bouge
Meuse
✽ Temploux
Lives-su
Namur
Mons
A 7 - E 19
Charleroi
Profondeville
A 2
✽ Arbre
✽ Blaregnies
Montignies-s-Sambre
Crupet
ch
Yvoir
Nalinnes
Dorinne ✽
Sambre
Montignies-St-Christophe ✽
Lisc
✽ Solre-St-Géry
Falmignoul
N 5
Meuse
Frasnes
Boussu-en-Fagne
✽ Oignies-en-Thiérache
Vresse-sur-Semois

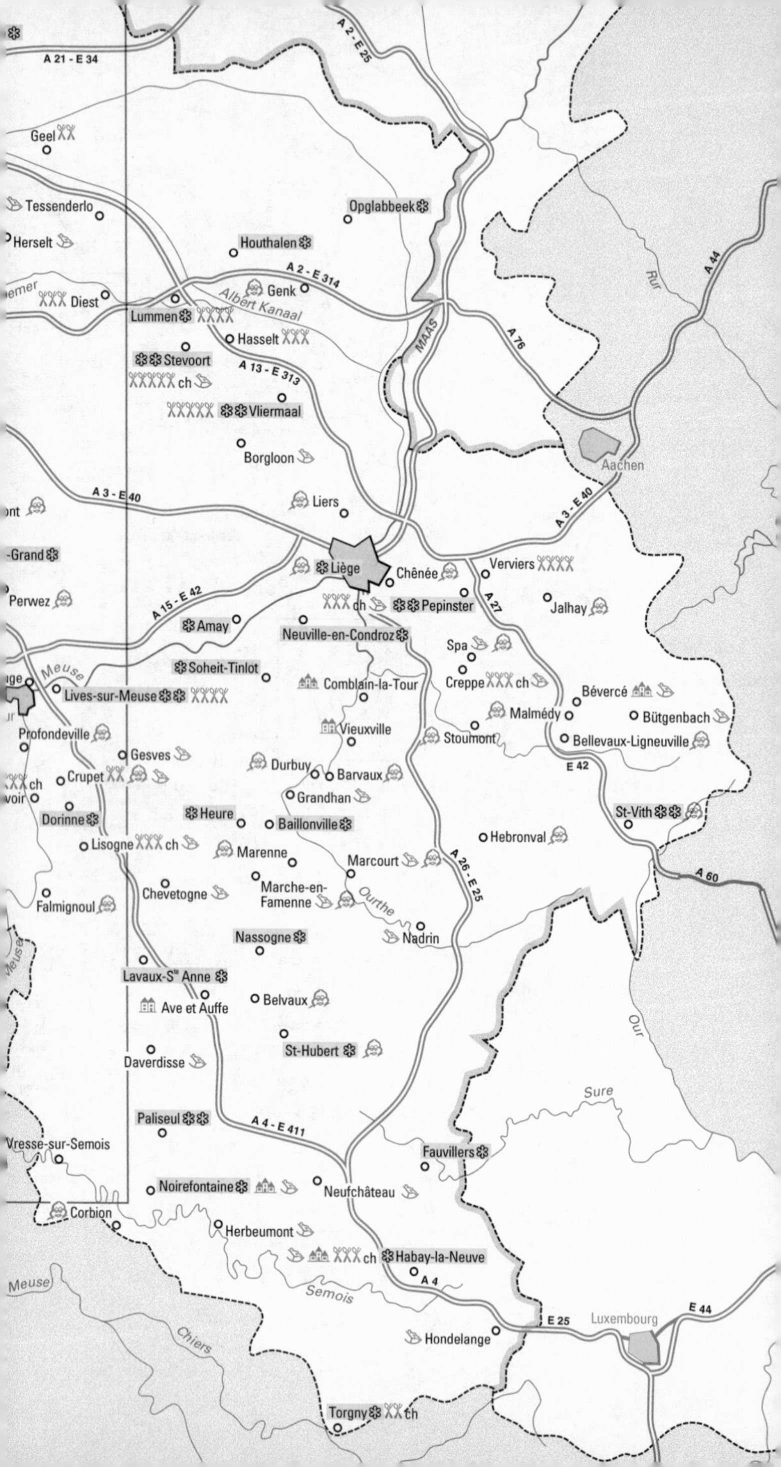
A 21 - E 34
A 2 - E 25
Geel
Tessenderlo
Opglabbeek
Herselt
Houthalen
A 2 - E 314
Genk
Diest
Albert Kanaal
Lummen
Rur
A 44
Hasselt
MAAS
A 76
Stevoort
A 13 - E 313
ch
Vliermaal
Borgloon
Aachen
A 3 - E 40
Liers
A 3 - E 40
Verviers
Liège
Chênée
Perwez
A 15 - E 42
ch
Pepinster
A 27
Jalhay
Amay
Neuville-en-Condroz
Spa
Meuse
Soheit-Tinlot
Creppe
ch
Comblain-la-Tour
Bévercé
Lives-sur-Meuse
Malmédy
Bütgenbach
Vieuxville
Profondeville
Stoumont
Bellevaux-Ligneuville
Gesves
E 42
Durbuy
Crupet
Barvaux
ch
Grandhan
St-Vith
Dorinne
Heure
Baillonville
Hebronval
Lisogne
ch
Marenne
A 26 - E 25
Marcourt
A 60
Chevetogne
Marche-en-Famenne
Ourthe
Falmignoul
Nadrin
Meuse
Nassogne
Lavaux-Ste Anne
Ave et Auffe
Belvaux
Our
St-Hubert
Daverdisse
Sure
Paliseul
A 4 - E 411
Vresse-sur-Semois
Fauvillers
Noirefontaine
Neufchâteau
Corbion
Herbeumont
ch
Habay-la-Neuve
A 4
Meuse
Semois
E 25
Luxembourg
E 44
Hondelange
Chiers
Torgny
ch

Les prix sont donnés en francs belges.
De prijzen zijn vermeld in Belgische franken.
Die Preise sind in belgischen Francs angegeben.

AALBEKE *West-Vlaanderen* **213** ⑮ et **909** C 3 – *voir à Kortrijk.*

AALST (ALOST) *9300 Oost-Vlaanderen* **213** ⑤ et **909** F 3 – *76 197 h.*

Voir *Transept et chevet★, tabernacle★ de la collégiale St-Martin (Sint-Martinuskerk)* BY **A** – *Schepenhuis★* Y **B.**

Grote Markt 3 ☏ (0 53) 73 22 62, Fax (0 53) 78 21 99.

Bruxelles 28 ④ – Gent 33 ⑦ – Antwerpen 52 ①.

AALST

Albrechtlaan .... AZ 2
Alfred Nichelsstraat .... BZ 3
Burgemeesterspl. .... BZ 5
Brusselsesteenweg .... AZ 6
Dendermondsesteenweg .... AZ 8
Dirk Martensstraat .... BY 9
Esplanadepl. .... BY 10
Esplanadestraat .... BY 12
Frits de Wolfkaai .... BY 13
Gentsesteenweg .... AZ 15
Geraardsbergsestraat .... AZ 16
de Gheeststraat .... BZ 17
Graanmarkt .... BY 19
Grote Markt .... BY 20
Heilig Hartlaan .... AZ 21
Houtmarkt .... BZ 23
Josse Ringoirkaai .... BY 24
Kapellestraat .... BY 25
Kattestraat .... BY
Korte Zoutstraat .... BZ 26
van Langenhovestraat .... BZ 28
Lange Zoutstraat .... BY 29
Leopoldlaan .... AZ 30
Molendries .... BY 32
Molenstraat .... BY
Moorselbaan .... AZ 33
Moutstraat .... BY 34
Nieuwstraat .... BY
Priester Daensplein .... BY 35
Schoolstraat .... BY 37
Vaartstraat .... BY 38
Varkensmarkt .... BY 39
Vlaanderenstraat .... BY 41
Vredeplein .... BY 42
Vrijheidstraat .... BY 43
1 Meistraat .... BY 45

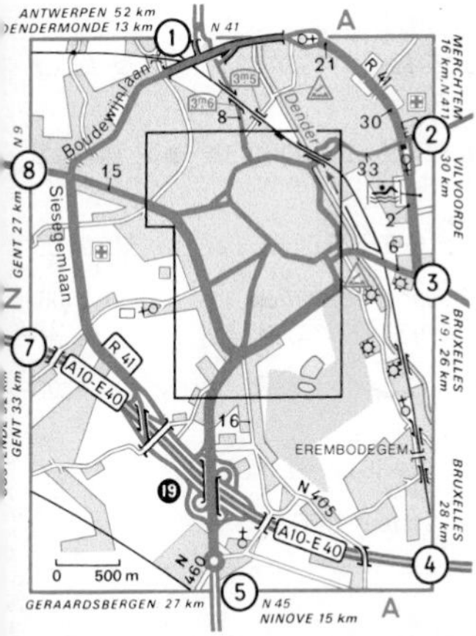

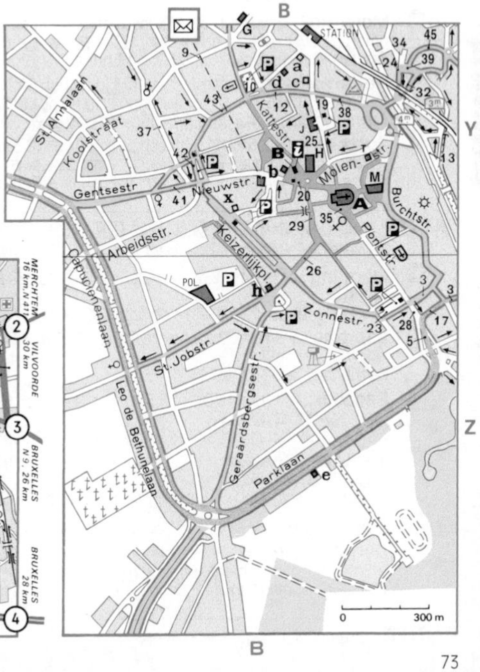

Keizershof sans rest, Korte Nieuwstraat 15, ℘ (0 53) 77 44 11, *Fax (0 53) 78 00 97* – AE E VISA. BY x
475 – **45 ch** 4500/5100.

Station sans rest, A. Liénartstraat 14, ℘ (0 53) 77 58 20, *Fax (0 53) 78 14 69*, « Demeure ancienne », – . AE E VISA. BY c
15 ch 2200/3000.

Graaf van Vlaanderen, Stationsplein 37, ℘ (0 53) 78 98 51, *Fax (0 53) 78 10 28* – – 25 à 70. AE E VISA. BY a
Repas *(fermé sam. soir, dim., jours fériés, 2e quinz. août et fin déc.) Lunch 390* – 850 – **9 ch** 2395/3185 – ½ P 2785.

't Overhamme, Brusselsesteenweg 163 (par ③ : 3 km sur N 9), ℘ (0 53) 77 85 99, *Fax (0 53) 78 70 94*, , « Terrasse et jardin » – . AE E VISA.
fermé sam. midi, dim. soir, lundi et 15 juil.-15 août – **Repas** *Lunch 1200* – carte 1900 à 2250.

Host. Mirage avec ch, Stationsstraat 21, ℘ (0 53) 77 41 60, *Fax (0 53) 77 40 94*, – . AE E VISA BY d
Repas *(fermé du 14 au 22 fév., 26 juil.-24 août, sam. midi, dim. soir et lundi) Lunch 1100* – carte 2650 à 3100 – 350 – **7 ch** *(fermé du 14 au 22 fév.)* 2500/3000 – ½ P 2750/4200.

Kelderman, Parklaan 4, ℘ (0 53) 77 61 25, *Fax (0 53) 78 68 05*, , Produits de la mer, « Terrasse et jardin » – . AE E VISA JCB. BZ e
fermé merc., jeudi et août – **Repas** *Lunch 1550 bc* – carte 1400 à 2500.

Tang's Palace, Korte Zoutstraat 51, ℘ (0 53) 78 77 77, *Fax (0 53) 71 09 70*, Cuisine chinoise, ouvert jusqu'à 23 h 30 – . AE E VISA. BZ h
Repas *Lunch 395* – carte 850 à 1450.

Borse van Amsterdam, Grote Markt 26, ℘ (0 53) 21 15 81, *Fax (0 53) 21 24 80*, , Taverne-rest, « Maison flamande du 17e s. » – AE E VISA BY b
fermé merc. soir, jeudi, sem. carnaval et 3 prem. sem. sept. – **Repas** *Lunch 320* – 995.

à Erondegem *par ⑧ : 6 km* C *Erpe-Mere 19 200 h.* – ✉ *9420 Erondegem :*

Host. Bovendael, Kuilstraat 1, ℘ (0 53) 80 53 66, *Fax (0 53) 80 54 26*, – – 40. AE E VISA. rest
Repas (dîner seult) *(fermé dim. soir)* 1195 – **12 ch** 1750/2400 – ½ P 1700/2250.

à Erpe *par ⑧ : 5,5 km* C *Erpe-Mere 19 200 h.* – ✉ *9420 Erpe :*

Molenhof sans rest, Molenstraat 9 (direction Lede), ℘ (0 53) 80 39 61, « Parc ombragé avec pièce d'eau », , – . AE E VISA
fermé vacances Noël – 250 – **12 ch** 1500/1900.

Het Kraainest, Kraaineststraat 107 (direction Erondegem O : 2 km), ℘ (0 53) 80 66 40, *Fax (0 53) 80 66 38*, , « Jardin » – – 50. AE E VISA
fermé lundi soir, mardi et fin août – **Repas** *Lunch 995 bc* – 1895/2600 bc.

Cottem, Molenstraat 13 (direction Lede), ℘ (0 53) 80 43 90, *Fax (0 53) 80 36 26*, ←, « Parc ombragé avec pièce d'eau » – . AE E VISA.
fermé mardi, dim. soir, sem. carnaval et juil. – **Repas** 995/1550.

AALTER *9880 Oost-Vlaanderen* 213 ③ et 909 D 2 – *17 778 h.*

Bruxelles 73 – Brugge 28 – Gent 25.

Memling sans rest, Markt 11, ℘ (0 9) 374 10 13, *Fax (0 9) 374 70 72* – . AE E VISA
fermé du 18 au 31 juil. – **17 ch** 2000/3000.

Capitole sans rest, Stationsstraat 95, ℘ (0 9) 374 10 29 – . AE E VISA JCB.
fermé janv. – **32 ch** 1700/2500.

Pegasus, Aalterweg 10 (N : 5,5 km sur N 44), ℘ (0 9) 375 04 85, *Fax (0 9) 375 04 95*, – . AE E VISA
fermé lundi soir, mardi soir, merc. et 19 juil.-10 août – **Repas** *Lunch 1250* – 1800/2400.

Ter Lake, Venecolaan 1 (1,5 km sur N 499), ℘ (0 9) 374 59 34, *Fax (0 9) 374 59 34*, – . AE E VISA.
fermé dim. soir, lundi, mardi soir, dern. sem. fév. et 2 dern. sem. juil. – **Repas** 900/1300.

à Lotenhulle *S : 3 km par N 409* C *Aalter* – ✉ *9880 Lotenhulle :*

Den Ouwe Prins, Prinsenstraat 14, ℘ (0 9) 374 46 66, *Fax (0 9) 374 06 91*, , « Environnement champêtre » – . VISA JCB
fermé lundi, mardi midi et fin juil. – **Repas** *Lunch 1500 bc* – 2800 bc.

AARLEN *Luxembourg belge* – *voir Arlon.*

AARSCHOT *3200 Vlaams-Brabant* 213 ⑧ et 909 H 3 – *27 266 h.*

à Sint-Joris-Winge S : 10 km, Leuvensesteenweg 206 ☎ (0 16) 63 40 53, Fax (0 16) 63 21 40.

Bruxelles 43 – Antwerpen 42 – Hasselt 41.

XX **De Gouden Muts,** Jan Van Ophemstraat 14, ☎ (0 16) 56 26 08, *Fax (0 16) 57 14 14,* – AE ◑ E VISA.
fermé mardi, merc., sam. midi et 15 août-11 sept. – **Repas** Lunch 1000 – carte 1600 à 2100.

à **Langdorp** *NE : 3,5 km* Ⓒ *Aarschot* – ✉ *3201 Langdorp :*

XX **Gasthof Ter Venne,** Diepvenstraat 2, ☎ (0 16) 56 43 95, *Fax (0 16) 56 79 53,* « Environnement boisé » – Ⓟ. AE ◑ E VISA.
fermé mardi, merc. et dim. soir – **Repas** 1000/2750.

AARTSELAAR *Antwerpen* 212 ⑮ et 909 G 2 – *voir à Antwerpen, environs.*

AAT *Hainaut – voir Ath.*

ACHEL *Limburg* 213 ⑩ et 909 J 2 – *voir à Hamont-Achel.*

ACHOUFFE *Luxembourg belge* 214 ⑧ – *voir à Houffalize.*

AFSNEE *Oost-Vlaanderen* 213 ④ – *voir à Gent, périphérie.*

ALBERTSTRAND *West-Vlaanderen* 212 ⑪ et 909 C 1 – *voir à Knokke-Heist.*

ALLE *5550 Namur* Ⓒ *Vresse-sur-Semois 2 775 h.* 214 ⑮ et 909 H 6.

Bruxelles 163 – Namur 104 – Bouillon 22.

Aub. d'Alle, r. Liboichant 46, ☎ (0 61) 50 03 57, *Fax (0 61) 50 00 66,* , – TV ☎ Ⓟ – 25. AE ◑ E VISA.
fermé du 7 au 18 mars – **Repas** Lunch 710 – 850/2180 – **12 ch** 2035/3500 – ½ P 2700/3020.

La Charmille, r. Liboichant 12, ☎ (0 61) 50 11 32, *Fax (0 61) 50 15 61,* « Jardin ombragé » – ☎ Ⓟ. ◑ E VISA.
fermé du 1er au 15 juil. et du 6 au 20 déc. – **Repas** *(fermé après 20 h 30 et merc. soirs et jeudis midis non fériés sauf en saison)* carte 1150 à 1500 – **20 ch** 2150/2700 – ½ P 1800/2000.

Fief de Liboichant, r. Liboichant 44, ☎ (0 61) 50 80 30, *Fax (0 61) 50 14 87,* – TV ☎ Ⓟ. AE ◑ E VISA. rest
fermé début janv.-fév. – **Repas** 860/1500 – **25 ch** 2000/2800 – ½ P 2500/2600.

ALOST *Oost-Vlaanderen – voir Aalst.*

ALSEMBERG *Vlaams-Brabant* 213 ⑱ et 909 G 3 ㉓ S – *voir à Bruxelles, environs.*

ALVERINGEM *8690 West-Vlaanderen* 213 ① et 909 B 2 – *4 744 h.*

Bruxelles 144 – Brugge 59 – Ieper 26 – Oostende 37 – Veurne 10.

Host. Petrus , Oerenstraat 13, ☎ (0 58) 28 80 07, *Fax (0 58) 28 93 81,* , – rest, TV ☎ Ⓟ – 25. AE ◑ E
fermé sem. carnaval et merc. hors saison – **Repas** carte env. 1300 – **14 ch** 2100/2800 – ½ P 2200/2500.

AMAY *4540 Liège* 213 ㉑ et 909 I 4 – *12 853 h.*

Voir *Chasse★ et sarcophage mérovingien★ dans la Collégiale St-Georges.*

Bruxelles 95 – Liège 25 – Huy 8 – Namur 40.

XX ✿ **Jean-Claude Darquenne,** r. Trois Sœurs 14a (N : 3,5 km par N 614), ☎ (0 85) 31 60 67, *Fax (0 85) 31 36 96,* , « Terrasse de style Louisianne » – Ⓟ. AE ◑ E VISA
fermé dim. soir, lundi, jeudi soir, 18 août-18 sept. et 23 déc.-2 janv. – **Repas** (nombre de couverts limité - prévenir) Lunch 1500 – carte 2100 à 2600
Spéc. Fricassée de St-Jacques et foie gras. Blanc de turbot au foie gras et truffes fraîches (janv.-fév.). Homard grillé, beurre au St-Émilion.

AMBLÈVE (Vallée de l') ★★ *Liège* 213 ㉓, 214 ⑦ ⑧ et 909 L 4 - K 4 *G. Belgique-Luxembourg.*

AMEL (AMBLÈVE) *4770 Liège* 214 ⑨ et 909 L 4 – *4 962 h.*

Bruxelles 174 – Liège 78 – Luxembourg 96 – Malmédy 21.

XX **Kreusch** avec ch, Auf dem Kamp 179, ✆ (0 80) 34 80 50, *Fax (0 80) 34 03 69*, – 25 à 80. E VISA.
fermé dern. sem. juin-prem. sem. juil., 2 prem. sem. déc. sauf week-end et dim. soir et lundi sauf en juil.-août – **Repas** Lunch 825 – 895/1950 – 400 – **12 ch** 1650/2700 – ½ P 2350/2450.

ANDENNE *5300 Namur* 213 ㉑, 214 ⑤ et 909 I 4 – *23 311 h.*

Ferme du Moulin, Stud 52 ✆ (0 85) 84 34 04, Fax (0 85) 84 34 04.

pl. du Perron 18 ✆ (0 85) 84 62 72, Fax (0 85) 84 64 49.

Bruxelles 75 – Namur 22 – Liège 48.

XX **La Ferme Bekaert** avec ch, pl. F. Moinnil 330 (NO : 7 km, lieu-dit Petit-Waret), ✆ (0 85) 82 35 50, *Fax (0 85) 82 35 60*, « Jardin » – – 25 à 60. AE E VISA
fermé 2e quinz. août et 2e quinz. janv. – **Repas** *(fermé dim. soir et lundi)* 975/1850 – **7 ch** 1600/2000 – ½ P 1950.

XX **Le Manoir,** r. Frère Orban 29, ✆ (0 85) 84 38 87 – E VISA
fermé jeudis non fériés, dim. soir, lundi soir, 1 sem. carnaval et 3 prem. sem. juil. – **Repas** Lunch 595 – 1250/1850.

ANDERLECHT *Région de Bruxelles-Capitale* 213 ⑱ et 909 F 3 - ㉑ S – *voir à Bruxelles.*

ANGLEUR *Liège* 213 ㉒ et 909 ⑱ S – *voir à Liège, périphérie.*

ANHÉE *5537 Namur* 214 ⑤ et 909 H 5 – *6 613 h.*

Env. *O : Vallée de la Molignée★.*

Bruxelles 85 – Namur 24 – Charleroi 51 – Dinant 7.

X **Les Jardins de la Molignée,** rte de Molignée 1, ✆ (0 82) 61 33 75, *Fax (0 82) 61 13 72*, – – 25 à 150. E VISA
fermé janv.-fév. sauf week-end et merc. du 15 oct. au 15 mars – **Repas** Lunch 550 – 995.

ANS *Liège* 213 ㉒ et 909 J 4 - ⑰ N – *voir à Liège, environs.*

ANSEREMME *Namur* 214 ⑤ et 909 H 5 – *voir à Dinant.*

ANTWERPEN – ANVERS

2000 **P** 212 ⑮ *et* 909 G 2 – ⑧ S – *453 030 h.*

Bruxelles 48 ⑩ – Amsterdam 159 ④ – Luxembourg 261 ⑨ – Rotterdam 103 ④.

Plans d'Antwerpen
- Agglomération .... p. 2 et 3
- Antwerpen Centre .... p. 4 et 5
- Agrandissement partie centrale .... p. 6

Liste alphabétique des hôtels et des restaurants .... p. 7 et 8

Nomenclature des hôtels et des restaurants
- Ville .... p. 9 à 12
- Périphérie .... p. 12 et 13
- Environs .... p. 13 à 15

OFFICES DE TOURISME

Grote Markt 15 ☎ (03) 232 01 03, Fax (03) 231 19 37 – Fédération provinciale de tourisme, Karel Oomsstraat 11 ✉ 2018 ☎ (03) 216 28 10, Fax (03) 237 83 65.

RENSEIGNEMENTS PRATIQUES

18 9 *à Kapellen par ② : 15,5 km, G. Capiaulei 2 ☎ (03) 666 84 56, Fax (03) 666 44 37*
18 *à Aartselaar par ⑩ : 10 km, Kasteel Cleydael, Cleydaellaan 36 ☎ (03) 887 00 79, Fax (03) 887 00 15*
18 9 *à Wommelgem par ⑥ : 10 km, Uilenbaan 15 ☎ (03) 355 14 30, Fax (03) 355 14 35*
18 *à Broechem par ⑥ : 13 km par N 116, Kasteel Bossenstein, Moor 16 ☎ (03) 485 64 46, Fax (03) 485 78 41*
9 *à Brasschaat par ② et ③ : 11 km, Miksebaan 248 ☎ (03) 653 10 84, Fax (03) 651 37 20*
9 *à Edegem par ⑨ : 9 km, Drie Eikenstraat 510 ☎ (03) 440 64 30, Fax (03) 440 42 42*
18 9 *à 's Gravenwezel par ⑤ : 13 km, St-Jobsteenweg 120 ☎ (03) 380 12 80, Fax (03) 384 29 33*

CURIOSITÉS

Voir *Autour de la Grand-Place et de la Cathédrale★★★ : Grand-Place★ (Grote Markt)* FY, *Vlaaikensgang★* FY, *Cathédrale★★★ et sa tour★★★* FY, *Maison des Bouchers★ (Vleeshuis) : instruments de musique★* FY **D** – *Maison de Rubens★★ (Rubenshuis)* GZ – *Intérieur★ de l'église St-Jacques* GY – *Place Hendrik Conscience★* GY – *Église St-Charles-Borromée★ (St-Carolus Borromeuskerk* GY – *Intérieur de l'Église St-Paul (St-Pauluskerk)* FY – *Jardin zoologique★ (Dierentuin)* DEU – *Quartier Zurenborg★* EV – *Le port (Haven)* ⛴ FY.

Musées : *de la Marine « Steen »★ (Nationaal Scheepvaartmuseum)* FY – *d'Etnographie★ (Etnografisch museum)* FY **M1** – *Plantin-Moretus★★★* FZ – *Mayer van den Bergh★★ : Margot l'enragée★★ (De Dulle Griet)* GZ – *Maison Rockox★ (Rockoxhuis)* GY **M4** – *Royal des Beaux-Arts★★★ (Koninklijk Museum voor Schone Kunsten)* CV **M5** – *de la Photographie★ (Museum voor Fotografie)* CV **M6** – *de Sculpture en plein air Middelheim★ (Openluchtmuseum voor Beeldhouwkunst)* BS – *Provinciaal Museum Sterckshof - Zilvercentrum★* BR **M10**.

ANTWERPEN

Antwerpsesteeweg	AS	
Antwerpsestr.	BS	7
Aug. van de Wielelei	BR	9
Autolei	BR	10
Beatrijslaan	BR	
Berkenlaan	BS	13
Bisschoppenhoflaan	BR	
Blancefloerlaan	AR	
Boomsesteenweg	BS	
Borsbeeksesteenweg	BS	
Bosuilbaan	BQ	18
Bredabaan	BQ	
de Bruynlaan	BS	28
Calesbergdreef	BQ	30
Charles de Costerlaan	ABR	
Churchilllaan	BQ	34
Delbekelaan	BQ	40
Deurnestr.	BS	42
Doornstraat	BS	
Drakenhoflaan	BS	45
Edegemsestr.	BS	46
Eethuisstr.	BQ	48
Elisabethlaan	BS	49
Frans Beirenslaan	BS	
Gallifortlei	BR	61
Gitschotellei	BS	
Groenenborgerlaan	BS	73
Groenendaallaan	BQ	75
Groot Hagelkruis	BQ	76
Grotesteenweg	BS	
Guido Gezellelaan	BS	78
Herentalsebaan	BR	
Horstebaan	BQ	
Hovestr.	BS	85
Ijzerlaan	BQ	87
Ing. Menneslaan	BQ	88
Jan van Rijswijcklaan	BS	93
Jeurissensstr.	BQ	94
Juul Moretuslei	BS	
Kapelsesteenweg	BQ	99
Kapelstr.	AS	100
Koningin Astridlaan	AR	108
Krijgsbaan	AR	
Lakborslei	BR	115
Langestr.	AS	
Liersesteenweg	BS	
Luitenant Lippenslaan	BR	126
Mechelsesteenweg (MORTSEL)	BS	
Merksemsebaan	BR	132
Mussenhœvelaan	BS	
Noorderlaan	BQ	
Oosterveldlaan	BS	139
Oude Barreellei	BQ	144
Oude Godstr.	BS	145
Pastoor Coplaan	AR	150
Prins Boudewijnlaan	BS	
Provinciesteenweg	BS	160
de Robianostr.	BS	169
Scheldelaan	AQ	
Schotensteenweg	BR	177
Sint-Bernardsesteenweg	ABS	
Statielei	BS	190
Statiestr.	AR	192
Stenenbrug	BR	195
Turnhoutsebaan (DEURNE)	BR	198
Veltwijcklaan	BQ	
Vordensteinstr.	BQ	210
Vredebaan	BS	21

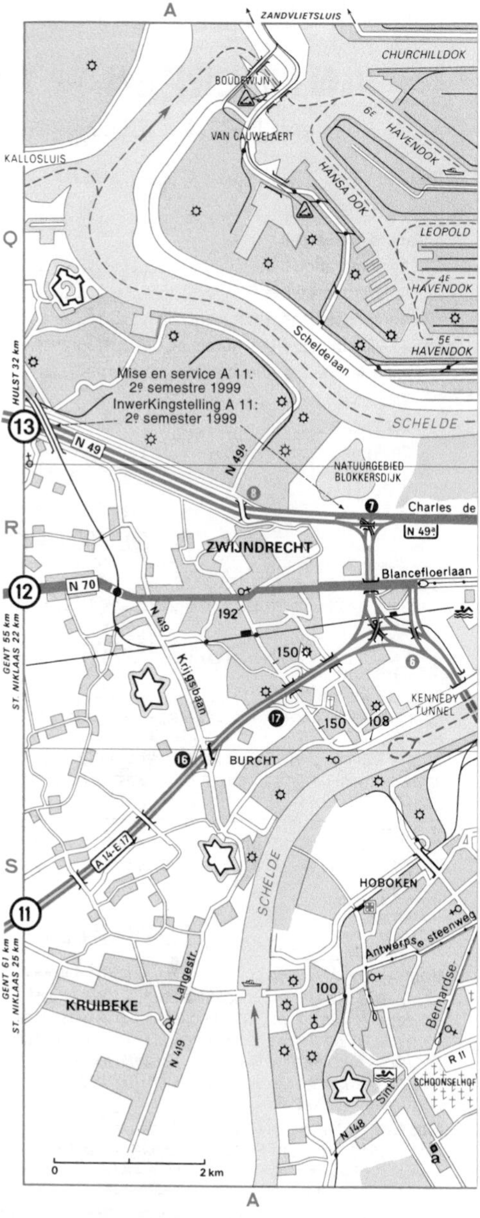

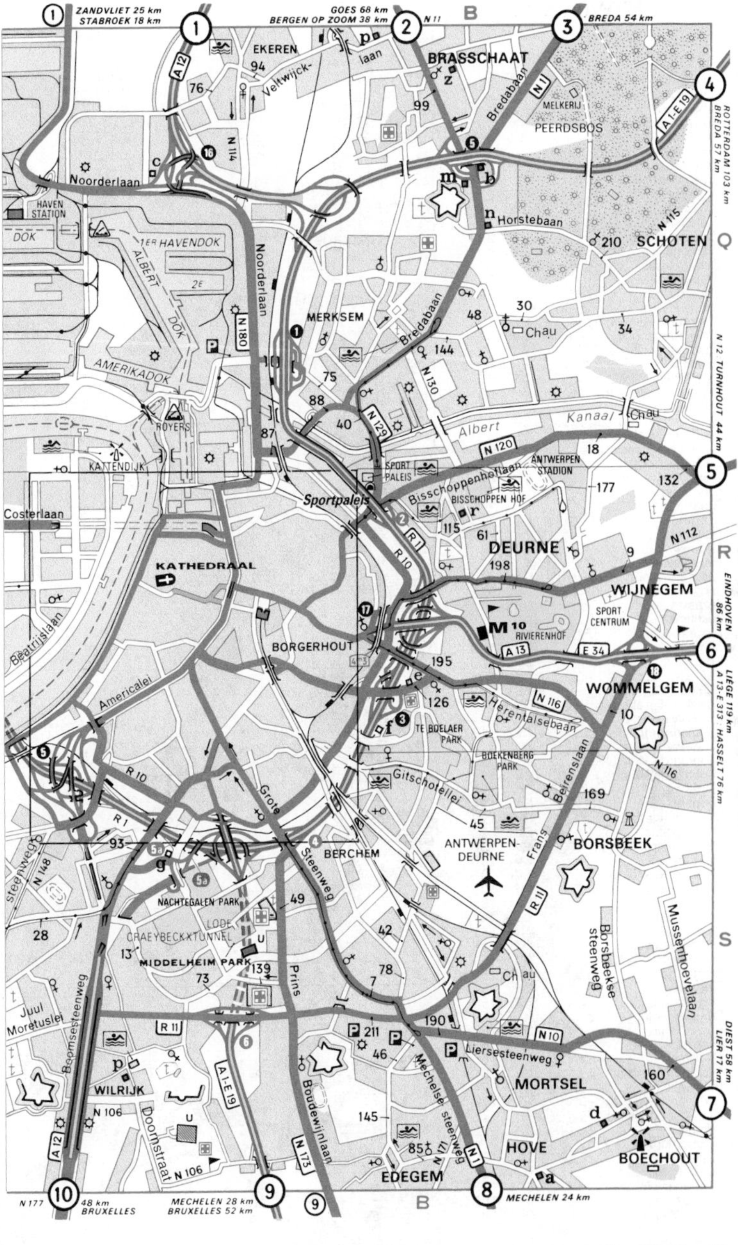

EUROPE on a single sheet
Michelin Map no 970.

ANTWERPEN

van Aerdtstr.	DT	3
Amsterdamstr.	DT	4
Ankerrui	DT	6
Ballaerstr.	DV	12
Borsbeekbrug	EX	16
van Breestr.	DV	19
Brialmontlei	DV	21
Britselei	DV	22
Broederminstr.	CV	24
Brouwersvliet	DT	25
Brusselstr.	CV	27
Carnotstr.	EU	
Cassiersstr.	DT	31
Charlottalei	DV	33
Cockerillkaai	CV	36
Cogels-Osylei	EV	37
Cuperusstr.	EV	38
Dambruggestr.	ETU	39
Diksmuidelaan	EX	43
Emiel Banningstr.	CV	51
Emiel Vloorsstr.	CX	52
Erwtenstr.	ET	55
Falconplein	DT	58
Franklin Rooseveltpl.	DU	60
Gemeentestr.	DU	63
Gén. Armstrongweg	CX	64
Gen. van Merlenstraat	EV	65
Gérard Le Grellelaan	DX	66
de Gerlachekaai	CV	67
Gillisplaats	CV	69
Gitschotellei	EX	70
Graaf van Egmontstr.	CV	72
Haantjeslei	CDV	79
Halenstr.	ET	81
Hessenplein	DT	84
Jan de Voslei	CX	90
Jan van Gentstr.	CV	91
Jezusstr.	DU	96
Justitiestr.	DV	97
Kasteelpleinstr.	DV	102
de Keyserlei	DU	103
Kloosterstr.	CU	105
Kol. Silvertopstr.	CX	106
Koningin Astridplein	DEU	109
Koningin Elisabethlei	DX	110
Korte Winkelstr.	DTU	114
Lambermontplaats	CV	116
Lange Winkelstr.	DT	118
Léopold de Waelplein	CV	120
Léopold de Waelstr.	CV	121
Leysstr.	DU	123
Londenstr.	DT	124
Maria-Henriettalei	DV	127
Marnixplaats	CV	129
Mercatorstr.	DEV	130
Namenstr.	CV	133
van den Nestlei	EV	135
Offerandestr.	EU	136
Ommeganckstr.	EU	138
Orteliuskaai	DT	141
Osystr.	DU	142
Oude Leeuwenrui	DT	148
Pelikaanstr.	DU	151
Plantinkaai	CU	153
Ploegstr.	EU	154
Posthofbrug	EX	157
Prins Albertlei	DX	159
Provinciestr.	EUV	162
Pyckestr.	CX	163
Quellinstr.	DU	165
Quinten Matsijslei	DUV	166
Rolwagenstr.	EV	171
Schijnpoortweg	ET	174
van Schoonhovestr.	DEU	175
Simonsstr.	DEV	178
Sint-Bernardse steenweg	CX	180
Sint-Gummarusstr.	DT	181
Sint-Jansplein	DT	183
Sint-Jozefsstr.	DV	186
Sint-Michielskaai	CU	187
Turnhoutsebaan (BORGERHOUT)	EU	
Viaduct Dam	ET	202
Visestr.	ET	204
Volkstr.	CV	207
Vondelstr.	DT	208
Waterloostraat	EV	210

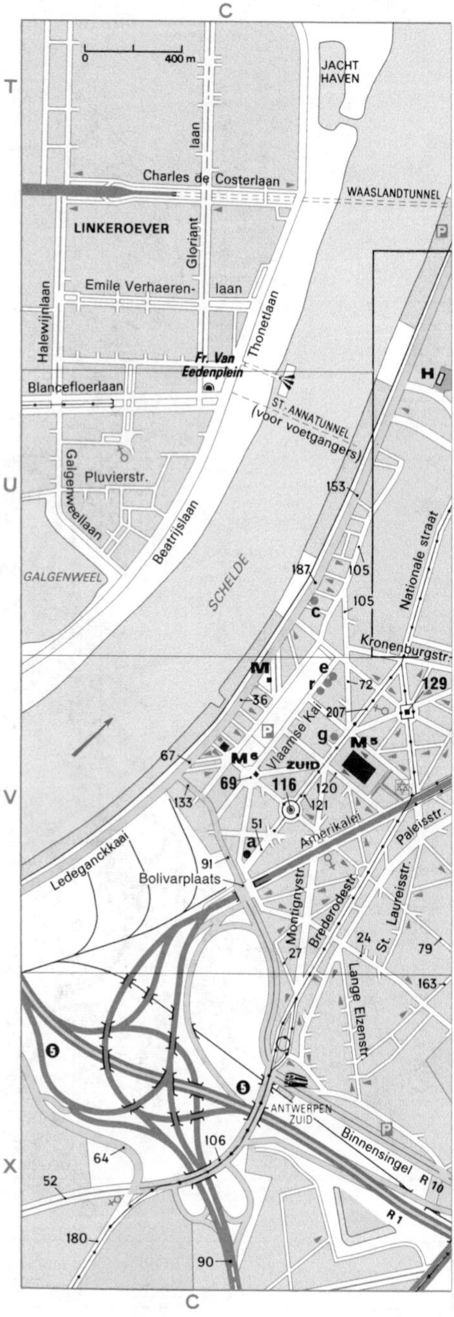

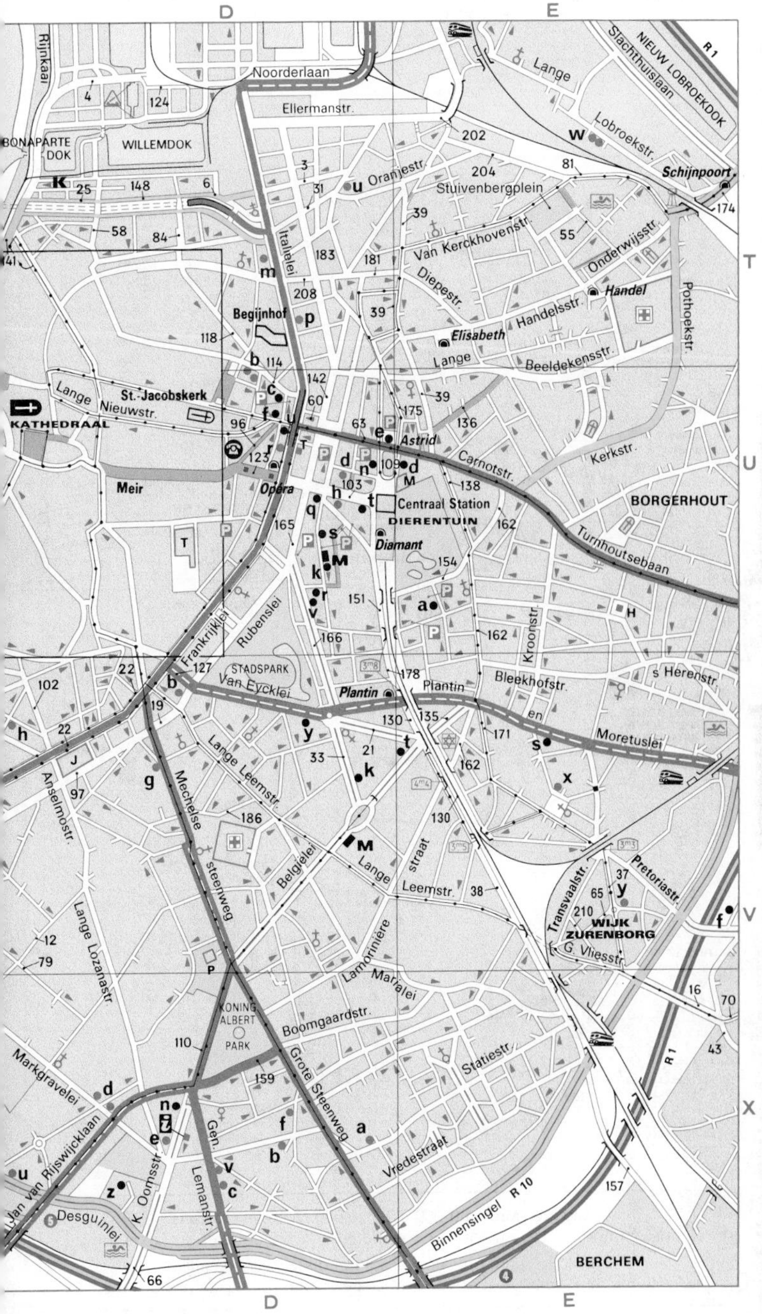
D
E
T
U
V
X
Rijnkaai
Noorderlaan
Ellermanstr.
WILLEMDOK
BONAPARTE DOK
NIEUW LOBROEKDOK
Slachthuislaan
Lange
Lobroekstr.
R1
Schijnpoort
Oranjestr.
Stuivenbergplein
Van Kerckhovenstr.
Onderwijsstr.
Diepestr.
Handel
Handelsstr.
Elisabeth
Lange Beeldekensstr.
Pothoekstr.
Italiëlei
Begijnhof
St.-Jacobskerk
Lange Nieuwstr.
KATHEDRAAL
Meir
Opéra
Astrid
Carnotstr.
Kerkstr.
Centraal Station
DIERENTUIN
Diamant
BORGERHOUT
Turnhoutsebaan
Kroonstr.
Frankrijklei
Rubenslei
STADSPARK
Van Eycklei
Plantin
Bleekhofstr.
Plantin en Moretuslei
s Herenstr.
Anselmostr.
Lange Leemstr.
Mechelse steenweg
Belgiëlei
Lange Leemstr.
Lamorinièrestraat
Transvaalstr.
Pretoriastr.
WIJK ZURENBORG
G. Vliesstr.
Lange Lozanastr.
Marialei
Boomgaardstr.
KONING ALBERT PARK
Grote Steenweg
Statiestr.
Markgravelei
Gen. Lemanstr.
Vredestraat
R10
Binnensingel
Jan van Rijswijcklaan
K. Oomsstr.
Desguinlei
BERCHEM
R1

ANTWERPEN

Gildekamerstr. . . . . FY 69
Groenplaats . . . . FZ
Handschoenmarkt . . . . . . FY 82
Klapdorp . . . . GY
Korte
Gasthuisstr. . . . . GZ 112
Maria Pijpelinckxstr. . . . . . GZ 127
Meir . . . . GZ
Nationalestr. . . . . FZ
Oude Koornmarkt . . . . . . FYZ 147
Paardenmarkt . . . . GY
Repenstr. . . . . FY 168
Schoenmarkt . . . . FZ
Sint-Jansvliet . . . . FZ 184
Sint-Rochusstr. . . . . FZ 189
Steenhouwersvest . . . . . . FZ 193
Twaalf Maandenstr. . . . . . GZ 199
Veemarkt . . . . FY 201
Vlasmarkt . . . . FYZ 205
Vleeshouwersstr. . . . . FY 206
Vrijdagmarkt . . . . FZ 213
Wisselstr. . . . . FY 214
Zirkstr. . . . . FY 216
Zwartzusterstr. . . . . FY 217

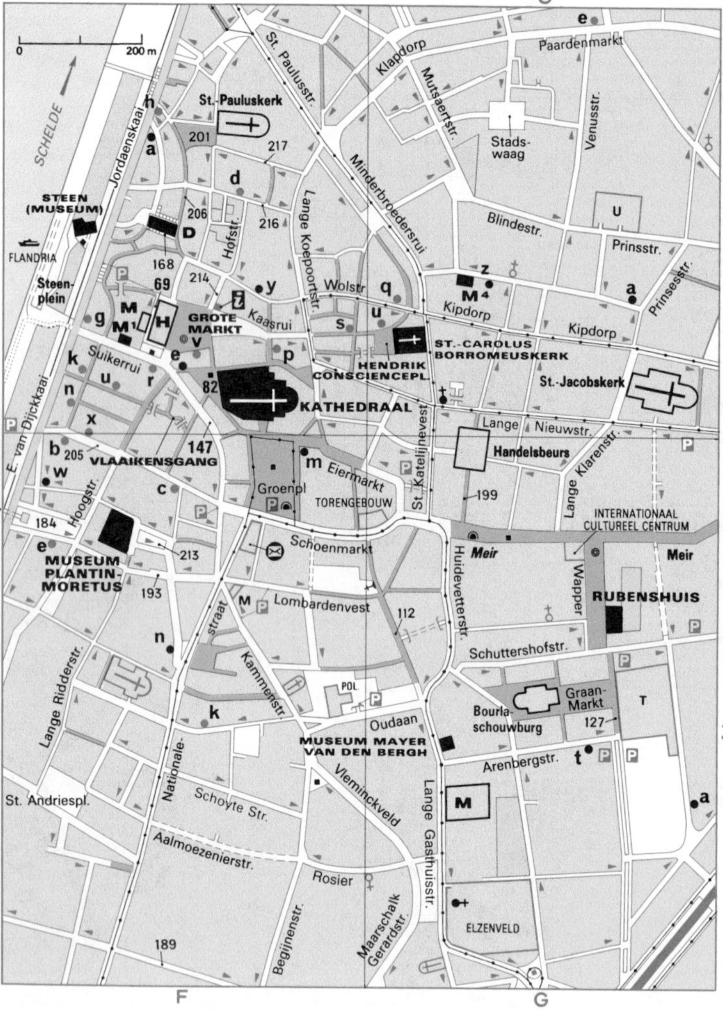

La **carte Michelin** 409 à 1/350 000 (1 cm = 3, 5 km)
donne, en une feuille, une image complète de la **Belgique** et du **Luxembourg**.
Elle présente en outre des agrandissements détaillés
des régions de Bruxelles, d'Anvers, de Liège et une nomenclature des localités.

Liste alphabétique des hôtels et restaurants
Alfabetische lijst van hotels en restaurants
Alphabetisches Hotel- und Restaurantverzeichnis
Alphabetical list of hotels and restaurants

A

15 Afspanning De Jachthoorn
14 Afspanning De Kroon
11 Agora
11 Alfa Congress
10 Alfa De Keyser
11 Alfa Empire
9 Alfa Theater
11 Ambassador
9 Antigone
11 Antverpia
11 Astoria
10 Astrid Park Plaza
11 Atlanta

B

11 Barbarie (De)
15 Bellefleur (De)
14 Berkemei
14 Bistrot
10 Bistrot Raoul
13 Bizzie-Lizzie
11 Blue Phoenix
13 Brasserie Marly

C

9 Cammerpoorte
13 Campanile
15 Carême
10 Carlton
12 Casa Julián
14 Chez Bruno
11 Colombus

D

10 Dock's Café
10 Don Carlos
12 Dua

E

11 Eden
15 Eet-Kafee
13 Euterpia

F

12 Firean
9 Fornuis ('t)

G

15 Glycine
12 Greens
9 Gulden Beer (De)

H

14 Hana
15 Heerenhuys ('t)
15 Henri IV
9 Hilton
12 Hippodroom
13 Hof de Bist
13 Holiday Inn
12 Holiday Inn Crowne Plaza
9 Huis De Colvenier
11 Hyllit

I

9 Ibis
12 Industrie

K

14 Kasteel Cleydael
14 Kasteelhoeve Groeninghe (Host.)
14 Kasteel Solhof
9 Kerselaar (De)
11 Klare Wijn

15 Kleine Barreel
12 Kommilfoo
12 Kuala Lumpur Satay House

L

12 Lammeke ('t)
11 Lepeleer (De)
12 Liang's Garden
15 Linde (De)
12 Loncin
15 Loteling (De)
11 Luna (La)

M – N

13 Mangerie (De)
10 Manie (De)
13 Margaux
13 Maritime
10 Matelote (De)
13 Minerva (H. Firean)
14 Molenhof
10 Neuze Neuze
10 Nieuwe Palinghuis (Het)
13 Novotel

P – Q

15 Pauw (De)
12 Peerd ('t)
14 Plantage (De)
11 Plaza
12 Poterne (De)
10 P. Preud'homme
9 Prinse
11 Queens

R

9 Rade (La)
10 Radisson SAS Park Lane
10 Reddende Engel (De)
13 Reigershof
11 Residence
12 Rimini
12 River Kwai
9 Rubens
10 Rucolla (La)

S

9 Sandt ('t)
14 Schans XV
14 Schone van Boskoop (De)
9 Silveren Claverblat ('t)
12 Sofitel

T – U

13 Tafeljoncker (De)
14 Ter Elst
15 Ter Vennen
10 Tête-à-Tête
13 Troubadour (De)
15 Uilenspiegel

V

12 Veehandel (De)
15 Villa Doria
9 Villa Mozart
14 Villa Verde
13 Violin (De)
14 Vogelenzang (De)
9 Vijfde Seizoen (Het) (H. Hilton)

W – Y– Z

13 Willy
9 Witte Lelie (De)
12 Yamayu Santatsu
11 Zeste (De)
10 Zirk

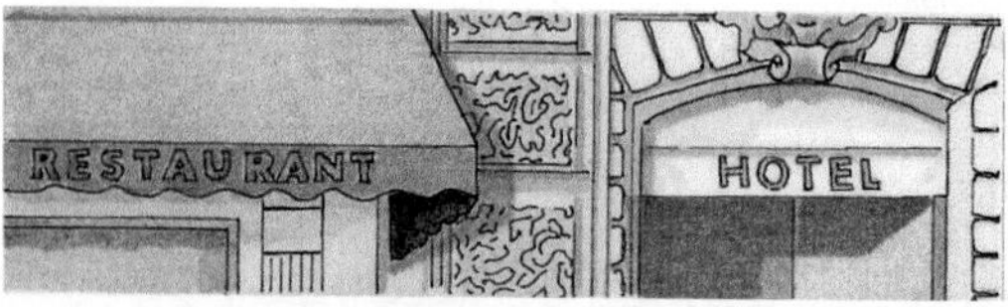

Quartier Ancien - *plan p. 6 sauf indication spéciale :*

Hilton [M], Groenplaats, ✆ (0 3) 204 12 12, *Fax (0 3) 204 12 13*, « Façade ancien grand magasin début du siècle », - 30 à 1000. AE ⓘ E VISA JCB FZ m
Repas voir rest ***Het Vijfde Seizoen*** ci-après - **199 ch** 7900/12400, 12 suites - ½ P 9725/11525.

Alfa Theater [M], Arenbergstraat 30, ✆ (0 3) 203 54 10, *Fax (0 3) 233 88 58*, - - 25 à 50. AE ⓘ E VISA. GZ t
Repas *(fermé sam. midi, dim. et jours fériés)* *Lunch 650* - 1350 - **122 ch** 3400/6700, 5 suites - ½ P 4200/6400.

De Witte Lelie sans rest, Keizerstraat 16, ✆ (0 3) 226 19 66, *Fax (0 3) 234 00 19*, « Ensemble de maisons du 17e s., patio » - . AE ⓘ E VISA JCB GY z
fermé 22 déc.-3 janv. - **7 ch** 6500/15000, 3 suites.

Rubens sans rest, Oude Beurs 29, ✆ (0 3) 222 48 48, *Fax (0 3) 225 19 40* - - 25 à 50. AE ⓘ E VISA JCB. FY y
35 ch 5850/6850, 1 suite.

't Sandt, Het Zand 17, ✆ (0 3) 232 93 90, *Fax (0 3) 232 56 13*, « Demeure du 19e s. de style rococo » - - 25 à 150. AE ⓘ E VISA. rest FZ w
Repas carte env. 1300 - **14 ch** 5500/6000, 1 suite.

Prinse sans rest, Keizerstraat 63, ✆ (0 3) 226 40 50, *Fax (0 3) 225 11 48* - - 25 à 100. AE ⓘ E VISA. GY a
34 ch 3800/5100, 1 suite.

Villa Mozart, Handschoenmarkt 3, ✆ (0 3) 231 30 31, *Fax (0 3) 231 56 85*, , - . AE ⓘ E VISA JCB FY e
Repas (Taverne-rest) *Lunch 595* - carte 850 à 1350 - 500 - **25 ch** 3500/6400 - ½ P 2900/3850.

Antigone sans rest, Jordaenskaai 11, ✆ (0 3) 231 66 77, *Fax (0 3) 231 37 74* - - 30. AE ⓘ E VISA. FY a
18 ch 3000/3500.

Ibis sans rest, Meistraat 39 (Theaterplein), ✆ (0 3) 231 88 30, *Fax (0 3) 234 29 21* - - 25 à 80. AE ⓘ E VISA JCB GZ a
250 - **150 ch** 2800/3000.

Cammerpoorte sans rest, Nationalestraat 40, ✆ (0 3) 231 97 36, *Fax (0 3) 226 29 68* - . AE ⓘ E VISA JCB FZ n
39 ch 2650/3150.

't Fornuis (Segers), Reyndersstraat 24, ✆ (0 3) 233 62 70, *Fax (0 3) 233 99 03*, « Maison du 17e s., intérieur rustique » - AE ⓘ E VISA. FZ c
fermé sam., dim., 3 dern. sem. août et fin déc. - **Repas** (nombre de couverts limité - prévenir) carte 2200 à 3150
Spéc. Sandwich de crabe aux épices. Turbot poêlé sauce crèmeuse d'haricots blancs. Pain perdu de pain d'épices aux pommes.

Huis De Colvenier, St-Antoniusstraat 8, ✆ (0 3) 226 65 73, *Fax (0 3) 227 13 14*, , « Demeure fin 19e s., fresques murales et jardin d'hiver » - . AE ⓘ E VISA
fermé sam. midi, dim. soir, lundi, 1 sem. carnaval et août - **Repas** *Lunch 1300* - carte env. 2400. FZ k

Het Vijfde Seizoen - H. Hilton, Groenplaats, ✆ (0 3) 204 12 29, *Fax (0 3) 204 12 13* - . AE ⓘ E VISA JCB FZ m
Repas 1450/2450.

La Rade 1er étage, E. Van Dijckkaai 8, ✆ (0 3) 233 37 37, *Fax (0 3) 233 49 63*, « Ancienne loge maçonnique du 19e s. » - AE ⓘ E VISA FY g
fermé sam. midi, dim., jours fériés, sem. carnaval et du 12 au 31 juil. - **Repas** *Lunch 1450* - carte 2050 à 2650.

De Kerselaar (Michiels), Grote Pieter Potstraat 22, ✆ (0 3) 233 59 69, *Fax (0 3) 233 11 49* - . AE ⓘ E VISA JCB FY n
fermé sam. midi, dim., lundi midi, 21 mars-1er avril et 25 juil.-8 août - **Repas** *Lunch 1650* - 2150, carte 2200 à 2500
Spéc. Carpaccio de homard à la vinaigrette de pommes et vanille. Lotte rôtie sur un caramel d'échalotes et queues d'écrevisses. Corne d'abondance au chocolat blanc, fruits rouges et coulis de fruits sauvages.

't Silveren Claverblat, Grote Pieter Potstraat 16, ✆ (0 3) 231 33 88, *Fax (0 3) 231 31 46* - AE ⓘ E VISA. FY k
fermé mardi et sam. midi - **Repas** 2000 bc/2750 bc.

De Gulden Beer, Grote Markt 14, ✆ (0 3) 226 08 41, *Fax (0 3) 232 52 09*, , Avec cuisine italienne - . AE ⓘ E VISA. FY v
Repas *Lunch 1500 bc* - 1200/2200.

XX **P. Preud'homme,** Suikerrui 28, ☎ (0 3) 233 42 00, *Fax (0 3) 226 08 96,* ☂, Ouvert jusqu'à minuit – ▤. AE ⓓ E VISA. ✗ FY r
fermé janv. – **Repas** *Lunch 1200* – carte 1500 à 2700.

XX **Het Nieuwe Palinghuis,** St-Jansvliet 14, ☎ (0 3) 231 74 45, *Fax (0 3) 231 50 53,* Produits de la mer – ▤. AE ⓓ E VISA FZ e
fermé lundi, mardi et juin – **Repas** carte 1500 à 2050.

XX **Neuze Neuze,** Wijngaardstraat 19, ☎ (0 3) 232 27 97, *Fax (0 3) 225 27 38* – AE ⓓ E VISA JCB FY s
fermé sam. midi, dim., 2 sem. en août, 1 sem. Noël et 1 sem. en janv. – **Repas** *Lunch 1500 bc* – 1750/2600 bc.

XX ✿ **De Matelote** (Garnich), Haarstraat 9, ☎ (0 3) 231 32 07, *Fax (0 3) 231 08 13,* Produits de la mer – ▤. AE ⓓ E VISA FY u
fermé sam. midi, dim., lundi midi, jours fériés, juin et du 1er au 15 janv. – **Repas** carte 1800 à 2500
Spéc. Cocktail de crevettes grises aux tomates confites. Raie poêlée aux fines herbes et sauce moutardée au Xérès. Palette de légumes méditerranéenne.

XX **Zirk,** Zirkstraat 29, ☎ (0 3) 225 25 86, *Fax (0 3) 226 51 77* – Ⓟ. AE ⓓ E VISA. ✗ FY d
fermé sam. midi, dim., lundi, 1 sem. en fév. et du 1er au 23 août – **Repas** *Lunch 850* – 1700/2300.

XX **De Manie,** H. Conscienceplein 3, ☎ (0 3) 232 64 38, *Fax (0 3) 232 64 38,* ☂ – AE E VISA GY u
fermé merc., dim. soir, 16 août-1er sept. et du 15 au 27 janv. – **Repas** *Lunch 800* – carte 1000 à 1800.

X **De Reddende Engel,** Torfbrug 3, ☎ (0 3) 233 66 30, *Fax (0 3) 233 66 30,* ☂ – AE ⓓ E VISA. ✗ FY p
fermé du 15 au 23 fév., 16 août-14 sept., du 2 au 5 janv., merc. et sam. midi – **Repas** 975/1250. FY p

X **Bistrot Raoul,** Vlasmarkt 21, ☎ (0 3) 213 09 77, *Fax (0 3) 213 09 77* – ✗ FYZ x
fermé mardi, merc., 2 sem. fin fév. et 2 dern. sem. août-prem. sem. sept. – **Repas** carte 1350 à 1700.

X **Tête-à-Tête,** Vlasmarkt 14, ☎ (0 3) 227 37 17, *Fax (0 3) 227 37 17,* « Bistrot artistique » – AE ⓓ E VISA FZ b
fermé merc., 2e quinz. août et 2e quinz. janv. – **Repas** (dîner seult jusqu'à 23 h) carte 1300 à 1600.

X **La Rucolla,** Wolstraat 45, ☎ (0 3) 231 89 94, *Fax (0 3) 231 89 94,* Avec cuisine italienne – E VISA GY q
fermé lundi, mardi, 29 juil.-18 août et 24 déc.-4 janv. – **Repas** (dîner seult jusqu'à 23 h) carte 1250 à 1700.

X **Dock's Café,** Jordaenskaai 7, ☎ (0 3) 226 63 30, *Fax (0 3) 226 65 72,* Brasserie-écailler, ouvert jusqu'à minuit – AE ⓓ E VISA JCB. ✗ FY h
fermé sam. midi – **Repas** *Lunch 650* – carte 1200 à 1600.

X **Don Carlos,** St-Michielskaai 34, ☎ (0 3) 216 40 46, ☂, Avec cuisine espagnole – ✗
fermé lundi – **Repas** (dîner seult) carte env. 1200. plan p. 4 CU c

Quartiers du Centre - *plans p. 4 et 5 sauf indication spéciale :*

Radisson SAS Park Lane Ⓜ, Van Eycklei 34, ✉ 2018, ☎ (0 3) 285 85 85 et 285 85 80 (rest), *Fax (0 3) 285 86 86,* ≤, Fā, ≘s, ▣ – |‡| ⇔ ▤ TV ☎ ⇔ – 🏃 25 à 500. AE ⓓ E VISA. ✗ rest DV y
Repas ***Longchamps*** *(fermé sam. midi, dim. soir, jours fériés soirs et mi-juil.-mi-août) Lunch 1100* - carte 1450 à 1750 – ☐ 700 – **163 ch** 6200/9500, 14 suites.

Astrid Park Plaza Ⓜ, Koningin Astridplein 7, ✉ 2018, ☎ (0 3) 203 12 34, *Fax (0 3) 203 12 51,* ≤, Fā, ≘s, ▣ – |‡| ⇔ ▤ TV ☎ ⇔ – 🏃 25 à 500. AE ⓓ E VISA. ✗ rest DEU e
Repas *(fermé sam. midi) Lunch 950* – carte env. 1300 – ☐ 750 – **226 ch** 5100/11000, 3 suites.

Carlton, Quinten Matsijslei 25, ✉ 2018, ☎ (0 3) 231 15 15, *Fax (0 3) 225 30 90* – |‡| ⇔ ▤ TV ☎ ⇔ – 🏃 25 à 100. AE ⓓ E VISA JCB. ✗ rest DU v
Repas *(fermé vend. soir, sam. midi, dim. soir et 26 juil.-13 août) Lunch 675* – carte 1350 à 1800 – **126 ch** ☐ 5950/7600, 1 suite – ½ P 4475/6625.

Alfa De Keyser Ⓜ, De Keyserlei 66, ✉ 2018, ☎ (0 3) 206 74 60, *Fax (0 3) 232 39 70,* Fā, ≘s, ▣ – |‡| ⇔ ▤ TV ☎ – 🏃 25 à 160. AE ⓓ E VISA JCB DU t
Repas (Taverne-rest) *(fermé sam. midi et dim.) Lunch 795* – carte 1200 à 2350 – **120 ch** ☐ 3400/5900, 3 suites – ½ P 3000/3900.

Hyllit M, De Keyserlei 28 (accès par Appelmansstraat), ✉ 2018, ℘ (0 3) 202 68 00 et 227 44 88 (rest), *Fax (0 3) 202 68 90*, – 30. AE E VISA. DU q
Repas ***Gran Duca*** (avec cuisine italienne, ouvert jusqu'à 23 h) *Lunch 1350* - carte env. 1800 – 550 – **74 ch** 3600/5500, 5 suites – ½ P 4300.

Plaza sans rest, Charlottalei 43, ✉ 2018, ℘ (0 3) 218 92 40, *Fax (0 3) 218 88 23* – – 25. AE E VISA. DV k
80 ch 6900/9400.

Queens, Copernicuslaan 2, ✉ 2018, ℘ (0 3) 223 40 40, *Fax (0 3) 223 40 41*, – – 25 à 1000. AE E VISA JCB EU a
Repas *(fermé sam. midi, dim., lundi midi et mi-juil.-mi-août) Lunch 1195* – carte env. 1400 – 595 – **286 ch** 5750, 3 suites – ½ P 6400.

Residence sans rest, Molenbergstraat 9, ℘ (0 3) 232 76 75, *Fax (0 3) 233 73 28* – – 40. AE E VISA. DU c
48 ch 3400/8000.

Antverpia sans rest, Sint-Jacobsmarkt 85, ℘ (0 3) 231 80 80, *Fax (0 3) 232 43 43* – – 40. AE E VISA JCB. DU f
400 – **19 ch** 3500/6000.

Alfa Empire sans rest, Appelmansstraat 31, ✉ 2018, ℘ (0 3) 203 54 00, *Fax (0 3) 233 40 60* – . AE E VISA JCB DU s
70 ch 2900/5600.

Alfa Congress, Plantin en Moretuslei 136, ✉ 2018, ℘ (0 3) 270 02 10, *Fax (0 3) 235 52 31* – – 25 à 120. AE E VISA. EV s
Repas *(fermé sam. et dim.) Lunch 800* – carte 900 à 1300 – 400 – **66 ch** 1900/3000 – ½ P 2700 2900.

Colombus sans rest, Frankrijklei 4, ℘ (0 3) 233 03 90, *Fax (0 3) 226 09 46*, – . AE E VISA JCB. DU u
32 ch 3350/3950.

Astoria sans rest, Korte Herentalsestraat 5, ✉ 2018, ℘ (0 3) 227 31 30, *Fax (0 3) 227 31 34* – . AE E VISA JCB DU r
66 ch 4200/5200.

Atlanta sans rest, Koningin Astridplein 14, ✉ 2018, ℘ (0 3) 203 09 19, *Fax (0 3) 226 37 37* – – 30. AE E VISA. DEU d
60 ch 2250/5000.

Ambassador sans rest, Belgiëlei 8, ✉ 2018, ℘ (0 3) 281 41 61, *Fax (0 3) 239 55 16* – . AE E VISA. DEV t
77 ch 2350/6000.

Eden sans rest, Lange Herentalsestraat 25, ✉ 2018, ℘ (0 3) 233 06 08, *Fax (0 3) 233 12 28* – . AE E VISA DU k
66 ch 2600/4000.

Agora sans rest, Koningin Astridplein 43, ✉ 2018, ℘ (0 3) 231 21 21, *Fax (0 3) 232 12 02* – . AE E VISA DU n
27 ch 2000/5000.

De Barbarie, Van Breestraat 4, ✉ 2018, ℘ (0 3) 232 81 98, *Fax (0 3) 231 26 78*, – AE E VISA JCB. DV b
fermé sam. midi, dim., lundi, 1 sem. Pâques et 1re quinz. sept. – **Repas** *Lunch 1450* – carte 2250 à 2850.

De Lepeleer, Lange St-Annastraat 10, ℘ (0 3) 225 19 31, *Fax (0 3) 231 31 24*, « Ensemble de petites maisons dans une impasse du 16e s. » – – 25 à 50. AE E VISA DU b
fermé sam. midi, dim., jours fériés et 21 juil.-17 août – **Repas** *Lunch 995* – 2200.

De Zeste, Lange Dijkstraat 36, ✉ 2060, ℘ (0 3) 233 45 49, *Fax (0 3) 232 34 18* – . AE E VISA DT u
fermé dim. – **Repas** *Lunch 1200* – 2100.

Blue Phoenix, Frankrijklei 14, ℘ (0 3) 233 33 77, *Fax (0 3) 233 88 46*, Cuisine chinoise – . AE E VISA DU r
fermé lundi, sam. midi et août – **Repas** *Lunch 800* – 1100/1950.

La Luna, Italiëlei 177, ℘ (0 3) 232 23 44, *Fax (0 3) 232 24 41*, Ouvert jusqu'à 23 h, Cuisine de différentes nationalités – . AE E VISA. DT p
fermé sam. midi, dim., Pâques, 15 juil.-15 août et Noël-Nouvel An – **Repas** carte 1300 à 1750.

Klare Wijn, Dageraadplaats 16, ✉ 2018, ℘ (0 3) 236 13 82, *Fax (0 3) 236 13 82* – AE E VISA JCB EV x
fermé lundi, mardi, sam. midi et 15 juil.-15 août – **Repas** *Lunch 575* – 1350/1850.

't Peerd, Paardenmarkt 53, (0 3) 231 98 25, *Fax (0 3) 231 59 40,* – . plan p. 6 GY e
fermé mardi soir, merc., 2 sem. Pâques et 2 sem. en sept. – **Repas** *Lunch 1275* – carte 1300 à 2100.

't Lammeke, Lange Lobroekstraat 51 (face abattoirs), 2060, (0 3) 236 79 86, *Fax (0 3) 271 05 16,* – . plan p. 3 ET w
fermé sam. midi, dim. midi et lundi – **Repas** *Lunch 875* – 1225/1650.

De Veehandel, Lange Lobroekstraat 61 (face abattoirs), 2060, (0 3) 271 06 06, *Fax (0 3) 271 06 06,* , Ouvert jusqu'à 23 h – . ET w
fermé dim., jours fériés et 25 déc.-1er janv. – **Repas** 950.

Greens, Mechelsesteenweg 76, 2018, (0 3) 238 51 51, *Fax (0 3) 238 58 18,* , Brasserie avec écailler, ouvert jusqu'à 23 h – DV g
fermé sam. midi et dim. midi – **Repas** *Lunch 845* – carte env. 1300.

Casa Julián, Italiëlei 32, (0 3) 232 07 29, *Fax (0 3) 233 09 53,* Cuisine espagnole – . DT m
fermé lundi, sam. midi et mi-juil.-mi-août – **Repas** carte env. 1100.

Rimini, Vestingstraat 5, 2018, (0 3) 226 06 08, Cuisine italienne – . DU h
fermé merc. et août – **Repas** carte 1200 à 1550.

Kuala Lumpur Satay House, Statiestraat 10, 2018, (0 3) 225 14 33, , Cuisine asiatique, ouvert jusqu'à minuit – . DU d
fermé jeudi – **Repas** *Lunch 450* – carte 850 à 1200.

Yamayu Santatsu, Ossenmarkt 19, (0 3) 234 09 49, *Fax (0 3) 234 09 49,* Cuisine japonaise – . DTU b
fermé dim. midi, lundi, 2 prem. sem. août et dern. sem. déc. – **Repas** *Lunch 450* – 1500.

Quartier Sud - *plans p. 4 et 5 sauf indication spéciale :*

Holiday Inn Crowne Plaza, G. Legrellelaan 10, 2020, (0 3) 237 29 00, *Telex 33843, Fax (0 3) 216 02 96,* – – 25 à 800. plan p. 3 BS g
Repas *Lunch 950* – carte env. 1500 – 675 – **258 ch** 6950, 4 suites.

Sofitel, Desguinlei 94, 2018, (0 3) 244 82 11, *Fax (0 3) 216 47 12,* – – 25 à 650. rest DX z
Repas ***Tiffany's*** *(fermé sam. midi et dim.) Lunch 1300 bc* - carte env. 1400 – 610 – **210 ch** 3600/6500, 5 suites.

Firean, Karel Oomsstraat 6, 2018, (0 3) 237 02 60, *Fax (0 3) 238 11 68,* « Demeure ancienne de style Art Déco » – . DX n
fermé du 1er au 20 août et Noël-Nouvel An – **Repas** voir rest ***Minerva*** ci-après – **15 ch** 4200/5800.

Industrie sans rest, Emiel Banningstraat 52, (0 3) 238 66 00, *Fax (0 3) 238 86 88* – . CV a
13 ch 2500/3500.

Loncin, Markgravelei 127, 2018, (0 3) 248 29 89, *Fax (0 3) 248 38 66,* , Ouvert jusqu'à minuit – . DX d
fermé sam. midi et dim. – **Repas** *Lunch 1350* – carte env. 2400.

Liang's Garden, Markgravelei 141, 2018, (0 3) 237 22 22, *Fax (0 3) 248 38 34,* Cuisine chinoise – . DX d
fermé dim. et 2 sem. en août – **Repas** *Lunch 950* – carte 1150 à 1750.

De Poterne, Desguinlei 186, 2018, (0 3) 238 28 24, *Fax (0 3) 248 59 67* – DX u
fermé sam. midi, dim., 21 juil.-15 août et 25 déc.-1er janv. – **Repas** *Lunch 1450* – carte 2050 à 2400.

Kommilfoo, Vlaamse Kaai 17, (0 3) 237 30 00, *Fax (0 3) 237 30 00* – . CV e
fermé sam. midi, dim., lundi et 2 dern. sem. juin – **Repas** *Lunch 1100* – carte 1300 à 1600.

Dua, Verbondsstraat 41, (0 3) 237 36 99, – . DV h
fermé sam. midi, dim. et 2 sem. en août – **Repas** *Lunch 850 bc* – carte 1000 à 1500.

Hippodroom, Leopold de Waelplaats 10, (0 3) 238 89 36, *Fax (0 3) 248 01 30,* – CV g
fermé sam. midi, dim. et 21 juil.-15 août – **Repas** *Lunch 850* – 1150/1450.

River Kwai, Vlaamse Kaai 14, (0 3) 237 46 51, *Fax (0 3) 888 46 83,* Cuisine thaïlandaise, ouvert jusqu'à 23 h – . CV r
fermé merc. et 23 déc.-1er janv. – **Repas** carte 1000 à 1350.

Bizzie-Lizzie, Vlaamse Kaai 16, ✆ (0 3) 238 61 97, 🍽 - AE E VISA CV e
fermé dim. – **Repas** Lunch 850 – carte env. 1300.

Minerva - H. Firean, Karel Oomsstraat 36, ✉ 2018, ✆ (0 3) 216 00 55, *Fax (0 3) 216 00 55* – 🏛 25. AE ⓓ E VISA. ✂ DX e
fermé dim., lundi et dern. sem. juil.-2 prem. sem. août – **Repas** Lunch 1200 bc – carte 1050 à 1950.

Périphérie - *plans p. 2 et 3 sauf indication spéciale :*

au Nord – ✉ *2030 :*

Novotel, Luithagen-haven 6 (Haven 200), ✆ (0 3) 542 03 20, *Fax (0 3) 541 70 93*, 🍽, 🏊, 🎾 – |♦| ✂ ▤ TV ☎ P – 🏛 25 à 180. AE ⓓ E VISA JCB. ✂ rest BQ c
Repas (ouvert jusqu'à 23 h) carte env. 1200 – ☕ 475 – **119 ch** 3600 – ½ P 4195/4300.

à Berchem C *Antwerpen* – ✉ *2600 Berchem :*

Campanile, Potvlietlaan 2, ✆ (0 3) 236 43 55, *Fax (0 3) 236 56 53*, 🍽 – |♦| ✂ TV ☎ P – 🏛 25 à 80. AE ⓓ E VISA BR f
Repas (avec buffet) Lunch 320 – 850 – ☕ 280 – **130 ch** 2600 – ½ P 3380/3680.

De Tafeljoncker, Frederik de Merodestraat 13, ✆ (0 3) 281 20 34, *Fax (0 3) 281 20 34*, 🍽 – ▤ P. AE ⓓ E VISA plan p. 5 DX f
fermé sam. midi, dim. soir, lundi, 1 sem. en fév. et 2 sem. en juil. – **Repas** Lunch 1900 bc – 2500 bc/2950 bc.

Euterpia, Generaal Capiaumontstraat 2, ✆ (0 3) 235 02 02, *Fax (0 3) 235 58 64*, 🍽, « Façade éclectique début du siècle » plan p. 5 EV y
fermé lundi, mardi, Pâques, 3 prem. sem. août et Noël-Nouvel An – **Repas** (dîner seult jusqu'à 23 h) carte 1600 à 2000.

De Troubadour, Driekoningenstraat 72, ✆ (0 3) 239 39 16, *Fax (0 3) 230 82 71* – ▤. AE ⓓ E VISA plan p. 5 DX a
fermé dim., lundi et 3 dern. sem. juil. – **Repas** 795/1195.

Willy, Generaal Lemanstraat 54, ✆ (0 3) 218 88 07 – AE ⓓ E VISA. ✂ plan p. 5 DX v
fermé sam. et dim. – **Repas** Lunch 430 – carte 850 à 1600.

Margaux, Terlinckstraat 2, ✆ (0 3) 230 55 99, *Fax (0 3) 230 40 71*, 🍽 – E VISA. ✂ plan p. 5 DX b
fermé dim., lundi et du 1er au 23 sept. – **Repas** Lunch 895 – carte 1100 à 1600.

Brasserie Marly, Generaal Lemanstraat 64, ✆ (0 3) 281 23 23, *Fax (0 3) 281 33 10* – AE ⓓ E VISA JCB plan p. 5 DX c
fermé sam. midi et dim. – **Repas** Lunch 500 – 850/1150.

à Berendrecht *par ① : 23 km au Nord* C *Antwerpen* – ✉ *2040 Berendrecht :*

Reigershof, Reigersbosdreef 2, ✆ (0 3) 568 96 91, *Fax (0 3) 568 71 63* – AE ⓓ E VISA
fermé du 16 au 23 fév., 11 juil.-4 août, dim. et lundi – **Repas** Lunch 1600 bc – 1750.

à Borgerhout C *Antwerpen* – ✉ *2140 Borgerhout :*

Holiday Inn, Luitenant Lippenslaan 66, ✆ (0 3) 235 91 91, *Fax (0 3) 235 08 96*, ≘s, 🏊 – |♦| ✂ ▤ TV ☎ P – 🏛 25 à 230. AE ⓓ E VISA JCB. ✂ rest BR e
Repas *(fermé sam. midi)* Lunch 950 – carte env. 1500 – ☕ 550 – **201 ch** 2950/7450, 3 suites – ½ P 2425/2725.

à Deurne C *Antwerpen* – ✉ *2100 Deurne :*

De Violin, Bosuil 1, ✆ (0 3) 324 34 04, *Fax (0 3) 326 33 20*, 🍽, « Fermette » – P. AE ⓓ E VISA. ✂ BR r
fermé dim., lundi soir et fin août-2 prem. sem. sept. – **Repas** Lunch 1495 bc – carte env. 2000.

à Ekeren C *Antwerpen* – ✉ *2180 Ekeren :*

Hof de Bist, Veltwijcklaan 258, ✆ (0 3) 664 61 30, *Fax (0 3) 664 67 24*, 🍽, « Auberge rustique » – P. AE ⓓ E VISA BQ p
fermé lundi, mardi, août et vacances Noël – **Repas** (dîner seult) 2000.

De Mangerie, Kapelsesteenweg 469 (par ②), ✆ (0 3) 605 26 26, *Fax (0 3) 605 24 16*, 🍽 – P. AE ⓓ E VISA BQ
fermé sam. midi – **Repas** Lunch 695 – carte 1050 à 1800.

à Merksem C *Antwerpen* – ✉ *2170 Merksem :*

Maritime, Bredabaan 978, ✆ (0 3) 646 22 23, *Fax (0 3) 646 22 71*, 🍽, Produits de la mer – P. AE ⓓ E VISA. ✂ BQ m
fermé lundi – **Repas** Lunch 995 – 1950.

à Wilrijk C Antwerpen – ✉ *2610 Wilrijk :*

XX Schans XV, Moerelei 155, ☎ (0 3) 828 45 64, *Fax (0 3) 828 93 29,* 余, « Dans une redoute du début du siècle » – ✻ AS a

X **Bistrot,** Doornstraat 186, ☎ (0 3) 829 17 29 – AE ⓓ E VISA BS p
fermé lundi, mardi, sam. midi et fin juil.-fin août – **Repas** 895.

Environs

à Aartselaar *par ⑩ : 10 km – 14 380 h. – ✉ 2630 Aartselaar :*

Kasteel Solhof ♨ sans rest, Baron Van Ertbornstraat 116, ☎ (0 3) 877 30 00, *Fax (0 3) 877 31 31,* « Terrasse sur parc public », ⛟ – |♦| TV ☎ P – 🏛 25 à 50. AE ⓓ E VISA. ✻
fermé Noël-Nouvel An – – ☐ 650 – **24 ch** 4800/8000.

XXXX **Host. Kasteelhoeve Groeninghe** avec ch, Kontichsesteenweg 78, ☎ (0 3) 457 95 86, *Fax (0 3) 458 13 68,* ≤, 余, « Ferme flamande restaurée », ⛟ – TV ☎ P – 🏛 25 à 150. AE E VISA. ✻
fermé 20 déc.-4 janv. – **Repas** *(fermé sam. midi, dim. et jours fériés)* *Lunch 1500* – 2350/2950 – ☐ 500 – **7 ch** 3900/5250.

XXX **Kasteel Cleydael** ♨ avec ch, Cleydaellaan 36 (O : direction Hemiksem), ☎ (0 3) 887 05 04, *Fax (0 3) 877 20 18,* « Château féodal restauré, entouré de douves et parcours de golf » – TV ☎ P – 🏛 25 à 60. AE ⓓ E VISA. ✻
fermé sam. midi, dim., lundi, jours fériés, 18 juil.-18 août et 23 déc.-5 janv. – **Repas** *Lunch 1750 bc* – carte env. 2300 – **6 ch** ☐ 5500/6500, 1 suite.

XX **Villa Verde,** Kleistraat 175, ☎ (0 3) 887 56 85, *Fax (0 3) 887 22 56,* ≤, 余, « Jardin et terrasse » – P. AE ⓓ E VISA JCB. ✻
fermé sam. midi, dim. soir, lundi, sem. carnaval, 15 juil.-7 août et du 26 au 30 déc. – **Repas** *Lunch 1200* – 1750/2450.

XX **Berkemei,** Antwerpsesteenweg 27, ☎ (0 3) 877 25 13, *Fax (0 3) 877 33 07,* 余 – P. AE ⓓ E VISA JCB
fermé merc., dim., sem. carnaval, 2 dern. sem. juil. et fin déc. – **Repas** *Lunch 795* – carte 1250 à 1650.

X **Hana,** Antwerpsesteenweg 116, ☎ (0 3) 877 08 95, Cuisine japonaise avec Teppan-Yaki – ▤. AE E VISA JCB. ✻
fermé sam. midi, dim. midi et août – **Repas** *Lunch 500* – carte env. 1100.

à Boechout *- plan p. 3 – 11 744 h. – ✉ 2530 Boechout :*

XXX **De Schone van Boskoop** (Keersmaekers), Appelkantstraat 10, ☎ (0 3) 454 19 31,
✿ *Fax (0 3) 454 19 31,* 余, « Intérieur design, pièce d'eau et statues au jardin » – P. AE E VISA. ✻ BS d
fermé du 6 au 10 avril, 3 dern. sem. août, prem. sem. janv., dim. et lundi. – **Repas** *Lunch 1500* – carte 2850 à 3350
Spéc. Mille-feuille de St-Jacques crues aux truffes et haricots verts marinés. Coucou de Malines au foie d'oie et truffes. Cannelloni aux deux chocolats, gelée de poires et sabayon froid d'elixir d'Anvers.

à Brasschaat *- plan p. 3 – 37 065 h. – ✉ 2930 Brasschaat :*

Afspanning De Kroon, Bredabaan 409 (par ③ : 1,5 km), ☎ (0 3) 652 09 88, *Fax (0 3) 653 25 92* – |♦| TV ☎ 🚗. AE ⓓ E VISA
Repas (ouvert jusqu'à 23 h) 1050 – **15 ch** ☐ 4000/6500.

Molenhof, Molenweg 6 (par ② : 1 km, direction Kapellen), ☎ (0 3) 665 00 81, *Fax (0 3) 605 17 44,* 余 – ▤ ch, TV ☎ P. AE ⓓ E VISA
Repas (ouvert jusqu'à 23 h) *Lunch 695* – carte 1250 à 1800 – **12 ch** ☐ 2000/3000.

XX **Chez Bruno,** Donksesteenweg 212 (Ekeren-Donk), ☎ (0 3) 647 20 10, *Fax (0 3) 644 06 60,* 余 – ▤. E VISA BQ z
fermé lundi, sam. midi et 31 août-20 sept. – **Repas** *Lunch 695* – 1050.

à Edegem *- plan p. 3 – 22 675 h. – ✉ 2650 Edegem :*

Ter Elst, Ter Elststraat 310 (par Prins Boudewijnlaan), ☎ (0 3) 450 90 00 et 450 90 80 (rest), *Fax (0 3) 450 90 90,* 🏋, ≘s, 🏊, ✗ – |♦| ⇔ ▤ TV ☎ 🚗 P – 🏛 25 à 500. AE ⓓ E VISA. ✻ BS
Repas *(fermé mi-juil.-mi-août)* *Lunch 1295* – 1050/1895 – **53 ch** ☐ 2700.

à 's Gravenwezel *par ⑤ : 13 km* C *Schilde 19 498 h. – ✉ 2970 's Gravenwezel :*

X **De Vogelenzang,** Wijnegemsteenweg 193, ☎ (0 3) 353 62 40, *Fax (0 3) 353 33 83,* 余, Taverne-rest – ▤ P. AE ⓓ E VISA
fermé merc. – **Repas** carte 1150 à 1550.

X **De Plantage,** Kerkstraat 52, ☎ (0 3) 658 50 82, 余, Cuisine indonésienne – E VISA
fermé lundi, mardi et dern. sem. juil.-2 prem. sem. août – **Repas** (dîner seult) carte env. 1100.

à Hove - *plan p. 3 – 8 285 h. – ✉ 2540 Hove :*

X **Glycine,** St-Laureysplein 22, ☎ (0 3) 455 88 64, 🏡 – VISA. ✻ BS a
fermé mardi, merc. et du 1er au 21 juil. – **Repas** 1700 bc/2200 bc.

à Kapellen *par ② : 15,5 km – 25 510 h. – ✉ 2950 Kapellen :*

XXX ✿✿ **De Bellefleur** (Buytaert), Antwerpsesteenweg 253, ☎ (0 3) 664 67 19, *Fax (0 3) 665 02 01,* 🏡, « Véranda avec pergola entourée d'un jardin fleuri » – P. AE ⓓ E VISA
fermé sam. midi, dim., lundi et juil. – **Repas** *Lunch 1850 bc* – 3850 bc, carte 2650 à 3750
Spéc. St-Jacques poêlées aux cèpes de Bordeaux (oct.-fév.). Lotte rôtie, sauce hollandaise à la moutarde. Lièvre des neiges au malt et aux légumes de saison (mi-oct.-déc.).

X **De Pauw,** Antwerpsesteenweg 48, ☎ (0 3) 664 22 82, *Fax (0 3) 605 48 35,* 🏡 – P. AE ⓓ E VISA
fermé lundi soir, mardi, merc., 2 sem. en juil. et 1 sem. en janv. – **Repas** 550/1650.

à Kontich *par ⑧ : 12 km – 19 504 h. – ✉ 2550 Kontich :*

XX **Carême,** Koningin Astridlaan 114, ☎ (0 3) 457 63 04, *Fax (0 3) 457 93 02,* 🏡 – ▤ P. AE ⓓ E VISA
fermé sam. midi, dim., lundi et 3 prem. sem. juil. – **Repas** *Lunch 1095* – 1650.

X **Afspanning De Jachthoorn,** Doornstraat 11 (O : 3 km - BS), ☎ (0 3) 458 21 21, *Fax (0 3) 457 93 77,* 🏡, Ouvert jusqu'à 23 h – P – 🚣 25 à 350. AE ⓓ E VISA
fermé lundi et fin déc. – **Repas** *Lunch 695* – carte 1050 à 1350.

X **Eet-Kafee,** Mechelsesteenweg 318, ☎ (0 3) 457 26 31, 🏡, Taverne-rest, ouvert jusqu'à minuit – P. AE ⓓ E VISA. ✻
Repas *Lunch 695* – carte 900 à 1200.

à Schilde *par ⑤ : 13 km – 19 498 h. – ✉ 2970 Schilde :*

XX **Henri IV,** Louis Mariënlaan 5, ☎ (0 3) 383 11 49, *Fax (0 3) 383 11 49,* 🏡 – ▤ P. AE ⓓ E VISA
fermé du 1er au 12 fév., 30 août-23 sept., mardi et sam. midi – **Repas** carte 1400 à 1950.

X **De Loteling,** Turnhoutsebaan 112 (N 12), ☎ (0 3) 354 27 00, *Fax (0 3) 354 17 55,* 🏡, Taverne-rest, ouvert jusqu'à 23 h, « Fermette rustique, terrasse » – ▤ P. AE ⓓ E VISA. ✻
fermé mardi – **Repas** *Lunch 850 bc* – carte env. 1500.

à Schoten - *plan p. 3 – 32 099 h. – ✉ 2900 Schoten :*

XX **Kleine Barreel,** Bredabaan 1147, ☎ (0 3) 645 85 84, *Fax (0 3) 645 85 03* – ▤ P. AE ⓓ E VISA JCB. ✻ BQ n
Repas *Lunch 1175* – 1250/1675.

XX **De Linde,** Alice Nahonlei 92 (E : 3 km, angle N 113), ☎ (0 3) 658 47 43, *Fax (0 3) 658 11 84,* 🏡 – P. AE ⓓ E VISA
fermé mardi, merc., vacances carnaval et 2e quinz. août – **Repas** *Lunch 1450* – 1850.

XX **Villa Doria,** Bredabaan 1293, ☎ (0 3) 644 40 10, *Fax (0 3) 644 44 55,* Cuisine italienne – ▤ P. AE ⓓ E VISA. ✻ BQ b
fermé merc., 3 sem. en juil., Noël et Nouvel An – **Repas** *Lunch 995* – carte 1300 à 1750.

XX **Uilenspiegel,** Brechtsebaan 277 (3 km sur N 115), ☎ (0 3) 651 61 45, *Fax (0 3) 652 08 08,* 🏡, « Terrasse et jardin » – P. AE E VISA
fermé lundi, mardi, 3 sem. en juil. et 26 janv.-9 fév. – **Repas** 850/1990.

à Wijnegem *par ⑤ : 2 km – 8 572 h. – ✉ 2110 Wijnegem :*

XXX **Ter Vennen,** Merksemsebaan 278, ☎ (0 3) 326 20 60, *Fax (0 3) 326 38 47,* 🏡, « Terrasse » – P. AE ⓓ E VISA
Repas *Lunch 1675 bc* – 2295 bc.

XX **'t Heerenhuys,** Turnhoutsebaan 313, ☎ (0 3) 353 41 61, *Fax (0 3) 354 03 35* – AE ⓓ E VISA. ✻
fermé mardi soir, merc., sam. midi et août – **Repas** *Lunch 950* – carte 1600 à 2000.

ARBRE *5170 Namur* C *Profondeville 10 365 h.* **214** ⑤ et **909** H 4.

Env. *E : 2 km à Attre : Château★.*

Bruxelles 81 – Namur 19 – Dinant 16.

XX ✿ **L'Eau Vive** (Résimont), rte de Floreffe 37, ☎ (0 81) 41 11 51, *Fax (0 81) 41 40 16,* ≤, 🏡, « Terrasse en bordure de cascade dans un vallon boisé » – P. AE ⓓ E VISA
fermé lundi soir, mardi, dern. sem. janv.-prem. sem. fév., dern. sem. juin et 1re quinz. sept. – **Repas** *Lunch 900* – 1550, carte 1750 à 2150
Spéc. Truite du vivier au bleu. Grenouilles et écrevisses au confit de tomates (21 juin-21 sept.). Suprême de pigeonneau aux ravioles de petits pois et girolles, beurre à l'origan.

ARCHENNES (EERKEN) *1390 Brabant Wallon* C *Grez-Doiceau 11 374 h.* 213 ⑲ et 909 H 3.
Bruxelles 38 – Charleroi 52 – Leuven 17 – Namur 39.

X **l'Ecrin des Gourmets,** chaussée de Wavre 153, ✆ (0 10) 84 49 69 – P. AE ① E VISA. ✻
fermé merc. et dern. sem. juil.-prem. sem. août – **Repas** 765/1545.

ARDOOIE *8850 West-Vlaanderen* 213 ③ et 909 C 3 – *9 640 h.*
Bruxelles 97 – Brugge 34 – Gent 45 – Roeselare 7.

X **Prinsenhof,** Prinsendreef 6, ✆ (0 51) 74 50 31, *Fax (0 51) 74 80 74* – P. AE ① E VISA JCB. ✻
fermé dim., lundi soir, mardi soir et 12 juil.-6 août – **Repas** 1100/1250.

ARLON (AARLEN) *6700* P *Luxembourg belge* 214 ⑱ et 909 K 6 – *24 520 h.*
Musée : *Luxembourgeois★ : section lapidaire gallo-romaine★★* Y **M.**
🅸 *r. Faubourgs 2* ✆ *(0 63) 21 63 60, Fax (0 63) 21 63 60.*
Bruxelles 187 ① – Ettelbrück 34 ② – Luxembourg 26 ④ – Namur 126 ①.

ARLON

Bastion (R. du)	Y	2
Capucins (R. des)	Y	3
Carmes (R. des)	Z	4
Chasseurs-Ardennais (Pl. des)	Y	6
Didier (Pl.)	Y	8
Diekirch (R. de)	Y	
Etienne Lenoir (R.)	Z	10
Faubourgs (R. des)	Y	12
Frassem (R. de)	Y	13
Grand'Place	YZ	15
Grand'Rue	Z	16
Léopold (Pl.)	Z	19
Marché-au-Beurre	Z	20
Marché-aux-Légumes	YZ	22
Marquisat (R. du)	Y	23
Michel Hamelius (R.)	Z	25
Palais-de-Justice	Z	26
Paul Reuter (R.)	Z	27
Porte-Neuve (R. de la)	Y	29
Remparts (R. des)	Y	30
Saint Jean (R.)	YZ	32
Seymerich (R. de)	Y	34
Synagogue (R. de la)	Z	35
25-Août (R. du)	Z	40

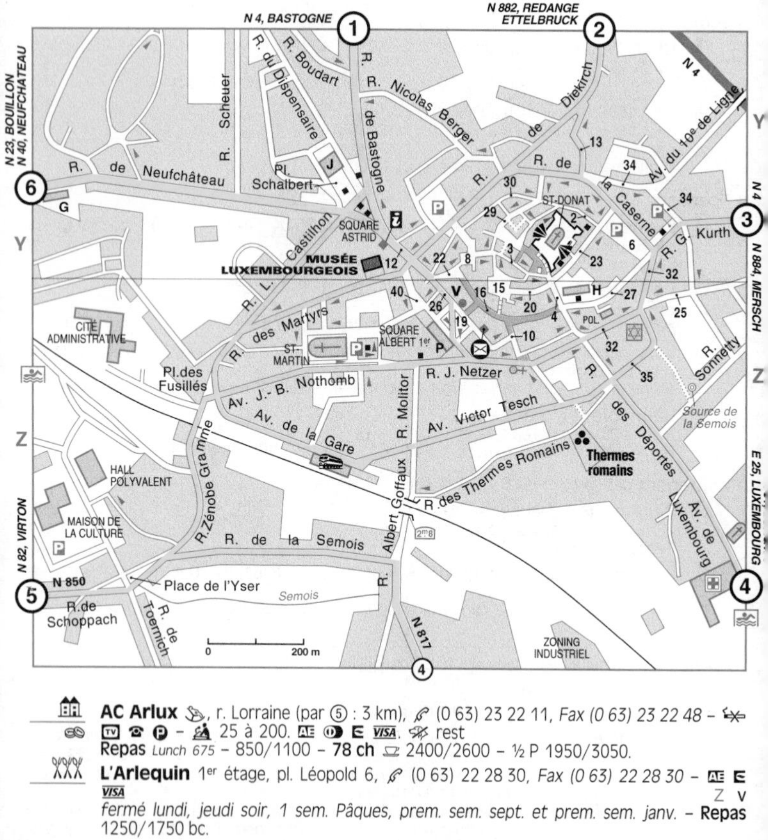

AC Arlux ⛬, r. Lorraine (par ⑤ : 3 km), ✆ (0 63) 23 22 11, *Fax (0 63) 23 22 48* – ⇆ TV ☎ P – 🏃 25 à 200. AE ① E VISA. ✻ rest
Repas *Lunch 675* – 850/1100 – **78 ch** ☕ 2400/2600 – ½ P 1950/3050.

XXX **L'Arlequin** 1er étage, pl. Léopold 6, ✆ (0 63) 22 28 30, *Fax (0 63) 22 28 30* – AE E VISA — Z v
fermé lundi, jeudi soir, 1 sem. Pâques, prem. sem. sept. et prem. sem. janv. – **Repas** 1250/1750 bc.

XX **L'eau à la bouche,** rte de Luxembourg 317 (par ④ : 2,5 km), ☎ (0 63) 23 37 05, *Fax (0 63) 24 00 56,* « Villa avec terrasse » – P. E VISA
fermé mardi soir, merc., sam. midi, 2 sem. Pâques, fin août-début sept. et début janv. – **Repas** *Lunch 650* – carte 1650 à 2050.

à Hondelange *par ④ : 8 km* C *Messancy 6 839 h.* – ✉ *6780 Hondelange :*

Les Blés d'Or sans rest, r. Blés d'Or 15, ☎ (0 63) 22 52 34, *Fax (0 63) 23 33 36,* – TV ☎ P. E VISA.
fermé 23 déc.-10 janv. – **11 ch** 1700/2000.

AS *3665 Limburg* 213 ⑩ et 909 J 2 – *7 054 h.*
Bruxelles 99 – Maastricht 30 – Antwerpen 95 – Hasselt 25 – Eindhoven 58.

Host. Mardaga, Stationsstraat 121, ☎ (0 89) 65 62 65, *Fax (0 89) 65 62 66,* , « Jardin ombragé en lisière de forêt » – , rest, TV ☎ P – 25 à 50. AE ① E VISA.
Repas *(fermé sam. midi) Lunch 1150* – 1650/1950 – **18 ch** 3400/5500 – ½ P 4550/4850.

ASSE *1730 Vlaams-Brabant* 213 ⑥ et 909 F 3 – *27 442 h.*
Bruxelles 14 – Aalst 12 – Dendermonde 17.

XXX **De Pauw,** Lindendries 3, ☎ (0 2) 452 72 45, *Fax (0 2) 452 72 45,* , « Jardin » – P. AE ① E VISA
fermé mardi soir, merc., dim. soir, sem. carnaval et 3 prem. sem. août – **Repas** *Lunch 1150* – 1400/1950.

XX **Hof ten Eenhoorn,** Keierberg 80 (direction Enghien puis rte à droite), ☎ (0 2) 452 95 15, *Fax (0 2) 452 52 24,* , « Ancienne ferme-brasserie dans un site pittoresque » – P – 25 à 85. AE ① E VISA.
fermé dim. soir, lundi, mardi, 1 sem. carnaval et 3 sem. en juil. – **Repas** *Lunch 950* – 1490/1595.

X **Canteclaer,** Markt 6a, ☎ (0 2) 452 41 40, *Fax (0 2) 452 36 95,* – AE ① E VISA
fermé lundi, mardi et 2 dern. sem. juil. – **Repas** 950/1500.

ASSENEDE *9960 Oost-Vlaanderen* 213 ④ et 909 E 2 – *13 545 h.*
Bruxelles 88 – Brugge 41 – Gent 28 – Sint-Niklaas 38.

X **Den Hoed,** Kloosterstraat 3, ☎ (0 9) 344 57 03, Moules en saison – AE ① E VISA
fermé lundi soir, mardi, sem. carnaval et 3 dern. sem. juin – **Repas** 1100.

ASTENE *Oost-Vlaanderen* 213 ④ – *voir à Deinze.*

ATH (AAT) *7800 Hainaut* 213 ⑯ et 909 E 4 – *25 048 h.*
Voir *Ducasse*★★ *(Cortège des géants).*
Env. *SO : 6 km à Moulbaix : Moulin de la Marquise*★ *– SE : 5 km à Attre*★ *: Château*★.
r. Nazareth 2 ☎ (0 68) 26 92 30, Fax (0 68) 26 92 39.
Bruxelles 57 – Mons 21 – Tournai 29.

Du Parc , r. Esplanade 13, ☎ (0 68) 28 69 77 et 28 54 85 (rest), *Fax (0 68) 28 57 63* – TV ☎ – 25 à 70. AE ① E VISA. ch
Repas *(fermé jeudis non fériés, dim. soir, jours fériés soirs, juiL. et du 4 au 10 janv.)* 995/1650 – **11 ch** *(fermé 15 juil.-1er août)* 1900/2800 – ½ P 2000/2500.

X **Le Saint-Pierre,** Marché aux Toiles 18, ☎ (0 68) 28 51 74 – ① E VISA
fermé 15 juil.-10 août – **Repas** (déjeuner seult sauf sam.) 995.

à Ghislenghien *(Gellingen) NE : 8 km* C *Ath* – ✉ *7822 Ghislenghien :*

XX **Le Relais de la Diligence,** chaussée de Bruxelles 401 (N 7), ☎ (0 68) 55 12 41, « Relais du 18e s. », – P. AE ① E VISA
fermé jeudi, sem. carnaval et 2 dern. sem. juil. – **Repas** (déjeuner seult sauf vend. et sam.) *Lunch 560* – 850/1000.

X **Aux Mets Encore,** chaussée de Bruxelles 431 (N 7), ☎ (0 68) 55 16 07, *Fax (0 68) 55 16 07,* – P. AE ① E VISA
fermé mardi soir, merc. et 2e quinz. janv. – **Repas** *Lunch 520* – 850.

AUDENARDE *Oost-Vlaanderen – voir Oudenaarde.*

AUDERGHEM (OUDERGEM) *Région de Bruxelles-Capitale* 213 ⑱ ⑲ et 909 G 3 - ㉒ S – *voir à Bruxelles.*

AVE ET AUFFE *5580 Namur* C *Rochefort 11 639 h.* 214 ⑥ et 909 I 5.
Bruxelles 114 – Namur 55 – Dinant 29 – Rochefort 10.

Host. Le Ry d'Ave, Sourd d'Ave 5, ☎ (0 84) 38 82 20, *Fax (0 84) 38 95 50*, ≤, «Cadre champêtre», – TV ☎ P. AE ⓓ E VISA
fermé du 15 au 25 mars, 28 juin-8 juil., du 27 au 30 sept. et du 4 au 21 janv. – **Repas** *(fermé jeudi de janv. à avril, mardi soir et merc.)* *Lunch 780* – 980/1850 – 360 – **12 ch** *(fermé mardis soirs et merc. non fériés sauf en saison)* 1600/2450 – ½ P 2850/3400.

AVELGEM *8580 West-Vlaanderen* 213 ⑮ et 909 D 3 – *9 018 h.*
Bruxelles 72 – Kortrijk 13 – Tournai 23.

Karekietenhof, Scheldelaan 20 (derrière l'église), ☎ (0 56) 64 44 11, *Fax (0 56) 64 44 11*, ≤, Anguilles – P. E VISA
fermé mardi soir, merc. et du 16 au 31 août – **Repas** *Lunch 850* – 1150/1375.

AWENNE *Luxembourg belge* 214 ⑥ ⑯ et 909 I 5 – *voir à St-Hubert.*

AYWAILLE *4920 Liège* 213 ㉓, 214 ⑦ et 909 K 4 – *9 755 h.*
pl. J. Thiry 9 ☎ (0 4) 384 84 84.
Bruxelles 123 – Liège 29 – Spa 16.

Host. Villa des Roses avec ch, av. Libération 4, ☎ (0 4) 384 42 36, *Fax (0 4) 384 74 40*, – TV ☎ P. ⓓ E VISA. ch
fermé 22 fév.-13 mars – **Repas** *(fermé lundis soirs et mardis non fériés)* *Lunch 900* – 1500 bc/1850 bc – **9 ch** 2200/3800 – ½ P 2300/2800.

BACHTE-MARIA-LEERNE *Oost-Vlaanderen* 212 ④ et 909 D 2 – *voir à Deinze.*

BAILLONVILLE *5377 Namur* C *Somme-Leuze 3 898 h.* 214 ⑥ et 909 J 5.
Bruxelles 107 – Bastogne 48 – Liège 50 – Namur 34.

Le Capucin Gourmand (Mathieu) avec ch, r. Centre 16 (Rabozée), ☎ (0 84) 31 51 80 et 31 47 01 (hôtel), *Fax (0 84) 31 30 68*, – TV ☎ P – 25. AE ⓓ E VISA
Repas *(fermé mardi midi de janv. à mars, mardi soir, merc., sem. Pâques, fin août-début sept. et 1re quinz. janv.)* *Lunch 1100* – 1550 bc/3100 bc, carte env. 2200 – 450 – **6 ch** 2500/2850 – ½ P 3025/4025
Spéc. Langoustines rôties aux épices, vinaigrette au café. Ris de veau à la réglisse et foie d'oie fondu. Croquette au chocolat amer et coriandre.

BAISY-THY *1470 Brabant Wallon* C *Genappe 13 547 h.* 213 ⑲ et 909 G 4.
18 9 *à Ways N : 3 km, r. E. François 9 ☎ (0 67) 77 15 71, Fax (0 67) 77 18 33.*
Bruxelles 32 – Charleroi 21 – Mons 53 – Namur 35.

Host. La Falise avec ch, r. Falise 7, ☎ (0 67) 77 35 11, *Fax (0 67) 79 04 94*, «Jardin», TV ☎ P. AE E VISA
fermé 20 sept.-5 oct. et du 5 au 31 janv. – **Repas** *(fermé dim. soir et lundi)* 950/1850 – **7 ch** 2400/3000 – ½ P 2450/3350.

BALEGEM *9860 Oost-Vlaanderen* C *Oosterzele 13 153 h.* 213 ④ ⑤ et 909 E 3.
Bruxelles 49 – Aalst 27 – Gent 23 – Oudenaarde 20.

't Parksken avec ch, Geraardsbergsesteenweg 233 (à l'Est sur N 42), ☎ (0 9) 362 52 20, *Fax (0 9) 362 64 17*, ≤, «Auberge centenaire avec jardin» – rest, TV ☎ P – 30. AE ⓓ E VISA.
fermé du 7 au 29 juil. et du 1er au 9 janv. – **Repas** *(fermé dim. soir, lundi et mardi)* *Lunch 1250* – 2150 – **4 ch** 2850/4200 – ½ P 2850/4150.

BALMORAL *Liège* 213 ㉓ et 909 K 4 – *voir à Spa.*

BARAQUE DE FRAITURE *Luxembourg belge* 214 ⑧ et 909 K 5 – *voir à Vielsalm.*

BARBENÇON *Hainaut* 214 ③ et 909 F 5 – *voir à Beaumont.*

BARVAUX *6940 Luxembourg belge* C *Durbuy 9 391 h.* 214 ⑦ et 909 J 4.
18 *rte d'Oppagne 34 ☎ (0 86) 21 44 54, Fax (0 86) 21 44 49.*
Complexe d'animation touristique "Le Moulin" ☎ (0 86) 21 11 65, Fax (0 86) 21 19 78.
Bruxelles 121 – Arlon 99 – Liège 47 – Marche-en-Famenne 19.

XX **La Poivrière,** Grand-rue 28, ✆ (0 86) 21 15 60, *Fax (0 86) 21 84 12*, 🍴 – AE ⓓ E VISA
fermé déc. et dim. soirs et lundis non fériés – **Repas** 990/2150.

X **Au Petit Chef,** r. Basse-Sauvenière 8, ✆ (0 86) 21 26 14, 🍴 – AE ⓓ E VISA
fermé lundi, mardi, 1 sem. en juin, 1 sem. en sept. et janv. – **Repas** 795/1495.

à Bohon *NO : 3 km* C *Durbuy* – ✉ *6940 Barvaux :*

Le Relais de Bohon 🐦, pl. de Bohon 50, ✆ (0 86) 21 30 49, *Fax (0 86) 21 35 95*, 🍴, – TV P. AE E VISA JCB
fermé lundis soirs et mardis non fériés, mars, début sept. et fin nov. – **Repas** (Taverne-rest) Lunch 395 – 875/1495 – **16 ch** ☕ 2500/2800 – ½ P 2100/3050.

BASSE-BODEUX *Liège* 214 ⑧ et 909 K 4 – *voir à Trois-Ponts.*

BASSEVELDE *9968 Oost-Vlaanderen* C *Assenede 13 545 h.* 213 ④ et 909 E 2.
Bruxelles 90 – Brugge 41 – Gent 22 – Zelzate 12.

't Westkanterhof 🐦, Oude Boekhoutestraat 18b, ✆ (0 9) 373 82 92, *Fax (0 9) 373 53 33*, « Environnement champêtre », – TV ☎ P. E VISA. ✗
fermé sem. carnaval et vacances Noël – **Repas** (dîner pour résidents seult) – **7 ch** ☕ 2050/2600 – ½ P 1750/2150.

BASTOGNE (BASTENAKEN) *6600 Luxembourg belge* 214 ⑱ et 909 K 5 – *12 969 h.*
Voir *Intérieur★ de l'église St-Pierre★ – Bastogne Historical Center★ – Le Mardasson★ E : 3 km.*
Env. *N : 17 km à Houffalize : Site★.*
ℹ *pl. Mac Auliffe 24* ✆ *(0 61) 21 27 11.*
Bruxelles 148 – Arlon 40 – Liège 88 – Namur 87.

Melba M 🐦 sans rest, av. Mathieu 49, ✆ (0 61) 21 77 78, *Fax (0 61) 21 55 68*, ≘s – |‡| TV ☎ P – 🏛 25 à 60. AE E VISA. ✗
23 ch ☕ 2150/3000.

Le Caprice M sans rest, pl. Mac Auliffe 25, ✆ (0 61) 21 81 40, *Fax (0 61) 21 82 01* – |‡| ▤ TV ☎ 🚗. AE ⓓ E VISA
13 ch ☕ 2250/2950.

X **Léo,** r. Vivier 6, ✆ (0 61) 21 14 41, *Fax (0 61) 21 65 08*, 🍴 – E VISA
fermé lundi, 21 juin-3 juil. et 20 déc.-21 janv. – **Repas** Lunch 595 – carte 850 à 1300.

BATTICE *4651 Liège* C *Herve 16 204 h.* 213 ㉓ et 909 K 4.
Bruxelles 117 – Maastricht 28 – Liège 27 – Verviers 9 – Aachen 31.

XX **Aux étangs de la Vieille Ferme,** Maison du Bois 66 (SO : 7 km, lieu-dit Bruyères), ✉ 4650, ✆ (0 87) 67 49 19, *Fax (0 87) 67 98 65*, ≤, 🍴, « Terrasse, environnement champêtre » – ▤ P. AE E VISA
fermé lundi, mardi, merc. soir, jeudi soir, 25 oct.-6 nov. et du 1er au 6 janv. – **Repas** Lunch 1090 – 1450/2290.

XX **Les Quatre Bras,** pl. du Marché 31, ✆ (0 87) 67 41 56, *Fax (0 87) 67 41 56* – AE ⓓ E VISA
fermé dim., lundi soir et 15 juil.-15 août – **Repas** Lunch 1100 – 1300/1650.

X **Au Vieux Logis,** pl. du Marché 25, ✆ (0 87) 67 42 53, *Fax (0 87) 67 91 65* – AE ⓓ E VISA
fermé dim. non fériés, lundi soir, 2 dern. sem. juil. et prem. sem. janv. – **Repas** 1000 bc/1895 bc.

BAUDOUR *Hainaut* 213 ⑰, 214 ① ② et 909 E 4 – *voir à Mons.*

BEAUMONT *6500 Hainaut* 214 ③ et 909 F 5 – *6 452 h.*
ℹ *Grand'Place 10* ✆ *(0 71) 58 81 91.*
Bruxelles 80 – Mons 32 – Charleroi 26 – Maubeuge 25.

X **Le Maleguemme,** chaussée F. Deliège 48, ✆ (0 71) 58 90 95, *Fax (0 71) 58 94 83*, 🍴 – P. E VISA
fermé lundi soir, mardi et 2 sem. en janv. – **Repas** Lunch 680 – 1150/1500.

à Barbençon *SE : 4 km* C *Beaumont* – ✉ *6500 Barbençon :*

XX **Le Barbençon,** r. Couvent 11, ✆ (0 71) 58 99 27, *Fax (0 71) 58 96 70* – P. E VISA
fermé mardis soirs et merc. non fériés – **Repas** Lunch 850 – 1450.

à Grandrieu *SO : 7 km* 🄲 *Sivry-Rance 4 541 h.* – ✉ *6470 Grandrieu :*

XX **Le Grand Ryeu,** r. Goëtte 1, ☎ (0 60) 45 52 10, *Fax (0 60) 45 62 25,* 🏵, « Ancienne ferme » – 🅟. AE ⓓ E VISA
fermé mardis et merc. non fériés ; de janv. à mi-mars ouvert seult les sam., dim. midis et lundis – **Repas** Lunch 995 – 1595/1975.

à Solre-St-Géry *S : 4 km* 🄲 *Beaumont* – ✉ *6500 Solre-St-Géry :*

XX **Host. Le Prieuré Saint-Géry** (Gardinal) 🐎 avec ch, r. Lambot 9, ☎ (0 71) 58 97 00,
✿ *Fax (0 71) 58 96 98,* 🏵, « Cour intérieure fleurie » – 📺 ☎ 🅟. AE ⓓ E VISA
fermé dim. soirs et lundis non fériés, 2 sem. en sept. et 2 sem. en janv. – **Repas** Lunch 950 – 2950 bc, carte env. 2300 – **5 ch** ☕ 2500/3750 – ½ P 3700
Spéc. Filet de rouget au caviar d'aubergine. Escalope de foie d'oie aux épices douces. Noisettes de chevreuil et charlotte de pommes au chou rouge (15 sept.-15 déc.).

BEAURAING *5570 Namur* 214 ⑤ et 909 H 5 – *7 946 h.*

Voir *Lieu de pèlerinage*★.
Bruxelles 111 – Namur 48 – Dinant 20 – Givet 10.

🏠 **L'Aubépine,** r. Rochefort 27, ☎ (0 82) 71 11 59, *Fax (0 82) 71 33 54* – |🛗|, ▤ rest, ☎
🅟 – 🏋 25 à 180. AE ⓓ E VISA
28 mars-2 janv. – **Repas** Lunch 625 – 850 – **66 ch** ☕ 1700/2450 – ½ P 1800/2300.

BEAUVOORDE *West-Vlaanderen* 213 ① – *voir à Veurne.*

BEERNEM *8730 West-Vlaanderen* 213 ③ et 909 D 2 – *14 423 h.*

Bruxelles 81 – Brugge 20 – Gent 36 – Oostende 37.

XX **di Coylde,** St-Jorisstraat 82 (direction Knesselare), ☎ (0 50) 78 18 18, *Fax (0 50) 78 17 25,* « Manoir entouré de douves » – 🅟 – 🏋 40. AE ⓓ E VISA. ✂
fermé sam. midi, dim. soir, lundi, sem. carnaval et 2e quinz. juil. – **Repas** Lunch 1150 bc – 2450.

XX **Beverhof,** Kasteelhoek 37 (O : 4 km), ☎ (0 50) 78 90 72, *Fax (0 50) 78 90 72,* 🏵 – 🅟. AE ⓓ E VISA
fermé mardi, merc., 16 fév.-5 mars et du 1er au 15 sept. – **Repas** carte 1650 à 1900.

à Oedelem *N : 4 km* 🄲 *Beernem* – ✉ *8730 Oedelem :*

XX **Alain Meessen,** Bruggestraat 259, ☎ (0 50) 36 37 84, *Fax (0 50) 36 37 84,* 🏵 – 🅟. ⓓ E VISA. ✂
fermé sam. midi, dim., lundi midi, 1 sem. Pâques et 3 sem. en déc. – **Repas** Lunch 2100 bc – carte 2000 à 2650.

BEERSE *2340 Antwerpen* 212 ⑯ et 909 H 2 – *15 224 h.*

Bruxelles 80 – Antwerpen 40 – Breda 42 – Eindhoven 52 – Turnhout 6.

XX **Hof Van Eden,** Bisschopslaan 3, ☎ (0 14) 61 26 09, *Fax (0 14) 61 26 09,* 🏵, « Terrasse » – 🅟. AE ⓓ E VISA JCB
fermé sam. midi, dim. soir, lundi, 1 sem. carnaval et 3 sem. en juil. – **Repas** 995/1650.

BEERSEL *Vlaams-Brabant* 213 ⑱ et 909 F 3 - ㉑ S – *voir à Bruxelles, environs.*

BEERVELDE *Oost-Vlaanderen* 213 ⑤ et 909 E 2 – *voir à Gent, environs.*

BELLEGEM *West-Vlaanderen* 213 ⑮ et 909 C 3 – *voir à Kortrijk.*

BELLEVAUX-LIGNEUVILLE *4960 Liège* 🄲 *Malmédy 10 841 h.* 214 ⑨ et 909 L 4.

Bruxelles 165 – Liège 65 – Malmédy 8,5 – Spa 27.

🏠 **St-Hubert,** Grand'Rue 43 (Ligneuville), ☎ (0 80) 57 01 22, *Fax (0 80) 57 08 94* – 📺 ☎
🅟 – 🏋 60. E VISA. ✂
fermé merc. et 15 janv.-15 fév. – **Repas** Lunch 595 – 850/1360 – **18 ch** ☕ 1650/2350 – ½ P 1950/2150.

XX **Du Moulin** avec ch, Grand'Rue 28 (Ligneuville), ☎ (0 80) 57 00 81, *Fax (0 80) 57 07 88,*
🏵, « Auberge du 19e s. », 🛋 – 📺 ☎ 🅟. AE ⓓ E VISA
fermé du 1er au 18 mars, 30 août-9 sept. et mardis et merc. non fériés du 21 nov. au 7 avril – **Repas** 995/2250 – **14 ch** ☕ 1600/3600 – ½ P 2000/3000.

BELŒIL *7970 Hainaut* 213 ⑯ et 909 E 4 – *13 222 h.*

Voir *Château★★ : collections★★★, parc★, bibliothèque★.*

Bruxelles 70 – Mons 22 – Tournai 28.

Hôtels et restaurants voir : Mons *SE : 22 km*

BELVAUX *Namur* 214 ⑥ et 909 I 5 – *voir à Rochefort.*

BERCHEM *Antwerpen* 212 ⑮ et 909 G 2 - ⑨ S – *voir à Antwerpen, périphérie.*

BERCHEM-STE-AGATHE (SINT-AGATHA-BERCHEM) *Région de Bruxelles-Capitale* 213 ⑱ et 909 F 3 - ㉑ N – *voir à Bruxelles.*

BERENDRECHT *Antwerpen* 212 ⑭ et 909 F 1 - ⑧ N – *voir à Antwerpen, périphérie.*

BERGEN P *Hainaut – voir Mons.*

BERLARE *9290 Oost-Vlaanderen* 213 ⑤ et 909 F 2 – *13 374 h.*

Bruxelles 38 – Antwerpen 43 – Gent 26 – Sint-Niklaas 24.

XXX ✿ **'t Laurierblad** (Van Cauteren) avec ch, Dorp 4, ☎ (0 52) 42 48 01, *Fax (0 52) 42 59 97*, « Terrasse avec pièce d'eau » – ch, TV ☎ P – 25 à 40. AE ⓓ E VISA

fermé 24 août-7 sept. – **Repas** *(fermé lundi)* Lunch 2000 bc – 2500 bc/3665 bc, carte 2000 à 3000 – **5 ch** 3160/4820

Spéc. Fricassée de légumes, œuf poché et dentelle de Parmesan. Cabillaud moutardé et persillé, beurre à la bière blanche. Île flottante au chocolat amer et thé à la bergamote.

aux étangs de Donkmeer *NO : 3,5 km :*

XXX ✿ **Lijsterbes** (Van Der Bruggen), Donklaan 155, ✉ 9290 Uitbergen, ☎ (0 9) 367 82 29, *Fax (0 9) 367 85 50*, « Terrasse fleurie » – P. AE ⓓ E VISA.

fermé du 5 au 15 avril, du 6 au 26 sept., sam. midi, dim. soir et lundi – **Repas** Lunch 1350 – 2050/2650, carte 2200 à 2900

Spéc. Salade de homard et coppa aux tomates séchées et romarin. Turbot poêlé, sabayon à la bière blanche et échalotes frites (avril-sept.). Panna cotta au caramel et fraises écrasées.

X **Malpertuus,** Donklaan 253, ✉ 9290 Overmere, ☎ (0 9) 367 50 23, ≤, Anguilles – P. AE ⓓ E VISA

fermé mardi, merc. et déc. – **Repas** carte 950 à 1350.

BERTRIX *6880 Luxembourg belge* 214 ⑯ et 909 I 6 – *8 003 h.*

Bruxelles 149 – Arlon 54 – Bouillon 22 – Dinant 73.

Les Tourelles, rte de Bertrix-Neufchâteau 36 (SE : 5 km, lieu-dit Biourges), ☎ (0 61) 41 19 09, *Fax (0 61) 41 45 32*, « Ancienne demeure avec étang », – P – 25. AE ⓓ E VISA. rest

fermé 20 juin-12 juil. et mardi et merc. hors saison – **Repas** (résidents seult) – 350 – **9 ch** 2000/3700 – ½ P 2150.

X **Le Péché Mignon,** r. Burhaimont 69, ☎ (0 61) 41 47 17, *Fax (0 61) 41 47 17* – P. AE ⓓ E VISA

fermé merc. – **Repas** 850/1350.

BÉVERCÉ *Liège* 213 ㉔, 214 ⑧ et 909 L 4 – *voir à Malmédy.*

BEVEREN *West-Vlaanderen* 213 ② et 909 C 3 – *voir à Roeselare.*

BEVEREN-LEIE *8791 West-Vlaanderen* C *Waregem 35 750 h.* 213 ⑮ et 909 C 3.

Bruxelles 89 – Brugge 49 – Gent 44 – Kortrijk 8.

XX **De Gastronoom,** Kortrijkseweg 215, ☎ (0 56) 70 11 10, *Fax (0 56) 70 60 88*, – P. AE ⓓ E VISA

fermé dim. soir, lundi et 21 juil.-15 août – **Repas** Lunch 1300 bc – carte 1750 à 2150.

BEYNE-HEUSAY *Liège* 213 ㉒ ㉓ et 909 J 4 - ⑱ N – *voir à Liège, environs.*

BILZEN *3740 Limburg* 213 ㉒ et 909 *J 3 – 28 885 h.*
Bruxelles 97 – Maastricht 16 – Hasselt 17 – Liège 29.

XX **'t Vlierhof,** Hasseltsestraat 57a, ☎ (0 89) 41 44 18, *Fax (0 89) 41 44 18,* ☂ – ▤ P. AE E VISA. ✈
fermé lundi soir, merc.et 3 dern. sem. juil. – **Repas** *Lunch 975* – 1300/1700.

XX **Bevershof,** Hasseltsestraat 72, ☎ (0 89) 41 23 01, *Fax (0 89) 41 26 02,* ☂ – ▤ P – 25 à 250. AE ◑ E VISA. ✈
fermé du 8 au 24 mars, du 10 au 27 oct., lundi et mardi – **Repas** carte 1350 à 2100.

BINCHE *7130 Hainaut* 214 ③ et 909 *F 4 – 32 381 h.*
Voir *Carnaval★★★ (Mardi gras) – Vieille ville★* Z.
Musée : *International du Carnaval et du Masque★ : masques★★* Z **M.**
Env. *NE, 10 km par* ① *: Domaine de Mariemont★★ : parc★, musée★★.*
ℹ *Hôtel de Ville, Grand'Place* ☎ *(0 64) 33 67 27, Fax (0 64) 33 95 37.*
Bruxelles 62 ① *– Mons 16* ⑤ *– Charleroi 20* ② *– Maubeuge 24* ④.

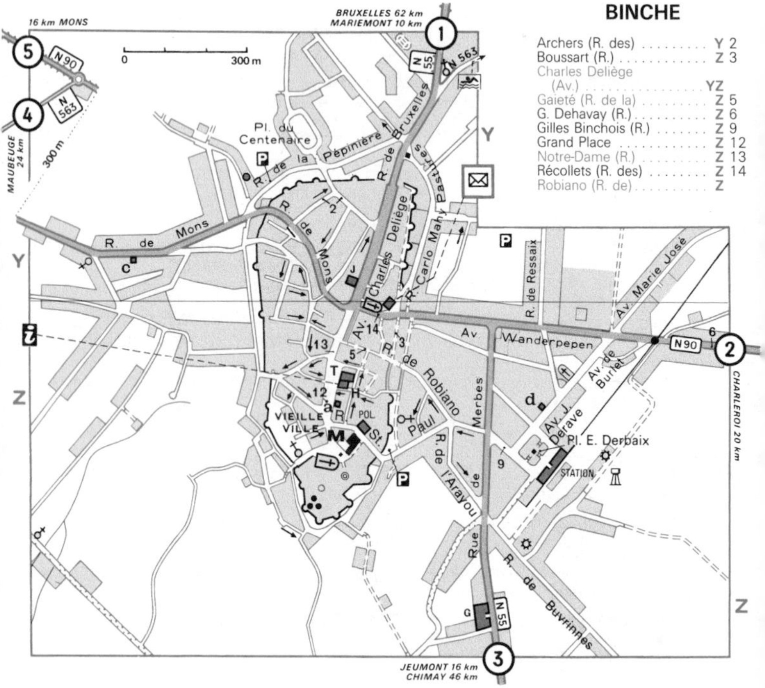

XX **L'Aubade,** r. Bruxelles 37, ☎ (0 64) 34 22 73 – P. AE ◑ E VISA JCB Z d
fermé mardi soir, merc., dim. soir, sem. après carnaval, 1re quinz. août et prem. sem. janv. – **Repas** *Lunch 895* – 1650.

X **China Town,** Grand'Place 12, ☎ (0 64) 33 72 22, Cuisine chinoise, ouvert jusqu'à 23 h 30 – ▤. AE ◑ E VISA Z a
fermé merc. et août – **Repas** *Lunch 480* – 675/875.

à Waudrez *O : 2 km* C *Binche –* ✉ *7131 Waudrez :*

X **Eric,** rte de Mons 190, ☎ (0 64) 33 25 35 – AE ◑ E VISA Y c
fermé merc. non fériés – **Repas** *Lunch 350* – 850.

BLANDEN *Vlaams-Brabant* 213 ⑲ *– voir à Leuven.*

BLANKENBERGE *8370 West-Vlaanderen* 213 ② *et* 909 *C 2 – 17 414 h. – Station balnéaire★*
– Casino Kursaal A, Zeedijk 150, ✆ *(0 50) 43 20 20, Fax (0 50) 41 98 40.*
ℹ *Leopold III-plein* ✆ *(0 50) 41 22 27, Fax (0 50) 41 61 39.*
Bruxelles 111 ② – Brugge 15 ② – Knokke-Heist 12 ① – Oostende 21 ③.

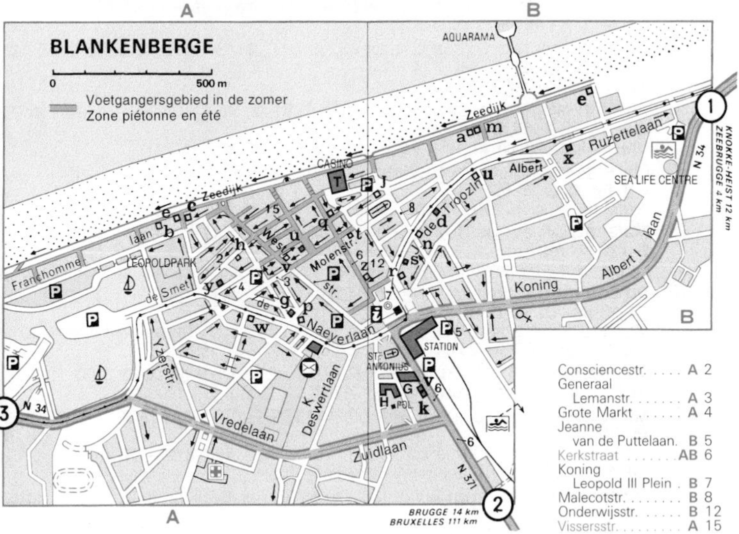

Beach Palace Ⓜ, Zeedijk 77, ✆ (0 50) 42 96 64, *Fax (0 50) 42 60 49,* ≤, « Dominant la plage », Ⓕ, ⌂, ▣ – ⎘, ▤ rest, TV ☎ ⇔ ℗ – 🅰 25 à 150. AE ⓞ E VISA. ✂ rest — A b
Repas *(fermé mardi)* 1150/1950 – **67 ch** ☐ 2650/5870, 3 suites – ½ P 2750/3735.

Azaert (annexe Aazaert 2 - 21 ch), Molenstraat 31, ✆ (0 50) 41 15 99, *Fax (0 50) 42 91 46,* Ⓕ, ⌂, ▣ – ⎘, ▤ rest, TV ☎ ⇔ – 🅰 25 à 70. E VISA. ✂ — A t
26 mars-4 nov. – **Repas** *(fermé merc. soir et après 20 h 30)* 875/1875 – **51 ch** ☐ 2650/4250 – ½ P 2350/2850.

Ideal, Zeedijk 244, ✆ (0 50) 42 86 00, *Fax (0 50) 42 97 46,* ≤, Ⓕ, ▣ – ⎘ TV ☎ ⇔ – 🅰 30. E VISA. ✂ rest — B e
30 mars-28 sept. – **Repas** *(fermé mardi et après 20 h 30)* Lunch 535 – 950/1595 – **42 ch** ☐ 2820/4975 – ½ P 2680/3400.

Helios Ⓜ, Zeedijk 92, ✆ (0 50) 42 90 20, *Fax (0 50) 42 86 66,* ≤, « Aménagement design », Ⓕ, ⌂ – ⎘, ▤ rest, TV ☎ ⇔ – 🅰 25 à 100. AE ⓞ E VISA JCB. ✂ — A c
fermé 16 nov.-17 déc. – **Repas *Triton*** *(fermé lundi sauf en juil.-août)* 990 bc/1500 bc – **34 ch** ☐ 3400/5500 – ½ P 3150/3600.

Saint Sauveur, Langestraat 50, ✆ (0 50) 42 70 00, *Fax (0 50) 42 97 38,* ⌂, ▣ – ⎘, ▤ rest, TV ☎ – 🅰 35. AE ⓞ E VISA JCB. ✂ — A q
Repas (Taverne-rest) Lunch 700 – carte 1200 à 1650 – **28 ch** ☐ 3350/5100, 3 suites – ½ P 2300/2950.

Riant Séjour, Zeedijk 188, ✆ (0 50) 43 27 00, *Fax (0 50) 42 75 54,* ≤, « Dominant la plage », Ⓕ, ⌂ – ⎘ TV ☎ ⇔. AE ⓞ E VISA JCB — B a
fermé 27 sept.-15 oct. – **Repas** *(fermé mardi et merc. du 15 oct. au 30 mars et après 20 h)* Lunch 740 – carte env. 1300 – **30 ch** *(fermé merc. du 15 oct. au 30 mars)* ☐ 2800/4200, 1 suite – ½ P 2600/2700.

La Providence, Zeedijk 191, ✆ (0 50) 41 11 98, *Fax (0 50) 41 80 79,* ≤, Ⓕ, ⌂ – ⎘, ▤ rest, TV ☎. E VISA. ✂ ch — B m
12 fév.-6 nov. ; fermé 22 fév.-25 mars – **Repas** *(fermé merc. et après 20 h)* Lunch 480 – 865/1290 – **24 ch** ☐ 2000/3800 – ½ P 1950/2550.

Richmond Thonnon, de Smet de Naeyerlaan 54, ✆ (0 50) 42 96 92, *Fax (0 50) 42 98 72,* ⌂ – ⎘ TV ☎ ⇔ – 🅰 25. AE ⓞ E VISA. ✂ — A p
Repas (résidents seult) – **38 ch** ☐ 3760/4300 – ½ P 2320/2650.

Vivaldi sans rest, Koning Leopold III-plein 8, (0 50) 42 84 37, *Fax (0 50) 42 64 33* – AE E VISA. B r
28 ch 2000/2800, 2 suites.

Moeder Lambic, J. de Troozlaan 93, (0 50) 41 27 54, *Fax (0 50) 41 09 44*, – AE E VISA. ch B u
fermé janv. – **Repas** (ouvert jusqu'à 23 h) *(fermé merc. et jeudi du 15 sept. à mai)* 1075/1175 – **15 ch** 2000/3000.

Albatros sans rest, Consciencestraat 45, (0 50) 41 13 49, *Fax (0 50) 42 86 55*, – E VISA. A h
21 ch 1980/3600, 4 suites.

Alfa Inn sans rest, Kerkstraat 92, (0 50) 41 81 72, *Fax (0 50) 42 93 24*, – – 25 à 150. E VISA. AB z
fév.-15 nov. – **80 ch** 1450/2400.

Claridge sans rest, de Smet de Naeyerlaan 81bis, (0 50) 42 66 88, *Fax (0 50) 42 77 04* – E VISA. A w
fermé du 18 au 30 avril, 15 nov.-20 déc. et 5 janv.-14 fév. – **15 ch** 1900/2700.

Malecot, Langestraat 91, (0 50) 41 12 07, *Fax (0 50) 42 80 42*, – . E VISA. rest B j
11 fév.-sept. ; fermé 18 fév.-mars – **Repas** (résidents seult) – **33 ch** 1550/3000.

Du Commerce, Weststraat 64, (0 50) 42 95 35, *Fax (0 50) 42 94 40* – , rest, . AE E VISA. rest A v
12 fév.-8 nov. ; fermé 18 fév.-26 mars et du 1er au 29 oct. – **Repas** *(fermé après 20 h)* Lunch 500 – 530/725 – **29 ch** 1825/2750 – ½ P 1810/1905.

Strand, Zeedijk 86, (0 50) 41 16 71, *Fax (0 50) 42 58 67* – . AE E VISA A e
fermé janv. – **Repas** (résidents seult) – **17 ch** 3500 – ½ P 1900/2250.

Marie-José, Marie-Josélaan 2, (0 50) 41 16 39, *Fax (0 50) 41 16 39* – . AE E VISA. B n
avril-sept. – **Repas** *(fermé après 20 h)* Lunch 450 – 695/870 – **36 ch** 1800 – ½ P 1600/2350.

Escapade J. de Troozlaan 39, (0 50) 41 15 97, *Fax (0 50) 42 88 64*, – AE E VISA B d
fermé lundi, 28 juin-8 juil. et 26 janv.-4 fév. – **Repas** Lunch 650 – 990/1450.

't Zeigat, Notebaertstraat 20, (0 50) 41 32 15, *Fax (0 50) 41 32 15*, Produits de la mer – AE E VISA A g
fermé mardi soir, merc. et 1re quinz. oct. – **Repas** Lunch 1200 bc – 1100/1650.

't Karveeltje, Grote Markt 7, (0 50) 41 36 69, *Fax (0 50) 41 36 69*, – AE E VISA A y
fermé du 1er au 14 mars, du 23 au 30 juin, du 3 au 10 nov., mardi soir et merc. – **Repas** Lunch 690 – 990/2250 bc.

St-Hubert, Manitobaplein 15, (0 50) 41 22 42, *Fax (0 50) 41 22 42*, – AE E VISA JCB A u
fermé lundi soir, mardi et fin mars-début avril – **Repas** carte 1100 à 1650.

La Tempête avec ch, A. Ruzettelaan 37, (0 50) 42 94 28, *Fax (0 50) 42 79 17* – . E VISA. ch B x
fermé 31 mai-9 juin, janv.-2 fév., lundi et merc. de fin sept. à mi-juin et mardi – **Repas** Lunch 695 – 1000/1595 – **9 ch** 2200/3000 – ½ P 1700/1900.

Borsalino, Kerkstraat 159, (0 50) 42 74 89, *Fax (0 50) 42 74 24*, – AE E VISA B v
Repas Lunch 650 – 950.

Joinville, J. de Troozlaan 5, (0 50) 41 22 69, *Fax (0 50) 41 22 69* – E VISA B s
fermé fin nov. et merc. soir et jeudi hors saison – **Repas** carte 1100 à 1650.

Griffioen, Kerkstraat 163, (0 50) 41 34 05, Produits de la mer, ouvert jusqu'à minuit – AE E VISA B k
fermé janv. et lundi et mardi en hiver – **Repas** 1100.

à Zuienkerke *par ② : 6 km – 2 762 h. – ✉ 8377 Zuienkerke :*

Butler sans rest, Blankenbergsesteenweg 13a, (0 50) 42 60 72, *Fax (0 50) 42 61 35* – – 25. AE E VISA
15 ch 2200/2800.

De Zilveren Zwaan, Statiesteenweg 12 (E : près N 371), (0 50) 41 48 19, *Fax (0 50) 41 73 46*, – . AE E VISA
fermé lundi soir, mardi, 1 sem. carnaval et 1 sem. Toussaint – **Repas** Lunch 1100 – 1650/1800.

Hoeve Ten Doele, Nieuwesteenweg 1, (0 50) 41 31 04, *Fax (0 50) 42 63 11*, , « Cadre champêtre » – . E VISA
fermé du 1er au 19 mars, 27 sept.-15 oct., lundi soir et mardi – **Repas** 1225/1850.

BLAREGNIES *7040 Hainaut* C *Quévy 7 368 h.* 214 ② et 909 E 4.
Bruxelles 80 – Bavay 11 – Mons 13.

XX **Les Gourmands** (Bernard), r. Sars 15, ☎ (0 65) 56 86 32, *Fax (0 65) 56 74 40* – P. E VISA
fermé dim. soir et lundi – **Repas** *Lunch 1400 bc* – 1550/2150, carte 2300 à 2700
Spéc. Croustillant provençal au turbotin. Poêlée de homard à la vanille. Pigeonneau à la fleurette de San-Daniele.

BOCHOLT *3950 Limburg* 213 ⑩ et 909 J 2 – *11 589 h.*
Bruxelles 106 – Hasselt 42 – Antwerpen 91 – Eindhoven 38.

XXX **Kristoffel,** Dorpsstraat 28, ☎ (0 89) 47 15 91, *Fax (0 89) 47 15 92*, – AE O E VISA.
fermé lundi, mardi, 12 juil.-3 août et du 1er au 12 janv. – **Repas** *Lunch 1075* – 1375.

BOECHOUT *Antwerpen* 212 ⑮ et 909 G 2 - ⑱ N – *voir à Antwerpen, environs.*

BOHON *Luxembourg belge* 214 ⑦ – *voir à Barvaux.*

BOIS DE LA CAMBRE *Région de Bruxelles-Capitale* 213 ⑱ et 909 ㉑ – *voir à Bruxelles.*

BOIS-DE-VILLERS *5170 Namur* C *Profondeville 10 365 h.* 214 ⑤ et 909 H 4.
Bruxelles 74 – Namur 13 – Dinant 23.

X **Au Plaisir du Gourmet,** r. Elie Bertrand 75, ☎ (0 81) 43 44 12, *Fax (0 81) 43 44 12*, – P. E VISA
fermé fin août et mardis et merc. non fériés – **Repas** 950/1200.

BOKRIJK *Limburg* 213 ⑩ et 909 J 3 – *voir à Genk.*

BOLDERBERG *Limburg* 213 ⑨ et 909 I 3 – *voir à Zolder.*

BOMAL-SUR-OURTHE *6941 Luxembourg belge* C *Durbuy 9 391 h.* 214 ⑦ et 909 J 4.
Bruxelles 125 – Arlon 104 – Liège 45 – Marche-en-Famenne 24.

à **Juzaine** *E : 1,5 km* C *Durbuy* – ✉ *6941 Bomal :*

XX **Saint-Denis,** r. Ardennes 164, ☎ (0 86) 21 11 79, *Fax (0 86) 21 46 74*, « Terrasse et jardin au bord de l'Aisne » – P. AE O E VISA.
fermé janv. et lundis soirs et mardis non fériés – **Repas** 850/1350.

BONHEIDEN *Antwerpen* 213 ⑦ et 909 G 2 – *voir à Mechelen.*

BONLEZ *1325 Brabant Wallon* C *Chaumont-Gistoux 9 614 h.* 213 ⑲ et 909 H 3.
Bruxelles 34 – Namur 31 – Charleroi 51 – Leuven 24 – Tienen 34.

X **32 Chemin de l'herbe,** Chemin de l'herbe 32, ☎ (0 10) 68 89 61, *Fax (0 10) 68 89 61*, Avec grillades – P. AE E VISA
fermé dim., lundi et 1 sem. en sept. – **Repas** carte 950 à 1350.

BOOITSHOEKE *West-Vlaanderen* 213 ① – *voir à Veurne.*

BOOM *2850 Antwerpen* 213 ⑥ et 909 G 2 – *14 722 h.*
Bruxelles 30 – Antwerpen 17 – Gent 57 – Mechelen 16.

XX **Cheng's Garden,** Kol. Silvertopstraat 5, ☎ (0 3) 844 21 84, *Fax (0 3) 844 54 46*, Avec cuisine chinoise – P. AE O E VISA.
Repas carte 900 à 1500.

BORGERHOUT *Antwerpen* 212 ⑮ et 909 G 2 - ⑨ S – *voir à Antwerpen, périphérie.*

BORGLOON (LOOZ) *3840 Limburg* 213 ㉑ et 909 J 3 – *10 005 h.*
Bruxelles 74 – Maastricht 29 – Hasselt 28 – Liège 29.

Kasteel van Rullingen, Rullingen 1 (O : 3 km à Kuttekoven), ☎ (0 12) 74 31 46, *Fax (0 12) 74 54 86*, « Style Renaissance mosane, ≤ parc et vergers », – TV ☎ P – 25 à 100. AE O E VISA
fermé sam. midi, dim.soir, lundi, 18 juil.-4 août et prem. sem. janv. – **Repas** *Lunch 1250* – 1700/2350 – **11 ch** 3500/9000 – ½ P 3200/5750.

De Moerbei sans rest, Tongersesteenweg 26, ✆ (0 12) 74 72 82, *Fax (0 12) 74 51 42* - TV ☎ ⇔. E VISA. ⋇
5 ch ☐ 1800/2600.

Het Klaphuis avec ch, Kortestraat 2, ✆ (0 12) 74 73 25, *Fax (0 14) 36 99 38*, ⛱ - TV ☎ - 🔊 25 à 60. AE ⓓ E VISA. ⋇
fermé du 1er au 15 sept. - **Repas** (Taverne-rest) *(fermé merc.)* Lunch 375 - 950 - **8 ch** ☐ 1800/2600 - ½ P 1575/1750.

BORGWORM *Liège - voir Waremme.*

BORNEM *2880 Antwerpen 213 ⑥ et 909 F 2 - 19 725 h.*
Bruxelles 36 - Antwerpen 31 - Gent 46 - Mechelen 21.

Bornem sans rest, Rijksweg 58, ✆ (0 3) 889 03 40, *Fax (0 3) 899 00 42* - ▤ TV ☎ P - 🔊 25 à 50. AE ⓓ E VISA. ⋇
fermé 15 juil.-15 août - **16 ch** ☐ 3500.

Eyckerhof (Debecker), Spuistraat 21 (Eikevliet), ✆ (0 3) 889 07 18, *Fax (0 3) 889 94 05*, ⛱, « Auberge dans cadre champêtre » - P. AE ⓓ E VISA. ⋇
fermé du 4 au 30 juil., du 1er au 10 janv., sam. midi, dim. soir et lundi - **Repas** (nombre de couverts limité - prévenir) Lunch 1250 - 2200, carte env. 2500
Spéc. Homard, langoustines, foie d'oie et pommes de terre écrasées au citron. Pigeon farci au pied de porc. Charlotte au nougat.

De Notelaer avec ch, Stationsplein 2, ✆ (0 3) 889 13 67, *Fax (0 3) 899 13 36*, ⛱ - ▤ rest, TV ☎. AE ⓓ E VISA JCB. ⋇
fermé du 24 au 28 déc. - **Repas** *(fermé jeudi et sam. midi)* Lunch 995 - 1495/1895 - **7 ch** ☐ 1900/2600 - ½ P 2395/2895.

à Mariekerke *SO : 4,5 km* C *Bornem - ✉ 2880 Mariekerke :*

De Ster, Jan Hammeneckerstraat 141, ✆ (0 52) 33 22 89, *Fax (0 52) 34 24 89*, ⛱ - P. AE ⓓ E VISA
fermé du 8 au 21 mars, du 17 au 31 août, mardi et merc. - **Repas** 995/1550.

BOUGE *Namur 213 ⑳, 214 ⑤ et 909 H 4 - voir à Namur.*

BOUILLON *6830 Luxembourg belge 214 ⑯ et 909 I 6 - 5 530 h.*
Voir *Château★★ Z : Tour d'Autriche ⋞★★.*
Musée : *Ducal★ Y* **M.**
Env. *Corbion : Chaire à prêcher ⋞★ par ③ : 8 km.*
ℹ *au Château fort, Esplanade Godefroy ✆ (0 61) 46 62 57, Fax (0 61) 46 82 85 - (en saison) Pavillon, Porte de France ✆ (0 61) 46 62 89.*
◆Bruxelles 161 ① - ◆Arlon 64 ② - ◆Dinant 63 ① - Sedan 18 ②

Plan page ci-contre

Le Feuillantin, r. au-dessus de la Ville 23, ✆ (0 61) 46 62 93, *Fax (0 61) 46 80 74*, ⋞ ville et château - |\$|, ▤ rest, TV ☎. AE ⓓ E VISA. ⋇ rest — Y c
fermé merc. hors saison et jeudi midi - **Repas** 980/1450 - **11 ch** ☐ 1850/2500.

La Porte de France, Porte de France 1, ✆ (0 61) 46 62 66, *Fax (0 61) 46 89 15*, ⛱ - |\$| TV ☎ - 🔊 25 à 45. AE ⓓ E VISA — Z d
Repas Lunch 650 - 850/1290 - **29 ch** ☐ 2000/3300 - ½ P 2250/2750.

Aub. d'Alsace et H. de France, Faubourg de France 1, ✆ (0 61) 46 65 88, *Fax (0 61) 46 83 21*, ⋞ - |\$| TV ☎. AE ⓓ E VISA. ⋇ rest — Z k
fermé du 3 au 30 janv. - **Repas** 850 - **30 ch** ☐ 2660 - ½ P 2050/2500.

Poste, pl. St-Arnould 1, ✆ (0 61) 46 51 51, *Fax (0 61) 46 51 65*, ⋞ - |\$| TV ☎ ⇔. AE ⓓ E VISA — Y n
Repas Lunch 695 - 795/2295 - **66 ch** ☐ 2090/3300 - ½ P 2150/3150.

La Pommeraie ⛰, r. Poste 2, ✆ (0 61) 46 90 17, *Fax (0 61) 46 90 83*, ⋞, ⛱, « Ancienne demeure avec terrasses », ⛱ - TV ☎ P. AE ⓓ E VISA. ⋇ rest — Z b
Repas *(fermé merc., 29 sept.-8 oct. et du 2 au 18 janv.)* Lunch 900 - 1390/1950 - ☐ 220 - **10 ch** 2500/3750 - ½ P 2300/2800.

Host. du Cerf, rte de Florenville (SE par ② : 9 km sur N 83), ✆ (0 61) 46 70 11, *Fax (0 61) 46 83 14*, ⛱ - TV ☎ P. AE E VISA. ⋇ rest
fermé 7 juin-1er juil., 22 août-1er sept.et du 3 au 20 janv. ; ouvert week-end seult d'oct. à avril - **Repas** *(fermé lundi soir et mardi midi)* Lunch 520 - 830/1550 - **13 ch** ☐ 1500/2500 - ½ P 1700/1900.

BOUILLON

Ange-Gardien (R. de l') . Y 2
Augustins (R. des) . . . . . Y 3
Brutz (R. du) . . . . Y 4
Collège (R. du) . . . . YZ
Ducale (Pl.) . . . . Y 5
Écoles (R. des) . . . . Y 6
Faubourg de France . . . Z 7
France (Pt de) . . . . Z 8
France (Pte de) . . . . Z 9
Godefroi-de
Bouillon (Espl.) . . . . . . Y 10
Hautes-Voies (R. des) . . . Y 11
Laitte (R. de) . . . . Z 12
Liège (Pt de) . . . . Y 13
Maladrerie (Q. de la) . . . Y 14
Maladrerie (R. de la) . . . Y 15
Moulin (R. du) . . . . Z 16
Nord (R. du) . . . . Y 18
Paroisse
(All. de la) . . . . Z 19
Petit (R. du) . . . . Y 20
Poste (R. de la) . . . . Z 22
Poulie (Pt de la) . . . . Y 23
Poulie (R. de la) . . . . Y 24
Prison (R. de la) . . . . Y 26
Rempart (Q. du) . . . . . . YZ
St. Arnould (Pl.) . . . . Y 27
Saulx (Q. des) . . . . Y 28

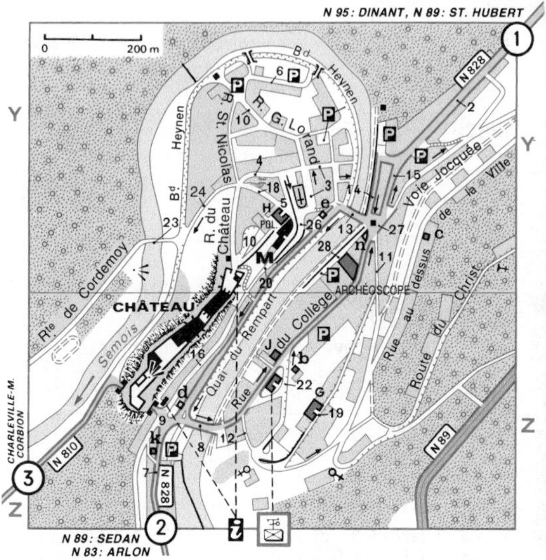

Les plans de villes sont disposés le Nord en haut.

le Mont Blanc, Quai du Rempart 3, ☎ (0 61) 46 63 31, *Fax (0 61) 46 82 74,* – rest, TV ☎. AE ⓓ E VISA. ch Y e
fermé prem. sem. oct. et mardi sauf en juil.-août – **Repas** (Taverne-rest) *Lunch 470* – 785 – **6 ch** 1700/2200 – ½ P 1700.

à Corbion *par ③ : 7 km* Ⓒ *Bouillon* – ✉ *6838 Corbion :*

Ardennes , r. Hate 1, ☎ (0 61) 46 66 21, *Fax (0 61) 46 77 30,* « Jardin ombragé avec ≤ collines boisées », – |♦|, rest, TV ☎ Ⓟ – 30. AE ⓓ E VISA
mi-mars-1er janv. – **Repas** *Lunch 850* – 1000/1900 – **29 ch** 2900/3800 – ½ P 2650/2950.

Le Relais, r. Abattis 5, ☎ (0 61) 46 66 13, *Fax (0 61) 46 89 50,* – ☎. VISA
fermé 20 juin-5 juil., du 1er au 10 sept. et mardi et merc. de nov. à mars sauf vacances scolaires – **Repas** *(fermé après 20 h 30)* 700/900 – **11 ch** 1000/2100 – ½ P 1900.

BOURG-LÉOPOLD *Limburg* – *voir Leopoldsburg.*

BOUSSU-EN-FAGNE *Namur* 214 ⑭ et 909 G 5 – *voir à Couvin.*

BRAINE-L'ALLEUD (EIGENBRAKEL) *1420 Brabant Wallon* 213 ⑱ et 909 G 3 – *34 386 h.*
18 (2 parcours) *9 chaussée d'Alsemberg 1021 ☎ (0 2) 353 02 46, Fax (0 2) 354 68 75.*
Bruxelles 18 – Charleroi 37 – Nivelles 15 – Waterloo 4.

Jacques Marit, chaussée de Nivelles 336 (près R0, sortie ⑳ sur N 27), ☎ (0 2) 384 15 01, *Fax (0 2) 384 10 42,* , « Terrasse dominant jardin et verger » – Ⓟ. AE ⓓ E VISA
fermé lundi, mardi, 1 sem. après Pâques, août et prem. sem. janv. – **Repas** *Lunch 1400* – 1600/1950.

La Graignette, r. Papyrée 39, ☎ (0 2) 385 01 09, *Fax (0 2) 385 01 09,* ≤, – Ⓟ. AE ⓓ E VISA
fermé dim. soir, lundi, mardi soir, sem. après Pâques et 3 prem. sem. août – **Repas** *Lunch 650* – 950/1600.

Le Saint Anne, pl. Ste-Anne 17, ☎ (0 2) 387 15 74, *Fax (0 2) 384 06 68,* – AE ⓓ E VISA
fermé sam. midi, dim. soir et lundi – **Repas** *Lunch 490* – 1130/1350.

BRAINE-LE-COMTE ('s-GRAVENBRAKEL) *7090 Hainaut* 213 ⑱ et 909 F 4 – *18 449 h.*
Bruxelles 34 – Mons 25.

Au Gastronome, r. Mons 1, ☎ (0 67) 55 26 47, *Fax (0 67) 55 26 47* – AE ⓓ E VISA
fermé dim. soirs et lundis non fériés et 28 juin-20 juil. – **Repas** *Lunch 695* – 850/1300.

BRAS *Luxembourg belge* 214 ⑰ et 909 J 6 – *voir à Libramont.*

BRASSCHAAT *Antwerpen* 212 ⑮ et 909 G 2 - ⑨ N – *voir à Antwerpen, environs.*

BRECHT *2960 Antwerpen* 212 ⑮ et 909 G 1 – *24 085 h.*
Bruxelles 73 – Antwerpen 25 – Turnhout 25.

Kasteelhoeve Nottebohm, Brasschaatbaan 28 (SO : 6,5 km), ☎ (0 3) 633 32 00, *Fax (0 3) 663 70 40*, ←, « Parc », [P] – 25. AE ⓓ E VISA.
fermé dern. sem. sept.-prem. sem. oct. – **Repas** *(fermé lundi et mardi)* Lunch 750 – 1095 – 300 – **12 ch** 2600/3000 – ½ P 2500.

E 10 Hoeve, Kapelstraat 8a (SO : 2 km sur N 115), ☎ (0 3) 313 82 85, *Fax (0 3) 313 73 12*, Grillades, « Ferme aménagée » – [P] – 35 à 450. AE ⓓ E VISA JCB.
Repas 975/1285.

Cuvee Hoeve, Vaartdijk 4 (S : 2,5 km par rte de Westmalle), ☎ (0 3) 313 96 60, *Fax (0 3) 313 73 96*, Ouvert jusqu'à 23 h – [P]. AE ⓓ E VISA JCB
fermé lundi, mardi et 3 sem. fév. – **Repas** Lunch 970 – carte env. 1300.

BREDENE *8450 West-Vlaanderen* 213 ② et 909 B 2 – *13 469 h.*
Kapellestraat 70 ☎ (0 59) 32 09 98, Fax (0 59) 33 19 80.
Bruxelles 112 – Brugge 23 – Oostende 6.

à Bredene-aan-Zee *N : 2 km* *Bredene – ✉ 8450 Bredene :*

Lusthof, Zegelaan 18, ☎ (0 59) 33 00 34, *Fax (0 59) 32 59 59*, « Jardin », – [P]. E VISA.
Repas *(fermé merc. et dim. soir en hiver)* Lunch 350 – 850 – **13 ch** 1700/3000 – ½ P 1450/1650.

de Golf sans rest, Kapellestraat 73, ☎ (0 59) 32 18 22, *Fax (0 59) 33 17 36* – [P]. E VISA.
fermé fin déc.-début janv. – **16 ch** 1800.

BREE *3960 Limburg* 213 ⑩ et 909 J 2 – *13 783 h.*
Cobbestraat 3 ☎ (0 89) 46 25 14, Fax (0 89) 46 25 14.
Bruxelles 100 – Antwerpen 86 – Eindhoven 41 – Hasselt 33.

d'Itterpoort, Opitterstraat 32, ☎ (0 89) 46 80 17 – . AE ⓓ E VISA.
fermé mardi soir, merc. soir, sam. midi, 1 sem. carnaval et dern. sem. juil.-2 prem. sem. août – **Repas** Lunch 1450 bc – carte 1700 à 2350.

à Tongerlo *SE : 4,5 km* *Bree – ✉ 3960 Tongerlo :*

Caravaggio, Keyartstraat 29, ☎ (0 89) 86 88 51, *Fax (0 89) 86 88 51*, Cuisine italienne – [P]. AE E VISA
fermé merc., sam. midi et sept. – **Repas** Lunch 1200 – carte 1850 à 2750.

BROECHEM *Antwerpen* 212 ⑮ et 909 G 2 – *voir à Lier.*

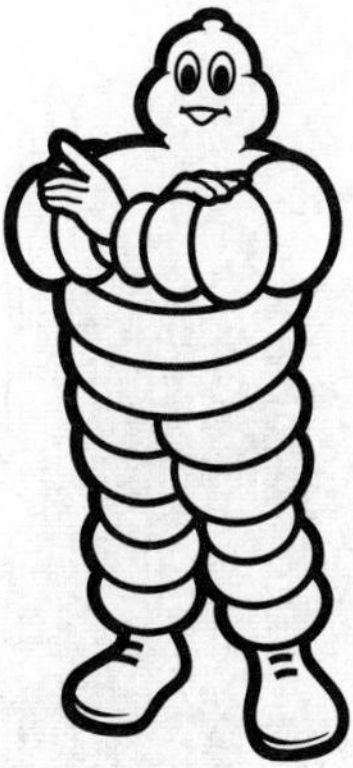

BRUGGE – BRUGES

8000 🅿 *West-Vlaanderen* **213** ③ *et* **909** C 2 – *115 500 h.*

Bruxelles 96 ③ – *Gent 45* ③ – *Lille 72* ④ – *Oostende 28* ⑤.

Carte de voisinage	p. 2
Plans de Brugge	
Agglomération	p. 4 et 5
Brugge Centre	p. 6
Liste alphabétique des hôtels et des restaurants	p. 7 et 8
Nomenclature des hôtels et des restaurants	
Ville	p. 3 à 11
Périphérie et environs	p. 12 à 13

OFFICES DE TOURISME

Burg 11 ☎ (050) 44 86 86, Fax (050) 44 86 00 et dans la gare, Stationsplein – Fédération provinciale de tourisme, Kasteel Tillegem ✉ 8200 Sint-Michiels, ☎ (050) 38 02 96, Fax (050) 38 02 92.

RENSEIGNEMENTS PRATIQUES

18 *à Sijsele N E : 7 km, Doornstraat 16 ☎ (050) 35 35 72, Fax (050) 35 89 25.*

CURIOSITÉS

Voir *La Procession du Saint-Sang★★★ (De Heilig Bloedprocessie) – Centre historique et canaux★★★ (Historisch centrum en grachten) : Grand-Place★★ (Markt)* AU, *Beffroi et Halles★★★ (Belfort en Hallen) ≤★★ du sommet* AU, *Place du Bourg★★ (Burg)* AU, *Basilique du Saint-Sang★ (Basiliek van het Heilig Bloed) : chapelle basse★ ou chapelle St-Basile (beneden-of Basiliuskapel)* AU **B**, *Cheminée du Franc de Bruges★ (schouw van het Brugse Vrije) dans le Palais du Franc de Bruges (Paleis van het Brugse Vrije)* AU **S**, *Quai du Rosaire (Rozenhoedkaai) ≤★★* AU 63, *Dijver ≤★★* AU, *Pont St-Boniface (Bonifatiusbrug) : cadre★★* AU, *Béguinage★★ (Begijnhof)* AV – *Promenade en barque★★★ (Boottocht)* AU – *Église Notre-Dame★ (O.-L.-Vrouwekerk) : tour★★, statue de la Vierge et l'Enfant★★, tombeau★★ de Marie de Bourgogne★★* AV **N**.

Musées : *Groeninge★★★ (Stedelijk Museum voor Schone Kunsten)* AU – *Memling★★★ (St-Janshospitaal)* AV – *Gruuthuse★ : buste de Charles Quint★ (borstbeeld van Karel V)* AU **M¹** – *Brangwyn★* AU **M⁴** – *du Folklore★ (Museum voor Volkskunde)* DY **M²**.

Env. *Zedelgem : fonts baptismaux★ dans l'église St-Laurent (St-Laurentiuskerk) par ⑥ : 10,5 km – Damme★ : 7 km au NE.*

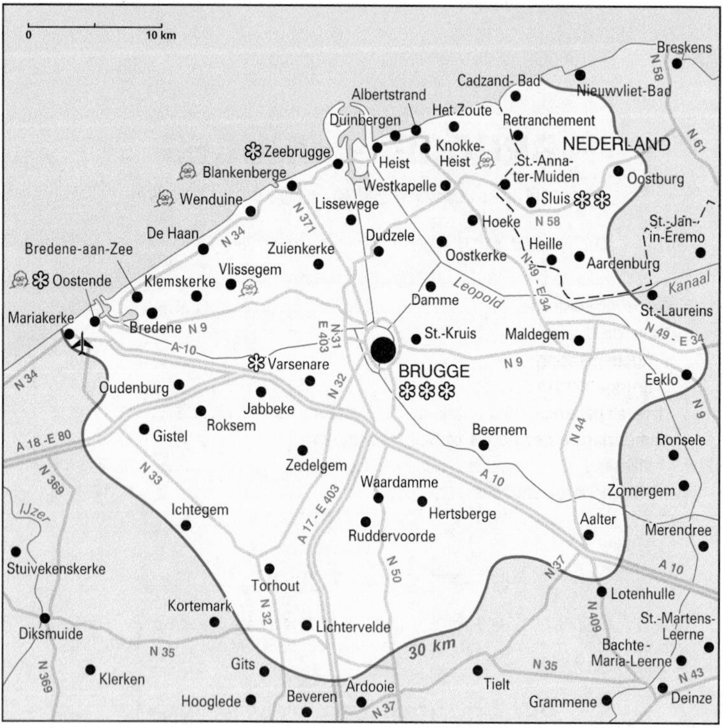

Les Bonnes Tables

Gourmets...

Nous distinguons à votre intention
certains hôtels (🏠 ... 🏨) et restaurants (✗ ... ✗✗✗✗✗)
par Repas ☺, ✿, ✿✿ ou ✿✿✿.

Quartiers du Centre - *plan p. 6 :*

Crowne Plaza , Burg 10, (0 50) 34 58 34, *Fax (0 50) 34 56 15*, ≤, « Importants vestiges et objets moyenâgeux en sous-sol », - - 25 à 400. AE VISA JCB. AU a
Repas *'t Kapittel (fermé merc. soir, sam. midi et dim.)* Lunch 995 bc - 1450 bc/2325 bc - ***De Linde*** Lunch 695 - carte 1000 à 1450 - 800 - **93 ch** 6600/8000, 3 suites.

de' Medici , Potterierei 15, (0 50) 33 98 33 et 44 31 31 (rest), *Fax (0 50) 33 07 64 et 33 05 71 (rest)*, « Ambiance contemporaine », - - 25 à 80. AE VISA JCB. rest CX g
Repas (cuisine japonaise) *(fermé lundi et mardi midi)* Lunch 495 - 1280 - **79 ch** 5300/6200.

De Tuilerieën sans rest, Dijver 7, (0 50) 34 36 91, *Fax (0 50) 34 04 00*, ≤, - - 25 à 45. AE VISA JCB AU c
fermé 2 sem. en déc. - **24 ch** 7100/13100.

Relais Oud Huis Amsterdam sans rest, Spiegelrei 3, (0 50) 34 18 10, *Fax (0 50) 33 88 91*, ≤, « Demeure du 17e s., ancien comptoir commercial hollandais », - - 25. AE VISA JCB AT d
34 ch 4750/6750.

de orangerie sans rest, Kartuizerinnenstraat 10, (0 50) 34 16 49, *Fax (0 50) 33 30 16*, « Demeure ancienne en bordure de canal » - . AE VISA JCB
fermé 2 sem. en janv. - **19 ch** 7100/10250. AU e

Die Swaene , Steenhouwersdijk 1, (0 50) 34 27 98, *Fax (0 50) 33 66 74*, ≤, « Ameublement de style », - - 30. AE VISA JCB AU p
Repas *(fermé merc., jeudi midi, 2 sem. en juil. et 2 sem. en janv.)* Lunch 1250 - 2000/2700 - **21 ch** 6000/9150, 1 suite.

Sofitel, Boeveriestraat 2, (0 50) 44 97 11, *Fax (0 50) 44 97 99*, , , - - 25 à 150. AE VISA JCB CZ b
Repas Lunch 550 - 1150/1750 - 575 - **155 ch** 5900/7100.

Park sans rest, Vrijdagmarkt 5, (0 50) 33 33 64, *Fax (0 50) 33 47 63* - - 25 à 250. AE VISA CY j
86 ch 4580/5860.

Acacia sans rest, Korte Zilverstraat 3a, (0 50) 34 44 11, *Fax (0 50) 33 88 17*, , - - 25 à 40. AE VISA JCB. AU n
fermé du 3 au 20 janv. - **34 ch** 3450/6450, 2 suites.

Prinsenhof sans rest, Ontvangersstraat 9, (0 50) 34 26 90, *Fax (0 50) 34 23 21*, « Aménagement cossu » - . AE VISA JCB CY s
16 ch 3700/7000.

Walburg, Boomgaardstraat 13, (0 50) 34 94 14, *Fax (050) 33 68 84*, - - 30. AE VISA JCB. rest AT f
fermé janv. - **Repas** (dîner seult) *(fermé dim. et lundi)* 1650 bc/2500 bc - **12 ch** 4750/7500, 1 suite - ½ P 3600/4600.

Pandhotel sans rest, Pandreitje 16, (0 50) 34 06 66, *Fax (0 50) 34 05 56*, « Aménagement cossu » - . AE VISA JCB AU u
24 ch 3990/7990.

Navarra sans rest, St-Jakobsstraat 41, (0 50) 34 05 61, *Fax (0 50) 33 67 90*, , , - - 25 à 110. AE VISA JCB AT n
89 ch 4500/5250.

Novotel Centrum , Katelijnestraat 65b, (0 50) 33 75 33, *Fax (0 50) 33 65 56*, , , - - 50 à 400. AE VISA JCB AV h
Repas (dîner seult) carte 850 à 1250 - 475 - **126 ch** 3950/4300.

Karos sans rest, Hoefijzerlaan 37, (0 50) 34 14 48, *Fax (0 50) 34 00 91*, , - . AE VISA BY f
fermé 2 janv.-14 fév. - **60 ch** 2900/4800.

Portinari sans rest, 't Zand 15, (0 50) 34 10 34, *Fax (0 50) 34 41 80* - - 25 à 80. AE VISA JCB CY k
fermé 2 janv.-1er fév. - **40 ch** 3500/5200.

Jan Brito sans rest, Freren Fonteinstraat 1, (0 50) 33 06 01, *Fax (0 50) 33 06 52*, « Façade avec pignons à redans, décoration intérieure 16, 17 et 18e s. », - . AE VISA JCB. AU j
fermé du 3 au 21 janv. - **18 ch** 3450/7600.

Dante, Coupure 29a, (0 50) 34 01 94, *Fax (0 50) 34 35 39*, ≤ - . AE VISA JCB. DY m
Repas (cuisine végétarienne) *(fermé dim. soir, lundi, mardi, fév., août et après 20 h 30)* carte 850 à 1300 - **22 ch** 3250/4750.

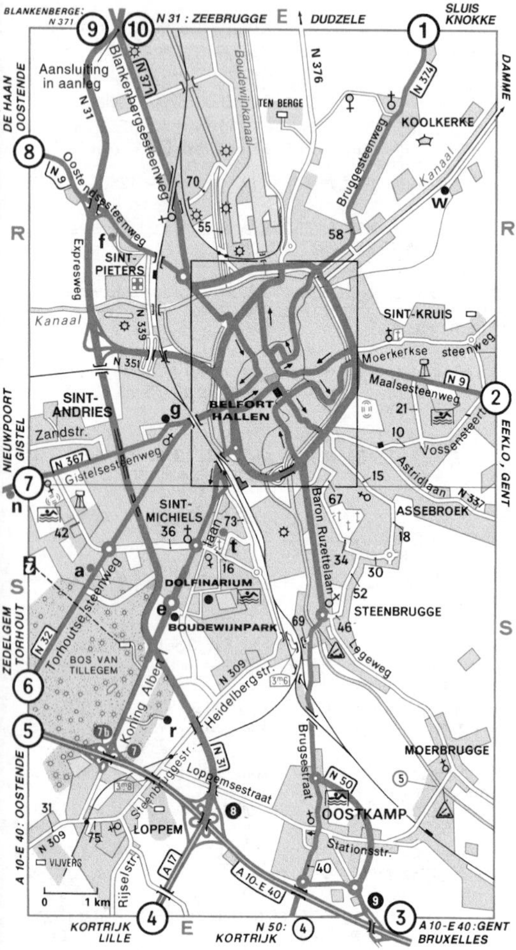

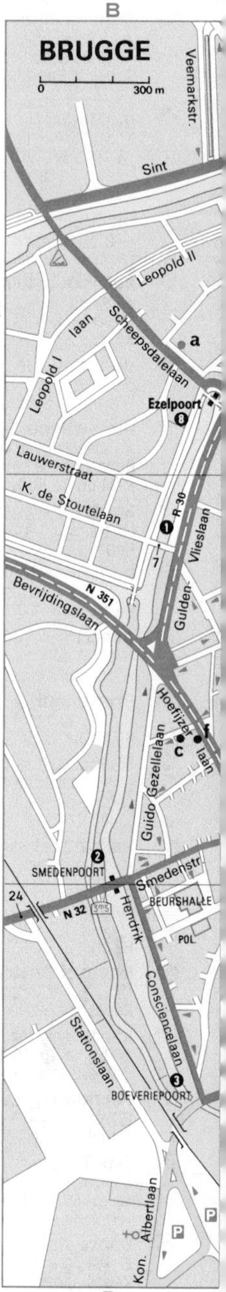

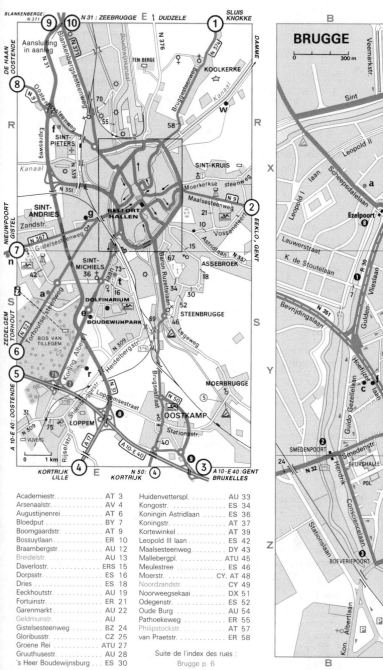

Academiestr.	AT	3
Arsenaalstr.	AV	4
Augustijnenrei	AT	6
Bloedput	BY	7
Boomgaardstr.	AT	9
Bossuytlaan	ER	10
Braambergstr.	AU	12
Breidelstr.	AU	13
Daverlostr.	ERS	15
Dorpsstr.	ES	16
Dries	ES	18
Eeckhoutstr.	AU	19
Fortuinstr.	ER	21
Garenmarkt	AU	22
Geldmunstr.	AU	
Gistelsesteenweg	BZ	24
Gloribusstr.	CZ	25
Groene Rei	ATU	27
Gruuthusestr.	AU	28
's Heer Boudewijnsburg	ES	30
Huidenvetterspl.	AU	33
Kongostr.	ES	34
Koningin Astridlaan	ES	36
Koningstr.	AT	37
Kortewinkel	AT	39
Leopold III laan	ES	42
Maalsesteenweg	DY	43
Mallebergpl.	ATU	45
Meulestree	ES	46
Moerstr.	CY, AT	48
Noordzandstr.	CY	49
Noorweegsekaai	DX	51
Odegenstr.	ES	52
Oude Burg	AU	54
Pathoekeweg	ER	55
Philipstockstr.	AT	57
van Praetstr.	ER	58

Suite de l'index des rues :
Brugge p. 6

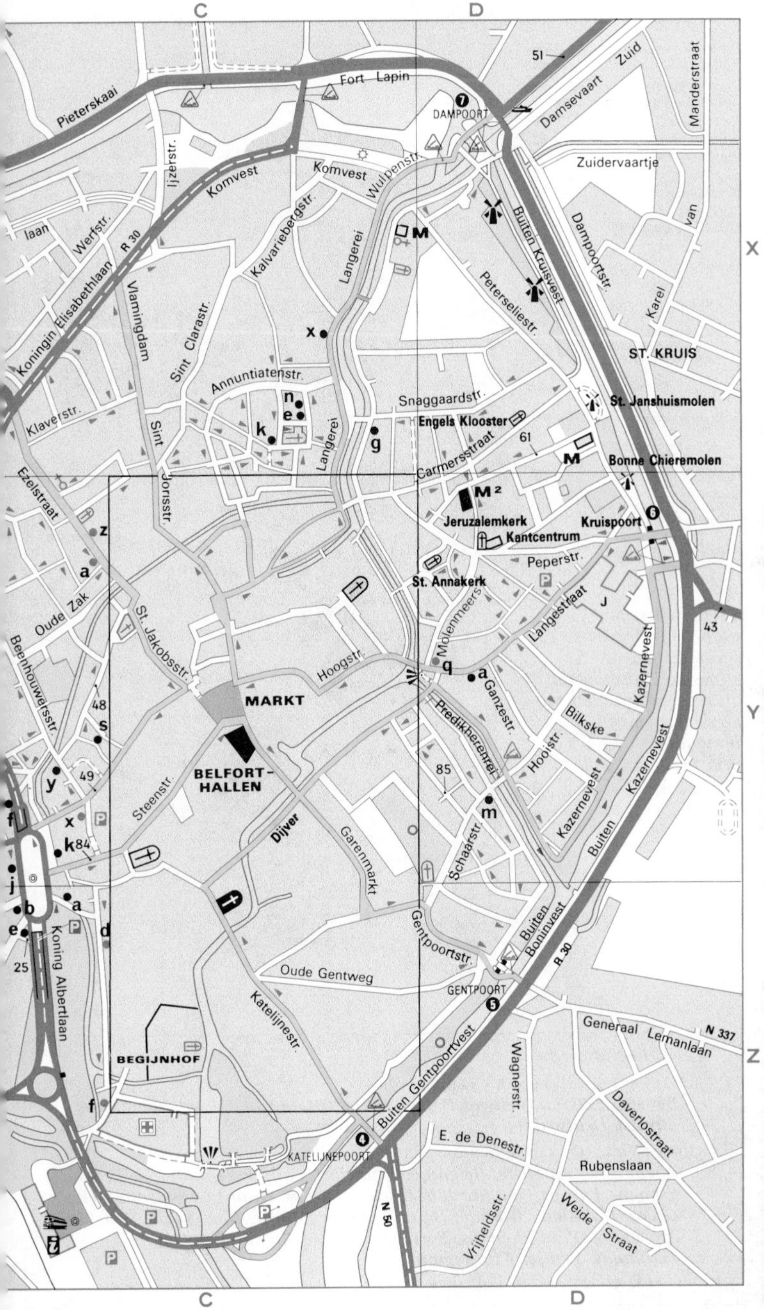
C
D
X
Y
Z
Pieterskaai
Fort Lapin
DAMPOORT
Damsevaart Zuid
Manderstraat
Komvest
Wulpenstr.
Zuidervaartje
Buiten Kruisvest
Dampoortstr.
Van
Karel
Werfstr.
laan
Koningin Elisabethlaan
R 30
Vlamingdam
Kalvariebergstr.
Langerei
Sint Clarastr.
Peterseliestr.
ST. KRUIS
St. Janshuismolen
Annuntiatenstr.
Snaggaardstr.
Engels Klooster
Klaverstr.
Sint Jorisstr.
Carmersstraat
Bonne Chieremolen
Ezelstraat
Jeruzalemkerk
Kruispoort
Kantcentrum
Peperstr.
St. Annakerk
Langestraat
Oude Zak
St. Jakobsstr.
Molenmeers
Kazernevest
Beenhouwersstr.
Hoogstr.
Ganzestr.
MARKT
Predikherenrei
Bilkske
BELFORT-HALLEN
Hooistr.
Steenstr.
Dijver
Garenmarkt
Schaarstr.
Buiten Kazernevest
Koning Albertlaan
Gentpoortstr.
Buiten Boninvest
Oude Gentweg
GENTPOORT
Katelijnestr.
Buiten Gentpoortvest
Generaal Lemanlaan
Wagnerstr.
Daverlostraat
BEGIJNHOF
KATELIJNEPOORT
E. de Denestr.
Rubenslaan
Vrijheidsstr.
Weide Straat
N 50
N 337
51
61
43
48
49
84
85
25

INDEX DES RUES
(fin)

Predikherenstr. .... AU 60
Rolweg .... DX 61
Rozenhoedkaai .... AU 63
Simon Stevinpl. .... AU 64
Sint-Jansstr. .... AT 66
Sint-Katarinastr. .... ERS 67
Sint-Michielstr. .... ES 69
Sint-Pieterskerklaan .... ER 70
Spanjaardstr. .... AT 72
Spoorwegstr. .... ES 73
Steenhouwersdijk ...... AU 76
Steenstr. .... AU 78
Vlamingstr. .... AT 79
Wijngaardstr. .... AV 81
Wollestr. .... AU 82
Zuidzandstr. .... CY 84
Zwarte Leer
touwersstr. .... DY 85

OOSTKAMP

Kortrijkstr. .... ES 60

ZUIENKERKE

Heidelbergstr. .... ES 31
Stationstr. .... ES 75

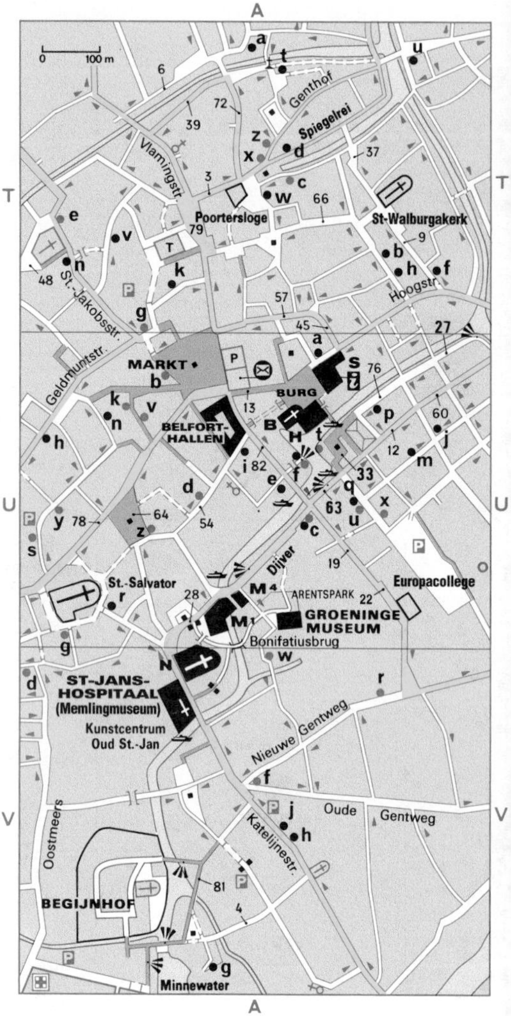

Si vous cherchez un hôtel tranquille, consultez d'abord les cartes de l'introduction ou repérez dans le texte les établissements indiqués avec le signe 🐎 ou 🐎

Les guides Michelin

Guides Rouges (hôtels et restaurants) :

Benelux, España Portugal, France, Great Britain and Ireland, Italia, Suisse, Europe, Deutschland

Guides Verts (Paysages, monuments et routes touristiques) :

Allemagne, Autriche, Belgique, Bruxelles, Californie, Canada, Ecosse, Espagne, Europe, Florence de la Toscane, Floride, France, Grande-Bretagne, Grèce, Hollande, Irlande, Italie, Londres, Maroc, New York, Nouvelle Angleterre, Pays Rhénans, Portugal, Québec, Rome, Scandinavie, Suisse, Thaïlande, Venise, Washington

... et la collection sur la France.

Liste alphabétique des hôtels et restaurants
Alfabetische lijst van hotels en restaurants
Alphabetisches Hotel- und Restaurantverzeichnis
Alphabetical list of hotels and restaurants

A

2 Acacia
9 Adornes
9 Albert I
9 Anselmus
12 Apertje ('t)
9 Aragon
9 Azalea

B

11 Bezemtje ('t)
11 Bhavani
9 Biskajer
12 Bloemenhof (het)
12 Boekeneute (De)
9 Botaniek
10 Bourgoensch Hof
10 Bourgoensche Cruyce ('t)
10 Braamberg (Den)
11 Brasserie Raymond
9 Bryghia

C

11 Cafedraal
12 Campanile
12 Casserole
9 Castillion (De)
2 Crowne Plaza

D

2 Dante
2 de' Medici
2 Die Swaene
10 Duc de Bourgogne
11 Dijver (Den)

E – F

9 Egmond
10 Fevery
9 Flanders

G

9 Gd H. Oude Burg
9 Gd H. du Sablon
10 Gouden Harynck (Den)
12 Gouden Korenhalm (De)

H – I

9 Hansa
11 Hemelrycke
12 Herborist
11 Hermitage
11 Huyze Die Maene
10 Ibis

J

9 Jacobs
2 Jan Brito

K

11 Kardinaalshof
10 Karmeliet (De)
2 Karos

L

12 Leegendael (Host.)
10 Lotteburg (De)

M – N

12 Manderley
13 Manoir Stuivenberg
9 Maraboe
10 Montovani
2 Navarra
2 Novotel Centrum
12 Novotel Zuid

O – P

2 orangerie (de)
2 Pandhotel
10 Pandreitje ('t)
12 Pannenhuis (Host.)
2 Park
11 Patrick Devos
9 Patritius
10 Pauw (De)
2 Portinari
11 Presidentje ('t)
2 Prinsenhof
9 Putje ('t)

R

2 Relais Oud Huis Amsterdam
11 René Van Puyenbroeck
12 Ronnie Jonkman

S

10 Snippe (De)
2 Sofitel
11 Spinola
11 Steenhuyse
10 Stil Ende ('t)
11 Stove (De)

T

11 Tanuki
9 Ter Brughe
9 Ter Duinen
13 Ter Leepe
13 Ter Talinge
2 Tuilerieën (De)

V – W

11 Voermanshuys ('t)
2 Walburg
11 Watermolen (De)
12 Wilgenhof
10 Witte Poorte (De)

Z

12 Zilverberk (De)
11 Zonneke ('t)
13 Zuidwege

De Castillion, Heilige Geeststraat 1, ✆ (0 50) 34 30 01, *Fax (0 50) 33 94 75*, ⛱, ⇌ – ▤ rest, TV ☎ P – 🔬 25 à 50. AE ⓞ E VISA JCB. ✂ rest AU r
Repas *(fermé dim. soirs, lundis midis et mardis midis non fériés)* Lunch 1500 – 2250/2500 – **20 ch** ☐ 5000/9500 – ½ P 3750/6000.

Ter Duinen 🔇 sans rest, Langerei 52, ✆ (0 50) 33 04 37, *Fax (0 50) 34 42 16*, ≤ – |$| ▤ TV ☎ 🚗 P. AE ⓞ E VISA JCB. ✂ CX x
fermé du 2 au 31 janv. – **20 ch** ☐ 2600/4500.

Hansa sans rest, N. Desparsstraat 11, ✆ (0 50) 33 84 44, *Fax (0 50) 33 42 05* – |$| ▤ TV ☎ 🚗 – 🔬 30. AE ⓞ E VISA JCB. ✂ AT k
20 ch ☐ 3200/5600.

Flanders sans rest, Langestraat 38, ✆ (0 50) 33 88 89, *Fax (0 50) 33 93 45*, 🏊 – |$| TV ☎ P. AE ⓞ E VISA JCB DY a
fermé 3 janv.-12 fév. – **16 ch** ☐ 3950/5500.

Gd H. Oude Burg sans rest, Oude Burg 5, ✆ (0 50) 44 51 11, *Fax (0 50) 44 51 00*, 🏃 – |$| TV ☎ 🚗 – 🔬 25 à 210. ⓞ E VISA JCB AU i
138 ch ☐ 5750.

Bryghia sans rest, Oosterlingenplein 4, ✆ (0 50) 33 80 59, *Fax (0 50) 34 14 30* – |$| TV ☎ 🚗. AE ⓞ E VISA JCB. ✂ AT t
fermé 27 déc.-10 fév. – **18 ch** ☐ 3500/5200.

Adornes sans rest, St-Annarei 26, ✆ (0 50) 34 13 36, *Fax (0 50) 34 20 85*, ≤, « Caves voûtées d'époque » – |$| TV ☎ P. AE E VISA JCB AT u
fermé janv.-12 fév. – **20 ch** ☐ 2700/3700.

Aragon sans rest, Naaldenstraat 24, ✆ (0 50) 33 35 33, *Fax (0 50) 34 28 05* – |$| TV ☎ 🚗. AE ⓞ E VISA JCB AT v
39 ch ☐ 4000/4800.

Biskajer 🔇 sans rest, Biskajersplein 4, ✆ (0 50) 34 15 06, *Fax (0 50) 34 39 11* – |$| TV ☎. AE ⓞ E VISA AT w
17 ch ☐ 3200/3950.

Azalea sans rest, Wulfhagestraat 43, ✆ (0 50) 33 14 78, *Fax (0 50) 33 97 00*, « Terrasse en bordure de canal » – |$| TV ☎ 🚗 P. AE ⓞ E VISA JCB CY y
25 ch ☐ 3200/5500.

't Putje (avec annexe 🔇), 't Zand 31, ✆ (0 50) 33 28 47, *Fax (0 50) 34 14 23*, ⛱ – |$| TV ☎ – 🔬 30. AE ⓞ E VISA. ✂ CZ a
Repas (Taverne-rest, grillades, ouvert jusqu'à minuit) Lunch 315 – 850/995 – **24 ch** ☐ 2250/3400 – ½ P 1975/2300.

Patritius sans rest, Riddersstraat 11, ✆ (0 50) 33 84 54, *Fax (0 50) 33 96 34*, 🏃 – |$| TV ☎ ♿ 🚗 P – 🔬 25. AE ⓞ E VISA JCB AT b
fermé janv.-13 fév. – **16 ch** ☐ 2900/4000.

Anselmus sans rest, Ridderstraat 15, ✆ (0 50) 34 13 74, *Fax (0 50) 34 19 16* – TV ☎. AE E VISA JCB. ✂ AT h
fermé janv. – **10 ch** ☐ 2550/2950.

Botaniek 🔇 sans rest, Waalsestraat 23, ✆ (0 50) 34 14 24, *Fax (0 50) 34 59 39* – |$| TV ☎ P. AE E VISA JCB AU m
9 ch ☐ 2400/3200.

Ter Brughe sans rest, Oost-Gistelhof 2, ✆ (0 50) 34 03 24, *Fax (0 50) 33 88 73*, « Anciennes caves voûtées » – TV ☎. AE ⓞ E VISA AT a
23 ch ☐ 2900/5400.

Egmond 🔇 sans rest, Minnewater 15, ✆ (0 50) 34 14 45, *Fax (0 50) 34 29 40*, ≤, « Résidence début du siècle sur jardin » – TV ☎ P. ✂ AV g
fermé janv. – **8 ch** ☐ 3700/3950.

Albert I sans rest, Koning Albert I-laan 2, ✆ (0 50) 34 09 30, *Fax (0 50) 33 84 18* – TV ☎ 🚗. AE ⓞ E VISA JCB. ✂ CZ e
fermé 20 déc.-15 janv. – **10 ch** ☐ 2600/3200.

Maraboe sans rest, Hoefijzerlaan 9, ✆ (0 50) 33 81 55, *Fax (0 50) 33 29 28* – |$| TV ☎ 🚗. AE ⓞ E VISA. ✂ CY f
fermé du 5 au 25 janv. – **14 ch** ☐ 2100/3250.

Jacobs 🔇 sans rest, Baliestraat 1, ✆ (0 50) 33 98 31, *Fax (0 50) 33 56 94* – |$| TV ☎. AE ⓞ E VISA CX k
fermé 31 déc. et 1er fév. – **25 ch** ☐ 2200/2600.

Gd H. du Sablon, Noordzandstraat 21, ✆ (0 50) 33 39 02, *Fax (0 50) 33 39 08*, « Hall début du siècle avec coupole Art Déco » – |$| TV ☎ – 🔬 25 à 100. AE ⓞ E VISA AU h
Repas (résidents seult) – **36 ch** ☐ 3100/3900 – ½ P 2500/2600.

Bourgoensch Hof, Wollestraat 39, (0 50) 33 16 45, *Fax (0 50) 34 63 78,* canaux et vieilles maisons flamandes, – . AU f
fermé 10 janv.-15 fév. ; ouvert week-end seult du 18 nov. au 15 mars – **Repas** Lunch 985 – carte env. 1400 – **15 ch** 3350/5350 – ½ P 2360/3360.

Montovani sans rest, Schouwvegerstraat 11, (0 50) 34 53 66, *Fax (0 50) 34 53 67* – . . BY c
fermé 24, 25 et 31 déc., 1er janv. et du 11 au 28 janv. – **13 ch** 1600/2600.

Fevery sans rest, Collaert Mansionstraat 3, (0 50) 33 12 69, *Fax (0 50) 33 17 91* – . . CX n
15 fév.-15 oct. – **11 ch** 1800/2500.

De Pauw sans rest, St-Gilliskerkhof 8, (0 50) 33 71 18, *Fax (0 50) 34 51 40* – . . CX e
fermé du 1er au 11 juil. et janv. – **8 ch** 1750/2350.

Ibis, Katelijnestraat 65a, (0 50) 33 75 75, *Fax (0 50) 33 64 19* – . . rest AV j
Repas (dîner seult) 650 – 300 – **128 ch** 2500/3400 – ½ P 2200.

De Karmeliet (Van Hecke), Langestraat 19, (0 50) 33 82 59, *Fax (0 50) 33 10 11,* , « Ancienne maison patricienne, terrasse » – . . DY q
fermé dim. midi de juin à sept., dim. soir, lundi et 16 août-3 sept. – **Repas** 3400/5800 bc, carte 3050 à 3750
Spéc. Suprêmes de pigeon rôti, ses cuisses confites et pied de porc en saucisson. Tuile sucrée et salée aux grosses langoustines et chicons confits. Ravioli à la vanille et pommes caramélisées en chaud-froid.

De Snippe (Huysentruyt) avec ch, Nieuwe Gentweg 53, (0 50) 33 70 70, *Fax (0 50) 33 76 62,* , « Maison du 18e s. avec décorations murales et terrasse ombragée » – . AV r
fermé 14 fév.-12 mars – **Repas** *(fermé dim. et lundi midi)* 1950/3650 bc, carte env. 2900 – **9 ch** *(fermé dim. de nov. à Pâques)* 5000/5500
Spéc. Filets de sole farcis aux truffes et jeunes artichauts. St-Jacques grillées à la crème de salsifis et caviar. Civet de pigeonneau aux girolles.

Den Gouden Harynck (Serruys), Groeninge 25, (0 50) 33 76 37, *Fax (0 50) 34 42 70* – . AUV w
fermé dim., lundi, 1 sem. après Pâques, 2 dern. sem. juil.-prem. sem. août et dern. sem. déc. – **Repas** Lunch 1300 – 2200, carte env. 2700
Spéc. Langoustines grillées au curry doux et pomme verte. Homard vapeur à l'huile de noix. Canard à la fondue d'oignons, navets et aromates.

Duc de Bourgogne avec ch, Huidenvettersplein 12, (0 50) 33 20 38, *Fax (0 50) 34 40 37,* canaux, « Cadre rustique et peintures murales de style fin Moyen Age » – rest, . AU t
fermé 3 sem. en juil. et janv. – **Repas** *(fermé lundi et mardi midi)* Lunch 1250 – carte env. 2500 – **10 ch** 3700/5300.

Den Braamberg, Pandreitje 11, (0 50) 33 73 70, *Fax (0 50) 33 99 73* – AU q
fermé du 15 au 31 juil., du 1er au 12 janv., jeudi et dim. – **Repas** Lunch 1780 bc – carte 1950 à 2600.

't Pandreitje, Pandreitje 6, (0 50) 33 11 90, *Fax (0 50) 34 00 70* – AU x
fermé du 15 au 21 fév., du 5 au 21 juil., du 1er au 7 nov., merc. et dim. – **Repas** 1750/2450.

De Witte Poorte, Jan Van Eyckplein 6, (0 50) 33 08 83, *Fax (0 50) 34 55 60,* , « Salles voûtées, jardin intérieur clos de murs » – AT x
fermé dim., lundi, fin juin-début juil. et 2 sem. en janv. – **Repas** Lunch 1150 – 1700/1950.

De Lotteburg, Goezeputstraat 43, (0 50) 33 75 35, *Fax (0 50) 33 04 04,* , « Terrasse ombragée » – . . AV d
fermé lundi, mardi, dern. sem. janv.-prem. sem. fév. et 26 juil.-8 août – **Repas** Lunch 1095 – 1550/1950.

't Stil Ende, Scheepsdalelaan 12, (0 50) 33 92 03, *Fax (0 50) 33 26 22,* , « Intérieur moderne » – . . BX a
fermé sam. midi, dim. soir, lundi, prem. sem. mars et fin juil.-début août – **Repas** 950/1850.

't Bourgoensche Cruyce avec ch, Wollestraat 41, (0 50) 33 79 26, *Fax (0 50) 34 19 68,* canaux et vieilles maisons flamandes – , rest, . AU f
Repas *(fermé mardi, merc., 28 juin-7 juil. et 15 nov.-9 déc.)* Lunch 1750 bc – carte 2100 à 2800 – **8 ch** *(fermé 15 nov.-9 déc.)* 3500/4900.

Hermitage (Dryepondt), Ezelstraat 18, ☎ (0 50) 34 41 73, *Fax (0 50) 34 10 27* – DC E VISA JCB — CY z
fermé dim., lundi et juil.-août – **Repas** (dîner seult) (nombre de couverts limité - prévenir) carte env. 2500
Spéc. Buisson de filets de sole en goujonnettes. Queues de langoustines grillées à l'ail et fines herbes. Pigeonneau rôti aux baies de cassis.

Kardinaalshof, St-Salvatorskerkhof 14, ☎ (0 50) 34 16 91, *Fax (0 50) 34 20 62*, Produits de la mer – AE DC E VISA — AUV g
fermé merc., jeudi midi et fin juin-début juil. – **Repas** 1150/1950.

Patrick Devos, Zilverstraat 41, ☎ (0 50) 33 55 66, *Fax (0 50) 33 58 67*, « Intérieur Belle Époque, patio » – AE DC E VISA JCB. — AU y
fermé dim., jours fériés, 21 juil.-8 août et du 24 au 31 déc. – **Repas** Lunch 1100 bc – 1200/2400.

Bhavani, Simon Stevinplein 5, ☎ (0 50) 33 90 25, *Fax (0 50) 34 89 52*, Cuisine indienne – AE DC E VISA — AU z
Repas Lunch 550 – carte env. 1100.

Den Dijver, Dijver 5, ☎ (0 50) 33 60 69, *Fax (0 50) 44 62 51*, Cuisine à la bière – AE E VISA — AU c
fermé mardi du 15 nov. au 15 mars, merc., fin fév.-début mars, fin juin-début juil. et fin août-début sept. – **Repas** Lunch 850 – 1400 bc.

Spinola, Spinolarei 1, ☎ (0 50) 34 17 85, *Fax (0 50) 34 13 71*, « Rustique » – AE DC E VISA — AT c
fermé dim., lundi midi, dern. sem. janv.-prem. sem. fév. et dern. sem. juin-prem. sem. juil. – **Repas** 1550/1950.

Tanuki, Oude Gentweg 1, ☎ (0 50) 34 75 12, *Fax (0 50) 33 82 42*, Cuisine japonaise avec Teppan-Yaki et Sushi-bar – . AE E VISA JCB — AV f
fermé lundi, mardi, fin juil. et fin janv. – **Repas** Lunch 480 – 1690/2100.

Hemelrycke, Dweersstraat 12, ☎ (0 50) 34 83 43, *Fax (0 50) 34 83 43* – AE DC E VISA — CY x
fermé mardi, merc., 2 sem. en mars et 1 sem. en sept. – **Repas** 795/1595.

't Voermanshuys, Oude Burg 14, ☎ (0 50) 33 71 72, *Fax (0 50) 34 09 91*, « Cave voûtée du 16e s. » – E VISA JCB — AU d
fermé lundi, mardi et dern. sem. janv.-prem. sem. fév. – **Repas** carte 1700 à 2200.

't Presidentje, Ezelstraat 21, ☎ (0 50) 33 95 21, *Fax (0 50) 34 65 23* – AE DC E VISA — CY a
fermé sam. midi, dim. soir et lundi – **Repas** Lunch 750 – 950/2100 bc.

Brasserie Raymond, Eiermarkt 5, ☎ (0 50) 33 78 48, *Fax (0 50) 33 78 48*, Ouvert jusqu'à 23 h 30 – AE DC E VISA JCB — AT g
fermé du 1er au 15 mars, du 1er au 15 juil., lundi soir et mardi – **Repas** Lunch 495 – 995 bc.

Cafedraal, Zilverstraat 38, ☎ (0 50) 34 08 45, *Fax (0 50) 33 52 41*, Taverne-rest, ouvert jusqu'à 23 h 30, « Demeure historique avec terrasse intérieure » – AE DC E VISA JCB — AU s
fermé dim. et lundi – **Repas** Lunch 395 – carte 1300 à 1700.

Huyze Die Maene, Markt 17, ☎ (0 50) 33 39 59, *Fax (0 50) 33 44 60*, Taverne-rest, ouvert jusqu'à 23 h – AE DC E VISA — AU b
Repas Lunch 495 – 975.

René Van Puyenbroeck, St-Jakobsstraat 58, ☎ (0 50) 34 12 24 – AE E VISA JCB. — AT e
fermé dim. soir, lundi et 10 juil.-8 août – **Repas** 975/1450.

't Bezemtje, Kleine Sint-Amandstraat 1, ☎ (0 50) 33 91 68 – AE DC E VISA — AU v
fermé dim. soir et lundi – **Repas** Lunch 995 – 1395.

Steenhuyse, Westmeers 29, ☎ (0 50) 33 32 24, Grillades, « Rustique » – AE E VISA. — CZ d
fermé merc. et jeudi – **Repas** Lunch 795 – carte 1300 à 1950.

De Watermolen, Oostmeers 130, ☎ (0 50) 34 33 48, *Fax (0 50) 34 33 48*, « Terrasse » – P. E VISA — CZ f
fermé lundi soir et jeudi soir d'oct. à avril, mardi soir et merc. – **Repas** Lunch 450 – 835/1295.

De Stove, Kleine Sint-Amandstraat 4, ☎ (0 50) 33 78 35, *Fax (0 50) 33 79 32* – AE DC E VISA — AU k
fermé merc., jeudi, 2 sem. en août et 2e quinz. janv. – **Repas** 1350.

't Zonneke, Genthof 5, ☎ (0 50) 33 07 81, *Fax (0 50) 34 52 13* – E VISA — AT z
fermé dim., lundi, 1 sem. en juil. et dern. sem. janv.-prem. sem. fév. – **Repas** carte 850 à 1150.

Périphérie - *plan p. 6 sauf indication spéciale :*

au Nord-Ouest – ✉ *8000 :*

XX **De Gouden Korenhalm,** Oude Oostendsesteenweg 79a (Sint-Pieters), ☎ (0 50) 31 33 93, *Fax (0 50) 31 18 96,* ☂, « Fermette de style flamand » – P. AE O E VISA ER f
fermé lundi, merc. soir, fin fév. et fin août-début sept. – **Repas** Lunch 995 – 1450/1950.

au Sud - ✉ *8200 :*

Novotel Zuid, Chartreuseweg 20 (Sint-Michiels), ☎ (0 50) 40 21 40, *Fax (0 50) 40 21 41,* ☂, ≋, – |‡| ⇄, ▤ rest, TV ☎ ♿ P – 25 à 200. AE O E VISA JCB ES r
Repas Lunch 590 – 850 – ☐ 475 – **101 ch** 3450/3850.

Campanile, Jagerstraat 20 (Sint-Michiels), ☎ (0 50) 38 13 60, *Fax (0 50) 38 45 42,* ☂ – ⇄ TV ☎ ♿ P – 35. AE E VISA ES e
Repas (avec buffet) Lunch 325 – 725 – ☐ 270 – **49 ch** 2400 – ½ P 1950/2205.

XX **Casserole** (Établissement d'application hôtelière), Groene-Poortdreef 17 (Sint-Michiels), ☎ (0 50) 40 30 30, *Fax (0 50) 40 30 35,* ☂, « Cadre de verdure » – P – 25. AE O VISA. ✂ ES t
fermé sam., dim. et vacances scolaires – **Repas** (déjeuner seult) 950.

au Sud-Ouest – ✉ *8200 :*

Host. Pannenhuis ⛭, Zandstraat 2, ☎ (0 50) 31 19 07, *Fax (0 50) 31 77 66,* ←, ☂, « Terrasse et jardin » – TV ☎ ♿ P – 25. AE O E VISA JCB. ✂ rest ER g
Repas *(fermé mardi soir, merc., 15 janv.-2 fév. et du 2 au 19 juil.)* Lunch 1300 – 1550/1850 – **18 ch** ☐ 3450/4250 – ½ P 2750/4550.

XX **Herborist** ⛭ avec ch, De Watermolen 15 (par ⑥ : 6 km puis à droite après E 40, Sint-Andries), ☎ (0 50) 38 76 00, *Fax (0 50) 39 31 06,* ☂, « Auberge dans cadre champêtre », – ▤ rest, TV ☎ P. E VISA. ✂
fermé dim. soir, lundi, 22 mars-6 avril, 26 juin-6 juil., 26 sept.-6 oct. et 26 déc.-10 janv. – **Repas** Lunch 2250 bc – 3350 bc/3850 bc – **4 ch** ☐ 3250/4350.

X **De Boekeneute,** Torhoutsesteenweg 380 (Sint-Michiels), ☎ (0 50) 38 26 32 – AE O E VISA ES a
fermé dim. soir et lundi – **Repas** 950/2100 bc.

à Dudzele *au Nord par N 376 : 9 km* C *Brugge* – ✉ *8380 Dudzele :*

het Bloemenhof ⛭ sans rest, Damsesteenweg 96, ☎ (0 50) 59 81 34, *Fax (0 50) 59 84 28,* – TV P
7 ch ☐ 1850/2800.

XX **De Zilverberk,** Westkapelsesteenweg 92, ☎ (0 50) 59 90 80, ☂ – P. AE O E VISA. ✂
fermé dim. soir et lundi – **Repas** Lunch 1100 – 1600/1950.

à Sint-Kruis *par ② : 6 km* C *Brugge* – ✉ *8310 Sint-Kruis :*

Wilgenhof ⛭ sans rest, Polderstraat 151, ☎ (0 50) 36 27 44, *Fax (0 50) 36 28 21,* ←, « Cadre champêtre des polders », – TV ☎ P. AE O E VISA ER w
fermé dern. sem. janv. – **6 ch** ☐ 2500/4100.

XXX **Ronnie Jonkman,** Maalsesteenweg 438, ☎ (0 50) 36 07 67, *Fax (0 50) 35 76 96,* ☂, « Terrasses » – P. AE O E VISA JCB
fermé du 1er au 15 avril, du 15 au 30 juil., du 1er au 15 oct., dim. et lundi – **Repas** Lunch 1850 bc – carte 2000 à 2450.

X **'t Apertje,** Damse Vaart Zuid 223, ☎ (0 50) 35 00 12, *Fax (0 50) 37 58 48,* ←, ☂, Taverne-rest – P. E VISA
fermé lundi, dern. sem. juin-prem. sem. juil. et vacances Noël – **Repas** Lunch 300 – carte 900 à 1350.

Environs

à Hertsberge *au Sud par N 50 : 12,5 km* C *Oostkamp 21 078 h.* – ✉ *8020 Hertsberge :*

XXX **Manderley,** Kruisstraat 13, ☎ (0 50) 27 80 51, *Fax (0 50) 27 80 51,* ☂, « Terrasse et jardin » – P. AE O E VISA
fermé dim. soir, lundi, prem. sem. oct. et 3 dern. sem. janv. – **Repas** Lunch 1250 – 1750/2100.

à Ruddervoorde *au Sud par N 50 : 12 km* C *Oostkamp 21 078 h.* – ✉ *8020 Ruddervoorde :*

XX **Host. Leegendael** avec ch, Kortrijkstraat 498 (N 50), ☎ (0 50) 27 76 99, *Fax (0 50) 27 58 80,* « Demeure ancienne dans un cadre de verdure » – ▤ rest, TV ☎ P. AE O E VISA
fermé 1 sem. carnaval et dern. sem. juin-prem. sem. juil. – **Repas** *(fermé mardi, merc. et dim. soir)* Lunch 990 – carte 1600 à 2000 – **6 ch** ☐ 1750/2550.

à Varsenare - *plan p. 6* - *Jabbeke 13 411 h.* - *8490 Varsenare :*

XXX **Manoir Stuivenberg** (Scherrens frères) avec ch, Gistelsteenweg 27, (0 50) 38 15 02, *Fax (0 50) 38 28 92,* - , rest, - 25 à 400. ERS n
fermé dim. et lundis non fériés et 19 juil.-3 août - **Repas** *Lunch 1485* - 3495 bc, carte 2650 à 3200 - **8 ch** 5000/6750, 1 suite - ½ P 4235/5550
Spéc. Filets de rouget à la brunoise de câpres et citron. Poitrine de pigeon en crapaudine. Soufflé chaud à la vanille, sauce au chocolat.

à Waardamme *au Sud par N 50 : 11 km* *Oostkamp 21 078 h.* - *8020 Waardamme :*

XX **Ter Talinge,** Rooiveldstraat 46, (0 50) 27 90 61, *Fax (0 50) 28 00 52,* , « Terrasse » - .
fermé merc., jeudi, 19 fév.-4 mars et 20 août-2 sept. - **Repas** *Lunch 1100* - 1725.

à Zedelgem *par ⑥ : 10,5 km - 21 681 h.* - *8210 Zedelgem :*

Zuidwege, Torhoutsesteenweg 128, (0 50) 20 13 39, *Fax (0 50) 20 17 39,* - , ch, - 25. . ch
Repas (Taverne-rest) *(fermé sam., dim. midi et vacances Noël)* carte 850 à 1300 - **16 ch** 1900/2750 - ½ P 1630/2280.

XX **Ter Leepe,** Torhoutsesteenweg 168, (0 50) 20 01 97, *Fax (0 50) 20 88 54* - - 220.
fermé merc. soir, dim. et 19 juil.-4 août - **Repas** *Lunch 1375 bc* - carte 1200 à 1750.

Voir aussi : **Damme** *NE : 7 km*, **Lissewege** *par ⑩ : 10 km*, **Zeebrugge** *par ⑩ : 14 km*

BRUXELLES – BRUSSEL

*1000 **P** Région de Bruxelles-Capitale – Brussels Hoofdstedelijk Gewest **213** ⑱ et **909** G 3 – ㉑ S – 950 597 h.*

Paris 308 ⑥ – Amsterdam 204 ⑪ – Düsseldorf 222 ② – Lille 116 ⑨ – Luxembourg 219 ④.

Curiosités .... p. 2 et 3
Situation géographique des communes .... p. 4 et 5
Plans de Bruxelles
Agglomération .... p. 6 à 9
Bruxelles .... p. 10 à 13
Agrandissements .... p. 14 et 15
Répertoires des rues .... p. 15 à 17
Liste alphabétique des hôtels et des restaurants .... p. 18 à 21
Établissements à ✿✿✿, ✿✿, ✿ .... p. 22
La cuisine que vous recherchez .... p. 23 et 24
Nomenclature des hôtels et des restaurants :
Bruxelles ville .... p. 25 à 31
Agglomération .... p. 31 à 39
Environs .... p. 39 à 44

OFFICES DE TOURISME

TIB Hôtel de Ville, Grand'Place ✉ 1000, ☎ (02) 513 89 40, Fax (02) 514 45 38.
Office de Promotion du Tourisme (OPT), r. Marché-aux-Herbes 61, ✉ 1000, ☎ (02) 504 02 00, Fax (02) 513 69 50.
Toerisme Vlaanderen, Grasmarkt 61, ✉ 1000, ☎ (02) 504 03 00, Fax (02) 513 88 03.
Pour approfondir votre visite touristique, consultez le Guide Vert Bruxelles.

RENSEIGNEMENTS PRATIQUES

BUREAUX DE CHANGE

- *Principales banques : ferment à 16 h 30 et sam., dim.*
- *Près des centres touristiques il y a des guichets de change non-officiels.*

TRANSPORTS

Principales compagnies de Taxis :

Taxis Verts ℘ (02) 349 49 49
Taxis Oranges ℘ (02) 349 43 43
En outre, il existe les Taxis Tours faisant des visites guidées au tarif du taximètre. Se renseigner directement auprès des compagnies.

Métro :

STIB ℘ (02) 515 20 00 pour toute information.
Le métro dessert principalement le centre-ville, ainsi que certains quartiers de l'agglomération (Heysel, Anderlecht, Auderghem, Woluwé-St-Pierre). Aucune ligne de métro ne desservant l'aéroport, empruntez le train (SNCB) qui fait halte aux gares du Nord, Central et du Midi.
SNCB ℘ (02) 555 25 25.

Trams et Bus :

En plus des nombreux réseaux quadrillant toute la ville, le tram 94 propose un intéressant trajet visite guidée avec baladeur (3 h). Pour tout renseignement et réservation, s'adresser au TIB (voir plus haut).

🚗 *℘ (02) 555 25 25 et 555 25 55.*

COMPAGNIE BELGE DE TRANSPORT AÉRIEN

Sabena bureau, r. Marché-aux-Herbes 110, ✉ 1000, ℘ (02) 723 89 40, liaison directe avec l'aéroport, ℘ (02) 753 21 11.

CAPITALE VERTE

Parcs : de Bruxelles, Wolvendael, Woluwé, Laeken, Cinquantenaire, Duden. Bois de la Cambre. La Forêt de Soignes.

QUELQUES GOLFS

18 9 *à Tervuren par Tervurenlaan* (DN) *: 14 km, Château de Ravenstein ℘ (02) 767 58 01, Fax (02) 767 28 41 –* 18 *à Melsbroek NE : 14 km, Steenwagenstraat 11 ℘ (02) 751 82 05, Fax (02) 751 84 25 –* 18 *à Anderlecht, Zone Sportive de la Pede* (AN)*, r. Scholle 1 ℘ (02) 521 16 87, Fax (02) 521 51 56 –* 9 *à Watermael-Boitsfort* (CN)*, chaussée de la Hulpe 53a ℘ (02) 672 22 22, Fax (02) 675 34 81 –* 9 *à Overijse par ④ : 16 km, Gemslaan 55 ℘ (02) 687 50 30, Fax (02) 687 37 68 –* 9 *à Itterbeek par ⑧ : 8 km, J.M. Van Lierdestraat 24 ℘ (02) 567 00 38, Fax (02) 567 02 23 –* 18 *à Kampenhout NE : 20 km, Wildersedreef 56 ℘ (016) 65 12 16, Fax (016) 65 16 80 –* 9 *à Duisburg E : 18 km, Hertswegenstraat 59 ℘ (02) 769 45 82, Fax (02) 767 97 52.*

CURIOSITÉS

BRUXELLES VU D'EN HAUT

Atomium★ BK *– Basilique du Sacré Cœur★* ABL *– Arcades du Musée royal de l'Armée et d'Histoire militaire★* HS **M25**.

PERSPECTIVES CÉLÈBRES DE BRUXELLES

Palais de Justice ESJ *– Cité administrative* KY *– Place Royale★* KZ.

QUELQUES MONUMENTS HISTORIQUES

Grand-Place★★★ JY *– Théâtre de la Monnaie★* JY *– Galeries St-Hubert★★* JKY *– Maison d'Erasme (Anderlecht)★★* AM *– Château et parc de Gaasbeek (Gaasbeek)★★ (SO : 12 km par N 282* AN*) – Serres royales (Laeken)★★* BK **R**.

ÉGLISES

Sts-Michel-et-Gudule★★ KY – *Église N.-D. de la Chapelle★* JZ – *Église N.-D. du Sablon★* KZ – *Abbaye de la Cambre (Ixelles)★★* FGV – *Sts-Pierre-et-Guidon (Anderlecht)★* AM **D**.

QUELQUES MUSÉES

Musée d'Art ancien★★★ KZ – *Musée du Cinquantenaire★★★* HS **M**[11] – *Musée d'Art moderne★★* KZ **M**[2] – *Centre Belge de la BD★★* KY **M**[8] – *Autoworld★★* HS **M**[3] – *Muséum des Sciences Naturelles★★* GS **M**[26] – *Musée Instrumental★★* KZ **M**[21] – *Musée Meunier (Ixelles)★* FV **M**[13] – *Musée d'Ixelles (Ixelles)★★* GT **M**[12] – *Musée Charlier★* FR **M**[9] – *Bibliotheca Wittockiana (Woluwé-St-Pierre)★* CM **C** – *Musée royal de l'Afrique centrale (Tervuren)★★ (par ③)* – *Musée Horta (St-Gilles)★★* EFU **M**[20] – *Maison Van Buuren (Uccle)* EFV **M**[6].

ARCHITECTURE MODERNE

Atomium★ BK – *Centre Berlaymont* GR – *Parlement européen* GS – *Palais des Beaux Arts* KZ **Q**[1] – *La Cité administrative* KY – *Les cités-jardins Le Logis et Floréal (Watermael-Boitsfort)* DN – *Les Cités-jardins Kapelleveld (Woluwé-St-Lambert)* DM – *Campus de l'UCL (Woluwé-St-Lambert)* DL – *Palais Stoclet (Tervuren/Environs)★* CM **Q**[4] – *Swift (La Hulpe/Environs)* – *Vitrine P. Hankar★* KY **W** – *Maison Communale d'Ixelles* FS **K**[2] – *Hôtel Van Eetvelde★* GR *187* – *Maison Cauchie (Etterbeek)★* HS **K**[1] – *Old England★* KZ **N**.

QUARTIERS PITTORESQUES

La Grand-Place★★★ JY – *Le Grand et le Petit Sablon★★* JZ – *Les Galeries St-Hubert★★* JKY – *La place du Musée* KZ – *La place Ste-Catherine* JY – *Le vieux centre (Halles St-Géry – voûtement de la Senne – Église des Riches Claires)* ER – *Rue des Bouchers★* JY – *Manneken Pis★★* JZ – *Les Marolles* JZ – *La Galerie Bortier* JY.

LE SHOPPING

Grands Magasins : *Rue Neuve* JKY.

Commerces de luxe : *Avenue Louise* BMN, *Avenue de la Toison d'Or* KZ, *Boulevard de Waterloo* KZ, *rue de Namur* KZ.

Antiquités : *Le Sablon et alentours* JKZ.

Marché aux puces : *Place du Jeu de Balles* ES.

Galeries commerçantes : *Basilix, Westland Shopping Center, Woluwé Shopping Center, City 2, Galerie Louise.*

Les 19 communes bruxelloises

Bruxelles, capitale de la Belgique, est composée de 19 communes dont l'une, la plus importante, porte précisément le nom de "Bruxelles". Il existe également un certain nombre de "quartiers" dont l'intérêt historique, l'ambiance ou l'architecture leur ont acquis une renommée souvent internationale.

La carte ci-dessous vous indiquera la situation géographique de chacune de ces communes.

1 ANDERLECHT
2 AUDERGHEM
3 BERCHEM-SAINTE-AGATHE
4 BRUXELLES
5 ETTERBEEK
6 EVERE
7 FOREST
8 GANSHOREN
9 IXELLES
10 JETTE
11 KOEKELBERG
12 MOLENBEEK-SAINT-JEAN
13 SAINT-GILLES
14 SAINT-JOSSE-TEN-NOODE
15 SCHAERBEEK
16 UCCLE
17 WATERMAEL-BOITSFORT
18 WOLUWE-SAINT-LAMBERT
19 WOLUWE-SAINT-PIERRE

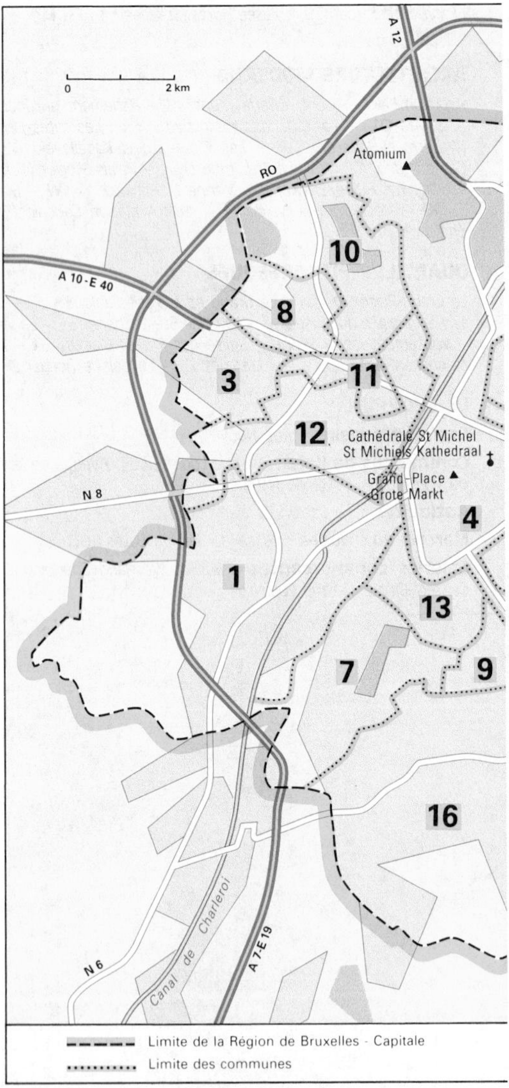

De 19 Brusselse gemeenten

Brussel, hoofdstad van België, bestaat uit 19 gemeenten, waarvan de meest belangrijke de naam "Brussel" draagt. Daar zijn een aantal wijken, waar de geschiedenis, de sfeer en de architectuur gezorgd hebben voor de, vaak internationaal, verworven faam.

Onderstaande kaart geeft U een overzicht van de geografische ligging van elk van deze gemeenten.

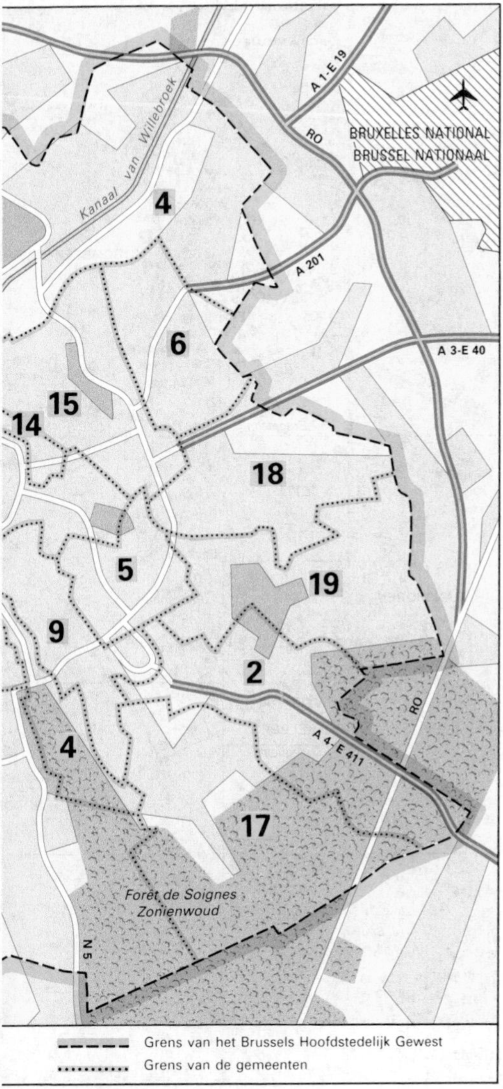

ANDERLECHT 1
OUDERGEM 2
SINT-AGATHA-BERCHEM 3
BRUSSEL 4
ETTERBEEK 5
EVERE 6
VORST 7
GANSHOREN 8
ELSENE 9
JETTE 10
KOEKELBERG 11
SINT-JANS-MOLENBEEK 12
SINT-GILLIS 13
SINT-JOOST-TEN-NODE 14
SCHAARBEEK 15
UKKEL 16
WATERMAAL-BOSVOORDE 17
SINT-LAMBRECHTS-WOLUWE 18
SINT-PIETERS-WOLUWE 19

BRUXELLES BRUSSEL

Broqueville (Av. de) . . . . . . **CM** 30
Charleroi (Chée de) . . . . . . **BM** 34
Croix-du-Feu (Av. des) . . . **BCK** 54
Démosthène Poplimont (Av.) . . . . **BL** 58
Edmond-Parmentier (Av.) **DM** 69
Emile-Bockstael (Bd) . . . . **BL** 75
Emile-Bossaert (Av.) . . . . **AL** 76
Emile-Vandervelde (Av.) . **DM** 82
France (R. de) . . . . **BM** 100
Houba de Strooper (Av.) . **BK** 121
Jacques-Sermon (Av.) . . . **BL** 130
Jean-Sobieski (Av.) . . . . . **BK** 136
Jules van Praet (Av.) . . . . **BKL** 144
Madrid (Av. de) . . . . **BK** 166
Meysse (Av. de) . . . . **BK** 175
Port (Av. du) . . . . **BL** 198
Prince-de-Liège (Bd) . . . . **AM** 202
Robiniers (Av. des) . . . . . **BL** 211
Stockel (Chée de) . . . . . . **DM** 232
Veeweyde (R. de) . . . . . . **AM** 244
Vétérinaires (R. des) . . . . **BM** 247

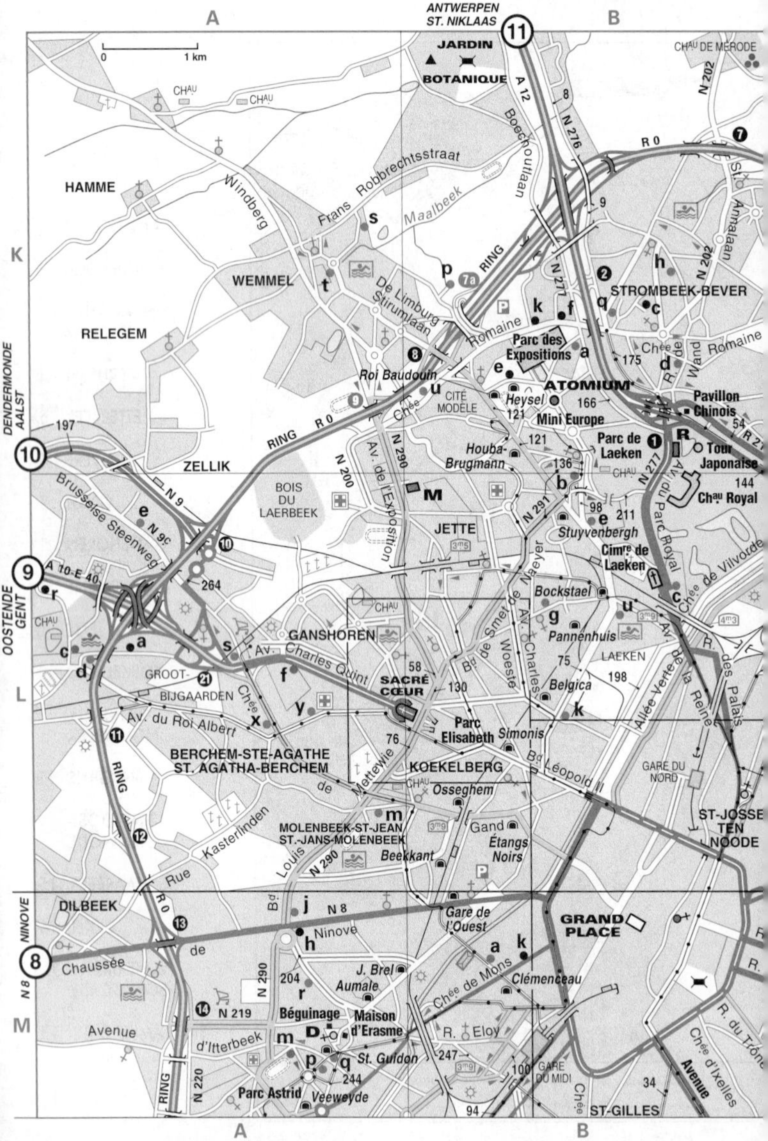

ENVIRONS

KRAAINEM

Wezembeeklaan . . . . **DM** 259

STROMBEEK-BEVER

Antwerpselaan . . . . **BK** 9

VILVOORDE

Parkstraat . . . . **CK** 192
Stationlei . . . . **CK** 231
Vuurkruisenlaan . . . . **CK** 252

ZAVENTEM

Henneaulaan (Hector) . . . **DL** 115

ZELLIK

Pontbeeklaan . . . . **AK** 197
Zuiderlaan . . . . **AL** 264

Michelin n'accroche pas de panonceau aux hôtels et restaurants qu'il signale.

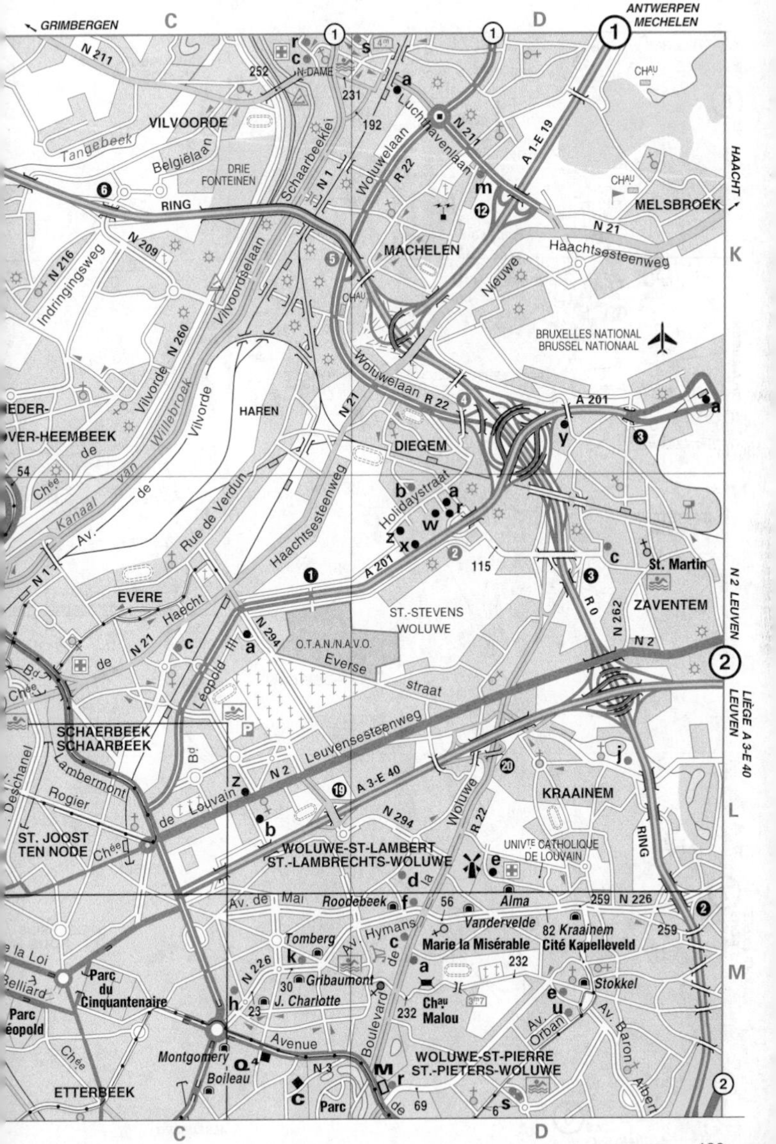

BRUXELLES BRUSSEL

Alfred Madoux (Av.) . . . . . DN 6	Edith Cavell (R.) . . . . BN 68	Mérode (R. de) . . . . BN 174
Altitude 100 (Pl. de l') . . . BN 7	Edmond Parmentier (Av.) . DM 69	Paepsem (Bd) . . . . AN 186
Broqueville (Av. de) . . . . . . CM 30	Emile Vandervelde (Av.) . . DM 82	Parc (Av. du) . . . . BN 190
Charleroi (Chée de) . . . . . . BM 34	Flagey (Pl.) . . . . BN 93	Plaine (Bd de la) . . . . CN 196
Charroi (R. du) . . . . ABN 36	Fonsny (Av.) . . . . BN 94	Prince-de-Liège (Bd) . . . . . AM 204
Delleur (Av.) . . . . CN 57	Foresterie (Av. de la) . . . . CN 96	Stockel (Chée de) . . . . DM 232
Échevinage (Av. de l') . . . . BN 67	France (R. de) . . . . BM 100	Tervuren (Chée de) . . . . . . DN 235
	Frans van Kalken (Av.) . . . AN 103	Th. Verhaegen (R.) . . . . . . BN 237
	Gén. Jacques (Bd) . . . . CN 109	Triomphe (Bd du) . . . . CN 240
	Houzeau (Av.) . . . . BN 123	Veeweyde (R. de) . . . . AM 244
	Louis Schmidt (Bd) . . . . . . CN 162	Vétérinaires (R. des) . . . . . BM 247

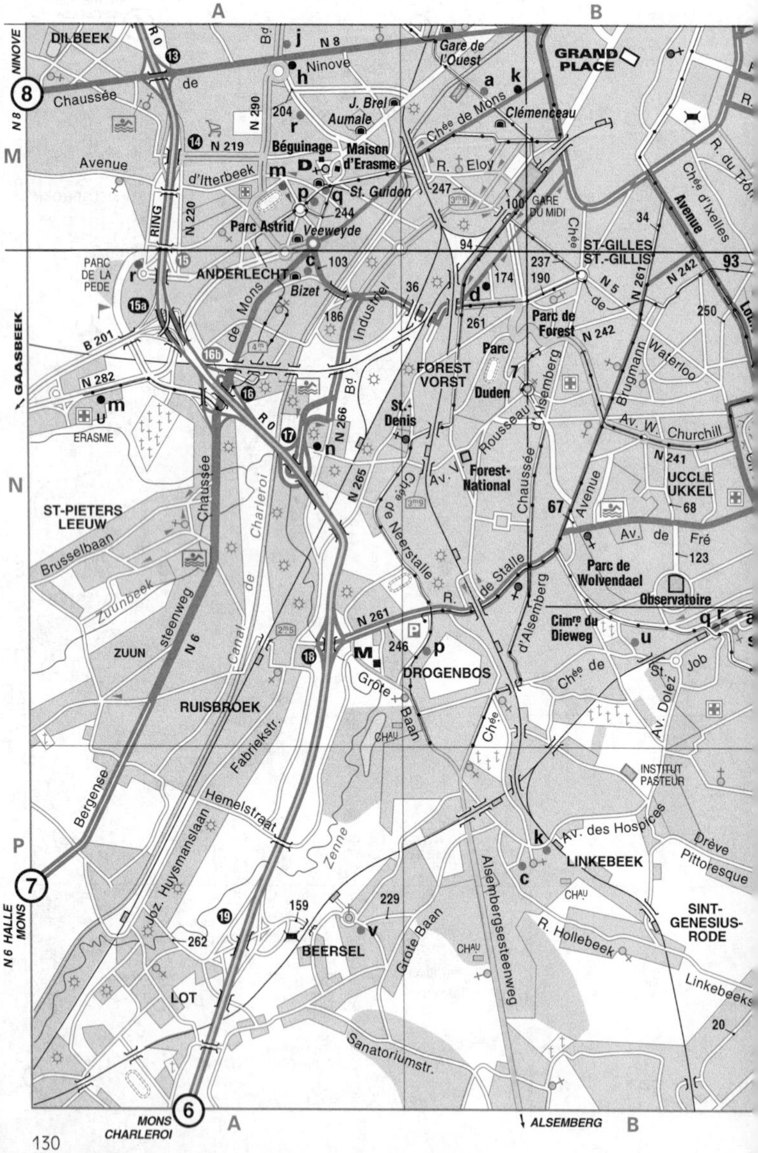

Vleurgat (Chée de) . . . . . . BN 250
Wielemans Ceuppens (Av.) . . . . BN 261
2è Rég. de Lanciers (Av. du) . . . . CN 265

ENVIRONS

BEERSEL

Lotsestr. . . . . AP 159
Schoolstraat . . . . AP 229

DROGENBOS

Verlengde Stallestraat . . . . AN 246

KRAAINEM

Wezembeek (Av. de) . . . . DM 259

LOT

Zennestraat . . . . AP 262

ST-GENESIUS-RODE

Bevrijdingslaan . . . . BP 20
Zonienwoudlaan . . . . CP 263

Le Guide change, changez de guide tous les ans.

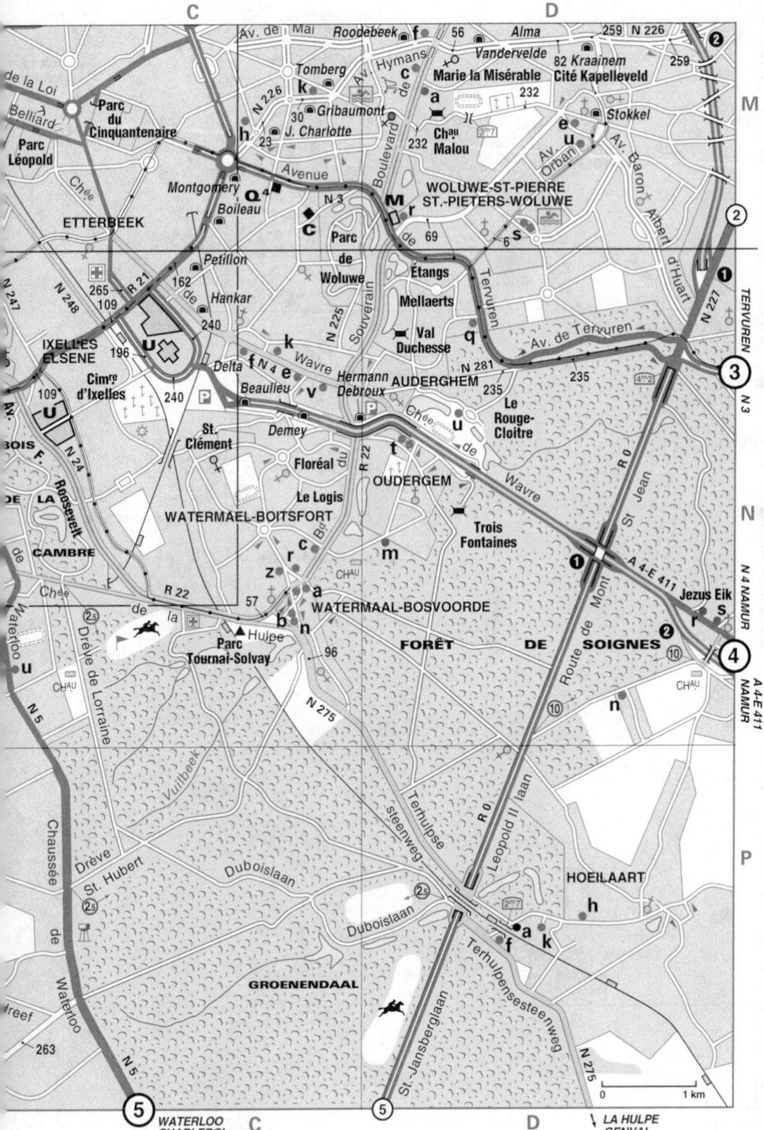

BRUXELLES
BRUSSEL

Baudouin (Bd) . . . . EQ 16
Bienfaiteurs (Pl. des) . . . . GQ 21
Brabançonne (Av. de la) . GR 28
Edouard de Thibault (Av.) . HS 72
Europe (Bd de l') . . . . ES 89
Frans Courtens (Av.) . . . . HQ 102
Frère-Orban (Sq.) . . . . FR 104
Froissart (R.) . . . . GS 106
Gén. Eisenhower (Av.) . . . GQ 108
Hal (Porte de) . . . . ES 114
Henri Jaspar (Av.) . . . . ES 117
Herbert Hoover (Av.) . . . . HR 118
Industrie (Quai de l') . . . . ER 126
Jan Stobbaerts (Av.) . . . . . GQ 133
Jardin Botanique (Bd du) . FQ 134
Jean Jacobs (Pl.) . . . . ES 135
Jean Volders (Av.) . . . . . . ET 138

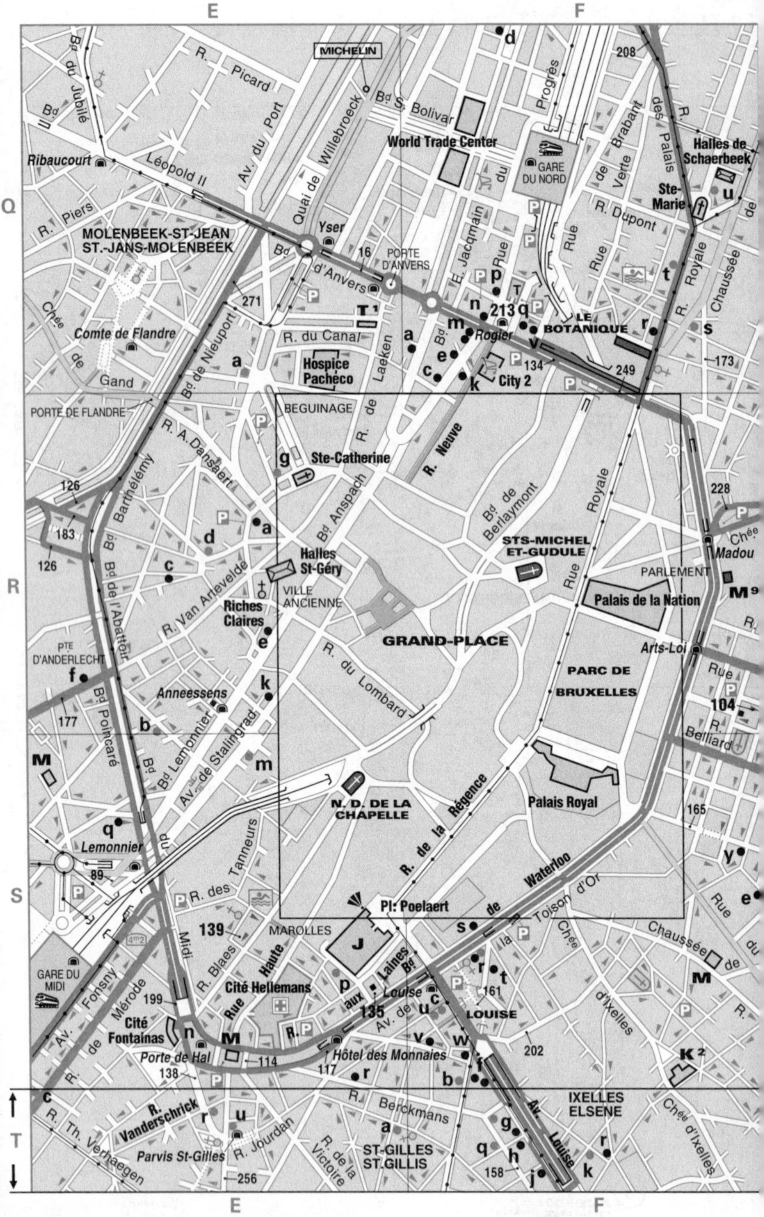

Jeu de Balle (Pl. du) ..... ES 139
Livourne (R. de) .... FT 158
Louise (Galerie) .... FS 161
Luxembourg (R. du) ..... FS 165
Marie-Louise (Sq.) ...... GR 171
Méridien (R. du) .... FQ 173
Midi (Bd du) .... ES
Mons (Chée de) .... ER 177
Nerviens (Av. des) .... GS 181
Ninove (Chée de) .... ER 183
Palmerston (Av.) .... GR 187
Porte de Hal (Av. de la) .. ES 199
Prince Royal (R. du) ..... FS 204
Reine (Av. de la) .... FQ 208
Rogier (Pl. Charles) ...... FQ 213
Roi Vainqueur (Pl. du) ... HS 216
Saint-Antoine (Pl.) .... GT 220
Scailquin (R.) .... FR 228
Victoria Regina (Av) ..... FQ 249
Waterloo (Chée de) ..... ET 256
9e-de-Ligne (Bd du) ..... EQ 271

G H

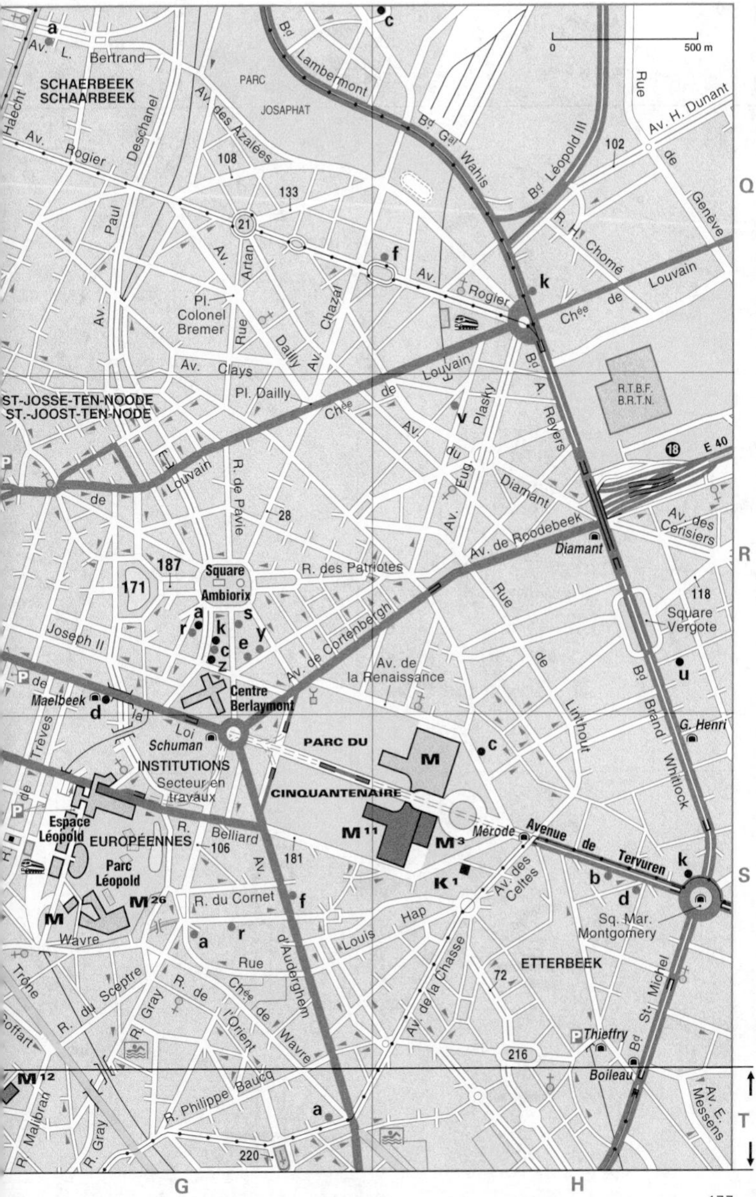

G H

BRUXELLES BRUSSEL

Américaine (R.) .... FU 8
Auguste Rodin (Av.) ...... GU 12
Besme (Av.) .... EV 18
Boondael (Drève de) ..... GX 22
Cambre (Bd de la) .... GV 33
Coccinelles (Av. des) ..... HX 40
Congo (Av. du) .... GV 48
Copernic (R.) .... FX 51
Dodonée (R.) .... FV 61
Dries .... HX 63
Emile de Beco (Av.) ..... GU 79
Emile De Mot (Av.) ..... GV 81
Eperons d'Or (Av. des) .... GU 85
Everard (av.) .... EV 91
Hippodrome (Av. de l') .... GU 120

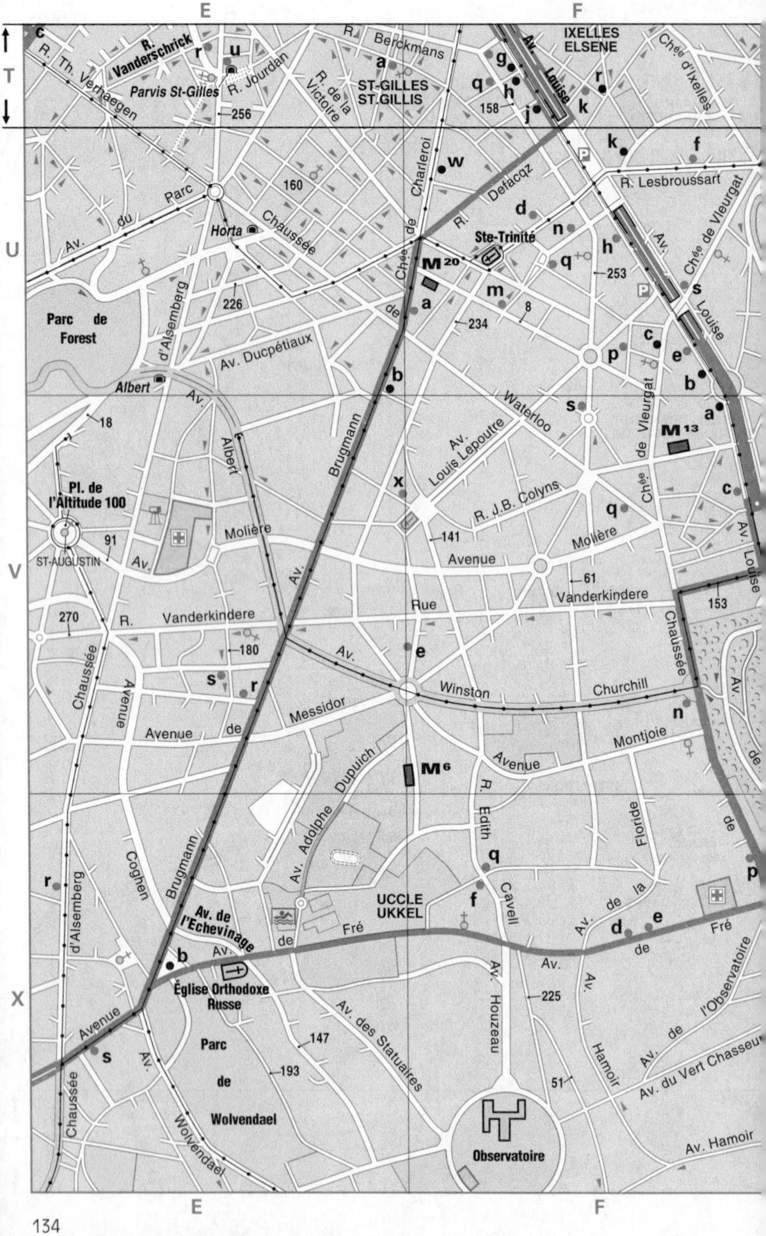

Invalides (Bd des)	HV	127
Jean Volders (Av.)	ET	138
Joseph Stallaert (R.)	FV	141
Juliette Wytsman (R.)	GU	145
Kamerdelle (Av.)	EX	147
Legrand (Av.)	FV	153
Livourne (R. de)	FT	158
Louis Morichar (Pl.)	EU	160
Mutualité (R. de la)	EV	180
Nouvelle (Av.)	GU	184
Paul Stroobant (Av.)	EX	193
Saint-Antoine (Pl.)	GT	220
Saisons (Av. des)	GV	223
Saturne (Av. de)	FX	225
Savoie (R. de)	EU	226
Tabellion (R. du)	FU	234
Washington (R.)	FU	253
Waterloo (Chée de)	ET	256
2e Rég.-de-Lanciers (Av. du)	GHU	265
7 Bonniers (Av. des)	EV	270

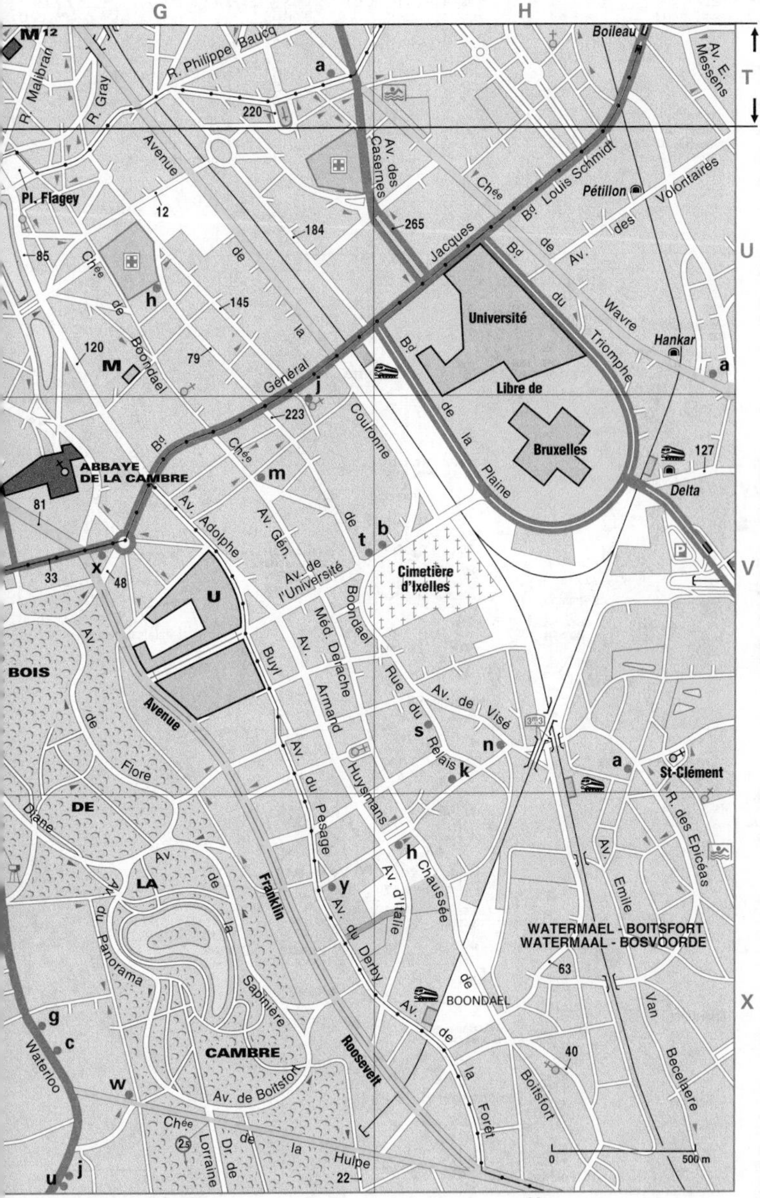

BRUXELLES BRUSSEL

Adolphe Max (Bd)	JY	3
Albertine (Pl. de l')	KZ	4
Anspach (Bd)	JY	
Assaut (R. d')	KY	10
Baudet (R.)	KZ	15
Beurre (Rue au)	JY	19
Bortier (Galerie)	JKZ	23
Bouchers (Petite rue des)	JY	24
Bouchers (R. des)	JY	25
Bourse (Pl. de la)	JY	27
Briques (Quai aux)	JY	29
Chêne (R. du)	JZ	39
Colonies (R. des)	KY	43
Comédiens (R. des)	KY	45
Commerce (R. du)	KZ	46
Croix-de-Fer (R. de la)	KY	52
Duquesnoy (Rue)	JYZ	66
Ernest Allard (R.)	JZ	87
Étuve (R. de l')	JZ	88
Europe (Carr. de l')	KY	90
Fossé-aux-Loups (R. du)	JKY	99
Fripiers (R. des)	JY	105
Grand Sablon (Pl. du)	KZ	112
Impératrice (Bd de l')	KY	124
Ixelles (Chée d')	KZ	129
Laeken (R. de)	JY	151
Lebeau (R.)	JZ	152
Louvain (R. de)	KY	163
Marché-aux-Herbes (R. du)	JY	168
Marché-aux-Poulets (R. du)	JY	169
Mercier (R. du Card.)	KY	172
Midi (R. du)	JYZ	
Montagne (Rue de la)	KY	178
Musée (Pl. du)	KZ	179
Neuve (Rue)	JY	
Nord (Passage du)	JY	182
Petit Sablon (Pl. du)	KZ	195
Presse (R. de la)	KY	201
Princes (Galeries des)	JY	205
Ravenstein (R.)	KZ	207
Reine (Galerie de la)	JY	210
Roi (Galerie du)	KY	214
Rollebeek (R. de)	JZ	217
Ruysbroeck (R. de)	KZ	219
Sainte-Catherine (Pl.)	JY	221
Sainte-Gudule (Pl.)	KY	222
Toison d'Or (Av. de la)	KZ	238
Trône (R. du)	KZ	241
Ursulines (R. des)	JZ	243
Waterloo (Bd de)	KZ	255
6-Jeunes-Hommes (R. des)	KZ	268

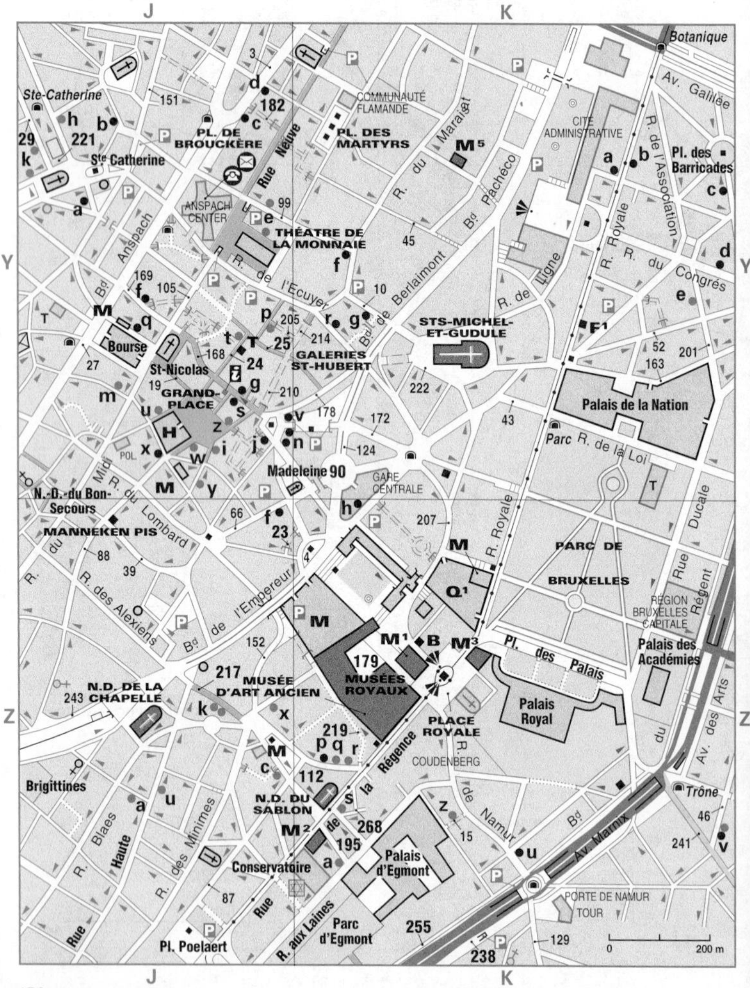

W

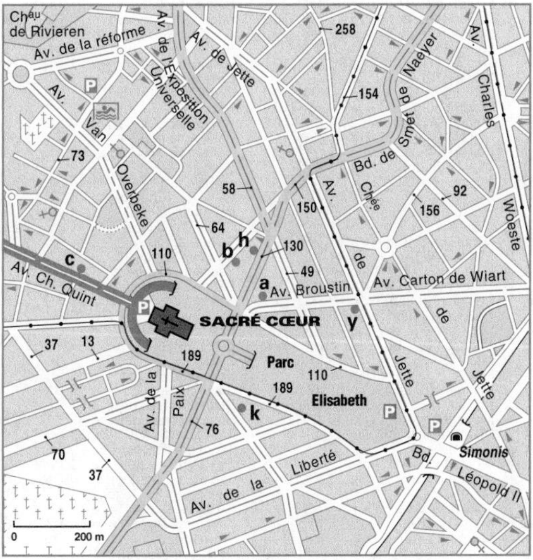

W

GANSHOREN
JETTE
KOEKELBERG

Basilique (Av. de la) . W 13
Château (Av. du) . . . . W 37
Constitution (Av. de la) W 49
Démosthène
Poplimont (Av.) . . . W 58
Duc Jean (Av. du) . . . W 64
Edouard Bénes (Av.) . W 70
Eglise St-Martin (R. de l') W 73
Emile Bossaert (Av.) . W 76
Firmin Lecharlier (Av.) W 92
Gloires Nationales
(Av. des) . . . . W 110
Jacques Sermon (Av.) W 130
Laeken (Av. de) . . . . . W 150
Léon Théodore (R.) . . W 154
Levis Mirepoix (Av. de) W 156
Panthéon (Av. du) . . . W 189
Wemmel (Chée de) . W258

RÉPERTOIRE DES RUES DU PLAN DE BRUXELLES

Abattoir (Bd de l') . . p.10 ER
Adolphe Buyl (Av.) . p.13 GV
Adolphe-Dupuich (Av.) . p.12 EVX
Adolphe-Max (Bd) . . p.14 JY 3
Albert (Av.) . . . . p.12 EV
Albertine (Pl. de l') . p.14 KZ 4
Alexiens (R. des) . . . p.14 JZ
Alfred-Madoux (Av.) . p. 9 DN 6
Alsemberg (Chée d') . p. 8 BNP
Alsembergsesteenweg . p. 8 BP
Altitude 100
(Pl. de l') . . . . p. 8 BN 7
Ambiorix (Square) . . p.11 GR
Américaine (R.) . . . . p.12 FU 8
Anspach (Bd) . . . . . p.14 JY
Antoine-Dansaert (R.) . p.10 ER
Anvers (Bd d') . . . . . p.10 EQ
Armand Huymans
(Av.) . . . . p.13 GV
Artan (R.) . . . . p.11 GQ
van Artevelde (R.) . . p.10 ER
Arts (Av. des) . . . . . p.14 KZ
Assaut (R. d') . . . . . . p.14 KY 10
Association (R. de l') . p.14 KY
Audergem (Av. d') . . p.11 GS
Auguste Reyers (Bd) . p.11 HR
Auguste-Rodin (Av.) . p.13 GU 12
Azalées (Av. des) . . . p.11 GQ
Baron-Albert-d'Huart
(Av.) . . . . p. 7 DM
Barthélemy (Bd) . . . p.10 ER
Basilique (Av. de la) . p.15 W 13
Baudet (R.) . . . . p.14 KZ 15
Baudouin (Bd) . . . . . p.10 EQ 16
Belliard (R.) . . . . p.11 GS
Berckmans (R.) . . . . p.10 EFT
Berlaymont (Bd de) . p.14 KY
Besme (Av.) . . . . p.12 EV 18
Beurre (Rue au) . . . . p.14 JY 19
Bienfaiteurs (Pl. des) . p.11 GQ 21
Blaes (R.) . . . . p.10 ES
Boitsfort (Av. de) . . . p.13 GX
Boitsfort (Chée de) . p.13 HX
Bolivar (Bd Simon) . . p.10 EFQ
Boondael (Chée de) . p.13 GUV
Boondael (Drève de) . p.13 GX 22
Bortier (Galerie) . . . . p.14 JKZ 23
Bouchers
(Petite rue des) . . p.14 JY 24
Bouchers (R. des) . . p.14 JY 25
Bourse (Pl. de la) . . . p.14 JY 27
Brabançonne
(Av. de la) . . . . . . p.11 GR 28
Brabant (R. de) . . . . p.10 FQ
Brand-Whitlock (Bd) . p.11 HRS
Briques (Quai aux) . p.14 JY 29
Broqueville (Av. de) . p. 7 CM 30
Brouckère (Pl. de) . . p.14 JY
Broustin (Av.) . . . . . . p.15 W
Brugmann (Av.) . . . . p.12 EVX
Cambre (Bd de la) . . p.13 GV 33
Canal (R. du) . . . . . . p.10 EQ
Carton de Wiart (Av.) . p.15 W
Casernes (Av. des) . p.13 GHU
Celtes (Av. des) . . . . p.11 HS
Cerisiers (Av. des) . . p.11 HR
Charleroi (Chée de) . p.10 EFU
Charles Quint (Av.) . . p. 6 AL
Charles Woeste (Av.) . p. 6 BL
Charroi (R. du) . . . . . p. 8 ABN 36
Chasse (Av. de la) . . p.11 HS
Château (Av. du) . . . p.15 W 37
Chazal (Av.) . . . . p.11 GQ
Chêne (R. du) . . . . . p.14 JZ 39
Clays (Av.) . . . . p.11 GQ
Coccinelles (Av. des) . p.13 HX 40
Coghen (Av.) . . . . . . p.12 EVX
Colonel-Bremer (Pl.) . p.11 GQ
Colonies (R. des) . . . p.14 KY 43
Comédiens (R. des) . . p.14 KY 45
Commerce (R. du) . . p.14 KZ 46
Congo (Av. du) . . . . p.13 GV 48
Congrès (R. du) . . . . p.14 KY
Constitution
(Av. de la) . . . . . . p.15 W 49
Copernic (R.) . . . . . . p.12 FX 51
Cortenbergh (Av. de) p.11 GR
Couronne (Av. de la) . p.13 GUV
Croix-de-Fer (R. de la) . p.14 KY 52
Croix-du-Feu (Av. des) . p. 6 BCK 54
Dailly (Av.) . . . . p.11 GQ
Dailly (Pl.) . . . . p.11 GR
Defacqz (R.) . . . . p.12 FU
Delleur (Av.) . . . . . . p. 9 CN 57
Démosthène
Poplimont (Av.) . . p.15 W 58
Derby (Av. du) . . . . . p.13 GX
Diamant (Av. du) . . . p.11 HR
Diane (Av. de) . . . . . p.13 FGX
Dolez (Av.) . . . . p. 8 BN
Dodonée (R.) . . . . . . p.12 FV 61
Dries . . . . p.13 HX 63
Duc Jean (Av. du) . . p.15 W 64
Ducale (Rue) . . . . . . p.14 KZ
Ducpétiaux (Av.) . . . p.12 EU
Duquesnoy (Rue) . . p.14 JYZ 66
Echevinage (av. de l') . p.12 EX
Ecuyer (R. de l') . . . . p.14 JKY
Edith-Cavell (R.) . . . . p.12 FX
Edmond
Parmentier (Av.) . p. 7 DM 69
Edmond-Mesens
(Av.) . . . . p.11 HT
Edouard-Bénes (Av.) . p.15 W 70
Edouard de Thibault
(Av.) . . . . p.11 HS 72
Eglise St-Martin
(R. de l') . . . . p.15 W 73
Eloy (Rue) . . . . p. 6 BM
Emile-Bockstael (Bd) . p. 6 BL 75
Emile-Bossaert (Av.) . p.15 W 76
Emile-de-Beco (Av.) . p.13 GU 79
Emile-De-Mot (Av.) . p.13 GV 81
Emile-Jacqmain (Bd) . p.10 FQ
Emile van Becelaere
(Av.) . . . . p.13 HX
Emile Vandervelde
(Av.) . . . . p. 7 DM 82
Empereur (Bd de l') . p.14 JZ
Eperons d'Or
(Av. des) . . . . p.13 GU 85
Epicéas (R. des) . . . . p.13 HX
Ernest Allard (R.) . . . p.14 JZ 87
Etuve (R. de l') . . . . . p.14 JZ 88
Eugène Plasky (Av.) . p.11 HR
Europe (Bd de l') . . . p.10 ES 89
Europe (Carr. de l') . p.14 KY 90
Everard (av.) . . . . . . p.12 EV 91
Exposition (Av. de l') . p. 6 AKL
Exposition Universelle
(Av. de l') . . . . p.15 W
Firmin Lecharlier
(Av.) . . . . p.15 W 92
Flagey (Pl.) . . . . p. 8 BN 93
Flore (Av. de) . . . . . . p.13 GV
Floride (Av. de la) . . p.12 FX
Fonsny (Av.) . . . . . . p. 8 BN 94

Foresterie (Av. de la) . p. 9 **CN** 96
Forêt (Av. de la) . . . p.13 **HX**
Fossé-aux-Loups (R. du) . . . . p.14 **JKY** 99
France (R. de) . . . . . p. 6 **BM** 100
Franklin Roosevelt (Av.) . . . . p.13 **GVX**
Frans Courtens (Av.) . p.11 **HQ** 102
Frans van Kalken (Av.) . . . . p. 8 **AN** 103
Fré (Av. de) . . . . p.10 **EFX**
Frère-Orban (Sq.) . . . p.10 **FR** 104
Fripiers (R. des) . . . . p.14 **JY** 105
Froissart (R.) . . . . . . p.11 **GS** 106
Galilée (Av.) . . . . p.14 **KY**
Gand (Chée de) . . . . p. 6 **ABL**
Gén. Eisenhower (Av.) . . . . p.11 **GQ** 108
Gén. Jacques (Bd) . . p.13 **GHU**
Gén. Médecin Derache (Av.) . . . . p.13 **GV**
Gén. Wahis (Bd) . . . p.11 **HQ**
Genève (R. de) . . . . p.11 **HQ**
Gloires Nationales (Av. des) . . . . p.15 **W** 110
Goffart (R.) . . . . p.11 **FGS**
Grand Place . . . . p.14 **JY**
Grand-Sablon (Pl. du) . p.14 **KZ** 112
Gray (R.) . . . . p.11 **GST**
Haecht (Chée de) . . p. 7 **CL**
Hal (Porte de) . . . . . p.10 **ES** 114
Hamoir (Av.) . . . . . . p.12 **FX**
Haute (R.) . . . . p.10 **ES**
Henri Chomé (R.) . . p.11 **HQ**
Henri Dunant (Av.) . p.11 **HQ**
Henri Jaspar (Av.) . . p.10 **ES** 117
Herbert Hoover (Av.) . p.11 **HR** 118
Hippodrome (Av. de l') . . . . p.13 **GU** 120
Hospices (Av. des) . p. 8 **BP**
Houba de Strooper (Av.) . . . . p. 6 **BK** 121
Houzeau (Av.) . . . . . p.12 **FX**
la Hulpe (Chée de) . p. 9 **CN**
Impératrice (Bd de l') . p.14 **KY** 124
Industrie (Quai de l') . p.10 **ER** 126
Industriel (Bd) . . . . . p. 8 **AN**
Invalides (Bd des) . . p.13 **HV** 127
Italie (Av. d') . . . . . . p.13 **GHX**
Itterbeck (Av. d') . . . p. 6 **AM**
Ixelles (Chée d') . . . . p.10 **FST**
Jacques Sermon (Av.) . p.15 **W** 130
Jan Stobbaerts (Av.) . p.11 **GQ** 133
Jardin Botanique (Bd du) . . . . p.10 **FQ** 135
Jean Baptiste Colyns (R.) . . . . p.12 **FV**
Jean Sobieski (Av.) . p. 6 **BK** 136
Jean Volders (Av.) . . p.10 **ET** 138
Jette (Av. de) . . . . . . p.15 **W**
Jette (Chée de) . . . . p.15 **W**
Jeu de Balle (Pl. du) . . . . p.10 **ES** 139
Joseph II (R.) . . . . . . p.11 **GR**
Joseph Stallaert (R.) . p.12 **FV** 141
Jourdan (R.) . . . . p.10 **ET**
Jubilé (Bd du) . . . . . p.10 **EQ**
Jules van Praet (Av.) . p. 6 **BKL** 144
Juliette Wytsman (R.) . p.13 **GU** 145
Kamerdelle (Av.) . . . p.12 **EX** 147
Kasterlinden (R.) . . . p. 6 **AL**
Laeken (Av. de) . . . . p.15 **W** 150
Laeken (R. de) . . . . . p.10 **EQ**
Laines (R. aux) . . . . . p.14 **JKZ**
Lambermont (Bd) . . p. 7 **CL**
Lebeau (R.) . . . . p.14 **JZ** 152
Legrand (Av.) . . . . . . p.12 **FV** 153
Lemonnier (Bd) . . . . p.10 **ERS**
Léon Théodore (R.) . p.15 **W** 154
Léopold II (Bd) . . . . . p.10 **EQ**
Léopold III (Bd) . . . . p. 7 **CL**
Lesbroussart (R.) . . . p.12 **FU**
Levis Mirepoix (Av. de) . . . . p.15 **W** 156
Liberté (Av. de la) . . p.15 **W**
Ligne (R. de) . . . . . . p.14 **KY**
Linthout (R. de) . . . . p.11 **HRS**
Livourne (R. de) . . . . p.10 **FT** 158
Loi (R. de la) . . . . . . p.11 **GRS**
Lombard (R. du) . . . p.14 **JYZ**
Lorraine (Drève de) . p. 9 **CN**
Louis Bertrand (Av.) . p.11 **GQ**
Louis Hap (R.) . . . . . p.11 **GHS**
Louis Lepoutre (Av.) . p.12 **FV**
Louis Mettewie (Bd) . p. 6 **ALM**
Louis Morichar (Pl.) . p.12 **EU** 160
Louis Schmidt (Bd) . p.13 **HU**
Louise (Av.) . . . . p. 8 **BMN**
Louise (Galerie) . . . . p.10 **FS** 161
Louvain (Chée de) . . p.11 **GHQ**
Louvain (R. de) . . . . p.14 **KY** 163
Luxembourg (R. du) . p.10 **FS** 165
Madrid (Av. de) . . . . p. 6 **BK** 166
Mai (Av. de) . . . . p. 7 **CM**
Malibran (R.) . . . . . . p.11 **GT**
Marais (R. du) . . . . . p.14 **KY**
Marché-aux-Herbes (R. du) . . . . p.14 **JY** 168
Marché-aux-Poulets (R. du) . . . . p.14 **JY** 169
Marie-Louise (Sq.) . . p.11 **GR** 171
Marnix (Av.) . . . . p.14 **KZ**
Martyrs (Pl. des) . . . p.14 **KY**
Mercier (R. du Card.) . p.14 **KY** 172
Méridien (R. du) . . . p.10 **FQ** 173
Mérode (R. de) . . . . p. 8 **BN** 174
Messidor (Av. de) . . p.12 **EV**
Meysse (Av. de) . . . p. 6 **BK** 175
Midi (Bd du) . . . . . . p.10 **ES**
Midi (R. du) . . . . p.14 **JYZ**
Minimes (R. des) . . . p.14 **JZ**
Molière (Av.) . . . . . . p.10 **EFV**
Mons (Chée de) . . . p. 6 **AMN**
Mont Saint-Jean (Route de) . . . . . . p. 9 **DN**
Montagne (Rue de la) . . . . . . p.14 **KY** 178
Montgoméry (Square Maréchal) . p.11 **HS**
Montjoie (Av.) . . . . . p.12 **FV**
Musée (Pl. du) . . . . . p.14 **KZ** 179
Mutualité (R. de la) . p.12 **EV** 180
Namur (R. de) . . . . . p.14 **KZ**
Neerstalle (Chée de) . p. 8 **AN**
Nerviens (Av. des) . . p.11 **GS** 181
Neuve (Rue) . . . . . . p.14 **JY**
Nieuport (Bd) . . . . . . p.10 **EQ**
Ninove (Chée de) . . p. 6 **AM**
Nord (Passage du) . p.14 **JY** 182
Nouvelle (Av.) . . . . . p.13 **GU** 184
Observatoire (Av. de l') . . . . p.12 **FX**
Orient (R. de l') . . . . p.11 **GS**
van Overbeke (Av.) . p.15 **W**
Pachéco (Bd) . . . . . . p.14 **KY**
Paepsem (Bd) . . . . . p. 8 **AN** 186
Paix (Av. de la) . . . . p.15 **W**
Palais (Pl. des) . . . . p.14 **KZ**
Palais (R. des) . . . . . p.10 **FQ**
Palmerston (Av.) . . . p.11 **GR** 187
Panorama (Av. du) . . p.13 **GX**
Panthéon (Av. du) . . p.15 **W** 189
Parc (Av. du) . . . . . . p.12 **EU**
Parc Royal (Av. du) . p. 6 **BL**
Patriotes (R. des) . . . p.11 **GR**
Paul Deschanel (Av.) . p.11 **GQ**
Paul Hymans (Av.) . . p. 7 **CDM**
Paul Stroobant (Av.) . p.12 **EX** 193
Pavie (R. de) . . . . . . p.11 **GR**
Pesage (Av. du) . . . . p.13 **GVX**
Petit Sablon (Pl. du) . p.14 **KZ** 195
Philippe Baucq (R.) . p.11 **GT**
Picard (R.) . . . . p.10 **EQ**
Piers (R.) . . . . p.10 **EQ**
Pittoresque (Drève) . p. 8 **BP**
Plaine (Bd de la) . . . p.13 **HV**
Poelaert (Pl.) . . . . . . p.14 **JZ**
Poincaré (Bd) . . . . . . p.10 **ERS**
Port (Av. du) . . . . . . p.10 **EQ**
Porte de Hal (Av. de la) . . . . . . p.10 **ES** 199
Presse (R. de la) . . . p.14 **KY** 201
Prince-de-Liège (Bd) . p. 6 **AM** 202
Prince Royal (R. du) . p.10 **FS** 204
Princes (Galeries des) . p.14 **JY** 205
Progrès (R. du) . . . . p.10 **FQ**
Ravenstein (R.) . . . . p.14 **KZ** 207
Réforme (Av. de la) . p.15 **W**
Régence (R. de la) . . p.14 **JKZ**
Régent (Bd du) . . . . p.14 **KZ**
Reine (Av. de la) . . . p. 6 **BL**
Reine (Galerie de la) . . . p.14 **JY** 210
Relais (R. du) . . . . . . p.13 **HV**
Renaissance (Av. de la) . . . . . . p.11 **HR**
Robiniers (Av. des) . p. 6 **BL** 211
Rogier (Av.) . . . . p.11 **GHQ**
Rogier (Pl. Charles)) . p.10 **FQ** 213
Roi (Galerie du) . . . . p.14 **KY** 214
Roi Albert (Av. du) . p. 6 **AL**
Roi Vainqueur (Pl. du) . p.11 **HS** 216
Rollebeek (R. de) . . . p.14 **JZ** 217
Roodebeek (Av. de) . p.11 **HR**
Royale (R.) . . . . p.10 **FQR**
Ruysbroeck (R. de) . p.14 **KZ** 219
Saint-Antoine (Pl.) . . p.11 **GT** 220
Saint-Hubert (Drève) . p. 9 **CP**
Saint-Hubert (Galeries) . . . . p.14 **JKY**
Saint-Job (Chée de) . p. 8 **BN**
Saint-Michel (Bd) . . . p.11 **HS**
Sainte-Catherine (Pl.) . p.14 **JY** 221
Sainte-Gudule (Pl.) . . p.14 **KY** 222
Saisons (Av. des) . . . p.13 **GV** 223
Sapinière (Av. de la) . p.13 **GX**
Saturne (Av. de) . . . p.12 **FX** 225
Savoie (R. de) . . . . . p.12 **EU** 226
Scailquin (R.) . . . . . . p.10 **FR** 228
Sceptre (R. du) . . . . p.11 **GS**
de Smet de Naeyer (Bd) . . . . p. 6 **BL**
Stalingrad (Av. de) . p.10 **ERS**
Stalle (R. de) . . . . . . p. 8 **BN**
Statuaires (Av. des) . p.12 **EX**
Stockel (Chée de) . . p. 7 **DM** 232
Tabellion (R. du) . . . p.12 **FU** 234
Tanneurs (R. des) . . p.10 **ES**
Tervuren (Av. de) . . p. 9 **DMN**
Tervuren (Chée de) . p. 9 **DN** 235
Théodore Verhaegen (R.) . . . . p.10 **ET**
Toison d'Or (Av. de la) . p.14 **KZ** 238
Trêves (R. de) . . . . . p.11 **GS**
Triomphe (Bd du) . . p.13 **HU**
Trône (R. du) . . . . . . p.11 **FGS**
Université (Av. de l') . p.13 **GV**
Ursulines (R. des) . . p.14 **JZ** 243
Vanderkindere (R.) . . . . p.12 **EFV**
Veeweyde (R. de) . . p. 6 **AM** 244
Verdun (Rue de) . . . p. 7 **CL**
Vergote (Square) . . . p.11 **HR**
Vert Chasseur (Av. du) . . . . p.12 **FX**
Verte (Allée) . . . . . . p. 6 **BL**
Verte (R.) . . . . p.10 **FQ**
Vétérinaires (R. des) . p. 6 **BM** 247
Victoire (R. de la) . . p.10 **ET**
Victor Rousseau (Av.) . p. 8 **BN**
Victoria Regina (Av.) . p.10 **FQ** 249
Vilvorde (Av. de) . . . p. 7 **CK**
Vilvorde (Chée de) . p. 7 **BCL**
Visé (Av.) . . . . p.13 **HV**
Vleurgat (Chée de) . p.12 **FUV**
Volontaires (Av. des) . p.13 **HU**
Wand (R. de) . . . . . . p. 6 **BK**
Washington (R.) . . . p.12 **FU** 253
Waterloo (Bd de) . . . p.10 **FS**
Waterloo (Chée de) . p. 9 **BCN**
Wavre (Chée de) . . . p. 9 **CDN**
Wemmel (Chée de) . p.15 **W** 258
Wielemans Ceuppens (Av.) . . p. 8 **BN** 261
Willebroeck (Quai de) . p.10 **EQ**
Winston Churchill (Av.) . . . . p.12 **FV**
Woluwe (Bd de la) . p. 7 **DLM**
Wolwendael (Av.) . . . p.12 **EX**
2è Rég. de Lanciers (Av. du) . . . . p.13 **GHU** 265
6 Jeunes Hommes (R. des) . . . . p.14 **KZ** 268
7 Bonniers (Av. des) . p.12 **EV** 270
9è de Ligne (Bd du) . p.10 **EQ** 271

ENVIRONS

ALSEMBERG

Sanatoriumstr. . . . . . p. 8 **AP**

BEERSEL

Alsembergse-steenweg . . . . p. 8 **BP**
Grotebaan . . . . p. 8 **ABP**
Lotsestraat . . . . p. 8 **AP** 159
Schoolstraat . . . . . . p. 8 **AP** 229

DIEGEM

Haachtsesteenweg . p. 7 **CL**
Holidaystr. . . . . p. 7 **DL**

DROGENBOS

Grotebaan . . . . p. 8 **ABN**
Verlengde Stallestraat . p. 8 **AN** 246

HOEILAART

Duboislaan . . . . p. 9 **DP**
Léopold II laan . . . . p. 9 **DP**
Sint-Jansberglaan . . p. 9 **DP**
Terhulpsesteenweg . . p. 9 **DP**

KRAAINEM

Wezembeeklaan . . . . p. 7 **DM** 259

LINKEBEEK

Alsembergses-
teenweg . . . . p. 8 **BP**
Hollebeek . . . . p. 8 **BP**

LOT

Jozef
Huysmanslaan . . . p. 8 **AP**
Zennestraat . . . . p. 8 **AP** 262

MACHELEN

Luchthavenlaan . . . . p. 7 **DK**
Woluwelaan2 . . . . . p. 7 **DK**

MELSBROEK

Haachtsesteenweg . p. 7 **DK**

RUISBROEK

Fabriekstraat . . . . . . p. 8 **AN**
Hemelstr. . . . . p. 8 **AP**

ST-GENESIUS-RODE

Duboislaan . . . . p. 9 **CP**
Bevrijdingslaan . . . . p. 8 **BP** 20
Zonienwoudlaan . . . p. 9 **CP** 263
Linkebeeksedreef . . p. 8 **BCP**

ST-PIETERS-LEEUW

Bergensesteenweg . p. 8 **ANP**
Brusselbaan . . . . p. 8 **AN**

ST-STEVENS-WOLUWE

Eversestr. . . . . p. 7 **CDL**
Leuvensesteenweg . p. 7 **DL**

STROMBEEK-BEVER

Antwerpselaan . . . . p. 6 **BK** 9
Boechoutlaan . . . . . p. 6 **BK**
Sint-Annalaan . . . . . p. 6 **BK**

VILVOORDE

Belgiëlaan . . . . p. 7 **CK**
Indringingsweg . . . . p. 7 **CK**
Parkstraat . . . . p. 7 **CK** 192
Schaarbeeklei . . . . . p. 7 **CK**
Stationlei . . . . p. 7 **CK** 231
Vuurkruisenlaan . . . . p. 7 **CK** 252

WEMMEL

De Limburg Stirumlaan . p. 6 **ABK**
Frans Robbrechtsstr. . p. 6 **ABK**
Windberg . . . . p. 6 **AK**

ZAVENTEM

Henneaulaan
(Hector) . . . . p. 7 **DL** 115

ZELLIK

Brusselse
Steenweg . . . . . . p. 6 **AL**
Pontbeeklaan . . . . . . p. 6 **AK** 197
Zuiderlaan . . . . p. 6 **AL** 264

Liste alphabétique des hôtels et restaurants
Alfabetische lijst van hotels en restaurants
Alphabetisches Hotel- und Restaurantverzeichnis
Alphabetical list of hotels and restaurants

A

32 Abbaye de Rouge Cloître (L')
40 Abbey
34 Adrienne
29 Agenda Louise
31 Alain Cornelis
25 Alban Chambon (L') (H. Métropole)
36 Albert Premier
42 Alfa Rijckendael
41 Aloyse Kloos
42 Alter Ego (L')
37 Amandier (L')
37 A'mbriana
37 Amici miei
26 Amigo
39 Amis de Cep (Les)
44 Angelus
40 Arconati (Host. d')
25 Arctia
25 Arenberg
34 Argus
26 Aris
42 Arlecchino (L') (H. Aub. de Waterloo)
34 Armagnac (L')
27 Armes de Bruxelles (Aux)
36 Art H. Siru
37 Ascoli (L')
25 Astoria
27 Astrid
26 Astrid « Chez Pierrot »
30 Atelier (L')
34 Atelier de la Truffe Noire (L')
27 Atlas
33 Aub. de Boendael (L')
42 Aub. Bretonne
31 Aub. de l'Isard (L')
41 Aub. Napoléon
43 Aub. Saint-Pierre (L')
43 Aub. Van Strombeek
42 Aub. de Waterloo

B

39 Badiane (La)
30 Baguettes Impériales (Les)
42 Barbizon
43 Barlow's
35 Barolo (Le)
35 Béarnais (Le)
34 Beaumes de Venise (Aux)
34 Beau-Site
25 Bedford
35 Béguine des Béguines
27 Belle Maraîchère (La)
38 Bellini (Le)
33 Belson
43 Blink
37 Blue Elephant
42 Boetfort
42 Bois Savanes
41 Bollewinkel
32 Brasserie de la Gare (La)
34 Brasserie Marebœuf (La)
38 Brasseries Georges
29 Brighton (H. Stanhope)
29 Bristol Stephanie
31 Brouette (La)
33 Bruneau
29 Brussels
40 Bijgaarden (De)

C

37 Cadre Noir (Le)
33 Cambrils
40 Campanile
43 Campanile
34 Capital
36 Capucines (Les)
26 Carrefour de l'Europe
35 Cascade
28 Castello Banfi
27 Cerf (Le)

31 Chalet de la Pede (Le)
33 Chalet Rose (Le)
25 Chambord
35 Chem's (Le)
28 « Chez Marius » En Provence
35 Chez Soje
37 Chutney
37 Cité du Dragon (La)
32 Citronnelle (La)
33 Citron Vert (Le)
43 Clarine
33 Claude Dupont
28 Clef des Champs (La)
38 Clery (Le)
29 Clubhouse
32 Clubhouse Park
35 Coimbra
26 Comme Chez Soi
29 Conrad
25 Congrès (du)
38 Coriandre (Le)
37 County House
33 Couvert d'Argent (Le)
31 Croûton (Le)
36 Crowne Plaza
28 Crustacés (Les)
31 Curnonsky (Le)

D

36 Dames Tartine (Les)
39 Deux Maisons (Les)
40 Diegemhof
32 Dionysos
36 Diplomat
26 Dixseptième (Le)
30 Dome (Le)
29 Dorint
34 Doux Wazoo (Le)
38 Dragon (Le)
39 Drie Fonteinen
28 Duc d'Arenberg (Au)

E

38 Eau Bénite (L')
28 Écailler du Palais Royal (L')
38 Entre-Temps (L')
31 Erasme
26 Etoile d'Or
dit le « Rotte Planchei » (L')
30 Europa Inter.Continental
30 Eurovillage
33 Evergreen
35 Exquis (L')

F

27 Falstaff Gourmand
36 Faribole (La)
33 Fierlant (De)
34 fils de Jules (Le)
35 Fine Fleur (La)
31 Florence (Le)
35 Forcado (Le)
35 Forum
33 Foudres (Les)
34 Four Points Sheraton
27 François
31 Frascati (Le)
37 Frères Romano (Les)

G

25 George V
31 Gerfaut
40 Gosset
28 Gourmandin (Le)
39 Grand Veneur (Le)
42 Green Park
31 Grignotière (La)
43 Gril aux herbes d'Evan (Le)
38 Grill (Le)
32 Grillange
41 Groenendaal

H

32 Harry's Place
28 Hilton
38 Hoef (De)
41 Hof te Linderghem
40 Holiday Inn Airport
40 Holiday Inn Express
30 Holiday Inn Garden Court
39 Hoogveld ('t)
38 Humeur Gourmande (L')

I

40 Ibis Airport
27 Ibis Brussels City
26 Ibis off Grand'Place
28 Idiot du village (L')
35 Inada

43 In de Kroon
26 In 't Spinnekopke
42 Istas
36 I Trulli

J

30 Jardín de España (El)
26 J et B
25 Jolly Atlanta
28 Jolly du Grand Sablon

K

40 Kasteel Gravenhof
27 Kelderke ('t)
32 Khaïma (La)
41 Koen van Loven

L

39 Lambeau
37 Lambermont
28 Larmes du Tigre (Les)
34 Leopold
42 Lien Zana
43 Linde (De)
37 Lion (Le)
35 Liseron d'eau (Le)
28 Lola
28 Loup-Galant (Le)
31 Lychee

M

35 Madrileno (Le)
36 Ma Folle de Sœur
28 Maison du Bœuf (H. Hilton)
27 Maison du Cygne (La)
34 Maison Félix
29 Maison de Maître (La) (H. Conrad)
38 Maison de Thaïlande (La)
30 Maison du Dragon
35 Mamounia (La)
36 Manos
36 Manos Stephanie
26 Matignon
29 Mayfair
39 Medicis
37 Menus Plaisirs (Les)
33 Mercure
26 Méridien (Le)
43 Met (De)
25 Métropole
41 Michel
42 Michel D
32 Mimosa
30 Ming Dynasty
32 Momotaro
39 Mon Manège à Toi
33 Mont des Cygnes (Le)
39 Montgomery
34 Mosaïque (La)
39 Moulin de Lindekemale
39 Mucha (Le)

N

32 New Asia
30 New Hotel Charlemagne
40 Novotel Airport
26 Novotel off Grand'Place

O

39 Oceanis-L'Annexe
34 O' comme 3 Pommes
27 Ogenblik (L')
41 Oude Pastorie (d')

P – Q

33 Pagode d'Or (La)
31 Paix (La)
29 Palais des Indes (Au)
30 Pappa e Citti
43 Parkhof « Beverbos »
37 Passage (Le)
38 Pasta Commedia
38 Pavillon Impérial
34 Perles de Pluies (Les)
41 Petit Coq (Le)
37 Petit Cottage (Le)
37 Petit Prince (Le)
34 Petit Vernet (Le)
38 Petits Pères (Les)
25 Plaza (Le)
41 Plezanten Hof (De)
29 Porte des Indes (La)
32 Pousse-Rapière (Le)
37 pré en bulle (Le)
25 Président Centre
30 Président Nord
30 Président World Trade Center
31 Prince de Liège (Le)
43 Puur Toeval ('T)

41 Pyramid
27 Quatre Saisons (Les) (H. Royal Windsor)
25 Queen Anne

R

25 Radisson SAS
40 Rainbow Airport
40 Relais Delbeccha
43 Rembrandt (de)
38 Repos des Chasseurs (Au)
32 Reverdie (La)
38 Rives du Gange (Les)
42 Roland Debuyst
26 Roma
27 Roue d'Or (La)
36 Royal Crown G[d] H. Mercure
25 Royal Embassy
26 Royal Windsor
36 Rue Royale (H. Royal Crown Gd H. Mercure)

S

25 Sabina
31 Saint Guidon
27 Saint Nicolas
41 Saint-Sébastien (Le)
39 Salade Folle (La)
26 Samourai
33 San Daniele
25 Sea Grill (H. Radisson SAS)
27 Sema
36 Senza Nome
32 Serpolet (Le)
43 Sheraton Airport
30 Sheraton Towers
27 Sirène d'Or (La)
38 Sodehotel La Woluwe
34 Sofitel
40 Sofitel Airport
28 Stanhope
36 Stelle (Le)
30 Stevin (Le)
32 Stirwen
44 Stockmansmolen
43 Stoveke ('t)
32 Stromboli
29 Swissôtel

T

29 Tagawa
29 Taishin (H. Mayfair)
30 Take Sushi
41 Terborght
27 Tête d'Or (La)
32 Thaï Garden
41 Tissens
28 Tortue du Zoute (La)
28 Trente rue de la Paille
39 Trois Couleurs (Des)
29 Truffe Noire (La)
27 Truite d'Argent et H. Welcome (La)
36 Tulip Inn Delta
35 Turon
35 Tutto Pepe

U – V

36 Ultieme Hallucinatie (De)
31 Ustel
43 Val Joli
31 Van Belle
43 Van Gogh
30 Vendôme
38 Vieux Boitsfort (Au)
35 Vieux Pannenhuis (Rôtiss. Le)
39 Vignoble de Margot (Le)
37 Villa d'Este
29 Villa Lorraine

W – Y – Z

40 Waerboom
37 Willy et Marianne
33 Yen
42 Zilv'ren Uil (Den)
37 Zinneke (Le)

Les établissements à étoiles
Sterrenbedrijven
Die Stern-Restaurants
Starred establishments

✿✿✿

33	XXXX	Bruneau
26	XXX	Comme Chez Soi

✿✿

40	XXXXX	Bijgaarden (De)
25	XXXX	Sea Grill (H. Radisson SAS)
33	XXX	Claude Dupont
28	XXX	Écailler du Palais Royal (L')

✿

42	XXXX	Barbizon
28	XXXX	Maison du Bœuf (H. Hilton)
27	XXXX	Maison du Cygne (La)
29	XXXX	Villa Lorraine
41	XXXX	Michel
39	XXX	Des 3 Couleurs
41	XXX	Pyramid
31	XXX	Saint Guidon
29	XXX	Truffe Noire (La)
41	XX	Aloyse Kloos
30	XX	Baguettes Impériales (Les)
31	XX	Grignotière (La)
32	XX	Stirwen
28	XX	Trente rue de la Paille
38	XX	Vieux Boitsfort (Au)

La cuisine que vous recherchez...
Het soort keuken dat u zoekt
Welche Küche, welcher Nation suchen Sie
That special cuisine

A la bière et régionale

35 Béguine des Béguines *Molenbeek-St-Jean*
39 3 Fonteinen *Env. à Beersel*
26 In 't Spinnekopke
27 't Kelderke *Q. Grand'Place*

Anguilles

41 Tissens *Env. à Hoeilaart*

Buffets

34 Adrienne *Ixelles, Q. Louise*
30 L'Atelier *Q. de l'Europe*
29 Café Wiltcher's *H. Conrad, Q. Louise*
40 Campanile *Env. à Drogenbos*
43 Campanile *Env. à Vilvoorde*
30 Crescendo *H. Sheraton Towers Q. Botanique, Gare du Nord*

Grillades

33 L'Aub. de Boendael *Ixelles, Q. Boondael*
41 Aub. Napoléon *Env. à Meise*
38 Le Grill *Watermael-Boitsfort*
38 De Hoef *Uccle*
35 Rôtiss. Le Vieux Pannenhuis *Jette*

Produits de la mer – Crustacés

27 La Belle Maraîchère *Q. Ste-Catherine*
34 La Brasserie Marebœuf *Ixelles Q. Boondael*
38 Brasseries Georges *Uccle*
37 Le Cadre Noir *Schaerbeek, Q. Meiser*
28 Les Crustacés *Q. Ste-Catherine*
28 L'Écailler du Palais Royal *Q. des Sablons*
27 François *Q. Ste-Catherine*
39 Oceanis-L'Annexe *Woluwé-St-Lambert*
25 Sea Grill *H. Radisson SAS*
27 La Sirène d'Or *Q. Ste-Catherine*
43 't Stoveke *Env. à Strombeek-Bever*
27 La Truite d'Argent *Q. Ste-Catherine*
39 Le Vignoble de Margot *Woluwé-St-Lambert*

Taverne – Brasseries

25 Arenberg
36 Art H. Siru *St-Josse, Q. Botanique*
34 L'Atelier de la Truffe Noire *Ixelles, Q. Louise*
32 La Brasserie de la Gare *Berchem-Ste-Agathe*
34 La Brasserie Marebœuf *Ixelles, Q. Boondael*
38 Brasseries Georges *Uccle*
43 Clarine *Env. à Strombeek-Bever*
39 3 Fonteinen *Env. à Beersel*
38 L'Entre-Temps *Watermael-Boitsfort*
31 Erasme *Anderlecht*
42 Istas *Env. à Overijse*
40 Kasteel Gravenhof *Env. à Dworp*
42 Lien Zana *Env. à Schepdaal*
43 Lindbergh Taverne *H. Sheraton Airport, Env. à Zaventem*
26 Matignon *Q. Grand'Place*
43 De Met *Env. à Vilvoorde*
31 La Paix *Anderlecht*
41 Le Petit Coq *Env. à Linkebeek*
27 La Roue d'Or *Q. Grand'Place*
44 Stockmansmolen *Env. à Zaventem*
35 Turon *St-Gilles*
39 Le Vignoble de Margot *Woluwé-St-Pierre*

Basque

34 Le fils de Jules *Ixelles, Q. Bascule*

Chinoise

37 La Cité du Dragon *Uccle*
38 Le Dragon *Watermael-Boitsfort*
37 Le Lion *Uccle*
30 Lychee *Q. Atomium*
30 Maison du Dragon *Q. Botanique, Gare du Nord*
30 Ming Dynasty *Q. Atomium*
32 New Asia *Auderghem*
38 Pavillon Impérial *Uccle*

Espagnole

32 Grillange *Etterbeek*
30 El Jardín de España *Q. de l'Europe*
35 Le Madrileno *St-Gilles*
35 Turon *St-Gilles*

Grecque

32 Dionysos *Auderghem*

Indienne

37 Le Chutney *Uccle*
29 Au Palais des Indes *Q. Louise*
29 La Porte des Indes *Q. Louise*
38 Les Rives du Gange *Watermael-Boitsfort*

Indonésienne

37 Le Zinneke *Schaerbeek, Q. Meiser*

Italienne

37 A'mbriana *Uccle*
37 Amici miei *Schaerbeek, Q. Meiser*
42 L'Arlecchino *H. Aub. de Waterloo Env. à Sint-Genesius-Rode*
37 L'Ascoli *Uccle*
35 Le Barolo *Jette*
28 Castello Banfi *Q. des Sablons*
35 Forum *St-Gilles*
31 Le Frascati *Q. Atomium*
36 I Trulli *St-Gilles, Q. Louise*
39 Le Mucha *Woluwé-St-Pierre*
30 Pappa e Citti *Q. de l'Europe*
38 Pasta Commedia *Uccle*
38 Au Repos des Chasseurs *Watermael-Boitsfort*
26 Roma
33 San Daniele *Ganshoren*
36 Senza Nome *Schaerbeek*
36 Le Stelle *Schaerbeek*
32 Stromboli *Berchem-Ste-Agathe*
35 Tutto Pepe *Ixelles, Q. Louise*

Japonaise

32 Momotaro *Etterbeek, Q. Cinquantenaire*
26 Samourai
29 Tagawa *Q. Louise*
29 Taishin *H. Mayfair, Q. Louise*
30 Take Sushi *Q. de l'Europe*

Marocaine

35 Le Chem's *Ixelles, Q. Louise*
32 La Khaïma *Auderghem*
35 La Mamounia *St-Gilles*

Portugaise

35 Coimbra *St-Gilles*
35 Le Forcado *St-Gilles*

Scandinave

25 Atrium *H. Radisson SAS*

Thaïlandaise

37 Blue Elephant *Uccle*
42 Bois Savannes *Env. à Sint-Genesius-Rode*
28 Les Larmes du Tigre *Q. Palais de Justice*
38 La Maison de Thaïlande *Watermael-Boitsfort*
34 Les Perles de Pluie *Ixelles, Q. Louise*
32 Thaï Garden *Auderghem*

Vietnamienne

30 Les Baguettes Impériales *Q. Atomium*
32 La Citronnelle *Auderghem*
35 Le Liseron d'Eau *Koekelberg*
33 La Pagode d'Or *Ixelles, Q. Bonndael*
33 Yen *Ixelles*

BRUXELLES (BRUSSEL) - *plan p. 14 sauf indication spéciale :*

Radisson SAS, r. Fossé-aux-Loups 47, ✉ 1000, ✆ (0 2) 219 28 28 et 227 31 20 (rest), *Fax (0 2) 219 62 62,* « Patio avec vestiges du mur d'enceinte de Bruxelles - 12e s. », - 25 à 380. AE ◑ E VISA JCB KY f
Repas voir rest ***Sea Grill*** ci-après – ***Atrium*** (avec cuisine scandinave) Lunch 975 - carte 1150 à 1900 – 850 – **275 ch** 12000/15000, 6 suites.

Astoria, r. Royale 103, ✉ 1000, ✆ (0 2) 227 05 05, *Fax (0 2) 217 11 50,* « Demeure début du siècle de style Belle Epoque », – 25 à 180. AE ◑ E VISA. rest KY b
Repas ***Le Palais Royal*** *(fermé sam. midi et dim. soir)* Lunch 1150 - 1600 – 850 – **104 ch** 5000/13000, 14 suites – ½ P 7450/15450.

Le Plaza, bd A. Max 118, ✉ 1000, ✆ (0 2) 227 67 00, *Fax (0 2) 227 67 20* – – 25 à 800. AE ◑ E VISA JCB plan p. 10 FQ e
Repas *(fermé sam. et dim.)* carte 1250 à 1550 – 750 – **187 ch** 11700/12700, 6 suites.

Métropole, pl. de Brouckère 31, ✉ 1000, ✆ (0 2) 217 23 00, *Telex 21234, Fax (0 2) 218 02 20,* « Hall et salons époque fin 19e s. », – – 25 à 400. AE ◑ E VISA JCB. rest JY c
Repas voir rest ***L'Alban Chambon*** ci-après – **370 ch** 10500/12500, 5 suites.

Bedford, r. Midi 135, ✉ 1000, ✆ (0 2) 512 78 40, *Fax (0 2) 514 17 59* – – 25 à 250. AE ◑ E VISA JCB. plan p. 10 ER k
Repas Lunch 795 – carte env. 1100 – **302 ch** 7100/8500.

Jolly Atlanta, bd A. Max 7, ✉ 1000, ✆ (0 2) 217 01 20, *Fax (0 2) 217 37 58* – rest, – 25 à 50. AE ◑ E VISA JCB. JY d
Repas (résidents seult) – **235 ch** 8650/9300, 6 suites.

Président Centre sans rest, r. Royale 160, ✉ 1000, ✆ (0 2) 219 00 65, *Telex 26784, Fax (0 2) 218 09 10* – . AE ◑ E VISA JCB. KY a
73 ch 5750/6800.

Arctia sans rest, r. Arenberg 18, ✉ 1000, ✆ (0 2) 548 18 11, *Fax (0 2) 548 18 20,* – – 25 à 80. AE ◑ E VISA KY r
100 ch 6000/7300.

Royal Embassy sans rest, bd Anspach 159, ✉ 1000, ✆ (0 2) 512 81 00, *Fax (0 2) 514 30 97,* – . AE ◑ E VISA plan p. 10 ER e
54 ch 5750/6800.

Arenberg, r. Assaut 15, ✉ 1000, ✆ (0 2) 501 16 16, *Fax (0 2) 501 18 18,* – rest, – 25 à 75. AE ◑ E VISA JCB. rest KY g
Repas (Taverne-rest) (déjeuner seult en juil.-août) *(fermé sam. et dim. midi)* Lunch 695 – carte env. 900 – **155 ch** 4700/12000 – ½ P 6000/9000.

Chambord sans rest, r. Namur 82, ✉ 1000, ✆ (0 2) 548 99 10, *Fax (0 2) 514 08 47* – . AE ◑ E VISA JCB KZ u
650 – **69 ch** 4900.

Queen Anne sans rest, bd E. Jacqmain 110, ✉ 1000, ✆ (0 2) 217 16 00, *Fax (0 2) 217 18 38* – . AE ◑ E VISA plan p. 10 EFQ a
60 ch 2900/3400.

du Congrès sans rest, r. Congrès 40, ✉ 1000, ✆ (0 2) 217 18 90, *Fax (0 2) 217 18 97* – – 35. AE ◑ E VISA KY d
52 ch 2850/3250.

George V sans rest, r. 't Kint 23, ✉ 1000, ✆ (0 2) 513 50 93, *Fax (0 2) 513 44 93* – . AE E VISA plan p. 10 ER c
16 ch 2300/2500.

Sabina sans rest, r. Nord 78, ✉ 1000, ✆ (0 2) 218 26 37, *Fax (0 2) 219 32 39* – . AE ◑ E VISA JCB KY c
24 ch 2250/2500.

Sea Grill - H. Radisson SAS, r. Fossé-aux-Loups 47, ✉ 1000, ✆ (0 2) 227 31 20, *Telex 22202, Fax (0 2) 219 62 62,* Produits de la mer – . AE ◑ E VISA JCB KY f
fermé du 4 au 11 avril, 18 juil.-15 août, sam. midi, dim. et jours fériés – **Repas** Lunch 2450 bc – 2550, carte 2200 à 2950
Spéc. St-Jacques à la vapeur d'algues, crème légère au cresson (15 sept.-15 avril). Manchons de crabe royal tièdis au beurre de persil plat. Homard à la presse.

L'Alban Chambon - H. Métropole, pl. de Brouckère 31, ✉ 1000, ✆ (0 2) 217 76 50, *Telex 21234, Fax (0 2) 218 02 20,* « Évocation fin 19e s. » – . AE ◑ E VISA JCB. JY c
fermé sam., dim., jours fériés et 19 juil.-13 août – **Repas** 1450 bc/1990.

XXX ✿✿✿ **Comme Chez Soi** (Wynants), pl. Rouppe 23, ✉ 1000, ✆ (0 2) 512 29 21, *Fax (0 2) 511 80 52*, « Atmosphère Belle Époque restituée dans un décor Horta » – AE ① E VISA plan p. 10 ES m
fermé dim., lundi, 4 juil.-2 août, 24 déc. et 30 déc.-11 janv. – **Repas** (nombre de couverts limité - prévenir) Lunch 2150 – 3550/4850, carte 2800 à 3500
Spéc. Filets de sole, mousseline au Riesling et aux crevettes grises. Noisettes de cochon de lait à l'huile de truffes blanches, croustillant de fins légumes. Mousse légère à la badiane, gelée de fruits rouges et languettes de gaufre de Bruxelles.

XX **Roma,** r. Princes 14, ✉ 1000, ✆ (0 2) 219 01 94, *Fax (0 2) 218 34 30*, Cuisine italienne – AE ① E VISA JY e
fermé sam. midi, dim. et 20 juil.-20 août – **Repas** Lunch 950 – carte 1300 à 1650.

XX **Astrid "Chez Pierrot",** r. Presse 21, ✉ 1000, ✆ (0 2) 217 38 31, *Fax (0 2) 217 38 31* – AE ① E VISA JCB KY e
fermé dim., sem. Pâques et 15 juil.-15 août – **Repas** Lunch 750 – 950/1350.

XX **J et B,** r. Baudet 5, ✉ 1000, ✆ (0 2) 512 04 84, *Fax (0 2) 511 79 30* – AE ① E VISA JCB KZ z
fermé sam. midi, dim., jours fériés et 21 juil.-15 août – **Repas** Lunch 695 – 995.

X **Samourai,** r. Fossé-aux-Loups 28, ✉ 1000, ✆ (0 2) 217 56 39, *Fax (0 2) 230 46 90*, Cuisine japonaise – AE ① E VISA JCB. JY e
fermé mardi, dim. midi et 15 juil.-15 août – **Repas** Lunch 590 – carte 1250 à 1750.

X **In 't Spinnekopke,** pl. du Jardin aux Fleurs 1, ✉ 1000, ✆ (0 2) 511 86 95, *Fax (0 2) 513 24 97*, Avec cuisine régionale, ouvert jusqu'à 23 h, « Ancien estaminet bruxellois » – AE ① E VISA plan p. 10 ER d
fermé sam. midi, dim. et jours fériés – **Repas** Lunch 295 – carte 850 à 1350.

X **L'Etoile d'Or dit le "Rotte Planchei",** r. Foulons 30, ✉ 1000, ✆ (0 2) 502 60 48, Ouvert jusqu'à 23 h, « Ancien café bruxellois » – AE ① E VISA. plan p. 10 ERS b
fermé sam. midi, dim., jours fériés et 15 juil.-15 août – **Repas** carte env. 1000.

Quartier Grand'Place (Ilot Sacré) - *plan p. 14* :

Royal Windsor, r. Duquesnoy 5, ✉ 1000, ✆ (0 2) 505 55 55, *Fax (0 2) 505 55 00*, – 25 à 350. AE ① E VISA JCB JYZ f
Repas voir rest ***Les 4 Saisons*** ci-après – 880 – **260 ch** 12000, 15 suites.

Le Méridien M, Carrefour de l'Europe 3, ✉ 1000, ✆ (0 2) 548 42 11 et 548 47 16 (rest), *Fax (0 2) 548 40 80*, – 25 à 200. AE ① E VISA JCB. ch KZ h
Repas *(fermé sam. midi)* Lunch 1095 – carte 1650 à 2200 – 850 – **217 ch** 12000/13000, 7 suites.

Amigo, r. Amigo 1, ✉ 1000, ✆ (0 2) 547 47 47, *Telex 21618*, *Fax (0 2) 547 47 47*, « Collection d'œuvres d'art variées » – 25 à 200. AE ① E VISA JCB. rest JY x
Repas carte 1200 à 1750 – **178 ch** 6700/11500, 7 suites – ½ P 9160/10960.

Carrefour de l'Europe, r. Marché-aux-Herbes 110, ✉ 1000, ✆ (0 2) 504 94 00, *Fax (0 2) 504 95 00* – 25 à 150. AE ① E VISA JCB. JKY n
Repas *(fermé sam. et dim.)* carte env. 1200 – 850 – **58 ch** 9100/10100, 5 suites – ½ P 4150/7100.

Le Dixseptième sans rest, r. Madeleine 25, ✉ 1000, ✆ (0 2) 502 57 44, *Fax (0 2) 502 64 24*, « Elégant hôtel particulier » – 25. AE ① E VISA JCB. JY j
17 ch 6300/7100, 7 suites.

Novotel off Grand'Place, r. Marché-aux-Herbes 120, ✉ 1000, ✆ (0 2) 514 33 33, *Fax (0 2) 511 77 23* – 25. AE ① E VISA JCB JKY n
Repas carte env. 1000 – 500 – **136 ch** 5800/6500.

Aris M sans rest, r. Marché-aux-Herbes 78, ✉ 1000, ✆ (0 2) 514 43 00, *Fax (0 2) 514 01 19* – ① E VISA. JY g
53 ch 5500/6500.

Ibis off Grand'Place sans rest, r. Marché-aux-Herbes 100, ✉ 1000, ✆ (0 2) 514 40 40, *Fax (0 2) 514 50 67* – AE ① E VISA JCB JKY v
300 – **180 ch** 4200/4700.

Matignon, r. Bourse 10, ✉ 1000, ✆ (0 2) 511 08 88, *Fax (0 2) 513 69 27* – AE ① E VISA JY q
Repas *(fermé lundi et 15 janv.-25 fév.)* (Taverne-rest, ouvert jusqu'à 23 h) Lunch 650 – 850 – **37 ch** 2600/3300 – ½ P 3250/3450.

Sema sans rest, r. Harengs 6, ✉ 1000, ☎ (0 2) 514 07 60, *Fax (0 2) 548 90 39* – AE E VISA JY s
10 ch ☕ 3825/4250, 1 suite.

St Nicolas sans rest, r. Marché-aux-Poulets 32, ✉ 1000, ☎ (0 2) 219 04 40, *Fax (0 2) 219 17 21* – AE E VISA JCB JY f
60 ch ☕ 2450/3100.

La Maison du Cygne, Grand'Place 9, ✉ 1000, ☎ (0 2) 511 82 44, *Fax (0 2) 514 31 48*, « Ancienne maison de corporation du 17e s. » – AE E VISA JCB. JY w
fermé sam. midi, dim., 3 prem. sem. août et fin déc. – **Repas** Lunch 1450 – 2400/2650, carte 2100 à 2900
Spéc. Foie d'oie en tous ses habits. Gibiers en saison. Chartreuse de St-Jacques, nage de légumes et moules.

Les 4 Saisons - H. Royal Windsor, 1er étage, r. Homme Chrétien 2, ✉ 1000, ☎ (0 2) 505 55 55, *Fax (0 2) 505 55 00* – AE E VISA JCB. JYZ f
fermé sam. midi, dim. et mi-juil.-mi-août – **Repas** Lunch 1490 – carte 1750 à 2450.

Aux Armes de Bruxelles, r. Bouchers 13, ✉ 1000, ☎ (0 2) 511 55 98, *Fax (0 2) 514 33 81*, Ouvert jusqu'à 23 h, « Ambiance bruxelloise » – AE E VISA JCB
fermé lundis non fériés et 15 juin-12 juil. – **Repas** Lunch 895 bc – 1100/1695. JY t

La Tête d'Or, r. Tête d'Or 9, ✉ 1000, ☎ (0 2) 511 02 01, *Fax (0 2) 502 44 91*, « Demeure bruxelloise ancienne » – AE E VISA. JY u
Repas Lunch 950 – 1395/1495.

Le Cerf, Grand'Place 20, ✉ 1000, ☎ (0 2) 511 47 91, *Fax (0 2) 546 09 59* JY z
fermé dim. – **Repas** (dîner seult jusqu'à 23 h sauf merc.) carte 1250 à 1700.

Falstaff Gourmand, r. Pierres 38, ✉ 1000, ☎ (0 2) 512 17 61 – AE E VISA JY m
fermé dim. soir, lundi et 2 dern. sem. juil.-prem. sem. août – **Repas** Lunch 595 – 950/1250.

L'Ogenblik, Galerie des Princes 1, ✉ 1000, ☎ (0 2) 511 61 51, *Fax (0 2) 513 41 58*, Ouvert jusqu'à minuit, « Intérieur ancien café » – AE E VISA JCB JY p
fermé dim. – **Repas** carte 1700 à 2400.

La Roue d'Or, r. Chapeliers 26, ✉ 1000, ☎ (0 2) 514 25 54, *Fax (0 2) 512 30 81*, Ouvert jusqu'à minuit, « Ancien café bruxellois avec peintures murales surréalistes » – AE E VISA JY y
fermé août – **Repas** carte env. 1400.

't Kelderke, Grand'Place 15, ✉ 1000, ☎ (0 2) 513 73 44, *Fax (0 2) 512 30 81*, « Estaminet dans une cave voûtée, ambiance bruxelloise », Cuisine régionale, ouvert jusqu'à 2 h du matin – AE E VISA JY i
Repas Lunch 275 – carte 850 à 1200.

Quartier Ste-Catherine (Marché-aux-Poissons) - *plan p. 14 sauf indication spéciale :*

Atlas sans rest, r. Vieux Marché-aux-Grains 30, ✉ 1000, ☎ (0 2) 502 60 06, *Fax (0 2) 502 69 35* – – 40. AE E VISA plan p. 10 ER a
83 ch ☕ 2900/5350, 5 suites.

Astrid sans rest, pl. du Samedi 11, ✉ 1000, ☎ (0 2) 219 31 19, *Fax (0 2) 219 31 70* – – 25 à 120. E VISA JY b
100 ch ☕ 5500/6500.

Ibis Brussels City sans rest, r. Joseph Plateau 2, ✉ 1000, ☎ (0 2) 513 76 20, *Fax (0 2) 514 22 14* – – 25 à 80. AE E VISA JCB JY a
☕ 300 – **235 ch** 3600.

La Sirène d'Or, pl. Ste-Catherine 1a, ✉ 1000, ☎ (0 2) 513 51 98, *Fax (0 2) 502 13 05*, Produits de la mer – AE E VISA plan p. 10 ER g
fermé dim., lundi et 3 prem. sem. août – **Repas** 800/1350.

François, quai aux Briques 2, ✉ 1000, ☎ (0 2) 511 60 89, *Fax (0 2) 512 06 67*, Écailler, produits de la mer – AE E VISA JCB JY k
fermé lundi – **Repas** Lunch 995 – carte 1600 à 1950.

La Belle Maraîchère, pl. Ste-Catherine 11, ✉ 1000, ☎ (0 2) 512 97 59, *Fax (0 2) 513 76 91*, Produits de la mer – AE E VISA JY k
fermé merc. et jeudi – **Repas** 995/1750.

La Truite d'Argent et H. Welcome avec ch, quai au Bois-à-Brûler 23, ✉ 1000, ☎ (0 2) 219 95 46, *Fax (0 2) 217 18 87*, – rest, E VISA JY h
Repas (Produits de la mer) *(fermé sam. midi, dim., jours fériés, 1 sem. en août et 20 déc.-15 janv.)* Lunch 1000 bc – 1080/1540 – ☕ 350 – **10 ch** 2300/3200.

Les Crustacés, quai aux Briques 8, ✉ 1000, ☎ (0 2) 513 14 93, *Fax (0 2) 512 91 80*, Produits de la mer – AE ⓓ E VISA JCB JY k
Repas *Lunch 750* – 950 bc/1500 bc.

Le Loup-Galant, quai aux Barques 4, ✉ 1000, ☎ (0 2) 219 99 98, *Fax (0 2) 219 99 98* – AE ⓓ E VISA plan p. 10 EQ a
fermé dim., lundi, jours fériés, 1 sem. Pâques, du 1er au 15 août et du 24 au 31 déc. – Repas *Lunch 490* – 960/1390. plan p. 10 EQ a

Quartier des Sablons - *plan p. 14 :*

Jolly du Grand Sablon Ⓜ, r. Bodenbroek 2, ✉ 1000, ☎ (0 2) 512 88 00, *Telex 20397, Fax (0 2) 512 67 66* – 25 à 100. AE ⓓ E VISA JCB. KZ p
Repas carte 1650 à 1950 – **195 ch** 9500/10600, 6 suites.

L'Écailler du Palais Royal (Basso), r. Bodenbroek 18, ✉ 1000, ☎ (0 2) 512 87 51, *Fax (0 2) 511 99 50*, Produits de la mer – . AE ⓓ E VISA JCB KZ r
fermé du 2 au 10 avril, du 2 au 31 août, dim. et jours fériés – **Repas** carte 2650 à 3400
Spéc. Soufflé d'oursins (nov.-fév.). Grenadin de saumon d'Écosse. Turbot rôti à l'arête.

Au Duc d'Arenberg, pl. du Petit Sablon 9, ✉ 1000, ☎ (0 2) 511 14 75, *Fax (0 2) 512 92 92*, « Collection de tableaux modernes » – E VISA KZ a
fermé dim., jours fériés et dern. sem. déc. – **Repas** *Lunch 1600* – 2100.

Castello Banfi, r. Bodenbroek 12, ✉ 1000, ☎ (0 2) 512 87 94, *Fax (0 2) 512 87 94*, Avec cuisine italienne – . AE ⓓ E VISA KZ q
fermé 1 sem. Pâques, 3 dern. sem. août, fin déc., dim. midi en juin-juil., dim. soir et lundi – **Repas** *Lunch 995* – 1695.

"Chez Marius" En Provence, pl. du Petit Sablon 1, ✉ 1000, ☎ (0 2) 511 12 08, *Fax (0 2) 512 27 89* – AE ⓓ E VISA KZ s
fermé dim. et jours fériés – **Repas** *Lunch 850* – 1100/2000.

Trente rue de la Paille (Martiny), r. Paille 30, ✉ 1000, ☎ (0 2) 512 07 15, *Fax (0 2) 514 23 33*, Ouvert jusqu'à 23 h 30 – . AE ⓓ E VISA JZ x
fermé sam., dim., jours fériés, mi-juil.-mi-août et Noël-Nouvel An – **Repas** *Lunch 1250* – carte 1700 à 2350
Spéc. Carpaccio de saumon mariné au citron vert et poivre rose. Filet de veau aux girolles. Panaché de fondants aux chocolats noir et blanc.

La Clef des Champs, r. Rollebeek 23, ✉ 1000, ☎ (0 2) 512 11 93, *Fax (0 2) 513 89 49*, – . AE ⓓ E VISA JZ k
fermé dim., lundi et jours fériés – Repas 1050/1290.

La Tortue du Zoute, r. Rollebeek 31, ✉ 1000, ☎ (0 2) 513 10 62, *Fax (0 2) 381 02 90*, – AE ⓓ E VISA JCB JZ k
fermé mardi, dim. soir, vacances carnaval et 22 déc.-5 janv. – **Repas** *Lunch 650* – 890/1590.

Lola, pl. du Grand Sablon 33, ✉ 1000, ☎ (0 2) 514 24 60, Ouvert jusqu'à 23 h 30 – . AE E VISA JZ c
Repas carte env. 1100.

Quartier Palais de Justice - *plan p. 10 sauf indication spéciale :*

Hilton, bd de Waterloo 38, ✉ 1000, ☎ (0 2) 504 11 11, *Fax (0 2) 504 21 11*, ≤ ville, – – 45 à 600. AE ⓓ E VISA JCB FS s
Repas voir rest ***Maison du Bœuf*** ci-après – ***Café d'Egmont*** 1090 – 925 – **422 ch** 9500/12900, 7 suites.

Maison du Bœuf - H. Hilton, 1er étage, bd de Waterloo 38, ✉ 1000, ☎ (0 2) 504 11 11, *Telex 22744, Fax (0 2) 504 21 11*, ≤ – . AE ⓓ E VISA JCB FS s
Repas *Lunch 1750* – carte env. 3300
Spéc. Poêlée de langoustines aux épices douces, bisque au Beaumes-de-Venise. Coffre de pigeonneau et foie gras chaud au cacao et salsifis. Tartare maison au caviar.

Le Gourmandin, r. Haute 152, ✉ 1000, ☎ (0 2) 512 98 92, *Fax (0 2) 512 98 92* – AE ⓓ E VISA. plan p. 14 JZ u
fermé sam. midi, dim. soir, lundi soir et 2e quinz. juil. – **Repas** *Lunch 490* – 890/1350.

L'Idiot du village, r. Notre Seigneur 19, ✉ 1000, ☎ (0 2) 502 55 82, Ouvert jusqu'à 23 h – AE ⓓ E VISA JZ a
fermé sam., dim., 21 juil.-15 août et 24 déc.-3 janv. – **Repas** *Lunch 500* – carte 1200 à 1650.

Les Larmes du Tigre, r. Wynants 21, ✉ 1000, ☎ (0 2) 512 18 77, *Fax (0 2) 502 10 03*, Cuisine thaïlandaise – AE ⓓ E VISA ES p
fermé sam. midi – **Repas** *Lunch 395* – carte 900 à 1300.

Quartier Léopold *(voir aussi Ixelles) - plan p. 11 sauf indication spéciale :*

Stanhope, r. Commerce 9, ✉ 1000, ☎ (0 2) 506 91 11, *Fax (0 2) 512 17 08*, « Hôtel particulier avec terrasse clos de murs », – . AE ⓓ E VISA JCB. plan p. 14 : KZ v
Repas voir rest ***Brighton*** ci-après – 750 – **35 ch** 6500/14900, 15 suites.

Swissôtel M, r. Parnasse 19, ✉ 1050, ℘ (0 2) 505 29 29, *Fax (0 2) 505 25 55*, – 25 à 360. AE ⓓ E VISA JCB. plan p. 10 FS e
Repas (ouvert jusqu'à 23 h) *(fermé dim.)* *Lunch 1100* – 1150/1350 – ☕ 700 – **238 ch** 8300/9300, 19 suites.

Brighton - H. Stanhope, r. Commerce 9, ✉ 1000, ℘ (0 2) 506 91 11, *Fax (0 2) 512 17 08*, – . AE ⓓ E VISA JCB. plan p. 14 KZ v
fermé sam., dim., Noël et Nouvel An – **Repas** 1350/2100.

Quartier Louise *(voir aussi Ixelles et St-Gilles) - plans p. 10 et 12 :*

Conrad, av. Louise 71, ✉ 1050, ℘ (0 2) 542 42 42 et 542 48 50 (rest), *Fax (0 2) 542 42 00 et 542 48 42 (rest)*, « Complexe autour d'un hôtel de maître de style début du siècle », – 25 à 650. AE ⓓ E VISA. rest FS f
Repas voir rest ***La Maison de Maître*** ci-après – ***Café Wiltcher's*** (Buffet) *Lunch 1100* - carte 1450 à 1850 – ☕ 950 – **254 ch** 14000/17000, 15 suites.

Bristol Stephanie M, av. Louise 91, ✉ 1050, ℘ (0 2) 543 33 11, *Fax (0 2) 538 03 07*, – 25 à 215. AE ⓓ E VISA. rest FT g
Repas *(fermé sam., dim., 17 juil.-15 août et 23 déc.-3 janv.)* *Lunch 950* – carte env. 1400 – ☕ 780 – **140 ch** 9200/10200, 2 suites.

Mayfair, av. Louise 381, ✉ 1050, ℘ (0 2) 649 98 00, *Fax (0 2) 649 22 49* – – 30 à 60. AE ⓓ E VISA JCB. FV a
Repas voir rest ***Taishin*** ci-après – ***Louis XVI*** *(fermé sam.)* *Lunch 580* - carte 1150 à 1800 – ☕ 580 – **97 ch** 7200/8200, 2 suites.

Clubhouse sans rest, r. Blanche 4, ✉ 1000, ℘ (0 2) 542 58 00, *Fax (0 2) 537 00 18* – – 30. AE ⓓ E VISA JCB. FT h
☕ 750 – **80 ch** 7200/9400.

Brussels sans rest, av. Louise 315, ✉ 1050, ℘ (0 2) 640 24 15, *Fax (0 2) 647 34 63* – – 30. AE ⓓ E VISA JCB FU b
49 ch ☕ 3000/5450, 1 suite.

Agenda Louise sans rest, r. Florence 6, ✉ 1000, ℘ (0 2) 539 00 31, *Fax (0 2) 539 00 63* – . AE ⓓ E VISA JCB FT j
☕ 300 – **38 ch** 3800/4300.

La Maison de Maître - H. Conrad, av. Louise 71, ✉ 1050, ℘ (0 2) 542 47 16, *Fax (0 2) 542 48 42* – . AE ⓓ E VISA FS f
fermé sam. midi, dim., jours fériés et août – **Repas** *Lunch 1400* – 1950/2850.

La Porte des Indes, av. Louise 455, ✉ 1050, ℘ (0 2) 647 86 51, *Fax (0 2) 640 30 59*, Cuisine indienne, « Décor exotique » – . AE ⓓ E VISA FV c
fermé dim. midi – **Repas** *Lunch 650* – carte 1250 à 1700.

Au Palais des Indes, av. Louise 263, ✉ 1050, ℘ (0 2) 646 09 41, *Fax (0 2) 646 33 05*, Cuisine indienne, ouvert jusqu'à 23 h, « Collection de sitars » – . AE ⓓ E VISA JCB FU h
fermé sam. midi et dim. midi – **Repas** *Lunch 695* – carte 950 à 1300.

Taishin - H. Mayfair, av. Louise 381, ✉ 1050, ℘ (0 2) 649 98 00, *Fax (0 2) 649 22 49*, Cuisine japonaise – . AE ⓓ E VISA JCB. FV a
fermé dim. et lundi – **Repas** *Lunch 450* – 1200/3000.

Tagawa, av. Louise 279, ✉ 1050, ℘ (0 2) 640 50 95, *Fax (0 2) 648 41 36*, Cuisine japonaise – . AE ⓓ E VISA JCB. FU e
fermé sam. midi, dim. et 23 déc.-3 janv. – **Repas** 1100/3200.

Quartier Bois de la Cambre *- plan p. 13 :*

Villa Lorraine (Van de Casserie), av. du Vivier d'Oie 75, ✉ 1000, ℘ (0 2) 374 31 63, *Fax (0 2) 372 01 95*, « Terrasse ombragée » – . AE ⓓ E VISA JCB GX w
fermé dim. et 3 sem. en juil. – **Repas** *Lunch 1750* – 3000, carte 3250 à 3750
Spéc. Chaud-froid de rouget et foie de canard au vinaigre balsamique. Suprême de turbotin au beurre de homard. Coucou de Malines au vin jaune et morilles (avril-août).

La Truffe Noire, bd de la Cambre 12, ✉ 1000, ℘ (0 2) 640 44 22, *Fax (0 2) 647 97 04*, « Intérieur élégant » – . AE ⓓ E VISA GV x
fermé sam. midi, dim., 3 dern. sem. août et prem. sem. janv. – **Repas** *Lunch 1975 bc* – 2100, carte 3300 à 3700
Spéc. Carpaccio aux truffes. St-Pierre aux poireaux et truffes. Truffe au chocolat noir en cage de sucre.

Quartier de l'Europe *- plan p. 11 :*

Dorint M, bd Charlemagne 11, ✉ 1000, ℘ (0 2) 231 09 09, *Fax (0 2) 230 33 71*, « Exposition de photographies contemporaines », – – 25 à 150. AE ⓓ E VISA. rest GR c
Repas *(fermé sam. midi et dim. midi)* *Lunch 1090* – carte 900 à 1550 – ☕ 700 – **206 ch** 9600, 2 suites – ½ P 5350/12600.

🏨🏨 **Europa Inter.Continental,** r. Loi 107, ☒ 1040, ℰ (0 2) 230 13 33, *Telex 26310,*
Fax (0 2) 280 09 67, 🖧, ⊆ₛ – 🛗 ⇆ 🖥 📺 ☎ ⇔ 🅿 – 🔏 25 à 350. 🆎 ⓪ 🖻 𝖵𝖨𝖲𝖠
🎏, 🎜 GR d
Repas 990/1650 – ⊒ 700 – **236 ch** 9500/10500, 4 suites.

🏨🏨 **Eurovillage,** bd Charlemagne 80, ☒ 1000, ℰ (0 2) 230 85 55, *Fax (0 2) 230 56 35,* 🛝,
🖧, ⊆ₛ – 🛗 ⇆ 📺 ☎ – 🔏 25 à 120. 🆎 🖻 𝖵𝖨𝖲𝖠 𝖩𝖢𝖡 GR a
Repas *(fermé sam., dim. midi et août)* Lunch 750 – carte 1000 à 1350 – ⊒ 600 – **80 ch**
6000/8000.

🏨 **New Hotel Charlemagne** sans rest, bd Charlemagne 25, ☒ 1000, ℰ (0 2) 230 21 35,
Fax (0 2) 230 25 10 – 🛗 ⇆ 📺 ☎ ⇔ – 🔏 30 à 60. 🆎 ⓪ 🖻 𝖵𝖨𝖲𝖠 GR k
⊒ 550 – **66 ch** 3400/5900.

XX **El Jardín de España,** r. Archimède 65, ☒ 1000, ℰ (0 2) 736 34 49, *Fax (0 2)*
735 17 45, 🛝, Cuisine espagnole avec tapas-bar – 🆎 ⓪ 🖻 𝖵𝖨𝖲𝖠 GR s
fermé sam. midi et dim. – **Repas** Lunch 420 – carte env. 1300.

XX **Pappa e Citti,** r. Franklin 18, ☒ 1000, ℰ (0 2) 732 61 10, *Fax (0 2) 732 57 40,* 🛝,
Cuisine italienne – 🆎 ⓪ 🖻 𝖵𝖨𝖲𝖠. 🎜 GR e
fermé sam., dim., jours fériés, août et 23 déc.-5 janv. – **Repas** Lunch 1050 – carte 1200 à 1750.

X **L'Atelier,** r. Franklin 28, ☒ 1000, ℰ (0 2) 734 91 40, *Fax (0 2) 735 35 98,* 🛝, Avec
buffets – 🆎 ⓪ 🖻 𝖵𝖨𝖲𝖠 GR y
fermé week-end, jours fériés et août – **Repas** Lunch 850 – 1050 bc/1200.

X **Le Stevin,** r. St-Quentin 29, ☒ 1000, ℰ (0 2) 230 98 47, *Fax (0 2) 230 04 94,* 🛝 –
⇔ 🆎 ⓪ 🖻 𝖵𝖨𝖲𝖠. 🎜 GR r
fermé du 2 au 28 août, 24 déc.-2 janv., sam., dim. et jours fériés – **Repas** 780/925.

X **Take Sushi,** bd Charlemagne 21, ☒ 1000, ℰ (0 2) 230 56 27, 🛝, Cuisine japonaise
– 🆎 ⓪ 🖻 𝖵𝖨𝖲𝖠 GR z
fermé sam. et dim. midi – **Repas** Lunch 480 – 850/1350.

Quartier Botanique, Gare du Nord *(voir aussi St-Josse-ten-Noode)* - plan p. 10 :

🏨🏨🏨 **Sheraton Towers,** pl. Rogier 3, ☒ 1210, ℰ (0 2) 224 31 11, *Fax (0 2) 224 34 56,* 🖧,
⊆ₛ, 🖾 – 🛗 ⇆ 🖥 📺 ☎ ৬ ⇔ – 🔏 25 à 600. 🆎 ⓪ 🖻 𝖵𝖨𝖲𝖠 𝖩𝖢𝖡 FQ n
Repas *Crescendo* (avec buffets, ouvert jusqu'à 23 h) carte 900 à 1400 – ⊒ 840 – **464 ch**
11000/13000, 43 suites.

🏨🏨 **Président World Trade Center,** bd E. Jacqmain 180, ☒ 1000, ℰ (0 2) 203 20 20,
Fax (0 2) 203 24 40, 🖧, ⊆ₛ, 🝗 – 🛗 ⇆ 📺 ☎ ⇔ – 🔏 25 à 350. 🆎 ⓪ 🖻 𝖵𝖨𝖲𝖠 𝖩𝖢𝖡
Repas Lunch 990 – carte 850 à 2000 – **286 ch** ⊒ 8500/9500, 16 suites. FQ d

🏨 **Le Dome** avec annexe Le Dome II 🅼, bd du Jardin Botanique 12, ☒ 1000, ℰ (0 2)
218 06 80, *Fax (0 2) 218 41 12,* 🛝 – 🛗 ⇆ 📺 ☎ – 🔏 25 à 100. 🆎 ⓪ 🖻 𝖵𝖨𝖲𝖠. 🎜 ch
Repas Lunch 650 – carte env. 1100 – **125 ch** ⊒ 3000/3500 – ½ P 3500/3900. FQ m

🏨 **Président Nord** sans rest, bd A. Max 107, ☒ 1000, ℰ (0 2) 219 00 60, *Fax (0 2)*
218 12 69 – 🛗 🖥 📺 ☎. 🆎 ⓪ 🖻 𝖵𝖨𝖲𝖠 𝖩𝖢𝖡. 🎜 FQ k
63 ch ⊒ 3900/4900.

🏨 **Vendôme,** bd A. Max 98, ☒ 1000, ℰ (0 2) 227 03 00, *Fax (0 2) 218 06 83* – 🛗, 🖥 ch,
📺 ☎ ⇔ – 🔏 25 à 80. 🆎 ⓪ 🖻 𝖵𝖨𝖲𝖠 𝖩𝖢𝖡. 🎜 rest FQ c
Repas *(fermé sam. midi, dim., 19 juil.-16 août et 20 déc.-10 janv.)* Lunch 450 – carte 950
à 1550 – ⊒ 650 – **106 ch** 4250/6650 – ½ P 3775/4625.

🏨 **Maison du Dragon,** bd A. Max 146, ☒ 1000, ℰ (0 2) 250 10 20, *Fax (0 2) 218 18 25*
– 🛗 ⇆ 📺 ☎ – 🔏 25 à 40. 🆎 ⓪ 🖻 𝖵𝖨𝖲𝖠 𝖩𝖢𝖡. 🎜 FQ m
Repas (avec cuisine chinoise, ouvert jusqu'à minuit) Lunch 360 – 850/1200 – **40 ch**
⊒ 3500/4200 – ½ P 4000/4500.

Quartier Atomium (Centenaire - Trade Mart - Laeken - Neder-over-
Heembeek) *- plan p. 6 sauf indication spéciale :*

🏨 **Holiday Inn Garden Court,** Parc des Expositions - av. Impératrice Charlotte 6,
☒ 1020, ℰ (0 2) 478 70 80, *Fax (0 2) 478 10 00,* 🛝 – 🛗 ⇆ 📺 ☎ 🅿 – 🔏 25 à 200.
🆎 ⓪ 🖻 𝖵𝖨𝖲𝖠 BK e
Repas Lunch 680 – carte 1100 à 1400 – **79 ch** ⊒ 4350/4750 – ½ P 4500/5250.

XX **Les Baguettes Impériales** (Mme Ma), av. J. Sobieski 70, ☒ 1020, ℰ (0 2) 479 67 32,
✿ *Fax (0 2) 479 67 32,* 🛝, Avec cuisine vietnamienne, « Terrasse » – 🖥. 🆎 ⓪ 🖻 𝖵𝖨𝖲𝖠
🎜 BKL b
fermé mardi, dim. soir, 2 sem. Pâques et août – **Repas** carte 1800 à 2500.
Spéc. Mï au homard. Crêpe croustillante au homard. Pigeonnau farci aux nids d'hirondelle.

XX **Ming Dynasty,** Parc des Expositions - av. de l'Esplanade BP 9, ☒ 1020, ℰ (0 2)
475 23 45, *Fax (0 2) 475 23 50,* Cuisine chinoise, ouvert jusqu'à 23 h – 🖥 🅿. 🆎 ⓪ 🖻
𝖵𝖨𝖲𝖠 BK a
fermé sam. midi, dim. et 19 juil.-15 août – **Repas** Lunch 750 – carte env. 1000.

XX **Lychee,** r. De Wand 118, ✉ 1020, ☎ (0 2) 268 19 14, *Fax (0 2) 268 19 14,* Cuisine chinoise, ouvert jusqu'à minuit – ▤. AE ⓓ E VISA BK d
fermé 15 juil.-15 août – **Repas** Lunch 325 – carte env. 1000.

XX **L'Aub. de l'Isard,** Parvis Notre-Dame 1, ✉ 1020, ☎ (0 2) 479 85 64, *Fax (0 2) 479 16 49* – ▤. AE ⓓ E VISA BL c
fermé dim., lundi soir, 1 sem. Pâques et 3 dern. sem. juil. – **Repas** 995/1350.

XX **Le Curnonsky,** bd E. Bockstael 315, ✉ 1020, ☎ (0 2) 479 22 60, *Fax (0 2) 478 80 59* – ▤. AE ⓓ E VISA BL e
fermé merc., jeudi et août – **Repas** Lunch 650 – carte 850 à 1400.

X **Le Frascati,** bd E. Bockstael 201, ✉ 1020, ☎ (0 2) 426 52 73, *Fax (0 2) 426 52 73,* Cuisine italienne, avec trattoria, ouvert jusqu'à 23 h – ▤. AE ⓓ E VISA JCB BL u
fermé sam. midi, dim. et du 1er au 20 août – **Repas** Lunch 1200 bc – carte env. 1900.

ANDERLECHT - *plans p. 6 et 8 sauf indication spéciale :*

Le Prince de Liège, chaussée de Ninove 664, ✉ 1070, ☎ (0 2) 522 16 00, *Fax (0 2) 520 81 85* – |♯| TV ☎ – 🏛 25. AE ⓓ E VISA AM h
Repas *(fermé dim. soir et 9 juil.-7 août)* Lunch 545 – 850/1395 – **32 ch** ☕ 1950/3250.

Ustel, Square de l'Aviation 6, ✉ 1070, ☎ (0 2) 520 60 53 et 522 30 25 (rest), *Fax (0 2) 520 33 28,* – |♯| TV ☎ – 🏛 25 à 60. AE ⓓ E VISA. plan p. 10 ES q
Repas ***La Grande Écluse*** « Dans la machinerie » (ouvert jusqu'à 23 h) *(fermé sam. midi et dim. midi)* Lunch 450- 1190 – **94 ch** ☕ 3600/4300 – ½ P 3000/5000.

Erasme, rte de Lennik 790, ✉ 1070, ☎ (0 2) 523 62 82, *Fax (0 2) 523 62 83,* – |♯| ▤ rest, TV ☎ ♿ P – 🏛 25 à 80. AE ⓓ E VISA JCB AN m
Repas (Taverne-rest) *(fermé du 1er au 15 août)* Lunch 425 – 655 – **52 ch** ☕ 2850 – ½ P 1850/3275.

Gerfaut sans rest, chaussée de Mons 115, ✉ 1070, ☎ (0 2) 524 20 44, *Fax (0 2) 524 30 44* – |♯| TV ☎ P. AE ⓓ E VISA JCB. BM k
48 ch ☕ 2500/4200.

Van Belle, chaussée de Mons 39, ✉ 1070, ☎ (0 2) 521 35 16, *Telex 63840, Fax (0 2) 527 00 02* – |♯| TV ☎ P – 🏛 25 à 100. AE ⓓ E VISA JCB. rest
Repas 695 – **120 ch** ☕ 1900/3200. plan p. 10 ER f

XXX **Saint Guidon** 2e étage du stade de football du R.S.C. d'Anderlecht, av. Théo Verbeeck 2, ✉ 1070, ☎ (0 2) 520 55 36, *Fax (0 2) 523 38 27* – ▤ P – 🏛 25 à 500. ⓓ E VISA JCB AM m
fermé sam., dim., jours fériés, jours de match du club et 15 juin-15 juil. – **Repas** (déjeuner seult) 995/2100 bc, carte env. 2500
Spéc. Matelote persillée d'anguilles en terrine. Sole meunière, purée de pommes de terre et carottes au cerfeuil. Nougat glacé.

XX **Alain Cornelis,** av. Paul Janson 82, ✉ 1070, ☎ (0 2) 523 20 83, *Fax (0 2) 523 20 83,* – AE ⓓ E VISA. AM p
fermé sam. midi, dim., merc. soir, jours fériés, sem. Pâques, 1re quinz. août et Noël-Nouvel An – **Repas** carte 1450 à 2000.

XX **La Brouette,** bd Prince de Liège 61, ✉ 1070, ☎ (0 2) 522 51 69, *Fax (0 2) 522 51 69* – AE ⓓ E VISA AM r
fermé sam. midi, dim. soir, lundi et juil. – **Repas** Lunch 750 – 1300.

XX **Le Florence,** r. Henri Deleers 4 (pl. Bizet), ✉ 1070, ☎ (0 2) 520 35 03, *Fax (0 2) 520 08 04,* Ouvert jusqu'à 23 h – ▤ P. AE ⓓ E VISA AN c
Repas Lunch 895 – 1295.

XX **Le Croûton,** r. Aumale 22 (près pl. de la Vaillance), ✉ 1070, ☎ (0 2) 520 79 36, – AE ⓓ E VISA AM q
fermé dim., lundi, 25 janv.-8 fév. et du 15 au 31 août – **Repas** Lunch 1000 – 1150.

X **La Paix,** r. Ropsy-Chaudron 49 (face abattoirs), ✉ 1070, ☎ (0 2) 523 09 58, *Fax (0 2) 520 10 39,* Taverne-rest – AE ⓓ E VISA. BM a
fermé sam., dim. et 3 dern. sem. juil. – **Repas** (déjeuner seult sauf vend.) carte 1000 à 1400.

X **Le Chalet de la Pede,** r. Neerpede 575, ✉ 1070, ☎ (0 2) 521 50 54, *Fax (0 2) 521 50 54,* ≤, – P. AE ⓓ E VISA AN r
fermé lundis et mardis non fériés, 1 sem. en mars et 3 sem. en nov. – **Repas** 995/1395.

AUDERGHEM (OUDERGEM) - *plan p. 9 sauf indication spéciale :*

XX **La Grignotière** (Chanson), chaussée de Wavre 2041, ✉ 1160, ☎ (0 2) 672 81 85, *Fax (0 2) 672 81 85* – AE ⓓ E VISA DN t
fermé dim., lundi et août – **Repas** 1750/2000
Spéc. Langoustines à la vapeur de verveine, ragoût de girolles. Noix de ris de veau rôties sur bois de réglisse, ragoût de champignons. Turbotin rôti et émulsion de cerfeuil.

XX **Le Pousse-Rapière,** chaussée de Wavre 1699, ✉ 1160, ☎ (0 2) 672 76 20, *Fax (0 2) 672 76 20*, – ▤. AE ① E VISA CN v
fermé dim., lundi et 15 juil.-15 août – **Repas** Lunch 590 – 990/1390.

XX **L'Abbaye de Rouge Cloître,** r. Rouge Cloître 8, ✉ 1160, ☎ (0 2) 672 45 25, *Fax (0 2) 660 12 01*, « En lisière de forêt » – P – 25 à 45. AE ① E VISA DN u
fermé mardi, après 20 h et du 1er au 15 janv. – **Repas** Lunch 550 – carte env. 1100.

XX **Dionysos,** chaussée de Wavre 1591, ✉ 1160, ☎ (0 2) 672 96 96, *Fax (0 2) 672 94 63*, Avec cuisine grecque, ouvert jusqu'à minuit – AE ① E VISA CN e
Repas Lunch 495 – carte 1050 à 1400.

X **La Citronnelle,** chaussée de Wavre 1377, ✉ 1160, ☎ (0 2) 672 98 43, *Fax (0 2) 672 98 43*, Cuisine vietnamienne – AE ① E VISA CN f
fermé lundi, sam. midi et 2e quinz. août – **Repas** Lunch 420 – carte env. 1000.

X **New Asia,** chaussée de Wavre 1240, ✉ 1160, ☎ (0 2) 660 62 06, *Fax (0 2) 673 40 54*, Cuisine chinoise, « Terrasse ombragée » – ▤. AE ① E VISA. ⚔ plan p. 13 HU a
fermé lundis non fériés et 3 dern. sem. juil. – **Repas** Lunch 290 – 480/920.

X **La Khaïma,** chaussée de Wavre 1390, ✉ 1160, ☎ (0 2) 675 00 04, *Fax (0 2) 675 00 04*, Cuisine marocaine, ouvert jusqu'à 23 h, « Évocation d'un intérieur berbère sous tente » – ⚔ CN k
fermé août – **Repas** 995.

X **Thaï Garden,** chaussée de Wavre 2045, ✉ 1160, ☎ (0 2) 672 34 76, *Fax (0 2) 672 34 76*, Cuisine thaïlandaise – AE E VISA DN t
fermé lundi et sam. midi – **Repas** carte env. 1000.

BERCHEM-STE-AGATHE (SINT-AGATHA-BERCHEM) - *plan p. 6 :*

XX **Stromboli,** chaussée de Gand 1202, ✉ 1082, ☎ (0 2) 465 66 51, *Fax (0 2) 465 66 51*, Avec cuisine italienne – AE ① E VISA. ⚔ AL x
fermé mardi, merc., carnaval et 21 juil.-21 août – **Repas** Lunch 995 – 1500/2200.

X **La Brasserie de la Gare,** chaussée de Gand 1430, ✉ 1082, ☎ (0 2) 469 10 09, *Fax (0 2) 469 10 09*, Ouvert jusqu'à 23 h – ▤. AE ① E VISA AL s
fermé sam. midi et dim. – **Repas** Lunch 475 – 975.

X **Mimosa,** av. Josse Goffin 166, ✉ 1082, ☎ (0 2) 465 22 98, *Fax (0 2) 465 20 28* – ▤. AE ① E VISA AL y
fermé lundi soir, mardi, merc. et 13 juil.-12 août – **Repas** Lunch 450 – 1200.

ETTERBEEK - *plan p. 11 :*

XX ✿ **Stirwen** (Troubat), chaussée St-Pierre 15, ✉ 1040, ☎ (0 2) 640 85 41, *Fax (0 2) 648 43 08* – AE ① E VISA JCB GS a
fermé sam. soir en juil.-août, sam. midi, dim., 2 sem. en août et fin déc. – **Repas** Lunch 1050 – carte env. 1700
Spéc. Tête de veau ravigote. Désossé de pieds de porc façon Ste-Menehould. Joue de bœuf braisée à la bourguignonne.

XX **Grillange** 1er étage, av. Eudore Pirmez 7, ✉ 1040, ☎ (0 2) 649 26 85, *Fax (0 2) 649 26 85*, Cuisine espagnole – AE ① E VISA. ⚔ GT a
fermé dim., lundi et 15 juil.-20 août – **Repas** Lunch 500 – 1200/1500.

X **La Reverdie,** r. Général Leman 29, ✉ 1040, ☎ (0 2) 640 55 32, *Fax (0 2) 648 16 58*, – AE E VISA GS r
fermé sam., dim., lundi soir, mardi soir et 3 prem. sem. août – **Repas** Lunch 520 – 950.

Quartier Cinquantenaire (Montgomery) - *plan p. 11 :*

Clubhouse Park sans rest, av. de l'Yser 21, ✉ 1040, ☎ (0 2) 735 74 00, *Fax (0 2) 735 19 67*, – ▤ – 25 à 50. AE ① E VISA JCB HS c
750 – **51 ch** 7200/8400.

XX **Le Serpolet,** av. de Tervuren 59, ✉ 1040, ☎ (0 2) 736 17 01, *Fax (0 2) 736 67 85*, – ▤. AE ① E VISA HS b
fermé sam. midi et dim. soir – **Repas** Lunch 695 – 995.

X **Harry's Place,** r. Bataves 65, ✉ 1040, ☎ (0 2) 735 09 00, *Fax (0 2) 735 89 32* – ▤. AE ① E VISA HS d
fermé du 1er au 18 août, 23 déc.-4 janv., sam. midi et dim. – **Repas** Lunch 690 – 1090.

X **Momotaro,** av. d'Auderghem 106, ✉ 1040, ☎ (0 2) 734 06 64, *Fax (0 2) 734 64 18*, Cuisine japonaise avec Sushi-bar – AE ① E VISA. ⚔ GS f
fermé sam. midi, dim. midi et 2 prem. sem. août – **Repas** Lunch 395 – 850/1850.

EVERE - *plan p. 7 :*

Belson sans rest, chaussée de Louvain 805, ✉ 1140, ☎ (0 2) 705 20 30, *Fax (0 2) 705 20 43*, – ▮ – 25. AE ⓓ E VISA. CL z
☕ 700 – **131 ch** 2990/9650, 3 suites.

Mercure, av. J. Bordet 74, ✉ 1140, ☎ (0 2) 726 73 35, *Fax (0 2) 726 82 95*, – – 25 à 120. AE ⓓ E VISA CL a
Repas *(fermé sam. midi et dim. midi)* carte 1000 à 1400 – ☕ 600 – **113 ch** 4500/5950, 7 suites.

Evergreen sans rest, av. V. Day 1, ✉ 1140, ☎ (0 2) 726 70 15, *Fax (0 2) 726 62 60* – . AE ⓓ E VISA CL b
20 ch ☕ 2000/3150.

Le Citron Vert, av. H. Conscience 242, ✉ 1140, ☎ (0 2) 241 12 57, *Fax (0 2) 242 70 05*, Ouvert jusqu'à 23 h – . AE ⓓ E VISA CL c
fermé lundi soir, mardi soir et 16 juil.-16 août – **Repas** *Lunch 350* – 795.

FOREST (VORST) - *plan p. 8 :*

De Fierlant sans rest, r. De Fierlant 67, ✉ 1190, ☎ (0 2) 538 60 70, *Fax (0 2) 538 91 99* – . AE ⓓ E VISA BN d
fermé 23 juil.-16 août et 24 déc.-3 janv. – **40 ch** ☕ 2300/2600.

GANSHOREN - *plan p. 15 sauf indication spéciale :.*

Bruneau, av. Broustin 75, ✉ 1083, ☎ (0 2) 427 69 78, *Fax (0 2) 425 97 26*, , « Terrasse » – . AE ⓓ E VISA W a
fermé jeudis fériés, mardi soir, merc., août et du 1er au 10 fév. – **Repas** *Lunch 1750* – 3245/4675, carte 2750 à 3400
Spéc. Ravioles de céleri aux truffes. Dos de cabillaud à la royale. Suprême de coucou de Malines arlequin.

Claude Dupont, av. Vital Riethuisen 46, ✉ 1083, ☎ (0 2) 426 00 00, *Fax (0 2) 426 65 40* – AE ⓓ E VISA W b
fermé lundi, mardi et juil. – **Repas** *Lunch 1775* – 2175/3250, carte 2100 à 3000
Spéc. Cassolette d'écrevisses Nantua (juil.-janv.). Canette des bois au cidre bouché. Selle de chevreuil rôtie au thym (oct.-déc.).

San Daniele, av. Charles-Quint 6, ✉ 1083, ☎ (0 2) 426 79 23, *Fax (0 2) 426 92 14*, Avec cuisine italienne – . AE ⓓ E VISA W c
fermé dim., lundi soir et 15 juil.-20 août – **Repas** carte 1200 à 2100.

Cambrils 1er étage, av. Charles-Quint 365, ✉ 1083, ☎ (0 2) 465 35 82, *Fax (0 2) 465 76 63*, – . AE E VISA plan p. 6 AL f
fermé dim., lundi soir, jeudi soir et 15 juil.-15 août – **Repas** *Lunch 890* – 1090/1230.

IXELLES (ELSENE) - *plans p. 12 et 13 sauf indication spéciale :*

Yen, r. Lesbroussart 49, ✉ 1050, ☎ (0 2) 649 07 47, , Cuisine vietnamienne, ouvert jusqu'à 23 h – AE ⓓ E VISA. FU f
fermé dim. – **Repas** *Lunch 320* – carte 850 à 1150.

Quartier Boondael (Université) - *plan p. 13 :*

Le Couvert d'Argent, pl. Marie-José 9, ✉ 1050, ☎ (0 2) 648 45 45, *Fax (0 2) 648 22 28*, , « Élégant pavillon sur jardin » – P. AE ⓓ E VISA JCB GX y
fermé dim., lundi, 1 sem. Pâques et 2 dern. sem. août – **Repas** 1050/2250.

L'Aub. de Boendael, square du Vieux Tilleul 12, ✉ 1050, ☎ (0 2) 672 70 55, *Fax (0 2) 660 75 82*, , Grillades, « Rustique » – P. AE ⓓ E VISA HX h
fermé sam., dim., jours fériés, 17 juil.-15 août et 25 déc.-2 janv. – **Repas** 1375 bc.

Le Chalet Rose, av. du Bois de la Cambre 49, ✉ 1050, ☎ (0 2) 672 78 64, *Fax (0 2) 672 69 38*, – P. AE E VISA JCB HV k
fermé sam. midi et dim. – **Repas** *Lunch 790* – carte env. 1800.

Le Mont des Cygnes, r. Jean Paquot 69, ✉ 1050, ☎ (0 2) 646 81 00, *Fax (0 2) 646 81 00* – AE E VISA GU h
fermé dim., lundi et mi-juil.-mi-août – **Repas** *Lunch 525* – 945.

Les Foudres, r. Eugène Cattoir 14, ✉ 1050, ☎ (0 2) 647 36 36, *Fax (0 2) 649 09 86*, , « Ancienne cave à vins » – P. AE ⓓ E VISA GUV j
fermé sam. midi et dim. – **Repas** 1000/1500.

La Pagode d'Or, chaussée de Boondael 332, ✉ 1050, ☎ (0 2) 649 06 56, *Fax (0 2) 649 06 56*, , Cuisine vietnamienne, ouvert jusqu'à 23 h – AE ⓓ E VISA. GV m
fermé lundi – **Repas** *Lunch 350* – 890/1350.

X **La Brasserie Marebœuf,** av. de la Couronne 445, ✉ 1050, ☎ (0 2) 648 99 06, *Fax (0 2) 648 38 30,* Écailler, ouvert jusqu'à minuit – ▤. AE ⓓ E VISA GHV t
fermé dim. et lundis fériés – **Repas** *Lunch 590* – 895.

X **Le Doux Wazoo,** r. Relais 21, ✉ 1050, ☎ (0 2) 649 58 52, Ouvert jusqu'à 23 h – AE ⓓ E VISA HV s
fermé sam. midi, dim., 19 juil.-16 août et 24 déc.-1er janv. – **Repas** *Lunch 450* – 950.

X **Le Petit Vernet,** av. de la Couronne 443, ✉ 1050, ☎ (0 2) 649 07 74, *Fax (0 2) 640 45 46,* terrasse, Ouvert jusqu'à 1 h du matin – AE ⓓ E VISA HV b
fermé lundi – **Repas** *Lunch 450* – 790.

Quartier Bascule *- plan p. 12 :*

Capital, chaussée de Vleurgat 191, ✉ 1050, ☎ (0 2) 646 64 20, *Fax (0 2) 646 33 14,* terrasse – ascenseur, ▤ rest, TV ☎ – 25 à 40. AE ⓓ E VISA JCB. rest FU c
Repas *(fermé sam.) Lunch 590* – carte 1000 à 1300 – **62 ch** ☐ 3900/4300 – ½ P 2250/2750.

XXX **La Mosaïque,** r. Forestière 23, ✉ 1050, ☎ (0 2) 649 02 35, *Fax (0 2) 649 02 35,* terrasse – P. AE ⓓ E VISA FU p
fermé du 5 au 7 avril, du 24 au 26 mai, 16 août-5 sept., 24 déc.-1er janv., sam. midi, dim. et jours fériés – **Repas** *Lunch 1200 bc* – 1500 bc/2500 bc.

XX **Maison Félix** 1er étage, r. Washington 149 (square Henri Michaux), ✉ 1050, ☎ (0 2) 345 66 93, *Fax (0 2) 344 92 85* – AE ⓓ E VISA FV s
fermé dim., lundi et 2e quinz. juil. – **Repas** 1290.

XX **L'Armagnac,** chaussée de Waterloo 591, ✉ 1050, ☎ (0 2) 345 92 79 – AE ⓓ E VISA
fermé dim., lundi soir et du 1er au 22 août – **Repas** *Lunch 650* – 900. FV q

X **Le fils de Jules,** r. Page 35, ✉ 1050, ☎ (0 2) 534 00 57, *Fax (0 2) 534 52 00,* Cuisine basque et landaise, ouvert jusqu'à 23 h – AE ⓓ E VISA FU m
fermé du 1er au 16 août, 24 déc.-2 janv., sam. midi et dim. midi – **Repas** *Lunch 395* – 890/1200.

X **Aux Beaumes de Venise,** r. Darwin 62, ✉ 1050, ☎ (0 2) 343 82 93, *Fax (0 2) 346 08 96,* terrasse – ▤. AE ⓓ E VISA. EFV x
fermé dim., lundi et août – **Repas** *Lunch 395* – 990.

Quartier Léopold *(voir aussi Bruxelles) - plan p. 10 :*

Leopold, r. Luxembourg 35, ✉ 1050, ☎ (0 2) 511 18 28, *Fax (0 2) 514 19 39,* terrasse, – ascenseur ▤ TV ☎ – 25 à 60. AE ⓓ E VISA JCB. rest FS y
Repas *(fermé dim.) Lunch 1095* – carte 1350 à 2000 – ☐ 400 – **88 ch** 3400/5650 – ½ P 3100/3975.

Quartier Louise *(voir aussi Bruxelles et St-Gilles) - plans p. 10 et 12 sauf indication spéciale :*

Sofitel sans rest, av. de la Toison d'Or 40, ✉ 1050, ☎ (0 2) 514 22 00, *Fax (0 2) 514 57 44,* – ascenseur ▤ TV ☎ – 25 à 120. AE ⓓ E VISA JCB FS r
☐ 800 – **165 ch** 12000, 5 suites.

Four Points Sheraton M, r. Paul Spaak 15, ✉ 1000, ☎ (0 2) 645 61 11, *Fax (0 2) 646 63 44,* terrasse, , – ascenseur ▤ TV ☎ – 25 à 40. AE ⓓ E VISA FU k
Repas (dîner seult jusqu'à 23 h) *(fermé 15 juil.-15 août)* carte env. 1100 – ☐ 550 – **128 ch** 3350/6250.

Beau-Site sans rest, r. Longue Haie 76, ✉ 1000, ☎ (0 2) 640 88 89, *Fax (0 2) 640 16 11* – ascenseur TV ☎. AE ⓓ E VISA FT r
38 ch ☐ 3000.

Argus sans rest, r. Capitaine Crespel 6, ✉ 1050, ☎ (0 2) 514 07 70, *Fax (0 2) 514 12 22* – ascenseur TV ☎. AE ⓓ E VISA FS t
41 ch ☐ 3300/3600.

XX **O' comme 3 Pommes,** pl. du Châtelain 40, ✉ 1050, ☎ (0 2) 644 03 23, *Fax (0 2) 644 03 23,* terrasse – AE E VISA FU q
fermé du 15 au 28 fév., du 15 au 31 août, sam. midi, dim. et lundi midi – **Repas** *Lunch 480* – 1690.

X **L'Atelier de la Truffe Noire,** av. Louise 300, ✉ 1050, ☎ (0 2) 640 54 55, *Fax (0 2) 648 11 44,* « Brasserie moderne » – AE ⓓ E VISA FU m
fermé dim., 3 dern. sem. août et prem. sem. janv. – **Repas** (déjeuner seult) carte 1200 à 1700.

X **Les Perles de Pluie,** r. Châtelain 25, ✉ 1050, ☎ (0 2) 649 67 23, *Fax (0 2) 644 07 60,* Cuisine thaïlandaise, ouvert jusqu'à 23 h – AE ⓓ E VISA FU n
fermé lundi et sam. midi – **Repas** *Lunch 460* – 850/1750.

X **Adrienne,** r. Capitaine Crespel 1a, ✉ 1050, ☎ (0 2) 511 93 39, *Fax (0 2) 513 69 79,* terrasse, Buffets – AE ⓓ E VISA. FS r
fermé dim. soir – **Repas** *Lunch 690* – 840.

X **La Fine Fleur,** r. Longue Haie 51, ✉ 1000, ☎ (0 2) 647 68 03, Ouvert jusqu'à 23 h – AE ⓓ E VISA FT k
fermé sam. midi, dim. et 21 juil.-15 août – **Repas** 770/990.

X **Le Chem's,** r. Blanche 14, ✉ 1050, ☎ (0 2) 538 14 94, Cuisine marocaine – AE ⓓ E VISA. FT q
fermé sam. midi, dim. et mi-juil.-mi-août – **Repas** carte 1050 à 1450.

X **Tutto Pepe,** r. Faider 123, ✉ 1050, ☎ (0 2) 534 96 19, *Fax (0 2) 534 96 19*, Cuisine italienne, ouvert jusqu'à 23 h 30 – AE E VISA. FU d
fermé sam. midi et dim. – **Repas** carte 1000 à 1750.

JETTE - *plan p. 15 sauf indication spéciale :*

XX **Rôtiss. Le Vieux Pannenhuis,** r. Léopold-Ier 317, ✉ 1090, ☎ (0 2) 425 83 73, *Fax (0 2) 420 21 20*, Grillades, « Relais du 17e s. » – AE ⓓ E VISA
fermé sam. midi, dim. et juil. – **Repas** *Lunch 790* – 1090/1650. plan p. 6 BL g

XX **Le Barolo,** av. de Laeken 57, ✉ 1090, ☎ (0 2) 425 45 76, *Fax (0 2) 425 45 76*, Avec cuisine italienne, ouvert jusqu'à 23 h – AE ⓓ E VISA W h
fermé sam. midi, dim. et du 18 au 25 juil. – **Repas** *Lunch 895* – 1390.

X **Chez Soje,** av. de Jette 85, ✉ 1090, ☎ (0 2) 426 77 54, « Ancien café bruxellois » – . E VISA W y
fermé lundi et mardi – **Repas** *Lunch 495* – carte 900 à 1350.

KOEKELBERG - *plan p. 15 :*

X **Le Liseron d'eau,** av. Seghers 105, ✉ 1081, ☎ (0 2) 414 68 61, *Fax (0 2) 414 68 61*, Avec cuisine vietnamienne – AE ⓓ E VISA W k
fermé merc., sam. midi et août – **Repas** *Lunch 450* – 650/1200.

MOLENBEEK-ST-JEAN (SINT-JANS-MOLENBEEK) - *plan p. 6 :*

XXX **Le Béarnais,** bd Louis Mettewie 318, ✉ 1080, ☎ (0 2) 411 51 51, *Fax (0 2) 410 70 81* – . AE ⓓ E VISA JCB AM j
fermé dim., lundi soir et 21 juil.-5 août – **Repas** *Lunch 1090* – 1600/2500.

X **L'Exquis,** bd du Jubilé 99, ✉ 1080, ☎ (0 2) 426 35 78 – AE ⓓ E VISA. BL k
fermé dim. soir, lundi, mardi soir, merc. soir, juil. et Noël – **Repas** *Lunch 595* – carte 1200 à 1700.

X **Béguine des Béguines,** r. Béguines 168, ✉ 1080, ☎ (0 2) 414 77 70, *Fax (0 2) 414 77 70*, Avec cuisine à la bière – AE ⓓ E VISA AL m
fermé sam. midi, dim. soir, lundi et 21 juil.-15 août – **Repas** *Lunch 450* – 945/1300.

ST-GILLES (SINT-GILLIS) - *plans p. 10 et 12 :*

Cascade M sans rest, r. Berckmans 128, ✉ 1060, ☎ (0 2) 538 88 30, *Fax (0 2) 538 92 79* – TV – 25. AE ⓓ E VISA JCB ES r
80 ch 6000/6400.

Forum, av. Haut-Pont 2, ✉ 1060, ☎ (0 2) 340 34 00, *Fax (0 2) 347 00 54* – TV . E VISA JCB EU b
Repas (cuisine italienne) *Lunch 395* – carte 950 à 1250 – **77 ch** 3950/4950 – ½ P 4500/4800.

XX **Inada,** r. Source 73, ✉ 1060, ☎ (0 2) 538 01 13, *Fax (0 2) 538 01 13* – AE ⓓ E VISA
fermé sam. midi, dim., lundi et du 16 au 31 juil. – **Repas** *Lunch 850* – carte 1700 à 2400. ET a

XX **Le Forcado,** chaussée de Charleroi 192, ✉ 1060, ☎ (0 2) 537 92 20, *Fax (0 2) 537 92 20*, Cuisine portugaise – . AE ⓓ E VISA EFU a
fermé dim., lundi, jours fériés et août – **Repas** carte env. 1300.

X **Coimbra,** av. Jean Volders 54, ✉ 1060, ☎ (0 2) 538 65 35, *Fax (0 2) 538 65 35*, Avec cuisine portugaise, ouvert jusqu'à 23 h – . AE E VISA ET r
fermé jeudi et août – **Repas** 1050/1350.

X **La Mamounia,** av. Porte de Hal 9, ✉ 1060, ☎ (0 2) 537 73 22, *Fax (0 2) 539 39 59*, Cuisine marocaine, ouvert jusqu'à 23 h – AE ⓓ E VISA JCB ES n
fermé lundis non fériés et mi-juil.-mi-août – **Repas** *Lunch 450* – 745/1295.

X **Turon,** arrière-salle, r. Danemark 29, ✉ 1060, ☎ (0 2) 534 01 74, Taverne-rest, cuisine espagnole – E VISA. EST c
fermé mardi et 20 juil.-20 août – **Repas** *Lunch 350* – carte env. 1100.

X **Le Madrileno,** chaussée de Waterloo 50, ✉ 1060, ☎ (0 2) 537 69 82, Café espagnol, ouvert jusqu'à 23 h ET u
fermé merc. soir, jeudi et août – **Repas** *Lunch 380* – carte 900 à 1400.

Quartier Louise *(voir aussi Bruxelles et Ixelles) - plans p. 10 et 12 :*

Manos Stephanie sans rest, chaussée de Charleroi 28, ✉ 1060, ☎ (0 2) 539 02 50, *Fax (0 2) 537 57 29*, « Hôtel de maître avec intérieur de caractère » – AE O E VISA JCB FS f
48 ch ☕ 6850/8250, 7 suites.

Manos sans rest, chaussée de Charleroi 102, ✉ 1060, ☎ (0 2) 537 96 82, *Fax (0 2) 539 36 55*, « Élégant hôtel particulier », – – 25. AE O E VISA JCB
30 ch ☕ 6850/8250, 9 suites. FU w

Tulip Inn Delta, chaussée de Charleroi 17, ✉ 1060, ☎ (0 2) 539 01 60, *Fax (0 2) 537 90 11* – – 25 à 75. FS w
Repas (dîner seult) – **246 ch.**

Diplomat sans rest, r. Jean Stas 32, ✉ 1060, ☎ (0 2) 537 42 50, *Fax (0 2) 539 33 79* – – 35. AE O E VISA JCB FS v
68 ch ☕ 6500/7500.

Les Capucines, r. Jourdan 22, ✉ 1060, ☎ (0 2) 538 69 24, *Fax (0 2) 538 69 24*, – AE O E VISA FS u
fermé dim., lundi soir, jours fériés, 2 sem. Pâques et 2e quinz. août – **Repas** Lunch 595 – 995.

I Trulli, r. Jourdan 18, ✉ 1060, ☎ (0 2) 538 98 20, *Fax (0 2) 537 79 30*, , Avec cuisine italienne, ouvert jusqu'à minuit – AE O E VISA JCB FS c
fermé du 11 au 31 juil., 22 déc.-4 janv. et dim. – **Repas** Lunch 495 – carte 1650 à 2100.

La Faribole, r. Bonté 6, ✉ 1060, ☎ (0 2) 537 82 23, *Fax (0 2) 537 82 23* – . AE O E VISA FT g
fermé sam., dim. et 18 juil.-15 août – **Repas** Lunch 450 – 850.

Ma Folle de Sœur, chaussée de Charleroi 53, ✉ 1060, ☎ (0 2) 538 22 39 – AE O E VISA JCB FS b
fermé dim. – **Repas** Lunch 380 – carte env. 1000.

ST-JOSSE-TEN-NOODE (SINT-JOOST-TEN-NODE) *- plan p. 10 :*

Quartier Botanique *(voir aussi Bruxelles) :*

Royal Crown Gd H. Mercure, r. Royale 250, ✉ 1210, ☎ (0 2) 220 66 11, *Fax (0 2) 217 84 44*, , – – 25 à 550. AE O E VISA JCB FQ r
Repas voir rest ***Rue Royale*** ci-après – ☕ 650 – **310 ch** 8000, 5 suites.

Crowne Plaza, r. Gineste 3, ✉ 1210, ☎ (0 2) 203 62 00, *Fax (0 2) 203 55 55*, , , – – 25 à 500. AE O E VISA JCB. rest FQ v
Repas ***Le Temps Présent*** (ouvert jusqu'à 23 h) Lunch 895 - carte 1450 à 1800 – ☕ 900 – **358 ch** 7800/8800.

Art H. Siru, pl. Rogier 1, ✉ 1210, ☎ (0 2) 203 35 80 et 203 20 03 (rest), *Fax (0 2) 203 33 03*, « Chaque chambre décorée par un artiste belge contemporain » – – 25 à 80. AE O E VISA. FQ p
Repas (Brasserie) *(fermé dim.)* carte env. 1300 – **101 ch** ☕ 5500/6200 – ½ P 3600/6100.

Albert Premier sans rest, pl. Rogier 20, ✉ 1210, ☎ (0 2) 203 31 25, *Fax (0 2) 203 43 31* – – 25 à 60. O E VISA FQ q
285 ch ☕ 3000/4500.

Rue Royale - Royal Crown Gd H. Mercure, r. Royale 250, ✉ 1210, ☎ (0 2) 220 66 11, *Fax (0 2) 217 84 44* – . AE O E VISA JCB FQ r
fermé dim. – **Repas** Lunch 1350 – carte 1900 à 2500.

De Ultieme Hallucinatie, r. Royale 316, ✉ 1210, ☎ (0 2) 217 06 14, *Fax (0 2) 217 72 40*, « Intérieur Art Nouveau » – – 40. AE O E VISA. FQ t
fermé sam. midi, dim., jours fériés et 18 juil.-16 août – **Repas** Lunch 1075 – 1450/2750 bc.

Les Dames Tartine, chaussée de Haecht 58, ✉ 1210, ☎ (0 2) 218 45 49, *Fax (0 2) 218 45 49* – AE O E VISA FQ s
fermé dim. et lundi – **Repas** Lunch 750 – 990/1395.

SCHAERBEEK (SCHAARBEEK) *- plans p. 10 et 11 :*

Le Stelle, av. Louis Bertrand 53, ✉ 1030, ☎ (0 2) 245 03 59, *Fax (0 2) 245 03 59*, Cuisine italienne avec trattoria Osteria – AE O E VISA GQ a
fermé dim. – **Repas** Lunch 445 – carte env. 1200.

Senza Nome, r. Royale Ste-Marie 22, ✉ 1030, ☎ (0 2) 223 16 17, *Fax (0 2) 223 16 17*, Cuisine italienne – . E VISA. FQ u
fermé sam. midi, dim. et août – **Repas** carte 1000 à 1500.

Quartier Meiser : - *plan p. 11 sauf indication spéciale* :

Lambermont (avec annexe - 47 ch) sans rest, Allée des Frésias 18, ✉ 1030, ✆ (0 2) 246 02 11, *Fax (0 2) 246 02 00*, – – 25. AE VISA
8 ch 3600/4100, 43 suites. GHQ c

Le Cadre Noir, av. Milcamps 158, ✉ 1030, ✆ (0 2) 734 14 45, Produits de la mer – AE E VISA HR v
fermé sam. midi, dim. soir, lundi et du 15 au 31 juil. – **Repas** 950/1100.

Amici miei, bd Gén. Wahis 248, ✉ 1030, ✆ (0 2) 705 49 80, *Fax (0 2) 705 29 65*, Cuisine italienne – AE E VISA HQ k
fermé sam. midi, dim. et jours fériés – **Repas** carte env. 1400.

Le Zinneke, pl. de la Patrie 26, ✉ 1030, ✆ (0 2) 216 79 50, *Fax (0 2) 245 03 22*, , Avec cuisine indonésienne – AE E VISA GHQ f
fermé mardi, sam. midi et 1re quinz. sept. – **Repas** *Lunch 495* – carte 850 à 1300.

UCCLE (UKKEL) - *plans p. 12 et 13 sauf indication spéciale* :

County House, square des Héros 2, ✉ 1180, ✆ (0 2) 375 44 20, *Fax (0 2) 375 31 22* – , rest, – 25 à 80. AE E VISA. EX b
Repas carte 1150 à 1600 – **86 ch** 3500/6000, 16 suites.

Les Frères Romano, av. de Fré 182, ✉ 1180, ✆ (0 2) 374 70 98, *Fax (0 2) 374 04 18* – P. AE E VISA FX d
fermé dim., jours fériés et 3 dern. sem. août – **Repas** *Lunch 975* – carte 1600 à 2100.

Villa d'Este, r. Etoile 142, ✉ 1180, ✆ (0 2) 376 48 48, , « Terrasse » – P. AE E VISA plan p. 8 BN p
fermé dim. soir, lundi, juil. et fin déc. – **Repas** 990/1750.

L'Amandier, av. de Fré 184, ✉ 1180, ✆ (0 2) 374 03 95, *Fax (0 2) 374 86 92*, , « Terrasse surplombant jardin » – P. AE E VISA FX e
fermé sam. midi et dim. – **Repas** *Lunch 950* – carte env. 1900.

Blue Elephant, chaussée de Waterloo 1120, ✉ 1180, ✆ (0 2) 374 49 62, *Fax (0 2) 375 44 68*, Cuisine thaïlandaise, « Décor exotique » – P. AE E VISA GX j
fermé sam. midi – **Repas** *Lunch 650* – carte 1050 à 1650.

A'mbriana, r. Edith Cavell 151, ✉ 1180, ✆ (0 2) 375 01 56, *Fax (0 2) 375 84 96*, Cuisine italienne – AE E VISA FX f
fermé lundi soir, mardi, sam. midi et août – **Repas** *Lunch 340* – 995 bc/1750 bc.

Le pré en bulle, av. J. et P. Carsoel 5, ✉ 1180, ✆ (0 2) 374 08 80, *Fax (0 2) 375 07 21*, – P. AE E VISA plan p. 8 BN q
fermé lundi soir et mardi – **Repas** *Lunch 460* – carte env. 1500.

Les Menus Plaisirs, r. Basse 7, ✉ 1180, ✆ (0 2) 374 69 36, *Fax (0 2) 331 38 13*, – AE E VISA plan p. 8 BN u
fermé sam. midi, dim. et jours fériés – **Repas** *Lunch 450* – 995.

Le Petit Cottage, r. Cottages 150, ✉ 1180, ✆ (0 2) 343 88 09, *Fax (0 2) 343 88 09*, – AE E VISA EV r
fermé dim., lundi et 3 sem. en juil. – **Repas** *Lunch 520* – 990.

Chutney, chaussée de Waterloo 1134, ✉ 1180, ✆ (0 2) 375 69 46, *Fax (0 2) 375 69 46*, Cuisine indienne – AE E VISA JCB GX u
fermé dim. soir et lundi – **Repas** *Lunch 450* – 890/1350.

Willy et Marianne, chaussée d'Alsemberg 705, ✉ 1180, ✆ (0 2) 343 60 09 – AE E VISA EX r
fermé mardi, merc., fin juil.-début août et fin janv.-début fév. – **Repas** *Lunch 450* – 995.

La Cité du Dragon, chaussée de Waterloo 1024, ✉ 1180, ✆ (0 2) 375 80 80, *Fax (0 2) 375 69 77*, , Cuisine chinoise, ouvert jusqu'à 23 h, « Jardin exotique avec pièces d'eau » – P. AE E VISA GX c
Repas *Lunch 485* – 810/2350.

Le Lion, chaussée de Waterloo 889, ✉ 1180, ✆ (0 2) 374 48 43, *Fax (0 2) 374 41 97*, Cuisine chinoise – AE E VISA FX p
Repas *Lunch 320* – 950/1090.

Le Passage, av. J. et P. Carsoel 13, ✉ 1180, ✆ (0 2) 374 66 94, *Fax (0 2) 374 69 26*, – P. AE E VISA plan p. 8 BN r
fermé sam. midi, dim. et 3 sem. en juil. – **Repas** *Lunch 550* – carte 1300 à 1800.

L'Ascoli, chaussée de Waterloo 940, ✉ 1180, ✆ (0 2) 375 57 75, *Fax (0 2) 375 43 29*, , Cuisine italienne – P. AE E VISA GX g
fermé sam. midi et dim. – **Repas** 850/1060.

Le Petit Prince, av. du Prince de Ligne 16, ✉ 1180, ✆ (0 2) 374 73 03, *Fax (0 2) 381 26 50* – . AE E VISA plan p. 8 BCN s
fermé dim. soir et lundi – **Repas** *Lunch 395* – 795/995.

De Hoef, r. Edith Cavell 218, ✉ 1180, ✆ (0 2) 374 34 17, *Fax (0 2) 375 30 84*, Grillades, « Relais du 17e s. » – AE ⓓ E VISA FX q
fermé du 10 au 31 juil. – **Repas** *Lunch 395* – 795.

Le Clery, r. Général Mac Arthur 3, ✉ 1180, ✆ (0 2) 345 96 33, *Fax (0 2) 345 22 95*, Ouvert jusqu'à 23 h – AE ⓓ E VISA FV e
Repas *Lunch 395* – carte 850 à 1250.

Brasseries Georges, av. Winston Churchill 259, ✉ 1180, ✆ (0 2) 347 21 00, *Fax (0 2) 344 02 45*, Ecailler, ouvert jusqu'à minuit – Ⓟ. AE ⓓ E VISA FV n
Repas *Lunch 600* – 975/1990.

L'Eau Bénite, av. Brugmann 518, ✉ 1180, ✆ (0 2) 347 05 89, *Fax (0 2) 347 08 18*, – AE ⓓ E VISA EX s
fermé sam. midi et dim. – **Repas** *Lunch 425* – 695/895.

Pavillon Impérial, chaussée de Waterloo 1296, ✉ 1180, ✆ (0 2) 374 67 51, *Fax (0 2) 375 99 07*, Cuisine chinoise – . AE ⓓ E VISA plan p. 9 CN u
Repas *Lunch 300* – carte env. 900.

Les Petits Pères, r. Carmélites 149, ✉ 1180, ✆ (0 2) 345 66 71, *Fax (0 2) 345 66 71*, Ouvert jusqu'à 23 h – . AE ⓓ E VISA EV s
fermé dim. et lundi – **Repas** *Lunch 360* – carte env. 1100.

Pasta Commedia, av. J. et P. Carsoel 3, ✉ 1180, ✆ (0 2) 372 06 07, Cuisine italienne, ouvert jusqu'à minuit – Ⓟ. AE ⓓ E VISA plan p. 8 BN a
Repas *Lunch 450* – 980/1080.

WATERMAEL-BOITSFORT (WATERMAAL-BOSVOORDE)

plan p. 9 sauf indication spéciale :

Au Vieux Boitsfort (Gillet), pl. Bischoffsheim 9, ✉ 1170, ✆ (0 2) 672 23 32, *Fax (0 2) 660 22 94*, – AE ⓓ E VISA JCB CN z
fermé sam. midi et dim. – **Repas** (nombre de couvert limité - prévenir) *Lunch 1590* – carte 1900 à 2400
Spéc. Langoustines à la tomate confite et huile d'olives. Manchons de volaille braisés à l'ail doux et truffes. Frangipane de pommes au coulis d'abricots.

Le Bellini, pl. Eug. Keym 4, ✉ 1170, ✆ (0 2) 673 83 83, *Fax (0 2) 662 07 07* – AE ⓓ E VISA plan p. 13 HV a
fermé sam. midi, dim. soir, lundi et 2 sem. en août – **Repas** *Lunch 750* – 1000/1595

Les Rives du Gange, av. de la Fauconnerie 1, ✉ 1170, ✆ (0 2) 672 16 01, *Fax (0 2) 672 43 30*, Cuisine indienne – AE ⓓ E VISA JCB. CN c
Repas *Lunch 695* – 1250.

Au Repos des Chasseurs, av. Charles-Albert 11, ✉ 1170, ✆ (0 2) 660 46 72, *Fax (0 2) 672 12 84*, Avec cuisine italienne – 25 à 80. AE ⓓ E VISA DN m
Repas 850.

L'Humeur Gourmande, av. de Visé 30, ✉ 1170, ✆ (0 2) 675 85 87, Ouvert jusqu'à 23 h. E VISA plan p. 13 HV n
fermé sam. midi, dim. et août – **Repas** *Lunch 750* – carte 1300 à 1700.

L'Entre-Temps, r. Philippe Dewolfs 7, ✉ 1170, ✆ (0 2) 672 87 20, *Fax (0 2) 672 87 20*, Brasserie – AE ⓓ E VISA JCB CN b
fermé mardi soir, merc. et 21 juil.-15 août – **Repas** *Lunch 525* – 895.

Le Dragon, pl. Léopold Wiener 11, ✉ 1170, ✆ (0 2) 675 80 89, Cuisine chinoise – AE ⓓ E VISA CN a
fermé lundis non fériés – **Repas** *Lunch 290* – 450/980.

Le Coriandre, r. Middelbourg 21, ✉ 1170, ✆ (0 2) 672 45 65, *Fax (0 2) 672 45 65* – AE ⓓ E VISA CN n
fermé dim., lundi soir et 18 juil.-16 août – **Repas** *Lunch 550* – 995.

La Maison de Thaïlande, r. Middelbourg 22, ✉ 1170, ✆ (0 2) 672 26 57, *Fax (0 2) 675 90 81*, Cuisine thaïlandaise – AE ⓓ E VISA CN a
fermé mardi, sam. midi et dim. midi – **Repas** carte 850 à 1200.

Le Grill, r. Trois Tilleuls 1, ✉ 1170, ✆ (0 2) 672 95 13, *Fax (0 2) 660 22 94*, Grillades – AE ⓓ E VISA JCB CN r
fermé sam. midi et dim. soir – **Repas** 800.

WOLUWÉ-ST-LAMBERT (SINT-LAMBRECHTS-WOLUWE)

plans p. 7 et 8 sauf indication spéciale :

Sodehotel La Woluwe Ⓜ, av. E. Mounier 5, ✉ 1200, ✆ (0 2) 775 21 11, *Fax (0 2) 770 47 80*, – – 25 à 200. AE ⓓ E VISA. rest DL e
Repas ***Le Lidrus*** carte env. 1400 – 695 – **112 ch** 8200/13200, 8 suites.

Lambeau sans rest, av. Lambeau 150, 1200, (0 2) 732 51 70, *Fax (0 2) 732 54 90* – . AE E VISA plan p. 11 HR u
24 ch 2600/3400.

Mon Manège à Toi, r. Neerveld 1, 1200, (0 2) 770 02 38, *Fax (0 2) 762 95 80,* « Jardin fleuri » – . AE E VISA JCB. DM f
fermé sam. midi, dim. et fin déc. – **Repas** 1850.

Moulin Lindekemale, av. J.-F. Debecker 6, 1200, (0 2) 770 90 57, *Fax (0 2) 762 94 57,* « Ancien moulin à eau » – . AE E VISA. DM a
fermé sam. midi, dim. soir, lundi, sem. Pâques, dern. sem. juil.-prem. sem. août et sem. Noël – **Repas** Lunch 1500 bc – carte env. 1500.

Le Grand Veneur, r. Tomberg 253, 1200, (0 2) 770 61 22, *Fax (0 2) 771 75 63,* « Rustique » – AE E VISA CM k
fermé mardi et août – **Repas** Lunch 495 – 995/1995.

La Badiane, av. Prekelinden 25, 1200, (0 2) 732 15 08, *Fax (0 2) 732 15 08,* – AE E VISA JCB CM h
fermé sam. midi, dim. soir et du 18 au 27 juil. – **Repas** 850/2300.

Oceanis-L'Annexe, r. St-Lambert 202 (dans centre commercial, niveau 0), 1200, (0 2) 771 90 24, *Fax (0 2) 771 94 54,* Ecailler, produits de la mer – . E VISA DM c
fermé dim. – **Repas** 995.

Les Amis du Cep, r. Th. Decuyper 136, 1200, (0 2) 762 62 95, *Fax (0 2) 771 20 32,* – E VISA. DL d
fermé dim. et lundi – **Repas** Lunch 425 – 1250.

WOLUWÉ-ST-PIERRE (SINT-PIETERS-WOLUWE)

- *plans p. 7 et 9 sauf indication spéciale :*

Montgomery , av. de Tervuren 134, 1150, (0 2) 741 85 11, *Fax (0 2) 741 85 00,* , – – 35. AE E VISA JCB.
Repas ***La Duchesse*** *(fermé week-end et jours fériés)* Lunch 1050 - 1500/1790 – 600 – **61 ch** 10400/13300, 2 suites. plan p. 11 HS k

Des 3 Couleurs (Tourneur), av. de Tervuren 453, 1150, (0 2) 770 33 21, *Fax (0 2) 770 80 45,* , « Terrasse » – AE E VISA DN q
fermé sam. midi, dim. soir, lundi et 16 août-15 sept. – **Repas** Lunch 1800 bc – 2000, carte env. 2400
Spéc. Langoustines en brunoise de légumes, sauce au Champagne. Duo de ris et rognon de veau. Gibiers en saison.

Le Vignoble de Margot, av. de Tervuren 368, 1150, (0 2) 779 23 23, *Fax (0 2) 779 05 45,* , , Brasserie avec écailler, « Entouré de vignes, dominant étangs et parc » – . E VISA DM r
fermé sam. midi, dim., jours fériés et 24 déc.-3 janv. – **Repas** carte 1700 à 2000.

Les Deux Maisons, Val des Seigneurs 81, 1150, (0 2) 771 14 47, *Fax (0 2) 771 14 47,* – AE E VISA DM e
fermé dim. soir, lundi, prem. sem. Pâques, 3 prem. sem. août et fin déc. – **Repas** Lunch 650 – 950/1950.

Medicis, av. de l'Escrime 124, 1150, (0 2) 779 07 00, *Fax (0 2) 779 19 24,* – AE E VISA DM w
fermé sam. midi et dim. – **Repas** Lunch 525 – 950/1650.

La Salade Folle, av. Jules Dujardin 9, 1150, (0 2) 770 19 61, *Fax (0 2) 771 69 57,* – AE E VISA DM s
fermé dim. soir, lundi et 21 juil.-10 août – **Repas** Lunch 485 – carte env. 1300.

Le Mucha, av. Jules Dujardin 23, 1150, (0 2) 770 24 14, *Fax (0 2) 770 24 14,* , Avec cuisine italienne, ouvert jusqu'à 23 h – AE E VISA DM s
fermé dim. et du 1er au 22 sept. – **Repas** Lunch 460 – 850/1250.

ENVIRONS DE BRUXELLES

à Alsemberg *par chaussée d'Alsemberg* BP *: 12 km plan p. 8* C *Beersel 22 746 h.* – *1652 Alsemberg :*

't Hoogveld, Alsembergsesteenweg 1057, (0 2) 380 30 30, *Fax (0 2) 381 06 07,* , « Jardin » – . AE E VISA
fermé lundi soir, merc. soir et jeudi – **Repas** Lunch 595 – 895/1495.

à Beersel - *plan p. 8 – 22 746 h.* – *1650 Beersel :*

3 Fonteinen, Herman Teirlinckplein 3, (0 2) 331 06 52, *Fax (0 2) 331 07 03,* , Taverne-rest, avec spécialités à la bière régionale – AE E VISA AP v
fermé mardi, merc. et fin déc.-début janv. – **Repas** carte 850 à 1200.

à Diegem *autoroute Bruxelles-Zaventem sortie Diegem - plan p. 7 - Machelen 11 582 h. – 1831 Diegem :*

Holiday Inn Airport, Holidaystraat 7, (0 2) 720 58 65, *Fax (0 2) 720 41 45*, – 25 à 400. rest DL w
Repas (ouvert jusqu'à 23 h) Lunch 1195 bc – carte 1000 à 1650 – 675 – **310 ch** 9000 – ½ P 10670/11920.

Sofitel Airport, Bessenveldstraat 15, (0 2) 713 66 66, *Fax (0 2) 721 43 45*, – – 25 à 300. rest DL x
Repas ***La Pléiade*** *(fermé vend. soir, sam. et dim.)* 1450 – 750 – **125 ch** 10000/13000 – ½ P 12200/15200.

Novotel Airport, Olmenstraat, (0 2) 725 30 50, *Fax (0 2) 721 39 58*, – – 25 à 100. DK y
Repas (ouvert jusqu'à minuit) carte env. 1200 – 500 – **207 ch** 5450/5650.

Rainbow Airport M, Berkenlaan 4, (0 2) 721 77 77, *Fax (0 2) 721 55 96*, – – 25 à 80. DL a
Repas *(fermé sam., dim., Noël et Nouvel An)* Lunch 590 – 850 – **99 ch** 5500/5900.

Holiday Inn Express M sans rest, Berkenlaan 5, (0 2) 725 33 80, *Fax (0 2) 725 38 10* – – 25 à 180. DL r
79 ch 4750.

Ibis Airport, Bessenveldstraat 17, (0 2) 725 43 21, *Fax (0 2) 725 40 40*, – rest, – 25 à 60. DL z
Repas Lunch 450 – 850 – 300 – **96 ch** 3500.

Diegemhof, Calenbergstraat 51, (0 2) 720 11 34, *Fax (0 2) 720 14 87*, – DL b
fermé sam., dim. et juil. – **Repas** Lunch 1500 – carte 1300 à 2200.

à Dilbeek *par ⑧ : 7 km - plans p. 6 et 8 – 37 521 h. – 1700 Dilbeek :*

Relais Delbeccha , Bodegemstraat 158, (0 2) 569 44 30, *Fax (0 2) 569 75 30*, – – 25 à 120.
Repas *(fermé dim. soir)* 1025/1550 – **12 ch** 2950/4500 – ½ P 3000/3275.

Host. d'Arconati avec ch, d'Arconatistraat 77, (0 2) 569 35 00, *Fax (0 2) 569 35 04*, « Terrasse fleurie », – – 60.
Repas *(fermé dim. soir, lundi et mardi)* 1795 bc – **4 ch** 2000/3000.

à Drogenbos *- plan p. 8 – 4 693 h. – 1620 Drogenbos :*

Campanile, av. W.A. Mozart 11, (0 2) 331 19 45, *Fax (0 2) 331 25 30*, – – 25 à 50. AN n
Repas (avec buffet) Lunch 470 – 725 – 280 – **75 ch** 2400 – ½ P 2995.

à Dworp *(Tourneppe) par ⑥ : 16 km - plan p. 8 Beersel 22 746 h. – 1653 Dworp :*

Kasteel Gravenhof , Alsembergsesteenweg 676, (0 2) 380 44 99, *Fax (0 2) 380 40 60*, « Environnement boisé, étang », – – 25 à 120. ch
Repas (Taverne-rest) Lunch 625 – carte env. 1200 – 395 – **24 ch** 4850 – ½ P 4570/4795.

à Grimbergen *au Nord par N 202 BK : 11 km - plan p. 6 – 32 637 h. – 1850 Grimbergen :*

Abbey, Kerkeblokstraat 5, (0 2) 270 08 88, *Fax (0 2) 270 81 88*, – rest, – 30 à 200. ch
fermé juil. – **Repas *'t Wit Paard*** *(fermé sam. et dim.)* Lunch 1250 - carte 1850 à 2350 – 500 – **28 ch** 4200/5500 – ½ P 5950.

à Groot-Bijgaarden *- plan p. 6 - Dilbeek 37 521 h. – 1702 Groot-Bijgaarden :*

Waerboom, Jozef Mertensstraat 140, (0 2) 463 15 00, *Fax (0 2) 463 10 30*, – – 25 à 270. AL r
fermé mi-juil.-mi-août – **Repas** (résidents seult) – **35 ch** 3500/4600 – ½ P 3500/4600.

Gosset M, Alfons Gossetlaan 52, (0 2) 466 21 30, *Fax (0 2) 466 18 50*, – – 25 à 200. ch AL a
fermé 23 déc.-4 janv. – **Repas** Lunch 350 – carte 1000 à 1450 – **48 ch** 2000/4100.

De Bijgaarden, I. Van Beverenstraat 20 (près du château), (0 2) 466 44 85, *Fax (0 2) 463 08 11*, – AL c
fermé du 4 au 12 avril, 15 août-6 sept., du 2 au 4 janv., sam. midi, dim. et jours fériés – **Repas** Lunch 2150 – 3250/4500, carte 3350 à 4300
Spéc. St-Jacques marinées aux truffes blanches du Piémont (oct.-déc.). Turbot rôti "château" et béarnaise de homard. Pigeon de Vendée à la presse.

XXXX **Michel** (Coppens), Schepen Gossetlaan 31, ☎ (0 2) 466 65 91, *Fax (0 2) 466 90 07*, – P. AE ⓞ E VISA AL d
fermé dim., lundi et août – **Repas** *Lunch 1600* – 2250, carte env. 2400
Spéc. Foie d'oie poché sur pannequet de laitue et sirop de Porto. Saumurage de turbot au citron confit. Saumon mariné, légèrement fumé et mousse de courgettes.

à Hoeilaart *- plan p. 9 – 9 666 h. – ✉ 1560 Hoeilaart :*

Groenendaal, Groenendaalsesteenweg 145 (à Groenendaal), ☎ (0 2) 657 94 47, *Fax (0 2) 657 20 30*, – TV ☎ P. AE ⓞ E VISA JCB DP a
Repas *(fermé sam. et dim.)* 980/1595 – **8 ch** 3100/4500 – ½ P 3800/5300.

XX **Aloyse Kloos,** Terhulpsesteenweg 2 (à Groenendaal), ☎ (0 2) 657 37 37, , « En lisière de forêt » – P. AE ⓞ E VISA JCB DP f
fermé dim. soir, lundi et fin juil.-août – **Repas** *Lunch 1450* – 2350 bc, carte env. 2300
Spéc. Ravioles de champignons des bois aux truffes. Jambon marbré aux truffes, poché au foin (déc.-mars). Poulet fermier aux morilles.

X **Bollewinkel,** Groenendaalsesteenweg 94 (à Groenendaal), ☎ (0 2) 657 24 34, *Fax (0 2) 657 14 19*, – ▤. AE ⓞ E VISA. DP h
fermé sam. midi, dim. soir, lundi et 29 août-20 sept. – **Repas** 1250/1850.

X **Tissens,** Groenendaalsesteenweg 105 (à Groenendaal), ☎ (0 2) 657 04 09, Anguilles – P. ⓞ E VISA DP k
fermé merc., jeudi, juil. et fin déc.-début janv. – **Repas** carte env. 1400.

à Huizingen *par ⑥ : 12 km - plan p. 8* C *Beersel 22 746 h. – ✉ 1654 Huizingen :*

XXX **Terborght,** Oud Dorp 16 (près E 19, sortie ⑮), ☎ (0 2) 380 10 10, *Fax (0 2) 380 10 97*, , « Rustique » – ▤ P. AE ⓞ E VISA.
fermé dim. soir, lundi, mardi soir, carnaval et 15 juil.-15 août – **Repas** *Lunch 1500 bc* – 1850.

à Kobbegem *par ⑩ : 11 km - plan p. 6* C *Asse 27 442 h. – ✉ 1730 Kobbegem :*

XXX **De Plezanten Hof,** Broekstraat 2, ☎ (0 2) 452 89 39, *Fax (0 2) 452 99 11*, – P. AE ⓞ E VISA
fermé mardi soir, merc., dim. soir, 1 sem. carnaval et 21 juil.-13 août – **Repas** *Lunch 1150* – 1750/1950.

à Kortenberg *par ② : 15 km - plan p. 7 – 17 012 h. – ✉ 3070 Kortenberg :*

XX **Hof te Linderghem,** Leuvensesteenweg 346, ☎ (0 2) 759 72 64, *Fax (0 2) 759 66 10* – P. AE E VISA
fermé lundi soir, mardi et juil. – **Repas** *Lunch 1100* – carte 1700 à 2400.

à Kraainem *- plan p. 7 – 12 934 h. – ✉ 1950 Kraainem :*

XX **d'Oude Pastorie,** Pastoorkesweg 1 (Park Jourdain), ☎ (0 2) 720 63 46, *Fax (0 2) 720 63 46*, « Dans un parc avec étang » – P. AE ⓞ E VISA. DL j
fermé du 5 au 12 avril, 16 août-6 sept., lundi soir et jeudi – **Repas** *Lunch 1200* – carte 1400 à 1700.

à Linkebeek *- plan p. 8 – 4 630 h. – ✉ 1630 Linkebeek :*

XX **Le Saint-Sébastien,** r. Station 90, ☎ (0 2) 380 54 90, *Fax (0 2) 380 54 41*, – P. ⓞ E VISA BP k
fermé lundi et mi-août-mi-sept. – **Repas** *Lunch 750* – 1150/1450.

X **Le Petit Coq,** r. St-Sébastien 41, ☎ (0 2) 380 93 32, *Fax (0 2) 380 93 32*, , Taverne-rest – P. ⓞ E VISA. BP c
fermé lundi midi, mardi midi et 23 déc.-2 janv. – **Repas** *Lunch 395* – carte env. 1200.

à Machelen *- plan p. 7 – 11 582 h. – ✉ 1830 Machelen :*

XXX **Pyramid** (D'Haese), Heirbaan 210, ☎ (0 2) 253 54 56, *Fax (0 2) 253 47 65*, , « Décor moderne, terrasse avec jardin paysagé » – P. AE ⓞ E VISA JCB. DK m
fermé sam. midi, dim., lundi soir, 1 sem. après Pâques, fin juil.-début août et fin déc. – **Repas** *Lunch 1300* – 1750/3250 bc, carte 2000 à 2600
Spéc. Confit de cailles aux épinards crus, croûtons et lardons. Soupe au pistou et homard norvégien. Ris de veau braisé à brun Zingara.

à Meise *par ⑪ : 14 km - plan p. 6 – 17 979 h. – ✉ 1860 Meise :*

XXX **Aub. Napoléon,** Bouchoutlaan 1, ☎ (0 2) 269 30 78, *Fax (0 2) 269 79 98*, Grillades – P. AE ⓞ E VISA
fermé août – **Repas** *Lunch 1450* – carte 1850 à 2200.

XXX **Koen Van Loven,** Brusselsesteenweg 11, ☎ (0 2) 270 05 77, *Fax (0 2) 270 05 46*, – 25 à 150. AE ⓞ E VISA
fermé dim. soir, lundi, sem. carnaval, vacances Pâques et 1re quinz. août – **Repas** *Lunch 1175* – 1545/1845.

à Melsbroek *par Nieuwe Haachtsesteenweg* DK *: 14 km - plan p. 7* Ⓒ *Steenokkerzeel 10 184 h. - ✉ 1820 Melsbroek :*

XXX **Boetfort,** Sellaerstraat 42, ☎ (0 2) 751 64 00, *Fax (0 2) 751 62 00,* ☂, « Château du 17e s., parc » – Ⓟ – 25 à 40. AE ① E VISA. ✻
fermé merc. soir, sam. midi, dim. et sem. carnaval – **Repas** Lunch 1200 – 1950/2400.

à Nossegem *par ② : 13 km - plan p. 7* Ⓒ *Zaventem 26 559 h.* – ✉ *1930 Nossegem :*

XX **Roland Debuyst,** Leuvensesteenweg 614, ☎ (0 2) 757 05 59, *Fax (0 2) 759 50 08,* ☂ – Ⓟ. AE ① E VISA
fermé sam. midi, dim., lundi soir et 2 sem. en août – **Repas** Lunch 1350 – 1900.

à Overijse *par ④ : 16 km - plan p. 9 – 23 726 h.* – ✉ *3090 Overijse :*
ℹ *Justus Lipsiusplein 9,* ☎ *687 64 23, Fax 687 77 22*

XXXX ✿ **Barbizon** (Deluc), Welriekendedreef 95 (à Jezus-Eik), ☎ (0 2) 657 04 62, *Fax (0 2) 657 40 66,* ☂, « Villa de style normand, terrasse et jardin en lisière de forêt » – Ⓟ. AE E VISA DN n
fermé mardi, merc., fév. et fin juil.-début août – **Repas** Lunch 1425 – 1750/3250, carte 2500 à 2900
Spéc. Pistou de langoustines rôties, salades amères et semoule. Gibiers (sept.-janv.). Filet de rouget au thym citron et confit d'agneau aux olives et basilic.

XX **Aub. Bretonne,** Brusselsesteenweg 670 (à Jezus-Eik), ☎ (0 2) 657 11 11, *Fax (0 2) 657 11 11* – Ⓟ. E VISA DN r
fermé mardi, merc. et juil. – **Repas** 880/1680.

XX ⊛ **Den Zilv'ren Uil,** Brusselsesteenweg 505 (NO : 2 km à Jezus-Eik), ☎ (0 2) 657 28 75, *Fax (0 2) 657 28 75* – Ⓟ. AE ① E VISA
fermé du 15 au 25 fév., du 2 au 12 août, merc. et jeudi – **Repas** 800/1700.

X **Istas,** Brusselsesteenweg 652 (à Jezus-Eik), ☎ (0 2) 657 05 11, *Fax (0 2) 657 05 11,* ☂, Taverne-rest – Ⓟ. E VISA DN s
fermé merc., jeudi et août – **Repas** carte 850 à 1350.

à Schepdaal *par ⑧ : 12 km - plans p. 6 et 8* Ⓒ *Dilbeek 37 521 h.* – ✉ *1703 Schepdaal :*

🏠 **Lien Zana,** Ninoofsesteenweg 1022, ☎ (0 2) 569 65 25, *Fax (0 2) 569 64 64,* ☂, ≘s – |‡|, ▤ rest, TV ☎ Ⓟ – 25. AE ① E VISA
fermé 19 juil.-9 août et 24 déc.-3 janv. – **Repas** (Taverne-rest) *(fermé lundi midi et mardi midi)* carte env. 900 – **27 ch** ☐ 2850/4500.

à Sint-Genesius-Rode (Rhode-St-Genèse) *par ⑤ : 13 km - plan p. 9 – 18 099 h.* – ✉ *1640 Sint-Genesius-Rode :*

🏨 **Aub. de Waterloo,** chaussée de Waterloo 212, ☎ (0 2) 358 35 80, *Fax (0 2) 358 38 06* – |‡| ✂ ▤ TV ☎ Ⓟ – 25 à 70. AE ① E VISA
Repas voir rest ***L'Arlecchino*** ci-après – **83 ch** ☐ 2450/6800.

XX **L'Arlecchino** - H. Aub. de Waterloo, chaussée de Waterloo 212, ☎ (0 2) 358 34 16, *Fax (0 2) 358 28 96,* ☂, Cuisine italienne, avec trattoria – ▤ Ⓟ. AE ① E VISA. ✻
fermé août – **Repas** 895/1280.

XX **Michel D,** r. Station 182, ☎ (0 2) 381 20 66, *Fax (0 2) 381 20 66,* ☂ – Ⓟ. AE ① E VISA
fermé merc., sam. midi, dim. soir et 20 juil.-15 août – **Repas** Lunch 690 – 1500.

X **Bois Savanes,** chaussée de Waterloo 208, ☎ (0 2) 358 37 78, *Fax (0 2) 358 37 78,* ☂, Cuisine thaïlandaise – Ⓟ. AE ① E VISA
fermé lundi midi, mardi midi et 3 dern. sem. août – **Repas** Lunch 495 – carte env. 1100.

X **L'Alter Ego,** Parvis Notre-Dame 15, ☎ (0 2) 358 29 15, *Fax (0 2) 358 29 15,* ☂ – AE ① E VISA JCB
fermé dim., lundi et 25 août-25 sept. – **Repas** (déjeuner seult sauf vend. et sam.) Lunch 380 – carte env. 1100.

à Sint-Pieters-Leeuw *SO : 13 km par Brusselbaan* AN *- plan p. 8 – 29 800 h.* – ✉ *1600 Sint-Pieters-Leeuw :*

🏨 **Green Park** M ⛰, V. Nonnemanstraat 15, ☎ (0 2) 331 19 70, *Fax (0 2) 331 03 11,* ☂, « Au bord d'un étang », Fδ, ☂ – |‡| TV ☎ ⇔ Ⓟ – 25 à 100. AE ① E VISA JCB. ✻ rest
fermé juil. – **Repas** *(fermé vend.)* Lunch 450 – carte 1150 à 1550 – **18 ch** ☐ 3850/4350 – ½ P 3175.

à Strombeek-Bever *- plan p. 6 -* Ⓒ *Grimbergen 32 637 h.* – ✉ *1853 Strombeek-Bever :*

🏨 **Alfa Rijckendael** M ⛰, Luitberg 1, ☎ (0 2) 267 41 24 et 267 55 00 (rest), *Fax (0 2) 267 94 01,* ☂, ≘s – |‡| TV ☎ ⇔ Ⓟ – 25 à 40. AE ① E VISA BK c
Repas *(fermé merc.)* Lunch 880 bc – carte 1700 à 2350 – **49 ch** ☐ 4600/5100 – ½ P 2550/3350.

Clarine, Romeinsesteenweg 572, (0 2) 461 00 21, *Fax (0 2) 461 04 84* – – 25 à 80. AE E VISA BK k
Repas (Taverne-rest) 1190 – **75 ch** 3950/4250.

Aub. Van Strombeek, Temselaan 6, (0 2) 460 64 67, *Fax (0 2) 460 06 70,* – . AE E VISA JCB. BK f
fermé dim. et 3 sem. en août – **Repas** *(fermé merc. soir, sam. midi et dim.)* 1100 – **10 ch** 1900/2500.

Val Joli, Leestbeekstraat 16, (0 2) 460 65 43, *Fax (0 2) 460 04 00,* , « Terrasse et jardin » – . AE E VISA BK p
fermé lundi, mardi, 2 sem. en juin et 2 sem. en nov. – **Repas** Lunch 480 – 995/1590.

't Stoveke, Jetsestraat 52, (0 2) 267 67 25, *Fax (0 2) 267 54 89,* , Produits de la mer – AE E VISA BK q
fermé dim., lundi, jours fériés, 3 sem. en juin, Noël et Nouvel An – **Repas** Lunch 1190 – carte 1600 à 2550.

Blink, Sint-Amandsstraat 52, (0 2) 267 37 67, *Fax (0 2) 267 37 67,* – AE E VISA
fermé du 7 au 31 juil., 24 déc.-1er janv., sam. midi, dim. et lundi – **Repas** Lunch 695 – 1250. BK h

à Tervuren *par ③ : 14 km - plan p. 9 – 20 159 h. – ✉ 3080 Tervuren :*

De Linde, Kerkstraat 8, (0 2) 767 87 42, – AE E VISA.
fermé du 15 au 25 mars, du 7 au 17 juin, 30 août-9 sept., lundi soir, mardi et sam. midi – **Repas** Lunch 480 – 895/1695.

à Vilvoorde *(Vilvorde) - plans p. 6 et 7 – 33 806 h. – ✉ 1800 Vilvoorde :*

Campanile, Luchthavenlaan 2, (0 2) 253 97 67, *Fax (0 2) 253 97 69,* – – 25 à 160. AE E VISA DK a
Repas (avec buffet) Lunch 470 – 580/725 – 280 – **85 ch** 2400.

de Rembrandt, Lange Molensstraat 60, (0 2) 251 04 72, , « Dans une tour de guet du 15e s. » – AE E VISA. CK c
fermé sam. et 21 juil.-15 août – **Repas** (déjeuner seult sauf mardi et jeudi) carte 1550 à 2300.

De Met 1er étage, Grote Markt 7, (0 2) 253 30 00, *Fax (0 2) 253 31 00,* Avec taverne-rest, « Ancien marché couvert de style Art Déco » – 25 à 400. AE E VISA. CK r
fermé dim. – **Repas** Lunch 1375 bc – carte env. 1900.

'T Puur Toeval, Rooseveltlaan 18, (0 2) 253 68 39, *Fax (0 2) 253 68 39,* – AE E VISA CDK s
fermé sam. midi, dim., lundi soir, 1 sem. carnaval et 19 juil.-9 août – **Repas** Lunch 795 – 1095/1395.

à Vlezenbeek *O : 11 km par N 282 AN - plan p. 8 C Sint-Pieters-Leeuw 29 800 h. – ✉ 1602 Vlezenbeek :*

In de Kroon, Dorp 49, (0 2) 569 05 25, – AE E VISA
fermé mardi soir et merc. – **Repas** Lunch 950 – 1250/1850.

Van Gogh, Dorp 21, (0 2) 532 22 09, *Fax (0 2) 532 26 95,* – AE E VISA
Repas Lunch 325 – 890/1250.

à Wemmel *- plan p. 6 – 13 773 h. – ✉ 1780 Wemmel :*

Le Gril aux herbes d'Evan, Brusselsesteenweg 21, (0 2) 460 52 39, *Fax (0 2) 461 19 12,* – AE E VISA AK t
fermé du 1er au 20 juil., du 25 au 31 déc., merc. et sam. midi – **Repas** Lunch 895 – 1600/1950.

Barlow's, Romeinse Steenweg 960, (0 2) 460 61 51, *Fax (0 2) 460 61 51,* – AE E VISA BK u
fermé merc., sam. midi, dim. soir et 22 juil.-21 août – **Repas** Lunch 750 – 995/1500.

Parkhof "Beverbos", Parklaan 7, (0 2) 460 42 89, *Fax (0 2) 460 25 10,* , « Terrasse sur parc public » – . AE E VISA JCB AK s
fermé merc. et fin sept.-début oct. – **Repas** Lunch 950 – 1200/2000.

à Wezembeek-Oppem *par ② : 11 km - plan p. 7 – 13 680 h. – ✉ 1970 Wezembeek-Oppem :*

L'Aub. Saint-Pierre, Sint-Pietersplein 8, (0 2) 731 21 79, *Fax (0 2) 731 28 28,* – AE E VISA
fermé sam. midi, dim., jours fériés, 15 juil.-15 août et 24 déc.-3 janv. – **Repas** Lunch 980 – carte 1650 à 2100.

à Zaventem *- plan p. 7 – 26 559 h. – ✉ 1930 Zaventem :*

Sheraton Airport, à l'aéroport (NE par A 201), (0 2) 725 10 00, *Telex 27085, Fax (0 2) 725 11 55,* – – 25 à 600. AE E VISA JCB DK a
Repas ***Concorde*** Lunch 1450 - carte 2000 à 2550 – ***Lindbergh Taverne*** (ouvert jusqu'à 23 h 30) Lunch 770 - carte 850 à 1350 – 840 – **297 ch** 11400/13400, 2 suites.

XX **Stockmansmolen** 1er étage, H. Henneaulaan 164, ☎ (0 2) 725 34 34, *Fax (0 2) 725 75 05*, Avec taverne-rest, « Ancien moulin à eau » – ▤ P. AE ⓓ E VISA DL c
fermé sam., dim., 18 juil.-10 août, Noël et Nouvel An – **Repas** *Lunch 1725* – carte 2400 à 2800.

à Zellik *par ⑩ : 8 km - plan p. 6* C *Asse 27 442 h.* – ✉ *1731 Zellik :*

XX **Angelus,** Brusselsesteenweg 433, ☎ (0 2) 466 97 26, *Fax (0 2) 466 83 84*, 🍽 – P. AE ⓓ E VISA AL e
fermé lundi et juil. – **Repas** *Lunch 1295 bc* – 995/1595.

Voir aussi : **Waterloo** *par ⑥ : 17 km - plan p. 8*

S.A. MICHELIN BELUX, Quai de Willebroek 33 EQ – ✉ 1000, ☎ (0 2) 274 42 11, Fax (0 2) 274 42 12

BUGGENHOUT *9255 Oost-Vlaanderen* 213 *⑥ et* 909 *F 2 – 13 702 h.*

Bruxelles 27 – Gent 44 – Antwerpen 32 – Mechelen 22.

X **Servaeshof,** Vitsstraat 41, ☎ (0 52) 33 29 15 – P. E VISA. ✻
fermé mardi soir et merc. – **Repas** *Lunch 495* – carte 1400 à 1700.

BUKEN *1910 Vlaams-Brabant* C *Kampenhout 10 646 h.* 213 *⑦.*

Bruxelles 22 – Antwerpen 42 – Leuven 10 – Liège 68 – Namur 64 – Turnhout 74.

XX **de notelaar,** Bukenstraat 142, ☎ (0 16) 60 52 69, *Fax (0 16) 60 69 09*, 🍽 – ▤ P. AE ⓓ E VISA
fermé mardi soir, merc., jeudi, 15 fév.-15 mars et 19 juil.-13 août – **Repas** 1075/1750.

BÜLLINGEN (BULLANGE) *4760 Liège* 214 *⑨ et* 909 *L 4 – 5 213 h.*

Bruxelles 169 – Liège 77 – Aachen 57.

X **Kreutz,** Hauptstr. 131, ☎ (0 80) 64 79 03, *Fax (0 80) 64 76 05* – ▤ P. E VISA
fermé lundi soir et merc. soir – **Repas** *Lunch 850* – carte env. 1400.

BURG-REULAND *4790 Liège* 214 *⑨ et* 909 *L 5 – 3 782 h.*

Voir *Donjon* ≤★.

Bruxelles 184 – Liège 95.

Val de l'Our 🔇, Dorfstr. 150, ☎ (0 80) 32 90 09, *Fax (0 80) 32 97 00*, « Environnement boisé », 🏋, ≘s, 🏊, 🌳 – ▤ rest, TV ☎ P – 🏛 25. ✻
fermé 25 mars-2 avril – **Repas** (hors saison ouvert seult le week-end) (dîner seult jusqu'à 20 h) 950/1450 – **15 ch** ☕ 2800/3250 – ½ P 2100/2500.

Paquet 🔇, Lascheid 43 (SO : 1 km, lieu-dit Lascheid), ☎ (0 80) 32 96 24, *Fax (0 80) 32 98 22*, ≤ campagne vallonnée – TV ☎ P. ⓓ E VISA. ✻
fermé dim. soir et lundi hors saison, 21 juin-4 juil. et du 20 au 26 sept. – **Repas** (résidents seult) – **14 ch** ☕ 1450/2500 – ½ P 1600/1800.

à Ouren *S : 9 km* C *Burg-Reuland* – ✉ *4790 Burg-Reuland :*

Dreiländerblick 🔇, Dorfstr. 29, ☎ (0 80) 32 90 71, *Fax (0 80) 32 93 88*, ≤, 🍽, « Terrasse », ≘s – ☎ P. ✻
fermé 27 juin-9 juil., 27 sept.-8 oct. et du 1er au 21 janv. – **Repas** *(fermé mardi hors saison et après 20 h 30) Lunch 600* – carte 1100 à 1500 – **17 ch** ☕ 2100/2550, 1 suite – ½ P 1950/2050.

Rittersprung 🔇, Dorfstr. 19, ☎ (0 80) 32 91 35, *Fax (0 80) 32 93 61*, ≤, 🍽, ≘s – P. ✻
fermé lundis non fériés sauf en saison – **Repas** (résidents seult) – **15 ch** ☕ 1700/2800 – ½ P 2100.

BÜTGENBACH *4750 Liège* 214 *⑨ et* 909 *L 4 – 5 423 h.*

🅱 *Centre Worriken 1 (au lac)* ☎ *(0 80) 44 63 58, Fax (0 80) 44 70 89.*

Bruxelles 164 – Liège 72 – Aachen 52.

Bütgenbacher Hof 🔇, Marktplatz 8, ☎ (0 80) 44 42 12, *Fax (0 80) 44 48 77*, 🍽, « Terrasse » – |‡| TV ☎ P – 🏛 40. AE ⓓ VISA. ✻
fermé 2 sem. Pâques et 2 sem. en juil. – **Repas** *(fermé lundi soir, mardi et après 20 h 30) Lunch 500* – carte 1350 à 1700 – **22 ch** ☕ 2000/3000, 2 suites – ½ P 2500.

Lindenhof 🔇 sans rest, Neuerweg 1 (O : 3 km, lieu-dit Weywertz), ☎ (0 80) 44 50 86, *Fax (0 80) 44 48 26* – TV ☎ P. ✻
fermé du 1er au 15 déc. – **12 ch** ☕ 1600/2600.

du Lac, Seestr. 53, ☎ (0 80) 44 64 13, *Fax (0 80) 44 44 55*, ... – ... E VISA. ...
fermé avril et mardis soirs, merc. et jeudis d'oct. à mars – **Repas** (résidents seult) – **28 ch** 1800/3200 – ½ P 1800/2300.

Seeblick ..., Zum Konnenbusch 24 (NE : 3 km, lieu-dit Berg), ☎ (0 80) 44 53 86, *Fax (0 80) 44 53 86*, ≤ lac, ..., ... – ... .
fermé 28 juin-15 juil. – **Repas** (dîner pour résidents seult) – **12 ch** 1000/2000 – ½ P 1300/1500.

La Belle Époque, Bahnhofstr. 85 (O : 3 km, lieu-dit Weywertz), ☎ (0 80) 44 55 43 – ... AE ... E VISA
fermé merc., 2 sem. en mars et 2 sem. en sept. – **Repas** *Lunch 525* – 995/1690.

Vier Jahreszeiten ... avec ch, Bermicht 8 (N : 3 km, lieu-dit Nidrum), ☎ (0 80) 44 56 04, *Fax (0 80) 44 49 30*, ..., « Intérieur de style autrichien », ... – ... .
fermé 1re quinz. juil., 1re quinz. janv. et mardi soir et merc. sauf vacances scolaires – **Repas** 750/1750 – **15 ch** 1450/2500 – ½ P 2000/2500.

CASTEAU *Hainaut* 213 ⑰ et 909 F 4 – *voir à Soignies.*

CELLES *Namur* 214 ⑤ et 909 I 5 – *voir à Houyet.*

CERFONTAINE *5630 Namur* 214 ③ et 909 G 5 – *4 211 h.*
Bruxelles 100 – Charleroi 38 – Dinant 45 – Maubeuge 44.

à Soumoy *NE : 3 km* C *Cerfontaine* – ✉ *5630 Soumoy :*

Relais du Surmoy ..., r. Bironfosse 38, ☎ (0 71) 64 32 13, *Fax (0 71) 64 47 09*, ... – ... – ... 25 à 80. AE E VISA
fermé 17 janv.-1er fév. – **Repas** *(fermé mardi) Lunch 350* – 850/1500 – **24 ch** 2000/2400 – ½ P 1950.

CÉROUX-MOUSTY *Brabant Wallon* 213 ⑲ et 909 G 4 – *voir à Ottignies.*

CHAMPLON *6971 Luxembourg belge* C *Tenneville 2 426 h.* 214 ⑦ et 909 J 5.
Bruxelles 127 – Arlon 61 – Namur 66 – La Roche-en-Ardenne 15.

Host. de la Barrière avec ch, rte de la Barrière 31, ☎ (0 84) 45 51 55, *Fax (0 84) 45 59 22*, ... – ... – ... 25 à 40. AE ... E VISA
Repas *Lunch 850* – 1250/2150 – **15 ch** 1700/2650 – ½ P 2000.

CHARLEROI

6000 Hainaut 214 ③ et 909 G 4 – 204 899 h.

Bruxelles 61 ① – Liège 92 ③ – Lille 123 ① – Namur 38 ③.

Plan de Charleroi	p. 2
Nomenclature des hôtels et des restaurants	p. 3 et p. 4

RENSEIGNEMENTS PRATIQUES

Maison communale annexe, av. Mascaux 100 à Marcinelle par ⑤ ☏ (071) 86 61 52, Fax (071) 47 33 02 – Pavillon, Square de la Gare du Sud ☏ (071) 31 82 18.

18 *à Frasnes-lez-Gosselies (Les-Bons-Villers) N : 13 km, Chemin du Grand Pierpont 1 ☏ (071) 85 17 75, Fax (071) 85 15 43.*

CURIOSITÉS

Musées : *du verre★* BYZ **M** – *à Mont-sur-Marchienne par ⑤ : de la Photographie★.*
Env. *Abbaye d'Aulne★ : chevet et transept★★ de l'église abbatiale par ⑤ : 13 km.*

RÉPERTOIRE DES RUES DU PLAN DE CHARLEROI

Albert-1er (Pl.) . . . . ABZ
Alliés (Av. des) . . . . AZ
Arthur-Decoux (R.) . . . . AY
Audent (Bd) . . . . ABZ
Baudouin (Pont) . . . . AZ 3
Brabant (Quai de) . . . . ABZ
Brigade-Piron (R.) . . . . BZ
Broucheterre (R. de la) . . . ABY
Bruxelles (Chée de) . . . . . . AY
Charleroi (Chée de) . . . . . . BZ
Charles-II (Pl.) . . . . BZ 10
Defontaine (Bd) . . . . BYZ
Digue (Pl. de la) . . . . AZ
Écluse (R. de l') . . . . BZ 21
Émile-Buisset (Pl.) . . . . AZ 23
Émile-Devreux (Bd) . . . . BZ 24
Émile-Tumelaire (R.) . . . . . . BZ
Europe (Av. de l') . . . . AYZ
Flandre (Quai de) . . . . AZ 25
Fort (R. du) . . . . ABY
Fr.-Dewandre (Bd) . . . . BY 30
Gare du Sud (Quai de la) . . AZ
Général-Michel (Av.) . . . . . . BZ
Grand-Central (R. du) . . . . AZ
Grand'Rue . . . . BY
G.-Roullier (Bd) . . . . BY
Heigne (R. de) . . . . AY
Isaac (R.) . . . . BY
Jacques-Bertrand (Bd) . . . . ABY
Jean Monnet (R.) . . . . AZ 35
Joseph-Hénin (Bd) . . . . BY 37
Joseph-Tirou (Bd) . . . . ABZ
Joseph-Wauters (R.) . . . . . . AY
Joseph-II (Bd) . . . . BY
Jules-Destrée (R.) . . . . BY
Lebeau (R.) . . . . BY 38
Léon-Bernus (R.) . . . . BY
Mambourg (R. du) . . . . BY
Manège (Pl. du) . . . . BY 41
Marcinelle (R. de) . . . . BZ 43
Mayence (Bd P.) . . . . BZ 44
Mons (Route de) . . . . AZ
Montagne (R. de la) . . . . . ABZ 45
Montigny (R. de) . . . . BZ
Neuve (R.) . . . . BY 48
Olof Palme (Pont) . . . . AZ 49
Orléans (R. d') . . . . BZ 50
Paix (R. de la) . . . . BZ
Paul-Janson (Bd) . . . . BY
Paul-Pastur (Av.) . . . . AZ
P.-J. Lecomte (R.) . . . . AY
Pont-Neuf (R. du) . . . . BZ
Régence (R. de la) . . . . BY 58
Roton (R. du) . . . . ABY
Saint-Charles (R.) . . . . BZ
Science (R. de la) . . . . BYZ
Solvay (Bd) . . . . BY 61
Spinois (R.) . . . . BY
Turenne (R.) . . . . AZ
Villette (R. de la) . . . . AZ
Waterloo (Av. de) . . . . BY 69
Willy-Ernst (R.) . . . . BZ
Yser (Bd de l') . . . . AZ
Zenobe-Gramme (R.) . . . . . BY 73
Zoé-Dryon (Bd) . . . . BY

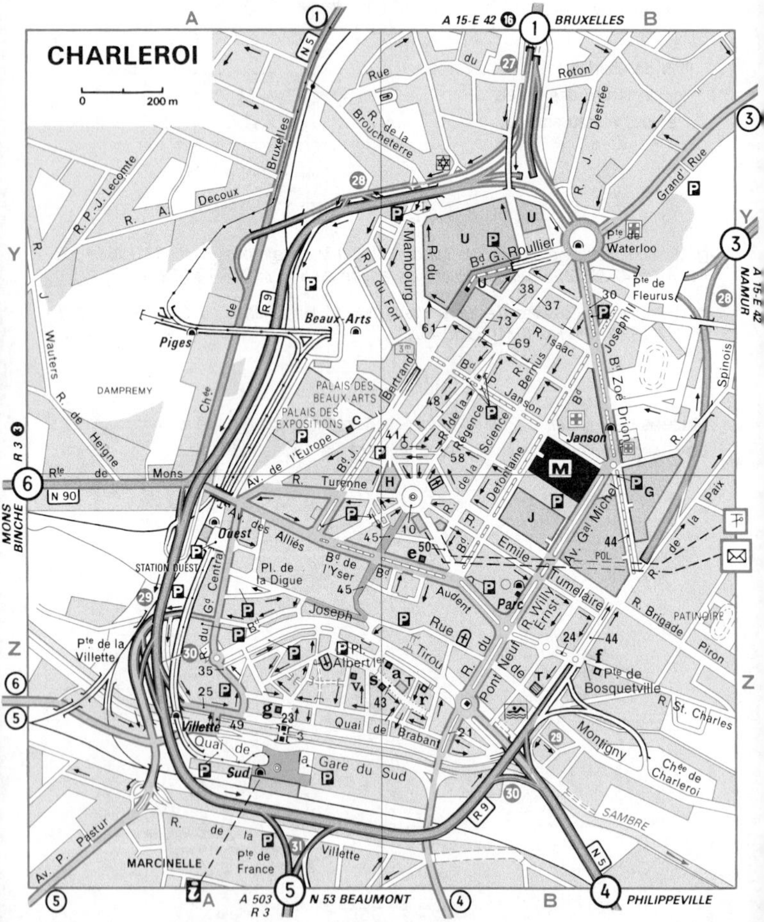

Socatel, bd Tirou 96, ✆ (0 71) 31 98 11 et 32 32 22 (rest), *Fax (0 71) 30 15 96* – AE ⓓ E VISA JCB BZ r
Repas (ouvert jusqu'à 23 h) *Lunch 425* – carte env. 1100 – 475 – **65 ch** 2650/4950 – ½ P 3820/4495.

Holiday Inn Garden Court, bd Mayence 1a, ✆ (0 71) 30 24 24, *Fax (0 71) 30 49 49,* – 25 à 150. AE ⓓ E VISA JCB. rest BZ f
Repas (buffet) *Lunch 595* – 950 – 575 – **57 ch** 2850/4700 – ½ P 2000/4820.

Le Square Sud, bd Tirou 70, ✆ (0 71) 32 16 06, *Fax (0 71) 30 44 05,* « Cave voûtée » – AE ⓓ E VISA BZ a
fermé sam. midi, dim., jours fériés, 1 sem. carnaval, 1 sem. Pâques et 2 sem. en mai – **Repas** *Lunch 1500 bc* – carte 1300 à 2000.

Le D'Agnelli, bd Audent 23a, ✆ (0 71) 30 90 96, *Fax (0 71) 30 90 96,* Cuisine italienne – AE ⓓ E VISA. BZ e
fermé du 15 au 21 fév., du 9 au 25 août et merc. – **Repas** *Lunch 790* – 1290/1890.

La Mirabelle 1er étage, r. Marcinelle 7, ✆ (0 71) 33 39 88 – AE ⓓ E VISA ABZ s
fermé dim., 1 sem. carnaval, 1 sem. en juil. et 1 sem. en août – **Repas** (déjeuner seult sauf vend. et sam.) *Lunch 850* – 1100/1400.

Au Provençal, r. Puissant 10, ✆ (0 71) 31 28 37 – AE ⓓ E VISA. AZ v
fermé dim., jours fériés et 15 juil.-15 août – **Repas** 1550.

La Bruxelloise, pl. E. Buisset 9, ✆ (0 71) 32 29 69, *Fax (0 71) 32 29 69,* Moules en saison, ouvert jusqu'à 23 h 30 – AE ⓓ E VISA AZ g
Repas carte 1100 à 1550.

L'Amusoir, av. de l'Europe 7, ✆ (0 71) 31 61 64, *Fax (0 71) 32 20 38,* Ouvert jusqu'à 23 h – AE ⓓ E VISA AY c
Repas *Lunch 625* – 850/1550.

à Couillet *par ④ : 3 km* *Charleroi – ✉ 6010 Couillet :*

Le Clos du Marmiton, r. Jean Jaurès 11, ✆ (0 71) 43 81 35, – AE ⓓ E VISA
fermé lundi soir en juil.-août, mardi, dim. soir, 22 juil.-13 août et 1 sem. en janv. – **Repas** *Lunch 980* – 1680/1980.

à Gerpinnes *par ④ : SE 13 km – 11 781 h. – ✉ 6280 Gerpinnes :*

Le Clos de la Rochette, r. Anrys 16, ✆ (0 71) 50 11 40, *Fax (0 71) 50 30 33,* « Demeure ancienne sur jardin clos de murs » – AE ⓓ E VISA
fermé lundis non fériés, merc. soir, dim. soir et 2e quinz. août – **Repas** *Lunch 1240* – 2010.

à Gilly *par ③ : 3 km* *Charleroi – ✉ 6060 Gilly :*

Dario, chaussée de Fleurus 127, ✆ (0 71) 41 49 38, *Fax (0 71) 41 49 38,* Avec cuisine italienne – E VISA.
fermé dim. soir, lundi soir, mardi, merc. soir et août – **Repas** carte env. 1100.

Il Pane Vino, chaussée de Fleurus 125, ✆ (0 71) 41 53 36, *Fax (0 71) 41 53 36,* Cuisine italienne – AE ⓓ E VISA.
fermé du 7 au 15 avril, 15 juil.-20 août, merc. et dim. soir – **Repas** carte 1000 à 1500.

à Gosselies *par ① : 6 km sur N 5* *Charleroi – ✉ 6041 Gosselies :*

Le Piersoulx, r. Grand Piersoulx 8 (Gosselies I - douane), ✆ (0 71) 35 66 87, *Fax (0 71) 35 70 03* – rest, – 25 à 40. AE ⓓ E VISA
Repas 750/1200 – **14 ch** 2750/3750.

Le Saint-Exupéry, chaussée de Fleurus 181 (près du champ d'aviation), ✆ (0 71) 35 59 62, *Fax (0 71) 37 35 96,* « Terrasse avec ≤ pistes » – AE ⓓ E VISA
fermé sam. midi et fin juil.-début août – **Repas** (déjeuner seult sauf vend. et sam.) *Lunch 950* – 1890.

à Loverval *par ④ : 4 km* *Gerpinnes 11 781 h. – ✉ 6280 Loverval :*

Le Saint Germain des Prés, rte de Philippeville 62 (sur N 5), ✆ (0 71) 43 58 12, *Fax (0 71) 43 58 12,* – AE ⓓ E VISA
fermé sam. midi, dim. soir, lundi et du 8 au 23 août – **Repas** 1450.

à Montignies-sur-Sambre *SE : 4 km par chaussée de Charleroi* BZ *Charleroi – ✉ 6061 Montignies-sur-Sambre :*

Le Gastronome, pl. Albert Ier 43, ✆ (0 71) 32 10 20, *Fax (0 71) 32 30 83* – E VISA
fermé sam. midi, dim. soir, lundi soir, mardi soir et merc. soir – **Repas** *Lunch 750* – 1100.

à Mont-sur-Marchienne *par ⑤ : 5 km* Ⓒ *Charleroi – ✉ 6032 Mont-sur-Marchienne :*

XXX **La Dacquoise,** r. Marcinelle 181 (par R3, sortie Les Haies), ☎ (0 71) 43 63 90, *Fax (0 71) 47 45 01,* 🏝 – ▤ Ⓟ. AE E VISA
fermé mardi soir, merc., dim. soir, fin juil.-mi-août et fin déc.-début janv. – **Repas** *Lunch 950* – 1550/2050.

à Nalinnes *par ④ : 10 km* Ⓒ *Ham-sur-Heure-Nalinnes 13 114 h. – ✉ 6120 Nalinnes :*

Laudanel sans rest, r. Vallée 117 (NE : 2,5 km, lieu-dit Le Bultia), ☎ (0 71) 21 93 40, *Fax (0 71) 21 93 37,* – TV ☎ Ⓟ. AE E VISA.
fermé du 15 au 30 janv. – ☕ 400 – **6 ch** 3400/4200.

à Roselies *par ③ : 10 km* Ⓒ *Aiseau-Presles 10 924 h. – ✉ 6250 Roselies :*

X **L'aile ou la Cuisse,** r. Français 56, ☎ (0 71) 74 20 79, *Fax (0 71) 74 20 80* ▤. AE ⓓ E VISA
fermé lundis non fériés, sam. midi et dim. soir – **Repas** *Lunch 795* – 1295/1490.

CHAUDFONTAINE *4050 Liège* 213 ㉒ et 909 J 4 - ⑱ S – *20 657 h.* – *Casino, Esplanade 1 ☎ (0 4) 365 07 41, Fax (0 4) 365 37 62.*
Maison Sauveur, Parc des Sources ☎ (0 4) 365 18 34, Fax (0 4) 367 77 49.
Bruxelles 104 – Liège 10 – Verviers 22.

Il Castellino, av. des Thermes 147, ☎ (0 4) 365 75 08, *Fax (0 4) 367 41 53,* 🏝 – TV ☎ Ⓟ – 🏛 25 à 300. AE ⓓ E VISA. ch
Repas (avec cuisine italienne) *(fermé mardis non fériés) Lunch 615* – 850 – **8 ch** ☕ 2050/2650.

CHAUMONT-GISTOUX *1325 Brabant Wallon* 213 ⑲ et 909 H 3 – *9 614 h.*
Bruxelles 39 – Namur 35 – Charleroi 55 – Leuven 31 – Tienen 30.

à Dion-Valmont *NO : 7 km* Ⓒ *Chaumont-Gistoux – ✉ 1325 Dion-Valmont :*

X **D'un goût à L'autre,** chaussée de Huy 71, ☎ (0 10) 68 96 86, *Fax (0 10) 68 96 86,* 🏝, « Terrasse dans verger » – Ⓟ. AE ⓓ E VISA
fermé mardi, merc., 31 août-15 sept. et du 12 au 28 janv. – **Repas** *Lunch 450* – 950/1800.

CHENEE *Liège* 213 ㉒ et 909 ⑱ S – *voir à Liège, périphérie.*

CHEVETOGNE *5590 Namur* Ⓒ *Ciney 14 331 h.* 214 ⑥ et 909 I 5.
Voir *Domaine provincial Valéry Cousin★.*
Bruxelles 90 – Namur 43 – Dinant 29 – Liège 73.

Les Rhodos , dans le Domaine provincial, ☎ (0 83) 68 89 00, *Fax (0 83) 68 90 75,* 🏝, – TV ☎ Ⓟ – 🏛 25 à 40. E VISA. ch
fermé du 4 au 15 janv. – **Repas** *(fermé mardi d'oct. à mars) Lunch 650* – 990/1250 – **16 ch** ☕ 1950/2150 – ½ P 1520/2550.

CHIMAY *6460 Hainaut* 214 ⑬ et 909 F 5 – *9 732 h.*
Env. *Étang★ de Virelles NE : 3 km.*
Bruxelles 110 – Mons 56 – Charleroi 50 – Dinant 61 – Hirson 25.

X **Le Froissart,** pl. Froissart 8, ☎ (0 60) 21 26 19, 🏝 – AE ⓓ E VISA JCB
fermé dim. soir, lundi et du 1er au 15 mars – **Repas** 780/1090.

à l'étang de Virelles *NE : 3 km* Ⓒ *Chimay – ✉ 6461 Virelles :*

XX **Chez Edgard et Madeleine,** r. Lac 35, ☎ (0 60) 21 10 71, *Fax (0 60) 21 52 47,* 🏝 – Ⓟ. E VISA
fermé lundis soirs et mardis non fériés et 2 sem. en janv. – **Repas** 1475.

à Lompret *NE : 7 km sur N 99* Ⓒ *Chimay – ✉ 6463 Lompret :*

Franc Bois sans rest, r. courtil aux Martias 18, ☎ (0 60) 21 44 75, *Fax (0 60) 21 51 40* – TV ☎ Ⓟ. AE ⓓ E VISA.
8 ch ☕ 2300/3000.

à Momignies *O : 12 km – 5 106 h. – ✉ 6590 Momignies :*

Host. du Gahy , r. Gahy 2, ☎ (0 60) 51 10 93, *Fax (0 60) 51 28 79,* ≤, 🏝, « Demeure ancienne », – TV ☎ Ⓟ – 🏛 30. AE ⓓ E VISA.
fermé dim. soir, lundi, merc. soir et mars – **Repas** *(fermé après 20 h 30) Lunch 500* – 1000/2000 – **6 ch** ☕ 3000/3300 – ½ P 2550/3300.

CHINY *6810 Luxembourg belge* **214** ⑯ ⑰ et **909** J 6 – *4 767 h.*

Exc. *Descente en barque★ de Chiny à Lacuisine, parcours de 8 km.*

Bruxelles 171 – Arlon 46 – Bouillon 31 – Longwy 57 – Sedan 43.

Point de Vue, r. Fort 6, ☎ (0 61) 31 17 45, *Fax (0 61) 31 21 62*, ← Semois et forêt – ☎ P. AE E VISA.
12 fév.-15 nov. et week-end – **Repas** *(fermé après 20 h 30)* Lunch 595 – carte env. 1000 – **13 ch** 2200/2600 – ½ P 1750/1900.

CINEY *5590 Namur* **214** ⑤ et **909** I 5 – *14 331 h.*

Bruxelles 86 – Namur 30 – Dinant 16 – Huy 31.

XX **L'Alexandrin,** r. Commerce 121, ☎ (0 83) 21 75 95, – AE ⓓ E VISA
fermé lundi et sam. midi – **Repas** 980/1250.

CLERMONT *Liège* **213** ㉓ et **909** J 4 – *voir à Thimister.*

COMBLAIN-LA-TOUR *4180 Liège* C *Hamoir 3 483 h.* **213** ㉒, **214** ⑦ et **909** J 4.

Env. *N : Comblain-au-Pont, grottes★.*

Bruxelles 122 – Liège 32 – Spa 29.

Host. St-Roch, r. Parc 1, ☎ (0 4) 369 13 33, *Fax (0 4) 369 31 31*, ←, « Terrasse fleurie au bord de l'Ourthe », – TV ☎ P – 25. AE ⓓ E VISA
15 mars-2 janv. – **Repas** *(fermé lundi sauf en juil.-août et mardi)* Lunch 1300 – 1750/2300 – **10 ch** *(fermé lundi et mardi sauf en juil.-août)* 4200/6200, 5 suites – ½ P 3500/4800.

COO *Liège* **214** ⑧ et **909** K 4 – *voir à Stavelot.*

CORBION *Luxembourg belge* **214** ⑮ et **909** I 6 – *voir à Bouillon.*

CORROY-LE-GRAND *1325 Brabant Wallon* C *Chaumont-Gistoux 9 614 h.* **213** ⑲ et **909** H 4.

Bruxelles 35 – Namur 35 – Charleroi 38 – Tienen 29.

XX **Le Grand Corroy** avec ch, r. Eglise 13, ☎ (0 10) 68 98 98, *Fax (0 10) 68 94 78*, « Ancienne ferme brabançonne » – TV ☎ P. AE ⓓ E VISA
fermé sam. midi, dim. soir, lundi, 2 sem. en sept. et 23 déc.-14 janv. – **Repas** Lunch 900 – 1550/3300 bc, carte env. 2400 – **4 ch** 4000/4500
Spéc. Rouget-barbet aux tomates confites et petite crème au parmesan. Foie gras de canard poêlé au lard. St-Jacques grillées, beurre fondant à la truffe (janv.-avril).

COUILLET *Hainaut* **214** ④ et **909** G 4 – *voir à Charleroi.*

COURTRAI *West-Vlaanderen – voir Kortrijk.*

COURT-SAINT-ETIENNE *1490 Brabant Wallon* **213** ⑲ et **909** G 4 – *8 376 h.*

Bruxelles 33 – Namur 38 – Charleroi 34.

XX **Les Ailes,** av. des Prisonniers de Guerre 3, ☎ (0 10) 61 61 61, *Fax (0 10) 61 46 32*, – P. AE ⓓ E VISA JCB
fermé dim. soir, lundi, mardi, 17 fév.-7 mars et 18 août-9 sept. – **Repas** Lunch 750 – 950/1550.

COUVIN *5660 Namur* **214** ⑭ et **909** G 5 – *13 081 h.*

Voir *Grottes de Neptune★.*

r. Falaise 3 ☎ (0 60) 34 74 63.

Bruxelles 104 – Namur 64 – Charleroi 44 – Charleville-Mézières 46 – Dinant 47.

à Boussu-en-Fagne *NO : 4,5 km* C *Couvin* – ✉ *5660 Boussu-en-Fagne :*

Manoir de la Motte, r. Motte 21, ☎ (0 60) 34 40 13, *Fax (0 60) 34 67 17*, ←, « Demeure du 14e s. », – ☎ P. AE ⓓ E VISA.
fermé dim. soir et lundi – **Repas** *(fermé après 20 h 30)* 950/1650 – **7 ch** 2500/3000 – ½ P 2400/2500.

à Frasnes *N : 5,5 km par N 5* C *Couvin* – ✉ *5660 Frasnes :*

XX **Le Château de Tromcourt** avec ch, lieu-dit Géronsart 15, ☎ (0 60) 31 18 70, *Fax (0 60) 31 32 02*, « Ferme-château », – TV ☎ P. AE ⓓ E VISA. rest
fermé mardi soir, merc., mars, fin août et début janv. – **Repas** *(fermé après 20 h 30)* Lunch 1250 bc – 1750 – **9 ch** 1900/3300 – ½ P 2300/3200.

CREPPE *Liège* 213 ㉓ et 214 ⑧ – *voir à Spa.*

CRUPET *5332 Namur* [C] *Assesse 5 785 h.* 214 ⑤ et 909 H 4.
Bruxelles 79 – Namur 27 – Dinant 16.

Le Moulin des Ramiers [quiet], r. Basse 31, ☎ (0 83) 69 90 70, *Fax (0 83) 69 98 68*, « Ancien moulin à eau du 18e s. », [garden] – [TV] ☎ [P]. AE [Diners] E VISA
fermé lundis soirs et mardis non fériés – **Repas** voir rest ***Les Ramiers*** ci-après – **6 ch** [breakfast] 3450/4450 – ½ P 2950/3250.

Les Ramiers - H. Le Moulin des Ramiers, r. Basse 32, ☎ (0 83) 69 90 70, *Fax (0 83) 69 98 68*, [terrace], « Terrasse, < cadre de verdure » – [P]. AE [Diners] E VISA. [no dogs]
fermé du 8 au 12 mars, du 6 au 16 sept., du 4 au 14 janv., lundi soir et mardi – **Repas** 1150/2150.

CUSTINNE *Namur* 214 ⑤ et 909 I 5 – *voir à Houyet.*

DADIZELE *8890 West-Vlaanderen* [C] *Moorslede 10 760 h.* 213 ⑭ et 909 C 3.
Bruxelles 111 – Brugge 41 – Kortrijk 17.

Host. Daiseldaele avec ch, Meensesteenweg 201, ☎ (0 56) 50 94 90, *Fax (0 56) 50 99 36*, [garden] – [TV] [P]. AE [Diners] E VISA. [no dogs]
Repas *(fermé lundi soir, mardi et 19 juil.-11 août)* Lunch 350 – 850/1495 bc – **9 ch** [breakfast] 1350/2800 – ½ P 1850/2100.

DAMME *8340 West-Vlaanderen* 213 ③ et 909 C 2 – *10 893 h.*
Voir *Hôtel de Ville★ (Stadhuis) – Tour★ de l'église Notre-Dame (O.L. Vrouwekerk).*
[golf 18] *à Sijsele SE : 7 km, Doornstraat 16* ☎ *(0 50) 35 35 72, Fax (0 50) 35 89 25.*
[i] *Jacob van Maerlantstraat 3* ☎ *(0 50) 35 33 19, Fax (0 50) 37 00 21.*
Bruxelles 103 – Brugge 7 – Knokke-Heist 12.

De Lieve, Jacob van Maerlantstraat 10, ☎ (0 50) 35 66 30, *Fax (0 50) 35 21 69*, [terrace] – AE [Diners] E VISA
fermé lundi soir, mardi et janv. – **Repas** Lunch 1250 bc – carte 2150 à 2550.

Gasthof Maerlant, Kerkstraat 21, ☎ (0 50) 35 29 52, *Fax (0 50) 37 11 86*, [terrace] – AE [Diners] E VISA
fermé mardi soir, merc. et 2e quinz. nov. – **Repas** carte 900 à 1600.

De Damsche Poort, Kerkstraat 29, ☎ (0 50) 35 32 75, *Fax (0 50) 35 32 75*, [terrace] – AE [Diners] E VISA JCB
fermé dim. soir et lundi – **Repas** carte 1300 à 2000.

De Gulden Kogge avec ch, Damse Vaart Zuid 12, ☎ (0 50) 35 42 17, *Fax (0 50) 35 42 17*, [terrace] – E VISA
Repas *(fermé merc. soir et jeudi hors saison)* 1350/1975 – **8 ch** [breakfast] 1520/1920 – ½ P 1500/1700.

à Hoeke *NE : 6 km par rive du canal* [C] *Damme* – ✉ *8340 Hoeke :*

Welkom sans rest, Damse Vaart Noord 34 (près N 49), ☎ (0 50) 60 24 92, *Fax (0 50) 62 30 31* – [TV] ☎ [P]. AE [Diners] E VISA. [no dogs]
fermé 2 sem. en oct. – **8 ch** [breakfast] 1500/2300.

Laagland, Oude Westkapellestraat 2 (près N 49), ☎ (0 50) 50 08 26, *Fax (0 50) 50 08 26*, [terrace] – [P]. AE [Diners] E VISA JCB. [no dogs]
fermé merc. soir, jeudi et 16 fév.-11 mars – **Repas** Lunch 1000 – 1650.

à Oostkerke *NE : 2 km par rive du canal* [C] *Damme* – ✉ *8340 Oostkerke :*

Siphon, Damse Vaart Oost 1, ☎ (0 50) 62 02 02, <, [terrace], Anguilles et grillades – [P]. [no dogs]
fermé du 1er au 15 fév., du 1er au 15 oct., jeudi et vend. – **Repas** carte 850 à 1100.

DAVE *Namur* 214 ⑤ et 909 H 4 – *voir à Namur.*

DAVERDISSE *6929 Luxembourg belge* 214 ⑯ et 909 I 5 – *1 415 h.*
Bruxelles 122 – Arlon 72 – Dinant 41 – Marche-en-Famenne 35 – Neufchâteau 36.

Le Moulin [quiet], r. Lesse 61, ☎ (0 84) 38 81 83, *Fax (0 84) 38 97 20*, [terrace], « Environnement boisé », [garden] – [lift] [TV] ☎ [P] – [conference] 25. AE [Diners] E VISA. [no dogs] rest
fermé 4 janv.-6 fév., du 23 au 27 août, du 6 au 17 déc. et merc. et jeudi midi du 15 oct. à avril sauf vacances scolaires – **Repas** carte env. 1600 – **18 ch** [breakfast] 2500/3500 – ½ P 2450/2650.

Le Trou du Loup, Chemin du Corray 2, ☎ (0 84) 38 90 84, *Fax (0 84) 38 90 84*, [terrace], « Environnement boisé » – [P]. E VISA
fermé mardi et merc. – **Repas** Lunch 890 – 1250/1890.

De - *voir au nom propre.*

DEERLIJK *8540 West-Vlaanderen* 213 ⑮ et 909 D 3 - *11 399 h.*
Bruxelles 83 - Brugge 49 - Gent 38 - Kortrijk 8 - Lille 39.

XXX **Gino Decock,** Waregemstraat 650, ☎ (0 56) 70 50 60, *Fax (0 56) 70 57 41,* 🏠, « Terrasse, ≤ campagne » - P. AE ⓓ E VISA
fermé mardi soir, merc., 2 sem. en fév. et 2 sem. en août - **Repas** Lunch 1500 bc - 2050 bc.

XX **Severinus,** Hoogstraat 137, ☎ (0 56) 70 41 11, *Fax (0 56) 70 41 11,* 🏠, « Jardin d'hiver » - AE ⓓ E VISA
fermé dim. soir, lundi, vacances Pâques et fin juil.-début août - **Repas** Lunch 1150 - 2350 bc.

XX **'t Schuurke,** Pontstraat 111, ☎ (0 56) 77 77 94, *Fax (0 56) 77 48 33,* 🏠 - P. AE E VISA. ✗
fermé mardi soir, merc., jeudi soir et 21 juil.-14 août - **Repas** 1400/1800.

DEINZE *9800 Oost-Vlaanderen* 213 ④ et 909 D 3 - *27 080 h.*
Bruxelles 67 - Brugge 41 - Gent 17 - Kortrijk 30.

XXX **D'Hulhaege** avec ch, Karel Picquélaan 140, ☎ (0 9) 386 56 16, *Fax (0 9) 380 05 06,* 🏠 - |‡| TV ☎ P - 🏛 25 à 250. AE ⓓ E VISA JCB. ✗ ch
fermé 2 dern. sem. juil.-prem. sem. août et sem. Noël - **Repas** *(fermé dim. soir et lundi)* Lunch 950 - carte 1600 à 2000 - ☕ 275 - **8 ch** 2000/2500.

à **Astene** *sur N 43 : 2,5 km* C *Deinze* - ✉ *9800 Astene :*

XXX **Wallebeke,** Emiel Clauslaan 141, ☎ (0 9) 282 51 49, ≤, 🏠, « Terrasse et jardin fleuris au bord de la Lys (Leie) », ⚓ - P. AE E VISA
fermé dim. soir, lundi, 19 juil.-1er août et du 4 au 17 janv. - **Repas** Lunch 950 - 1525.

XX **Savarin,** Emiel Clauslaan 77, ☎ (0 9) 386 19 33, *Fax (0 9) 380 29 43* - P. AE ⓓ E VISA
fermé merc, jeudi, sem. carnaval et 30 juin-22 juil. - **Repas** Lunch 1450 bc - 1750/1900.

X **Gasthof Halifax,** Emiel Clauslaan 143, ☎ (0 9) 282 72 97, *Fax (0 9) 380 28 02,* ≤, 🏠, Grillades, ouvert jusqu'à minuit, « Ancienne fermette, terrasse au bord de la Lys (Leie) », ⚓ - P. AE ⓓ E VISA
fermé du 15 au 31 juil., 24 déc.-1er janv., sam. midi, dim. et jours fériés - **Repas** Lunch 450 - 950/1500.

à **Bachte-Maria-Leerne** *NE : 3 km* C *Deinze* - ✉ *9800 Bachte-Maria-Leerne :*

XX **Vosselaere Put,** Leernsesteenweg 87, ☎ (0 9) 386 11 35, *Fax (0 9) 380 16 52,* 🏠, « Terrasse avec ≤ Lys (Leie) » - P. AE ⓓ E VISA
fermé lundi, mardi, 2e quinz. fév. et 2e quinz. sept. - **Repas** Lunch 950 - 1750.

à **Grammene** *O : 3,5 km* C *Deinze* - ✉ *9800 Grammene :*

X **Westaarde,** Westaarde 40, ☎ (0 9) 386 99 59, *Fax (0 9) 386 99 59,* 🏠, Grillades - P. AE E VISA JCB
fermé sam. et 2 dern. sem. juil. - **Repas** (dîner seult jusqu'à minuit) carte 1550 à 1850.

à **Sint-Martens-Leerne** *NE : 6,5 km* C *Deinze* - ✉ *9800 Sint-Martens-Leerne :*

XX **D'Hoeve,** Leernsesteenweg 218, ☎ (0 9) 282 48 89, *Fax (0 9) 282 24 31,* 🏠 - P. AE ⓓ E VISA
fermé lundi soir et mardi - **Repas** Lunch 995 - 1850/2095 bc.

DENDERMONDE (TERMONDE) *9200 Oost-Vlaanderen* 213 ⑤ et 909 F 2 - *43 007 h.*
Voir *Œuvres d'art★ dans l'église Notre-Dame★★ (O.L. Vrouwekerk).*
ℹ *Stadhuis, Grote Markt* ☎ *(0 52) 21 39 56, Fax (0 52) 22 19 40.*
Bruxelles 29 - Antwerpen 38 - Gent 34.

XX ✿ **'t Truffeltje** (Marien), Bogaerdstraat 20, ☎ (0 52) 22 45 90, *Fax (0 52) 21 93 35,* 🏠 - AE ⓓ E VISA. ✗
fermé dim. soir, lundi et mi-juil.-mi-août - **Repas** Lunch 1100 - 1650/1975, carte env. 2400
Spéc. Dim Sum de poireaux et truffes. Escalope de foie de canard à l'étuvée de chou et truffes. Pigeonneau rôti au four, sauce à l'ail confit.

DENÉE *5537 Namur* C *Anhée 6 613 h.* 214 ④ ⑤ et 909 H 5.
Bruxelles 94 - Namur 29 - Dinant 21.

X 😊 **Le Relais de St. Benoit,** r. Maredsous 4 (S : 2 km), ☎ (0 82) 69 96 81 - P. AE ⓓ E VISA
fermé lundi, mardi et 20 déc.-10 janv. - **Repas** 650/975.

DESTELBERGEN *Oost-Vlaanderen* 213 ④ et 909 E 2 - *voir à Gent, environs.*

DEURLE *Oost-Vlaanderen* 213 ④ et 909 D 2 - *voir à Sint-Martens-Latem.*

DEURNE *Antwerpen* **212** ⑮ et **909** G 2 - ⑨ S – *voir à Antwerpen, périphérie.*

DIEGEM *Vlaams-Brabant* **213** ⑦ ⑲ et **909** G 3 - ㉒ N – *voir à Bruxelles, environs.*

DIEST *3290 Vlaams-Brabant* **213** ⑧ ⑨ et **909** I 3 – *21 894 h.*

Voir *uvres d'art★ dans l'église St-Sulpice (St-Sulpitiuskerk)* AZ – *Béguinage★ (Begijnhof)* BY.

Musée : *Communal★ (Stedelijk Museum)* AZ **H**.

Env. *Abbaye d'Averbode★ : église★ par ⑤ : 8 km.*

ℹ *Stadhuis, Grote Markt 1* ☎ *(0 13) 35 32 71, Fax (0 13) 32 23 06.*

Bruxelles 59 ③ – Antwerpen 60 ① – Hasselt 25 ②.

DIEST

Botermarkt .... **AZ** 2
Delphine Alenuslaan .... **AZ** 3
Ed. Robeynslaan .... **BZ** 4
F. Moonsstraat .... **AZ** 5
Graanmarkt .... **BZ** 6
Grote Markt .... **AZ** 7
Guido Gezellestr. .... **BZ** 8
H. Verstappenplein .... **BZ** 9
Kattenstraat .... **BZ** 10
Ketelstraat .... **AZ** 12
Koestraat .... **BZ** 13
Koning Albertstr. .... **BY**
Overstraat .... **BY** 14
Pesthuizenstraat .... **BY** 15
Refugiestraat .... **AY** 16
St. Jan Berchmansstr. .... **AZ** 17
St. Janstraat .... **BZ** 18
Schotelstraat .... **AZ** 19
Vestenstraat .... **BY** 21
Wolvenstraat .... **BY** 22

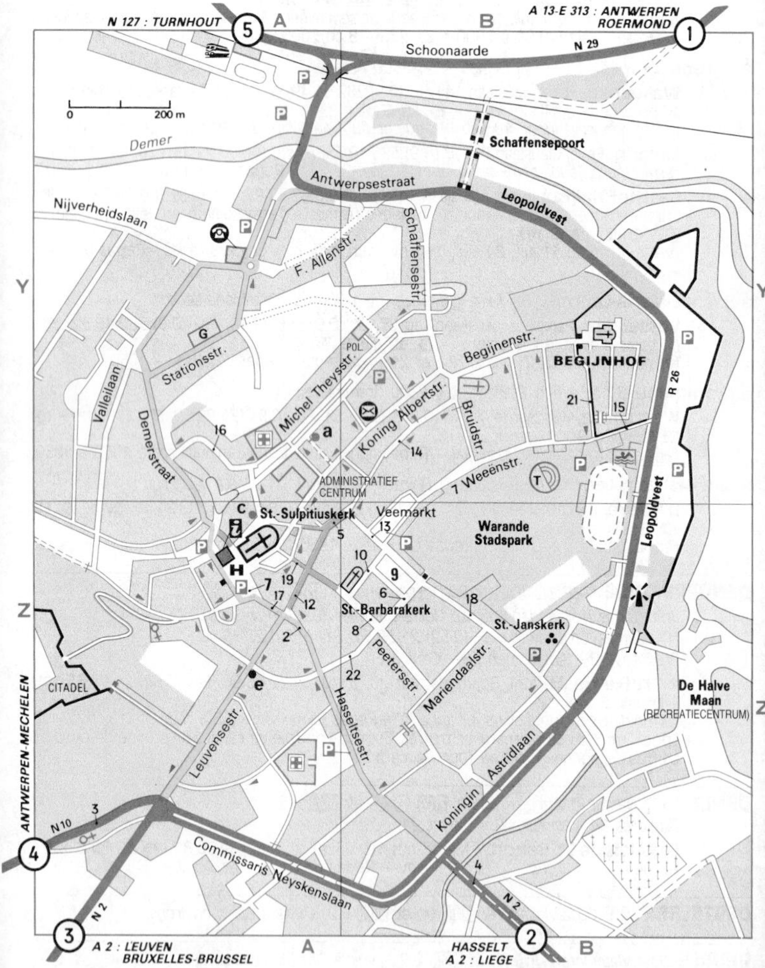

De Fransche Croon, Leuvensestraat 26, ℘ (0 13) 31 45 40, *Fax (0 13) 33 31 59* – |ǂ|, ▤ ch, TV ☎ – 40. AE ① E VISA. ※ AZ e
fermé 24 déc.-1er janv. – **Repas** (ouvert jusqu'à 23 h) *(fermé sam. midi et dim.)* Lunch 595 bc – 1450 – **22 ch** ☐ 2400/3500 – ½ P 2450/2850.

De Proosdij, Cleynaertstraat 14, ℘ (0 13) 31 20 10, *Fax (0 13) 31 23 82*, « Ancienne maison bourgeoise avec jardin clos de murs » – P. AE ① E VISA AZ c
fermé sam. midi, dim. soir, lundi et 2 sem. en juil. – **Repas** Lunch 1200 – 1550/2400.

Dyosta, Michel Theysstraat 5, ℘ (0 13) 32 68 85, *Fax (0 13) 32 18 48* – E VISA AY a
fermé lundi, merc. soir, sam. midi, vacances carnaval et 3 dern. sem. juil. – **Repas** Lunch 650 – 1200/1450.

DIKSMUIDE (DIXMUDE) *8600 West-Vlaanderen* 213 ① ② et 909 B 2 – *15 353 h.*

Voir *Tour de l'Yser (IJzertoren)* ✻★.

Markt 28 ℘ (0 51) 51 91 46, Fax (0 51) 51 00 20.

Bruxelles 118 – Brugge 44 – Gent 72 – Ieper 23 – Oostende 27 – Veurne 19.

De Vrede, Grote Markt 35, ℘ (0 51) 50 00 38, *Fax (0 51) 51 06 21*, ☂, – |ǂ| TV ☎ ♿ – 25 à 150. AE ① E VISA
fermé sem. carnaval et 2 sem. en oct. – **Repas** *(fermé merc.)* Lunch 295 – carte 850 à 1150 – **18 ch** ☐ 1350/2500 – ½ P 1600.

Polderbloem, Grote Markt 8, ℘ (0 51) 50 29 05, *Fax (0 51) 50 29 06*, ☂ – TV ☎. AE E VISA
fermé sem. carnaval et sem. Toussaint – **Repas** (Taverne-rest) *(fermé mardi)* Lunch 295 – 850/1200 – **9 ch** ☐ 2095 – ½ P 1500/1800.

à Stuivekenskerke *NO : 7 km* C *Diksmuide – ✉ 8600 Stuivekenskerke :*

Kasteelhoeve Viconia ⛰, Kasteelhoevestraat 2, ℘ (0 51) 55 52 30, *Fax (0 51) 55 55 06*, – TV ☎ P – 25. E VISA. ※
fermé du 5 au 17 sept., du 6 au 15 déc. et du 4 au 22 janv. ; d'oct. à mars ouvert week-end seult – **Repas** (dîner pour résidents seult) – **23 ch** ☐ 1650/2600 – ½ P 1500/2700.

DILBEEK *Vlaams-Brabant* 213 ⑱ et 909 F 3 – *voir à Bruxelles, environs.*

DINANT *5500 Namur* 214 ⑤ et 909 H 5 – *12 590 h. – Casino, r. Grande 29, Esplanade du Casino ℘ (0 82) 22 58 94, Fax (0 82) 22 79 26.*

Voir *Site★★ – Citadelle★ ≤★★* **M** *– Grotte la Merveilleuse★* **B** *– Rocher Bayard★ par ② – Château de Crèvecœur ≤★★ à Bouvignes par ⑤ : 2 km – Anseremme : site★ par ② : 3 km.*

Env. *Cadre★★ du domaine de Freyr (château★, parc★) – Rochers de Freyr★ par ② : 6 km – Foy-Notre-Dame : plafond★ de l'église par ① : 8,5 km – Furfooz : ≤★ sur Anseremme, Parc naturel de Furfooz★ par ② : 10 km – Vêves : château★ par ② : 12 km – Celles : dalle funéraire★ dans l'église romane St-Hadelin par ② : 10 km.*

Exc. *Descente de la Lesse★ en kayak ou en barque : ≤★ et ✻★.*

18 à Houyet par ② : 18,5 km, Tour Léopold-Ardenne 6 ℘ (0 82) 66 62 28, Fax (0 82) 66 74 53.

r. Grande 37 (près du casino) ℘ (0 82) 22 28 70, Fax (0 82) 22 77 88.

Bruxelles 93 ⑤ – Namur 29 ⑤ – Liège 75 ① – Charleville-Mézières 78 ③

Plan page suivante

Le Jardin de Fiorine, r. Cousot 3, ℘ (0 82) 22 74 74, *Fax (0 82) 22 74 74*, ☂ – AE ① E VISA e
fermé merc., dim. soir, 2 sem. carnaval et 2 prem. sem. juil. – **Repas** Lunch 700 – 1000/1600.

Les Baguettes du Mandarin, av. Winston Churchill 3, ℘ (0 82) 22 36 62, Cuisine asiatique – ▤. ※ u
fermé merc. non fériés sauf en juil.-août et mardis non fériés – **Repas** Lunch 350 – 850/1200.

Le Grill, r. Rivages 88 (par ② : près du Rocher Bayard), ℘ (0 82) 22 69 35, *Fax (0 82) 22 54 36*, Grillades – E VISA
fermé lundi soir, mardi, 1 sem. fin juin, mi-sept.-début oct. et 1 sem. fin janv. – **Repas** carte env. 1200.

à Anseremme *par ② : 3 km* C *Dinant – ✉ 5500 Anseremme :*

Mercure, rte de Walzin 36, ℘ (0 82) 22 28 44, *Fax (0 82) 22 63 03*, ☂, « Environnement boisé », ≘s, ⛱, ※ – |ǂ| TV ☎ ♿ P – 25 à 160. AE ① E VISA JCB. ※ rest
Repas 990/1320 – **80 ch** ☐ 3500/5100 – ½ P 2275/3350.

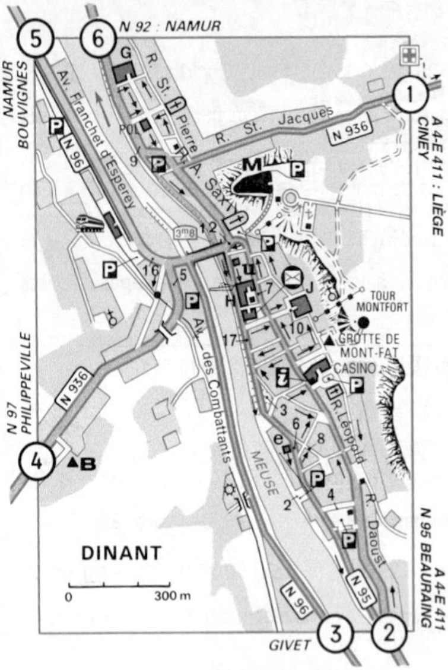

Adolphe-Sax (R.)	J.-B.-Culot (Quai) . . . 9
Albeau (Pl. d') 2	Palais (Pl. du) 10
Albert-Ier (Pl.) 3	Reine-Astrid (Pl.) 12
Armes (Pl. d') 4	Station (R. de la) 16
Bribosia (R.) 5	Winston-Churchill (Av.) 17
Cousot (R.) 6	
Grande (R.) 7	
Huybrechts (R.) . . . 8	

XX **Host. Le Freyr** avec ch, chaussée des Alpinistes 22, Point de vue de Freyr, (0 82) 22 25 75, *Fax (0 82) 22 70 42*, – . E VISA
fermé mardi sauf en juil.-août, merc. et 15 janv.-15 fév. – **Repas** *(fermé après 20 h 30)* 1100/2200 – **6 ch** 2600/2900 – ½ P 2500/2800.

à Falmignoul *par ② : 9 km* C *Dinant* – ✉ *5500 Falmignoul* :

XX **Les Crétias** avec ch, r. Crétias 99, (0 82) 74 42 11, *Fax (0 82) 74 40 56*, « Jardin paysagé » – – 25. E VISA
fermé lundi, début oct. et janv. – **Repas** 950/1950 – **13 ch** 1750/2500 – ½ P 2500.

X **Aub. les Cuves**, r. Dinant 38, (0 82) 74 49 18, *Fax (0 82) 74 50 33*, – . AE E VISA
fermé dim. soir et lundi – **Repas** Lunch 900 – carte env. 1200.

à Furfooz *par ② : 8 km* C *Dinant* – ✉ *5500 Furfooz* :

La Ferme des Belles Gourmandes , r. Camp Romain 20, (0 82) 22 55 25, *Fax (0 82) 22 55 25*, – . AE E VISA
Repas *(fermé dim. soirs et lundis non fériés)* 850/950 – **7 ch** 1700/1850 – ½ P 1500/2000.

à Lisogne *par ① : 7 km* C *Dinant* – ✉ *5501 Lisogne* :

XXX **Moulin de Lisogne** avec ch, r. Lisonnette 60, (0 82) 22 63 80, *Fax (0 82) 22 21 47*, « Environnement boisé », – . AE E VISA
fermé dim. soir, lundi, prem. sem. juin, 1 sem. en sept. et 5 déc.-14 fév. – **Repas** 990/1990 – **10 ch** 2800/3750 – ½ P 2865/3975.

à Sorinnes *par ① : 10 km* C *Dinant* – ✉ *5503 Sorinnes* :

XXX **Gilain** (hôtel prévu en annexe), r. Liroux 1 (près E 411, sortie ⑳, lieu-dit Liroux), (0 83) 21 57 42, *Fax (0 83) 21 57 42*, , « Verrière dans cadre champêtre » – . AE E VISA
fermé lundis et mardis non fériés, 2e quinz. fév. et fin août – **Repas** Lunch 1000 – 1440/2170.

DION-VALMONT *Brabant Wallon* 213 ⑲ et 909 G 3 – *voir à Chaumont-Gistoux.*

DIXMUDE *West-Vlaanderen* – *voir Diksmuide.*

DONKMEER *Oost-Vlaanderen* 213 ⑤ et 909 E 2 – *voir à Berlare.*

DOORNIK *Hainaut* – *voir Tournai.*

DORINNE *Namur* 214 ⑤ et 909 H 5 – *voir à Spontin.*

DROGENBOS *Vlaams-Brabant* 213 ⑱ et 909 ㉑ S – *voir à Bruxelles, environs.*

DUDZELE *West-Vlaanderen* 213 ③ et 909 C 2 – *voir à Brugge, périphérie.*

DUINBERGEN *West-Vlaanderen* 212 ⑪ et 909 C 1 – *voir à Knokke-Heist.*

DURBUY *6940 Luxembourg belge* 214 ⑦ et 909 J 4 – *9 391 h.*

Voir *Site★.*

à Barvaux E : 5 km, rte d'Oppagne 34 ☎ (0 86) 21 44 54, Fax (0 86) 21 44 49.

Halle aux Blés, r. Comte Th. d'Ursel 21, ☎ (0 86) 21 24 28, Fax (0 86) 21 36 81.

Bruxelles 119 – Arlon 99 – Huy 34 – Liège 51 – Marche-en-Famenne 19.

Au Vieux Durbuy, r. Jean de Bohême 6, ☎ (0 86) 21 20 23, *Fax (0 86) 21 24 65,* « Rustique » – 25. AE E VISA
Repas voir rest ***Le Sanglier des Ardennes*** ci-après – 600 – **12 ch** 4200/5200 – ½ P 3750.

Jean de Bohême, pl. aux Foires 2, ☎ (0 86) 21 28 82, *Fax (0 86) 21 11 68,* – – 25 à 250. AE E VISA
Repas 1200/1800 – 450 – **24 ch** 1500/3800 – ½ P 2400/3150.

Du Prévôt, r. Récollectines 4, ☎ (0 86) 21 23 00, *Fax (0 86) 21 27 84,* , « Rustique » – . AE E VISA
fermé merc. et 15 fév.-12 mars – **Repas** (grillades) carte 850 à 1350 – **10 ch** 1950/2900 – ½ P 2500/2800.

du Vieux Pont, Grand'Place 26, ☎ (0 86) 21 28 08, *Fax (0 86) 21 82 73,* – . E VISA
en janv. ouvert week-end seult – **Repas** (Taverne-rest) carte env. 1100 – **13 ch** 2000/2400 – ½ P 1600.

Le Sanglier des Ardennes avec ch, (annexe Château Cardinal -), r. Comte Th. d'Ursel 14, ☎ (0 86) 21 32 62, *Fax (0 86) 21 24 65,* ←, – – 25 à 140. AE E VISA
Repas *(fermé jeudis non fériés et janv.) Lunch 1200* – 1550/2500 – 600 – **30 ch** 4200/5200, 3 suites – ½ P 3750.

Le Moulin, pl. aux Foires 17, ☎ (0 86) 21 29 70, *Fax (0 86) 21 00 84,* , « Terrasse » – AE E VISA
fermé 2 sem. en mars – **Repas** 850/1200.

Pol Maes-Clos des Recollets avec ch, r. Prévôté 9, ☎ (0 86) 21 12 71, *Fax (0 86) 21 36 85,* – . AE E VISA
Repas *(fermé lundi en hiver, mardi et merc.) Lunch 850* – 1250/2100 – **11 ch** 2200/2950 – ½ P 2650.

Le Saint Amour, pl. aux Foires 18, ☎ (0 86) 21 25 92, *Fax (0 86) 21 46 80,* – AE E VISA
fermé merc. hors saison et 1 sem. en janv. – **Repas** *Lunch 790* – carte 900 à 1400.

à Grandhan *SO : 6 km C Durbuy – ✉ 6940 Grandhan :*

La Passerelle, r. Chêne à Han 1, ☎ (0 86) 32 21 21, *Fax (0 86) 32 36 20,* , « Au bord de l'Ourthe », – . ch
fermé janv. – **Repas** *(fermé jeudi sauf vacances scolaires et après 20 h 30)* 850/1000 – **22 ch** 2290/2540.

Host. Le Parvis avec ch, r. Vieux-Mont 15 (E : 3 km, lieu-dit Petit Han), ✉ 6940 Durbuy, ☎ (0 86) 21 42 40, *Fax (0 86) 21 43 13,* , « Cadre champêtre » – . AE E VISA
fermé mardis et merc. non fériés sauf en saison et 2 sem. en sept. – **Repas** *Lunch 990* – 1450/1950 – **7 ch** 3500/3900 – ½ P 3200.

DWORP (TOURNEPPE) *Vlaams-Brabant* 213 ⑱ et 909 F 3 – *voir à Bruxelles, environs.*

ÉCAUSSINNES-LALAING *7191 Hainaut C Écaussinnes 9 588 h.* 213 ⑱ et 909 F 4.

Bruxelles 42 – Mons 29.

Le Pilori, r. Pilori 10, ☎ (0 67) 44 23 18, *Fax (0 67) 44 26 03,* – AE E VISA
fermé lundi soir, mardi soir, merc., sam. midi, du 15 au 24 fév., 31 mars-14 avril et 26 juil.-13 août – **Repas** *Lunch 840* – 980/2050.

EDEGEM *Antwerpen* 212 ⑮ et 909 G 2 - ⑱ N – *voir à Antwerpen, environs.*

EDINGEN *Hainaut – voir Enghien.*

Send us your comments on the restaurants we recommend
and your opinion on the specialities
and local wines they offer.

EEKLO *9900 Oost-Vlaanderen* 213 ④ et 909 D 2 – *19085 h.*
Bruxelles 89 – Brugge 29 – Antwerpen 66 – Gent 20.

Shamon sans rest, Gentsesteenweg 28, ☎ (0 9) 378 09 50, *Fax (0 9) 378 12 77,* « Rez-de-chaussée Art Nouveau », – ☎ P. E VISA.
8 ch 2500/3500.

Hof ter Vrombaut, Vrombautstraat 139, ☎ (0 9) 377 25 77, *Fax (0 9) 377 25 77,* – P – 30. AE ⓓ E VISA.
fermé merc., sam. midi, dim. soir et du 10 au 31 juil. – **Repas** Lunch 700 – carte 1100 à 1550.

EERKEN *Brabant Wallon – voir Archennes.*

EIGENBRAKEL *Brabant Wallon – voir Braine-l'Alleud.*

EINE *Oost-Vlaanderen* 213 ⑯ et 909 D 3 – *voir à Oudenaarde.*

EISDEN *Limburg* 213 ⑪ et 909 K 3 – *voir à Maasmechelen.*

EKE *9810 Oost-Vlaanderen* C *Nazareth 10725 h.* 213 ④ et 909 D 3.
Bruxelles 70 – Gent 13 – Oudenaarde 15.

De Gouden Snip, Stationsstraat 33, ☎ (0 9) 385 69 70, *Fax (0 9) 385 71 36* – AE ⓓ E.
fermé mardi, merc., sam. midi, 1 sem. en fév. et 3 sem. en juil. – **Repas** 950/1500.

EKEREN *Antwerpen* 213 ⑥ et 909 G 2 - ⑨ N – *voir à Antwerpen, périphérie.*

ELENE *Oost-Vlaanderen* 213 ⑯ ⑰ – *voir à Zottegem.*

ELEWIJT *1982 Vlaams-Brabant* C *Zemst 20050 h.* 213 ⑦ et 909 G 3.
à Kampenhout SE : 6 km, Wildersedreef 56 ☎ (0 16) 65 12 16, Fax (0 16) 65 16 80.
Bruxelles 21 – Antwerpen 32 – Leuven 26.

Kasteel Diependael (Neckebroeck), Tervuursesteenweg 511, ☎ (0 15) 61 17 71, *Fax (0 15) 61 68 97,* <, , « Verrières sur parc » – P – 30. AE ⓓ E VISA.
fermé sam. midi, dim. soir, lundi, carnaval et 3 sem. en août – **Repas** Lunch 1300 – 1950/2400, carte 2600 à 3400
Spéc. Tartare de saumon saumuré, sorbet de céleri blanc. Navarin de poissons. Pigeonneau aux tagliatelles frites, sauce au poivre.

De Barcarolle, Tervuursesteenweg 620, ☎ (0 15) 61 08 30, *Fax (0 15) 61 08 30,* , « Terrasse et jardin » – P. AE ⓓ E VISA.
fermé mardi soir, merc., carnaval et 2 dern. sem. juil. – **Repas** Lunch 1100 – carte 1550 à 2150.

ELLEZELLES (ELZELE) *7890 Hainaut* 213 ⑯ et 909 E 3 – *5571 h.*
Bruxelles 55 – Gent 44 – Kortrijk 39.

Château du Mylord (Thomaes), r. St-Mortier 35, ☎ (0 68) 54 26 02, *Fax (0 68) 54 29 33,* , « Gentilhommière dans un parc » – P. AE ⓓ E VISA
fermé du 17 au 25 août, janv., dim. soir, lundis midis non fériés et lundi soir – **Repas** Lunch 2250 bc – 2300/3800, carte 2100 à 2950
Spéc. Mille-feuille de fenouil au confit d'agneau et rouget-barbet aux épices. Cabillaud à la chapelure d'échalotes. Agneau au romarin, légumes confits et mousseline à la betterave (fév.-sept.).

ELLIKOM *Limburg* 213 ⑩ – *voir à Meeuwen.*

ELSENE *Brussels Hoofdstedelijk Gewest – voir Ixelles à Bruxelles.*

ELVERDINGE *West-Vlaanderen* 213 ⑬ et 909 B 3 – *voir à Ieper.*

ELZELE *Hainaut – voir Ellezelles.*

ENGHIEN (EDINGEN) *7850 Hainaut* 213 ⑰ et 909 F 3 – *10 602 h.*

Voir *Parc*★.

Bruxelles 39 – Aalst 30 – Mons 32 – Tournai 50.

XX **Aub. du Vieux Cèdre** avec ch, av. Elisabeth 1, (0 2) 395 68 38, *Fax (0 2) 395 38 62*, ≤, « Villa avec pièce d'eau », – TV ☎ P. AE E VISA.
Repas *(fermé vend., sam. midi, dim. soir, 2 sem. carnaval et 19 juil.-10 août)* Lunch 850 – 1075/1895 – 350 – **14 ch** 3000 – ½ P 2800/3000.

X **Les Délices du Parc,** pl. P. Delannoy 32, (0 2) 395 47 89, *Fax (0 2) 395 47 89* – AE E VISA
fermé du 15 au 25 fév., du 20 au 30 sept., mardi soir et merc. – **Repas** Lunch 495 – 895/1495.

EPRAVE *Namur* 214 ⑥ et 909 I 5 – *voir à Rochefort.*

EREZÉE *6997 Luxembourg belge* 214 ⑦ et 909 J 5 – *2 585 h.*

Bruxelles 127 – Liège 60 – Namur 66.

XX **Le Liry** avec ch, r. Combattants 3, (0 86) 47 72 65, *Fax (0 86) 47 74 41*, – TV ☎ P. AE E VISA. ch
fermé mardi, merc., 2 prem. sem. mars, 2 prem. sem. juil., prem. sem. sept. et 1 sem. en déc. – **Repas** *(fermé après 20 h 30)* Lunch 990 – 1390/2990 – **9 ch** 2150/2900 – ½ P 2300/2900.

à **Fanzel** *N : 6 km* C *Erezée* – ✉ *6997 Erezée :*

XX **Aub. du Val d'Aisne** avec ch, r. Aisne 15, (0 86) 49 92 08, *Fax (0 86) 49 98 73*, ≤, , « Rustique, environnement champêtre », – ☎ P. E VISA. rest
fermé mardis, merc. et jeudis non fériés, 15 juin-15 juil. et janv. – **Repas** 1000/1650 – **7 ch** 2250/3250, 1 suite – ½ P 2500.

ERONDEGEM *Oost-Vlaanderen* 213 ⑤ – *voir à Aalst.*

ERPE *Oost-Vlaanderen* 213 ⑤ et 909 E 3 – *voir à Aalst.*

ERPS-KWERPS *3071 Vlaams-Brabant* C *Kortenberg 17 012 h.* 213 ⑦ et 909 G 3.

Bruxelles 20 – Leuven 6 – Mechelen 19.

XX **Rooden Scilt,** Dorpsplein 7, (0 2) 759 94 44, *Fax (0 2) 759 74 45*, – P. AE E VISA
fermé merc. soir d'oct. à mai, dim. soir, lundi et du 16 au 26 déc. – **Repas** Lunch 1100 – 1950 bc/2450 bc.

ERTVELDE *9940 Oost-Vlaanderen* C *Evergem 30 548 h.* 213 ④ et 909 E 2.

Bruxelles 86 – Brugge 38 – Gent 16 – Sint-Niklaas 36.

XX **Paddenhouck,** Holstraat 24, (0 9) 344 55 56, *Fax (0 9) 344 55 56* – P. AE E VISA
fermé du 5 au 20 sept., du 25 au 30 déc., dim. et lundi – **Repas** Lunch 950 – 1250/1550.

ESSEN *2910 Antwerpen* 212 ⑮ et 909 G 1 – *15 907 h.*

Bruxelles 82 – Antwerpen 18 – Roosendaal 10 – Turnhout 47.

XX **De Kruidtuin,** Antwerpsesteenweg 52 (S : 5 km sur N 117), (0 3) 677 05 48, *Fax (0 3) 677 10 32*, – P. AE E VISA
fermé lundi, mardi, sam. midi et 16 août-7 sept. – **Repas** 1690.

ESSENE *1790 Vlaams-Brabant* C *Affligem 11 742 h.* 213 ⑱ et 909 F 3.

Bruxelles 26 – Aalst 6.

XXXX **Bellemolen,** Stationstraat 11 (sur E 40, sortie ⑲ a), (0 53) 66 62 38, *Fax (0 53) 68 12 90*, , « Moulin à eau du 12e s. » – P. AE E VISA.
fermé dim. soir, lundi, juil. et 23 déc.-2 janv. – **Repas** Lunch 1750 – 2750.

ESTAIMBOURG *7730 Hainaut* C *Estaimpuis 9 511 h.* 213 ⑮ et 909 D 3.

Bruxelles 100 – Mons 62 – Kortrijk 19 – Lille 34 – Tournai 12.

XXX **La Ferme du Château,** pl. de Bourgogne 2, (0 69) 55 72 13, *Fax (0 69) 55 72 13*, , « Terrasse et jardin » – E VISA
fermé dim. soir, lundi soir, mardi, merc., 2 sem. carnaval et 3 sem. en août – **Repas** Lunch 680 – 1095/1900.

ETTERBEEK *Région de Bruxelles-Capitale* 909 ㉑ S – *voir à Bruxelles.*

EUPEN *4700 Liège* 213 ㉔ et 909 L 4 – 17 304 h.

Voir *Carnaval★★ (défilé : veille du Mardi gras) – Barrage de la Vesdre★ (Talsperre) par ② : 5 km.*

Env. *par ③ : Hautes Fagnes★★, Signal de Botrange ⩽★, Sentier de découverte nature★ – Les Trois Bornes★ (Drielandenpunt) : de la tour Baudouin ✲★, rte de Vaals (Pays-Bas) ⩽★.*

Marktplatz 7 ☏ (0 87) 55 34 50, Fax (0 87) 55 66 39.

Bruxelles 131 ⑥ – Maastricht 46 ⑥ – Liège 40 ⑥ – Verviers 15 ⑤ – Aachen 17 ①.

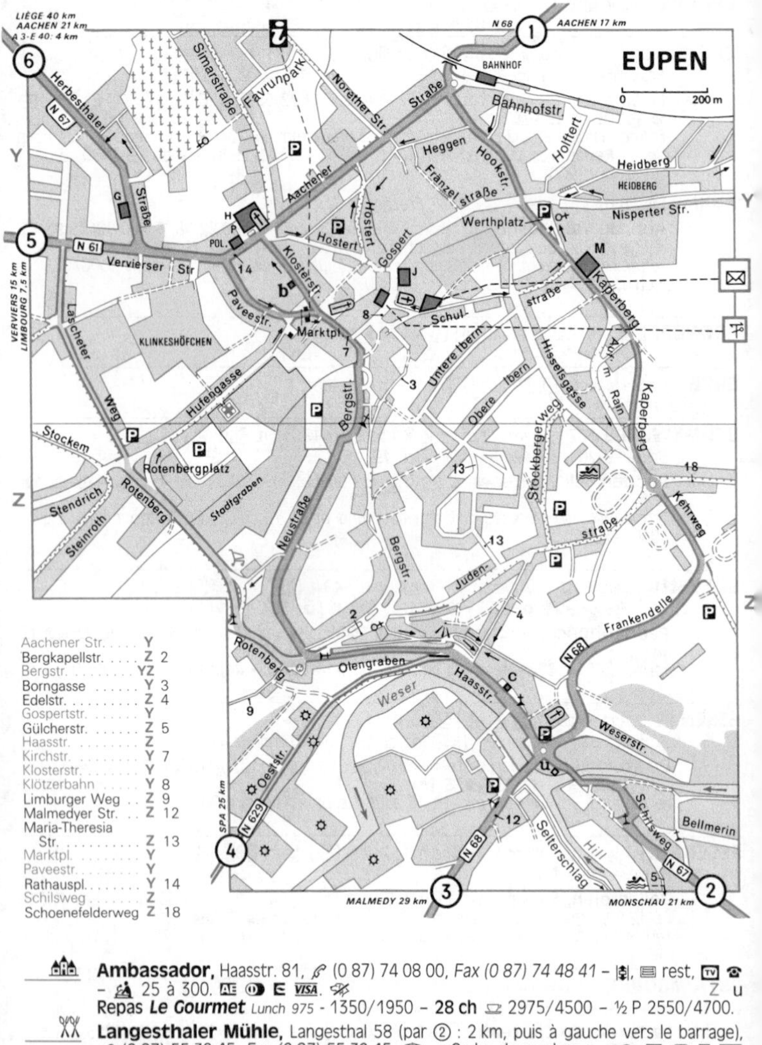

Aachener Str. . . . . Y
Bergkapellstr. . . . . Z 2
Bergstr. . . . . YZ
Borngasse . . . . . . Y 3
Edelstr. . . . . Z 4
Gospertstr. . . . . . . Y
Gülcherstr. . . . . . . Z 5
Haasstr. . . . . Z
Kirchstr. . . . . Y 7
Klosterstr. . . . . Y
Klötzerbahn . . . . . Y 8
Limburger Weg . . Z 9
Malmedyer Str. . . Z 12
Maria-Theresia Str. . . . . Z 13
Marktpl. . . . . Y
Paveestr. . . . . Y
Rathauspl. . . . . Y 14
Schilsweg . . . . Z
Schoenefelderweg Z 18

Ambassador, Haasstr. 81, ☏ (0 87) 74 08 00, *Fax (0 87) 74 48 41* – |♦|, ▤ rest, ▣ ☎ – 🅰 25 à 300. AE ⓞ E VISA. ⚹ Z u
Repas ***Le Gourmet*** *Lunch 975* - 1350/1950 – **28 ch** ▭ 2975/4500 – ½ P 2550/4700.

Langesthaler Mühle, Langesthal 58 (par ② : 2 km, puis à gauche vers le barrage), ☏ (0 87) 55 32 45, *Fax (0 87) 55 32 45*, 🌳, « Cadre de verdure » – 🅟. AE ⓞ E VISA
fermé sam. midi, dim. soir, lundi, du 13 au 22 fév. et 17 août-3 sept. – **Repas** *Lunch 1190* – carte 1450 à 2000.

X **Vier Jahreszeiten,** Haasstr. 38, ☎ (0 87) 55 36 04, *Fax (0 87) 55 36 04*, 🏞 – AE E VISA Z c
fermé jeudi soir d'oct. à mars, mardi, 1 sem. carnaval et fin juil.-début août – **Repas** *Lunch 950* – 1395/1790.

X **Bürgerstube,** Klosterstr. 19, ☎ (0 87) 55 20 43, *Fax (0 87) 55 20 43* – E VISA Y b
fermé jeudi, sam. midi, 2 prem. sem. juil., oct. et janv. – **Repas** *Lunch 700* – 750/800.

EVERE *Région de Bruxelles-Capitale* 213 ⑱ et 909 ㉑ N – *voir à Bruxelles.*

FAGNES (Hautes) ★★ *Liège* 213 ㉔ et 909 F 5 *G. Belgique-Luxembourg.*

FALAËN *5522 Namur* C *Onhaye 2 985 h.* 214 ⑤ et 909 H 5.
Env. *N : Vallée de la Molignée★ – NO : 15 km à Furnaux : fonts baptismaux★ dans l'église.*
Bruxelles 94 – Namur 37 – Dinant 12 – Philippeville 21.

Gd H. de la Molignée 🐦, r. Gare 87, ☎ (0 82) 69 91 73, *Fax (0 82) 69 91 73* – P – 🎤 40. AE ⓓ E VISA JCB. ✂ rest
fermé merc. et fév. – **Repas** 875/1800 – **27 ch** ☕ 1750/2250 – ½ P 2270.

X **La Fermette,** r. Château-Ferme 30, ☎ (0 82) 69 91 90, *Fax (0 82) 69 91 90*, ≤, 🏞, « Cadre champêtre » – P. E VISA
fermé du 1er au 16 sept., 4 janv.-4 fév. et lundi soir et mardi hors saison – **Repas** carte env. 900.

FALMIGNOUL *Namur* 214 ⑤ et 909 H 5 – *voir à Dinant.*

FANZEL *Luxembourg belge* 214 ⑦ et 909 J 5 – *voir à Erezée.*

FAUVILLERS *6637 Luxembourg belge* 214 ⑰ ⑱ et 909 K 6 – *1 788 h.*
Bruxelles 172 – Arlon 28 – Bastogne 23.

Le Martin Pêcheur 🐦, r. Bodange 28 (E : 3 km, lieu-dit Bodange), ✉ 6630 Martelange, ☎ (0 63) 60 00 66, *Fax (0 63) 60 08 06*, 🏞, « Au bord de la Sûre », 🎣 – TV ☎ P. AE ⓓ E VISA
fermé mardi et fév. – **Repas** *(fermé après 20 h 30)* 855/1150 – **14 ch** ☕ 1720/3250 – ½ P 2070/2780.

XX **Le Château de Strainchamps** (Vandeputte) 🐦 avec ch, Strainchamps 12 (N : 3 km, lieu-dit Strainchamps), ☎ (0 63) 60 08 12, *Fax (0 63) 60 12 28*, « Cadre champêtre » – TV ☎ P. AE ⓓ E VISA
fermé merc., jeudi, 16 août-3 sept. et 20 déc.-14 janv. – **Repas** *Lunch 900* – 1600/2250, carte 1500 à 2100 – **8 ch** ☕ 1900/3700 – ½ P 2250/2750
Spéc. Filet de rouget aux pommes de terre, courgette et purée d'olives noires. Rognon grillé au parfum du genèvrier. Croustillant de langoustines, sauce au curry.

FAYMONVILLE *Liège* 214 ⑨ et 909 L 4 – *voir à Waimes.*

FELUY *7181 Hainaut* C *Seneffe 10 560 h.* 213 ⑱ et 909 F 4.
Bruxelles 39 – Mons 28 – Charleroi 31.

XX **Les Peupliers,** Chemin de la Claire Haie 109 (S : E 19, sortie ⑳), ☎ (0 67) 87 82 05, *Fax (0 67) 87 82 05*, 🏞 – P. AE ⓓ E VISA
fermé lundi – **Repas** (déjeuner seult sauf vend. et sam.) carte 1250 à 1850.

FLEMALLE-HAUTE *Liège* 213 ㉒ et 909 J 4 - ⑰ S – *voir à Liège, environs.*

FLEURUS *6220 Hainaut* 213 ⑲, 214 ④ et 909 G 4 – *22 512 h.*
Bruxelles 62 – Namur 26 – Charleroi 12 – Mons 48.

L'Eglantier, chaussée de Charleroi 590, ☎ (0 71) 81 01 30, *Fax (0 71) 81 23 44* – |‡| TV ☎ P – 🎤 30. AE ⓓ E VISA
Repas (avec buffets) *(fermé sam. midi et dim.)* *Lunch 595* – 795 – **43 ch** ☕ 2250/2750 – ½ P 1675/2700.

XX **Les Tilleuls,** rte du Vieux Campinaire 85 (S : 3 km par N 29 puis N 568), ☎ (0 71) 81 18 10, *Fax (0 71) 81 37 52*, 🏞 – P. AE ⓓ E VISA
fermé sam. midi, dim. soir, lundi et du 1er au 15 août – **Repas** *Lunch 650* – 1350.

X **Le Relais du Moulin,** chaussée de Charleroi 199, ☎ (0 71) 81 34 50
fermé mardi soir, merc. et 16 août-8 sept. – **Repas** carte 850 à 1400.

FLORENVILLE *6820 Luxembourg belge* 214 ⑯ et 909 I 6 – *5 626 h.*

Env. *Route de Neufchâteau ≤★ sur le défilé de la Semois N : 6,5 km et 10 mn à pied – Route de Bouillon ≤★ sur Chassepierre O : 5 km.*

Exc. *Descente en barque★ de Chiny à Lacuisine N : 5 km, parcours de 8 km.*

Pavillon, pl. Albert Ier ☎ (0 61) 31 12 29, Fax (0 61) 31 32 12.

Bruxelles 183 – Arlon 39 – Bouillon 25 – Sedan 38.

à Lacuisine *N : 3 km* C *Florenville* – ✉ *6821 Lacuisine :*

La Roseraie ⑤, rte de Chiny 2, ☎ (0 61) 31 10 39, *Fax (0 61) 31 49 58*, ≤, 🏞, « Jardin au bord de la Semois », Ⅎδ, ≘s – TV ☎ P – 🎪 25. AE ① E VISA. ✻ rest
Repas *(fermé dim. soir hors saison)* *Lunch 1250* – 810/1975 – **14 ch** ☐ 2325/3580 – ½ P 2750/3285.

Host. du Vieux Moulin ⑤ avec ch, r. Martué 10 (O : 1,5 km, lieu-dit Martué), ☎ (0 61) 31 10 76, *Fax (0 61) 31 26 75*, ≤, 🏞, « Cadre champêtre au bord de la Semois », 🪑 – TV P – 🎪 25. AE ① E VISA JCB. ✻ rest
fermé mardi soir, merc. et 15 fév.-15 mars – **Repas** 1150/1650 – ☐ 300 – **14 ch** 1950/2800 – ½ P 2050/2250.

FOREST (VORST) *Région de Bruxelles-Capitale* 213 ⑱ et 909 ㉑ S – *voir à Bruxelles.*

FOSSES-LA-VILLE *5070 Namur* 214 ④ et 909 H 4 – *8 564 h.*

Bruxelles 78 – Namur 19 – Charleroi 22 – Dinant 30.

Le Castel avec ch, r. Chapitre 10, ☎ (0 71) 71 18 12, *Fax (0 71) 71 23 96*, 🏞 – |‡| TV ☎ P. AE ① E VISA
fermé dim. soir, lundi, 23 fév.-2 mars et du 20 au 30 juil. – **Repas** 850/1750 – ☐ 370 – **11 ch** 1800/2700 – ½ P 2200/2450.

FOURON-LE-COMTE *Limburg* – *voir 's Gravenvoeren.*

FRAHAN *Luxembourg belge* 214 ⑮ et 909 I 6 – *voir à Poupehan.*

FRAMERIES *Hainaut* 214 ② et 909 E 4 – *voir à Mons.*

FRANCORCHAMPS *4970 Liège* C *Stavelot 6 526 h.* 213 ㉓, 214 ⑧ et 909 K 4.

Exc. *S : parcours★ de Francorchamps à Stavelot.*

Bruxelles 146 – Liège 47 – Spa 9.

Moderne, rte de Spa 129, ☎ (0 87) 27 50 26, *Fax (0 87) 27 55 27*, « Cour intérieure » – TV ☎ 🚗. AE ① E VISA
fermé merc. hors saison, 2 sem. en mars et 2 sem. en oct. – **Repas** *(fermé après 20 h 30)* 950 – **12 ch** ☐ 3250 – ½ P 2600/2900.

Host. Le Roannay avec ch (annexe 🏨 - 8 ch), rte de Spa 155, ☎ (0 87) 27 53 11, *Fax (0 87) 27 55 47*, ≘s, 🏊, 🪑 – ▤ rest, TV ☎ 🚗 P – 🎪 25. AE ① E VISA. ✻
Repas *(fermé du 8 au 25 mars, du 5 au 15 juil., 29 nov.-23 déc. et mardi)* 1590/2450 – ☐ 450 – **12 ch** *(fermé du 8 au 25 mars et 29 nov.-23 déc.)* 2500/5800 – ½ P 3800/4600.

FRASNES *Namur* 214 ③ ④ et 909 G 5 – *voir à Couvin.*

FROYENNES *Hainaut* 213 ⑮ et 909 D 4 – *voir à Tournai.*

FURFOOZ *Namur* 214 ⑤ et 909 H 5 – *voir à Dinant.*

FURNES *West-Vlaanderen* – *voir Veurne.*

GAND *Oost-Vlaanderen* – *voir Gent.*

GANSHOREN *Région de Bruxelles-Capitale* 213 ⑱ et 909 F 3 - ㉑ N – *voir à Bruxelles.*

GAVERE *9890 Oost-Vlaanderen* 213 ④ et 909 D 3 – *11 617 h.*

Bruxelles 75 – Gent 18 – Oudenaarde 14.

Deboeverie, Baaigemstraat 1, ☎ (0 9) 384 33 76, *Fax (0 9) 384 75 46*, 🏞, « Jardin d'hiver et terrasse paysagée » – P. AE ① E VISA. ✻
fermé merc., jeudi et sam. midi – **Repas** *Lunch 1200* – 2000/3500.

GEEL *2440 Antwerpen* 213 ⑧ et 909 *H 2 – 33 501 h.*

Voir *Mausolée★ dans l'église Ste-Dymphne (St-Dimfnakerk).*

Markt 1 ☎ (0 14) 57 09 50, Fax (0 14) 59 15 57.

Bruxelles 66 – Antwerpen 43 – Hasselt 38 – Turnhout 18.

XX **De Cuylhoeve,** Hollandsebaan 7 (S : 3 km, lieu-dit Winkelomheide), ☎ (0 14) 58 57 35, *Fax (0 14) 58 24 08,* , « Environnement boisé » – P. E VISA
fermé merc., sam. midi, dim., 1 sem. en mars, 8 juil.-4 août et 23 déc.-4 janv. – **Repas** Lunch 1150 – 1900/2250.

XX **De Waag,** Molseweg 2 (E : 1 km sur N 71), ☎ (0 14) 58 62 20, *Fax (0 14) 58 26 65,* – AE E VISA
fermé dim. soir, lundi et 3 dern. sem. mars – **Repas** Lunch 1000 – carte 1600 à 2200.

GELDENAKEN *Brabant Wallon – voir Jodoigne.*

GELLINGEN *Hainaut – voir Ghislenghien à Ath.*

GELUWE *8940 West-Vlaanderen* C *Wervik 17 841 h.* 213 ⑭ et 909 *C 3.*

Bruxelles 109 – Ieper 20 – Kortrijk 19 – Lille 27.

XX **Oud Stadhuis,** St-Denijsplaats 7, ☎ (0 56) 51 66 49, *Fax (0 56) 51 79 12* – AE ⓓ E VISA
fermé mardi soir, merc., dim. soir, prem. sem. mars et 21 juil.-15 août – **Repas** Lunch 1100 – 2450.

GEMBLOUX *5030 Namur* 213 ⑲ ⑳ et 909 *H 4 – 20 077 h.*

Env. *à Corroy-le-Château S : 4 km : château féodal★.*

à Mazy S : 8 km, Ferme-château de Falnuée, r. Emile Pirson 55 ☎ (0 81) 63 30 90, Fax (0 81) 63 37 64.

Bruxelles 44 – Namur 18 – Charleroi 26 – Tienen 34.

Les 3 Clés, chaussée de Namur 17 (N 4), ☎ (0 81) 61 16 17, *Fax (0 81) 61 41 13* – , rest, TV ☎ P – 25 à 220. AE ⓓ E VISA
Repas 650/1550 – 320 – **45 ch** 1990/2990.

XXX **Le Prince de Liège** (Garin), chaussée de Namur 96b (N 4), ☎ (0 81) 61 12 44, *Fax (0 81) 61 42 44,* – P. AE ⓓ E VISA
fermé du 15 au 28 fév., du 16 au 29 août, dim. soir et lundi – **Repas** Lunch 650 – 1050/2675, carte 1900 à 2450
Spéc. Lasagne de langoustines au beurre de saumon fumé. Pigeonneau aux langoustines et au foie d'oie.

X **Le Chalutier,** r. Théo Toussaint 10, ☎ (0 81) 61 46 58, *Fax (0 81) 61 46 58,* Produits de la mer – . AE ⓓ E VISA
fermé lundi, sam. midi, 1 sem. en fév. et 2 sem. en juin – **Repas** carte 1200 à 1500.

GENK *3600 Limburg* 213 ⑩ et 909 *J 3 – 62 336 h.*

Voir *O : 5 km, Domaine provincial de Bokrijk★ : Musée de plein air★★ (Openluchtmuseum), Domaine récréatif★ : arboretum★.*

Wiemesmeerstraat 109 ☎ (0 89) 35 96 16, Fax (0 89) 36 41 84.

Gemeentehuis, Dieplaan 2 ☎ (0 89) 30 95 62, Fax (0 89) 30 51 68.

Bruxelles 97 ⑤ – Maastricht 24 ③ – Hasselt 21 ④

Plan page suivante

Alfa Molenvijver M, Albert Remansstraat 1, ☎ (0 89) 36 41 50, *Fax (0 89) 36 41 51,* <, , « Parc avec étang », , – , TV ☎ P – 25 à 250. AE ⓓ E VISA X e
Repas 850/1350 – **81 ch** 4700/5600, 2 suites – ½ P 5400.

La Réserve , Wiemesmeerstraat 105 (E : 4,5 km, Spiegelven), ☎ (0 89) 35 58 28, *Fax (0 89) 35 58 03,* <, , , – TV ☎ P – 25 à 250. AE ⓓ E VISA. rest
Repas Lunch 950 – carte 950 à 1300 – **70 ch** 3300/3700 – ½ P 2625/2800.

Atlantis , Fletersdel 1 (SE : 3 km), ☎ (0 89) 35 65 51, *Fax (0 89) 35 35 29,* , , – , rest, TV ☎ P – 35. AE E VISA.
fermé 24 déc.-15 janv. – **Repas** *(fermé dim.)* Lunch 850 – 1250 – **24 ch** 2350/4600.

Ecu sans rest, Europalaan 46, ☎ (0 89) 36 42 44, *Fax (0 89) 36 42 50* – TV ☎ P. AE ⓓ E VISA X r
40 ch 2850/3400.

Europa, Sledderloweg 85 (SE : 3 km), ☎ (0 89) 35 42 74, *Fax (0 89) 35 75 79,* – TV ☎ P – 25 à 100. AE E VISA.
Repas Lunch 425 – 850/1400 – **19 ch** 2100/3000.

GENK

André Dumontlaan . . . Y 3
Bergbeemdstraat . . . Y 4
Berglaan . . . . X 6
Camerlo . . . . Y 7
Eindgracht . . . . X 9
Emiel van Dorenlaan . Y 10
Europalaan . . . . YZ 12
Evence Coppéelaan . Y 13
Fletersdel . . . . Z 15
Fruitmarkt . . . . X 16
Genkerweg (ZUTENDAAL) . . . Z 18
Gildelaan . . . . Z 19
Guill. Lambertlaan . . Y 21
Hasseltweg . . . . Z 22
Hoevenzavellaan . . . Y 24
Hoogstraat . . . . Z 25
Hooiplaats . . . . X 27
Jaarbeurslaan . . . . . . X 28
Kempenseweg (ZUTENDAAL) . . . Z 30
Klokstraat . . . . X 31
Koerweg . . . . Y 33
Kolderbosstraat . . . . . Z 34
Langerloweg . . . . Z 36
Maaseikerbaan . . . . . . Y 37
Markstraat . . . . X 39
Marktplein . . . . X 40
Mispadstraat . . . . Y 42
Molenblookstraat (ZUTENDAAL) . . . Z 43
Mooselerlaan . . . . . . Y 45
Nieuwstraat . . . . Z 46
Noordlaan . . . . Y 48
Onderwijslaan . . . . . Y 49
Pastoor Raeymaekers-straat . . . . X 51
Rozenkrankslaan . . . Z 52
Schietboomstraat . . . X 54
Sint-Martinusplein . . X 55
Sledderloweg . . . . . . Z 57
Stalenstraat . . . . Y 58
Stoffelbergstraat . . . . X 60
Swinnenweyerweg . . Z 61
Terboekt . . . . Z 63
Vennestraat . . . . YZ 64
Westerring . . . . YZ 66
Wiemesmeerstraat . . . . YZ 67
Winterslagstraat . . . . XY 69
Zuiderring . . . . Z 70

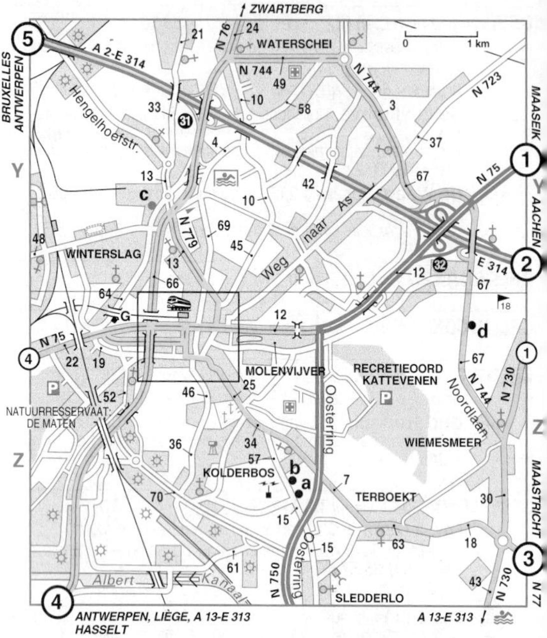

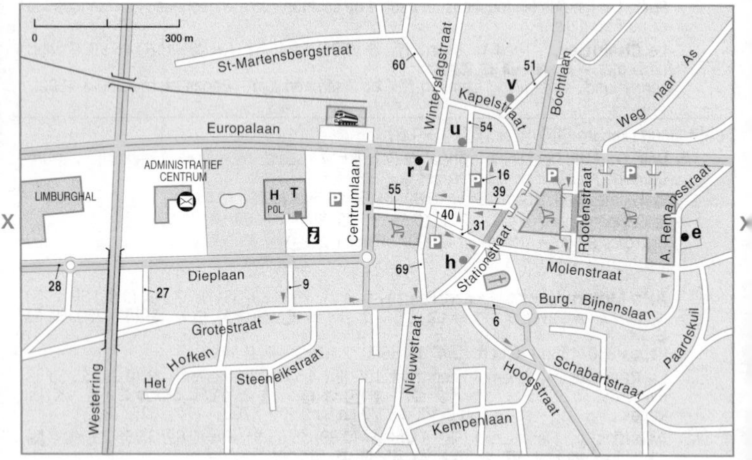

Ne confondez pas :

Confort des hôtels : 🏨🏨🏨🏨🏨 ... 🏨
Confort des restaurants : ✗✗✗✗✗ ... ✗
Qualité de la table : ✿✿✿, ✿✿, ✿, Repas ☺

XXX **Da Vinci,** Pastoor Raeymaekersstraat 3, ✆ (0 89) 35 17 61, *Fax (0 89) 30 60 56* – ▤ Ⓟ. AE ⓓ E VISA. ✂ X v
fermé du 13 au 20 fév., 21 juil.-15 août, mardi soir, sam. midi et dim. – **Repas** *Lunch 1350* – 1395/1895.

XX **St. Maarten,** Stationsstraat 13, ✆ (0 89) 35 26 57, *Fax (0 89) 30 31 87,* ⛱ – AE ⓓ E VISA. ✂ X h
fermé sam. midi, dim. soir, lundi, 2 sem. en mars et 2 dern. sem. juil. – **Repas** *Lunch 1200 bc* – carte env. 1600.

XX **Double Dragons,** Hasseltweg 214 (O : 2 km sur N 75), ✆ (0 89) 35 96 90, *Fax (0 89) 36 44 28,* Cuisine asiatique, ouvert jusqu'à minuit – ▤ Ⓟ. AE ⓓ E VISA. ✂
Repas 850/2050.

XX **Ludo's,** Europalaan 81, ✆ (0 89) 35 74 67, *Fax (0 89) 35 74 67* – ▤. AE ⓓ E VISA X u
fermé lundi, sam. midi et du 10 au 31 juil. – **Repas** *Lunch 975* – carte env. 1500.

X **'t Konijntje,** Vennestraat 74 (NO : 1,5 km, Winterslag), ✆ (0 89) 35 26 45, *Fax (0 89) 30 53 18,* Moules en saison – AE ⓓ E VISA JCB. ✂
fermé mardi soir, merc. et 3 sem. en juin – **Repas** 595/995.

X **De Zeeduivel,** Hasseltweg 346 (O : 3,5 km sur N 75), ✆ (0 89) 35 25 77, Produits de la mer, ouvert jusqu'à 23 h – AE ⓓ E VISA. ✂
fermé lundi, mardi et fin juil.-début août – **Repas** carte env. 1300.

dans le domaine provincial de Bokrijk *O : 5 km :*

X **'t Koetshuis,** Bokrijklaan (près du château), ✆ (0 11) 22 43 05, *Fax (0 11) 22 43 05,* Avec taverne, « Rustique flamand » – Ⓟ. AE ⓓ E VISA. ✂
Repas 595/2150.

GENT – GAND

9000 🅿 Oost-Vlaanderen 213 ④ et 909 E 2 – 225 469 h.

Bruxelles 55 ③ – Antwerpen 60 ② – Lille 71 ⑤.

Plans de Gent

Centre ...... p. 2

Agrandissement partie centrale ...... p. 3

Agglomération ...... p. 4

Nomenclature des hôtels et des restaurants

Ville ...... p. 5 et 6

Périphérie et environs ...... p. 6 et 7

RENSEIGNEMENTS PRATIQUES

Raadskelder Belfort, Botermarkt 17 a ☎ (09) 266 52 22, Fax (09) 225 62 88 – Fédération provinciale de tourisme, Woodrow Wilsonplein 3 ☎ (09) 267 70 20, Fax (09) 267 71 99.

18 *à St-Martens-Latem SO : 9 km, Latemstraat 120 ☎ (09) 282 54 11, Fax (09) 282 90 19.*

CURIOSITÉS

Voir *Vieille ville★★★ (Oude Stad) – Cathédrale St-Bavon★★ (St-Baafskathedraal)* FZ : *Polyptyque★★★ de l'Adoration de l'Agneau mystique par Van Eyck (Veelluik de Aanbidding van Het Lam Gods), Crypte★ : triptyque du Calvaire★ par Juste de Gand (Calvarietriptiek van Justus van Gent)* FZ *– Beffroi et Halle aux Draps★★★ (Belfort en Lakenhalle)* FY *– Pont St-Michel (St-Michielsbrug) ≤★★★* EY *– Quai aux Herbes★★ (Graslei)* EY *– Château des Comtes de Flandre★★ (Gravensteen) : ≤★ du sommet du donjon* EY *– St-Niklaaskerk★* EY *– Petit béguinage★ (Klein Begijnhof)* DX *– Réfectoire★ des ruines de l'abbaye St-Bavon (Ruïnes van de St-Baafsabdij)* DV **M⁵**.

Musées : *du Folklore★ (Museum voor Volkskunde) : cour★ intérieure de l'hospice des Enfants Alyn (Alijnsgodshuis)* EY **M¹** *– des Beaux-Arts★★ (Museum voor Schone Kunsten)* CX **M²** *– de la Byloke★★ (Bijloke Museum)* CX **M³**.

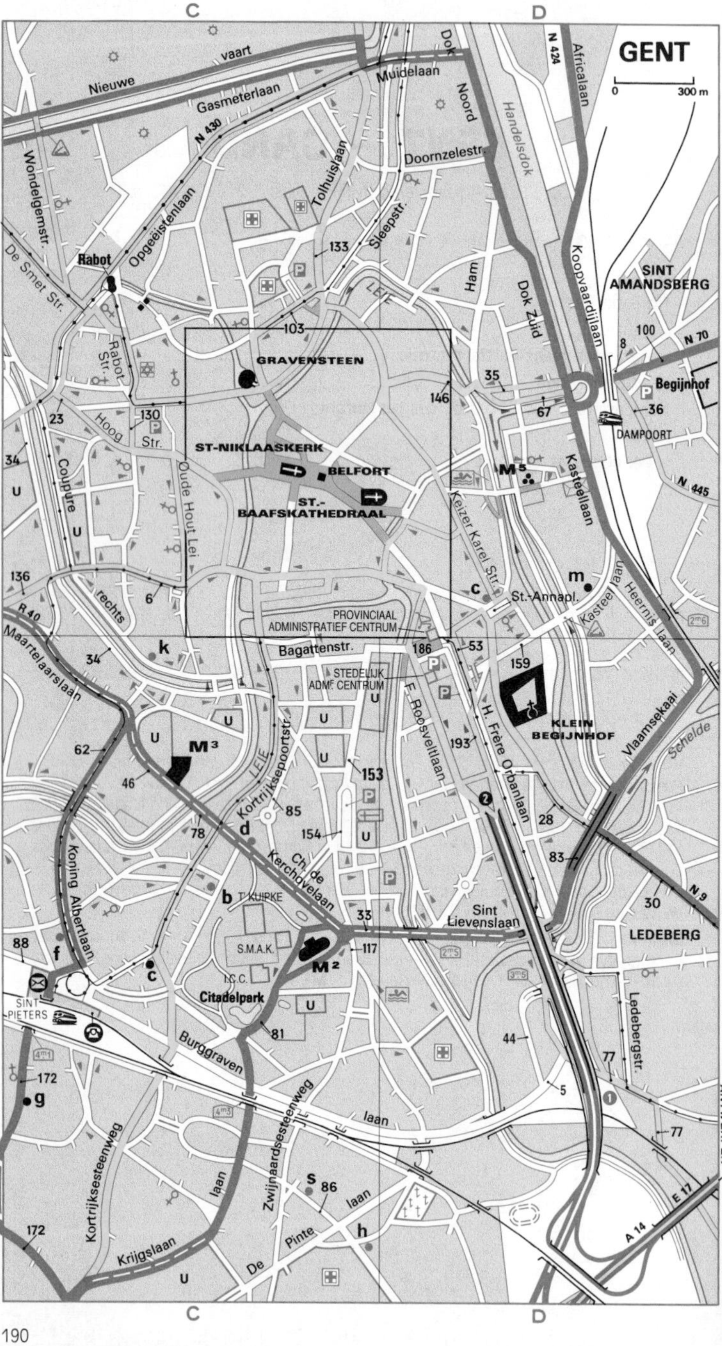
C
D
GENT
0
300 m
Nieuwe
vaart
Gasmeterlaan
Muidelaan
N 430
Dok
Noord
N 424
Africalaan
Handelsdok
Doornzelestr.
Wondelgemstr.
Opgeëistenlaan
Tolhuislaan
Sleepstr.
De Smet Str.
Rabot
133
Ham
Dok Zuid
Koopvaardijlaan
SINT AMANDSBERG
LEIE
103
Rabot Str.
GRAVENSTEEN
V
100
N 70
8
35
Begijnhof
146
67
36
23
130
Hoog
Str.
DAMPOORT
ST-NIKLAASKERK
34
BELFORT
M5
Kasteellaan
U
Coupure
Oude Hout Lei
ST.-BAAFSKATHEDRAAL
N 445
Keizer Karel Str.
136
6
c
St.-Annapl.
m
Kasteellaan
Heernis laan
R 40
rechts
PROVINCIAAL ADMINISTRATIEF CENTRUM
Maartelaarslaan
34
k
Bagattenstr.
186
53
159
STEDELIJK ADMR CENTRUM
F. Rooseveltlaan
H. Frère Orbanlaan
KLEIN BEGIJNHOF
Vlaamsekaai
Schelde
62
M3
193
46
153
Kortrijksepoortstr.
85
28
78
d
154
Ch. de Kerchovelaan
83
Koning Albertlaan
b
T' KUIPKE
N 9
30
X
33
Sint Lievenslaan
LEDEBERG
88
S.M.A.K.
117
f
M2
c
I.C.C.
Citadelpark
SINT PIETERS
81
44
Ledebergstr.
Burggraven
172
g
77
5
laan
77
Zwijnaardsesteenweg
Kortrijksesteenweg
laan
s
86
laan
E 17
A 14
172
De
Pinte
h
Krijgslaan
U
C
D

GENT

A. Heyndrickxlaan . . . . DX 5
Annonciadenstr. . . . . CV 6
Antwerpenplein . . . . DV 8
Botermarkt . . . . FY 19
Brugsepoortstr. . . . . CV 23
Brusselsepoortstr. . . . . DX 28
Brusselsesteenweg . . . . . . DX 30
Cataloniëstr. . . . . EY 32
Citadellaan . . . . CDX 33
Coupure links . . . . CVX 34
Dampoortstr . . . . DV 35
Dendermondse-steenweg . . . . DV 36
Emile Braunplein . . . . EFY 41
Gaston Crommenlaan . . . . DX 44
Gebr. Vandeveldestr. . . . . . EZ 45
Godshuizenlaan . . . . CX 46
Gouvernementstr. . . . . FZ 51
Graaf van Vlaanderenplein . DX 53
Grasbrug . . . . EY 54
Groot Brittanniëlaan . . . . . CX 62
Hagelandkaai . . . . DV 67
Hoofdbrug . . . . EY 76
Hundelgemse steenweg . . DX 77
Ijzerlaan . . . . CX 78
Joz. Wauterstr . . . . CX 81
Keizervest . . . . DX 83
K. van Hulthemstr. . . . . . . CX 85
Koekoeklaan . . . . CX 86
Koningin Fabiolalaan . . . . CX 88
Korenmarkt . . . . EY 89
Kortemunt . . . . EY 92
Land van Waaslaan . . . . . DV 100
Langemunt . . . . EY
Lange Steenstr. . . . . CV 103
Limburgstraat . . . . FZ 104
Noordstraat . . . . CV 116
Normaalschoolstr. . . . . . . CX 117
Peperstr. . . . . CV 130
Rodelijvekensstr. . . . . CV 133
Rozemarijnstr . . . . CV 136
Schouwburgstr. . . . . EZ 137
Sint Baafsplein . . . . FYZ 140
Sint Joriskaai . . . . DV 146
Sint Michielsplein en -straat . EY 151
Sint Pietersnieuwstr. . . . . CX 153
Sint Pietersplein . . . . CX 154
Tweebruggenstr. . . . . DVX 159
Veldstraat . . . . EZ
Vleeshuisbrug . . . . EY 163
Vogelmarkt . . . . FZ 167
Voskenslaan . . . . CX 172
Woodrow Wilsonpl. . . . . . DX 186
Zuidparklaan . . . . DX 193

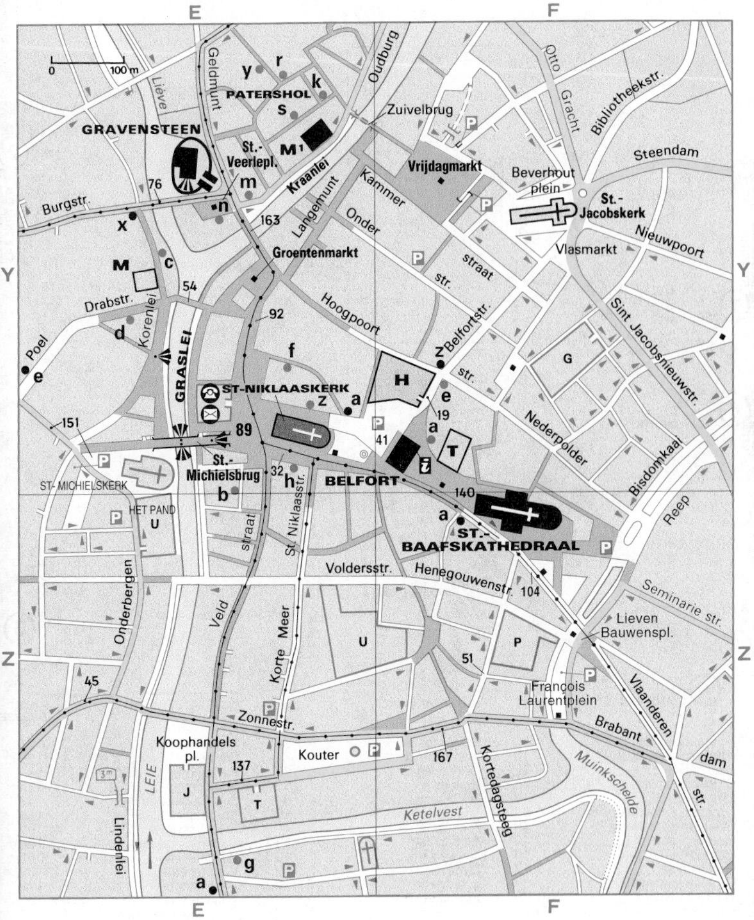

Pour avoir une vue d'ensemble sur le « Benelux »
procurez-vous
la carte Michelin Benelux 407 à 1/400 000.

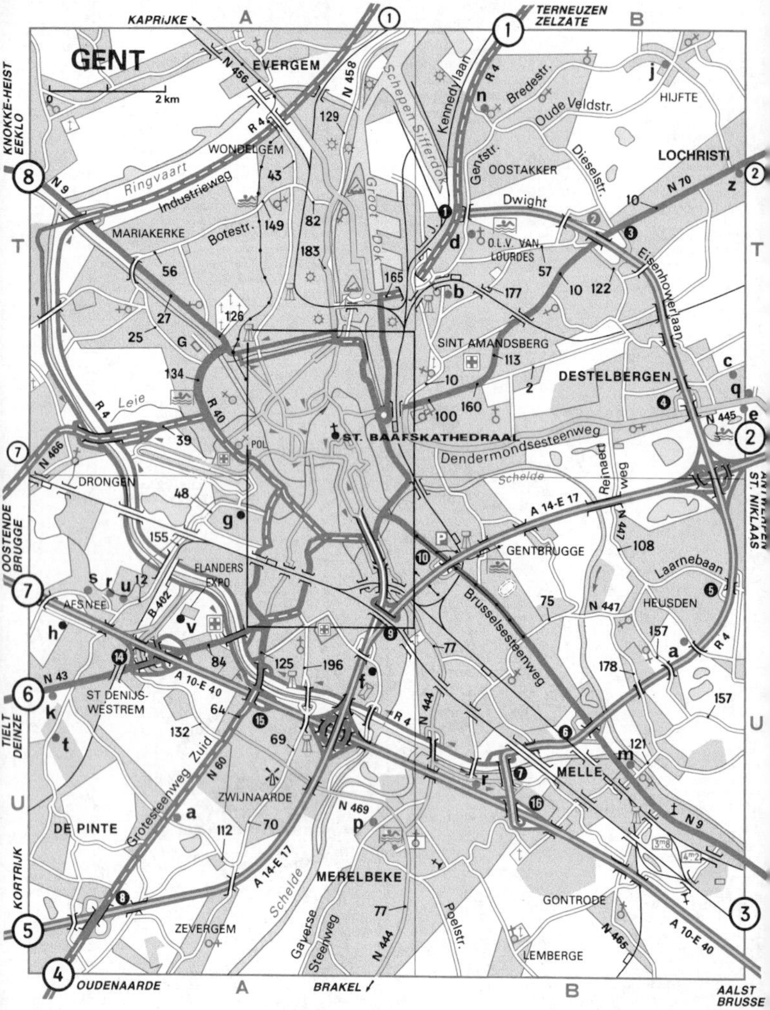

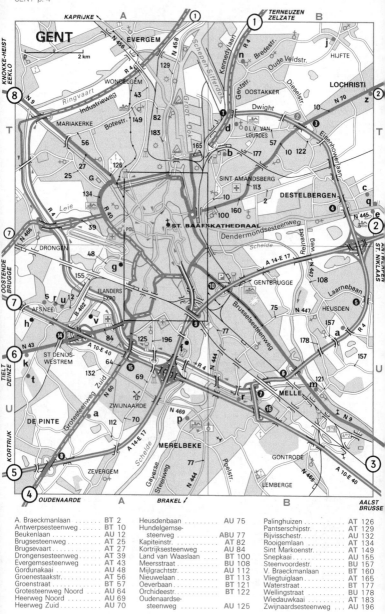

A. Braeckmanlaan .... BT 2
Antwerpsesteenweg ...... BT 10
Beukenlaan .... AU 12
Brugsesteenweg .... AT 25
Brugsevaart .... AT 27
Drongensesteenweg ...... AT 39
Evergemsesteenweg ...... AT 43
Gordunakaai .... AU 48
Groenestaakstr. .... AT 56
Groenstraat .... BT 57
Grotesteenweg Noord .... AU 64
Heerweg Noord .... AU 69
Heerweg Zuid .... AU 70
Heusdenbaan .... AU 75
Hundelgemse-steenveg .... ABU 77
Kapiteinstr. .... AT 82
Kortrijksesteenweg ..... AU 84
Land van Waaslaan .... BT 100
Meersstraat .... BU 108
Mijlgrachtstr. .... AU 112
Nieuwelaan .... BT 113
Oeverbaan .... BT 121
Orchideestr. .... BT 122
Oudenaardse-steenweg .... AU 125
Palinghuizen .... AT 126
Pantserschipstr. .... AT 129
Rijvisschestr. .... AU 132
Rooigemlaan .... AT 134
Sint Markoenstr. .... AT 149
Snepkaai .... AU 155
Steenvoordestr. .... BU 157
V. Braeckmanlaan ...... BT 160
Vliegtuiglaan .... AT 165
Waterstraat .... BT 177
Wellingstraat .... BU 178
Wiedauwkaai .... AT 183
Zwijnaardsesteenweg ... AU 196

Voor een overzicht van de Benelux gebruikt u de **Michelinkaart Benelux** 407 schaal 1 : 400 000.

Quartiers du Centre - *plans p. 2 et 3 sauf indication spéciale :*

Sofitel Belfort, Hoogpoort 63, ☎ (0 9) 233 33 31, *Fax (0 9) 233 11 02,* - 25 à 400. AE ① E VISA. rest FY z
Repas **De Drake** 600 - 650 - **126 ch** 8000, 1 suite.

Novotel Centrum, Gouden Leeuwplein 5, ☎ (0 9) 224 22 30, *Fax (0 9) 224 32 95,* - - 25 à 150. AE ① E VISA EY a
Repas *Lunch 495* - 995 - 475 - **113 ch** 4600/5150, 4 suites.

Castelnou, Kasteellaan 51, ☎ (0 9) 235 04 11, *Fax (0 9) 235 04 04* - rest, - 30. AE ① E VISA JCB DV m
Repas (Taverne-rest) *Lunch 925* - carte env. 900 - **39 ch** 2895/3345 - ½ P 1970.

Chamade sans rest, Blankenbergestraat 2, ☎ (0 9) 220 15 15, *Fax (0 9) 221 97 66* - . AE ① E VISA CX c
fermé 23 déc.-1er janv. - **36 ch** 2950/3400.

Erasmus sans rest, Poel 25, ☎ (0 9) 224 21 95, *Fax (0 9) 233 42 41,* « Maison du 16e s. », - . AE E VISA. EY e
fermé 10 déc.-10 janv. - **11 ch** 2950/4200.

Gravensteen sans rest, Jan Breydelstraat 35, ☎ (0 9) 225 11 50, *Fax (0 9) 225 18 50,* - . AE ① E VISA JCB EY x
395 - **49 ch** 3950/4700.

Europa , Gordunakaai 59, ☎ (0 9) 222 60 71, *Fax (0 9) 220 06 09,* - - 25 à 180. AE ① E VISA plan p. 4 AU g
Repas *(fermé dim.)* carte 1100 à 1450 - **37 ch** 2500/3300, 1 suite - ½ P 2300/3150.

Ibis Kathedraal, Limburgstraat 2, ☎ (0 9) 233 00 00, *Fax (0 9) 233 10 00* - - 25 à 60. AE ① E VISA FZ a
Repas (dîner seult) 650 - 300 - **120 ch** 2950.

Ibis Opera sans rest, Nederkouter 24, ☎ (0 9) 225 07 07, *Fax (0 9) 223 59 07* - - 25 à 50. AE ① E VISA JCB EZ a
250 - **134 ch** 2845.

Jan Van den Bon, Koning Leopold II laan 43, ☎ (0 9) 221 90 85, *Fax (0 9) 245 08 92,* « Jardin » - AE ① E VISA. CX b
fermé sam. midi, dim., jours fériés, 1 sem. Pâques, mi-juil.-mi-août et fin déc.-début janv. - **Repas** *Lunch 1350* - 1750/2250, carte 2000 à 2800
Spéc. Salade tiède et aigre-doux de foie d'oie (oct.-déc.). Gibelotte de lapereau au chou blanc braisé (janv.-avril). Macaron au cacao et crème de mûres (mai-sept.).

De Gouden Klok, Koning Albertlaan 31, ☎ (0 9) 222 99 00, *Fax (0 9) 222 10 92,* « Hôtel de maître début du siècle » - . AE E VISA JCB. CX f
fermé merc., dim., 1 sem. carnaval, 3 dern. sem. juil. et Toussaint - **Repas** *Lunch 1300* - 1700/1950.

Waterzooi, St-Veerleplein 2, ☎ (0 9) 225 05 63, *Fax (0 9) 225 03 63* - AE ① E VISA JCB EY n
fermé merc., dim. et 28 juil.-20 août - **Repas** *Lunch 1650 bc* - 2150/2950 bc.

Cour St-Georges avec ch, Botermarkt 2, ☎ (0 9) 224 24 24, *Fax (0 9) 224 26 40,* « Salle flamande du 13e s. » - - 25 à 60. AE ① E VISA JCB FY e
Repas *(fermé dim. et 27 juil.-3 août)* 920/1890 - **28 ch** 2600/4600 - ½ P 3520/4420.

Basile, Coupure Rechts 70, ☎ (0 9) 233 26 12, *Fax (0 9) 233 26 12,* - AE ① E VISA. CX k
fermé sam. midi, dim., lundi, vacances Pâques et 2 dern. sem. août-prem. sem. sept. - **Repas** *Lunch 1050* - 1950.

Agora, Klein Turkije 14, ☎ (0 9) 225 25 58, Ouvert jusqu'à 23 h - . AE ① E VISA.
fermé dim., lundi et 15 juil.-15 août - **Repas** *Lunch 495* - 1150/1850. EY z

Georges, Donkersteeg 23, ☎ (0 9) 225 19 18, *Fax (0 9) 233 21 12,* Produits de la mer - . AE ① E VISA EY f
fermé lundi, mardi et 26 mai-17 juin - **Repas** *Lunch 675* - carte 1250 à 1950.

Jan Breydel, Jan Breydelstraat 10, ☎ (0 9) 225 62 87, *Fax (0 9) 269 05 34,* - AE ① E VISA JCB. EY c
fermé dim., lundi midi et du 1er au 15 août - **Repas** *Lunch 1500 bc* - 1850.

Grade, Charles de Kerchovelaan 81, ☎ (0 9) 224 43 85, *Fax (0 9) 233 11 29,* « Brasserie moderne » - AE E VISA. CX d
fermé dim., lundi, vacances Pâques et 2e quinz. août - **Repas** carte 1200 à 1500.

Pakhuis, Schuurkenstraat 4, ☎ (0 9) 223 55 55, *Fax (0 9) 225 71 05,* Brasserie-écailler, ouvert jusqu'à minuit, « Ancien entrepôt » - . AE ① E VISA EYZ b
fermé sam. midi et dim. - **Repas** *Lunch 350* - 850.

Italia Grill, St-Annaplein 16, ☎ (0 9) 224 30 42, Cuisine italienne, ouvert jusqu'à minuit - AE ① E VISA DV c
fermé lundi et 20 juil.-21 août - **Repas** carte 1100 à 1550.

X **Central-Au Paris,** Botermarkt 10, ℘ (0 9) 223 97 75, *Fax (0 9) 233 69 30*, 🍽 – AE ⊙ E VISA FY a
fermé du 15 au 19 fév., du 16 au 31 août, merc. et dim. soir – **Repas** *Lunch 795* – 995/1995.

X **Chez Jean,** Cataloniëstraat 3, ℘ (0 9) 223 30 40, *Fax (0 9) 223 30 40*, 🍽 – E VISA EY h
fermé dim., lundi midi et 1 sem. en fév. – **Repas** carte 950 à 1350.

X **Het Blauwe Huis,** Drabstraat 17, ℘ (0 9) 233 10 05, *Fax (0 9) 233 51 81*, 🍽, Brasserie, ouvert jusqu'à 23 h – AE ⊙ E VISA EY d
Repas carte env. 1300.

X **Othello,** Ketelvest 8, ℘ (0 9) 233 00 09, *Fax (0 9) 233 00 09*, 🍽 – E VISA EZ g
fermé sam. midi, dim., lundi soir et 2 sem. en juil. – **Repas** *Lunch 1000* – carte env. 1600.

Quartier Ancien (Patershol) - *plan p. 3* :

XX **De Blauwe Zalm,** Vrouwebroersstraat 2, ℘ (0 9) 224 08 52, *Fax (0 9) 234 18 98*, 🍽, Produits de la mer – AE ⊙ E VISA EY r
fermé du 15 au 18 fév., 22 juil.-3 août, sam. midi, dim. et lundi midi – **Repas** *Lunch 980* – 1950.

X **Le Baan Thaï,** Corduwaniersstraat 57, ℘ (0 9) 233 21 41, *Fax (0 9) 233 20 09*, Cuisine thaïlandaise – ▤. AE ⊙ E VISA. ✻ EY s
fermé lundi, fin juil. et dern. sem. déc.-prem. sem. janv. – **Repas** (dîner seult sauf dim.) 1150.

X **'t Buikske Vol,** Kraanlei 17, ℘ (0 9) 225 18 80, *Fax (0 9) 223 04 31*, 🍽 – AE E VISA. ✻ EY m
fermé merc., sam. midi et dim. – **Repas** carte 1150 à 1500.

X **Karel de Stoute,** Vrouwebroersstraat 5, ℘ (0 9) 224 17 35, *Fax (0 9) 224 17 35*, 🍽 – ▤. E VISA JCB. ✻ EY y
fermé du 15 au 20 fév., 30 août-18 sept., merc. et sam. midi – **Repas** *Lunch 975* – carte 1200 à 1600.

X **'t Klokhuys,** Corduwaniersstraat 65, ℘ (0 9) 223 42 41, *Fax (0 9) 223 04 31*, Ouvert jusqu'à 23 h – AE E VISA EY k
fermé lundi midi – **Repas** *Lunch 875* – carte 900 à 1400.

Périphérie - *plan p. 4 sauf indication spéciale* :

au Nord-Est – ✉ *9000* :

XX **Ter Toren,** St-Bernadettestraat 626, ℘ (0 9) 251 11 29, *Fax (0 9) 251 11 29*, 🍽, « Parc ombragé » – Ⓟ. AE ⊙ E VISA. ✻ BT b
fermé lundi et sept. – **Repas** (déjeuner seult sauf vend. et sam.) carte 1200 à 2050.

au Sud – ✉ *9000* :

🏨 **Holiday Inn,** Akkerhage 2, ℘ (0 9) 222 58 85, *Fax (0 9) 220 12 22*, 🏊, 🎾 – 🛗 ⇔ ▤ 📺 ☎ ♿ Ⓟ – 🏛 25 à 360. AE ⊙ E VISA JCB. ✻ rest AU f
Repas *(fermé sam. midi) Lunch 995* – carte 1200 à 1600 – ☕ 700 – **139 ch** 5800/6300, 1 suite.

🏨 **Ascona** sans rest, Voskenslaan 105, ℘ (0 9) 221 27 56, *Fax (0 9) 221 47 01* – 🛗 📺 ☎ 🚗 Ⓟ. AE ⊙ E VISA plan p. 2 CX g
36 ch ☕ 2350/2800.

X **Le Sommelier,** Koekoeklaan 13, ℘ (0 9) 221 11 33, *Fax (0 9) 221 11 33* – AE ⊙ E VISA. ✻ plan p. 2 CX s
fermé sam. midi, dim., lundi midi, 19 juil.-8 août et 24 déc.-1er janv. – **Repas** 950/1650.

X **Aton,** Corneel Heymanslaan, ℘ (0 9) 221 69 26, *Fax (0 9) 221 19 13*, 🍽 – Ⓟ. AE ⊙ E VISA JCB plan p. 2 CX h
fermé sam. et 21 juil.-15 août – **Repas** (déjeuner seult) carte 850 à 1450.

à Afsnee Ⓒ *Gent* – ✉ *9051 Afsnee* :

🏨 **Charl's Inn** sans rest, Autoweg Zuid 4 (près E 40, sortie ⑭), ℘ (0 9) 220 30 93, *Fax (0 9) 221 26 19*, « Villa avec jardin » – 📺 ☎ Ⓟ. AE ⊙ E VISA AU h
9 ch ☕ 1800/3000.

XXX **Nenuphar,** Afsneedorp 28, ℘ (0 9) 222 45 86, *Fax (0 9) 221 22 32*, ≤, 🍽, « Au bord de la Lys (Leie) », ⚓ – ▤ – 🏛 40. AE ⊙ E VISA. ✻ AU r
fermé mardi, merc., mi-août-début sept. et fin déc. – **Repas** *Lunch 1100* – 2000.

XX **de Fontein Kerse,** Broekkantstraat 52, ℘ (0 9) 221 53 02, *Fax (0 9) 221 53 02*, 🍽 – Ⓟ. AE ⊙ E VISA. ✻ AU s
fermé mardi soir, merc., dim. soir, 2 dern. sem. juil. et 2 dern. sem. janv. – **Repas** *Lunch 1050* – 1600/1850.

X **'t Stoofpotje,** Afsneedorp 26, ℘ (0 9) 222 37 86, *Fax (0 9) 245 10 16*, 🍽, « Jardin-terrasse au bord de la Lys (Leie) », ⚓ – E VISA JCB AU u
fermé lundi, mardi, merc., vacances Pâques, 2 dern. sem. juil.-prem. sem. août et 1 sem. Noël – **Repas** 900.

à Oostakker Ⓒ *Gent* – ✉ *9041 Oostakker* :

XX **St-Bavo,** Oostakkerdorp 18, ✆ (0 9) 251 35 34, *Fax (0 9) 251 80 62* – ▤. AE ⓓ E VISA
fermé dim., lundi soir, jeudi soir et mi-juil.-mi-août – **Repas** 1250/2500. BT n

XX **'t Boerenhof,** Gentstraat 2, ✆ (0 9) 251 03 14, *Fax (0 9) 251 07 72,* ☂ – ▤ Ⓟ – 🏔 25 à 500. AE ⓓ E VISA JCB BT d
fermé lundi soir, mardi soir, merc., 27 oct.-10 nov. et du 27 au 30 déc. – **Repas** 650/1950 bc.

à Sint-Denijs-Westrem Ⓒ *Gent* – ✉ *9051 Sint-Denijs-Westrem* :

Holiday Inn Expo, Maaltekouter 3, ✆ (0 9) 220 24 24, *Fax (0 9) 222 66 22,* ≘, ▣ – |‡| ✂ ▤ ▣ ☎ ♿ Ⓟ – 🏔 25 à 200. AE ⓓ E VISA JCB. ✂ rest AU v
Repas carte env. 1500 – ☕ 700 – **133 ch** 5800/6300, 1 suite.

X **Oranjehof,** Kortrijksesteenweg 1177, ✆ (0 9) 222 79 07, *Fax (0 9) 222 74 06,* ☂ – Ⓟ. AE ⓓ E VISA. ✂ AU k
fermé dim., 1 sem. après Pâques et 2e quinz. août – **Repas** (déjeuner seult sauf sam.) *Lunch 990* – 1350.

à Zwijnaarde Ⓒ *Gent* – ✉ *9052 Zwijnaarde* :

XX **De Klosse,** Grotesteenweg Zuid 49 (sur N 60), ✆ (0 9) 222 21 74, *Fax (0 9) 222 21 74,* « Auberge » – Ⓟ. AE ⓓ E VISA. ✂ AU a
fermé sam. midi, dim. soir, lundi, 2 sem. carnaval et 19 juil.-14 août – **Repas** *Lunch 950* – carte env. 1800.

Environs

à Beervelde - *plan p. 4* - Ⓒ *Lochristi 18 244 h.* – ✉ *9080 Beervelde* :

XXX **Renardeau,** Dendermondsesteenweg 19, ✆ (0 9) 355 77 77, *Fax (0 9) 355 11 00,* ☂ – Ⓟ. AE ⓓ E VISA BT q
fermé 18 juil.-14 août et dim. et lundis non fériés – **Repas** *Lunch 2000 bc* – 1500/2000.

à Destelbergen - *plan p. 4* – *17 327 h.* – ✉ *9070 Destelbergen* :

XX **'t Molenhof,** Molenstraat 97, ✆ (0 9) 355 96 36, *Fax (0 9) 355 96 36,* ☂, Avec cuisine italienne – Ⓟ. AE ⓓ E VISA. ✂ BT c
fermé du 1er au 7 avril, du 9 au 29 août, mardi soir et merc. – **Repas** *Lunch 990* – carte env. 1700.

à Heusden - *plan p. 4* - Ⓒ *Destelbergen 17 327 h.* – ✉ *9070 Heusden* :

XX **Rooselaer,** Berenbosdreef 18 (par R4, sortie ⑤), ✆ (0 9) 231 55 13, *Fax (0 9) 231 07 32,* ☂, « Jardin fleuri » – Ⓟ. AE ⓓ E VISA BU a
fermé merc. et 2 dern. sem. août – **Repas** 975/2100.

XX **La Fermette,** Dendermondsesteenweg 822, ✆ (0 9) 355 60 24, ☂ – Ⓟ. AE ⓓ E VISA
fermé dim. soir, lundi et 15 août-6 sept. – **Repas** *Lunch 1300* – carte 1650 à 2000. BT e

à Lochristi - *plan p. 4* – *18 244 h.* – ✉ *9080 Lochristi* :

XXX **Leys,** Dorp West 89 (N 70), ✆ (0 9) 355 86 20, *Fax (0 9) 356 86 26,* ☂ – Ⓟ. AE ⓓ E VISA. ✂ BT z
fermé dim. soir, lundi, merc. soir, 1 sem. carnaval et 2 prem. sem. août. – **Repas** *Lunch 895* – 1900 bc/2700 bc.

X **'t Wethuis,** Hijfte-Center 1, ✆ (0 9) 355 28 02, *Fax (0 9) 356 88 68,* ☂ – Ⓟ. E VISA. ✂ BT j
fermé lundi, mardi, 1 sem. en mars, 2 prem. sem. sept. et fin déc. – **Repas** (déjeuner seult sauf vend., sam. et dim.) *Lunch 950* – 1550/1850.

à Melle - *plan p. 4* – *10 123 h.* – ✉ *9090 Melle* :

X **De Branderij,** Wezenstraat 34, ✆ (0 9) 252 41 66, ☂ – AE ⓓ E VISA. ✂ BU m
fermé sam. midi, dim. soir, lundi et 16 août-2 sept. – **Repas** *Lunch 900* – 1290/1650.

à Merelbeke - *plan p. 4* – *21 162 h.* – ✉ *9820 Merelbeke* :

X **Torenhove,** Fraterstraat 214, ✆ (0 9) 231 61 61, *Fax (0 9) 231 61 61,* ☂ – Ⓟ. AE ⓓ E VISA BU r
fermé mardi et sam. midi – **Repas** *Lunch 1050* – 1150/1790.

X **De Blauwe Artisjok,** Gaversesteenweg 182, ✆ (0 9) 231 79 28, *Fax (0 9) 231 79 28,* ☂ – Ⓟ. AE ⓓ E VISA AU p
fermé lundi, mardi soir, merc. soir et 3 prem. sem. sept. – **Repas** *Lunch 450* – carte 1250 à 1800.

à De Pinte - *plan p. 4* – *10 148 h.* – ✉ *9840 De Pinte* :

XX **Te Lande,** Baron de Gieylaan 112, ✆ (0 9) 282 42 00, *Fax (0 9) 282 42 00,* ☂ – ▤ Ⓟ. AE ⓓ E VISA AU t
fermé mardi, merc., sam. midi, 2e quinz. fév. et 2e quinz. août – **Repas** *Lunch 950* – 1700/1850.

GENVAL *1332 Brabant Wallon* C *Rixensart 21 396 h.* 213 ⑲ et 909 G 3.
Bruxelles 21 – Charleroi 42 – Namur 52.

Château du Lac M, av. du Lac 87, (0 2) 655 74 37, *Fax (0 2) 655 74 44*, lac et vallon boisé, – 30 à 1000. AE E VISA
Repas voir rest ***Le Trèfle à 4*** ci-après – **120 ch** 12000/13600, 1 suite.

Le Manoir du Lac, av. Hoover 4, (0 2) 655 63 11, *Fax (0 2) 655 64 55*, « Parc », – 25 à 60. AE E VISA
Repas voir rest ***Le Trèfle à 4*** ci-après – **13 ch** 8000/9200.

Le Trèfle à 4 - H. Château du Lac, av. du Lac 87, (0 2) 654 07 98, *Fax (0 2) 653 31 31*, lac et vallon boisé, – . AE E VISA JCB
fermé dim. soir, lundi, 24 janv.-8 fév. et 30 mai-15 juin – **Repas** Lunch 1100 – 1900/2600.

L'Amandier, r. Limalsart 9 (près du lac), (0 2) 653 06 71, – . E VISA
fermé merc., sam. midi, dim. soir et du 15 au 31 août – **Repas** Lunch 750 – carte env. 1800.

l'Echalote, av. Albert Ier 26, (0 2) 653 31 57, *Fax (0 2) 653 31 57*, Cuisine du Sud-Ouest – . AE E VISA
fermé lundi soir, mardi et du 1er au 20 juil. – **Repas** Lunch 485 – 780/1100.

à Rixensart *E : 4 km – 21 396 h. – 1330 Rixensart :*

Le Lido, r. Limalsart 20 (près du lac de Genval), (0 2) 654 05 05, *Fax (0 2) 654 06 55*, – – 25 à 100. AE E VISA
fermé 16 juil.-15 août et 20 déc.-9 janv. – **Repas** *(fermé sam. midi et dim. soir)* 895 – **27 ch** 3400/4100 – ½ P 2850/4300.

Le Brocéliande, av. de Mérode 114, (0 2) 652 13 07, *Fax (0 2) 652 13 07*, – E VISA.
fermé merc., sam. midi et dim. soir – **Repas** Lunch 480 – 850/950.

GERAARDSBERGEN (GRAMMONT) *9500 Oost-Vlaanderen* 213 ⑰ et 909 E 3 – *30 681 h.*
Voir *Site*★.
Stadhuis (0 54) 43 72 89, *Fax (0 54) 41 81 69.*
Bruxelles 42 – Gent 41 – Mons 43.

't Lorreintje, Oude Steenweg 16, (0 54) 41 34 29, *Fax (0 54) 41 34 29* – E VISA
fermé mardi, merc., sam. midi et du 1er au 15 août – **Repas** Lunch 690 – 1200/2400.

GERPINNES *Hainaut* 214 ③ et 909 G 4 – *voir à Charleroi.*

GESVES *5340 Namur* 214 ⑤ ⑥ et 909 I 4 – *5 417 h.*
Bruxelles 81 – Namur 29 – Dinant 30 – Liège 53 – Marche-en-Famenne 31.

Host. La Pichelotte, r. Pichelotte 5, (0 83) 67 78 21, *Fax (0 83) 67 70 53*, – – 25 à 414. AE E VISA
Repas Lunch 975 – 1295/1695 – **53 ch** 3300/4800, 7 suites – ½ P 3100/3895.

L'Aubergesves avec ch, Pourrain 4, (0 83) 67 74 17, *Fax (0 83) 67 81 57*, « Rustique » – . AE E VISA
avril-déc. et week-end ; fermé lundi, mardi et du 15 au 30 sept. – **Repas** Lunch 950 – 1350/1950 – 400 – **6 ch** 3500 – ½ P 3500.

La Pineraie, r. Pineraie 2, (0 83) 67 73 46, *Fax (0 83) 67 73 46*, – . AE E VISA.
fermé lundi, mardi, sem. carnaval et 30 août-12 sept. – **Repas** Lunch 600 – 1120/1480.

GHISLENGHIEN (GELLINGEN) *Hainaut* 213 ⑰ et 909 E 4 – *voir à Ath.*

GILLY *Hainaut* 214 ③ et 909 G 4 – *voir à Charleroi.*

GISTEL *West-Vlaanderen* 213 ② et 909 B 2 – *voir à Oostende.*

GITS *West-Vlaanderen* 213 ② et 909 C 3 – *voir à Roeselare.*

Gute Küchen

haben wir für Feinschmecker
durch Repas , ✿, ✿✿ oder ✿✿✿ kenntlich gemacht.

GLABAIS *1473 Brabant Wallon* C *Genappe 13 547 h.* **213** ⑲ et **909** G 4.

Bruxelles 29 – Charleroi 26 – Nivelles 12.

XXX **Michel Close,** chaussée de Bruxelles 44, ☎ (0 67) 77 17 54, *Fax (0 67) 79 01 52,* , « Villa avec jardin » – P. AE E VISA
fermé merc., jeudi midi, 10 août-10 sept. et du 23 au 31 déc. – **Repas** Lunch 1550 – 2100.

X **La Bonne Ferme,** chaussée de Bruxelles 41, ☎ (0 67) 77 21 07, *Fax (0 67) 79 00 95,* Taverne-rest – P. AE O E VISA
fermé du 5 au 27 juil., du 4 au 12 janv., lundis non fériés et dim. soir – **Repas** Lunch 495 – 750/1250.

GODINNE *5530 Namur* C *Yvoir 7 590 h.* **214** ⑤ et **909** H 4.

Voir *sur rte de Profondeville* <* *sur le prieuré.*

Bruxelles 82 – Namur 18 – Dinant 11.

à Mont *NE : 1 km* C *Yvoir* – ✉ *5530 Mont :*

X **Le Pré des Manants,** r. Tienne de Mont 29, ☎ (0 81) 41 11 18, *Fax (0 81) 41 41 45,* <, , « Verger » – P. AE O E VISA
fermé lundi soir, mardi, merc. et vacances Noël – **Repas** carte 1000 à 1350.

GOOIK *1755 Vlaams-Brabant* **213** ⑰ ⑱ et **909** F 3 – *8 602 h.*

Bruxelles 24 – Aalst 22 – Mons 45 – Tournai 66.

XX **'t Krekelhof,** Drie Egyptenbaan 11 (par N 285, puis direction Neigem), ☎ (0 54) 33 48 57, *Fax (0 54) 33 41 96,* , « Véranda et terrasse » – P – 40. AE O E VISA
fermé mardi, merc. et 20 oct.-10 nov. – **Repas** 950/1850.

GOSSELIES *Hainaut* **214** ③ et **909** G 4 – *voir à Charleroi.*

GRAMMENE *Oost-Vlaanderen* **213** ③ – *voir à Deinze.*

GRAMMONT *Oost-Vlaanderen* – *voir Geraardsbergen.*

GRAND-HALLEUX *Luxembourg belge* **214** ⑧ et **909** K 5 – *voir à Vielsalm.*

GRANDHAN *Luxembourg belge* **214** ⑦ et **909** J 5 – *voir à Durbuy.*

GRAND-LEEZ *5031 Namur* C *Gembloux 20 077 h.* **213** ⑳ et **909** H 4.

Bruxelles 46 – Namur 20 – Charleroi 34 – Tienen 34.

XX **La Petite Châtelaine,** r. Petit-Leez 129 (au château de Petit-Leez), ☎ (0 81) 64 03 05, *Fax (0 81) 64 08 98,* « Dans les dépendances du château, galerie d'art contemporain » – P. AE E VISA
fermé lundi, mardi et 20 déc.-20 janv. – **Repas** 1500 bc.

GRANDRIEU *Hainaut* **214** ② et **909** F 5 – *voir à Beaumont.*

GRANDVOIR *Luxembourg belge* **214** ⑰ et **909** J 6 – *voir à Neufchâteau.*

's GRAVENBRAKEL *Hainaut* – *voir Braine-le-Comte.*

's GRAVENVOEREN (FOURON-LE-COMTE) *3798 Limburg* C *Voeren 4 307 h.* **213** ㉓ et **909** K 3.

i *Kerkplein 216,* ☎ *(0 4) 381 07 36, Fax (0 4) 381 21 59.*

Bruxelles 102 – Maastricht 15 – Liège 23.

De Kommel , Kerkhofstraat 117d, ☎ (0 4) 381 01 85, *Fax (0 4) 381 23 30,* <, – TV ☎ P – 30. AE O E VISA. rest
Repas *(fermé lundi midi)* Lunch 700 – carte env. 1400 – **11 ch** 2000/3000 – ½ P 2000/2200.

Gasthof Blanckthys, Plein 197b, ☎ (0 4) 381 24 66, *Fax (0 4) 381 24 67* – TV ☎ P. AE O E VISA JCB. ch
fermé janv. – **Repas** (Taverne-rest) *(fermé jeudi hors saison et merc.)* 850/1750 – **11 ch** 2200/2800 – ½ P 1900/2150.

XX **The Golden Horse,** Hoogstraat 242, ☎ (0 4) 381 02 29, *Fax (0 4) 381 20 44,* – P. AE O E VISA.
fermé jeudi, vend. midi, sam. midi et 2 sem. en sept. – **Repas** Lunch 950 – 1350/2100.

's GRAVENWEZEL *Antwerpen* 213 ⑦ et 909 G 2 – *voir à Antwerpen, environs.*

GRIMBERGEN *Vlaams-Brabant* 213 ⑥ et 909 G 3 - ㉑ N – *voir à Bruxelles, environs.*

GROBBENDONK *Antwerpen* 213 ⑦ et 909 H 2 – *voir à Herentals.*

GROOT-BIJGAARDEN *Vlaams-Brabant* 213 ⑱ et 909 F 3 - ㉑ N – *voir à Bruxelles, environs.*

GULLEGEM *West-Vlaanderen* 213 ⑮ et 909 C 3 – *voir à Wevelgem.*

HAALTERT *9450 Oost-Vlaanderen* 213 ⑰ et 909 F 3 – *17 241 h.*

Bruxelles 29 – Aalst 6 – Gent 36 – Mons 59.

XX **Apriori,** Sint-Gorikspleın 19, ☎ (0 53) 83 89 54, *Fax (0 53) 83 89 54,* – E VISA. *fermé mardi soir, merc., sam. midi et 3 sem. en août* – **Repas** *Lunch 890* – 1300/1700.

De HAAN *8420 West-Vlaanderen* 213 ② et 909 C 2 – *11 200 h. – Station balnéaire.*

Koninklijke baan 2 ☎ (0 59) 23 32 83, Fax (0 59) 23 37 49.

Gemeentehuis, Leopoldlaan 24 ☎ (0 59) 24 21 34, Fax (0 59) 24 21 36 – (Pâques-sept. et vacances scolaires) Tramstation ☎ (0 59) 24 21 35, Fax (0 59) 23 88 01.

Bruxelles 113 – Brugge 21 – Oostende 12.

Aub. des Rois-Beach H., Zeedijk 1, ☎ (0 59) 23 30 18, *Fax (0 59) 23 60 78,* ≤, – ☎ P. E VISA. *fermé du 1er au 11 fév., 16 fév.-26 mars, 17 oct.-23 déc. et 3 janv.-1er fév.* – **Repas** *(fermé merc.)* 1400/2100 – **22 ch** 3300/4620, 6 suites – ½ P 3000/4100.

Les Dunes, Leopoldplein 5, ☎ (0 59) 23 31 46, – ☎ P. E VISA. *avril-15 oct. et du 1er au 18 fév.* – **Repas** (dîner pour résidents seult) – **21 ch** 2250/4250.

Manoir Carpe Diem, Prins Karellaan 12, ☎ (0 59) 23 32 20, *Fax (0 59) 23 33 96,* – ☎ P. E VISA. rest **Repas** *(fermé mardi soir, merc. et du 20 au 31 oct.)* *Lunch 900* – carte env. 1900 – **13 ch** *(fermé du 19 au 25 déc. et du 4 au 10 janv.)* 3500/4900, 2 suites – ½ P 2975/3700.

Arcato M sans rest, Nieuwe Steenweg 210, ☎ (0 59) 23 57 77, *Fax (0 59) 23 88 66,* – ☎ P. E VISA **14 ch** 2500/2950.

Azur M sans rest, Koninklijke Baan 37, ☎ (0 59) 23 83 16, *Fax (0 59) 23 83 17,* – ☎ P. E VISA. **16 ch** 2000/2950.

Duinhof sans rest, Ringlaan Noord 40, ☎ (0 59) 24 20 20, *Fax (0 59) 24 20 39,* – ☎ P – 25 à 60. AE E VISA **10 ch** 2240/3600.

Belle Epoque, Leopoldlaan 5, ☎ (0 59) 23 34 65, *Fax (0 59) 23 38 14,* – ☎. E VISA **Repas** (Taverne-rest) *(25 mars-5 nov. ; fermé lundi et mardi)* *Lunch 395* – carte 1000 à 1400 – **15 ch** 2250/2950, 4 suites – ½ P 1750/2375.

Rubens sans rest, Rubenslaan 3, ☎ (0 59) 23 70 21, *Fax (0 59) 23 72 98* – ☎. E VISA **8 ch** 2200/2800.

Gd H. Belle Vue, Koninklijk Plein 5, ☎ (0 59) 23 34 39, *Fax (0 59) 23 75 22,* – ☎ P. E VISA *15 mars-7 nov.* – **Repas** *Lunch 600* – 1100 – **43 ch** 2200/3500 – ½ P 1700/2250.

Internos, Leopoldlaan 12, ☎ (0 59) 23 35 79, *Fax (0 59) 23 54 43* – rest, ☎ P. AE E VISA JCB **Repas** *(avril-oct. ; fermé merc.)* *Lunch 495* – 1295 – **19 ch** 1600/2700 – ½ P 1975/2395.

De Gouden Haan sans rest, B. Murillolaan 1, ☎ (0 59) 23 32 32, *Fax (0 59) 23 74 92* – ☎ P. **8 ch** 2100/3100.

Bon Accueil, Montaignelaan 2, ☎ (0 59) 23 31 14, *Fax (0 59) 23 31 14,* – rest, ☎ P. E VISA. *mars-oct. ; fermé merc. sauf vacances scolaires* – **Repas** (dîner pour résidents seult) – **14 ch** 2000/2700 – ½ P 1500/2225.

des Familles, Koninklijke Baan 30, ☎ (0 59) 23 33 86, *Fax (0 59) 23 70 41* – ☎ P. AE E VISA. rest **Repas** (dîner pour résidents seult) – **24 ch** 2050/3200 – ½ P 2225/2275.

XX **Lotus** avec ch, Tollenslaan 1, (0 59) 23 34 75, *Fax (0 59) 23 76 34*, – P. AE O E VISA. rest
fermé fév. et du 1er au 10 oct. – **Repas** (dîner seult) *(fermé merc. et dim.)* 1350 – **10 ch** 2900/3800 – ½ P 2150/2300.

XX **Au Bien Venu,** Driftweg 14, (0 59) 23 32 54 – O E VISA
fermé mardi, merc. et du 15 au 31 janv. – **Repas** *Lunch 790* – 850/1750.

X **Casanova,** Zeedijk 15, (0 59) 23 45 55, ←, – E VISA
fermé jeudi sauf vacances scolaires – **Repas** *Lunch 495* – 850/1350.

X **Cocagne,** Stationsstraat 9, (0 59) 23 93 28, Ouvert jusqu'à minuit – E VISA.
fermé 2 sem. en nov., 2 sem. en janv. et merc. soir et jeudi sauf en juil.-août – **Repas** *Lunch 495* – 995/1695.

à Klemskerke *S : 5,5 km C De Haan – 8420 Klemskerke :*

de Kruishoeve, Duiveketestraat 5, (0 59) 23 73 55, *Fax (0 59) 23 73 55*, – P. E VISA
Repas *(fermé mardi et merc. sauf vacances scolaires) Lunch 550* – 850 – **4 ch** 1050/2100.

X **De Piewitte,** Brugsebaan 5 (N 9), (0 59) 23 63 99, *Fax (0 59) 23 63 99*, ←, – P. AE O E VISA
fermé lundi, mardi et du 4 au 31 janv. – **Repas** 1000/1295.

à Vlissegem *SE : 6,5 km C De Haan – 8421 Vlissegem :*

XX **Vijfweghe,** Brugsebaan 12 (N 9), (0 59) 23 31 96, Anguilles
P
fermé mardi, merc. et 2 sem. carnaval – **Repas** 995.

XX **Lepelem,** Brugsebaan 16 (N 9), (0 59) 23 57 49, – P. E VISA
fermé merc., jeudi, 15 fév.-5 mars et 12 sept.-2 oct. – **Repas** 950/1800.

Die im ***Michelin-Führer***
verwendeten Zeichen und Symbole haben - ***fett*** *oder dünn*
gedruckt, in Rot oder ***Schwarz*** *- jeweils eine andere Bedeutung.*
Lesen Sie daher die Erklärungen aufmerksam durch.

HABAY-LA-NEUVE *6720 Luxembourg belge C Habay 6 802 h.* 214 ⑰ et 909 J 6.

Bruxelles 185 – Arlon 14 – ◆ Bastogne 37 – Luxembourg 40 – Neufchâteau 22.

X **Tante Laure,** r. Emile Baudrux 6, (0 63) 42 23 63, *Fax (0 63) 42 35 91*, Avec grillades – AE O E VISA
fermé merc. soir, jeudi, 20 sept.-10 oct. et 20 janv.-10 fév. – **Repas** *Lunch 460* – 840.

à l'Est : *2 km par N 87, lieu-dit Pont d'Oye :*

Les Ardillières, r. Pont d'Oye 6, (0 63) 42 22 43, *Fax (0 63) 42 28 52*, ←, « Environnement boisé », – P. AE E VISA
Repas voir rest ***Les Forges*** ci-après – **9 ch** 3700/6500, 1 suite.

Château, r. Pont d'Oye 1, (0 63) 42 01 30, *Fax (0 63) 42 35 88*, ←, « Parc avec étangs », – P – 25 à 150. AE O E VISA. rest
fermé 15 fév.-3 mars et 23 août-2 sept. – **Repas** *(fermé dim. soir et lundi sauf en juil.-août et après 20 h 30) Lunch 1080* – 1250/1850 – **9 ch** 3000/4800 – ½ P 3000/4000.

XXX **Les Forges** (Thiry frères) avec ch, r. Pont d'Oye 6, (0 63) 42 22 43, *Fax (0 63) 42 28 52*, ←, « Jardin fleuri avec cascades » – P. AE E VISA
fermé mardi, merc. midi, 21 juin-8 juil. et du 1er au 28 janv. – **Repas** *Lunch 1350* – carte 2850 à 3400 – **8 ch** 1550/2350
Spéc. Foie gras de canard au torchon. Tripes de veau aux truffes. Croustillant de millet tartiné de caviar, beurre fondu aux langoustines.

X **Les Plats Canailles de la Bleue Maison,** r. Pont d'Oye 7, (0 63) 42 42 70, *Fax (0 63) 42 43 17*, ←, « Petite auberge en bordure de rivière » – P. VISA
fermé lundi, mardi midi, 30 août-16 sept. et du 1er au 28 janv. – **Repas** *Lunch 980* – carte 1200 à 1550.

HAINE-ST-PAUL *Hainaut* 214 ③ et 909 F 4 – *voir à La Louvière.*

HALLE (HAL) *1500 Vlaams-Brabant* 213 ⑱ et 909 F 3 – *33 443 h.*

Voir *Basilique★★ (Basiliek)* X.

Historisch Stadhuis, Grote Markt 1 (0 2) 356 42 59, Fax (0 2) 356 54 11.

Bruxelles 15 ① – Charleroi 47 ② – Mons 41 ④ – Tournai 67 ⑤.

HALLE

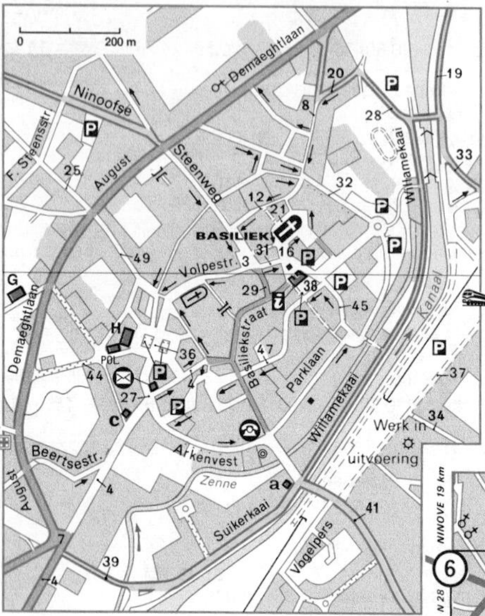

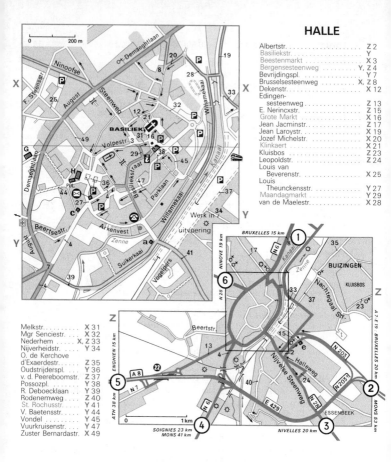

Albertstr.	Z 2
Basiliekstr.	Y
Beestenmarkt	X 3
Bergensesteenweg	Y, Z 4
Bevrijdingspl.	Y 7
Brusselsesteenweg	X, Z 8
Dekenstr.	X 12
Edingen-sesteenweg	Z 13
E. Nerincxstr.	Z 15
Grote Markt	X 16
Jean Jacminstr.	Z 17
Jean Laroystr.	X 19
Jozef Michelstr.	X 20
Klinkaert	X 21
Kluisbos	Z 23
Leopoldstr.	Z 24
Louis van Beverenstr.	X 25
Louis Theunckensstr.	Y 27
Maandagmarkt	Y 29
van de Maelestr.	X 28
Melkstr.	X 31
Mgr Senciestr.	X 32
Nederhem	X, Z 33
Nijverheidstr.	Y 34
O. de Kerchove d'Exaerdestr.	Z 35
Oudstrijderspl.	Y 36
v. d. Peereboomstr.	Z 37
Possozpl.	Y 38
R. Deboecklaan	Y 39
Rodenemweg	Z 40
St. Rochusstr.	Y 41
V. Baetensstr.	Y 44
Vondel	Y 45
Vuurkruisenstr.	Y 47
Zuster Bernardastr.	X 49

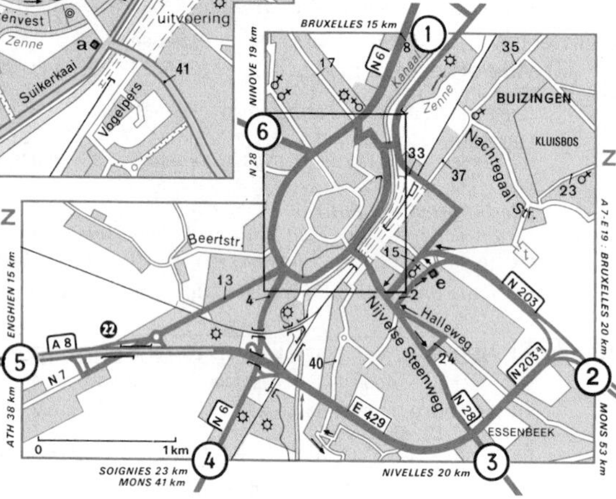

Alsput, Alsputweg 108 (N : 2 km par Jean Jacminstraat), ✆ (0 2) 356 76 47, *Fax (0 2) 360 12 10*, – |♦|, ▤ rest, TV ☎ P – 40. AE ⓓ E VISA JCB. ✗
fermé fin sept. – **Repas** (Taverne-rest, ouvert jusqu'à minuit) *Lunch 290* – carte 900 à 1450 – **14 ch** 2000/4900 – ½ P 2290.

Les Eleveurs avec ch, Basiliekstraat 136, ✆ (0 2) 361 13 40, *Fax (0 2) 361 24 62*, – TV ☎ P – 25. AE ⓓ E VISA Y a
fermé vend., sam. midi, dim. soir et jours fériés soir – **Repas** *Lunch 1250* – 1850/2250 – **20 ch** 1500/4000 – ½ P 2050/3750.

Kinoo, Albertstraat 70, ✆ (0 2) 356 04 89, *Fax (0 2) 361 53 50* – AE ⓓ E VISA Z e
fermé dim. soir, lundi, 21 juil.-15 août et Noël-Nouvel An – **Repas** *Lunch 1800 bc* – 1675/1975.

Peking Garden, Bergensesteenweg 50, ✆ (0 2) 360 31 20, *Fax (0 2) 360 31 20*, Cuisine chinoise – P. AE ⓓ E VISA. ✗ Y c
fermé merc. et 20 juil.-3 août – **Repas** *Lunch 380* – 1100.

HALMA *Luxembourg belge* 214 ⑥ ⑯ et 909 I 5 – *voir à Wellin.*

HAM *3945 Limburg* 213 ⑨ et 909 I 2 – *9 035 h.*
Bruxelles 78 – Antwerpen 50 – Hasselt 25.

Host. The Fox avec ch, Genendijkerveld 5, ✆ (0 13) 66 48 50, *Fax (0 13) 67 28 33*, – TV ☎ P. AE ⓓ E VISA. ✗
Repas *(fermé lundi midi, mardi midi, 2 prem. sem. mars et 3 prem. sem. sept.)* 1250/2100 – **8 ch** 2400/3000.

HAMME *9220 Oost-Vlaanderen* 213 ⑥ et 909 F 2 - *22 716 h.*

Bruxelles 38 - Antwerpen 29 - Gent 36.

XXX ✿ **De Plezanten Hof** (Putteman), Driegoten 97 (près de l'Escaut-Schelde), ✆ (0 52) 47 38 50, *Fax (0 52) 47 86 56*, ☂, « Terrasse et jardin » - ℗. AE ⓓ E VISA
fermé dim. soir, lundi, 2 sem. en sept. et fin déc.-début janv. - **Repas** Lunch 1650 - 2100/3450 bc, carte env. 2800
Spéc. Trilogie d'agneau. Turbot pané au riz soufflé et safran. Trilogie de pigeonneau.

XX **'t Spaans Hof,** Drapstraat 34, ✆ (0 52) 48 10 18, *Fax (0 52) 48 10 18*, ☂ - AE ⓓ E VISA
fermé lundi, mardi, 1 sem. Pâques, 3 prem. sem. sept. et prem. sem. janv. - **Repas** Lunch 975 - 1500 bc/2400 bc.

à Moerzeke *SE : 4 km* C *Hamme* - ✉ *9220 Moerzeke :*

XX **Wilgenhof,** Bootdijk 90, ✆ (0 52) 47 05 95, *Fax (0 52) 48 03 92* - ▤ ℗. AE ⓓ E VISA
fermé lundi, mardi, 2 sem. carnaval et 2 dern. sem. août - **Repas** 950/1650.

HAMOIR *4180 Liège* 214 ⑦ et 909 J 4 - *3 483 h.*

Bruxelles 111 - Liège 44 - Huy 28.

XX **La Bonne Auberge** avec ch, pl. Delcour 10, ✆ (0 86) 38 82 08, *Fax (0 86) 38 82 08*, ☂ - AE ⓓ E VISA. ✂ ch
fermé merc. et dim. soir - **Repas** *(fermé après 20 h 30)* 1500 - **6 ch** ☕ 1250/1750 - ½ P 1750/2100.

HAMONT-ACHEL *3930 Limburg* 213 ⑩ et 909 J 2 - *13 418 h.*

Bruxelles 107 - Hasselt 43 - Eindhoven 28.

à Achel *O : 4 km* C *Hamont-Achel* - ✉ *3930 Achel :*

⌂ **Koeckhofs,** Michielsplein 4, ✆ (0 11) 64 31 81, *Fax (0 11) 66 24 42*, ☂ - |‡| TV ☎ - 🔺 25 à 55. AE ⓓ E VISA. ✂ rest
Repas *(fermé dim., lundi et 27 déc.-15 janv.)* 1250 - **16 ch** ☕ 2800/3600 - ½ P 2500.

X **De Zaren,** Kluizerdijk 172 (N : 4 km près de la Trappe-Kluis), ✆ (0 11) 64 59 14, « Cadre champêtre » - ℗. E VISA. ✂
fermé merc., jeudi et 28 août-20 sept. - **Repas** 950/1250.

HAMPTEAU *6990 Luxembourg belge* C *Hotton 4 731 h.* 214 ⑦ et 909 J 5.

Bruxelles 118 - Liège 62 - Namur 57.

⌂ **Château d'Héblon** ⛰, r. Héblon 1, ✆ (0 84) 46 65 73, *Fax (0 84) 46 76 04*, ☂, ⛱, 🌳, 🐎 - TV ☎ ℗. AE E VISA. ✂ rest
Repas (dîner seult) *(fermé lundi)* 990/2200 - **9 ch** ☕ 4200 - ½ P 3200.

HAM-SUR-HEURE *6120 Hainaut* C *Ham-sur-Heure-Nalinnes 13 114 h.* 214 ③ et 909 G 5.

Bruxelles 75 - Beaumont 17 - Charleroi 16 - Mons 49.

XX 🍽 **Le Pré Vert classique,** r. Folie 24, ✆ (0 71) 21 56 09, *Fax (0 71) 21 50 15*, ☂ - ℗. E VISA JCB
fermé lundi, mardi et fin août-début sept. - **Repas** 850/1500.

HANNUT (HANNUIT) *4280 Liège* 213 ㉑ et 909 I 3 - *12 804 h.*

⛳9 *rte de Grand Hallet 19a ✆ (0 19) 51 30 66, Fax (0 19) 51 30 66.*

Bruxelles 60 - Namur 32 - Hasselt 38 - Liège 43.

XX **Les Comtes de Champagne,** chaussée de Huy 23, ✆ (0 19) 51 24 28, *Fax (0 19) 51 31 10*, ☂, « Parc » - ℗ - 🔺 25 à 200. AE ⓓ E VISA
fermé merc., dim. soir et du 5 au 25 juil. - **Repas** Lunch 790 - 990/1800.

HAN-SUR-LESSE *Namur* 214 ⑥ et 909 I 5 - *voir à Rochefort.*

HARELBEKE *8530 West-Vlaanderen* 213 ⑮ et 909 C 3 - *26 418 h.*

Bruxelles 86 - Brugge 46 - Gent 42 - Kortrijk 5.

⌂ **Shamrock,** Gentsesteenweg 99, ✆ (0 56) 70 21 16, *Fax (0 56) 70 46 24*, ☂ - TV ☎ ℗. AE ⓓ E VISA. ✂
fermé du 1er au 15 août - **Repas** *(fermé dim. soir)* Lunch 975 - 1500/1950 - **8 ch** ☕ 2200/3500 - ½ P 2500.

HARZÉ *4920 Liège* C *Aywaille 9 755 h.* 214 ⑦ et 909 K 4.

Bruxelles 128 – Liège 34 – Bastogne 59.

XX **La Cachette,** Paradis 3 (S : 3 km par N 30), ✆ (0 86) 43 32 66, *Fax (0 86) 43 37 25,* – P. AE ① E VISA

fermé mardi sauf en juil.-août, merc., 2e quinz. sept. et fin déc.-début janv. – **Repas** Lunch 1000 – 1290/1890.

HASSELT *3500* P *Limburg* 213 ⑨ et 909 I 3 – *67 552 h.*

Musée : *national du genièvre★ (Nationaal Jenevermuseum)* Y **M1**.

Exc. *Domaine provincial de Bokrijk★ par ⑦.*

Vissenbroekstraat 15 ✆ (0 11) 26 34 82, Fax (0 11) 26 34 83 - à Lummen par ⑤ : 9 km, Golfweg 1b ✆ (0 13) 52 16 64, Fax (0 13) 52 17 69 - à Houthalen par ① : 12,5 km, Golfstraat 1 ✆ (0 89) 38 35 43, Fax (0 89) 84 12 08.

Stadhuis, Lombaardstraat 3 ✆ (0 11) 23 95 40, Fax (0 11) 22 50 23 – Fédération provinciale de tourisme, Universiteitslaan 1 ✆ (0 11) 23 74 50, Fax (0 11) 23 74 66.

Bruxelles 82 ⑥ – Maastricht 33 ④ – Antwerpen 77 ⑧ – Liège 42 ④ – Eindhoven 59 ①.

Plans pages ci-contre

Holiday Inn, Kattegatstraat 1, ✆ (0 11) 24 22 00, *Fax (0 11) 22 39 35,* – rest – 25 à 300. AE ① E VISA JCB. rest Y a

Repas (avec buffets) 950 – **107 ch** 6475/7500.

Hassotel, St-Jozefstraat 10, ✆ (0 11) 23 06 55, *Fax (0 11) 22 94 77,* – , rest, – 25 à 40. AE ① E VISA. Z d

Repas Lunch 380 – carte 850 à 1200 – **26 ch** 3100/4305 – ½ P 2750.

Portmans, Minderbroederstraat 12, ✆ (0 11) 26 32 80, *Fax (0 11) 26 32 81,* – , ch, . AE ① E VISA. ch Y r

Repas (Taverne-rest, ouvert jusqu'à 23 h) carte 900 à 1300 – **14 ch** 3100/3800.

Parkhotel, Genkersteenweg 350 (par ② : 4 km sur N 75), ✆ (0 11) 21 16 52 et 23 51 52 (rest), *Fax (0 11) 22 18 14,* – P – 25 à 120. AE ① E VISA. rest

Repas ***De Bosrand*** *(fermé lundi et sam. midi)* Lunch 500 - 1250 – **34 ch** *(fermé 24 déc.-4 janv.)* 2000/3000 – ½ P 2500/3500.

Ibis sans rest, Thonissenlaan 52, ✆ (0 11) 23 11 11, *Fax (0 11) 24 33 23* – – 30. AE ① E VISA Y e

300 – **59 ch** 2200/2550.

Century, Leopoldplein 1, ✆ (0 11) 22 47 99, *Fax (0 11) 23 18 24* – . AE ① E VISA

Repas (Taverne-rest, ouvert jusqu'à 23 h) Lunch 350 – carte 1050 à 1500 – **17 ch** 1500/2500 – ½ P 1870/2750. Z f

XXX **Figaro,** Mombeekdreef 38, ✆ (0 11) 27 25 56, *Fax (0 11) 27 31 77,* ←, , « Jardins et patio » – P – 25. AE E VISA X a

fermé lundi, merc. et du 1er au 20 août – **Repas** Lunch 1300 – carte 1950 à 2600.

XXX **Savarin,** Thonissenlaan 43, ✆ (0 11) 22 84 88, *Fax (0 11) 23 30 90,* – . AE ① E VISA Y n

fermé du 1er au 6 mars, 30 mai-10 juin, 15 août-3 sept., sam. midi, dim. soir et lundi – **Repas** Lunch 1750 bc – 2850 bc/3750 bc.

XXX **'t Claeverblat,** Lombaardstraat 34, ✆ (0 11) 22 24 04, *Fax (0 11) 23 33 31* – . AE ① E VISA. Y r

fermé jeudi et dim. – **Repas** Lunch 1250 – carte 1400 à 2200.

X **'t Kleine Genoegen,** Raamstraat 3, ✆ (0 11) 22 57 03, *Fax (0 11) 22 57 03* – . AE ① E VISA Y t

fermé dim., lundi et 3 dern. sem. juil. – **Repas** Lunch 450 – 1100/1450.

X **Roma,** Koningin Astridlaan 9, ✆ (0 11) 22 27 70, *Fax (0 11) 22 59 71,* Avec cuisine italienne – . AE ① E VISA. Y s

fermé mardi soir, merc. et 15 juil.-15 août – **Repas** carte 1000 à 1500.

X **Don Christophe,** Walputstraat 25, ✆ (0 11) 22 50 92, *Fax (0 11) 24 27 28* – AE ① E VISA Y b

fermé lundi soir, mardi, sem. avant carnaval et 2 sem. en août – **Repas** Lunch 1150 – 895/1475.

X **De Egge,** Walputstraat 23, ✆ (0 11) 22 49 51, *Fax (0 11) 22 49 51* – AE ① E VISA Y u

fermé merc., sam. midi, 2 dern. sem. juil. et prem. sem. janv. – **Repas** Lunch 950 – 1250.

à Herk-de-Stad *(Herck-la-Ville) par ⑦ : 12 km – 11 435 h. – ✉ 3540 Herk-de-Stad :*

XX **Rôtiss. De Blenk,** Endepoelstraat 50 (S : 1 km par rte de St-Truiden, puis rte de Rummen), ✆ (0 13) 55 46 64, , « Fermette avec jardin d'hiver et terrasse » – P. AE ① E VISA.

fermé du 15 au 30 août, du 24 au 31 déc., jeudi, sam. midi et dim. – **Repas** Lunch 1350 – carte 1750 à 2100.

HASSELT

Badderijstr. .... Y 2
Banneuxstr. .... V 3
Boerenkrijgsingel .... X 6
Botermarkt .... Y 7
Demerstr. .... Y
Diesterstr. .... YZ 8
Dorpstraat .... Y 10
Genkersteenweg .... V 12
Gouverneur Roppesingel ...... X 15
Gouverneur Verwilghensingel .. V 16
Grote Markt .... Z
Havermarkt .... Z 18
Hendrik van Veldekesingel . V 19
Herkenrodesingel .... V 21
Hoogstr. .... Y 22
Kapelstr. .... Z 23
Kempische Steenweg .... VY 24
Kolonel Dusartpl. .... Y 26
Koning Albertstr. ..... Z 27
Koning Boudewijnlaan .... VY 28
Koningin Astridlaan .. VY 30
Kuringersteenweg .... V 31
Kunstlaan .... Z 32
Lombaardstr. .... Y 34
Maastrichtersteenweg . VY 35
Maastrichterstr. .... YZ 36
Prins Bisschopsingel . X 38
Ridder Portmanstr. .... Z 39
Runkstersteenweg .... V 40
Salvatorstr. .... X 42
de Schiervellaan .... Z 43
St. Jozefstr. .... Z 44
St. Lambrechts Herkstraat .... X 46
St. Truidersteenweg .. X 47
Universiteitslaan ..... V 49
Windmolenstraat .... Z 50
Zuivelmarkt .... Y 51

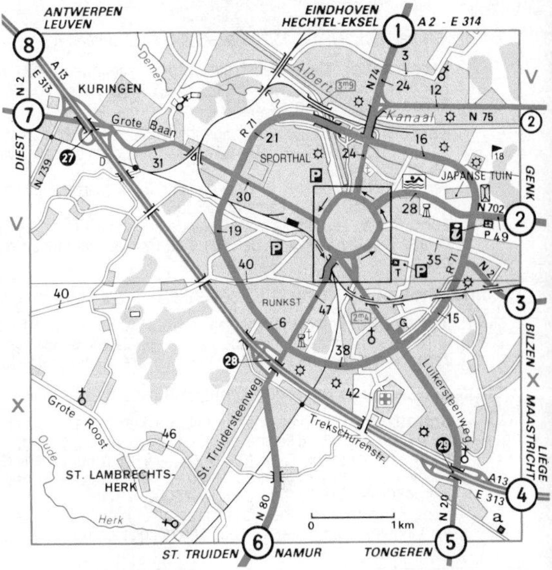

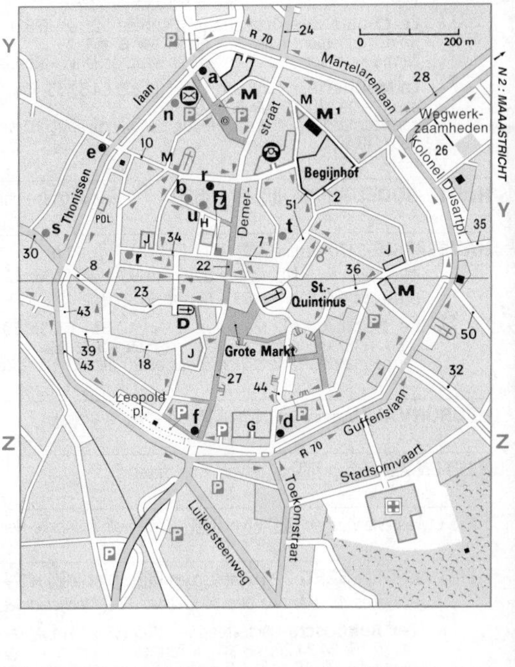

Pour visiter
la **Belgique**
utilisez
le **guide vert**
Michelin
Belgique
Grand-Duché de
Luxembourg

EUROPE on a single sheet
Michelin Map no 970.

à Lummen *par* ⑧ *: 9 km – 13 298 h. – ✉ 3560 Lummen :*

Intermotel, Klaverbladstraat 7 (près échangeur A 2 - A 13), ☎ (0 13) 52 16 16, *Fax (0 13) 52 20 78,* – ▤ TV ☎ P – 25 à 120. AE ⓓ E VISA.
Repas 1000 – **28 ch** ☕ 2200/3400 – ½ P 2750/3200.

Kasteel St-Paul (Robyns), Lagendal 1 (SE : 3 km) (transfert prévu), ☎ (0 13) 52 18 09, *Fax (0 13) 52 33 66,* ≤, « Demeure du 19e s. dans un parc avec pièce d'eau » – ▤ P. AE ⓓ E VISA.
fermé du 18 au 30 juil., 27 déc.-11 janv., lundi, mardi, jeudi soir et sam. midi – **Repas** *Lunch 1950 bc* – 2450/3450, carte env. 3000
Spéc. Pot-au-feu d'huîtres de Zélande aux algues (sept.-avril). Turbot braisé, sauce bordelaise (oct.-avril). Pigeon de Bresse au four aux légumes verts, jus aux échalotes (janv.-oct.).

à Romershoven *SE : 10 km* C *Hoeselt 9 023 h. – ✉ 3730 Romershoven :*

Ter Beuke, Romershovenstraat 148, ☎ (0 89) 51 18 81, *Fax (0 89) 51 11 06,* ≤, , « Terrasse dans cadre champêtre » – P. AE ⓓ E VISA.
fermé merc., sam. midi et 2 dern. sem. juil.-prem. sem. août – **Repas** *Lunch 1600 bc* – 2350 bc.

à Stevoort *par* ⑦ *: 5 km jusqu'à Kermt, puis rte à gauche* C *Hasselt – ✉ 3512 Stevoort :*

Scholteshof (Souvereyns) avec ch, Kermtstraat 130, ☎ (0 11) 25 02 02, *Fax (0 11) 25 43 28,* ≤, , « Ferme du 18e s. avec vignes, potager, verger et jardins dans un cadre champêtre », – TV ☎ P – 25 à 60. AE ⓓ E VISA
fermé du 12 au 29 juil. et du 1er au 21 janv. – **Repas** *(fermé merc.) Lunch 2800 bc* – carte env. 4300 – ☕ 600 – **11 ch** 5500/6000, 7 suites
Spéc. Langoustines rôties, jus de cresson et ragoût de girolles. Carpaccio de bœuf en trois symphonies. Soufflé léger, cœur de chocolat orangé, miel et sauge.

HASTIÈRE-LAVAUX *5540 Namur* C *Hastière 4 919 h.* 214 ⑤ et 909 H 5.
Bruxelles 100 – Namur 42 – Dinant 10 – Philippeville 25 – Givet 9.

Le Chalet des Grottes, r. d'Anthée 52, ☎ (0 82) 64 41 86, *Fax (0 82) 64 57 55,* « Environnement boisé » – P. AE ⓓ E VISA
fermé lundi soir, mardi, 1 sem. en sept. et janv. – **Repas** *Lunch 1500 bc* – 1650/2250.

La Meunerie, r. Larifosse 17, ☎ (0 82) 64 51 33, *Fax (0 82) 64 51 33,* , « Moulin à eau » – 70. AE ⓓ E VISA
fermé mardi sauf en juil.-août, lundi, 16 août-10 sept. et janv.-12 fév. – **Repas** 895/1895 bc.

HAUTE-BODEUX *Liège* 214 ⑧ et 909 K 4 – *voir à Trois-Ponts.*

HAVELANGE *5370 Namur* 214 ⑥ et 909 I 4 – *4 500 h.*
18 à Méan E : 9 km, Ferme du Grand Scley ☎ (0 86) 32 32 32, Fax (0 86) 32 30 11.
Bruxelles 98 – Namur 39 – Dinant 30 – Liège 40.

Le Petit Criel, Malihoux 1, ☎ (0 83) 63 36 60, *Fax (0 83) 63 36 60,* , « Environnement champêtre » – P. AE ⓓ E VISA
fermé mardis et merc. non fériés et 20 juin-10 juil. – **Repas** carte 850 à 1250.

HÉBRONVAL *Luxembourg belge* 214 ⑧ – *voir à Vielsalm.*

HEFFEN *Antwerpen* 213 ⑥ – *voir à Mechelen.*

HEIST *West-Vlaanderen* 212 ⑪ et 909 C 1 – *voir à Knokke-Heist.*

HEIST-OP-DEN-BERG *2220 Antwerpen* 213 ⑦ et 909 H 2 – *36 996 h.*
Bruxelles 48 – Antwerpen 30 – Diest 32 – Mechelen 18.

Ter Bukbosch, Liersesteenweg 203 (SE : 3 km, Mylène Center), ☎ (0 15) 24 47 80, *Fax (0 15) 24 24 26,* ≤, , « Terrasse et jardin » – P. AE ⓓ VISA.
fermé 15 juil.-15 août – **Repas** (déjeuner seult) carte 1350 à 1800.

Het Anker, Bergstraat 7, ☎ (0 15) 25 13 48, *Fax (0 15) 24 52 12* – P – 25 à 225. AE ⓓ E VISA.
fermé lundi, merc. soir, sam. midi et fin juil.-fin août – **Repas** *Lunch 715* – carte 1250 à 1900.

HEKELGEM *1790 Vlaams-Brabant* C *Affligem 11 742 h.* 213 ⑰ et 909 F 3.
Bruxelles 22 – Aalst 6 – Charleroi 75 – Mons 79.

XX **Anobesia,** Brusselbaan 216 (sur N 9), ☎ (0 53) 68 07 69, *Fax (0 53) 66 59 25* – P. AE ⓓ E VISA. ✻
fermé mardi, sam. midi, 2 dern. sem. fév. et du 9 au 27 août – **Repas** Lunch 1150 – 1795/2195.

HENRI-CHAPELLE (HENDRIK-KAPELLE) *4841 Liège* C *Welkenraedt 8 705 h.* 213 ㉓ et 909 K 3.
Voir *Cimetière américain : de la terrasse ✻★.*
18 9 *rue du Vivier 3 ☎ (0 87) 88 19 91, Fax (0 87) 88 36 55 – 9 à Gemmenich NO : 11 km, r. Terstraeten 254 ☎ (0 87) 78 73 00, Fax (0 87) 78 75 55.*
Bruxelles 124 – Maastricht 33 – Eupen 11 – Liège 34 – Verviers 16 – Aachen 16.

XX **Le Vivier,** Vivier 22 (E : 1,5 km), ☎ (0 87) 88 04 12, *Fax (0 87) 88 04 12,* ☂, « Parc avec étang » – P. AE ⓓ E VISA. ✻
fermé sam. midi, dim. soir, lundi, 2 sem. carnaval, 2 sem. en août et après 20 h 30 – **Repas** 1200/1685.

HERBEUMONT *6887 Luxembourg belge* 214 ⑯ et 909 I 6 – *1 393 h.*
Voir *Château : du sommet ←★★.*
Env. *Roches de Dampiry ←★ O : 11 km – Variante par Auby : au mont Zatron ←★ NO : 12 km.*
Bruxelles 170 – Arlon 55 – Bouillon 23 – Dinant 78.

Host. du Prieuré de Conques ⛰, r. Conques 2 (S : 2,5 km), ✉ 6820 Florenville, ☎ (0 61) 41 14 17, *Fax (0 61) 41 27 03,* ←, « Parc et verger au bord de la Semois », ☂ – ▤ ch, TV ☎ P. AE ⓓ E VISA. ✻ rest
fermé janv.-fév. et 29 août-9 sept. – **Repas** *(fermé mardi)* 1150/2100 – **19 ch** ☐ 3600/5100 – ½ P 3300/3950.

La Châtelaine, Grand-Place 8, ☎ (0 61) 41 14 22, *Fax (0 61) 41 22 04,* ≘s, ⛱, ☂ – |‡| TV ☎ P – 🎓 30. AE ⓓ E VISA. ✻ rest
fermé 4 janv.-13 fév., du 2 au 20 mars, 29 juin-10 juil. et 24 août-4 sept. – **Repas** *(fermé après 20 h 30)* Lunch 715 – 805/1325 – **37 ch** ☐ 1650/3800 – ½ P 2200/2700.

'S-HERENELDEREN *Limburg* 213 ㉒ et 909 J 3 – *voir à Tongeren.*

HERENTALS *2200 Antwerpen* 213 ⑧ et 909 H 2 – *25 230 h.*
Voir *Retable★ de l'église Ste-Waudru (St-Waldetrudiskerk).*
9 *à Lille N : 8 km, Haarlebeek 3 ☎ (0 14) 55 19 30, Fax (0 14) 55 19 31 – 9 à Noorderwijk S : 5 km, Witbos ☎ (0 75) 46 29 45, Fax (0 3) 231 72 31.*
Grote Markt 41, ☎ (0 14) 21 90 88, Fax (0 14) 22 28 56.
Bruxelles 70 – Antwerpen 30 – Hasselt 48 – Turnhout 24.

XXX **Snepkenshoeve,** Lichtaartseweg 220 (NE : 4 km par N 123), ☎ (0 14) 23 26 72, *Fax (0 14) 23 04 48,* ☂, « Terrasse » – P. AE ⓓ E VISA
fermé du 1er au 8 avril, 20 juil.-7 août, 28 déc.-3 janv., dim. et lundi – **Repas** Lunch 1150 – carte 1550 à 1900.

X **'t Ganzennest,** Watervoort 68, ☎ (0 14) 21 64 56, *Fax (0 14) 21 82 36,* ☂, Taverne-rest, « Cadre champêtre » – P. VISA
fermé lundi, mardi, prem. sem. mars et 2 prem. sem. sept. – **Repas** 980/1450.

à Grobbendonk *O : 4 km – 10 472 h. – ✉ 2280 Grobbendonk :*

Aldhem, Jagersdreef 1 (près E 313, sortie ⑳), ☎ (0 14) 50 10 01, *Fax (0 14) 50 10 13,* ≘s, ⛱, ✂ – |‡|, ▤ rest, TV ☎ P – 🎓 25 à 640. AE ⓓ E VISA. ✻
Repas (cuisine italienne, ouvert jusqu'à 23 h) 900/1850 – **65 ch** ☐ 3000/4900 – ½ P 2750/3750.

HERK-DE-STAD (HERCK-LA-VILLE) *Limburg* 213 ⑨ et 909 I 3 – *voir à Hasselt.*

HERMALLE-SOUS-ARGENTEAU *Liège* 213 ㉒ et 909 K 3 - ⑱ N – *voir à Liège, environs.*

HERNE *1540 Vlaams-Brabant* 213 ⑰ et 909 F 3 – *6 299 h.*
Bruxelles 42 – Aalst 27 – Mons 31 – Tournai 52.

XXX **Kokejane,** Van Cauwenberghelaan 3, ☎ (0 2) 396 16 28, *Fax (0 2) 396 02 40,* ☂, « Terrasse et jardin » – ▤ P – 🎓 25 à 40. AE E VISA
fermé lundis et mardis non fériés, 15 fév.-3 mars et 16 août-3 sept. – **Repas** Lunch 1475 bc – 1775/2880.

HERSEAUX *Hainaut* 213 ⑮ et 909 C 3 – *voir à Mouscron.*

HERSELT *2230 Antwerpen* 213 ⑧ et 909 H 2 – *13 282 h.*
Bruxelles 51 – Antwerpen 43 – Diest 17 – Turnhout 35.

XX **Agter de Weyreldt** avec ch, Aarschotsebaan 2 (SO : 4 km par N 19), (0 16) 69 98 51, *Fax (0 16) 69 98 53*, , « Cadre champêtre », – – – 30. AE VISA.
Repas *(fermé sam. midi, dim. soir et lundi)* Lunch 1800 bc – 1450/2350 – 450 – **6 ch** 1800/2000 – ½ P 3000.

HERSTAL *Liège* 213 ㉒ et 909 J 3 - ⑱ N – *voir à Liège, environs.*

HERTSBERGE *West-Vlaanderen* 213 ③ et 909 C 2 – *voir à Brugge, environs.*

Het – *voir au nom propre.*

HEURE *5377 Namur* C *Somme-Leuze 3 898 h.* 214 ⑥ et 909 I 5.
Bruxelles 102 – Dinant 35 – Liège 54 – Namur 41.

XX **Le Pré Mondain** (Van Lint), rte de Givet 24, (0 86) 32 28 12, *Fax (0 86) 32 39 02*, , « Jardin fleuri » – . VISA
fermé 1 sem. Pâques, 20 juin-13 juil., 19 déc.-13 janv. et dim., lundis et jeudis soirs non fériés – **Repas** 1200 bc/1850 bc, carte 1300 à 2000
Spéc. Poêlée de foie gras et cox-orange. Anguilles de rivière au vert (mars-déc.). Croquettes aux crevettes.

HEUSDEN *Limburg* 213 ⑨ et 909 I 2 – *voir à Zolder.*

HEUSDEN *Oost-Vlaanderen* 213 ④ et 909 E 2 – *voir à Gent, environs.*

HEUSY *Liège* 213 ㉓ et 909 K 4 – *voir à Verviers.*

HEVERLEE *Vlaams-Brabant* 213 ⑲ et 909 H 3 – *voir à Leuven.*

HEYD *6941 Luxembourg belge* C *Durbuy 9 391 h.* 214 ⑦ et 909 J 4.
Bruxelles 122 – Arlon 103 – Liège 52 – La Roche-en-Ardenne 37.

X **La Vouivre,** Ninane 1 (N : 2 km sur N 806, lieu-dit Ninane-Aisne), (0 86) 49 95 06, *Fax (0 86) 49 95 06* – . VISA
fermé dim. soir, lundi midi, merc., 2 prem. sem. juil. et 2 prem. sem. janv. – **Repas** 900/1350.

HINGENE *2880 Antwerpen* C *Bornem 19 725 h.* 213 ⑥ et 909 F 2.
Bruxelles 35 – Antwerpen 32 – Gent 46 – Mechelen 22.

XX **Symfonie,** Schoonaardestraat 11, (0 3) 889 36 69, *Fax (0 3) 889 36 69*, , « Fermette avec jardin d'hiver » – . AE VISA JCB
fermé mardi, merc. et 3 sem. en juil. – **Repas** 950/1400.

HOEGAARDEN *3320 Vlaams-Brabant* 213 ⑳ et 909 H 3 – *5 910 h.*
Bruxelles 47 – Charleroi 58 – Hasselt 44 – Liège 56 – Namur 43 – Tienen 5.

X **Op de Wallen van Alpaïde,** Gemeenteplein 25, (0 16) 76 64 69, *Fax (0 16) 76 69 66*, , « Maison historique avec fondations du 10e s. » – 35. AE VISA
fermé du 5 au 20 avril, 23 août-7 sept., lundi et mardi – **Repas** Lunch 950 – carte env. 1600.

HOEI *Liège* – *voir Huy.*

HOEILAART *Vlaams-Brabant* 213 ⑲ et 909 G 3 - ㉒ S – *voir à Bruxelles, environs.*

HOEKE *West-Vlaanderen* 213 ③ – *voir à Damme.*

HONDELANGE *Luxembourg belge* 214 ⑱ et 909 K 7 – *voir à Arlon.*

HOOGLEDE *West-Vlaanderen* 213 ② et 909 C 3 – *voir à Roeselare.*

HOOGSTADE *8690 West-Vlaanderen* ☐ *Alveringem 4 744 h.* 213 ① et 909 B 3.
Bruxelles 142 – Brugge 61 – Ieper 20 – Oostende 40 – Veurne 11.

X **de Leylander,** Hoogstadestraat 61, ✆ (0 58) 28 87 13 – P. AE ◑ E VISA
fermé dim. soir hors saison, merc., jeudi et du 15 au 30 oct. – **Repas** *Lunch 960* – 1500/1795.

HOOGSTRATEN *2320 Antwerpen* 212 ⑯ et 909 H 1 – *17 193 h.*
Stadhuis, Vrijheid 149 ✆ (0 3) 340 19 55, Fax (0 3) 340 19 66.
Bruxelles 88 – Antwerpen 37 – Turnhout 18.

XXX **Noordland,** Lodewijk De Konincklaan 276, ✆ (0 3) 314 53 40, *Fax (0 3) 314 83 32,* , « Jardin » – P. AE ◑ E VISA.
fermé merc., jeudi, 2 sem. en fév. et fin juil.-début août – **Repas** *Lunch 1250* – 2175.

XX **Host. De Tram** avec ch, Vrijheid 192, ✆ (0 3) 314 65 65, *Fax (0 3) 314 70 06* – TV ☎ P. AE E VISA
fermé 2e quinz. août – **Repas** *(fermé lundi et mardi) Lunch 850* – carte 1600 à 2100 – **5 ch** 3950/4200.

XX **Begijnhof,** Vrijheid 108, ✆ (0 3) 314 66 25, *Fax (0 3) 314 84 13* – . AE E VISA.
fermé mardi, merc., 1re quinz. sept. et 2e quinz. janv. – **Repas** *Lunch 895* – 1595.

HOTTON *6990 Luxembourg belge* 214 ⑦ et 909 J 5 – *4 731 h.*
Voir *Grottes★★.*
r. Haute 4 ✆ (0 84) 46 61 22, Fax (0 84) 46 76 98.
Bruxelles 116 – Liège 60 – Namur 55.

La Commanderie, r. Haute 44, ✆ (0 84) 46 78 77, *Fax (0 84) 46 75 89,* , – TV ☎ P – 25 à 80. AE E VISA
fermé lundi, mardi et mi-janv.-10 fév. – **Repas** *Lunch 650* – 900/1350 – **19 ch** 1700/2500 – ½ P 2000/2300.

La Besace r. Monts 9 (E : 4,5 km, lieu-dit Werpin), ✆ (0 84) 46 62 35, *Fax (0 84) 46 70 54,* – TV P – 25. E VISA. rest
Repas (dîner pour résidents seult) – **9 ch** 1750/2600 – ½ P 1995/2195.

X **La Carretta,** r. Vallée 3, ✆ (0 84) 46 76 90, *Fax (0 84) 46 75 37* – VISA
fermé lundi midi, mardi, merc. et sam. midi – **Repas** 990/1650.

X **Le Chêne Gourmand,** r. E. Parfonry 35, ✆ (0 84) 46 74 13, *Fax (0 84) 46 74 13* – E VISA
fermé lundi et mardi hors saison et dern. sem. août-prem. sem. sept. – **Repas** *Lunch 450* – 850/1195.

HOUDENG-AIMERIES *Hainaut* 213 ② et 909 F 4 – *voir à La Louvière.*

HOUFFALIZE *6660 Luxembourg belge* 214 ⑧ et 909 K 5 – *4 405 h.*
pl. Janvier 45 ✆ (0 61) 28 81 16, Fax (0 61) 28 95 59.
Bruxelles 164 – Arlon 63 – Liège 71 – Namur 97.

à Achouffe *NO : 6 km* ☐ *Houffalize* – ✉ *6666 Houffalize :*

L'Espine, Achouffe 19, ✆ (0 61) 28 81 82, *Fax (0 61) 28 90 82,* « Cadre champêtre » – TV ☎ P. E VISA
fermé du 1er au 15 juil. et du 1er au 15 janv. – **Repas** (dîner seult) carte 1200 à 1700 – **11 ch** 2400/3400 – ½ P 2400/2550.

à Wibrin *NO : 9 km* ☐ *Houffalize* – ✉ *6666 Wibrin :*

X **Le Cœur de l'Ardenne** avec ch, r. Tilleul 7, ✆ (0 61) 28 93 15, *Fax (0 61) 28 91 67,* – TV ☎ P. ◑ E VISA.
fermé 24 août-9 sept. et 31 déc.-13 janv. – **Repas** *(fermé mardi, merc., jeudi, dim. soir et après 20 h 30) 900/2000* – **5 ch** 2300/3300 – ½ P 2425/2625.

HOUTAIN-LE-VAL *1476 Brabant Wallon* ☐ *Genappe 13 547 h.* 213 ⑱ ⑲ et 909 G 4.
Bruxelles 41 – Charleroi 33 – Mons 46 – Nivelles 11.

X **La Meunerie,** r. Patronage 1a, ✆ (0 67) 77 28 16, *Fax (0 67) 77 28 16,* – AE ◑ E VISA JCB
fermé sam. midis non fériés, dim. soir, lundi et 22 juil.-14 août – **Repas** *Lunch 725* – 950/1550.

HOUTHALEN *3530 Limburg* ☐ *Houthalen-Helchteren 28 761 h.* 213 ⑨ ⑩ et 909 J 2.
Golfstraat 1 ✆ (0 89) 38 35 43, Fax (0 89) 84 12 08.
Grote Baan 112a ✆ (0 11) 60 05 40, Fax (0 11) 60 05 03.
Bruxelles 83 – Maastricht 40 – Diest 28 – Hasselt 12.

XXXX **De Barrier** (Vandersanden), Grote Baan 9 (près A 2, sortie ㉙), ✆ (0 11) 52 55 25, *Fax (0 11) 52 55 45*, « Terrasse et jardin » – P. AE O E VISA.
fermé du 14 au 22 fév., 2 dern. sem. juil., dim. midi d'oct. à fév., dim. soir et lundi – **Repas** *Lunch 2000* – 2350/2950, carte 2600 à 3200
Spéc. Roulades de bœuf et foie d'oie, vinaigrette aux truffes. Filet de bar fumé minute à la crème de caviar (21 sept.-21 déc.). Salade de langoustines aux tomates confites (21 juin-21 sept.).

XXX **Abdijhoeve,** Kelchterhoef 7 (E : 5,5 km), ✆ (0 89) 38 01 69, *Fax (0 89) 38 01 69*, Avec taverne, « Ferme restaurée dans un parc public » – P – 25 à 400. AE E VISA
fermé lundi – **Repas** 1200/1600.

X **ter Laecke,** Daalstraat 19 (à Laak, N : 2 km par N 74), ✆ (0 11) 52 67 44, *Fax (0 11) 52 59 15*, « Jardin » – P. AE O E VISA.
fermé du 15 au 24 fév., 2e quinz. juil., du 4 au 14 nov., mardi soir et merc. – **Repas** *Lunch 1200 bc* – 850/1500.

Wenn Sie ein sehr ruhiges Hotel suchen,
benutzen Sie zuerst die Karte in der Einleitung
oder wählen Sie im Text ein Hotel mit dem Zeichen oder

HOUYET *5560 Namur* 214 ⑤ et 909 I 5 – *4 383 h.*

Env. *Celles : dalle funéraire* dans l'église romane St-Hadelin N : 10 km.*
18 *Tour Léopold-Ardenne 6 ✆ (0 82) 66 62 28, Fax (0 82) 66 74 53.*
Bruxelles 110 – Dinant 34 – Namur 54 – Rochefort 23.

Host. d'Hérock, Hérock 14 (près E 411, sortie ㉒), ✆ (0 82) 66 64 03, *Fax (0 82) 66 65 14*, – TV P. AE O E VISA
Repas *(fermé lundi) Lunch 450* – 580/1440 – **17 ch** 1600/2200 – ½ P 1500/1800.

à Celles *N : 10 km* C *Houyet – ✉ 5561 Celles :*

Aub. de la Lesse, Gare de Gendron 1 (N 910, lieu-dit Gendron), ✆ (0 82) 66 73 02, *Fax (0 82) 66 76 15*, – TV P. E VISA
fermé lundi soir et mardi sauf en saison et vacances scolaires – **Repas** (Taverne-rest) carte 850 à 1300 – **10 ch** 1680/2500.

XX **La Clochette** avec ch, r. Vêves 1, ✆ (0 82) 66 65 35, *Fax (0 82) 66 77 91* – P. AE E VISA
fermé fin fév.-début mars et fin juin-début juil. – **Repas** *(fermé merc.)* 1000/1500 – **7 ch** *(fermé merc. sauf en juil.-août)* 1600/2100 – ½ P 2000/2150.

à Custinne *NE : 7 km* C *Houyet – ✉ 5562 Custinne :*

X **Le Grand Virage,** rte de Neufchâteau 22 (N 94), ✆ (0 82) 66 63 64, – P. E VISA
fermé dim. soir, lundi et du 1er au 18 sept. – **Repas** 950/1550.

HOVE *Antwerpen* 212 ⑮ et 909 G 2 - ⑱ N – *voir à Antwerpen, environs.*

HUISE *Oost-Vlaanderen* 213 ⑯ et 909 D 3 – *voir à Zingem.*

HUIZINGEN *Vlaams-Brabant* 213 ⑱ et 909 F 3 – *voir à Bruxelles, environs.*

La HULPE (TERHULPEN) *1310 Brabant Wallon* 213 ⑲ et 909 G 3 – *6 853 h.*

Voir *Parc* du domaine Solvay.*
Bruxelles 20 – Charleroi 44 – Namur 54.

XXX **La Salicorne,** r. P. Broodcoorens 41, ✆ (0 2) 654 01 71, *Fax (0 2) 653 71 23*, « Terrasse » – P. AE O E VISA JCB
fermé du 15 au 25 fév., dern. sem. juin-2 prem. sem. juil., prem. sem. nov., dim. et lundi – **Repas** *Lunch 900* – 1380/2080.

X **L'Artgoût,** av. Reine Astrid 81, ✆ (0 2) 652 08 43, *Fax (0 2) 652 08 43*, Brasserie – P. O E VISA
fermé sam. midi, dim. soir, lundi, 2 sem. Pâques et 3 sem. en nov. – **Repas** *Lunch 395* – carte env. 1200.

X **Via Roma,** pl. A. Favresse 51, ✆ (0 2) 652 09 23, *Fax (0 2) 653 67 50*, Cuisine italienne – AE O E VISA
fermé jeudi, dim. et 3 prem. sem. août – **Repas** *Lunch 490* – carte 1000 à 1350.

HUY (HOEI) *4500 Liège* **213** ㉑ et **909** I 4 – *18 587 h.*

Voir *Collégiale Notre-Dame*★ : *trésor*★ Z – *Fort*★ : ≤★★ Z.

Musée : *communal*★ Z **M.**

Env. *Amay : chasse*★ *et sarcophage mérovingien*★ *dans la Collégiale St-Georges par N 617 : 7,5 km – Jehay-Bodegnée : collections*★ *dans le château*★ *de Jehay par N 617 : 10 km.*

à Andenne par ④ O : 11 km, Ferme du Moulin, Stud 52 ℘ (0 85) 84 34 04, Fax (0 85) 84 34 04 – Quai de Namur 1 ℘ (0 85) 21 29 15, Fax (0 85) 23 29 44.

Bruxelles 83 ⑤ – Namur 35 ④ – Liège 33 ①.

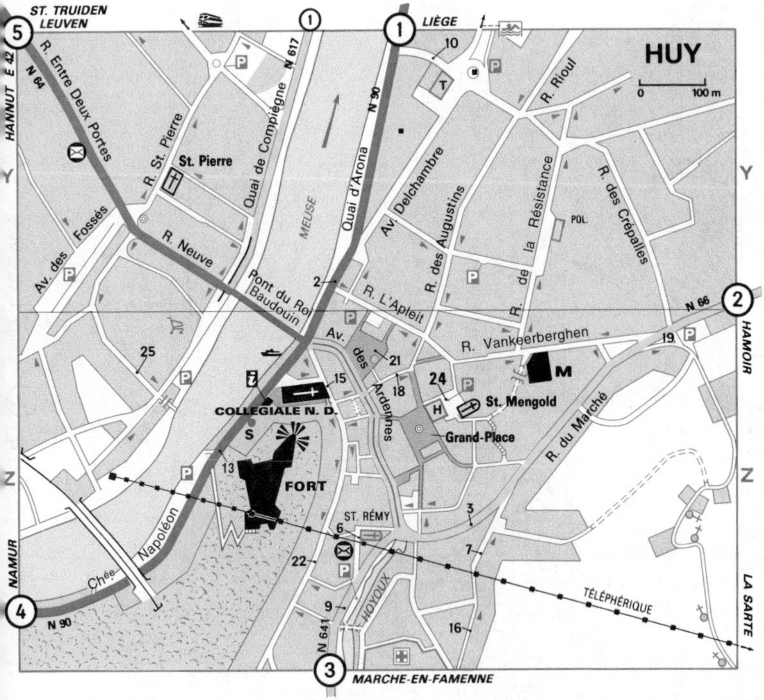

Autrebande (Quai d')	Y 2	Joseph Lebeau (Av.)	Y 10	St Denis (Pl.)	Z 19
Condroz (Av. du)	Z 3	Namur (Quai de)	Z 13	St. Pierre (R.)	Y
Foulons (R. des)	Z 6	Neuve (R.)	Y	St Séverin (Pl.)	Z 21
Haut-Chêne (R. du)	Z 7	Pont (R. du)	Z 15	Sous-le-Château (R.)	Z 22
Hoyoux (Av. du)	Z 9	Reine (R. de la)	Z 16	Verte (Place)	Z 24
		Rôtisseurs (R. des)	Z 18	Vieux Pont (R. du)	Z 25

Sirius sans rest, quai de Compiègne 47 (par ① : 1,5 km), ℘ (0 85) 21 24 00, *Fax (0 85) 21 24 01* – P – 25 à 75. AE VISA.
fermé Noël-Nouvel An – **24 ch** 2750/4400, 2 suites.

La ferme de gabelle avec ch, chemin de Gabelle 6 (par ② : 3 km, lieu-dit La Sarte), ℘ (0 85) 25 51 60, *Fax (0 85) 23 65 46*, « Ancienne ferme rénovée », – TV P. AE VISA.
fermé dim. soir, lundi, mardi soir, merc. soir et du 1er au 15 sept. – **Repas** 1150/1900 – **4 ch** 2000/2600.

Philippe Lefèbvre, quai de Namur 15, ℘ (0 85) 21 14 06 – VISA Z s
fermé lundi, sam. midi et 3 sem. en sept. – **Repas** 1320.

ICHTEGEM *8480 West-Vlaanderen* **213** ② et **909** C 2 – *13 205 h.*

Bruxelles 111 – Brugge 29 – Gent 61 – Oostende 20.

Le Bouquet, Oostendesteenweg 50 (sur N 33), ℘ (0 51) 58 88 39, *Fax (0 51) 58 08 34* – TV P. VISA.
Repas (dîner pour résidents seult) – **6 ch** 3000/3500 – ½ P 3900.

IEPER (YPRES) *8900 West-Vlaanderen* 213 ⑭ et 909 B 3 – *35 257 h.*

Voir *Halles aux draps★ (Lakenhalle)* ABX.

18 à Hollebeke SE : 7 km, Eekhofstraat 14 ☎ (0 57) 20 04 36, Fax (0 57) 21 89 58 - 9 Industrielaan 24 ☎ (0 57) 21 66 88, Fax (0 57) 21 82 10.

Stadhuis ☎ (0 57) 20 07 24, Fax (0 57) 21 85 89.

Bruxelles 125 ② – Brugge 52 ① – Dunkerque 48 ⑥ – Kortrijk 32 ②.

IEPER

- Adj. Masscheleinlaan ..... BX 2
- Arsenaalstr. ..... AY 4
- A. Stoffelstr. ..... BX 5
- A. Vandenpeere-boompl. ..... AX 6
- Bollingstr. ..... BX 7
- Boterstraat ..... AX 8
- Diksmuidestr. ..... BX
- G. de Stuersstr. ..... AX
- Grote Markt ..... BX 9
- Hoge Wieltjesgracht ..... BX 10
- J. Capronstr. ..... AX 12
- J. Coomansstr. ..... AX 14
- Kalfvaartstr. ..... BX 15
- Kanonweg ..... BY 17
- Kauwekijnstr. ..... BX 18
- Lange Torhoutstr. ..... BX 22
- Maarschalk Fochlaan ..... AX 23
- Maarschalk Frenchlaan ..... BX 24
- Meensestr. ..... BX 26
- Meenseweg ..... BX 27
- de Montstr. ..... AY 29
- Oude Houtmarktstr. ..... BX 30
- Patersstr. ..... AX 31
- Poperingseweg ..... AX 32
- Rijselsestr. ..... BXY
- Rijselseweg ..... BY 33
- Stationsstraat ..... AXY 35
- Surmont de Volsbergestr. ..... ABX 36
- Tempelstr. ..... AX 38
- Wateringsstr. ..... BY 40

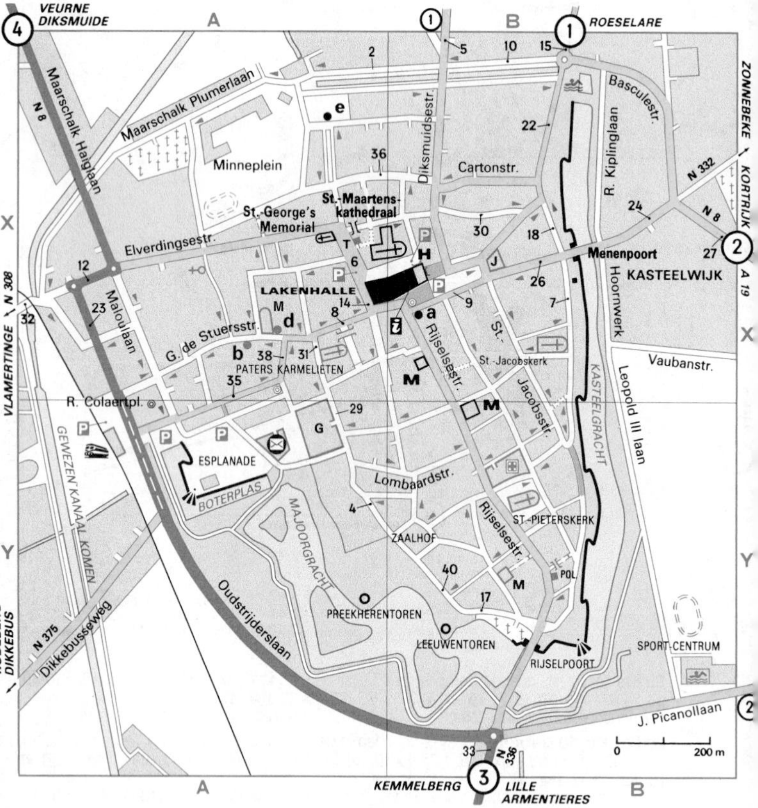

Ariane M, Slachthuisstraat 58, ☎ (0 57) 21 82 18, *Fax (0 57) 21 87 99* – – 30. AE VISA AX e

Repas *(fermé mardi et fin janv.) Lunch 350* – carte 850 à 1200 – **36 ch** 2825/3650.

The Rabbit Inn, Industrielaan 19 (par ① : 2,5 km), ☎ (0 57) 21 70 00, *Fax (0 57) 21 94 74*, – – 25 à 120. AE VISA. rest

Repas ***Tybaert*** *(fermé dim. soir et mi-juil.-mi-août) Lunch 545* - 1195/2300 – 445 – **28 ch** 2000/2500, 2 suites – ½ P 2890/3290.

Regina, Grote Markt 45, ✆ (0 57) 21 88 88, *Fax (0 57) 21 90 20* – |♦|, ▤ rest, TV ☎ – 🏛 25. AE ⓓ E VISA BX a
Repas *(fermé vend., dim. soir, sem. carnaval et 2 dern. sem. juil.)* Lunch 450 – 950/2450 bc – ☕ 250 – **17 ch** 2250/3300.

XXX **Host. St-Nicolas,** G. de Stuersstraat 6, ✆ (0 57) 20 06 22, *Fax (0 57) 20 06 22* – AE ⓓ E VISA. ✂ AX d
fermé dim. soir et lundi – **Repas** 1650 bc/3200 bc.

XX **Ter Thuyne,** G. de Steursstraat 19, ✆ (0 57) 21 52 06, *Fax (0 57) 21 52 07*, ☂ – 🏛 25. E VISA AX b
fermé dim. soir, lundi, prem. sem. mars et dern. sem. août-prem. sem. sept. – **Repas** Lunch 900 – 1200/1750.

X **Dikkebusvijver,** Dikkebusvijverdreef 31 (par Dikkebusseweg : 4 km), ✆ (0 57) 20 00 85, *Fax (0 57) 21 81 09*, ≤, Taverne-rest, anguilles – ▤ Ⓟ. AE ⓓ E VISA AY
fermé fév. et merc. d'oct. à avril – **Repas** 1100 bc/1750.

à Elverdinge *NO : 5 km* C *Ieper* – ✉ *8906 Elverdinge :*

X **De Warande,** Veurnseweg 525 (N 8), ✆ (0 57) 42 37 41, *Fax (0 57) 42 37 41*, ☂ – E VISA
fermé lundi et jeudi soir – **Repas** 945.

Die im ***Michelin-Führer***
verwendeten Zeichen und Symbole haben - ***fett*** *oder dünn*
gedruckt, in Rot oder ***Schwarz*** *- jeweils eine andere Bedeutung.*
Lesen Sie daher die Erklärungen aufmerksam durch.

ITTRE (ITTER) *1460 Brabant Wallon* 213 ⑱ et 909 F 4 – *5 483 h.*
Bruxelles 32 – Nivelles 10 – Soignies 21.

XX **Estaminet de la Couronne,** Grand'Place 3, ✆ (0 67) 64 63 85, *Fax (0 67) 64 89 18* – AE ⓓ E VISA
fermé dim. soir, lundi, mardi, 1 sem. en fév. et 20 juil.-21 août – **Repas** 1050/1650.

X **L'Abreuvoir,** r. Basse 2, ✆ (0 67) 64 67 06, *Fax (0 67) 64 85 71* – ▤. AE ⓓ E VISA. ✂
fermé lundi soir, mardi et jeudi soir – **Repas** Lunch 650 – 845/995.

IVOZ-RAMET *Liège* 213 ㉒ et 909 J 4 - ⑰ S – *voir à Liège, environs.*

IXELLES (ELSENE) *Région de Bruxelles-Capitale* 909 ㉑ S – *voir à Bruxelles.*

IZEGEM *8870 West-Vlaanderen* 213 ③ ⑮ et 909 C 3 – *26 482 h.*
Bruxelles 103 – Brugge 36 – Kortrijk 12 – Roeselare 7.

XX **De Mote,** Leenstraat 28 (O : près N 36, lieu-dit Bosmolens), ✆ (0 51) 30 59 99, *Fax (0 51) 31 65 37*, ☂, « Jardin » – ▤ Ⓟ. E VISA. ✂
fermé lundi et merc. soir – **Repas** Lunch 995 – 1545 bc/1975 bc.

XX **Ter Weyngaerd,** Burg. Vandenbogaerdelaan 32, ✆ (0 51) 30 95 41, *Fax (0 51) 31 96 52*, ☂ – AE ⓓ E VISA JCB. ✂
fermé du 15 au 24 fév., 19 juil.-4 août, mardi soir, merc. et dim. soir – **Repas** Lunch 630 – 1050/1850.

JABBEKE *8490 West-Vlaanderen* 213 ② et 909 C 2 – *13 411 h.*
Musée : *Permeke** *(Provinciaal Museum Constant Permeke).*
Bruxelles 102 – Brugge 13 – Kortrijk 57 – Oostende 17.

Haeneveld, Krauwerstraat 1, ✆ (0 50) 81 27 00, *Fax (0 50) 81 12 77*, ☂, « Cadre de verdure », ☂ – ▤ rest, TV ☎ Ⓟ. E VISA. ✂ rest
Repas *(fermé mardi et merc. soir)* Lunch 995 bc – carte env. 1500 – ☕ 250 – **8 ch** 2500/3200 – ½ P 3700/4500.

JALHAY *4845 Liège* 213 ㉓ ㉔ et 909 K 4 – *7 098 h.*
Bruxelles 130 – Liège 40 – Eupen 12 – Spa 13 – Verviers 8.

XX **Au Vieux Hêtre** avec ch, rte de la Fagne 18, ✆ (0 87) 64 70 92, *Fax (0 87) 64 78 54*, ☂, « Jardin avec pièce d'eau et volière » – TV ☎ Ⓟ. E VISA
fermé du 3 au 10 avril, 20 juin-5 juil., 30 oct.-8 nov., 20 déc.-5 janv. et mardi et merc. sauf en juil.-août – **Repas** Lunch 750 – 900/1500 bc – **12 ch** ☕ 2400/3300 – ½ P 2600/3500.

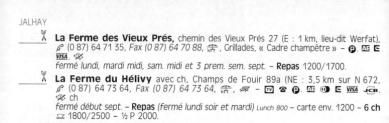

La Ferme des Vieux Prés, chemin des Vieux Prés 27 (E : 1 km, lieu-dit Werfat), (0 87) 64 71 35, *Fax (0 87) 64 70 88*, Grillades, « Cadre champêtre » - . AE E VISA.
fermé lundi, mardi midi, sam. midi et 3 prem. sem. sept. – **Repas** 1200/1700.

La Ferme du Hélivy avec ch, Champs de Fouir 89a (NE : 3,5 km sur N 672, (0 87) 64 73 64, *Fax (0 87) 64 73 64*, - . AE E VISA JCB. ch
fermé début sept. – **Repas** *(fermé lundi soir et mardi) Lunch 800* – carte env. 1200 – **6 ch** 1800/2500 – ½ P 2000.

JETTE *Région de Bruxelles-Capitale* 909 ㉑ N – *voir à Bruxelles.*

JEUK *3890 Limburg* C *Gingelom 7 447 h.* 213 ㉑ et 909 I 3.
Bruxelles 79 – Namur 54 – Liège 38 – Sint-Truiden 10.

Clos St Georges, Hundelingenstraat 42, (0 11) 48 56 94, *Fax (0 11) 48 46 94*, « Ferme-château du 18e s. avec parc », - - 25 à 100. E VISA. rest
Repas (dîner pour résidents seult) – 300 – **5 ch** 2500/3500.

JODOIGNE (GELDENAKEN) *1370 Brabant Wallon* 213 ⑳ et 909 H 3 – *11 114 h.*
Bruxelles 50 – Namur 36 – Charleroi 52 – Hasselt 50 – Liège 61 – Tienen 12.

à Mélin *NO : 5 km* C *Jodoigne –* ✉ *1370 Mélin :*

La Villa du Hautsart, r. Hussompont 29, (0 10) 81 40 10, *Fax (0 10) 81 44 34*, - . AE E VISA
fermé mardi, merc. et dim. soir – **Repas** 990/1450.

JUPILLE *Luxembourg belge* 214 ⑦ – *voir à La Roche-en-Ardenne.*

JUPILLE-SUR-MEUSE *Liège* 213 ㉒ et 909 J 4 - ⑱ N – *voir à Liège, périphérie.*

JUZAINE *Luxembourg belge* 214 ⑦ – *voir à Bomal-sur-Ourthe.*

KANNE *3770 Limburg* C *Riemst 15 397 h.* 213 ㉒ et 909 K 3.
Bruxelles 118 – Maastricht 6 – Hasselt 37 – Liège 30.

Huize Poswick sans rest, Muizenberg 7, (0 12) 45 71 27, *Fax (0 12) 45 81 05*, « Ancienne demeure en pierres de la région » - . AE E VISA
335 – **6 ch** 2900/3375.

Limburgia, Op 't Broek 4, (0 12) 45 46 00, *Fax (0 12) 45 66 28* – - 25 à 75. AE E VISA.
fermé merc. et du 22 au 30 déc. – **Repas** (résidents seult) – **19 ch** 2250/3250.

KAPELLEN *Antwerpen* 213 ⑥ et 909 G 2 - ⑨ N – *voir à Antwerpen, environs.*

KASTERLEE *2460 Antwerpen* 212 ⑯ ⑰ et 909 H 2 – *17 379 h.*
Gemeentehuis (0 14) 85 99 15, Fax (0 14) 85 07 77.
Bruxelles 77 – Antwerpen 49 – Hasselt 47 – Turnhout 9.

De Watermolen, Houtum 61 (par Geelsebaan), (0 14) 85 23 74, *Fax (0 14) 85 23 70*, ≤, , « Ancien moulin au bord de la Petite Nèthe (Kleine Nete) », - - 25. AE E VISA. rest
fermé 2 dern. sem. août et 2 prem. sem. janv. – **Repas** *Lunch 1250* – 1695/2700 – 375 – **18 ch** 2355/5700 – ½ P 2880/3320.

Den en Heuvel, Geelsebaan 72, (0 14) 85 04 97, *Fax (0 14) 85 04 96* – - 25 à 90. AE E VISA.
fermé 22 juil.-4 août et du 2 au 15 janv. – **Repas** 1099/1599 – 300 – **24 ch** 1950/3600.

Kastelhof, Lichtaartsebaan 33 (SO sur N 123), (0 14) 85 18 43, *Fax (0 14) 85 31 25*, , « Terrasse et jardin » - . AE E VISA JCB.
fermé du 13 au 31 juil., du 1er au 8 janv., mardi, merc. et sam. midi – **Repas** 1750/2875 bc.

à Lichtaart *SO : 6 km* [C] *Kasterlee – ✉ 2460 Lichtaart :*

XXX **De Pastorie,** Plaats 2, ✆ (0 14) 55 77 86, *Fax (0 14) 55 77 94,* 🍽, « Presbytère du 17e s. réaménagé » – P. AE ⓓ E VISA. ✻
fermé du 1er au 16 mars, 20 sept.-8 oct., lundi et mardi – **Repas** *Lunch 1550 bc* – 1600/2100.

XXX **Host. Keravic** avec ch, Herentalsesteenweg 72, ✆ (0 14) 55 78 01, *Fax (0 14) 55 78 16,* 🍽 – TV ☎ P – 🏛 25. AE ⓓ E VISA
fermé 3 sem. vacances bâtiment et fin déc. – **Repas** *(fermé sam. midi et dim.)* 1050/1950 – **9 ch** ☕ 2500/3500 – ½ P 2950.

KEERBERGEN *3140 Vlaams-Brabant* 213 ⑦ et 909 *G 2 – 11 683 h.*
18 Vlieghavenlaan 50 ✆ (0 15) 23 49 61, Fax (0 15) 23 57 37.
Bruxelles 33 – Antwerpen 36 – Leuven 20.

XXX **The Paddock,** R. Lambertslaan 4, ✆ (0 15) 51 19 34, *Fax (0 15) 51 81 40,* 🍽, « Villa
✿ avec terrasse ombragée » – P. AE ⓓ E VISA JCB
fermé mardi, merc., fév. et du 16 au 31 août – **Repas** *Lunch 1325* – 2775, carte env. 2700
Spéc. Asperges régionales, sauce au Champagne (fin avril-fin juin). Filet de faon sauce venaison (15 oct.-15 fév.). Pruneaux d'Agen macérés au Bas Armagnac.

XXX **Host. Berkenhof** 🔇 avec ch, Valkeniersdreef 5, ✆ (0 15) 73 01 01, *Fax (0 15) 73 02 02,* 🍽, « Terrasse et jardin dans un cadre boisé » – TV ☎ P – 🏛 25. AE ⓓ E VISA JCB
fermé dim. soir, lundi et 15 déc.-1er fév. – **Repas** 1500 bc/2250 bc – **7 ch** ☕ 3950/6000, 3 suites – ½ P 4000/7000.

XX **Hof van Craynbergh,** Mechelsebaan 113, ✆ (0 15) 51 65 94, *Fax (0 15) 51 65 94,* 🍽, « Villa dans un parc » – P. AE ⓓ E VISA. ✻
fermé du 15 au 22 fév., 19 juil.-4 août, 23 août-1er sept., du 1er au 5 nov., du 21 au 24 déc., du 26 au 30 déc., dim. et lundi – **Repas** (dîner seult sauf sam.) *Lunch 1200* – 1750/2150.

XX **The Lake,** Mereldreef 1 (E : près du lac), ✆ (0 15) 23 50 69, *Fax (0 15) 23 58 69,* 🍽, « Terrasse avec ≤ lac » – ▤ P – 🏛 25 à 90. AE ⓓ E VISA
fermé lundi et jours fériés soirs – **Repas** *Lunch 850* – 1090/1890.

XX **Ming Dynasty,** Haachtsebaan 20, ✆ (0 15) 52 03 79, *Fax (0 15) 52 87 22,* 🍽, Cuisine chinoise, ouvert jusqu'à 23 h – ▤. AE ⓓ E VISA
fermé mardi – **Repas** *Lunch 750* – carte env. 900.

KEMMEL *8956 West-Vlaanderen* [C] *Heuvelland 8 468 h.* 213 ⑬ et 909 B 3.
ℹ Reningelststraat 10 ✆ (0 57) 45 04 55, Fax (0 57) 44 56 04.
Bruxelles 133 – Brugge 63 – Ieper 11 – Lille 33.

XXX **Host. Kemmelberg** 🔇 avec ch, Berg 4, ✆ (0 57) 44 41 45, *Fax (0 57) 44 40 89,* ≤ plaine des Flandres, 🍽, 🎾 – TV ☎ P – 🏛 25. AE ⓓ E VISA
fermé dim. soir, lundi, fév.-4 mars et 19 juil.-5 août – **Repas** 1500/2250 – **16 ch** ☕ 2250/4000 – ½ P 2625/3250.

KESSEL-LO *Vlaams-Brabant* 213 ⑲ ⑳ et 909 H 3 – *voir à Leuven.*

KLEMSKERKE *West-Vlaanderen* 213 ② et 909 C 2 – *voir à De Haan.*

KLERKEN *8650 West-Vlaanderen* [C] *Houthulst 8 908 h.* 213 ② et 909 B 3.
Bruxelles 113 – Brugge 48 – Kortrijk 41 – Oostende 44 – Lille 56.

XX **'t Rozenhof,** Stokstraat 2, ✆ (0 51) 50 16 58, *Fax (0 51) 50 16 58,* 🍽 – ▤ P. E VISA. ✻
fermé merc., dim. soir et du 8 au 25 juin – **Repas** *Lunch 1600 bc* – 1200/1650.

KLUISBERGEN *9690 Oost-Vlaanderen* 213 ⑯ et 909 *D 3 – 6 055 h.*
Bruxelles 67 – Gent 39 – Kortrijk 24 – Valenciennes 75.

XXX **Te Winde,** Parklaan 17 (Berchem), ✆ (0 55) 38 92 74, *Fax (0 55) 38 62 92,* 🍽 – P. AE ⓓ E VISA
fermé dim. soir, lundi, mardi soir, sem. carnaval et 26 juil.-12 août – **Repas** carte 1300 à 2200.

sur le Kluisberg (Mont de l'Enclus) *S : 4 km* [C] *Kluisbergen – ✉ 9690 Kluisbergen :*

🏨 **La Sablière,** Bergstraat 40, ✆ (0 55) 38 95 64, *Fax (0 55) 38 78 11,* 🍽 – 🛗 TV ☎ P. AE E VISA. ✻
fermé vend., dern. sem. août et déc. – **Repas** (ouvert jusqu'à 23 h) *Lunch 475* – 2000 – ☕ 300 – **12 ch** 2300 – ½ P 2000/2400.

KNOKKE-HEIST *8300 West-Vlaanderen* 212 ⑪ et 909 C 1 – *32 660 h.* – *Station balnéaire★★* – *Casino* AY, *Zeedijk-Albertstrand 509* ☎ *(0 50) 63 05 00, Fax (0 50) 61 20 49.*

Voir *le Zwin★ : réserve naturelle (flore et faune)* EZ.

(2 parcours) au Zoute, Caddiespad 14 ☎ *(050) 60 12 27, Fax (0 50) 62 30 29.*

Zeedijk 660 (Lichttorenplein) à Knokke ☎ *(0 50) 63 03 80, Fax (0 50) 63 03 90 – (avril-sept., vacances scolaires et week-end) Tramhalte, Heldenplein à Heist* ☎ *(0 50) 63 03 80, Fax (0 50) 63 03 90.*

Bruxelles 108 ① – *Brugge 18* ① – *Gent 49* ① – *Oostende 33* ③.

à Knokke – ✉ *8300 Knokke-Heist* :

des Nations M, Zeedijk 704, ☎ (0 50) 61 99 11, *Fax (0 50) 61 99 99*, ≤, – , rest, TV ☎ – 25. AE ① E VISA. BY f
fermé du 15 au 31 janv. – **Repas** (dîner pour résidents seult) – **36 ch** 8000, 4 suites.

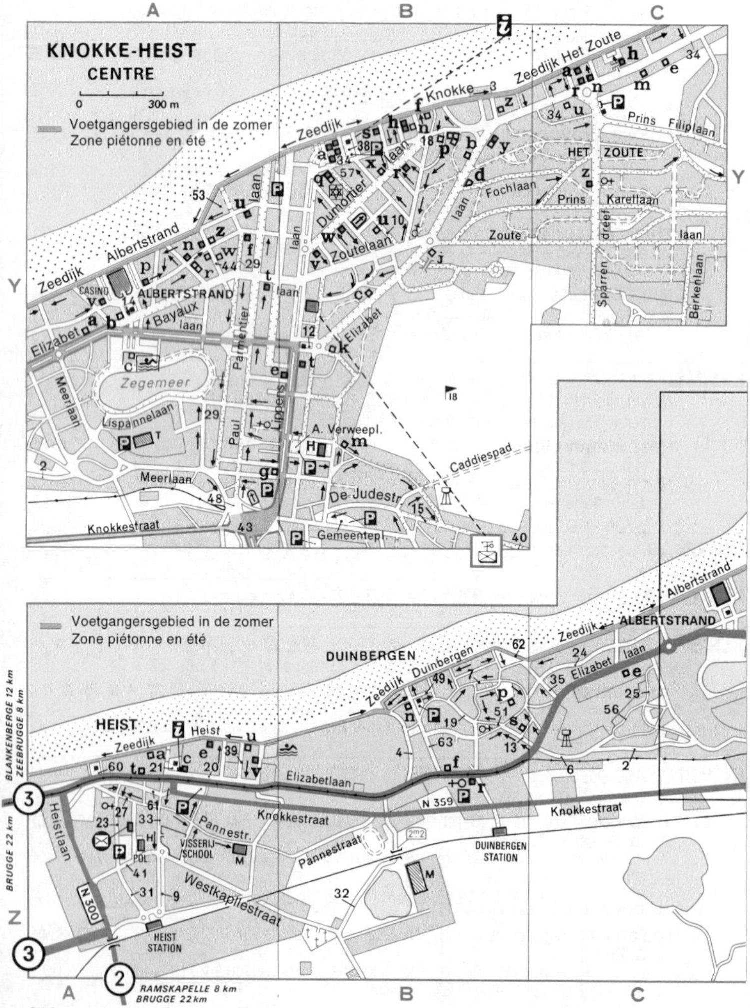

Figaro sans rest, Dumortierlaan 127, ✆ (0 50) 62 00 62, *Fax (0 50) 62 53 28* – BY x
fermé dern. sem. nov.-prem. sem. déc. et janv. – **18 ch** 3300/4000.

Adagio sans rest, Van Bunnenlaan 12, ✆ (0 50) 62 48 44, *Fax (0 50) 62 59 36*, – 25. VISA. BY q
20 ch 2300/3700.

Van Bunnen sans rest, Van Bunnenlaan 50, ✆ (0 50) 61 15 29, *Fax (0 50) 62 29 66* – AE VISA BY u
18 ch 2450/3800.

Eden sans rest, Zandstraat 18, ✆ (0 50) 61 13 89, *Fax (0 50) 61 07 62* – VISA BY n
19 ch 1700/3000.

Prins Boudewijn sans rest, Lippenslaan 35, ✆ (0 50) 60 10 16, *Fax (0 50) 62 35 46* – AE VISA ABY g
32 ch 2300/2800.

KNOKKE-HEIST **DUINBERGEN** **ALBERTSTRAND** **HET ZOUTE**

Acacialaan CZ 2
Albertplein BY 3
Anemonenlaan BZ 4
Arkadenlaan CZ 6
Bergdreef BZ 7
Bondgenotenlaan AZ 9
van Bunnenlaan BY 10
Burgemeester Frans Desmidtplein BY 12
van Cailliedreef BZ 13
Canada Square AY 14
Charles de Costerlaan BY 15
Driehoeksplein BY 18
Duinbergenlaan BZ 19
Dumortierlaan BY
Graaf d'Ursellaan AZ 20
Heldenplein AZ 21
Hermans-Lybaertstr. AZ 23
Jozef Nellenslaan CZ 24
Kapellaan CZ 25
Kerkstraat AZ 27
Konijnendreef EZ 28
Koningslaan AY 29
Koudekerkelaan AZ 31
Krommedijk BZ 32
Kursaalstraat AZ 33
Kustlaan BCY 34
Leeuwerikenlaan CZ 35
Lekkerbekhelling EZ 36
Lichttorenplein BY 38
Lippenslaan ABY
Louis Parentstr. AZ 39
Magere Schorre DZ 40
Marktstraat AZ 41
Maurice Lippensplein AY 43
Meerminlaan AY 44
Ooievaarslaan EZ 45
Oosthoekplein EZ 47
Pastoor Opdedrinckplein AY 48
Patriottenstraat BZ 49
Poststraat BZ 51
Rubensplein AY 53
Theresialaan CZ 56
Vissershuldeplein AZ 60
Vlamingstraat AZ 61
de Wandelaar BZ 61
Zeegrasstraat BZ 63

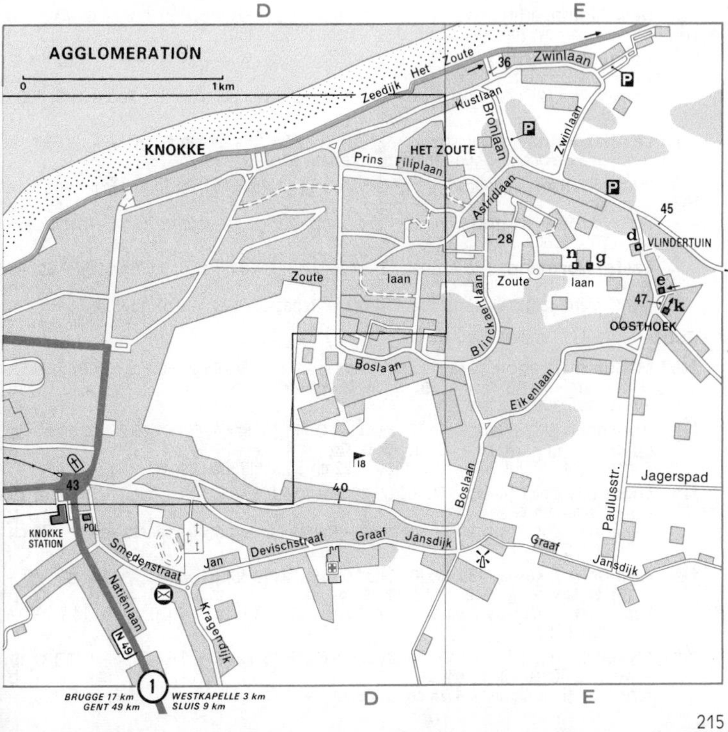

Ambassador, Van Bunnenplein 20, ☎ (0 50) 60 17 96, *Fax (0 50) 60 17 96,* 🏠 - ▤. AE ⓓ E VISA JCB BY a
fermé merc., jeudi, sem. carnaval et nov. - Repas 950/1595.

La Croisette, Van Bunnenplein 24, ☎ (0 50) 61 28 39, *Fax (0 50) 61 28 39* - AE ⓓ E VISA BY q
fermé mardi hors saison et merc. - **Repas** Lunch 750 - 1300/1900.

Panier d'Or, Zeedijk 659, ☎ (0 50) 60 31 89, *Fax (0 50) 60 31 89,* ≤, 🏠 - ▤. AE ⓓ E VISA BY a
fermé mi-nov.-mi-déc., merc. d'oct. à mars sauf vacances scolaires et mardi sauf vacances scolaires - **Repas** Lunch 820 - carte 1300 à 1700.

Casa Borghese, Bayauxlaan 27, ☎ (0 50) 60 37 39, *Fax (0 50) 62 01 88,* Avec cuisine italienne, ouvert jusqu'à 1 h du matin - ▤ ⓟ. AE ⓓ E VISA AY t
fermé merc. en hiver, jeudi et déc. - **Repas** (dîner seult) carte 1350 à 1850.

Le P'tit Bedon, Zeedijk 672, ☎ (0 50) 60 06 64, *Fax (0 50) 60 06 64,* 🏠, Avec grillades - ▤. AE ⓓ E VISA BY s
fermé merc. et 15 nov.-15 déc. - **Repas** 795/1695.

De Savoye, Dumortierlaan 18, ☎ (0 50) 62 23 61, *Fax (0 50) 62 60 30,* Produits de la mer - ▤. ⓓ E VISA BY v
fermé merc. soir en hiver, jeudi, dern. sem. juin et fin déc.-début janv. - **Repas** Lunch 620 - carte 1550 à 2200.

Open Fire, Zeedijk 658, ☎ (0 50) 60 17 26, *Fax (0 50) 60 17 26,* ≤, 🏠 - ▤. AE ⓓ E VISA BY a
fermé du 10 au 28 janv. et merc. sauf en juil.-août - **Repas** 820/1750 bc.

L'Orchidée, Lippenslaan 130, ☎ (0 50) 62 38 84, *Fax (0 50) 62 51 88,* Cuisine thaïlandaise, ouvert jusqu'à 1 h du matin - ▤. AE ⓓ E VISA. ✂ BY t
fermé merc., 2 sem. en mars et 3 sem. en nov. - **Repas** (dîner seult sauf dim. et jours fériés) 1400/1700 bc.

Il Punto, Dumortierlaan 94, ☎ (0 50) 60 07 66, *Fax (0 50) 61 26 70,* 🏠, Avec cuisine italienne, ouvert jusqu'à 23 h - ▤. AE ⓓ E VISA BY r
fermé mardi et du 4 au 28 janv. - **Repas** carte 1000 à 1600.

New Alpina, Lichttorenplein 12, ☎ (0 50) 60 89 85, *Fax (0 50) 60 89 85* - E VISA BY a
fermé lundi soir, mardi et début déc. - **Repas** 750/1450.

Da Luigi, Dumortierlaan 30, ☎ (0 50) 60 46 36, 🏠, Avec cuisine italienne - AE ⓓ E VISA BY w
fermé du 6 au 25 déc., lundi de nov. à mars et mardi sauf en juil.-août - **Repas** carte 1000 à 1550.

Le Chardonnay, Swolfsstraat 5, ☎ (0 50) 62 04 39 - AE ⓓ E VISA JCB BY h
fermé jeudi d'oct. à Pâques et merc. - **Repas** Lunch 675 - 995/1675.

't Kantientje, Lippenslaan 103, ☎ (0 50) 60 54 11, *Fax (0 50) 60 54 11,* Moules en saison - ▤. ✂ ABY e
fermé du 19 au 30 mars, 9 nov.-11 déc., lundi sauf en juil.-août et mardi - Repas Lunch 395 - 700/1600.

Castel Normand, Swolfsstraat 13, ☎ (0 50) 61 14 84, *Fax (0 50) 61 14 84* - AE ⓓ E VISA BY h
fermé mardi soir, merc. et 25 sept.-4 oct. - **Repas** Lunch 450 - 920/1375.

au Zoute - ✉ *8300 Knokke-Heist :*

Manoir du Dragon sans rest, Albertlaan 73, ☎ (0 50) 63 05 80, *Fax (0 50) 63 05 90,* ≤ golf, - ▤ TV ☎ ⓟ. AE ⓓ E VISA. ✂ BY m
10 ch ☐ 10100, 2 suites.

Approach M, Kustlaan 172, ☎ (0 50) 61 11 30, *Fax (0 50) 61 16 28,* 🏠, - ▤ TV ☎ ⓟ - 🏛 25 à 45. AE ⓓ E VISA CY e
Repas carte 1550 à 2000 - ☐ 1100 - **22 ch** 3900/12500, 2 suites.

Lugano, Villapad 14, ☎ (0 50) 63 05 30, *Fax (0 50) 63 05 20,* « Jardin » - ▤ TV ☎ ⓟ - 🏛 25. AE ⓓ E VISA. ✂ BY p
Pâques-fin sept. et vacances scolaires - **Repas** (dîner pour résidents seult) - **30 ch** ☐ 4100/4900.

Alfa Belfry, Kustlaan 84, ☎ (0 50) 61 01 28, *Fax (0 50) 61 15 33,* 🏠, Fб, ≘s, ▣ - ▤ TV ☎ - 🏛 25 à 40. AE ⓓ E VISA. ✂ BY p
Repas *(fermé dim. sauf vacances scolaires)* 950 - **35 ch** ☐ 3000/6400, 13 suites - ½ P 3750/5550.

Elysee sans rest, Elizabetlaan 39, ☎ (0 50) 61 16 48, *Fax (0 50) 62 17 90* - ▤ TV ☎ ⓟ - 🏛 25 à 40. AE ⓓ E VISA BY b
fermé du 15 au 30 janv. - **24 ch** ☐ 6800.

Britannia sans rest, Elizabetlaan 85, ☎ (0 50) 62 10 62, *Fax (0 50) 62 00 63* – |‡| TV ☎ P – 25. AE ① E VISA BY c
30 ch ☐ 2600/5000.

Rose de Chopin sans rest, Elizabetlaan 94, ☎ (0 50) 62 08 88, *Fax (0 50) 62 04 13*, – TV ☎ P. AE ① E VISA BY k
fermé 15 nov.-20 déc. – **11 ch** ☐ 4500/8800.

Duc de Bourgogne - Golf, Zoutelaan 175, ☎ (0 50) 61 16 14, *Fax (0 50) 62 15 90*, « Terrasse » – |‡| TV ☎ P – 25. AE ① E VISA EZ n
fermé 15 janv.-15 fév. – **Repas** *(fermé merc. sauf en juil.-août)* 1200/1500 – **24 ch** ☐ 5800 – ½ P 3000/3900.

Balmoral, Kustlaan 148, ☎ (0 50) 60 16 20, *Fax (0 50) 62 26 20*, « Terrasse » – |‡| TV ☎ P. AE ① E VISA CY u
fermé 15 nov.-20 déc. et 4 janv.-12 fév. – **Repas** *Lunch 645* – 850/1500 – **24 ch** ☐ 3000/5800 – ½ P 3300/3950.

Andrews sans rest, Kustlaan 72, ☎ (0 50) 61 08 47, *Fax (0 50) 61 04 90* – |‡| TV ☎ P. AE VISA. BY p
fermé 3 janv.-3 fév. – **10 ch** ☐ 3500/6000.

Locarno sans rest, Generaal Lemanpad 5, ☎ (0 50) 63 05 60, *Fax (0 50) 63 05 70* – |‡| TV ☎ P. AE ① E VISA BY p
15 ch ☐ 4100/4950.

The Tudor sans rest, Elizabetlaan 22, ☎ (0 50) 62 59 69, *Fax (0 50) 62 59 99* – |‡| TV ☎ P. AE ① E VISA BY d
14 ch ☐ 4500/4900.

Aub. St-Pol, Bronlaan 23, ☎ (0 50) 60 15 21, *Fax (0 50) 62 17 60*, « Terrasse » – TV ☎ P – 25. AE ① E VISA. EZ d
Repas *(fermé du 11 au 21 fév. et lundi et mardi de mi-sept. à mai)* carte 1200 à 1800 – **15 ch** ☐ 2500/4350, 1 suite – ½ P 2250/3125.

Gasthof Katelijne, Kustlaan 166, ☎ (0 50) 60 12 16, *Fax (0 50) 61 51 90*, « Auberge rustique », – TV ☎ P. AE ① E VISA CY m
Repas carte 1200 à 2000 – **13 ch** ☐ 3500/4900 – ½ P 3200/3900.

Les Arcades sans rest, Elizabetlaan 50, ☎ (0 50) 60 10 73, *Fax (0 50) 60 46 24* – TV ☎ P. ① E VISA BY j
Pâques-15 sept. – **11 ch** ☐ 3400.

Villa Verdi sans rest, Elizabetlaan 8, ☎ (0 50) 62 35 72, *Fax (0 50) 62 11 46*, – |‡| TV ☎ P. AE ① E VISA JCB. BY y
fermé mi-nov.-prem. sem. déc. – **8 ch** ☐ 2500/4950.

Charl's, Albertplein 18, ☎ (0 50) 60 90 51, *Fax (0 50) 61 55 98*, – |‡|, rest, TV ☎ – 25. AE ① E VISA BY z
Repas (Taverne-rest) *Lunch 395* – carte 1000 à 1500 – **25 ch** ☐ 1700/3950 – ½ P 1800/2850.

XXX **Aquilon,** Elizabetlaan 6, ☎ (0 50) 60 12 74, *Fax (0 50) 62 09 72*, – P. AE ① E VISA. BY y
fermé merc. sauf vacances scolaires, mardi, 1re quinz. déc. et 3 dern. sem. janv. – **Repas** *Lunch 995 bc* – 1450/2100.

XXX **De Oosthoek,** Oosthoekplein 25, ☎ (0 50) 62 23 33, *Fax (0 50) 62 25 13*, – AE ① E VISA EZ k
fermé 2 sem. en mars, 2 sem. en nov., mardi de mi-nov. à mi-mars et merc. – **Repas** *Lunch 695* – 1595/2400.

XX **L'Echiquier** 1er étage, De Wielingen 8, ☎ (0 50) 60 88 82, *Fax (0 50) 60 88 82*, – . AE ① E VISA CY h
fermé du 4 au 27 janv. et lundi soir, mardi et merc. sauf vacances scolaires – **Repas** 1600 bc/1850 bc.

XX **La Sapinière,** Oosthoekplein 7, ☎ (0 50) 60 22 71, *Fax (0 50) 60 22 71*, « Jardin fleuri avec pièce d'eau » – P. AE ① E VISA EZ e
fermé jeudi, 2 sem. en mars et 2 sem. en nov. – **Repas** *Lunch 795* – 1395/2750 bc.

XX **Gabriella,** Kustlaan 279, ☎ (0 50) 62 82 22, *Fax (0 50) 62 58 65*, Cuisine italienne – AE ① E VISA CY r
fermé merc. et 15 nov.-6 déc. – **Repas** carte env. 1500.

XX **Si Versailles** avec ch, Zeedijk 795, ☎ (0 50) 60 28 50, *Fax (0 50) 62 58 65*, – |‡| TV ☎. AE ① E VISA. ch CY a
fermé mi-nov.-mi-déc. – **Repas** (moules en saison) *(fermé jeudi)* carte 1400 à 1900 – **7 ch** ☐ 3900.

X **Cantharel,** Sparrendreef 98, ☎ (0 50) 60 40 90, *Fax (0 50) 60 40 90* – AE ① E VISA CY z
fermé mardi soir et merc. soir sauf en juil.-août, mardi midi et merc. midi – **Repas** *Lunch 700* – 1595.

Marie Siska avec ch, Zoutelaan 177, ☎ (0 50) 60 17 64, *Fax (0 50) 62 32 00*, – ☎ P. AE ① E VISA. ch EZ g
Pâques-oct. et week-end – **Repas** Lunch 380 – carte 1200 à 1700 – **7 ch** 3400/4000.

Lady Ann, Kustlaan 301, ☎ (0 50) 60 96 77, *Fax (0 50) 62 44 09*, Taverne-rest – AE ① E VISA JCB CY n
fermé mars, début déc., jeudi du 15 sept. à avril et merc. – **Repas** 895/1095.

à Albertstrand – ✉ *8300 Knokke-Heist* :

La Réserve, Elizabetlaan 160, ☎ (0 50) 61 06 06, *Fax (0 50) 60 37 06*, « Terrasse avec ≤ lac », – ☎ P – 25 à 350. AE ① E VISA. rest
Repas ***La Sirène*** 1400/2600 – **110 ch** 6930/10330 – ½ P 5650. AY c

Binnenhof M sans rest, Jozef Nellenslaan 156, ☎ (0 50) 62 55 51, *Fax (0 50) 62 55 50* – ☎ P – 25 à 40. AE E VISA AY r
25 ch 3000/5000.

Parkhotel, Elizabetlaan 204, ✉ 8301, ☎ (0 50) 60 09 01, *Fax (0 50) 62 36 08*, – rest, ☎. AE ① E VISA. CZ e
fermé 5 janv.-10 fév. et mardi et merc. d'oct. à Pâques – **Repas** (dîner seult) carte 1200 à 1950 – **12 ch** 2500/4000 – ½ P 2550/2800.

Atlanta, Jozef Nellenslaan 162, ☎ (0 50) 60 55 00, *Fax (0 50) 62 28 60*, – ☎ P. AE E VISA. rest AY r
fermé 10 janv.-10 fév. – **Repas** (dîner pour résidents seult) – **30 ch** 2400/3400 – ½ P 2300/2500.

Canada sans rest, Canada Square 23, ☎ (0 50) 60 14 45, *Fax (0 50) 61 58 18* – ☎ P. E VISA. AY b
14 ch 2750/4500.

Gresham sans rest, Elizabetlaan 185, ☎ (0 50) 63 10 10, *Fax (0 50) 63 10 20* – ☎ P. ① E VISA. AY a
fermé oct. – **9 ch** 3800/4900.

Lido, Zwaluwenlaan 18, ☎ (0 50) 60 19 25, *Fax (0 50) 61 04 57* – ☎ P – 30. E VISA. rest AY r
Repas (résidents seult) – **40 ch** 4000 – ½ P 2200/2800.

Nelson's, Meerminlaan 36, ☎ (0 50) 60 68 10, *Fax (0 50) 61 18 38* – , rest, ☎ – 25. AE ① E VISA. rest AY z
fermé du 3 au 21 janv. – **Repas** (résidents seult) – **52 ch** 2200/3200 – ½ P 2300/2400.

Albert Plage sans rest, Meerminlaan 22, ☎ (0 50) 60 59 64 – ☎. AE ① E VISA
fermé déc. – **17 ch** 3000. AY w

Esmeralda, Jozef Nellenslaan 161, ☎ (0 50) 60 33 66, *Fax (0 50) 60 33 66* – AE ① E VISA AY p
fermé du 15 au 30 nov., du 15 au 30 janv., lundi hors saison et mardi – **Repas** Lunch 890 – 1550.

Olivier, Jozef Nellenslaan 159, ☎ (0 50) 60 55 70, *Fax (0 50) 60 55 70* – AE ① E VISA AY v
fermé merc. sauf en juil.-août – **Repas** Lunch 695 – carte env. 1400.

Le Potiron, Koningslaan 230a, ☎ (0 50) 62 10 80, *Fax (0 50) 61 25 16*, – AE ① E VISA AY f
fermé mardi soir, merc. et 2 sem. en nov. – **Repas** Lunch 695 – carte 1250 à 1900.

Lispanne, Jozef Nellenslaan 201, ☎ (0 50) 60 05 93, *Fax (0 50) 62 64 92* – AE ① E VISA JCB AY z
fermé du 4 au 14 oct., du 10 au 27 janv., lundi soir sauf vacances scolaires et mardi – **Repas** Lunch 600 – 695/1595.

Jardin Tropical, Zwaluwenlaan 12, ☎ (0 50) 61 07 98, *Fax (0 50) 61 07 98* – AE ① E VISA AY n
fermé merc. sauf en juil.-août, jeudi, fin fév. et 2 dern. sem. nov. – **Repas** Lunch 695 – 1095/1595.

Jean, Sylvain Dupuisstraat 24, ☎ (0 50) 61 49 57, *Fax (0 50) 61 49 57*, Bistrot, ouvert jusqu'à 23 h – AE ① E VISA AY u
fermé mardi sauf vacances scolaires, merc., 2 prem. sem. fév. et 2 dern. sem. juin – **Repas** Lunch 695 – 1595.

à Duinbergen C *Knokke-Heist* – ✉ *8301 Heist* :

Monterey sans rest, Bocheldreef 4, ☎ (0 50) 51 58 65, *Fax (0 50) 51 01 65*, « Villa aménagée » – ☎ P. E VISA JCB BZ p
8 ch 3900.

Du Soleil, Patriottenstraat 15, ☎ (0 50) 51 11 37, *Fax (0 50) 51 69 14*, – ☎. AE ① E VISA BZ n
fermé 15 nov.-15 déc. – **Repas** Lunch 520 – 850/1400 – **27 ch** 2800/3950 – ½ P 1900/2600.

Edelweiss sans rest, Zomerpad 8, ☎ (0 50) 51 50 00, *Fax (0 50) 51 58 08* – TV ☎. AE ⓞ E VISA BCZ s
9 ch ☐ 2300/3300.

Pauls sans rest, Elizabetlaan 305, ☎ (0 50) 51 39 32, *Fax (0 50) 51 67 40* – |♦| TV ☎ P. AE ⓞ E VISA. ✻ BZ f
Pâques-sept., week-end et vacances scolaires – **14 ch** ☐ 2600/3900.

Den Baigneur, Elizabetlaan 288, ☎ (0 50) 51 16 81, *Fax (0 50) 51 16 81* – AE ⓞ E VISA JCB BZ r
fermé lundi – **Repas** carte 2000 à 2650.

à Heist C *Knokke-Heist* – ✉ *8301 Heist* :

Beau Séjour-Ter Duinen, Duinenstraat 13, ☎ (0 50) 51 19 71, *Fax (0 50) 51 08 40,* ≘s – |♦| TV ☎. AE E VISA JCB AZ t
Repas (dîner seult sauf dim.) *(fermé lundi et mardi sauf vacances scolaires)* 850/1450 – 32 ch ☐ 2000/3600 – ½ P 1950/2550.

Bristol, Zeedijk 291, ☎ (0 50) 51 12 20, *Fax (0 50) 51 15 54,* ≤ – |♦|, ▤ rest, TV ☎ P. E VISA. ✻ AZ u
2 avril-27 sept. ; fermé du 19 au 30 avril – **Repas** *(fermé après 20 h 30)* Lunch 850 – 1350 – **27 ch** ☐ 3900/4200 – ½ P 2700/2900.

Sint-Yves M, Zeedijk 204, ☎ (0 50) 51 10 29, *Fax (0 50) 51 63 87,* ≤, ☂ – |♦|, ▤ rest, TV ☎. AE ⓞ E VISA. ✻ rest AZ a
fermé 3 sem. en janv. – **Repas** *(fermé dim. soir et lundi hors saison)* Lunch 500 – 1100/1850 – **8 ch** ☐ 2750/3750 – ½ P 2750.

Bartholomeus, Zeedijk 267, ☎ (0 50) 51 75 76, *Fax (0 50) 51 75 76,* ≤ – E VISA. ✻
fermé jeudi soir sauf vacances scolaires, merc., jeudi midi, début oct. et début janv. – **Repas** Lunch 695 – carte env. 2000. AZ e

Old Fisher, Heldenplein 33, ☎ (0 50) 51 11 14, *Fax (0 50) 51 71 51* – ▤. AE ⓞ E VISA. ✻ AZ c
fermé mardi soir sauf en juil.-août, merc. et 27 sept.-30 oct. – **Repas** Lunch 995 – carte env. 1500.

Cargo, Parkstraat 7, ☎ (0 50) 51 10 10, *Fax (0 50) 51 10 10* – ⓞ E VISA JCB. ✻ AZ v
fermé mardi, merc. midi, dern. sem. janv.-prem. sem. fév. et prem. sem. déc. – **Repas** 870/1700.

à Westkapelle *par* ① *: 3 km* C *Knokke-Heist* – ✉ *8300 Westkapelle* :

Ter Zaele, Oostkerkestraat 40, ☎ (0 50) 60 12 37, *Fax (0 50) 61 19 73,* ≤, ☂, « Jardin », ≘s, ⛰ – TV ☎ P – 🏛 25 à 40. AE ⓞ E VISA
fermé dern. sem. sept., 1 sem. Noël et dern. sem. janv. – **Repas** *(fermé mardis et merc. non fériés)* 850/1450 – **22 ch** ☐ 2000/3400 – ½ P 2150/2550.

Ter Dycken, Kalvekeetdijk 137, ☎ (0 50) 60 80 23, *Fax (0 50) 61 40 55,* ☂, « Terrasse et jardin » – ▤ P. AE ⓞ E VISA
fermé mardi sauf en juil.-août, lundi et 15 janv.-12 fév. – **Repas** 2200/2750.

KOBBEGEM *Vlaams-Brabant* 213 ⑥ et 909 F 3 – *voir à Bruxelles, environs.*

KOEKELBERG *Brabant* 909 ㉑ N – *voir à Bruxelles.*

KOKSIJDE *8670 West-Vlaanderen* 213 ① et 909 A 2 – *19 395 h. – Station balnéaire.*
Bruxelles 135 ① – *Brugge 50* ① – *Oostende 31* ① – *Veurne 7* ② – *Dunkerque 27* ③.

Plan page suivante

à Koksijde-Bad *N : 1 km* C *Koksijde* – ✉ *8670 Koksijde.*
🅘 *Zeelaan (Casino)* ☎ *(0 58) 51 29 10, Fax (0 58) 51 29 10* :

Terlinck, Terlinckplaats 17, ☎ (0 58) 52 00 00, *Fax (0 58) 51 76 15,* ≤, 🏋 – |♦|, ▤ rest, TV ☎ 🚗 P – 🏛 25 à 40. AE ⓞ E VISA JCB C a
fermé 15 nov.-janv. – **Repas** *(fermé merc. hors saison)* Lunch 675 – 850/2000 – **36 ch** ☐ 3000/4500 – ½ P 2150/2950.

Apostroff 🐚 sans rest (avec annexe 🏠 - 15 ch), Lejeunelaan 38, ☎ (0 58) 52 06 09, *Fax (0 58) 52 07 09,* 🏋, ≘s, ⛰, 🌳, ✂ – |♦| TV ☎ 🚗 P – 🏛 25. AE ⓞ E VISA JCB
39 ch ☐ 2550/4500. C c

Digue, Zeedijk 331, ☎ (0 58) 51 14 15, *Fax (0 58) 52 27 44,* ≤ – |♦| TV ☎ 🚗 P. ✻
fermé nov. et début janv.-mi-fév. – **Repas** (résidents seult) – **21 ch** ☐ 2600/3500 – ½ P 2650/3500. C m

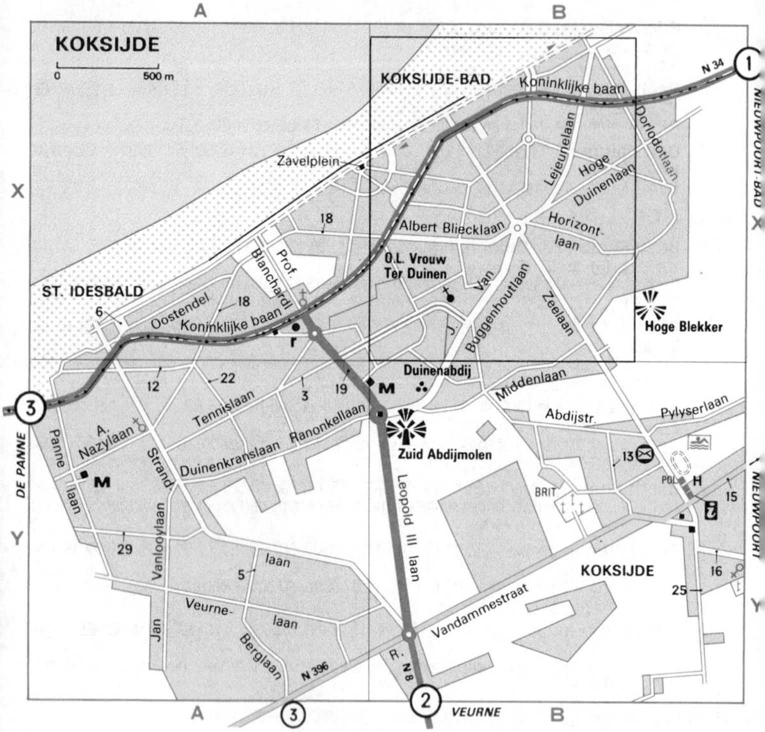

Begonialaan	C	2
Brialmontlaan	AY	3
Dageraadstr.	AY	5
George Grardplein	AX	6
Gulden Vlieslaan	C	9
Henri Christiaenlaan	AY	12
Hostenstr.	BY	13
Houtsaegerlaan	BY	15
Kerkstraat	BY	16
Koninginnelaan	AX	18
Koninklijkebaan	ABX	
Koninklijke Prinslaan	AXY	19
Majoor d'Hoogelaan	AY	22
Verdedigingslaan	C	23
Veurnestr.	BY	25
Vlaanderenstr.	C	27
W. Elsschotlaan	AY	29
Zeelaan	BXY	

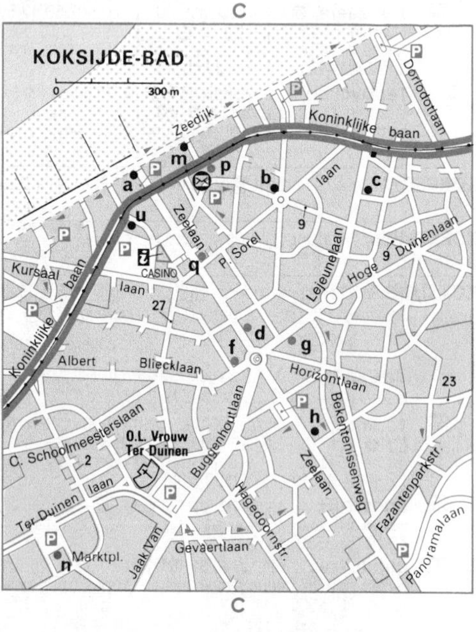

Cherchez-vous un hôtel ou un restaurant ?

*Les **cartes Michelin** détaillées (1/200 000 à 1/400 000) soulignent en rouge les localités citées dans les Guides Rouges.*

Chalet Week-End, Zeelaan 136, ☎ (0 58) 51 12 06, *Fax (0 58) 52 09 00*, -
fermé 15 nov.-15 déc. – **Repas** Lunch 500 – 1000 – **9 ch** 2250/2400 – ½ P 2700. C h

Rivella, Zouavenlaan 1, ☎ (0 58) 51 31 67, *Fax (0 58) 52 27 90* – rest
Pâques-sept. et vacances scolaires – **Repas** (résidents seult) – **28 ch** 2200/2600 – ½ P 1750/1900. C b

Penel, Koninklijke Baan 157, ☎ (0 58) 51 73 23, *Fax (0 58) 51 02 03* – ch C u
19 mars-14 nov. et vacances scolaires – **Repas** Lunch 425 – 975/1500 – **11 ch** 2400/3500 – ½ P 2000/2950.

Host. Le Régent avec ch, A. Bliecklaan 10, ☎ (0 58) 51 12 10, *Fax (0 58) 51 66 47*, – rest, C f
fermé du 6 au 28 oct. et dim. soir et lundi sauf vacances scolaires – **Repas** 1295/2450 – **10 ch** 3000/4000 – ½ P 2300/2475.

Bel-Air, Koninklijke Baan 95, ☎ (0 58) 51 77 05, *Fax (0 58) 51 16 93*, – C p
fermé 22 sept.-1er oct., 11 nov.-3 déc. et merc. soir, jeudi et vend. midi sauf 15 juil.-10 août – **Repas** Lunch 1100 bc – 1800/2650 bc.

Sea Horse avec ch, Zeelaan 254, ☎ (0 58) 52 32 80, *Fax (0 58) 52 32 75* – rest, C q
fermé 20 nov.-4 déc. – **Repas** *(fermé mardi)* Lunch 850 – 980/1750 – **6 ch** 2300/2900 – ½ P 3150/3300.

Oxalis et Résid. Loxley Cottage avec ch, Lejeunelaan 12, ☎ (0 58) 52 08 79, *Fax (0 58) 51 06 34*, – C g
fermé 15 janv.-8 fév. – **Repas** *(fermé jeudi)* Lunch 750 – carte 1500 à 1900 – **7 ch** 2400/3000 – ½ P 2200/2300.

La Charmette, Zeelaan 196, ☎ (0 58) 51 44 70, *Fax (0 58) 52 05 30* –
fermé mars et merc. et jeudi sauf en juil.-août – **Repas** 1500 bc. C d

De Huifkar, Markt 8, ☎ (0 58) 51 16 68, *Fax (0 58) 52 45 71*, – C n
fermé lundi, vend. midi et 15 janv.-15 fév. – **Repas** carte 900 à 1850.

à Sint-Idesbald *Koksijde* – *8670 Koksijde.*

(Pâques-sept. et vacances scolaires) Koninklijke Baan 330, ☎ (0 58) 51 39 99 :

Soll Cress, Koninklijke Baan 225, ☎ (0 58) 51 23 32, *Fax (0 58) 51 91 32*, – rest, – 25 à 65. ch AX r
fermé du 3 au 27 oct. – **Repas** *(fermé lundi soir du 15 sept. à mai et mardi)* Lunch 395 – 850 – **40 ch** 2250/3250 – ½ P 1900/2200.

KONTICH *Antwerpen* 213 ⑥ et 909 G 2 – *voir à Antwerpen, environs.*

KORTEMARK *8610 West-Vlaanderen* 213 ② et 909 C 2 – *12 213 h.*

Bruxelles 103 – Brugge 33 – Kortrijk 38 – Oostende 34 – Lille 52.

't Fermetje, Staatsbaan 3, ☎ (0 51) 57 01 94 –
fermé merc. soir, jeudi et 2 dern. sem. août-prem. sem. sept. – **Repas** 1450 bc/2500 bc.

KORTENBERG *Vlaams-Brabant* 213 ⑲ et 909 G 3 - ㉒ N – *voir à Bruxelles, environs.*

KORTRIJK (COURTRAI) *8500 West-Vlaanderen* 213 ⑮ et 909 C 3 – *75 639 h.*

Voir *Hôtel de Ville (Stadhuis) : salle des Échevins★ (Schepenzaal), salle du Conseil★ (Oude Raadzaal)* CZ **H** – *Église Notre-Dame★ (O.L. Vrouwekerk) : statue de Ste-Catherine★, Élévation de la Croix★* DY – *Béguinage★ (Begijnhof)* DZ.

Musée : *National du Lin★ (Nationaal Vlasmuseum)* BX **M.**

St-Michielsplein 5 ☎ (0 56) 23 93 71, Fax (0 56) 23 93 72.

Bruxelles 90 ② – Brugge 51 ⑥ – Gent 45 ② – Lille 28 ⑤ – Oostende 70 ⑥.

Plans pages suivantes

Broel, Broelkaai 8, ☎ (0 56) 21 83 51, *Fax (0 56) 20 03 02*, « Intérieur cossu de caractère ancien », – 25 à 600. DY e
fermé 25 juil.-8 août – **Repas** ***Castel*** *(fermé dim. non fériés)* Lunch 795 - 1125/1795 bc – **61 ch** 4250/5750, 2 suites.

Damier, Grote Markt 41, ✆ (0 56) 22 15 47, *Fax (0 56) 22 86 31,* – ▣ ch, ☎ – 25 à 80. AE ◑ E VISA. CZ a
fermé fin juil.-début août et fin déc.-début janv. – **Repas** (dîner seult) *(fermé sam., dim. et jours fériés)* carte 1500 à 1800 – **46 ch** ☐ 3900/4600, 3 suites – ½ P 4850.

Parkhotel, Stationsplein 2, ✆ (0 56) 22 03 03, *Fax (0 56) 22 14 02,* – ▣ rest, ☎ – 25 à 80. AE ◑ E VISA CZ r
Repas ***Four Seasons*** *(fermé dim. soir et 25 juil.-13 août)* Lunch 1250 bc - 1450 bc – **72 ch** *(fermé 26 juil.-13 août)* ☐ 3500/4400.

Belfort, Grote Markt 52, ✆ (0 56) 22 22 20, *Fax (0 56) 20 13 06,* – ☎ – 40. AE ◑ E VISA CZ c
Repas carte 850 à 1550 – **29 ch** ☐ 3200 – ½ P 2100/3000.

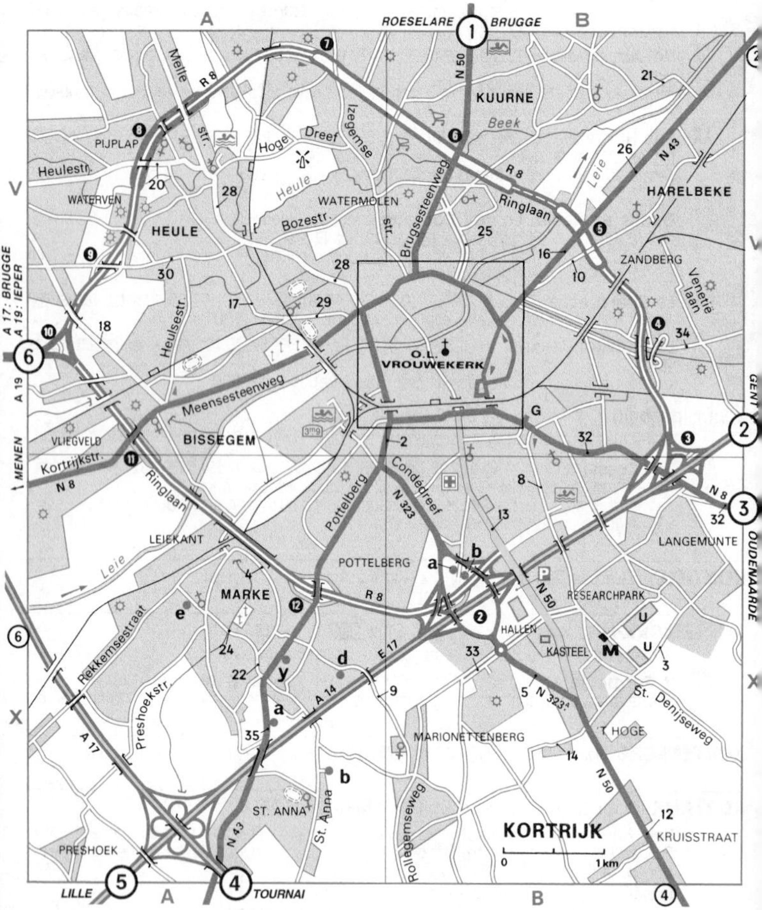

Aalbeeksesteenweg ..... ABV 2
Ambassadeur Baertlaan .. BX 3
Baliestraat .... AX 4
Beneluxlaan .... BX 5
Burgemeester Gillonlaan .... BX 8
Cannaertstraat .... ABX 9
Deerlijksestraat ...... BV 10
Doornikserijksweg ..... BX 12
Doorniksesteenweg ..... BX 13
Elleboogstraat .... BX 14
Gentsesteenweg .... BY 16
Guido Gezellelaan ..... AV 17
Gullegemsesteenweg .... AV 18
Gullegemsestraat ...... AV 20
Harelbeeksestraat ..... BV 21
Hellestraat .... AX 22
Kloosterstraat .... AX 24
Koning Leopold III laan .... BV 25
Kortrijksesteenweg ..... BV 26
Kortrijksestraat ...... AV 28
Moorseelsestraat ...... AV 29
Oude Ieperseweg ...... AV 30
Oudenaardsesteenweg .... BVX 32
President Kennedylaan ...... BX 33
Stasegemsesteenweg .... BV 34
Torkonjestraat .... AX 35

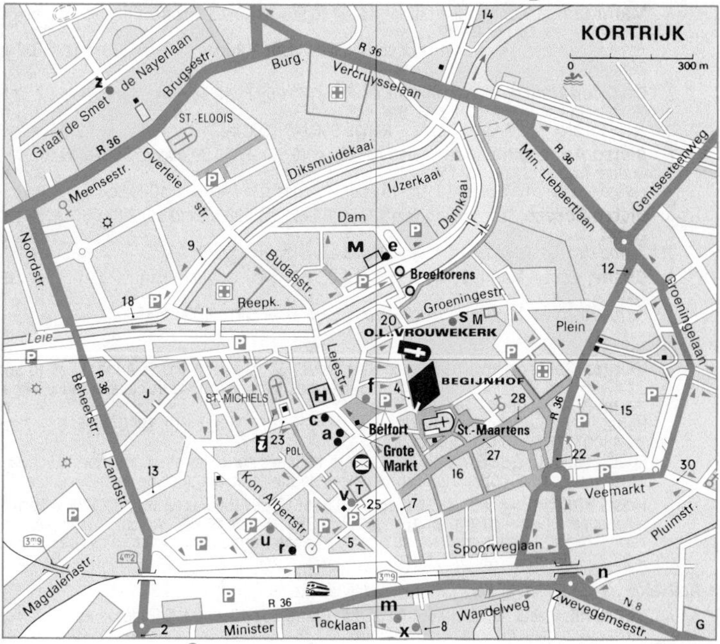

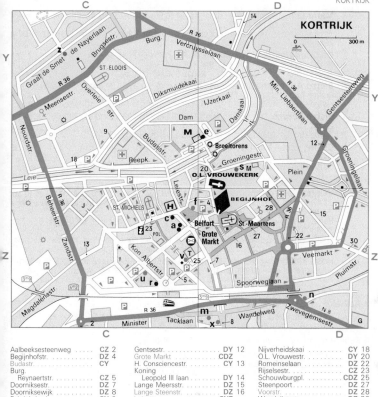

Aalbeeksesteenweg	CZ 2	Gentsestr.	DY 12	Nijverheidskaai	CY 18
Begijnhofstr.	DZ 4	Grote Markt	CDZ	O.L. Vrouwestr.	DY 20
Budastr.	CY	H. Consciencestr.	CY 13	Romeinselaan	DZ 22
Burg. Reynaertstr.	CZ 5	Koning Leopold III laan	DY 14	Rijselsestr.	CZ 23
Doorniksestr.	DZ 7	Lange Meersstr.	DZ 15	Schouwburgpl.	CDZ 25
Doorniksewijk	DZ 8	Lange Steenstr.	DZ 16	Steenpoort	DZ 27
Fabriekskaai	CY 9	Leiestr.	CYZ	Voorstr.	DZ 28
				Wandelingstr.	DZ 30

Center Broel, Graanmarkt 6, ☎ (0 56) 21 97 21, *Fax (0 56) 20 03 66*, rest, TV ☎. AE ⓓ E VISA — CZ a
fermé 2 dern. sem. janv. – **Repas** (Taverne-rest) Lunch 495 – 1085 – 295 – **26 ch** 1700/2500 – ½ P 1890/2040.

XXX ✿ **St.-Christophe** (Pélissier), Minister Tacklaan 5, ☎ (0 56) 20 03 37, *Fax (0 56) 20 01 95*, « Ancienne demeure bourgeoise avec terrasse ombragée » – AE ⓓ E VISA — DZ m
fermé dim., lundi, 2 sem. en fév. et 3 sem. en août – **Repas** Lunch 1500 – 3000 bc/3500, carte 2300 à 3000
Spéc. Queues de langoustines et witlof aux épices douces. Filet de cabillaud au jus de viande. Soupe de céleri-rave à la truffe noire.

XX **Boerenhof,** Walle 184, ☎ (0 56) 21 31 72, *Fax (0 56) 21 31 72*, « Fermette » – ℗. AE E VISA — BX a
fermé dim. soir, lundi soir, mardi, 2 sem. en fév. et 21 juil.-16 août – **Repas** Lunch 1350 bc – 2300 bc.

XX **Oud Walle,** Walle 199, ☎ (0 56) 22 65 53, « Rustique » – E VISA — BX b
fermé dim. soir, lundi, jeudi soir, 2 sem. Pâques, 2 prem. sem. sept. et après 20 h 30 – **Repas** Lunch 1950 bc – 1600.

XX **Akkerwinde,** Doorniksewijk 12, ☎ (0 56) 22 82 33, « Maison bourgeoise fin 19e s. » – AE E VISA — DZ x
fermé merc., jeudi soir, sam. midi, 2 sem. avant Pâques et 18 juil.-20 août – **Repas** Lunch 1250 bc – 1850.

XX **'t Waaihof** 1er étage, Graaf de Smet de Naeyerlaan 18, ☎ (0 56) 35 05 40, *Fax (0 56) 37 21 75* – ℗ – 25 à 350. E VISA — CY z
fermé du 13 au 18 fév., 21 juil.-15 août et lundi – **Repas** (déjeuner seult) Lunch 1050 – 1400.

XX **Mamma Mia,** Koning Albertstraat 13, ✆ (0 56) 20 02 92, *Fax (0 56) 25 90 93*, Cuisine italienne – ▤. AE ⓓ E VISA CZ u
fermé lundi soir, mardi, sam. midi et 17 juil.-10 août – **Repas** *Lunch 995 bc* – carte 1350 à 2600.

X **De Open Haard,** Zwevegemsestraat 65, ✆ (0 56) 21 19 33, *Fax (0 56) 25 93 82*, Grillades, « Rustique » – AE ⓓ E VISA DZ n
fermé mardi et 21 juil.-14 août – **Repas** 900 bc/1500 bc.

X **Bistro Aubergine,** Groeningestraat 16, ✆ (0 56) 25 79 80, *Fax (0 56) 20 18 97*, 🍽, Ouvert jusqu'à 23 h – E VISA DY s
fermé lundi, sam. midi et 21 juil.-15 août – **Repas** *Lunch 450 bc* – 1000 bc.

X **Bistro Botero,** Schouwburgplein 12, ✆ (0 56) 21 11 24, *Fax (0 56) 21 33 67*, 🍽 – ▤. E VISA CZ v
fermé dim., jours fériés et août – **Repas** *Lunch 450* – 1000/2000.

X **César,** Grote Markt 2, ✆ (0 56) 22 22 60, 🍽, Ouvert jusqu'à 23 h – ▤. E VISA CZ f
fermé mardi et 21 juil.-15 août – **Repas** *Lunch 475* – carte 1000 à 1500.

au Sud :

XXX ✿ **Village Gastronomique** (Vandekerckhove) Ⓜ avec ch, St-Anna 5, ✆ (0 56) 22 47 56, *Fax (0 56) 22 71 70*, 🍽, « Serre avec jardin exotique et pièce d'eau », – TV ☎ P – 25. AE ⓓ E VISA AX b
Repas *(fermé dim. soir et lundi) Lunch 2600 bc* – 3550 bc, carte 2800 à 3500 – **7 ch** ☕ 4500/4750 – ½ P 7000/10000
Spéc. Chaud-froid de foie d'oie Modern Art. Pommes nouvelles et langoustines au caviar, sauce mousseline. Côtes d'agneau persillées de basilic et bouquet de jeunes légumes.

XXX **Host. Klokhof** Ⓜ avec ch, St-Anna 2, ✆ (0 56) 22 97 04, *Fax (0 56) 25 73 25*, « Ferme aménagée », – ▤ TV ☎ P – 25 à 250. AE ⓓ E VISA. ✂ ch AX a
fermé 24 juil.-13 août et du 1er au 6 janv. – **Repas** *(fermé dim. soir et lundi) Lunch 1450 bc* – 2250 – **10 ch** ☕ 3500/3750.

à Aalbeke *par ⑤ : 7 km* Ⓒ *Kortrijk* – ✉ *8511 Aalbeke* :

X **St-Cornil,** Plaats 15, ✆ (0 56) 41 35 23, *Fax (0 56) 40 29 09*, Grillades – ▤
fermé sam., dim. et août – **Repas** 1100 bc.

à Bellegem *par ④ : 5 km* Ⓒ *Kortrijk* – ✉ *8510 Bellegem* :

Troopeird, Doornikserijksweg 74, ✆ (0 56) 22 26 85, *Fax (0 56) 22 33 63*, 🍽, – TV ☎ P. E VISA
fermé 20 déc.-10 janv. – **Repas** (dîner seult) *(fermé week-end)* 995/1095 – **14 ch** ☕ 2400/3200 – ½ P 2300/3195.

à Kuurne *par ① : 3,5 km – 12 909 h.* – ✉ *8520 Kuurne* :

XX **Bourgondisch Kruis,** Brugsesteenweg 400, ✆ (0 56) 70 24 55, *Fax (0 56) 70 56 65* – ▤ P. AE ⓓ E VISA
fermé mardi soir, merc., dim. soir, dern. sem. mars et 2 prem. sem. sept. – **Repas** *Lunch 1190* – 2450 bc.

à Marke Ⓒ *Kortrijk* – ✉ *8510 Marke* :

XXXX **Marquette** avec ch, Kannaertstraat 45, ✆ (0 56) 20 18 16, *Fax (0 56) 20 14 37*, 🍽, « Collection de vins à vue en caveau », – TV ☎ P – 30. AE ⓓ E VISA AX d
fermé 25 juil.-22 août – **Repas** *(fermé sam. midi et dim.) Lunch 1925 bc* – carte env. 2800 – **10 ch** ☕ 3250/4250.

XX **Ten Beukel,** Markekerkstraat 19, ✆ (0 56) 21 54 69, *Fax (0 56) 22 52 90* – AE ⓓ E VISA AX e
fermé dim. soir, lundi, sem. carnaval et 16 août-8 sept. – **Repas** *Lunch 1500 bc* – 1740/2200.

X **Het Vliegende Tapijt,** Pottelberg 189, ✆ (0 56) 22 27 45, *Fax (0 56) 25 85 66* – P
fermé dim., lundi, sem. carnaval et 26 juil.-17 août – **Repas** 1250 bc. AX y

Voir aussi : **Wevelgem** *par N 8 (AX) : 6,5 km*, **Zwevegem** *par N 8 (BX) : 5 km*

KRAAINEM *Vlaams-Brabant* 213 ⑲ et 909 G 3 - ㉒ N – *voir à Bruxelles, environs.*

KRUIBEKE *9150 Oost-Vlaanderen* 213 ⑥ et 909 F 2 - ⑧ S – *14 370 h.*
Bruxelles 49 – Gent 53 – Antwerpen 12 – Sint-Niklaas 19.

XX **De Ceder,** Molenstraat 1, ✆ (0 3) 774 30 52, *Fax (0 3) 774 30 52*, 🍽, « Jardin d'hiver » – ▤ P. AE ⓓ E VISA. ✂
fermé dim. soir, lundi, 1 sem. carnaval et 3 dern. sem. juil. – **Repas** *Lunch 1175* – 950/1880.

KRUISHOUTEM *9770 Oost-Vlaanderen* 213 ⑯ et 909 D 3 – *7 769 h.*

Bruxelles 73 – Gent 28 – Kortrijk 23 – Oudenaarde 9.

XXX ✿✿ **Hof van Cleve** (Goossens), Riemegemstraat 1 (près N 459, autoroute E 17 - A 14, sortie ⑥), ☎ (0 9) 383 58 48, *Fax (0 9) 383 77 25*, ≤, 余, « Fermette au milieu des champs » – P. AE ⓓ E VISA. ✂
fermé dim., lundi, 1 sem. Pâques, 3 sem. en août et fin déc.-début janv. – **Repas** Lunch 1850 – 2450/3750, carte 2500 à 3350
Spéc. Ravioli ouvert de girolles et joue de bœuf braisée, sabayon à l'estragon. Pigeonneau au lard croustillant, parmentière aux truffes et Banyuls. Moelleux au chocolat, coulis de griottes et glace au thé vert.

KUURNE *West-Vlaanderen* 213 ⑮ et 909 C 3 – *voir à Kortrijk.*

La – *voir au nom propre.*

LAARNE *9270 Oost-Vlaanderen* 213 ⑤ et 909 E 2 – *11 622 h.*

Voir *Château★ : collection d'argenterie★.*

Bruxelles 51 – Gent 13 – Aalst 29.

XX **Dennenhof,** Eekhoekstraat 62, ☎ (0 9) 230 09 56, *Fax (0 9) 231 23 96*, 余 – P. AE E VISA
fermé du 8 au 15 mars, 19 juil.-9 août, lundi et jeudi soir – **Repas** Lunch 1195 – 1395/2200.

XX **Gasthof van het Kasteel,** Eekhoekstraat 7 (dans les dépendances du château), ☎ (0 9) 230 71 78, *Fax (0 9) 230 33 05*, 余, « Terrasse avec ≤ château du 14e s. » – P. AE ⓓ E VISA
fermé lundi, mardi et 3 dern. sem. juil. – **Repas** 1675 bc/2325 bc.

LACUISINE *Luxembourg belge* 214 ⑯ et 909 I 6 – *voir à Florenville.*

LAETHEM-ST-MARTIN *Oost-Vlaanderen* 213 ④ et 909 D 2 – *voir Sint-Martens-Latem.*

LAFORET *Luxembourg belge* 214 ⑮ – *voir à Vresse-sur-Semois.*

LANAKEN *3620 Limburg* 213 ⑩ et 909 J 3 – *22 246 h.*

ℹ *Jan Rosierlaan 28 ☎ (0 89) 72 24 67, Fax (0 89) 72 25 30.*

Bruxelles 108 – Maastricht 8 – Hasselt 29 – Liège 34.

🏨 **Eurotel,** Koning Albertlaan 264 (N : 2 km sur N 78), ☎ (0 89) 72 28 22, *Fax (0 89) 72 28 24*, 余, Fö, ≘s, ⊠ – |‡| ⊡ ☎ P – 🔏 25 à 140. AE ⓓ E VISA. ✂
Repas *Arte (fermé sam. midi)* Lunch 750 - 1450/1750 – **75 ch** ☐ 2500/4100 – ½ P 3250/4150.

🏨 **Slot Pietersheim** ⛰, Waterstraat 54, ☎ (0 89) 71 03 60, *Fax (0 89) 71 40 94*, ≤, 余, « Ancienne demeure sur parc public » – |‡| ⊡ ☎ P – 🔏 25 à 40. AE ⓓ E VISA. ✂
Repas carte 1700 à 2000 – **10 ch** ☐ 2780/3780 – ½ P 2650.

XX **Kokanje,** Stationsstraat 218, ☎ (0 89) 71 62 57, *Fax (0 89) 71 62 57*, 余 – AE ⓓ E VISA. ✂
fermé mardi et sam. midi – **Repas** 1195/1695.

à Neerharen *N : 3 km sur N 78* C *Lanaken* – ✉ *3620 Neerharen :*

🏨 **Host. La Butte aux Bois** ⛰, Paalsteenlaan 90, ☎ (0 89) 72 12 86, *Fax (0 89) 72 16 47*, 余, « Environnement boisé », ≘s, ⊠, ⛱ – |‡| ⊡ ☎ P – 🔏 25 à 350. AE ⓓ E VISA
Repas Lunch 1150 – 1250/1950 – ☐ 600 – **38 ch** 3400/6400, 1 suite.

à Rekem *N : 6 km sur N 78* C *Lanaken* – ✉ *3621 Rekem :*

X **Vogelsanck,** Steenweg 282, ☎ (0 89) 71 72 50 – ▤ P. E VISA
fermé mardi, sam. midi, 1 sem. en juil. et 1 sem. en sept. – **Repas** Lunch 395 – carte 1200 à 1600.

à Veldwezelt *S : 4 km sur N 78* C *Lanaken* – ✉ *3620 Veldwezelt :*

XX **'t Winhof,** Heserstraat 22, ☎ (0 89) 71 57 00, *Fax (0 89) 71 57 00*, « Fermette » – P. AE ⓓ E VISA. ✂
fermé lundi, mardi et 2 sem. en sept..

LANGDORP *Vlaams-Brabant* 213 ⑧ et 909 H 3 – *voir à Aarschot.*

LASNE *1380 Brabant Wallon* 213 ⑲ et 909 G 3 – *13 528 h.*

(2 parcours) *à Ohain N : 1 km, Vieux Chemin de Wavre 50 ☎ (0 2) 633 18 50, Fax (0 2) 633 28 66.*

Bruxelles 26 – Charleroi 41 – Mons 54 – Nivelles 20.

X **Le Four à Pain,** r. Genleau 70, ☎ (0 2) 633 13 70, *Fax (0 2) 633 13 70,* , « Auberge » – P. AE E VISA

fermé lundi, mardi, sem. carnaval, 15 juil.-5 sept. et Noël-Nouvel An – **Repas** carte env. 1000.

à Plancenoit *SO : 5 km* C *Lasne* – ✉ *1380 Plancenoit :*

XX **Le Vert d'Eau,** r. Bachée 131, ☎ (0 2) 633 54 52, – AE E VISA

fermé lundi soir, mardi, sam. midi, 2 sem. carnaval et 2 sem. en sept. – **Repas** Lunch 460 – 895/1195.

LATOUR *Luxembourg belge* 214 ⑪ et 909 J 7 – *voir à Virton.*

LAUWE *8930 West-Vlaanderen* C *Menen 32 201 h.* 213 ⑮ et 909 C 3.

Bruxelles 100 – Kortrijk 7 – Lille 22.

XXX **'t Hoveke,** Larstraat 206, ☎ (0 56) 41 35 84, *Fax (0 56) 41 55 11,* , « Ferme du 18e s. entourée de douves » – P. AE O E VISA

fermé dim. soir, lundi soir, mardi, 9 août-4 sept. et du 5 au 13 janv. – **Repas** Lunch 1650 – carte 1850 à 2450.

XXX **Ter Biest,** Lauwbergstraat 237, ☎ (0 56) 41 47 49, *Fax (0 56) 42 13 86,* , « Cadre champêtre » – P. AE O E VISA

fermé mardi soir, merc., dim. soir, sem. carnaval et du 1er au 10 août – **Repas** Lunch 1400 bc – carte env. 1800.

XX **de Mangerie,** Wevelgemsestraat 37, ☎ (0 56) 42 00 75, *Fax (0 56) 42 42 62,* – O E VISA.

fermé sam. midi, dim. soir, lundi, 2e quinz. fév. et 2 dern. sem. août – **Repas** Lunch 995 bc – 1150/1650.

LAVAUX-SAINTE-ANNE *5580 Namur* C *Rochefort 11 639 h.* 214 ⑥ et 909 I 5.

Bruxelles 112 – Dinant 34 – Namur 50 – Rochefort 16.

Maison Lemonnier , r. Baronne Lemonnier 82, ☎ (0 84) 38 72 17, *Fax (0 84) 38 72 20,* « En Famenne, au centre du village », – TV ☎ P. AE O E VISA

fermé lundi, mardi, 25 mai-3 juin, 22 août-2 sept. et du 13 au 31 déc. – **Repas** voir rest ***du Château*** ci-après – 350 – **8 ch** 3500/4500.

XXX **du Château** (Martin) - H. Maison Lemonnier r. Château 10, ☎ (0 84) 38 88 83, *Fax (0 84) 38 88 95,* , « Dans dépendances du 17e s. » – P. AE O E VISA

fermé lundi, mardi, 25 mai-3 juin, 22 août-2 sept. et du 13 au 31 déc. – **Repas** Lunch 1000 – 1775/1985, carte 2000 à 3150

Spéc. L'œuf cassé aux asperges et morilles (mai). Mille-feuille de langoustines royales. Croustillant de pied de porc aux trompettes de la mort.

Le – *voir au nom propre.*

LEBBEKE *9280 Oost-Vlaanderen* 213 ⑤ ⑥ et 909 F 3 – *17 168 h.*

Bruxelles 25 – Antwerpen 41 – Gent 37.

XX **Rembrandt,** Laurierstraat 6, ☎ (0 52) 41 04 09, *Fax (0 52) 41 45 75* – AE O E VISA

fermé lundi soir, mardi et 3 dern. sem. juil. – **Repas** 1750/2000.

LEISELE *8691 West-Vlaanderen* C *Alveringem 4 744 h.* 213 ① et 909 A 3.

Bruxelles 143 – Brugge 67 – Ieper 27 – Oostende 45 – Veurne 20.

De Zoeten Inval , Lostraat 7, ☎ (0 58) 29 99 64, *Fax (0 58) 29 80 55,* , « Cadre champêtre », – ch, TV ☎ P. AE O E VISA.

fermé du 15 au 30 nov. et janv. – **Repas** (d'oct. à mars ouvert week-end seult) 1250 – **6 ch** 1800/3500 – ½ P 2000/2500.

LEMBEKE *9971 Oost-Vlaanderen* C *Kaprijke 6 202 h.* 213 ④ et 909 D 2.

Bruxelles 75 – Antwerpen 63 – Brugge 35 – Gent 20.

Host. Ter Heide , Tragelstraat 2, ☎ (0 9) 377 19 23, *Fax (0 9) 377 51 34,* , « Terrasse et jardin » – TV ☎ P – 25 à 100. AE O E VISA.

fermé du 24 au 31 déc. – **Repas** *(fermé lundi)* Lunch 985 bc – carte env. 1700 – 450 – **9 ch** 3250/3500 – ½ P 3250.

LENS *7870 Hainaut* 213 ⑰ et 909 E 4 – *3 800 h.*

Bruxelles 55 – Mons 13 – Ath 13.

XX **Aub. de Lens** avec ch, r. Calvaire 23 (NO : 1,5 km), ☎ (0 65) 22 90 41, ≤, « Terrasse et jardin » – TV P. E VISA. ✻
fermé 14 déc.-11 janv. – **Repas** *(fermé dim. soir et lundi)* Lunch 595 – carte 850 à 1700 – ☕ 200 – **6 ch** 1400/1900 – ½ P 1745/2195.

Si vous cherchez un hôtel tranquille ou isolé, consultez d'abord les cartes de l'introduction ou repérez dans le texte les établissements indiqués avec le signe 🐎 *ou* 🐎

LEOPOLDSBURG (BOURG-LÉOPOLD) *3970 Limburg* 213 ⑨ et 909 I 2 – *13 748 h.*

Bruxelles 83 – Antwerpen 64 – Eindhoven 44 – Liège 71 – Maastricht 59

XX **'t Merenhuys,** Vander Elststraat 22, ☎ (0 11) 34 53 91, *Fax (0 11) 34 53 91* – AE ⓓ E VISA
fermé lundi, mardi, merc., 3 sem. en sept. et Noël et Nouvel An – **Repas** Lunch 350 – carte env. 1300.

LESSINES (LESSEN) *7860 Hainaut* 213 ⑰ et 909 E 3 – *16 692 h.*

Voir *N.-D.-à la Rose★.*

ℹ *Grand'Place 11 ☎ (0 68) 33 36 90, Fax (0 68) 33 36 90.*

Bruxelles 57 – Mons 35 – Aalst 35 – Gent 49 – Tournai 45.

X **Le Napoléon,** r. Lenoir Scaillet 25, ☎ (0 68) 33 39 39 – ⓓ E VISA
fermé merc., 16 août-8 sept. et du 21 au 31 janv. – **Repas** (déjeuner seult sauf sam.) 825.

LEUVEN (LOUVAIN) *3000* P *Vlaams-Brabant* 213 ⑦ ⑲ et 909 H 3 – *87 789 h.*

Voir *Hôtel de Ville★★★ (Stadhuis)* BYZ **H** – *Collégiale St-Pierre★ (St-Pieterskerk) : musée d'Art religieux★★, Cène★★, Tabernacle★, Tête de Christ★, Jubé★* BY **A** – *Grand béguinage★★ (Groot Begijnhof)* BZ – *Plafonds★ de l'Abbaye du Parc (Abdij van't Park)* DZ **B** – *Façade★ de l'église St-Michel (St-Michielskerk)* BZ **C.**

Musée : *communal Vander Kelen - Mertens★ (Stedelijk Museum)* BY **M.**

Env. *Korbeek-Dijle : retable★ de l'église St-Barthélemy (St-Batholomeüskerk) par N 253 : 7 km* DZ.

⛳9 *à Duisburg SO : 15 km, Hertswegenstraat 59 ☎ (0 2) 769 45 82, Fax (0 2) 767 97 52* – ⛳18 *à Sint-Joris-Winge par ② : 13 km, Leuvensesteenweg 206, ☎ (0 16) 63 40 53, Fax (0 16) 63 21 40.*

ℹ *L. Vanderkelenstraat 30 ☎ (0 16) 21 15 39, Fax (0 16) 21 15 49 – Fédération provinciale de tourisme, Diestsesteenweg 52, ✉ 3010 Kessel-Lo, ☎ (0 16) 26 76 20, Fax (0 16) 26 76 76.*

Bruxelles 26 ⑥ – Antwerpen 48 ⑨ – Liège 74 ④ – Namur 53 ⑤ – Turnhout 60 ①.

Plans pages suivantes

Begijnhof sans rest, Tervuursevest 70, ☎ (0 16) 29 10 10, *Fax (0 16) 29 10 22,* Fø, ≘s, 🌳 – |‡| TV ☎ P. AE ⓓ E VISA. ✻ BZ g
63 ch ☕ 4900/5400, 4 suites.

Holiday Inn Garden Court, A. Smetsplein 7, ☎ (0 16) 31 16 00, *Fax (0 16) 31 16 01* – |‡| ⇹ ▤ TV ☎ ♿ 🚗 – 🎤 25 à 55. AE ⓓ E VISA JCB BZ a
Repas Lunch 850 – carte 900 à 1450 – ☕ 500 – **100 ch** 4700 – ½ P 3200/3700.

Binnenhof sans rest, Maria-Theresiastraat 65, ☎ (0 16) 20 55 92, *Fax (0 16) 23 69 26* – |‡| TV ☎ P – 🎤 25 à 50. AE ⓓ E VISA. ✻ CY a
54 ch ☕ 3400/4050.

New Damshire M sans rest, Pater Damiaanplein-Schapenstraat 1, ☎ (0 16) 23 21 15, *Fax (0 16) 23 32 08* – |‡| ⇹ TV ☎ P. AE ⓓ E VISA. ✻ BZ m
fermé 24 déc.-1er janv. – **22 ch** ☕ 3400/4650.

Ibis sans rest, Brusselsestraat 52, ☎ (0 16) 29 31 11, *Fax (0 16) 23 87 92* – |‡| ⇹ TV ☎ ♿ P. AE ⓓ E VISA JCB BY b
☕ 300 – **71 ch** 3150/3500.

XXX **Sire Pynnock** (Fol), Hogeschoolplein 10, ☎ (0 16) 20 25 32, *Fax (0 16) 20 11 26* – P – 🎤 30. AE ⓓ E VISA. ✻ BZ n
✿ *fermé sam. midi, dim. soir, lundi et 3 sem. en août* – **Repas** Lunch 1450 – 1950/3450 bc, carte env. 2300
Spéc. Duo de homard et foie d'oie aux raisins blancs. Perdrix légèrement fumée aux scaroles et witlof. Loup à la vapeur d'algues et huîtres de Zélande, beurre citronné.

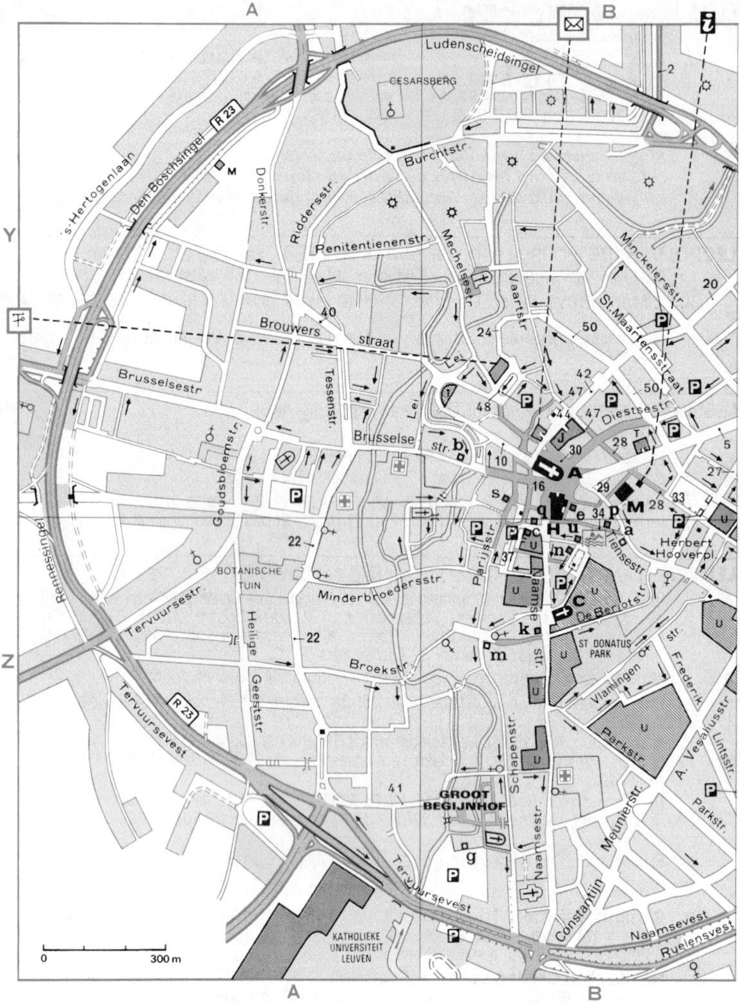

XXX **Belle Epoque** (Tubee), Bondgenotenlaan 94, ✆ (0 16) 22 33 89, *Fax (0 16) 22 37 42*, ✿ – AE ⓓ E VISA CY d
fermé dim., lundi, sem. carnaval, 19 juil.-11 août et Noël-Nouvel An – **Repas** *Lunch 1050* – 1850/2250, carte 2200 à 2800
Spéc. St-Jacques à la vapeur, chicons et croûtons au curry léger (oct.-15 avril). Filet de chevreuil à la crème de céleri-rave et champignons des bois (sept.-10 déc.). Pigeon de Bresse à l'essence de truffes.

XX **Ming Dynasty,** Oude Markt 9, ✆ (0 16) 29 20 20, *Fax (0 16) 29 44 04*, Cuisine chinoise, ouvert jusqu'à 23 h – AE ⓓ E VISA BYZ c
fermé mardi – **Repas** *Lunch 750* – 980/1650.

XX **Ramberg Hof,** Naamsestraat 60, ✆ (0 16) 29 32 72, *Fax (0 16) 20 10 90*, « Jardin d'hiver » – AE E VISA. BZ k
fermé dim. soir et lundi – **Repas** *Lunch 760* – carte env. 1500.

XX **Dumont,** Hogeschoolplein 15, ✆ (0 16) 23 75 75, *Fax (0 16) 20 76 20* – AE ⓓ E VISA. BZ u
fermé sam. midi, dim. et lundi soir – **Repas** 950/1750.

LEUVEN

Aarschotsesteenweg	BY	2
Bierbeekpleindreef	DZ	3
Bondgenotenlaan	BCY	5
Borstelstr.	DZ	6
Brusselsestr.	AY	
Celestijnenlaan	DZ	8
Diestsesteenweg	DZ	9
Dirkboutslaan	BY	10
Eenmeilaan	DZ	11
Geldenaaksebaan	DZ	15
Grote Markt	BY	16
Grote Molenweg	DZ	18
Holsbeek-sesteenweg	DZ	19
Jean Baptiste van Monsstr.	BCY	20
Kapeldreef	DZ	21
Kapucijnenvoer	AZ	22
Kard. Mercierlaan	DZ	23
Karel v. Lotharingenstr.	BY	24
Leopoldstr. I	BY	27
Leopold Vanderkelenstr.	BY	28
Maarschalk Fochpl.	BY	29
Margarethapl.	BY	30
Martelarenpl.	CY	31
Mgr Ladeuzepl.	BY	33
Muntstr.	BY	34
Naamsesteenweg	DZ	35
Naamsestr.	BZ	
Nieuwe Mechelsesteenweg	DZ	36
Oude Markt	BZ	37
Oud Heverleestraat	DZ	38
Pakenstr.	DZ	39
Petermannenstr.	AY	40
Redingenstr.	ABZ	41
Rijschoolstr.	BY	42
Smolderspl.	BY	44
Tiensesteenweg	DZ	45
Tiensestr.	BCY	
Vaartstr.	BY	47
Vismarkt	BY	48
Vital Decosterstr.	BY	50
Waversebaan	DZ	51

Si vous cherchez un hôtel tranquille ou isolé, consultez d'abord les cartes de l'introduction ou repérez dans le texte les établissements indiqués avec le signe ⚲ ou ⚲

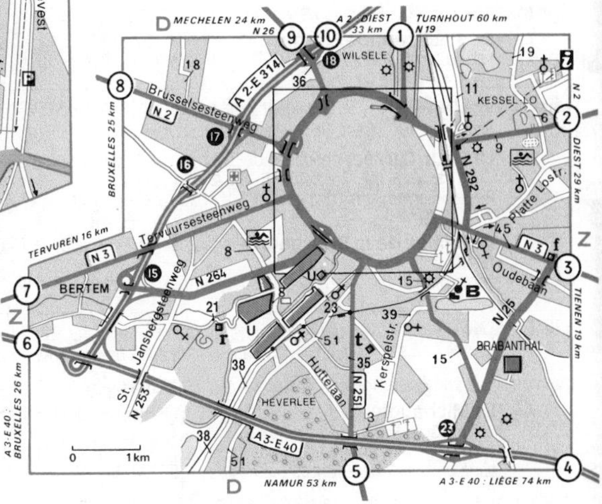

X **Beluga,** Krakenstraat 12, ✆ (0 16) 23 43 93, *Fax (0 16) 20 51 76*, Produits de la mer – ▤. AE ⓓ E VISA. ⊠ BYZ q
fermé sam. midi, dim., lundi midi, 3 prem. sem. août et fin déc. – **Repas** Lunch 995 – carte 1400 à 1750.

X **'t Zwart Schaap,** Boekhandelstraat 1, ✆ (0 16) 23 24 16, *Fax (0 16) 23 24 16* – AE E VISA. ⊠ BY e
fermé dim., lundi, jours fériés, sem. carnaval et 15 juil.-15 août – **Repas** Lunch 1000 – carte 1700 à 2100.

X **Y-Sing,** Parijsstraat 18, ✆ (0 16) 22 80 52, *Fax (0 16) 23 40 47*, Cuisine asiatique – ▤. AE ⓓ E VISA. ⊠ BY s
fermé merc. et du 1er au 21 juil. – **Repas** 700.

X **Oesterbar,** Muntstraat 23, ✆ (0 16) 20 28 38, *Fax (0 16) 20 54 84*, ☂, Produits de la mer – AE E VISA. ⊠ BYZ p
fermé dim., lundi, 2 dern. sem. sept. et dern. sem. déc. – **Repas** Lunch 885 – carte 1100 à 1950.

à Blanden *par ⑤ : 7 km* Ⓒ *Oud-Heverlee 10 443 h. – ✉ 3052 Blanden :*

XX **Meerdael,** Naamsesteenweg 90 (sur N 25), ✆ (0 16) 40 24 02, *Fax (0 16) 40 81 37*, « Terrasse ombragée et jardin » – P. AE E VISA.
fermé sam. midi, dim., lundi, Pâques, sept., Noël et Nouvel An – **Repas** Lunch 950 – 1650.

à Heverlee Ⓒ *Leuven – ✉ 3001 Heverlee :*

XXX **Arenberg,** Kapeldreef 46 (Egenhoven), ✆ (0 16) 22 47 75, *Fax (0 16) 29 40 64*, « Terrasse » – P. AE O E VISA DZ r
fermé sam. midi, dim. soir, lundi, sem. carnaval, du 12 au 29 juil. et sem. Toussaint – **Repas** Lunch 1250 – 1400/1900.

X **Den Bistro,** Hertogstraat 154, ✆ (0 16) 40 54 88 – AE E VISA. DZ t
fermé du 12 au 25 août, 23 déc.-4 janv., mardi, merc. et sam. midi – **Repas** 895.

à Kessel-Lo Ⓒ *Leuven – ✉ 3010 Kessel-Lo :*

XX **In Den Mol,** Tiensesteenweg 331, ✆ (0 16) 25 11 82, *Fax (0 16) 26 22 65*, « Rustique » – P. AE O E VISA DZ f
fermé dim. soir, lundi, mardi et août – **Repas** Lunch 950 – 1350/1850.

à Oud-Heverlee *par ⑤ : 7,5 km – 10 443 h. – ✉ 3050 Oud-Heverlee :*

XX **Spaans Dak,** Maurits Noëstraat 2 (Zoet Water), ✆ (0 16) 47 33 33, *Fax (0 16) 47 38 12*, – P. AE E VISA
fermé lundi, mardi, sem. carnaval, 22 juil.-début août et fin déc. – **Repas** Lunch 995 – 1450.

à Vaalbeek *par ⑤ : 6,5 km* Ⓒ *Oud-Heverlee 10 443 h. – ✉ 3054 Vaalbeek :*

XX **De Bibliotheek,** Gemeentestraat 12, ✆ (0 16) 40 05 58, *Fax (0 16) 40 20 69*, – P. AE O E VISA.
fermé mardi et merc. – **Repas** Lunch 795 – 1100/1795.

à Winksele *par ⑧ : 5 km* Ⓒ *Herent 18 626 h. – ✉ 3020 Winksele :*

XX **De Pachtenhoef,** Dorpsstraat 29b, ✆ (0 16) 48 85 41 – P. AE O E VISA
fermé lundi, mardi, merc. et 3 dern. sem. juin – **Repas** 1000/1800.

LEUZE-EN-HAINAUT *7900 Hainaut* 213 ⑯ et 909 D 4 – *13 088 h.*
Bruxelles 70 – Gent 56 – Mons 35 – Tournai 16.

La Cour Carrée, chaussée de Tournai 5, ✆ (0 69) 66 48 25, *Fax (0 69) 66 18 82*, – TV ☎ P – 25 à 40. AE O E VISA.
Repas *(fermé sam. midi et dim. soir)* Lunch 520 – carte env. 1100 – **9 ch** 1750/2150 – ½ P 2270.

XX **Le Châlet de la Bourgogne,** chaussée de Tournai 1, ✆ (0 69) 66 19 78 – P. AE O E VISA
fermé mardi soir, merc., jeudi soir, 2 sem. en fév. et fin juil.-début août – **Repas** 950/1300.

LIBRAMONT *6800 Luxembourg belge* Ⓒ *Libramont-Chevigny 9 202 h.* 214 ⑯ ⑰ et 909 J 6.
Bruxelles 143 – Arlon 52 – Dinant 68 – La Roche-en-Ardenne 43.

à Bras *N : 7 km* Ⓒ *Libramont-Chevigny – ✉ 6800 Bras :*

XX **La Michaudière,** Vieux Chemin 9 (Bras-Haut), ✆ (0 61) 61 23 91, *Fax (0 61) 61 31 53* – P. AE E VISA
fermé dern. sem. juin, prem. sem. sept., 2 prem. sem. janv. et dim. soirs et lundis non fériés sauf en juil.-août – **Repas** Lunch 750 bc – 950/1650.

à Recogne *SO : 1 km* Ⓒ *Libramont-Chevigny – ✉ 6800 Recogne :*

L'Amandier, av. de Bouillon 70, ✆ (0 61) 22 53 73, *Fax (0 61) 22 57 10*, – TV ☎ P – 25 à 250. AE O E VISA JCB. rest
Repas Lunch 750 – carte 900 à 1300 – **24 ch** 2150/2700 – ½ P 2250/3150.

LICHTAART *Antwerpen* 212 ⑯ et 909 H 2 – *voir à Kasterlee.*

LICHTERVELDE *West-Vlaanderen* 213 ② et 909 C 2 – *voir à Torhout.*

LIÈGE – LUIK

4000 **P** 213 ㉒ *et* 909 J 4 – ⑰ N – *189 510 h.*

Bruxelles 97 ⑨ – *Amsterdam 242* ① – *Antwerpen 119* ⑫ – *Köln 122* ② – *Luxembourg 159* ⑤ – *Maastricht 32* ①.

Plans de Liège

Agglomération .... p. 2 et 3

Liège Centre .... p. 4

Agrandissement partie centrale .... p. 5

Répertoire des rues .... p. 6

Nomenclature des hôtels et des restaurants

Ville .... p. 7 et 8

Périphérie et environs .... p. 8 et 9

OFFICES DE TOURISME

En Féronstrée 92 ☎ (04) 221 92 21, Fax (04) 221 92 22 et Gare des Guillemins ☎ (04) 252 44 19 – Fédération provinciale de tourisme, bd de la Sauvenière 77 ☎ (04) 232 65 10, Fax (04) 232 65 11.

RENSEIGNEMENTS PRATIQUES

⛳9 *r. Bernalmont 2* (BT) *☎ (04) 227 44 66, Fax (04) 227 91 92 –* ⛳18 *à Angleur par* ⑥ *: 8 km, rte du Condroz 541 ☎ (04) 336 20 21, Fax (04) 337 20 26 –* ⛳18 *à Gomzé-Andoumont par* ⑤ *: 18 km, r. Gomzé 30 ☎ (04) 360 92 07, Fax (04) 360 92 06.*

🚗 *☎ (04) 342 52 14.*

CURIOSITÉS

Voir *Citadelle* ≤★★ DW, *Parc de Cointe* ≤★ CX – *Vieille ville*★★ *: Palais des Princes-Évêques*★ *: grande cour*★★ EY, *Le perron*★ EY **A**, *Cuve baptismale*★★★ *dans l'église St-Barthélemy* FY, *Trésor*★★ *de la Cathédrale St-Paul : reliquaire de Charles le Téméraire*★★ EZ – *Église St-Jacques*★★ *: voûtes de la nef*★★ EZ – *Retable*★ *dans l'église St-Denis* EY – *Statues*★ *en bois du calvaire et Sedes Sapientiae*★ *de l'église St-Jean* EY – *Aquarium*★ FZ **D**.

Musées : *d'Art Moderne et d'Art Contemporain*★ DX **M7** – *de la Vie wallonne*★★ EY – *d'Art religieux et d'Art mosan*★ FY **M5** – *Curtius et musée du Verre*★ *(Musées d'Archéologie et d'Arts décoratifs) : Évangéliaire de Notger*★★★, *collection d'objets de verre*★ FY **M1** – *d'Armes*★ FY **M3** – *d'Ansembourg*★ FY **M2**.

Env. *Blégny-Trembleur*★★ *par* ① *: 20 km – Fonts baptismaux*★ *dans l'église*★ *de St-Séverin par* ⑥ *: 27 km. Visé par* ① *: 17 km : Châsse de St-Hadelin*★ *dans l'église collégiale.*

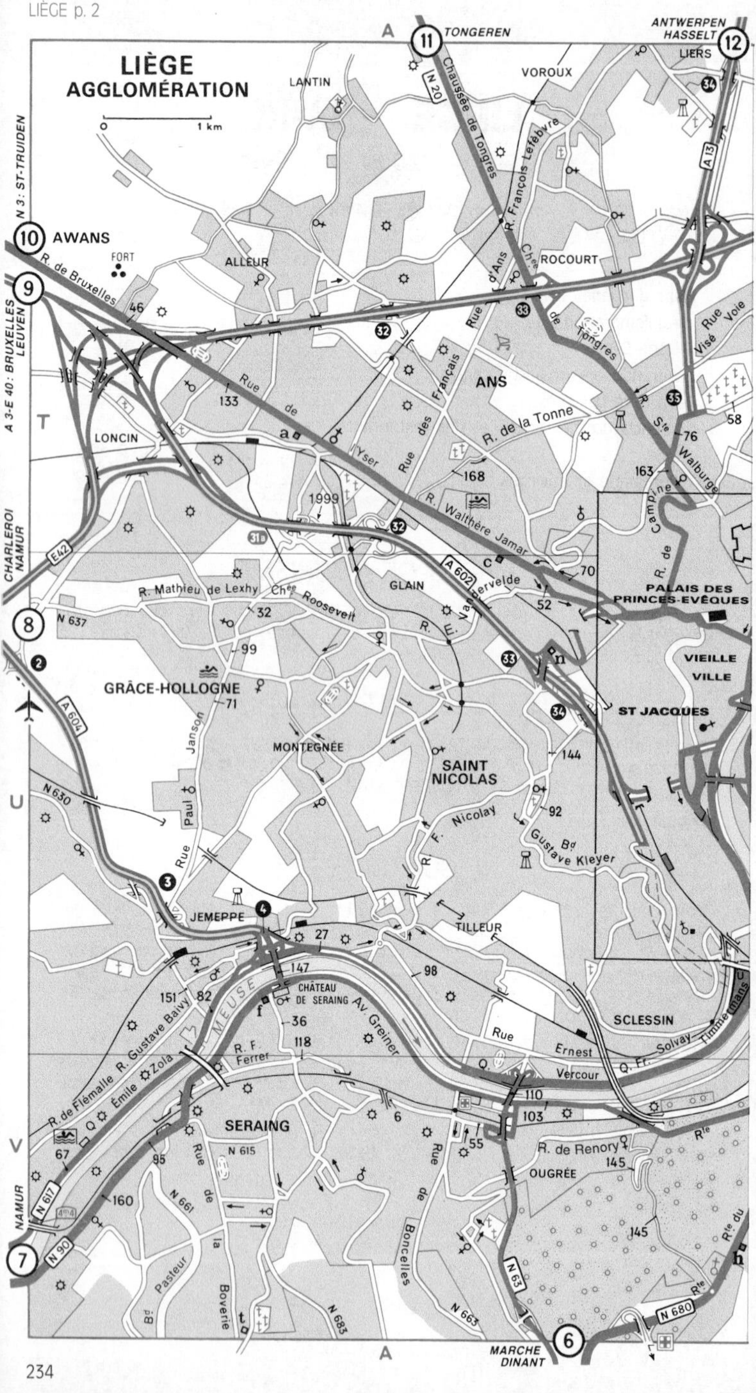
LIÈGE
AGGLOMÉRATION
0 1 km
TONGEREN
ANTWERPEN
HASSELT
LIERS
LANTIN
VOROUX
N 3: ST-TRUIDEN
AWANS
FORT
ALLEUR
ROCOURT
A 3-E 40: BRUXELLES LEUVEN
R. de Bruxelles
Chaussée de Tongres
R. François Lefebvre
Rue d'Ans
Rue des Français
Rue de l'Yser
ANS
R. de la Tonne
R. Ste Walburge
R. de Campine
LONCIN
R. Walthère Jamar
GLAIN
R. E. Vandervelde
PALAIS DES PRINCES-EVÊQUES
VIEILLE VILLE
ST JACQUES
CHARLEROI NAMUR
R. Mathieu de Lexhy
Chée Roosevelt
GRÂCE-HOLLOGNE
MONTEGNÉE
SAINT NICOLAS
Rue Paul Janson
R. F. Nicolay
Bd Gustave Kleyer
JEMEPPE
TILLEUR
CHÂTEAU DE SERAING
MEUSE
Av. Greiner
SCLESSIN
Rue Ernest Solvay
Q. Vercour
Q. Fr. Timmermans
R. de Flémalle
R. Gustave Baivy
Q. Émile Zola
R. F. Ferrer
SERAING
R. de Renory
OUGRÉE
Rue de la Boverie
Rue de Boncelles
Bd Pasteur
NAMUR
MARCHE DINANT
Rte du
A 604
A 602
A 13
E42
N 20
N 637
N 630
N 617
N 90
N 615
N 661
N 683
N 663
N 63
N 680

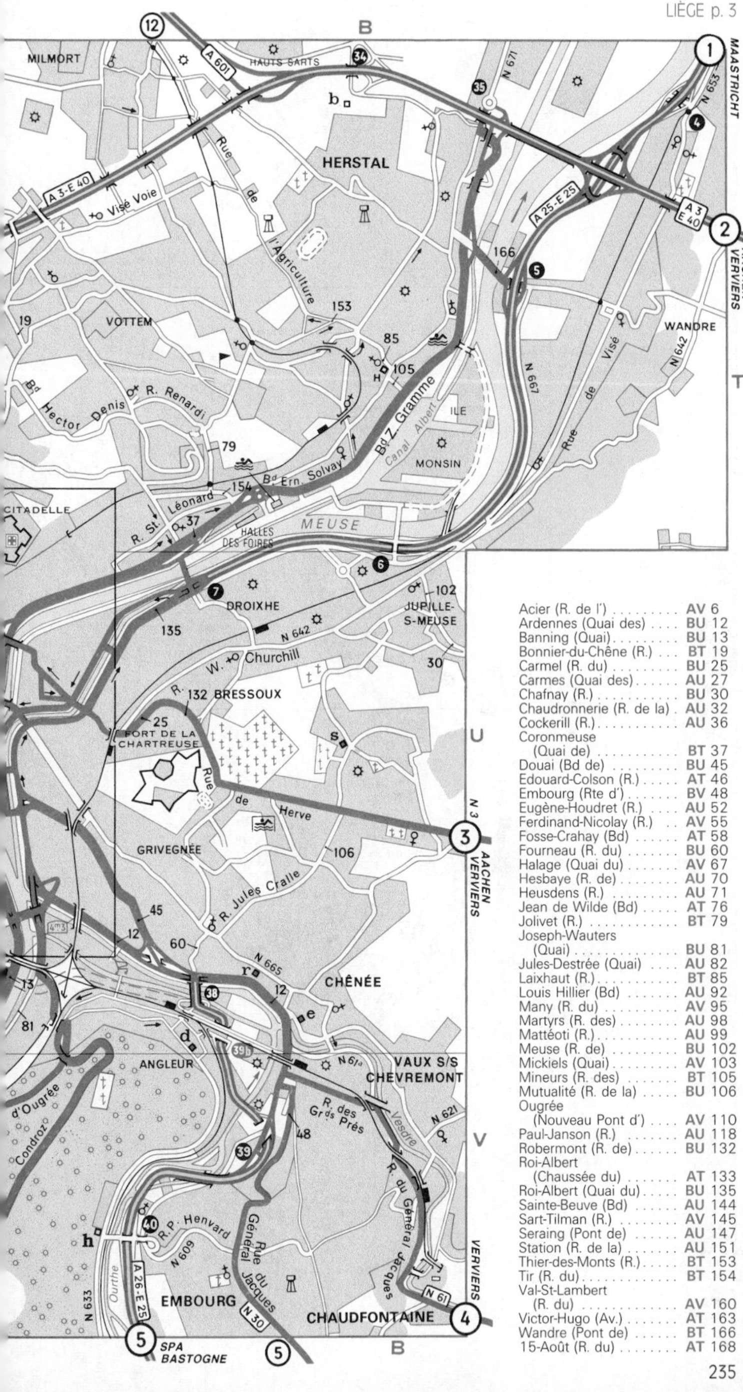

Acier (R. de l') . . . . AV 6
Ardennes (Quai des) . . . . BU 12
Banning (Quai) . . . . BU 13
Bonnier-du-Chêne (R.) . . . BT 19
Carmel (R. du) . . . . BU 25
Carmes (Quai des) . . . . . . AU 27
Chafnay (R.) . . . . BU 30
Chaudronnerie (R. de la) . AU 32
Cockerill (R.) . . . . AU 36
Coronmeuse
(Quai de) . . . . BT 37
Douai (Bd de) . . . . BU 45
Edouard-Colson (R.) . . . . . AT 46
Embourg (Rte d') . . . . BV 48
Eugène-Houdret (R.) . . . . AU 52
Ferdinand-Nicolay (R.) . . . AV 55
Fosse-Crahay (Bd) . . . . . . AT 58
Fourneau (R. du) . . . . BU 60
Halage (Quai du) . . . . AV 67
Hesbaye (R. de) . . . . AU 70
Heusdens (R.) . . . . AU 71
Jean de Wilde (Bd) . . . . . AT 76
Jolivet (R.) . . . . BT 79
Joseph-Wauters
(Quai) . . . . BU 81
Jules-Destrée (Quai) . . . . AU 82
Laixhaut (R.) . . . . BT 85
Louis Hillier (Bd) . . . . AU 92
Many (R. du) . . . . AV 95
Martyrs (R. des) . . . . AU 98
Mattéoti (R.) . . . . AU 99
Meuse (R. de) . . . . BU 102
Mickiels (Quai) . . . . AV 103
Mineurs (R. des) . . . . BT 105
Mutualité (R. de la) . . . . . BU 106
Ougrée
(Nouveau Pont d') . . . . AV 110
Paul-Janson (R.) . . . . AU 118
Robermont (R. de) . . . . . . BU 132
Roi-Albert
(Chaussée du) . . . . AT 133
Roi-Albert (Quai du) . . . . . BU 135
Sainte-Beuve (Bd) . . . . . . AU 144
Sart-Tilman (R.) . . . . AV 145
Seraing (Pont de) . . . . . . AU 147
Station (R. de la) . . . . AU 151
Thier-des-Monts (R.) . . . . . BT 153
Tir (R. du) . . . . BT 154
Val-St-Lambert
(R. du) . . . . AV 160
Victor-Hugo (Av.) . . . . AT 163
Wandre (Pont de) . . . . . . BT 166
15-Août (R. du) . . . . AT 168

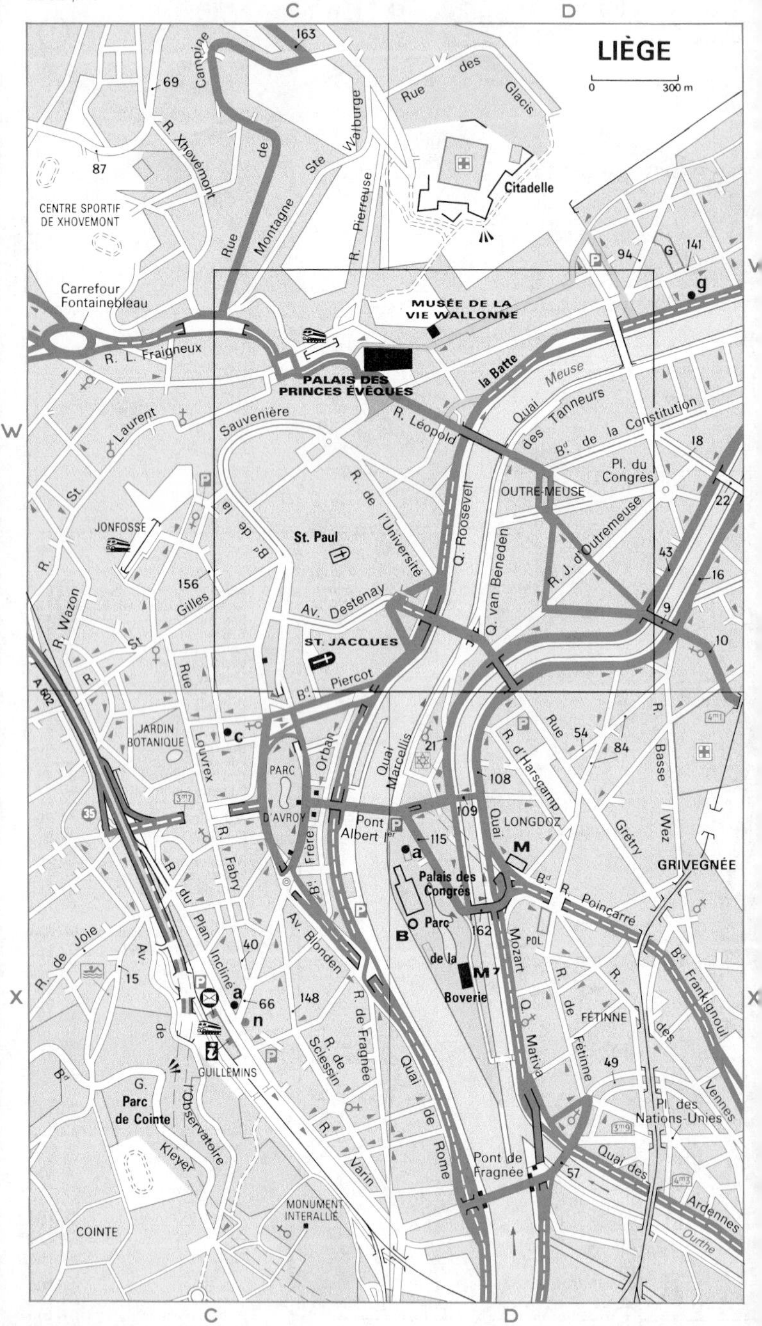
LIÈGE
0
300 m
C
D
W
X
Rue des Glacis
Citadelle
MUSÉE DE LA VIE WALLONNE
PALAIS DES PRINCES ÉVÊQUES
R. L. Fraigneux
Carrefour Fontainebleau
CENTRE SPORTIF DE XHOVEMONT
R. Xhovémont
Rue Montagne Ste Walburge
Campine
R. Pierreuse
la Batte
Meuse
Quai des Tanneurs
Bd de la Constitution
Pl. du Congrès
OUTRE-MEUSE
R. Léopold
Sauvenière
St. Laurent
R. de l'Université
St. Paul
Bd de la
Q. Roosevelt
Q. van Beneden
R. J. d'Outremeuse
JONFOSSE
R. St Gilles
R. Wazon
Av. Destenay
ST. JACQUES
Bd Piercot
A 602
JARDIN BOTANIQUE
Rue Louvrex
PARC D'AVROY
Orban
Frère
Quai Marcellis
Pont Albert Ier
Palais des Congrès
Parc de la Boverie
R. d'Harscamp
Rue Basse Wez
Grétry
LONGDOZ
GRIVEGNÉE
Bd R. Poincaré
Quai Mozart
Q. Mativa
R. de Fétinne
FÉTINNE
Bd Frankignoul
R. des Vennes
Pl. des Nations-Unies
Quai des Ardennes
Ourthe
R. Fabry
R. du Plan Incliné
Av. Blonden
R. de Fragnée
R. de Sclessin
R. Varin
Quai de Rome
Pont de Fragnée
R. de Joie
Av. de l'Observatoire
Bd G. Kleyer
Parc de Cointe
GUILLEMINS
COINTE
MONUMENT INTERALLIÉ
POL.
163
69
87
94
141
18
22
43
16
9
10
156
54
84
21
108
109
115
162
40
66
148
15
49
57
35
g
c
a
n
B
G
M
M7

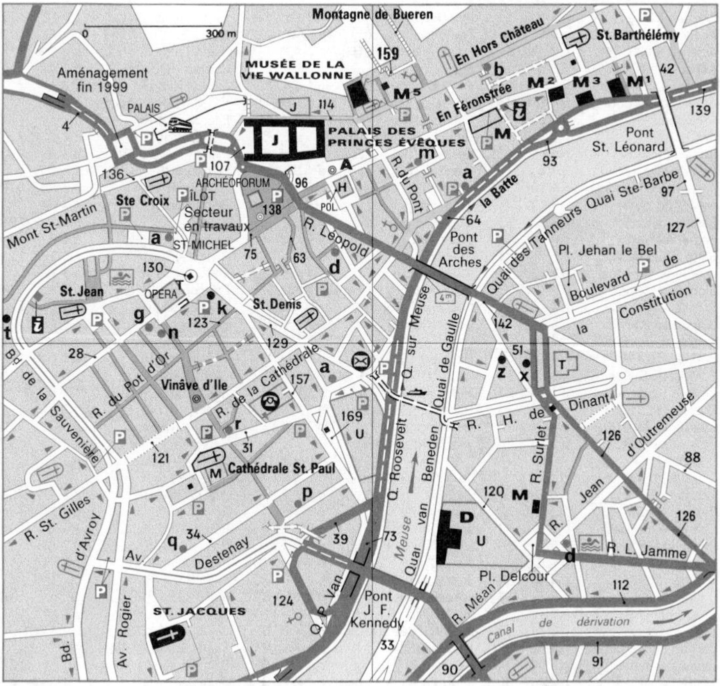

Académie (R. de l') ...... EY 4
Amercoeur (Pont d') ..... DW 9
Amercoeur (R. d') .... DW 10
Bois-l'Evêque (R.) .... CX 15
Bonaparte (Quai) .... DW 16
Bonnes-Villes (R. des) .... DW 18
Boverie (Quai de la) ..... DX 21
Bressoux (Pont de) ...... DW 22
Bruxelles (R. de) .... EY 24
Casquette (R. de la) ..... EYZ 28
Cathédrale (R. de la) ..... EZ
Charles Magnette (R.) .... EZ 31
Churchill (Quai) .... FZ 33
Clarisses (R. des) .... EZ 34
Croisiers (R. des) .... EZ 39
Dartois (R.) .... CX 40
Déportés (Pl. des) .... FY 42
Dérivation (Quai de la) ... DW 43
Emile de Laveleye (Bd) ... DX 49
En Féronstrée .... FY
Est (Bd de l') .... FYZ 51
Fer (R. du) .... DX 54
Fétinne (Pont de) .... DX 57
Georges Simenon (R.) ... FZ 61
Gérardrie (R.) .... EY 63
Goffe (Quai de la) ...... FY 64
Guillemins (R. des) ..... CX 66
Hauteurs (Bd des) ...... CW 69
van Hoegaerden (Quai) . EFZ 73
Joffre (R.) .... EY 75
Lairesse (R.) .... DX 84
Léon Philippet (Bd) ..... CW 87
Léopold (R.) .... EFY
Liberté (R. de la) .... FZ 88
Longdoz (Pont de) ...... FZ 90
Longdoz (Quai de) ...... FZ 91
Maastricht (Quai de) .... FY 93
Maghin (R.) .... DW 94
Marché (Pl. du) .... EY 96
Maréchal .... FY 97
Notger (Square) .... EY 107
Orban (Quai) .... DX 108
Orban ou de Huy (Pont d') .... DX 109
Ourthe (Quai de l') ..... FZ 112
Palais (R. du) .... EY 114
Parc (R. du) .... DX 115
Pitteurs (R. des) .... FZ 120
Pont d'Avroy (R.) .... EZ 121
Pont d'Ile .... EY 123
Prémontrés (R. des) ..... EZ 124
Puits-en-Soc (R.) .... FZ 126
Ransonnet (R.) .... FY 127
Régence (R. de la) ..... EYZ 129
Rép. Française (Pl.) ..... EY 130
Saint-Gilles (R.) .... EZ
Saint-Hubert (R.) .... EY 136
Saint-Lambert (Pl.) ...... EY 138
Saint-Léonard (Quai) .... FY 139
Saint-Léonard (R.) ...... DW 141
Saint-Pholien (R. et Pl.) .. FY 142
Serbie (R. de) .... CX 148
Trappé (R.) .... CW 156
Université (R. de l') ..... EYZ 157
Ursulines (Imp. des) ..... FY 159
Vennes (Pont des) ...... DX 162
Victor Hugo (Av.) .... CW 163
Vinâve d'Ile (R.) .... EZ
20-Août (Pl. du) .... EZ 169

Sur la route :
la signalisation routière est rédigée
dans la langue de la zone linguistique traversée.
Dans ce guide,
les localités sont classées selon leur nom officiel :
Antwerpen pour Anvers, **Mechelen** por Malines.

RÉPERTOIRE DES RUES DE LIÈGE

Abattoir (R. de l') p.3 **BT** 3
Académie (R. de l') p.5 **EY** 4
Acier (R. de l') p.2 **AV** 6
Agriculture (R. de l') p.3 **BT**
Albert Ier (Pont) p.4 **CX**
Amercoeur (Pont d') p.4 **DW** 9
Amercoeur (R. d') p.4 **DW** 10
Ans (R. d') p.2 **AT**
Arches (Pont des) p.5 **FY**
Ardenne (Voie de l') p.3 **BV**
Ardennes (Quai des) p.4 **DX**
Avroy (Bd d') p.5 **EZ**
Banning (Quai) p.3 **BU** 13
Basse Wez (R.) p.4 **DX**
Batte (Quai de la) p.5 **FY**
van Beneden (Quai) p.5 **FZ**
Blonden (Av.) p.4 **CX**
Bois-l'Evêque (R.) p.4 **CX** 15
Bonaparte (Quai) p.4 **DW** 16
Boncelles (R. de) p.2 **AV**
Bonnes-Villes (R. des) p.4 **DW** 18
Bonnier-du-Chêne (R.) p.3 **BT** 19
Boverie (Quai de la) p.4 **DX** 21
Boverie (R. de la) p.2 **AV**
Bressoux (Pont de) p.4 **DW** 22
Bruxelles (R. de) p.5 **EY** 24
Bruxelles
(R. de) (AWANS) p.2 **AT**
Campine (R. de) p.4 **CW**
Carmel (R. du) p.3 **BU** 25
Carmes (Quai des) p.2 **AU** 27
Casquette (R. de la) p.5 **EYZ** 28
Cathédrale (R. de la) p.5 **EZ**
Chafnay (R.) p.3 **BU** 30
Charles-Magnette (R.) p.5 **EZ** 31
Chaudronnerie
(R. de la) p.2 **AU** 32
Churchill (Quai) p.5 **FZ** 33
Clarisses (R. des) p.5 **EZ** 34
Cockerill (R.) p.2 **AU** 36
Condroz (Rte du) p.3 **BV**
Congrès (Pl. du) p.4 **DW**
Constitution (Bd de la) p.5 **FY**
Coronmeuse (Quai de) p.3 **BT** 37
Croisiers (R. des) p.5 **EZ** 39
Dartois (R.) p.4 **CX** 40
Delcourt (Pl.) p.5 **FZ**
Déportés (Pl. des) p.5 **FY** 42
Dérivation (Quai de la) p.4 **DW** 43
Destenay (Av.) p.5 **EZ**
Douai (Bd de) p.3 **BU** 45
Edouard-Colson (R.) p.2 **AT** 46
Embourg (Rte d') p.3 **BV** 48
Emile de Laveleye (Bd) p.4 **DX** 49
Emile Vandervelde (R.) p.2 **AU**
Emile Zola (Quai) p.2 **AV**
En Féronstrée p.5 **FY**
En Hors Château p.5 **FY**
Ernest Solvay (Bd) p.3 **BT**
Ernest Solvay (R.) p.2 **AU**
Est (Bd de l') p.5 **FYZ** 51
Eugène-Houdret (R.) p.2 **AU** 52
Fabry (R.) p.4 **CX**
Fer (R. du) p.4 **DX** 54
Ferdinand-Nicolay (R.)
(SERAING) p.2 **AV** 55
Ferdinand-Nicolay (R.)
(ST-NICOLAS) p.2 **AU**
Fétinne (Pont de) p.4 **DX** 57
Fétinne (R. de) p.4 **DX**
Flémalle (R. de) p.2 **AV**
Fontainebleau
(Carrefour) p.4 **CW**
Fosse-Crahay (Bd) p.2 **AT** 58
Fourneau (R. du) p.3 **BU** 60
Fragnée (Pont de) p.4 **DX**
Fragnée (R. de) p.4 **CX**
Français (R. des) p.2 **AT**
Francisco-Ferrer (R.) p.2 **AUV**
François-Lefebvre (R.) p.2 **AT**
Frankignoul (Bd) p.4 **DX**
Frère Orban (Bd) p.4 **CX**
De Gaulle (Quai) p.5 **FZ**
Général-Jacques (R. du) p.3 **BV**
Georges Simenon (R.) p.5 **FZ** 61
Gérardrie (R.) p.5 **EY** 63
Glacis (R. des) p.4 **DW**
Goffe (Quai de la) p.5 **FY** 64
Gramme (Bd) p.3 **BT**
Grands-Prés (R. des) p.3 **BV**
Grétry (R.) p.4 **DX**
Greiner (Av.) p.2 **AU**
Guillemins (R. des) p.4 **CX** 66
Gustave Baivy (R.) p.2 **AU**
Gustave Kleyer (Bd) p.2 **AU**
Halage (Quai du) p.2 **AV** 67
Harscamp (R. d') p.4 **DX**
Hauteurs (Bd des) p.4 **CW** 69
Hector-Denis (Bd) p.3 **BT**
Herve (R. de) p.3 **BU**
Hesbaye (R. de) p.2 **AU** 70
Heusdens (R.) p.2 **AU** 71
van Hoegaerden
(Quai) p.5 **EZ** 73
Jean d'Outremeuse (R.) p.5 **FZ**
Jean de Wilde (Bd) p.2 **AT** 76
Jehan le Bel (Pl.) p.5 **FY**
Joffre (R.) p.5 **EY**
J.F. Kennedy (Pont) p.5 **FZ**
Joie (R. de) p.4 **CX** 78
Jolivet (R.) p.3 **BT** 79
Joseph-Wauters (Quai) p.3 **BU** 81
Jules-Cralle (R.) p.3 **BU**
Jules-Destrée (Quai) p.2 **AU** 82
Lairesse (R.) p.4 **DX** 84
Laixhaut (R.) p.3 **BT** 85
Léon Philippet (Bd) p.4 **CW** 87
Léopold (R.) p.5 **EFY**
Liberté (R. de la) p.5 **FZ** 88
Longdoz (Pont de) p.5 **FZ** 90
Longdoz (Quai de) p.5 **FZ** 91
Louis Fraigneux (R.) p.4 **CW**
Louis Hillier (Bd) p.2 **AU** 92
Louis Jamme (R.) p.5 **FZ**
Louvrex (R.) p.4 **CX**
Maastricht (Quai de) p.5 **FY** 93
Maghin (R.) p.4 **DW** 94
Many (R. du) p.2 **AV** 95
Marcellis (Quai) p.4 **DX**
Marché (Pl. du) p.5 **EY** 96
Maréchal (R.) p.5 **FY** 97
Martyrs (R. des) p.2 **AU** 98
Mathieu-de-Lexhy (R.) p.2 **AU**
Mativa (Quai) p.4 **DX**
Mattéoti (R.) p.2 **AU** 99
Méan (R.) p.5 **FZ** 100
Meuse (Quai sur) p.5 **FZ**
Meuse (R. de) p.3 **BU** 102
Mickiels (Quai) p.2 **AV** 103
Mineurs (R. des) p.3 **BT** 105
Mont Saint-Martin p.5 **EY**
Montagne
Ste-Walburge p.4 **CW**
Mozart (Quai) p.4 **DX**
Mutualité (R. de la) p.3 **BU** 106
Nations Unies (Pl. des) p.4 **DX**
Notger (Square) p.5 **EY** 107
Observatoire (Av. de l') p.4 **CX**
Orban (Quai) p.4 **DX** 108
Orban ou de Huy
(Pont d') p.4 **DX** 109
Ougrée
(Nouveau Pont d') p.2 **AV** 110
Ougrée (R.) p.3 **BV**
Ourthe (Quai de l') p.5 **FZ** 112
Palais (R. du) p.5 **EY** 114
Parc (R. du) p.4 **DX** 115
Pasteur (R.) p.2 **AU** 117
Paul-Janson (R.)
(GRACE-HOLLOGNE) p.2 **AU**
Paul-Janson (R.)
(SERAING) p.2 **AU** 118
Pierre Henvard (R.) p.3 **BV**
Pierreuse (R.) p.4 **CW**
Pitteurs (R. des) p.5 **FZ** 120
Plan Incliné (R. du) p.4 **CX**
Pont d'Ile p.5 **EY** 123
Pont (R. du) p.5 **FY**
Pont d'Avroy (R.) p.5 **EZ** 121
Pot d'Or (R. du) p.5 **EZ**
Prémontrés (R. des) p.5 **EZ** 124
Puits-en-Soc (R.) p.5 **FZ** 126
Ransonnet (R.) p.5 **FY** 127
Raymond-
Poincaré (Bd) p.4 **DX**
Régence (R. de la) p.5 **EYZ** 129
Rénardi (R.) p.3 **BT**
Renory (R. de) p.2 **AV**
Rép. Française (Pl.) p.5 **EY** 130
Robermont (R. de) p.3 **BU** 132
Rogier (Av.) p.5 **EZ**
Roi-Albert
(Chaussée du) p.2 **AT** 133
Roi-Albert (Quai du) p.3 **BU** 135
Rome (Quai de) p.4 **DX**
Roosevelt (Chaussée) p.2 **AU**
Roosevelt (Quai) p.5 **FZ**
Saint-Gilles (R.) p.4 **CW**
Saint-Hubert (R.) p.5 **EY** 136
Saint-Lambert (Pl.) p.5 **EY** 138
Saint-Laurent (R.) p.4 **CW**
Saint-Léonard (Pont) p.5 **FY**
Saint-Léonard (Quai) p.5 **FY** 139
Saint-Léonard (R.) p.4 **DW** 141
Saint-Pholien (R. et Pl.) p.5 **FY** 142
Sainte-Barbe (Quai) p.5 **FY**
Sainte-Beuve (Bd) p.2 **AU** 144
Sainte-Walburge (R.) p.2 **AT**
Sart-Tilman (R.) p.2 **AV** 145
Saucy (Bd) p.5 **FZ**
Sauvenière (Bd de la) p.5 **EZ**
Sclessin (R. de) p.4 **CX**
Seraing (Pont de) p.2 **AU** 147
Serbie (R. de) p.4 **CX** 148
Station (R. de la) p.2 **AU** 151
Surlet (R.) p.5 **FZ**
Tanneurs (Quai des) p.5 **FY**
Thier-des-Monts (R.) p.3 **BT** 153
Timmermans (Quai) p.2 **AU**
Tir (R. du) p.3 **BT** 154
Tongres (Chée de) p.2 **AT**
Tonne (R. de la) p.2 **AT**
Trappé (R.) p.4 **CW** 156
Université (R. de l') p.5 **EYZ** 157
Ursulines (Imp. des) p.5 **FY** 159
Val-St-Lambert (R. du) p.2 **AV** 160
Varin (R.) p.4 **CX**
Vennes (Pont des) p.4 **DX** 162
Vennes (R. des) p.4 **DX**
Vercour (Quai) p.2 **AV**
Victor-Hugo (Av.) p.4 **CW** 163
Vinâve d'Ile (R.) p.5 **EZ**
Visé (R. de) p.3 **BT**
Walthère-Jamar (R.) p.2 **AT**
Wandre (Pont de) p.3 **BT** 166
Wason (R.) p.4 **CW**
Winston Churchill (R.) p.3 **BU**
Yser (Pl. de l') p.5 **FZ**
Yser (R. de l') p.2 **AT**
15-Août (R. du) p.2 **AT** 168
20-Août (Pl. du) p.5 **EZ** 169

plan p. 4 sauf indication spéciale :

Bedford, quai St-Léonard 36, (0 4) 228 81 11, *Fax (0 4) 227 45 75*, « Jardin intérieur » – 25 à 220. DW g
Repas Lunch 990 – carte 950 à 1350 – **147 ch** 6950/8450, 2 suites – ½ P 5100.

Campanile, r. Jules de Laminne 18 (par A 602, sortie Burenville), (0 4) 224 02 72, *Fax (0 4) 224 03 80* – 25 à 50. plan p. 2 AU n
Repas (avec buffet) Lunch 480 – 850 – 290 – **46 ch** 2300.

Vieille Ville - *plan p. 5 :*

Mercure, bd de la Sauvenière 100, (0 4) 221 77 11, *Fax (0 4) 221 77 01* – 25 à 100. EY t
Repas Lunch 590 – carte env. 1300 – **105 ch** 4950/5450.

Ibis sans rest, pl. de la République Française 41, (0 4) 230 33 33, *Fax (0 4) 223 04 81* – 25 à 40. EY k
300 – **78 ch** 2650.

Au Vieux Liège, quai Goffe 41, (0 4) 223 77 48, *Fax (0 4) 223 78 60*, « Maison du 16e s. » – FY a
fermé merc. soir, dim. et mi-juil.-mi-août – **Repas** Lunch 990 – 1350/1900.

Chez Max, pl. de la République Française 12, (0 4) 222 08 73, *Fax (0 4) 222 90 02*, Écailler, « Élégante brasserie décorée par Luc Genot » – EY a
fermé sam. midi et dim. – **Repas** Lunch 490 – carte 1350 à 1650.

Robert Lesenne, r. Boucherie 9, (0 4) 222 07 93, *Fax (0 4) 222 92 33*, « Atrium avec tour de guet d'un ancien hospice » – FY m
fermé sam. midi, dim. et 15 juil.-15 août – **Repas** 1495
Spéc. Foie gras de trois façons. Rognon de veau au Pékèt. Soufflé moelleux au chocolat.

La Parmentière, pl. Cockerill 10, (0 4) 222 43 59, *Fax (0 4) 222 43 59* – EZ a
fermé dim., lundi et août – **Repas** Lunch 790 – 1070/1370.

Folies Gourmandes, r. Clarisses 48, (0 4) 223 16 44, « Maison début du siècle avec jardin-terrasse » – EZ q
fermé dim. soir, lundi, 1 sem. après Pâques et 2e quinz. sept. – **Repas** 1150.

Le Shanghai 1er étage, Galeries Cathédrale 104, (0 4) 222 22 63, *Fax (0 4) 223 00 50*, Cuisine chinoise – EZ r
fermé du 15 au 24 fév., du 6 au 28 juil. et mardi – **Repas** Lunch 525 – carte env. 1000.

L'Écailler, r. Dominicains 26, (0 4) 222 17 49, *Fax (0 4) 221 10 09*, Produits de la mer – EY n
Repas Lunch 950 – carte env. 1400.

Enoteca, r. Casquette 5, (0 4) 222 24 64 EY g
fermé sam. midi et dim. – **Repas** Lunch 590 – 1090.

La Cigale et la Fourmi, r. Méry 22, (0 4) 221 32 65, *Fax (0 4) 221 32 65* – EZ p
fermé sam. midi, dim., lundi soir, 1 sem. en fév. et fin juil.-début août – **Repas** Lunch 850 bc – 995.

Le Danieli, r. Hors-Château 46, (0 4) 223 30 91, *Fax (0 4) 223 30 91*, Avec cuisine italienne – FY b
fermé dim., lundi, 1 sem. Pâques, juil. et fin déc. – **Repas** 595.

Lalo's Bar, r. Madeleine 18, (0 4) 223 22 57, *Fax (0 4) 223 22 57*, Cuisine italienne, ouvert jusqu'à 23 h – EY d
fermé sam. midi, dim. et 15 juil.-15 août – **Repas** Lunch 690 – 850/1250.

Guillemins - *plan p. 4 :*

L'Univers sans rest, r. Guillemins 116, (0 4) 254 55 55, *Fax (0 4) 254 55 00* – 25 à 80. CX a
270 – **47 ch** 1900/2200.

Le Cygne d'Argent sans rest, r. Beeckman 49, (0 4) 223 70 01, *Fax (0 4) 222 49 66* – CX c
300 – **22 ch** 2850.

Le Duc d'Anjou, r. Guillemins 127, (0 4) 252 28 58, Moules en saison, ouvert jusqu'à 23 h 30 – CX n
Repas 820.

Rive droite (Outremeuse - Palais des Congrès) - *plans p. 4 et 5 sauf indication spéciale :*

Holiday Inn sans rest, Esplanade de l'Europe 2, 4020, (0 4) 342 60 20, *Fax (0 4) 343 48 10*, – 25 à 70. DX a
214 ch 6475/8650, 5 suites.

Simenon, bd de l'Est 16, ✉ 4020, ☎ (0 4) 342 86 90, *Fax (0 4) 344 26 69* – AE VISA FZ x
Repas (ouvert jusqu'à minuit) *(fermé merc. et 15 déc.-15 janv.)* carte env. 900 – 180 – **11 ch** 2000.

Passerelle sans rest, chaussée des Prés 24, ✉ 4020, ☎ (0 4) 341 20 20, *Fax (0 4) 344 36 43* – AE VISA FZ z
250 – **16 ch** 1800/2300.

Les Cyclades, r. Ourthe 4, ✉ 4020, ☎ (0 4) 342 25 86, *Fax (0 4) 341 23 00* – VISA. FZ d
fermé merc., jeudi et fin août-début sept. – **Repas** *Lunch 790* – 990/1190.

Périphérie - *plans p. 2 et 3 :*

à Angleur Liège – ✉ *4031 Angleur :*

Le Val d'Ourthe sans rest, rte de Tilff 412, ☎ (0 4) 365 91 71, *Fax (0 4) 365 91 71* – AE VISA BV h
300 – **12 ch** 3200/3800.

L'Orchidée Blanche, rte du Condroz 457 (N 680), ☎ (0 4) 365 11 48, *Fax (0 4) 367 09 16* – AE VISA AV h
fermé mardi soir, merc., 1 sem. en fév. et 3 dern. sem. juil. – **Repas** 900/1995 bc.

La Devinière, r. Tilff 39, ☎ (0 4) 365 00 32, *Fax (0 4) 365 00 32* – AE VISA BU d
fermé jeudi soir, sam. midi, dim. et 15 juil.-1er août – **Repas** *Lunch 1180* – carte 1400 à 1700.

à Chênée Liège – ✉ *4032 Chênée :*

Le Gourmet, r. Large 91, ☎ (0 4) 365 87 97, *Fax (0 4) 365 38 12*, « Jardin d'hiver » – AE VISA BU r
fermé 2 sem. en juil., prem. sem. janv. et lundis soirs, merc. et sam. midis non fériés – **Repas** 980/1700.

Le Vieux Chênée, r. Gravier 45, ☎ (0 4) 367 00 92, *Fax (0 4) 367 59 15*, Moules en saison – AE VISA BU e
fermé jeudis non fériés – **Repas** *Lunch 890* – carte 1100 à 1550.

à Jupille-sur-Meuse Liège – ✉ *4020 Jupille-sur-Meuse :*

Donati, r. Bois de Breux 264, ☎ (0 4) 365 03 49, *Fax (0 4) 365 03 49*, Cuisine italienne – VISA. BU s
fermé sam. midi, dim., lundi et 12 juil.-3 août – **Repas** *Lunch 690* – carte env. 1100.

Environs

à Ans - *plan p. 2 – 27 648 h.* – ✉ *4430 Ans :*

Le Marguerite, r. Walthère Jamar 171, ☎ (0 4) 226 43 46, *Fax (0 4) 226 38 35*, – AE VISA AU c
fermé sam. midi, dim., lundi, 3 dern. sem. juil. et fin déc. – **Repas** *Lunch 980* – 1450.

La Fontaine de Jade, r. Yser 321, ☎ (0 4) 246 49 72, *Fax (0 4) 263 69 53*, Cuisine chinoise, ouvert jusqu'à 23 h – AE VISA AT a
fermé mardi et 3 prem. sem. juil. – **Repas** *Lunch 485* – carte env. 1000.

à Beyne-Heusay *par ③ : 6 km – 11 474 h.* – ✉ *4610 Beyne-Heusay :*

Le Clos Prieur, r. Herve 552, ☎ (0 4) 366 14 19, *Fax (0 4) 366 07 40*, – AE VISA
fermé mardi et merc. – **Repas** 1050.

à Flémalle *par ⑦ : 16 km – 26 126 h.* – ✉ *4400 Flémalle :*

La Ciboulette, chaussée de Chokier 96, ☎ (0 4) 275 19 65, *Fax (0 4) 275 05 81*, – AE VISA
fermé du 3 au 18 août, 26 déc.-12 janv., sam. midi, dim. soir, lundi et merc. soir – **Repas** *Lunch 1900 bc* – 2590 bc/3490 bc.

Le Gourmet Gourmand, Grand-Route 411, ☎ (0 4) 233 07 56, *Fax (0 4) 233 19 21*, – AE VISA
fermé lundi, mardi soir, merc. soir, jeudi soir et sam. midi – **Repas** *Lunch 1100* – 1450.

à Hermalle-sous-Argenteau *par ① : 14 km* *Oupeye 23 694 h.* – ✉ *4681 Hermalle-sous-Argenteau :*

Mosa, r. Préixhe 3, ☎ (0 4) 379 71 71, *Fax (0 4) 379 91 61*, ←, – – 40. AE VISA. ch
Repas (ouvert jusqu'à 23 h) *Lunch 680* – 980/1200 – **15 ch** 2300/3900.

à Herstal - *plan p. 3 - 36 626 h. - ✉ 4040 Herstal :*

Post ⛰, r. Hurbise 160 (par E 40, sortie ㉞), ☎ (0 4) 264 64 00, *Fax (0 4) 248 06 90*, 🏡, 🏊 - 🛗, ▤ rest, 📺 ☎ 🅿 - 🏛 25 à 80. AE ⓓ E VISA BT b
Repas Lunch 800 - carte 950 à 1450 - **98 ch** ☕ 4400/5900.

à Ivoz-Ramet *par ⑦ : 16 km* Ⓒ *Flémalle 26 126 h. - ✉ 4400 Ivoz-Ramet :*

Chez Cha-Cha, pl. François Gérard 10, ☎ (0 4) 337 18 43, 🏡, Grillades - 🅿. AE ⓓ E VISA
fermé sam. midi, dim., lundi soir et mardi soir - **Repas** carte 1250 à 1650.

à Neuville-en-Condroz *par ⑥ : 18 km* Ⓒ *Neupré 9 406 h. - ✉ 4121 Neuville-en-Condroz :*

Le Chêne Madame (Mme Tilkin), av. de la Chevauchée 70 (dans le bois de Rognac SE : 2 km), ☎ (0 4) 371 41 27, *Fax (0 4) 371 29 43*, 🏡, « Relais de campagne » - 🅿. AE ⓓ E VISA
fermé dim. soir, lundi, jeudi soir et août - **Repas** 1300/2900, carte 1800 à 2200
Spéc. Poularde de Bresse au vinaigre de framboises et miel d'acacia. Truite au bleu. Gibiers en saison.

à Rotheux-Rimière *par ⑥ : 16 km* Ⓒ *Neupré 9 406 h. - ✉ 4120 Rotheux-Rimière :*

Le Vieux Chêne, r. Bonry 146 (près N 63), ☎ (0 4) 371 46 51 - 🅿. AE ⓓ E VISA
fermé lundi soir, mardi soir, merc. et août - **Repas** carte env. 1400.

à Seraing - *plan p. 2 - 61 077 h. - ✉ 4100 Seraing :*

Le Moulin à Poivre, r. Plainevaux 30, ☎ (0 4) 336 06 13, *Fax (0 4) 338 28 95*, 🏡 - AE ⓓ E VISA AV t
fermé lundi, mardi, 1 sem. carnaval et 2 dern. sem. août - **Repas** Lunch 850 - 1450.

La Table d'Hôte, quai Sadoine 7, ☎ (0 4) 337 00 66, *Fax (0 4) 336 98 27*, 🏡 - AE ⓓ E VISA AU f
fermé sam. midi, dim. soir, lundi, juin et Noël-Nouvel An. - **Repas** Lunch 895 - 1500 bc/1950.

à Tilff *au Sud : 12 km par N 633* Ⓒ *Esneux 13 137 h. - ✉ 4130 Tilff :*

Le Casino, pl. du Roi Albert 3, ☎ (0 4) 388 22 89, *Fax (0 4) 388 22 89*, 🏡, « Terrasse au bord de l'Ourthe » - AE ⓓ E VISA
fermé lundi et sam. midi - **Repas** Lunch 890 - 990/1890.

La Mairie, r. Blandot 15, ☎ (0 4) 388 24 24, *Fax (0 4) 388 24 24*, 🏡 - 🅿. AE ⓓ E VISA. ✄
fermé dim. soirs, lundis et merc. soirs non fériés, dern. sem. fév. et 2 sem. en mars - **Repas** 980/1400.

Voir aussi : **Chaudfontaine** *par ④ : 10 km*

LIER (LIERRE) *2500 Antwerpen* **213** ⑦ et **909** *G 2 - 31 705 h.*

Voir *Église St-Gommaire★★ (St-Gummaruskerk) : jubé★★, verrière★* Z - *Béguinage★ (Begijnhof)* Z - *Horloge astronomique★ de la tour Zimmer (Zimmertoren)* Z **A**.

🏌18 *à Broechem N : 10 km, Kasteel Bossenstein, Moor 6 ☎ (0 3) 485 64 46, Fax (0 3) 485 78 41.*

ℹ *Stadhuis, Grote Markt 57 ☎ (0 3) 488 38 88, Fax (0 3) 488 12 76.*

Bruxelles 45 ④ - Antwerpen 17 ⑤ - Mechelen 15 ④.

Plan page suivante

Hof van Aragon ⛰ sans rest, Aragonstraat 6, ☎ (0 3) 491 08 00, *Fax (0 3) 491 08 10* - 🛗 📺 ☎ - 🏛 25 à 250. AE ⓓ E VISA. ✄ Z b
17 ch ☕ 1800/2800.

Symforosa, Kesselsesteenweg 11 (direction Herentals : 1 km), ☎ (0 3) 489 17 28, *Fax (0 3) 489 17 28*, 🏡 - E VISA
fermé lundi, mardi et 20 juil.-14 août - **Repas** Lunch 1295 - carte env. 1500.

't Cleyn Paradijs, Heilige Geeststraat 2, ☎ (0 3) 480 78 57, *Fax (0 3) 480 78 57* - AE ⓓ E VISA Z a
fermé mardi, merc. et 1 sem. en août - **Repas** 990/1300.

Plantage 1er étage, Grote Markt 63b, ☎ (0 3) 488 19 00, *Fax (0 3) 480 04 20*, 🏡 - E VISA Z r
fermé lundi, mardi et sam. midi - **Repas** 1190/1290.

Numerus Clausus, Keldermansstraat 2, ☎ (0 3) 480 51 62, *Fax (0 3) 480 51 62*, 🏡 - AE E VISA. ✄ Z c
fermé sam. midi, dim., lundi et 1 sem. en janv. - **Repas** 990.

De Werf, Werf 17, ☎ (0 3) 480 71 90, *Fax (0 3) 480 71 90*, « Rustique » - AE E VISA. ✄ Z e
fermé merc., jeudi, sam. midi, 15 fév.-19 mars et 30 juil.-27 août - **Repas** Lunch 1100 - 1850.

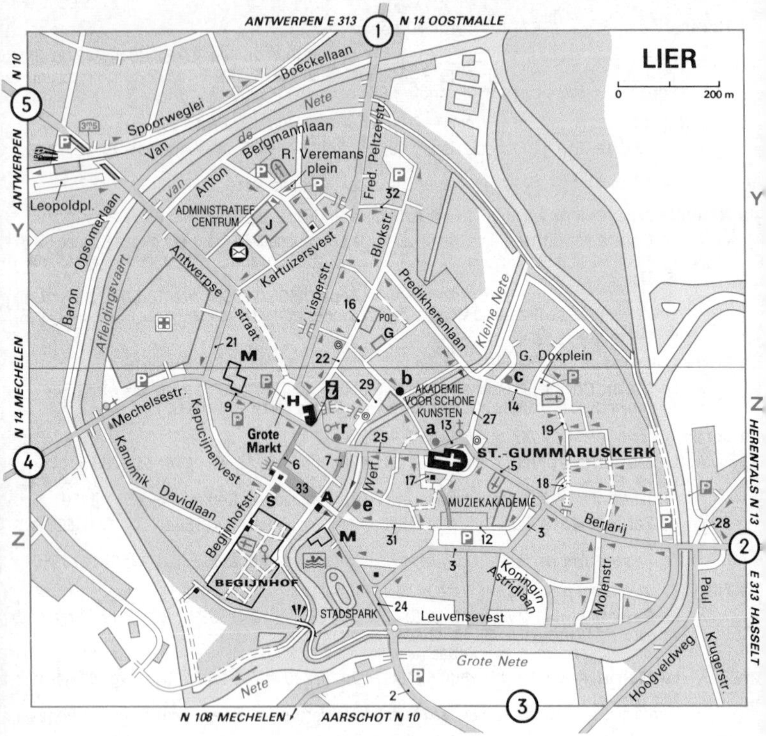

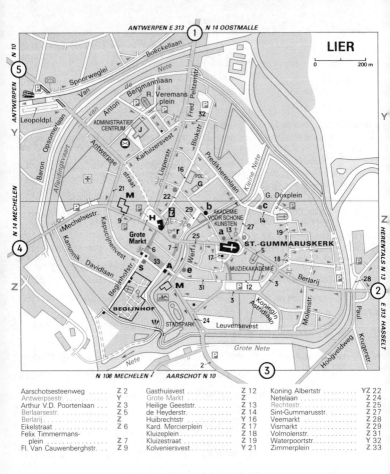

Aarschotsesteenweg	Z 2	Gasthuisvest	Z 12	Koning Albertstr	YZ 22
Antwerpsestr.	Y	Grote Markt	Z	Netelaan	Z 24
Arthur V.D. Poortenlaan	Z 3	Heilige Geeststr.	Z 13	Rechtestr.	Z 25
Berlaarsestr.	Z 5	de Heyderstr.	Z 14	Sint-Gummarusstr.	Z 27
Berlarij	Z	Huibrechtstr	Y 16	Veemarkt	Z 28
Eikelstraat	Z 6	Kard. Mercierplein	Z 17	Vismarkt	Z 29
Felix Timmermans-plein	Z 7	Kluizeplein	Z 18	Volmolenstr.	Z 31
Fl. Van Cauwenberghstr.	Z 9	Kluizestraat	Z 19	Waterpoortstr.	Y 32
		Kolveniersvest	Y 21	Zimmerplein	Z 33

✗ **Land van Belofte** Begijnhofstraat 7, ✆ (0 3) 488 22 56, *Fax (0 3) 480 21 93* – AE E VISA Z s
fermé lundi, mardi, prem. sem. mars, 2 dern. sem. août et 1er janv. – **Repas** (dîner seult sauf dim.) 950/1500.

à Broechem *N : 10 km* C *Ranst 17 343 h.* – ✉ *2520 Broechem* :

Bossenstein, Moor 16 (N : 2 km - direction Oelegem), ✆ (0 3) 485 64 46, «Parc avec golf autour d'un château médiéval», – TV ☎ P – 35. AE O E VISA.
Repas *(fermé lundi et 24 déc.-mi-janv.)* 950/1650 – **16 ch** 4000/8500 – ½ P 5500.

LIERS *4042 Liège* C *Herstal 36 626 h.* 213 ㉒ et 909 ⑱ N.
Bruxelles 96 – Liège 8 – Hasselt 36 – Maastricht 33 – Verviers 32.

✗ **La Bartavelle,** r. Provinciale 138, ✆ (0 4) 278 51 55, *Fax (0 4) 278 51 57*, «Terrasse ombragée» – AE O E VISA JCB
fermé lundi soir, mardi soir, merc. soir, jeudi soir, sam. midi, carnaval et du15 au 31 juil. – **Repas** 995/1195.

LIEZELE *Antwerpen* 213 ⑥ – *voir à Puurs.*

LIGNEUVILLE *Liège – voir Bellevaux-Ligneuville.*

LIGNY *5140 Namur* Ⓒ *Sombreffe 7 060 h.* 213 ⑲ et 909 G 4.
Bruxelles 57 – Namur 25 – Charleroi 22 – Mons 51.

Le Coupe-Choux, r. Pont Piraux 23 (centre Général Gérard), ☎ (0 71) 88 90 51, *Fax (0 71) 88 90 51* – P. AE ⓓ E VISA
fermé lundi soir, mardi soir, merc., jeudi soir, dern. sem. sept. et 2 sem. en janv. – **Repas** Lunch 790 – 1200/1400.

LILLOIS-WITTERZÉE *1428 Brabant Wallon* Ⓒ *Braine-l'Alleud 34 386 h.* 213 ⑱ et 909 G 4.
Bruxelles 30 – Mons 47 – Namur 43.

Le WitterZee , av. du Sabotier 40, ☎ (0 2) 384 69 56, *Fax (0 2) 385 00 13*, , « Jardin », – rest, TV ☎ P. AE ⓓ E VISA. rest
Repas (résidents seult) – **12 ch** 2500/3400.

Georges Tichoux, Grand'Route 491, ☎ (0 67) 21 65 33, *Fax (0 67) 21 65 33*, ≤, , « Terrasse » – P. AE ⓓ E VISA
fermé merc. soir, sam. midi et 2e quinz. juil. – **Repas** Lunch 800 bc – 1360 bc/1670.

Dans ce guide
un même symbole, un même mot,
imprimés en ***noir*** *ou en rouge, en maigre ou en* ***gras***
n'ont pas tout à fait la même signification.

Lisez attentivement les pages explicatives.

LIMAL *1300 Brabant Wallon* Ⓒ *Wavre 30 250 h.* 213 ⑲ et 909 G 3.
Bruxelles 26 – Namur 39 – Charleroi 43 – Wavre 4.

La mère pierre, r. Charles Jaumotte 3, ☎ (0 10) 41 16 42, , « Jardin fleuri » – P. AE ⓓ E VISA
fermé mardis non fériés – **Repas** Lunch 600 – carte 1100 à 1450.

LIMBOURG (LIMBURG) *4830 Liège* 213 ㉓ et 909 K 4 – *5 358 h.*
Bruxelles 126 – Maastricht 48 – Liège 36 – Eupen 8 – Verviers 8 – Aachen 23.

Aub. Le Dragon avec ch, pl. St-Georges 31 (au centre historique), ☎ (0 87) 76 23 10, *Fax (0 87) 76 44 23* – ☎ – 25. AE ⓓ E VISA
Repas *(fermé lundi d'oct. à mars, mardi, merc. et après 20 h 30)* Lunch 1100 – 3200 bc – **5 ch** 2500/5500 – ½ P 3200.

Le Casino, av. Reine Astrid 7 (sur N 61 à Dolhain), ☎ (0 87) 76 23 74, *Fax (0 87) 76 44 27* – P. AE ⓓ E VISA.
fermé lundi, mardi, jeudi soir et sam. midi – **Repas** Lunch 750 – 1100/1900.

LIMELETTE *1342 Brabant Wallon* Ⓒ *Ottignies-Louvain-la-Neuve 25 834 h.* 213 ⑲ et 909 G 3.
18 *à Louvain-la-Neuve E : 1 km, r. A. Hardy 68* ☎ *(0 10) 45 05 15, Fax (0 10) 45 44 17.*
Bruxelles 29 – Namur 40 – Charleroi 41.

Château de Limelette , r. Ch. Dubois 87, ☎ (0 10) 42 19 99, *Fax (0 10) 41 57 59*, ≤, , « Terrasses et jardins avec cascades », , , , , – TV ☎ P – 25 à 600. AE ⓓ E VISA. rest
Repas *(fermé 24 déc. soir)* Lunch 1250 – 1850/2250 – **78 ch** 6500/7150 – ½ P 4050/5550.

LINKEBEEK *Vlaams-Brabant* 213 ⑱ et 909 G 3 - ㉑ S – *voir à Bruxelles, environs.*

LISOGNE *Namur* 214 ⑤ et 909 H 5 – *voir à Dinant.*

LISSEWEGE *8380 West-Vlaanderen* Ⓒ *Brugge 115 500 h.* 213 ③ et 909 C 2.
Voir *Grange abbatiale★ de l'ancienne abbaye de Ter Doest.*
Bruxelles 107 – Brugge 11 – Knokke-Heist 12.

De Goedendag, Lisseweegsvaartje 2, ☎ (0 50) 54 53 35, *Fax (0 50) 54 57 68*, « Rustique » – P. AE ⓓ E VISA
Repas Lunch 1375 bc – 1490/1750.

Hof Ter Doest, Ter Doeststraat 4 (S : 2 km, à l'ancienne abbaye), ☎ (0 50) 54 40 82, *Fax (0 50) 54 40 82*, ≤, , « Rustique », Grillades – P. AE ⓓ E VISA
Repas carte 1450 à 1900.

LIVES-SUR-MEUSE *Namur* 213 ⑳ et 214 ⑤ – *voir à Namur.*

LOBBES *6540 Hainaut* 214 ③ et 909 F 4 – *5 455 h.*
Env. *NO : 3 km à Thuin : site★.*
Bruxelles 60 – Charleroi 59 – Mons 40 – Maubeuge 35.

Le Relais Thudinien, r. Fontaine Pépin 12 (au site Avigroup), ✆ (0 71) 59 59 83 et 59 59 84 (rest), *Fax (0 71) 59 59 85,* – rest, TV ☎ ♿ P. AE ① E VISA JCB.
fermé janv. – **Repas** *(de janv. à mars fermé après 19 h sauf vend. et sam.)* Lunch 220 – 795 – **15 ch** ☐ 2000/2500 – ½ P 2595/2795.

LOCHRISTI *Oost-Vlaanderen* 213 ⑤ et 909 E 2 – *voir à Gent, environs.*

LOKEREN *9160 Oost-Vlaanderen* 213 ⑤ et 909 E 2 – *36 123 h.*
Markt 2 ✆ (0 9) 340 94 74.
Bruxelles 41 – Gent 21 – Aalst 25 – Antwerpen 38.

PB Hotel sans rest, Dijkstraat 9 (près E 17), ✆ (0 9) 348 49 20, *Fax (0 9) 349 29 93* – TV ☎ P – 25 à 250. AE ① E VISA
37 ch ☐ 2100/3100.

Bonneville sans rest, Zelebaan 120 (près E 17), ✆ (0 9) 349 33 30, *Fax (0 9) 349 33 88* – TV ☎ P. AE ① E VISA
fermé 21 déc.-3 janv. – **12 ch** ☐ 1900/2800.

't Vier Emmershof, Krommestraat 1 (par Karrestraat 3 km), ✆ (0 9) 348 63 98, *Fax (0 9) 348 00 02,* « Terrasse et jardin » – P. AE ① E VISA
fermé dim. soir, lundi, mardi et 2 sem. en sept. – **Repas** Lunch 1100 – carte env. 2100.

Brouwershof, Zelebaan 100 (près E 17), ✆ (0 9) 348 33 33, *Fax (0 9) 348 95 28,* « Villa de style flamand » – P.

La Barakka avec ch (et annexe - 8 ch), Kerkplein 1, ✆ (0 9) 348 14 33, *Fax (0 9) 348 03 45,* – TV ☎. AE E VISA. ch
Repas *(fermé jeudi)* Lunch 850 – 775/1350 – ☐ 250 – **12 ch** 1750/2500 – ½ P 1800.

LOMMEL *3920 Limburg* 213 ⑨ et 909 I 2 – *29 644 h.*
Dorp 56 ✆ (0 11) 54 02 21, Fax (0 11) 55 22 66.
Bruxelles 93 – Hasselt 37 – Eindhoven 30.

Die Prince sans rest, Mezenstraat 1, ✆ (0 11) 54 44 61, *Fax (0 11) 54 64 12* – TV ☎ P. AE ① E VISA.
☐ 150 – **29 ch** 2200/2800.

Carré, Dorperheide 31 (O : 2 km sur N 712), ✆ (0 11) 54 60 23, *Fax (0 11) 55 42 42,* – rest, TV ☎ P – 25 à 120. AE E VISA.
Repas *(fermé lundi)* Lunch 1000 – carte env. 1200 – **12 ch** ☐ 1500/1950 – ½ P 1500/2500.

Lommel Broek sans rest, Kanaalstraat 91 (S : 9 km, lieu-dit Kerkhoven), ✆ (0 11) 39 10 34, *Fax (0 11) 39 10 74* – TV ☎ P. E VISA.
fermé dern. sem. sept. et fin déc. – **7 ch** ☐ 1950/2700.

St. Jan, Koning Leopoldlaan 94, ✆ (0 11) 54 10 34, *Fax (0 11) 54 10 34,* « Décor style Art Nouveau » – P. AE ① E VISA.
fermé jeudis soirs et dim. non fériés et 1re quinz. août – **Repas** Lunch 980 – 1180/2050.

den Bonten Oss, Dorp 33, ✆ (0 11) 54 15 97, *Fax (0 11) 54 47 47,* – P. AE ① E VISA
fermé lundi et sam. midi – **Repas** 990/1450.

Kempenhof, Kattenbos 52 (S : 2,5 km sur N 746), ✆ (0 11) 54 02 56, *Fax (0 11) 54 02 56* – P. E VISA.
fermé merc. soir, dim. et 2 dern. sem. juil.-prem. sem. août – **Repas** Lunch 1050 – carte env. 1200.

LOMPRET *Hainaut* 214 ⑬ et 909 G 5 – *voir à Chimay.*

LONDERZEEL *1840 Vlaams-Brabant* 213 ⑥ et 909 F 2 – *17 269 h.*
Bruxelles 20 – Antwerpen 28 – Gent 60 – Mechelen 20.

Ter Wilgen, Molenhoek 21 (N : 3 km près A 12), ✆ (0 52) 30 26 12, *Fax (0 52) 30 36 04,* ≤, – P. E VISA.
fermé sam. midi et 2 dern. sem. août – **Repas** Lunch 890 – carte env. 1600.

LOOZ *Limburg – voir Borgloon.*

LOTENHULLE *Oost-Vlaanderen* 213 ③ et 909 D 2 – *voir à Aalter.*

LE GUIDE MICHELIN DU PNEUMATIQUE

MICHELIN

QU'EST-CE QU'UN PNEU ?

Produit de haute technologie, le pneu constitue le seul point de liaison de la voiture avec le sol.
Ce contact correspond, par roue, à une surface équivalente à celle d'une carte postale. Le pneu doit donc se contenter de ces quelques centimètres carrés de gomme au sol pour remplir un grand nombre de tâches souvent contradictoires :

Porter le véhicule à l'arrêt, mais aussi résister aux transferts de charge considérables à l'accélération et au freinage.

Transmettre la puissance utile du moteur, les efforts au freinage et en courbe.

Rouler régulièrement, plus sûrement, plus longtemps pour un plus grand plaisir de conduire.

Guider le véhicule avec précision, quels que soient l'état du sol et les conditions climatiques.

Amortir les irrégularités de la route, en assurant le confort du conducteur et des passagers ainsi que la longévité du véhicule.

Durer, c'est-à-dire, garder au meilleur niveau ses performances pendant des millions de tours de roue.

■ Afin de vous permettre d'exploiter au mieux toutes les qualités de vos pneumatiques, nous vous proposons de lire attentivement les informations et les conseils qui suivent.

LE PNEU
EST LE SEUL POINT
DE LIAISON
DE LA VOITURE AVEC LE SOL

COMMENT LIT-ON UN PNEU ?

CODES DE VITESSE MAXIMUM :

		S	*180 km/h*	*V*	*240 km/h*
		T	*190 km/h*	*W*	*270 km/h*
Q	*160 km/h*	*H*	*210 km/h*	*Y*	*300 km/h*
R	*170 km/h*	*VR*	*> 210 km/h*	*ZR*	*> 240 km/h*

(dans la dimension)

POURQUOI VERIFIER LA PRESSION DE VOS PNEUS ?

POUR EXPLOITER AU MIEUX
LEURS **PERFORMANCES** ET ASSURER
VOTRE **SECURITE**

Contrôlez la pression de vos pneus, sans oublier la roue de secours, dans de bonnes conditions.
Un pneu perd régulièrement de la pression.

Les pneus doivent être contrôlés

une fois toutes les 2 semaines

à froid, c'est-à-dire une heure au moins après l'arrêt de la voiture ou après avoir parcouru 2 à 3 kilomètres à faible allure.
En roulage, la pression augmente ; ne dégonflez donc jamais un pneu qui vient de rouler : considérez que, pour être correcte, sa pression doit être au moins supérieure de 0,3 bar à celle préconisée à froid.

VERIFIEZ LA PRESSION DE VOS PNEUS
REGULIEREMENT ET AVANT CHAQUE VOYAGE

LE SURGONFLAGE

Si vous devez effectuer un long trajet à vitesse soutenue, ou si la charge de votre voiture est particulièrement importante, il est généralement conseillé de majorer la pression de vos pneus. Attention : l'écart de pression avant-arrière nécessaire à l'équilibre du véhicule doit être impérativement respecté. Consultez les tableaux de gonflage Michelin chez tous les professionnels de l'automobile et chez les spécialistes du pneu. N'hésitez pas à leur demander conseil.

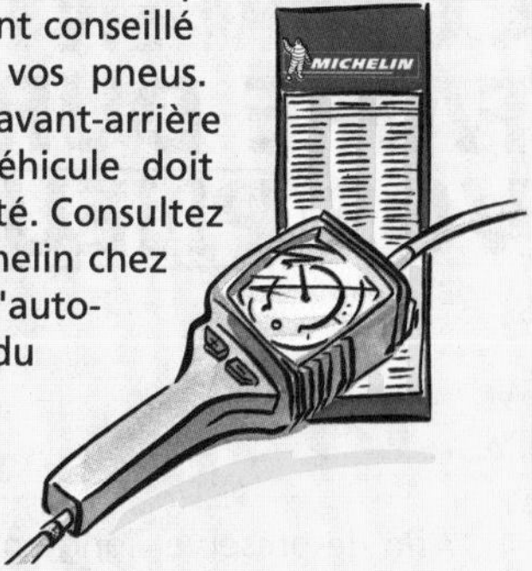

LE SOUS-GONFLAGE

Lorsque la pression de gonflage est insuffisante, les flancs du pneu travaillent anormalement. Il en résulte une fatigue excessive de la carcasse, une élévation de température et une usure anormale. Le pneu subit alors des dommages irréversibles qui peuvent entraîner sa destruction immédiate ou future.

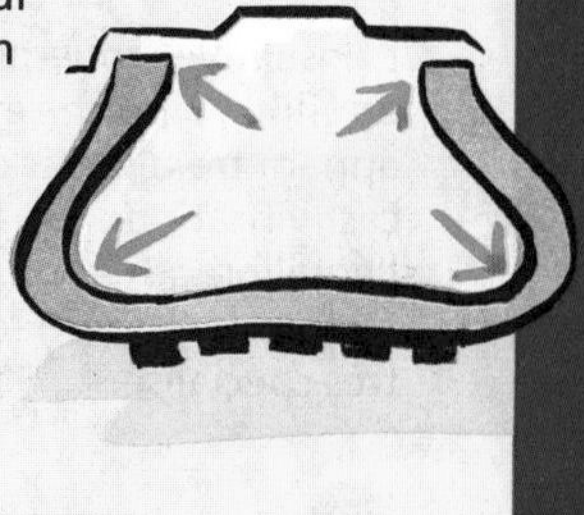

En cas de perte de pression, il est impératif de consulter un spécialiste qui en recherchera la cause et jugera de la réparation éventuelle à effectuer.

LE BOUCHON DE VALVE

En apparence, il s'agit d'un détail ; c'est pourtant un élément essentiel de l'étanchéité. Aussi, n'oubliez pas de le remettre en place après vérification de la pression, en vous assurant de sa parfaite propreté.

VOITURE TRACTANT

CARAVANE, BATEAU...

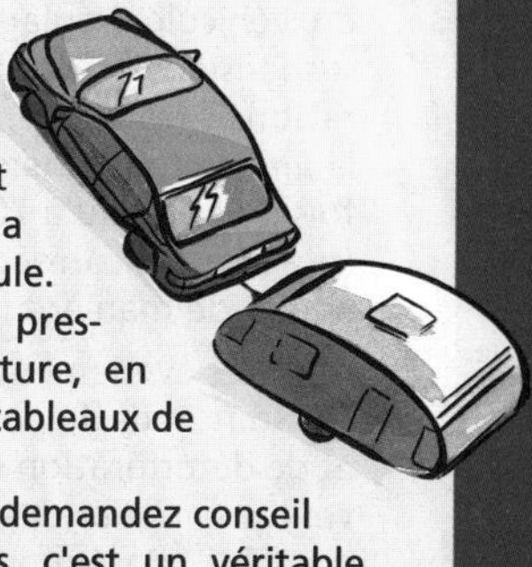

Dans ce cas particulier, il ne faut jamais oublier que le poids de la remorque accroît la charge du véhicule.
Il est donc nécessaire d'augmenter la pression des pneus arrière de votre voiture, en vous conformant aux indications des tableaux de gonflage Michelin.
Pour de plus amples renseignements, demandez conseil à votre revendeur de pneumatiques, c'est un véritable spécialiste.

COMMENT FAIRE DURER VOS PNEUS ?

Afin de préserver longtemps les qualités de vos pneus, il est impératif de les faire contrôler régulièrement, et avant chaque grand voyage. Il faut savoir que la durée de vie d'un pneu peut varier dans un rapport de 1 à 4, et parfois plus, selon son entretien, l'état du véhicule, le style de conduite et l'état des routes !

L'ensemble roue-pneumatique doit être parfaitement équilibré pour éviter les vibrations qui peuvent apparaître à partir d'une certaine vitesse. Pour supprimer ces vibrations et leurs désagréments, vous confierez l'équilibrage à un professionnel du pneumatique car cette opération nécessite un savoir-faire et un outillage très spécialisé.

LES FACTEURS QUI INFLUENT SUR L'USURE ET LA DUREE DE VIE DE VOS PNEUMATIQUES :

Les caractéristiques du véhicule (poids, puissance...), le profil des routes (rectilignes, sinueuses), le revêtement (granulométrie : sol lisse ou rugueux), l'état mécanique du véhicule (réglage des trains avant, arrière, état des suspensions et des freins...), le style de conduite (accélérations, freinages, vitesse de passage en courbe...), la vitesse (en ligne droite à 120 km/h un pneu s'use deux fois plus vite qu'à 70 km/h), la pression des pneumatiques (si elle est incorrecte, les pneus s'useront beaucoup plus vite et de manière irrégulière).

D'autres événements de nature accidentelle (chocs contre trottoirs, nids de poule...), en plus du risque de déréglage et de détérioration de certains éléments du véhicule, peuvent provoquer des dommages internes au pneumatique dont les conséquences ne se manifesteront parfois que bien plus tard.

LES CHOCS
CONTRE LES TROTTOIRS,
LES NIDS DE POULE...
PEUVENT ENDOMMAGER
GRAVEMENT VOS PNEUS.

Un contrôle régulier de vos pneus vous permettra donc de détecter puis de corriger rapidement les anomalies (usure anormale, perte de pression...). A la moindre alerte, adressez-vous immédiatement à un revendeur spécialiste qui interviendra pour préserver les qualités de vos pneus, votre confort et votre sécurité.

SURVEILLEZ L'USURE DE VOS PNEUMATIQUES :

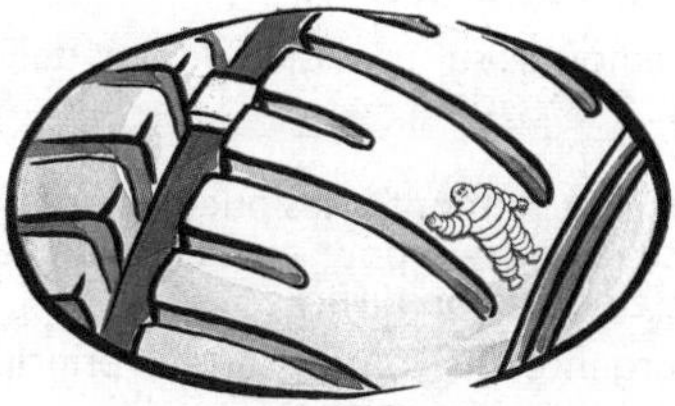

Comment ? Tout simplement en observant la profondeur de la sculpture. C'est un facteur de sécurité, en particulier sur sol mouillé. Tous les pneus possèdent des indicateurs d'usure de 1,6 mm d'épaisseur. Ces indicateurs sont repérés par un Bibendum situé aux "épaules" des pneus MICHELIN. Un examen visuel suffit pour connaître le niveau d'usure de vos pneumatiques.
Attention : même si vos pneus n'ont pas encore atteint la limite d'usure légale (en France, **la profondeur restante de la sculpture doit être supérieure à 1,6 mm** sur l'ensemble de la bande de roulement), leur capacité à évacuer l'eau aura naturellement diminué avec l'usure.

COMMENT CHOISIR VOS PNEUS ?

Le type de pneumatique qui équipe d'origine votre véhicule a été déterminé pour optimiser ses performances. Il vous est cependant possible d'effectuer un autre choix en fonction de votre style de conduite, des conditions climatiques, de la nature des routes et des trajets effectués.
Dans tous les cas, il est indispensable de consulter un spécialiste du pneumatique, car lui seul pourra vous aider à trouver la solution la mieux adaptée à votre utilisation dans le respect de la législation.

**MONTAGE, DEMONTAGE,
EQUILIBRAGE DU PNEU ;
C'EST L'AFFAIRE D'UN PROFESSIONNEL.**

Un mauvais montage ou démontage du pneu peut le détériorer et mettre en cause votre sécurité.
Sauf cas particulier et exception faite de l'utilisation provisoire de la roue de secours,

- les pneus montés sur un essieu donné, doivent être identiques.

- Il est conseillé de monter les pneus neufs ou les moins usés à l'arrière pour assurer la meilleure tenue de route en situation difficile

(freinage d'urgence ou courbe serrée) principalement sur chaussée glissante.

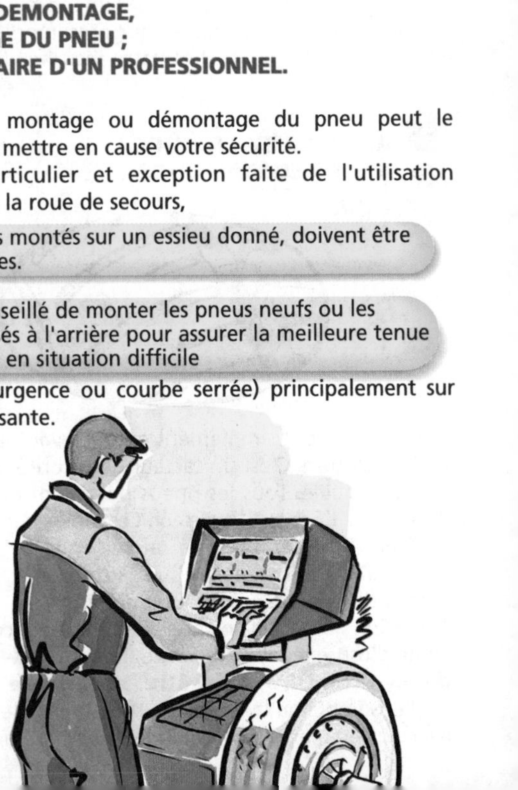

En cas de crevaison, seul un professionnel du pneu saura effectuer les examens nécessaires et décider d'une éventuelle réparation.
Il est recommandé de changer la valve ou la chambre à air à chaque intervention.

▶ IL EST DECONSEILLE DE MONTER UNE CHAMBRE A AIR DANS UN ENSEMBLE TUBELESS.

▶ L'utilisation de pneus cloutés est strictement réglementée ; il est important de s'informer avant de les faire monter.

Attention : la capacité de vitesse des pneumatiques Hiver "M+S" peut être inférieure à celle des pneus d'origine. Dans ce cas, la vitesse de roulage devra être adaptée à cette limite inférieure.
Une étiquette de rappel de cette vitesse sera apposée à l'intérieur du véhicule à un endroit aisément visible du conducteur.

LES CLEFS DU SUCCES DE MICHELIN : SA PASSION POUR LE PROGRES ET L'INNOVATION

"Battre aujourd'hui le pneu de demain", c'est ce qui permet à MICHELIN d'être toujours à la pointe de l'innovation pour être toujours plus proche de ses clients.

LE GROUPE MICHELIN EN BREF :

- 120 000 personnes à travers le monde.
- Une présence commerciale dans près de 180 pays.
- 79 sites implantés dans 18 pays - Europe, Amérique du Nord/Sud, Afrique et Asie.
- 5 centres de recherche et 5 centres d'essais.
- 6 plantations d'hévéas au Brésil et au Nigéria.

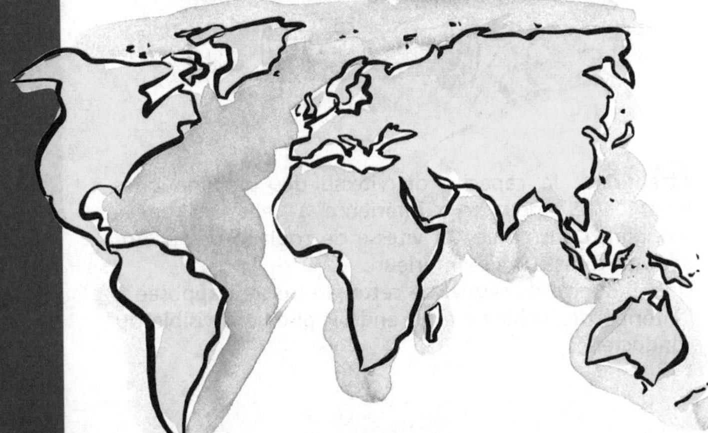

DERNIER FRUIT DES RECHERCHES DE MICHELIN : LE PNEU MICHELIN ENERGY.

Pour répondre à une des attentes principales de ses clients - **la Sécurité** - MICHELIN a notamment fait évoluer sa gamme de pneumatiques Energy.

Le pneu MICHELIN ENERGY est le pneu ETÉ qui peut être utilisé dans des conditions hivernales (sols gras, mouillés, enneigés en plaine) en conservant des qualités d'adhérence et de comportement exceptionnelles.
Grâce à une faible résistance au roulement, donc une moindre consommation d'énergie, le pneu MICHELIN ENERGY contribue également à un meilleur respect de l'environnement.

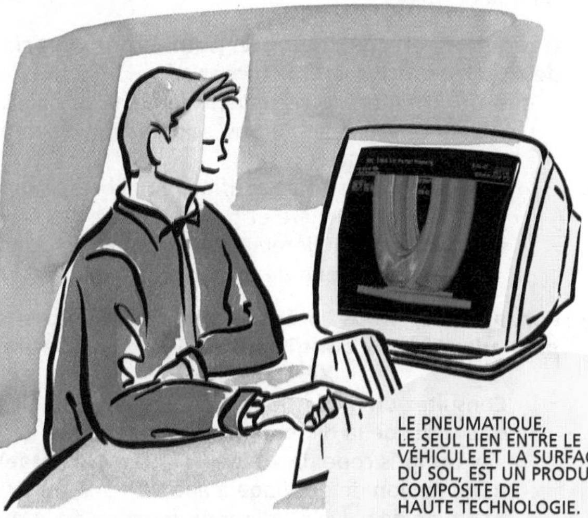

LE PNEUMATIQUE, LE SEUL LIEN ENTRE LE VÉHICULE ET LA SURFACE DU SOL, EST UN PRODUIT COMPOSITE DE HAUTE TECHNOLOGIE.

INFORMATIONS SUPPLEMENTAIRES

Les pneumatiques comportent sur leurs flancs, en dehors des inscriptions réglementaires, un certain nombre d'indications destinées à répondre à des usages internes aux manufacturiers ou à certains pays.
Tel le **"Safety Warning"** propre aux USA, dont la traduction est :

Avertissement de Sécurité

"D'importants dommages peuvent résulter d'une défaillance pneumatique provoquée par un sous-gonflage, une surcharge, une mauvaise association pneu/jante (ne jamais dépasser 275 KPa pour positionner les talons sur la jante).
Seules les personnes spécialement formées doivent démonter et monter les pneumatiques."
Ces consignes sont précisées dans nos documentations commerciales et techniques.
Consultez un professionnel du pneu.

CAMPING CARS

Ce type de véhicule offre une modularité et un volume de rangement qui peuvent le placer, ainsi que ses pneumatiques, dans des conditions d'utilisation anormalement pénalisantes.
Par la suite, des dégradations irréversibles pourront se manifester sur les pneumatiques même si, depuis, les conditions normales d'utilisation ont été parfaitement rétablies.

Il convient, en conséquence, pour éviter tout risque de détériorations prématurées :

- De charger correctement le véhicule dans les limites maximales autorisées par la réglementation et les constructeurs.
- De répartir les charges afin d'équilibrer le chargement : avant/arrière et gauche/droite.
- De vérifier régulièrement la pression de gonflage (y compris la roue de secours).

Par ailleurs, nous préconisons des équipements plus adaptés aux conditions réelles d'utilisation :

XC CAMPING

Consultez un professionnel du pneu pour :

- Le choix de la dimension de pneumatique (y compris code de vitesse et indice de charge)
- La pression de gonflage à adopter
- Le type de valve à utiliser en fonction de la roue.

LOUVAIN *Vlaams-Brabant - voir Leuven.*

LOUVAIN-LA-NEUVE *Brabant Wallon* 213 ⑲ et 909 G 3 - *voir à Ottignies.*

La LOUVIÈRE *7100 Hainaut* 213 ⑱, 214 ② ③ et 909 F 4 - *76 809 h.*
Env. *à Strépy-Thieu O : 6 km, Canal du Centre : les Ascenseurs hydrauliques★.*
Bruxelles 52 - Mons 21 - Binche 10 - Charleroi 26.

XXX **Aub. de la Louve,** r. Bouvy 86, ☎ (0 64) 22 87 87, *Fax (0 64) 28 20 53,* « Intérieur cossu » - ▤ Ⓟ. AE ⓓ E VISA. ✻
fermé dim. soir, lundi, merc. soir, 15 juil.-15 août et janv. - **Repas** Lunch 1050 - 1700.

à Haine-St-Paul *SO : 2 km* C *La Louvière* - ✉ *7100 Haine-St-Paul :*

XX **La Villa d'Este** avec ch, r. Déportation 63, ☎ (0 64) 22 81 60, *Fax (0 64) 26 16 46,* ☂ - ▤ rest, TV ☎ Ⓟ. AE ⓓ E VISA. ✻
Repas *(fermé dim. soir et lundi)* Lunch 690 - 850/1790 - **8 ch** ☐ 1950/2450 - ½ P 1900/2600.

à Houdeng-Aimeries *O : 2 km* C *La Louvière* - ✉ *7110 Houdeng-Aimeries :*

XX **Le Damier,** r. Hospice 59, ☎ (0 64) 22 28 70, *Fax (0 64) 22 28 70,* ☂ - Ⓟ. AE ⓓ E VISA
fermé lundis non fériés, merc. soir, dim. soir et fin juil.-début août - **Repas** Lunch 1150 - 1700.

LOVERVAL *Hainaut* 214 ④ et 909 G 4 - *voir à Charleroi.*

LUBBEEK *3210 Vlaams-Brabant* 213 ⑳ et 909 H 3 - *13 392 h.*
Bruxelles 32 - Antwerpen 57 - Liège 71 - Namur 59.

XX **Maelendries,** Hertbosweg 5 (S : 3 km), ☎ (0 16) 73 48 60, *Fax (0 16) 73 46 16,* ←, ☂, « Fermette, cadre champêtre » - Ⓟ. AE ⓓ E VISA. ✻
fermé merc., sam. midi, dim. soir, août et Noël-Nouvel An - **Repas** Lunch 1350 bc - carte env. 1400.

XX **De Esdoren,** Geestbeek 6 (NO : 3 km), ☎ (0 16) 62 15 21, *Fax (0 16) 62 20 37,* ☂ - Ⓟ. AE ⓓ E. ✻
fermé lundi et mardi - **Repas** Lunch 1150 - 1750/3100 bc.

LUIK *Liège - voir Liège.*

LUMMEN *Limburg* 213 ⑨ et 909 I 3 - *voir à Hasselt.*

MAASEIK *3680 Limburg* 213 ⑪ et 909 K 2 - *22 463 h.*
ℹ *Stadhuis, Markt 1* ☎ *(0 89) 56 63 72, Fax (0 89) 56 60 23.*
Bruxelles 118 - Hasselt 41 - Maastricht 33 - Roermond 20.

Kasteel Wurfeld ⑤, Kapelweg 60, ☎ (0 89) 56 81 36, *Fax (0 89) 56 87 89,* ☂, « Parc », ☕ - TV ☎ Ⓟ - 🎪 25 à 100. AE ⓓ E VISA. ✻ rest
Repas *(fermé lundi midi et sam. midi)* Lunch 895 - 995/1795 - **14 ch** ☐ 3000/3800 - ½ P 2665/2895.

Ter Eyckerpoorte, Venlosesteenweg 3, ☎ (0 89) 56 67 57, ≘s, ▣ - ▤ rest, TV ☎ Ⓟ - 🎪 25 à 200. AE ⓓ E VISA. ✻
Repas *(fermé dim. soir et lundi)* Lunch 380 - carte env. 900 - **16 ch** ☐ 1500/2700 - ½ P 1480/2330.

XX **Tiffany's,** Markt 19, ☎ (0 89) 56 40 89 - AE E VISA. ✻
fermé lundi et sam. midi - **Repas** Lunch 985 - carte env. 1600.

à Opoeteren *SO : 12 km par N 778* C *Maaseik* - ✉ *3680 Opoeteren :*

Oeterdal, Neeroeterenstraat 41, ☎ (0 89) 86 37 17, *Fax (0 89) 86 73 70,* 🏋 - TV ☎ 🚗 Ⓟ - 🎪 25 à 80. AE ⓓ E VISA
Repas (résidents seult) - **24 ch** ☐ 2600/3100 - ½ P 2200/2500.

MAASMECHELEN *3630 Limburg* 213 ⑩ et 909 K 3 - *35 500 h.*
Bruxelles 106 - Hasselt 30 - Aachen 42 - Maastricht 15.

à Eisden *N : 3 km* C *Maasmechelen* - ✉ *3630 Eisden :*

Lika sans rest, Pauwengraaf 2, ☎ (0 89) 76 01 26, *Fax (0 89) 76 55 72,* ≘s, ▣ - 🛗 TV ☎ 🚗 - 🎪 25 à 150. AE E VISA
42 ch ☐ 2450/4250.

à Vucht *N : 1,5 km par N 78 ☐ Maasmechelen – ✉ 3630 Vucht :*

Henri F., Rijksweg 263a, ☎ (0 89) 76 53 78, *Fax (0 89) 77 30 41* – **P**. AE ⓓ E VISA
fermé jeudi soir, sam. midi, dim. midi et 19 juil.-10 août – **Repas** Lunch 595 – carte 1000 à 1800.

MACHELEN *Vlaams-Brabant* 213 ⑥ ⑦ et 909 G 3 - ㉒ N – *voir à Bruxelles, environs.*

MACHELEN *9870 Oost-Vlaanderen ☐ Zulte 14 207 h.* 213 ③ et 909 D 3.
Bruxelles 72 – Brugge 42 – Gent 22 – Kortrijk 26.

Morfeo sans rest, Rijksweg 154b (N 43), ☎ (0 9) 388 79 88, *Fax (0 9) 388 70 64*, –
TV ☎ **P**. AE ⓓ E VISA JCB.
8 ch 2400/2950.

MAISSIN *6852 Luxembourg belge ☐ Paliseul 4 846 h.* 214 ⑯ et 909 I 6.
Bruxelles 135 – Arlon 65 – Bouillon 23 – Dinant 49 – St-Hubert 19.

Chalet-sur-Lesse, av. Bâtonnier Braun 1, ☎ (0 61) 65 53 91, *Fax (0 61) 65 56 88*,
– ☎ **P**. ⓓ E VISA. rest
Pâques-déc. et week-end ; fermé 3 prem. sem. janv. – **Repas** (dîner seult) *(fermé mardi et merc.)* 850/1950 – **28 ch** 2700/3500 – ½ P 2250.

MALDEGEM *9990 Oost-Vlaanderen* 213 ③ et 909 D 2 – *21 841 h.*
Bruxelles 89 – Brugge 23 – Antwerpen 73 – Gent 29.

Beukenhof, Brugse Steenweg 200, ☎ (0 50) 71 55 95, *Fax (0 50) 71 55 95*, – **P**.
AE ⓓ E VISA
fermé mardi, merc., 16 fév.-6 mars et 2 dern. sem. juil. – **Repas** 1200.

MALINES *Antwerpen – voir Mechelen.*

MALLE *Antwerpen – voir Oostmalle et Westmalle.*

MALMÉDY *4960 Liège* 214 ⑨ et 909 L 4 – *10 841 h.*
Voir *Site★ – Carnaval★ (dimanche avant Mardi-gras).*
Env. *N : Hautes Fagnes★★, Signal de Botrange ≤★, Sentier de découverte nature★ – Rocher de Falize★ SO : 6 km – Château de Reinhardstein★ NE : 6 km.*
Ancienne Abbaye, pl. du Châtelet 10 ☎ (0 80) 33 02 50, Fax (0 80) 77 05 88.
Bruxelles 156 – Liège 57 – Clervaux 57 – Eupen 29.

Le Chambertin, Chemin-rue 46, ☎ (0 80) 33 03 14, *Fax (0 80) 77 03 38* – TV ☎.
E VISA. ch
fermé lundi, 21 juin-9 juil. et 29 nov.-15 déc. – **Repas** (Taverne-rest) Lunch 450 – carte 900 à 1500 – **10 ch** 2000/2500 – ½ P 2000.

La Forge sans rest, r. Devant-les-Religieuses 31, ☎ (0 80) 79 95 95, *Fax (0 80) 79 95 99*
– TV ☎. AE ⓓ E VISA.
7 ch 1800/1950.

Plein Vent avec ch, rte de Spa 44 (O : 7 km, lieu-dit Burnenville), ☎ (0 80) 33 05 54, *Fax (0 80) 33 70 60*, ≤ vallées, – rest, TV ☎ **P**. AE ⓓ E VISA JCB.
fermé lundi et 21 déc.-7 janv. – **Repas** 980/2200 – **7 ch** 1600/3800 – ½ P 2150/2500.

Albert Ier avec ch, pl. Albert Ier 40, ☎ (0 80) 33 04 52, *Fax (0 80) 33 06 16*, – ch,
TV ☎. AE ⓓ E VISA
fermé merc. soir, jeudi, carnaval et du 1er au 15 juil. – **Repas** Lunch 1250 – carte 1500 à 1800 – **5 ch** 2000/3000.

Au Petit Louvain, Chemin-rue 47, ☎ (0 80) 33 04 15 – . AE ⓓ E VISA
fermé lundi soir, merc. et 30 juin-7 juil. – **Repas** 750/1200.

Aux Sans Soucis, pl. du Commerce 3, ☎ (0 80) 33 86 16 – AE ⓓ E VISA JCB
fermé lundis non fériés et 23 juil.-15 août – **Repas** 1250/1875.

à Bévercé *N : 3 km ☐ Malmédy – ✉ 4960 Bévercé :*

Host. Trôs Marets, rte des Trôs Marets 2 (N 68), ☎ (0 80) 33 79 17, *Fax (0 80) 33 79 10*, ≤ vallées, , – TV ☎ **P**. AE ⓓ E VISA. rest
fermé mi-nov.-fin déc. – **Repas** 1750/2750 – **9 ch** 3500/8300, 4 suites – ½ P 3700/5900.

Du Tchession ⑤, r. Renier de Brialmont 1 (NE : 5 km, lieu-dit Xhoffraix), ☎ (0 80) 33 00 87, *Fax (0 80) 33 79 68*, ←, 🏠, 🚭 – TV ☎ ♿ P. AE E VISA
fermé du 1er au 19 mars et du 13 au 24 sept. – **Repas** *(fermé mardis soirs non fériés de nov. à mars, merc. non fériés et après 20 h 30)* 1150/1400 – **16 ch** ☐ 2500/3250 – ½ P 2600/2950.

Maison Géron (annexe 🏠 Géronprés - 6 ch) sans rest, Bévercé-Village 29, ☎ (0 80) 33 00 06, *Fax (0 80) 77 03 17*, « Terrasse et jardin » – TV ☎ P. AE E VISA
10 ch ☐ 1175/2350.

Le Grand Champs ⑤ (annexe 🏠 - 10 ch ☐ 1510/2420), Bévercé-Village 39, ☎ (0 80) 33 72 98, *Fax (0 80) 77 05 69*, ← vallées, 🚭 – TV ☎ P – 🏛 25 à 80. AE ⓓ E VISA. ✗ ch
Repas voir rest ***Ferme Libert*** ci-après – **16 ch** ☐ 1675/2750 – ½ P 1840/2170.

Host. de la Chapelle avec ch, Bévercé-Village 30, ☎ (0 80) 33 08 65, *Fax (0 80) 33 98 66*, 🏠, « Terrasse fleurie », 🚭 – TV ☎ P – 🏛 30. AE ⓓ E VISA. ✗
fermé dim. soir, lundi et mars – **Repas** *(fermé après 20 h 30)* carte 1350 à 1900 – **5 ch** ☐ 3500 – ½ P 2900.

Ferme Libert - H. Le Grand Champs, avec ch, Bévercé-Village 26, ☎ (0 80) 33 02 47, *Fax (0 80) 33 98 85*, ← vallées, 🏠, 🚭 – TV ☎ P. AE E VISA
Repas (Taverne-rest) *(fermé après 20 h 30)* *Lunch 800* – carte 850 à 1750 – **12 ch** ☐ 1555/2110 – ½ P 1840.

In this guide,
a symbol or a character, printed in red or ***black***, *in* ***bold*** *or light type, does not have the same meaning.*

Please read the explanatory pages carefully.

MALONNE *Namur* 214 ⑤ et 909 H 4 – *voir à Namur.*

MANAGE *7170 Hainaut* 213 ⑱, 214 ③ et 909 F 4 – *21 918 h.*
Bruxelles 47 – Charleroi 24 – Mons 25.

Le Petit Cellier, Grand'rue 88, ☎ (0 64) 55 59 69, *Fax (0 64) 55 56 07*, 🏠 – P. AE ⓓ E VISA
fermé dim., lundi et 15 juil.-16 août – **Repas** (déjeuner seult sauf vend. et sam.) *Lunch 1100* – 1570/2320.

MARCHE-EN-FAMENNE *6900 Luxembourg belge* 214 ⑥ et 909 J 5 – *16 107 h.*
ℹ *r. Brasseurs 7 ☎ (0 84) 31 21 35, Fax (0 84) 31 21 35.*
Bruxelles 107 – Arlon 80 – Liège 56 – Namur 46.

Quartier Latin, r. Brasseurs 2, ☎ (0 84) 32 17 13, *Fax (0 84) 32 17 12*, 🏠, 🏋, ≘s – 🛗, ▤ rest, TV ☎ 🚗 P – 🏛 25 à 100. AE ⓓ E VISA
Repas (Brasserie) *Lunch 490* – 890/1450 – ☐ 300 – **39 ch** 2700/4200, 6 suites – ½ P 2700/3300.

Château d'Hassonville ⑤ avec ch, rte d'Hassonville 105 (SO : 4 km par N 836), ☎ (0 84) 31 10 25, *Fax (0 84) 31 60 27*, ←, « Demeure du 17e s. dans un vaste parc », 🚭 – 🛗, ▤ rest, ☎ P – 🏛 25. AE ⓓ E VISA. ✗
fermé début janv. – **Repas** *Lunch 1350* – 1950/3200 – ☐ 800 – **20 ch** 4000/6000 – ½ P 4550/6800.

Aux Menus Plaisirs avec ch, r. Manoir 2, ☎ (0 84) 31 38 71, *Fax (0 84) 31 52 81*, 🏠, « Jardin d'hiver » – ▤ rest, TV ☎ P. AE ⓓ E VISA. ✗ ch
fermé dim. soirs et lundis non fériés – **Repas** *Lunch 700* – 850/1450 – **6 ch** ☐ 2500/2900 – ½ P 2500/2800.

Les 4 Saisons, rte de Bastogne 108 (SE : 2 km, lieu-dit Hollogne), ☎ (0 84) 32 18 10, *Fax (0 84) 32 18 81*, 🏠 – P. AE ⓓ E VISA
fermé dim. soir, lundi, 1 sem. carnaval, début juil. et 1 sem. en déc. – **Repas** *Lunch 595* – carte 1100 à 1450.

des Arts 1er étage, pl. du Roi Albert Ier 21, ☎ (0 84) 31 61 81, *Fax (0 84) 31 61 81* – AE ⓓ E VISA. ✗
fermé 1 sem. en juil., 1 sem. en août et 1 sem. en janv. – **Repas** (dîner seult sauf dim.) *Lunch 850* – 995/1350.

Le Yang-Tsé, r. Neuve 3, ☎ (0 84) 31 26 88, *Fax (0 84) 31 27 68*, Cuisine chinoise – AE ⓓ E VISA
Repas *Lunch 290* – carte env. 1000.

MARCOURT *6987 Luxembourg belge* C *Rendeux 2 185 h.* 214 ⑦ et 909 J 5.
Bruxelles 126 – Arlon 84 – Marche-en-Famenne 19 – La Roche-en-Ardenne 9.

La Grande Cure , Les Planesses 12, ✆ (0 84) 47 73 69, *Fax (0 84) 47 83 13*, <, , – ☎ P. E VISA. rest
fermé lundi et janv. – **Repas** *Lunch 875* – carte 1250 à 1550 – **10 ch** 2500/3500 – ½ P 2950.

Le Marcourt avec ch, Pont de Marcourt 7, ✆ (0 84) 47 70 88, *Fax (0 84) 47 70 88*, , – P. AE E.
fermé 28 juin-2 juil., 6 sept.-1er oct., 31 déc.-28 janv. et merc. et jeudi sauf du 16 juil. au 24 août – **Repas** *(fermé après 20 h 30)* 1050/1950 – **9 ch** 2600 – ½ P 2400.

MARENNE *6990 Luxembourg belge* C *Hotton 4 731 h.* 214 ⑦ et 909 J 5.
Bruxelles 109 – Dinant 44 – Liège 55 – Namur 53 – La Roche-en-Ardenne 22.

Les Pieds dans le Plat, r. Centre 3, ✆ (0 84) 32 17 92, *Fax (0 84) 32 36 92*, , « Cadre champêtre » – P
fermé sem. carnaval et lundis, mardis, merc. soirs et jeudis soirs non fériés – **Repas** *Lunch 750* – 890/1395.

MARIAKERKE *West-Vlaanderen* 213 ② et 909 B 2 – *voir à Oostende.*

MARIEKERKE *Antwerpen* 213 ⑥ et 909 F 2 – *voir à Bornem.*

MARILLES *1350 Brabant Wallon* C *Orp-Jauche 7 199 h.* 213 ⑳ et 909 H 3.
Bruxelles 57 – Namur 43 – Liège 50 – Tienen 19.

La Bergerie, Grand-Route 1 (sur N 240), ✆ (0 19) 63 32 41, *Fax (0 19) 63 23 07*, « Cadre champêtre » – P. AE ① E VISA
fermé lundi, mardi et du 1er au 18 août – **Repas** *Lunch 650* – carte 1450 à 1800.

MARKE *West-Vlaanderen* 213 ⑮ et 909 C 3 – *voir à Kortrijk.*

MARTELANGE *6630 Luxembourg belge* 214 ⑱ et 909 K 6 – *1 485 h.*
Bruxelles 168 – Ettelbrück 36 – Arlon 18 – Bastogne 21 – Diekirch 40 – Luxembourg 44.

Martinot, rte de Bastogne 2, ✆ (0 63) 60 01 22, *Fax (0 63) 60 13 33* – TV P. AE ① E VISA
fermé du 8 au 22 déc. et 10 janv.-10 fév. – **Repas** *(fermé mardi) Lunch 750* – 850/1600 – 350 – **13 ch** 1750/2300 – ½ P 2650/2800.

Host. An der Stuff avec ch (annexe), r. Roche Percée 1 (N : 2 km sur N 4), ✆ (0 63) 60 04 28, *Fax (0 63) 60 13 92*, <, « Environnement boisé » – TV ☎ P – 30. AE E VISA. ch
fermé du 4 au 18 janv. et dim. soirs et lundis non fériés sauf en juil.-août – **Repas** carte env. 1900 – **12 ch** 1850/2300 – ½ P 2450.

MASNUY-ST-JEAN *Hainaut* 213 ⑰ et 909 E 4 – *voir à Mons.*

MASSEMEN *9230 Oost-Vlaanderen* C *Wetteren 22 751 h.* 213 ⑤ et 909 E 3.
Bruxelles 45 – Antwerpen 65 – Gent 18.

Geuzenhof, Lambroekstraat 90, ✆ (0 9) 369 80 34, *Fax (0 9) 368 20 68*, – P – 25 à 120. AE ① E VISA.
fermé dim. soir, lundi, merc. soir, vacances Pâques et Toussaint – **Repas** *Lunch 1100* – carte 1350 à 2100.

MATER *Oost-Vlaanderen* 213 ⑯ – *voir à Oudenaarde.*

MECHELEN (MALINES) *2800 Antwerpen* 213 ⑦ et 909 G 2 – *75 255 h.*

Voir *Tour★★★ de la cathédrale St-Rombaut★★ (St. Romboutskathedraal)* AY – *Grand-Place★ (Grote Markt)* ABY **26** – *Hôtel de Ville★ (Stadhuis)* BY **H** – *Pont du Wollemarkt (Marché aux laines)* <★ AY **F**.

Musée : *Manufacture Royale de Tapisseries Gaspard De Wit★ (Koninklijke Manufactuur van Wandtapijten Gaspard De Wit)* AY **M**¹.

Env. *Muizen : Parc zoologique de Plankendael★★ par* ③ *: 3 km.*

Stadhuis, Grote Markt ✆ *(0 15) 29 76 55, Fax (0 15) 29 76 53.*

Bruxelles 28 ④ *– Antwerpen 24* ⑥ *– Leuven 24* ③.

MECHELEN

Antwerpsesteenweg . . . . C 2
Battelsesteenweg . . . . C 4
Brusselsesteenweg . . . . C 12
Colomalaan . . . . C 14
Eikestraat . . . . C 20
Europalaan . . . . C 23
Hanswijkvaart . . . . C 30
Hombeeksesteenweg . . . . C 32
Liersesteenweg . . . . C 47
Postzegellaan . . . . C 57
Steppeke . . . . C 66
Stuivenbergbaan . . . . C 67
Tervuursesteenweg . . . . C 69

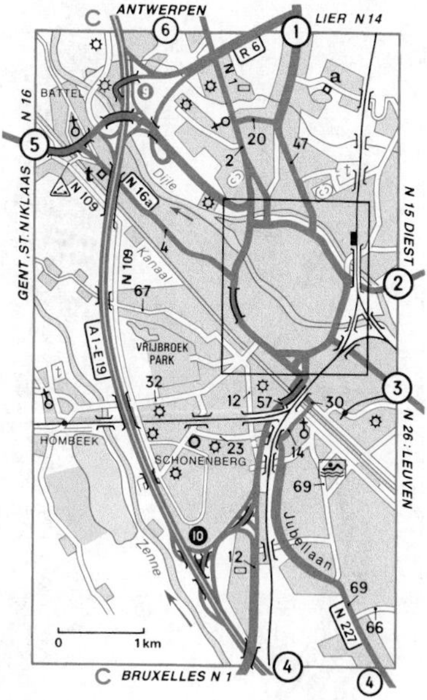

Alfa Alba sans rest, Korenmarkt 24, (0 15) 42 03 03, *Fax (0 15) 42 37 88* – 25. AE E VISA. AZ s
43 ch 2900/6700.

Gulden Anker, Brusselsesteenweg 2, (0 15) 42 25 35, *Fax (0 15) 42 34 99,* – 25 à 120. AE E VISA AZ u
Repas *(fermé sam. midi et dim. soir)* Lunch 1225 bc – carte 1300 à 1700 – **34 ch** 3150/4500 – ½ P 3950/4250.

Montreal, Duivenstraat 56, (0 15) 20 40 77, *Fax (0 15) 20 34 30,* ≤, « Pièce d'eau » – 25 à 200. AE E VISA C a
Repas (ouvert jusqu'à 23 h) Lunch 425 – carte 850 à 1200 – **16 ch** 2500/4100 – ½ P 2475/4075.

Egmont sans rest, Oude Brusselstraat 50, (0 15) 42 13 99, *Fax (0 15) 41 34 98* – AE E VISA BZ e
fermé 24, 25 et 31 déc. et 1er janv. – **19 ch** 2600/3600.

Hobbit sans rest, Battelsesteenweg 455 F, (0 15) 27 20 27, *Fax (0 15) 27 20 28* – AE E VISA. C t
220 – **21 ch** 1690.

D'Hoogh 1er étage, Grote Markt 19, (0 15) 21 75 53, *Fax (0 15) 21 67 30,* « Demeure début du siècle » – AE E VISA JCB. BY r
fermé sam. midi, dim. soir, lundi, prem. sem. Pâques et 3 prem. sem. août – **Repas** (nombre de couverts limité - prévenir) Lunch 1750 bc – 2700 bc/3100 bc, carte 2300 à 2750
Spéc. Gibiers en saison. Asperges régionales (mai-juin). Fondant de ris et tête de veau aux truffes.

Folliez, Korenmarkt 19, (0 15) 42 03 02, *Fax (0 15) 42 03 02* – AE E VISA AZ f
fermé sam. midi, dim., lundi, 2 dern. sem. fév. et 3 sem. en août – **Repas** 1300/2200.

Mytilus, Grote Markt 23, (0 15) 20 19 52, *Fax (0 15) 20 19 52,* , Moules en saison – AE E VISA BY d
fermé dim. soir et lundi – **Repas** Lunch 680 – 1010.

à Bonheiden *par ② : 6 km – 13 568 h. – ✉ 2820 Bonheiden :*

't Wit Paard, Rijmenamseweg 85, (0 15) 51 32 20, , « Terrasse » – AE E VISA.
fermé mardi, merc., 2 dern. sem. juin et 26 déc.-5 janv. – **Repas** carte 1100 à 1650.

Zellaer, Putsesteenweg 229, (0 15) 55 07 55 – AE E VISA
fermé merc. et 1re quinz. sept. – **Repas** Lunch 995 – 1350.

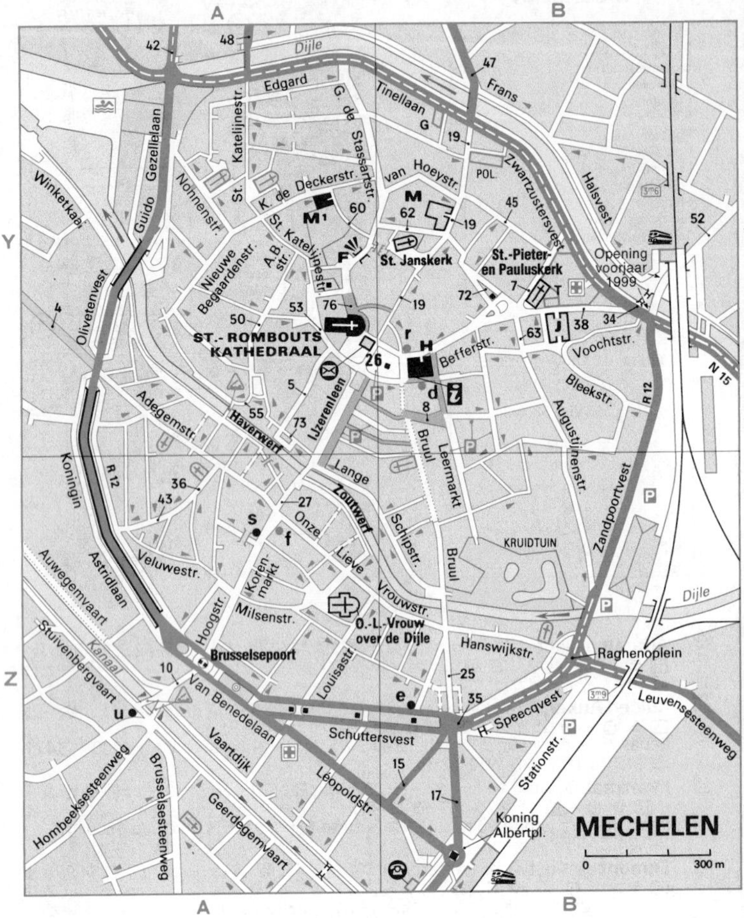

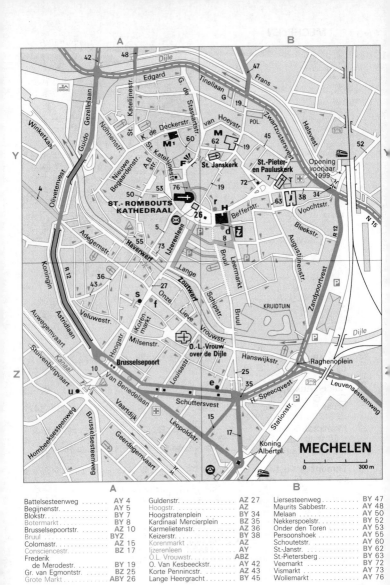

Battelsesteenweg . . . . AY 4
Begijnenstr. . . . . AY 5
Blokstr. . . . . BY 7
Botermarkt . . . . BY 8
Brusselsepoortstr. . . . . AZ 10
Bruul . . . . BYZ
Colomastr. . . . . AZ 15
Consciencestr. . . . . BZ 17
Frederik de Merodestr. . . . . BY 19
Gr. van Egmontstr. . . . . . . BZ 25
Grote Markt . . . . ABY 26
Guldenstr. . . . . AZ 27
Hoogstr. . . . . AZ
Hoogstratenplein . . . . BY 34
Kardinaal Mercierplein . . . . BZ 35
Karmelietenstr. . . . . AZ 36
Keizerstr. . . . . BY 38
Korenmarkt . . . . AZ
Ijzerenleen . . . . AY
O.L. Vrouwstr. . . . . ABZ
O. Van Kesbeeckstr. . . . . . AY 42
Korte Pennincstr. . . . . AZ 43
Lange Heergracht . . . . BY 45
Liersesteenweg . . . . BY 47
Maurits Sabbestr. . . . . AY 48
Melaan . . . . AY 50
Nekkerspoelstr. . . . . BY 52
Onder den Toren . . . . AY 53
Persoonshoek . . . . AY 55
Schoutetstr. . . . . AY 60
St.-Janstr. . . . . BY 62
St.-Pietersberg . . . . BY 63
Veemarkt . . . . BY 72
Vismarkt . . . . AY 73
Wollemarkt . . . . AY 76

à Heffen *par ⑥ : 6 km* 🄲 *Mechelen* – ✉ *2801 Heffen :*

XX **Zander,** Steenweg op Blaasveld 131 (N 16), ✆ (0 3) 866 10 60, *Fax (0 3) 866 10 60,* 🍽, Produits de la mer – P. AE ① E VISA
fermé lundi, mardi et juil. – **Repas** *Lunch 840* – carte 1300 à 2000.

à Rumst *par ⑥ : 8 km – 14 598 h.* – ✉ *2840 Rumst :*

XX **La Salade Folle,** Antwerpsesteenweg 84, ✆ (0 15) 31 53 41, *Fax (0 15) 31 08 28,* 🍽 – P. AE ① E VISA JCB. ✂
fermé sam. midi, dim. soir, 26 juil.-8 août et du 2 au 12 janv. – **Repas** 1200/1950.

à Rijmenam *par ② : 8 km* Ⓒ *Bonheiden 13 568 h. – ✉ 2820 Rijmenam :*

Host. In den Bonten Os, Rijmenamseweg 214, ☎ (0 15) 52 04 50, *Fax (0 15) 52 07 19*, « Environnement boisé », – TV ☎ P – 25 à 40. AE ⓞ E VISA
Repas (dîner seult sauf dim.) *(fermé dim. soir)* 1725 bc/2600 bc – **24 ch** 4250/5350.

Villa Franck, Watermolenstraat 10, ☎ (0 15) 51 57 71, , « Terrasse » – P. AE ⓞ E VISA.
fermé mardi, merc., sam. midi, 2 sem. en mars et 3 prem. sem. sept. – **Repas** *Lunch 990* – 1300/1900.

MEERHOUT *2450 Antwerpen* 213 ⑧ ⑨ et 909 I 2 – *9 268 h.*
Bruxelles 79 – Antwerpen 47 – Hasselt 39 – Turnhout 28.

Rembrandt, Meiberg 10, ☎ (0 14) 30 81 03, *Fax (0 14) 30 81 03*, – P. AE ⓞ E VISA
fermé lundi, mardi soir, sam. midi et juil.-août – **Repas** *Lunch 1250* – carte 1500 à 1800.

MEEUWEN *3670 Limburg* Ⓒ *Meeuwen-Gruitrode 12 291 h.* 213 ⑩ et 909 J 2.
Bruxelles 105 – Hasselt 26 – Maastricht 42 – Roermond 42.

à Ellikom *N : 3 km* Ⓒ *Meeuwen-Gruitrode – ✉ 3670 Ellikom :*

Ellekenhuys, Weg naar Ellikom 286, ☎ (0 11) 61 06 80, *Fax (0 11) 63 61 80*, – TV ☎ P – 25 à 80. AE E VISA.
fermé du 15 au 26 fév. – **Repas** *(fermé sam. midi) Lunch 1195* – 1450/2250 – **11 ch** 1800/2800 – ½ P 1595/2245.

MEISE *Vlaams-Brabant* 213 ⑥ et 909 F 3 - ㉑ N – *voir à Bruxelles, environs.*

MÉLIN *Brabant Wallon* 213 ⑳ et 909 H 3 – *voir à Jodoigne.*

MELLE *Oost-Vlaanderen* 213 ④ ⑤ et 909 E 2 – *voir à Gent, environs.*

MELSBROEK *Vlaams-Brabant* 213 ⑦ et 909 ㉒ N – *voir à Bruxelles, environs.*

MEMBRE *Namur* 214 ⑮ et 909 H 6 – *voir à Vresse-sur-Semois.*

MENEN (MENIN) *8930 West-Vlaanderen* 213 ⑭ et 909 C 3 – *32 201 h.*
Bruxelles 105 – Ieper 24 – Kortrijk 15 – Lille 23.

à Rekkem *E : 4 km* Ⓒ *Menen – ✉ 8930 Rekkem :*

La Cravache, Gentstraat 215, ☎ (0 56) 42 67 87, *Fax (0 56) 42 67 97*, « Jardin » – P. AE E VISA
fermé dim. soir, lundi et 2 prem. sem. sept. – **Repas** *Lunch 950* – 1900.

MERELBEKE *Oost-Vlaanderen* 213 ④ et 909 E 3 – *voir à Gent, environs.*

MERENDREE *9850 Oost-Vlaanderen* Ⓒ *Nevele 10 883 h.* 213 ④ et 909 D 2.
Bruxelles 71 – Brugge 42 – Gent 12.

De Waterhoeve, Durmenstraat 6, ☎ (0 9) 371 59 42, *Fax (0 9) 371 94 46*, ≤, « Environnement champêtre, jardin paysagé avec pièce d'eau » – P. AE ⓞ E VISA.
fermé merc., sam. midi, dim. soir et 19 juil.-15 août – **Repas** *Lunch 995* – carte env. 2000.

MERKSEM *Antwerpen* 212 ⑮ et 909 G 2 - ⑨ S – *voir à Antwerpen, périphérie.*

MERKSPLAS *2330 Antwerpen* 212 ⑯ et 909 H 1 – *7 852 h.*
Bruxelles 58 – Antwerpen 16 – Mechelen 27 – Turnhout 34.

Zwanenhof, Steenweg op Weelde 13, ☎ (0 14) 63 12 14, *Fax (0 14) 63 12 15*, , « Étang et terrasse » – P. AE ⓞ E VISA.
fermé lundi, mardi, 2e quinz. fév. et 2e quinz. sept. – **Repas** *Lunch 750* – 1950 bc.

MEULEBEKE *8760 West-Vlaanderen* 213 ③ et 909 C 3 – *11 004 h.*
Bruxelles 84 – Brugge 36 – Gent 39.

XXX **'t Gisthuis,** Baronielaan 28, ☎ (0 51) 48 76 02, *Fax (0 51) 48 76 02,* ☂, « Terrasse » – P. AE E VISA
fermé dim. soir, lundi, 15 juil.-15 août et du 4 au 11 janv. – **Repas** carte env. 1600.

MEUSE NAMUROISE (Vallée de la) ** *Namur* 213 ⑳ ㉑, 214 ⑤ et 909 H 5 - K 3 *G. Belgique-Luxembourg.*

MIDDELKERKE *8430 West-Vlaanderen* 213 ① et 909 B 2 – *16 154 h. – Station balnéaire – Casino Kursaal, Zeedijk* ☎ *(0 59) 30 05 05, Fax (0 59) 30 52 84.*
Dr J. Casselaan 4 ☎ *(0 59) 30 03 68, Fax (0 59) 31 11 95.*
Bruxelles 124 – Brugge 37 – Dunkerque 43 – Oostende 8.

Were-Di, P. de Smet de Naeyerstraat 19, ☎ (0 59) 30 11 88, *Fax (0 59) 31 02 41,* – TV ☎. ⊕ E VISA. ch
fermé 2 sem. en fév. et mi-nov.-début déc. – **Repas** *(fermé merc. sauf vacances scolaires)* 850/1850 – **18 ch** 1800/2800 – ½ P 2200.

Excelsior, A. Degreefplein 9a, ☎ (0 59) 30 18 31, *Fax (0 59) 31 27 02,* – TV ☎. AE E VISA.
19 mars-11 nov., vacances scolaires et week-end – **Repas** (dîner pour résidents seult) – **32 ch** 1100/2900 – ½ P 1800/2100.

Isaura sans rest, Koninginnelaan 86, ☎ (0 59) 30 38 13, *Fax (0 59) 31 04 11* – TV ☎ P. AE ⊕ E VISA.
fermé 8 fév.-3 mars et 15 nov.-3 déc. – **10 ch** 2100/2700.

XX **La Tulipe,** Leopoldlaan 81, ☎ (0 59) 30 53 40, *Fax (0 59) 30 61 39* – AE ⊕ E VISA
fermé du 15 au 22 fév., du 6 au 16 oct. et lundi soir et mardi hors saison – **Repas** 690/1695.

XX **De Vlaschaard,** Leopoldlaan 246, ☎ (0 59) 30 18 37, *Fax (0 59) 31 40 40* – ▤. AE ⊕ E VISA
fermé mardi et 3 sem. en nov. – **Repas** 850/1550.

X **Bistrot Renty,** L. Logierlaan 51 (près du château d'eau), ☎ (0 59) 31 20 77, *Fax (0 59) 30 07 54,* ☂, Taverne-rest – P. E VISA.
fermé merc. soir sauf en juil.-août, jeudi, 24 et 31 déc. et 1er janv. – **Repas** (du 20 nov. au 1er avril déjeuner seult sauf week-end) Lunch 495 – 795.

MIRWART *6870 Luxembourg belge* C *St-Hubert 5 722 h.* 214 ⑯ et 909 I 5.
Bruxelles 129 – Arlon 71 – Marche-en-Famenne 26 – Namur 68 – St-Hubert 11.

Beau Site sans rest, pl. Communale 5, ☎ (0 84) 36 62 27, *Fax (0 84) 36 71 18,* « Rustique » – TV ☎ P. E VISA
20 ch 1900/2600.

XX **Aub. du Grandgousier** avec ch, r. Staplisse 6, ☎ (0 84) 36 62 93, *Fax (0 84) 36 65 77,* ☂, « Rustique », – TV ☎ P. E
fermé 21 juin-8 juil., 23 août-9 sept., 2 janv.-10 fév., mardi midi de janv. à juin et mardi soir et merc. sauf en juil.-août – **Repas** 995/1650 – **13 ch** 1900/2500 – ½ P 2100/2500.

MODAVE *4577 Liège* 214 ⑥ et 909 I 4 – *3 473 h.*
Voir *Château* * : ≤* *de la terrasse de la chambre du Duc de Montmorency.*
Env. *à Bois-et-Borsu S : 6 km, fresques* * *dans l'église romane.*
Bruxelles 97 – Liège 38 – Marche-en-Famenne 25 – Namur 46.

XXX **La Roseraie,** rte de Limet 80, ☎ (0 85) 41 13 60, *Fax (0 85) 41 13 60,* « Parc ombragé avec terrasse » – P. AE E VISA
fermé dim. soir, lundi soir, mardi, merc., sem. carnaval, 1 sem. en août et après 20 h 30 – **Repas** 1495/1895.

X **Le Pavillon du Vieux Château,** Vallée du Houyoux 9 (SO : 2 km, lieu-dit Pont de Vyle), ☎ (0 85) 41 13 43, ☂ – P. AE E VISA
fermé lundi hors saison, mardi, 1 sem. en sept. et 1 sem. en janv. – **Repas** Lunch 690 – carte 850 à 1150.

MOERBEKE-WAAS *9180 Oost-Vlaanderen* C *Moerbeke 5 748 h.* 213 ⑤ et 909 E 2.
Bruxelles 54 – Antwerpen 38 – Gent 26.

XX **Molenhof,** Heirweg 25, ☎ (0 9) 346 71 22, *Fax (0 9) 346 71 22,* ☂, « Fermette, cadre champêtre » – P. E VISA
fermé sam. midi, dim. soir, lundi et dern. sem. juil.-2 prem. sem. août – **Repas** Lunch 1300 – carte 1300 à 2000.

MOERZEKE *Oost-Vlaanderen* 213 ⑥ et 909 F 2 – *voir à Hamme.*

MOESKROEN *Hainaut – voir Mouscron.*

MOL *2400 Antwerpen* 213 ⑨ et 909 I 2 – *31 066 h.*

Kiezelweg 78 (Rauw) ☎ (0 14) 81 62 34, Fax (0 14) 81 62 78 – Steenovens 89 (Postel) ☎ (0 14) 37 36 61, Fax (0 14) 37 36 62.

Markt ☎ (0 14) 33 07 85, Fax (0 14) 33 07 87.

Bruxelles 78 – Antwerpen 54 – Hasselt 42 – Turnhout 23.

XXX **Hippocampus,** St-Jozeflaan 79 (E : 7 km à Wezel), ☎ (0 14) 81 08 08, *Fax (0 14) 81 45 90,* « Demeure ancienne dans un parc avec pièce d'eau » – P. AE ⓓ E VISA.
fermé dim. soir, lundi et dern. sem. août – **Repas** Lunch 1500 bc – 2350 bc/2750 bc.

XX **De Partituur,** Corbiestraat 59, ☎ (0 14) 31 94 82, *Fax (0 14) 32 36 05,* – AE ⓓ E VISA.
fermé dim. et lundi midi – **Repas** Lunch 1100 – carte env. 1500.

X **'t Zilte,** Rondplein 16 (transfert prévu), ☎ (0 14) 32 24 33, *Fax (0 14) 32 24 33* – ⓓ E VISA.
fermé lundi, mardi midi, 1 sem. en mars et 2 dern. sem. oct. – **Repas** Lunch 950 – 1350/1595.

MOLENBEEK-ST-JEAN (SINT-JANS-MOLENBEEK) *Région de Bruxelles-Capitale* 909 ㉑ S – *voir à Bruxelles.*

MOMIGNIES *Hainaut* 214 ⑬ et 909 F 5 – *voir à Chimay.*

MONS (BERGEN) *7000* P *Hainaut* 214 ② et 909 E 4 – *91 997 h.*

Voir *Collégiale Ste-Waudru★★* CY – *Beffroi★* CY **D.**
Musées : *de la Vie montoise★ (Maison Jean Lescarts)* DY **M¹** – *François Duesberg★* CY **M².**
Env. *à Strépy-Thieu par ① : 15 km, Canal du Centre : les Ascenseurs hydrauliques★.*

à Erbisoeul par ① : 6 km, Chemin de la Verrerie 2 ☎ (0 65) 22 94 74, Fax (0 65) 22 51 54 – à Baudour par ⑥ : 6 km, r. Mont Garni 3 ☎ (0 65) 62 27 19, Fax (0 65) 62 34 10.

Grand'Place 22 ☎ (0 65) 33 55 80, Fax (0 65) 35 63 36 – Fédération provinciale de tourisme, r. Clercs 31 ☎ (0 65) 36 04 64, Fax (0 65) 33 57 32.

Bruxelles 67 ① – Charleroi 36 ② – Maubeuge 20 ③ – Namur 72 ① – Tournai 48 ⑤.

Plan page suivante

Lido M sans rest, r. Arbalestriers 112, ☎ (0 65) 32 78 00, *Fax (0 65) 84 37 22,* – TV ☎ – 60 à 300. AE ⓓ E VISA JCB — DY b
66 ch ☐ 2950/3900.

Infotel sans rest, r. Havré 32, ☎ (0 65) 40 18 30, *Fax (0 65) 35 62 24* – TV ☎ P. AE ⓓ E VISA — DY s
24 ch ☐ 2400/3500.

XXX **Devos,** r. Coupe 7, ☎ (0 65) 35 13 35, *Fax (0 65) 35 37 71* – AE ⓓ E VISA — DY r
fermé du 15 au 21 fév., 18 juil.-15 août, merc. et dim. soir – **Repas** Lunch 950 – 1950.

XXX **Chez John,** av. de l'Hôpital 10, ☎ (0 65) 33 51 21, *Fax (0 65) 33 76 87* – AE ⓓ E VISA
fermé dim. et lundis soirs non fériés et 11 juil.-4 août – **Repas** Lunch 950 – carte 2000 à 2750. — DY e

XXX **Le Vannes,** chaussée de Binche 177 (par ②), ☎ (0 65) 35 14 43, *Fax (0 65) 35 57 58,* – P. AE ⓓ E VISA
fermé merc. et du 1er au 20 juil. – **Repas** Lunch 975 – carte env. 1700.

XX **Marchal,** Rampe Ste-Waudru 4, ☎ (0 65) 31 24 02, *Fax (0 65) 31 24 02,* – P. AE ⓓ E VISA — CY a
fermé dim. soir et lundi – **Repas** Lunch 720 – 890/1630.

XX **La Biche,** r. Fernand Maréchal 50, ☎ (0 65) 33 98 13, *Fax (0 65) 33 98 18,* – P. AE ⓓ E VISA — CZ f
fermé sam. midi, dim. soir, lundi, 1 sem. en sept. et 1 sem. en janv. – **Repas** Lunch 750 – 1395.

X **Alter Ego,** r. Nimy 6, ☎ (0 65) 35 52 60, *Fax (0 65) 35 16 70* – AE ⓓ E VISA — DY c
fermé dim., lundi et 15 juil.-15 août – **Repas** (déjeuner seult sauf vend. et sam.) carte 750 à 1250.

X **La Coquille St-Jacques,** r. Poterie 27, ☎ (065) 84 36 53, *Fax (0 65) 84 36 53* – E VISA
fermé dim. soirs et lundis non fériés et 21 juil.-14 août – **Repas** 750. — CY h

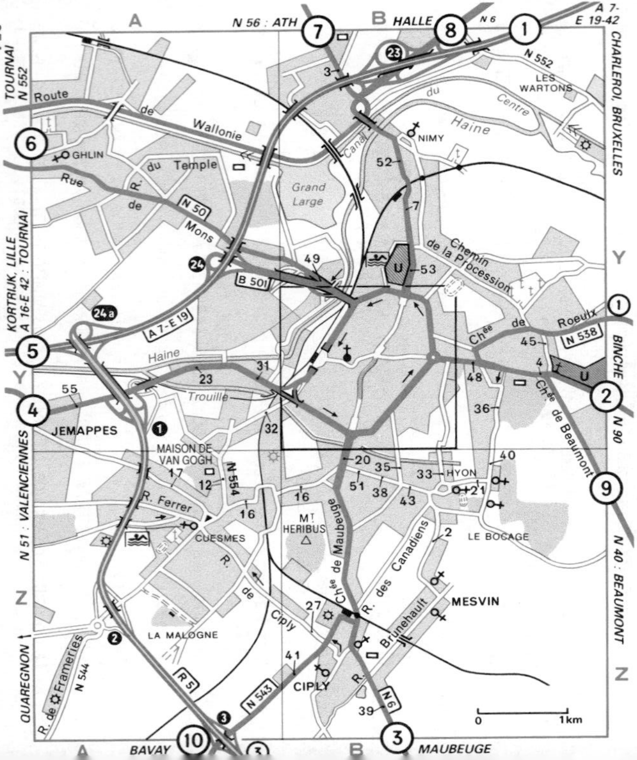

MONS

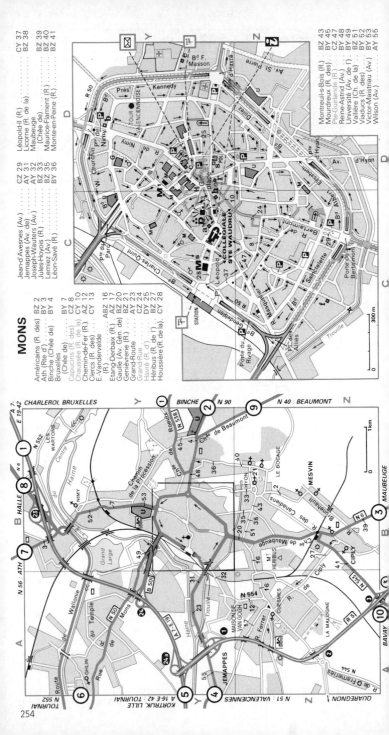

Américains (R. des)	BZ 2
Ath (Rte d')	BY 3
Binche (Chée de)	BY 4
Bruxelles (Chée de)	BY 7
Capucins (R. des)	CZ 8
Chaussée (R. de la)	CY 10
Chemin-de-Fer (R.)	AZ 12
Clercs (R. des)	CY 13
E.-Vandervelde (R.)	ABZ 16
Etang-Derbaix (R.)	AZ 17
Gaulle (Av. Gén. de)	BZ 20
Genièvrerie (R.)	BZ 21
Grand-Route	AY 23
Grand-Rue	CZ 24
Havré (R. d')	DY 25
Héribus (R. de l')	BZ 27
Houssière (R. de la)	CY 28
Jean-d'Avesnes (Av.)	CZ 29
Jemappes (Av. de)	AY 31
Joseph-Wauters (Av.)	AY 32
Jules-Hoyois (R.)	BZ 33
Lemiez (Av.)	BZ 35
Léon-Savé (R.)	BY 36
Léopold-II (R.)	CY 37
Licorne (R. de la)	BZ 38
Maubeuge (Chée de)	BZ 39
Maurice-Flament (R.)	BZ 40
Monte-en-Peine (R.)	BZ 41
Montreuil-s-Bois (R.)	BZ 43
Mourdreux (R. des)	BY 45
Pte-Guirlande (R.)	CZ 47
Reine-Astrid (Av.)	BY 48
Université (Av. de l')	BY 49
Vallière (Ch. de la)	BZ 51
Viaducs (R. des)	BY 52
Victor-Maistriau (Av.)	BY 53
Wilson (Av.)	AY 55

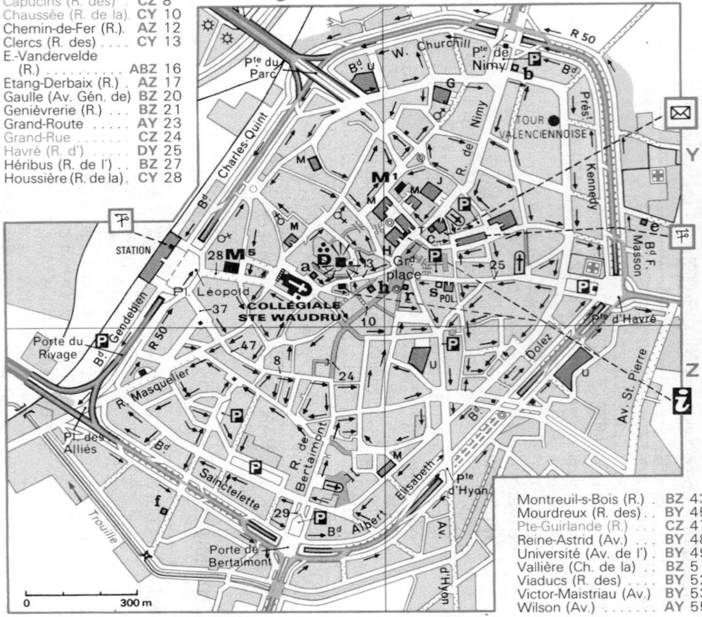

à Baudour *par ⑥ : 6 km* ☐ *Saint-Ghislain 22 044 h. – ✉ 7331 Baudour :*

XX **Chez Fernez,** pl. de la Résistance 1, ✆ (0 65) 64 44 67, *Fax (0 65) 64 47 92* – ▤. AE ⓓ E VISA
fermé mardi soir, merc. et dim. soir – **Repas** Lunch 1150 – 1980.

à Frameries *par ⑩ : 2 km – 20 922 h. – ✉ 7080 Frameries :*

XXX **L'Assiette au beurre,** r. Industrie 278, ✆ (0 65) 67 76 73, *Fax (0 65) 66 43 87* – Ⓟ. AE ⓓ E VISA
fermé dim. soir, lundis midis non fériés, lundi soir et merc. soir – **Repas** 1250/1990.

à Masnuy-St-Jean *par ⑦ : 6 km* ☐ *Jurbise 8 946 h. – ✉ 7020 Masnuy-St-Jean :*

La Forêt, chaussée de Brunehault 3, ✆ (0 65) 72 36 85, *Fax (0 65) 72 41 44*, ≤, « Cadre de verdure », – – 25 à 100.
50 ch, 1 suite.

Ga handig te werk wanneer u een hotel of een restaurant zoekt.

Weet hoe u gebruik kunt maken van de rood onderstreepte plaatsnamen op de ***Michelinkaarten*** *nrs.* 908 *en* 909*. Maar zorg dat u de nieuwste kaart heeft !*

MONT *Namur* 214 ⑤ et 909 H 4 – *voir à Godinne.*

MONTAIGU *Vlaams-Brabant – voir Scherpenheuvel.*

MONTIGNIES-ST-CHRISTOPHE *6560 Hainaut* ☐ *Erquelinnes 9 747 h.* 214 ③ et 909 F 5.
Bruxelles 70 – Charleroi 30 – Mons 25 – Maubeuge 20.

XX ✿ **La Villa Romaine,** chaussée de Mons 52, ✆ (0 71) 55 56 22, *Fax (0 71) 55 62 03*, – ▤ Ⓟ. AE ⓓ E VISA JCB
fermé du 15 au 22 fév., 23 août-13 sept., dim. soir et lundis non fériés – **Repas** Lunch 1490 – 1980/2480, carte env. 2100
Spéc. Ravioli de crabe, gâteau d'anguille fumée et crème de basilic. Émincé de pintade et risotto de champignons au beurre de romarin. Chocolat amer sur un gâteau à la cannelle et beignets de noisettes.

MONTIGNIES-SUR-SAMBRE *Hainaut* 214 ④ et 909 G 4 – *voir à Charleroi.*

MONT-ST-ANDRÉ *1367 Brabant Wallon* ☐ *Ramillies 5 062 h.* 213 ⑳.
Bruxelles 56 – Namur 26 – Charleroi 41 – Hasselt 60 – Liège 64 – Tienen 22.

XX **La Table de Saint André,** r. Petite Coyarde 10, ✆ (0 81) 87 84 52, *Fax (0 81) 87 84 52*, – AE E VISA
fermé dim. soir et lundi sauf en juil.-août, 1 sem. en sept. et prem. sem. janv. – **Repas** Lunch 560 – 995/1600.

MONT-ST-AUBERT *Hainaut* 213 ⑮ et 909 D 4 – *voir à Tournai.*

MONT-SUR-MARCHIENNE *Hainaut* 214 ③ et 909 G 4 – *voir à Charleroi.*

MOURCOURT *Hainaut* 213 ⑮ et 909 D 4 – *voir à Tournai.*

MOUSCRON (MOESKROEN) *7700 Hainaut* 213 ⑮ et 909 C 3 – *52 764 h.*
Hôtel de Ville ✆ (0 56) 86 02 00, Fax (0 56) 34 58 23.
Bruxelles 101 ③ – Mons 71 ⑤ – Kortrijk 11 ④ – Lille 23 ③ – Tournai 23 ⑤.

Plan page suivante

XX **Au Petit Château,** bd des Alliés 243 (par ⑤ : 2 km sur N 58), ✉ 7700 Luingne, ✆ (0 56) 33 22 07, *Fax (0 56) 84 02 11* – ▤ Ⓟ. AE ⓓ E VISA
fermé dim. soir, lundi soir, mardi soir et merc. – **Repas** Lunch 725 bc – 1095/1595.

XX **Madame,** r. Roi Chevalier 17, ✆ (0 56) 34 43 53,
E VISA A c
fermé lundis non fériés, dim. soir et 25 juil.-12 août – **Repas** Lunch 750 – 1150/1700.

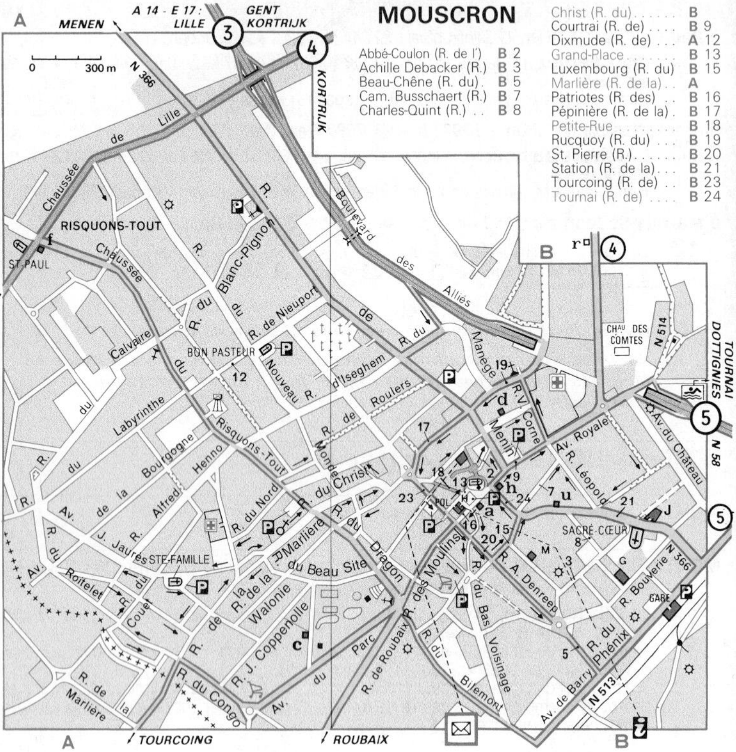

XX **l'Escapade,** Grand'Place 34, ☎ (0 56) 84 13 13, Produits de la mer – AE ① E VISA — B a
fermé dim. soir, lundi soir et mardi soir – **Repas** *Lunch 790* – 1080/1290 bc.

XX **Les Roses,** av. Reine Astrid 111, ☎ (0 56) 34 84 73, *Fax (0 56) 84 24 14,* – AE ① E VISA — B r
fermé merc., dim. soir et 2e quinz. août – **Repas** *Lunch 1200 bc* – carte 850 à 1400.

X **Au Jardin de Pékin,** r. Station 9, ☎ (0 56) 33 72 88, Cuisine chinoise, ouvert jusqu'à 23 h – AE ① E VISA. — B u
fermé lundis non fériés – **Repas** *Lunch 300* – carte env. 900.

X **l'Aquarelle,** chaussée de Lille 291, ☎ (0 56) 34 55 36 – E VISA — A f
fermé lundi soir, mardi, 2 sem. en mars et 3 sem. en sept. – **Repas** 1095 bc/1595 bc.

X **La Cloche,** r. Tournai 9, ☎ (0 56) 33 04 26, Brasserie, ouvert jusqu'à 23 h – AE ① E VISA — B h
Repas *Lunch 390* – 790/990.

X **Le Galion,** r. Courtils 1a, ☎ (0 56) 34 54 37 – AE ① E VISA — B d
fermé dim. soirs, lundis et mardis soirs non fériés – **Repas** *Lunch 600* – 850.

à Herseaux *par ⑤ : 4 km* C *Mouscron* – ✉ *7712 Herseaux :*

X **La Broche de Fer,** r. Broche de Fer 273, ☎ (0 56) 33 15 16, *Fax (0 56) 34 10 54* – P. E VISA
fermé mardi, merc. et 15 juil.-15 août – **Repas** 990/1200.

MULLEM *Oost-Vlaanderen* 213 ⑯ – *voir à Oudenaarde.*

Les cartes Michelin sont constamment tenues à jour.

NADRIN *6660 Luxembourg belge* C *Houffalize 4 405 h.* 214 ⑦ et 909 K 5.

Voir *Belvédère des Six Ourthe★★, Le Hérou★★.*

Bruxelles 140 – Arlon 68 – Bastogne 29 – La Roche-en-Ardenne 13.

Les Alisiers sans rest, rte du Hérou 53, (0 84) 44 45 44, *Fax (0 84) 44 46 04,* ≤ vallées, « Villa sur jardin » – TV ☎ P. AE E VISA
5 ch 1500/2500.

Les Ondes, r. Villa Romaine 21, (0 84) 44 41 11, *Fax (0 84) 44 41 11,* « Jardin ombragé », – ☎ P. E VISA. rest
fermé 18 août-11 sept. et janv. – **Repas** *(fermé merc.)* 795/1475 – **13 ch** 1645/3270 – ½ P 1895/2360.

Le Cabri avec ch, rte du Hérou 45, (0 84) 44 41 85, « Auberge avec ≤ vallées », – ☎ P. AE O E VISA. ch
fermé du 8 au 16 mars, 28 mai-13 juin, du 13 au 22 déc., lundi et mardi – **Repas** *Lunch 950* – 1295/1895 – **9 ch** 2250/3250 – ½ P 2500/2800.

Host. du Panorama avec ch, rte du Hérou 41, (0 84) 44 43 24, *Fax (0 84) 44 46 63,* ≤ vallées, – TV ☎ P. AE E VISA. ch
Pâques-15 nov. et week-end ; fermé 2 janv.-carnaval – **Repas** *(fermé merc.)* 1000/2000 – 250 – **11 ch** 1650/1950 – ½ P 2100/2500.

La Plume d'Oie, pl. du Centre 3, (0 84) 44 44 36, – AE O E VISA
fermé dern. sem. juin-2 prem. sem. juil., mardi soir hors saison et merc. sauf en juil.-août – **Repas** 990/1790.

Au Vieux Chêne, r. Villa Romaine 4, (0 84) 44 41 14, *Fax (0 84) 44 46 04,* – P. AE O E VISA
fermé 2 sem. en juil., 2 sem. en sept., 2 sem. en janv. et mardi et merc. sauf en juil.-août – **Repas** 650/1275.

NALINNES *Hainaut* 214 ③ ④ et 909 G 5 – *voir à Charleroi.*

NAMUR – NAMEN

5000 Ⓟ 213 ⑳, 214 ⑤ *et* 909 H 4 – *105 243 h.*

Bruxelles 64 ① – *Charleroi 38* ⑥ – *Liège 61* ① – *Luxembourg 158* ③.

Plan de Namur	p. 2 et 3
Nomenclature des hôtels et des restaurants	p. 1 à 4

RENSEIGNEMENTS PRATIQUES

Casino BZ, *av. Baron de Moreau 1* ☏ *(081) 22 30 21, Fax (081) 22 90 22.*

ℹ *Square de l'Europe Unie* ☏ *(081) 24 64 49, Fax (081) 24 65 54 et (en saison) Chalet, pl. du Grognon* ☏ *(081) 24 64 48, Fax (081) 24 65 54.*

CURIOSITÉS

Voir *Citadelle*★ ☀★★ BZ – *Trésor*★★ *d'Oignies* BCZ **K** – *Église St-Loup*★ BZ – *Le Centre*★.

Musées : *Archéologique*★ BZ **M²** – *des Arts Anciens du Namurois*★ BY **M³** – *Diocésain et trésor de la cathédrale*★ BYZ **M⁴** – *de Croix*★ BZ **M⁵**.

Env. *Floreffe : stalles*★ *de l'église abbatiale par* ⑤ *: 11 km.*

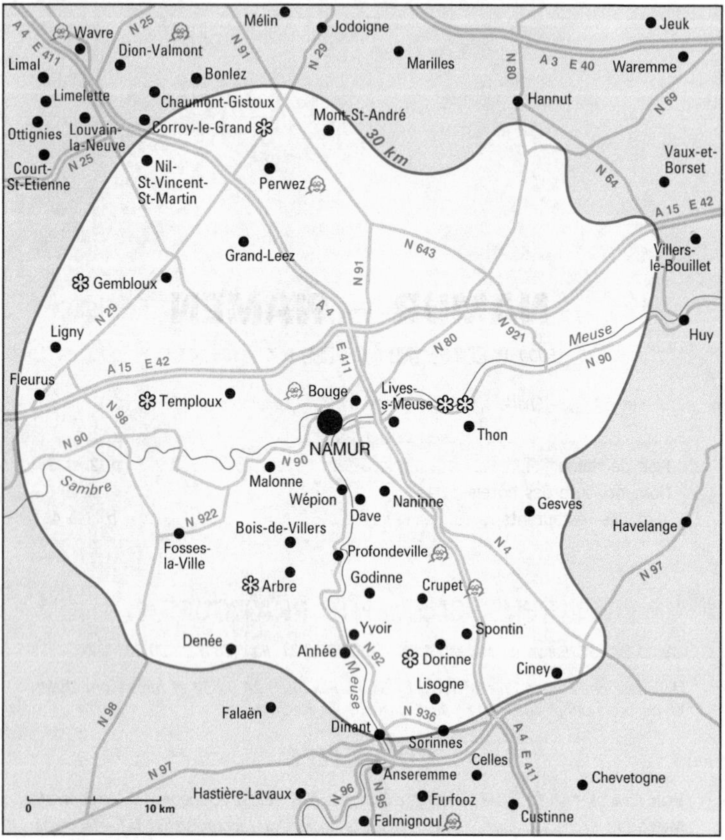

Quartiers du Centre :

Gd H. de Flandre sans rest, pl. de la Station 14, ℘ (0 81) 23 18 68, *Fax (0 81) 22 80 60* – |‡| ⟷ TV ☎. AE ◑ E VISA. ✻ – ☕ 400 – **33 ch** 1700/2700. BY k

L'Espièglerie avec ch, r. Tanneries 13, ℘ (0 81) 23 19 99, *Fax (0 81) 26 14 32*, « Intérieur rustique » – P. AE ◑ E VISA. ✻ CZ x
Repas *(fermé sam. midi, dim. soir et mi-juil.-mi-août)* Lunch 1000 bc – 1295/1895 – ☕ 300 – **25 ch** 1250/8500.

Chez Chen, r. Borgnet 8, ℘ (0 81) 22 48 22, *Fax (0 81) 24 12 46*, Cuisine chinoise, ouvert jusqu'à 23 h – ▤. AE ◑ E VISA. ✻ BY r
fermé mardi et 3 prem. sem. juil. – **Repas** 695/1550.

Côté Jardin, r. Halle 2, ℘ (0 81) 23 01 84, *Fax (0 81) 23 01 75*, ☂ – AE ◑ E VISA
Repas Lunch 490 – 850. BZ n

La Bruxelloise, av. de la Gare 2, ℘ (0 81) 22 09 02, *Fax (0 81) 24 10 20*, Moules en saison, ouvert jusqu'à 23 h 30 – ▤ P. AE ◑ E VISA BY a
Repas Lunch 795 – carte 850 à 1550.

La Petite Fugue, pl. Chanoine Descamps 5, ℘ (0 81) 23 13 20, *Fax (0 81) 23 13 20*, ☂. E VISA – *fermé sam. midi, dim. soir, lundi, 2 sem. Pâques et 2 sem. Toussaint* – **Repas** Lunch 695 – 895/1395. BZ f

direction Citadelle :

Château de Namur ⛰ (Établissement d'application hôtelière), av. Ermitage 1, ℘ (0 81) 72 99 00, *Fax (0 81) 72 99 99*, ≤, ✻ – |‡| TV ☎ P – 🏛 25 à 150. AE ◑ E VISA JCB. ✻ rest AZ b
Repas Lunch 895 – 1050/2500 – ☕ 450 – **30 ch** 3550/4050 – ½ P 3150/4650.

Beauregard sans rest, av. Baron de Moreau 1, ☎ (0 81) 23 00 28, *Fax (0 81) 24 12 09* – 🛗 TV ☎ 🚗 P – 🏃 25 à 200. AE ⓓ E VISA BZ e
51 ch ☕ 3450/3950.

Biétrumé Picar, Tienne Maquet 16 (La Plante, par ④ : 3 km sur N 92), ☎ (0 81) 23 07 39, *Fax (0 81) 23 10 32*, ☂ – P – 🏃 25. AE ⓓ E VISA
fermé dim. soir et lundi – **Repas** *Lunch 1300 bc* – 1800 bc/2700 bc.

Au Trois Petits Cochons, av. de la Plante 4, ☎ (0 81) 22 70 10, *Fax (0 81) 22 70 10*, ☂ – AE ⓓ E VISA BZ m
fermé sam. midi, dim., 1re quinz. mars et fin août – **Repas** *Lunch 750 bc* – carte env. 1100.

à Bouge *par ② : 3 km* C *Namur* – ✉ *5004 Bouge :*

La Ferme du Quartier 🐦, pl. Ste Marguerite 4, ☎ (0 81) 21 11 05, *Fax (0 81) 21 59 18*, ☂, 🌳 – ☎ P – 🏃 35. AE ⓓ E VISA. ✗
fermé juil. et du 22 au 30 déc. – **Repas** *(fermé dim. soir) Lunch 950* – carte env. 1100 – **14 ch** ☕ 1000/1650 – ½ P 1700/2000.

Les Alisiers, rte de Hannut 14, ☎ (0 81) 21 36 62, *Fax (0 81) 21 36 62*, ≤, ☂ – P. AE E VISA
fermé lundi soir, mardi, sem. carnaval et 1re quinz. août – **Repas** 980/1600.

à Dave *par N 947 : 7 km - BCZ* C *Namur* – ✉ *5100 Dave :*

Le Beau Rivage, r. Rivage 8, ☎ (0 81) 40 18 97, *Fax (0 81) 40 26 81*, ≤, ☂ – P. AE ⓓ E VISA. ✗
fermé sem. carnaval, 3 prem. sem. sept., mardis et sam. midis non fériés d'oct. à mai et lundis non fériés – **Repas** *Lunch 590* – 1190/1490.

à Lives-sur-Meuse *par ③ : 9 km* C *Namur* – ✉ *5101 Lives-sur-Meuse :*

New Hotel de Lives, chaussée de Liège 1178, ☎ (0 81) 58 05 13, *Fax (0 81) 58 15 77* – TV ☎ P – 🏃 35. AE ⓓ E VISA JCB. ✗ rest
Repas (résidents seult) – **10 ch** ☕ 2200/2800 – ½ P 2770.

La Bergerie (Lefevere), r. Mosanville 100, ☎ (0 81) 58 06 13, *Fax (0 81) 58 19 39*, ≤, « Dominant la vallée, terrasse et jardin avec pièce d'eau » – ▤ P. AE ⓓ E VISA
fermé dim. soir en hiver, lundi, mardi, 2e quinz. fév. et 2e quinz. août – **Repas** *Lunch 2000 bc* – carte env. 2600
Spéc. Truite de notre vivier, soufflé homardine. Agneau rôti "Bergerie". Le gâteau de crêpes soufflées.

à Malonne *par ⑤ : 8 km* C *Namur* – ✉ *5020 Malonne :*

Alain Peters, Trieux des Scieurs 22, ☎ (0 81) 44 03 32, *Fax (0 81) 44 60 20*, ☂, « Terrasse avec pièce d'eau » – ▤ P. E VISA
fermé lundi soir d'oct. à mai, mardi, merc., 1 sem. carnaval, 15 juil.-2 août et 23 déc.-3 janv. – **Repas** *Lunch 1250 bc* – 1350/1600.

Le Relais du Roy Louis, Allée de la Ferme Blanche 18 (par N 90), ☎ (0 81) 44 48 47, *Fax (0 81) 44 48 47*, ☂ – P. AE ⓓ E VISA JCB
fermé merc. soir, jeudi, dim. soir, dern. sem. fév., 2 dern. sem. août et après 20 h 30 – **Repas** *Lunch 850* – 1350/1850.

à Temploux *par ⑥ : 7 km* C *Namur* – ✉ *5020 Temploux :*

L'Essentiel (Gersdorff), r. Roger Clément 32 (2,5 km par Chemin du Moustier), ☎ (0 81) 56 86 16, *Fax (0 81) 56 86 36*, ☂, « Cadre champêtre, terrasse avec pièce d'eau » – P – 🏃 25 à 40. AE ⓓ E VISA
fermé dim., lundi, 25 juil.-9 août et 19 déc.-3 janv. – **Repas** *Lunch 1080* – 1480/2430 bc
Spéc. Salade aux copeaux de foie gras, langoustines rôties, aiguillettes de canard fumé et vinaigrette de noisettes. Ragoût de homard et poularde aux petits légumes. Pommes en feuilleté tiède au romarin, glace à la cannelle.

à Thon *par ③ : 11 km* C *Andenne 23 311 h.* – ✉ *5300 Thon :*

Léon au "Jardins du Luxembourg", rte de Liège 2 (N 90), ☎ (0 81) 58 86 51, *Fax (0 81) 58 07 62*, ≤, ☂ – P. AE ⓓ E VISA
fermé mardi soir, merc., 1 sem. carnaval et 22 juil.-10 août – **Repas** *Lunch 950* – 1100/2000.

L'Aub. des 2 Marie, r. Gramptinne 54a (lieu-dit Vallée du Samson), ☎ (0 81) 58 86 13, *Fax (0 81) 58 86 13*, ☂, « Terrasse au bord de l'eau » – P. AE ⓓ E VISA. ✗
fermé lundi, mardi, 1 sem. en sept. et 3 dern. sem. janv. – **Repas** *Lunch 695* – 1995 bc.

à Wépion *par ④ : 4,5 km* C *Namur* – ✉ *5100 Wépion :*

Novotel, chaussée de Dinant 1149, ☎ (0 81) 46 08 11, *Fax (0 81) 46 19 90*, ≤, ☰, 🏊, ⚓ – ✗, ▤ rest, TV ☎ P – 🏃 25 à 270. AE ⓓ E VISA JCB
Repas *Lunch 1100 bc* – carte 850 à 1400 – ☕ 475 – **110 ch** 3500/3900 – ½ P 2250/2700.

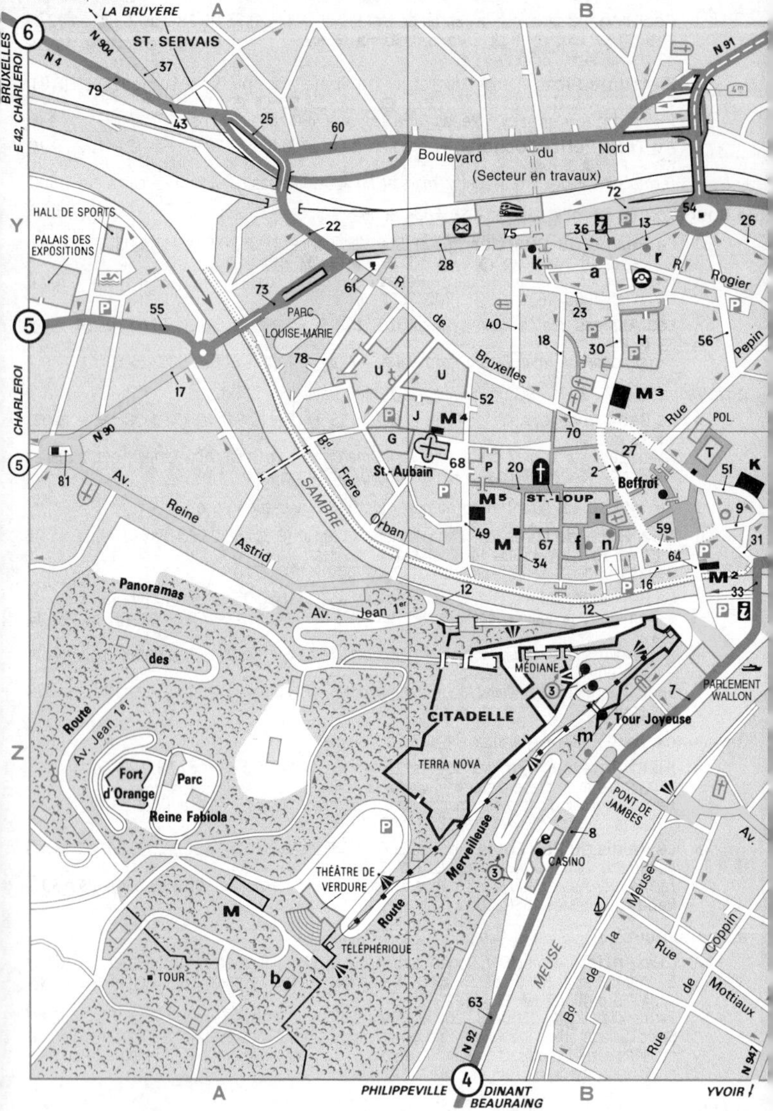

Villa Gracia sans rest, chaussée de Dinant 1455, ☎ (0 81) 41 43 43, *Fax (0 81) 41 12 25*, ←, « Demeure mosanne en bord de Meuse (Maas) », – – 30. AE ① E VISA JCB
380 – **8 ch** 3800/6100.

La Petite Marmite, chaussée de Dinant 683, ☎ (0 81) 46 09 06, *Fax (0 81) 46 02 06*, ← Meuse (Maas), – P. AE ① E VISA
fermé dim. soirs et lundis non fériés, 2 sem. après Pâques et 3 sem. en oct. – **Repas** Lunch 1000 – 1300/1600.

Le Père Courtin, chaussée de Dinant 652, ☎ (0 81) 46 19 61 – AE ① E VISA
fermé mardis non fériés – **Repas** 695/1950 bc.

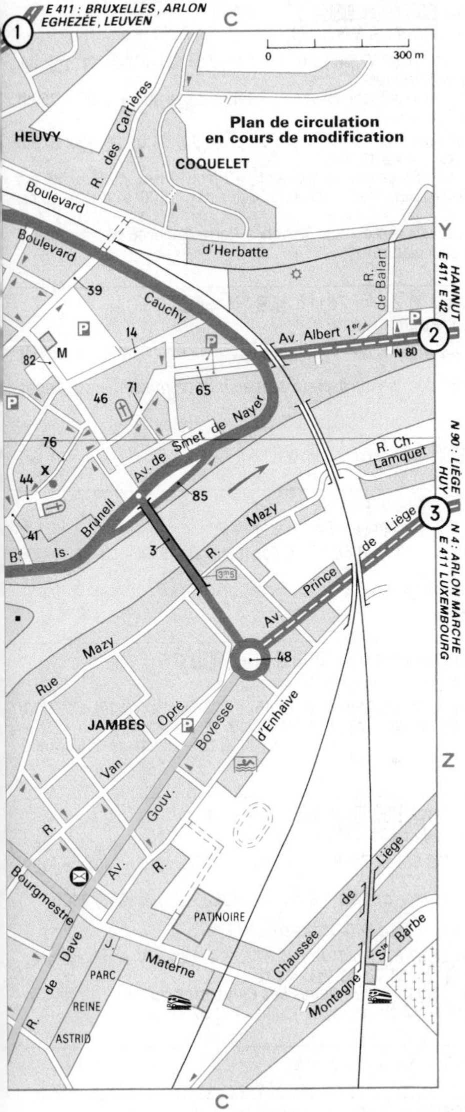

NAMUR

Ange (R.de l') . . . . BZ 2
Ardennes (Pont des) . . . . CZ 3
Armes (Pl. d') . . . . BZ 4
Baron L. Huart (Bd.) . . . . BZ 7
Baron-de-Moreau (Av.) . . . . BZ 8
Bas-de-la-Place (R.) . . . . BZ 9
Bord-de-l'Eau (R. du) . . . . ABZ 12
Borgnet (R.) . . . . BY 13
Bourgeois (R. des) . . . . CY 14
Brasseurs (R des) . . . . BZ 16
Cardinal-Mercier (Av.) . . . . AY 17
Carmes (R. des) . . . . BY 18
Collège (R. du) . . . . BZ 20
Combattants (Av. des) . . . . AY 22
Croisiers (R. des) . . . . BY 23
Croix-du-Feu (Av. des) . . . . AY 25
Dewez (R.) . . . . BCY 26
Emile-Cuvelier (R.) . . . . BYZ 27
Ernest-Mélot (Bd.) . . . . BY 28
Fernand-Golenvaux (Av.) . . . . BZ 31
Fer (R. de) . . . . BY 30
France (Pont de) . . . . BZ 33
Fumal (R.) . . . . BZ 34
Gare (Av. de la) . . . . BY 36
Gembloux (R. de) . . . . AY 37
Général-Michel (R.) . . . . CY 39
Godefroid (R.) . . . . BY 40
Gravière (R. de) . . . . CZ 41
Hastedon (Pl. d') . . . . AY 43
Ilon (Pl. d') . . . . CZ 44
J.-Brabant (R.) . . . . CY 46
Joséphine-Charlotte (Pl.) . . . . CZ 48
Joseph-Saintraint (R.) . . . . BZ 49
Julie-Billiard (R) . . . . BZ 51
Lelièvre (R.) . . . . BY 52
Léopold (Pl.) . . . . BY 54
Léopold II (Av.) . . . . AY 55
Lucien-Namèche (R.) . . . . BY 56
Marchovelette (R. de) . . . . BZ 59
Merckem (Bd de) . . . . AY 60
Omalius (Pl. d') . . . . AY 61
Plante (Av. de la) . . . . BZ 63
Pont (R. du) . . . . BZ 64
Reine Elisabeth (Pl.) . . . . CY 65
Rupplémont (R.) . . . . BZ 67
St-Aubain (Pl.) . . . . BZ 68
St Jacques (R) . . . . BY 70
St-Nicolas (R.) . . . . CY 71
Square-Léopold (Av. du) . . . . BY 72
Stassart (Av. de) . . . . AY 73
Station (Pl. de la) . . . . BY 75
Tanneries (R. des) . . . . CYZ 76
Vierge (Rempart de la) . . . . AY 78
Waterloo (chaussée de) . . . . AY 79
Wiertz (Pl.) . . . . AZ 81
1er-Lanciers (R. du) . . . . BY 82
4-Fils-Aymon (R. des) . . . . CZ 85

Michelin n'accroche pas de panonceau aux hôtels et restaurants qu'il signale.

*Pour visiter une ville ou une région : utilisez les **Guides Verts Michelin**.*

NANINNE *5100 Namur* C *Namur 105 243 h.* 214 ⑤ et 909 H 4.

Fédération provinciale de tourisme, Parc industriel, r. Pieds d'Alouette 18 ☎ (0 81) 40 80 10, Fax (0 81) 40 80 20.

Bruxelles 70 – Namur 13 – Marche-en-Famenne 38.

XX **Clos St-Lambert,** r. Haie Lorrain 2, ☎ (0 81) 40 06 30, *Fax (0 81) 40 14 61*, Avec grillades – P. AE ① E VISA
fermé mardi, merc., 1re quinz. fév. et 2e quinz. août – **Repas** *Lunch 1200 bc* – 995/1575.

NASSOGNE *6950 Luxembourg belge* 214 ⑥ et 909 J 5 – *4 658 h.*
Bruxelles 121 – Dinant 45 – Liège 71 – Namur 62.

Beau Séjour ⑤, r. Masbourg 30, ☎ (0 84) 21 06 96, *Fax (0 84) 21 40 62,* – TV ☎ P – 25. AE E VISA. rest
fermé 1 sem. Pâques et merc. et jeudi sauf en saison – **Repas** carte 900 à 1400 – **25 ch** 2400/2700 – ½ P 2300/2800.

La Gourmandine (Guindet) avec ch, r. Masbourg 2, ☎ (0 84) 21 09 28, *Fax (0 84) 21 09 23,* – TV ☎ P. AE ① E VISA
fermé lundis soirs et mardis non fériés sauf en juil.-août, 18 janv.-9 fév., du 8 au 15 juin et 31 août-14 sept. – **Repas** Lunch 1250 – 1700/2300, carte 1800 à 2200 – **6 ch** 2500/3400 – ½ P 3400
Spéc. Tartelette de ris de veau aux senteurs de Provence. Carré d'agneau de lait régional (mai-oct.). Soufflé chaud au chocolat amer.

NEDERZWALM *9636 Oost-Vlaanderen* C *Zwalm 7 611 h.* 213 ⑯ et 909 E 3.
Bruxelles 51 – Gent 23 – Oudenaarde 9.

't Kapelleke, Neerstraat 39, ☎ (0 55) 49 85 29, *Fax (0 55) 49 66 97,* – P. AE ① E VISA
fermé dim. soir, lundi, jeudi soir, dern. sem. juil.-prem. sem. août et prem. sem. janv. – **Repas** Lunch 800 – 2150 bc.

NEERHAREN *Limburg* 213 ⑩ et 909 K 3 – *voir à Lanaken.*

NEERPELT *3910 Limburg* 213 ⑩ et 909 J 2 – *15 097 h.*
Bruxelles 108 – Antwerpen 86 – Eindhoven 24 – Hasselt 40.

Au Bain Marie, Heerstraat 34, ☎ (0 11) 66 31 17, *Fax (0 11) 80 25 61* – AE ① E VISA.
fermé du 15 au 19 fév., du 5 au 18 avril, du 1er au 5 nov, mardi midi en juil.-août, mardi soir et merc. – **Repas** 1850 bc.

NEERIJSE *3040 Vlaams-Brabant* C *Huldenberg 8 750 h.* 213 ⑲ et 909 G 3.
Bruxelles 24 – Charleroi 58 – Leuven 10 – Namur 56.

Kasteel van Neerijse ⑤, Lindenhoflaan 1, ☎ (0 16) 47 28 50, *Fax (0 16) 47 23 80,* « Parc », – TV ☎ P – 25 à 90. AE ① E VISA.
Repas *(fermé sam. midi et dim. soir)* Lunch 1150 – 1800/2100 bc – **27 ch** 3950/4400 – ½ P 3350/3980.

NEUFCHÂTEAU *6840 Luxembourg belge* 214 ⑰ et 909 J 6 – *6 146 h.*
Bruxelles 153 – Arlon 36 – Bouillon 40 – Dinant 71.

La Potinière, r. Bataille 5, ☎ (0 61) 27 70 71, *Fax (0 61) 27 70 71,* « Jardin » – TV ☎. AE ① E VISA.
Repas (dîner pour résidents seult) – 250 – **6 ch** 1400/2200 – ½ P 1950/2300.

à Grandvoir *NO : 7 km* C *Neufchâteau* – ✉ *6840 Grandvoir :*

Cap au Vert ⑤, ☎ (0 61) 27 97 67, *Fax (0 61) 27 97 57,* « Vallon boisé avec étang », – TV ☎ P – 25. AE ① E VISA. rest
fermé 29 août-16 sept. et du 3 au 20 janv. – **Repas** ***Les Claytones du Cap*** *(ferrmé dim. soir et lundi hors saison)* 1850 – **12 ch** 3100/4000 – ½ P 3250/3425.

NEUVILLE *Namur* 214 ④ et 909 G 5 – *voir à Philippeville.*

NEUVILLE-EN-CONDROZ *Liège* 213 ㉒ et 909 J 4 - ⑰ S – *voir à Liège, environs.*

NIEUWPOORT *8620 West-Vlaanderen* C *Nieuwpoort 10 169 h.* 213 ① et 909 B 2 – *Station balnéaire.*
Musée : *K.R. Berquin★ dans la Halle (Stadshalle).*
Stadhuis, Marktplein 7 ☎ (0 58) 22 44 44, Fax (0 58) 22 44 45.
Bruxelles 131 – Brugge 44 – Dunkerque 31 – Oostende 19 – Veurne 13.

Martinique, Brugse Steenweg 7 (à l'écluse), ☎ (0 58) 24 04 08, *Fax (0 58) 24 04 07,* – TV ☎ P. AE ① E VISA.
Repas (dîner seult) (en hiver ouvert week-end seult sauf vacances scolaires) 950/1600 – **5 ch** 2000/2850.

XX **De Vierboete,** Halve Maanstraat 2a (NE : 2 km au port de plaisance), (0 58) 23 34 33, *Fax (0 58) 23 34 33*, ≤, , - - 25 à 80. AE E VISA.
fermé mardi soir, merc. et sem. carnaval – **Repas** 975/1350.

X **'t Vlaemsch Galjoen** 1er étage, Watersportlaan 11 (NE : 1 km), (0 58) 23 54 95, *Fax (0 58) 23 99 73*, ≤ port de plaisance, - AE E VISA
fermé 15 janv.-15 fév. – **Repas** (d'oct. à Pâques déjeuner seult sauf week-end) 600/1250.

X **Café de Paris,** Kaai 16, (0 58) 24 04 80, *Fax (0 58) 24 03 90*, Taverne-rest avec produits de la mer, ouvert jusqu'à 23 h – AE E VISA
fermé du 14 au 24 juin, 15 nov.-9 déc., lundi soir d'oct. à mi-mars et mardi – **Repas** carte 1150 à 2050.

à Nieuwpoort-Bad : *(Nieuport-les-Bains) N : 1 km C Nieuwpoort – ✉ 8620 Nieuwpoort :*

Cosmopolite (avec annexe , 20 ch), Albert I-laan 141, (0 58) 23 33 66, *Fax (0 58) 23 81 35* – , rest, – 25 à 150. AE E VISA
Repas Lunch 595 – 995 – **58 ch** 1850/3600 – ½ P 1950/2350.

Duindomein, Albert I-laan 101, (0 58) 23 31 54, *Fax (0 58) 24 27 55*, , , , – , rest, – 25 à 150. AE E VISA
mai-sept. et week-end – **Repas** (grillades, ouvert jusqu'à 23 h) Lunch 595 – 850/995 – **39 ch** 1850/3500 – ½ P 1950/2350.

XX **Gérard,** Albert I-laan 253, (0 58) 23 90 33, *Fax (0 58) 23 07 17* – . AE E VISA JCB
fermé du 15 au 30 nov., 15 janv.-1er fév. et mardi et merc. sauf vacances scolaires – **Repas** Lunch 950 – 1475/2625 bc.

XX **Au Bon Coin,** Albert I-laan 94, (0 58) 23 33 10, *Fax (0 58) 23 11 07* – . AE E VISA
fermé merc., jeudi et 3 sem. en juin – **Repas** 2500 bc.

XX **Ter Polder,** Victorlaan 17, (0 58) 23 56 66, *Fax (0 58) 23 26 19*, – . AE E VISA
fermé jeudi et 22 nov.-4 déc. – **Repas** Lunch 1150 – carte env. 1400.

X **De Tuin,** Zeedijk 6, (0 58) 23 91 00, *Fax (0 58) 23 95 26*, , Taverne-rest – E VISA
fermé merc. et 12 nov.-12 déc. – **Repas** Lunch 375 – carte env. 1000.

NIL-ST-VINCENT-ST-MARTIN *1457 Brabant Wallon C Walhain 5 224 h.* 213 ⑲ et 909 H 4.

Bruxelles 39 – Namur 30.

XX **Le Provençal,** rte de Namur 11 (sur N 4), (0 10) 65 51 84 – . AE E VISA
fermé dim. soir, lundi, 27 juil.-12 août et 26 janv.-10 fév. – **Repas** 1000.

NINOVE *9400 Oost-Vlaanderen* 213 ⑰ et 909 F 3 – *34 299 h.*

Voir *Boiseries★ dans l'église abbatiale.*

Geraardsbergestraat 80, (0 54) 33 78 57, Fax (0 54) 32 92 77.

Bruxelles 24 – Gent 46 – Aalst 15 – Mons 47 – Tournai 58.

De Croone, Geraardsbergsestraat 49, (0 54) 33 30 03, *Fax (0 54) 32 55 88*, – – 25 à 200. AE E VISA JCB. rest
Repas *(fermé lundi midi, sam. midi et 15 juil.-7 août)* Lunch 320 – carte env. 1200 – **18 ch** 2400/3000 – ½ P 1900/2800.

XXX **De Swaene,** Burchtstraat 27, (0 54) 32 33 51, *Fax (0 54) 32 79 48*, , « Terrasse ombragée, pièce d'eau et jardin » – AE E VISA JCB.
fermé 2 sem. carnaval, 2 dern. sem. juil., prem. sem. janv., dim. sauf le 1er du mois et lundi – **Repas** Lunch 1350 – 1650/2100.

XXX **Hof ter Eycken** (Vanheule), Aalstersesteenweg 298 (NE : 2 km par N 405), (0 54) 33 70 81, *Fax (0 54) 32 81 74*, « Ancien haras, cadre champêtre » – . AE E VISA
fermé mardi soir, merc., sam. midi, sem. carnaval et 2 dern. sem. en juil.-prem. sem. août – **Repas** Lunch 1300 – 1875/3250 bc, carte 2350 à 2950
Spéc. Huîtres chaudes aux épinards, caviar et beurre au Champagne (oct.-avril). Asperges sautées, poêlée de langoustines, jus de volaille à l'huile d'olive et tomate confite (mai-sept.). Gibiers en saison.

X **St-Joris,** Burchtdam 27, (0 54) 33 31 52, *Fax (0 54) 32 84 08* – AE E VISA
fermé du 3 au 30 juin, du 1er au 17 oct., merc. de mai à sept. et jeudi – **Repas** (déjeuner seult) 760/1500.

X **De Hommel,** Kerkplein 2, (0 54) 33 31 97, *Fax (0 54) 32 06 41* – E VISA
fermé lundi soir, mardi, sam. midi, sem. carnaval et 2 dern. sem. juil. – **Repas** Lunch 850 – 1250/2200.

NISMES *5670 Namur* C *Viroinval 5 654 h.* 214 ⑭ et 909 G 5.
Bruxelles 113 – Charleroi 51 – Charleville-Mézières 50 – Couvin 6 – Dinant 42.

Le Melrose ⨓, r. Albert Grégoire 33, ✆ (0 60) 31 23 39, *Fax (0 60) 31 10 13,* ⛱, 🌳 – TV ☎ P – 🏔 40. AE ⓓ E VISA
fermé sem. carnaval – **Repas** *(fermé dim. soir, lundi et après 20 h 30)* 850/1000 – **8 ch** ☕ 1500/1850 – ½ P 1800/2100.

NIVELLES (NIJVEL) *1400 Brabant Wallon* 213 ⑱ et 909 G 4 – *23 691 h.*
Voir *Collégiale Ste-Gertrude★★.*
Env. *Plan incliné de Ronquières★ O : 9 km.*
⛳18 *(2 parcours) Chemin de Baudemont 23 ✆ (0 67) 89 42 66, Fax (0 67) 21 95 17 -* ⛳18 *à Vieux-Genappe NE : 10 km, Bruyère d'Hulencourt 15 ✆ (0 67) 79 40 40, Fax (0 67) 79 40 48.*
ℹ *Waux-Hall, pl. Albert Ier ✆ (0 67) 21 54 13, Fax (0 67) 21 57 13.*
Bruxelles 34 – Charleroi 28 – Mons 35.

Nivelles-Sud, chaussée de Mons 22 (E 19, sortie ⑲), ✆ (0 67) 21 87 21, *Fax (0 67) 22 10 88,* ⛱, 🏊 – 🛗 ⇔ TV ☎ P – 🏔 25 à 450. AE ⓓ E VISA
Repas (ouvert jusqu'à 23 h) 850/995 bc – ☕ 300 – **114 ch** 2430/2460, 1 suite.

Ferme de Grambais ⨓, chaussée de Braine-le-Comte 102 (O : 3 km sur N 533), ✆ (0 67) 22 01 18, *Fax (0 67) 84 13 07,* ⛱ – TV ☎ P – 🏔 25 à 80. AE ⓓ E VISA
fermé du 2 au 15 janv. – **Repas** (Taverne-rest) *(fermé lundi)* 900/1350 – **10 ch** ☕ 1750/2000.

Le Champenois, r. Brasseurs 14, ✆ (0 67) 21 35 00, *Fax (0 67) 21 35 00* – E VISA
fermé merc., sam. midi et du 15 au 31 août – **Repas** Lunch 650 – 1100.

à Petit-Rœulx-lez-Nivelles *S : 7 km* C *Seneffe 10 560 h.* – ✉ *7181 Petit-Rœulx-lez-Nivelles :*

Aub. St. Martin, r. Grinfaux 44, ✆ (0 67) 87 73 80 – P. AE ⓓ E VISA
fermé merc. et mi-juil.-14 août – **Repas** (déjeuner seult sauf vend. et sam.) Lunch 995 – 1495/1600.

NIVEZÉ *Liège* 213 ㉓ – *voir à Spa.*

NOIREFONTAINE *6831 Luxembourg belge* C *Bouillon 5 530 h.* 214 ⑯ et 909 I 6.
Env. *Belvédère de Botassart ≤★★ O : 7 km.*
Bruxelles 154 – Arlon 67 – Bouillon 4 – Dinant 59.

Aub. du Moulin Hideux ⨓, rte de Dohan 1 (SE : 2,5 km par N 865), ✆ (0 61) 46 70 15, *Fax (0 61) 46 72 81,* ≤, ⛱, « Ancien moulin réaménagé dans un environnement boisé, terrasse », 🏊, 🌳, 🎾 – TV ☎ P. AE ⓓ E VISA. ✂ rest
15 mars-nov. – **Repas** *(fermé merc. et jeudi midi de mars à juil.)* 2000/3500 bc, carte 2250 à 3400 – **11 ch** ☕ 6500/7500, 2 suites – ½ P 5000/6000
Spéc. Velouté de salsifis aux St-Jacques enrobées de truffes. Gibiers en saison. Tournedos de sandre sur fondue de fenouil à la badiane.

NOSSEGEM *Brabant* 213 ⑲ et 909 G 3 - ㉒ N – *voir à Bruxelles, environs.*

NIJVEL *Brabant Wallon – voir Nivelles.*

OCQUIER *4560 Liège* C *Clavier 3 948 h.* 214 ⑥ ⑦ et 909 J 4.
Bruxelles 107 – Liège 41 – Dinant 40 – Marche-en-Famenne 21.

Castel du Val d'Or avec ch, Grand'Rue 62, ✆ (0 86) 34 41 03, *Fax (0 86) 34 49 56,* ⛱, 🌳 – TV ☎ P – 🏔 25 à 200. AE ⓓ E VISA. ✂
fermé mardi, prem. sem. juil. et 2 sem. en janv. – **Repas** Lunch 795 – 1350/2950 – **17 ch** ☕ 1950/3800 – ½ P 1750/3600.

OEDELEM *West-Vlaanderen* 213 ③ et 909 D 2 – *voir à Beernem.*

OHAIN *1380 Brabant Wallon* C *Lasne 13 528 h.* 213 ⑲ et 909 G 3.
⛳18 *(2 parcours)* ⛳9 *Vieux Chemin de Wavre 50 ✆ (0 2) 633 18 50, Fax (0 2) 633 28 66.*
Bruxelles 24 – Charleroi 39 – Nivelles 17.

L'Aub. d'Ohain, chaussée de Louvain 709 (N : 2 km sur N 253), ✆ (0 2) 653 64 97, *Fax (0 2) 653 12 02,* ⛱, « Terrasse » – ▤ P. AE ⓓ E VISA
fermé du 4 au 8 avril, du 11 au 27 juil., du 1er au 20 janv., dim. et lundi – **Repas** Lunch 980 – 1500/2100.

XX **Le Dernier Try,** r. Try Bara 33, ☎ (0 2) 633 34 20, *Fax (0 2) 633 57 41*, 🏡 – AE ⓓ E VISA
fermé dim. soir, lundi et du 1er au 15 oct. – **Repas** Lunch 450 – 970.

X **Aub. de la Roseraie,** rte de la Marache 4, ☎ (0 2) 633 13 74, *Fax (0 2) 633 54 67*, 🏡, « Fermette avec terrasse » – P. AE ⓓ E VISA
fermé du 15 au 31 août, Noël-Nouvel An et merc. – **Repas** Lunch 395 – 750/1850.

OIGNIES-EN-THIÉRACHE *5670 Namur* C *Viroinval 5 654 h.* 214 ⑭ et 909 G 5.
Bruxelles 120 – Namur 81 – Charleville-Mézières 40 – Chimay 30 – Dinant 42.

XX **Au Sanglier des Ardennes** (Buchet) avec ch, r. J.-B. Périquet 4, ☎ (0 60) 39 90 89, *Fax (0 60) 39 02 83* – ▤ rest, P. E VISA. ✂ ch
fermé lundi midi sauf en juil.-août, lundi soir, mardi, fév.-10 mars et du 1er au 10 sept. – **Repas** 1500 bc, carte 1700 à 2200 – ☕ 400 – **7 ch** 2000/2500
Spéc. Salade de homard aux pommes et au curry léger. Tranches de rognons de veau rôties au petit Pékèt. Pêche pochée au Gamay, glace à la vanille (21 juin-21 sept.).

OISQUERCQ *Brabant Wallon* 213 ⑱ – *voir à Tubize.*

OLEN *2250 Antwerpen* 213 ⑧ et 909 H 2 – *10 716 h.*
⛳ *à Noorderwijk O : 1,5 km, Witbos ☎ (0 75) 46 29 45, Fax (0 3) 231 72 31.*
Bruxelles 67 – Antwerpen 33 – Hasselt 46 – Turnhout 27.

XXX **'t Doffenhof,** Geelseweg 28a (NE : 5 km sur N 13), ☎ (0 14) 22 35 28, *Fax (0 14) 23 29 12*, 🏡, « Ancienne maison à colombages reconstituée avec terrasse » – P. AE E VISA. ✂
fermé mardi, merc. et 3 prem. sem. vacances bâtiment – **Repas** Lunch 1350 bc – carte 2100 à 2500.

OLSENE *9870 Oost-Vlaanderen* C *Zulte 14 207 h.* 213 ③ et 909 D 3.
Bruxelles 73 – Gent 28 – Kortrijk 19.

XXX **Eikenhof,** Kasteelstraat 20, ☎ (0 9) 388 95 46, *Fax (0 9) 388 40 33*, 🏡 – P. AE ⓓ E VISA
fermé mardi soir, merc. et dern. sem. janv.-prem. sem. fév. – **Repas** Lunch 900 – carte 1550 à 2050.

O.L.V. LOMBEEK *Vlaams-Brabant* C *Roosdaal 10 436 h.* 213 ⑰ et 909 F 3 – ✉ *1760 Roosdaal.*
Bruxelles 19 – Halle 16 – Ninove 8.

XX **De Kroon,** Koning Albertstraat 191, ☎ (0 54) 33 23 81, *Fax (0 54) 32 62 19*, « Relais du 18e s., rustique » – P. VISA. ✂
fermé lundi, mardi, sam. midi, 12 juil.-6 août et du 18 au 31 janv. – **Repas** 1195/1595.

OOSTAKKER *Oost-Vlaanderen* 213 ④ et 909 E 2 – *voir à Gent, périphérie.*

OOSTDUINKERKE *8670 West-Vlaanderen* C *Koksijde 19 395 h.* 213 ① et 909 B 2.
ℹ *Oud-Gemeentehuis, Leopold II-laan ☎ (0 58) 53 21 21, Fax (0 58) 53 21 22.*
Bruxelles 133 – Brugge 48 – Oostende 24 – Veurne 8 – Dunkerque 34.

à Oostduinkerke-Bad *N : 1 km* C *Koksijde* – ✉ *8670 Oostduinkerke.*
ℹ *(Pâques-sept.) Albert I-laan 78a, ☎ (0 58) 51 13 89 :*

🏨 **Britannia Beach** M, Zeedijk 435, ☎ (0 58) 51 11 77, *Fax (0 58) 52 15 77*, ←, 🏊 – |‡| TV ☎ 🚗 – 🎤 30. E VISA. ✂ ch
fermé 15 nov.-15 déc. et mardi sauf en juil.-août – **Repas** (Taverne-rest) *(fermé après 20 h 30)* carte 850 à 1550 – **29 ch** ☕ 2200/3950 – ½ P 2050/2600.

🏨 **Artan Beach** sans rest, IJslandplein 12 (Zeedijk), ☎ (0 58) 52 11 70, *Fax (0 58) 52 07 83*, ←, 🏊, 🏋 – |‡| TV ☎ 🚗. AE ⓓ E VISA
fermé prem. sem. mars et mi-nov.-début déc. – **16 ch** ☕ 2065/3900.

🏨 **Hof ter Duinen,** Albert I-laan 141, ☎ (0 58) 51 32 41, *Fax (0 58) 52 04 21*, 🏊, 🌳 – |‡| TV ☎ P – 🎤 25. AE ⓓ E VISA JCB. ✂ rest
fermé 26 sept.-7 oct. et 4 janv.-11 fév. – **Repas** voir rest ***Eglantier*** ci-après – **21 ch** ☕ 2200/4450 – ½ P 1750/2875.

🏨 **Argos** 🐦, Rozenlaan 20, ☎ (0 58) 52 11 00, *Fax (0 58) 52 12 00*, 🏡 – TV ☎ P. AE ⓓ E VISA. ✂ rest
fermé 2e quinz. nov. et 2e quinz. janv. – **Repas *Bécassine*** *(fermé merc., jeudi et après 20 h 30)* Lunch 1000 - 1250/1500 – **6 ch** ☕ 1800/3200 – ½ P 2000/2300.

Albert I sans rest, Astridplein 11, ☎ (0 58) 52 08 69, *Fax (0 58) 52 09 04* – TV ☎. E VISA
22 ch ☕ 2850/3500.

Westland sans rest, Zeedijk 414, ☎ (0 58) 51 31 97, *Fax (0 58) 51 42 07*, ← – TV ☎.
fermé 15 nov.-17 déc. et 4 janv.-5 fév. – ☕ 285 – **20 ch** 1400/2200.

Vanneuville, Albert I-laan 109, ☎ (0 58) 51 26 20 – TV. E VISA. ch
Repas *(fermé jeudi et vacances Noël)* Lunch 795 – 1550/1800 – **12 ch** ☕ 1850/2600 – ½ P 1650/1900.

Eglantier - H. Hof ter Duinen, Albert I-laan 141, ☎ (0 58) 51 32 41, *Fax (0 58) 52 04 21* – P. AE E VISA JCB.
fermé 4 janv.-11 fév. et 26 sept.-7 oct. – **Repas** *(fermé mardi soir et merc. hors saison et après 20 h 30)* Lunch 650 – 950/1800.

Westland, IJslandplein 10 (Zeedijk), ☎ (0 58) 51 26 58, *Fax (0 58) 23 62 81* – AE E VISA.
fermé mardi soir, merc. et 15 nov.-20 déc. – **Repas** Lunch 550 – 850/1450.

OOSTENDE (OSTENDE) *8400 West-Vlaanderen* 213 ② et 909 B 2 – *68 049 h.* – *Station balnéaire★ – Casino Kursaal* CY, *Oosthelling ☎ (0 59) 70 51 11, Fax (0 59) 70 85 86.*

à De Haan par ① : 9 km, Koninklijke baan 2 ☎ (0 59) 23 32 83, Fax (0 59) 23 37 49.

Liaison maritime Oostende-Dover : Hover Speed Fast Ferries, Natiënkaai 9, ☎ (0 59) 55 99 55, Fax (0 59) 80 94 17.

Monacoplein 2 ☎ (0 59) 70 11 99, Fax (0 59) 70 34 77.

Bruxelles 115 ③ – Brugge 27 ③ – Gent 64 ③ – Dunkerque 55 ⑤ – Lille 81 ④.

OOSTENDE

Acacialaan A 2
Blauwkasteelstraat B 3
Derbylaan A 5
Fortstraat B 6
Mariakerkelaan AB 8
Paul Michielslaan A 9
Nieuwelangestr. B 10
Oprit B 12
Prins Albertlaan B 13
Sint-Catharinaplein A 15
Slijkensesteenweg B 16
Troonstraat A 18
Zandvoorde-schorredijkstr. B 20
Zandvoordestr. A 22

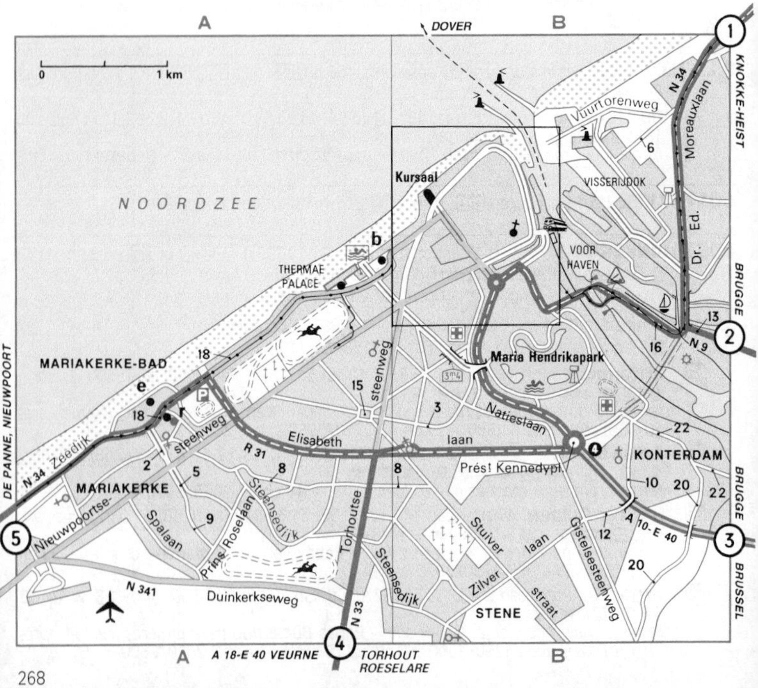

OOSTENDE

Adolf Buylstr. . . . . CY 2
Alfons Pieterslaan . . . . CZ
Edith Cavellstr. . . . . CZ 4
Ernest Feyspl. . . . . CZ 6
Filip Van
Maestrichtpl. . . . . CZ 8
Graaf de Smet
de Naeyerlaan . . . . CZ 9
Groentemarkt . . . . CY 10
Hendrik Serruyslaan . . . . . . CZ 13
Kanunnik Dr.
Louis Colensstr. . . . . CZ 14
Kapellestr. . . . . CZ
Koninginnelaan . . . . CZ 18
Nieuwpoortsesteenweg . . . CZ 22
Oesterbankstr. . . . . CZ 24
Sir Winston Churchill
Kaai . . . . CY 27
Stockholmstr. . . . . CZ 28
Vlaanderenstr. . . . . CY 30
Wapenpl. . . . . CY 32
Warschaustr. . . . . CZ 33
Wellingtonstr. . . . . CZ 35
Wittenonnenstr. . . . . CZ 36

C

Y

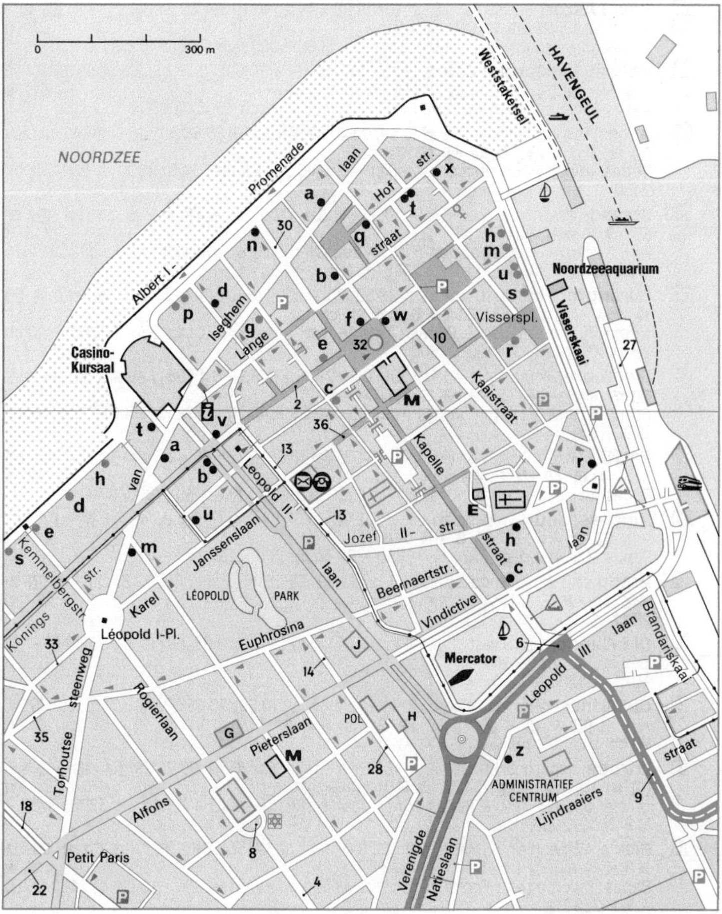

Z

C

Andromeda, Kursaal Westhelling 5, ✆ (0 59) 80 66 11, *Fax (0 59) 80 66 29*, ←, ..., ..., ..., ..., ... – ... TV ☎ ... – ... 25 à 80. AE ① E VISA JCB.
✻ rest CZ t
Repas 1000/1600 – ▭ 400 – **90 ch** 3200/7500.

Oostendse Compagnie ⚑, Koningstraat 79, ✆ (0 59) 70 48 16, *Fax (0 59) 80 53 16*, ←, « Villa dominant plage et mer », ..., ... – ... TV ☎ ... ℗ – ... 25. AE ① E VISA JCB A b
fermé 23 fév.-12 mars, 28 sept.-28 oct. et du 9 au 19 janv. – **Repas** voir rest ***Au Vigneron*** ci-après – ▭ 350 – **10 ch** 3250/5500, 3 suites.

Thermae Palace, Koningin Astridlaan 7, ℘ (0 59) 80 66 44, *Fax (0 59) 80 52 74*, ≤, ☎ – 25 à 650. AE ① E VISA. rest — A
Repas *Lunch 725* – carte 1200 à 1750 – 500 – **159 ch** 4150/6450 – ½ P 3350/4500.

Tulip Inn Bero sans rest, Hofstraat 1a, ℘ (0 59) 70 23 35, *Fax (0 59) 70 25 91*, – ☎ – 25 à 80. AE ① E VISA — CY t
53 ch 2500/4200.

Royal Astor, Hertstraat 15, ℘ (0 59) 80 37 73, *Fax (0 59) 80 23 90*, – ☎ – 25 à 80. AE ① E VISA. rest — CY d
Repas (dîner seult) 695/1300 – **95 ch** 3600/5000 – ½ P 2650/5250.

Holiday Inn Garden Court, Leopold II-laan 20, ℘ (0 59) 70 76 63, *Fax (0 59) 80 84 06* – ☎ – 25. AE ① E VISA JCB — CZ b
Repas (dîner seult) *(fermé dim.)* 795 – 395 – **90 ch** 3500/4000.

Acces, Van Iseghemlaan 21, ℘ (0 59) 80 40 82, *Fax (0 59) 80 88 39*, rest, ☎ – 60. AE ① E VISA. — CY a
Repas (dîner pour résidents seult) – 450 – **63 ch** 2200/2800 – ½ P 2100/2400.

Strand, Visserskaai 1, ℘ (0 59) 70 33 83, *Fax (0 59) 80 36 78*, ≤ – rest, ☎. AE ① E VISA. ch — CZ r
fermé 21 juin-1er juil. et 15 déc.-5 janv. – **Repas** (Produits de la mer) *(fermé lundi)* 850/1475 – **21 ch** 2750/4000 – ½ P 2525/3625.

Burlington, Kapellestraat 90, ℘ (0 59) 70 15 52, *Fax (0 59) 70 81 93* – rest, ☎ – 25 à 90. AE ① E VISA. ch — CZ c
fermé 29 nov.-11 déc. – **Repas** (Taverne-rest) *Lunch 350* – carte 850 à 1200 – **40 ch** 2400/3600 – ½ P 2250/3000.

Glenmore, Hofstraat 25, ℘ (0 59) 70 20 22, *Fax (0 59) 70 47 08*, – rest, ☎ – 25. AE ① E VISA. rest — CY x
fermé 3 janv.-10 fév. – **Repas** (résidents seult) – **40 ch** 2200/3600 – ½ P 1800/2700.

Pacific, Hofstraat 11, ℘ (0 59) 70 15 07, *Fax (0 59) 80 35 66*, – rest, ☎. AE ① E VISA JCB — CY t
Repas (dîner pour résidents seult) – **50 ch** 2200/4000 – ½ P 1800/2700.

Ambassadeur, Wapenplein 8a, ℘ (0 59) 70 09 41, *Fax (0 59) 80 18 78*, – ☎. AE ① E VISA JCB — CY f
Repas (Taverne-rest) *Lunch 395* – 850 – **22 ch** 2000/3300.

Prado sans rest, Leopold II-laan 22, ℘ (0 59) 70 53 06, *Fax (0 59) 80 87 35* – ☎. AE ① E VISA. — CZ b
28 ch 2000/3000.

Old Flanders sans rest, Jozef II-straat 49, ℘ (0 59) 80 66 03, *Fax (0 59) 80 16 95* – ☎. AE ① E VISA — CZ h
15 ch 2000/3000.

die Prince sans rest, Albert I Promenade 41, ℘ (0 59) 70 65 07, *Fax (0 59) 80 78 51*, ≤ – ☎ – 25. AE ① E VISA JCB. — CY n
60 ch 1800/3800.

Europe, Kapucijnenstraat 52, ℘ (0 59) 70 10 12, *Fax (0 59) 80 99 79*, – ☎ – 25. AE ① E VISA JCB. — CY q
fermé janv.-15 fév. – **Repas** (dîner pour résidents seult) – **61 ch** 3800/4100 – ½ P 2050/2650.

Pick's, Wapenplein 13, ℘ (0 59) 70 28 97, *Fax (0 59) 50 68 62*, – ☎. AE ① E VISA JCB — CY w
Repas (Taverne-rest) *(fermé mardi d'oct. à Pâques)* *Lunch 450* – 850 – **15 ch** 2150/2750 – ½ P 2650.

Melinda sans rest, Mercatorlaan 21, ℘ (0 59) 80 72 72, *Fax (0 59) 80 74 25* – ☎ – 25 à 80. AE ① E VISA — CZ z
38 ch 2650/3450.

Impérial sans rest, Van Iseghemlaan 76, ℘ (0 59) 80 67 67, *Fax (0 59) 80 78 38* – ☎. AE ① E VISA — CZ a
60 ch 2400/3700.

Louisa sans rest, Louisastraat 8b, ℘ (0 59) 50 96 77, *Fax (0 59) 51 37 55* – ☎. AE ① E VISA. — CY b
mars-14 nov. – **15 ch** 1500/2800.

Lido 2000, L. Spilliaertstraat 1, ℘ (0 59) 70 08 06, *Fax (0 59) 80 40 07* – ☎. AE ① E VISA. rest — CZ m
fermé du 1er au 11 fév. et du 12 au 22 déc. – **Repas** (dîner pour résidents seult) – **65 ch** 1800/3250 – ½ P 1740/2225.

Danielle, IJzerstraat 5, ☏ (0 59) 70 63 49, *Fax (0 59) 70 63 49* – 25. VISA. rest CZ u
Repas (déjeuner pour résidents seult) – **24 ch** 2400/2600 – ½ P 2200/2400.

Du Parc sans rest, Marie-Joséplein 3, ☏ (0 59) 70 16 80, *Fax (0 59) 80 08 79*, – AE VISA JCB CZ v
fermé du 10 au 31 janv. – **44 ch** 1700/2900.

Au Vigneron (Daue) - H. Oostendse Compagnie, Koningstraat 79, ☏ (0 59) 70 48 16, *Fax (0 59) 80 53 16*, ≤, – P. AE VISA JCB A b
fermé merc. soir hors saison, dim. soir, lundi, 23 fév.-12 mars, 28 sept.-28 oct. et du 9 au 19 janv. – **Repas** 1750, carte 2700 à 3300
Spéc. Langoustines à l'infusion de pommes vertes. Turbotin en croûte de sel, crème de fenouil au caviar. Crêpe normande caramélisée.

Villa Maritza, Albert I Promenade 76, ☏ (0 59) 50 88 08, *Fax (0 59) 70 08 40*, ≤, « Villa du 19e s. avec intérieur d'époque » – P. AE VISA CZ s
fermé mardis et dim. soirs non fériés sauf en juil.-août, lundis non fériés et 2e quinz. juin – **Repas** *Lunch 895* – 1950/2500.

Auteuil, Albert I Promenade 54, ☏ (0 59) 70 00 41, ≤ – AE VISA CY p
fermé lundi soir, jeudi, 2 sem. en fév. et du 2 au 10 sept. – **Repas** 1500/1900.

't Vistrapje avec ch, Visserskaai 37, ☏ (0 59) 80 23 82, *Fax (0 59) 80 95 68*, ≤ – rest, VISA CY m
Repas 895/1800 – **6 ch** 1800/2800 – ½ P 2600.

Le Grillon, Visserskaai 31, ☏ (0 59) 70 60 63 – AE VISA JCB CY s
fermé jeudi et oct. – **Repas** 980.

Old Fisher, Visserskaai 34, ☏ (0 59) 50 17 68, *Fax (0 59) 51 13 90* – AE VISA JCB CY u
fermé du 14 au 24 juin, 15 nov.-3 déc., merc. soir sauf en juil.-août et jeudi – **Repas** *Lunch 625* – 825/1695.

Lusitania, Visserskaai 35, ☏ (0 59) 70 17 65, *Fax (0 59) 51 55 50*, ≤, « Collection de tableaux » – AE VISA CY u
fermé vend. – **Repas** 950/1450.

Petit Nice, Albert I Promenade 62b, ☏ (0 59) 80 39 28, *Fax (0 59) 80 39 28*, ≤ – AE VISA. CZ h
fermé mardi soir sauf en juil.-août, merc., 2 sem. après carnaval et 2 dern. sem. nov.-prem. sem. déc. – **Repas** 690/1990. CZ h

David Dewaele, Visserskaai 39, ☏ (0 59) 70 42 26, *Fax (0 59) 70 42 26* – AE VISA CY h
fermé du 14 au 22 juin, 12 janv.-2 fév. et lundi sauf en juil.-août – **Repas** 995/1950.

La Crevette, Christinastraat 21, ☏ (0 59) 70 71 83, *Fax (0 50) 70 71 83* – AE VISA CY g
fermé jeudi et vend. midi – **Repas** 790/2300.

Vendôme, Albert I Promenade 54, ☏ (0 59) 50 98 01, *Fax (0 59) 50 98 01*, ≤ – AE VISA JCB CY p
fermé mardi soir, merc. et début juil. – **Repas** 995.

Richard, A. Buylstraat 9, ☏ (0 59) 70 32 37, *Fax (0 59) 51 43 34* – VISA CY e
fermé merc. de nov. à juin, mardi, 13 juil.-4 août et 15 janv.-1er fév. – **Repas** carte 1100 à 2150.

Freddy's Must, Albert I Promenade 67f, ☏ (0 59) 70 49 47, – AE VISA CZ d
fermé lundi soir, mardi, 2 sem. en oct. et 1 sem. en janv. – **Repas** *Lunch 625* – 1325/1550.

De Zeebries, Albert I Promenade 73, ☏ (0 59) 51 15 88, *Fax (0 59) 51 15 88*, ≤, , Taverne-rest, ouvert jusqu'à 23 h – AE VISA CZ e
fermé mardi soir et merc. sauf en juil.-août – **Repas** *Lunch 595* – 995/1350.

Groeneveld avec ch, Torhoutsesteenweg 655 (par ④), ☏ (0 59) 80 86 51, *Fax (0 59) 50 02 81*, – P. VISA.
Repas (déjeuner seult sauf vend. et sam.) *(fermé merc., 15 fév.-1er mars et après 20 h)* *Lunch 550* – carte 1150 à 1500 – **7 ch** 1400/2500 – ½ P 1550/2350.

Cardiff, St-Sebastiaanstraat 4, ☏ (0 59) 70 28 98 – AE VISA JCB CY c
fermé 15 nov.-15 déc., mardi hors saison et après 20 h 30 – **Repas** 850.

Adelientje, Bonenstraat 9, ☏ (0 59) 70 13 67, Produits de la mer – VISA CY r
fermé du 1er au 15 déc., et lundis non fériés sauf en saison – **Repas** carte 1050 à 1500.

à Gistel *par ④ : 12 km – 10 611 h. – ✉ 8470 Gistel :*

Ten Putte, Stationsstraat 9, ☏ (0 59) 27 70 44, *Fax (0 59) 27 92 50*, – P – 25 à 450. AE VISA. rest
Repas *(fermé lundi, mardi et après 20 h 30)* *Lunch 650* – carte 1100 à 1550 – **10 ch** *(fermé dim.)* 2000/3500 – ½ P 2100.

à Mariakerke C *Oostende* – ✉ *8400 Oostende* :

Royal Albert, Zeedijk 167, ☎ (0 59) 70 42 36, *Fax (0 59) 80 61 09,* ≤ – |♦|, ▤ rest, TV ☎ – 🏛 25. AE ① E VISA JCB. ✗ rest A e
Pâques-1er nov. – **Repas** *(fermé après 20 h)* carte 1050 à 1750 – **22 ch** ☐ 2450/3500 – ½ P 2000/2875.

Glenn, Aartshertogstraat 78, ☎ (0 59) 70 26 72, *Fax (0 59) 70 50 26,* ☂, « Patio fleuri » – |♦| TV ☎. AE ① E VISA JCB A r
fermé 20 sept.-12 oct. et du 1er au 14 janv. – **Repas** 950/1500 – **22 ch** ☐ 1750/2500 – ½ P 2200/3000.

Au Grenache, Aartshertogstraat 80, ☎ (0 59) 70 76 85 – AE ① E VISA A r
fermé mardi et prem. sem. nov. – **Repas** 1850/2700.

OOSTKERKE *West-Vlaanderen* 213 ③ et 909 C 2 – *voir à Damme.*

OOSTMALLE *2390 Antwerpen* C *Malle 13 589 h.* 212 ⑯ et 909 H 2.
Bruxelles 65 – Antwerpen 26 – Turnhout 15.

De Eiken (Smets), Lierselei 173 (S : 2 km sur N 14), ☎ (0 3) 311 52 22, *Fax (0 3) 311 69 45,* ≤, ☂, « Pièce d'eau, environnement boisé » – P. AE ① E VISA. ✗
fermé dim. non fériés, lundi, sam. midi, 2e quinz. juil.-prem. sem. août et du 2 au 16 janv. – **Repas** Lunch 1200 – 2100, carte 2300 à 3200
Spéc. Queues de langoustines panées aux amandes rôties. Filet d'agneau cuit au foin en croûte de pain. Tarte aux noisettes et son parfait glacé.

OOSTROZEBEKE *8780 West-Vlaanderen* 213 ③ et 909 D 3 – *7 261 h.*
Bruxelles 85 – Brugge 41 – Gent 41 – Kortrijk 15.

Swaenenburg avec ch, Ingelmunstersteenweg 173, ☎ (0 56) 66 33 44, *Fax (0 56) 66 33 55,* ☂, ⛱ – TV ☎ P. AE E VISA
fermé 12 juil.-6 août – **Repas** *(fermé merc. et dim. soir)* Lunch 1100 – 1600 bc/2450 bc – **6 ch** ☐ 2200/3200 – ½ P 2900/3400.

OPGLABBEEK *3660 Limburg* 213 ⑩ et 909 J 2 – *8 795 h.*
Bruxelles 94 – Maastricht 36 – Antwerpen 79 – Hasselt 25 – Eindhoven 53.

Slagmolen (Meewis), Molenweg 177, ☎ (0 89) 85 48 88, *Fax (0 89) 85 48 88,* ☂, « Ancien moulin à eau dans un cadre champêtre » – P. E VISA
fermé du 15 au 26 fév., 16 août-3 sept., mardi, merc. et sam. midi – **Repas** Lunch 1200 – 2400, carte 2000 à 2600
Spéc. Salade de homard aux pommes. Ris de veau croquant, sauce dijonnaise. Foie d'oie poêlé, pommes caramélisées.

OPOETEREN *Limburg* 213 ⑩ et 909 J 2 – *voir à Maaseik.*

ORROIR *7750 Hainaut* C *Mont-de-l'Enclus 3 086 h.* 213 ⑮ et 909 D 3.
Bruxelles 73 – Gent 48 – Kortrijk 41 – Valenciennes 45.

Le Bouquet, Enclus du Haut 5 (au Mont-de-l'Enclus), ☎ (0 69) 45 45 86, *Fax (0 69) 45 41 58,* ☂, Ouvert jusqu'à 23 h – ▤ P. AE ① E VISA JCB
fermé mardi – **Repas** 1300/1900.

ORVAL (Abbaye d') ★★ *Luxembourg belge* 214 ⑯ ⑰ et 909 J 7 *G. Belgique-Luxembourg.*

OTTIGNIES *1340 Brabant Wallon* C *Ottignies-Louvain-la-Neuve 25 834 h.* 213 ⑲ et 909 G 3.
Env. *Louvain-la-Neuve*★ *E : 8 km, dans le musée : legs Charles Delsemme*★.
18 *à Louvain-la-Neuve E : 8 km, r. A. Hardy 68* ☎ *(0 10) 45 05 15, Fax (0 10) 45 44 17.*
Bruxelles 31 – Namur 39 – Charleroi 36.

Château Balzat (annexe 8 studios), av. des Villas 14, ☎ (0 10) 41 10 08, *Fax (0 10) 41 98 15,* ≤, « Villa début du siècle avec parc », ♨, ⛱, ⛱ – |♦| TV ☎ 🚗 P – 🏛 25. AE ① E VISA
Repas (dîner pour résidents seult) – **8 ch** ☐ 3600/4700, 1 suite – ½ P 4450.

Le Chavignol, r. Invasion 99, ☎ (0 10) 45 10 40, *Fax (0 10) 45 54 19,* ☂ – AE E VISA
fermé mardi, merc., dim. soir et fin juil.-début août – **Repas** Lunch 450 – 990/1490.

à Céroux-Mousty *SO : 3 km* ◻ *Ottignies-Louvain-la-Neuve – ✉ 1341 Céroux-Mousty :*

XX **L'Aub. de Morimont,** r. Bois des Rêves 63 (2 km par Mousty-Gare), ☏ (0 10) 45 26 82, Ouvert jusqu'à minuit – P. AE ⓓ E VISA
fermé dim. soirs et lundis non fériés et 5 juil.-2 août – **Repas** Lunch 900 – 1500/1990.

X **La Cinquième Saison,** Grand'Rue 74 (Céroux), ☏ (0 10) 61 14 62, *Fax (0 10) 61 14 62*, « Jardin » – P. AE ⓓ E VISA
fermé du 1er au 29 juin, 22 déc.-11 janv., dim. soir en hiver, lundi et mardi – **Repas** Lunch 795 – 1150/1795.

à Louvain-la-Neuve *E : 8 km* ◻ *Ottignies-Louvain-la-Neuve – ✉ 1348 Louvain-la-Neuve :*

X **Il Doge,** Agora 22, ☏ (0 10) 45 30 63, *Fax (0 10) 45 30 86*, Avec cuisine italienne, ouvert jusqu'à minuit – AE ⓓ E VISA
Repas carte env. 1000.

In deze « Guide » komt geen betaalde reclame voor.

OUDENAARDE (AUDENARDE) *9700 Oost-Vlaanderen* 213 ⑯ et 909 D 3 – *27 456 h.*

Voir *Hôtel de Ville★★★ (Stadhuis)* Z – *Église N.-D. de Pamele★ (O.L. Vrouwekerk van Pamele)* Z.

à Wortegem-Petegem par ④ : 5 km, Kortrijkstraat 52 ☏ (0 55) 31 41 61, Fax (0 55) 31 98 49.

Stadhuis, Markt ☏ (0 55) 31 72 51, Fax (0 55) 30 92 48.

Bruxelles 61 ② – Gent 27 ⑥ – Kortrijk 33 ④ – Valenciennes 61 ③.

OUDENAARDE

Aalststraat	Z	
Achterburg	Z	2
Achter de Wacht	Y	3
Baarstraat	Z	
Bekstraat	Y	
Bergstraat	Z	
Berestraat	Y	4
Bourgondiëstraat	Z	7
Broodstraat	Z	9
Burg	Z	10
Burgschelde	Z	14
Dijkstraat	Y	
Doornikstraat	Z	
Fortstraat	Y	
Gevaertsdreef	Y	
Grote Markt	Z	
Hoogstraat	YZ	17
Jezuïetenplein	Z	18
Kasteelstraat	Z	21
Kattestraat	Y	
Krekelput	Z	23
Louise-Mariekaai	Z	26
Margaretha van Parmastr.	Z	32
Marlboroughlaan	YZ	
Matthijs Casteleinstr.	Z	
Minderbroedersstr.	Z	33
Nederstraat	YZ	35
Parkstraat	Y	
Prins Leopoldstraat	Y	
Remparden	Z	
Stationsstraat	Y	
Tacambaroplein	Y	38
Tussenbruggen	Z	40
Tussenmuren	Z	
Voorburg	Z	42
Wijngaardstraat	Y	46
Woeker	Y	

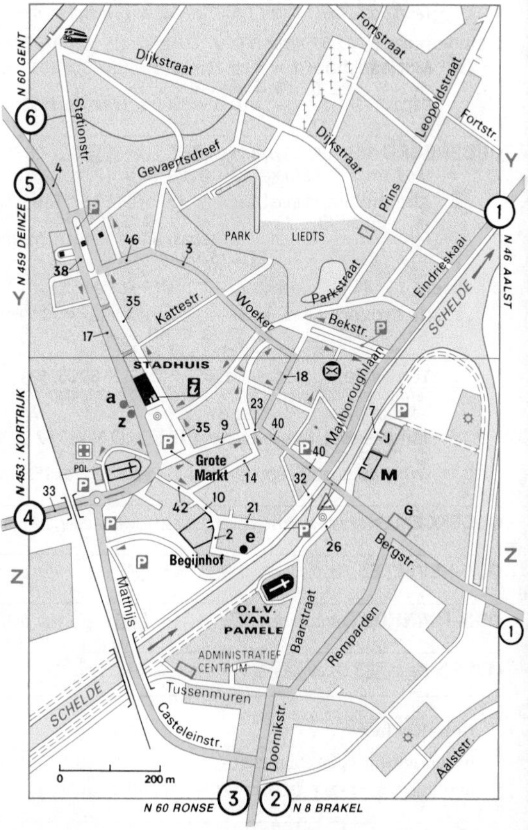

de Rantere (et annexe - 9 ch), Jan Zonder Vreeslaan 8, (0 55) 31 89 88, *Fax (0 55) 33 01 11*, - 25 à 40. Z e
Repas *(fermé dim., 3 dern. sem. juil. et du 25 au 31 déc.)* Lunch 850 – 1100/1550 – **27 ch** 2950/4000.

Host. La Pomme d'Or, Markt 62, (0 55) 31 19 00, *Fax (0 55) 30 08 44*, « Ancien relais postal du 15e s. », - 25 à 60. ch Z z
Repas *(fermé dim. soir, lundi, août et 20 déc.-1er janv.)* Lunch 950 – 1385 – **8 ch** *(fermé 20 déc.-1er janv.)* 2900/3900.

Da Vinci sans rest, Gentstraat 58 (par ⑥), (0 55) 31 13 05, *Fax (0 55) 31 15 03* –
fermé 23 déc.-3 janv. – **5 ch** 2700/3500, 1 suite.

De Zalm avec ch, Hoogstraat 4, (0 55) 31 13 14, *Fax (0 55) 31 84 40* – ch, – 25 à 150. Z a
fermé 10 juil.-1er août et 29 janv.-7 fév. – **Repas** *(fermé dim. soir et lundi)* Lunch 450 – carte env. 1200 – **7 ch** 2800/3500 – ½ P 2350/3400.

à Eine *par ⑥ : 5 km* Ⓒ *Oudenaarde* – *9700 Eine :*

't Craeneveldt, Serpentstraat 61a, (0 55) 31 72 91, *Fax (0 55) 33 01 82*, « Ancienne fermette » –
fermé merc., sam. midi, dim. soir et 27 juin-16 juil. – **Repas** Lunch 1290 bc – 1080/1990.

à Mater *par ② : 4 km sur N 8, puis à gauche* Ⓒ *Oudenaarde* – *9700 Mater :*

Ganzenplas, Boskant 49, (0 55) 45 59 55, –
fermé mardi soir, merc. et du 5 au 24 oct. – **Repas** 990/1850.

Zwadderkotmolen, Zwadderkotstraat 2, (0 55) 49 84 95, *Fax (0 55) 49 84 95*, « Ancien moulin à eau, rustique » –
fermé du 2 au 18 sept., du 2 au 18 janv., mardi et merc. – **Repas** 1250/1950.

à Mullem *par ⑥ : 7,5 km sur N 60* Ⓒ *Oudenaarde* – *9700 Mullem :*

Moriaanshoofd avec ch, Moriaanshoofd 27, (0 9) 384 37 87, *Fax (0 9) 384 67 25*, – rest
Repas Lunch 1200 bc – carte env. 1000 – **12 ch** 1150/1900 – ½ P 1325/1525.

OUDENBURG *8460 West-Vlaanderen 213 ② et 909 C 2 – 8 665 h.*

Bruxelles 109 – Brugge 19 – Oostende 8.

Abdijhoeve, Marktstraat 1, (0 59) 26 51 67, *Fax (0 59) 26 53 10*, – – 25 à 250.
fermé prem. sem. nov. – **Repas** (Taverne-rest) *(fermé lundi)* 850/1950 – **23 ch** 2700/4500 – ½ P 2700/3200.

à Roksem *SE : 4 km* Ⓒ *Oudenburg* – *8460 Roksem :*

De Stokerij sans rest, Hoge dijken 2, (0 59) 26 83 80, *Fax (0 59) 26 78 23*, –
fermé 2 sem. en nov. – **8 ch** 2300/3600.

Ten Daele, Brugsesteenweg 65, (0 59) 26 80 35, « Cadre champêtre » –
fermé lundi soir en déc.-janv., mardi soir, merc., dim. soir, 16 juin-9 juil. et après 20 h 30 – **Repas** Lunch 1000 – carte env. 2000.

Jan Breydel, Brugsesteenweg 108, (0 59) 26 82 97, *Fax (0 59) 26 89 35*, –
fermé mardi et 2 dern. sem. nov. – **Repas** 895/1495.

OUDERGEM *Brussels Hoofdstedelijk Gewest – voir Auderghem à Bruxelles.*

OUD-HEVERLEE *Vlaams-Brabant 213 ⑲ et 909 H 3 – voir à Leuven.*

OUD-TURNHOUT *Antwerpen 212 ⑯ ⑰ et 909 H 2 – voir à Turnhout.*

OUREN *Liège 214 ⑨ et 909 L 5 – voir à Burg-Reuland.*

Gute Küchen

haben wir für Feinschmecker

durch Repas, ✿, ✿✿ oder ✿✿✿ kenntlich gemacht.

OVERIJSE *Vlaams-Brabant* 213 ⑲ et 909 G 3 - ㉒ S – *voir à Bruxelles, environs.*

PALISEUL *6850 Luxembourg belge* 214 ⑯ et 909 I 6 – *4 846 h.*

Bruxelles 146 – Arlon 65 – Bouillon 15 – Dinant 55.

XXX ✿✿ **Au Gastronome** (Libotte) avec ch, r. Bouillon 2 (Paliseul-Gare), ☎ (0 61) 53 30 64, *Fax (0 61) 53 38 91,* « Hostellerie ardennaise, jardin fleuri avec ⛱ » – ▤ TV ☎ ⇔ P. AE ⓓ E VISA
fermé dim. soirs et lundis non fériés, mardis midis non fériés sauf en juil.-août, janv.-9 fév. et 22 juin-2 juil. – **Repas** Lunch 1800 bc – 1950/3100, carte 2250 à 2850 – **9 ch** ☐ 3300/4800 – ½ P 3500
Spéc. Cuisses de grenouilles au coulis de persil et croquettes d'ail. Queues d'écrevisses glacées au Champagne et pomme de terre au caviar (juil.-déc.). Dos et côtelettes de cochon de lait rôtis, sauce aux épices.

XX ⊛ **La Hutte Lurette** avec ch, r. Station 64, ☎ (0 61) 53 33 09, *Fax (0 61) 53 52 79,* 🏠, ⛛ – TV ☎ P. AE ⓓ E VISA
fermé 15 fév.-24 mars, du 13 au 17 sept. et mardi soir et merc. sauf en juil.-août – **Repas** *(fermé mardi et merc. midi sauf en juil.-août et merc. soir)* 780/1750 – **7 ch** ☐ 1800/2300 – ½ P 1800/2100.

X **Le Clair Val,** Our 25 (N : 7 km, lieu-dit Our), ✉ 6852 Opont, ☎ (0 61) 53 32 75, *Fax (0 61) 53 32 75,* 🏠, Avec grillades, « Auberge ardennaise » – E VISA
fermé mardi et du 13 au 28 sept. – **Repas** 950/1850.

BELGIË GROOTHERTOGDOM LUXEMBURG
Een groene ***Michelingids,*** *Nederlandstalige uitgave*

Beschrijvingen van bezienswaardigheden
Landschappen, toeristische routes
Aardrijkskundige gegevens
Geschiedenis, Kunst
Plattegronden van steden en gebouwen

De PANNE (LA PANNE) *8660 West-Vlaanderen* 213 ① et 909 A 2 – *9 975 h.* – *Station balnéaire.*

Voir *Plage★.*

ℹ *Gemeentehuis, Zeelaan 21,* ☎ *(0 58) 42 18 18, Fax (0 58) 42 16 17.*

Bruxelles 143 ① – Brugge 55 ① – Dunkerque 20 ③ – Oostende 31 ① – Veurne 6 ②.

Plan page suivante

Host. Sparrenhof M ⛰, Koninginnelaan 26, ☎ (0 58) 41 13 28, *Fax (0 58) 42 08 19,* 🏠, « Jardin avec ⛱ », ≘s – |‡|, ▤ rest, TV ☎ P – 🏛 25. AE ⓓ E VISA — B f
fermé 4 janv.-5 fév. – **Repas** ***La Bourgogne*** *(fermé mardi soir et merc. sauf vacances scolaires)* Lunch 750 - 975/1850 – **24 ch** ☐ 2200/4000, 2 suites – ½ P 2700/2950.

Donny ⛰, Donnylaan 17, ☎ (0 58) 41 18 00, *Fax (0 58) 42 09 78,* ←, 🏠, 🏋, ≘s, ⛱, ⚲, ⛛ – |‡| ⇆, ▤ rest, TV ☎ ♿ ⇔ P – 🏛 25 à 80. AE E VISA. ⚔ rest — A d
fermé 15 déc.-15 janv. – **Repas** Lunch 650 – 875/1450 – **43 ch** ☐ 2100/3700, 2 suites – ½ P 2375/2850.

Iris, Duinkerkelaan 41, ☎ (0 58) 41 51 41, *Fax (0 58) 42 11 77,* 🏠, ≘s, ⛛ – |‡|, ▤ ch, TV ☎ ⇔ P – 🏛 35. E VISA. ⚔ ch — A n
fermé du 5 au 23 janv. – **Repas** *(fermé merc. soir et jeudi)* Lunch 575 – carte 1150 à 1950 – **23 ch** ☐ 2400/4050.

⊛ **Terlinck,** Zeelaan 175, ☎ (0 58) 42 01 08, *Fax (0 58) 42 05 86,* ←, 🏠 – |‡| TV ☎ ⇔ P. E VISA — A c
fermé 16 nov.-16 déc. et du 10 au 31 janv. – **Repas** (Taverne-rest) *(fermé après 20 h 30)* Lunch 790 – 850/1695 – **64 ch** ☐ 2500/3200 – ½ P 2000/2400.

Seahorse ⛰ sans rest, Toeristenlaan 7, ☎ (0 58) 41 27 47, *Fax (0 58) 41 27 48* – |‡| TV ☎ ⇔. AE ⓓ E VISA. ⚔ — B a
fév.-oct. – **19 ch** ☐ 1800/2900.

⊛ **La Terrasse,** Zeelaan 204, ☎ (0 58) 41 51 01, *Fax (0 58) 41 15 70,* 🏠 – |‡|, ▤ rest, TV ☎. AE ⓓ E VISA. ⚔ — A t
carnaval-nov. et week-end – **Repas** (ouvert jusqu'à 23 h) *(fermé mardi)* Lunch 350 – 850 – **15 ch** ☐ 2000/2500 – ½ P 2600.

Lotus, Duinkerkelaan 83, ☎ (0 58) 42 06 44, *Fax (0 58) 42 07 09* – TV ☎ P. AE E VISA. ⚔ ch — A x
Repas *(fermé merc. et dim. soir sauf vacances scolaires, 17 janv.-5 fév. et 15 nov.-15 déc.)* Lunch 850 – carte 1250 à 1700 – **8 ch** ☐ 2000/3000 – ½ P 2100/2300.

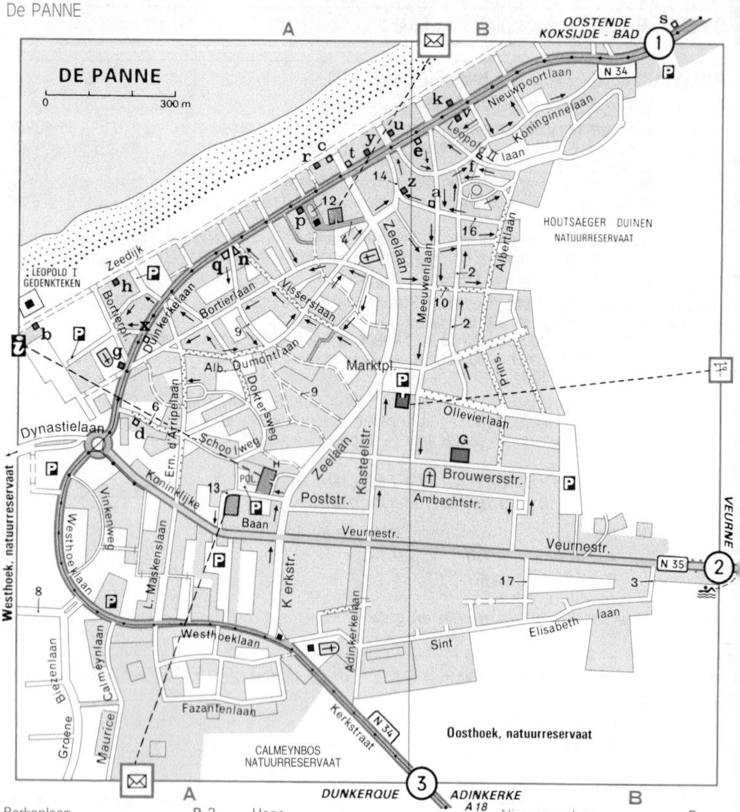

Barkenlaan . . . . B 2
Blauwe Distelweg . . . . B 3
Bonzellaan . . . . A 4
Donnylaan . . . . A 6
Egelantierlaan . . . . A 8
Hoge Duinenlaan . . . . A 9
J. Demolderlaan . . . . B 10
Koning Albertpl. . . . . A 12
Lindenlaan . . . . A 13
Nieuwpoortlaan . . . . B
Sloepenlaan . . . . AB 14
Toeristenlaan . . . . B 16
Wielewaalstr. . . . . B 17
Zeelaan . . . . A

Ambassador, Duinkerkelaan 43, ℘ (0 58) 41 16 12, *Fax (0 58) 42 18 84,* – TV P. E VISA. ch — A q
16 fév.-14 nov. – **Repas** *(fermé merc. sauf vacances scolaires)* Lunch 550 – carte 900 à 1400 – **28 ch** 1300/2850 – ½ P 1650/2075.

Cajou, Nieuwpoortlaan 42, ℘ (0 58) 41 13 03, *Fax (0 58) 42 01 23* – rest, TV P – 35. AE E VISA. — B e
fermé 4 janv.-10 fév. – **Repas** *(fermé dim. soir et lundi sauf vacances scolaires)* Lunch 665 – 850/1195 – **33 ch** 1700/2900 – ½ P 1825/2025.

Strandpark sans rest, Nieuwpoortlaan 151, ℘ (0 58) 42 02 22, *Fax (0 58) 42 06 85,* « Dans les dunes » – TV P. E VISA. — B s
200 – **54 ch** 2395.

Host. Le Fox (Buyens) avec ch, Walckiersstraat 2, ℘ (0 58) 41 28 55, *Fax (0 58) 41 58 79* – TV. AE E VISA — A u
fermé du 27 au 30 avril, 27 sept.-14 oct., du 11 au 22 janv., mardi midi sauf en juil.-août et lundi – **Repas** 1695 bc/2400, carte env. 2500 – 350 – **14 ch** 1800/3200 – ½ P 3400/3500
Spéc. Préparations de jets de houblon (15 janv.-15 mars). Foie d'oie poêlé aux pommes caramélisées. Homard en trois services.

Host. Avenue avec ch, Nieuwpoortlaan 56, ℘ (0 58) 41 13 70, *Fax (0 58) 42 12 21* – TV P. AE E VISA JCB — B v
fermé 15 janv.-13 fév. et mardi et merc. sauf vacances scolaires – **Repas** 1000/1895 – **4 ch** 1800/2800 – ½ P 2600.

XX **Le Flore,** Duinkerkelaan 19b, ✆ (0 58) 41 22 48, *Fax (0 58) 41 53 36* – Ⓟ. AE E VISA. ✻ A p
fermé mardi hors saison, merc., 1 sem. en fév. et fin nov.-début déc. – **Repas** Lunch 1100 – 1395/2095.

XX **Trio's,** Nieuwpoortlaan 75, ✆ (0 58) 41 13 78, *Fax (0 58) 42 04 16* – ▤ Ⓟ. AE ⓓ E VISA JCB B k
fermé mardi soir et dim. soir sauf en juil.-août, merc., 2 sem. en fév. et du 12 au 26 nov. – **Repas** 995/1750.

XX **La Coupole,** Nieuwpoortlaan 9, ✆ (0 58) 41 54 54, *Fax (0 58) 42 05 49*, 🏖 – ▤. AE ⓓ E VISA A y
fermé du 14 au 16 juin, du 27 au 29 sept., du 10 au 30 janv., merc. de nov. à fév., jeudi et vend. midi – **Repas** Lunch 545 – 850/1695.

XX **De Braise,** Bortierplein 1, ✆ (0 58) 42 23 09, 🏖, Grillades
AE ⓓ E VISA A g
fermé mardi hors saison, lundi, oct. et janv. – **Repas** 950.

X **Baan Thai,** Sloepenplaats 22, ✆ (0 58) 41 49 76, 🏖, Cuisine thaïlandaise, ouvert jusqu'à 23 h 30, « Terrasse » – AE ⓓ E VISA AB z
fermé 17 nov.-18 déc. et mardi et merc. sauf vacances scolaires – **Repas** Lunch 545 – 895/1495.

X **La Bonne Auberge,** Zeedijk 3, ✆ (0 58) 41 13 98 – ▤. AE ⓓ E VISA A r
avril-oct., vacances scolaires et week-end ; fermé jeudi sauf en juil.-août – **Repas** 850/1100.

X **Imperial,** Leopold I Esplanade 9, ✆ (0 58) 41 42 28, *Fax (0 58) 41 33 61*, ≤, 🏖, Taverne-rest, « Exposition d'œuvres d'art » – 🏔 25. AE ⓓ E VISA JCB A b
fermé merc. et 15 fév.-7 mars – **Repas** 1150/1375.

X **Parnassia,** Zeedijk 103, ✆ (0 58) 42 05 20, 🏖, Taverne-rest – ⓓ E VISA A h
Pâques-oct., vacances scolaires et week-end ; fermé merc. – **Repas** carte 1100 à 1400.

PARIKE *9661 Oost-Vlaanderen* C *Brakel 13 646 h.* 213 ⑯ ⑰ et 909 E 3.
Bruxelles 48 – Gent 47 – Mons 55 – Tournai 42.

Molenwiek 🐎, Molenstraat 1, ✆ (0 55) 42 26 15, *Fax (0 55) 42 77 29*, 🏖, « Cadre champêtre » – TV Ⓟ. E VISA. ✻ rest
fermé vacances Noël – **Repas** 750/1600 – ☕ 200 – **10 ch** 1900 – ½ P 1700/2300.

PEER *3990 Limburg* 213 ⑩ et 909 J 2 – *14 801 h.*
Bruxelles 99 – Antwerpen 78 – Eindhoven 33 – Hasselt 30.

XX **Fleurie,** Baan naar Bree 27, ✆ (0 11) 63 26 33 – ▤ Ⓟ. AE ⓓ E VISA. ✻
fermé merc. et 2 sem. en mars – **Repas** Lunch 950 – 1100/1750.

PEPINSTER *4860 Liège* 213 ㉓ et 909 K 4 – *9 129 h.*
Env. *SO : Tancrémont, Statue★ du Christ dans la chapelle.*
Bruxelles 126 – Liège 26 – Verviers 6.

XXX **Host. Lafarque** 🐎 avec ch, Chemin des Douys 20 (O : 4 km par N 61, lieu-dit Goffontaine), ✆ (0 87) 46 06 51, *Fax (0 87) 46 97 28*, ≤, 🏖, « Parc », 🌳 – TV ☎ Ⓟ. AE ⓓ E VISA. ✻ ch
✿✿ *fermé du 3 au 30 mars, du 1er au 15 sept., lundi et mardi* – **Repas** 2275, carte env. 2900 – ☕ 450 – **6 ch** 3500/5550 – ½ P 4750/5250
Spéc. Langoustines aux artichauts et tomates confites à la badiane. Fantaisie de saumon et pied de porc au sabayon de raifort. Gibiers en saison.

PERWEZ (PERWIJS) *1360 Brabant Wallon* 213 ⑳ et 909 H 4 – *6 839 h.*
Bruxelles 46 – Namur 27 – Charleroi 42 – Leuven 35 – Tienen 27.

XX **La Frairie,** av. de la Roseraie 9, ✆ (0 81) 65 87 30, *Fax (0 81) 65 87 30*, 🏖, « Terrasse » – Ⓟ. AE ⓓ E VISA
fermé lundis non fériés et 16 août-7 sept. – **Repas** 950/2100.

PETIT-ROEULX-LEZ-NIVELLES *Hainaut* 213 ⑱ et 909 F 4 – *voir à Nivelles.*

Service and taxes
In Belgium, Luxembourg and Netherlands prices include service and taxes.

PHILIPPEVILLE 5600 Namur **214** ④ et **909** G 5 – 7 713 h.

   ᴦᵥ à Florennes NE : 10 km, r. Henri de Rohan Chabot 120 ℘ (0 71) 68 22 61, Fax (0 71) 68 26 00.

   🛈 r. Religieuses 2 ℘ (0 71) 66 89 85.

   Bruxelles 88 – Charleroi 26 – Dinant 29 – Namur 44.

   XXX **La Côte d'Or** avec ch, r. Gendarmerie 1, ℘ (0 71) 66 81 45, Fax (0 71) 66 67 97, 斎,
   🚗 – 📺 ☎ 🛗 🅿 – 🔏 25 à 80. 🖭 ⓪ 🗲 𝘝𝘐𝘚𝘈
   Repas Lunch 990 – 1370/2200 – **8 ch** ☐ 1500/2900 – ½ P 1740/2690.

   X **Aub. des 4 Bras**, r. France 49, ℘ (0 71) 66 72 38, Fax (0 71) 66 72 38, 斎 – 🅿. 🖭 ⓪ 🗲 𝘝𝘐𝘚𝘈
   fermé dim. soir sauf en juil.-août, lundi, 2e quinz. fév., 1re quinz. sept. et fin déc. – **Repas** Lunch 390 – 850/1350.

à Neuville SO : 3 km © Philippeville – ✉ 5600 Neuville :

   X **Chez Grand Mère**, rte de Mariembourg 45 (SE : 4 km sur N 5), ℘ (0 71) 66 78 34, Fax (0 71) 66 78 34, 斎 – 🅿. 🗲 𝘝𝘐𝘚𝘈
   fermé 31 déc.-10 fév. et dim. soir, lundis et mardis non fériés ; du 10 fév. à mars ouvert week-end seult – **Repas** Lunch 550 – 950/1295.

De PINTE Oost-Vlaanderen **213** ④ et **909** D 3 – voir à Gent, environs.

PLANCENOIT Brabant Wallon **213** ⑱ ⑲ et **909** G 4 – voir à Lasne.

POPERINGE 8970 West-Vlaanderen **213** ⑬ et **909** B 3 – 19 277 h.

   🛈 Stadhuis ℘ (0 57) 33 40 81, Fax (0 57) 33 75 81.

   Bruxelles 134 – Brugge 64 – Kortrijk 41 – Lille 45 – Oostende 54.

   🏠 **Amfora,** Grote Markt 36, ℘ (0 57) 33 88 66, Fax (0 57) 33 88 77, 斎, « Terrasse » –
   📺 ☎ ⓪ 🗲 𝘝𝘐𝘚𝘈 𝙅𝘾𝘽
   fermé du 6 au 15 avril et 12 nov.-2 déc. – **Repas** (fermé merc.) Lunch 310 – carte 1100 à 1400 – **7 ch** ☐ 2250/2700 – ½ P 1950.

   🏠 **Palace,** Ieperstraat 34, ℘ (0 57) 33 30 93, Fax (0 57) 33 35 35 – 📺 ☎ 🅿 – 🔏 25 à 70. 🖭 ⓪ 🗲 𝘝𝘐𝘚𝘈
   fermé 3 prem. sem. août – **Repas** (fermé merc. et dim. soir) 850/1500 – **11 ch** ☐ 1700/2500 – ½ P 1850.

   🏠 **Belfort,** Grote Markt 29, ℘ (0 57) 33 88 88, Fax (0 57) 33 74 75 – 📺 ☎ 🚗 – 🔏 200. 🗲 𝘝𝘐𝘚𝘈
   Repas (Taverne-rest) (fermé lundi et 15 nov.-10 déc.) Lunch 310 – 1000 – **7 ch** (fermé 15 nov.-10 déc. et lundi en hiver) ☐ 1700/2500 – ½ P 1750/1850.

   XXX **D'Hommelkeete,** Hoge Noenweg 3 (S : 3 km par Zuidlaan), ℘ (0 57) 33 43 65, Fax (0 57) 33 65 74, ≤, 斎, « Fermette sur jardin avec pièce d'eau » – 🅿. 🖭 ⓪ 🗲 𝘝𝘐𝘚𝘈
   fermé dim. soir, lundi, merc. soir, 21 juil.-15 août et 23 déc.-6 janv. – **Repas** 1750/2995 bc.

   X **De Kring** avec ch, Burg. Bertenplein 7, ℘ (0 57) 33 38 61, Fax (0 57) 33 92 20, 斎 –
   📺 ☎ 🅿 – 🔏 25 à 200. 🖭 ⓪ 🗲 𝘝𝘐𝘚𝘈 𝙅𝘾𝘽
   fermé sem. carnaval et 26 juil.-10 août – **Repas** (fermé dim. soir et lundi) Lunch 310 – 895/1300 – **7 ch** ☐ 1700/2500 – ½ P 1850/1950.

POUPEHAN 6830 Luxembourg belge © Bouillon 5 530 h. **214** ⑮ et **909** I 6.

   Bruxelles 165 – Arlon 82 – Dinant 69 – Sedan 23.

à Frahan N : 6 km © Bouillon – ✉ 6830 Poupehan :

   🏠 **Aux Roches Fleuries** ≫, r. Crêtes 32, ℘ (0 61) 46 65 14, Fax (0 61) 46 72 09, ≤,
   🚗 « Terrasse et jardin » – 📺 ☎ 🅿. 🖭 ⓪ 🗲 𝘝𝘐𝘚𝘈. 🛠
   fermé 3 janv.-12 fév. et 28 mars-2 avril – **Repas** 750/1860 – **14 ch** ☐ 2975/3450 –
   ½ P 2550/2720.

   🏠 **Beau Séjour** ≫, r. Tabac 7, ℘ (0 61) 46 65 21, Fax (0 61) 46 78 80, 斎, 🚗 – 📺 ☎ 🅿. 🖭 ⓪ 🗲 𝘝𝘐𝘚𝘈. 🛠
   fermé 28 juin-15 juil. et du 1er au 29 janv. – **Repas** (fermé merc. sauf en juil.-août et après 20 h 30) Lunch 750 – carte 1100 à 1500 – **16 ch** ☐ 2800 – ½ P 2100/2500.

PROFONDEVILLE 5170 Namur **214** ⑤ et **909** H 4 – 10 365 h.

   Voir Site★.

   Env. SO : 5 km à Annevoie-Rouillon : Parc★★ du Domaine et intérieur★ du château – E : 5 km à Lustin : Rocher de Frênes★, ≤★.

   ᴦᵥ Chemin du Beau Vallon 45 ℘ (0 81) 41 14 18, Fax (0 81) 41 21 42.

   Bruxelles 74 – Namur 14 – Dinant 17.

XX **La Sauvenière,** chaussée de Namur 57, ☎ (0 81) 41 33 03, *Fax (0 81) 41 33 03,* 🍽 – P. E VISA
fermé mardi sauf de mai à juil., lundi et dern. sem. août-prem. sem. sept. – **Repas** 890/1890.

XX **La Source Fleurie,** av. Général Gracia 11, ☎ (0 81) 41 22 28, *Fax (0 81) 41 21 86,* 🍽, « Jardin fleuri » – P. AE ⓓ E VISA
fermé mardi et merc. – **Repas** Lunch 850 – 1450/1850.

PUURS *2870 Antwerpen* 213 ⑥ et 909 F 2 – *15 476 h.*
Bruxelles 32 – Antwerpen 28 – Gent 50 – Mechelen 18.

à Liezele *S : 1,5 km* Ⓒ *Puurs* – ✉ *2870 Liezele :*

XX **Hof ten Broeck,** Liezeledorp 3, ☎ (0 3) 899 28 00, *Fax (0 3) 899 38 10,* ≤, « Ancienne demeure entourée de douves, jardin fleuri » – P. E VISA.
fermé lundi, mardi, 3 sem. en sept. et après 20 h 30 – **Repas** carte env. 1700.

QUAREGNON *7390 Hainaut* 214 ① ② et 909 E 4 – *19 422 h.*
Bruxelles 77 – Mons 12 – Tournai 37 – Valenciennes 30.

XXX **Dimitri,** pl. du Sud 27 (Lourdes), ☎ (0 65) 66 69 69, *Fax (0 65) 66 69 69* – ▤. AE ⓓ E VISA
fermé dim. soir, lundi et août – **Repas** Lunch 1500 bc – 1450/1850.

QUENAST *1430 Brabant Wallon* Ⓒ *Rebecq 9 605 h.* 213 ⑱ et 909 F 3.
Bruxelles 28 – Charleroi 51 – Mons 40.

XX **La Ferme du Faubourg,** r. Faubourg 2, ☎ (0 67) 63 69 03, *Fax (0 67) 63 69 03,* 🍽, « Ferme brabançonne » – P. AE ⓓ E VISA
fermé du 1er au 17 sept., 3 janv.-10 fév., lundi et mardi – **Repas** 980/1850.

RANCE *6470 Hainaut* Ⓒ *Sivry-Rance 4 541 h.* 214 ③ et 909 F 5.
Bruxelles 92 – Charleroi 39 – Chimay 12 – Mons 44.

XXX **La Braisière,** rte de Chimay 13, ☎ (0 60) 41 10 83, *Fax (0 60) 41 10 83,* 🍽 – P. AE ⓓ E VISA
fermé du 15 au 25 mars, 22 juin-1er juil., 24 août-18 sept., mardis, merc. et jeudis non fériés, dim. soir et lundi soir – **Repas** 980/1690.

à Sautin *NO : 4 km* Ⓒ *Sivry-Rance* – ✉ *6470 Sautin :*

🏠 **Le Domaine de la Carrauterie** 🐦 sans rest, r. Station 11, ☎ (0 60) 45 53 52, *Fax (0 60) 45 66 96,* « Style cottage », ≘s, 🏊, 🌳 – TV P. AE ⓓ E VISA
5 ch ☕ 2500/3200.

XX **Château Sautin,** Ry Fromont 2, ☎ (0 60) 41 27 89, *Fax (0 60) 41 28 29,* 🍽, « Manoir au bord d'un étang dans un vallon boisé » – P. E VISA
fermé dim. soir, lundi, mardi et du 3 au 21 janv. – **Repas** Lunch 950 – 1300/1900.

REBECQ *1430 Brabant Wallon* 213 ⑱ et 909 F 4 – *9 605 h.*
Bruxelles 33 – Charleroi 50 – Mons 40.

XX **Nouveau Relais d'Arenberg,** pl. de Wisbecq 30 (par E 429, sortie ㉔, lieu-dit Wisbecq), ☎ (0 67) 63 60 82, *Fax (0 67) 63 72 03,* 🍽, « Jardin » – P – 🎪 25. AE ⓓ E VISA
fermé lundis midis non fériés, dim. soir, lundi soir, carnaval et 2e quinz. août – **Repas** Lunch 590 – 950.

RECOGNE *Luxembourg belge* 214 ⑯ ⑰ et 909 J 6 – *voir à Libramont.*

REET *2840 Antwerpen* Ⓒ *Rumst 14 598 h.* 213 ⑥ et 909 G 2.
Bruxelles 32 – Antwerpen 14 – Gent 56 – Mechelen 11.

XXX **Pastorale,** Laarstraat 22, ☎ (0 3) 844 65 26, *Fax (0 3) 844 73 47,* 🍽, « Presbytère du 19e s. sur parc public » – ▤ P – 🎪 45. AE ⓓ E VISA
fermé sam. midi et 23 août-10 sept. – **Repas** Lunch 1050 – 1700/2100.

La REID *Liège* 213 ㉓ et 909 K 4 – *voir à Spa.*

REKEM *Limburg* 213 ⑩ ⑪ et 909 K 3 – *voir à Lanaken.*

REKKEM *West-Vlaanderen* 213 ⑭ et 909 C 3 – *voir à Menen.*

REMOUCHAMPS *Liège – voir Sougné-Remouchamps.*

RENAIX *Oost-Vlaanderen – voir Ronse.*

RENDEUX *6987 Luxembourg belge* 214 ⑦ et 909 J 5 – *2 185 h.*
Bruxelles 119 – Arlon 83 – Marche-en-Famenne 15 – La Roche-en-Ardenne 11.

Au Moulin de Hamoul, r. Hotton 86 (lieu-dit Rendeux-Bas), (0 84) 47 81 81, *Fax (0 84) 47 81 81,* – . AE E VISA
fermé lundis non fériés sauf 15 juil.-15 août – **Repas** Lunch 750 bc – 780/1600.

RENINGE *8647 West-Vlaanderen* C *Lo-Reninge 3 164 h.* 213 ① et 909 B 3.
Bruxelles 131 – Brugge 54 – Ieper 22 – Oostende 53 – Veurne 21.

't Convent (De Volder) , Halve Reningestraat 1 (direction Oostvleteren), (0 57) 40 07 71, *Fax (0 57) 40 11 27,* ←, , « Hostellerie avec jardin fleuri et vignoble », , , – , ch, – 25. AE E VISA
fermé 17 fév.-11 mars et 25 août-2 sept. – **Repas** *(fermé merc.)* Lunch 2300 bc – 3200/5550, carte 3000 à 3600 – 600 – **11 ch** 2950/6950, 4 suites – ½ P 6050/9850
Spéc. Carpaccio de turbot aux truffes de noisetier. Salade de langoustines au céleri et truffes. Orloff d'agneau et truffes façon Robert Vergnes.

During the season, particularly in resorts, it is wise to book in advance.

RESTEIGNE *6927 Luxembourg belge* C *Tellin 2 135 h.* 214 ⑥ et 909 I 5.
Bruxelles 116 – Dinant 35 – Namur 57.

Host. de la Lesse , Grand'rue 25, (0 84) 38 81 29, *Fax (0 84) 38 83 82,* , – . AE E VISA
fermé lundis soirs et mardis non fériés sauf en juil.-août – **Repas** 890 – **10 ch** 2200/2800 – ½ P 2600/3500.

RETIE *2470 Antwerpen* C *Oud-Turnhout 12 440 h.* 212 ⑰ et 909 I 2.
Bruxelles 89 – Antwerpen 51 – Turnhout 12 – Eindhoven 38.

Postel Ter Heyde , Postelsebaan 74 (E : 4 km sur N 123), (0 14) 37 23 21, *Fax (0 14) 37 23 31,* – – 25. AE E VISA. rest
fermé déc. – **Repas** *(fermé lundi sauf en juil.-août)* Lunch 995 – carte 1100 à 1400 – **10 ch** 2200/2750 – ½ P 1925/2420.

De Pas, Passtraat 11, (0 14) 37 80 35, *Fax (0 14) 37 33 36,* , « Aménagement cossu » – AE E VISA.
fermé lundi et mardi – **Repas** Lunch 1100 – carte 2050 à 2750.

RHODE-ST-GENÈSE *Région de Bruxelles-Capitale – voir Sint-Genesius-Rode à Bruxelles, environs.*

RIXENSART *Brabant Wallon* 213 ⑲ et 909 G 3 – *voir à Genval.*

ROBERTVILLE *4950 Liège* C *Waimes 6 338 h.* 213 ㉔, 214 ⑨ et 909 L 4.
Voir Lac★, ←★.
r. Centrale 53 (0 80) 44 64 75.
Bruxelles 154 – Liège 58 – Aachen 40 – Malmédy 14.

des Bains, Lac de Robertville 2 (rte de Waimes S : 1,5 km), 4950 Waimes, (0 80) 67 95 71, *Fax (0 80) 67 81 43,* ← lac, , « Jardin au bord de l'eau », , – – 25 à 40. AE E VISA.
fermé 17 fév.-25 mars et du 3 au 13 janv. – **Repas** *(fermé merc. non fériés)* 1300/2700 – ***Briscot d'Art*** *(fermé merc. non fériés)* 750/925 – **14 ch** 3000/5700 – ½ P 3550/4500.

Domaine des Hautes Fagnes , r. Charmilles 67 (NO : 1,5 km, lieu-dit Ovifat), (0 80) 44 69 87, *Fax (0 80) 44 69 19,* , , , – – 25 à 130. AE E VISA.
fermé 1re quinz. juil. – **Repas** ***Le Tetras Lyre*** 995/1900 – **69 ch** 3450/9100, 1 suite – ½ P 3650/4450.

La Chaumière du Lac, r. Barrage 23 (lieu-dit Ovifat), (0 80) 44 63 39, *Fax (0 80) 44 46 01,* , – . E VISA.
fermé début juil., début déc. et lundis et mardis non fériés sauf vacances scolaires – **Repas** Lunch 750 – 1400 – **10 ch** 2000/3800 – ½ P 2200/3900.

Résidence du Lac sans rest, r. Barrage 5, ☎ (0 80) 44 46 94, *Fax (0 80) 44 77 52*, ⛱, – ☎ P. ✗
fermé merc. et du 8 au 26 mars – **8 ch** ☐ 1800/2600.

Aub. du Lac, r. Lac 24, ☎ (0 80) 44 41 59, *Fax (0 80) 44 58 20*, – TV ☎ P. E VISA. ✗ ch
fermé du 10 au 20 juin, 21 sept.-9 oct. et mardi – **Repas** (Taverne-rest) *(fermé lundi hors saison et mardi)* carte env. 1000 – **6 ch** ☐ 1250/2000.

International, r. Lac 41, ☎ (0 80) 44 62 58, *Fax (0 80) 44 76 93*, – 25. AE ⓓ E VISA. ✗ rest
fermé mardi, merc., 15 mars-2 avril, 28 juin-8 juil. et 30 août-17 sept. – **Repas** *(fermé après 20 h 30)* 900/1560 – **11 ch** ☐ 1500/2300 – ½ P 2210.

du Barrage, r. Barrage 46, ☎ (0 80) 44 62 61, *Fax (0 80) 44 62 61*, « Terrasse avec ≤ lac » – P. E VISA
fermé du 1er au 11 mars, 25 août-2 sept., 15 nov.-2 déc., lundi soir et mardi – **Repas** 900/1300.

La ROCHE-EN-ARDENNE *6980 Luxembourg belge* 214 ⑦ et 909 *J 5 – 4 059 h.*

Voir *Site★★ – Chapelle Ste-Marguerite* ✳★★ A B.

Env. *Belvédère des Six Ourthe★★, le Hérou★★ par ② : 14,5 km – Point de vue des Crestelles★.*

i pl. du Marché 15 ☎ (0 84) 41 13 42, Fax (0 84) 41 23 43 – Fédération provinciale de tourisme, Quai de l'Ourthe 9 ☎ (0 84) 41 10 11, Fax (0 84) 41 24 39.

Bruxelles 127 ⑤ – Arlon 75 ④ – Liège 77 ① – Namur 66 ⑤.

LA ROCHE-EN-ARDENNE

Bastogne (Rte de)	A 2
Beausaint (R. de)	B 3
Beausaint (Vlle Rte de)	A 4
Bon-Dieu-de-Maka (R.)	B 7
Châlet (R. du)	B 8
Chamont (R.)	B 10
Champlon (Rte de)	A 12
Chanteraine (Pl.)	B 13
Chanteraine (R. de)	B 14
Chats (R. des)	B 15
Cielle (Rte de)	A 16
Église (R. de l')	B 17
Faubourg (Pont du)	B 18
Gare (R. de la)	B 20
Gravier (Pt du)	B 21
Gravier (Q. du)	B 22
Hospice (R. de l')	B 24
Hotton (Rte de)	A 25
Marché (Pl. du)	B 27
Moulin (R. du)	B 28
Nulay (R.)	B 30
Ourthe (Q. de l')	B 32
Pafy (Ch. du)	A 33
Presbytère (R. du)	B 35
Purnalet (R. du)	B 36
Rompré (R.)	B 37
Val-du-Pierreux	A 39

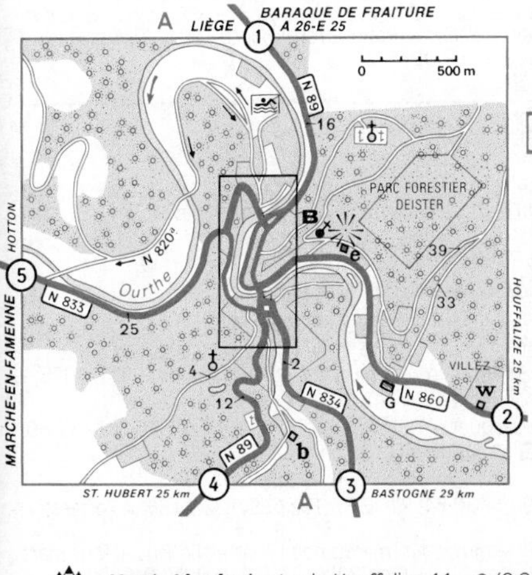

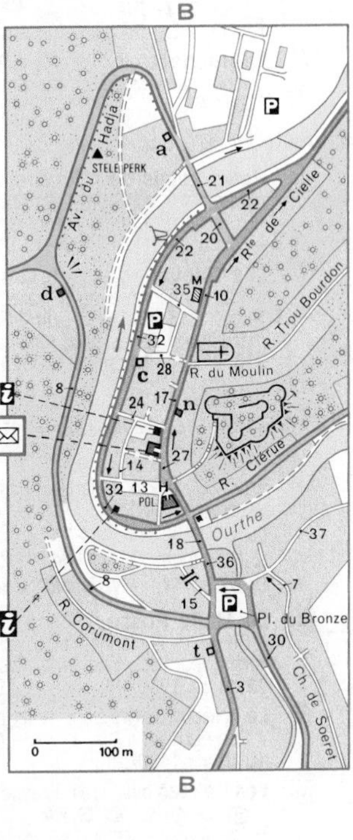

Host. Linchet, rte de Houffalize 11, ☎ (0 84) 41 13 27, *Fax (0 84) 41 24 10*, ≤, « Aménagement cossu » – TV ☎ P. AE E VISA. ✗ ch A w
fermé lundi soir et jeudi sauf en juil.-août, mardi, merc., 23 fév.-26 mars, 22 juin-16 juil., du 15 au 26 déc. et du 5 au 15 janv. – **Repas** *(fermé après 20 h 30)* 1500/2100 – **11 ch** ☐ 2600/4300 – ½ P 2750/3800.

La Claire Fontaine, rte de Hotton 64 (par ⑤ : 2 km), ☎ (0 84) 41 24 70, *Fax (0 84) 41 21 11*, ≤, « Jardin ombragé au bord de l'Ourthe » – |♣| TV ☎ P – 25 à 60. AE E VISA
Repas *Lunch 900* – 850/2100 – **29 ch** 3000/4600 – ½ P 2500/3300.

Le Chalet, r. Chalet 61, ☎ (0 84) 41 24 13, *Fax (0 84) 41 13 38*, ≤, – TV ☎ P. AE ⓓ E VISA B d
fermé 21 juin-2 juil., 29 nov.-22 déc. et 2 janv.-13 fév. – **Repas** (dîner seult sauf sam. et dim.) *(fermé après 20 h 30)* 1190/2100 – **17 ch** *(fermé lundi et mardi sauf en juil.-août)* 2525/2950 – ½ P 2850/3875.

Moulin de la Strument ♨, Petite Strument 62, ☎ (0 84) 41 15 07, *Fax (0 84) 41 10 80*, – TV ☎ P. E VISA. A b
fermé janv. et lundis, mardis et merc. non fériés sauf en juil.-août – **Repas** *Lunch 660* – carte env. 1100 – **8 ch** 2400/2600 – ½ P 2100/3200.

Les Genêts ♨, Corniche de Deister 2, ☎ (0 84) 41 18 77, *Fax (0 84) 41 18 93*, ≤ vallée de l'Ourthe et ville, , – TV. AE ⓓ E VISA. rest A e
fermé du 1er au 16 juil. et 1 sem. en janv. – **Repas** *(fermé merc. midi, jeudi et après 20 h 30)* 900/1400 – **8 ch** *(fermé merc. et jeudis non fériés de nov. à avril sauf vacances scolaires)* 2250/2500 – ½ P 2450.

Le Midi, r. Beausaint 6, ☎ (0 84) 41 11 38, *Fax (0 84) 41 22 38* – TV ☎. AE ⓓ E VISA B t
fermé 25 juin-1er juil. – **Repas** 595/1375 – **8 ch** 1650/2200 – ½ P 1700/2000.

Le Luxembourg sans rest, av. du Hadja 1a, ☎ (0 84) 41 14 15, *Fax (0 84) 41 19 71* – TV ☎ P. AE ⓓ E VISA B a
8 ch 1250/1600.

Beau Rivage sans rest, Quai de l'Ourthe 26, ☎ (0 84) 41 12 41, *Fax (0 84) 41 12 42* – TV ☎. AE E VISA. B c
fermé merc., 23 août-1er sept. et 15 nov.-1er déc. – **8 ch** 1950/2200.

La Huchette, r. Église 6, ☎ (0 84) 41 13 33, *Fax (0 84) 41 13 33*, – AE E VISA B n
fermé mardis soirs et merc. non fériés sauf en juil.-août et 2 sem. en janv. – **Repas** 750/1750.

à Jupille *par ⑤ : 6 km* C *Rendeux 2 185 h.* – ✉ *6987 Hodister :*

Host. Relais de l'Ourthe, r. Moulin 3, ☎ (0 84) 47 76 88, *Fax (0 84) 47 70 85*, , « Jardin » – ch, TV P. AE ⓓ E VISA. rest
fermé dern. sem. juin-prem. sem. juil. et 1re quinz. janv. – **Repas** *Lunch 720* – 1100/1950 – **12 ch** 2100/2400 – ½ P 2000/2300.

Les Tilleuls ♨ avec ch, Clos Champs 11, ☎ (0 84) 47 71 31, *Fax (0 84) 47 79 55*, , « Villa sur jardin avec ≤ vallée de l'Ourthe » – TV ☎ P – 25. AE E VISA
fermé du 3 au 12 fév., du 21 au 25 juin, 29 nov.-23 déc., du 3 au 12 janv. et lundis et mardis non fériés sauf vacances scolaires – **Repas** *(fermé après 20 h 30) Lunch 690* – 890/2100 – **13 ch** 1500/2900 – ½ P 1975/2450.

ROCHEFORT *5580 Namur* 214 ⑥ et 909 I 5 – *11 639 h.*

Voir Grotte★.

Env. *SO : 6 km à Han-sur-Lesse, Grotte★★★ - Safari★ - Fragment de diplôme★ (d'un vétéran romain) dans le Musée du Monde souterrain – NO : 15 km à Chevetogne, Domaine provincial Valéry Cousin★.*

r. Behogne 5 ☎ (0 84) 21 25 37.

Bruxelles 117 – Namur 58 – Bouillon 49 – Dinant 32 – Liège 71.

La Malle Poste, r. Behogne 46, ☎ (0 84) 21 09 87, *Fax (0 84) 22 11 13*, ≤, , « Demeure ancienne, terrasse et jardin » – TV ☎ P – 25. AE ⓓ E VISA
fermé jeudi et mi-fév.-mi-mars – **Repas** *(fermé merc. et jeudi) Lunch 750* – 975/1975 – **12 ch** 1950/2450 – ½ P 2900/3000.

Le Vieux Logis sans rest, r. Jacquet 71, ☎ (0 84) 21 10 24, *Fax (0 84) 22 12 30*, « Demeure fin 17e s. », – TV ☎ P. E VISA
10 ch 1400/2100.

Les Falizes avec ch, r. France 90, ☎ (0 84) 21 12 82, *Fax (0 84) 22 10 86*, « Terrasse » – TV ☎ P. AE ⓓ E VISA
fermé lundis soirs non fériés sauf en juil.-août, mardis non fériés et fin janv.-début mars – **Repas** *Lunch 950* – 1350/1850 – 300 – **6 ch** 2000/2300 – ½ P 2700/2900.

Le Limbourg avec ch, pl. Albert Ier 21, ☎ (0 84) 21 10 36, *Fax (0 84) 21 44 23* – TV ☎. AE ⓓ E VISA
fermé 15 janv.-15 fév. – **Repas** *(fermé merc.) Lunch 600* – 850/1495 – **6 ch** 1575/2050 – ½ P 1900.

XX **Trou Maulin** avec ch, rte de Marche 19, ☎ (0 84) 21 32 40, *Fax (0 84) 22 13 81*, – TV ☎ P. AE E VISA. ch
fermé 2e quinz. sept., janv. et mardi et merc. sauf en juil.-août – **Repas** 810/1850 – **6 ch** 1760/2320 – ½ P 2010/2210.

X **Le Relais du Château,** r. Jacquet 22, ☎ (0 84) 21 09 81, *Fax (0 84) 21 09 81* – AE E VISA
fermé du 15 au 28 fév., du 15 au 30 sept., merc. soir et jeudi – **Repas** 690/1290.

à Belvaux *SO : 9 km C Rochefort – ✉ 5580 Belvaux :*

XX **Aub. des Pérées** avec ch, r. Pairées 37, ☎ (0 84) 36 62 77, *Fax (0 84) 36 72 05*, « Terrasse fleurie », – TV ☎ P. E VISA.
fermé mardi et merc. hors saison, mardi midi en saison, 28 janv.-12 fév. et 21 sept.-8 oct. – **Repas** *(fermé après 20 h 30)* 795/1550 – **6 ch** 2050 – ½ P 2200.

à Eprave *SO : 7 km C Rochefort – ✉ 5580 Eprave :*

XX **Aub. du Vieux Moulin** avec ch en annexe, r. Aujoule 51, ☎ (0 84) 37 73 18, *Fax (0 84) 37 84 60*, – TV ☎ P – 25. AE E VISA. rest
fermé merc. soir et jeudi sauf en juil.-août, 2e quinz. sept. et fin janv. – **Repas** 975/1575 – **5 ch** 1700/1950 – ½ P 1875/2500.

à Han-sur-Lesse *SO : 6 km C Rochefort – ✉ 5580 Han-sur-Lesse :*

Ardennes 2, r. Grottes 6, ☎ (0 84) 37 72 20, *Fax (0 84) 37 80 62*, – TV ☎ P – 40. AE E VISA
fermé du 3 au 31 janv. – **Repas** *(fermé merc. du 1er sept. au 15 mai et après 20 h 30)* Lunch 725 – 850/1450 – **14 ch** 2500/2975 – ½ P 2595/2795.

Host. Henry IV, r. Chasseurs Ardennais 59 (N : 1 km), ☎ (0 84) 37 72 21, *Fax (0 84) 37 81 78*, – P. E VISA.
Repas (hors saison dîner seult sauf week-end et jours fériés) Lunch 575 – 850/1480 – 250 – **8 ch** 1550/1700 – ½ P 1700/2500.

*Our **hotel and restaurant guides**, our **tourist guides** and our **road maps** are complementary. Use them together.*

ROCHEHAUT *6830 Luxembourg belge C Bouillon 5 530 h.* 214 ⑮ et 909 I 6.

Voir ≤★★.

r. Cense 37 ☎ (0 61) 46 69 70.

Bruxelles 159 – Arlon 76 – Dinant 63 – Sedan 26.

L'Auberg'Inn, r. Faligeotte 26, ☎ (0 61) 46 10 00, *Fax (0 61) 46 10 01*, ≤, – TV ☎ P.
Repas voir rest ***Aub. de la Ferme*** ci-après – **15 ch** 1680/2400.

Les Tonnelles, pl. Marie Howet 5, ☎ (0 61) 46 40 18, *Fax (0 61) 46 40 12*, – ☎ P. AE E VISA. rest
fermé 20 juin-2 juil. et du 20 au 24 sept. – **Repas** 850/1500 – **17 ch** 1680/2100 – ½ P 1785.

XX **L'Aub. de la Ferme** avec ch, r. Cense 12, ☎ (0 61) 46 10 00, *Fax (0 61) 46 10 01*, « Ambiance ardennaise » – TV ☎ P – 60.
2 prem. sem. déc. et 2 prem ; sem. janv. ouvert week-end seult – **Repas** *(fermé après 20 h 30)* 850/1780 – **20 ch** 1680/3000 – ½ P 2200/2500.

XX **L'An 1600** avec ch, r. Palis 7, ☎ (0 61) 46 40 60, *Fax (0 61) 46 83 82*, « Rustique ardennais », – TV ☎ P. AE E VISA
avril-20 nov. et week-end ; fermé 2 janv.-15 fév. et 20 juin-10 juil. – **Repas** *(fermé après 20 h 30)* Lunch 690 – 850/1800 – **10 ch** 2400/2800 – ½ P 2400/2600.

ROESELARE (ROULERS) *8800 West-Vlaanderen* 213 ② et 909 C 3 – *53 611 h.*

Zuidstraat 3 ☎ (0 51) 26 24 50, Fax (0 51) 26 22 80.

Bruxelles 111 ③ – Brugge 34 ① – Kortrijk 24 ③ – Lille 45 ③

Plan page suivante

Parkhotel (annexe Flanders Inn - 20 ch), Vlamingstraat 8, ☎ (0 51) 26 31 31, *Fax (0 51) 26 31 13*, – TV ☎ P – 25 à 50. AE E VISA BY a
Repas *(fermé dim. soir)* Lunch 450 – carte 1250 à 1650 – **40 ch** 3000/3500, 40 ch – ½ P 2600/3600.

XXX **Savarin** avec ch, Westlaan 359, ☎ (0 51) 22 59 16, *Fax (0 51) 22 07 99*, – TV ☎ P – 25 à 60. AE E VISA AY d
Repas *(fermé dim. soir, lundi, 1 sem. après Pâques et 2e quinz. août)* Lunch 1350 – carte 2250 à 2750 – **11 ch** 2450/3200.

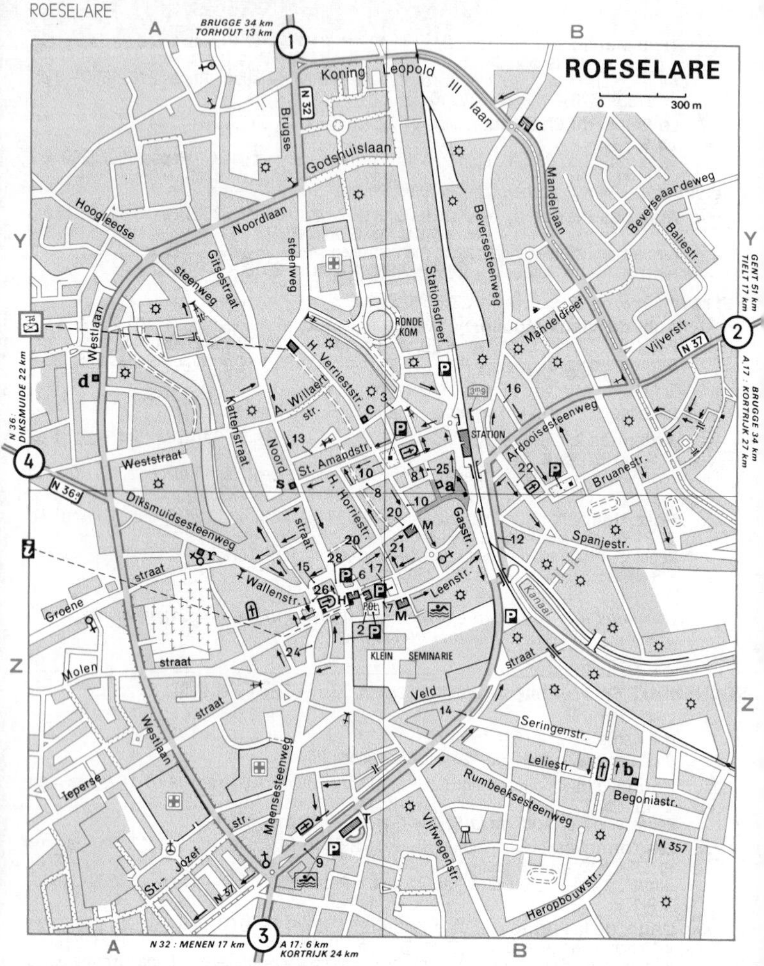

Botermarkt . . . . . AZ 2
Cichoreistr. . . . . . ABY 3
Grote Markt . . . . . AZ 6
Hazeltstr. . . . . . ABZ 7
Hendrik
Consciencestr. . . . . ABY 8
Hippoliet
Spilleboutdreef . . . . . AZ 9

Jan Mahieustr. . . . . ABYZ 10
Jules Lagaelaan . . . . . BZ 12
Kokelaarstr. . . . . AY 13
Koning Albert I-laan . . . . . BZ 14
Manestr. . . . . AZ 15
Mariastr. . . . . BY 16
Nonnenstr. . . . . AZ 17
Noordstr. . . . . AYZ

Ooststr. . . . . ABZ 20
Poststr. . . . . BZ 21
St.
Hubrechtsstr. . . . . BY 22
St. Michielsstr. . . . . AZ 24
Vlamingstr. . . . . BY 25
Vrouwenstr. . . . . AZ 26
Zuidstr. . . . . AZ 28

XXX **De Ooievaar,** Noordstraat 91, ✆ (0 51) 20 54 86, *Fax (0 51) 24 46 76,* 🍴, « Terrasse » – ▤ ⓟ. AE ⓓ E VISA — AY s
fermé dim. soir, lundi et 2 dern. sem. juil.-prem. sem. août – **Repas** Lunch 1100 – 1350/1950.

XX **Den Haselt,** Diksmuidsesteenweg 53, ✆ (0 51) 22 52 40, *Fax (0 51) 24 10 64,* 🍴 – AE ⓓ E VISA — AZ r
fermé mardi soir et merc. – **Repas** carte 1600 à 1950.

X **Orchidee** 12e étage, Begoniastraat 9, ✆ (0 51) 21 17 23, *Fax (0 51) 20 01 14,* ≤ ville – |‡| ▤ ⓟ. AE ⓓ E VISA — BZ b
fermé du 15 au 22 fév., 19 juil.-9 août, dim. soir, lundi et merc. soir – **Repas** Lunch 900 – carte 1350 à 2050.

X **Bistro Novo,** Hugo Verrieststraat 12, ☎ (0 51) 24 14 77, *Fax (0 51) 20 09 90*, Ouvert jusqu'à 23 h – ▤. E VISA AY c
fermé sam. midi, dim., prem. sem. mai, 2 dern. sem. juil.-prem. sem. août et prem. sem. déc. – **Repas** carte 1300 à 1750.

à Beveren *NE : 5 km par Beverseaardeweg* - BY C *Roeselare* – ✉ *8800 Beveren :*

't Strohof, Kruisboommolenstraat 9, ☎ (0 51) 22 58 50, *Fax (0 51) 22 63 17*, – TV ☎ P – 25 à 200. AE ① E VISA.
Repas *Lunch 895* – 995 bc/1495 bc – **14 ch** 1700/2150 – ½ P 2150.

à Gits *par ① : 5 km sur N 32* C *Hooglede 9 647 h.* – ✉ *8830 Gits :*

XX **Epsom,** Bruggesteenweg 175, ☎ (0 51) 20 25 10, – P. AE ① E VISA
fermé dim. midi en été, dim. soir, merc. soir et du 1er au 15 août – **Repas** *Lunch 950* – carte 1400 à 1850.

à Hooglede *par Hoogleedsesteenweg NE : 7 km* - AY – *9 647 h.* – ✉ *8830 Hooglede :*

De Vossenberg, Hogestraat 194, ☎ (0 51) 70 25 83, *Fax (0 51) 70 06 42*, ≤, « Environnement campagnard », – TV ☎ P – 25 à 1300. AE ① E VISA
Repas (grillades) *(fermé lundi et 15 juil.-3 août) Lunch 310* – 850/1650 – **15 ch** 2500/3500 – ½ P 2060/4150.

à Rumbeke *SE : 3 km* C *Roeselare* – ✉ *8800 Rumbeke :*

Host. Vijfwegen M sans rest, Groene Herderstraat 171 (au domaine Sterrebos), ☎ (0 51) 24 34 72, *Fax (0 51) 24 16 74* – ▤ TV ☎ P. ① E VISA.
11 ch 2390/2900.

XX **Cá d'Oro,** Hoogstraat 97, ☎ (0 51) 24 71 81, *Fax (0 51) 24 56 27*, , Avec cuisine italienne – AE ① E VISA
fermé lundi soir et mardi – **Repas** carte 1300 à 1700.

Le RŒULX *7070 Hainaut* 213 ⑰ ⑱ et 909 F 4 – *7 826 h.*

Bruxelles 55 – Binche 12 – Charleroi 27 – Mons 14.

X **Aub. Saint-Feuillien,** chaussée de Mons 1, ☎ (0 64) 66 22 85, *Fax (0 64) 66 22 85* – AE ① E VISA JCB
fermé mi-juil.-mi-août, dim. soirs et lundis non fériés et merc. soir – **Repas** *Lunch 820* – 1420.

ROKSEM *West-Vlaanderen* 213 ② et 909 C 2 – *voir à Oudenburg.*

ROMERSHOVEN *Limburg* 213 ㉒ – *voir à Hasselt.*

RONSE (RENAIX) *9600 Oost-Vlaanderen* 213 ⑯ et 909 D 3 – *24 106 h.*

Voir *Crypte★ de la Collégiale St-Hermès.*

Hoge Mote, De Biezestraat 2, ☎ (0 55) 23 28 16, Fax (0 55) 23 28 19.

Bruxelles 57 – Gent 38 – Kortrijk 32 – Valenciennes 49.

Host. Lou Pahou, Zuidstraat 25, ☎ (0 55) 21 91 11, *Fax (0 55) 20 91 04*, – TV ☎. AE ① E VISA.
fermé 10 juil.-2 août – **Repas** *(fermé mardi, merc. midi et dim. soir)* 1000 bc/1500 – **6 ch** 1850/2500 – ½ P 1850/2450.

XXX **Host. Shamrock** (De Beyter) avec ch, Ommegangstraat 148 (Louise-Marie, NE : 7 km par N 60 et N 425), ✉ 9681 Maarkedal, ☎ (0 55) 21 55 29, *Fax (0 55) 21 56 83*, ≤, « Terrasse et parc », – TV ☎ P. AE ① E VISA.
fermé lundis et mardis non fériés et 2 dern. sem. juil. – **Repas** *Lunch 1950* – 2800/3750, carte env. 3000 – **4 ch** 6200/7500, 1 suite – ½ P 5350/6550
Spéc. Ragoût de homard aux girolles et asperges. Poêlée de foie gras aux pommes reinette, sauce aigre-douce. Noisettes de chevreuil rôties, sauce aux coings.

XXX **Beau Séjour,** Viermaartlaan 109, ☎ (0 55) 21 33 65, *Fax (0 55) 21 92 65*, – ▤ P. AE E VISA
fermé dim. soir, lundi, merc. soir, 1 sem. en fév. et 3 sem. en juil. – **Repas** *Lunch 1000 bc* – 1350/1700.

XX **Bois Joly,** Hogerlucht 7, ☎ (0 55) 21 10 17, *Fax (0 55) 21 10 17*, ≤, – AE ① E VISA
fermé mardi soir, merc. et 2 dern. sem. août – **Repas** *Lunch 320* – 1350/1550.

RONSELE *Oost-Vlaanderen* 213 ④ – *voir à Zomergem.*

ROSELIES *Hainaut* 214 ④ – *voir à Charleroi.*

ROTHEUX-RIMIERE *Liège* 213 ㉒ et 909 J 4 – *voir à Liège, environs.*

ROULERS *West-Vlaanderen – voir Roeselare.*

ROUVEROY *7120 Hainaut* C *Estinnes 7 479 h.* 214 ② et 909 F 4.
Bruxelles 74 – Mons 13 – Charleroi 33 – Maubeuge 21.

Les Ramiers sans rest, Barrière d'Aubreux 2 (rte de Mons), ☎ (0 64) 77 12 61, *Fax (0 64) 77 12 61* – TV P. AE ① E VISA.
fermé dim. et jours fériés – ☐ 250 – **6 ch** 1850/2300.

La Brouette, Barrière d'Aubreux 4 (rte de Mons), ☎ (0 64) 77 13 42, *Fax (0 64) 77 13 42,* – P. AE ① E VISA.
fermé du 1er au 15 fév., mardi soir en hiver, merc. et après 20 h 30 – **Repas** Lunch 800 – carte 900 à 1700.

RUDDERVOORDE *West-Vlaanderen* 213 ③ et 909 C 2 – *voir à Brugge, environs.*

RUMBEKE *West-Vlaanderen* 213 ② et 909 C 3 – *voir à Roeselare.*

RUMST *Antwerpen* 213 ⑥ et 909 G 2 – *voir à Mechelen.*

RIJKEVORSEL *2310 Antwerpen* 212 ⑯ et 909 H 1 – *10 171 h.*
Bruxelles 80 – Antwerpen 34 – Breda 41 – Turnhout 16.

Waterschoot, Bochtenstraat 11, ☎ (0 3) 314 78 78, *Fax (0 3) 314 78 78,* – E VISA
fermé du 15 au 22 fév., 16 août-6 sept., dim. et lundi – **Repas** Lunch 795 – carte 1350 à 1650.

RIJMENAM *Antwerpen* 213 ⑦ et 909 G 2 – *voir à Mechelen.*

SAINTE-CÉCILE *6820 Luxembourg belge* C *Florenville 5 626 h.* 214 ⑯ et 909 I 6.
Bruxelles 171 – Arlon 46 – Bouillon 18 – Neufchâteau 30.

Host. Sainte-Cécile , r. Neuve 1, ☎ (0 61) 31 31 67, *Fax (0 61) 31 50 04,* « Jardin au bord de l'eau » – TV ☎ P. AE ① E VISA. rest
fermé mi-janv.-mi-mars et prem. sem. sept. – **Repas** *(fermé dim. soirs et lundis non fériés sauf en juil.-août)* Lunch 850 – 1800/2100 – ☐ 300 – **14 ch** 2300/2800 – ½ P 3050/4050.

SAINTE-ODE *6680 Luxembourg belge* 214 ⑰ et 909 J 5 – *2 173 h.*
Bruxelles 139 – Arlon 57 – Namur 83 – La Roche-en-Ardenne 30.

Le Primordia 1er étage, Beauplateau 1, ☎ (0 61) 68 90 75, *Fax (0 61) 68 87 80* – P. AE ① E VISA
fermé lundi, 28 juin-9 juil. et du 3 au 14 janv. – **Repas** 795/995.

ST-GILLES (SINT-GILLIS) *Région de Bruxelles-Capitale* 909 ㉑ S – *voir à Bruxelles.*

ST-HUBERT *6870 Luxembourg belge* 214 ⑯ ⑰ et 909 J 5 – *5 722 h.*
Voir *Intérieur★★ de la Basilique St-Hubert★.*
Musée : *de la Vie rurale en Wallonie★★.*
Exc. *Fourneau-St-Michel★★ N : 7 km : Musée du Fer et de la Métallurgie ancienne★.*
r. St-Gilles 12 ☎ (0 61) 61 30 10.
Bruxelles 137 – Arlon 60 – La Roche-en-Ardenne 25 – Sedan 59.

Du Luxembourg, pl. du Marché 7, ☎ (0 61) 61 10 93, *Fax (0 61) 61 32 20* – TV ☎ P. AE ① E VISA.
fermé du 10 au 24 juin, du 13 au 27 janv. et merc. soir et jeudi sauf vacances scolaires – **Repas** Lunch 485 – 675/1350 – **18 ch** ☐ 900/2500 – ½ P 1500/2150.

La Maison Blanche (Hollebeke), r. St-Gilles 36, ☎ (0 61) 61 13 51, *Fax (0 61) 61 13 51* – E VISA
fermé merc. soir et jeudi – **Repas** Lunch 1150 – 1550, carte 1500 à 2000
Spéc. Foie gras cuit au torchon. Saumon en casserole, pommes de terre à l'ail et au lard. Côte de veau régional au vieux vinaigre.

Le Cor de Chasse avec ch, av. Nestor Martin 3, ☎ (0 61) 61 16 44, *Fax (0 61) 61 33 15* – ☎. E VISA
fermé lundi, mardi, 1re quinz. mars, 2e quinz. juin et 2e quinz. sept. – **Repas** Lunch 400 – 850/1250 – **11 ch** ☐ 1700/2050 – ½ P 1600/1725.

à **Awenne** *NO : 9 km* C *St-Hubert* – ✉ *6870 Awenne :*

XX **L'Aub. du Sabotier et Les 7 Fontaines** ⑤ avec ch, Grand'rue 21, ✆ (0 84) 36 65 04 et 36 65 23 (ch), *Fax (0 84) 36 63 68,* « Rustique ardennais », – TV ☎ P – 30. AE ① E VISA. rest
fermé 2 sem. avant Pâques, 2 prem. sem. juil., 1 sem. avant Noël et mardi et merc. sauf vacances scolaires – **Repas** Lunch 880 – 1250/1900 – **16 ch** 1800/2800 – ½ P 2150/2400.

ST-JOSSE-TEN-NOODE (SINT-JOOST-TEN-NODE) *Région de Bruxelles-Capitale* 909 ㉑ N – *voir à Bruxelles.*

ST-NICOLAS *Oost-Vlaanderen – voir Sint-Niklaas.*

ST-SAUVEUR *7912 Hainaut* C *Frasnes-lez-Anvaing 10 805 h.* 213 ⑯ et 909 D 3.
Bruxelles 73 – Gent 48 – Kortrijk 41 – Tournai 20 – Valenciennes 45.

X **Les Marronniers,** r. Vertes Feuilles 7, ✆ (0 69) 76 99 58, *Fax (0 69) 76 99 58,* ≤, « Auberge dominant une vallée verdoyante » – P. E VISA
fermé mardi, merc., 2 sem. en fév. et 2 sem. en sept. – **Repas** 990.

ST-TROND *Limburg – voir Sint-Truiden.*

ST-VITH *Liège – voir Sankt-Vith.*

SALMCHÂTEAU *Luxembourg belge* 214 ⑧ et 909 K 5 – *voir à Vielsalm.*

SANKT-VITH (ST-VITH) *4780 Liège* 214 ⑨ et 909 L 5 – *8 904 h.*
Mühlenbachstr. 2 ✆ *(0 80) 22 11 37, Fax (0 80) 22 16 22.*
Bruxelles 180 – Liège 78 – Clervaux 36 – La Roche-en-Ardenne 51.

Pip-Margraff, Hauptstr. 7, ✆ (0 80) 22 86 63, *Fax (0 80) 22 87 61,* – TV ☎ – 25 à 80. AE E VISA JCB.
fermé lundi hors saison, jours fériés, début avril et début juil. – **Repas** Lunch 500 – 975/1950 – **20 ch** 2000/3550, 3 suites – ½ P 1850/2500.

Am Steineweiher ⑤, Rodter Str. 32, ✆ (0 80) 22 72 70, *Fax (0 80) 22 91 53,* « Terrasse au bord de l'eau », – TV ☎ P. AE ① E VISA
Repas *(fermé mardi de nov. à Pâques)* 850/1850 – **14 ch** 1750/2500 – ½ P 1750/2150.

XXX **Zur Post** (Pankert) avec ch, Hauptstr. 39, ✆ (0 80) 22 80 27, *Fax (0 80) 22 93 10* – TV ☎. AE ① E VISA
✿✿ *fermé dim. soir, lundi, mardi midi et 3 prem. sem. janv.* – **Repas** Lunch 1450 – 1800/3500, carte 2500 à 3000 – 500 – **8 ch** 2000/3200 – ½ P 3500/3900
Spéc. Fond d'artichaut farci d'une poêlée de foie d'oie aux épinards. Bouillabaisse claire à l'orientale, aux langoustines royales grillées. Mignonettes de chevreuil à la sauce au vin d'Arbois et sureau (15 sept.-déc.).

XX **Le Luxembourg** arrière-salle, Hauptstr. 71, ✆ (0 80) 22 80 22 – E VISA.
fermé merc. soir, jeudi, 1 sem. en fév., du 1er au 17 juil. et 1 sem. en janv. – **Repas** Lunch 1200 bc – carte 1200 à 1600.

SART *Liège* 213 ㉓ et 909 K 5 – *voir à Spa.*

SAUTIN *Hainaut* 214 ③ et 909 F 5 – *voir à Rance.*

SCHAERBEEK (SCHAARBEEK) *Région de Bruxelles-Capitale* 909 ㉑ N – *voir à Bruxelles.*

SCHEPDAAL *Vlaams-Brabant* 213 ⑱ et 909 F 3 – *voir à Bruxelles, environs.*

SCHERPENHEUVEL (MONTAIGU) *3270 Vlaams-Brabant* C *Scherpenheuvel-Zichem 21 534 h.* 213 ⑧ et 909 H 3.
Bruxelles 52 – Antwerpen 52 – Hasselt 31.

XX **De Zwaan** avec ch, Albertusplein 12, ✆ (0 13) 77 13 69, *Fax (0 13) 78 17 77* – , rest, TV ☎ P – 25. AE ① E VISA.
Repas *(fermé sam. de sept. à avril)* 950/1985 – **9 ch** 1600/2500 – ½ P 2400.

SCHILDE *Antwerpen* 213 ⑦ et 909 G 2 – *voir à Antwerpen, environs.*

SCHOONAARDE *9200 Oost-Vlaanderen* © *Dendermonde 43 007 h.* 213 ⑤ et 909 F 2.
Bruxelles 39 – Gent 26 – Aalst 11 – Dendermonde 7.

✗ **Het Palinghuis,** Oude Brugstraat 16, ☏ (0 52) 42 32 46, Anguilles – ▤ Ⓟ. AE E VISA. ✻
fermé vend., sam. midi et 7 déc.-2 janv. – **Repas** carte 850 à 1450.

SCHOTEN *Antwerpen* 212 ⑮ et 909 G 2 - ⑨ S – *voir à Antwerpen, environs.*

SEMOIS (Vallée de la) ★★ *Luxembourg belge et Namur* 214 ⑮ ⑯ et 909 J 7 - H 6 *G. Belgique-Luxembourg.*

SERAING *Liège* 213 ㉓ et 909 J 4 - ⑰ S – *voir à Liège, environs.*

SILENRIEUX *5630 Namur* © *Cerfontaine 4 211 h.* 214 ③ et 909 G 5.
Env. *S : Barrages de l'Eau d'Heure*★ *– Barrage de la Plate-Taille*★.
Bruxelles 77 – Charleroi 25 – Dinant 39 – Maubeuge 40.

✗✗ **La Plume d'Oie** avec ch, r. par delà l'Eau 6, ☏ (0 71) 63 35 35, *Fax (0 71) 63 38 22*, ⛱ – TV ☎ Ⓟ. AE ⦿ E VISA. ✻ rest
Repas *(fermé dim. soir, lundi, mardi soir et du 1er au 10 juil.)* Lunch 695 – carte 1000 à 1650 – **6 ch** *(fermé lundi soir et du 1er au 10 juil.)* ☕ 2000/2800 – ½ P 3500/4100.

SINAAI *9112 Oost-Vlaanderen* © *Sint-Niklaas 68 049 h.* 213 ⑤ et 909 F 2.
Bruxelles 55 – Antwerpen 33 – Gent 35 – Sint-Niklaas 12.

✗✗ **Klein Londen,** Wapenaarteinde 5, ☏ (0 9) 349 37 47, *Fax (0 9) 349 37 44*, ⛱, « Environnement champêtre » – Ⓟ. E VISA. ✻
fermé sam. midi, dim. soir, lundi et 3 dern. sem. juil. – **Repas** Lunch 1250 – 1800.

SINT-AGATHA-BERCHEM *Brussels Hoofdstedelijk Gewest – voir Berchem-Ste-Agathe à Bruxelles.*

SINT-AMANDS *2890 Antwerpen* 213 ⑥ et 909 F 2 – *7 421 h.*
Bruxelles 38 – Antwerpen 32 – Mechelen 23.

✗ **'t Kombuis,** Kaai 24, ☏ (0 52) 33 40 80, *Fax (0 52) 33 25 70*, ≤, ⛱, Produits de le mer – AE ⦿ E VISA
fermé merc., jeudi et du 5 au 19 oct. – **Repas** 1100/2000.

✗ **De Veerman,** Kaai 26, ☏ (0 52) 33 32 75, *Fax (0 52) 33 25 70*, ≤, ⛱, Taverne-rest – ▤. AE ⦿ E VISA
fermé lundi, mardis et 21 sept.-6 oct. – **Repas** 995/1600.

SINT-DENIJS-BOEKEL *9630 Oost-Vlaanderen* © *Zwalm 7 611 h.* 213 ⑯ et 909 E 3.
Bruxelles 54 – Gent 26 – Oudenaarde 13.

✗ **Ter Maelder,** Molenberg 8 (direction Horebeke : 3 km), ☏ (0 55) 49 83 26, ⛱, « Cadre champêtre » – Ⓟ. ✻
fermé du 4 au 16 juil., du 20 au 31 déc., merc., jeudi et après 20 h 30 – **Repas** Lunch 1150 bc – 1100/1600.

SINT-DENIJS-WESTREM *Oost-Vlaanderen* 213 ④ et 909 D 2 – *voir à Gent, périphérie.*

Besonders angenehme Hotels oder Restaurants sind im Führer rot gekennzeichnet.
Sie können uns helfen, wenn Sie uns die Häuser angeben, in denen Sie sich besonders wohl gefühlt haben.
Jährlich erscheint eine komplett überarbeitete Ausgabe aller Roten **Michelin-Führer.**

⌂⌂⌂⌂⌂ ... ⌂
✗✗✗✗✗ ... ✗

SINT-ELOOIS-VIJVE *West-Vlaanderen* 213 ⑮ et 909 D 3 – *voir à Waregem.*

SINT-GENESIUS-RODE *Vlaams-Brabant* 213 ⑱ et 909 G 3 – *voir à Bruxelles, environs.*

SINT-GILLIS *Brussels Hoofdstedelijk Gewest – voir St-Gilles à Bruxelles.*

SINT-HUIBRECHTS-LILLE *3910 Limburg* C *Neerpelt 15 097 h.* 213 ⑩ et 909 J 2.
Bruxelles 113 – Antwerpen 84 – Eindhoven 23.

XXX **Sint-Hubertushof,** Broekkant 23, ℘ (0 11) 66 27 71, *Fax (0 11) 66 27 71*, 🏠, « Ancien relais de halage » – P. AE E VISA. 🚫
fermé lundi, mardi, sam. midi, 28 fév.-11 mars et du 8 au 26 août – **Repas** Lunch 1650 bc – carte 2000 à 2500.

SINT-IDESBALD *West-Vlaanderen* 213 ① et 909 A 2 – *voir à Koksijde-Bad.*

SINT-JAN-IN-EREMO *Oost-Vlaanderen* 213 ④ et 909 D 2 – *voir à Sint-Laureins.*

SINT-JANS-MOLENBEEK *Brussels Hoofdstedelijk Gewest – voir Molenbeek-St-Jean à Bruxelles.*

SINT-JOOST-TEN-NODE *Brussels Hoofdstedelijk Gewest – voir St-Josse-Ten-Noode à Bruxelles.*

SINT-KRUIS *West-Vlaanderen* 213 ③ et 909 C 2 – *voir à Brugge, périphérie.*

SINT-LAMBRECHTS-WOLUWE *Brussels Hoofdstedelijk Gewest – voir Woluwé-St-Lambert à Bruxelles.*

SINT-LAUREINS *9980 Oost-Vlaanderen* 213 ④ et 909 D 2 – *6 551 h.*
Bruxelles 98 – Brugge 31 – Antwerpen 70 – Gent 28.

XX **Slependamme,** Lege Moerstraat 26 (SE : 5,5 km sur N 434), ℘ (0 9) 377 78 31, *Fax (0 9) 377 78 31*, 🏠 – ▤ P. AE E VISA
fermé merc., jeudi midi et 16 août-3 sept. – **Repas** Lunch 990 – 1700.

à **Sint-Jan-in-Eremo** *NE : 5,5 km* C *Sint-Laureins* – ✉ *9982 Sint-Jan-in-Eremo :*

XXX **De Warande,** Warande 10 (Bentille), ℘ (0 9) 379 00 51, *Fax (0 9) 379 03 77*, <, 🏠, « Jardin fleuri avec pièce d'eau » – P. AE ① E VISA
fermé du 15 au 26 fév., 2 sem. en oct., lundi soir et merc. – **Repas** Lunch 1150 – 1750.

XX **'t Schuurke,** St-Jansstraat 56 (Bentille), ℘ (0 9) 379 86 61, *Fax (0 9) 379 08 00* – P. E VISA
fermé lundi, mardi et 2e quinz. oct. – **Repas** Lunch 950 – carte 1100 à 1650.

SINT-MARTENS-LATEM (LAETHEM-ST-MARTIN) *9830 Oost-Vlaanderen* 213 ④ et 909 D 2 – *8 246 h.*
⛳18 *Latemstraat 120* ℘ *(0 9) 282 54 11, Fax (0 9) 282 90 19.*
Bruxelles 65 – Antwerpen 70 – Gent 10.

XX **'t Oude Veer,** Baarle Frankrijkstraat 90, ℘ (0 9) 281 05 20, <, 🏠, « Terrasse au bord de la Lys (Leie) », ⚓ – AE E VISA
fermé lundi – **Repas** 1650/2850 bc.

XX **Sabatini,** Kortrijksesteenweg 114, ℘ (0 9) 282 80 35, Cuisine italienne – ▤ P. AE ① E VISA
fermé 15 juil.-15 août – **Repas** Lunch 1190 bc – 1050/1450.

XX **Eric Goossens,** Kortrijksesteenweg 198, ℘ (0 9) 281 11 00 – P. AE ① E VISA
fermé sam. midi, dim. soir, lundi et 2 prem. sem. sept. – **Repas** 1200/1500.

XX **Meersschaut,** Kortrijksesteenweg 134, ℘ (0 9) 282 38 56, 🏠, Produits de la mer – ▤ P. AE ① E VISA
fermé dim., lundi et 16 août-11 sept. – **Repas** Lunch 980 – 1300/2100.

X **Tampopo,** Kortrijksesteenweg 17, ℘ (0 9) 282 82 85, *Fax (0 9) 282 91 90*, 🏠, Cuisine asiatique – ▤ P. E VISA. 🚫
fermé mardi, merc. midi, Pâques et juil. – **Repas** Lunch 595 – 885/1185.

X **Brasserie Latem,** Kortrijksesteenweg 9, ℘ (0 9) 282 36 17, *Fax (0 9) 281 06 23*, 🏠, Ouvert jusqu'à minuit – P. E VISA. 🚫
fermé 2 sem. en mars, 2 sem. en sept. et fin déc.-début janv. – **Repas** Lunch 1250 bc – carte env. 1400.

à Deurle *E : 2 km* [C] *Sint-Martens-Latem – ✉ 9831 Deurle :*

Aub. du Pêcheur ⛺, Pontstraat 41, ☏ (0 9) 282 31 44, *Fax (0 9) 282 90 58*, ≤, 🏕, « Terrasse et jardin au bord de la Lys (Leie) », ⚓ – |♦| TV ☎ P – 🎪 25 à 80. AE ⓞ E VISA
Repas ***Orangerie*** *(fermé dim. soir du 15 avril au 30 sept., lundi, sam. midi et 2e quinz. déc.)* Lunch 990 - carte 2000 à 2600 – ***The Green*** (Taverne-rest) *(fermé 24 et 25 déc. et 1er janv. soir)* Lunch 395 - 800/1350 – ☕ 450 – **26 ch** *(fermé du 24 au 30 déc.)* 2800/4000, 1 suite – ½ P 2145/310.

In this guide,
*a symbol or a character, printed in red or **black**, in **bold** or light type, does not have the same meaning.*
Please read the explanatory pages carefully.

SINT-MARTENS-LEERNE *Oost-Vlaanderen* 213 ④ *– voir à Deinze.*

SINT-NIKLAAS (ST-NICOLAS) *9100 Oost-Vlaanderen* 213 ⑤ ⑥ et 909 *F 2 – 68 049 h.*
ℹ *Grote Markt 45* ☏ *(0 3) 777 26 81 et (0 3) 776 27 48.*
Bruxelles 47 ② – Gent 39 ③ – Antwerpen 25 ② – Mechelen 32 ②.

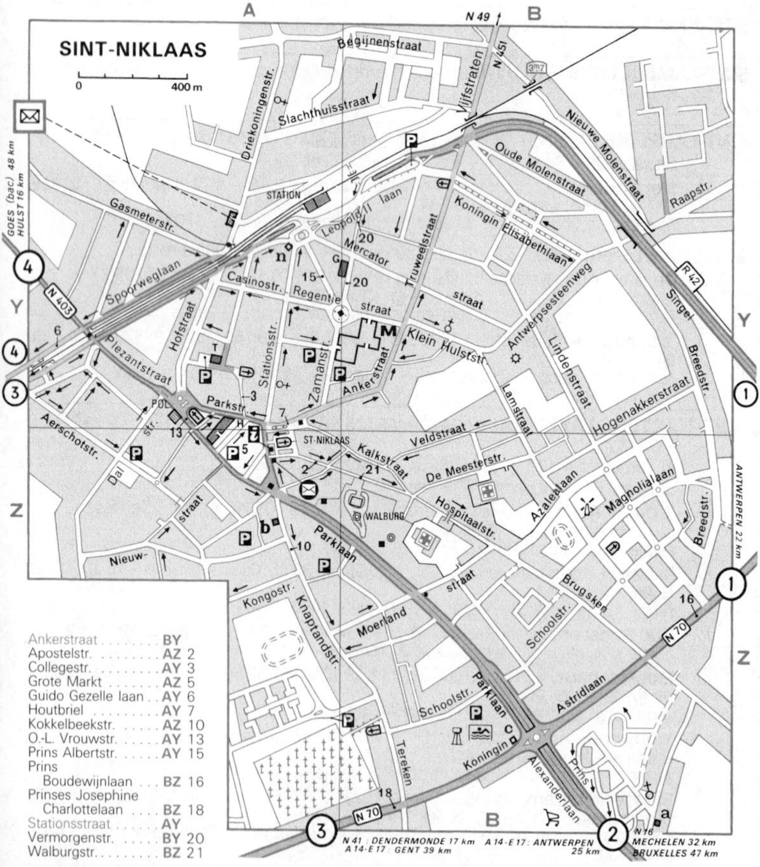

Ankerstraat . . . . BY
Apostelstr. . . . . AZ 2
Collegestr. . . . . AY 3
Grote Markt . . . . AZ 5
Guido Gezelle laan . . AY 6
Houtbriel . . . . AY 7
Kokkelbeekstr. . . . . . . AZ 10
O.-L. Vrouwstr. . . . . . AY 13
Prins Albertstr. . . . . . AY 15
Prins Boudewijnlaan . . . BZ 16
Prinses Josephine Charlottelaan . . . . BZ 18
Stationsstraat . . . . . . AY
Vermorgenstr. . . . . . BY 20
Walburgstr. . . . . BZ 21

Serwir, Koningin Astridlaan 57, (0 3) 778 05 11, *Fax (0 3) 778 13 73,* – , rest, – 25 à 400. AE VISA. BZ c
Repas *(fermé du 11 au 30 juil. et du 25 au 30 déc.)* carte 850 à 1500 – **37 ch** *(fermé du 24 au 30 déc.)* 2750/4300.

des Flandres, Stationsplein 5, (0 3) 777 10 02, *Fax (0 3) 777 05 96* – , rest, – 30. AE VISA. rest AY n
fermé du 8 au 12 juil. et 17 déc.-3 janv. – **Repas** (dîner seult) *(fermé vend., sam. et dim.)* 850/1650 – **18 ch** 2600/3600 – ½ P 1700/3000.

Den Silveren Harynck, Grote Baan 51 (par ① : 5 km sur N 70), (0 3) 777 50 62, *Fax (0 3) 766 67 61,* , Produits de la mer – . AE VISA
fermé sam. midi, dim. soir, lundi, 18 juil.-9 août et 28 déc.-6 janv. – **Repas** Lunch 1175 – carte 1700 à 2150.

't Mezennestje, De Meulenaerstraat 2, (0 3) 776 28 73, *Fax (0 3) 766 24 61,* , « Villa avec jardin et terrasse » – . AE VISA BZ a
fermé du 16 au 26 fév., du 12 au 30 juil., du 14 au 24 sept., mardi et merc. – **Repas** Lunch 950 – 1450/2150.

't Begijnhofken, Kokkelbeekstraat 73, (0 3) 776 38 44, *Fax (0 3) 778 19 50* – . AE VISA AZ b
fermé merc. soir, dim. et 11 juil.-12 août – **Repas** Lunch 1375 – carte 1700 à 2300.

Malpertuus, Beeldstraat 10 (par ① : 5 km, près du parc récréatif), (0 3) 776 73 44, *Fax (0 3) 766 50 18* – – 25 à 80. AE VISA
fermé mardi, merc., 2 prem. sem. fév. et 2 prem. sem. juil. – **Repas** Lunch 795 – carte 1300 à 1800.

à Sint-Pauwels *par ④ : 7 km* C *Sint-Gillis-Waas 16 974 h.* – *9170 Sint-Pauwels :*

De Rietgaard, Zandstraat 221 (sur N 403), (0 3) 779 55 48, *Fax (0 3) 779 55 48,* – . AE VISA.
fermé du 15 au 19 fév., du 16 au 31 août, lundi soir et mardi – **Repas** 990/1650.

*Die im **Michelin-Führer** verwendeten Zeichen und Symbole haben - **fett** oder dünn gedruckt, in Rot oder **Schwarz** - jeweils eine andere Bedeutung.*

Lesen Sie daher die Erklärungen aufmerksam durch.

SINT-PAUWELS Oost-Vlaanderen 213 ⑤ et 909 F 2 – *voir à Sint-Niklaas.*

SINT-PIETERS-LEEUW *Vlaams-Brabant* 213 ⑱ et 909 F 3 - ㉑ S – *voir à Bruxelles, environs.*

SINT-PIETERS-WOLUWE *Brussels Hoofdstedelijk Gewest – voir Woluwé-St-Pierre à Bruxelles.*

SINT-TRUIDEN (ST-TROND) *3800 Limburg* 213 ㉑ et 909 I 3 – *37 318 h.*
Stadhuis, Grote Markt (0 11) 70 18 18, *Fax (0 11) 70 18 20.*
Bruxelles 63 ⑥ – Hasselt 17 ② – Liège 35 ④ – Maastricht 39 ③ – Namur 50 ⑤

Plan page suivante

Cicindria sans rest, Abdijstraat 6, (0 11) 68 13 44, *Fax (0 11) 67 41 38* – – 30. AE VISA A s
fermé 19 déc.-4 janv. – **25 ch** 2200/3800.

De Fakkels, Hasseltsesteenweg 61 (NE : 2 km sur N 722, lieu-dit Melveren), (0 11) 68 76 34, *Fax (0 11) 68 67 63,* , « Maison bourgeoise début du siècle avec terrasse » – – 25 à 40. AE VISA.
fermé sam. midi, dim. soir, lundi, 3 dern. sem. août et 1 sem. en janv. – **Repas** Lunch 1100 – 1650.

Aen de Kerck van Melveren, St-Godfriedstraat 15 (NE : 3 km par N 722, lieu-dit Melveren), (0 11) 68 39 65, *Fax (0 11) 69 13 05,* , « Environnement champêtre » – . AE VISA.
fermé sam. midi, dim. soir, lundi, 21 fév.-2 mars et 10 juil.-4 août – **Repas** Lunch 1200 – 1900/2300.

Truiershuis, Naamsesteenweg 42, (0 11) 67 31 44, *Fax (0 11) 69 55 80* – . AE VISA B b
fermé lundi, mardi, 1 sem. en mars, 2 sem. en sept. et 2 sem. en janv. – **Repas** Lunch 980 – 1100/1850.

Amico, Naamsestraat 3, (0 11) 68 81 50, *Fax (0 11) 68 81 50* – AE VISA B e
fermé mardi et dern. sem. fév. – **Repas** 850/1050.

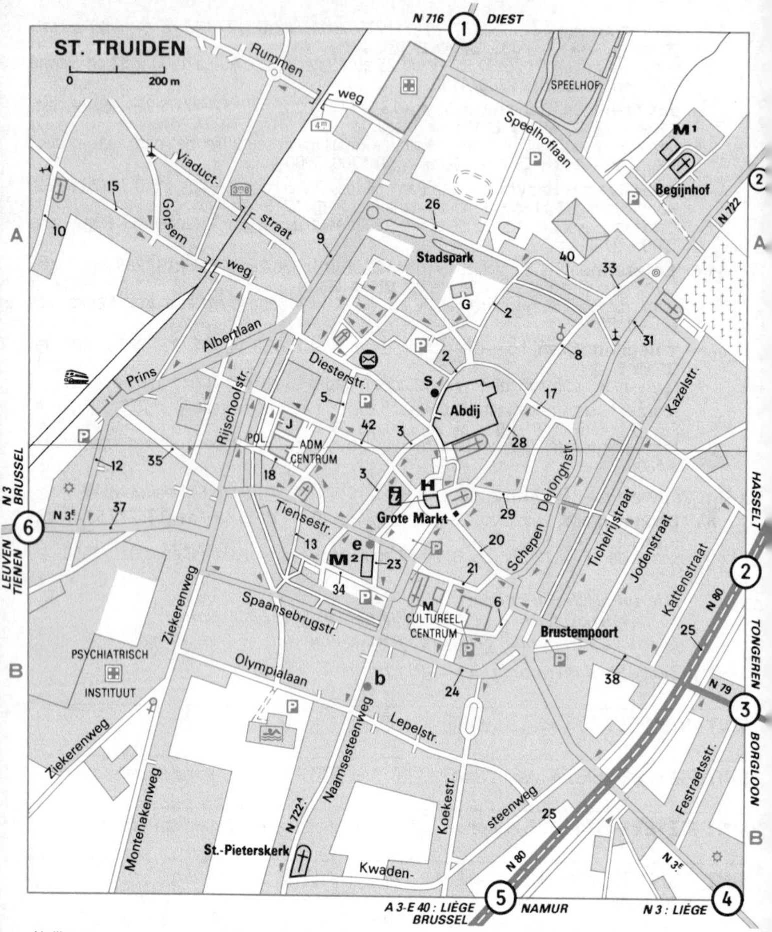

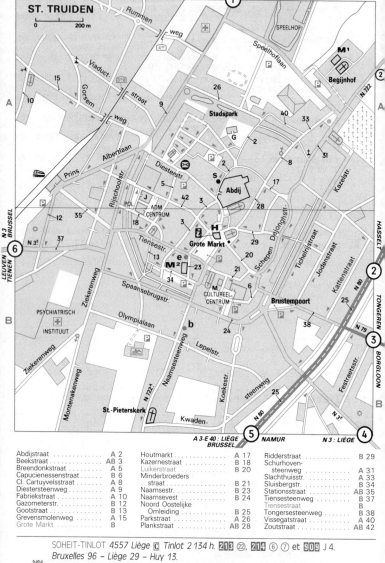

Abdijstraat	A 2
Beekstraat	AB 3
Breendonkstraat	A 5
Capucienessenstraat	B 6
Cl. Cartuyvelsstraat	A 8
Diestersteenweg	A 9
Fabriekstraat	A 10
Gazometerstr.	B 12
Gootstraat	B 13
Grevensmolenweg	A 15
Grote Markt	B
Houtmarkt	A 17
Kazernestraat	B 18
Luikerstraat	B 20
Minderbroeders straat	B 21
Naamsestr.	B 23
Naamsevest	B 24
Noord Oostelijke Omleiding	B 25
Parkstraat	A 26
Plankstraat	AB 28
Ridderstraat	B 29
Schurhoven-steenweg	A 31
Slachthuisstr.	A 33
Sluisbergstr.	B 34
Stationsstraat	AB 35
Tiensesteenweg	B 37
Tiensestraat	B
Tongersesteenweg	B 38
Vissegatstraat	A 40
Zoutstraat	AB 42

SOHEIT-TINLOT *4557 Liège* 🄲 *Tinlot 2 134 h.* **213** ㉒, **214** ⑥ ⑦ et **909** J 4.
Bruxelles 96 – Liège 29 – Huy 13.

XX **Le Coq aux Champs** (Horenbach), r. Montys 33, ☎ (0 85) 51 20 14, « Auberge ardennaise » – Ⓟ. AE ⓓ E VISA
✿ *fermé lundi, mardi, 1re quinz. juil. et 3 dern. sem. déc.* – **Repas** 1350/1950, carte 1250 à 1900
Spéc. Filet de truite et mousseline de brochet au beurre blanc. Raviolis de crustacés et filet de sole au jus de viande et champignons. Gibiers en saison.

SOIGNIES (ZINNIK) *7060 Hainaut* 213 ⑰ et 909 F 4 – *24 430 h.*

Voir *Collégiale St-Vincent★★.*

Bruxelles 41 – Mons 18 – Charleroi 40.

XX **La Fontaine St-Vincent,** r. Léon Hachez 7, ✆ (0 67) 33 95 95, *Fax (0 67) 33 25 03* – E VISA
fermé lundi soir, mardi et mi-juil.-mi-août – **Repas** *Lunch 900* – 1790.

XX **L'Embellie,** r. Station 115, ✆ (0 67) 33 31 48, *Fax (0 67) 33 31 48,* – AE ⓓ E VISA
fermé lundi, sam. midi et 21 juil.-9 août – **Repas** *Lunch 750* – 1180.

à Casteau *S : 7 km par N 6* C *Soignies* – ✉ *7061 Casteau :*

Casteau, chaussée de Bruxelles 38, ✆ (0 65) 32 04 00, *Fax (0 65) 72 87 44,* – TV ☎ P – 25 à 250. AE ⓓ E VISA JCB
Repas *(fermé lundi midi)* 1100 bc – **71 ch** 2750/3650 – ½ P 2475/3400.

à Thieusies *S : 6 km par N 6* C *Soignies* – ✉ *7061 Thieusies :*

XX **La Saisinne,** r. Saisinne 133, ✆ (0 65) 72 86 63, *Fax (0 65) 73 02 61,* « Environnement champêtre » – P. AE E VISA JCB
fermé dim., lundi, 1 sem. Pâques et juil. – **Repas** 1300/1750.

X **La Maison d'Odile,** r. Sirieu 303, ✆ (0 65) 73 00 72, *Fax (0 65) 73 00 72,* – ⓓ E VISA
fermé merc., dim. soir, jours fériés soirs et 15 juil.-7 août – **Repas** 950/1850.

SOLRE-ST-GÉRY *Hainaut* 214 ③ et 909 F 5 – *voir à Beaumont.*

SORINNES *Namur* 214 ⑤ et 909 H 5 – *voir à Dinant.*

SOUGNÉ-REMOUCHAMPS *4920 Liège* C *Aywaille 9 755 h.* 213 ㉓, 214 ⑧ et 909 K 4.

Voir *Grotte★★.*

Bruxelles 122 – Liège 28 – Spa 13.

XX **Bonhomme** avec ch, r. Reffe 26, ✆ (0 4) 384 40 06, *Fax (0 4) 384 59 46,* – P. AE E VISA
avril-21 nov., 11 déc.-16 janv. et week-end fév.-15 mars ; fermé jeudi hors saison et merc. – **Repas** *Lunch 995* – 1100/1595 – **7 ch** 1650/2850 – ½ P 2250/2950.

X **Aub. du Cheval Blanc,** r. Louveigné 1, ✆ (0 4) 384 44 17, *Fax (0 4) 384 73 10,* – AE ⓓ E VISA.
fermé lundi, mardi et 15 déc.-15 janv. – **Repas** *Lunch 780* – 1295.

SOUMOY *Namur* 214 ③ et 909 G 5 – *voir à Cerfontaine.*

SPA *4900 Liège* 213 ㉓ et 909 K 4 – *10 384 h.* – *Station thermale★★* – *Casino AY , r. Royale 4* ✆ *(0 87) 77 20 52, Fax (0 87) 77 02 06.*

Voir *Promenade des Artistes★ par ②.*

Musée : *de la Ville d'Eau : collection★ de "jolités" AY* **M.**

Env. *Circuit autour de Spa★ - Parc à gibier de la Reid★ par ③ : 9 km.*

18 *à Balmoral par ① : 2,5 km, av. de l'Hippodrome 1 ✆ (0 87) 79 30 30, Fax (0 87) 79 30 39.*

Pavillon des Petits Jeux, pl. Royale 41 ✆ (0 87) 79 53 53, Fax (0 87) 79 53 54.

Bruxelles 139 ③ – Liège 38 ③ – Verviers 16 ③.

Plan page suivante

La Villa des Fleurs sans rest, r. Albin Body 31, ✆ (0 87) 79 50 50, *Fax (0 87) 79 50 60,* « Maison de maître avec jardin clos de murs » – TV ☎ P. AE ⓓ E VISA JCB AY e
fermé du 4 au 28 janv. – **12 ch** 2200/4600.

La Heid des Pairs sans rest, av. Prof. Henrijean 143 (SO : 1,5 km), ✆ (0 87) 77 43 46, *Fax (0 87) 77 06 44,* « Villa sur jardin », – TV ☎ P. AE E VISA.
11 ch 2900/5600. par av. Clémentine AZ

L'Auberge, pl. du Monument 3, ✆ (0 87) 77 44 10, *Fax (0 87) 77 48 40* – rest, TV ☎. AE ⓓ E VISA. AY a
Repas *(fermé mi-nov.-mi-déc.) Lunch 895* – carte 1300 à 1800 – 295 – **21 ch** 2100/2600, 10 suites.

Le Pierre , av. Reine Astrid 86, ✆ (0 87) 77 52 10, *Fax (0 87) 77 52 20,* – TV ☎ P. AE ⓓ E VISA AY c
Repas (dîner pour résidents seult) – **14 ch** 2350/3300 – ½ P 2450/3150.

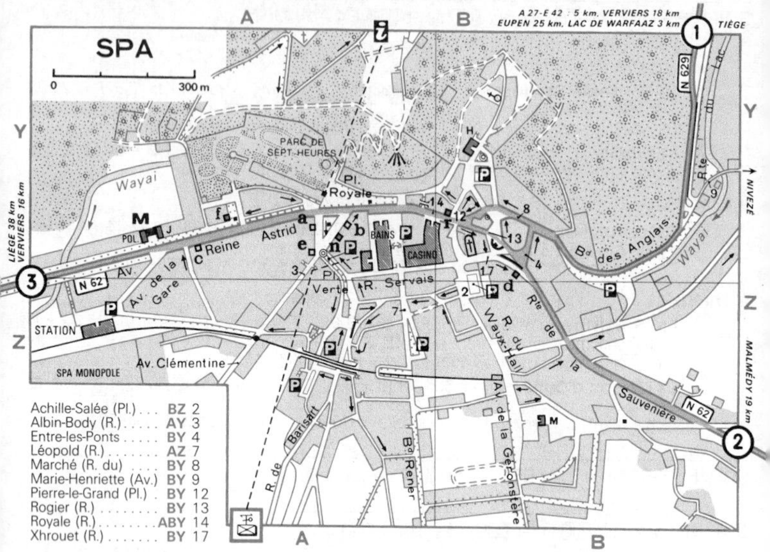

Achille-Salée (Pl.) . . . BZ 2
Albin-Body (R.) . . . . . AY 3
Entre-les-Ponts . . . . . BY 4
Léopold (R.) . . . . AZ 7
Marché (R. du) . . . . BY 8
Marie-Henriette (Av.) BY 9
Pierre-le-Grand (Pl.) . BY 12
Rogier (R.) . . . . BY 13
Royale (R.) . . . . ABY 14
Xhrouet (R.) . . . . BY 17

Le Relais, pl. du Monument 22, ☎ (0 87) 77 11 08, *Fax (0 87) 77 25 93*, – TV ☎. AE ① E VISA JCB AY b
fermé 25 nov.-15 déc. – **Repas** 650/1695 – **12 ch** 2100/2400 – ½ P 1525/2675.

L'art de vivre, av. Reine Astrid 53, ☎ (0 87) 77 04 44, *Fax (0 87) 77 17 43*, – AE ① E VISA AY f
fermé mardi et merc. – **Repas** Lunch 980 – carte 1550 à 2350.

La Brasserie du Grand Maur, r. Xhrouet 41, ☎ (0 87) 77 36 16, *Fax (0 87) 77 36 16*, « Maison du 18e s. » – AE ① E VISA BYZ d
fermé lundi, mardi, 2 sem. en juin et 2 sem. en déc. – **Repas** Lunch 1075 – carte 1300 à 1650.

La Belle Epoque, pl. du Monument 15, ☎ (0 87) 77 54 03, *Fax (0 87) 77 54 03* – AE ① E VISA AZ n
fermé 1re quinz. juin, 2 sem. en déc., mardi de sept. à mai et lundi – **Repas** 695/1495.

La Source de Barisart, rte de Barisart 295 (S : 3 km), ☎ (0 87) 77 09 88, *Fax (0 87) 77 09 88*, Taverne-rest., « Terrasse, environnement boisé » – P. AE ① E VISA JCB AZ
fermé mardi, merc. et du 1er au 20 nov. – **Repas** Lunch 750 – 710/1450.

Le Sofloti, r. Royale 1, ☎ (0 87) 77 52 66, – AE ① E VISA BZ r
fermé lundi, début juin et fin sept.-début oct. – **Repas** Lunch 800 – carte 850 à 1250.

à Balmoral *par ① : 3 km* C *Spa* – ✉ *4900 Spa :*

Dorint, rte de Balmoral 33, ☎ (0 87) 77 25 81, *Fax (0 87) 77 41 74*, ≤, « Environnement boisé », – TV ☎ P – 25 à 200. AE ① E VISA. rest
Repas Lunch 950 – 1050/1790 – **98 ch** 5700/6700 – ½ P 3200/6600.

à Creppe *S : 4,5 km par av. Clémentine* - AZ C *Spa* – ✉ *4900 Spa :*

Manoir de Lebioles avec ch, ☎ (0 87) 77 04 20, *Fax (0 87) 77 02 79*, « Demeure seigneuriale, terrasse, ≤ jardin et vallée boisée », – TV ☎ P. ① E VISA.
avril-déc. ; fermé sam. midi, dim. soir, lundi, mardi et après 20 h 30 – **Repas** 1550/3450 – **4 ch** 7500/8900.

à Nivezé *par rte de la Sauvenière, puis à gauche* C *Spa* – ✉ *4900 Spa :*

La Fontaine du Tonnelet, rte du Tonnelet 82, ☎ (0 87) 77 26 03, *Fax (0 87) 77 03 64*, Cuisine italienne – P. AE ① E VISA
fermé mardi, merc. et 16 déc.-15 janv. – **Repas** 1180.

à la Reid *par ③ : 9 km* C *Theux 10 710 h.* – ✉ *4910 La Reid :*

Le Menobu, rte de Menobu 546, ☎ (0 87) 37 60 42, *Fax (0 87) 37 69 35*, – TV ☎ P. AE E VISA
fermé janv. – **Repas** *(fermé mardi et merc.)* Lunch 850 – carte env. 1000 – **6 ch** 1500/2200 – ½ P 1750.

XX **A la Retraite de Lempereur,** Basse Desnié 842, ✆ (0 87) 37 62 15, *Fax (0 87) 37 60 58*, « Ancienne ferme, jardin » – P. AE O E VISA
fermé lundi, mardi, merc., sam. midi, 19 août-10 sept. et 23 déc.-14 janv. – **Repas** Lunch 995 – 1275/1990.

à Sart *par ① : 7 km* C *Jalhay 7 098 h.* – ✉ *4845 Sart :*

L'Aub. du Wayai, rte du Stockay 2, ✆ (0 87) 47 53 93, *Fax (0 87) 47 53 95*, ≤, « Cadre champêtre », – TV ☎ P. AE E VISA
Repas *(fermé merc. et mars)* Lunch 750 – carte 850 à 1150 – **15 ch** 1750/2750 – ½ P 2500/3250.

XX **Aub. les Santons** avec ch, Cokaifagne 47 (rte de Francorchamps), ✆ (0 87) 47 43 15, *Fax (0 87) 47 43 16*, « Terrasse et jardin » – TV ☎ P. E VISA
15 avril-15 nov., week-end et jours fériés ; fermé merc. et du 1er au 23 déc. – **Repas** *(fermé après 20 h 30)* Lunch 1400 – 1595/2000 – 500 – **6 ch** 2250.

X **Le Petit Normand,** r. Roquez 47 (SE : 3 km, direction Francorchamps), ✆ (0 87) 47 49 04, *Fax (0 87) 47 49 04*, « Environnement boisé » – P. E VISA
fermé merc., jeudi, 1er janv.-10 fév. et Toussaint – **Repas** Lunch 1350 – 1850.

Voir aussi : **Francorchamps** *par ② : 9 km*, **Stavelot** *par ② : 18 km*

SPONTIN *5530 Namur* C *Yvoir 7 590 h.* 214 ⑤ et 909 I 5.

Voir *Château★.*

Bruxelles 83 – Namur 24 – Dinant 11 – Huy 31.

Host. du Bocq et Aub. des Nutons, chaussée de Dinant 13, ✆ (0 83) 69 91 42, *Fax (0 83) 69 91 42* – TV. E VISA
Repas *(fermé mardi soir et merc.)* 850/1700 – **6 ch** 2050/2500 – ½ P 2350/3150.

à Dorinne *SO : 2,5 km* C *Yvoir* – ✉ *5530 Dorinne :*

XXX **Le Vivier d'Oies** (Godelet), r. État 7, ✆ (0 83) 69 95 71, *Fax (0 83) 69 90 36* – P. AE O E VISA
✿ *fermé merc. et jeudis non fériés, 25 juin-8 juil. et 25 sept.-10 oct.* – **Repas** Lunch 980 – 1525/2100, carte 1800 à 2200
Spéc. Salade tiède de sot-l'y-laisse et petits-gris de Namur, vinaigrette aux dés de foie d'oie. Fond d'artichaut aux queues d'écrevisses, coulis à l'estragon (juin-nov.). Croquant d'amandes aux fruits caramélisés et glace au miel de lavande.

SPRIMONT *4140 Liège* 213 ㉒ ㉓ et 909 JK 4 – *12 115 h.*

Bruxelles 112 – Liège 19 – Spa 12.

X **La Maison des Saveurs,** r. Grand Bru 27 (sur N 30, direction Liège), ✆ (0 4) 382 35 60, – P. E VISA.
fermé lundis soirs et mardis non fériés – **Repas** Lunch 950 – carte env. 1400.

STAVELOT *4970 Liège* 214 ⑧ et 909 K 4 – *6 526 h.*

Voir *Carnaval du Laetare★★ (3e dim. avant Pâques) – Châsse de St-Remacle★★ dans l'église St-Sébastien.*

Musée : *religieux régional dans l'Ancienne Abbaye : section des Tanneries★.*

Env. *O : Vallée de l'Amblève★★ de Stavelot à Comblain-au-Pont – Cascade★ de Coo O : 8,5 km, Montagne de Lancre ★.*

ℹ *Musée de l'Ancienne Abbaye, Cour de l'Hôtel de Ville* ✆ *(0 80) 86 27 06, Fax (0 80) 86 27 06.*

Bruxelles 158 – Liège 59 – Bastogne 64 – Malmédy 9 – Spa 18.

XXX **Le Val d'Amblève** avec ch, rte de Malmédy 7, ✆ (0 80) 86 23 53, *Fax (0 80) 86 41 21*, ≤, « Jardin », – rest, TV ☎ P – 35. AE O E VISA
fermé 3 prem. sem. janv. – **Repas** *(fermé lundis non fériés)* Lunch 1350 – 1695/1895 – **13 ch** 3250/4500.

à la cascade de Coo *O : 8,5 km* C *Stavelot* – ✉ *4970 Stavelot :*

Val de la Cascade, Petit-Coo 1, ✆ (0 80) 68 40 78, *Fax (0 80) 68 49 80*, – TV ☎ P – 30. AE O E VISA
Repas Lunch 495 – 850/1890 – **20 ch** 1600/2200 – ½ P 2550.

X **Au Vieux Moulin,** Petit-Coo 2, ✆ (0 80) 68 40 41, *Fax (0 80) 68 40 41*, ≤ – AE E VISA
fermé 2 sem. en sept. et mardis soirs et merc. non fériés sauf du 15 juil. au 15 août – **Repas** carte env. 1200.

STEKENE *9190 Oost-Vlaanderen* 213 ⑤ et 909 F 2 – *16 719 h.*
Bruxelles 59 – Antwerpen 30 – Gent 32.

't Oud Gelaag, Nieuwstraat 66b, ☎ (0 3) 779 82 94 – VISA.
fermé merc. soir, jeudi, vend. midi et 3 sem. en oct. – **Repas** carte env. 1300.

STEVOORT *Limburg* 213 ⑨ et 909 I 3 – *voir à Hasselt.*

STOUMONT *4987 Liège* 214 ⑧ et 909 K 4 – *2 859 h.*
Env. *O : Belvédère "Le Congo" ←★ – Site★ du Fonds de Quareux.*
Bruxelles 139 – Liège 45 – Malmédy 24.

Zabonprés, Zabonprés 3 (O : 4,5 km sur N 633, puis route à gauche), ☎ (0 80) 78 56 72, *Fax (0 80) 78 61 41,* « Fermette au bord de l'Amblève » – P. AE ⓓ E VISA
fermé sem. carnaval, Noël-Nouvel An, lundi soir sauf en juil.-août et mardis non fériés ; du 21 sept. au 21 mars ouvert seult week-end et jours fériés – **Repas** 900/1200.

STROMBEEK-BEVER *Vlaams-Brabant* 213 ⑥ et 909 G 3 – *voir à Bruxelles, environs.*

STUIVEKENSKERKE *West-Vlaanderen* 213 ① – *voir à Diksmuide.*

TAMISE *Oost-Vlaanderen – voir Temse.*

TEMPLOUX *Namur* 213 ⑳, 214 ④ et 909 H 4 – *voir à Namur.*

TEMSE (TAMISE) *9140 Oost-Vlaanderen* 213 ⑥ et 909 F 2 – *25 109 h.*
De Watermolen, Wilfordkaai 23 ☎ (0 3) 771 51 31, Fax (0 3) 771 01 01.
Bruxelles 40 – Gent 41 – Antwerpen 26 – Mechelen 25 – Sint-Niklaas 7,5.

Belle-Vue, Wilfordkaai 37, ☎ (0 3) 711 08 08, *Fax (0 3) 771 57 58,* – rest, ☎. AE ⓓ E VISA JCB
fermé 15 déc.-2 janv. – **Repas** *(fermé vend.)* Lunch 990 – 1890 – **12 ch** 2300/2700 – ½ P 2900/3300.

de Sonne, Markt 10, ☎ (0 3) 771 37 73, *Fax (0 3) 771 37 73* – AE ⓓ E VISA
fermé merc., jeudi et 15 juil.-10 août – **Repas** Lunch 950 – 1500/1800.

De Pepermolen, Nijverheidsstraat 1 (près N 16), ☎ (0 3) 771 12 41 – P. AE E VISA.
fermé mardi soir, merc., sem. après carnaval et 2e quinz. juil. – **Repas** Lunch 450 – carte 1150 à 1750.

TERHULPEN *Brabant Wallon – voir La Hulpe.*

TERMONDE *Oost-Vlaanderen – voir Dendermonde.*

TERTRE *7333 Hainaut* Ⓒ *St-Ghislain 22 044 h.* 214 ① et 909 E 4.
à Baudour NE : 4 km, r. Mont Garni 3 ☎ (0 65) 62 27 19, Fax (0 65) 62 34 10.
Bruxelles 77 – Mons 12 – Tournai 37 – Valenciennes 30.

Le Vieux Colmar, rte de Tournai 197 (N 50), ☎ (0 65) 62 26 79, *Fax (0 65) 62 36 14,* « Jardin fleuri » – P. AE ⓓ E VISA
fermé mardi, 2 sem. carnaval et 17 juil.-5 août – **Repas** (déjeuner seult sauf vend. et sam.) Lunch 985 – 1490/1790.

La Cense de Lalouette, rte de Tournai 188 (N 50), ☎ (0 65) 62 08 70, *Fax (0 65) 62 35 58,* « Rustique » – P. AE ⓓ E VISA
fermé 2e quinz. août-1re quinz. sept., 1re quinz. janv. et lundis et sam. midis non fériés – **Repas** (déjeuner seult sauf sam.) Lunch 1550 bc – 935/1850.

TERVUREN *Vlaams-Brabant* 213 ⑲ et 909 G 3 - ㉒ S – *voir à Bruxelles, environs.*

TESSENDERLO *3980 Limburg* 213 ⑧ ⑨ et 909 I 2 – *15 201 h.*
Voir *Jubé★ de l'église St-Martin (St-Martinuskerk).*
Gemeentehuis, Markt ☎ (0 13) 66 17 15, Fax (0 13) 67 36 93.
Bruxelles 66 – Antwerpen 57 – Liège 70.

Lindehoeve ⛀, Zavelberg 12 (O : 3,5 km, lieu-dit Schoot), ✆ (0 13) 66 31 67, *Fax (0 13) 67 16 95*, ≤, ☂, « Environnement boisé », ≘s, ⛱, ⛱ – TV ☎ P. AE ⓓ E VISA
fermé Noël-Nouvel An – **Repas** *(fermé dim. soir et lundi)* 850/980 – **6 ch** ☐ 2500/3500.

La Forchetta, Stationsstraat 69, ✆ (0 13) 66 40 14, *Fax (0 13) 66 40 14*, ☂ – P. AE ⓓ E VISA
fermé lundi, sam. midi, sem. après carnaval et dern. sem. juil.-2 prem. sem. août – **Repas** carte 1600 à 2000.

TEUVEN *3793 Limburg* C *Voeren 4 307 h.* 213 ㉓ et 909 K 3.
Bruxelles 134 – Maastricht 22 – Liège 43 – Verviers 26 – Aachen 22.

Hof de Draeck ⛀ avec ch, Hoofstraat 6, ✆ (0 4) 381 10 17, *Fax (0 4) 381 11 88*, ☂, « Ferme-château », ⛱ – TV ☎ P. AE E VISA. ✖
fermé 15 fév.-2 mars et du 16 au 31 août – **Repas** *(fermé mardi soir du 15 oct. au 15 mars, lundi et mardi midi)* Lunch 950 – 1790 – **7 ch** ☐ 2100/3200 – ½ P 2100/2200.

THEUX *4910 Liège* 213 ㉓ et 909 K 4 – *10 710 h.*
Bruxelles 131 – Liège 31 – Spa 7 – Verviers 12.

Le Relais du Marquisat, r. Hocheporte 13, ✆ (0 87) 54 21 38, *Fax (0 87) 53 01 39*, « Maisonnette restaurée » – AE ⓓ E VISA
fermé lundi, merc. soir et août – **Repas** Lunch 795 – 995/1650.

THIEUSIES *Hainaut* 213 ⑰ et 909 F 4 – *voir à Soignies.*

THIMISTER *4890 Liège* C *Thimister-Clermont 4 840 h.* 213 ㉓ et 909 K 4.
Bruxelles 121 – Maastricht 34 – Liège 29 – Verviers 12 – Aachen 22.

à Clermont *E : 2 km* C *Thimister-Clermont* – ✉ *4890 Clermont :*

Le Charmes-Chambertin, Crawhez 40, ✆ (0 87) 44 50 37, *Fax (0 87) 44 71 61* – P. AE ⓓ E VISA
fermé dim. soir, lundi soir, merc., 1 sem. Pâques, fin juil.-début août, 1 sem. en janv. et après 20 h 30 – **Repas** Lunch 950 – 1500.

THON *Namur* 214 ⑤ et 909 I 4 – *voir à Namur.*

TIELT *8700 West-Vlaanderen* 213 ③ et 909 D 2 – *19 365 h.*
Bruxelles 85 – Brugge 34 – Gent 32 – Kortrijk 21.

Shamrock, Euromarktlaan 24 (près rte de ceinture), ✆ (0 51) 40 15 31, *Fax (0 51) 40 40 92*, ☂, ≘s, ⛱ – |♦|, ▤ rest, TV ☎ P – 🏔 25 à 200. AE ⓓ E VISA
fermé dim. et 18 juil.-7 août – **Repas** *(fermé dim. et lundi)* Lunch 350 – carte 1150 à 1500 – **27 ch** ☐ 2150/3200 – ½ P 2500.

De Meersbloem, Polderstraat 3 (NE : 4,5 km direction Ruiselede, puis rte à gauche), ✆ (0 51) 40 25 01, *Fax (0 51) 40 77 52*, ☂, « Jardin » – ▤ P. AE ⓓ E VISA
fermé mardi soir, merc., dim. soir et du 22 au 31 déc. – **Repas** Lunch 1100 – carte env. 1900.

TIENEN (TIRLEMONT) *3300 Vlaams-Brabant* 213 ⑳ et 909 H 3 – *31 662 h.*

Voir *Église N.-D.-au Lac★ (O.L. Vrouw-ten-Poelkerk) : portails★* ABY **D.**

Env. *Hakendover par ② : 3 km, retable★ de l'église St-Sauveur (Kerk van de Goddelijke Zaligmaker) – Zoutleeuw E : 15 km, Église St-Léonard★★ (St-Leonarduskerk) : intérieur★★ (musée d'art religieux, tabernacle★★).*

🅸 *Grote Markt 4* ✆ *(0 16) 80 56 86, Fax (0 16) 81 04 79.*
Bruxelles 46 ④ – Charleroi 60 ④ – Hasselt 35 ② – Liège 57 ④ – Namur 47 ④.

Plan page suivante

Alpha, Leuvensestraat 95, ✆ (0 16) 82 28 00, *Fax (0 16) 82 24 54*, ☂ – |♦| TV ☎ P. AE E VISA AY a
Repas Lunch 450 – 650/1150 – ☐ 300 – **18 ch** 2100/2800 – ½ P 1820/3150.

De Fidalgo, Outgaardenstraat 23 (Bost), ✆ (0 16) 81 73 58, *Fax (0 16) 82 28 17*, ☂, « Jardin avec étang » – P. AE ⓓ E VISA. ✖ AZ e
fermé sam. midi, dim. soir, lundi, prem. sem. mars, 2 dern. sem. juil. et prem. sem. nov. – **Repas** Lunch 1100 – 1295/1750.

Vigiliae, Grote Markt 10, ✆ (0 16) 81 77 03, *Fax (0 16) 82 12 68*, ☂, Ouvert jusqu'à minuit – ▤. AE ⓓ E VISA. ✖ AY n
fermé lundis non fériés et 2 dern. sem. juil.-prem. sem. août – **Repas** 790/1280.

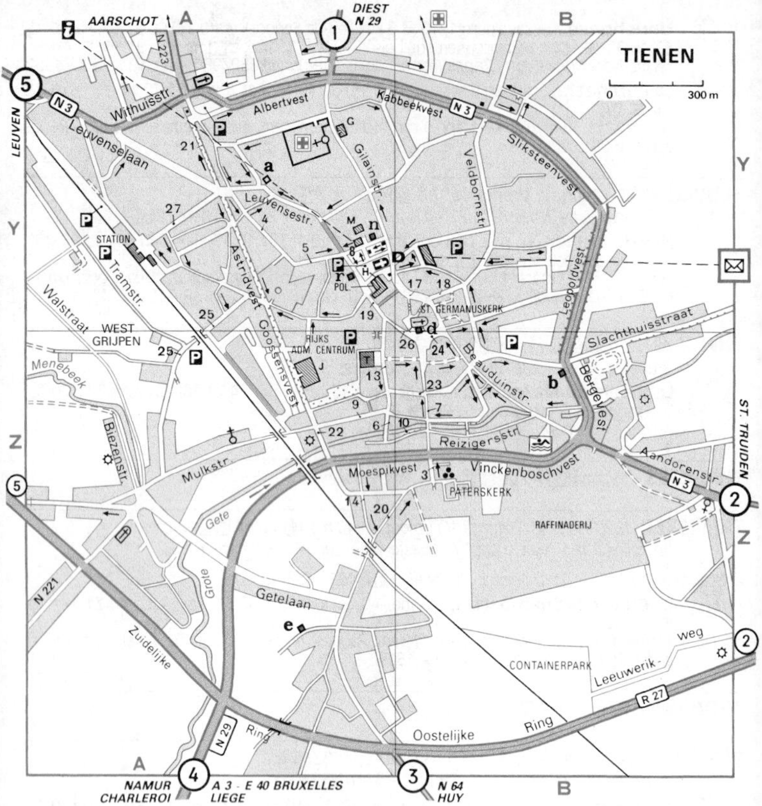

Beauduinstr.	BZ	Hoegaardenstr.	AZ 9	Potterijstr.	AZ 20
Bostsestr.	BZ 3	Huidevettersstr.	BZ 10	Raeymaeckersvest	AY 21
Delportestr.	AY 4	Leuvensestr.	AY	St. Helenavest	AZ 22
Dr. Joseph Geensstr.	AY 5	Minderbroedersstr.	AZ 13	Torsinpl.	BZ 23
Driemolenstr.	AZ 6	Moespikstr.	AZ 14	Veemarkt	BZ 24
Grote Bergstr.	BZ 7	Nieuwstr.	BY 17	Viaductstr.	AY 25
Grote Markt	AY 8	O. L. V. Broedersstr.	BY 18	Wolmarkt	BZ 26
		Peperstr.	AY 19	4de Lansierslaan	AY 27

X **Casa Al Parma,** Grote Markt 40, ℘ (0 16) 81 68 55, *Fax (0 16) 82 26 56,* 🍽, Avec cuisine italienne, ouvert jusqu'à 23 h – 🗏. AE ⓓ E VISA. 🚭 AY r
fermé merc. non fériés – **Repas** *Lunch 895* – carte env. 1200.

X **De Valgaer,** Veemarkt 34, ℘ (0 16) 82 12 53, *Fax (0 16) 82 28 15,* 🍽, « Rustique » – AE E BYZ d
fermé lundi, mardi, 1 sem. en mars et 3 sem. en sept. – **Repas** *Lunch 900* – carte env. 1300.

X **De Refugie,** Kapucijnenstraat 75, ℘ (0 16) 82 45 32, 🍽 – AE E VISA BZ b
fermé merc., sam. midi et fin juil.-début août – **Repas** *Lunch 600 bc* – 950.

TILFF *Liège* 213 ㉒ et 909 J 4 - ⑱ S – *voir à Liège, environs.*

TIRLEMONT *Vlaams-Brabant – voir Tienen.*

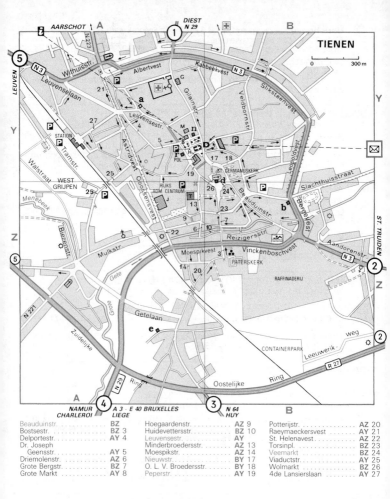

TONGEREN (TONGRES) *3700 Limburg* 213 ㉒ et 909 J 3 – *29 864 h.*

Voir *Basilique Notre-Dame** (O.L. Vrouwebasiliek) : trésor**, retable*, statue polychrome* de Notre-Dame, cloître** Y.

Musée : *Gallo-romain** Y **M**¹.

Stadhuis, Stadhuisplein 9 ☎ (0 12) 39 02 55, Fax (0 12) 39 11 43.

Bruxelles 87 ④ – Maastricht 19 ② – Hasselt 20 ⑤ – Liège 19 ③.

TONGEREN

Achttiende-Oogstlaan	Y 2
Clarissenstraat	Y 4
Corversstraat	YZ 5
Eeuwfeestwal	Y 6
Elisabethwal	Z 9
Grote Markt	Y
Hasseltsesteenweg	Y 10
Hasseltsestraat	Y 12
Hondsstraat	Y 14
Luikerstraat	Z 15
Looierstraat	Z 17
Maastrichterstraat	Y
Minderbroederstraat	Z 19
Moerenstraat	Y 20
Momberstraat	Z 23
Muntstraat	Z 24
Nevenstraat	Y 25
Piepelpoel	Y 27
Pleinstraat	Y 28
Pliniuswal	Y 30
Predikherenstraat	Y 31
Regulierenplein	Z 34
Riddersstraat	Y 35
de Schiervelstraat	Y 37
St. Catharinastraat	Y 38
St. Jansstraat	Z 39
St. Maternuswal	Y 41
St. Truidenstraat	Y 42
Stationslaan	Y 44
Vermeulenstraat	Y 46
11 Novemberlaan	Y 47

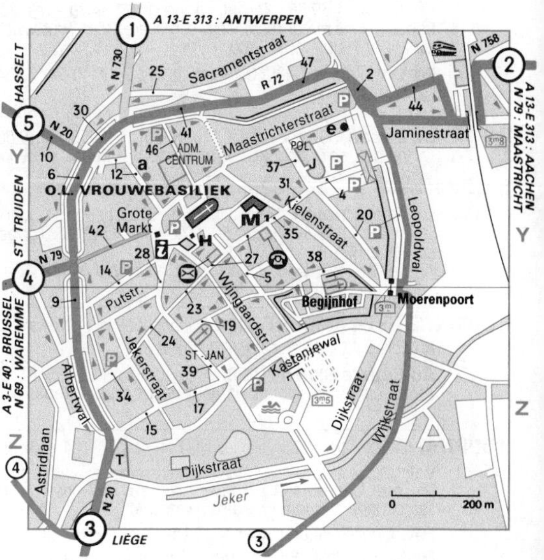

Ambiotel, Veemarkt 2, ☎ (0 12) 26 29 50, *Fax (0 12) 26 15 42* – 25 à 50. AE ⓓ E VISA. rest — Y e

Repas (Taverne-rest, ouvert jusqu'à 23 h) carte env. 1200 – **22 ch** 3100/3750 – ½ P 2500.

Biessenhuys, Hemelingenstraat 23, ☎ (0 12) 23 47 09, *Fax (0 12) 23 83 76,* « Demeure ancienne, jardin » – AE ⓓ E VISA — Y a

fermé du 14 au 25 fév., 19 juil.-12 août, mardi soir et merc. – **Repas** *Lunch 1050* – 1575/2150.

à 's-Herenelderen *NE : 4 km par N 758, direction Mopertingen* C *Tongeren* – ✉ *3700 's-Herenelderen :*

Bavershof, Elderenstraat 133, ☎ (0 12) 23 43 18, *Fax (0 12) 39 25 18* – P.

fermé 16 août-3 sept. – **Repas** (Taverne-rest, dîner seult sauf week-end) *(fermé merc.)* carte env. 900 – **9 ch** 1400/2000 – ½ P 1395/1795.

à Vliermaal *par ⑤ : 5 km* C *Kortessem 7 943 h.* – ✉ *3724 Vliermaal :*

Clos St. Denis (Denis), Grimmertingenstraat 24, ☎ (0 12) 23 60 96, *Fax (0 12) 26 32 07,* « Ferme-château du 17e s., terrasse ombragée et jardin » – P. AE ⓓ E VISA.

fermé du 11 au 15 avril, 30 juin-15 juil., 3 et 4 nov., du 1er au 16 janv., lundi et mardi – **Repas** *Lunch 1750* – 3500/4950, carte 3000 à 4200

Spéc. Rosace de pommes de terre ratte aux truffes et homard minute. Tronçon de turbot poché, pommes de terre écrasées à l'huile d'olive, câpres et citron vert. Raviolis de foie d'oie à la crème de truffes.

TONGERLO *Limburg* 213 ⑩ – *voir à Bree.*

TORGNY *Luxembourg belge* 214 ⑪ et 909 J 7 – *voir à Virton.*

TORHOUT *8820 West-Vlaanderen* 213 ② et 909 C 2 – *18 692 h.*

Kasteel Ravenhof ☎ (0 50) 22 07 70, Fax (0 50) 22 05 80.

Bruxelles 107 – Brugge 23 – Oostende 25 – Roeselare 13.

Kasteel d'Aertrycke M, Zeeweg 42, ☎ (0 50) 22 01 24, *Fax (0 50) 22 01 26*, ≤, « Château au milieu d'un parc avec étangs », – – TV ☎ P – 25 à 60. AE ⓓ E VISA.
Repas *(fermé sam. midi et dim. soir)* Lunch 1300 bc – 1750/2500 – **20 ch** 3700/5300.

Host. 't Gravenhof, Oostendestraat 343 (NO : 3 km à Wijnendale), ☎ (0 50) 21 23 14, *Fax (0 50) 21 69 36*, , – rest, TV ☎ P – 25 à 320. AE ⓓ E VISA. rest
Repas *(fermé mardi, merc., sem. carnaval et sem. Toussaint)* Lunch 950 – 1500/2600 – **10 ch** 2500/3500 – ½ P 3400.

Forum, Rijksweg 42 (SO : 7 km sur N 35), ☎ (0 51) 72 54 85, *Fax (0 51) 72 63 57* – P. AE ⓓ E VISA
fermé dim. soir, lundi et 21 juil.-15 août – **Repas** Lunch 700 – 1600/2500 bc.

De Zwaan, Oostendestraat 3, ☎ (0 50) 21 26 58, *Fax (0 50) 22 15 50* – P. AE E VISA
fermé dim. soir, lundi et 29 juil.-17 août – **Repas** Lunch 400 – 850/1650.

à Lichtervelde *S : 7 km – 8 256 h. – ✉ 8810 Lichtervelde :*

De Bietemolen, Hogelaanstraat 3 (direction Ruddervoorde : 3 km à Groenhove), ☎ (0 50) 21 38 34, *Fax (0 50) 22 07 60*, ≤, , « Terrasse fleurie et jardin » – P. AE ⓓ E VISA
fermé dim. soir, lundi, 3 dern. sem. août et du 4 au 15 janv. – **Repas** 1950 bc/2850 bc.

TOURINNES-ST-LAMBERT *1457 Brabant Wallon* C *Walhain 5 224 h.* 213 ⑲ et 909 H 4.

Bruxelles 43 – Namur 26 – Charleroi 39.

Au Beurre Blanc, r. Nil 8, ☎ (0 10) 65 03 65, *Fax (0 10) 65 05 68* – P. AE ⓓ E VISA
fermé dim. soir, lundi et fin août-début sept. – **Repas** 1280.

TOURNAI (DOORNIK) *7500 Hainaut* 213 ⑮ et 909 D 4 – *67 891 h.*

Voir *Cathédrale Notre-Dame★★★ : trésor★★* C – *Pont des Trous★ : ≤★* AY – *Beffroi★* C.
Musées : *des Beaux-Arts★ (avec peintures anciennes★)* C **M**² – *d'histoire et d'archéologie : sarcophage en plomb gallo-romain★* C **M**³.

Env. *Mont-St-Aubert ※★ N : 6 km* AY.

Vieux Marché-aux-Poteries 14 (au pied du Beffroi) ☎ (0 69) 22 20 45, Fax (0 69) 21 62 21.

Bruxelles 86 ② – Mons 48 ② – Charleroi 93 ② – Gent 70 ⑥ – Lille 28 ⑥.

Plan page ci-contre

Holiday Inn Garden Court, pl. St-Pierre 2, ☎ (0 69) 21 50 77, *Fax (0 69) 21 50 78* – TV ☎ – 25 à 200. AE ⓓ E VISA. C b
Repas *(fermé sam. midi et dim. soir)* Lunch 250 – 745 – **59 ch** 3495/3890 – ½ P 4095.

d'Alcantara M sans rest, r. Bouchers St-Jacques 2, ☎ (0 69) 21 26 48, *Fax (0 69) 21 28 24* – TV ☎ P – 40. AE ⓓ E VISA. C d
fermé du 26 au 30 déc. – **15 ch** 2700/4200.

Le Carillon, Grand'Place 64, ☎ (0 69) 21 18 48, *Fax (0 69) 21 33 79* – . AE ⓓ E VISA C r
fermé sam. midi, dim. soir, lundi et 15 juil.-14 août – **Repas** Lunch 695 – 1100/1650.

Charles-Quint, Grand'Place 3, ☎ (0 69) 22 14 41, *Fax (0 69) 22 14 41* – AE ⓓ E VISA JCB C a
fermé du 10 au 19 mars, 9 juil.-5 août, merc. soir et jeudi – **Repas** Lunch 1100 – 1400.

Le Pressoir, Vieux Marché aux Poteries 2, ☎ (0 69) 22 35 13, *Fax (0 69) 22 35 13*, « Maison du 17ᵉ s. avec ≤ cathédrale » – AE ⓓ E VISA C u
fermé 1 sem. carnaval et 3 dern. sem. août – **Repas** (déjeuner seult sauf vend. et sam.) 995.

à Froyennes *par ⑥ : 4 km* C *Tournai – ✉ 7503 Froyennes :*

l'Oustau du Vert Galant, chaussée de Lannoy 106, ☎ (0 69) 22 44 84, *Fax (0 69) 23 54 46* – P. AE ⓓ E VISA
fermé sam. midi, dim. soir, lundi soir, mardi soir, merc. soir et 2 sem. en juil. – **Repas** Lunch 850 – carte env. 1700.

à Mont-St-Aubert *N : 6 km par r. Viaduc* AY C *Tournai – ✉ 7542 Mont-St-Aubert :*

Le Manoir de Saint-Aubert avec ch, r. Crupes 14, ☎ (0 69) 21 21 63, *Fax (0 69) 84 27 05*, , « Parc avec pièce d'eau » – TV ☎ P. AE E VISA. ch
fermé dim. soir, lundi, 2ᵉ quinz. août et 1ʳᵉ quinz. janv. – **Repas** 990/1350 – **7 ch** 2900/4300 – ½ P 2400/2700.

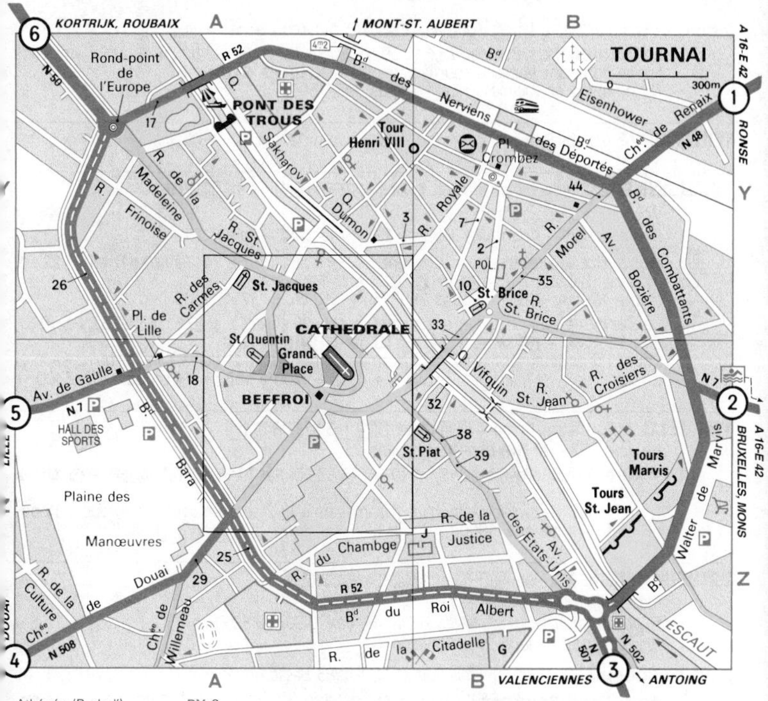

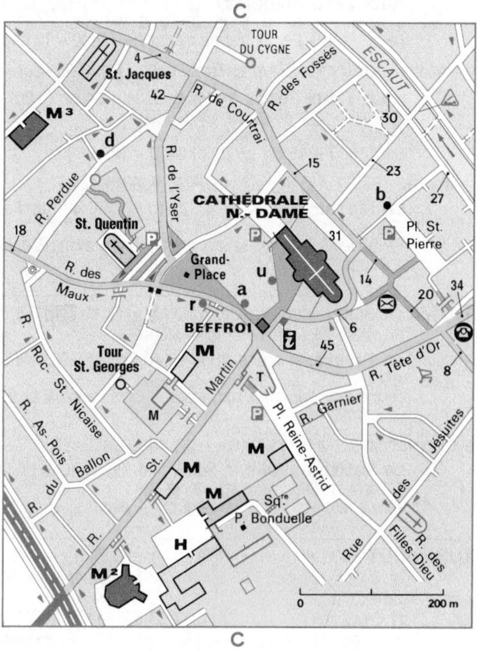

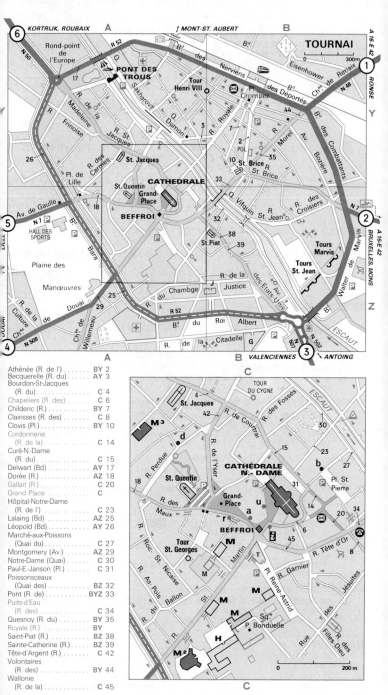

Athénée (R. de l') . . . . BY 2
Becquerelle (R. du) . . . . . . AY 3
Bourdon-St-Jacques (R. du) . . . . C 4
Chapeliers (R. des) . . . . . . C 6
Childeric (R.) . . . . BY 7
Clairisses (R. des) . . . . C 8
Clovis (Pl.) . . . . BY 10
Cordonnerie (R. de la) . . . . C 14
Curé-N.-Dame (R. du) . . . . C 15
Delwart (Bd) . . . . AY 17
Dorée (R.) . . . . AZ 18
Gallait (R.) . . . . C 20
Grand Place C
Hôpital-Notre-Dame (R. de l') . . . . C 23
Lalaing (Bd) . . . . AZ 25
Léopold (Bd) . . . . AY 26
Marché-aux-Poissons (Quai du) . . . . C 27
Montgomery (Av.) . . . . . . AZ 29
Notre-Dame (Quai) . . . . . . C 30
Paul-E.-Janson (Pl.) . . . . . . C 31
Poissonsceaux (Quai des) . . . . BZ 32
Pont (R. de) . . . . BYZ 33
Puits-d'Eau (R. des) . . . . C 34
Quesnoy (R. du) . . . . BY 35
Royale (R.) . . . . BY
Saint-Piat (R.) . . . . BZ 38
Sainte-Catherine (R.) . . . . . BZ 39
Tête-d'Argent (R.) . . . . C 42
Volontaires (R. des) . . . . BY 44
Wallonie (R. de la) . . . . C 45

à Mourcourt *par ① : 7 km* 🄲 *Tournai – ✉ 7543 Mourcourt :*

XX **Le Rougefort,** r. Bardeau 2, ✆ (0 69) 22 80 74, *Fax (0 69) 22 80 74,* ≤, ☂, « Ancienne ferme dominant la plaine tournaisienne » – 🅿. AE ⓪ E VISA. ✂
fermé merc. et vacances Noël – **Repas** 995/1595.

TOURNEPPE *Vlaams-Brabant – voir Dworp à Bruxelles, environs.*

TRANSINNE *6890 Luxembourg belge* 🄲 *Libin 4 238 h.* 214 ⑯ et 909 I 6.
Voir *Euro Space Center★.*
Bruxelles 129 – Arlon 64 – Bouillon 28 – Dinant 44 – Namur 73.

Host. du Wezerin ⛰, r. Couvent 50, ✆ (0 61) 65 58 74, *Fax (0 61) 65 57 92,* ≤, « Cadre champêtre » – TV ☎ 🅿. AE ⓪ E VISA. ✂ rest
fermé 18 janv.-5 fév. – **Repas** 750/1500 – **12 ch** ☕ 1750/2300.

XX **La Barrière** avec ch, r. Barrière 2 (carrefour N 899 et N 40), ✆ (0 61) 65 50 37, *Fax (0 61) 65 55 32,* ☂ – TV ☎ 🅿 – 25. AE ⓪ E VISA. ✂ rest
Repas (dîner seult sauf week-end) *(fermé dim. soir, lundi, 2e quinz. juin, 1re quinz. sept. et 2e quinz. déc.-1re quinz. janv.)* Lunch 990 – carte 1200 à 1850 – **14 ch** ☕ 2700/3300.

TREMELO *3120 Vlaams-Brabant* 213 ⑦ et 909 H 3 – *12 844 h.*
Bruxelles 37 – Antwerpen 44 – Leuven 25.

XX **'t Riet,** Grote Bollostraat 118, ✆ (0 16) 53 63 00, *Fax (0 16) 52 00 36,* ☂ – 🅿. AE ⓪ E VISA
fermé lundi, mardi midi, sam. midi, 1 sem. carnaval, 2 sem. en sept. et fin déc. – **Repas** Lunch 850 – carte env. 1900.

TROIS-PONTS *4980 Liège* 214 ⑧ et 909 K 4 – *2 297 h.*
Exc. *Circuit des panoramas★.*
ℹ *pl. Communale 10 ✆ (0 80) 68 40 45, Fax (0 80) 68 52 68.*
Bruxelles 152 – Liège 54 – Stavelot 6.

à Basse-Bodeux *SO : 4 km* 🄲 *Trois-Ponts – ✉ 4983 Basse-Bodeux :*

Aub. Père Boigelot, r. Pèlerin 1, ✆ (0 80) 68 43 22, *Fax (0 80) 68 43 22,* ☂, « Jardin » – ✂ ☎ ♿ 🅿. AE ⓪ E VISA. ✂
fermé janv. – **Repas** *(fermé merc.)* 750/1500 – **12 ch** ☕ 1900/2850 – ½ P 1950/2150.

à Haute-Bodeux *SO : 7 km* 🄲 *Trois-Ponts – ✉ 4983 Haute-Bodeux :*

Host. Doux Repos ⛰ Haute-Bodeux 34, ✆ (0 80) 68 42 07, *Fax (0 80) 68 42 82,* ≤, ☂, ☂ – TV ☎ 🅿. AE ⓪ E VISA
fermé du 1er au 19 mars, du 4 au 9 juil., 29 nov.-20 déc. et merc. – **Repas** Lunch 700 – 850/1600 – **15 ch** ☕ 2050/2450 – ½ P 2880.

à Wanne *SE : 6 km* 🄲 *Trois-Ponts – ✉ 4980 Wanne :*

X **La Métairie,** Wanne 4, ✆ (0 80) 86 40 89, *Fax (0 80) 86 40 89* – AE ⓪ E VISA
fermé lundi soir hors saison, mardi, 2 sem. avant Pâques, 1 sem. en oct. et 1 sem. en déc. – **Repas** 990.

TUBIZE (TUBEKE) *1480 Brabant Wallon* 213 ⑱ et 909 F 3 – *21 318 h.*
Bruxelles 24 – Charleroi 47 – Mons 36.

X **Le Pivert,** r. Mons 183, ✆ (0 2) 355 29 02, *Fax (0 2) 355 29 02* – AE ⓪ E VISA
fermé dim. soir, lundi soir, mardi, 1 sem. carnaval et 22 juil.-13 août – **Repas** Lunch 525 – 625/1450.

à Oisquercq *SE : 4 km* 🄲 *Tubize – ✉ 1480 Oisquercq :*

XX **La Petite Gayolle,** r. Bon Voisin 79, ✆ (0 67) 64 84 44, *Fax (0 67) 64 82 16,* ☂, « Terrasse fleurie » – 🅿. ⓪ E VISA
fermé dim. soir, lundi et jeudi soir – **Repas** Lunch 590 – 900/1500.

TURNHOUT *2300 Antwerpen* 212 ⑯ ⑰ et 909 H 2 – *38 301 h.*
⛳9 *à Oud-Turnhout SE : 4 km, Begijnenhoefstraat 11 ✆ (0 14) 45 05 09, Fax (0 14) 58 42 73.*
ℹ *Grote Markt 44 ✆ (0 14) 44 33 55, Fax (0 14) 44 33 54.*
Bruxelles 84 – Antwerpen 45 – Breda 37 – Eindhoven 44 – Liège 99 – Tilburg 28.

Corsendonk Viane, Korte Vianenstraat 2, ✆ (0 14) 41 47 48, *Fax (0 14) 41 53 43* – |‡|, ⇋, ▤ rest, TV ☎ ♿ P – 🎤 25 à 580. AE E VISA. ✗ rest
Repas *(fermé dim.)* 850/1850 – ☕ 410 – **80 ch** 3210/3600 – ½ P 2960.

Ter Driezen avec ch, Herentalsstraat 18, ✆ (0 14) 41 87 57, *Fax (0 14) 42 03 10,* ☂, « Terrasse » – TV ☎. AE ⓓ E VISA
fermé 3 dern. sem. juil. et fin déc. – **Repas** *(fermé sam. midi et dim.)* Lunch 1350 – 2050/2450 – **10 ch** ☕ 2950/4150.

La Gondola, Patersstraat 9, ✆ (0 14) 42 43 81, *Fax (0 14) 43 87 00,* ☂ – AE ⓓ E VISA
fermé sam. midi, dim., lundi, 1 sem. en avril et 2 sem. en juil. – **Repas** Lunch 999 – 1350/2350.

Boeket, Klein Engeland 67 (N : 5 km direction Breda), ✆ (0 14) 42 70 28, ☂ – P. AE ⓓ E VISA
fermé merc., jeudi midi, sam. midi, 1 sem. en juin, 1 sem. en sept. et prem. sem. janv. – **Repas** Lunch 1500 bc – 1750.

d'Achterkeuken, Baron Fr. du Fourstraat 4 (Bloemekensgang), ✆ (0 14) 43 86 42, *Fax (0 14) 43 86 42,* ☂ – E VISA – *fermé mardi* – **Repas** carte env. 1300.

à Oud-Turnhout *SE : 4 km – 12 440 h. –* ✉ *2360 Oud-Turnhout :*

't Vrouwenhuys, Corsendonk 5a (près E 34 - sortie ㉕), ✆ (0 14) 46 28 97, *Fax (0 14) 45 03 96,* ☂, « Dépendance d'un prieuré du 17e s. » – P. E VISA. ✗
fermé lundi, mardi, sam. midi, 2 sem. en août et 2 sem. en janv. – **Repas** Lunch 1250 – 1500/2100.

UCCLE (UKKEL) *Région de Bruxelles-Capitale* 213 ⑱ et 909 G 3 - ㉑ S – *voir à Bruxelles.*

VAALBEEK *Vlaams-Brabant* 213 ⑲ – *voir à Leuven.*

VARSENARE *West-Vlaanderen* 213 ② et 909 C 2 – *voir à Brugge, environs.*

VAUX-et-BORSET *Liège* 213 ㉑ et 909 I 4 – *voir à Villers-le-Bouillet.*

VELDWEZELT *Limburg* 213 ㉒ et 909 J 3 – *voir à Lanaken.*

VENCIMONT *5575 Namur* C *Gedinne 4 338 h.* 214 ⑮ et 909 H 5.
Bruxelles 129 – Bouillon 39 – Dinant 35.

Le Barbouillon, r. Grande 25, ✆ (0 61) 58 82 60, *Fax (0 61) 58 82 60,* ☂ – P. E VISA
fermé 13 juin-2 juil., du 17 au 29 janv. et merc. sauf en juil.-août – **Repas** 1000/1900.

VERVIERS *4800 Liège* 213 ㉓ et 909 K 4 – *53 620 h.*

Musées : *des Beaux-Arts et de la Céramique★* D **M1** – *d'Archéologie et de Folklore : dentelles★* D **M2**.

Env. *Barrage de la Gileppe★★,* ≤★★ *par* ③ *: 14 km.*

18 *à Gomzé-Andoumont par* ③ *: 16 km, r. Gomzé 30* ✆ *(0 4) 360 92 07, Fax (0 4) 360 92 06.*

i *r. Xhavée 61* ✆ *(0 87) 33 02 13, Fax (0 87) 33 70 63.*

Bruxelles 122 ④ *– Liège 32* ④ *– Aachen 36* ④*.*

Plan page suivante

Amigo ⛔, r. Herla 1, ✆ (0 87) 22 11 21, *Fax (0 87) 23 03 69,* ☂, ≘s, 🏊, ⛶ – |‡| TV ☎ P – 🎤 25 à 80. AE ⓓ E VISA. ✗ rest B a
Repas 1050 – **50 ch** ☕ 3400/6200 – ½ P 2550/3860.

des Ardennes sans rest, pl. de la Victoire 15, ✆ (0 87) 22 39 25, *Fax (0 87) 23 17 09* – TV ☎. E VISA. ✗ C c
☕ 175 – **10 ch** 1000/1850.

Château Peltzer, r. Grétry 1, ✆ (0 87) 23 09 70, *Fax (0 87) 23 08 71,* ☂, « Dans un parc centenaire » – P. AE ⓓ E VISA. ✗ B d
fermé dim. soir, lundi, mardi et 3 prem. sem. janv. – **Repas** Lunch 1500 – 2350/3500.

à Heusy C *Verviers –* ✉ *4802 Heusy :*

La Croustade, r. Hodiamont 13 (par N 657), ✆ (0 87) 22 68 39, *Fax (0 87) 22 79 21,* ☂, « Jardin » – P. AE ⓓ E VISA B
fermé sam. midis, dim. soirs et lundis non fériés, juil. et fin déc.-prem. sem. janv. – **Repas** 900/1900.

La Toque d'Or, av. Nicolaï 43, ✆ (0 87) 22 11 11, *Fax (0 87) 22 94 59,* ☂, « Jardin » – P. AE ⓓ E VISA B u
fermé dim. soir, lundi soir et merc. soir – **Repas** Lunch 1090 – 1375.

VERVIERS

Anne de Molina (R.)	B	3
Brou (R. du)	C	4
Carmes (R. des)	D	6
Chapelle (R. de la)	B	7
Chêne (Pont du)	C	8
Clément XIV (R.)	B	9
Coronmeuse (R.)	D	10
Crapaurue	D	
Déportés (R. des)	B	12
Fabriques (R. des)	B	15
Franchimont (R. de)	B	16
Franchimontois (R. des)	B	17
Grandjean (R.)	C	18
Grappe (R. de la)	B	19
Grétry (R.)	B	20
Harmonie (Av. de l')	C	22
Heid des Fawes	B	24
Lions (Pont aux)	D	25
Maçons (Quai des)	D	27
Martyr (Pl. du)	C	28
Namur (R. de)	C	29
Ortmans-Hauzeur (R.)	D	30
Palais de Justice (Pl. du)	D	31
Paroisse (R. de la)	D	33
Raines (R. des)	D	34
Récollets (Pont des)	C	36
Saint-Laurent (Pont)	C	37
Sommeleville (Pl.)	D	39
Sommeleville (Pont)	D	40
Spintay (R.)	C	
Théâtre (R. du)	C	42
Thier-Mère-Dieu (R.)	D	43
Tribunal (R. du)	D	45
Verte (Pl.)	C	
Verviers (R. de)	B	46

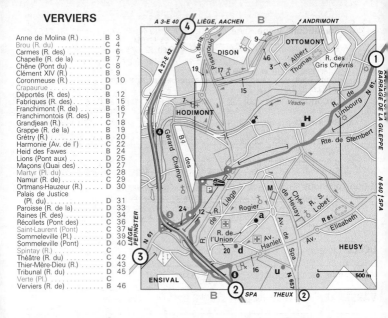

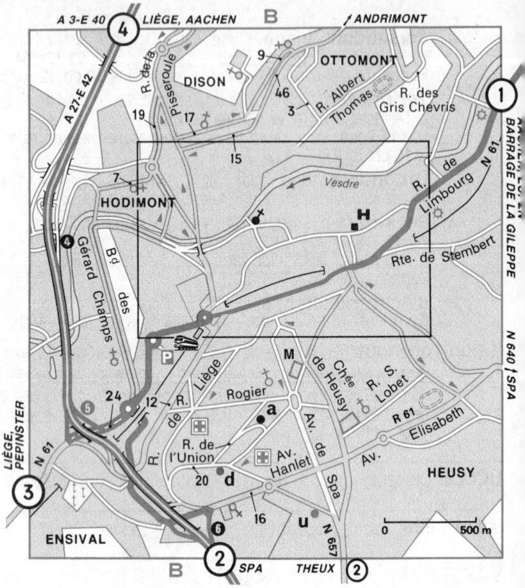

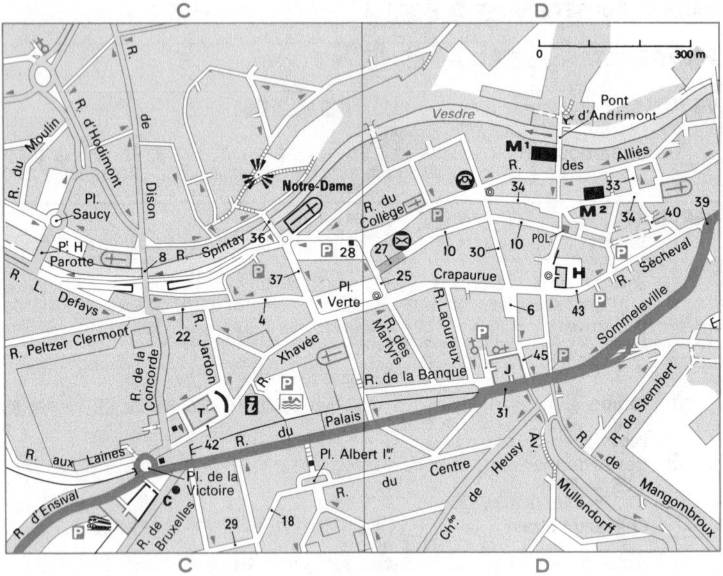

Ne confondez pas :

Confort des hôtels : 🏨🏨🏨🏨🏨 ... 🏨

Confort des restaurants : ✗✗✗✗✗ ... ✗

Qualité de la table : ✿✿✿, ✿✿, ✿, Repas

VEURNE (FURNES) *8630 West-Vlaanderen* 213 ① et 909 B 2 – *11 607 h.*

Voir *Grand-Place★★ (Grote Markt) – Procession des Pénitents★★ (Boetprocessie) – Cuirs★ à l'intérieur de l'Hôtel de Ville (Stadhuis).*

Env. *E : Diksmuide, Tour de l'Yser (IJzertoren) ☼★.*

ℹ *Grote Markt 29 ✆ (0 58) 31 21 54, Fax (0 58) 31 45 83.*

Bruxelles 134 – Brugge 47 – Dunkerque 21 – Oostende 26.

🏨 **Croonhof** [M], Noordstraat 9, ✆ (0 58) 31 31 28, *Fax (0 58) 31 56 81* – |♦| TV ☎. AE ⓓ E VISA
Repas *(fermé du 15 au 21 fév., du 14 au 24 sept., dim. soir et lundi)* 1100/2350 – **14 ch** ☕ 2700/3500 – ½ P 2550/2850.

✕✕ **Ibis,** Grote Markt 10, ✆ (0 58) 31 37 00 – AE ⓓ E VISA
∞ *fermé mardi soir, merc., dim. soir, 22 mars-1er avril et du 1er au 11 juil.* – **Repas** 650/1400.

à Beauvoorde *SO : 8 km* C *Veurne* – ⊠ *8630 Veurne :*

✕✕ **Driekoningen** avec ch, Wulveringemstraat 40, ✆ (0 58) 29 90 12, *Fax (0 58) 29 80 22,* ☂ – TV ☎ 🅿 – 🎤 120. AE ⓓ E VISA
fermé 18 janv.-4 fév. et du 20 au 30 sept. – **Repas** *(fermé lundi soir d'oct. à mars et mardi soir et merc. sauf en juil.-août)* Lunch 800 – 1250/1950 – **5 ch** ☕ 1650/2250 – ½ P 1850/1950.

à Booitshoeke *NE : 5 km* C *Veurne* – ⊠ *8630 Booitshoeke :*

✕ **Boikenshoc,** P.H. Scherpereelstraat 23, ✆ (0 58) 23 37 19, *Fax (0 58) 24 24 96,* ☂ – ▤. AE ⓓ E VISA
fermé du 1er au 10 juil., 1 sem. en janv., merc. et jeudi – **Repas** 1530.

à Zoutenaaie *SE : 8 km* C *Veurne* – ⊠ *8630 Zoutenaaie :*

✕ **Zoutenaaie,** Zoutenaaiestraat 15, ✆ (0 51) 55 51 00, *Fax (0 51) 55 58 88,* ≤, ☂, « Cadre champêtre » – 🅿. AE E VISA
fermé du 1er au 8 fév., 29 nov.-13 déc. et lundis non fériés – **Repas** 875/1725.

VICHTE *8570 West-Vlaanderen* C *Anzegem 13 479 h.* 213 ⑮ et 909 D 3.

Bruxelles 83 – Brugge 49 – Gent 38 – Kortrijk 11 – Lille 37.

🏠 **Rembrandt,** Oudenaardestraat 22, ✆ (0 56) 77 73 55, *Fax (0 56) 77 57 04,* 🌳 – TV ☎ 🅿 – 🎤 25 à 280. AE E VISA. ✗
fermé dim. soir et 26 juil.-15 août – **Repas** Lunch 1100 – carte 1150 à 1700 – **17 ch** ☕ 1800/3000.

VIELSALM *6690 Luxembourg belge* 214 ⑧ et 909 K 5 – *7 051 h.*

ℹ *r. Chasseurs Ardennais 1 ✆ (0 80) 21 50 52, Fax (0 80) 21 74 62.*

Bruxelles 171 – Arlon 86 – Clervaux 40 – Malmédy 28.

🏨 **Belle Vue,** r. Jean Bertholet 5, ✆ (0 80) 21 62 61, *Fax (0 80) 21 62 01,* ≤ lac, 🌳 – TV
∞ ☎. AE ⓓ E VISA. ✗
fermé 29 juin-14 juil., 30 août-14 sept, 30 déc.-14 janv. et dim. soirs et lundis non fériés – **Repas** – 850/1465 – **14 ch** ☕ 1650/2250 – ½ P 1800/1900.

à Baraque de Fraiture *O : 15 km* C *Vielsalm* – ⊠ *6690 Vielsalm :*

🏠 **Aub. du Carrefour,** rte de Liège 42, ✆ (0 80) 41 87 47, *Fax (0 80) 41 88 60,* 🌳 –
∞ TV 🅿 – 🎤 25. AE E VISA
fermé du 1er au 15 mars et du 8 au 18 sept. – **Repas** *(fermé mardi soir, merc. et après 20 h 30)* Lunch 480 – 850/1200 – ☕ 200 – **15 ch** 1100/2200 – ½ P 1650/1850.

à Grand-Halleux *N : 5 km* C *Vielsalm* – ⊠ *6698 Grand-Halleux :*

🏨 **Host. Les Linaigrettes,** Rocher de Hourt 60, ✆ (0 80) 21 59 68, *Fax (0 80) 21 46 64,* ☂, « Terrasse au bord de la Salm » – TV ☎ 🅿 – 🎤 25. AE ⓓ E VISA
fermé mardi, merc., 1 sem. en juin et prem. sem. sept. – **Repas** Lunch 650 – 950/1950 – **8 ch** ☕ 1700/2400 – ½ P 1900/3050.

✕ **L'Ecurie,** av. de la Résistance 30, ✆ (0 80) 21 59 54, ≤, ☂, Avec cuisine italienne, ouvert jusqu'à 23 h – 🅿. AE ⓓ E VISA
fermé 1re quinz. sept. et lundis et mardis midis non fériés sauf vacances scolaires – **Repas** carte 1050 à 1450.

à Hébronval *O : 10 km* C *Vielsalm* – ⊠ *6690 Vielsalm :*

🏨 **Le Val d'Hébron,** Hébronval 10, ✆ (0 80) 41 88 73, *Fax (0 80) 41 80 73,* 🌳 – TV ☎
☺ 🅿 – 🎤 25 à 40. AE ⓓ E VISA. ✗ rest
Repas *(fermé mardi et 17 août-2 sept.)* Lunch 700 – 1000/1500 – ☕ 290 – **12 ch** *(fermé 1 sem. en mars et 17 août-2 sept.)* 1100/1700 – ½ P 1700.

à Salmchâteau *S : 2 km* [C] *Vielsalm – ✉ 6690 Vielsalm :*

Résidence du Vieux Moulin ⑤, rte de Cierreux 41 (sur N 68), ☎ (0 80) 21 68 45, *Fax (0 80) 21 58 79,* ☂, 🚗 – TV ☎ P. AE ⓪ E VISA
fin mars-mi-sept. – **Repas** carte 850 à 1800 – **11 ch** ☕ 1640/2580 – ½ P 2080/2180.

VIERVES-SUR-VIROIN *5670 Namur* [C] *Viroinval 5 654 h.* **214** ⑭ et **909** *G 5.*
Bruxelles 121 – Charleroi 59 – Chimay 26 – Dinant 35 – Namur 65 – Charleville-Mézières 56.

La Bergerie 1880 sans rest, r. Centre 2, ☎ (0 60) 39 00 62, *Fax (0 60) 39 06 49,* 🚗
5 ch ☕ 810/1450.

*Pour situer une ville **belge** ou **néerlandaise** reportez-vous aux **cartes Michelin** **408** et **409** comportant un index alphabétique des localités.*

VIEUXVILLE *4190 Liège* [C] *Ferrières 4 047 h.* **214** ⑦ et **909** *J 4.*
ℹ *r. Bouverie 1 ☎ (0 86) 21 30 88.*
Bruxelles 120 – Liège 42 – Marche-en-Famenne 27 – Spa 30.

Château de Palogne ⑤ sans rest, rte du Palogne 3, ☎ (0 86) 21 38 74, *Fax (0 86) 21 38 76,* « Demeure ancienne, parc », 🚗 – TV ☎ P. AE ⓪ E VISA
☕ 390 – **11 ch** 2500/5500.

Le Lido ⑤, r. Logne 8, ☎ (0 86) 21 13 67, *Fax (0 86) 21 34 22,* ≤, ☂, ⛱, 🚗 – ☎ P. AE ⓪ E VISA
fermé 2e quinz. sept., 2e quinz. janv. et merc. et jeudi sauf vacances scolaires – **Repas** *Lunch 695* – carte env. 900 – **13 ch** ☕ 1500/2400 – ½ P 1920.

Au Chalet, rte des Fagnes 2 (NE : 3 km, lieu-dit Ville), ☎ (0 86) 40 03 35, *Fax (0 86) 21 36 03,* ≤ – TV ☎ P. AE ⓪ E VISA. ✂
fermé lundis et mardis non fériés et 2e quinz. sept. – **Repas** *Lunch 500* – 850/1000 – **8 ch** ☕ 1500/1900 – ½ P 1450/1850.

Au Vieux Logis, rte de Logne 1, ☎ (0 86) 21 14 60, *Fax (0 86) 21 14 60* – ▤ P. AE ⓪ E VISA
fermé fin août-début sept., 2 sem. en janv. et mardis et merc. non fériés – **Repas** 1250/2150.

VILLERS-LA-VILLE *1495 Brabant Wallon* **213** ⑲ et **909** *G 4 – 8 960 h.*
Voir *Ruines de l'abbaye★★.*
⛳ *r. Châtelet 62 ☎ (0 71) 87 77 65, Fax (0 71) 87 77 83 - ⛳ à Sart-Dames-Avelines SO : 3 km, r. Jumerée 1 ☎ (0 71) 87 72 67, Fax (0 71) 87 43 38.*
ℹ *r. Abbaye 53 ☎ (0 71) 87 98 98.*
Bruxelles 36 – Charleroi 28 – Namur 33.

Cigalon, av. Arsène Tournay 40, ☎ (0 71) 87 85 54, *Fax (0 71) 87 53 63* – P. AE ⓪ E VISA. ✂
fermé lundi et sam. midi – **Repas** *Lunch 500* – 850.

VILLERS-LE-BOUILLET *4530 Liège* **213** ㉑ et **909** *I 4 – 5 305 h.*
Bruxelles 86 – Namur 37 – Huy 8 – Liège 25.

à Vaux-et-Borset *N : 5 km sur N 65* [C] *Villers-le-Bouillet – ✉ 4530 Vaux-et-Borset :*

Le Grandgagnage, pl. de l'Église 5, ☎ (0 19) 56 70 18 – AE ⓪ E VISA
fermé merc. – **Repas** *Lunch 690* – carte 900 à 1450.

VILLERS-SUR-LESSE *5580 Namur* [C] *Rochefort 11 639 h.* **214** ⑥ et **909** *I 5.*
Bruxelles 115 – Namur 54 – Dinant 25 – Rochefort 9.

Beau Séjour ⑤, r. Platanes 16, ☎ (0 84) 37 71 15, *Fax (0 84) 37 81 34,* ≤, ☂, « Jardin fleuri », ⛱ – TV ☎ P – 🏫 25. AE ⓪ E VISA
fermé 15 janv.-15 mars, 1 sem. en sept. et lundi soir et mardi sauf en juil.-août – **Repas** *Lunch 1100* – 1750 – ☕ 380 – **16 ch** 2500/3250 – ½ P 3200/3850.

Château de Vignée, r. Montainpré 27 (O : 3,5 km près E 411 sortie 22, lieu-dit Vignée), ☎ (0 84) 37 84 05, *Fax (0 84) 37 84 26,* ☂, « Dans un parc avec terrasse ≤ Lesse et campagne », ≘s, 🚗 – TV ☎ P – 🏫 50. AE E VISA
fermé lundi soir et mardi – **Repas** *Lunch 980* – 1800 – ☕ 350 – **7 ch** 3000/4600, 2 suites – ½ P 2830/4700.

VILVOORDE (VILVORDE) *Vlaams-Brabant* 213 ⑦ et 909 G 3 - ㉒ N - *voir à Bruxelles, environs.*

VIRELLES *Hainaut* 214 ③ et 909 F 5 - *voir à Chimay.*

VIRTON *6760 Luxembourg belge* 214 ⑪ et 909 J 7 - *10 970 h.*

Pavillon, r. Grasses Oies 2b ☎ (0 63) 57 89 04, Fax (0 63) 57 71 14.

Bruxelles 221 - Arlon 29 - Longwy 32 - Montmédy 15.

Le Franc Gourmet, r. Roche 13, ☎ (0 63) 57 01 36, *Fax (0 63) 58 17 19,* - AE ⓓ E VISA

fermé dim. soir, lundi, sem. carnaval et dern. sem. août - **Repas** 900/1750.

à Latour *E : 4 km* C *Virton -* ✉ *6761 Latour :*

Le Château de Latour, r. 24 Août, ☎ (0 63) 57 83 52, *Fax (0 63) 57 83 52,* ≤, , « Dans les ruines d'une demeure ancienne » - TV ☎ P. AE ⓓ E VISA. rest

fermé 22 août-2 sept. et du 3 au 29 janv. - **Repas** *(fermé merc.) Lunch 800* - carte 950 à 1500 - ☐ 250 - **7 ch** 1950/2200 - ½ P 3000.

à Torgny *S : 6 km* C *Rouvroy 1 882 h.* - ✉ *6767 Torgny :*

Aub. de la Grappe d'Or (Boulanger) avec ch, r. Ermitage 18, ☎ (0 63) 57 70 56, *Fax (0 63) 57 03 44,* « Maison du 19e s. dans un village gaumais typique », - rest, TV ☎. AE ⓓ E VISA. rest

fermé dim. soir, lundi, dern. sem. janv.-prem. sem. fév. et dern. sem. août-prem. sem. sept. - **Repas** *Lunch 1450 bc* - 1550/1950, carte 2100 à 2400 - **10 ch** ☐ 2850/4000 - ½ P 3200/3500

Spéc. Marinade de homard à l'huile de gingembre et vinaigre de Banyuls. Suprêmes de pigeonneau aux scaroles braisées, sauce à l'arabica. Banane cloutée à la vanille, rôtie et crème au Rhum.

VLEZENBEEK *Vlaams-Brabant* 213 ⑱ et 909 F 3 - *voir à Bruxelles, environs.*

VLIERMAAL *Limburg* 213 ㉒ et 909 J 3 - *voir à Tongeren.*

VLISSEGEM *West-Vlaanderen* 213 ② et 909 C 2 - *voir à De Haan.*

VORST *Brussels Hoofdstedelijk Gewest - voir Forest à Bruxelles.*

VRESSE-SUR-SEMOIS *5550 Namur* 214 ⑮ et 909 H 6 - *2 775 h.*

Env. *NE : Gorges du Petit Fays★ - Route de Membre à Gedinne ≤★★ sur "Jambon de la Semois" : 6,5 km.*

r. Albert Raty 112 ☎ (0 61) 50 08 27.

Bruxelles 154 - Namur 95 - Bouillon 27 - Charleville-Mézières 30.

Le Relais, r. Albert Raty 72, ☎ (0 61) 50 00 46, *Fax (0 61) 50 02 26,* , , - rest, TV ☎ P. AE ⓓ E VISA

avril-déc. - **Repas** *(fermé merc., jeudi et après 20 h 30)* 720/1600 - **21 ch** ☐ 1500/2800 - ½ P 1450/1650.

Pont St. Lambert avec ch, r. Ruisseau 8, ☎ (0 61) 50 04 49, *Fax (0 61) 50 16 93,* ≤, - AE ⓓ E VISA

fermé avril, 19 sept.-1er oct. et mardi soir et merc. sauf en juil.-août - **Repas** *(fermé après 20 h 30) Lunch 650* - 990/1390 - **7 ch** ☐ 1200/1900 - ½ P 1300/1850.

à Laforêt *S : 2 km* C *Vresse-sur-Semois -* ✉ *5550 Laforêt :*

Aub. du Moulin Simonis, rte de Charleville 42 (sur N 935), ☎ (0 61) 50 00 81, *Fax (0 61) 50 17 41,* « Environnement boisé », - P. E VISA. rest

fermé janv.-carnaval, 2 prem. sem. sept. et merc. hors saison - **Repas** *(fermé après 20 h 30)* 650/1450 - **10 ch** ☐ 1850/2200 - ½ P 1650/1750.

à Membre *S : 3 km* C *Vresse-sur-Semois -* ✉ *5550 Membre :*

Des Roches, rte de Vresse 93, ☎ (0 61) 50 00 51, *Fax (0 61) 50 20 67* - ☎ P. E VISA.

fermé janv.-carnaval et merc. du 15 nov. à Pâques - **Repas** *(fermé après 20 h 30)* 750/1350 - **14 ch** ☐ 1650/2250 - ½ P 1750.

VROENHOVEN *3770 Limburg © Riemst 15 397 h.* 213 ㉒ et 909 J 3.
Bruxelles 106 – Maastricht 6 – Hasselt 37 – Liège 26 – Aachen 42.

XX **Mary Wong,** Maastrichtersteenweg 242, ✆ (0 12) 45 57 57, *Fax (0 12) 45 72 90,* 🍴, Cuisine chinoise – AE ⓓ E VISA
fermé merc., 31 janv.-9 fév. et du 23 au 31 août – **Repas** 1550/2300.

VUCHT *Limburg* 213 ⑩ ⑪ – *voir à Maasmechelen.*

WAARDAMME *West-Vlaanderen* 213 ③ et 909 C 2 – *voir à Brugge, environs.*

WAARMAARDE *8581 West-Vlaanderen © Avelgem 9 018 h.* 213 ⑮ et 909 D 3.
Bruxelles 64 – Gent 42 – Kortrijk 24 – Tournai 26.

XXX **De Gouden Klokke,** Trappelstraat 25, ✆ (0 55) 38 85 60, *Fax (0 55) 38 79 29,* 🍴 – P. AE ⓓ E VISA. ✻
fermé dim. soir, lundi, mardi soir, carnaval et 16 août-4 sept. – **Repas** *Lunch 1100* – 1580/2180.

WAASMUNSTER *9250 Oost-Vlaanderen* 213 ⑤ et 909 F 2 – *10 005 h.*
Bruxelles 39 – Antwerpen 31 – Gent 31.

XXX **Zilverberk,** Veldstraat 32 (E : 2 km, lieu-dit Sombeke), ✆ (0 52) 46 16 47, *Fax (0 52) 46 13 61,* 🍴 – P – 🏛 35. AE ⓓ E VISA
fermé lundi, 2 dern. sem. mars et 2 dern. sem. juil. – **Repas** *Lunch 1230* – 1350/2200.

XXX **Pichet,** Belselestraat 4 (sur E 17, sortie ⑬), ✆ (0 52) 46 00 29, *Fax (0 52) 46 34 59,* 🍴 – AE ⓓ E VISA. ✻
fermé lundi soir, mardi, sam. midi et 16 août-9 sept. – **Repas** 1150/2200.

XX ✿ **De Snip** (De Wolf), Schrijberg 122 (carrefour N 446 et N 70), ✆ (0 3) 772 20 81, *Fax (0 3) 722 06 95,* 🍴, « Villa avec terrasse et pièce d'eau » – P. AE ⓓ E VISA
fermé dim. midis non fériés, dim. soir, lundi, 2 sem. avant Pâques, 3 dern. sem. juil. et 23 déc.-4 janv. – **Repas** *Lunch 1300* – 2100/2600 bc, carte 2000 à 2600
Spéc. Foie de canard et boudin poêlés, méli-mélo de fruits et légumes à la vanille. Morue rôtie sur peau, tombée de vert de blettes et fondue de tomates. Gibiers en saison.

WAIMES (WEISMES) *4950 Liège* 214 ⑨ et 909 L 4 – *6 338 h.*
Bruxelles 164 – Liège 65 – Malmédy 8 – Spa 27.

🏠 **Hotleu,** r. Hottleux 106 (O : 2 km), ✆ (0 80) 67 97 05, *Fax (0 80) 67 84 62,* 🍴, « Terrasse avec ≤ vallée », 🏊, 🌳, 🎾 – TV ☎ P – 🏛 25 à 80. E VISA. ✻
fermé 1 sem. en juil., 1 sem. en janv. et mardis soirs et merc. non fériés – **Repas** *Lunch 950* – carte 1350 à 1650 – **12 ch** ☕ 1550/2900 – ½ P 2000/3200.

XX **Cyrano** avec ch, r. Chanteraine 11, ✆ (0 80) 67 99 89, *Fax (0 80) 67 83 85,* 🍴, 🏊 – TV ☎ P – 🏛 25 à 120. AE E VISA
fermé 2e sem. après Pâques – **Repas** *(fermé merc. et sam. midi sauf vacances scolaires) Lunch 950* – carte env. 1900 – **10 ch** ☕ 1600/3600 – ½ P 2490/3000.

X Ⓑ **Aub. de la Warchenne** avec ch, r. Centre 20, ✆ (0 80) 67 93 63, *Fax (0 80) 67 84 59* – TV ☎ P. AE ⓓ E VISA
Repas *(fermé merc.)* 750/1295 – ☕ 250 – **7 ch** 1435/2475 – ½ P 1700.

à Faymonville *E : 2 km © Waimes – ✉ 4950 Faymonville :*

XXX **Au Vieux Sultan** 🐚 avec ch, r. Wemmel 12, ✆ (0 80) 67 91 97, *Fax (0 80) 67 81 28,* 🌳 – ▤ rest, TV ☎ 🚗 P – 🏛 30. AE ⓓ E VISA. ✻
fermé 28 juin-12 juil. – **Repas** *(fermé lundi et mardi) Lunch 850* – 1120/1780 – **8 ch** *(fermé lundi du 15 oct. à Pâques)* ☕ 1800/2500 – ½ P 2000/2300.

WALCOURT *5650 Namur* 214 ③ et 909 G 5 – *16 544 h.*
Voir *Basilique St-Materne★ : jubé★, trésor★.*
Env. *Barrage de l'Eau d'Heure★, Barrage de la Plate Taille★ S : 6 km.*
ℹ *Grand'Place 25* ✆ *(0 71) 61 25 26.*
Bruxelles 81 – Namur 53 – Charleroi 21 – Dinant 43 – Maubeuge 44.

XX **Host. Dispa** 🐚 avec ch, r. Jardinet 7, ✆ (0 71) 61 14 23, *Fax (0 71) 61 11 04,* 🍴, « Jardin d'hiver » – TV ☎ P. AE ⓓ E VISA. ✻ ch
fermé mardi soir et jeudi soir sauf en juil.-août, merc., 15 fév.-15 mars, prem. sem. juil. et 1 sem. en sept. – **Repas** 890/1850 – **6 ch** ☕ 1900/2900 – ½ P 2500/3500.

WANNE *Liège* 214 ⑧ et 909 K 4 – *voir à Trois-Ponts.*

WAREGEM *8790 West-Vlaanderen* 213 ⑮ et 909 D 3 – *35 750 h.*

Bergstraat 41 ☎ (0 56) 60 88 08, Fax (0 56) 61 29 42.

Bruxelles 79 – Brugge 47 – Gent 34 – Kortrijk 17.

St-Janshof, Anzegemseweg 26 (S : 3 km, près E 17, sortie ⑤), ☎ (0 56) 61 08 88, *Fax (0 56) 60 34 45* – ☎ – 25 à 40. AE E VISA.
Repas (dîner pour résidents seult) – **21 ch** 2395/3030.

De Peracker, Caseelstraat 45 (O : 3 km sur rte de Desselgem, puis rte à gauche), ☎ (0 56) 60 03 31, *Fax (0 56) 60 03 25*, « Cadre champêtre, étang », – ☎ – 40 à 100. AE E VISA.
Repas (dîner pour résidents seult) – **14 ch** 2200/3200 – ½ P 2800/3300.

't Oud Konijntje (Mmes Desmedt), Bosstraat 53 (S : 2 km près E 17), ☎ (0 56) 60 19 37, *Fax (0 56) 60 92 12*, « Terrasse fleurie » – AE E VISA
fermé jeudi soir, vend., dim. soir, 21 juil.-13 août et 24 déc.-4 janv. – **Repas** *Lunch 1650* – 1950/3950, carte 2550 à 3150
Spéc. Gâteau de homard, pommes d'amour confites à l'huile d'olives. Poêlée de crevettes de Zeebrugge et turbotin en mousseline de pommes de terre. Raviolis de ris de veau poché au bouillon de poule, râpée de truffes et vieux Parmesan.

De Wijngaard, Holstraat 32, ☎ (0 56) 60 26 56, *Fax (0 56) 61 40 85*, – AE E VISA
fermé merc. soir, dim. soir, jours fériés soirs et 1re quinz. juil. – **Repas** *Lunch 875* – 1175/1575.

à Sint-Eloois-Vijve *NO : 3 km* *Waregem – ✉ 8793 Sint-Eloois-Vijve :*

De Jager sans rest, St-Elooisplein 2, ☎ (0 56) 60 95 96, *Fax (0 56) 60 66 07* – ☎ – 25 à 250. AE E VISA
12 ch 2200/2700.

Anna's Place Gentseweg 606, ☎ (0 56) 60 11 72, *Fax (0 56) 61 45 86* – ☎. E VISA
Repas *(fermé lundi midi et merc.)* 1395 – **6 ch** 2250/4000.

De Houtsnip, Posterijstraat 56, ☎ (0 56) 61 13 77, – AE E VISA
fermé merc. soir, jeudi, dim. soir, 21 juil.-13 août et début janv. – **Repas** *Lunch 1600 bc* – 1550/2900 bc.

Bistro Desanto, Gentseweg 558, ☎ (0 56) 60 24 13, *Fax (0 56) 61 17 84*, Ouvert jusqu'à 23 h – E VISA
fermé sam. midi, dim., jours fériés, prem. sem. mars et 2 prem. sem. août – **Repas** *Lunch 590* – carte 1000 à 1450.

WAREMME (BORGWORM) *4300 Liège* 213 ㉑ et 909 I 3 – *12 951 h.*

Bruxelles 76 – Namur 47 – Liège 28 – Sint-Truiden 19.

Le Petit Axhe, r. Petit-Axhe 12 (SO : 2 km, lieu-dit Petit Axhe), ☎ (0 19) 32 37 22, *Fax (0 19) 32 88 92*, « Jardin » – AE E VISA
fermé lundi, mardi, sam. midi, jours fériés, 1 sem. en mars, 1 sem. en juil. et 1 sem. en oct. – **Repas** *Lunch 990* – 1650/1900.

Armand Bollingh, av. G. Joachim 25, ☎ (0 19) 32 23 32, « Terrasse » – E VISA
fermé du 5 au 12 avril, 24 août-13 sept., du 1er au 7 janv., sam. midi, dim. soir et lundi – **Repas** *Lunch 995* – carte 1350 à 1800.

WATERLOO *1410 Brabant Wallon* 213 ⑱ et 909 G 3 – *28 521 h.*

(2 parcours) à Ohain E : 5 km, Vieux Chemin de Wavre 50 ☎ (0 2) 633 18 50, Fax (0 2) 633 28 66 - (2 parcours) à Braine-l'Alleud SO : 5 km, chaussée d'Alsemberg 1021 ☎ (0 2) 353 02 46, Fax (0 2) 354 68 75.

chaussée de Bruxelles 149 ☎ (0 2) 354 99 10, Fax (0 2) 354 22 23 – Fédération provinciale de tourisme, chaussée de Bruxelles 218 ☎ (0 2) 351 12 00, Fax (0 2) 351 13 00.

Bruxelles 17 – Charleroi 37 – Nivelles 15.

Grand H. M, chaussée de Tervuren 198, ☎ (0 2) 352 18 15, *Fax (0 2) 352 18 88*, – rest, ☎ – 25 à 85. AE E VISA. rest
Repas *(fermé sam. midi) Lunch 570* – 950 – **71 ch** 8000/11000, 8 suites.

Le Côté Vert, chaussée de Bruxelles 200g, ☎ (0 2) 354 01 05, *Fax (0 2) 354 08 60* – ☎ – 50. AE E VISA
Repas voir rest ***La Cuisine "au Vert"*** ci-après – **29 ch** 4020/4740.

Le Joli-Bois sans rest, r. Ste-Anne 59 (à Joli-Bois, S : 2 km), ☎ (0 2) 353 18 18, *Fax (0 2) 353 05 16*, – ☎. AE E VISA JCB
fermé 20 déc.-3 janv. – **14 ch** 2950/3800.

La Maison du Seigneur, chaussée de Tervuren 389 (NO : 3,5 km sur R0), ☎ (0 2) 354 07 50, *Fax (0 2) 353 11 34*, « Ancienne ferme brabançonne du 17e s. » – AE E VISA JCB
fermé lundi, mardi, fév. et 2 dern. sem. août – **Repas** *Lunch 1350 bc* – 1750/2400.

XX **L'Asie Impériale,** chaussée de Bruxelles 30, ☎ (0 2) 354 15 16, *Fax (0 2) 353 11 64,* 🏵, Cuisine chinoise – ▤ Ⓟ. AE ⓓ E VISA
fermé lundi et sam. midi – **Repas** Lunch 650 – carte env. 1100.

XX **Rêve Richelle,** Drêve Richelle 96, ☎ (0 2) 354 82 24, 🏵 – Ⓟ. AE E VISA
fermé sam. midi, dim. soir, lundi, 1 sem. Pâques, 3 sem. en août et 1 sem. Toussaint – **Repas** Lunch 650 – 1095/1590.

XX **La Cuisine "au Vert"** - H. Le Côté Vert, chaussée de Bruxelles 200g, ☎ (0 2) 354 88 73, *Fax (0 2) 354 74 35,* 🏵 – Ⓟ. AE ⓓ E VISA
fermé sam., dim., 2 sem. carnaval, 15 juil.-15 août et Noël-Nouvel An – **Repas** Lunch 650 – carte env. 1200.

XX **The Winds,** chaussée de Bruxelles 212b, ☎ (0 2) 351 48 20, *Fax (0 2) 351 48 55,* 🏵 – ▤. AE ⓓ E VISA
fermé mardi et sam. midi – **Repas** Lunch 550 – 990.

XX **Le Sphinx,** chaussée de Tervuren 178, ☎ (0 2) 354 86 43, *Fax (0 2) 354 19 69,* 🏵 – Ⓟ. AE ⓓ E VISA
fermé dim. soir, lundi et du 6 au 28 juil. – **Repas** Lunch 525 bc – 950/1590.

X **La Tonnelle des Délices,** rte du Lion 379 (S : 3 km), ☎ (0 2) 387 33 34, *Fax (02) 387 33 34,* 🏵 – Ⓟ. AE ⓓ E VISA
fermé sam. midi et dim. soir – **Repas** Lunch 475 – 950/1245.

X **Le Jardin des Délices,** chaussée de Bruxelles 253, ☎ (0 2) 354 80 33, 🏵 – AE ⓓ E VISA
fermé dim. soir, lundi et 25 août-25 sept. – **Repas** Lunch 450 – 895.

WATERMAEL-BOITSFORT (WATERMAAL-BOSVOORDE) *Région de Bruxelles-Capitale* 213 ⑱ ⑲ et 909 ㉒ S – *voir à Bruxelles.*

WAUDREZ *Hainaut* 214 ③ ④ – *voir à Binche.*

WAVRE (WAVER) *1300* Ⓟ *Brabant Wallon* 213 ⑲ et 909 G 3 – *30 250 h.*

18 9 chaussée du Château de la Bawette 5 ☎ (0 10) 22 33 32, Fax (0 10) 22 90 04 - 18 à Grez-Doiceau NE : 10 km, Les Gottes 1 ☎ (0 10) 84 15 01, Fax (0 10) 84 55 95.
Hôtel de Ville, r. Nivelles 1 ☎ (0 10) 23 03 52, Fax (0 10) 23 03 56.
Bruxelles 27 – Namur 37 – Charleroi 45 – Liège 87.

Novotel, r. Wastinne 45 (près sortie ⑥ sur E 411), ✉ 1301, ☎ (0 10) 41 13 63, *Fax (0 10) 41 19 22,* 🏵, Fø, ⛱, 🌲 – |♣| ⇆ ▤ TV ☎ Ⓟ – 🏛 25 à 120. AE ⓓ E VISA. ⚘ rest
Repas Lunch 550 – carte 900 à 1200 – ☕ 475 – **102 ch** 3700/3900 – ½ P 2500/3200.

Le Domaine des Champs 🐦, Chemin des Charrons 14 (N 25), ☎ (0 10) 22 75 25, *Fax (0 10) 24 17 31,* <, 🏵 – TV ☎ Ⓟ – 🏛 25 à 50. AE ⓓ E VISA JCB
Repas ***La Cuisine des Champs*** *(fermé dim., lundi et 2 sem. Pâques)* Lunch 840 - 1100 – ☕ 300 – **18 ch** 2200/2800, 1 suite – ½ P 2440/2640.

Wavre, r. Manil 91, ✉ 1301, ☎ (0 10) 24 33 34, *Fax (0 10) 24 36 80,* 🏵 – ⇆ TV ☎ Ⓟ – 🏛 25 à 45. AE E VISA
Repas *(fermé sam. midi et dim.)* Lunch 495 – carte env. 1000 – **70 ch** ☕ 2700/3000 – ½ P 3400/3700.

XX **Carte Blanche,** av. Reine Astrid 8, ☎ (0 10) 24 23 63, *Fax (0 10) 24 23 63,* 🏵 – AE ⓓ E VISA
fermé sam. midi, dim. soir, lundi, 21 juil.-14 août et après 20 h 30 – **Repas** Lunch 495 – 850/1480.

XX **Le Vert Délice,** Chemin du Pauvre Diable 2 (NO : 1 km sur N 4), ☎ (0 10) 22 90 01, *Fax (0 10) 22 90 01,* 🏵 – AE ⓓ E VISA
fermé sam. midi, dim. soir, lundi, sem. carnaval et 2e quinz. juil. – **Repas** Lunch 490 – 950/1390.

XX **Le Jardin Gourmand,** Ruelle Nuit et Jour 21, ☎ (0 10) 24 15 26, *Fax (0 10) 22 29 01,* 🏵 – AE ⓓ E VISA
fermé dim. et lundi – **Repas** Lunch 590 – 890/1390.

X **Le Bateau Ivre,** Ruelle Nuit et Jour 17, ☎ (0 10) 24 37 64, 🏵 – AE ⓓ E VISA
fermé dim. et lundi midi – **Repas** Lunch 310 – carte env. 1200.

Bediening en belasting

In België, in Luxemburg en in Nederland zijn bediening en belasting bij de prijzen inbegrepen.

WEELDE *2381 Antwerpen* © *Ravels 12 775 h.* 212 ⑰ et 909 H 1.

Bruxelles 94 – Antwerpen 44 – Turnhout 11 – Breda 38 – Eindhoven 47 – Tilburg 20.

XX **de Groes,** Meir 1, ☎ (0 14) 65 64 84, *Fax (0 14) 65 64 84,* 🌳, « Rustique » – Ⓟ. AE ⓞ E VISA. ✂
fermé mardi soir, merc., sam. midi, fin juil.-début août et prem. sem. janv. – **Repas** *Lunch 1100* – carte env. 1600.

WEISMES *Liège – voir Waimes.*

WELLIN *6920 Luxembourg belge* 214 ⑥ et 909 I 5 – *2 816 h.*

Bruxelles 110 – Dinant 34 – Namur 53 – Rochefort 14.

X **La Papillote,** r. Station 59, ☎ (0 84) 38 88 16, *Fax (0 84) 38 88 16* – E VISA
fermé mardi soir, merc., 2 dern. sem. juil. et prem. sem. janv. – **Repas** *Lunch 750* – carte 900 à 1550.

à Halma *SE : 3 km* © *Wellin* – ✉ *6922 Halma :*

X **Le Père Finet** avec ch, r. Libin 75 (lieu-dit Neupont), ☎ (0 84) 38 81 35, *Fax (0 84) 38 82 12,* 🌳, 🌲 – Ⓟ. E VISA
fermé mardi, jeudi soir, 1 sem. en mars, 1 sem. en sept. et 1 sem. en janv. – **Repas** *Lunch 1200* – 795/1450 – **10 ch** ☕ 2195/2595 – ½ P 2195/2500.

WEMMEL *Vlaams-Brabant* 213 ⑥ et 909 F 3 - ㉑ N – *voir à Bruxelles, environs.*

WENDUINE *8420 West-Vlaanderen* © *De Haan 11 200 h.* 213 ② et 909 C 2.

Bruxelles 111 – Brugge 17 – Oostende 16.

Georges sans rest, de Smet de Naeyerlaan 19, ☎ (0 50) 41 90 17, *Fax (0 50) 41 90 17* – |$| TV ☎. E VISA
fermé du 4 au 21 oct. et mardi et merc. sauf vacances scolaires – **18 ch** ☕ 1600/2600.

Les Mouettes, Zeedijk 7, ☎ (0 50) 41 15 14, *Fax (0 50) 41 15 14,* <, ≘s – |$| TV. E VISA. ✂ rest
fermé 7 nov.-24 déc. – **Repas** (résidents seult) – **30 ch** ☕ 1450/2800 – ½ P 1550/1725.

XX **Odette** avec ch, Kerkstraat 34, ☎ (0 50) 41 36 90, *Fax (0 50) 42 81 34* – TV ☎. AE ⓞ E VISA JCB. ✂ ch
fermé prem. sem. fév. et mardis et merc. non fériés – **Repas** *Lunch 1000 bc* – 725/1950 – ☕ 250 – **6 ch** 2500 – ½ P 1850.

XX **Kallista-Bristol** avec ch, De Bruynehelling 15, ☎ (0 50) 41 84 84, *Fax (0 50) 42 81 59,* 🌳 – |$| TV ☎. AE ⓞ E VISA. ✂
fermé 1re quinz. janv. – **Repas** *(fermé dim. soir et merc. de sept. à juin) Lunch 695* – 1150/1650 – **17 ch** ☕ 1200/2400.

X **Rita,** Kerkstraat 6, ☎ (0 50) 41 19 09, *Fax (0 50) 41 19 09,* 🌳 – VISA
fermé lundi et 12 nov.-15 déc. – **Repas** *Lunch 700* – 850/1300.

X **Ensor-Inn,** Zeedijk 63, ☎ (0 50) 41 41 59, *Fax (0 50) 42 87 24,* <, 🌳 – ▤. AE ⓞ E VISA
fermé jeudi sauf vacances scolaires et 2e quinz. janv. – **Repas** 850/1550.

WÉPION *Namur* 214 ⑤ et 909 H 4 – *voir à Namur.*

WESTENDE *8434 West-Vlaanderen* © *Middelkerke 16 154 h.* 213 ① et 909 B 2 – *Station balnéaire.*

Bruxelles 127 – Brugge 40 – Dunkerque 40 – Oostende 11 – Veurne 14.

à Westende-Bad *N : 2 km* © *Middelkerke* – ✉ *8434 Westende :*

St-Laureins 🐦, Strandlaan 12 (O : 1 km, Sint-Laureinsstrand), ☎ (0 58) 23 39 58, *Fax (0 58) 23 08 99,* < plage et dunes, 🌳 – ▤ rest, TV ☎. E VISA
fermé 12 nov.-15 déc. – **Repas** (Taverne-rest) *(fermé merc. hors saison et après 20 h 30) Lunch 500* – 850/1550 – **9 ch** ☕ 1900/2600 – ½ P 2050.

Splendid, Meeuwenlaan 20, ☎ (0 59) 30 00 32, *Fax (0 59) 31 09 17* – |$| TV ☎. AE ⓞ E VISA. ✂ ch
avril-sept. – **Repas** 850/1550 – **18 ch** ☕ 2300/2800 – ½ P 2100/2400.

Isba, Henri Jasparlaan 148, ☎ (0 59) 30 23 64, *Fax (0 59) 31 06 26,* 🌲 – TV ☎ Ⓟ. AE ⓞ E VISA. ✂ rest
fermé mardi hors saison, 16 nov.-7 déc. et 15 janv.-7 fév. – **Repas** (dîner pour résidents seult) – **6 ch** ☕ 1600/3000.

XX **Host. Melrose** avec ch, Henri Jasparlaan 127, ✆ (0 59) 30 18 67, *Fax (0 59) 31 02 35*, – TV ☎ P. AE ◑ E VISA
Repas *(fermé du 1er au 15 oct. et merc. et dim. soir sauf en juil.-août)* 980/1850 – **10 ch** 2125/3150 – ½ P 2525.

XX **Nelson,** Priorijlaan 30, ✆ (0 59) 30 23 07 – AE ◑ E VISA
avril-sept. et week-end ; fermé mardi soir, merc., 29 sept.-9 oct. et 5 déc.-11 janv. – **Repas** carte env. 1500.

X **Marquize,** Henri Jasparlaan 175, ✆ (0 59) 31 11 11, *Fax (0 59) 30 65 83*, – AE ◑ E VISA
fermé 2 dern. sem. nov., dern. sem. janv. et jeudi sauf 15 juil.-15 août et vacances scolaires – **Repas** 1295/1495.

X **La Plage,** Meeuwenlaan 4, ✆ (0 59) 30 11 90 – ▤. AE ◑ E
fermé 15 nov.-15 déc. et jeudi sauf vacances scolaires – **Repas** carte 850 à 1200.

WESTERLO *2260 Antwerpen* 213 ⑧ et 909 H 2 – *21 602 h.*

Env. *N : Tongerlo, Musée Léonard de Vinci★.*
Boerenkrijglaan 25 ✆ (0 14) 54 54 28, Fax (0 14) 54 76 56.
Bruxelles 57 – Antwerpen 46 – Diest 20 – Turnhout 30.

Vivaldi, Bell Telephonelaan 4 (près E 313, sortie ㉓), ✆ (0 14) 58 10 03, *Fax (0 14) 58 11 20* – TV ☎ P – 25 à 80. AE ◑ E VISA
Repas (ouvert jusqu'à 23 h) Lunch 500 – carte 850 à 1250 – **64 ch** 2450/3100 – ½ P 1400/2800.

XXX **Geerts** avec ch, Grote Markt 50, ✆ (0 14) 54 40 17, *Fax (0 14) 54 18 80*, « Jardin », – ▤ rest, TV ☎ P. AE ◑ E VISA. ch
fermé du 10 au 25 fév. et 15 sept.-15 oct. – **Repas** *(fermé merc. et dim. soir)* Lunch 1300 – 1700/2600 – **18 ch** 2600/3700 – ½ P 2300/2850.

XX **'t Kempisch Pallet,** Bergveld 120 (O : 4 km sur N 152), ✆ (0 14) 54 70 97, *Fax (0 14) 54 70 57*, , « Cadre de verdure » – P. AE ◑ E VISA.
fermé jeudi, dim. soir et 2 dern. sem. août – **Repas** 1200/1750.

WESTKAPELLE *West-Vlaanderen* 213 ③ et 909 C 2 – *voir à Knokke-Heist.*

WESTMALLE *2390 Antwerpen* C *Malle 13 589 h.* 212 ⑯ et 909 H 2.

Bruxelles 65 – Antwerpen 23 – Turnhout 18.

Beukenhof, Antwerpsesteenweg 503 (SO : 3 km sur N 12), ✆ (0 3) 383 41 62, *Fax (0 3) 385 02 89*, – TV ☎ P. AE ◑ E VISA.
Repas (dîner pour résidents seult) – **16 ch** 1750/2600 – ½ P 1645.

De Witte Lelie, Antwerpsesteenweg 333, ✆ (0 3) 309 09 61, *Fax (0 3) 309 01 55*, – TV ☎ P. AE ◑ E VISA
fermé 25 déc.-3 janv. – **Repas** (Taverne-rest, ouvert jusqu'à 23 h) Lunch 580 – carte 850 à 1500 – 300 – **14 ch** 1850/2600.

XX **D'Ouwe Keuken,** Antwerpsesteenweg 190, ✆ (0 3) 312 17 32 – ▤ P. AE E VISA
fermé dim., lundi, 1 sem. en fév. et 3 sem. en juil. – **Repas** Lunch 895 – carte 1450 à 1800.

WESTOUTER *8954 West-Vlaanderen* C *Heuvelland 8 468 h.* 213 ⑬ et 909 B 3.

Bruxelles 136 – Brugge 66 – Ieper 14 – Lille 39.

XX **Picasso,** Rodebergstraat 69, ✆ (0 57) 44 69 08, ≤, – P. AE ◑ E VISA.
fermé mardi soir, merc., dern. sem. juin-début juil. et du 4 au 21 janv. – **Repas** Lunch 1100 – 1600/2000.

X **Berkenhof,** Bellestraat 53 (à la frontière), ✆ (0 57) 44 44 26, *Fax (0 57) 44 75 21*, , Taverne-rest – E VISA
fermé lundi, mardi et janv. – **Repas** Lunch 450 – 790/1500.

WEVELGEM *8560 West-Vlaanderen* 213 ⑭ ⑮ et 909 C 3 – *31 105 h.*

Bruxelles 99 – Brugge 54 – Kortrijk 6,5 – Lille 23.

Cortina, Lauwestraat 59, ✆ (0 56) 41 25 22, *Fax (0 56) 41 45 67* – TV ☎ P – 25 à 800. AE ◑ E VISA
fermé 21 juil.-14 août – **Repas** voir rest ***Pinogri*** ci-après – **26 ch** 2500/2950.

Bell-X sans rest, Kortrijkstraat 351, ✆ (0 56) 37 17 71, *Fax (0 56) 35 92 82* – TV ☎ P – 30. AE ◑ E VISA – **14 ch** 2700/3500.

X **Pinogri** - H. Cortina, Lauwestraat 59, ✆ (0 56) 42 41 41, *Fax (0 56) 41 45 67* – ▤ P. E VISA
fermé 21 juil.-14 août et jours fériés soirs – **Repas** carte 1000 à 1450.

à Gullegem *N : 5 km* 🄲 *Wevelgem* – ✉ *8560 Gullegem :*

XX **Gouden Kroon,** Koningin Fabiolastraat 41, ✆ (0 56) 40 04 76, *Fax (0 56) 40 04 76*, 🏠 – 🅟. AE E VISA
fermé lundi, merc. soir, sam. midi et 26 juil.-10 août – **Repas** *Lunch 1500 bc* – 2000 bc.

WEZEMBEEK-OPPEM *Vlaams-Brabant* 213 ⑲ et 909 G 3 - ㉒ S – *voir à Bruxelles, environs.*

WIBRIN *Luxembourg belge* 214 ⑧ et 909 K 5 – *voir à Houffalize.*

WILLEBROEK *2830 Antwerpen* 213 ⑥ et 909 G 2 – *22 457 h.*
Bruxelles 29 – Antwerpen 22 – Mechelen 10 – Sint-Niklaas 22.

XX **Breendonck,** Dendermondsesteenweg 309 (près du fort), ✆ (0 3) 886 61 63, *Fax (0 3) 886 25 40*, 🏠 – ▤ 🅟. AE ⓓ E VISA. ✈
Repas *Lunch 1350* – 1850.

BELGIQUE GRAND-DUCHÉ DE LUXEMBOURG
Un guide Vert Michelin

Paysages, monuments
Routes touristiques
Géographie
Histoire, Art
Plans de villes et de monuments

WILRIJK *Antwerpen* 213 ⑥ et 909 G 2 - ⑨ S – *voir à Antwerpen, péripherie.*

WINKSELE *Vlaams-Brabant* 213 ⑦ ⑲ et 909 H 3 – *voir à Leuven.*

WOLUWÉ-ST-LAMBERT (SINT-LAMBRECHTS-WOLUWE) *Région de Bruxelles-Capitale* 213 ⑱ ⑲ et 909 G 3 - ㉒ S – *voir à Bruxelles.*

WOLUWÉ-ST-PIERRE (SINT-PIETERS-WOLUWE) *Région de Bruxelles-Capitale* 213 ⑱ ⑲ et 909 G 3 - ㉒ S – *voir à Bruxelles.*

WIJNEGEM *Antwerpen* 212 ⑮ et 909 G 2 - ⑨ S – *voir à Antwerpen, environs.*

YPRES *West-Vlaanderen – voir Ieper.*

YVOIR *5530 Namur* 214 ⑤ et 909 H 5 – *7 590 h.*
Env. *O : Vallée de la Molignée★.*
⛳18 *à Profondeville N : 10 km, Chemin du Beau Vallon 45* ✆ *(0 81) 41 14 18, Fax (0 81) 41 21 42.*
Bruxelles 92 – Namur 22 – Dinant 8.

XXX **Host. Henrotte - Au Vachter** avec ch, chaussée de Namur 140, ✉ 5537 Anhée, ✆ (0 82) 61 13 14, *Fax (0 82) 61 28 58*, ≤, 🏠, « Jardin au bord de la Meuse (Maas) », ⚓ – TV ☎ 🅟. AE ⓓ E VISA JCB. ✈ ch
fermé dim. soir, lundi et janv.-12 fév. – **Repas** *Lunch 1450 bc* – 1490/1890 – **11 ch** ☕ 2500/3200 – ½ P 2950.

XX **Le Pré Fleuri,** r. Fostrie 1 (SE : 2 km par N 937), ✆ (0 82) 61 17 75, *Fax (0 82) 61 43 39*, 🏠 – 🅟. AE ⓓ E VISA
fermé lundi soir sauf en juil.-août, mardi, fév. et du 1er au 10 sept. – **Repas** *Lunch 1150 bc* – 950/1850.

X **La Tonnelle,** r. Fenderie 41, ✆ (0 82) 61 13 94, 🏠 – 🅟. AE ⓓ E VISA
fermé mardi soir, merc., carnaval et 2e quinz. sept. – **Repas** *Lunch 800* – carte 850 à 1300.

ZAVENTEM *Vlaams-Brabant* 213 ⑲ et 909 G 3 - ㉒ N – *voir à Bruxelles, environs.*

ZEDELGEM *West-Vlaanderen* 213 ② et 909 C 2 – *voir à Brugge, environs.*

ZEEBRUGGE *West-Vlaanderen* C *Brugge 115 500 h.* 213 ③ et 909 C 1 – ✉ *8380 Zeebrugge (Brugge).*

Liaison maritime Zeebrugge-Hull : P and O North Sea Ferries, Leopold II dam 13 (Kaaien 106-108) ☎ (0 50) 54 34 30, Fax (0 50) 54 71 12.

Bruxelles 111 ② – Brugge 15 ② – Knokke-Heist 8 ① – Oostende 25 ③.

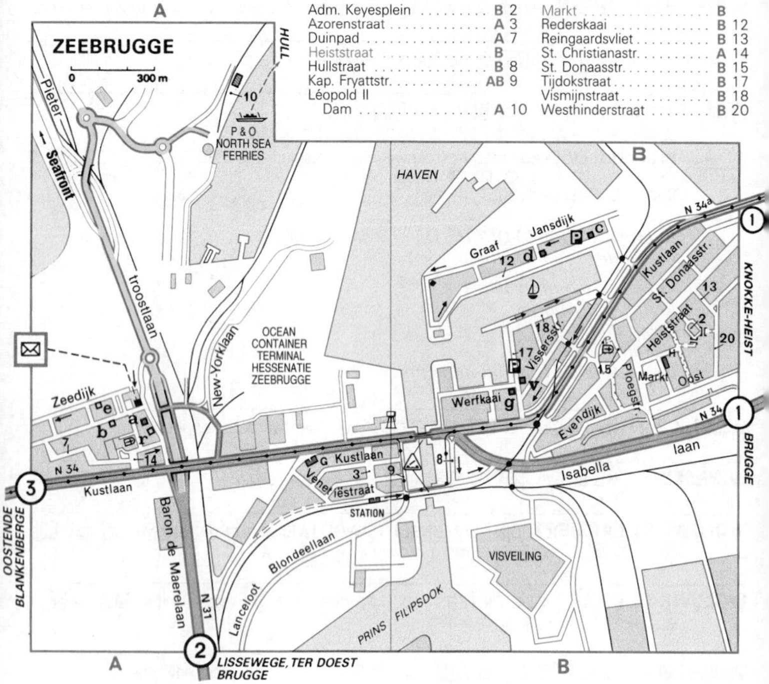

Adm. Keyesplein	B 2	Markt	B
Azorenstraat	A 3	Rederskaai	B 12
Duinpad	A 7	Reingaardsvliet	B 13
Heiststraat	B	St. Christianastr.	A 14
Hullstraat	B 8	St. Donaasstr.	B 15
Kap. Fryattstr.	AB 9	Tijdokstraat	B 17
Léopold II Dam	A 10	Vismijnstraat	B 18
		Westhinderstraat	B 20

Monaco, Baron de Maerelaan 26, ☎ (0 50) 54 44 37, *Fax (0 50) 54 44 85,* – TV ☎ – 25. AE ⓓ E VISA. A r
Repas *(fermé vend.)* carte 850 à 1350 – **15 ch** 2400.

Maritime sans rest, Zeedijk 6, ☎ (0 50) 54 40 66, *Fax (0 50) 54 66 08,* ≤ – TV ☎ P. AE ⓓ E VISA A e
12 ch 2850/3400.

Atlas sans rest, Brusselstraat 15, ☎ (0 50) 54 54 19, *Fax (0 50) 55 06 44* – TV ☎ P. AE ⓓ E VISA JCB. A b
16 ch 1900/2900.

Maison Vandamme, Tijdokstraat 7, ☎ (0 50) 55 13 51, *Fax (0 50) 55 01 79* – ▤. AE ⓓ E VISA B g
fermé mardi, merc., fin juin-début juil., fin oct. et 3 prem. sem. janv. – **Repas** Lunch 1350 – 1950/2450, carte 2200 à 2950
Spéc. Foie d'oie au naturel, salade d'haricots verts à la vinaigrette de truffes. Alliance de sole et de langoustines, poireaux et jus de truffes. Filet de turbot grillé, sauce dijonnaise.

De Barcadère, Tijdokstraat 8, ☎ (0 50) 54 49 69, *Fax (0 50) 54 40 05,* , Produits de la mer – ▤. AE E VISA. B v
fermé dim., lundi et du 2 au 17 nov. – **Repas** Lunch 1495 bc – carte 1900 à 2350.

Le Chalut, Rederskaai 26, ☎ (0 50) 54 41 15, *Fax (0 50) 54 53 62,* ≤, , Produits de la mer, « Décor maritime design » – AE ⓓ E VISA B d
fermé mardi soir de fin sept. à fin mars, merc., 2 dern. sem. janv.-prem. sem. fév. et 1 sem. en oct. – **Repas** Lunch 1350 bc – carte env. 2000.

Slipway, Rederskaai 42, ☎ (0 50) 54 44 45, , Produits de la mer – ▤. AE ⓓ E VISA. B c
fermé merc. soir, jeudi, 2 sem. en fév. et 3 sem. en oct. – **Repas** Lunch 1500 bc – 1600/2100.

X **Michel's,** Baron de Maerelaan 18, ☎ (0 50) 54 57 86, *Fax (0 50) 54 64 50* – AE ⓓ E VISA A a
fermé merc. soir de Pâques à mi-sept., dim. non fériés et sem. Toussaint – **Repas** *Lunch 795* – 995.

par ② : *2 km sur N 31 :*

XX ✿ **'t Molentje** (Horseele), Baron de Maerelaan 211, ☎ (0 50) 54 61 64, *Fax (0 50) 54 79 94*, ☂, « Fermette avec décor personnalisé » – P. AE ⓓ E VISA. ✻
fermé merc. et dim. non fériés, 22 fév.-4 mars, du 6 au 30 sept. et du 1er au 7 janv. – **Repas** (nombre de couverts limité - prévenir) *Lunch 1600 bc* – carte 2450 à 3000
Spéc. St-Jacques aux épices orientales et étuvée de poireaux. Dos de pigeonneau à l'écrasé de truffes et champignons des bois. L'Abstrait de dame blanche.

ZELLIK *Vlaams-Brabant* 213 ⑱ et 909 F 3 - ㉑ N – *voir à Bruxelles, environs.*

ZELZATE *9060 Oost-Vlaanderen* 213 ④ ⑤ et 909 E 2 – *12 227 h.*
Bruxelles 76 – Brugge 44 – Gent 21.

Cosmos, J. F. Kennedylaan 2, ☎ (0 9) 345 64 15, *Fax (0 9) 345 65 53*, ⇌ – TV ☎ P – 🚶 25. AE ⓓ E VISA. ✻ ch
fermé 17 juil.-9 août – **Repas** *(fermé vend. soir et sam.)* 895/1595 bc – **17 ch** ⊐ 2000/2700 – ½ P 2400.

XX **Den Hof** avec ch, Stationsstraat 22b, ☎ (0 9) 345 60 48, *Fax (0 9) 342 93 60*, ☂, ⇌ – TV ☎ P. AE E VISA. ✻ ch
fermé 3 dern. sem. juil. et vacances Noël – **Repas** *(fermé dim. et après 20 h 30) Lunch 400* – carte env. 1400 – **7 ch** ⊐ 2150/2750.

ZINGEM *9750 Oost-Vlaanderen* 213 ⑯ et 909 D 3 – *6 545 h.*
Bruxelles 57 – Gent 31 – Kortrijk 35 – Oudenaarde 9.

à Huise *O : 2,5 km* C *Zingem* – ✉ *9750 Huise :*

Gasthof 't Peerdeke, Gentsesteenweg 45 (N 60), ☎ (0 9) 384 55 11, *Fax (0 9) 384 26 16* – TV ☎ P – 🚶 25 à 50. AE E VISA. ✻
Repas (ouvert jusqu'à 23 h) *(fermé sam. midi, dim., 2 dern. sem. juil.-prem. sem. août, 24 et 25 déc. et 31 déc.-1er janv.) Lunch 1100* – 850/1600 – **15 ch** ⊐ 2300/2960 – ½ P 2850.

ZINNIK *Hainaut – voir Soignies.*

ZOLDER *3550 Limburg* C *Heusden-Zolder 29 570 h.* 213 ⑨ et 909 I 2.
18 à Houthalen NE : 10 km, Golfstraat 1 ☎ (0 89) 38 35 43, Fax (0 89) 84 12 08.
Domein Bovy, Galgeneinde 22 à Heusden ☎ (0 11) 25 13 17, Fax (0 11) 25 65 34.
Bruxelles 77 – Maastricht 46 – Diest 22 – Hasselt 12.

XX **Villa Buzet,** Stationstraat 110, ☎ (0 11) 57 13 34, *Fax (0 11) 57 13 34* – P. ⓓ E VISA. ✻
fermé mardi, merc. et sam. midi – **Repas** *Lunch 950* – carte 1500 à 2000.

au Sud-Ouest : *7 km par N 729, sur Omloop (circuit) Terlamen* – ✉ *3550 Zolder :*

XXX **De Gulden Schalmei,** Sterrenwacht 153, ☎ (0 11) 25 17 50, *Fax (0 11) 25 38 75*, ≤ – P. AE E VISA
fermé jeudi, dim. soir, 2 dern. sem. fév. et 2 dern. sem. juil. – **Repas** *Lunch 1100* – 1500/1950.

à Bolderberg *SO : 8 km sur N 729* C *Heusden-Zolder* – ✉ *3550 Zolder :*

Soete Wey ⛰, Kluisstraat 48, ☎ (0 11) 25 20 66, *Fax (0 11) 87 10 59*, « Environnement boisé », ⇌ – TV ☎ P – 🚶 25 à 60. AE ⓓ E VISA. ✻
Repas *(fermé sam. midi, dim. soir et lundi) Lunch 850* – 1250/2450 – **20 ch** ⊐ 2750/4250 – ½ P 3075/3275.

XX **Oud Bolderberg,** St-Jobstraat 83, ☎ (0 11) 25 33 66, *Fax (0 11) 25 33 92*, ☂ – ▤ P. AE ⓓ E VISA. ✻
fermé lundi, merc. soir, sam. midi, 2 sem. en juin et 2 sem. en janv. – **Repas** *Lunch 1150 bc* – 1600.

à Heusden *NO : 6 km* C *Heusden-Zolder* – ✉ *3550 Heusden :*

XX **De Wijnrank,** Kooidries 10, ☎ (0 11) 42 55 57, ☂, « Terrasse » – P. AE ⓓ E VISA. ✻
fermé mardi, sam. midi et 3 sem. en août – **Repas** *Lunch 595* – 1850.

ZOMERGEM *9930 Oost-Vlaanderen* 213 ④ et 909 D 2 - *8 223 h.*
Bruxelles 77 - Gent 21 - Brugge 38 - Roeselare 53.

XX **De Gouden Poort,** Kerkstraat 1, ☎ (0 9) 372 63 02, *Fax (0 9) 372 63 02* - ▤. E VISA
fermé lundi soir, mardi et du 15 au 23 fév. - **Repas** Lunch 500 - 1150/1750.

à Ronsele *NE : 3,5 km* C *Zomergem* - ✉ *9932 Ronsele :*

XX **Landgoed Den Oker,** Stoktevijverstraat 36, ☎ (0 9) 372 40 76 - P. E VISA. ✻
fermé dim. soir, lundi, dern. sem. fév.-prem. sem. mars et du 1er au 10 sept. - **Repas** Lunch 1100 - carte 1850 à 2350.

ZONHOVEN *3520 Limburg* 213 ⑨ et 909 J 3 - *18 663 h.*
Bruxelles 86 - Maastricht 42 - Diest 31 - Hasselt 7.

Goudbloem sans rest, Nachtegalenstraat 49 (NO : 3 km par N 72), ☎ (0 11) 81 35 50, « Terrasse ombragée » - TV ☎ P. AE ① E VISA. ✻
fermé 2 dern. sem. sept. - **6 ch** ☐ 2700/3800.

XX **De 4 Jaargetijden,** Houthalenseweg 32, ☎ (0 11) 82 11 04, *Fax (0 11) 82 11 04,* ☂ - P. AE ① E VISA
fermé merc., sam. midi, 1 sem. carnaval et 2 sem. en août - **Repas** 1200/2500.

ZOTTEGEM *9620 Oost-Vlaanderen* 213 ⑯ ⑰ et 909 E 3 - *24 586 h.*
Bruxelles 46 - Gent 28 - Aalst 24 - Oudenaarde 18.

à Elene *N : 2 km* C *Zottegem* - ✉ *9620 Elene :*

XXX **In den Groenen Hond,** Leopold III straat 1, ☎ (0 9) 360 12 94, *Fax (0 9) 361 08 03,* ☂, « Ancien moulin à eau » - P. AE ① E VISA
fermé merc. soir, jeudi, dim. soir, sem. carnaval et 2e quinz. août-début sept. - **Repas** Lunch 1690 bc - 1980/2000 bc.

HET-ZOUTE *West-Vlaanderen* C *Knokke-Heist* 212 ⑪ et 909 C 1 - *voir à Knokke-Heist.*

ZOUTENAAIE *West-Vlaanderen* 213 ① - *voir à Veurne.*

ZUIENKERKE *West-Vlaanderen* 213 ② et 909 C 2 - *voir à Blankenberge.*

ZUTENDAAL *3690 Limburg* 213 ⑩ et 909 J 3 - *6 544 h.*
Oosterzonneplein 1, ☎ (0 89) 61 17 51, Fax (0 89) 61 37 32.
Bruxelles 104 - Maastricht 16 - Hasselt 20 - Liège 38.

De Klok, Daalstraat 9, ☎ (0 89) 61 11 31, *Fax (0 89) 61 24 70,* ☂ - TV ☎. AE ① E VISA. ✻
Repas *(fermé merc.)* Lunch 1550 - carte 2100 à 2400 - **11 ch** ☐ 1800/3500.

ZWEVEGEM *8550 West-Vlaanderen* 213 ⑮ et 909 D 3 - *23 324 h.*
Bruxelles 91 - Brugge 48 - Gent 46 - Kortrijk 5 - Lille 31.

Sachsen M sans rest, Avelgemstraat 23, ☎ (0 56) 75 94 75, *Fax (0 56) 75 50 66* - TV ☎ P - 60. AE ① E VISA
18 ch ☐ 2500/3300.

XX ✿ **'t Ovenbuur** (Winne), Bellegemstraat 48, ☎ (0 56) 75 64 40, *Fax (0 56) 75 64 65,* ☂, « Cadre champêtre » - ▤ P. AE ① E VISA
fermé dim., lundi soir, merc. soir et 22 juil.-20 août - **Repas** Lunch 1850 bc - 2250/2950 bc, carte 2000 à 2600
Spéc. Moules au Champagne (août-mars). Turbot sous croûte de pommes de terre, beurre au vin rouge. Râble de lièvre, sauce smitane (15 oct.-déc.).

XX **Molenberg,** Kwadepoelstraat 51, ☎ (0 56) 75 93 97, *Fax (0 56) 75 93 97,* ☂, « Auberge dans un cadre champêtre » - P. AE ① E VISA JCB
fermé merc., dim. soir et 3 sem. en août - **Repas** Lunch 1500 bc - 2300 bc/2950 bc.

ZWIJNAARDE *Oost-Vlaanderen* 213 ④ et 909 E 2 - *voir à Gent, périphérie.*

Grand-Duché de Luxembourg

Lëtzebuerg

Les prix sont donnés en francs luxembourgeois (les francs belges sont également utilisés au Gd. Duché).

✿ ✿ ✿ *Les étoiles*
✿ ✿ *De Sterren*
✿ *Die Sterne*
The stars

"Bib Gourmand"

Repas 1100 *Repas soignés à prix modérés*
Verzorgde Maaltijden voor een schappelijke prijs
Sorgfältig zubereitete preiswerte Mahlzeiten
Good food at moderate prices

L'agrément
... *Aangenaam Verblijf*
Annehmlichkeit
Peaceful atmosphere and setting

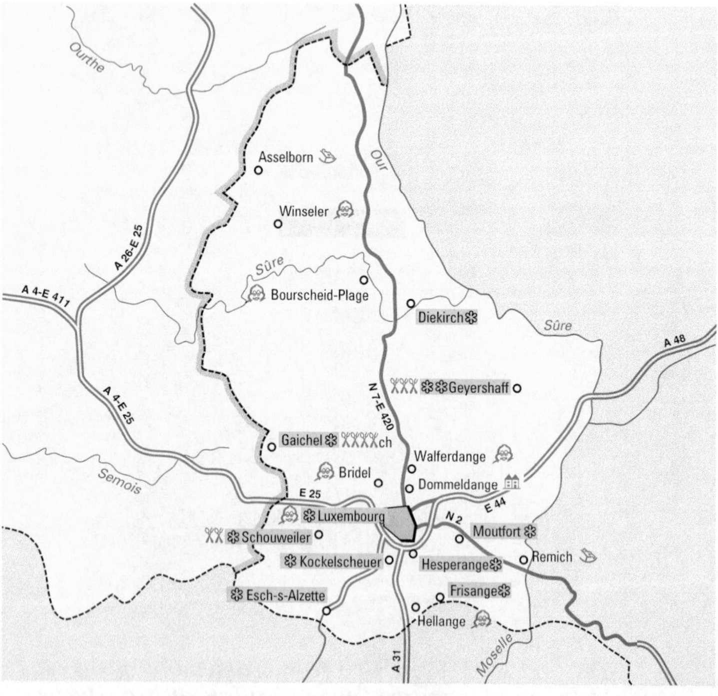

AHN (OHN) Ⓒ *Wormeldange 2 269 h.* 924 E 6 et 409 M 7.

Luxembourg 26 – Ettelbrück 51 – Remich 15 – Trier 27.

XX **Mathes,** rte du Vin 37, ✉ 5401, ☎ 76 01 06, *Fax 76 06 45*, ≤, 🏖, « Terrasse et jardin » – Ⓟ. AE ⓓ E VISA
fermé du 15 au 26 fév., du 1er au 12 nov., 27 déc.-7 janv., lundi et mardi – **Repas** Lunch 1250 – 1450/2400.

ASSELBORN (AASSELBUR) Ⓒ *Wincrange 3 038 h.* 924 B 3 et 409 K 5.

Luxembourg 74 – Ettelbrück 47 – Clervaux 13 – Bastogne 26.

Vieux Moulin Luxembourg 🔇, Maison 158, ✉ 9940, ☎ 99 86 16, *Fax 99 86 17*, 🏖, « Musée, cadre de verdure » – TV ☎ Ⓟ – 🧑‍🏫 25. AE E VISA. ✗ rest
fermé 15 nov.-1er déc. et 10 janv.-2 fév. – **Repas** 1250/2250 – **15 ch** ☐ 1850/2850 – ½ P 2500/2850.

BASCHARAGE (NIDDERKÄERJHÉNG) 924 E 3 et 409 K 7 – *6 065 h.*

Luxembourg 19 – Arlon 21 – Esch-sur-Alzette 14 – Longwy 17.

XX **Le Pigeonnier,** av. de Luxembourg 211, ✉ 4940, ☎ 50 25 65 – Ⓟ. AE ⓓ E VISA. ✗
fermé lundi, mardi et 1 sem. en août – **Repas** Lunch 1200 – carte 1700 à 2100.

BASCHLEIDEN (BASCHELT) 924 C 2 – *voir à Boulaide.*

BEAUFORT (BEFORT) 924 C 5 et 409 L 6 – *1 314 h.*

Voir *Ruines du château★ – Gorges du Hallerbach★ SE : 4 km et 30 mn AR à pied.*

ℹ *r. Église 9, ✉ 6315, ☎ 83 60 81, Fax 86 91 08.*

Luxembourg 35 – Ettelbrück 25 – Diekirch 15 – Echternach 15.

Meyer 🔇, Grand-Rue 120, ✉ 6310, ☎ 83 62 62, *Fax 86 90 85*, « Jardin avec terrasse », 🏋, ≘s, 🏊 – 🛗, ▤ rest, TV ☎ 🚗 Ⓟ – 🧑‍🏫 30. AE ⓓ E VISA. ✗ rest
26 mars-2 janv. – **Repas** *(fermé après 20 h 30)* 1400/1750 – **33 ch** ☐ 3550/4150 – ½ P 2430/2930.

Aub. Rustique, r. Château 55, ✉ 6313, ☎ 83 60 86, *Fax 86 92 22*, 🏖 – TV ☎. E VISA
fermé 15 nov.-4 déc. et 31 déc.-12 fév. – **Repas** *(fermé après 20 h 30)* Lunch 400 – carte 850 à 1150 – **8 ch** ☐ 1500/2260 – ½ P 1490/1590.

BELAIR – *voir à Luxembourg, périphérie.*

BELVAUX (BIELES) Ⓒ *Sanem 12 639 h.* 924 E 3 et 409 K 7.

Luxembourg 24 – Arlon 31 – Esch-sur-Alzette 5 – Longwy 21.

X **St. Laurent,** r. Alliés 24, ✉ 4412, ☎ 59 10 80, *Fax 59 21 82* – AE E VISA
fermé du 1er au 15 sept., du 15 au 31 janv. et mardis soirs et merc. non fériés – **Repas** Lunch 350 – 800/1300.

BERDORF (BÄERDREF) 924 D 6 et 409 M 6 – *973 h.*

Voir *NO : Ile du Diable★★ – N : Plateau des Sept Gorges★ (Sieweschluff), Kasselt★ – Werschrumschluff★ S : 2 km.*

Exc. *Promenade à pied★★ : Perekop.*

ℹ *r. Laach 7, ✉ 6550, ☎ 79 06 43, Fax 79 91 82.*

Luxembourg 32 – Ettelbrück 31 – Diekirch 24 – Echternach 6.

Parc 🔇, rte de Grundhof 16, ✉ 6550, ☎ 79 01 95, *Fax 79 02 23*, 🏖, « Parc ombragé avec 🏊 », 🌳 – 🛗 ✗ TV ☎ 🚗 Ⓟ. AE ⓓ E VISA. ✗
Pâques-oct. – **Repas** *(fermé après 20 h 30)* Lunch 790 – 1150/1550 – **20 ch** ☐ 2000/4900 – ½ P 2200/3200.

Bisdorff 🔇, r. Heisbich 39, ✉ 6551, ☎ 79 02 08, *Fax 79 06 29*, 🏖, « Cadre de verdure », 🏊, 🌳 – 🛗 TV ☎ ♿ Ⓟ – 🧑‍🏫 25. ⓓ E VISA. ✗ rest
Pâques-3 janv. – **Repas** *(fermé lundi, mardi et après 20 h 30)* 850/2000 – **27 ch** ☐ 1800/3600 – ½ P 2100/2500.

Herber, rte d'Echternach 53, ✉ 6550, ☎ 79 01 88, *Fax 79 90 77*, 🌳 – 🛗 TV ☎ 🚗 Ⓟ. E VISA. ✗ rest
27 fév.-20 nov. – **Repas** *(fermé après 20 h 30)* 900/1350 – **16 ch** ☐ 1300/2800 – ½ P 1500/2000.

XX **Kinnen** avec ch, rte d'Echternach 2, ✉ 6550, ☎ 79 01 83, *Fax 79 90 02* – 🛗 ☎ 🚗 Ⓟ. AE E VISA. ✗
avril-13 nov. – **Repas** 750/1150 – **30 ch** ☐ 1100/2800 – ½ P 1550/2020.

BOLLENDORF-PONT (BOLLENDORFER-BRÉCK) 🇨 *Berdorf 973 h.* 924 C 6 et 409 M 6.
Luxembourg 36 – Ettelbrück 27 – Diekirch 21 – Echternach 7.

🏨 **André,** rte de Diekirch 23, ☒ 6555, ℰ 72 03 93, Fax 72 87 70, 斉, ⇌ – 🛗 📺 ☎ 🅿.
🗉 𝚅𝙸𝚂𝙰. ✦
mars-26 déc. – **Repas** *(fermé merc. et après 20 h 30)* carte 1000 à 1550 – **22 ch**
☲ 2000/3200 – ½ P 1950/2050.

BOULAIDE (BAUSCHELT) 924 C 2 et 409 K 6 – *644 h.*
Luxembourg 56 – Ettelbrück 35 – Arlon 30 – Bastogne 27.

🏨 **Hames,** r. Curé 2, ☒ 9640, ℰ 99 30 07, Fax 99 36 49, ⇌, 斉 – 📺 🅿. 🗉 𝚅𝙸𝚂𝙰. ✦ rest
fermé du 1er au 18 sept., janv.-1er fév., mardi soir et merc. – **Repas** Lunch 320 – carte 950
à 1650 – **10 ch** ☲ 1100/2500 – ½ P 1500/1600.

à Baschleiden *(Baschelt) N : 1 km* 🇨 *Boulaide :*

🏨 **An der Flébour** 📎, r. Principale 45, ☒ 9633, ℰ 99 35 04, Fax 99 30 03, 斉,
« Ancienne ferme » – 📺 ☎ 🅿. 🗉 𝚅𝙸𝚂𝙰. ✦
fermé lundi du 15 sept. au 15 avril et mardi – **Repas** Lunch 350 – carte env. 1300 – **13 ch**
☲ 1975/2850 – ½ P 1975.

BOUR (BUR) 🇨 *Tuntange 895 h.* 924 D 4 et 409 L 6.
Luxembourg 16 – Ettelbrück 27 – Arlon 18 – Mersch 12.

🆇🆇🆇 **Janin,** r. Arlon 2, ☒ 7412, ℰ 30 03 78, Fax 30 79 02, 斉 – 🅿. 🗉 𝚅𝙸𝚂𝙰
fermé lundi, mardi midi, 2 sem. en fév. et du 6 au 20 sept. – **Repas** carte 1500 à 2100.

BOURGLINSTER (BUERGLËNSTER) 🇨 *Junglinster 5 450 h.* 924 D 5 et 409 L 6.
Luxembourg 15 – Echternach 25 – Ettelbruck 29.

🆇🆇 **La Distillerie,** r. Château 8, ☒ 6162, ℰ 787 87 81, Fax 78 81 84, ≤, « Dans un château-
fort dominant la ville » – 🅿 – 🔬 25 à 100. 🗛 ⓞ 🗉 𝚅𝙸𝚂𝙰. ✦
fermé sam. midi, dim. soir, lundi et 8 fév.-2 mars – **Repas** 1850/2350.

BOURSCHEID (BUURSCHENT) 924 C 4 et 409 L 6 – *1063 h.*
Voir *Route du château* ≤★★ – *Ruines★ du château★*, ≤★.
Luxembourg 37 – Ettelbrück 18 – Diekirch 14 – Wiltz 22.

🏨 **St-Fiacre,** r. Principale 4, ☒ 9140, ℰ 99 00 23, Fax 99 06 66, ≤, 斉 – 🛗 📺 ☎ 🅿.
🗛 ⓞ 🗉 𝚅𝙸𝚂𝙰. ✦
fermé 4 janv.-12 mars – **Repas** *(fermé après 20 h 30 et mardi soir et merc. de sept. à mai)*
Lunch 650 – 1250/1850 – **19 ch** ☲ 1770/2620 – ½ P 1985/2400.

🆇🆇 **Host. de Bourscheid** avec ch, r. Principale 5, ☒ 9140, ℰ 99 00 08, Fax 90 80 17 –
🅿. 🗛 ⓞ 🗉 𝚅𝙸𝚂𝙰 𝙹𝙲𝙱
fermé lundi soir et mardi – **Repas** Lunch 990 – carte 1900 à 2300 – ☲ 350 – **8 ch** 1800
– ½ P 1950.

à Bourscheid-Moulin *(Buurschenter-millen) E : 4 km :*

🏨 **du Moulin** 📎, ☒ 9164, ℰ 99 00 15, Fax 99 07 14, ≤, ⇌, 斉 – 🛗 📺 ☎ 🅿. 🗉 𝚅𝙸𝚂𝙰
avril-15 nov. – **Repas** *(fermé lundi)* Lunch 950 – 900/1250 – **13 ch** ☲ 2000/3000 –
½ P 2200.

à Bourscheid-Plage *E : 5 km :*

🏨 **Theis** 📎, ☒ 9164, ℰ 99 00 20, Fax 99 07 34, ≤, « Au bord de la Sûre », 斉, ✦ –
🛗, 🍽 rest, 📺 ☎ ⇌ 🅿 – 🔬 30. ⓞ 🗉 𝚅𝙸𝚂𝙰. ✦
20 mars-mi-nov. – **Repas** *(fermé jeudi)* 980 – **19 ch** ☲ 1850/3100 – ½ P 1920/2320.

BRIDEL (BRIDDEL) 924 E 4 – *voir à Luxembourg, environs.*

CAPELLEN (KAPELLEN) 🇨 *Mamer 6 647 h.* 924 E 3 et 409 K 7.
Luxembourg 12 – Ettelbrück 37 – Mondorf-les-Bains 37 – Arlon 18 – Longwy 30.

🏨 **Drive-In** sans rest, rte d'Arlon 1, ☒ 8310, ℰ 30 91 53, Fax 30 73 53 – 📺 ☎ 🅿. 🗛
ⓞ 🗉 𝚅𝙸𝚂𝙰
fermé 20 déc.-11 janv. – ☲ 250 – **22 ch** 1900/3100.

Voor een overzicht van de Benelux gebruikt u de **Michelinkaart**
Benelux 907 schaal 1 : 400 000.

CLERVAUX (KLIERF) 924 B 4 et 409 L 5 – *1 641 h.*

Voir *Site★★ – Château★ : exposition de maquettes★ – S : route de Luxembourg ≤★★.*

18 *à Eselborn NO : 3 km, Mecherwee,* ✉ *9748,* ☎ *92 93 95, Fax 92 94 51.*

(avril-oct.) Château, ✉ *9712,* ☎ *92 00 72, Fax 92 93 12.*

Luxembourg 62 – Ettelbrück 34 – Bastogne 28 – Diekirch 30.

International, Grand-rue 10, ✉ 9710, ☎ 92 93 91, *Fax 92 04 92*, – rest, – 25 à 50. AE VISA. rest
Repas 890/1590 – **51 ch** 2000/6800, 2 suites – ½ P 2700/3700.

Koener, Grand-rue 14, ✉ 9710, ☎ 92 10 02, *Fax 92 08 26*, – AE VISA
fermé 15 janv.-10 fév. – **Repas** *(fermé après 20 h 30)* Lunch 380 – 580/990 – **28 ch** 1700/2800 – ½ P 1850/2100.

Le Claravallis, r. Gare 3, ✉ 9707, ☎ 92 10 34, *Fax 92 90 89*, – AE VISA JCB
20 mars-15 janv. ; fermé jeudi hors saison – **Repas** Lunch 540 – 795/895 – **28 ch** 2000/2950 – ½ P 2100/2300.

du Commerce, r. Marnach 2, ✉ 9709, ☎ 92 91 81, *Fax 92 91 08*, – – 60. VISA. rest
18 mars-6 déc. ; fermé merc. hors saison – **Repas** *(fermé après 20 h 30)* 650 – **52 ch** 2050/3400 – ½ P 1880/2150.

du Parc , r. Parc 2, ✉ 9708, ☎ 92 06 50, *Fax 92 10 68*, ≤, – VISA
fermé janv. – **Repas** *(fermé mardi et sam. midi)* Lunch 800 – carte env. 1200 – **7 ch** 1600/2500 – ½ P 2050.

à Eselborn *(Eselbuer) NO : 3 km* C *Clervaux* :

du Golf , Mecherwee, ✉ 9748, ☎ 92 99 09, *Fax 92 99 10*, « Sur le parcours de golf avec ≤ collines boisées », – – 60. AE VISA
fermé janv.-mi-fév. – **Repas** 850 – **8 ch** 1900/2900 – ½ P 2700/3000.

à Reuler *(Reiler) E : 1 km par N 18* C *Clervaux* :

St-Hubert, ✉ 9768, ☎ 92 04 32, *Fax 92 93 04*, ≤, « Chalet fleuri », – AE VISA.
fermé mardi et mi-déc.-mi-fév. – **Repas** *(fermé après 20 h 30)* carte 950 à 1300 – **21 ch** 1900/2800 – ½ P 1950.

à Roder *(Roeder) E : 4,5 km* C *Munshausen 744 h* :

Kasselslay avec ch, Maison 21, ✉ 9769, ☎ 92 12 55, *Fax 92 91 13* – AE VISA.
fermé fin nov.-début déc. – **Repas** *(fermé lundi soir, mardi et après 20 h 30)* carte env. 1200 – **10 ch** *(fermé lundis soirs et mardis non fériés sauf en saison)* 1000/2300 – ½ P 1500/1900.

CONSDORF (KONSDRËF) 924 D 6 et 409 M 6 – *1 573 h.*

Luxembourg 26 – Ettelbrück 34 – Echternach 11.

Domaine Moulin de Consdorf avec ch, r. Moulin 2, ✉ 6211, ☎ 79 00 02, *Fax 79 95 06*, « Auberge dans une vallée boisée », – VISA
fermé 2 janv.-carnaval – **Repas** *(fermé merc. sauf en juil.-août)* 850/1800 – **11 ch** 1750/2500 – ½ P 1700/1900.

DIEKIRCH (DIKRECH) 924 C 4 et 409 L 6 – *5 666 h.*

Env. *Falaise de Grenglay ≤★★ N : 8 km et 15 mn AR à pied.*

Esplanade 1, ✉ *9227,* ☎ *80 30 23, Fax 80 27 86.*

Luxembourg 33 – Ettelbrück 5 – Bastogne 46 – Clervaux 30 – Echternach 28.

du Parc, av. de la Gare 28, ✉ 9233, ☎ 80 34 72, *Fax 80 98 61* – VISA
mars-nov. ; fermé mardi – **Repas** Lunch 580 – carte 1150 à 1600 – **40 ch** 2100/3200 – ½ P 2250/2400.

Hiertz (Pretti) avec ch, r. Clairefontaine 1, ✉ 9220, ☎ 80 35 62, *Fax 80 88 69*, « Terrasse et jardin suspendus, fleuris » – rest, . AE VISA
fermé lundi soir, mardi, 2e quinz. août et fin déc.-début janv. – **Repas** (nombre de couverts limité - prévenir) 2800, carte 1950 à 2400 – **9 ch** 2300/2900 – ½ P 3000
Spéc. Carpaccio de langoustines en couronne de concombres au caviar. Selle de lotte au curry léger et pommes caramélisées. Côtes de porcelet croustillantes au miel et aux épices.
Vins Riesling, Auxerrois.

DIFFERDANGE (DÉIFFERDANG) 924 E 3 et 409 K 7 – *16 466 h.*

Luxembourg 24 – Arlon 27 – Esch-sur-Alzette 9 – Longwy 19.

Au Petit Casino, pl. du Marché 10, ✉ 4621, ☎ 582 30 11, *Fax 58 38 91*, – TV ☎ – 40. AE ⓓ E VISA
Repas *Lunch 350* – carte env. 1100 – **24 ch** 1800/2600 – ½ P 1650/2150.

DOMMELDANGE (DUMMELDÉNG) 924 E 4 – *voir à Luxembourg, périphérie.*

ECHTERNACH (IECHTERNACH) 924 D 6 et 409 M 6 – *4 367 h.*

Voir *Place du Marché*★ Y **10** - *Abbaye*★ X – O : *Gorge du Loup*★★ *(Wolfschlucht)*, ≤★ *du belvédère de Troosknepchen* Z.

Porte St-Willibrord, Parvis de la Basilique 9, ✉ *6401,* ☎ *72 02 30, Fax 72 75 24.*
Luxembourg 35 ② – *Ettelbrück 30* ③ – *Diekirch 28* ③ – *Bitburg 21* ①

ECHTERNACH

- Bénédictins (R. des) .... Y 2
- Bons Malades (R. des) .... Y 3
- Breilekes (R.) .... Y
- Duchscher (R. André) .. Y
- Ermesinde (R.) .... X 5
- Gare (R. de la) X
- Gibraltar (R.) .... Y
- Haut-Ruisseau (R.) .... X 6
- Hoovelek .... Y
- Hôpital (R. de l') .... Y
- Luxembourg (R. de) .... Y 9
- Marché (Pl. du) .... Y 10
- Maximilien (R.) .... XY
- Merciers (R. des) .... X 12
- Montagne (R. de la) .... Y 13
- Pont (R. du) .... XY
- Remparts (R. des) .... Y
- Sigefroi (R. Comte) .... Y 15
- Sûre (R. de la) .... Y
- Val des Roses X
- Wasserbillig (R. de) .... Y 17

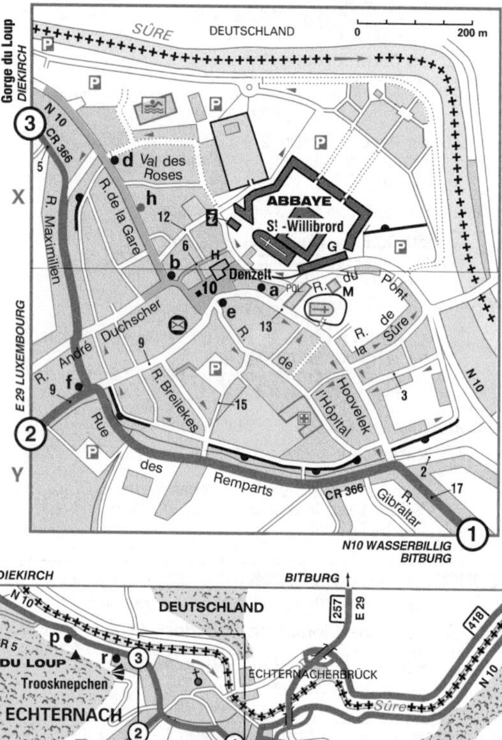

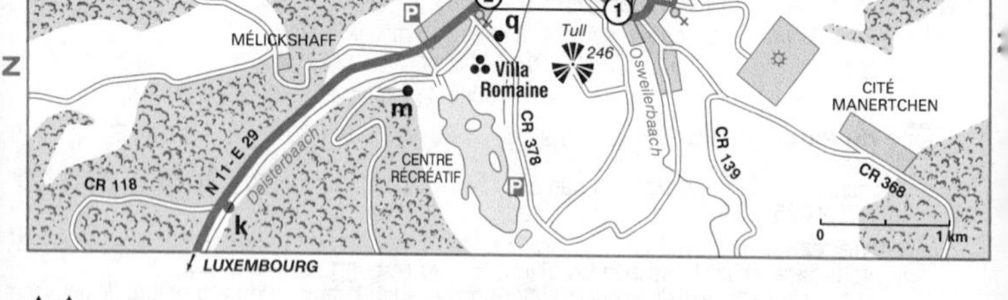

Eden au Lac ⛯, au-dessus du lac, ✉ 6474, ☎ 72 82 83, *Fax 72 81 44*, ≤ ville et vallée boisée, rest, TV ☎ – 40 à 80. AE ⓓ E VISA. Z m
fermé janv.-fév. – **Repas** *(fermé merc. soir et sam. soir)* *Lunch 1400* – 2750/3000 – **65 ch** 3100/6300, 3 suites – ½ P 2950/4150.

Bel Air ⊕, rte de Berdorf 1, ✉ 6409, ℘ 72 93 83, *Fax 72 86 94*, ≤, « Parc avec pièce d'eau », ⊕, ⊕ – |‡| ⊕ ⊕ ☎ ⊕ ⓟ – ⊕ 25 à 100. AE ⓞ E VISA. ⊕ Z n
Repas Lunch 1000 – 1650/2300 – **23 ch** ⊕ 3650/5980, 9 suites – ½ P 3400/4400.

Grand H., rte de Diekirch 27, ✉ 6430, ℘ 72 96 72, *Fax 72 90 62*, ≤, ⊕, ⊕ – |‡| ⊕ ☎ ⊕ ⓟ. AE ⓞ E VISA. ⊕ Z p
25 mars-3 janv. – **Repas** *(fermé après 20 h 30)* Lunch 900 – 1300/2500 – **32 ch** ⊕ 2800/3700, 8 suites – ½ P 2250/2800.

De la Bergerie, rte de Luxembourg 47, ✉ 6450, ℘ 728 50 41, *Fax 72 85 08*, « Terrasse avec pièce d'eau », ⊕, ⊕, ⊕ – |‡| ⊕ ☎ ⓟ. AE ⓞ E VISA Z q
fermé 15 janv.-fin fév. – **Repas** voir rest ***La Bergerie*** ci-après, 6,5 km par navette – **15 ch** ⊕ 2800/3200.

Host. de la Basilique, pl. du Marché 7, ✉ 6460, ℘ 72 94 83, *Fax 72 88 90*, ⊕ – |‡| ⊕ ☎ ⊕. AE ⓞ E VISA. ⊕ ch Y a
25 mars-15 nov. – **Repas** *(fermé jeudi en oct.-nov.)* 850/950 – **14 ch** ⊕ 2950/3350 – ½ P 2225/3700.

Le Pavillon, r. Gare 2, ✉ 6440, ℘ 72 98 09, *Fax 72 86 23*, ⊕ – ⊕ ☎ ⊕. AE E VISA XY b
fermé merc. du 15 nov. au 15 mars – **Repas** Lunch 350 – 850/1990 – **9 ch** ⊕ 2100/2700 – ½ P 1800/1950.

Welcome, rte de Diekirch 9, ✉ 6430, ℘ 72 03 54, *Fax 72 85 81*, ⊕, ⊕ – |‡| ⊕ ☎. E VISA. ⊕ Z r
15 mars-déc. – **Repas** *(fermé merc. et après 20 h 30)* 790/980 – **25 ch** ⊕ 2300/3100 – ½ P 1850/2800.

Ardennes, r. Gare 38, ✉ 6440, ℘ 72 01 08, *Fax 72 94 80*, ⊕, ⊕ – |‡| ⊕ ☎. AE ⓞ E VISA. ⊕ X d
Repas *(fermé mi-janv.-début mars, dim. soir hors saison et jeudi)* Lunch 600 – 900/1500 – **30 ch** ⊕ 2200/2800 – ½ P 2000/2100.

du Commerce, pl. du Marché 16, ✉ 6460, ℘ 72 03 01, *Fax 72 87 90*, ⊕, ⊕, ⊕ – |‡| ⊕ ☎. AE E VISA Y e
fermé 30 nov.-20 déc. et 3 janv.-10 fév. – **Repas** Lunch 460 – 750/1350 bc – **44 ch** ⊕ 1750/2600 – ½ P 1850/1950.

Universel, rte de Luxembourg 40, ✉ 6450, ℘ 72 99 91, *Fax 72 87 87* – |‡| ⊕ ☎ ⓟ. E VISA. ⊕ rest Y f
avril-oct. – **Repas** *(fermé jeudi)* Lunch 500 – carte env. 1000 – **45 ch** ⊕ 2200/3000 – ½ P 1900/2000.

La Coppa, r. Gare 22, ✉ 6440, ℘ 72 73 24, *Fax 72 76 07*, ⊕ – E VISA X h
fermé mardi sauf en juil.-août – **Repas** Lunch 350 – carte 1350 à 1750.

à Geyershaff *(Geieschhaff) par ② : 6,5 km par E 27* Ⓒ *Bech 872 h* :

La Bergerie (Phal) - H. de la Bergerie,, ✉ 6251, ℘ 79 04 64, *Fax 79 07 71*, ≤, ⊕, « Cadre champêtre, abords fleuris » – ⓟ. AE ⓞ E VISA
fermé dim. soir, lundi et 15 janv.-fin fév. – **Repas** 2650/3450, carte env. 3000
Spéc. Foie gras d'oie au naturel. Pavé de bar rôti à la réglisse. Selle d'agneau en croûte aux amandes et pistaches. **Vins** Gewürztraminer.

à Lauterborn *(Lauterbur)* Ⓒ *Echternach* :

Au Vieux Moulin ⊕ avec ch, Maison 6, ✉ 6562, ℘ 72 00 68, *Fax 72 71 25* – ⊕ ⓟ. AE E VISA. ⊕ Z k
fermé 2 sem. en nov. et 3 sem. en janv. – **Repas** *(fermé lundi)* Lunch 1200 – 1450 – **4 ch** *(fermé lundi hors saison)* ⊕ 2000/2200 – ½ P 1800.

à Steinheim *(Stenem) par ① : 4 km* Ⓒ *Rosport 1 694 h* :

Gruber, rte d'Echternach 36, ✉ 6585, ℘ 72 04 33, *Fax 72 87 56*, « Jardin », ⊕ – ⊕ ☎ ⓟ. ⓞ E VISA. ⊕ rest
25 mars-nov. – **Repas** *(fermé après 20 h 30)* carte 1000 à 1450 – **18 ch** ⊕ 1800/2900 – ½ P 1950/2200.

Voir aussi : **Weilerbach** *par ③ : 3 km*

EHNEN (EINEN) Ⓒ *Wormeldange 2 269 h.* 924 E 6 et 409 M 7.
Luxembourg 21 – Ettelbrück 55 – Remich 10 – Trier 32.

Bamberg's, rte du Vin 131, ✉ 5416, ℘ 76 00 22, *Fax 76 00 56*, ≤ – |‡| ⊕ ☎ ⓟ. AE E VISA. ⊕
fermé mardi et déc.-15 janv. – **Repas** carte 1450 à 1750 – **12 ch** ⊕ 2300/3200 – ½ P 2300/2400.

Simmer avec ch, rte du Vin 117, ✉ 5416, ℘ 76 00 30, *Fax 76 03 06*, ≤, ⊕, « Terrasse » – ⊕ ☎ ⓟ. AE E VISA. ⊕
fermé mardi et fév. – **Repas** 980/1850 – **15 ch** ⊕ 2200/2700 – ½ P 2700/3050.

EICH (EECH) - *voir à Luxembourg, périphérie.*

ELLANGE (ELLÉNG) 924 E 5 - *voir à Mondorf-les-Bains.*

ERNZ NOIRE (Vallée de l') (MULLERTHAL-MËLLERDALL) ★★★ 924 D 5 et 409 L 6 *G. Belgique-Luxembourg.*

ERPELDANGE (IERPELDÉNG) 924 C 4 et 409 L 6 - *voir à Ettelbruck.*

ESCHDORF (ESCHDUERF) C *Heiderscheid 1 037 h.* 924 C 3 et 409 K 6.
Env. *S : 4,5 km à Rindschleiden : Église paroissiale★.*
Luxembourg 43 - Ettelbrück 17 - Bastogne 30 - Diekirch 22.

Braas, an Haesbich 1, ✉ 9150, ☎ 83 92 13, *Fax 83 95 78* - VISA. rest
fermé janv.-15 fév. - **Repas** *(fermé lundi soir, mardi et après 20 h 30) Lunch 400* - carte 1000 à 1400 - **15 ch** 1700/2500 - ½ P 1800.

*Om in de **Michelingids** vermeld te worden :*
– geen voorspraak
– geen steekpenningen !

ESCH-SUR-ALZETTE (ESCH-UELZECHT) 924 F 3 et 409 K 7 - *24 564 h.*
Hôtel de Ville, ✉ 4004, ☎ 54 73 83 (ext. 246), Fax 54 26 27.
Luxembourg 19 ① - Longwy 26 ① - Thionville 32 ③.

Plan page ci-contre

Mercure Renaissance, pl. Boltgen 2, ✉ 4044, ☎ 54 19 91, *Fax 54 19 90*, - rest, - 25 à 100. AE VISA BZ t
Repas *(fermé dim. soir)* 850 - **41 ch** 3200/5200 - ½ P 3950.

Topaz sans rest, r. Remparts 5, ✉ 4303, ☎ 531 44 11, *Fax 53 14 54* - AE VISA. BZ r
22 ch 2400/3400.

Acacia, r. Libération 10, ✉ 4210, ☎ 54 10 61, *Fax 54 35 02* - rest, AE VISA BZ b
Repas *(fermé dim., jours fériés et 24 déc.-1er janv.)* carte 1250 à 1850 - **23 ch** 1900/3000 - ½ P 2250/2700.

Fridrici, rte de Belvaux 116, ✉ 4026, ☎ 55 80 94, *Fax 57 33 35* - AE VISA. AY d
fermé mardi, sam. midi, sem. carnaval et août - **Repas** *Lunch 1500* - 1700/1900, carte 1900 à 2300
Spéc. Soupe glaçée de pommes de terre aux dés de foie gras et écrevisses poêlées (21 juin-21 sept.). Queue de lotte rôtie aux épices. Le jeu de pommes. **Vins** Riesling, Pinot gris.

Aub. Royale Favaro avec ch, r. Remparts 19, ✉ 4303, ☎ 542 72 31, *Fax 54 27 23 20*, Avec cuisine italienne - - 40. AE VISA. BZ a
fermé dim. soir, lundi, prem. sem. mai, 3 sem. en sept. et prem. sem. janv. - **Repas** *Lunch 1000* - 1500/2600 - **7 ch** 2000/3000 - ½ P 2500/3600.

Postkutsch, r. Xavier Brasseur 8, ✉ 4040, ☎ 54 51 69, *Fax 54 82 35* - AE VISA BZ f
fermé sam. midi, dim. soir et lundi - **Repas** *Lunch 680* - 1500/2500.

Domus (Mosconi), r. Brill 60, ✉ 4042, ☎ 54 69 94, *Fax 54 00 43*, Cuisine italienne - AE VISA JCB AZ e
fermé du 15 au 22 fév., du 8 au 29 août, 25 déc.-3 janv., dim. soir et lundi - **Repas** *Lunch 1350* - carte 1500 à 2100
Spéc. Croustillant de foie gras, crème d'haricots et aceto balsamico. Risotto aux truffes blanches (oct.-déc.). Caramels à la sicilienne, sauce à l'orange.

Bec Fin, pl. Norbert Metz 15, ✉ 4239, ☎ 54 33 22, *Fax 54 00 99* - AE VISA BZ s
fermé lundi soir, mardi, 15 août-1er sept. et 1 sem. en janv. - **Repas** *Lunch 1080* - carte env. 1500.

à Foetz *(Féitz) par ① : 5 km* C *Mondercange 5 817 h :*

De Foetz, r. Avenir 1 (dans zoning commercial), ✉ 3895, ☎ 57 25 45, *Fax 57 25 65* - - 40. VISA
fermé 21 déc.-3 janv. - **Repas** *(fermé dim. et jours fériés) Lunch 300* - 850 - **40 ch** 1700/2500.

ESCH-SUR-ALZETTE

Alzette (R. de l') .... ABZ
Bernard-Zénon (R.) .... ABZ 5
Boltgen (Pl.) .... BZ 8
Commerce (R. du) .... BZ 12
Charbons (R. des) .... AZ 13
Dellhe'h (R.) .... BY 14
Gare (Av. de la) .... BZ 15
Grand-Rue .... BZ 16
Hôtel-de-Ville (PL. de l') ... BZ 26
Joseph-Wester (R.) .... AY 20
Léon-Jouhaux (R.) .... AY 21
Léon-Weirich (R.) .... AYZ 23
Libération (R. de la) ...... BZ 24
Mathias-Koener (R.) ...... BY 25
Norbert-Metz (Pl.) .... BZ 26
Remparts (Pl. des) .... BZ 29
Remparts (R. des) .... BZ 30
Résistance (Pl. de la) ..... AZ 32
Sacrifiés 1940-45 (Pl. des) . AY 33
St. Michel (Pl.) .... BZ 34
St. Vincent (R.) .... BZ 36
Sidney-Thomas (R.) ...... AYZ 37
Stalingrad (R.) .... AZ 39
Synagogue (Pl. de la) ..... BZ 40
Wurth-Paquet (R.) .... BY 42
Xavier-Brasseur (R.) ...... BZ 44
10-Septembre (R. du) ... ABZ 45

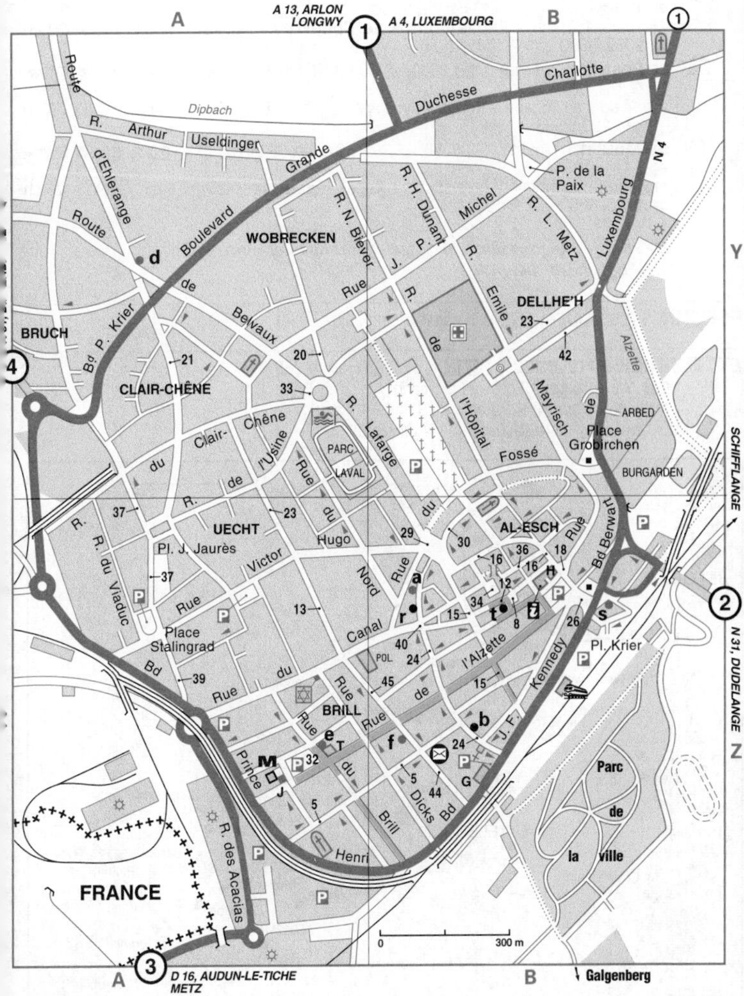

For Gourmets

We distinguish for your use certain hotels (🏠 ... 🏨) and restaurants (✕ ... ✕✕✕✕✕) by awarding them « 😋 », « ✿ », « ✿✿ » or « ✿✿✿ ».

ESCH-SUR-SÛRE (ESCH SAUER) 924 C 3 et 409 K 6 – *187 h.*

Voir *Site★ – Tour de Guet ≤★.*

Env. *O : rte de Kaundorf ≤★ – O : Lac de la Haute-Sûre★, ≤★ – SO : Hochfels★.*

Maison du Parc Naturel de la Haute-Sûre, rte de Lultzhausen, ✉ 9650, ✆ 89 93 31, Fax 89 95 20.

Luxembourg 45 – Ettelbrück 19 – Bastogne 27 – Diekirch 24.

de la Sûre (annexe), r. Pont 1, ✉ 9650, ✆ 83 91 10, *Fax 89 91 01*, ≤, – TV ☎. VISA
15 mars-15 nov. – **Repas** ***Comte de Godefroy*** *Lunch 450* - 995/1550 – **20 ch** 2000/3500 – ½ P 1745/2550.

Le Postillon, r. Eglise 1, ✉ 9650, ✆ 89 90 33, *Fax 89 90 34*, – TV ☎. AE VISA.
fermé du 4 au 25 janv. – **Repas** *(fermé après 20 h 30)* 850/2200 – **24 ch** 2200/3000 – ½ P 2000/2500.

du Moulin, r. Moulin 6, ✉ 9650, ✆ 83 91 07, *Fax 89 91 37*, – TV ☎ P. VISA.
mars-nov. ; fermé lundi hors saison – **Repas** *(fermé après 20 h 30)* 850/2500 – **25 ch** 1760/3000 – ½ P 1900/2400.

De stadsplattegronden zijn zo getekend dat het noorden zich bovenaan bevindt.

ESELBORN (ESELBUER) 924 B 4 – *voir à Clervaux.*

ETTELBRÜCK (ETTELBRÉCK) 924 C 4 et 409 L 6 – *7 269 h.*

Env. *NE : 2,5 km à Erpeldange : cadre★.*

pl. de la Gare 1, ✉ 9044, ✆ 81 20 68, Fax 81 98 39.

Luxembourg 28 – Bastogne 41 – Clervaux 34.

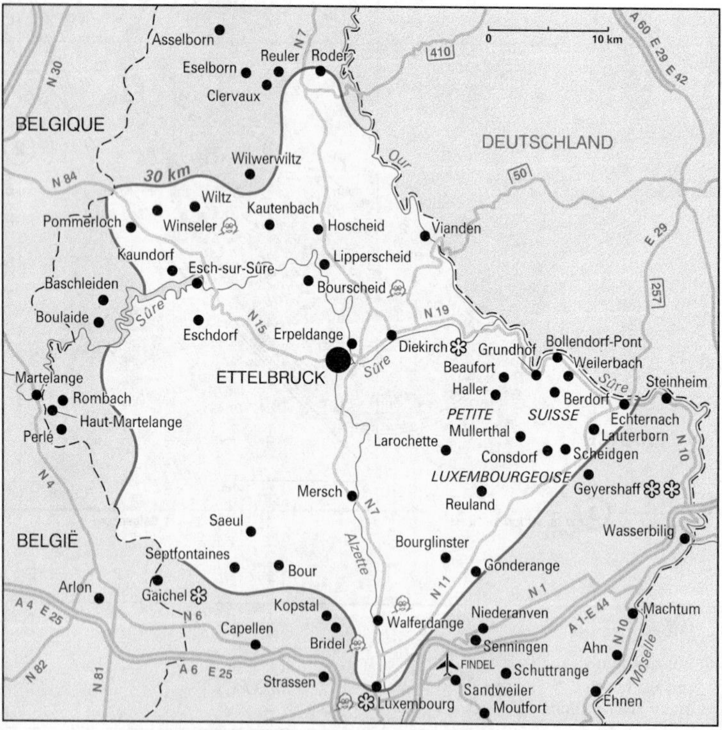

Central, r. Bastogne 25, ✉ 9010, ☏ 81 21 16, *Fax 81 21 38*, – AE ① E VISA.
fermé dim. soir, lundi, 1 sem. carnaval et 2 sem. en août – **Repas** voir rest ***Le Châteaubriand*** ci-après – ***La Bonne Fourchette*** (Taverne-rest) 850 – **15 ch** 1700/3050 – ½ P 2150/2950.

Lanners, r. Gare 1, ✉ 9044, ☏ 812 12 71, *Fax 81 62 77*, – AE E VISA.
fermé 22 déc.-8 janv. – **Repas** *(fermé sam. midi)* *Lunch 450* – carte 1150 à 1800 – **11 ch** 1700/2300 – ½ P 1800.

Le Châteaubriand - H. Central, 1er étage, r. Bastogne 25, ✉ 9010, ☏ 81 21 16, *Fax 81 21 38* – AE ① E VISA.
fermé dim. soir, lundi, 1 sem. carnaval et 2 sem. en août – **Repas** *Lunch 950* – 1250/1490.

Le Navarin, r. Prince Henri 15, ✉ 9047, ☏ 81 80 82, *Fax 81 13 12* – AE ① E VISA
fermé lundi soir, mardi et du 10 au 31 août – **Repas** *Lunch 400* – 850/1500.

à Erpeldange *(Ierpeldéng) NE : 2,5 km par N 27 – 1 918 h.*

Dahm, Porte des Ardennes 57, ✉ 9145, ☏ 816 25 51, *Fax 816 25 52 10*, « Jardin fleuri » – – 25 à 120. AE ① E VISA. rest
fermé 20 déc.-21 janv. – **Repas** *(fermé lundi et jeudi soir)* *Lunch 500* – 650/1800 – **25 ch** 2300/3350 – ½ P 2100/2290.

FOETZ (FÉITZ) 924 E 4 – *voir à Esch-sur-Alzette.*

FRISANGE (FRÉISENG) 924 E 5 et 409 L 7 – *2 473 h.*
Luxembourg 12 – Thionville 20.

de la Frontière, r. Robert Schuman 52 (au poste frontière), ✉ 5751, ☏ 66 84 05, *Fax 66 17 53*, – AE E VISA. rest
fermé lundi, mardi midi, fin fév. et début oct. – **Repas** carte env. 1200 – **18 ch** 1600/2300 – ½ P 1800/1900.

Lea Linster, rte de Luxembourg 17, ✉ 5752, ☏ 66 84 11, *Fax 67 64 47*, ≤, – AE ① E VISA.
fermé lundi, mardi, 3 et 4 août et 23 déc.-prem. sem. janv. – **Repas** carte 2350 à 2950
Spéc. Poêlée de turbot aux algues et crevettes grises (sept.-fév.). Agneau en croûte de pomme de terre. Mousseux de l'arabica léger et sorbet au cacao. **Vins** Pinot gris, Riesling.

à Hellange *(Helléng) O : 3 km* C *Frisange :*

Lëtzebuerger Kaschthaus, r. Bettembourg 4, ✉ 3333, ☏ 51 65 73, *Fax 52 18 80*, « Auberge » – AE ① E VISA.
fermé mardi, merc. midi, août et fin déc. – **Repas** *Lunch 600* – carte env. 1100.

GAICHEL (GÄICHEL) C *Hobscheid 2 403 h.* 924 D 3 et 409 K 6.
9 ☏ *39 71 08, Fax 39 00 75.*
Luxembourg 26 – Arlon 4,5 – Diekirch 35.

La Gaichel avec ch, Maison 5, ✉ 8469 Eischen, ☏ 39 01 29, *Fax 39 00 37*, ≤, « Parc ombragé avec 9 », – – 30. AE ① E VISA.
fermé dim. soir, lundi, 10 janv.-10 fév. et 22 août-1er sept. – **Repas** *Lunch 1600* – 1950/2700, carte env. 2500 – **12 ch** 4250/5500 – ½ P 5125
Spéc. Carré d'agneau rôti façon des moutardiers. Tartare de saumon d'Écosse. Canard sauvage au poivre vert (15 août-déc.). **Vins** Riesling Koëppchen, Pinot blanc.

La Bonne Auberge avec ch, Maison 7, ✉ 8469 Eischen, ☏ 39 01 40, *Fax 39 71 13*, ≤, « Parc avec pièce d'eau », – AE ① E VISA
Repas *(fermé mardi et sam. midi)* 1550/2250 – **17 ch** 2250/2750 – ½ P 2575/3450.

GASPERICH (GAASPERECH) – *voir à Luxembourg, périphérie.*

GEYERSHAFF (GEIESCHHAFF) 924 D 6 – *voir à Echternach.*

GONDERANGE (GONNERÉNG) C *Junglinster 5 450 h.* 924 D 5 et 409 L 6.
18 *à Junglinster N : 3 km, Domaine de Behlenhaff, ✉ 6141, ☏ 78 00 68, Fax 78 71 28.*
Luxembourg 14 – Ettelbrück 30 – Echternach 22.

Euro, rte de Luxembourg 11, ✉ 6182, ☏ 78 85 51, *Fax 78 85 50* – rest, – 25 à 100. AE ① E VISA. rest
Repas 980/1950 – **40 ch** 2500/3100 – ½ P 2000.

GORGE DU LOUP (WOLLEFSSCHLUCHT) ★★ 924 D 6 et 409 M 6 *G. Belgique-Luxembourg.*

GRUNDHOF (GRONDHAFF) C *Beaufort 1 314 h.* 924 D 5 et 409 L 6.
Luxembourg 32 – Ettelbrück 24 – Diekirch 18 – Echternach 10.

Brimer, rte de Beaufort, ✉ 6360, ✆ 83 62 51, *Fax 83 62 12*, ⛶, ≘s, ▣ – 卤 TV ☎ P. AE ⓞ E VISA. ✻
mars-16 nov. – **Repas** *(fermé après 20 h 30)* 850/1450 – **23 ch** ▭ 2500/3200 – ½ P 2475/2675.

Ferring, rte de Beaufort 4, ✉ 6360, ✆ 83 60 15, *Fax 86 91 40* – 卤 TV ☎ P. AE ⓞ E VISA. ✻
avril-15 nov. – **Repas** (dîner pour résidents seult) – **25 ch** ▭ 1800/2700.

XXX **L'Ernz Noire** avec ch, rte de Beaufort 2, ✉ 6360, ✆ 83 60 40, *Fax 86 91 51* – TV ☎ P. AE E VISA. ✻
11 mars-déc. – **Repas** *(fermé mardi)* 980 – **11 ch** ▭ 2200/3600 – ½ P 1800/2800.

HALLER (HALER) C *Waldbillig 940 h.* 924 D 5 et 409 L 6.
Voir *Gorges du Hallerbach★ : 30 mn AR à pied.*
Luxembourg 32 – Ettelbrück 20 – Echternach 20 – Mersch 19.

Hallerbach ⛰, r. Romains 2, ✉ 6370, ✆ 83 65 26, *Fax 83 61 51*, ☂, « Terrasse ombragée, jardin avec pièce d'eau », ⛶, ≘s, ▣, ✻ – 卤 TV ☎ P – 🏟 25. AE ⓞ E VISA. ✻ rest
fermé déc.-janv. – **Repas** carte 1000 à 1700 – **28 ch** ▭ 2500/4200 – ½ P 2850/3150.

HAUT-MARTELANGE (UEWER-MAARTEL) C *Rambrouch 2 939 h.* 924 D 2 et 409 K 6.
Luxembourg 49 – Ettelbrück 38 – Bastogne 22 – Diekirch 38.

à **Rombach** *(Rombech) N : 1,5 km* C *Rambrouch :*

XX **Maison Rouge,** rte d'Arlon 5, ✉ 8832, ✆ 64 00 06, *Fax 64 90 14*, ☂, « Jardin d'hiver » – ▤ P. AE ⓞ E VISA. ✻
fermé lundi soir, merc. soir, jeudi, mi-fév.-mi-mars, prem. sem. sept. et 23 déc.-3 janv. – **Repas** carte env. 1400.

HELLANGE (HELLÉNG) 924 E 4 – *voir à Frisange.*

HESPERANGE (HESPER) 924 E 4 et 409 L 7 – *voir à Luxembourg, environs.*

HOSCHEID (HOUSCHENT) 924 C 4 et 409 L 6 – *373 h.*
Luxembourg 47 – Ettelbrück 15 – Clervaux 19 – Vianden 14.

Des Ardennes, Haaptstr. 33, ✉ 9376, ✆ 99 00 77, *Fax 99 07 19* – TV ☎ P. ⓞ E VISA
fermé 15 déc.-15 janv. – **Repas** Lunch 350 – carte 1100 à 1600 – **24 ch** ▭ 1225/2300 – ½ P 1525/1750.

HULDANGE (HULDANG) C *Troisvierges 2 234 h.* 924 B 4 et 409 L 5.
Luxembourg 74 – Ettelbrück 47 – Clervaux 22.

XX **Knauf** avec ch, r. Stavelot 67 (E : sur N 7), ✉ 9964, ✆ 97 90 56, *Fax 99 75 16*, Grillades – TV P. AE ⓞ E VISA
fermé lundis non fériés, 24 et 25 déc. et 1er et 2 janv. – **Repas** *(fermé après 20 h 30)* 720/1230 – **10 ch** ▭ 1000/1700.

KAUNDORF (KAUNEREF) C *Lac Haute-Sûre 1 212 h.* 924 C 3 et 409 K 6.
Luxembourg 52 – Ettelbrück 23 – Bastogne 24 – Diekirch 28.

Naturpark-H. Zeimen, Am Enneschtduerf 2, ✉ 9662, ✆ 83 91 72, *Fax 83 95 73* – TV ☎ P. E VISA
fermé du 1er au 15 sept. et janv. – **Repas** *(fermé mardi)* Lunch 380 – 1150 – **1280** ▭ 1495/2600 – ½ P 1900/2000.

KAUTENBACH (KAUTEBAACH) 924 C 4 et 409 L 6 – *260 h.*
Luxembourg 58 – Ettelbrück 28 – Clervaux 24 – Wiltz 11.

Hatz ⛰ Maison 24, ✉ 9663, ✆ 95 85 61, *Fax 95 81 31*, ☂ – 卤 TV ☎ P. E VISA. ✻ rest
12 fév.-27 déc. – **Repas** *(fermé merc. et jeudi)* 695/1475 – ▭ 250 – **18 ch** 1550/2400, 1 suite – ½ P 1760/2030.

KOPSTAL (KOPLESCHT) 924 E 4 et 409 L 7 – *voir à Luxembourg, environs.*

LAROCHETTE (an der FIELS) 924 D 5 et 409 L 6 – *1416 h.*

Voir *Nommerlayen★ O : 5 km.*

Hôtel de Ville, ✉ 7619, ☎ 83 76 76.

Luxembourg 26 – Ettelbrück 17 – Arlon 35 – Diekirch 12 – Echternach 20.

Château, r. Medernach 1, ✉ 7619, ☎ 83 70 09, *Fax 87 96 36,* – TV – 40. AE E VISA. rest

Repas Lunch 500 – 850/1200 – **38 ch** 2100/3000 – ½ P 2100/2250.

Résidence, r. Medernach 14, ✉ 7619, ☎ 83 73 91, *Fax 87 94 42,* , – TV P. AE E VISA. rest

15 fév.-15 nov. – **Repas** Lunch 650 – carte env. 1400 – **20 ch** 2400/3000 – ½ P 2150/2300.

Aub. Op der Bleech avec ch, pl. Bleiche 4, ✉ 7610, ☎ 87 80 58, *Fax 87 97 25,* , , – TV. AE E VISA

fermé 24 déc.-10 janv. – **Repas** *(fermé mardi et merc. hors saison)* carte 850 à 1250 – **9 ch** 1700/2750.

LAUTERBORN (LAUTERBUR) 924 D 6 – *voir à Echternach.*

LIMPERTSBERG (LAMPERTSBIERG) – *voir à Luxembourg, périphérie.*

LIPPERSCHEID (LËPSCHT) C *Bourscheid 1063 h.* 924 C 4 et 409 L 6.

Voir *Falaise de Grenglay ≤★★ E : 2 km et 15 mn AR à pied.*

Luxembourg 43 – Ettelbrück 18 – Clervaux 24 – Diekirch 10.

Leweck, contrebas E 420, ✉ 9378, ☎ 99 00 22, *Fax 99 06 77,* « Jardin avec pièce d'eau et ≤ vallée », , , , – TV P – 25 à 80. AE E VISA

fermé 16 fév.-12 mars – **Repas** *(fermé mardi midi)* carte 1300 à 1850 – **47 ch** 2100/3750 – ½ P 2225/3125.

Ponies Haff , r. Principale 6, ✉ 9164, ☎ 99 03 78, *Fax 99 06 77,* ≤ vallée et ruines, – TV P. AE E VISA

11 mars-2 janv. – **Repas** *(fermé mardi et merc. midi)* carte 850 à 1200 – **13 ch** 1600/2500 – ½ P 1950.

LUXEMBOURG – LËTZEBUERG

924 E 4 et 909 L 7 – *78 290 h.*

Amsterdam 391 ⑧ – *Bonn 190* ③ – *Bruxelles 219* ⑧ – *Ettelbrück 30* ①.

Plans de Luxembourg
Luxembourg Centre .... p. 2 et 3
Agglomération .... p. 4
Nomenclature des hôtels et des restaurants .... p. 5 à 8

OFFICES DE TOURISME

pl. d'Armes, ✉ 2011, ☎ 22 28 09, Fax 47 48 18
Air Terminus, gare centrale, ✉ 1010, ☎ 42 82 82 20, Fax 42 82 82 38.
Aérogare à Findel ☎ 42 82 82 21

RENSEIGNEMENTS PRATIQUES

BUREAUX DE CHANGE

La ville de Luxembourg est connue pour la multitude de banques qui y sont représentées, et vous n'aurez donc aucune difficulté à changer de l'argent.

TRANSPORTS

Il est préférable d'emprunter les bus (fréquents) qui desservent quelques parkings périphériques.
Principale compagnie de Taxi : Taxi Colux ☎ 48 22 33.
Transports en commun : Pour toute information ☎ 47 96 29 75.

COMPAGNIES DE TRANSPORT AÉRIEN

Renseignements départs-arrivées ☎ 47 98 50 50 et 47 98 50 51. Findel par E 44 : 6 km ☎ 42 82 82 1 – Aérogare : pl. de la Gare ☎ 48 11 99.

GOLF

18 *Hoehenhof (Senningerberg) près de l'Aéroport, rte de Trèves 1, ✉ 2633, ☎ 34 00 90, Fax 34 83 91.*

LE SHOPPING

Grand'Rue et rues piétonnières autour de la Place d'Armes F – *Quartier de la Gare* CDZ.

CURIOSITÉS

POINTS DE VUE

Place de la Constitution★★ F – *Plateau St-Esprit*★★ G – *Chemin de la Corniche*★★ G – *Le Bock*★★ G – *Boulevard Victor Thorn*★ G 121 – *Les Trois Glands*★ DY.

MUSÉE

Musée national d'Histoire et d'Art★ *: section gallo-romaine*★ *et section Vie luxembourgeoise (arts décoratifs, arts et traditions populaires)*★★ G **M¹** – *Musée d'Histoire de la Ville de Luxembourg*★ G **M³**.

AUTRES CURIOSITÉS

Les Casemates du Bock★★ G – *Palais Grand-Ducal*★ G – *Cathédrale Notre-Dame*★ F – *Pont Grande-Duchesse Charlotte*★ DY.

ARCHITECTURE MODERNE

Sur le plateau de Kirchberg : Centre Européen DEY.

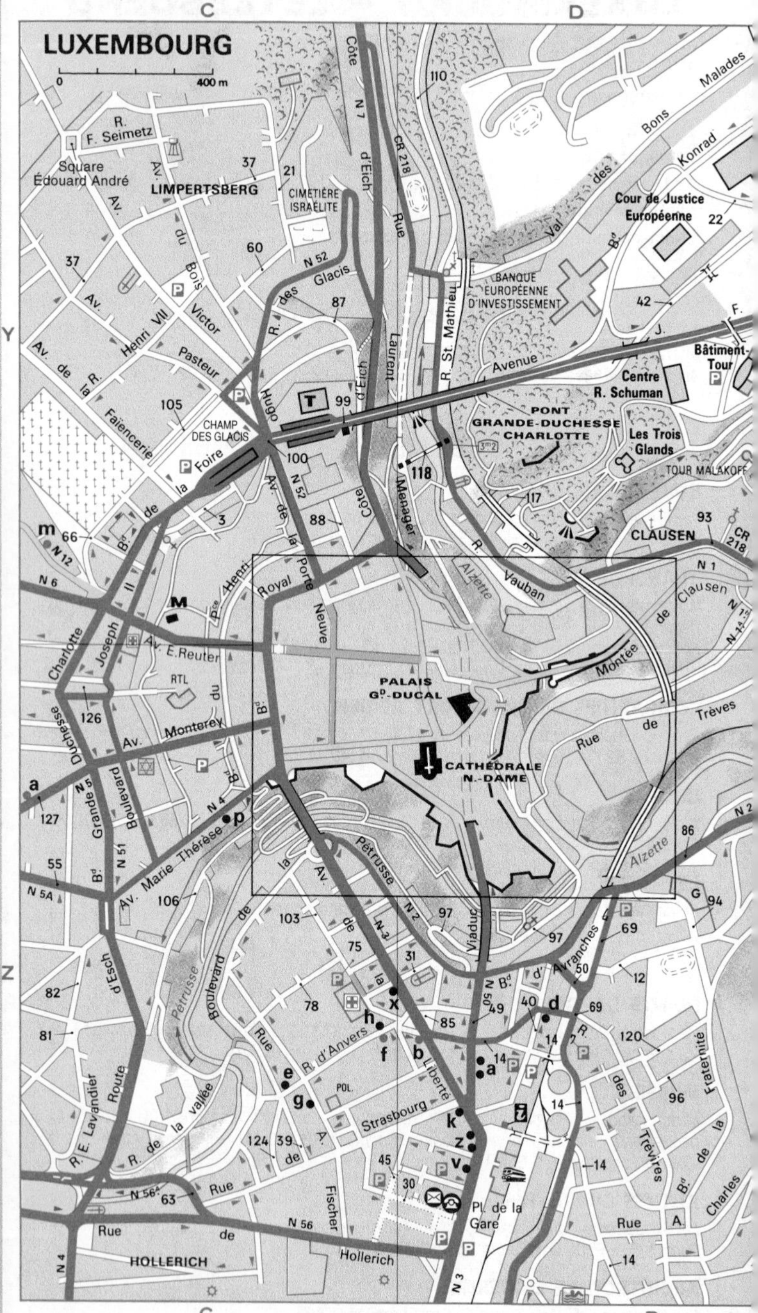
C
D
Y
Z
LUXEMBOURG
0
400 m
R. F. Seimetz
Square Édouard André
LIMPERTSBERG
CIMETIÈRE ISRAÉLITE
Av. du Bois
Av. Victor Hugo
Av. Henri VII
Av. de la Faïencerie
Av. Pasteur
R. des Glacis
CHAMP DES GLACIS
Bd de la Foire
Côte d'Eich
Rue Laurent Ménager
R. St. Mathieu
CR 218
N 7
N 52
BANQUE EUROPÉENNE D'INVESTISSEMENT
Val des Bons Malades
Konrad
Cour de Justice Européenne
Avenue J. F. Kennedy
Bâtiment-Tour
Centre R. Schuman
PONT GRANDE-DUCHESSE CHARLOTTE
Les Trois Glands
TOUR MALAKOFF
CLAUSEN
R. Vauban
Alzette
Montée de Clausen
N 1
Av. de la Porte Neuve
Bd Royal
Av. E. Reuter
Pce Henri
RTL
Av. Monterey
Bd du
Bd Joseph II
Bd Charlotte
Duchesse
PALAIS Gd-DUCAL
CATHÉDRALE N.-DAME
Rue de Trèves
Av. de la Pétrusse
Av. Marie Thérèse
Bd Grande
Boulevard
Viaduc
Bd d' Avranches
N 2
N 3
N 4
N 5
N 5A
N 6
N 12
N 50
N 51
N 56
Pétrusse
Boulevard de la Pétrusse
Route d'Esch
R. E. Lavandier
R. de la vallée
R. d'Anvers
Rue de la Liberté
Rue de Strasbourg
POL.
Rue de Hollerich
HOLLERICH
Fischer
Pl. de la Gare
R. des Trévires
Bd de la Charles
Rue A.
Fraternité
M
T
a
b
d
e
f
g
h
k
m
p
v
x
z

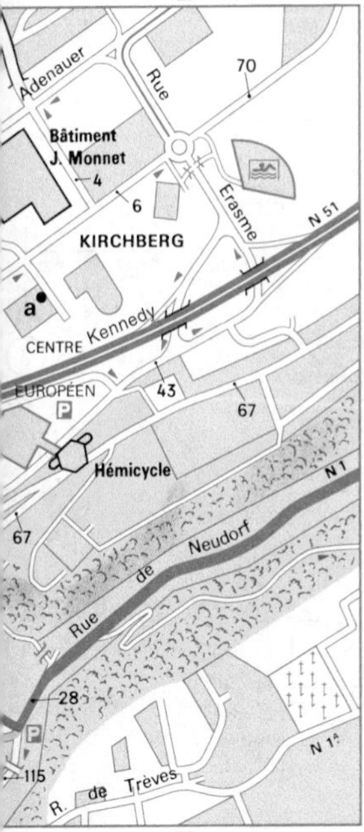

Adames (R.) . . . . CY 3
Albert Wehrer (R.) . . . . . EY 4
Alcide de Gasperi (R.). . . EY 6
Aldringen (R.) . . . . F 7
Athénée (R. de l'Ancien). F 9
Auguste-Lumière (R.) . . . DZ 12
Bains (R. des) . . . . F 13
Bonnevoie (R. de) . . . . . DZ 14
Boucherie (R. de la) . . . . G 15
Bruxelles (Pl. de) . . . . . . F 16
Capucins (R. des) . . . . . . F
Cerisiers (R. des) . . . . . . CY 21
Charles-Léon Hammes (R.) . . . . DY 22
Chimay (R.) . . . . F 24
Clairefontaine (Pl.) . . . . . FG 27
Clausen (R. de) . . . . EY 28
Commerce (R. du) . . . . .CDZ 30
Curé (R. du) . . . . F
Dicks (R.) . . . . CDZ 31
Eau (R. de l') . . . . G 33
Ermesinde (R.) . . . . CY 37
Etats-Unis (R. des) . . . . . CZ 39
Fort Neipperg (R. du) . . . DZ 40
Fort Niedergrünewald (R. du) . . . . DY 42
Fort Thüngen (R. du) . . . EY 43
Fort Wedell (R. du) . . . . CDZ 45
Fossé (R. du) . . . . F 46
Franklin-Roosevelt (Bd) . . F 48
Gare (Av. de la) . . . . DZ 49
Gaulle (Av. du Gén. de) . DZ 50
Grand-Rue . . . . F
Guillaume (Av.) . . . . CZ 55
Guillaume-Schneider (R.) . . . . CY 60
Jean-Baptiste-Merkels (R.) . . . . CZ 63
Jean Ulveling (Bd) . . . . . FG 64
J.P. Probst (R.) . . . . CY 66
Jules Wilhem (R.) . . . . . . EY 67
Laboratoire (R. du) . . . . . DZ 69
Léon Hengen (R.) . . . . . . EY 70
Liberté (Av. de la) . . . . . CDZ
Marché (Pl. du) . . . . G 72
Marché-aux-Herbes (R. du) . . . . FG 73
Martyrs (Pl. des) . . . . . . CZ 75
Michel-Rodange (R.) . . . CZ 78
Münster (R.) . . . . G 79
Nancy (Pl. de) . . . . CZ 81
Nassau (R. de) . . . . CZ 82
Notre-Dame (R.) . . . . F 84
Paris (Pl. de) . . . . DZ 85
Patton (Bd du Général) . . . . . DZ 86
Paul Eyschen (R.) . . . . . . CY 87
Pescatore (Av.) . . . . CY 88
Pfaffenthal (Montée de) . . . . FG 90
Philippe II (R.) . . . . F 91
Pierre de Mansfeld (Allée) . . . . DY 93
Pierre-et-Marie-Curie (R.) . . . . DZ 94
Pierre Hentges (R.) . . . . DZ 96
Porte-Neuve (Av. de la) . . . . CY
Prague (R. de) . . . . DZ 97
Robert-Schuman (Bd) . . CY 99
Robert-Schuman (Rond-Point) . . . . CY 100
Sainte-Zithe (R.) . . . . CZ 103
Scheffer (Allée) . . . . CY 105
Semois (R. de la) . . . . . . CZ 106
Sigefroi (R.) . . . . G 108
Sosthène Weis (R.) . . . . . G 109
Stavelot (R. de) . . . . DY 110
Strasbourg (R. de) . . . . CDZ
Théâtre (Pl. du) . . . . F 114
Tour Jacob (Av. de la) . . . . EY 115
Trois-Glands (R. des) . . . DY 117
Vauban (Pont) . . . . DY 118
Verger (R. du) . . . . DZ 120
Victor Thorn (Bd) . . . . . . G 121
Willy Georgen (R.) . . . . . F 123
Wilson (R.) . . . . CZ 124
Winston Churchill (Pl.) . . CZ 126
10-Septembre (Av. du) . CZ 127

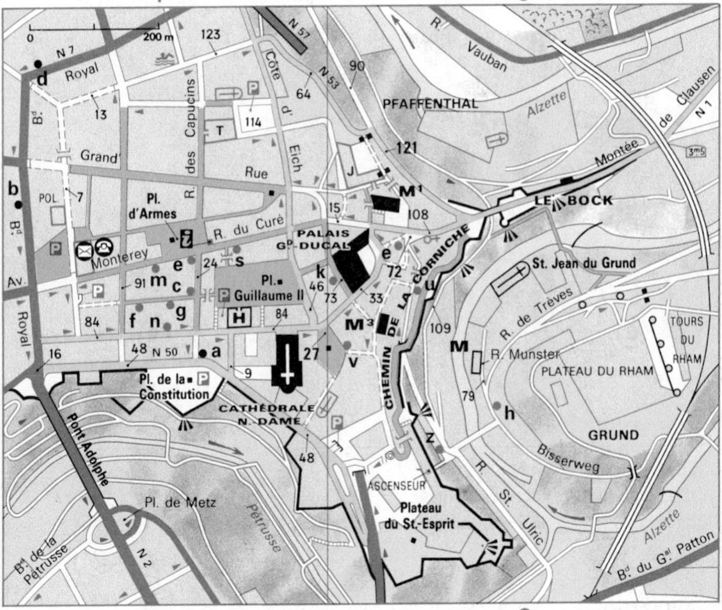

LUXEMBOURG

Arlon (Rte d') . . . . AV
Auguste Charles (R.) . . . . . . BX 10
Beggen (R. de) . . . . ABV
Carrefours (R. des) . . . . AV 18
Cents (R.) . . . . BV 19
Cimetière (R. du) . . . . BX 25
Echternach (Rte d') . . . . . . BV
Eich (R. d') . . . . BV 36
Général Patton (Bd du) . . . BV 51
Guillaume (Av.) . . . . AV 55
Hamm (R. de) . . . . BVX
Hamm (Val de) . . . . BV
Hespérange (R. d') . . . . BX 61
Itzig (R. d') . . . . BX
Kohlenberg . . . . AX
Kopstal (Rte de) . . . . AV
Longwy (Rte de) . . . . AVX
Merl (R. de) . . . . AX 76
Mulhenbach (R. de) . . . . . . AV 79
Neudorf (R. de) . . . . BV
Rollingergrund (R. de) . . . . AV 102
Strassen (R. de) . . . . AV 112
Thionville (Rte de) . . . . BX
10-Septembre (Av. du) . . . AV 127

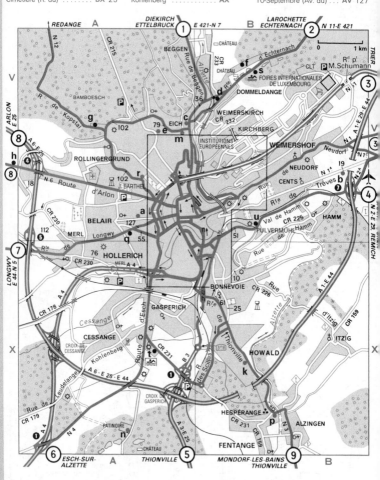

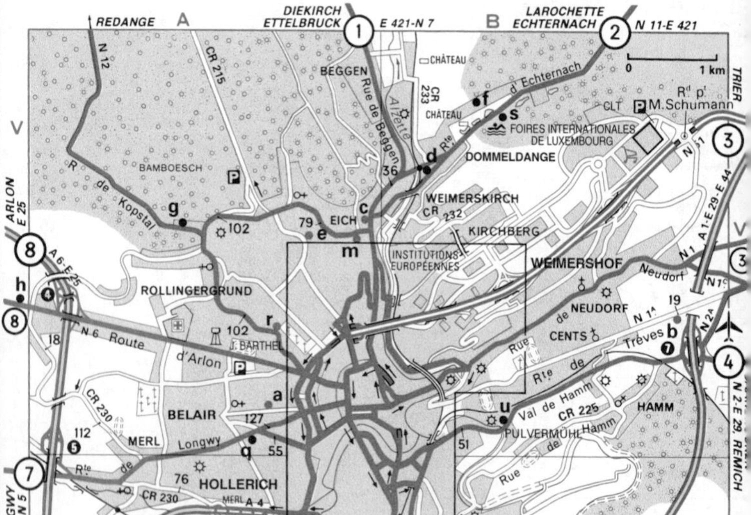

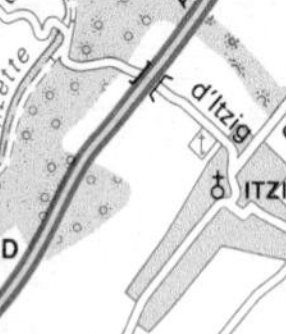

Sur la route :
la signalisation routière est rédigée
dans la langue de la zone linguistique traversée.
Dans ce guide,
les localités sont classées selon leur nom officiel :
Antwerpen pour Anvers, **Mechelen** pour Malines.

Luxembourg-Centre - *plan p. 3 sauf indication spéciale :*

Le Royal, bd Royal 12, ✉ 2449, ✆ 241 61 61, *Fax 22 59 48*, – rest F d
Repas voir rest ***La Pomme Cannelle*** ci-après – ***Le Jardin*** *Lunch 1080* - carte 1100 à 1700 – **185 ch** 9500/13000, 20 suites.

Gd H. Cravat, bd Roosevelt 29, ✉ 2450, ✆ 22 19 75, *Telex 2846, Fax 22 67 11* – rest, – 25. AE E VISA F a
Repas (Taverne-rest) *Lunch 490* – 950/1250 – **58 ch** 5900/7400 – ½ P 6190/6490.

Rix sans rest, bd Royal 20, ✉ 2449, ✆ 47 16 66, *Fax 22 75 35* – . E VISA. F b
fermé 17 déc.-3 janv. – **21 ch** 4480/6680.

Parc-Belle-Vue, av. Marie-Thérèse 5, ✉ 2132, ✆ 45 61 41, *Fax 456 14 12 22*, – – 25 à 400. AE E VISA plan p. 2 CZ p
Repas *Lunch 650* – carte 850 à 1550 – **58 ch** 2950/3300 – ½ P 2300/3600.

Clairefontaine (Tintinger), pl. de Clairefontaine 9, ✉ 1341, ✆ 46 22 11, *Fax 47 08 21*, – . AE E VISA G v
fermé du 15 au 22 fév., du 13 au 23 août, dim. et lundi – **Repas** *Lunch 1750* – 2560, carte env. 2400
Spéc. Foie gras d'oie et gelée au Porto. Poularde de Bresse en vessie, sauce Albufera. Pavé de lotte, navets longs et beurre d'herbes. **Vins** Riesling, Pinot gris.

St-Michel (Glauben) 1er étage, r. Eau 32, ✉ 1449, ✆ 22 32 15, *Fax 46 25 93*, « Dans la vieille ville, cadre rustique » – AE E VISA G e
fermé sam. midi, dim., jours fériés, 30 juil.-16 août et 24 déc.-3 janv. – **Repas** *Lunch 1750* – 2700/3300 bc, carte 2500 à 2850
Spéc. Trio de foie gras à notre façon. Lotte poêlée aux langoustines et taboulé au safran. Filet de bœuf en pot-au-feu, mousseline au raifort. **Vins** Riesling, Pinot noir.

La Pomme Cannelle - H. Le Royal, bd Royal 12, ✉ 2449, ✆ 241 61 61, *Fax 22 59 48*, « Évocation d'un intérieur de style Empire des Indes » – . AE E VISA JCB. F d
fermé sam. midi, dim., jours fériés et 3 prem. sem. août – **Repas** carte 1550 à 2150.

Speltz, r. Chimay 8, ✉ 1333, ✆ 47 49 50, *Fax 47 46 77*, – AE E VISA F c
fermé du 3 au 11 avril, 24 déc.-2 janv., sam. midi, dim. et jours fériés – **Repas** 1450/2450.

La Lorraine, pl. d'Armes 7, ✉ 1136, ✆ 47 46 20, *Fax 47 09 64*, , Avec écailler et produits de la mer – . AE E VISA F e
fermé dim. et 15 août-6 sept. – **Repas** carte 1900 à 2650.

Jan Schneidewind, r. Curé 20, ✉ 1368, ✆ 22 26 18, *Fax 46 24 40*, – AE E VISA. F s
fermé sam. midi, dim. midi, lundi, 2e quinz. fév. et 2e quinz. sept. – **Repas** 1380/1980 bc.

L'Océan, r. Louvigny 7, ✉ 1946, ✆ 22 88 66, *Fax 22 88 67*, Écailler et produits de la mer – AE E VISA F f
fermé dim. soir, lundi et du 5 au 28 juil. – **Repas** carte 1800 à 2200.

Poêle d'Or, r. Marché-aux-Herbes 20, ✉ 1728, ✆ 22 26 06, *Fax 22 26 05*, – AE E VISA JCB G k
fermé mardi – **Repas** *Lunch 990* – carte 1300 à 1600.

Breedewee, r. Large 9, ✉ 1917, ✆ 22 26 96, *Fax 46 77 20*, , « Terrasse avec Grund » – AE E VISA G u
fermé dim. – **Repas** *Lunch 560* – 1200/1400.

Roma, r. Louvigny 5, ✉ 1946, ✆ 22 36 92, *Fax 22 03 30*, , Cuisine italienne – . AE E VISA F g
fermé dim. soir, lundi et du 7 au 30 août – **Repas** carte 1400 à 1750.

la fourchette à droite, av. Monterey 5, ✉ 2163, ✆ 22 13 60, *Fax 22 24 95*, – AE E VISA F m
fermé dim., jours fériés et du 15 au 31 août – **Repas** *Lunch 520* – 1250.

Caves Gourmandes, r. Eau 32, ✉ 1449, ✆ 46 11 24, *Fax 46 11 24*, , « Ancienne cave voûtée » – . AE E VISA G e
fermé sam. midi et dim. – **Repas** *Lunch 890* – carte env. 1500.

Yamayu Santatsu, r. Notre-Dame 26, ✉ 2240, ✆ 46 12 49, Cuisine japonaise avec sushi-bar – AE E VISA F n
fermé lundi et 3 prem. sem. août – **Repas** *Lunch 450* – 850/1480.

Luxembourg-Grund - *plan p. 3 :*

Kamakura, r. Münster 4, ✉ 2160, ✆ 47 06 04, *Fax 46 73 30*, Cuisine japonaise – AE E VISA. G h
fermé jours fériés midis, sam. midi et dim. – **Repas** *Lunch 360* – 755/1980.

Thai Céladon, Montée du Grund 28, ✉ 1645, ✆ 47 49 34, , Cuisine thaïlandaise – AE E VISA. G z
fermé sam. midi, dim. et du 1er au 15 nov. – **Repas** *Lunch 590* – carte 1100 à 1500.

Luxembourg-Gare - *plan p. 2 :*

Gd H. Mercure Alfa sans rest, pl. de la Gare 16, ✉ 1616, ℘ 49 01 11, *Fax 49 00 09* - |♦| ⇔ ▤ TV ☎. AE ⊙ E VISA DZ z
☕ 500 - **74 ch** 5400/6400, 1 suite.

President, pl. de la Gare 32, ✉ 1024, ℘ 48 61 61, *Fax 48 61 80* - |♦| ⇔ ▤ TV ☎ - 🏛 40. AE ⊙ E VISA. ✂ rest DZ v
Repas (dîner seult) *(fermé dim. et août-10 sept.)* carte env. 850 - **35 ch** ☕ 4000/6400.

City M sans rest, r. Strasbourg 1, ✉ 2561, ℘ 29 11 22, *Fax 29 11 33* - |♦| TV ☎ 🚗 - 🏛 25 à 100. AE ⊙ E VISA DZ k
35 ch ☕ 3950/5350.

Christophe Colomb, r. Anvers 10, ✉ 1130, ℘ 408 41 41, *Fax 40 84 08*, 🍽 - |♦|, ▤ rest, TV ☎ - 🏛 25. AE ⊙ E VISA CZ h
Repas *(fermé sam. et dim.)* Lunch 340 - carte 850 à 1300 - **24 ch** ☕ 3700/4050 - ½ P 2525/4200.

International, pl. de la Gare 20, ✉ 1616, ℘ 48 59 11, *Fax 49 32 27* - |♦| ⇔, ▤ rest, TV ☎ - 🏛 25 à 50. AE ⊙ E VISA. ✂ ch DZ z
Repas *(fermé 22 déc.-8 janv.)* Lunch 1010 - 850/1500 - **48 ch** ☕ 4100/5300, 1 suite.

Central Molitor, av. de la Liberté 28, ✉ 1930, ℘ 48 99 11, *Fax 48 33 82*, 🍽 - |♦|, ▤ rest, TV ☎ 🚗 - 🏛 35. AE ⊙ E VISA CDZ x
Repas *(fermé du 2 au 22 août, 20 déc.-9 janv., sam. et dim. soir)* Lunch 360 - carte 950 à 1350 - **36 ch** ☕ 3500/4500 - ½ P 4050.

Arcotel sans rest, 1er étage, av. de la Gare 43, ✉ 1611, ℘ 49 40 01, *Fax 45 56 24* - |♦| TV ☎. AE ⊙ E VISA. ✂ DZ a
20 ch ☕ 4800.

Marco Polo sans rest, r. Fort Neipperg 27, ✉ 2230, ℘ 406 41 41, *Fax 40 48 84* - |♦| TV ☎ 🚗. AE ⊙ E VISA DZ d
18 ch ☕ 3700/4050.

Aub. Le Châtelet (en annexe 🏠 - 9 ch), bd de la Pétrusse 2, ✉ 2320, ℘ 40 21 01, *Fax 40 36 66* - |♦| TV ☎ P. AE ⊙ E VISA. ✂ rest CZ e
Repas (dîner pour résidents seult) - **34 ch** ☕ 3500/4500 - ½ P 4250/6000.

Nobilis, av. de la Gare 47, ✉ 1611, ℘ 49 49 71, *Fax 40 31 01* - |♦| ▤ TV ☎ P - 🏛 50. AE ⊙ E VISA DZ z
Repas Lunch 650 - 1450/1950 - ☕ 350 - **47 ch** 3900/4600 - ½ P 3100.

Delta, r. Ad. Fischer 74, ✉ 1521, ℘ 49 30 96, *Fax 40 43 20*, 🍽, 🏋, ≘s - |♦|, ▤ ch, TV ☎ P - 🏛 25. AE ⊙ E VISA CZ g
fermé 13 août-6 sept. et du 24 au 28 déc. - **Repas** *(fermé sam. midi, dim. et jours fériés)* Lunch 465 - 895 - **19 ch** ☕ 2800/3900, 3 suites - ½ P 3420/4520.

Cordial 1er étage, pl. de Paris 1, ✉ 2314, ℘ 48 85 38, *Fax 40 77 76* - E VISA DZ b
fermé du 15 au 21 fév., 15 juil.-15 août, sam. midi, dim. soir et lundi - **Repas** 1450/2650.

Italia avec ch, r. Anvers 15, ✉ 1130, ℘ 48 66 26, *Fax 48 08 07*, 🍽, Avec cuisine italienne - TV ☎. AE ⊙ E VISA CZ f
Repas carte 950 à 1800 - **20 ch** ☕ 2625/3255.

Périphérie - *plan p. 4 sauf indication spéciale :*

à l'Aéroport *par ③ : 8 km :*

Sheraton Aérogolf 🔇, rte de Trèves 1, ✉ 1019, ℘ 34 05 71, *Fax 34 02 17* - |♦| ⇔ ▤ TV ☎ P - 🏛 25 à 120. AE ⊙ E VISA
Repas ***Le Montgolfier*** (ouvert jusqu'à minuit) Lunch 990 - carte env. 1700 - ☕ 630 - **144 ch** 6850/7350, 1 suite.

Ibis, rte de Trèves, ✉ 2632, ℘ 43 88 01, *Fax 43 88 02*, ≤ - |♦| ▤ TV ☎ P - 🏛 25 à 80. AE ⊙ E VISA
Repas Lunch 350 bc - 850 - ☕ 300 - **120 ch** 2600/3100.

Campanile, rte de Trèves 22, ✉ 2633, ℘ 34 95 95, *Fax 34 94 95*, 🍽 - |♦| ⇔ TV ☎ ♿ P - 🏛 25 à 90. AE ⊙ E VISA
Repas (avec buffet) Lunch 470 - 850 - ☕ 280 - **108 ch** 2500 - ½ P 3070/3800.

Trust Inn sans rest, r. Neudorf 679 (par rte de Trèves), ✉ 2220, ℘ 42 30 51, *Fax 42 30 56* - ▤ TV ☎ P. AE ⊙ E VISA
☕ 200 - **7 ch** 1700/2500.

Le Grimpereau, r. Cents 140, ✉ 1319, ℘ 43 67 87, *Fax 42 60 26*, 🍽 - P. AE E VISA. ✂ BV b
fermé du 15 au 22 fév., du 2 au 24 août, du 1er au 8 nov., mardi du 1er juil. au 15 sept. et lundi - **Repas** 850/1650.

Porta Vecchia, r. Golf 1, ✉ 1638, ℘ 34 91 98, *Fax 34 91 98*, 🍽, Avec cuisine italienne - AE E VISA
fermé lundi et 15 août-12 sept. - **Repas** carte 1150 à 1450.

à Belair Luxembourg :

Parc Belair, av. du X Septembre 109, 2551, 44 23 23, *Fax 44 44 84*, – rest, – 25 à 400. AV q
Repas (dîner seult sauf dim.) carte 1100 à 1600 – **45 ch** 6700, 7 suites – ½ P 3450/7100.

Astoria, av. du X Septembre 44, 2550, 44 62 23, *Fax 45 82 96*, – – 25. plan p. 2 CZ a
fermé dim. soir et lundi soir – **Repas** 1080/1290.

Thailand, av. Gaston Diderich 72, 1420, 44 27 66, *Fax 44 27 66*, Cuisine thaïlandaise – . AV a
fermé lundi, sam. midi et 15 août-4 sept. – **Repas** *Lunch 690* – carte 1150 à 1500.

à Dommeldange *(Dummeldéng)* Luxembourg :

Inter.Continental, r. Jean Engling 12, 1466, 4 37 81, *Fax 43 60 95*, – – 25 à 360. rest
Repas ***Les Continents*** *(fermé sam. midi, dim. midi, août et début janv.)* *Lunch 1450* - 2000/2950 – ***Café Stiffchen*** *Lunch 1050* - carte env. 1500 – 840 – **306 ch** 7900, 31 suites. BV f

Parc, rte d'Echternach 120, 1453, 43 56 43, *Fax 43 69 03*, – rest, – 25 à 1500. BV s
Repas (ouvert jusqu'à 23 h 30) *Lunch 750* – carte 950 à 1500 – **218 ch** 3800/5600, 3 suites – ½ P 3050/3550.

Host. du Grünewald, rte d'Echternach 10, 1453, 43 18 82 et 42 03 14 (rest), *Fax 42 06 46 et 42 03 14 (rest)*, – rest, – 25 à 40. rest BV d
Repas *(fermé sam. midi, dim. et du 1er au 24 janv.)* *Lunch 1590* – carte 1750 à 2500 – **23 ch** 3900/4900, 2 suites.

à Eich *(Eech)* Luxembourg :

La Mirabelle, pl. d'Argent 9, 1413, 42 22 69, *Fax 42 22 69*, Ouvert jusqu'à 23 h – . AV c
fermé sam. midi et dim. – **Repas** *Lunch 380* – carte env. 1400.

Chez Omar, r. Mühlenbach 136 (pl. d'Argent), 2168, 42 09 09, *Fax 42 00 14*, Cuisine algérienne – AV m
fermé du 15 au 31 août, 23 déc.-2 janv., dim. et lundi – **Repas** (dîner seult) carte 1300 à 1650.

à Gasperich *(Gaasperech)* Luxembourg :

Inn Side, r. Henri Schnadt 1 (Zone d'activité Cloche d'Or), 2530, 490 00 61, *Fax 49 06 80*, « Architecture design », – rest, – 25 à 200. rest AX t
Repas (buffets) *Lunch 895* – 1350 – **158 ch** 5100/6400.

au plateau de Kirchberg *(Kiirchbierg)* :

Sofitel, r. Fort Niedergrünewald 6 (Centre Européen), 2015, 43 77 61, *Fax 42 50 91* – – 25 à 75. rest
Repas ***Brasserie Europa*** (ouvert jusqu'à 23 h) *(fermé août)* *Lunch 1200* - carte 1600 à 2100 – 750 – **100 ch** 8500/9000, 4 suites. plan p. 3 EY a

Novotel, r. Fort Niedergrünewald 6 (Centre Européen), 2015, 429 84 81, *Fax 43 86 58*, – – 25 à 300. rest plan p. 3 EY a
Repas (ouvert jusqu'à minuit) carte env. 1000 – **260 ch** 5400/5900.

à la patinoire de Kockelscheuer *(Kockelscheier)* :

Patin d'Or (Berring), rte de Bettembourg 40, 1899, 22 64 99, *Fax 40 40 11* – . AX n
fermé sam., dim., jours fériés, prem. sem. sept. et Noël-Nouvel An – **Repas** 2000, carte 2200 à 2850
Spéc. Escalope de cabillaud demi-sel poêlée sur purée aillée. Pied de porc farci et queue de bœuf en feuille de choux aux lentilles. Fondant moelleux au chocolat et aux agrumes.
Vins Pinot gris, Riesling Koëppchen.

à Limpertsberg *(Lampertsbierg)* Luxembourg :

Bouzonviller, r. A. Unden 138, 2652, 47 22 59, *Fax 46 43 89*, – . AV e
fermé sam., dim., jours fériés, sem. Pâques, 3 sem. en août et fin déc. – **Repas** *Lunch 1600* – carte 1800 à 2150.

à Pulvermühl *(Polfermillen)* C *Luxembourg* :

la Cascade, r. Pulvermühl 2, ✉ 2356, ☎ 42 87 36, *Fax 42 47 88*, « Terrasse » – TV ☎ P. AE O E VISA BV u
Repas ***L'Espadon*** *Lunch 700* - 1490/2400 – **7 ch** 3050/4650.

à Rollingergrund *(Rolléngergronn)* C *Luxembourg* :

Sieweburen, r. Septfontaines 36, ✉ 2534, ☎ 44 23 56, *Fax 44 23 53*, ←, « Environnement boisé », – TV ☎ P. E VISA AV g
fermé fin déc.-début janv. – **Repas** (Taverne-rest) *(fermé merc.) Lunch 340* – carte 900 à 1500 – **14 ch** 2700/3700.

Théâtre de l'Opéra, r. Rollingergrund 100, ✉ 2440, ☎ 25 10 33, *Fax 25 10 29*, – AE O E VISA AV r
fermé sam. midi et dim. – **Repas** *Lunch 430* – carte 1200 à 1800.

Himalaya, r. Rollingergrund 8 (pl. de l'Étoile), ✉ 2440, ☎ 25 23 85, *Fax 45 61 19*, Cuisine indienne – AE E VISA. plan p. 2 CY m
fermé dim. – **Repas** *Lunch 325* – carte env. 900.

Environs

à Bridel *(Briddel)* par N 12 : 7 km - AV - C *Kopstal 3 002 h* :

Le Rondeau, r. Luxembourg 82, ✉ 8140, ☎ 33 94 73, *Fax 33 37 46*, – P. AE O E VISA
fermé lundi soir, mardi, 3 sem. en août et 2 sem. en janv. – **Repas** 980/1900.

Brideler Stuff, r. Strassen 1, ✉ 8156, ☎ 33 87 34, *Fax 33 90 64*, – P. E VISA
fermé mardi et fin déc.-début janv. – **Repas** *Lunch 395* – carte 1100 à 1450.

à Hesperange *(Hesper)* - *plan p. 4* – *10 287 h.*

L'Agath (Steichen), rte de Thionville 274 (Howald), ✉ 5884, ☎ 48 86 87, *Fax 48 55 05*, – P – 60. AE O E VISA BX k
fermé du 1er au 20 août, 26 déc.-9 janv., sam. midi, dim. soir et lundi – **Repas** *Lunch 1600* – 1850, carte 2300 à 2750
Spéc. Carpaccio infusé à la truffe, salade et copeaux de foie gras. St-Pierre à la crème de cèpes et truffes d'Alba. Selle d'agneau rôtie et petits farcis. **Vins** Riesling, Pinot gris.

Le Jardin Gourmand, rte de Thionville 432, ✉ 5886, ☎ 36 08 42, *Fax 36 08 43*, – AE E VISA BX p
fermé lundi – **Repas** *Lunch 390* – 990.

à Kopstal *(Koplescht)* par N 12 : 9 km - AV – *3 002 h.*

Weidendall avec ch, r. Mersch 5, ✉ 8181, ☎ 30 74 66, *Fax 30 74 67* – TV ☎. AE O E VISA
Repas *(fermé mardi, 2 sem. carnaval et 2 prem. sem. sept.) Lunch 380* – 1280 – **9 ch** 1700/2500 – ½ P 1775/1900.

à Sandweiler par ④ : 7 km – *2 222 h.*

Hoffmann, r. Principale 21, ✉ 5240, ☎ 35 01 80, *Fax 35 79 36*, – P. AE O E VISA.
fermé dim. soir, lundi, 3 sem. en août et 2 sem. en janv. – **Repas** 1380/1780.

à Strassen *(Stroossen)* - *plan p. 4* – *5 844 h.*

L'Olivier avec appartements, rte d'Arlon 140, ✉ 8008, ☎ 31 36 66, *Fax 31 36 27* – TV ☎ P – 25 à 50. AE O E VISA AV h
Repas voir rest ***La Cime*** ci-après – **42 ch** 3990/5640, 4 suites – ½ P 3175/3925.

Mon Plaisir sans rest, rte d'Arlon 218 (par ⑧ : 4 km), ✉ 8010, ☎ 31 15 41, *Fax 31 61 44* – TV ☎ P. AE E VISA
fermé 24 déc.-3 janv. – **26 ch** 2300/2850.

La Cime - H. L'Olivier, rte d'Arlon 140a, ✉ 8008, ☎ 31 88 13, *Fax 31 36 27*, – P. AE O E VISA AV h
Repas 1090/1690.

Le Nouveau Riquewihr, rte d'Arlon 373 (par ⑧ : 5 km), ✉ 8011, ☎ 31 99 80, *Fax 31 97 05*, – P. AE O E VISA
fermé dim. – **Repas** *Lunch 980* – carte 1400 à 1700.

à Walferdange *(Walfer)* par ① : 5 km – *6 138 h.*

Moris, pl. des Martyrs, ✉ 7201, ☎ 330 10 51, *Fax 33 30 70*, – rest, TV ☎ P – 50. AE O E VISA
Repas *(fermé 24 déc.-6 janv.) Lunch 650* – 1100/1500 – **24 ch** *(fermé 24 déc.-1er janv.)* 2900/3900.

l'Etiquette, rte de Diekirch 50, ✉ 7220, ☎ 33 51 67, *Fax 33 51 69*, – P. AE O E VISA
Repas *Lunch 630* – 780/1100.

MACHTUM (MIECHTEM) Wormeldange 2 269 h. 924 E 6 et 409 M 7.
Luxembourg 32 – Ettelbrück 46 – Grevenmacher 4 – Mondorf-les-Bains 29.

Aub. du Lac, rte du Vin 77, ✉ 6841, ☎ 75 02 53, *Fax 75 88 87*, ←, – P. AE ⓞ E VISA
fermé mardi et 15 déc.-15 janv. – **Repas** Lunch 800 – 1150/1250.

MERSCH (MIERSCH) 924 D 4 et 409 L 6 – *6 772 h.*
Voir *Vallée de l'Eisch★ de Koerich à Mersch.*
Env. *SO : 4 km, Hunnebour : cadre★.*
Hôtel de Ville (Château), ✉ *7501,* ☎ *32 50 23.*
Luxembourg 17 – Ettelbrück 12 – Bastogne 53 – Diekirch 20.

Host. Val Fleuri, r. Lohr 28, ✉ 7545, ☎ 32 98 91, *Fax 32 61 09*, – TV ☎ P. ⓞ E VISA. rest
Repas *(fermé sam.)* Lunch 380 – carte 1250 à 1600 – **13 ch** 2100/3250 – ½ P 2450.

MERTERT (MÄERTERT) 924 D 6 et 409 M 6 – *3 139 h.*
Luxembourg 32 – Ettelbrück 46 – Thionville 56 – Trier 15.

Goedert avec ch, pl. de la Gare 4, ✉ 6674, ☎ 74 84 89, *Fax 74 84 71*, – rest, TV ☎ P. AE E VISA
fermé janv. – **Repas** *(fermé lundi soir et mardi)* Lunch 950 – 1500/1850 – **10 ch** 1800/2800 – ½ P 2400/2600.

Paulus, r. Haute 1, ✉ 6680, ☎ 74 00 70, *Fax 74 84 02* – . ⓞ E VISA
fermé lundis soirs et mardis non fériés, sem. carnaval et août – **Repas** Lunch 320 – 970/1930.

MONDORF-LES-BAINS (MUNNERËF) 924 E 5 et 409 L 7 – *3 292 h.* – *Station thermale* – *Casino 2000, r. Flammang,* ✉ *5618,* ☎ *661 01 01, Fax 661 01 02 29.*
Voir *Parc★ – Mobilier★ de l'église St-Michel.*
Env. *E : Vallée de la Moselle Luxembourgeoise★ de Schengen à Wasserbillig.*
av. des Bains 26, ✉ *5610,* ☎ *66 75 75, Fax 66 16 17.*
Luxembourg 19 – Remich 11 – Thionville 22.

Parc , Domaine thermal, ✉ 5601, ☎ 661 21 25 55, *Fax 66 10 93*, , , , , , , – TV ☎ ♿ P – 25 à 90. AE ⓞ E VISA JCB.
fermé prem. sem. janv. – **Repas *De Jangeli*** Lunch 850 - carte 1100 à 1550 – **97 ch** 3990/6060, 16 suites – ½ P 3730/4690.

Casino 2000, r. Flammang, ✉ 5618, ☎ 661 01 01, *Fax 661 01 02 29*, – TV ☎ P – 25 à 700. AE ⓞ E VISA. rest
fermé 24 déc. – **Repas *La Calèche*** 1000/2420 – **28 ch** 3800/4700, 3 suites – ½ P 4800.

Grand Chef , av. des Bains 36, ✉ 5610, ☎ 66 80 12, *Fax 66 15 10*, , – TV ☎ P – 30. AE ⓞ E VISA. rest
20 mars-20 nov. – **Repas** Lunch 730 – 1030/1350 – **34 ch** 2360/3650, 2 suites – ½ P 2370/2820.

Beau Séjour, av. Dr Klein 3, ✉ 5630, ☎ 66 81 08, *Fax 66 08 89* – TV ☎. AE ⓞ E VISA.
fermé jeudi et 15 déc.-15 janv. – **Repas** Lunch 800 – 850/1750 – 350 – **10 ch** 2100/3200 – ½ P 2300/2500.

à **Ellange-gare** *(Elléng) NO : 2,5 km* *Mondorf-les-Bains :*

La Rameaudière, r. Gare 10, ✉ 5690, ☎ 66 10 63, *Fax 66 10 64*, , « Terrasse et verger » – P. AE ⓞ E VISA
fermé du 11 au 25 oct., 4 janv.-1er fév. et lundis non fériés – **Repas** 1400/2000.

MOUTFORT (MUTFERT) *Contern 2 900 h.* 924 E 5 et 409 L 7.
Luxembourg 12 – Grevenmacher 24 – Remich 11.

Le Bouquet Garni (Duhr), rte de Remich 57 (transfert prévu), ✉ 5330, ☎ 35 99 77, *Fax 35 98 60* – P. AE ⓞ E VISA
fermé lundi, mardi et 2 sem. carnaval – **Repas** 2650, carte env. 2200
Spéc. Salade maraîchère de homard tiède, émulsion de jus de moules. Pied de cochon farci aux morilles et ris de veau. Noisettes d'agneau en papillote de choux vert et truffe fraîche.
Vins Riesling, Gewürztraminer.

MULLERTHAL (MËLLERDALL) C *Waldbillig 940 h.* 924 D 5 et 409 L 6.

Voir *Vallée des meuniers★★★ (Vallée de l'Ernz Noire).*

18 à Christnach SO : 2 km, ✉ 7641, ☎ 87 83 83, Fax 79 93 90.

Luxembourg 26 – Ettelbrück 31 – Echternach 14.

XX **Le Cigalon** avec ch, r. Ernz Noire 1, ✉ 6245, ☎ 79 94 95, *Fax 79 93 83*, – TV ☎ P. AE E VISA. rest
fermé janv.-fév. – **Repas** *(fermé mardi)* carte 1450 à 1850 – **13 ch** 2000/3100 – ½ P 2400.

NIEDERANVEN (NIDDERANWEN) 924 E 5 et 409 L 7 – *5 315 h.*

Luxembourg 12 – Ettelbrück 36 – Grevenmacher 16 – Remich 19.

XX **Host. de Niederanven,** r. Munsbach 2, ✉ 6941, ☎ 34 00 61, *Fax 34 93 92* – AE E VISA.
fermé merc. de mi-juil. à mi-sept., jeudi, carnaval, 2e quinz. août et Toussaint – **Repas** *Lunch 750* – 985/1650.

OUR (Vallée de l') (URDALL) ★★ 924 B 4, C 5 et 409 L 5, 6 *G. Belgique-Luxembourg.*

PERLÉ (PÄREL) C *Rambrouch 2 939 h.* 924 D 2 et 409 K 6.

Luxembourg 42 – Ettelbrück 36 – Arlon 16 – Bastogne 25.

X **Aub. La Perle d'Or,** r. Neuve 4, ✉ 8824, ☎ 64 96 11, *Fax 64 00 51*, – P. AE E VISA
fermé merc. et 16 août-5 sept. – **Repas** *Lunch 320* – 950.

X **Roder** avec ch, r. Église 13, ✉ 8826, ☎ 64 00 32, *Fax 64 91 42*, – TV P. E VISA
fermé mardi, 31 août-11 sept. et du 24 au 30 oct. – **Repas** *Lunch 300* – carte 1100 à 1650 – 350 – **8 ch** 1300/1900 – ½ P 1700.

PÉTANGE (PÉITÉNG) 924 E 3 et 409 K 7 – *13 248 h.*

Luxembourg 22 – Arlon 18 – Esch-sur-Alzette 15 – Longwy 14.

Threeland, r. Pierre Hamer 52, ✉ 4737, ☎ 50 59 50, *Fax 50 59 54*, – TV ☎ P – 25 à 300. AE E VISA
Repas *(fermé sam. midi) Lunch 310* – 950/1450 – **59 ch** 2600/2800.

POMMERLOCH (POMMERLACH) C *Winseler 704 h.* 924 C 3 et 409 K 6.

Luxembourg 59 – Ettelbrück 7 – Bastogne 12 – Diekirch 37 – Wiltz 7.

Motel Bereler Stuff sans rest, rte de Bastogne 6, ✉ 9638, ☎ 95 79 09, *Fax 95 79 08* – TV ☎ P. E VISA
18 ch 1000/1750.

PULVERMÜHL (POLFERMILLEN) – *voir à Luxembourg, périphérie.*

REMICH (RÉIMECH) 924 E 6 et 409 M 7 – *2 736 h.*

Voir *Vallée de la Moselle Luxembourgeoise★ de Schengen à Wasserbillig.*

18 à Canach NO : 12 km, Scheierhaff, ✉ 5412, ☎ 35 61 35, Fax 35 74 50.

(juil.-août) Esplanade (gare routière), ✉ 5533, ☎ 69 84 88.

Luxembourg 23 – Mondorf-les-Bains 11 – Saarbrücken 77.

Saint Nicolas, Esplanade 31, ✉ 5533, ☎ 69 88 88, *Fax 69 88 69*, ←, – TV ☎ – 60. AE E VISA JCB. ch
Repas ***Lohengrin*** 950/1850 – **40 ch** 2900/3900 – ½ P 2550/2850.

des Vignes, rte de Mondorf 29, ✉ 5552, ☎ 69 91 49, *Fax 69 84 63*, ← vignobles et vallée de la Moselle, – rest, TV ☎ P – 25 à 40. AE E VISA
fermé 20 déc.-20 janv. – **Repas** 1280/1850 – **24 ch** 2800/3500 – ½ P 2550/3600.

Esplanade, Esplanade 5, ✉ 5533, ☎ 66 91 71, *Fax 69 89 24*, ←, – TV ☎. E VISA. rest
fermé déc.-janv. et lundi sauf 15 juin-15 sept. – **Repas** *Lunch 595* – carte 950 à 1350 – **18 ch** 1950/2800 – ½ P 1900/2000.

XX **de la Forêt** avec ch, rte de l'Europe 36, ✉ 5531, ☎ 66 94 73, *Fax 69 77 02*, ←, – P. AE E VISA.
Repas *(fermé lundis non fériés, 2 sem. en nov. et 2 sem. en janv.)* 1190/1800 – **11 ch** *(fermé 2 sem. en janv.)* 2300/3500 – ½ P 2400/2850.

REULAND Ⓒ *Heffingen 769 h.* 924 D 5 et 409 L 6.
Luxembourg 22 – Ettelbrück 24 – Diekirch 18 – Echternach 19.

XX **Reilander Millen,** E : 2 km sur rte Junglinster-Müllerthal, ✉ 7639, ✆ 83 72 52, *Fax 87 97 43,* , « Moulin du 18e s., intérieur rustique » – P. E VISA.
fermé lundi, mardi midi, 3 sem. en fév. et 2 prem. sem. sept. – **Repas** Lunch 350 – carte env. 1800.

REULER (REILER) 924 B 4 – *voir à Clervaux.*

RODER (ROEDER) 924 B 4 – *voir à Clervaux.*

ROLLINGERGRUND (ROLLÉNGERGRONN) – *voir à Luxembourg, périphérie.*

ROMBACH (ROMBECH) 924 D 2 – *voir à Haut-Martelange.*

SAEUL (SËLL) 924 D 3 et 409 K 6 – *465 h.*
Luxembourg 21 – Ettelbrück 22 – Arlon 14 – Mersch 11.

XX **Maison Rouge,** r. Principale 10, ✉ 7470, ✆ 63 02 21, *Fax 63 07 58* –
fermé lundi, mardi, 3 sem. en fév. et 3 sem. en août – **Repas** 1650/1850.

SANDWEILER 924 E 5 et 409 L 7 – *voir à Luxembourg, environs.*

SCHEIDGEN (SCHEEDGEN) Ⓒ *Consdorf 1 573 h.* 924 D 6 et 409 M 6.
Luxembourg 29 – Ettelbrück 36 – Echternach 8.

de la Station , rte d'Echternach 10, ✉ 6250, ✆ 79 08 91, *Fax 79 91 64,* ←, – TV ☎ P. E VISA.
26 mars-15 nov. et 15 déc.-1er janv. – **Repas** *(fermé lundi et mardi sauf mi-juin-mi-sept.)* Lunch 980 – carte 1300 à 1650 – **25 ch** 1700/2800 – ½ P 1950/2200.

SCHOUWEILER (SCHULLER) Ⓒ *Dippach 3 004 h.* 924 E 3 et 409 K 7.
Luxembourg 13 – Arlon 20 – Longwy 18 – Mondorf-les-Bains 29.

XX ✿ **La table des Guilloux,** r. Résistance 17, ✉ 4996, ✆ 37 00 08, *Fax 37 11 61,* , « Ferme-auberge »
fermé du 10 au 16 avril, du 1er au 17 août, lundi, mardi et sam. midi – **Repas** carte 1300 à 2000
Spéc. Gratin de moules de bouchot au sabayon (21 sept.-21 déc.). Salade de truffes de Meuse aux cornes de Florenville (sept.-nov.). Langouste puce, pommes macaire. **Vins** Pinot gris, Riesling.

XX **La Chaumière,** r. Gare 65, ✉ 4999, ✆ 37 05 66, *Fax 37 11 05,* – P. E VISA
fermé lundi soir, mardi, 1 sem. carnaval et 2 sem. en août – **Repas** carte 1150 à 1700.

SCHUTTRANGE (SCHËTTER) 924 E 5 et 409 L 7 – *3 060 h.*
Luxembourg 13 – Ettelbrück 43 – Grevenmacher 18 – Mondorf-les-Bains 22.

X **Aub. de Schuttrange,** r. Principale 73, ✉ 5367, ✆ 35 01 43, *Fax 35 87 78,* – P. AE E VISA
fermé dim. soir, lundi et jours fériés – **Repas** carte 1100 à 1700.

SCHWEBSANGE (SCHWÉIDSBÉNG) Ⓒ *Wellenstein 1 110 h.* 924 E 6 et 409 M 7.
Luxembourg 27 – Mondorf-les-Bains 10 – Thionville 28.

X **La Rotonde,** rte du Vin 11, ✉ 5447, ✆ 66 41 51, *Fax 66 46 79* – P. E VISA
fermé lundis et mardis non fériés, 1 sem. en juin, 1 sem. en sept. et début-déc.-début janv. – **Repas** carte 850 à 1250.

SENNINGEN (SENNÉNG) Ⓒ *Niederanven 5 315 h.* 924 E 5.
Luxembourg 10 – Ettelbrück 33 – Grevenmacher 19 – Mondorf-les-Bains 31.

XX **Host. du Château,** rte de Trêves 122, ✉ 6960, ✆ 34 83 28, *Fax 34 91 46,* – P. AE ⓓ E VISA
fermé dim. soir et lundi – **Repas** Lunch 850 – 1450/1750.

SEPTFONTAINES (SIMMER) 924 D 3 et 409 K 6 – *734 h.*

Luxembourg 21 – Ettelbrück 28 – Arlon 13 – Diekirch 32.

XXX **Host. du Vieux Moulin,** Léisbech (E : 1 km), ✉ 8363, ☎ 30 50 27, ≤, 🌳, « Au creux d'un vallon boisé » – ▤ Ⓟ. E VISA
fermé mardi soir du 15 sept. à avril, lundi mardi midi et 3 janv.-13 fév. – **Repas** carte 1600 à 1900.

SOLEUVRE (ZOLWER) C *Sanem 12 639 h.* 924 E 3 et 409 K 7.

Luxembourg 19 – Arlon 27 – Esch-sur-Alzette 8 – Longwy 22.

XX **La Petite Auberge,** r. Aessen 1, ✉ 4411, ☎ 59 44 80, *Fax 59 53 51* – Ⓟ. AE E VISA. ✂
fermé dim. soir, lundi, fin août-début sept. et fin déc.-début janv. – **Repas** Lunch 450 – carte 1400 à 1800.

STADTBREDIMUS (STADBRIEDEMES) 924 E 6 et 409 M 7 – *1 206 h.*

Env. *N : rte de Greiveldange ≤★.*

Luxembourg 22 – Mondorf-les-Bains 14 – Saarbrücken 80.

🏨 **l'Écluse,** rte du Vin 29, ✉ 5450, ☎ 66 95 46, *Fax 69 76 12*, 🌳, 🌿 – TV ☎ 🚗 Ⓟ. AE E VISA. ✂ rest
fermé 2 sem. Noël-Nouvel An – **Repas** (Taverne-rest) *(fermé jeudi)* carte 850 à 1300 – **16 ch** ⊐ 1700/2200 – ½ P 1650.

Ga handig te werk wanneer u een hotel of een restaurant zoekt.

Weet hoe u gebruik kunt maken van de rood onderstreepte plaatsnamen op de ***Michelinkaarten*** *nrs. 908 en 909. Maar zorg dat u de nieuwste kaart heeft !*

STEINHEIM (STENEM) 924 D 6 – *voir à Echternach.*

STRASSEN (STROOSSEN) 924 E 4 et 409 L 7 – *voir à Luxembourg, environs.*

SUISSE LUXEMBOURGEOISE (Petite) ★★★ 924 D 6 et 409 L 6, M 6 *G. Belgique-Luxembourg.*

SÛRE (Vallée de la) (SAUERDALL) ★★ 924 C 2 et 409 K 6 *G. Belgique-Luxembourg.*

TROISVIERGES (ELWEN) 924 B 4 et 409 L 5 – *2 234 h.*

Luxembourg 100 – Bastogne 28 – Clervaux 19.

XX **Aub. Lamy** avec ch, r. Asselborn 51, ✉ 9907, ☎ 99 80 41, *Fax 97 80 72*, ≤ – 🛗 TV Ⓟ. AE ⓞ E VISA
fermé mardis non fériés – **Repas** 780/1500 – **7 ch** ⊐ 1200/1900 – ½ P 1630.

VIANDEN (VEIANEN) 924 C 5 et 409 L 6 – *1 501 h.*

Voir *Site★★, ≤★★, ✳★★ par le télésiège – Château★★ : chemin de ronde ≤★ – Bassins supérieurs du Mont St-Nicolas (route ≤★★ et ≤★) NO : 4 km – Bivels : site★ N : 3,5 km.*

Exc. *N : Vallée de l'Our★★.*

ℹ *Maison Victor-Hugo, r. Gare 37, ✉ 9420, ☎ 83 42 57, Fax 84 90 81.*

Luxembourg 44 – Ettelbrück 16 – Clervaux 31 – Diekirch 11.

🏨 **Oranienburg,** Grand-Rue 126, ✉ 9411, ☎ 83 41 53, *Fax 83 43 33*, « Terrasse », 🌿 – 🛗 TV ☎ – 🎪 25 à 40. AE ⓞ E VISA
7 mars-14 nov. et 16 déc.-5 janv. – **Repas** voir rest ***Le Châtelain*** ci-après – **12 ch** ⊐ 1750/3500, 2 suites – ½ P 1950/2400.

🏨 **Host. des Remparts,** Grand-Rue 77, ✉ 9411, ☎ 83 45 74, *Fax 83 47 20*, 🌳 – 🛗 TV ☎. E VISA
16 avril-4 déc. ; fermé jeudi et vend. midi sauf en juil.-août – **Repas** (Taverne-rest, grillades) 395 – **13 ch** ⊐ 2100/2900 – ½ P 1700/1850.

🏨 **Heintz,** Grand-Rue 55, ✉ 9410, ☎ 83 41 55, *Fax 83 45 59*, 🌳, 🌿 – 🛗 TV ☎ Ⓟ. AE ⓞ E VISA
avril-oct. – **Repas** *(fermé merc. et jeudi midi sauf en juil.-août)* Lunch 580 – 800/1200 – **30 ch** ⊐ 2000/2500 – ½ P 1550/2000.

XX **Le Châtelain** - H. Oranienburg, Grand-Rue 126, ✉ 9411, ☎ 83 41 53, *Fax 83 43 33*, – . AE ⓓ E VISA
7 mars-14 nov. et 16 déc.-5 janv. ; fermé lundi et mardi – **Repas** 880/1850.

XX **Aub. du Château** avec ch, Grand-Rue 74, ✉ 9410, ☎ 83 45 74, *Fax 83 47 20*, , – TV ☎. E VISA. rest
fermé 5 déc.-22 janv. – **Repas** *(fermé merc.)* 895/1775 – **22 ch** 2100/2900, 3 suites – ½ P 1700/1850.

X **Aub. Aal Veinen "Beim Hunn"** avec ch, Grand-Rue 114, ✉ 9411, ☎ 83 43 68, *Fax 83 40 84*, , « Rustique » – TV. E VISA
Repas (grillades) *(fermé lundi soir et mardi hors saison)* Lunch 350 – 850 – **8 ch** 1850/2100 – ½ P 1850.

WALFERDANGE (WALFER) 924 E 4 et 409 L 7 – *voir à Luxembourg, environs.*

WASSERBILLIG (WAASSERBËLLEG) C *Mertert 3 139 h.* 924 D 6 et 409 M 6.
Luxembourg 35 – Ettelbrück 48 – Thionville 58 – Trier 18.

XX **Kinnen** avec ch, rte de Luxembourg 32, ✉ 6633, ☎ 74 00 88, *Fax 74 01 08*, – TV ☎ P. E VISA.
fermé du 1er au 13 fév., du 1er au 15 juil. et merc. – **Repas** carte 1350 à 2150 – **10 ch** 1600/2300 – ½ P 2100/2500.

WEILERBACH (WEILERBAACH) C *Berdorf 973 h.* 924 D 6 et 409 M 6.
Luxembourg 39 – Ettelbrück 29 – Diekirch 24 – Echternach 5.

Schumacher, rte de Diekirch 1, ✉ 6590, ☎ 72 01 33, *Fax 72 87 13*, <, , – TV ☎ P. E VISA.
15 mars-nov. – **Repas** *(fermé jeudi et après 20 h 30)* 1150 – **25 ch** 2200/3000 – ½ P 1850/2100.

XX **Bois Fleuri** avec ch, rte de Diekirch 8, ✉ 6590, ☎ 72 02 11, *Fax 72 84 38*, , – TV ☎ P. AE ⓓ E VISA
mars-nov. – **Repas** *(fermé merc.)* Lunch 500 – 870/1150 – **15 ch** 1200/2200 – ½ P 1700/1800.

WEISWAMPACH (WÄISWAMPECH) 924 B 4 et 409 L 5 – *1 108 h.*
Luxembourg 68 – Ettelbrück 41 – Clervaux 16 – Diekirch 36.

Keup, rte de Stavelot 143 (sur N 7), ✉ 9991, ☎ 99 75 99, *Fax 99 75 99* – , rest, TV ☎ & P – 40. AE ⓓ E VISA
Repas *(fermé merc.)* 850/1800 – **25 ch** 2400 – ½ P 1965.

XX **Host. du Nord** avec ch, rte de Stavelot 113, ✉ 9991, ☎ 99 83 19, *Fax 99 74 61*, , – TV P. E VISA
Repas *(fermé lundi soir et mardi)* Lunch 360 – 990/1700 – **11 ch** 1050/2050 – ½ P 1450/1650.

WILTZ (WOLZ) 924 C 3 et 409 K 6 – *4 277 h.*
Château, ✉ 9501, ☎ 95 74 44, Fax 95 75 56.
Luxembourg 54 – Ettelbrück 26 – Bastogne 21 – Clervaux 21.

Aux Anciennes Tanneries , r. Jos Simon 42a, ✉ 9550, ☎ 95 75 99, *Fax 95 75 95*, , « Terrasse en bordure de rivière » – TV ☎ P – 25 à 80. E VISA
Repas *(fermé 24 août-5 sept. et merc. soir et jeudi sauf en juin-juil.)* Lunch 400 – 750/1300 – **16 ch** 2000/4200, 1 suite – ½ P 2500/3000.

du Commerce, r. Tondeurs 9, ✉ 9570, ☎ 95 82 20, *Fax 95 78 06* – TV – 25 à 80. E VISA.
fermé mars et nov. – **Repas** *(fermé dim. soir, lundi et après 20 h)* Lunch 800 – carte 1400 à 1750 – **14 ch** 2000/3000 – ½ P 2000/2200.

XXX **du Vieux Château** avec ch, Grand-Rue 1, ✉ 9530, ☎ 95 80 18, *Fax 95 77 55*, , « Terrasse ombragée », , – TV ☎ P. AE ⓓ E VISA.
fermé 3 prem. sem. août et 2 prem. sem. janv. – **Repas** *(fermé dim. soirs et lundis non fériés)* carte 1400 à 2000 – **7 ch** 3000, 1 suite – ½ P 3000.

XX **Host. des Ardennes,** Grand-Rue 61, ✉ 9530, ☎ 95 81 52, *Fax 95 94 47*, < – AE E VISA.
fermé du 7 au 28 fév., du 1er au 22 août, sam. et après 20 h 30 – **Repas** carte 1150 à 1750.

à Winseler *(Wanseler) O : 3 km – 704 h.*

X **L'Aub. Campagnarde,** Duerfstrooss 12, ✉ 9696, ☎ 95 84 71, *Fax 95 84 71,* 🏠 – AE E VISA
fermé lundi soir, mardi, 11 fév.-3 mars, 23 août-11 sept. et après 20 h 30 – **Repas** Lunch 930 – 1050/1430.

WILWERDANGE (WILWERDANG) ⓒ *Troisvierges 2 234 h.* 924 B 4 et 409 L 5.
Luxembourg 73 – Ettelbrück 43 – Bastogne 31 – Diekirch 41.

XX **L'Ecuelle,** r. Principale 15, ✉ 9980, ☎ 99 89 56, *Fax 97 93 44,* 🏠 – Ⓟ. AE E VISA. ✻
fermé mardi soir, merc., dern. sem. juil. et 25 déc.-25 janv. – **Repas** Lunch 750 – 1100/1800.

WILWERWILTZ (WËLWERWOLZ) 924 C 4 et 409 L 6 – *560 h.*
Luxembourg 65 – Ettelbrück 11 – Bastogne 32 – Clervaux 11 – Wiltz 11.

🏠 **Host. La Bascule,** r. Principale 24, ✉ 9776, ☎ 92 14 15, *Fax 92 10 88* – TV ☎ Ⓟ. E VISA. ✻
fermé 15 déc.-5 janv. – **Repas** *(fermé lundi, mardi et après 20 h 30)* Lunch 550 – 850/950 – **12 ch** ☕ 1650/2500 – ½ P 1900.

WINSELER (WANSELER) 924 C 3 et 409 K 6 – *voir à Wiltz.*

Nederland Pays-Bas

Het is gebruikelijk, dat bepaalde restaurants in Nederland pas geopend zijn vanaf 16 uur, vooral in het weekend. Reserveert u daarom uit voorzorg. De prijzen zijn vermeld in guldens.

L'usage veut que certains restaurants aux Pays-Bas n'ouvrent qu'à partir de 16 heures, en week-end particulièrement. Prenez donc la précaution de réserver en conséquence. Les prix sont donnés en florins (guldens).

✿✿✿ *Les étoiles*
✿✿ *De Sterren*
✿ *Die Sterne*
The stars

"Bib Gourmand"

Repas 60 *Repas soignés à prix modérés*
Verzorgde Maaltijden voor een schappelijke prijs
Sorgfältig zubereitete preiswerte Mahlzeiten
Good food at moderate prices

L'agrément
Aangenaam Verblijf
Annehmlichkeit
Peaceful atmosphere and setting

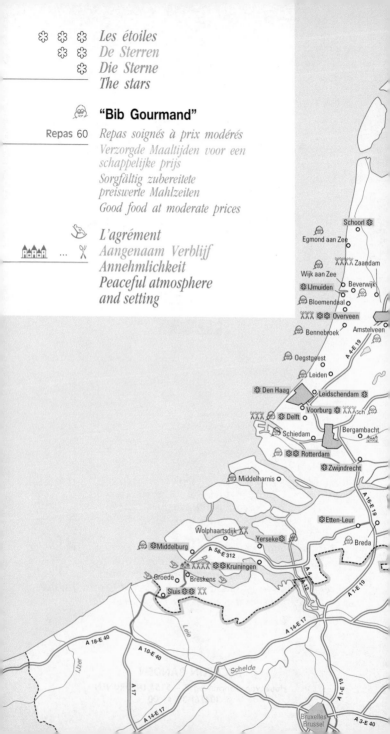

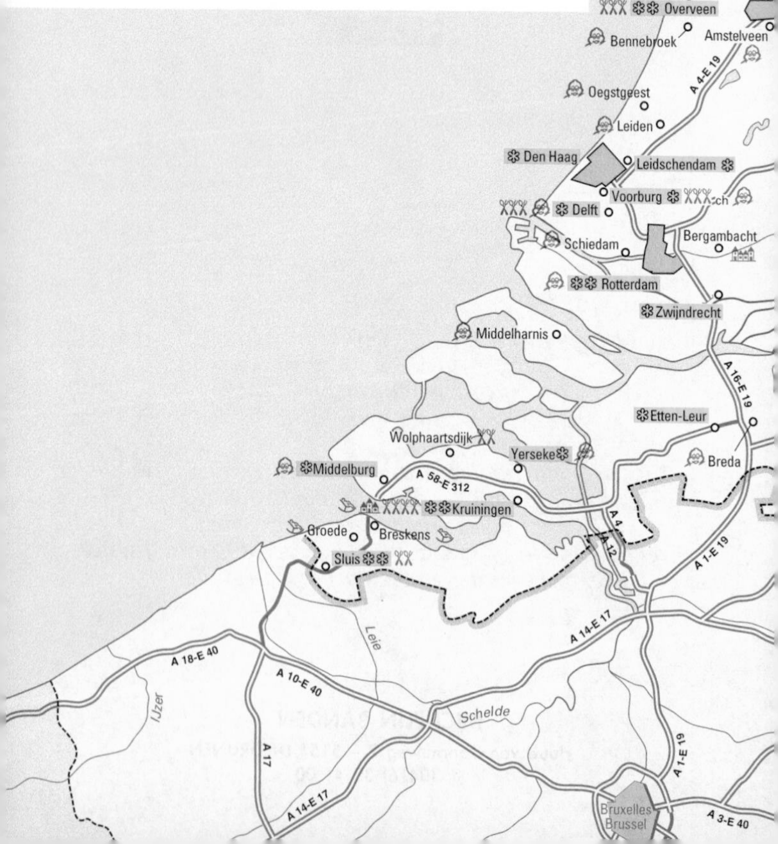

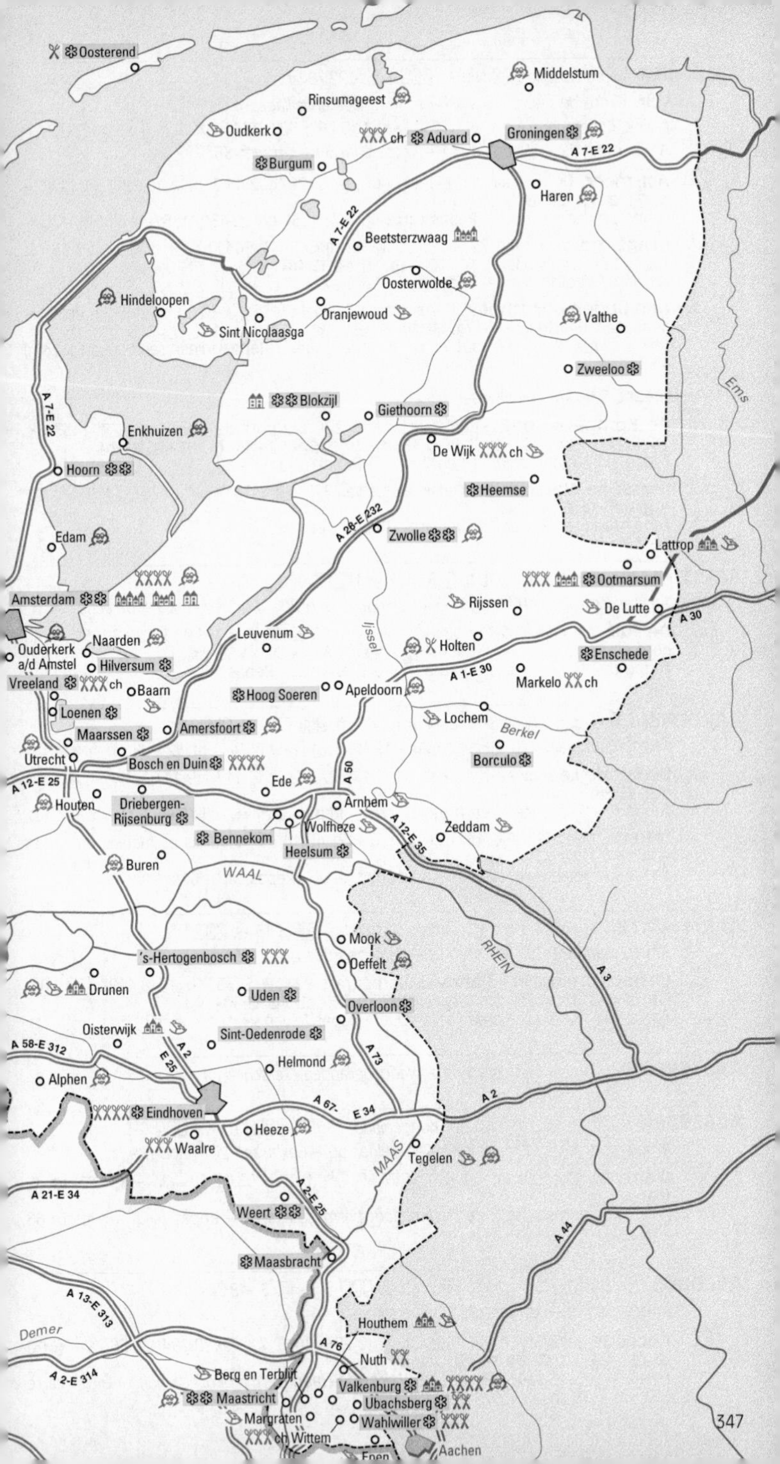
Oosterend
Rinsumageest
Middelstum
Oudkerk
ch Aduard
Groningen
A 7-E 22
Burgum
Haren
A 7-E 22
Beetsterzwaag
Oosterwolde
Hindeloopen
Oranjewoud
Sint Nicolaasga
Valthe
Zweeloo
Ems
A 7-E 22
Blokzijl
Giethoorn
Enkhuizen
De Wijk ch
Hoorn
Heemse
A 28-E 232
Zwolle
Edam
Lattrop
Ootmarsum
Amsterdam
Rijssen
De Lutte
A 30
Leuvenum
Naarden
Ouderkerk a/d Amstel
Hilversum
IJssel
Holten
Enschede
Vreeland ch
Baarn
A 1-E 30
Markelo ch
Hoog Soeren
Apeldoorn
Loenen
Lochem
Maarssen
Amersfoort
Berkel
Utrecht
Bosch en Duin
Borculo
A 12-E 25
A 50
Ede
Houten
Driebergen-Rijsenburg
Arnhem
Wolfheze
A 12-E 35
Zeddam
Bennekom
Heelsum
Buren
WAAL
Mook
RHEIN
's-Hertogenbosch
Oeffelt
A 3
Drunen
Uden
Overloon
Oisterwijk
Sint-Oedenrode
A 58-E 312
A 2
E 25
A 73
Helmond
Alphen
A 67-E 34
A 2
Eindhoven
Heeze
Waalre
MAAS
Tegelen
A 21-E 34
A 2-E 25
Weert
A 44
Maasbracht
A 13-E 313
Houthem
Demer
A 76
Nuth
A 2-E 314
Berg en Terblijt
Valkenburg
Maastricht
Ubachsberg
Margraten
Wahlwiller
ch Wittem
Aachen
Epen

AALSMEER *Noord-Holland* 211 N 9 et 908 F 5 – *22 284 h.*

Voir *Vente de fleurs aux enchères** (Bloemenveiling).*

Drie Kolommenplein 1, ✉ 1431 LA, ☎ (0 297) 32 53 74, Fax (0 297) 35 42 55.

Amsterdam 19 – Hilversum 31 – Rotterdam 59 – Utrecht 36.

Aalsmeer, Dorpsstraat 15, ✉ 1431 CA, ☎ (0 297) 32 43 21, *Fax (0 297) 34 35 35* – AE VISA JCB
fermé 24 déc.-1er janv. – **Repas** carte 58 à 75 – **58 ch** 130/165 – ½ P 145/170.

Dragt, Stommeerweg 72 (au port de plaisance), ✉ 1431 EX, ☎ (0 297) 32 55 79, *Fax (0 297) 34 74 63,* – AE VISA
fermé 21 déc.-1er janv. – **Repas** carte 66 à 97.

Den Ouden Dorpshoek, Dorpsstraat 93, ✉ 1431 CB, ☎ (0 297) 32 49 51, Produits de la mer, « Rustique » – AE VISA.
fermé dim., 12 juil.-17 août et du 1er au 7 janv. – **Repas** (dîner seult jusqu'à 23 h) 45/85.

à **Kudelstaart** *S : 4 km* *Aalsmeer :*

De Kempers Roef, Kudelstaartseweg 226 (au port de plaisance), ✉ 1433 GR, ☎ (0 297) 32 41 45, *Fax (0 297) 36 01 81,* – AE VISA
fermé lundi, mardi et du 1er au 7 janv. – **Repas** Lunch 50 – 60/73.

Brasserie Westeinder, Kudelstaartseweg 222, ✉ 1433 GR, ☎ (0 297) 34 18 36, – AE VISA.
fermé merc. et 2 prem. sem. mars – **Repas** carte env. 70.

AALST *Gelderland* *Brakel 6 956 h.* 211 P 12 et 908 G 6.

Amsterdam 82 – Arnhem 77 – 's-Hertogenbosch 20 – Rotterdam 68 – Utrecht 50.

De Fuik, Maasdijk 1, ✉ 5308 JA, ☎ (0 418) 55 22 47, *Fax (0 418) 55 29 80,* « Au bord de l'eau, Meuse (Maas) », – – 40. AE VISA.
fermé du 15 au 21 fév., du 18 au 24 oct. et lundi – **Repas** 110.

AARDENBURG *Zeeland* *Sluis-Aardenburg 6 455 h.* 211 F 15 et 908 B 8.

Amsterdam (bac) 226 – Brugge 26 – Middelburg (bac) 28 – Gent 37 – Knokke-Heist 16.

De Roode Leeuw avec ch, Kaai 31, ✉ 4527 AE, ☎ (0 117) 49 14 00, – 25 à 100. VISA.
fermé mardi soir, merc. et 1re quinz. nov. – **Repas** Lunch 43 – 75/85 – **6 ch** 65/110.

Lekens, Markt 25, ✉ 4527 CN, ☎ (0 117) 49 14 35, Anguilles et moules en saison –
fermé juin, merc. soir sauf en juil.-août et jeudi – **Repas** carte 61 à 80.

AARLE-RIXTEL *Noord-Brabant* *Laarbeek 21 661 h.* 211 S 13 et 908 H 7.

Amsterdam 121 – Eindhoven 18 – Nijmegen 58.

Châlet Lohengrin - Parzival, Dorpsstraat 92, ✉ 5735 EG, ☎ (0 492) 38 12 64, *Fax (0 492) 38 34 35,* – – 25 à 100. AE VISA.
fermé dim., lundi et 2 prem. sem. août – **Repas** (dîner seult) carte env. 75.

AASTEREIN *Fryslân – voir Oosterend à Waddeneilanden (Terschelling).*

ABBEKERK *Noord-Holland* *Noorder-Koggenland 10 253 h.* 210 P 6 et 908 G 3.

Amsterdam 49 – Alkmaar 26 – Den Helder 50 – Enkhuizen 20 – Hoorn 9.

d'entrée, Dorpsstraat 54, ✉ 1657 AD, ☎ (0 229) 58 12 58, – AE VISA
fermé mardi, merc. et 2 dern. sem. août-prem. sem. sept. – **Repas** Lunch 70 – carte 68 à 87.

ABCOUDE *Utrecht* 210 O 9 - ㉙ S, 211 O 9 et 908 F 5 - ㉘ S – *8 067 h.*

Amsterdam 14 – Utrecht 25 – Hilversum 20.

Abcoude, Kerkplein 7, ✉ 1391 GJ, ☎ (0 294) 28 12 71, *Fax (0 294) 28 56 21* – – 50. AE VISA JCB
fermé 11 juil.-1er août – **Repas** ***De Wakende Haan*** *(fermé dim. et lundi).* Lunch 50 - carte 59 à 80 – **19 ch** 150/188 – ½ P 200/225.

ADUARD *Groningen* 210 X 3 et 908 K 2 – *voir à Groningen.*

AFFERDEN *Limburg* C *Bergen 13 357 h.* 211 V 13 et 908 J 7.
Amsterdam 142 – Eindhoven 61 – Nijmegen 30 – Venlo 32.

XXX **Aub. De Papenberg** avec ch, Hengeland 1a (N : 1 km sur N 271), ✉ 5851 EA, ☎ (0 485) 53 17 44, *Fax (0 485) 53 22 64*, « Terrasse et jardin » – TV ☎ P. AE ⓓ E VISA.
fermé 25 juil.-17 août et 27 déc.-2 janv. – **Repas** (dîner seult) *(fermé dim.)* 63/80 – **21 ch** ☕ 130/180 – ½ P 130.

AFSLUITDIJK (DIGUE DU NORD) ★★ *Fryslân et Noord-Holland* 210 Q 4 et 908 G 3 *G. Hollande.*

AKERSLOOT *Noord-Holland* 210 N 7 et 908 F 4 – *4 826 h.*
Amsterdam 31 – Haarlem 23 – Alkmaar 13.

Akersloot, Geesterweg 1a (près A 9), ✉ 1921 NV, ☎ (0 251) 31 91 02, *Fax (0 251) 31 45 08*, – rest, TV ☎ P – 25 à 600. AE ⓓ E VISA.
Repas (ouvert jusqu'à 23 h) Lunch 23 – carte env. 45 – ☕ 39 – **179 ch** 110/115, 3 suites – ½ P 152/200.

AKKRUM *Fryslân* C *Boarnsterhim 18 043 h.* 210 U 4 et 908 I 2.
Amsterdam 137 – Leeuwarden 20 – Groningen 60 – Zwolle 74.

De Oude Schouw, Oude Schouw 6 (NO : 3 km), ✉ 8491 MP, ☎ (0 566) 65 21 25, *Fax (0 566) 65 21 02*, ≤, « Terrasse au bord de l'eau », – TV ☎ P – 25 à 80. AE ⓓ E VISA
Repas 48/98 – **16 ch** ☕ 127/160, 1 suite – ½ P 174.

ALBERGEN *Overijssel* 210 Z 8 et 908 L 4 – *voir à Tubbergen.*

ALBLASSERDAM *Zuid-Holland* 211 N 11 et 908 F 6 – *17 782 h.*
Voir *Moulins de Kinderdijk★★, ≤★ (de la rive gauche du Lek) N : 5 km.*
Amsterdam 92 – Den Haag 46 – Arnhem 101 – Breda 45 – Rotterdam 20 – Utrecht 59.

Het Wapen van Alblasserdam, Dam 24, ✉ 2952 AB, ☎ (0 78) 691 47 11, *Fax (0 78) 691 61 16* – rest, TV ☎ P – 40 à 170. AE ⓓ E VISA JCB
Repas Lunch 29 – 60 – **20 ch** ☕ 105/155 – ½ P 106/134.

Kinderdijk, West-Kinderdijk 361 (NO : 3 km), ✉ 2953 XV, ☎ (0 78) 691 24 25, *Fax (0 78) 691 50 71*, ≤ moulins et rivière Noord, – rest, TV ☎ P. AE ⓓ E VISA JCB. ch
Repas carte env. 45 – **12 ch** *(fermé Noël et 31 déc.)* ☕ 80/125.

ALDTSJERK *Fryslân* – *voir Oudkerk à Leeuwarden.*

ALKMAAR *Noord-Holland* 210 N 7 et 908 F 4 – *93 004 h.*
Voir *Marché au fromage★★ (Kaasmarkt) sur la place du Poids public (Waagplein)* Y 34 – *Grandes orgues★, petit orgue★ dans la Grande église ou église St-Laurent (Grote- of St. Laurenskerk)* Y **A**.
18 *Sluispolderweg 7, ✉ 1817 BM, ☎ (0 72) 515 68 07, Fax (0 72) 515 68 07.*
Waagplein 3, ✉ 1811 JP, ☎ (0 72) 511 42 84, Fax (0 72) 511 75 13.
Amsterdam 40 ③ – Haarlem 31 ③ – Leeuwarden 109 ②.

Plan page suivante

X **Bios** 1er étage, Gedempte Nieuwesloot 54a, ✉ 1811 KT, ☎ (0 72) 512 44 22, *Fax (0 72) 512 44 99*, « Brasserie moderne dans une dermeure historique » – AE ⓓ E VISA — Y a
fermé dim. midi – **Repas** Lunch 48 – carte 58 à 87.

X **Het Paleis** (arrière-salle), Verdronkenoord 102, ✉ 1811 BH, ☎ (0 72) 520 20 00, *Fax (0 72) 520 20 21* – AE ⓓ E VISA JCB — Z b
Repas Lunch 53 – 60/80.

X **Eric's Stokpaardje,** Vrouwenstraat 1, ✉ 1811 GA, ☎ (0 72) 512 88 70, *Fax (0 72) 511 28 58* – AE E VISA. — Z e
fermé lundi et du 2 au 16 août – **Repas** Lunch 45 – 53/75.

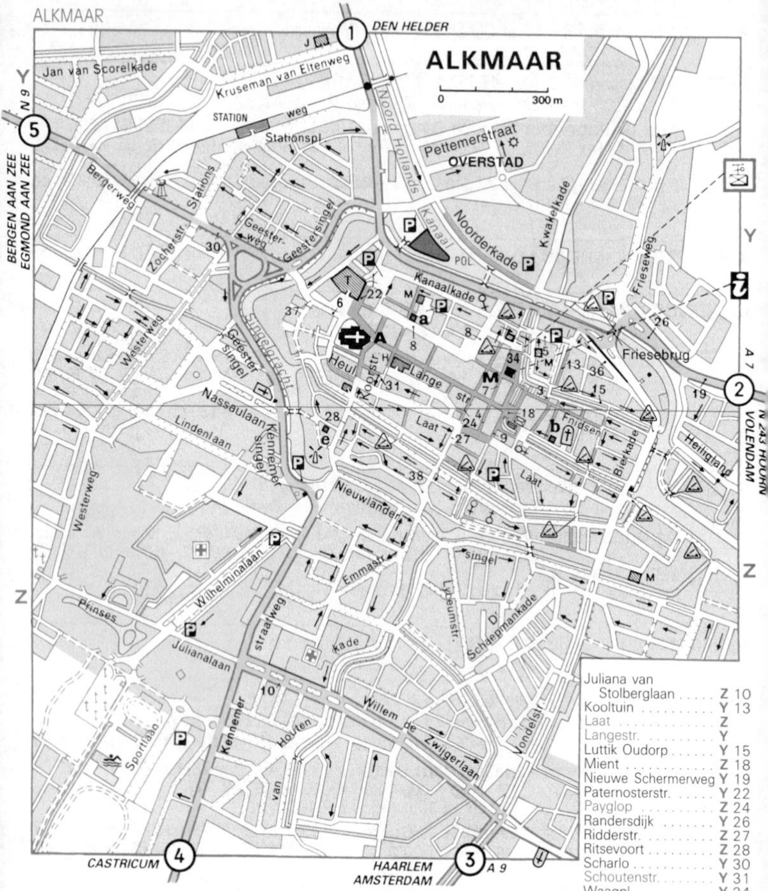

Juliana van Stolberglaan . . . . . Z 10
Kooltuin . . . . Y 13
Laat . . . . Z
Langestr. . . . . Y
Luttik Oudorp . . . . . . Y 15
Mient . . . . Z 18
Nieuwe Schermerweg Y 19
Paternosterstr. . . . . . Y 22
Payglop . . . . Z 24
Randersdijk . . . . Y 26
Ridderstr. . . . . Z 27
Ritsevoort . . . . Z 28
Scharlo . . . . Y 30
Schoutenstr. . . . . Y 31
Waagpl. . . . . Y 34
Wageweg . . . . Y 36
Zevenhuizen . . . . Y 37
Zilverstr. . . . . Z 38

Appelsteeg . . . . Y 3
Boterstr. . . . . Z 4
Dijk . . . . Y 5
Gasthuisstr. . . . . Y 6
Gedempte Nieuwesloot . . . . Y 8
Houttil . . . . Y 7
Huigbrouwerstr. . . . . . . Z 9

à Heerhugowaard *NE : 7 km – 40 996 h.*

De Zandhorst, Gildestraat 2, ✉ 1704 AG, ☎ (0 72) 574 44 44, *Fax (0 72) 574 47 44,* ✠, ≘ – |‡|, ▤ rest, TV ☎ ♿ P – 🏛 25 à 200. AE ⓓ E VISA. ✂ ch
fermé 24, 25, 26 et 31 déc. et 1er janv. – **Repas** carte 45 à 64 – **50 ch** ☐ 113/153 – ½ P 145.

à Noord-Scharwoude *N : 8 km* C *Langedijk 22 681 h :*

De Buizerd ⛭, Spoorstraat 124, ✉ 1723 NG, ☎ (0 226) 31 23 88, *Fax (0 226) 31 76 27,* 🍽, ⚓ – ▤ rest, TV ☎ P – 🏛 80. E VISA
Repas *Lunch 28* – carte 48 à 85 – **11 ch** ☐ 70/140 – ½ P 85/98.
Voir aussi : **Heiloo** *par ④ : 5 km*

ALMELO *Overijssel* 210 Z 8, 211 Z 8 et 908 K 4 – *65 217 h.*
à Wierden O : 4 km, Rijssensestraat 142a, ✉ 7642 NN, ☎ (0 546) 57 61 50, Fax (0 546) 57 81 09.
Centrumplein 2, ✉ 7607 SB, ☎ (0 546) 81 87 65, Fax (0 546) 82 30 12.
Amsterdam 146 – Zwolle 48 – Enschede 23.

Theater, Schouwburgplein 1, ✉ 7607 AE, ☎ (0 546) 81 00 61, *Fax (0 546) 82 16 65,* 🍽, ⛱ – |‡| TV ☎ 🚗 P – 🏛 25 à 750. AE ⓓ E VISA
Repas *Lunch 18* – carte env. 60 – ☐ 23 – **112 ch** 105/250 – ½ P 103.

ALMEN *Gelderland* C *Gorssel 13 334 h.* 211 W 10 et 908 J 5.
Amsterdam 119 – Arnhem 42 – Apeldoorn 32 – Enschede 52.

De Hoofdige Boer, Dorpsstraat 38, ✉ 7218 AH, ☎ (0 575) 43 17 44, *Fax (0 575) 43 15 67,* « Terrasse et jardin » – AE VISA.
fermé du 1er au 15 janv. – **Repas** 50/87 – **23 ch** 113/165 – ½ P 115/133.

ALMERE *Flevoland* 210 Q 8, 211 Q 8 et 908 G 4 – *118 913 h.*
Watersnipweg 21, ✉ *1341 AA,* ☎ *(0 36) 538 44 74, Fax (0 36) 538 44 35.*
Spoordreef 20 (Almere-Stad), ✉ *1315 GP,* ☎ *(0 36) 533 46 00, Fax (0 36) 534 36 65.*
Amsterdam 30 – Apeldoorn 86 – Lelystad 34 – Utrecht 46.

à Almere-Haven C *Almere :*

Gasterie Rivendal, Kruisstraat 33, ✉ 1357 NA, ☎ (0 36) 531 90 00, *Fax (0 36) 531 90 00* – AE VISA.
fermé lundi et 27 déc.-1er janv. – **Repas** *Lunch 40* – 50/55.

Bestevaer, Sluiskade 16, ✉ 1357 NX, ☎ (0 36) 531 15 57, – AE VISA.
fermé lundi en hiver, mardi, 2 dern. sem. sept. et 2 dern. sem. janv. – **Repas** 55.

à Almere-Stad C *Almere :*

Bastion, Audioweg 1 (près A 6, sortie ③, Almere-West), ✉ 1322 AT, ☎ (0 36) 536 77 55, *Fax (0 36) 536 70 09* – AE VISA.
Repas (grillades, ouvert jusqu'à 23 h) 45 – 15 – **40 ch** 125.

ALPHEN *Noord-Brabant* C *Alphen-Chaam 9 343 h.* 211 O 14 et 908 H 6.
Amsterdam 122 – 's-Hertogenbosch 37 – Breda 25 – Tilburg 14.

Bunga Melati, Oude Rielseweg 2 (NE : 2 km), ✉ 5131 NR, ☎ (0 13) 508 17 28, *Fax (0 13) 508 19 63,* Cuisine indonésienne, « Terrasse et jardin » – AE VISA.
Repas *Lunch 25* – 45/55.

ALPHEN AAN DEN RIJN *Zuid-Holland* 211 M 10 et 908 F 5 – *67 805 h.*
Kromme Aarweg 5, ✉ *2403 NB,* ☎ *(0 172) 47 45 67, Fax (0 172) 49 46 60.*
Wilhelminalaan 1, ✉ *2405 EB,* ☎ *(0 172) 49 56 00, Fax (0 172) 47 33 53.*
Amsterdam 36 – Den Haag 32 – Rotterdam 35 – Utrecht 38.

Toor, Stationsplein 2, ✉ 2405 BK, ☎ (0 172) 49 01 00, *Fax (0 172) 49 57 63* – rest, – 25 à 200. AE VISA JCB
Repas carte 45 à 63 – **57 ch** 125/140 – ½ P 98/137.

Avifauna, Hoorn 65, ✉ 2404 HG, ☎ (0 172) 48 75 75, *Fax (0 172) 48 75 06,* « Parc ornithologique », – rest, – 25 à 400. AE VISA
Repas (ouvert jusqu'à 23 h) *Lunch 17* – carte env. 55 – **94 ch** 108/130 – ½ P 95.

AMELAND (Ile de) *Fryslân* 210 T 2 - U 2 et 908 I 1 – *voir à Waddeneilanden.*

AMERONGEN *Utrecht* 211 R 10 et 908 H 5 – *7 401 h.*
Amsterdam 71 – Arnhem 38 – Utrecht 33.

Herberg Den Rooden Leeuw, Drostestraat 35, ✉ 3958 BK, ☎ (0 343) 45 40 55, *Fax (0 343) 45 77 65* – AE VISA
fermé mardi, merc. et dern. sem. juil.-prem. sem. août – **Repas** (dîner seult) carte env. 70.

AMERSFOORT *Utrecht* 211 R 10 et 908 H 5 – *117 933 h.*
Voir *Vieille Cité★ : Muurhuizen★ (maisons de rempart)* BYZ – *Tour Notre-Dame★ (O. L. V-rouwe Toren)* AZ **S** – *Koppelpoort★* AY.
Env. *S : 14 km à Doorn : Collection d'objets d'art★ dans le château (Huis Doorn).*
Stationsplein 9, ✉ *3818 LE,* ☎ *0 900-112 23 64, Fax (0 33) 465 01 08.*
Amsterdam 51 ① – Utrecht 22 ④ – Apeldoorn 46 ① – Arnhem 51 ③.

AMERSFOORT

Arnhemseweg . . . . **AZ** 3
Arnhemsestr. . . . . **AZ** 5
Bloemendalse Binnenpoort . . . . **ABY** 6
van Campenstr. . . . . **AX** 8
Everard Meysterweg . . . . . . **BX** 9
Gasthuislaan . . . . **BX** 10
Groenmarkt . . . . **BY** 12
Grote Spui . . . . **AY** 14
Herenstr. . . . . **BZ** 15
Kleine Spui . . . . **AY** 17
Krankeledenstr. . . . . **AZ** 18
Krommestr. . . . . **AY** 20
Kewkersweg . . . . **AX** 21
Langestr. . . . . **ABZ**
Lieve Vrouwekerkhof . . . . . . **AZ** 23
Lieve Vrouwestr. . . . . **AY** 24
Utrechtsestr. . . . . **AZ** 26
Varkensmarkt . . . . **AZ** 27
Vondellan . . . . **AX** 29
Windsteeg . . . . **BY** 30
Zielhorsterweg . . . . **BX** 32

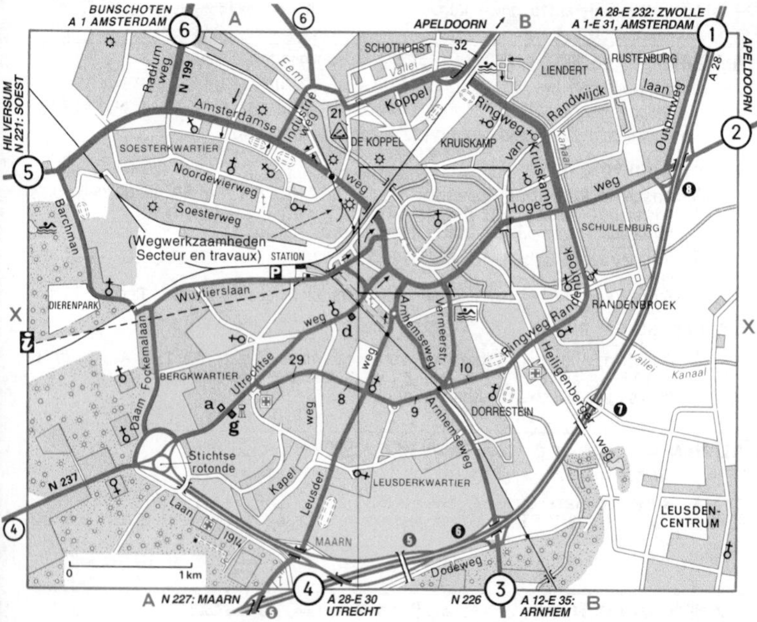

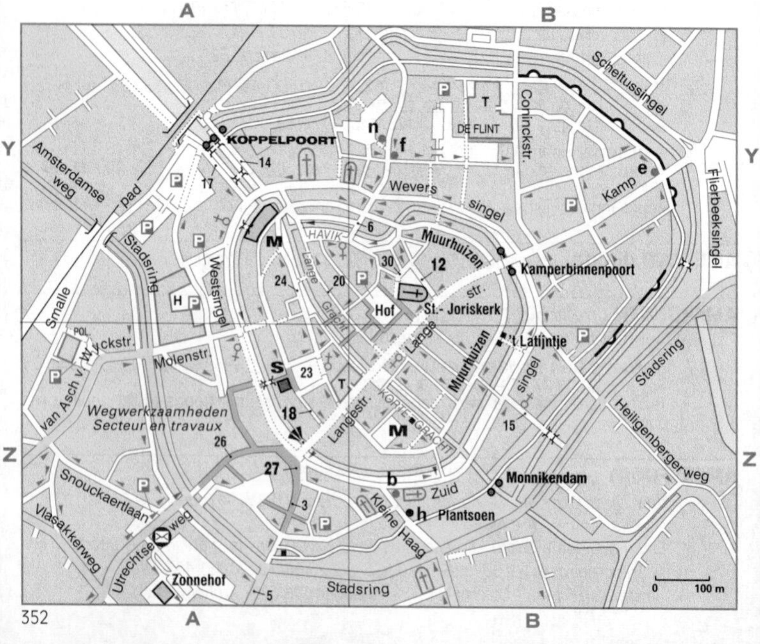

Berghotel, Utrechtseweg 225, ✉ 3818 EC, ✆ (0 33) 422 42 22, *Fax (0 33) 465 05 05,* , , – – 25 à 160. AE ① E VISA JCB AX a
Repas *(fermé dim. et juil.-août) Lunch 70* – carte 78 à 93 – ☕ 29 – **90 ch** 198/233.

Campanile, De Brand 50 (NE : 4 km près A 1), ✉ 3823 LM, ✆ (0 33) 455 87 57, *Fax (0 33) 456 26 20,* – – 25 à 50. AE ① E VISA JCB
Repas (avec buffet) 45 – ☕ 15 – **75 ch** 115 – ½ P 130.

Mariënhof, Kleine Haag 2, ✉ 3811 HE, ✆ (0 33) 463 29 79, *Fax (0 33) 465 51 26,* , « Dans un couvent-musée, jardin intérieur » – . AE ① E VISA BZ h
fermé sam. midi, dim., lundi, 19 juil.-15 août et fin déc.-début janv. – **Repas** *Lunch 65* – 115, carte env. 130
Spéc. St-Jacques sautées dans un consommé de thon. Consommé d'anguille au ravioli de mousse d'anguille fumée.

De Rôtisserie, Kleine Haag 2 (dans le complexe Mariënhof), ✉ 3811 HE, ✆ (0 33) 463 29 79, *Fax (0 33) 465 51 26,* – – 40. AE ① E VISA BZ b
fermé dim. et lundi – **Repas** (dîner seult) 65/80.

Dorloté, Bloemendalsestraat 24, ✉ 3811 ES, ✆ (0 33) 472 04 44, *Fax (0 33) 475 35 18,* – . AE ① E VISA. BY n
fermé dim., lundi, 27 juil.-9 août et 25 déc.-17 janv. – **Repas** *Lunch 48* – 65.

Tollius, Utrechtseweg 42, ✉ 3818 EM, ✆ (0 33) 465 17 93, – AE E VISA ABX d
fermé sam. midi, dim., lundi midi et 2 sem. vacances bâtiment – **Repas** *Lunch 50* – carte env. 80.

De Kraton, Utrechtseweg 180, ✉ 3818 ES, ✆ (0 33) 461 50 00, *Fax (0 33) 461 89 45,* Cuisine indonésienne – . AE ① E VISA AX g
fermé dim., lundi, 19 juil.-17 août et du 1er au 12 janv. – **Repas** (dîner seult) carte env. 70.

't Bloemendaeltje, Bloemendalsestraat 3, ✉ 3811 EP, ✆ (0 33) 475 00 01 – AE ① E VISA. BY f
fermé mardi, merc., 2 prem. sem. fév. et dern. sem. juil.-2 prem. août – **Repas** *Lunch 53* – carte env. 75.

De Verliefde Kreeft, Kamp 88, ✉ 3811 AT, ✆ (0 33) 475 60 96, *Fax (0 33) 470 01 26* – AE ① E VISA BY e
fermé lundi et mardi de mi-juil. à mi-août – **Repas** (dîner seult) carte 55 à 78.

Voir aussi : **Leusden** *SE : 4 km*

AMMERZODEN *Gelderland* 211 Q 12 et 908 G 6 – *4 453 h.*

Amsterdam 81 – 's-Hertogenbosch 8 – Utrecht 49.

't Oude Veerhuis, Molendijk 1, ✉ 5324 BC, ✆ (0 73) 599 13 42, *Fax (0 73) 599 44 02,* ←, , « Terrasse », – . AE ① E VISA JCB
fermé lundi – **Repas** *Lunch 52* – carte 63 à 100.

AMSTELVEEN *Noord-Holland* 210 O 9 - ㉘ S, 211 O 9 et 908 F 5 - ㉗ S – *voir à Amsterdam, environs.*

AMSTERDAM

Noord-Holland 210 J 8 - ㉘ N, 211 O 8 *et* 908 G 4 - ㉗ S - *715 148 h.*

Bruxelles 204 ③ - Düsseldorf 227 ③ - Den Haag 60 ④ - Luxembourg 419 ③ - Rotterdam 76 ④.

Curiosités	p. 2
Plans d'Amsterdam	
Agglomération	p. 4 à 7
Amsterdam Centre	p. 8 et 9
Agrandissement partie centrale	p. 10 et 11
Répertoire des rues	p. 12
Liste alphabétique des hôtels et des restaurants	p. 13 et 14
La cuisine que vous recherchez	p. 15 et 16
Nomenclature des hôtels et des restaurants	p. 3 et 17 à 23

OFFICE DE TOURISME

V.V.V. Amsterdam, Stationsplein 10. ✉ *1012 AB* ☎ *0 900-400 40 40, Fax (020) 625 28 69.*

RENSEIGNEMENTS PRATIQUES

TRANSPORTS

Un réseau étendu de transports publics (tram, bus et métro) dessert toute la ville, et le "canalbus" couvre toute la ceinture des canaux grâce à une série d'embarcadères. Les taxis sur l'eau ou "Water Taxi" sont également très rapides.
Le soir, il est préférable et conseillé de se déplacer en taxi.

AÉROPORT

À Schiphol (p. 2 AS) : 9,5 km ☎ *(020) 601 91 11.*

QUELQUES GOLFS

18 *Bauduinlaan 35* ✉ *1047 HK à Halfweg* (AR) ☎ *(020) 497 78 66, Fax (020) 497 59 66 -* 9 *Zwarte Laantje 4* ✉ *1099 CE à Duivendrecht* (DS) ☎ *(020) 694 36 50, Fax (020) 663 46 21 -* 18 *Buikslotermeerdijk 141* ✉ *1027 AC par* ① ☎ *(020) 632 56 50, Fax (020) 634 35 06 -* 18 *Abcouderstraatweg 46* ✉ *1105 AA à Holendrecht* (DS) ☎ *(0294) 28 12 41, Fax (0294) 28 63 47.*

LE SHOPPING

Grands Magasins :
Centre piétonnier, Shopping Center et Magna Plaza.

Commerces de luxe :
Beethovenstraat FV-FU *- P.C. Hooftstraat* FV-FU *- Van Baerlestraat.*

Marché aux fleurs★★ *(Bloemenmarkt)* KY.

Marché aux puces *(Vlooienmarkt) :*
Waterlooplein LXY.

Antiquités et Objets d'Art :
Autour du Rijksmuseum et du Spiegelgracht.

CASINO

Holland Casino KZ, *Max Euweplein 62,* ✉ *1017 MB (près Leidseplein)* ☎ *(020) 521 11 11, Fax (020) 521 11 10.*

CURIOSITÉS

POINTS DE VUE

Keizersgracht★★ KVY – *du Pont-écluse Oudezijds Kolk-Oudezijds Voorburgwal*★ LX.

QUELQUES MONUMENTS HISTORIQUES

Dam : Palais Royal★ *(Koninklijk Paleis)* KX – *Béguinage*★★ *(Begijnhof)* KX – *Maisons Cromhout*★ *(Cromhouthuizen)* KY **A4** – *Westerkerk*★ KX – *Nieuwe Kerk*★ KX – *Oude Kerk*★ LX.

MUSÉES HISTORIQUES

Musée Historique d'Amsterdam★★ *(Amsterdams Historisch Museum)* KX – *Musée Historique Juif*★ *(Joods Historisch Museum)* LY – *Musée Allard Pierson*★ *: collections archéologiques* LXY – *Maison d'Anne Frank*★★ KX – *Musée d'Histoire maritime des Pays-Bas*★★ *(Nederlands Scheepvaart Museum)* MX – *Musée des Tropiques*★ *(Tropenmuseum)* HT – *Musée Van Loon*★★ LY – *Musée Willet-Holthuysen*★ LY.

COLLECTIONS CÉLÈBRES

Rijksmuseum★★★ KZ – *National (Rijksmuseum) Van Gogh*★★★ JZ – *Municipal*★★ *(Stedelijk Museum) : art moderne* JZ – *Amstelkring "Le Bon Dieu au Grenier"*★ *(Museum Amstelkring Ons' Lieve Heer op Solder) : ancienne chapelle clandestine* LX – *Maison de Rembrandt*★ *(Rembrandthuis) : oeuvres graphiques du maître* LX – *Cobra (art moderne)* BR **M5**.

ARCHITECTURE MODERNE

Logements sociaux dans le quartier Jordaan et autour du Nieuwmarkt – Créations contemporaines à Amsterdam Zuid-Oost (banque ING).

QUARTIERS PITTORESQUES ET PARCS

Vieil Amsterdam★★★ – *Herengracht* KVY – *Les canaux*★★★ *(Grachten) avec bateaux-logements (Amstel) – Le Jordaan (Prinsengracht*★★, *Brouwersgracht*★, *Lijnbaansgracht, Looiersgracht, Egelantiersgracht*★, *Bloemgracht*★ *)* KX JKY – *Realeneiland* CR – *Dam* LY – *Pont Maigre*★ *(Magere Brug)* LY – *De Walletjes (Quartier chaud)* MX-LY – *SarphatiPark* LZ – *Oosterpark* HU – *Vondelpark* JZ – *Artis (jardin zoologique)*★★ MY – *Singel*★★ KY.

Quartiers du Centre - *plans p. 10 et 11 sauf indication spéciale :*

Amstel ⚘, Prof. Tulpplein 1, ✉ 1018 GX, ☎ (0 20) 622 60 60, *Fax (0 20) 622 58 08*, ←, 🏖, Fō, ≘s, ⬚, ⚓ - |‡| ✂ ▤ TV ☎ P - 🏘 25 à 180. AE ⓓ E VISA JCB. ✂
Repas voir rest ***La Rive*** ci-après - ***The Amstel Bar and Brasserie*** (ouvert jusqu'à 23 h 30) *Lunch 60* - carte env. 90 - ☕ 53 - **64 ch** 850/950, 15 suites. MZ a

The Grand ⚘, O.Z. Voorburgwal 197, ✉ 1012 EX, ☎ (0 20) 555 31 11, *Fax (0 20) 555 32 22*, « Immeuble historique, salons Art Nouveau authentiques, jardin intérieur », ≘s, ⬚, ⛱ - |‡| ✂ ▤ TV ☎ 🚗 - 🏘 25 à 300. AE ⓓ E VISA JCB. ✂ LX b
Repas voir rest ***Café Roux*** ci-après - ☕ 35 - **153 ch** 690/795, 13 suites.

Europe, Nieuwe Doelenstraat 2, ✉ 1012 CP, ☎ (0 20) 531 17 77, *Fax (0 20) 531 17 78*, ←, 🏖, « Lounge fin 19e s., collection de tableaux de paysagistes néerlandais », Fō, ≘s, ⬚, ⚓ - |‡| ▤ TV ☎ P - 🏘 25 à 80. AE ⓓ E VISA JCB LY c
Repas voir rest ***Excelsior*** ci-après - ***Le Relais*** (ouvert jusqu'à minuit) *Lunch 32* - 43/59 - ☕ 50 - **94 ch** 500/730, 6 suites.

Barbizon Palace, Prins Hendrikkade 59, ✉ 1012 AD, ☎ (0 20) 556 45 64, *Fax (0 20) 624 33 53*, Fō, ≘s - |‡| ✂ ▤ TV ☎ ♿ 🚗 - 🏘 25 à 300. AE ⓓ E VISA JCB. ✂ rest
Repas voir rest ***Vermeer*** ci-après - ***Café Barbizon*** (ouvert jusqu'à 23 h) *Lunch 50* - carte 63 à 92 - ☕ 35 - **265 ch** 415/570, 3 suites. LV d

Gd H. Krasnapolsky, Dam 9, ✉ 1012 JS, ☎ (0 20) 554 91 11, « Jardin d'hiver 19e s. », Fō, ⛱ - |‡| ✂, ▤ ch, TV ☎ 🚗 - 🏘 25 à 700. AE ⓓ E VISA JCB. ✂ LX k
Repas voir rest ***Edo and Kyo*** ci-après - ***Brasserie Reflet*** (dîner seult jusqu'à 23 h) 63 - ☕ 35 - **422 ch** 400/660, 7 suites.

Radisson SAS M ⚘, Rusland 17, ✉ 1012 CK, ☎ (0 20) 623 12 31, *Fax (0 20) 520 82 00*, « Atrium avec presbytère du 18e s. », Fō, ≘s, ⚓ - |‡| ✂ ▤ TV ☎ ♿ 🚗 - 🏘 25 à 300. AE ⓓ E VISA JCB. ✂ rest LX h
Repas ***Laxen Oxen*** (dîner seult) 58/68 - ***Brasserie De Palmboom*** (déjeuner seult) *Lunch 48* - carte 68 à 84 - ☕ 41 - **242 ch** 475/640, 1 suite.

Crowne Plaza City Centre, N.Z. Voorburgwal 5, ✉ 1012 RC, ☎ (0 20) 620 05 00 et 420 22 24 (rest), *Fax (0 20) 620 11 73 et 420 04 65 (rest)*, Fō, ≘s, ⬚ - |‡| ✂ ▤ TV ☎ 🚗 - 🏘 25 à 260. AE ⓓ E VISA JCB LV g
Repas ***Dorrius*** (avec cuisine hollandaise, dîner seult jusqu'à 23 h) carte 45 à 93 - ☕ 35 - **268 ch** 425/675, 2 suites - ½ P 444.

Pulitzer ⚘, Prinsengracht 323, ✉ 1016 GZ, ☎ (0 73) 523 52 35, *Fax (0 73) 627 67 53*, 🏖, « Façade composée de 24 maisons 17 et 18e s. », ⛱, ⚓ - |‡| ✂ ▤ TV ☎ 🚗 - 🏘 25 à 150. AE ⓓ E VISA JCB. ✂ rest KX m
Repas (ouverture prévue mai 1999) - ☕ 41 - **224 ch** 525/585, 2 suites.

Victoria, Damrak 1, ✉ 1012 LG, ☎ (0 20) 623 42 55, *Fax (0 20) 625 29 97*, Fō, ≘s, ⬚ - |‡| ✂ ▤ TV ☎ ♿ - 🏘 30 à 150. AE ⓓ E VISA JCB LV j
Repas carte 63 à 85 - ☕ 33 - **295 ch** 475/560, 10 suites.

Renaissance, Kattengat 1, ✉ 1012 SZ, ☎ (0 20) 621 22 23, *Fax (0 20) 627 52 45*, « Collection d'œuvres d'art contemporain », Fō, ≘s, ⚓ - |‡| ✂ ▤ TV ☎ ♿ 🚗 - 🏘 25 à 400. AE ⓓ E VISA JCB LV e
Repas (dîner seult) *(fermé dim.)* carte 66 à 88 - ☕ 38 - **370 ch** 375/525, 6 suites.

Jolly Carlton, Vijzelstraat 4, ✉ 1017 HK, ☎ (0 20) 622 22 66 et 623 83 20 (rest), *Fax (0 20) 626 61 83* - |‡| ✂ ▤ TV ☎ ♿ 🚗 - 🏘 25 à 180. AE ⓓ E VISA JCB. ✂
Repas ***Caruso*** (cuisine italienne, dîner seult jusqu'à 23 h) *(fermé lundi)* 110 - **219 ch** ☕ 525/690. LY n

American, Leidsekade 97, ✉ 1017 PN, ☎ (0 20) 624 53 22, *Fax (0 20) 625 32 36*, 🏖, Fō, ≘s, ⚓ - |‡| ✂, ▤ ch, TV ☎ - 🏘 40 à 160. AE ⓓ E VISA JCB. ✂ KY q
Repas (Taverne-rest Art Déco, ouvert jusqu'à minuit) *Lunch 40* - carte 72 à 90 - ☕ 37 - **186 ch** 295/550, 2 suites.

Swissôtel, Damrak 95, ✉ 1012 LP, ☎ (0 20) 626 00 66, *Fax (0 20) 627 09 82* - |‡| ✂ ▤ TV ☎ ♿ - 🏘 25 à 60. AE ⓓ E VISA JCB. ✂ LX s
Repas (cuisine suisse) *Lunch 37* - carte env. 60 - ☕ 30 - **109 ch** 310/600 - ½ P 380/520.

Sofitel sans rest, N.Z. Voorburgwal 67, ✉ 1012 RE, ☎ (0 20) 627 59 00, *Fax (0 20) 623 89 32*, Fō, ≘s - |‡| ✂ ▤ TV ☎ ♿ - 🏘 25 à 80. AE ⓓ E VISA. ✂ LX q
☕ 33 - **148 ch** 450/475.

Canal Crown sans rest, Herengracht 519, ✉ 1017 BV, ☎ (0 20) 420 00 55, *Fax (0 20) 420 09 93* - |‡| TV ☎. AE ⓓ E VISA LY d
☕ 25 - **57 ch** 225/420.

Ambassade sans rest, Herengracht 341, ✉ 1016 AZ, ☎ (0 20) 626 23 33, *Fax (0 20) 624 53 21*, ←, « Ensemble de maisons typiques du 17e s. » - |‡| TV ☎. AE ⓓ E VISA
☕ 23 - **46 ch** 335, 6 suites. KX x

Schiller, Rembrandtsplein 26, ✉ 1017 CV, ☎ (0 20) 554 07 00, *Fax (0 20) 624 00 98*, 🏖, Fō - |‡| ✂ TV ☎. AE ⓓ E VISA JCB. ✂ LY x
Repas carte env. 55 - ☕ 33 - **90 ch** 345/420, 2 suites - ½ P 290/455.

RÉPERTOIRE DES RUES DES PLANS D'AMSTERDAM

Aalsmeerweg . . . . . . p.8 **EU** 3
Abcouderstraatweg . . p.7 **DR**
Admiraal
de Ruyterweg . . . . p.8 **ES**
President
Allendelaan . . . . . . p.4 **AP** 6
Amstel . . . . p.11 **LY**
Amsteldijk . . . . p.9 **GHU**
Amstelstr . . . . p.11 **LY**
Amstelveenseweg . . . p.4 **BPQ** 8
Amstelveld . . . . p.11 **LY** 9
Anjeliersstr . . . . p.10 **JKV**
Apollolaan . . . . p.8 **EFU**
Archimedesweg . . . . p.5 **CP** 12
Baden Powellweg . . . p.4 **AP**
Van Baerlestr . . . . . . p.10 **JZ** 13
Barentszplein . . . . . . p.4 **BN** 14
Basisweg . . . . p.4 **AN**
Beethovenstr . . . . . . p.8 **FU**
Beethovenstr . . . . . . p.6 **BQ** 15
Berlagebrug . . . . p.7 **CQ** 16

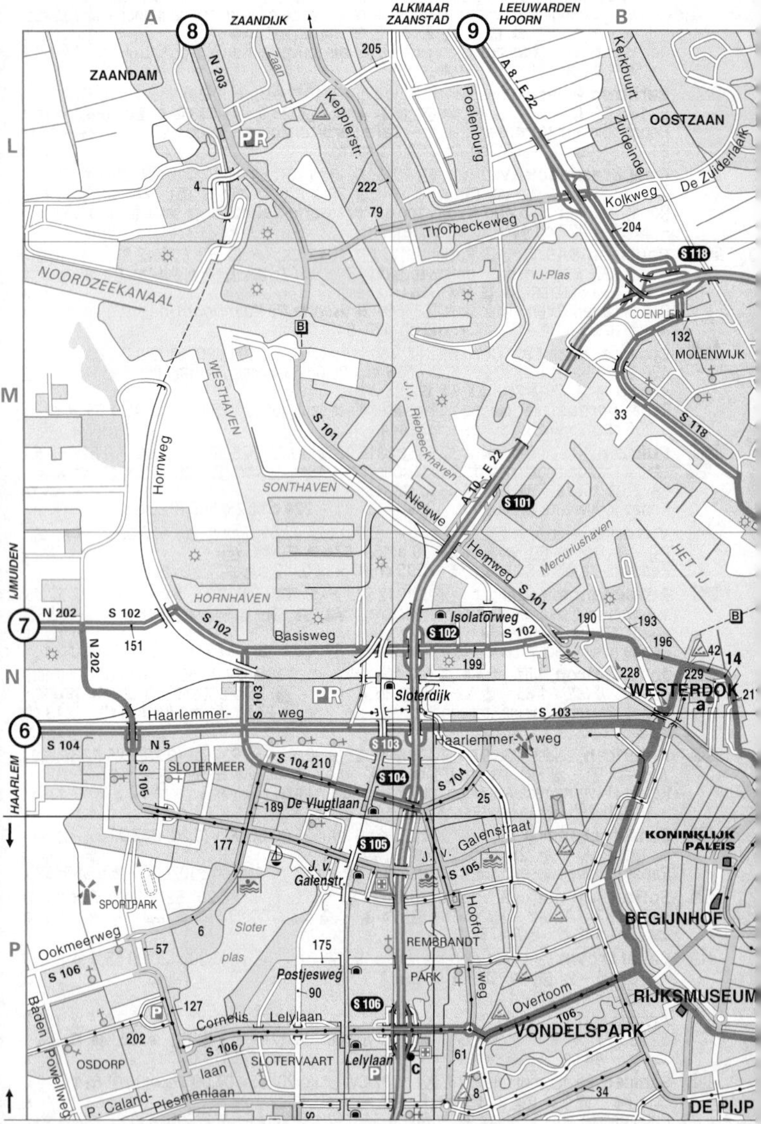

Bernard Zweerskade . p.8 FU 18
Beukenweg . . . . p.9 HU
Beursplein . . . . p.11 LX 19
Bijlmerdreef . . . . p.7 DQ 21
Bilderdijkkade . . . . . . p.8 ET
Bilderdijkstr . . . . p.10 JXY
Binnenkant . . . . p.11 MX 22
Blauwbrug . . . . p.11 LY
Bloemd-warsstr.
(1e) . . . . p.10 JX 24
Bloemgracht . . . . . . p.10 JKX
Bosboom
Toussaintstr . . . . . p.10 JY
Bos en
Lommerweg . . . . . p.4 BN 25
Buiksloterweg . . . . . . p.9 GS
Buitenveldertselaan . . p.6 BQ 28
Ceintuurbaan . . . . p.9 GU
Churchilllaan . . . . p.6 BQ 30
De Clercqstr . . . . . . p.10 JX
Constantijn
Huygensstr.(1e) . . p.10 JY
Cornelis
Douwesweg . . . . . . p.4 BM 33
Cornelis
Krusemanstr . . . . . . p.4 BP 34
Cornelis Lelylaan . . . . p.4 AP
Cornelis Schuytstr . . . p.8 EFU
Cruquiusweg . . . . p.5 CP 37
Daalwijkdreef . . . . p.7 DQ 39
Dam . . . . p.10 KX
Damrak . . . . p.11 LX
Damstr . . . . p.11 LX 40

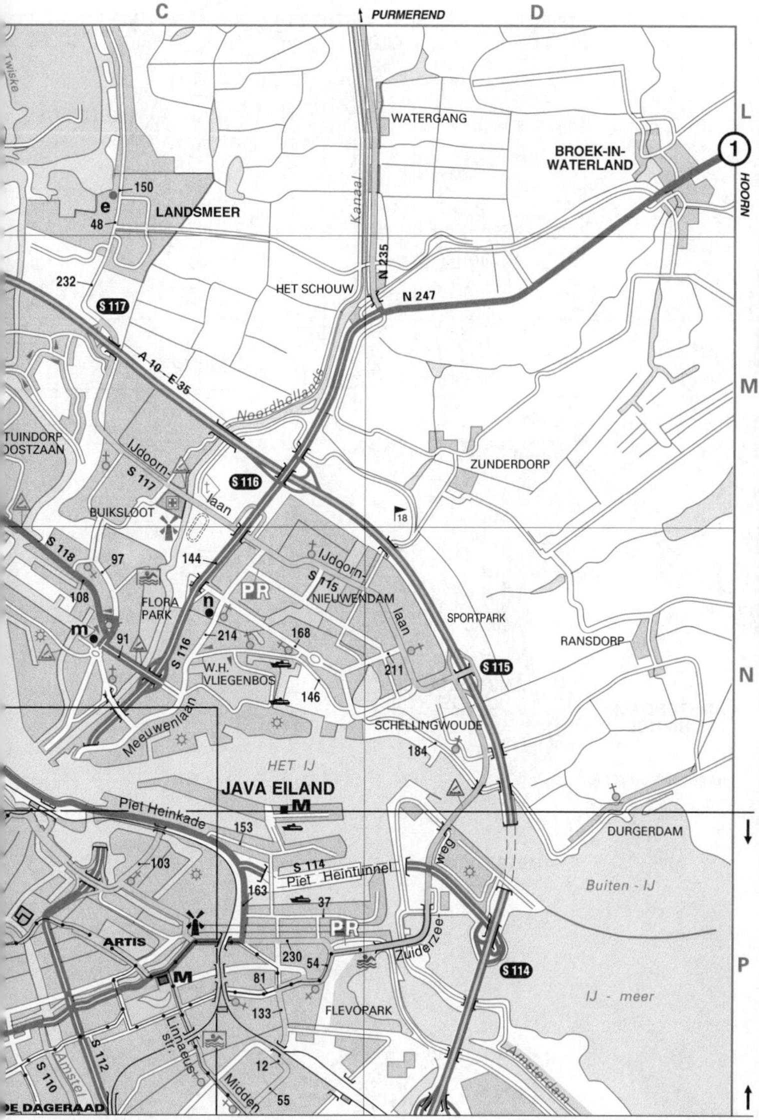

Van Diemenstr . . . . . p.4 **BN** 42
Diepenbrockstr . . . . . p.8 **FU** 44
Dolingadreef . . . . p.7 **CQ** 46
Van Eeghenstr . . . . . p.8 **EFU**
Egelantiersgracht . . p.10 **JKX**
Egelantiersstr . . . . . p.10 **JVX**
Elandsgracht . . . . . . p.10 **JX** 50
Elandsstr . . . . p.10 **JX**
Elsrijkdreef . . . . p.7 **DQ** 51
Entrepotdok . . . . . . p.11 **MXY**
Europaboulevard . . . . p.6 **BQ** 52
Ferdinand Bolstr . . . . p.9 **GU**
Flevoweg . . . . p.5 **CP** 54
Frederik Hendrikstr . p.10 **JVX**
Frederikspl . . . . p.11 **LZ**
Galileiplantsoen . . . . . p.5 **CP** 55
Geerbaan . . . . p.4 **AP** 57
Gerrit v. d. Veenstr . . p.8 **EFU**
Gooiseweg . . . . p.7 **CDQ**
's-Gravelandseveer . p.11 **LY** 58
Haarlemmer
Houttuinen . . . . p.8 **FGS**
Haarlemmermeerstr . . p.4 **BP** 61
Haarlemmerweg . . . . p.4 **ABN**
Hartenstr . . . . p.10 **KX**
Hazenstr . . . . p.10 **JX** 66
Heiligeweg . . . . p.10 **KY** 67
Hekelveld . . . . p.11 **LV** 69
van der Helststr. (2e) . p.9 **GU**
Herengracht . . . . p.10 **KVY**
Van Hilligaertstr . . . . . p.8 **FU** 70
Hobbemakade . . . . . . p.8 **FU**
Hogesluis-Brug . . . . p.11 **LZ**

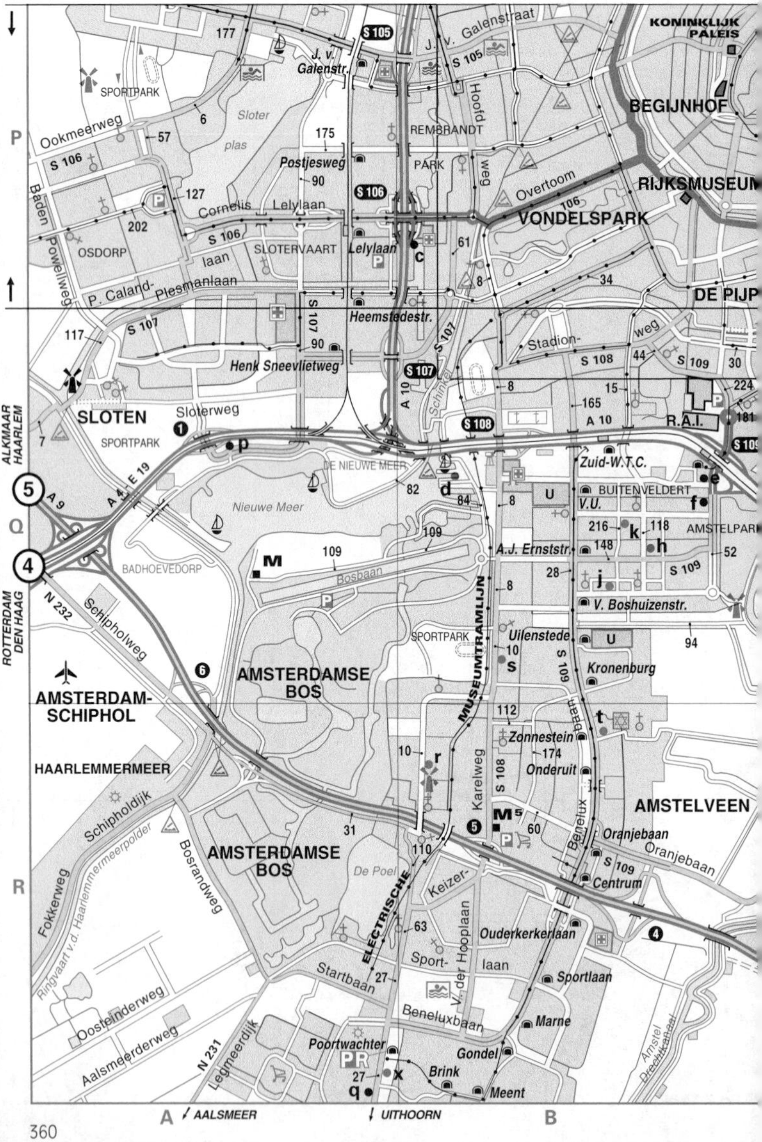

Holendrechtdreef	p.7	DR	72
Holterbergweg	p.7	CQ	
Hondsrugweg	p.7	CR	75
Hoofddorpweg	p.8	EU	76
Hoofdweg	p.4	BP	
Hornweg	p.4	AM	
Hugo de Grootstr.(2e)	p.10	JX	
Hugo de Vrieslaan	p.7	CQ	78
Insulindeweg	p.5	CP	81
Jaagpad	p.6	ABQ	82
Jachthavenweg	p.6	BQ	84
Jacob Obrechtstr	p.8	FU	85
Jacob van Lennepstr	p.10	JY	
Jan Evertsenstr	p.8	ET	
Jan Pieter Heijestr	p.8	ET	87
Jan van Galenstr	p.4	BP	
Jodenbreestr	p.11	LX	88
Joh. M. Coenenstr	p.8	FU	
Johan Huizingalaan	p.4	APQ	90
Johan van Hasseltweg	p.5	CN	91
Kadijksplein	p.11	MX	93
Kalfjeslaan	p.6	BQ	94
Kalverstr	p.10	KXY	96
Kamperfoelieweg	p.5	CN	97
Karspeldreef	p.7	DR	99
Karthuizersstr	p.10	JKV	100
Kattenburgergracht	p.9	HT	102
Kattenburgerstr	p.5	CP	103
Kattengat	p.11	LV	105

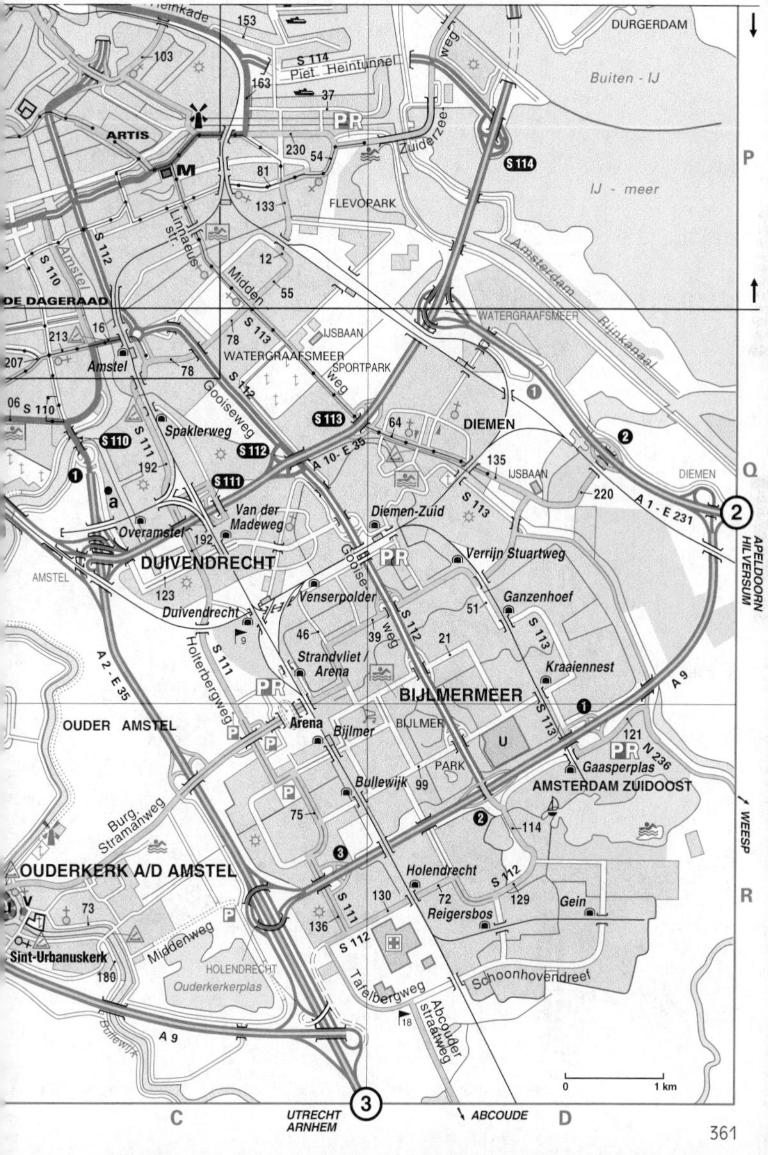

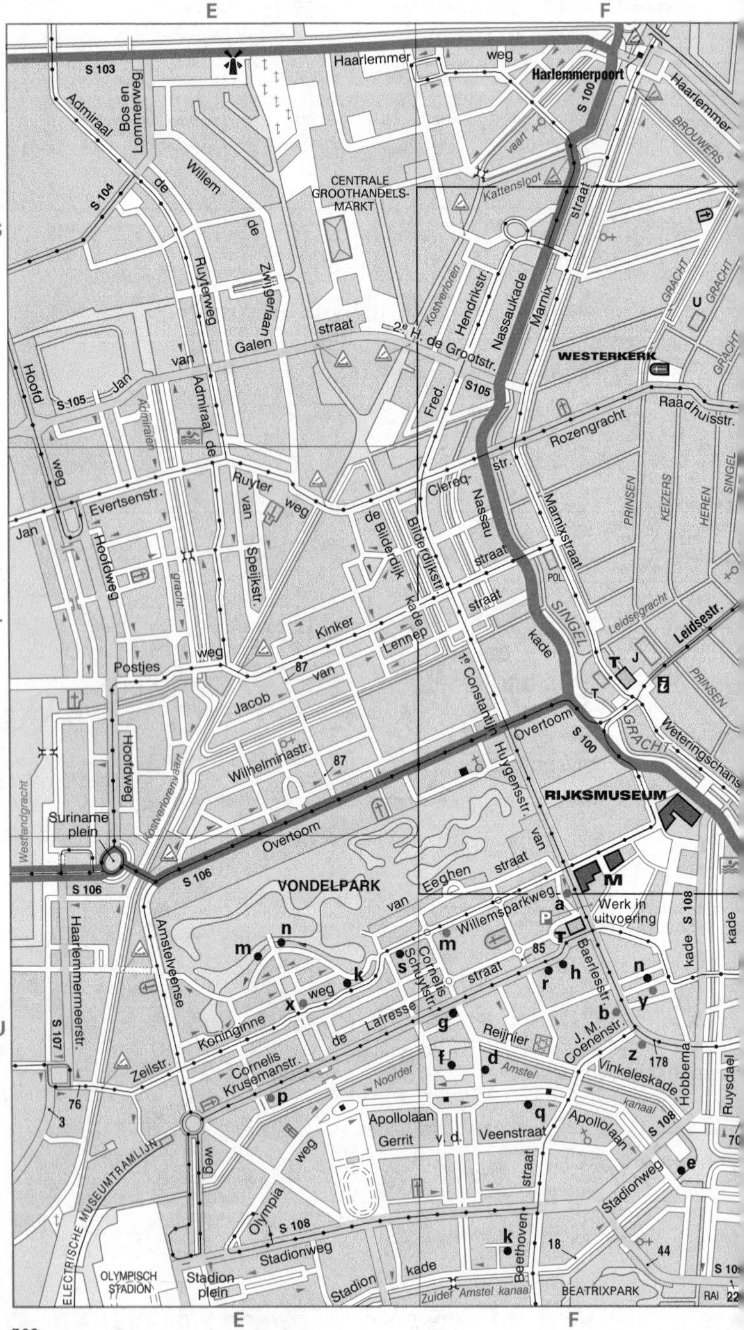
E
F
S
T
U
Haarlemmerweg
Harlemmerpoort
CENTRALE GROOTHANDELS-MARKT
WESTERKERK
Raadhuisstr.
Rozengracht
RIJKSMUSEUM
VONDELPARK
Overtoom
Admiraal de Ruyterweg
Jan van Galenstraat
Kinkerstraat
Jacob van Lennepstraat
Wilhelminastr.
Suriname plein
Amstelveenseweg
Koninginneweg
De Lairessestraat
Cornelis Krusemanstr.
Van Baerlestr.
Willemsparkweg
Werk in uitvoering
Van Eeghenstraat
Apollolaan
Stadionweg
Olympiaweg
Stadion plein
OLYMPISCH STADION
ELECTRISCHE MUSEUMTRAMLIJN
Beethovenstraat
BEATRIXPARK
Zuider Amstel kanaal
Hobbemakade
Ruysdaelkade
Marnixstraat
Nassaukade
Leidsegracht
Leidsestr.
Weteringschans
Haarlemmermeerstr.
Hoofdweg
Postjesweg
Zeilstr.
J. M. Coenenstr.
Vinkeleskade
Reijnier Vinkeleskade
Gerrit v. d. Veenstraat
Cornelis Schuytstr.
Bilderdijkstr.
1e Constantijn Huygensstr.

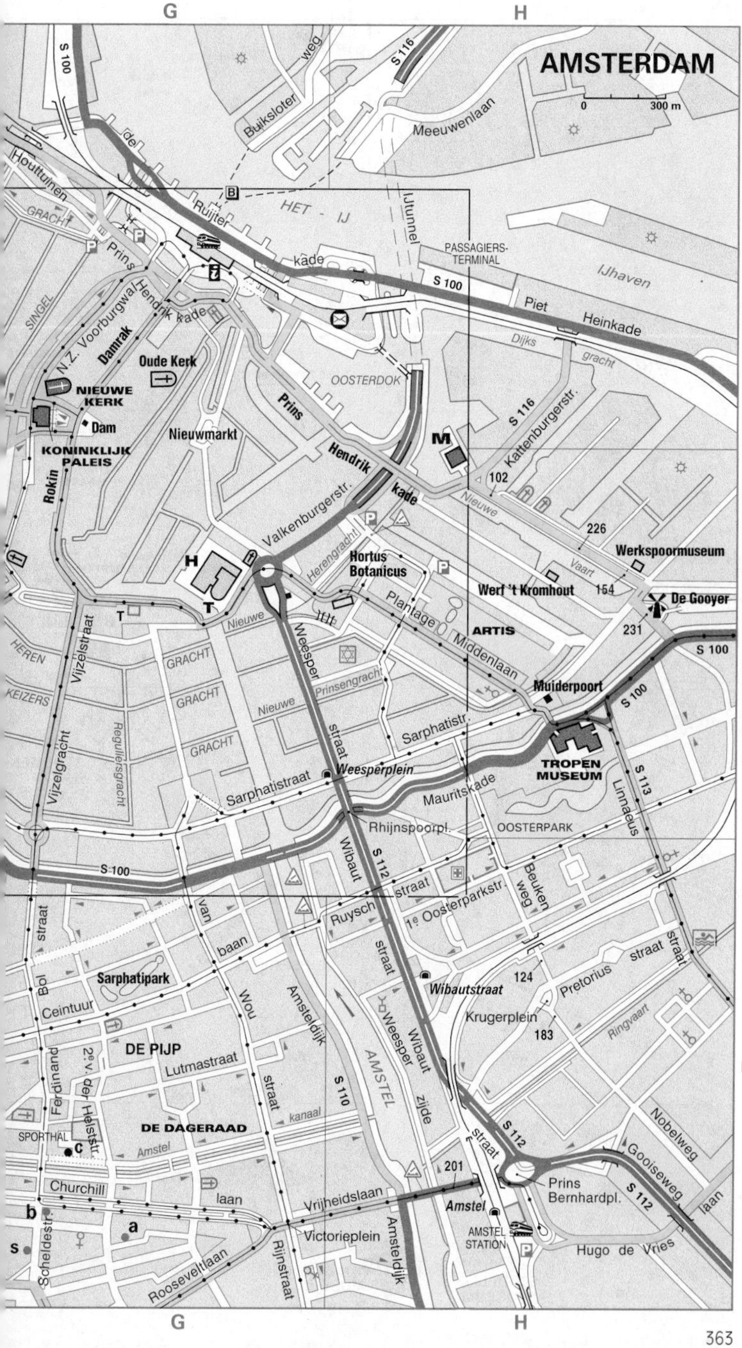
AMSTERDAM
G
H
S
T
U
0
300 m
Buiksloter
weg
Meeuwenlaan
De Ruijter kade
Houttuinen
HET - IJ
IJtunnel
PASSAGIERS-TERMINAL
IJhaven
S 100
S 116
Piet Heinkade
Dijks gracht
Prins Hendrik kade
GRACHT
SINGEL
N.Z. Voorburgwal
Damrak
Oude Kerk
NIEUWE KERK
Dam
KONINKLIJK PALEIS
Nieuwmarkt
OOSTERDOK
Kattenburgerstr.
102
Nieuwe Vaart
226
Werkspoormuseum
Werf 't Kromhout
154
De Gooyer
231
Rokin
Valkenburgerstr.
Herengracht
Hortus Botanicus
Plantage Middenlaan
ARTIS
Muiderpoort
Nieuwe
HEREN
KEIZERS
GRACHT
Vijzelstraat
Weesper straat
Nieuwe Prinsengracht
Sarphatistr.
Reguliersgracht
Vijzelgracht
Sarphatistraat
Weesperplein
TROPEN MUSEUM
Mauritskade
S 113
Linnaeus
Rhijnspoorpl.
OOSTERPARK
Wibaut
S 112
straat
1e Oosterparkstr.
Beuken weg
Ruysch
van
baan
Bol straat
Sarphatipark
124
Pretorius straat
Wibautstraat
Ceintuur
Wou straat
Amsteldijk
Weesper zijde
Krugerplein
183
Ringvaart
DE PIJP
Ferdinand
2e v. der Helststr.
Lutmastraat
S 110
AMSTEL
kanaal
Nobelweg
SPORTHAL
DE DAGERAAD
Amstel
c
201
Gooiseweg
Churchill laan
Vrijheidslaan
Amstel
Prins Bernhardpl.
b
a
s
Victorieplein
AMSTEL STATION
Hugo de Vries laan
Scheldestr.
Rooseveltlaan
Rijnstraat
Amsteldijk

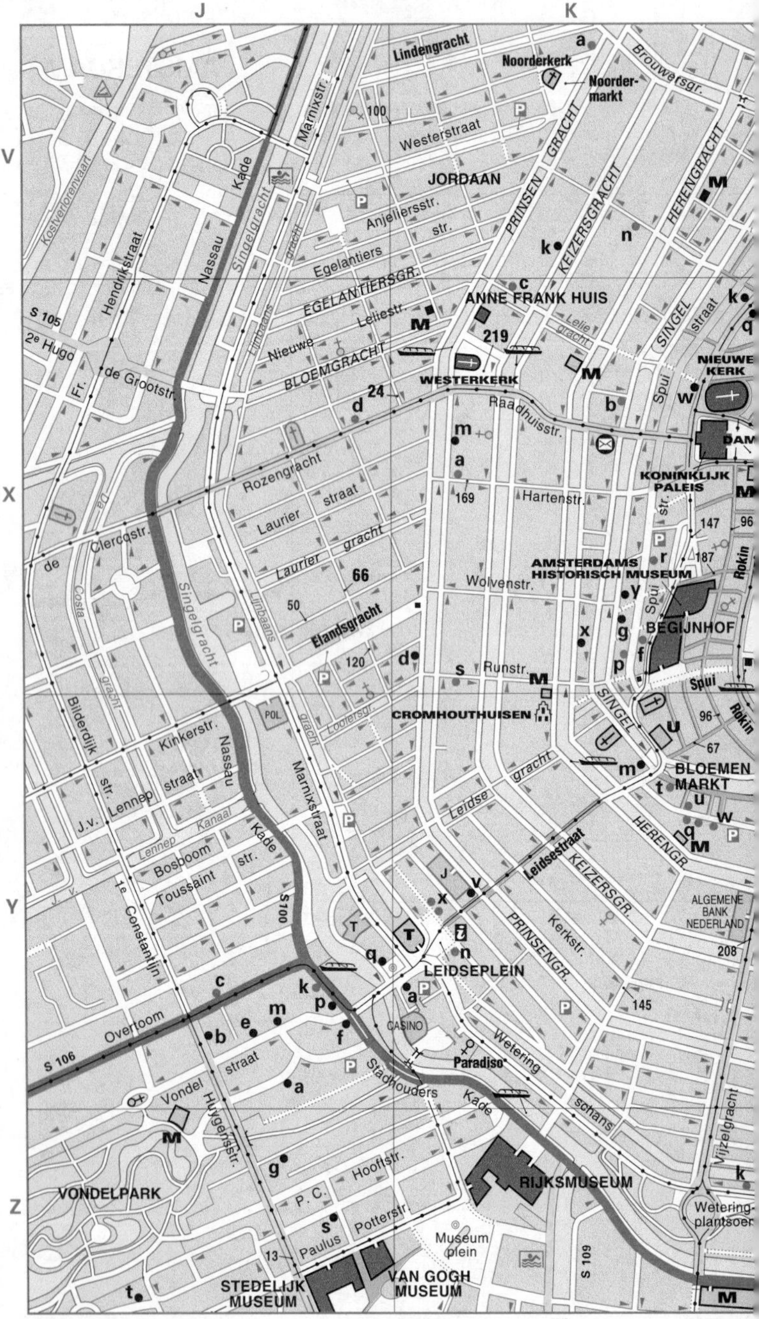
J
K
V
X
Y
Z
Lindengracht
Noorderkerk
Noordermarkt
Brouwersgr.
Westerstraat
JORDAAN
PRINSEN GRACHT
KEIZERSGRACHT
HERENGRACHT
SINGEL
Anjeliersstr.
Egelantiers str.
EGELANTIERSGR.
Leliestr.
Nieuwe
BLOEMGRACHT
ANNE FRANK HUIS
219
Lelie gracht
WESTERKERK
NIEUWE KERK
DAM
Raadhuisstr.
Spui
straat
24
Rozengracht
Laurier straat
Laurier gracht
66
50
Elandsgracht
120
169
Hartenstr.
Wolvenstr.
KONINKLIJK PALEIS
147
96
187
Rokin
AMSTERDAMS HISTORISCH MUSEUM
BEGIJNHOF
Runstr.
CROMHOUTHUISEN
Spui
96
67
BLOEMEN MARKT
Leidse gracht
Leidsestraat
HERENGR.
KEIZERSGR.
PRINSENGR.
Kerkstr.
ALGEMENE BANK NEDERLAND
208
145
LEIDSEPLEIN
CASINO
Paradiso
Wetering schans
Stadhouders Kade
Vijzelgracht
RIJKSMUSEUM
Wetering-plantsoen
Museum plein
S 109
VAN GOGH MUSEUM
STEDELIJK MUSEUM
13
Paulus Potterstr.
P. C. Hooftstr.
VONDELPARK
Vondel straat
Huygensstr.
Overtoom
S 106
S 100
Marnixstraat
Marnixstr.
Singelgracht
Nassau Kade
Linbaans gracht
Looiersgr.
POL
Kinkerstr.
J. v. Lennep straat
Lennep Kanaal
Bosboom Toussaint str.
1e Constantijn
Bilderdijk str.
Da Costa gracht
de Clercqstr.
Kostverlorenvaart
Hendrikstraat
Fr.
2e Hugo de Grootstr.
S 105
100

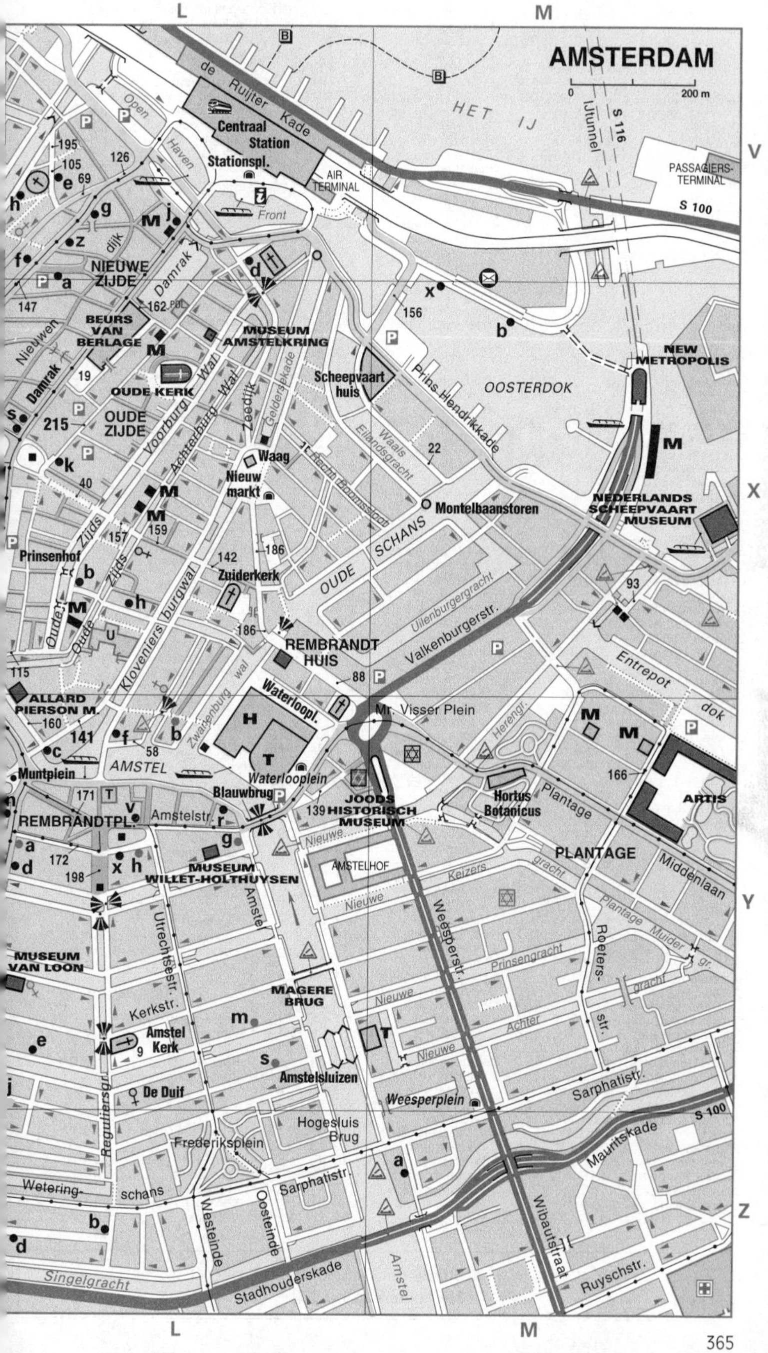
AMSTERDAM
200 m
HET IJ
de Ruijter Kade
Centraal Station
Stationspl.
AIR TERMINAL
PASSAGIERS-TERMINAL
IJtunnel
S 116
S 100
Open Haven Front
NIEUWE ZIJDE
Damrak
BEURS VAN BERLAGE
MUSEUM AMSTELKRING
OUDE KERK
OUDE ZIJDE
Voorburgwal
Achterburgwal
Zeedijk
Geldersekade
Scheepvaart huis
Prins Hendrikkade
OOSTERDOK
NEW METROPOLIS
NEDERLANDS SCHEEPVAART MUSEUM
Waag
Nieuwmarkt
Recht Boomssloot
Waals Eilandsgracht
Montelbaanstoren
OUDE SCHANS
Prinsenhof
Zuiderkerk
Kloveniersburgwal
Oude Zijds
Uilenburgergracht
Valkenburgerstr.
REMBRANDT HUIS
Waterloopl.
Zwanenburgwal
Mr. Visser Plein
Entrepot dok
ALLARD PIERSON M.
Muntplein
AMSTEL
Waterlooplein
Blauwbrug
JOODS HISTORISCH MUSEUM
Hortus Botanicus
Plantage Middenlaan
ARTIS
REMBRANDTPL.
Amstelstr.
MUSEUM WILLET-HOLTHUYSEN
AMSTELHOF
Nieuwe Keizersgracht
PLANTAGE
Plantage Muider gr.
MUSEUM VAN LOON
Utrechtsestr.
Weesperstr.
Roeterss-str.
Prinsengracht
Nieuwe Achter gracht
MAGERE BRUG
Kerkstr.
Amstel Kerk
Amstelsluizen
De Duif
Weesperplein
Sarphatistr.
Reguliersgr.
Hogesluis Brug
Frederiksplein
Mauritskade
Wetering-schans
Westeinde
Oosteinde
Wibautstraat
Singelgracht
Stadhouderskade
Ruyschstr.
L
M
V
X
Y
Z

Keizersgracht . . . . . p.10 **KVY**
President Kennedylaan . . . . . p.7 **CQ** 106
Kerkstr . . . . p.10 **KLY**
Kinkerstr . . . . p.10 **JY**
Klaprozenweg . . . . . . p.5 **CN** 108
Koenenkade . . . . p.6 **ABQ** 109
Koninginneweg . . . . . p.8 **EU**
Krugerpl . . . . p.9 **HU**
De Lairessestr . . . . . . p.8 **EFU**
Langbroekdreef . . . . . p.7 **DR** 114
Langebrugsteeg . . . p.11 **LX** 115
Langsomlaan . . . . p.6 **AQ** 117
Laurierstr . . . . p.10 **JX**
Leidsegracht . . . . . . p.10 **KY**
Leidseplein . . . . p.10 **KY**
Leidsestr . . . . p.10 **KY**
Van Leijenberghlaan . p.6 **BQ** 118
Leliegracht . . . . p.10 **KX**
Lijnbaansgracht . . . p.10 **JVX**
Lindengracht . . . . . . p.10 **JKV**
Linnaeusstr . . . . p.9 **HTU**
Looiersdwars-str. (1e) . . . . p.10 **JX** 120
Loosdrechtdreef . . . . p.7 **DR** 121
Lutmastr . . . . p.9 **GU**
Magerebrug . . . . . . p.11 **LY**
Maritzsrtr . . . . p.9 **HU** 124
Marnixstr . . . . p.10 **JVY**
Martelaarsgracht . . . p.11 **LV** 126
Mauritskade . . . . . . p.11 **MYZ**
Meer en Vaart . . . . . . p.4 **AP** 127
Meerkerkdreef . . . . . . p.7 **DR** 129
Meeuwenlaan . . . . . . p.5 **CN**
Meibergdreef . . . . . . p.7 **DR** 130
Middenweg . . . . p.5 **CPQ**
Molenaarsweg . . . . . p.4 **BM** 132
Molukkenstr . . . . p.5 **CP** 133
Muntbergweg . . . . . . p.7 **CR** 136
Muntplein . . . . p.11 **LY**
Nassaukade . . . . . . p.10 **JVY**
Nieuwe Achtergracht . . . . p.11 **MY**
Nieuwe Amstelstr . . p.11 **LY** 139
Nieuwe Doelenstr . . p.11 **LY** 141
Nieuwe Hemweg . . . p.4 **BMN**
Nieuwe Herengracht . . . . p.11 **LMY**
Nieuwe Hoogstr . . . p.11 **LX** 142
Nieuwe Keizersgracht . . . p.11 **LMY**
Nieuwe Leeuwarderweg . . p.5 **CN** 144
Nieuwe Leliestr . . . . p.10 **JKX**
Nieuwe Prinsengracht . . . p.11 **LMY**
Nieuwe Spiegelstr . p.10 **KY** 145
Nieuwendammerdijk . p.5 **CN** 146
Nieuwendijk . . . . . . p.11 **LVX**
Nieuwezijds Voorburgwal . . . . p.10 **KLX** 147
Nieuwmarkt . . . . . . p.11 **LX**
Van Nijenrodeweg . . p.6 **BQ** 148
Nobelweg . . . . p.9 **HU**
Noordermarkt . . . . . p.10 **KV**
Noordzeeweg . . . . . . p.4 **AN** 151
Olympiaweg . . . . p.8 **EU**
Ookmeerweg . . . . . . p.4 **AP**
Oosteinde . . . . p.11 **LY**
Oostelijke Handelskade . . . . . p.5 **CP** 153
Oostenburgerstr . . . . p.9 **HT** 154
Oosterdokskade . . . p.11 **MX** 156
Oosterparkstr. (1e) . . p.9 **HU**
Oude Doelenstr . . . p.11 **LX** 157
Oude Hoogstr . . . . . p.11 **LX** 159
Oude Schans . . . . . p.11 **LMX**
Oude Turfmarkt . . . p.11 **LY** 160
Oudebrugsteeg . . . . p.11 **LX** 162
Overtoom . . . . p.10 **JY**
Panamalaan . . . . p.5 **CP** 163
Parnassusweg . . . . . . p.6 **BQ** 165
Paulus Potterstr . . . p.10 **JKZ**
Piet Heinkade . . . . . . p.5 **CNP**
Pieter Calandlaan . . . p.4 **AP**
Pieter Corn Hooftstr . p.10 **JKZ**
Plantage Kerklaan . . p.11 **MY** 166
Plantage Middenlaan . . . . . p.11 **MY**
Plesmanlaan . . . . p.4 **AP**
Postjesweg . . . . p.8 **ET**
Pretoriusstr . . . . p.9 **HU**
Prins Bernhardpl . . . . p.9 **HU**
Prins Hendrikkade . . p.11 **MX**
Prinsengracht . . . . . p.10 **KVY**
Purmerweg . . . . p.5 **CN** 168
Raadhuisstr . . . . p.10 **KX**
Reestraat . . . . p.10 **KX** 169
Reguliersbreestr . . . p.11 **LY** 171
Reguliersdwarsstr . . p.11 **LY** 172
Reijnier Vinkeleskade . . . . . p.8 **FU**
Rembrandtplein . . . . p.11 **LY**
Rhijnspoorpl . . . . p.9 **HT**
Rijnstr . . . . p.9 **GU**
Robert Fruinlaan . . . . p.4 **AP** 175
Burg. Röellstr . . . . p.4 **AP** 177
Roelof Hartstr . . . . . . p.8 **FU** 178
Roetersstr . . . . p.11 **MY**
Rokin . . . . p.11 **LY**
Rooseveltlaan . . . . . . p.6 **BQ** 181
Rozengracht . . . . . . p.10 **JX**
De Ruijterkade . . . . p.11 **LV**
Runstr . . . . p.10 **KX**
Ruyschstr . . . . p.11 **MZ**
Ruysdaelkade . . . . . . p.8 **FU**
Sarphatistr . . . . p.11 **LMZ**
Schalk Burgerstr . . . . p.9 **HU** 183
Scheldestr . . . . p.9 **GU**
Schellingwouderdijk . p.5 **DN** 184
Schoonhovendreef . . p.7 **DR**
Singel . . . . p.10 **KXY**
Sint Antoniesbreestr . . p.11 **LX** 186
Sint Luciënsteeg . . . p.10 **KX** 187
Slotermeerlaan . . . . . p.4 **AN** 189
Sloterweg . . . . p.6 **AQ**
Spaarndammerdijk . . p.4 **BN** 190
Spaklerweg . . . . p.7 **CQ** 192
Van Speijkstr . . . . p.8 **ET**
Spui . . . . p.10 **KXY**
Spuistr . . . . p.10 **KX**
Stadhouderskade . . p.10 **JKY**
Stadionkade . . . . p.8 **EFU**
Stadionpl . . . . p.8 **EU**
Stadionweg . . . . p.8 **EU**
Stationsplein . . . . . . p.11 **LV**
Stavangerweg . . . . . . p.4 **BN** 193
Stromarkt . . . . p.11 **LV** 195
Surinamepl . . . . p.8 **ET**
Tafelbergweg . . . . . . p.7 **CDR**
Tasmanstr . . . . p.4 **BN** 196
Thorbeckeplein . . . . p.11 **LY** 198
Transformatorweg . . . p.4 **BN** 199
Treublaan . . . . p.9 **HU** 201
Tussen Meer . . . . p.4 **AP** 202
Utrechtsestr . . . . . . p.11 **LY**
Valkenburgerstr . . . . p.11 **MX**
Verlengde Stellingweg . . . . . . p.4 **BL** 204
Victorieplein . . . . p.7 **CQ** 207
Mr. Visser Plein . . . . p.11 **MY**
Vijzelgracht . . . . p.10 **KYZ**
Vijzelstr . . . . p.10 **KY** 208
Burg. de Vlugtlaan . . p.4 **AN** 210
Volendammerweg . . . p.5 **DN** 211
Vondelstr . . . . p.10 **JY**
Vrijheidslaan . . . . p.7 **CQ** 213
Waddenweg . . . . p.5 **CN** 214
Warmoesstr . . . . p.11 **LX** 215
Waterlooplein . . . . . p.11 **LXY**
Weesperstr . . . . p.11 **MY**
Weesperzijde . . . . p.9 **HU**
Van Weldammelaan . p.6 **BQ** 216
Westeinde . . . . p.11 **LZ**
Westerdoksdijk . . . . . p.4 **BN** 217
Westermarkt . . . . . . p.10 **KX** 219
Westerstr . . . . p.10 **KV**
Weteringplantsoen . p.10 **KZ**
Weteringschans . . . p.10 **KYZ**
Wibautstr . . . . p.11 **MZ**
Wielingenstr . . . . p.8 **FU** 224
Wilhelminastr . . . . p.8 **ET**
Willem de Zwijgerlaan . . . . . p.8 **ES**
Willemsparkweg . . . . p.8 **FU**
Wittenburgergracht . . . . p.9 **HT** 226
Wolvenstr . . . . p.10 **KX**
Van Woustr . . . . p.9 **GU**
IJdoornlaan . . . . p.5 **CMN**
Zaanstr . . . . p.4 **BN** 228
Zandhoek . . . . p.4 **BN** 229
Zeeburgerdijk . . . . . . p.5 **CP** 230
Zeeburgerstr . . . . p.9 **HT** 231
Zeedijk . . . . p.11 **LX**
Zeilstr . . . . p.8 **EU**
Zuiderzeeweg . . . . . . p.5 **DP**
Zwanenburgwal . . . p.11 **LXY**

AALSMEER

Aalsmeerderweg . . . . p.6 **AR**
Bosrandweg . . . . p.6 **AR**
Oosteinderweg . . . . . p.6 **AR**

AMSTELVEEN

Amsterdamseweg . . . p.6 **BQR** 10
Beneluxlaan . . . . p.6 **BQR**
Bovenkerkerweg . . . . p.6 **ABR** 27
Burg. Colijnweg . . . . . p.6 **AR** 31
Mr. G. Groen v. Prinstererlaan . . . . . p.6 **BR** 60
Handweg . . . . p.6 **BR** 63
Van der Hooplaan . . . p.6 **BR**
Keizer Karelweg . . . . . p.6 **BR**
Laan Nieuwer Amstel . p.6 **BR** 110
Laan Walcheren . . . . p.6 **BQR** 112
Legmeerdijk . . . . p.6 **AR**
Oranjebaan . . . . p.6 **BR**
Rembrandtweg . . . . . p.6 **BR** 174
Sportlaan . . . . p.6 **BR**
Startbaan . . . . p.6 **AR**

DIEMEN

Hartveldseweg . . . . . . p.7 **DQ** 64
Muiderstraatweg . . . . p.7 **DQ** 135
Weteringweg . . . . p.7 **DQ** 220

HAARLEMMERMEER

Burg. Amersfoordtlaan . . p.6 **AQ** 7
Fokkerweg . . . . p.6 **AR**
Schipholdijk . . . . p.6 **AR**
Schipholweg . . . . p.6 **AQ**

LANDSMEER

Dorpsstr . . . . p.5 **CL** 48
Noordeinde . . . . p.5 **CL** 150
Zuideinde . . . . p.5 **CM** 232

OOSTZAAN

Kerkbuurt . . . . p.4 **BL**
Kolkweg . . . . p.4 **BL**
Zuideinde . . . . p.4 **BL**
De Zuiderlaaik . . . . . . p.4 **BL**

OUDER AMSTEL

Holendrechterweg . . . p.7 **CR** 73
Van der Madeweg . . . p.7 **CQ** 123
Middenweg . . . . p.7 **CR**
Rondehoep-Oost . . . . p.7 **CR** 180
Burg. Stramanweg . . . p.7 **CR**

ZAANSTAD

Albert Heijnweg . . . . . p.4 **AL** 4
Den Huylweg . . . . p.4 **AL** 79
Kepplerstr . . . . p.4 **AL**
Poelenburg . . . . p.4 **BL**
Thorbeckeweg . . . . . . p.4 **BL**
Vermiljoenweg . . . . . . p.4 **AL** 205
Wibautstr . . . . p.4 **AL** 222

Liste alphabétique des hôtels et restaurants
Alfabetische lijst van hotels en restaurants
Alphabetisches Hotel- und Restaurantverzeichnis
Alphabetical list of hotels and restaurants

A

17 Agora
2 Ambassade
2 American
2 Amstel
17 Amstel Botel
17 Amsterdam
17 Asterisk
20 Atlas
20 Aujourd'hui
17 Avenue

B

19 Barbizon Centre
2 Barbizon Palace
22 Bastion Noord
21 Bastion Zuid-West
20 Beddington's
22 Belle Auberge (La)
19 Bordewijk
21 Bosch (Het)
20 Brasserie Beau Bourg
21 Brasserie Richard
22 Brasserie Sjef Schets
20 Brasserie van Baerle

C

18 Café Roux (H. The Grand)
2 Canal Crown
17 Canal House
17 Caransa
22 Castheele (De)
19 Chez Georges
18 Christophe
21 Ciel Bleu (H. Okura)
17 Citadel
17 Cok City
20 Cok Hotels
20 Concert Inn
2 Crowne Plaza City Centre

D

21 Delphi
23 Deurtje ('t)
17 Dikker en Thijs Fenice
22 Dorint
18 Dynasty

E – F – G

17 Eden
19 Edo and Kyo (H. Gd H. Krasnapolsky)
17 Estheréa
20 Europa 92
2 Europe
18 Excelsior (H. Europe)
20 Fita
22 Galaxy
20 Garage (Le)
21 Garden
19 Gouden Reael (De)
22 Grand Hotel
2 Gd H. Krasnapolsky
2 Grand (The)

H – I – J

19 Haesje Claes
22 Halvemaan
22 Herbergh (De)
21 Hilton
23 Hilton Schiphol
21 Holiday Inn
19 Hosokawa
18 Indrapura
17 Inntel
23 Jagershuis ('t)
2 Jolly Carlton
22 Jonge Dikkert (De)

K – L

21 Kaiko
23 Kampje (Het)
20 Kartika
20 Keyzer
23 Klein Paardenburg
19 Koriander
20 Lairesse
18 Long Pura
19 Lucius

M – N

19 Manchurian
21 Mangerie De Kersentuin (H. Garden)
19 Marriott
19 Memories of India
19 Memphis
22 Mercure Airport
21 Mercure a/d Amstel
17 Mercure Arthur Frommer
21 Meridien Apollo (Le)
17 Nes
17 Nicolaas Witsen
21 Novotel
20 Nuova Vita (La)

O – P – Q – R

19 Oesterbar (De)
21 Okura
20 Owl
23 Paardenburg
21 Pakistan
18 Pêcheur (Le)
22 Pescadou (Le)
20 Piet Hein
17 Port van Cleve (Die)
20 Prinsen
17 Prinsengracht
2 Pulitzer
18 Quatre Canetons (Les)
20 Radèn Mas
2 Radisson SAS
22 Ravel
2 Renaissance
22 Résidence Fontaine Royale (H. Grand Hotel)
21 Richelle (La)
18 Rive (La) (H. Amstel)

S – T

19 Sampurna
18 Sancerre
2 Schiller
19 Sea Palace
23 Sheraton Airport
18 Sichuan Food
17 Singel
2 Sofitel
18 Swarte Schaep ('t)
2 Swissôtel
18 theeboom (d')
19 Tom Yam
19 Toro
18 Tout Court
17 Tulip Inn
18 Tuynhuys (Het)

V – W – Y – Z

18 Van Vlaanderen
18 Vermeer (H. Barbizon Palace)
2 Victoria
20 Villa Borgmann
23 Voetangel (De)
19 Vondel
18 Vijff Vlieghen (D')
20 Washington
17 Wiechmann
21 Yamazato (H. Okura)
20 Zandbergen
19 Zuidlande

La cuisine que vous recherchez...
Het soort keuken dat u zoekt
Welche Küche, welcher Nation suchen Sie
That special cuisine

Buffets

23 Greenhouse *H. Hilton Schiphol, Env. à Schiphol*

Grillades

22 Bastion Noord *Q. Nord*
21 Bastion Zuid-West *Q. Sud et Ouest*

Produits de la mer

19 Lucius *Q. Centre*
19 De Oesterbar *Q. Centre*
18 Le Pêcheur *Q. Centre*
22 Le Pescadou *Env. à Amstelveen*

Taverne – Brasseries

2 American *Q. Centre*
2 The Amstel Bar and Brasserie *H. Amstel Q. Centre*
20 Brasserie Beau Bourg *Q. Rijksmuseum*
21 Brasserie Camelia *H. Okura, Q. Sud et Ouest*
2 Brasserie De Palmboom *H. Radisson SAS, Q. Centre*
2 Brasserie Reflet *H. Gd H. Krasnapolsky, Q. Centre*
21 Brasserie Richard *Q. Sud et Ouest*
22 Brasserie Sjef Schets *Env. à Landsmeer*
20 Brasserie van Baerle *Q. Rijksmuseum*
2 Café Barbizon *H. Barbizon Palace, Q. Centre*
18 Café Roux *H. The Grand, Q. Centre*
20 Le Garage *Q. Rijksmuseum*
20 Keyzer *Q. Rijksmuseum*
17 Die Port van Cleve *Q. Centre*
22 Ravel *Q. Buitenveldert*
23 Run-Way Café *H. Sheraton Airport, Env. à Schiphol*
17 Tulip Inn *Q. Centre*

Asiatique

19 Sea Palace *Q. Centre*

Chinoise

18 Sichuan Food *Q. Centre*

Hollandaise régionale

2 Dorrius *Crowne Plaza City Centre, Q. Centre*
15 De Roode Leeuw *H. Amsterdam, Q. Centre*

Indienne

19 Memories of India *Q. Centre*
21 Pakistan *Q. Sud et Ouest*

Indonésienne

18 Indrapura *Q. Centre*
20 Kartika *Q. Rijksmuseum*
18 Long Pura *Q. Centre*
20 Radèn Mas *Q. Rijksmuseum*
19 Sampurna *Q. Centre*

Italienne

2 Caruso *H. Jolly Carlton, Q. Centre*
20 La Nuova Vita *Q. Rijksmuseum*
21 Roberto's *H. Hilton, Q. Sud et Ouest*
17 Tulip Inn *Q. Centre*

Japonaise

19 Edo and Kyo *H. Gd H. Krasnapolsky Q. Centre*
19 Hosokawa *Q. Centre*
21 Kaiko *Q. Sud et Ouest*
21 Sazanka *H. Okura, Q. Sud et Ouest*
21 Yamazato *H. Okura, Q. Sud et Ouest*

Orientale

18 Dynasty *Q. Centre*
19 Manchurian *Q. Centre*

Suisse

2 Swissôtel *Q. Centre*

Thaïlandaise

19 Tom Yam *Q. Centre*

Inntel sans rest, Nieuwezijdskolk 19, ✉ 1012 PV, ☎ (0 20) 530 18 18, *Fax (0 20) 422 19 19* – AE E VISA JCB LV a
30 – **236 ch** 350/500.

Tulip Inn, Spuistraat 288, ✉ 1012 VX, ☎ (0 20) 420 45 45, *Fax (0 20) 420 43 00,* – AE E VISA JCB KX g
Repas (Taverne-rest avec cuisine italienne, ouvert jusqu'à minuit) carte env. 45 – 23 – **208 ch** 270/290.

Eden, Amstel 144, ✉ 1017 AE, ☎ (0 20) 530 78 88, *Fax (0 20) 623 32 67,* – AE E VISA JCB. LY r
Repas (ouvert jusqu'à minuit) *Lunch 15* – carte env. 45 – **336 ch** 225/300.

Mercure Arthur Frommer sans rest, Noorderstraat 46, ✉ 1017 TV, ☎ (0 20) 622 03 28, *Fax (0 20) 620 32 08* – P. AE E VISA LYZ j
25 – **90 ch** 190/285.

Cok City sans rest, N.Z. Voorburgwal 50, ✉ 1012 SC, ☎ (0 20) 422 00 11, *Fax (0 20) 420 03 57* – AE E VISA JCB. LV f
106 ch 240/280.

Estheréa sans rest, Singel 305, ✉ 1012 WJ, ☎ (0 20) 624 51 46, *Fax (0 20) 623 90 01* – AE E VISA JCB. KX y
26 – **70 ch** 355/425.

Canal House sans rest, Keizersgracht 148, ✉ 1015 CX, ☎ (0 20) 622 51 82, *Fax (0 20) 624 13 17,* « Intérieur avec mobilier de style » – AE E VISA JCB.
26 ch 225/290. KV k

Die Port van Cleve, N.Z. Voorburgwal 178, ✉ 1012 SJ, ☎ (0 20) 624 48 60, *Fax (0 20) 622 02 40* – – 25 à 50. AE E VISA JCB. KX w
Repas (Brasserie) *Lunch 43* – carte 55 à 84 – **117 ch** 215/415 – ½ P 213/370.

Amsterdam, Damrak 93, ✉ 1012 LP, ☎ (0 20) 555 06 66, *Fax (0 20) 620 47 16* – AE E VISA JCB. ch LX s
Repas ***De Roode Leeuw*** (cuisine régionale hollandaise) 53/60 – 20 – **80 ch** 255/295.

Dikker en Thijs Fenice, Prinsengracht 444, ✉ 1017 KE, ☎ (0 20) 626 77 21, *Fax (0 20) 625 89 86,* – – 25. AE E VISA JCB KY v
Repas ***De Prinsenkelder*** (dîner seult) carte 66 à 85 – **26 ch** 280/450 – ½ P 258/350.

Avenue sans rest, N.Z. Voorburgwal 27, ✉ 1012 RD, ☎ (0 20) 623 83 07, *Fax (0 20) 638 39 46* – AE E VISA JCB LV z
50 ch 145/275.

Caransa sans rest, Rembrandtsplein 19, ✉ 1017 CT, ☎ (0 20) 554 08 00, *Fax (0 20) 622 27 73* – AE E VISA JCB. LY v
33 – **66 ch** 420/530.

Singel sans rest, Singel 15, ✉ 1012 VC, ☎ (0 20) 626 31 08, *Fax (0 20) 620 37 77* – AE E VISA JCB LV h
32 ch 180/275.

Citadel sans rest, N.Z. Voorburgwal 100, ✉ 1012 SG, ☎ (0 20) 627 38 82, *Fax (0 20) 627 46 84* – AE E VISA JCB LX k
38 ch 180/275.

Wiechmann sans rest, Prinsengracht 328, ✉ 1016 HX, ☎ (0 20) 626 33 21, *Fax (0 20) 626 89 62* – . KX d
37 ch 200/250.

Asterisk sans rest, Den Texstraat 16, ✉ 1017 ZA, ☎ (0 20) 626 23 96, *Fax (0 20) 638 27 90* – E VISA LZ d
29 ch 149/195.

Agora sans rest, Singel 462, ✉ 1017 AW, ☎ (0 20) 627 22 00, *Fax (0 20) 627 22 02,* – AE E VISA JCB KY m
15 ch 190/220.

Prinsengracht sans rest, Prinsengracht 1015, ✉ 1017 KN, ☎ (0 20) 623 77 79, *Fax (0 20) 623 89 26,* – AE E VISA LY e
34 ch 125/255.

Amstel Botel sans rest, Oosterdokskade 2, ✉ 1011 AE, ☎ (0 20) 626 42 47, *Fax (0 20) 639 19 52,* « Bâteau amarré » – AE E VISA JCB. MX x
12 – **176 ch** 129/157.

Nicolaas Witsen sans rest, Nicolaas Witsenstraat 4, ✉ 1017 ZH, ☎ (0 20) 626 65 46, *Fax (0 20) 620 51 13* – AE E VISA. LZ b
31 ch 125/225.

Nes sans rest, Kloveniersburgwal 137, ✉ 1011 KE, ☎ (0 20) 624 47 73, *Fax (0 20) 620 98 42* – AE E VISA JCB LY f
36 ch 100/275.

XXXX ✿✿ **La Rive** - H. Amstel, Prof. Tulpplein 1, ✉ 1018 GX, ☎ (0 20) 622 60 60, *Fax (0 20) 622 58 08*, ≤, ☂, « Au bord de l'Amstel », ⚓ - ▤ Ⓟ. AE ⊕ E VISA JCB. ✂ MZ a
fermé sam. midi, dim. et du 9 au 23 août – **Repas** Lunch 60 – 135/165, carte 167 à 190
Spéc. Beignets de homard aux asperges meunière, amandes et vinaigre de Porto (avril-août). Grillade de St-Pierre à l'anguille fumée au jus d'anchois frais. Pigeonneau à la crémonaise et réduction de Banyuls.

XXX ✿ **Vermeer** - H. Barbizon Palace, Prins Hendrikkade 59, ✉ 1012 AD, ☎ (0 20) 556 48 85, *Fax (0 20) 624 33 53* – ▤ Ⓟ. AE ⊕ E VISA JCB. ✂ LV d
fermé sam. midi, dim., 11 juil.-15 août et 26 déc.-9 janv. – **Repas** Lunch 65 – 95/130, carte 113 à 150
Spéc. Terrine de jambon Jabugo et foie d'oie en gelée de queue de bœuf. Turbot et truffe enrobés de spaghettis de pommes de terre. Quatre-quarts d'amandes et de chocolat.

XXX **Excelsior** - H. Europe, Nieuwe Doelenstraat 2, ✉ 1012 CP, ☎ (0 20) 531 17 77, *Fax (0 20) 531 17 78*, ≤, ☂, Ouvert jusqu'à 23 h, ⚓ - ▤ Ⓟ. AE ⊕ E VISA JCB LY c
fermé sam. midi – **Repas** Lunch 70 – carte 112 à 149.

XXX ✿ **Christophe** (Royer), Leliegracht 46, ✉ 1015 DH, ☎ (0 20) 625 08 07, *Fax (0 20) 638 91 32* – ▤. AE ⊕ E VISA KVX c
fermé dim., lundi et début janv. – **Repas** (dîner seult) 85/110, carte 112 à 130
Spéc. Galette d'aubergine aux anchois frais. Homard rôti à l'ail doux et aux pommes de terre. Agneau rôti au thym et ravioli de ratatouille.

XXX **D'Vijff Vlieghen,** Spuistraat 294, ✉ 1012 VX, ☎ (0 20) 624 83 69, *Fax (0 20) 623 64 04*, « Maisonettes du 17e s. », ⚓ - AE ⊕ E VISA JCB KX p
fermé du 24 au 30 déc. – **Repas** (dîner seult) 63.

XXX **'t Swarte Schaep** 1er étage, Korte Leidsedwarsstraat 24, ✉ 1017 RC, ☎ (0 20) 622 30 21, *Fax (0 20) 624 82 68*, Ouvert jusqu'à 23 h, « Intérieur vieil hollandais du 17e s. » – ▤. AE ⊕ E VISA JCB KY n
fermé 30 avril, 25, 26 et 31 déc. et 1er janv. – **Repas** Lunch 38 – carte 83 à 105.

XXX **Dynasty,** Reguliersdwarsstraat 30, ✉ 1017 BM, ☎ (0 20) 626 84 00, *Fax (0 20) 622 30 38*, ☂, Cuisine orientale, « Terrasse » – ▤. AE ⊕ E VISA JCB. ✂ KY q
fermé mardi et janv. – **Repas** (dîner seult) 70.

XX **Het Tuynhuys,** Reguliersdwarsstraat 28, ✉ 1017 BM, ☎ (0 20) 627 66 03, *Fax (0 20) 423 59 99*, ☂, « Terrasse » – ▤. AE ⊕ E VISA JCB KY q
fermé 31 déc. et 1er janv. – **Repas** Lunch 55 – carte 78 à 94.

XX ☺ **Café Roux** - H. The Grand, O.Z. Voorburgwal 197, ✉ 1012 EX, ☎ (0 20) 555 31 11, *Fax (0 20) 555 32 22*, ☂, Ouvert jusqu'à 23 h – ▤ Ⓟ. AE ⊕ E VISA JCB. ✂
Repas Lunch 50 – 55. LY b

XX **Les Quatre Canetons,** Prinsengracht 1111, ✉ 1017 JJ, ☎ (0 20) 624 63 07, *Fax (0 20) 638 45 99*, ☂ – AE ⊕ E VISA JCB LY m
fermé sam. midi et dim. – **Repas** Lunch 65 – carte 95 à 125.

XX ☺ **Tout Court,** Runstraat 13, ✉ 1016 GJ, ☎ (0 20) 625 86 37, *Fax (0 20) 625 44 11* – AE ⊕ E VISA KX s
fermé 28 déc.-10 janv. – **Repas** (dîner seult jusqu'à 23 h 30) 58/115.

XX **Sancerre,** Reestraat 28, ✉ 1016 DN, ☎ (0 20) 627 87 94, *Fax (0 20) 623 87 49* – AE ⊕ E VISA JCB KX a
fermé 24 et 31 déc. et 1er janv. – **Repas** (dîner seult) carte 71 à 92.

XX ✿ **Sichuan Food,** Reguliersdwarsstraat 35, ✉ 1017 BK, ☎ (0 20) 626 93 27, *Fax (0 20) 627 72 81*, Cuisine chinoise – ▤. AE ⊕ E VISA. ✂ KY u
fermé 31 déc. – **Repas** (dîner seult jusqu'à 23 h, nombre de couverts limité - prévenir) 58/83, carte 58 à 78
Spéc. Dim Sum. Canard laqué à la pékinoise. Huîtres sautées maison.

XX **Long Pura,** Rozengracht 46, ✉ 1016 ND, ☎ (0 20) 623 89 50, *Fax (0 20) 623 46 54*, Cuisine indonésienne, « Décor exotique » – ▤. AE ⊕ E VISA. ✂ JX d
Repas (dîner seult jusqu'à 23 h) 60/95.

XX **Le Pêcheur,** Reguliersdwarsstraat 32, ✉ 1017 BM, ☎ (0 20) 624 31 21, *Fax (0 20) 624 31 21*, ☂, Produits de la mer, ouvert jusqu'à minuit – AE ⊕ E VISA JCB. ✂
fermé dim. – **Repas** Lunch 54 – 70. KY w

XX **d' theeboom,** Singel 210, ✉ 1016 AB, ☎ (0 20) 623 84 20, *Fax (0 20) 421 25 12*, ☂ – AE ⊕ E VISA JCB KX b
fermé sam. midi, dim. et du 4 au 20 janv. – **Repas** 50.

XX ☺ **Van Vlaanderen,** Weteringschans 175, ✉ 1017 XD, ☎ (0 20) 622 82 92, ☂ – AE E VISA KZ k
fermé dim., lundi, 3 dern. sem. juil. et prem. sem. janv. – **Repas** (dîner seult) 58/68.

XX **Indrapura,** Rembrandtsplein 42, ✉ 1017 CV, ☎ (0 20) 623 73 29, *Fax (0 20) 624 90 78*, Cuisine indonésienne – ▤. AE ⊕ E VISA JCB LY h
fermé 31 déc. – **Repas** (dîner seult) carte env. 65.

XX **Manchurian,** Leidseplein 10a, ✉ 1017 PT, ✆ (0 20) 623 13 30, *Fax (0 20) 626 21 05*, Cuisine orientale – ▤. AE ⓓ E VISA. ✗ KY x
fermé 31 déc. – **Repas** 60/90.

XX **Hosokawa,** Max Euweplein 22, ✉ 1017 MB, ✆ (0 20) 638 80 86, *Fax (0 20) 638 22 19*, Cuisine japonaise avec Teppan-Yaki – AE ⓓ E VISA JCB. ✗ KY a
fermé dern. sem. juil.-2 prem. sem. août – **Repas** (dîner seult) carte 97 à 133.

XX **De Oesterbar,** Leidseplein 10, ✉ 1017 PT, ✆ (0 20) 626 34 63, *Fax (0 20) 623 21 99*, Produits de la mer, ouvert jusqu'à minuit – ▤. AE E VISA. ✗ KY x
fermé 25, 26 et 31 déc. – **Repas** Lunch 58 – carte 81 à 106.

XX **Sea Palace,** Oosterdokskade 8, ✉ 1011 AE, ✆ (0 20) 626 47 77, Cuisine asiatique, ouvert jusqu'à 23 h, « Restaurant flottant avec ≤ ville » – ▤. AE ⓓ E VISA JCB. ✗
Repas 45. MX b

X **Bordewijk,** Noordermarkt 7, ✉ 1015 MV, ✆ (0 20) 624 38 99, *Fax (0 20) 420 66 03*, 🍴, « Trendy ambiance amstellodamoise » – AE E VISA plan p. 8 KV a
fermé lundi, fin juil.-début août et 27 déc.-4 janv. – **Repas** (dîner seult jusqu'à 23 h 30) carte env. 90.

X **De Gouden Reael,** Zandhoek 14, ✉ 1013 KT, ✆ (0 20) 623 38 83, 🍴, « Maison du 17e s. dans site typique », ⚓ – AE ⓓ E VISA. ✗ plan p. 4 BN a
fermé dim. et dern. sem. déc. – **Repas** 55/95.

X **Zuidlande,** Utrechtsedwarsstraat 141, ✉ 1017 WE, ✆ (0 20) 620 73 93, *Fax (0 20) 620 73 93*, 🍴 – AE E VISA. ✗ LY s
fermé dim., lundi, 3 prem. sem. juil. et prem. sem. janv. – **Repas** (dîner seult) carte env. 70.

X **Lucius,** Spuistraat 247, ✉ 1012 VP, ✆ (0 20) 624 18 31, Produits de la mer – AE ⓓ E VISA KX r
fermé dim. – **Repas** (dîner seult jusqu'à minuit) 50.

X **Koriander,** Amstel 212, ✉ 1017 AH, ✆ (0 20) 627 78 79, *Fax (0 20) 423 08 09*, ≤ – AE ⓓ E VISA JCB LY g
fermé 31 déc. et 1er janv. – **Repas** (dîner seult jusqu'à minuit) 40/59.

X **Chez Georges,** Herenstraat 3, ✉ 1015 BX, ✆ (0 20) 626 33 32 – ▤. AE ⓓ E VISA
fermé merc., dim., 2 dern. sem. juil.-prem. sem. août et dern. sem. janv. – **Repas** (dîner seult) 57/75. KV n

X **Haesje Claes,** Spuistraat 275, ✉ 1012 VR, ✆ (0 20) 624 99 98, *Fax (0 20) 627 48 17*, « Ambiance amstellodamoise » – AE ⓓ E VISA JCB. ✗ KX f
Repas Lunch 30 – 45.

X **Memories of India,** Reguliersdwarsstraat 88, ✉ 1017 BN, ✆ (0 20) 623 57 10, *Fax (0 20) 638 75 84*, Cuisine indienne – ▤. AE ⓓ E VISA. ✗ LY a
Repas (dîner seult jusqu'à 23 h 30) carte env. 50.

X **Tom Yam,** Staalstraat 22, ✉ 1011 JM, ✆ (0 20) 622 95 33, *Fax (0 20) 624 90 62*, Avec cuisine thaïlandaise – ▤. AE ⓓ E VISA. ✗ LY b
fermé lundi – **Repas** (dîner seult) carte 86 à 107.

X **Edo and Kyo** - Gd H. Krasnapolsky, Dam 9, ✉ 1012 JS, ✆ (0 20) 554 60 96, *Fax (0 20) 639 31 46*, Cuisine japonaise – AE ⓓ E VISA JCB. ✗ LX k
Repas Lunch 30 – 45/100.

X **Sampurna,** Singel 498, ✉ 1017 AX, ✆ (0 20) 625 32 64, *Fax (0 20) 659 44 51*, 🍴, Cuisine indonésienne – ▤. AE ⓓ E VISA JCB. ✗ KY t
Repas Lunch 20 – 33/55.

Quartier Rijksmuseum (Vondelpark) - *plans p. 8 et 10 :*

Marriott, Stadhouderskade 12, ✉ 1054 ES, ✆ (0 20) 607 55 55, *Fax (0 20) 607 55 11*, Fб, ≘s – |‡| ⇔ ▤ TV ☎ ♿ 🚗 – 🅐 25 à 500. AE ⓓ E VISA. ✗ JY f
Repas ***Port O'Amsterdam*** (ouvert jusqu'à 23 h 30) *(fermé dim. soir et lundi soir)* 45 – ☕ 34 – **387 ch** 545, 5 suites.

Barbizon Centre M, Stadhouderskade 7, ✉ 1054 ES, ✆ (0 20) 685 13 51, *Fax (0 20) 685 16 11*, Fб, ≘s – |‡| ⇔ ▤ TV ☎ ♿ – 🅐 25 à 280. AE ⓓ E VISA JCB. ✗ rest JY p
Repas Lunch 48 – carte 58 à 76 – ☕ 33 – **234 ch** 375/540, 2 suites – ½ P 463/683.

Memphis sans rest, De Lairessestraat 87, ✉ 1071 NX, ✆ (0 20) 673 31 41, *Telex 12450*, *Fax (0 20) 673 73 12* – |‡| ⇔ TV ☎ – 🅐 25 à 60. AE ⓓ E VISA JCB. ✗ FU g
☕ 34 – **74 ch** 380/470.

Toro 🐎 sans rest, Koningslaan 64, ✉ 1075 AG, ✆ (0 20) 673 72 23, *Fax (0 20) 675 00 31*, « Terrasse au bord de l'eau, face au parc » – |‡| TV ☎. AE ⓓ E VISA JCB
22 ch ☕ 200/250. EU m

Vondel (avec annexe) sans rest, Vondelstraat 28, ✉ 1054 GE, ✆ (0 20) 612 01 20, *Fax (0 20) 685 43 21*, « Intérieur cossu », ≘s, 🌳 – |‡| TV ☎ – 🅐 25. AE ⓓ E VISA JCB JY m
☕ 34 – **72 ch** 280/345.

Lairesse sans rest, De Lairessestraat 7, ✉ 1071 NR, ☎ (0 20) 671 95 96, *Fax (0 20) 671 17 56* – |♦| TV ☎. AE ⓓ E VISA JCB FU h
23 – **34 ch** 270/310.

Cok Hotels sans rest, Koninginneweg 34, ✉ 1075 CZ, ☎ (0 20) 664 61 11, *Fax (0 20) 664 53 04* – |♦| TV ☎ – 25 à 80. AE ⓓ E VISA JCB. EU k
110 ch 210/275.

Villa Borgmann sans rest, Koningslaan 48, ✉ 1075 AE, ☎ (0 20) 673 52 52, *Fax (0 20) 676 25 80* – |♦| TV ☎. AE ⓓ E VISA JCB EU n
15 ch 125/255.

Fita sans rest, Jan Luykenstraat 37, ✉ 1071 CL, ☎ (0 20) 679 09 76, *Fax (0 20) 664 39 69* – |♦| TV ☎. AE ⓓ E VISA. JZ s
fermé 13 déc.-3 janv. – **16 ch** 155/250.

Owl sans rest, Roemer Visscherstraat 1, ✉ 1054 EV, ☎ (0 20) 618 94 84, *Fax (0 20) 618 94 41*, – |♦| TV ☎. AE ⓓ E VISA JCB. JY a
34 ch 125/210.

Piet Hein sans rest, Vossiusstraat 53, ✉ 1071 AK, ☎ (0 20) 662 72 05, *Fax (0 20) 662 15 26* – |♦| TV ☎. AE ⓓ E VISA JCB. JZ g
40 ch 145/195.

Prinsen sans rest, Vondelstraat 36, ✉ 1054 GE, ☎ (0 20) 616 23 23, *Fax (0 20) 616 61 12*, – |♦| TV ☎. AE ⓓ E VISA JCB JY e
41 ch 200/235.

Atlas, Van Eeghenstraat 64, ✉ 1071 GK, ☎ (0 20) 676 63 36, *Fax (0 20) 671 76 33* – |♦| TV ☎. AE ⓓ E VISA JCB. JZ t
Repas (résidents seult) – **23 ch** 180/210.

Europa 92 sans rest, 1e Constantijn Huygensstraat 103, ✉ 1054 BV, ☎ (0 20) 618 88 08, *Fax (0 20) 683 64 05* – |♦| TV ☎. AE ⓓ E VISA JY b
32 ch 175/295.

Concert Inn sans rest, De Lairessestraat 11, ✉ 1071 NR, ☎ (0 20) 305 72 72, *Fax (0 20) 305 72 71* – |♦| TV ☎. AE ⓓ E VISA JCB. FU r
24 ch 120/215.

Washington sans rest, Frans van Mierisstraat 10, ✉ 1071 RS, ☎ (0 20) 679 67 54, *Fax (0 20) 673 44 35* – TV ☎. AE ⓓ E VISA. FU n
17 ch 90/225.

Zandbergen sans rest, Willemsparkweg 205, ✉ 1071 HB, ☎ (0 20) 676 93 21, *Fax (0 20) 676 18 60* – TV ☎. AE ⓓ E VISA. EU s
18 ch 125/225.

XXX **Radèn Mas**, Stadhouderskade 6, ✉ 1054 ES, ☎ (0 20) 685 40 41, *Fax (0 20) 685 39 81*, Cuisine indonésienne, ouvert jusqu'à 23 h – ▤. AE ⓓ E VISA JCB. JY k
Repas *Lunch 33* – 55/99.

XX **Le Garage**, Ruysdaelstraat 54, ✉ 1071 XE, ☎ (0 20) 679 71 76, *Fax (0 20) 662 22 49*, Ouvert jusqu'à 23 h, « Ambiance artistique dans une brasserie actuelle, cosmopolite » – AE ⓓ E VISA JCB FU y
Repas 75.

XX **Aujourd'hui**, C. Krusemanstraat 15, ✉ 1075 NB, ☎ (0 20) 679 08 77, *Fax (0 20) 676 76 27*, – AE ⓓ E VISA JCB EU p
fermé sam., dim. et dern. sem. juil.-2 prem. sem. août – **Repas** *Lunch 55* – carte env. 90.

XX **Beddington's**, Roelof Hartstraat 6, ✉ 1071 VH, ☎ (0 20) 676 52 01, *Fax (0 20) 671 74 29* – AE ⓓ E VISA. FU z
fermé sam. midi, dim., lundi midi, 18 juil.-9 août et 22 déc.-5 janv. – **Repas** *Lunch 55* – carte env. 90.

XX **Brasserie Beau Bourg** 1er étage, Emmalaan 25, ✉ 1075 AT, ☎ (0 20) 664 01 55, *Fax (0 20) 664 01 57*, , Ouvert jusqu'à 23 h 30 – ▤. AE ⓓ E VISA JCB EU x
fermé 31 déc. – **Repas** 50/73.

XX **Keyzer**, Van Baerlestraat 96, ✉ 1071 BB, ☎ (0 20) 671 14 41, *Fax (0 20) 673 73 53*, Taverne-rest, ouvert jusqu'à 23 h 30, « Ambiance amstellodamoise » – AE ⓓ E VISA JCB.
Repas 70. FU a

X **Brasserie van Baerle**, Van Baerlestraat 158, ✉ 1071 BG, ☎ (0 20) 679 15 32, *Fax (0 20) 671 71 96*, , Taverne-rest – AE ⓓ E VISA. FU b
fermé sam. et 25 déc.-1er janv. – **Repas** *Lunch 55* – 58/70.

X **La Nuova Vita**, Willemsparkweg 155, ✉ 1071 GX, ☎ (0 20) 679 38 68, *Fax (0 20) 679 38 68*, Cuisine italienne – ▤. AE E VISA JCB FU m
fermé 5 et 31 déc. et 1er janv. – **Repas** (dîner seult) 65.

X **Kartika**, Overtoom 68, ✉ 1054 HL, ☎ (0 20) 618 18 79, Cuisine indonésienne – AE ⓓ E VISA JY c
Repas (dîner seult) 45/73.

Quartiers Sud et Ouest - *plans p. 8 et 9 sauf indication spéciale :*

Okura, Ferdinand Bolstraat 333, 1072 LH, (0 20) 678 71 11, *Fax (0 20) 671 23 44*, ←, – 25 à 650. AE VISA JCB. GU c
Repas voir rest **Ciel Bleu** et **Yamazato** ci-après – **Sazanka** *(fermé sam. midi et dim. midi)* (cuisine japonaise avec Teppan-Yaki) *Lunch 38* - 90/150 – **Brasserie Le Camelia** carte 64 à 83 – 42 – **358 ch** 555/605, 12 suites.

Le Meridien Apollo, Apollolaan 2, 1077 BA, (0 20) 673 59 22, *Fax (0 20) 570 57 44*, « Terrasse avec ← canal », – ch, – 25 à 200. AE E VISA JCB. rest FU e
Repas (ouvert jusqu'à 23 h) *Lunch 48* – carte 62 à 91 – 38 – **217 ch** 395/600, 2 suites.

Garden, Dijsselhofplantsoen 7, 1077 BJ, (0 20) 664 21 21, *Fax (0 20) 679 93 56* – – 25 à 150. AE E VISA JCB FU d
Repas voir rest **Mangerie De Kersentuin** ci-après – 38 – **122 ch** 225/455, 2 suites – ½ P 200/215.

Hilton, Apollolaan 138, 1077 BG, (0 20) 710 60 00, *Telex 11025, Fax (0 20) 710 90 00*, « Jardin et terrasses le long d'un canal », – – 25 à 350. AE E VISA JCB. rest FU f
Repas **Roberto's** (cuisine italienne) 53/60 – 37 – **268 ch** 585/615, 3 suites.

Mercure a/d Amstel, Joan Muyskenweg 10, 1096 CJ, (0 20) 665 81 81, *Fax (0 20) 694 87 35*, – ch, – 25 à 450. AE E VISA. plan p. 7 CQ a
Repas carte env. 70 – 31 – **178 ch** 380/405 – ½ P 225/280.

Delphi sans rest, Apollolaan 105, 1077 AN, (0 20) 679 51 52, *Fax (0 20) 675 29 41* – . AE E VISA. FU q
47 ch 200/280.

La Richelle sans rest, Holbeinstraat 41, 1077 VC, (0 20) 671 79 71, *Fax (0 20) 671 05 41* – . AE E VISA JCB FU k
20 **15 ch** 295/395.

Bastion Zuid-West, Nachtwachtlaan 11, 1058 EV, (0 20) 669 16 21, *Fax (0 20) 669 16 31* – . AE E VISA. plan p. 6 BP c
Repas (grillades, ouvert jusqu'à 23 h) 45 – 15 – **80 ch** 140.

Ciel Bleu - H. Okura, 23e étage, Ferdinand Bolstraat 333, 1072 LH, (0 20) 678 71 11, *Fax (0 20) 671 23 44*, ← ville, – . AE E VISA JCB. GU c
Repas (dîner seult) 85/128.

Mangerie De Kersentuin - H. Garden, Dijsselhofplantsoen 7, 1077 BJ, (0 20) 664 21 21, *Fax (0 20) 679 93 56*, Ouvert jusqu'à 23 h – . AE E VISA JCB. FU d
fermé sam. midi, dim., 31 déc. et 1er janv. – **Repas** *Lunch 48* – 58/78.

Yamazato - H. Okura, Ferdinand Bolstraat 333, 1072 LH, (0 20) 678 71 11, *Fax (0 20) 671 23 44*, Cuisine japonaise, – . AE E VISA JCB. GU c
Repas *Lunch 33* – 80/160.

Het Bosch, Jollenpad 10, 1081 KC, (0 20) 644 58 00, *Fax (0 20) 644 19 64*, ←, « Terrasse au bord du lac », – . AE E VISA. plan p. 6 BQ d
fermé sam. de sept. à avril, dim. et fin déc. – **Repas** *Lunch 55* – carte env. 85.

Pakistan, Scheldestraat 100, 1078 GP, (0 20) 675 39 76, *Fax (0 20) 675 39 76*, Cuisine indienne – AE E VISA GU s
Repas (dîner seult jusqu'à 23 h) 43/65.

Kaiko, Jekerstraat 114 (angle Maasstraat), 1078 MJ, (0 20) 662 56 41, *Fax (0 20) 676 54 66*, Cuisine japonaise avec Sushi-bar – . AE E VISA JCB. GU a
fermé jeudi, dim., dern. sem. juil.-2 prem. sem. août et dern. sem. déc. – **Repas** (dîner seult) 45/110.

Brasserie Richard, Scheldestraat 23, 1078 GD, (0 20) 675 78 08, *Fax (0 20) 662 33 85* – AE E VISA GU b
fermé dern. sem. juil.-prem. sem. août – **Repas** 53/60.

Quartier Buitenveldert (RAI) - *plan p. 6 :*

Holiday Inn, De Boelelaan 2, 1083 HJ, (0 20) 646 23 00, *Fax (0 20) 646 47 90* – – 25 à 350. AE E VISA JCB. BQ e
Repas (ouvert jusqu'à minuit) carte 50 à 91 – 36 – **256 ch** 415/475, 2 suites.

Novotel, Europaboulevard 10, 1083 AD, (0 20) 541 11 23, *Fax (0 20) 646 28 23* – – 25 à 225. AE E VISA BQ f
Repas (ouvert jusqu'à minuit) *Lunch 38* – 45 – 30 – **600 ch** 295 – ½ P 380.

XXX **Halvemaan,** van Leyenberghlaan 320 (Gijsbrecht van Aemstelpark), ✉ 1082 DD, ✆ (0 20) 644 03 48, *Fax (0 20) 644 17 77,* « Terrasse avec ≤ pièce d'eau » – P. AE ① E VISA. ✗ BQ h
fermé sam., dim. et 24 déc.-mi-janv. – **Repas** Lunch 65 – 105/125.

XX **De Castheele,** Kastelenstraat 172, ✉ 1082 EJ, ✆ (0 20) 644 72 67, *Fax (0 20) 644 72 67,* – AE ① E VISA BQ j
fermé dim., lundi, dern. sem. juil.-2 prem. sem. août et dern. sem. déc. – **Repas** Lunch 35 – 58.

XX **Ravel,** Gelderlandplein 233 (dans centre commercial), ✉ 1082 LX, ✆ (0 20) 644 16 43, *Fax (0 20) 642 86 84,* Taverne-rest – ▤. AE ① E VISA JCB. ✗ BQ k
fermé dim. midi – **Repas** 55.

Quartiers Nord - *plan p. 5 :*

Galaxy, Distelkade 21, ✉ 1031 XP, ✆ (0 20) 634 43 66, *Telex 18607, Fax (0 20) 636 03 45* – ▤, ▤ rest, TV ☎ P – 🏛 25 à 200. AE ① E VISA JCB CN m
Repas *(fermé sam. midi et dim. midi)* Lunch 33 – carte 45 à 63 – **281 ch** ☕ 255/290.

Bastion Noord, Rode Kruisstraat 28 (par Nieuwe Purmerweg), ✉ 1025 KN, ✆ (0 20) 632 31 31, *Fax (0 20) 634 44 96* – TV ☎ P. AE ① E VISA. ✗ CN n
Repas (grillades, ouvert jusqu'à 23 h) 45 – ☕ 15 – **40 ch** 140.

Périphérie - *plan p. 6 :*

par autoroute de Den Haag (A 4) :

Mercure Airport, Oude Haagseweg 20 (sortie ①), ✉ 1066 BW, ✆ (0 20) 617 90 05, *Fax (0 20) 615 90 27* – ▤ ⇆ ▤ TV ☎ P – 🏛 25 à 300. AE ① E VISA. ✗ rest AQ p
Repas Lunch 35 – 45 – ☕ 31 – **151 ch** 260/365 – ½ P 325/425.

Environs

à Amstelveen - *plans p. 4 et 6* – *76 822 h.*

ℹ *Thomas Cookstraat 1,* ✉ *1181 ZS,* ✆ *(0 20) 441 55 45, Fax (0 20) 647 19 66*

Grand Hotel M ⛤, Bovenkerkerweg 81 (S : 2,5 km direction Uithoorn), ✉ 1187 XC, ✆ (0 20) 645 55 58, *Fax (0 20) 641 21 21* – ▤ ⇆ TV ☎ ♿ P. AE ① E VISA. ✗ AR q
Repas voir rest ***Résidence Fontaine Royale*** ci-après, par navette – ☕ 28 – **81 ch** 290/330, 10 suites.

XXX **De Jonge Dikkert,** Amsterdamseweg 104a, ✉ 1182 HG, ✆ (0 20) 641 13 78, *Fax (0 20) 645 91 62,* « Moulin à vent du 17e s. » – P. AE ① E VISA
fermé 31 déc. – **Repas** 58/93. BR r

XXX **Résidence Fontaine Royale** - H. Grand Hotel, Dr Willem Dreesweg 1 (S : 2 km, direction Uithoorn), ✉ 1185 VA, ✆ (0 20) 640 15 01, *Fax (0 20) 640 16 61,* – ▤ P – 🏛 25 à 225. AE ① E VISA JCB. ✗ ABR x
fermé dim. – **Repas** Lunch 53 – carte 62 à 104.

XX **Le Pescadou,** Amsterdamseweg 448, ✉ 1181 BW, ✆ (0 20) 647 04 43, Produits de la mer – ▤. AE ① E VISA JCB BQ s
fermé du 1er au 23 juil., 20 déc.-3 janv., sam. midi et dim. midi – **Repas** Lunch 50 – carte 67 à 87.

XX **La Belle Auberge,** Kostverlorenhof 54 (dans un centre commercial), ✉ 1183 HG, ✆ (0 20) 643 31 00, *Fax (0 20) 643 31 00* – ▤. AE E VISA JCB. ✗ BR t
fermé sam., dim. et dern. sem. juil.-2 prem. sem. août – **Repas** Lunch 57 – carte 71 à 87.

à Badhoevedorp *par Schipholweg* AQ - C *Haarlemmermeer 108 224 h :*

Dorint, Sloterweg 299, ✉ 1171 VB, ✆ (0 20) 658 81 11, *Fax (0 20) 658 81 00,* ≘, ▧ – ▤ ⇆, ▤ ch, TV ☎ ♿ P – 🏛 25 à 150. AE ① E VISA JCB
Repas (ouvert jusqu'à 23 h) Lunch 40 – carte 45 à 70 – ☕ 30 – **216 ch** 375/440.

XX **De Herbergh** avec ch, Sloterweg 259, ✉ 1171 CP, ✆ (0 20) 659 26 00, *Fax (0 20) 659 83 90,* – ▤ rest, TV ☎ P. AE E VISA. ✗ ch
Repas Lunch 40 – carte 52 à 71 – ☕ 19 – **15 ch** 170/185.

à Landsmeer *N : 9 km* - *plan p. 5* – *10 397 h.*

X **Brasserie Sjef Schets,** Dorpsstraat 40a, ✉ 1121 BX, ✆ (0 20) 482 23 25, *Fax (0 20) 482 45 84,* CL e
fermé sam. midi, dim. midi, lundi et mardi – **Repas** Lunch 30 – carte env. 70.

à Ouderkerk aan de Amstel - *plans p. 6 et 7* - *Amstelveen 76 822 h :*

XXX **Paardenburg,** Amstelzijde 55, ✉ 1184 TZ, ✆ (0 20) 496 12 10, *Fax (0 20) 496 40 17*, « Peintures murales du 19e s., terrasse au bord de l'eau » - P. AE O E VISA JCB. BCR u
fermé sam. midi, dim. et 26 déc.-10 janv. - **Repas** Lunch 65 - 83/128.

XX **'t Jagershuis** avec ch, Amstelzijde 2, ✉ 1184 VA, ✆ (0 20) 496 20 20, *Fax (0 20) 496 45 41*, <, « Auberge avec terrasse au bord de l'Amstel », - rest, P - 30. AE O E VISA JCB. ch BCR u
fermé 29 déc.-2 janv. - **Repas** Lunch 60 - 63/85 - 25 - **12 ch** 215/265.

XX **Klein Paardenburg,** Amstelzijde 59, ✉ 1184 TZ, ✆ (0 20) 496 13 35, *Fax (0 20) 496 16 90*, « Terrasse au bord de l'eau » - AE O E VISA JCB BCR u
fermé sam. midi, dim., jours fériés et 25 déc.-4 janv. - **Repas** Lunch 68 - 115.

XX **Het Kampje,** Kerkstraat 56, ✉ 1191 JE, ✆ (0 20) 496 19 43, *Fax (0 20) 496 57 01*, - AE E VISA JCB CR v
fermé sam., dim., 27 avril-14 mai et 20 déc.-2 janv. - **Repas** Lunch 43 - 53/63.

X **'t Deurtje,** Amstelzijde 51, ✉ 1184 TZ, ✆ (0 20) 496 37 32, *Fax (0 20) 496 38 09*, - AE O E VISA JCB BCR u
fermé mardi, vacances bâtiment, 25 et 26 déc. et 1er janv. - **Repas** carte 63 à 79.

X **De Voetangel,** Ronde Hoep Oost 3 (SE : 3 km), ✉ 1191 KA, ✆ (0 294) 28 13 73, *Fax (0 294) 28 49 39*, - P. AE E VISA.
fermé merc. et jeudi - **Repas** Lunch 40 - carte env. 60.

à Schiphol *(Aéroport international) - par A4-E19 ④ - Haarlemmermeer 108 224 h : - Casino, Luchthaven Schiphol, Terminal Centraal AS, ✆ (0 23) 574 05 74, Fax (0 23) 574 05 77*

Sheraton Airport M, Schiphol bd 101, ✉ 1118 BG, ✆ (0 20) 316 43 00, *Fax (0 20) 316 43 99*, - - 25 à 500. AE O E VISA
Repas ***Voyager*** (ouvert jusqu'à 23 h) carte env. 70 - ***Run-Way Café*** Lunch 20 - carte env. 50 - 43 - **399 ch** 610/690, 9 suites.

Hilton Schiphol, Herbergierstraat 1, ✉ 1118 CA, ✆ (0 20) 603 45 67, *Fax (0 20) 648 09 17*, - P - 25 à 110. AE O E VISA JCB
Repas ***Greenhouse*** (buffets, ouvert jusqu'à 23 h 30) 55/68 - 40 - **265 ch** 475/650, 1 suite.

Voir aussi : **Hoofddorp** *S : 2,5 km*

APELDOORN Gelderland 211 U 9 et 908 I 5 - *151 703 h.*

Voir *Musée-Palais (Rijksmuseum Paleis) Het Loo★★★ : nouvelle salle à manger★★★, cabinet privé★★★ de la reine, porte★★★ vers la terrasse X - Appartements★★★, Salon et bureau de la reine Wilhelmine★, Les Jardins★★.*

à Hoog Soeren O : 6 km par Soerenseweg, Hoog Soeren 57, ✉ 7346 AC, ✆ (0 55) 519 12 75, Fax (0 55) 519 12 75 - au Domaine de Bussloo par ④ : 10 km, Bussloselaan 6, ✉ 7383 RP, ✆ (0 571) 26 19 55, Fax (0 571) 26 20 89.

Stationsstraat 72, ✉ 7311 MH, ✆ 0 900-168 16 36, Fax (0 55) 521 12 90.
Amsterdam 90 ⑦ - Arnhem 33 ⑥ - Enschede 73 ④ - Groningen 335 ② - Utrecht 72 ⑦.

Plan page suivante

De Keizerskroon, Koningstraat 7, ✉ 7315 HR, ✆ (0 55) 521 77 44, *Fax (0 55) 521 47 37*, - , rest, P - 25 à 220. AE O E VISA JCB. rest X a
Repas Lunch 53 - 78 - 30 - **93 ch** 275/335, 4 suites - ½ P 180/208.

De Cantharel, Van Golsteinlaan 20 à Ugchelen (SO : par Europaweg, près A 1), ✉ 7339 GT, ✆ (0 55) 541 44 55, *Fax (0 55) 533 41 07*, - , rest, P - 50 à 500. AE O E VISA. rest Y
Repas (ouvert jusqu'à 23 h) carte env. 45 - 25 - **92 ch** 110 - ½ P 108/163.

Apeldoorn, Soerenseweg 73, ✉ 7313 EH, ✆ (0 55) 355 45 55, *Fax (0 55) 355 73 61*, - P - 25 à 225. AE O E VISA JCB X b
fermé fin déc. - **Repas** Lunch 24 - carte 60 à 85 - **38 ch** 135/195 - ½ P 175.

Astra, Bas Backerlaan 14, ✉ 7316 DZ, ✆ (0 55) 522 30 22, *Fax (0 55) 522 30 21*, - P. AE O E VISA. X n
Repas (dîner pour résidents seult) - **28 ch** 120/135.

XX **Poppe,** Paslaan 7, ✉ 7311 AH, ✆ (0 55) 522 32 86, *Fax (0 55) 578 51 73*, - P. AE O E VISA Z u
fermé lundi et 31 déc. - **Repas** Lunch 50 - 53/63.

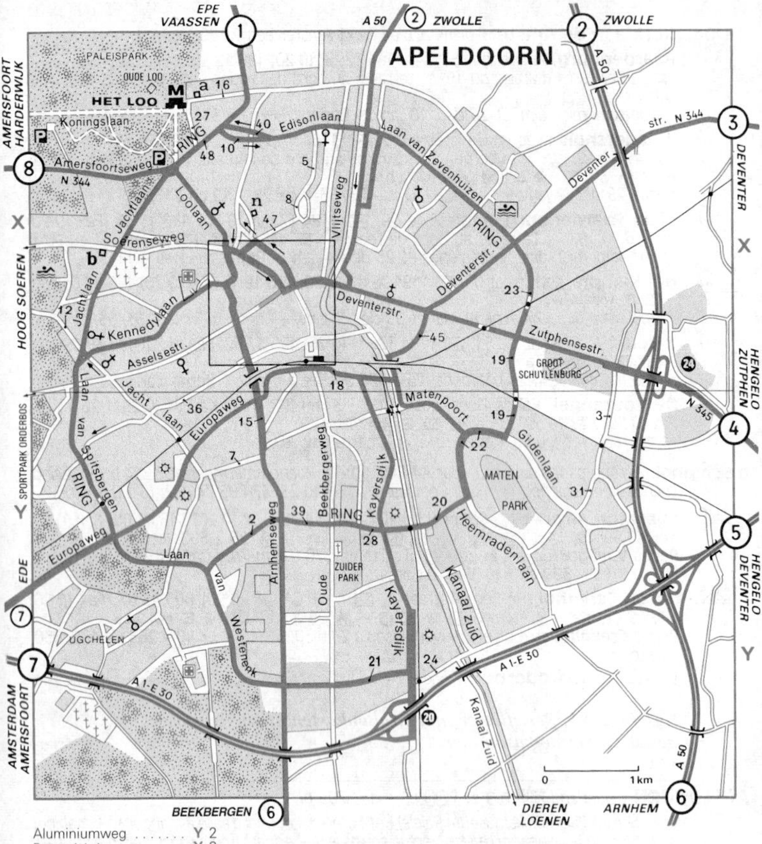

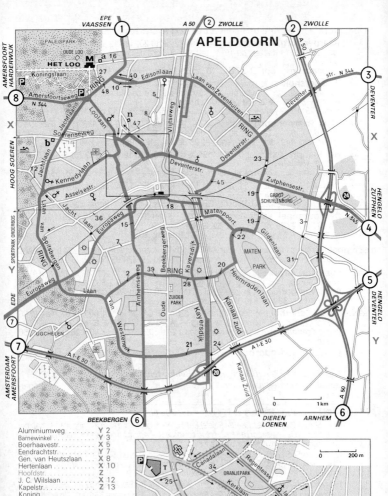

Aluminiumweg	Y	2
Barnewinkel	Y	3
Boerhaavestr.	X	5
Eendrachtstr.	Y	7
Gen. van Heutszlaan	X	8
Hertenlaan	X	10
Hoofdstr.	Z	
J. C. Wilslaan	X	12
Kapelstr.	Z	13
Koning Stadhouderlaan	Y	15
Koningstr.	X	16
Korenstr.	Z	17
Laan van de Mensenrechten	X	18
Laan van Erica	XY	19
Laan van Kuipershof	Y	20
Laan van Malkenschoten	Y	21
Laan van Maten	Y	22
Laan van Osseveld	X	23
Lange Amerikaweg	Y	24
Loseweg	X	27
Marchantstr.	Y	28
Marktpl.	Z	30
Marskramersdonk	Y	31
Molenstr.	Z	32
Mr. van Rhemenslaan	Z	34
Paul Krügerstr.	Z	35
Prins W. Alexanderlaan	Y	36
Ravenweg	Y	39
Reeënlaan	X	40
Sprengenweg	Z	43
Stationspl.	Z	44
Wapenrustlaan	X	45
Wilhelminapark	X	47
Zwolseweg	X	48

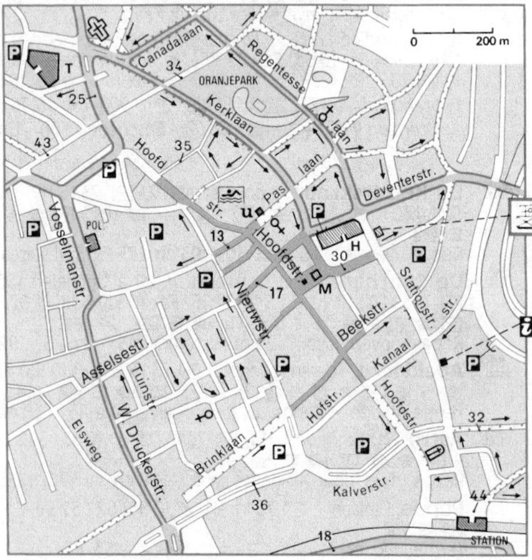

à **Beekbergen** *par ⑥ : 5 km* 🄲 *Apeldoorn :*

Engelanderhof, Arnhemseweg 484, ✉ 7361 CM, ☎ (0 55) 506 33 18, *Fax (0 55) 506 32 20,* – P. AE D E VISA.
Repas *(fermé dim. de nov. à mi-mars)* 40/69 – **17 ch** 95/140.

à **Hoog Soeren** *O : 6 km par Soerenseweg* X 🄲 *Apeldoorn :*

Oranjeoord, Hoog Soeren 134, ✉ 7346 AH, ☎ (0 55) 519 12 27, *Fax (0 55) 519 14 51,* « Dans les bois », – TV ☎ P – 25. AE D E VISA JCB. rest
Repas Lunch 35 – 60 – **36 ch** 143/198, 1 suite – ½ P 202/245.

XXX **De Echoput,** Amersfoortseweg 86 (par ⑧ : 5 km), ✉ 7346 AA, ☎ (0 55) 519 12 48, *Fax (0 55) 519 14 09,* « Terrasse et jardin » – P. AE D E VISA
fermé lundi et 27 déc.-8 janv. – **Repas** Lunch 80 – 110/145.

XX **Het Jachthuis,** Hoog Soeren 55, ✉ 7346 AC, ☎ (0 55) 519 13 97, *Fax (0 55) 519 18 06,* « Petite auberge au milieu des bois » – P. AE D E VISA JCB
fermé lundi et 20 juil.-9 août – **Repas** Lunch 65 – 93, carte 87 à 110
Spéc. Carpaccio de betteraves rouges et foie d'oie. Salade de pommes de terre aux suprêmes de pigeon. Barbue marinée servie chaude.

APPELSCHA *Fryslân* 🄲 *Ooststellingwerf 25 088 h.* **210** W 5 et **908** K 3.
Amsterdam 190 – Leeuwarden 55 – Assen 19.

Appelscha, Boerestreek 2, ✉ 8426 BP, ☎ (0 516) 43 15 93, *Fax (0 516) 43 26 63* – TV ☎ P – 50. AE D E VISA JCB. rest
Repas *(fermé après 20 h)* carte env. 60 – 15 – **34 ch** 85/100 – ½ P 95/145.

APPINGEDAM *Groningen* **210** AA 3 et **908** L 2 – *12 316 h.*
Voir ≤★ *de la passerelle (Smalle brug).*
Env. *NO : 20 km à Uithuizen★ : Château Menkemaborg★.*
Wijkstraat 38, ✉ 9901 AJ, ☎ (0 596) 62 03 00, Fax (0 596) 62 82 51.
Amsterdam 208 – Groningen 25.

Landgoed Ekenstein, Alberdaweg 70 (O : 3 km), ✉ 9901 TA, ☎ (0 596) 62 85 28, *Fax (0 596) 62 06 21,* – TV ☎ P – 25 à 200. AE D E VISA JCB. rest
Repas 70/90 – **28 ch** 145/175 – ½ P 113/133.

Het Wapen van Leiden, Wijkstraat 44, ✉ 9901 AJ, ☎ (0 596) 62 29 63, *Fax (0 596) 62 48 53* – TV ☎. AE D E VISA JCB. rest
fermé 31 déc. et 1er janv. – **Repas** *(fermé après 20 h)* carte env. 50 – **28 ch** 95/135.

ARCEN *Limburg* 🄲 *Arcen en Velden 9 017 h.* **211** W 14 et **908** J 7.
Wal 26, ✉ 5944 AW, ☎ (0 77) 473 12 47, Fax (0 77) 473 30 19.
Amsterdam 167 – Maastricht 88 – Nijmegen 53 – Venlo 13.

Rooland, Roobeekweg 1 (N : 3 km sur N 271), ✉ 5944 EZ, ☎ (0 77) 473 66 66, *Fax (0 77) 473 29 15,* – TV ☎ P – 25 à 250. AE D E VISA
Repas Lunch 28 – 45 – **54 ch** 115/165 – ½ P 95/108.

De Oude Hoeve, Raadhuisplein 6, ✉ 5944 AH, ☎ (0 77) 473 20 98, *Fax (0 77) 473 19 62* – TV ☎ P – 25 à 200. AE D E VISA.
Repas carte 55 à 76 – **11 ch** 107/198 – ½ P 110/132.

De Maasparel, Schans 3, ✉ 5944 AE, ☎ (0 77) 473 12 96, *Fax (0 77) 473 13 35,* – TV ☎ P. E VISA JCB. ch
Repas (dîner seult) – **10 ch** 100/130 – ½ P 98.

ARNHEM 🄿 *Gelderland* **211** U 11 et **908** I 6 – *134 960 h.*
Voir *Parc de Sonsbeek★ (Sonsbeek Park)* CY – *Burgers' zoo, Bush, Desert et Safaripark★.*
Musées : *Néerlandais de plein air★★ (Het Nederlands Openluchtmuseum)* AV – *Municipal★ (Gemeentemuseum)* AVX **M** – *Historique Het Burgerweeshuis★* DZ **M**².
Env. *NE : Parc National (Nationaal Park) Veluwezoom★, route de Posbank ★ par ②.*
Papendallaan 22, ✉ 6816 VD, ☎ (0 26) 482 12 82, Fax (0 26) 482 13 48 - à Elst SO : 8 km, Grote Molenstraat 173, ✉ 6661 NH, ☎ (0 481) 37 65 91, Fax (0 481) 37 70 55.
Stationsplein 45, ✉ 6811 KL, ☎ 0 900-202 40 75, Fax (0 26) 442 26 44.
Amsterdam 100 ⑥ – Apeldoorn 27 ① – Essen 110 ③ – Nijmegen 19 ④ – Utrecht 64 ⑥.

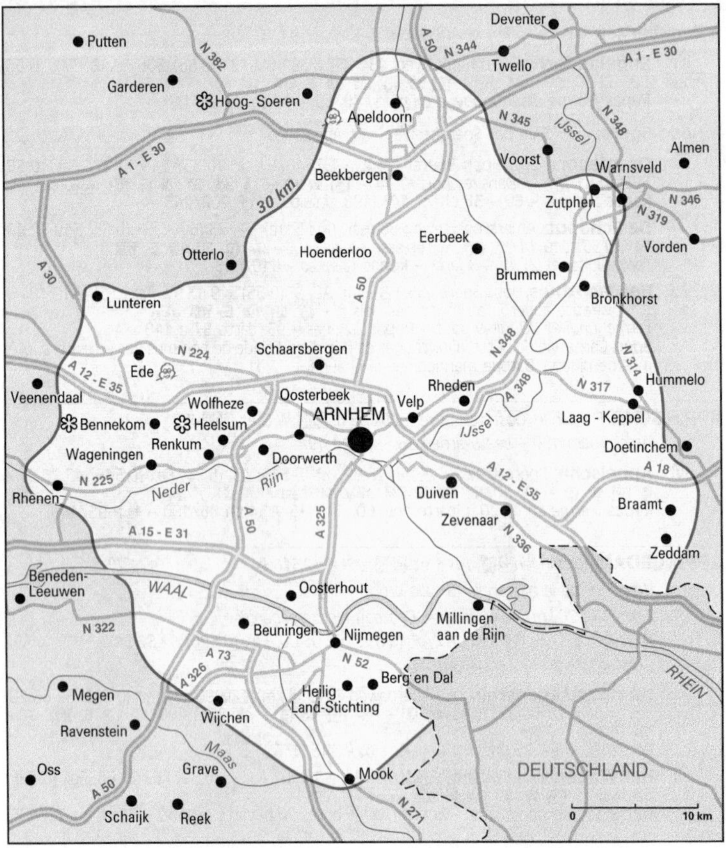

Landgoed Groot Warnsborn, Bakenbergseweg 277, ✉ 6816 VP, ☎ (0 26) 445 57 51, *Fax (0 26) 443 10 10*, « Environnement boisé », – TV ☎ P – 25 à 100. AE ⓓ E VISA. rest — AV e
fermé 27 déc.-9 janv. – **Repas** *(fermé dim. midi)* Lunch 53 – carte env. 85 – **30 ch** 180/330 – ½ P 170/215.

Rijnhotel, Onderlangs 10, ✉ 6812 CG, ☎ (0 26) 443 46 42, *Fax (0 26) 445 48 47*, « Au bord du Rhin (Rijn) » – TV ☎ P – 25 à 80. AE ⓓ E VISA JCB — AX a
Repas ***Le Saumon*** Lunch 45 - carte 45 à 95 – **67 ch** 220/310, 1 suite – ½ P 135/218.

Haarhuis, Stationsplein 1, ✉ 6811 KG, ☎ (0 26) 442 74 41, *Fax (0 26) 442 74 49*, – rest, TV ☎ P – 25 à 600. AE ⓓ E VISA JCB. — CZ f
Repas Lunch 30 – 45 – **86 ch** 140/225 – ½ P 102/125.

Postiljon, Europaweg 25 (près A 12), ✉ 6816 SL, ☎ (0 26) 357 33 33, *Fax (0 26) 357 33 61*, – TV ☎ P – 25 à 500. AE ⓓ E VISA — ABV d
Repas (buffets) – 20 – **82 ch** 130/176 – ½ P 100/125.

Blanc sans rest, Coehoornstraat 4, ✉ 6811 LA, ☎ (0 26) 442 80 72, *Fax (0 26) 443 47 49* – TV ☎ – 25. AE ⓓ E VISA — CZ c
22 ch 135/165.

Old Dutch sans rest, Stationsplein 8, ✉ 6811 KG, ☎ (0 26) 442 07 92, *Fax (0 26) 445 78 30* – TV ☎. AE ⓓ E VISA JCB. — CZ k
21 ch 125/155.

Zilli en Zilli, Mariënburgstraat 1, ✉ 6811 CS, ☎ (0 26) 442 02 88, *Fax (0 26) 442 02 88*, Cuisine italienne avec trattoria – AE E VISA. — CZ u
fermé dim. midi, lundi, dern. sem. janv.-prem. sem. fév. et dern. sem. juil.-mi-août – **Repas** 45/76.

ARNHEM

Arnhemsestraatweg	BV	4
Beekhuizenseweg	BV	6
Beukenweg	BV	7
Bronbeeklaan	BV	10
Burg Matsersingel	AX	12
Cattepoelseweg	AV	13
van Heemstralaan	AV	18
Heijenoordseweg	AV	19
Hulkesteinseweg	AX	22
Huygenslaan	BV	24
Jacob Marislaan	AV	27
Johan de Wittlaan	AX	33
Koppelstraat	AX	36
Lerensteinselaan	BV	37
Nijmeegseweg	AX	42
Nordlaan	BV	43
van Oldenbarneveldstr.	AX	45
Onderlangs	AX	46
Parkweg	AV	49
President Kennedylaan	BV	52
Ringallee	BV	54
Rosendaalseweg	BV	57
Thomas a Kempislaan	AV	58
Voetiuslaan	ABX	64
Weg achter het Bos	AV	67
Zijpendaalseweg	AV	69
Zutphensestraatweg	BV	70

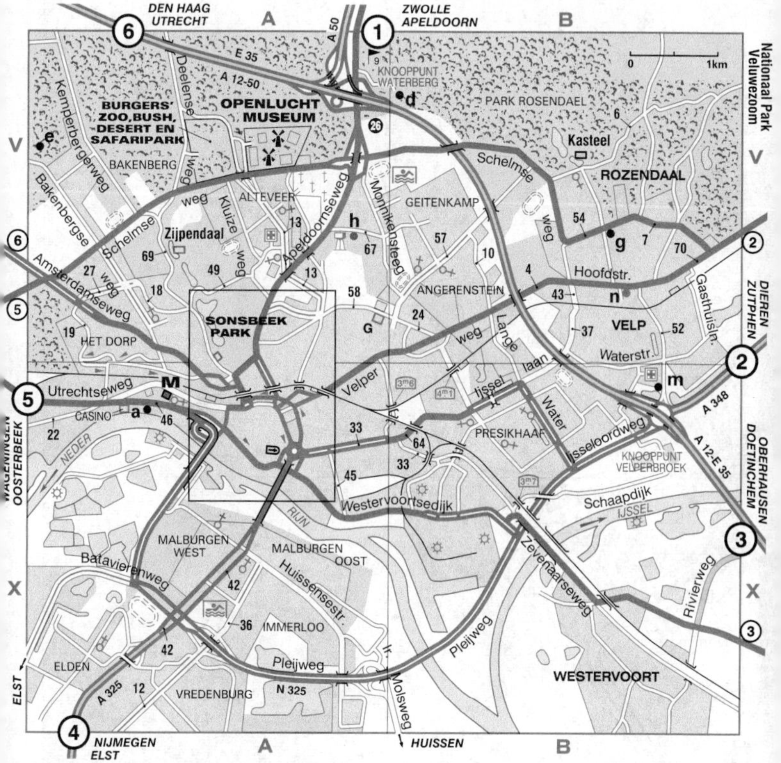

De Steenen Tafel, Weg achter het Bosch 1, ✉ 6822 LV, ☏ (0 26) 443 53 13, *Fax (0 26) 442 16 59* – P. AE ⓓ E VISA. — AV h
fermé du 8 au 23 fév., 26 juil.-17 août, 31 déc. et 1er janv. – **Repas** 58/65.

De Boerderij, Parkweg 2, ✉ 6815 DJ, ☏ (0 26) 442 43 96, *Fax (0 26) 442 82 60*, « Ferme du 19e s. » – P. AE ⓓ E VISA — CY b
fermé 27 déc.-7 janv. et merc. de sept. à mai – **Repas** *Lunch 58* – 65/97.

La Rusticana, Bakkerstraat 58, ✉ 6811 EJ, ☏ (0 26) 351 56 07, *Fax (0 26) 351 56 07*, , Cuisine italienne – AE ⓓ E VISA — CZ m
fermé mardi et 2 sem. en sept. – **Repas** (dîner seult) carte env. 75.

CocoLinie, Rijnkade 39, ✉ 6811 HA, ☏ (0 26) 442 66 64, *Fax (0 26) 442 32 63*, , Ouvert jusqu'à 23 h – AE ⓓ E VISA – **Repas** *Lunch 40* – 50/60. — CZ n

à Duiven *par ③ : 10 km – 24 290 h.*

Duiven, Nieuwgraaf 3 (sortie ㉗ sur A 12), ✉ 6921 RJ, ☏ (0 26) 311 11 50, *Fax (0 26) 311 74 60*, – TV ☎ P. AE ⓓ E VISA JCB.
Repas carte env. 50 – 13 – **40 ch** 99/119.

à Schaarsbergen *10 km par Kemperbergerweg AV* C *Arnhem :*

Rijzenburg, Koningsweg 17 (à l'entrée du parc national), ✉ 6816 TC, ☏ (0 26) 443 67 33, *Fax (0 26) 443 77 07*, – P. AE ⓓ E VISA.
fermé du 1er au 17 mars – **Repas** carte 68 à 97.

ARNHEM

Apeldoornsestr. . . . . DY 3
Bouriciusstraat . . . . CY 9
Eusebiusbinnensingel . . . . DZ 16
Heuvelink Bd. . . . . DZ 21
Ir. J. P. van Muylwijkstr. . . . . DZ 25
Jansbinnensingel . . . . CZ 28
Jansplein . . . . CZ 30
Janstraat . . . . CZ 31
Ketelstraat . . . . CDZ 34
Looierstraat . . . . DZ 39
Oranjewachtstr. . . . . DZ 48
Rijnstraat . . . . CZ
Roggestraat . . . . DZ 55
Velperbinnensingel . . . . . . DZ 60
Velperbuitensingel . . . . . . DZ 61
Vijzelstraat . . . . CZ 63
Walburgstraat . . . . DZ 66

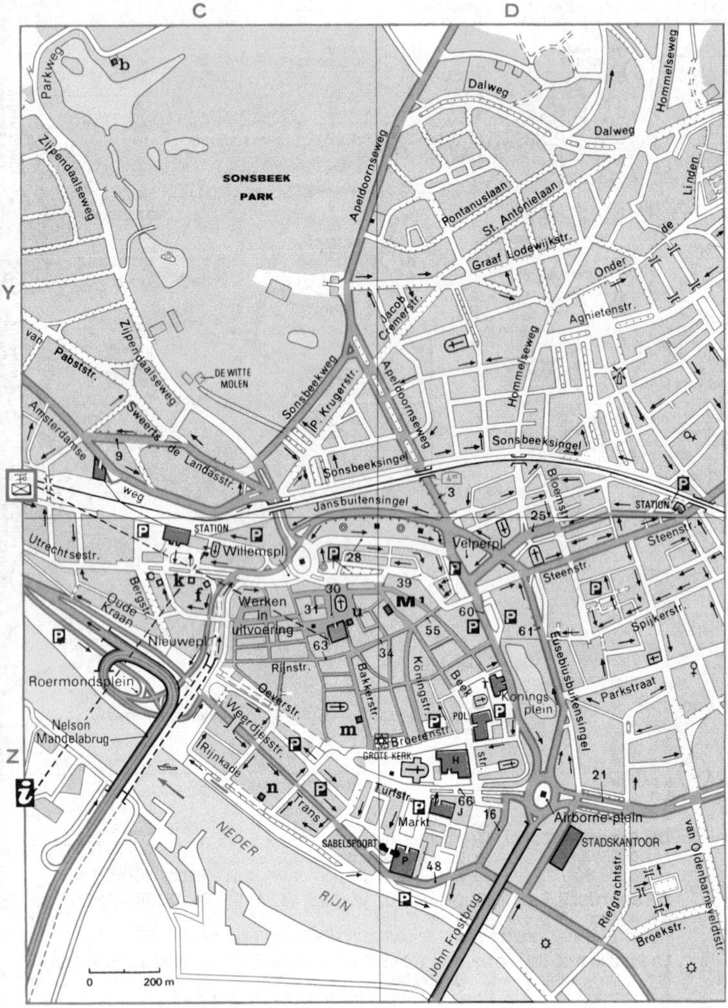

Bijzonder aangename hotels of restaurants worden in de gids in het rood aangeduid.

U kunt helpen door ons attent te maken op bedrijven, waarvan u uit ervaring weet dat zij aangenaam zijn.

Uw **Michelingids** zal dan nog beter zijn.

à Velp C *Rheden 44 642 h :*

Velp, Pres. Kennedylaan 102, ✉ 6883 AX, ☎ (0 26) 364 98 49, *Fax (0 26) 364 24 27,* – TV – AE E VISA JCB. rest BVX m
fermé Noël, 31 déc. et 1er janv. – **Repas** Lunch 40 – carte env. 85 – 29 – **74 ch** 155/290 – ½ P 138/160.

de Rozenhoek, Rozendaalselaan 60, ✉ 6881 LE, ☎ (0 26) 364 72 90, *Fax (0 26) 361 75 88,* – TV . AE E VISA. ch BV g
fermé 24 et 31 déc. et 1er janv. – **Repas** 39/54 – **8 ch** 110/162.

La Coquerie, Emmastraat 25, ✉ 6881 SN, ☎ (0 26) 364 39 29, *Fax (0 26) 361 39 32,* – . AE E VISA BV n
fermé mardi et merc. – **Repas** (dîner seult) carte env. 75.

*Pour situer une ville **belge** ou **néerlandaise** reportez-vous aux **cartes Michelin** 408 et 409 comportant un index alphabétique des localités.*

ASSEN P *Drenthe* 210 Y 5 et 908 K 3 – *54 691 h.*

Voir *Musée de la Drenthe★ (Drents Museum) : section archéologique★ – Ontvangershuis★* Y **M**1.

Env. *NO : Midwolde, monument funéraire★ dans l'église – E : Eexterhalte, hunebed★ (dolmen).*

Marktstraat 8, ✉ 9401 JH, ☎ (0 592) 31 43 24, Fax (0 592) 31 73 06.

Amsterdam 187 ③ – Groningen 26 ① – Zwolle 76 ③.

Assen, Balkenweg 1 (par ④ : 2 km), ✉ 9405 CC, ☎ (0 592) 35 15 15, *Fax (0 592) 35 56 37,* – TV – 25 à 500. AE E VISA JCB
Repas (ouvert jusqu'à 23 h) Lunch 20 – carte 45 à 67 – 13 – **136 ch** 120 – ½ P 163.

de Eetkamer van Assen, Markt 6, ✉ 9401 GS, ☎ (0 592) 31 58 18, *Fax (0 592) 31 86 10,* – . E VISA JCB Y s
Repas Lunch 53 – carte 53 à 80.

ASSEN

Brinkstr. Y 3
Burg. Jollesstr. Z 4
Ceresstr. Y 5
Collardslaan Z 6
van de Feltzpark Z 12
Gedemptesingel Y 13
Havenkade Y 18
Julianastr Y 22
Kloekhorststr. Y 23
Kloosterstr. YZ 24
Koopmansplein Y 25
Kruisstr. Y 27
Marktstr. Y 30
Minervalaan Y 31
Neptunusplein Y 32
Nieuwe Huizen Y 33
Noordersingel Y 34
Oudestr. Y 36
Oude Molenstr. Y 37
Parkstr. Z 39
Prinses Beatrixlaan Z 40
Singelpassage Y 43
Torenlaan Z 48
Zuidersingel Z 57

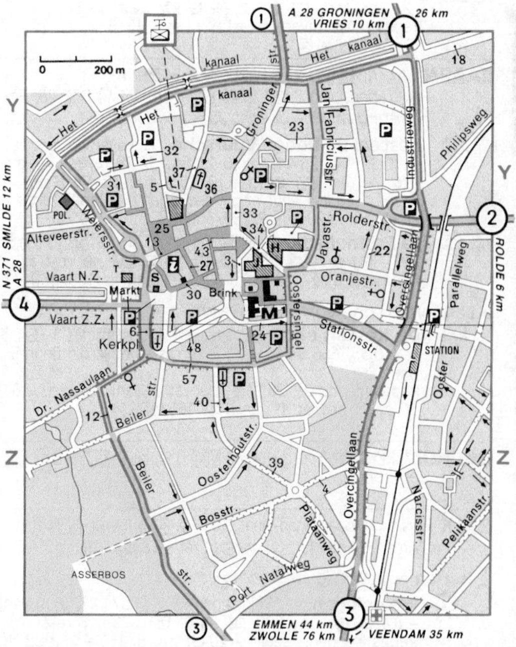

ASTEN *Noord-Brabant* 211 T 14 et 908 I 7 – *15 932 h.*
Musée : *National du Carillon★ (Nationaal Beiaardmuseum).*
Env. *SE : De Groote Peel★ (réserve naturelle d'oiseaux).*
Amsterdam 152 – 's-Hertogenbosch 63 – Eindhoven 24 – Helmond 14 – Venlo 33.

Nobis, Nobisweg 1 (près A 67), ✉ 5721 VA, ℘ (0 493) 69 68 00, *Fax (0 493) 69 10 58,* – TV ☎ P – 25 à 400. AE O E VISA. ch
Repas (Taverne-rest) *Lunch 25* – 45/55 – 15 – **24 ch** 120/149 – ½ P 85/103.

In 't Eeuwig Leven, Pr. Bernhardstraat 22, ✉ 5721 GC, ℘ (0 493) 69 35 62, *Fax (0 493) 69 53 17,* – AE O E VISA.
fermé merc., sam. midi, dim. midi et 2 sem. vacances bâtiment – **Repas** *Lunch 38* – carte env. 70.

AXEL *Zeeland* 211 I 15 et 908 C 8 – *12 225 h.*
Justaasweg 4, ✉ 4571 NB, ℘ (0 115) 56 44 67, Fax (0 115) 56 44 67.
Amsterdam (bac) 193 – Middelburg (bac) 50 – Antwerpen 42 – Gent 29.

Zomerlust, Boslaan 1, ✉ 4571 SW, ℘ (0 115) 56 16 93, *Fax (0 115) 56 36 45,* , « Terrasse et jardin au bord de l'eau » – P. AE O E VISA JCB.
fermé du 22 au 31 juil., 18 janv.-5 fév., lundi et sam. midi – **Repas** carte 64 à 98.

in d'Ouwe Baencke, Kerkstraat 10, ✉ 4571 BC, ℘ (0 115) 56 33 73, *Fax (0 115) 56 33 73,* – AE O E VISA.
fermé mardi, merc., dern. sem. juil.-prem. sem. août et 31 déc.-prem. sem. janv. – **Repas** *Lunch 50* – carte 55 à 71.

à Zuiddorpe *S : 3 km* C *Axel :*

Onder de Linden, Dorpsplein 12, ✉ 4574 RD, ℘ (0 115) 60 82 95, *Fax (0 115) 60 84 63* – AE E VISA.
fermé mardi soir de juil. à avril, merc., carnaval, dern. sem. juin-mi-juil., Noël et Nouvel An – **Repas** carte env. 70.

BAARLE-NASSAU *Noord-Brabant* 211 O 14 et 908 F 7 – *6 028 h.*
Nieuwstraat 16, ✉ 5111 CW, ℘ (0 13) 507 99 21.
Amsterdam 126 – 's-Hertogenbosch 43 – Antwerpen 57 – Breda 23 – Eindhoven 54.

Den Engel avec ch, Singel 3, ✉ 5111 CD, ℘ (0 13) 507 93 30, *Fax (0 13) 507 82 69,* – rest, TV ☎. AE O E VISA JCB. ch
Repas (Avec taverne-rest) *Lunch 35* – 45/65 – 15 – **7 ch** 100/150 – ½ P 135/173.

BAARN *Utrecht* 211 Q 9 et 908 G 5 – *24 539 h.*
Stationsplein 7, ✉ 3743 KK, ℘ (0 35) 541 32 26, Fax (0 35) 543 08 28.
Amsterdam 38 – Utrecht 25 – Apeldoorn 53.

Kasteel De Hooge Vuursche, Hilversumsestraatweg 14 (O : 2 km), ✉ 3744 KC, ℘ (0 35) 541 25 41, *Fax (0 35) 542 32 88,* ←, , « Parc en terrasse et fontaines », – , rest, TV ☎ P – 25 à 100. AE O E VISA.
fermé 15 juil.-5 août et 27 déc.-2 janv. – **Repas** (dîner pour résidents seult) – 25 – **26 ch** 175/420 – ½ P 250/300.

La Promenade, Amalialaan 1, ✉ 3743 KE, ℘ (0 35) 541 29 13, *Fax (0 35) 541 57 75,* – TV ☎ – 25 à 70. AE O E VISA. rest
Repas *Lunch 50* – carte 70 à 83 – **20 ch** 115/130 – ½ P 175/225.

à Lage-Vuursche *SO : 7 km* C *Baarn :*

De Kastanjehof avec ch, Kloosterlaan 1, ✉ 3749 AJ, ℘ (0 35) 666 82 48, *Fax (0 35) 666 84 44,* , « Terrasses et jardin fleuri » – TV ☎ P – 30. AE O E VISA
Repas *(fermé 25, 26 et 31 déc. et 1er janv.) Lunch 53* – 63/70 – **10 ch** *(fermé 24, 25, 26, 30 et 31 déc. et 1er janv.)* 165/195.

BADHOEVEDORP *Noord-Holland* 210 N 8 - ㉘ S, 211 N 8 et 908 F 4 - ㉗ S – *voir à Amsterdam, environs.*

BALK *Fryslân* C *Gaasterlân-Sleat 9 635 h.* 210 S 5 et 908 H 3.
Amsterdam 119 – Groningen 84 – Leeuwarden 50 – Zwolle 63.

à Harich *NO : 1 km* C *Gaasterlân-Sleat :*

Welgelegen, Welgelegen 15, ✉ 8571 RG, ℘ (0 514) 60 50 50, *Fax (0 514) 60 51 99* – TV ☎ P – 200. AE O E VISA JCB. rest
Repas (résidents seult) – **20 ch** 75/135 – ½ P 98/105.

BALLUM *Fryslân* 210 T 2 et 908 I 1 – *voir à Waddeneilanden (Ameland).*

BARENDRECHT *Zuid-Holland* 211 M 11 - ⑩ S et 908 E 6 - ㉕ S – *voir à Rotterdam, environs.*

BAVEL *Noord-Brabant* 211 O 13 – *voir à Breda.*

BEEK *Limburg* 211 T 17 et 908 I 9 – *voir à Maastricht.*

BEEKBERGEN *Gelderland* 211 U 10 et 908 I 5 – *voir à Apeldoorn.*

BEEK EN DONK *Noord-Brabant* C *Laarbeek 21 661 h.* 211 S 13 et 908 H 7.
Amsterdam 116 – Eindhoven 20 – Nijmegen 54.

X **Woo Ping,** Piet van Thielplein 10 (Donk), ✉ 5741 CP, ☎ (0 492) 46 22 13, *Fax (0 492) 46 57 98,* Cuisine asiatique – AE ⓓ E VISA. ✂
fermé lundis non fériés – **Repas** (dîner seult) carte env. 50.

BEETSTERZWAAG (BEETSTERSWEACH) *Fryslân* C *Opsterland 28 377 h.* 210 V 4 et 908 J 2.
18 *van Harinxmaweg 8a,* ✉ *9244 CJ,* ☎ *(0 512) 38 25 94, Fax (0 512) 38 37 39.*
Amsterdam 143 – Leeuwarden 34 – Groningen 43.

Lauswolt ⛭, van Harinxmaweg 10, ✉ 9244 CJ, ☎ (0 512) 38 12 45, *Fax (0 512) 38 14 96,* ☂, « Demeure du 19ᵉ s. sur parc », ≤, ⛶, ✂ – ⧉ TV ☎ P – 25 à 80. AE ⓓ E VISA JCB. ✂ rest
Repas *Lunch 80* – 110/170 – ☕ 35 – **63 ch** 235/330, 2 suites – ½ P 335/575.

XX **Prins Heerlijck,** Hoofdstraat 23, ✉ 9244 CL, ☎ (0 512) 38 24 55, *Fax (0 512) 38 33 71,* ☂, « Terrasse » – P. AE ⓓ E VISA
Repas 60.

à **Olterterp** *NE : 2 km* C *Opsterland :*

XX **Het Witte Huis** avec ch, van Harinxmaweg 20, ✉ 9246 TL, ☎ (0 512) 38 22 22, *Fax (0 512) 38 23 07,* ☂ – TV ☎ P – 25 à 75. AE ⓓ E VISA. ✂ rest
Repas *(fermé lundi midi) Lunch 43* – 58/68 – **8 ch** ☕ 95/150 – ½ P 110/130.

BEILEN *Drenthe* C *Middenveld 15 194 h.* 210 Y 5 et 908 K 3.
Amsterdam 169 – Assen 17 – Groningen 44 – Leeuwarden 70 – Zwolle 59.

à **Spier** *SO : 5 km* C *Middenveld :*

De Woudzoom, Oude Postweg 2, ✉ 9417 TG, ☎ (0 593) 56 26 45, *Fax (0 593) 56 25 50,* ☂, « Terrasse », ≤ – TV ☎ ♿ P – 25 à 250. AE ⓓ E VISA. ✂
fermé 28 déc.-10 janv. – **Repas** *Lunch 25* – 45/70 – **36 ch** ☕ 140/220 – ½ P 125/150.

BELFELD *Limburg* 211 V 15 et 908 J 8 – *5 375 h.*
Amsterdam 172 – Eindhoven 61 – Maastricht 67 – Roermond 17.

De Krekelberg, Parallelweg 11 (NE : 2 km sur N 271), ✉ 5951 AP, ☎ (0 77) 475 12 66, *Fax (0 77) 475 35 05* – TV ☎ P – 100. AE E VISA. ✂
Repas *(fermé carnaval)* carte 68 à 101 – **8 ch** ☕ 90/150.

BENEDEN-LEEUWEN *Gelderland* C *West Maas en Waal 17 866 h.* 211 S 11 et 908 H 6.
Amsterdam 90 – Arnhem 42 – 's-Hertogenbosch 34 – Nijmegen 30.

De Twee Linden, Zandstraat 100, ✉ 6658 CX, ☎ (0 487) 59 12 34, *Fax (0 487) 59 42 24* – TV ☎ P – 25 à 350. AE ⓓ E VISA JCB. ✂
fermé 24 déc.-4 janv. – **Repas** *Lunch 35* – 45/75 – **14 ch** ☕ 95/130.

XX **Brouwershof,** Brouwersstraat 1, ✉ 6658 AD, ☎ (0 487) 59 40 00, *Fax (0 487) 59 40 40,* ☂ – P – 25 à 100. AE ⓓ E VISA JCB
fermé du 14 au 19 fév., 19 juil.-5 août et lundi – **Repas** *Lunch 50* – carte 76 à 129.

BENNEBROEK *Noord-Holland* 210 M 9, 211 M 9 et 908 E 5 – *5 084 h.*
Voir *Vogelenzang* ≤★ *: Tulipshow★ N : 1,5 km.*
Amsterdam 30 – Den Haag 37 – Haarlem 8 – Rotterdam 62.

XX **De Jonge Geleerde Man,** Rijksstraatweg 51, ✉ 2121 AB, ☎ (0 23) 584 87 32, ☂ – P. AE ⓓ E VISA JCB
fermé lundi – **Repas** 55/68.

XX **Les Jumeaux,** Bennebroekerlaan 19b, ✉ 2121 GP, ☎ (0 23) 584 63 34, *Fax (0 23) 584 96 83,* ☂ – ▤. AE ⓓ E VISA
fermé sam. midi et dim. midi – **Repas** *Lunch 48* – 58.

BENNEKOM *Gelderland* C *Ede 100 927 h.* 211 T 10 et 908 I 5.
Amsterdam 83 – Arnhem 21 – Apeldoorn 45 – Utrecht 45.

XX ✿ **Het Koetshuis,** Panoramaweg 23a (E : 3 km), ✉ 6721 MK, ☎ (0 318) 41 73 70, *Fax (0 318) 42 01 16,* ☂, « Ancien hangar à chariots aménagé à la lisière des bois » – P. AE ① E VISA
fermé 31 déc. et 1er janv. – **Repas** *Lunch 53* – 85 bc/105 bc, carte 76 à 96
Spéc. Salade d'été aux copeaux de foie d'oie. Foie d'oie chaud aux pommes de terre et pomme fruit. Carpaccio de lotte tiède au poireau et jus au gingembre.

BENTVELD *Noord-Holland* 210 M 8 et 211 M 8 – *voir à Zandvoort.*

BERGAMBACHT *Zuid-Holland* 211 N 11 et 908 F 6 – *9 244 h.*
Amsterdam 64 – Gouda 11 – Rotterdam 23 – Utrecht 34.

De Arendshoeve, Molenlaan 14 (O : par N 207), ✉ 2861 LB, ☎ (0 182) 35 10 00 et 35 13 00 (rest), *Fax (0 182) 35 11 55 et 35 39 69 (rest),* ☂, ≘s, ⊡, ⌂, ✗ – |‡| ⇆, ▤ rest, TV ☎ P – 🏛 25 à 150. AE ① E VISA. ✗
voir rest ***Puccini*** *ci-après* – ***Onder de Molen*** (dîner seult) *(fermé lundi et 30 déc.-2 janv.)* 59/73 – ☐ 30 – **24 ch** 315/395, 3 suites – ½ P 230/435.

XXX **Puccini** - H. De Arendshoeve, Molenlaan 14 (O : par N 207), ✉ 2861 LB, ☎ (0 182) 35 10 00, *Fax (0 182) 35 11 55,* ☂ – ▤ P. AE ① E VISA. ✗
Repas *Lunch 80* – 110/150.

BERGEN *Noord-Holland* 210 N 6 et 908 F 3 – *14 144 h.*
ℹ Plein 1, ✉ 1861 JX, ☎ (0 72) 581 31 00, Fax (0 72) 581 38 90.
Amsterdam 45 – Alkmaar 6 – Haarlem 38.

Parkhotel, Breelaan 19, ✉ 1861 GC, ☎ (0 72) 581 22 23, *Fax (0 72) 589 74 35,* ☂ – |‡| TV ☎ – 🏛 30 à 70. AE ① E VISA JCB
Repas *Lunch 15* – carte 45 à 61 – **26 ch** ☐ 140 – ½ P 98/108.

Het Witte Huis, Ruïnelaan 15, ✉ 1861 LK, ☎ (0 72) 581 25 30, *Fax (0 72) 581 39 57,* ☂ – |‡| TV ☎ P – 🏛 60. AE ① E VISA. ✗
Repas (dîner pour résidents seult) – **31 ch** ☐ 185 – ½ P 113/126.

Sans Souci ⚘ sans rest, Hoflaan 7, ✉ 1861 CP, ☎ (0 72) 581 80 55, *Fax (0 72) 581 80 90,* « Jardin » – TV ☎ P. AE E VISA. ✗
6 ch ☐ 130/160.

Duinpost ⚘ sans rest, Kerkelaan 5, ✉ 1861 EA, ☎ (0 72) 581 21 50, *Fax (0 72) 589 96 96,* ⌂ – TV ☎ P. ✗
10 fév.-2 nov. ; fermé 20 fév.-27 mars – **15 ch** ☐ 80/120.

X **De Kleine Prins,** Oude Prinsweg 29, ✉ 1861 CS, ☎ (0 72) 589 69 69 – ▤. AE ① E VISA. ✗
fermé lundi et mardi – **Repas** (dîner seult) carte 62 à 77.

à Bergen aan Zee *O : 5 km* C *Bergen – Station balnéaire.*
ℹ Van der Wijckplein 8, ✉ 1865 AP, ☎ (0 72) 581 24 00, Fax (0 72) 581 31 73

Nassau Bergen, Van der Wijckplein 4, ✉ 1865 AP, ☎ (0 72) 589 75 41, *Fax (0 72) 589 70 44,* ≤, Fö, ⚓ – TV ☎ P – 🏛 25 à 60. E VISA. ✗ rest
fermé 24 déc.-3 janv. – **Repas** (dîner pour résidents seult) – **42 ch** ☐ 145/270 – ½ P 150/230.

Victoria, Zeeweg 33, ✉ 1865 AB, ☎ (0 72) 581 23 58, *Fax (0 72) 589 60 01,* ✗ – ▤ rest, TV ☎ P – 🏛 25. AE ① E VISA
Repas (Taverne-rest) carte env. 50 – **28 ch** ☐ 120/180 – ½ P 88/123.

Prins Maurits, Van Hasseltweg 7, ✉ 1865 AL, ☎ (0 72) 581 23 64, *Fax (0 72) 581 82 98* – TV ☎ ⇔ P. E. ✗ rest
mars-oct. – **Repas** (dîner pour résidents seult) – **22 ch** ☐ 90/180 – ½ P 105/120.

BERG EN DAL *Gelderland* 211 U 12 et 908 I 6 – *voir à Nijmegen.*

BERG EN TERBLIJT *Limburg* 211 T 16 et 908 I 9 – *voir à Valkenburg.*

BERGEN OP ZOOM *Noord-Brabant* 211 K 14 et 908 D 7 – *63 233 h.*

Voir *Markiezenhof*★ AY **M¹**.

18 *par* ②*: 9 km, Zoomvlietweg 66,* ✉ *4624 RP,* ☎ *(0 165) 37 96 42, Fax (0 165) 37 98 88.*

ℹ *Beursplein 7,* ✉ *4611 JG,* ☎ *(0 164) 26 60 00, Fax (0 164) 24 60 31.*

Amsterdam 143 ② *– 's-Hertogenbosch 90* ② *– Antwerpen 39* ③ *– Breda 40* ② *– Rotterdam 70* ②*.*

BERGEN OP ZOOM

Antwerpsestraatweg . . . . . . BZ 3
Arn. Asselbergsstr. . . . . BY 4
Auvergnestr. . . . . AZ 6
Blauwehandstr. . . . . BY 7
Boutershemstr. . . . . AZ 8
Burg. Stulemeijerlaan . . . . AY 9
Burg. van Hasseltstr. . . . . . . BZ 10
Fortuinstr. . . . . AY 13
Glymesstr. . . . . AZ 14
Grote Markt . . . . AY 15
Halsterseweg . . . . AY 16
Kerkstr. . . . . BZ 20
Kloosterstr. . . . . BZ 22
Kortemeestr. . . . . AY 23
Kremerstr. . . . . AY 24
Lange Parkstr. . . . . BY 25
Lieve Vrouwestr. . . . . AY 26
Minderbroedersstr. . . . . ABY 28
van Overstratenlaan . . . . . . AY 30
van der Rijtstr. . . . . BY 32
St. Josephstr. . . . . BYZ 34
Stationsstr. . . . . BY 36
Steenbergsestr. . . . . AY 37
Rooseveltlaan . . . . BZ 39
Wouwsestraatweg . . . . BY 41
Zuivelstr. . . . . BY 43

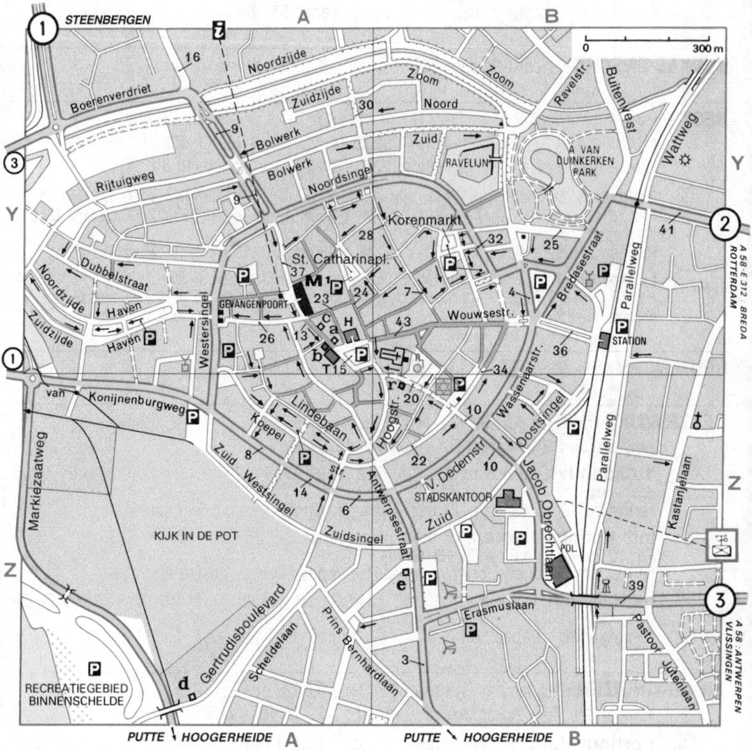

Mercure De Draak, Grote Markt 36, ✉ 4611 NT, ☎ (0 164) 25 20 50, *Fax (0 164) 25 70 01*, – ■ ch, TV ☎ P – 25 à 120. AE ⓓ E VISA JCB. AY a
Repas *De Beurze* (dîner seult) *(fermé août et 26 déc.-1er janv.)* 63/80 – **49 ch** *(fermé 26 déc.-1er janv.)* ☕ 203/295, 2 suites.

Golden Tulip, Gertrudisboulevard 200, ✉ 4615 MA, ☎ (0 164) 26 02 02, *Fax (0 164) 26 03 03*, – TV ☎ ♿ P – 25 à 350. AE ⓓ E VISA JCB AZ d
Repas *Lunch 30* – carte 59 à 75 – ☕ 28 – **51 ch** 190/233.

Tulip Inn De Schelde sans rest, Antwerpsesteenweg 56, ✉ 4611 AK, ☎ (0 164) 26 52 65, *Fax (0 164) 26 65 24* – ■ TV ☎. AE ⓓ E VISA. BZ e
63 ch ☕ 160/195.

De Gouden Leeuw sans rest, Fortuinstraat 14, ✉ 4611 NP, ☎ (0 164) 23 50 00, *Fax (0 164) 23 60 01* – TV ☎. AE ⓓ E VISA JCB. AY c
27 ch ☕ 105/175.

XXX **Moerstede,** Vogelenzang 5 (Moerstraatsebaan, N : 2 km), ✉ 4614 PP, ℘ (0 164) 25 88 00, *Fax (0 164) 25 99 21,* 🍽, « Cadre de verdure » – ▤ Ⓟ – 🏛 40. AE ⓓ E VISA par Ravelstraat BY
fermé lundi – **Repas** *Lunch 58* – 85.

XX **La Pucelle,** Hofstraat 2a (dans le musée Markiezenhof M¹), ✉ 4611 TJ, ℘ (0 164) 26 64 45, *Fax (0 164) 25 93 77,* 🍽 – AE ⓓ E VISA JCB. ✗ AY
fermé sam. midi et dim. – **Repas** *Lunch 45* – 53/90.

XX **De Fortuyn,** Molstraat 1, ✉ 4611 NL, ℘ (0 164) 23 43 40 – ▤. AE E VISA AY b
fermé lundi et 1 sem. carnaval – **Repas** *Lunch 50* – carte env. 65.

XX **De Bloemkool,** Wouwsestraatweg 146 (par ②), ✉ 4623 AS, ℘ (0 164) 23 30 45, *Fax (0 164) 21 01 22,* 🍽 – Ⓟ. AE ⓓ E VISA. ✗
fermé mardi, sam. midi et dim. midi – **Repas** *Lunch 50* – 80.

X **Napoli,** Kerkstraat 10, ✉ 4611 NV, ℘ (0 164) 24 37 04, Cuisine italienne – AE ⓓ E VISA. ✗ BZ r
fermé 1 sem. carnaval et 24 et 31 déc. – **Repas** 53/88.

BERKEL-ENSCHOT *Noord-Brabant* 211 P 13 et 908 G 7 – *voir à Tilburg.*

BEST *Noord-Brabant* 211 R 13 et 908 H 7 – *24 556 h.*

⛳18 Golflaan 1, ✉ 5683 RZ, ℘ (0 499) 39 14 43, Fax (0 499) 39 32 21.
Amsterdam 111 – 's-Hertogenbosch 22 – Breda 53 – Eindhoven 11.

🏨 **Tulip Inn,** De Maas 2 (S : 2 km par A 58, sortie ⑦), ✉ 5684 PL, ℘ (0 499) 39 01 00, *Fax (0 499) 39 16 50,* 🏋, 🏊 – 🛗 ⇆ 📺 ☎ ♿ Ⓟ – 🏛 25 à 200. AE ⓓ E VISA. ✗ rest
Repas *Lunch 38* – carte 45 à 60 – ☕ 23 – **68 ch** 170/180 – ½ P 225/250.

XX **Le Bouquet** 1er étage, Golflaan 1 (SE : 2 km, au golf), ✉ 5683 RZ, ℘ (0 499) 39 33 74, *Fax (0 499) 39 30 59,* ← parcours de golf, 🍽 – ▤ Ⓟ – 🏛 25 à 125. AE ⓓ E VISA. ✗
Repas 55/75.

BEUNINGEN *Gelderland* 211 T 11 et 908 I 6 – *voir à Nijmegen.*

BEVERWIJK *Noord-Holland* 210 M 8 et 908 E 4 – *35 651 h.*

Amsterdam 26 – Alkmaar 22 – Haarlem 13.

XXX **'t Gildehuys,** Baanstraat 32, ✉ 1942 CJ, ℘ (0 251) 22 15 15, *Fax (0 251) 21 38 66,* 🍽 – VISA
fermé du 12 au 16 août, 21 déc.-4 janv. et lundi – **Repas** (dîner seult) 50.

XX **Ind' Hooghe Heeren** 1er étage, Meerstraat 82, ✉ 1941 JD, ℘ (0 251) 21 18 77, *Fax (0 251) 21 44 67* – AE ⓓ E VISA
fermé dim., lundi et 2 prem. sem. août – **Repas** *Lunch 53* – carte env. 85.

X **de Halewijn,** Duinwijklaan 46, ✉ 1942 GC, ℘ (0 251) 22 08 59, 🍽 – AE ⓓ E VISA JCB. ✗
fermé mardi – **Repas** 50.

BIDDINGHUIZEN *Flevoland* C *Dronten 31 840 h.* 210 T 8 et 908 I 4.

Amsterdam 70 – Apeldoorn 58 – Utrecht 74 – Zwolle 41.

🏨 **Dorhout Mees** 🐎, Strandgaperweg 30 (S : 6 km, direction Veluwemeer), ✉ 8256 PZ, ℘ (0 321) 33 11 38, *Fax (0 321) 33 10 57,* 🏠 – 🛗 📺 ☎ Ⓟ – 🏛 25 à 300. AE ⓓ E VISA JCB
fermé Pâques, Pentecôte, 25 et 26 déc. et 1er janv. – **Repas** *Lunch 25* – carte 45 à 80 – **42 ch** ☕ 160/300 – ½ P 198/310.

X **De Klink,** Bremerbergdijk 27 (SE : 8 km, Veluwemeer), ✉ 8256 RD, ℘ (0 321) 33 14 65, *Fax (0 321) 33 41 43,* ←, 🍽, ⚓ – Ⓟ. AE ⓓ E VISA
avril-sept. et week-end en mars et oct. ; fermé lundi – **Repas** carte 50 à 70.

De BILT *Utrecht* 211 P 10 et 908 G 5 – *32 433 h.*

Amsterdam 49 – Utrecht 6 – Apeldoorn 65.

🏨 **Motel De Biltsche Hoek,** De Holle Bilt 1 (sur N 225), ✉ 3732 HM, ℘ (0 30) 220 58 11, *Fax (0 30) 220 28 12,* 🍽, 🏊 – 🛗 📺 ☎ Ⓟ – 🏛 25 à 250. AE ⓓ E VISA. ✗ ch
Repas 45/75 – ☕ 14 – **102 ch** 110/120.

BILTHOVEN *Utrecht* C *De Bilt 32 433 h.* 211 Q 10 et 908 G 5.
Amsterdam 48 - Utrecht 9 - Apeldoorn 65.

Heidepark ⑤, Jan Steenlaan 22, ✉ 3723 BV, ☎ (0 30) 228 24 77, *Fax (0 30) 229 21 84,* – ▤ rest, TV ☎ P – 25 à 200. AE ① E VISA
fermé dim. et du 1er au 21 août - **Repas *Rib Room*** *Lunch 45* - carte env. 75 - 19 - **20 ch** 175/225 - ½ P 238/275.

De Kuuk, Soestdijkseweg Noord 492 (N : 2 km), ✉ 3723 HM, ☎ (0 30) 225 00 52, *Fax (0 30) 225 00 35* - ▤ P. AE ① E VISA
fermé lundi, 19 juil.-9 août et 27 déc.-3 janv. - **Repas** *Lunch 43* - 50/65.

BLADEL *Noord-Brabant* C *Bladel 18 851 h.* 211 Q 14 et 908 G 7.
Markt 20, ✉ 5531 BC, ☎ (0 497) 38 33 00, Fax (0 497) 38 59 22.
Amsterdam 141 - 's-Hertogenbosch 52 - Antwerpen 67 - Eindhoven 21.

Bladel, Europalaan 77, ✉ 5531 BE, ☎ (0 497) 38 33 19, *Fax (0 497) 38 36 30* - TV ☎ - 25. AE ① E VISA JCB.
Repas ***Aub. de Sleutel*** 45/60 - **14 ch** 108/145 - ½ P 113/128.

De Hofstee, Sniederslaan 121, ✉ 5531 EK, ☎ (0 497) 38 15 00, *Fax (0 497) 38 80 93,* « Ancienne fermette avec terrasse et jardin » - P. E VISA
fermé merc., sam. midi, dim. midi, 2 sem. vacances bâtiment et fin déc. - **Repas** 60/70.

BLARICUM *Noord-Holland* 210 Q 9, 211 Q 9 et 908 G 5 - *9 943 h.*
Amsterdam 34 - Apeldoorn 63 - Hilversum 9 - Utrecht 24.

Rust Wat, Schapendrift 79, ✉ 1261 HP, ☎ (0 35) 538 32 86, *Fax (0 35) 533 44 93,* « Auberge avec terrasse au bord de l'eau » - P. AE ① E VISA.
fermé dim. et lundi - **Repas** *Lunch 50* - carte env. 85.

Nelson's, Huizerweg 1, ✉ 1261 AR, ☎ (0 35) 531 56 93, Produits de la mer, « Terrasse ombragée » - AE ① E VISA JCB.
fermé merc. - **Repas** (dîner seult) 55.

BLERICK *Limburg* 211 V 14 et 908 J 7 - *voir à Venlo.*

BLOEMENDAAL *Noord-Holland* 210 M 8, 211 M 8 et 908 E 4 - *voir à Haarlem.*

BLOKZIJL *Overijssel* C *Brederwiede 12 235 h.* 210 U 6 et 908 I 3.
Amsterdam 102 - Zwolle 33 - Assen 66 - Leeuwarden 65.

Kaatje bij de Sluis ⑤, Brouwerstraat 20, ✉ 8356 DV, ☎ (0 527) 29 18 33, *Fax (0 527) 29 18 36,* <, Ouvert jusqu'à 23 h, « Terrasse et jardin le long d'un croisement de canaux », – ▤ TV ☎ P. AE ① E VISA
fermé lundi, mardi, sam. midi, fév. et fin déc.-début janv. - **Repas** 110/180, carte 110 à 150 - 38 - **8 ch** 220/285 - ½ P 308/338
Spéc. Feuillantine au saumon cru et caviar osciètre. Huîtres creuses à la ciboulette et aux échalotes. Gratin d'anguille aux fines herbes (juin-sept.).

BODEGRAVEN *Zuid-Holland* 211 N 10 et 908 F 5 - *19 250 h.*
Amsterdam 48 - Den Haag 45 - Rotterdam 37 - Utrecht 30.

AC Hotel, Goudseweg 32 (près A 12, sortie ⑫), ✉ 2411 HL, ☎ (0 172) 65 00 03, *Fax (0 172) 61 81 01* - ▤ rest, TV ☎ P - 25 à 250. AE ① E VISA
Repas (avec buffet) 45 - 18 - **64 ch** 125.

BOEKEL *Noord-Brabant* 211 T 13 et 908 I 7 - *9 048 h.*
Amsterdam 119 - 's-Hertogenbosch 31 - Eindhoven 31 - Nijmegen 43.

Brabants Hof, Erpseweg 16 (O : 1 km), ✉ 5427 PG, ☎ (0 492) 32 20 03, *Fax (0 492) 32 46 60,* « Ferme du 18e s., terrasse et jardin anglais » - P. AE ① E VISA
fermé lundi et mi-juil.-mi-août - **Repas** *Lunch 68* - carte env. 85.

BOEKELO *Overijssel* 211 Z 9 et 908 L 5 - *voir à Enschede.*

BOLLENVELDEN (CHAMPS DE FLEURS) ** *Zuid-Holland* 210 L 9 à N 5, 211 J 10 - M 8 et 908 E 5 à G 3 *G. Hollande.*

BOLSWARD *Fryslân* 210 S 4 et 908 H 2 – *9 248 h.*

Voir *Hôtel de ville★ (Stadhuis) – Stalles★ et chaire★ de l'église St-Martin (Martinikerk).*

Exc. *SO : Digue du Nord★★ (Afsluitdijk).*

Marktplein 1, 8701 KG, (0 515) 57 27 27, Fax (0 515) 57 77 18.

Amsterdam 114 – Leeuwarden 30 – Zwolle 85.

Hid Hero Hiem, Kerkstraat 51, 8701 HR, (0 515) 57 52 99, *Fax (0 515) 57 30 52*, – . 30. VISA.
Repas (dîner seult) 45 – **14 ch** 147/190 – ½ P 135/187.

De Wijnberg, Marktplein 5, 8701 KG, (0 515) 57 22 20, *Fax (0 515) 57 26 65*, , – – 25 à 75. VISA JCB.
Repas *Lunch 25* – carte 47 à 84 – **31 ch** 70/150 – ½ P 85/100.

BORCULO *Gelderland* 211 Y 10 et 908 K 5 – *10 282 h.*

Hofstraat 5, 7271 AP, (0 545) 27 19 66, Fax (0 545) 27 19 66.

Amsterdam 134 – Arnhem 61 – Apeldoorn 48 – Enschede 34.

De Stenen Tafel (Prinsen), Het Eiland 1, 7271 BK, (0 545) 27 20 30, *Fax (0 545) 27 33 36*, , « Moulin à eau du 17e s., terrasse ombragée » – . VISA JCB
fermé sam. midi, dim. midi, lundi, mardi et 1re quinz. fév. – **Repas** *Lunch 50* – carte env. 100
Spéc. Sole poêlée à l'arête au safran. Filet de turbot aux asperges et saladelle. Terrine d'agrumes.

BORGER *Drenthe* C *Borger-Odoorn 13 147 h.* 210 Z 5 et 908 L 3.

Voir *Hunebed★ (dolmen).*

Amsterdam 198 – Assen 22 – Groningen 39.

Bieze, Hoofdstraat 21, 9531 AA, (0 599) 23 43 21, *Fax (0 599) 23 61 45* – – 25 à 150. VISA JCB. rest
fermé 31 déc. et 1er janv. – **Repas** *Lunch 28* – 55 – **28 ch** 85/240 – ½ P 105/120.

à Ees *SE : 3,5 km* C *Borger-Odoorn :*

Ees, Dorpsstraat 2, 9536 PD, (0 599) 23 42 27, *Fax (0 599) 23 41 58*, , – – 25 à 130. VISA
Repas *(fermé après 20 h 30)* carte env. 45 – **15 ch** 75/130 – ½ P 90.

BORN *Limburg* 211 T 16 et 908 I 8 – *14 783 h.*

Amsterdam 190 – Maastricht 28 – Aachen 43 – Eindhoven 62 – Roermond 23.

Golden Tulip, Langereweg 21 (E : 2 km près A 2), 6121 SB, (0 46) 485 16 66, *Fax (0 46) 485 12 23*, , – , ch, – 25 à 200. VISA. rest
Repas carte env. 65 – 15 – **59 ch** 132/160.

BORNE *Overijssel* 210 Z 9, 211 Z 9 et 908 L 5 – *22 024 h.*

Nieuwe Markt 7, 7622 DD, (0 74) 266 65 02, Fax (0 74) 266 93 01.

Amsterdam 145 – Apeldoorn 61 – Arnhem 83 – Groningen 135 – Munster 77.

à Hertme *N : 3 km* C *Borne :*

Jachtlust, Weerselosestraat 306, 7626 LJ, (0 74) 266 16 65, *Fax (0 74) 266 81 50*, , – . VISA.
fermé 27 déc.-5 janv. – **Repas** 65/85 – **19 ch** 115/140 – ½ P 95/120.

Den BOSCH P *Noord-Brabant – voir 's-Hertogenbosch.*

BOSCH EN DUIN *Utrecht* 211 Q 10 et 908 G 5 – *voir à Zeist.*

BOSSCHENHOOFD *Noord-Brabant* 211 M 13 et 908 E 7 – *voir à Roosendaal.*

BOXMEER *Noord-Brabant* 211 U 13 et 908 I 7 – *20 708 h.*

Amsterdam 139 – 's-Hertogenbosch 57 – Eindhoven 46 – Nijmegen 31.

van Diepen, Spoorstraat 74, 5831 CM, (0 485) 57 13 45, *Fax (0 485) 57 62 13* – – 25 à 125. VISA
fermé 24 déc.-3 janv. – **Repas** *(fermé sam.)* 45 – **18 ch** 105/145 – ½ P 93/125.

't Wapen van Boxmeer avec ch, Stationsweg 12, 5831 CR, (0 485) 57 70 17, *Fax (0 485) 52 21 05* – – 25 à 100. VISA.
fermé carnaval et fin déc. – **Repas** carte 50 à 68 – **10 ch** 95/135 – ½ P 168.

BOXTEL *Noord-Brabant* 211 Q 13 et 908 G 7 – *29 073 h.*
Amsterdam 101 – 's-Hertogenbosch 12 – Breda 48 – Eindhoven 21.

XX **De Ceulse Kaar,** Eindhovenseweg 41 (SE : 2 km), ✉ 5283 RA, ☎ (0 411) 67 62 82, *Fax (0 411) 68 52 12,* 🏠, « Auberge du 18e s. » – 🅿. AE ⓓ E VISA JCB
fermé lundi, mardi et 27 déc.-6 janv. – **Repas** Lunch 43 – 53/70.

XX **De Negenmannen,** Fellenoord 8, ✉ 5281 CB, ☎ (0 411) 67 85 64, *Fax (0 411) 67 62 76* – ▤. AE ⓓ E VISA
fermé merc. et 26 juil.-21 août – **Repas** (dîner seult) carte 59 à 86.

X **Aub. Van Boxtel** avec ch, Stationsplein 2, ✉ 5281 GH, ☎ (0 411) 67 22 37, *Fax (0 411) 67 41 24,* 🏠 – TV ☎ – 🏃 30. AE ⓓ E VISA JCB
Repas *(fermé carnaval, 24 et 31 déc. et 1er janv.)* Lunch 45 – carte 60 à 87 – **11 ch** ☕ 80/130.

BRAAMT *Gelderland* 211 W 11 – *voir à Zeddam.*

BREDA *Noord-Brabant* 211 N 13 et 908 F 7 – *156 364 h.* – *Casino* B , *Bijster 30,* ✉ *4817 HX,* ☎ *(0 76) 525 11 00, Fax (0 76) 522 50 29.*

Voir *Carnaval★ – Grande église ou Église Notre-Dame★ (Grote- of O. L. Vrouwekerk) : clocher★, tombeau★ d'Englebert II de Nassau* C **B** – *Valkenberg★* D.

Env. *N : Parc national De Biesbosch★ : promenade en bateau★ par ①.*

Exc. *Raamsdonksveer par ① : 15 km : Musée national de l'Automobile★.*

⛳18 *à Molenschot par ② : 4 km, Veenstraat 89,* ✉ *5124 NC,* ☎ *(0 161) 41 12 00, Fax (0 161) 41 17 15.*

ℹ *Willemstraat 17,* ✉ *4811 AJ,* ☎ *(0 76) 522 24 44, Fax (0 76) 521 85 30.*
Amsterdam 103 ① – Antwerpen 56 ⑤ – Rotterdam 52 ⑦ – Tilburg 22 ② – Utrecht 72 ①.

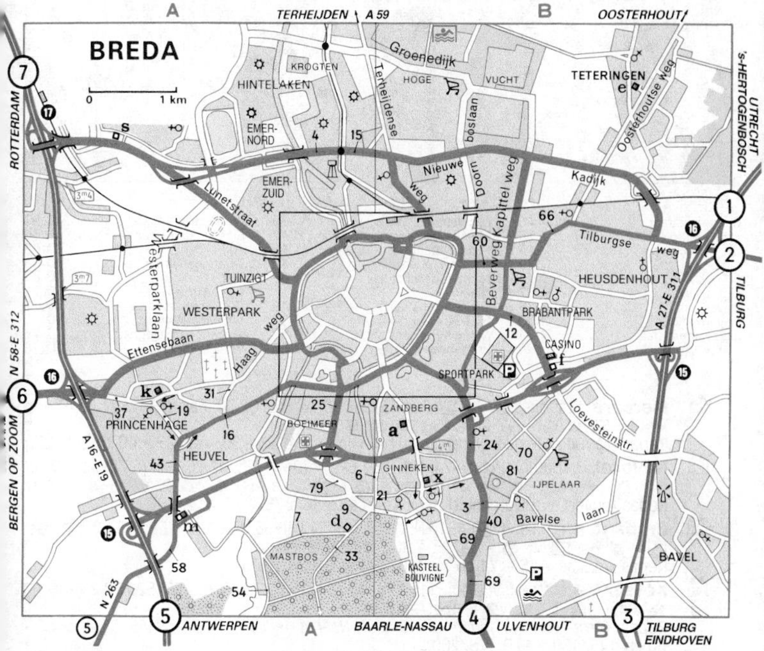

Allerheiligenweg	B 3	Dreef	A 19	Overaseweg	A 54
Backer en Ruebweg	A 4	Duivelsbruglaan	B 21	Rijsbergseweg	A 58
Baronielaan	AB 6	Fatimastraat	B 24	Sint Ignatiusstr.	B 60
Burg. de Manlaan	A 7	Graaf Hendrik III laan	A 25	Teteringsedijk	B 66
Burg. Kerstenlaan	A 9	Heuvelstraat	A 31	Ulvenhoutselaan	B 69
Claudius Prinsenlaan	B 12	Huisdreef	A 33	Valkenierslaan	B 70
Crogtdijk	A 15	Liesboslaan	A 37	Willem van Oranjelaan	A 79
Dr. Struyckenstr.	A 16	Marialaan	B 40	Zwijnsbergenstr.	B 81
		Mastbosstraat	A 43		

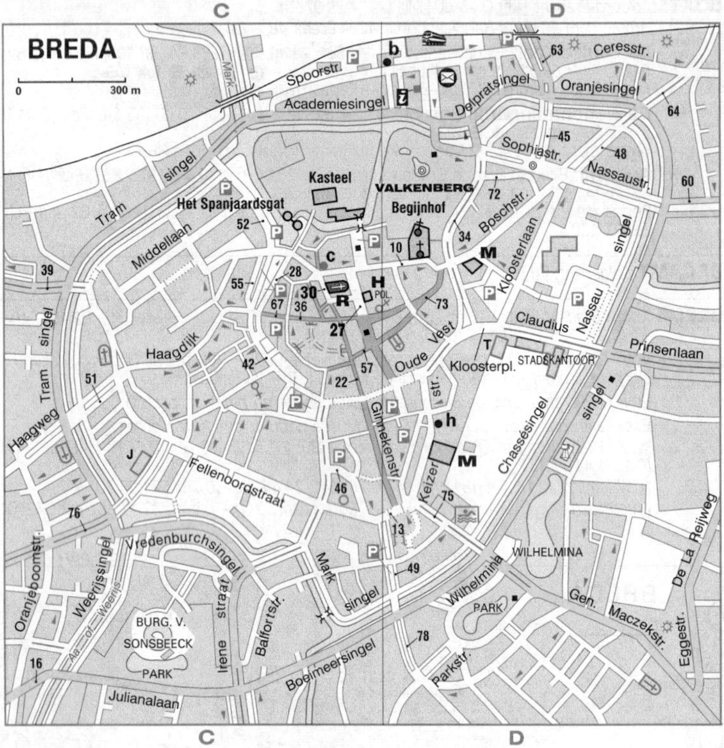

Catharinastraat	CD 10		Lunetstraat	C 39		Ridderstraat	C 57
van Coothplein	CD 13		Markendaalseweg	C 42		Sint Ignatiusstraat	D 60
Dr. Struyckenstr.	C 16		Mauritsstraat	D 45		Terheijdenstraat	D 63
Eindstraat	C 22		Mr. Dr. Frederickstr.	C 46		Teteringenstraat	D 64
Ginnekenstraat	C		Nieuwe Boschstraat	D 48		Tolbrugstraat	C 67
Grote Markt	C 27		Nieuwe Ginnekenstraat	CD 49		Valkenstraat	D 72
Haven	C 28					Veemarktstraat	D 73
Havermarkt	C 30		Nieuwe Haagdijk	C 51		Vierwindenstraat	D 75
J. F. Kennedylaan	D 34		Nieuwe Prinsenkade	C 52		Vincent van. Goghstr.	C 76
Lange Brugstraat	C 36		Prinsenkade	C 55		Wihlelminastraat	D 78

Mercure, Stationsplein 14, ✉ 4811 BB, ☎ (0 76) 522 02 00, *Fax (0 76) 521 49 67* – 🛗 ⅹ ▤ TV ☎ 🅟 – 🏛 25 à 150. AE ⓓ E VISA JCB — CD b
Repas *(fermé sam. midi et dim. midi) Lunch 40* – carte 48 à 80 – ☕ 25 – **40 ch** 205/220.

Novotel, Dr. Batenburglaan 74, ✉ 4837 BR, ☎ (0 76) 565 92 20, *Fax (0 76) 565 87 58,* 🏖, ⛱, 🌳, 🎾 – 🛗 ⅹ ▤ TV ☎ ♿ 🅟 – 🏛 25 à 150. AE ⓓ E VISA JCB — A m
Repas (ouvert jusqu'à minuit) *Lunch 33* – carte 56 à 78 – ☕ 24 – **106 ch** 190.

Brabant, Heerbaan 4, ✉ 4817 NL, ☎ (0 76) 522 46 66, *Fax (0 76) 521 95 92,* 🏖, ≘s, 🏊 – 🛗 ⅹ TV ☎ 🅟 – 🏛 25 à 300. AE ⓓ E VISA. ✻ — B f
Repas *Lunch 35* – 55 – **71 ch** ☕ 160/250 – ½ P 143/175.

Keyser, Keizerstraat 5, ✉ 4811 HL, ☎ (0 76) 520 51 73, *Fax (0 76) 520 52 25* – 🛗 TV ☎ 🚗 – 🏛 30. AE ⓓ E VISA. ✻ rest — D h
Repas *(fermé carnaval, du 1er au 15 août, Noël et 1er janv.) Lunch 35* – 45/55 – ☕ 15 – **20 ch** 125/180 – ½ P 175/200.

Bastion, Lage Mosten 4, ✉ 4822 NJ, ☎ (0 76) 542 04 03, *Fax (0 76) 542 06 03* – TV ☎ 🅟. AE ⓓ E VISA. ✻ — A s
Repas (grillades, ouvert jusqu'à 23 h) 45 – ☕ 15 – **40 ch** 115.

de Stadstuin, Ginnekenweg 138, ✉ 4818 JK, ☎ (0 76) 530 96 36, *Fax (0 76) 530 97 77,* 🏖 – AE ⓓ E VISA. ✻ — B a
fermé du 15 au 17 fév., 30 avril, 13 mai, dern. sem. juil.-2 prem. sem. août, 27 déc.-5 janv. et merc. – **Repas** *Lunch 50* – 53/93. — B a

XX **Aub. de Arent,** Schoolstraat 2, ✉ 4811 WB, ℘ (0 76) 514 46 01, *Fax (0 76) 521 57 82,* « Maison du 15e s. » – ▤. AE ⓓ E VISA JCB — C c
fermé dim., carnaval, vacances bâtiment et fin déc. – **Repas** 45.

XX **Mirabelle,** Dr. Batenburglaan 76, ✉ 4837 BR, ℘ (0 76) 565 66 50, *Fax (0 76) 565 50 40,* 🏝 – Ⓟ – 🏛 25 à 40. AE ⓓ E VISA JCB. ✗ — A m
fermé dim. – **Repas** 45/82.

à Ginneken Ⓒ *Breda :*

XX **Vivaldi,** Ginnekenweg 309, ✉ 4835 NC, ℘ (0 76) 560 02 01, *Fax (0 76) 565 20 42,* 🏝 – ▤. AE ⓓ E VISA — B x
fermé dim., carnaval et prem. sem. août – **Repas** *Lunch 55* – 63/93.

au Mastbos :

🏨 **Mastbosch,** Burg. Kerstenslaan 20, ✉ 4837 BM, ℘ (0 76) 565 00 50, *Fax (0 76) 560 00 40,* 🏝 – |≑|, ▤ rest, TV ☎ Ⓟ – 🏛 25 à 120. AE ⓓ E VISA. ✗ ch — A d
Repas *(ouvert jusqu'à 1 h du matin)* carte env. 55 – **51 ch** ☕ 130/180 – ½ P 133/170.

à Princenhage Ⓒ *Breda :*

XXX **Le Canard,** Haagsemarkt 22, ✉ 4813 BB, ℘ (0 76) 522 16 40, *Fax (0 76) 522 68 03,* 🏝, « Terrasse » – AE ⓓ E VISA. ✗ — A k
fermé dim. et dern. sem. juil.-prem. sem. août – **Repas** 50/98.

à Bavel *par ③ : 5 km* Ⓒ *Breda :*

XX **Vanouds de Brouwers,** Gilzeweg 24, ✉ 4854 SG, ℘ (0 161) 43 22 72, *Fax (0 161) 43 39 67,* 🏝, « Terrasse » – Ⓟ. AE E VISA. ✗
fermé lundis non fériés, sam. midi et dim. midi – **Repas** *Lunch 49* – 59/79.

à Teteringen *NE : 2,5 km* Ⓒ *Breda :*

XXX **Boschlust,** Oosterhoutseweg 139, ✉ 4847 DB, ℘ (0 76) 571 33 83, *Fax (0 76) 571 17 47,* 🏝 – Ⓟ. AE ⓓ E VISA JCB. ✗ — B
fermé lundi et 2 prem. sem. août – **Repas** 85/110.

XX **Heestermans,** A. Oomenstraat 1a, ✉ 4847 DH, ℘ (0 76) 571 32 59, 🏝 – Ⓟ. AE ⓓ E — B e
fermé dim., lundi et 10 juil.-10 août – **Repas** *Lunch 55* – 65/75.

à Ulvenhout *par ④ : 7 km* Ⓒ *Breda :*

X **'t Jagthuijs,** Dorpstraat 3, ✉ 4851 CJ, ℘ (0 76) 565 69 56, *Fax (0 76) 565 48 21,* 🏝, « Terrasse » – Ⓟ. AE E VISA. ✗
fermé merc., carnaval et 2 prem. sem. sept. – **Repas** *Lunch 53* – carte env. 80.

à l'Ouest : *par ⑥ : 8 km :*

XX **Boswachter Liesbosch,** Nieuwe Dreef 4, ✉ 4839 AJ, ℘ (0 76) 521 27 36, *Fax (0 76) 520 06 34,* 🏝, « Dans les bois » – Ⓟ – 🏛 25. AE ⓓ E VISA. ✗
fermé lundi – **Repas** *Lunch 47* – 45/88.

BRESKENS *Zeeland* Ⓒ *Oostburg 17 871 h.* **211** G 14 et **908** B 7.

⛴ *vers Vlissingen : Prov. Stoombootdiensten Zeeland ℘ (0 117) 38 16 63. Durée de la traversée : 20 min. Prix passager : gratuit (en hiver) et 1,50 Fl (en été) ; voiture : 12,00 Fl (en hiver) et 16,50 Fl (en été).*

ℹ *Boulevard 14, ✉ 4511 AC, ℘ (0 117) 38 18 88, Fax (0 117) 38 38 67.*

Amsterdam 205 – Middelburg 8 – Antwerpen 87 – Brugge 41.

🏨 **de Milliano** 🐚 sans rest, Promenade 4, ✉ 4511 RB, ℘ (0 117) 38 18 55, *Fax (0 117) 38 35 92,* ≤ embouchure de l'Escaut (Schelde), 🌴 – TV ☎ Ⓟ. AE ⓓ E VISA
24 ch ☕ 135/190.

🏠 **Scaldis,** Langeweg 3, ✉ 4511 GA, ℘ (0 117) 38 24 20, *Fax (0 117) 38 60 21* – ☎ Ⓟ – 🏛 30. E VISA JCB. ✗ ch
fermé fin oct.-mi-nov. – **Repas** *Lunch 35* – carte 48 à 71 – **10 ch** ☕ 73/145 – ½ P 103.

XX **de Milliano,** Scheldekade 27, ✉ 4511 AW, ℘ (0 117) 38 18 12, *Fax (0 117) 38 35 92,* Produits de la mer – Ⓟ. AE ⓓ E VISA
fermé lundi et janv. – **Repas** *Lunch 50* – 85/120.

BREUGEL *Noord-Brabant* Ⓒ *Son en Breugel 14 630 h.* **211** S 13 et **908** H 7.

Amsterdam 114 – 's-Hertogenbosch 27 – Eindhoven 8.

XX **de Gertruda Hoeve,** Van den Elsenstraat 23, ✉ 5694 ND, ℘ (0 499) 47 10 37, *Fax (0 499) 47 68 84,* 🏝, « Ferme du 17e s. » – Ⓟ. AE ⓓ E VISA. ✗
fermé lundi et 3 prem. sem. juil. – **Repas** *Lunch 50* – 58/83.

BREUKELEN *Utrecht* 211 P 9 et 908 G 5 – *13 940 h.*

Env. *S : route* ≤★.

Amsterdam 27 – Utrecht 14.

Motel Breukelen, Stationsweg 91 (près A 2), ✉ 3621 LK, ℘ (0 346) 26 58 88, *Fax (0 346) 26 28 94,* « Pavillon et jardin chinois », – | ▤ TV ☎ P – 25 à 180. AE ⓓ E VISA. ch

Repas (ouvert jusqu'à minuit) carte 45 à 62 – 25 – **137 ch** 123, 4 suites – ½ P 109/160.

Slangevegt, Straatweg 40, ✉ 3621 BN, ℘ (0 346) 25 00 11, ≤, « Demeure du 18e s. au bord de l'eau, terrasses », – P. E VISA

Repas 55.

L'Escargot, Stationsweg 1, ✉ 3621 LJ, ℘ (0 346) 26 32 22, *Fax (0 346) 26 39 48,* , Ouvert jusqu'à 23 h – E VISA

fermé merc. et 3 dern. sem. juil. – **Repas** Lunch 43 – 70.

Bisantiek, Stationsweg 16, ✉ 3621 LL, ℘ (0 346) 26 34 40, *Fax (0 346) 26 34 40* – AE ⓓ E

fermé dim. – **Repas** (dîner seult) 45/63.

BRIELLE *Zuid-Holland* 211 J 11 - ㊳ S et 908 D 6 - ㉓ S – *15 745 h.*

Krabbeweg 9, ✉ 3231 NB, ℘ (0 181) 41 78 09, Fax (0 181) 41 00 26.

Markt 1, ✉ 3231 AH, ℘ (0 181) 47 54 75, Fax (0 181) 47 54 70.

Amsterdam 100 – Den Haag (bac) 37 – Breda 75 – Rotterdam 34.

De Zalm, Voorstraat 6, ✉ 3231 BJ, ℘ (0 181) 41 33 88, *Fax (0 181) 41 77 12* – TV ☎ P. AE ⓓ E VISA.

fermé Noël – **Repas** ***De Gekroonde Zalm*** carte 55 à 72 – **32 ch** 125/185.

Bastion, Amer 1, ✉ 3232 HA, ℘ (0 181) 41 65 88, *Fax (0 181) 41 01 15* – TV ☎ P. AE ⓓ E VISA.

Repas (grillades, ouvert jusqu'à 23 h) 45 – 15 – **65 ch** 125.

Pablo, Voorstraat 89, ✉ 3231 BG, ℘ (0 181) 41 29 60, Cuisine indonésienne – ▤. AE E

fermé lundi et 20 sept.-19 oct. – **Repas** Lunch 20 – carte 45 à 66.

Paraplu Parasol, Voorstraat 41, ✉ 3231 BE, ℘ (0 181) 41 52 30, *Fax (0 181) 41 80 84,* – AE E VISA

fermé mardi et du 1er au 15 janv. – **Repas** (dîner seult) 50.

BROEKHUIZENVORST *Limburg* C *Broekhuizen 1 930 h.* 211 V 14 et 908 J 7.

Amsterdam 162 – Eindhoven 65 – Maastricht 91 – Nijmegen 51 – Venlo 18.

Kasteel Ooyen, Blitterswijckseweg 2, ✉ 5871 CE, ℘ (0 77) 463 23 32, , « Auberge, terrasse fleurie avec pièce d'eau » – P. E VISA.

fermé mardis non fériés de nov. à mars, lundis non fériés et 17 fév.-9 mars – **Repas** (dîner seult) 68/80.

BROEK IN WATERLAND *Noord-Holland* C *Waterland 17 811 h.* 210 O 8 - ㉙ N et 908 F 4 - ㉘ N.

Amsterdam 12 – Alkmaar 40 – Leeuwarden 124.

Neeltje Pater, Dorpsstraat 4, ✉ 1151 AD, ℘ (0 20) 403 33 11, *Fax (0 20) 403 36 42,* ≤, , « Terrasse au bord de l'eau » – AE ⓓ E VISA

fermé lundi – **Repas** Lunch 55 – carte 67 à 112.

BRONKHORST *Gelderland* C *Steenderen 4 812 h.* 211 W 10 et 908 J 5.

Amsterdam 119 – Arnhem 25 – Apeldoorn 33 – Enschede 67.

Herberg de Gouden Leeuw avec ch, Bovenstraat 2, ✉ 7226 LM, ℘ (0 575) 45 12 31, *Fax (0 575) 45 25 66,* , « Auberge du 17e s. » – TV P. AE ⓓ E VISA JCB. ch

fermé lundi, 24 et 31 déc. et 1er janv. – **Repas** Lunch 55 – 68/128 – **12 ch** 95/155 – ½ P 161.

BROUWERSHAVEN *Zeeland* C *Schouwen-Duiveland 32 493 h.* 211 I 12 et 908 C 6.

Amsterdam 143 – Middelburg 57 – Rotterdam 79.

De Brouwerie, Molenstraat 31, ✉ 4318 BS, ℘ (0 111) 69 18 80, *Fax (0 111) 69 25 51,* – P. AE ⓓ E VISA

avril-11 oct. ; fermé lundi et mardi sauf en juil.-août – **Repas** (dîner seult) 45/63.

BRUMMEN *Gelderland* 211 V 10 et 908 J 5 – *21 386 h.*

Amsterdam 113 – Arnhem 22 – Apeldoorn 25 – Enschede 63.

Kasteel Landgoed Engelenburg, Eerbeekseweg 6, ✉ 6971 LB, ☎ (0 575) 56 99 99, *Fax (0 575) 56 99 92,* ≤, 余, « Manoir dans un parc ombragé avec ⛳9 », 🐎, ✂ – 📺 ☎ 🅿 – 🏛 25 à 80. AE ⓓ E VISA. ✂
fermé 24 déc.-7 janv. – **Repas** 65 – **29 ch** ☕ 155/355 – ½ P 220/243.

BUNNIK *Utrecht* 211 Q 10 et 908 G 5 – *14 107 h.*

Amsterdam 49 – Arnhem 52 – Utrecht 8.

Postiljon, Kosterijland 8 (sur A 12), ✉ 3981 AJ, ☎ (0 30) 656 92 22, *Fax (0 30) 656 40 74* – |‡| ⇆, ▤ rest, 📺 ☎ ♿ 🅿 – 🏛 25 à 300. AE ⓓ E VISA
Repas (buffets) – ☕ 20 – **84 ch** 160/200 – ½ P 100/125.

BUNSCHOTEN *Utrecht* 211 R 9 et 908 H 5 – *19 188 h.*

Voir *Costumes traditionnels★.*

🅑 *Oude Schans 90 à Spakenburg,* ✉ *3752 AH,* ☎ *(0 33) 298 21 56, Fax (0 33) 299 62 35.*

Amsterdam 46 – Utrecht 36 – Amersfoort 12 – Apeldoorn 52.

à Spakenburg *N : 2,5 km* Ⓒ *Bunschoten :*

De Mandemaaker, Kerkstraat 103, ✉ 3751 AT, ☎ (0 33) 298 02 55, *Fax (0 33) 298 03 55* – AE ⓓ E VISA
fermé dim. – **Repas** *Lunch 45* – 40/50.

BUREN *Fryslân* 210 T 2 et 908 I 1 – *voir à Waddeneilanden (Ameland).*

BUREN *Gelderland* 211 R 11 et 908 H 6 – *10 110 h.*

⛳18 ⛳9 *à Zoelen E : 4 km, Oost Kanaalweg 1,* ✉ *4011 LA,* ☎ *(0 344) 62 43 70, Fax (0 344) 61 30 96.*

🅑 *Markt 1,* ✉ *4116 BE,* ☎ *(0 344) 57 19 22, Fax (0 344) 57 25 58.*

Amsterdam 74 – Nijmegen 48 – 's-Hertogenbosch 29 – Utrecht 42.

Proeverijen de Gravin, Kerkstraat 4, ✉ 4116 BL, ☎ (0 344) 57 16 63, *Fax (0 344) 57 21 81,* 余 – AE ⓓ E VISA
fermé sam. midi, dim., lundi, 4 et 5 avril, 13, 23 et 24 mai, 25 juil.-16 août et 5 et 24 déc. – **Repas** *Lunch 80* – 110/145.

Brasserie Proeverijen de Gravin, Kerkstraat 5, ✉ 4116 BL, ☎ (0 344) 57 16 63, *Fax (0 344) 57 21 81,* 余 – VISA
fermé lundis non fériés, 5 et 31 déc. et 1er janv. – **Repas** *Lunch 33* – 50.

Den BURG *Noord-Holland* 210 N 4 et 908 F 2 – *voir à Waddeneilanden (Texel).*

BURGUM *Fryslân* Ⓒ *Tytsjerksteradiel 31 177 h.* 210 U 3 et 908 I 2.

Amsterdam 158 – Drachten 14 – Groningen 47 – Leeuwarden 18.

Koriander (Gaastra), Passaazje 1 (dans centre commercial), ✉ 9251 CX, ☎ (0 511) 46 25 80, *Fax (0 512) 51 50 95,* 余 – AE ⓓ E VISA
fermé 27 déc.-20 janv. – **Repas** (dîner seult) 55, carte env. 75
Spéc. Barbue marinée cuite à la vapeur. Rôti de bœuf en croûte de sel et d'épices et son jus à l'origan. Fromages régionaux et miel de saladelle.

BUSSUM *Noord-Holland* 210 P 9, 211 P 9 et 908 G 5 – *31 036 h.*

⛳18 *à Hilversum S : 7 km, Soestdijkerstraatweg 172,* ✉ *1213 XJ,* ☎ *(0 35) 685 86 88, Fax (0 35) 685 38 13.*

Amsterdam 21 – Apeldoorn 66 – Utrecht 30.

Jan Tabak, Amersfoortsestraatweg 27, ✉ 1401 CV, ☎ (0 35) 695 99 11, *Fax (0 35) 695 94 16,* 余, ✂ – |‡| ⇆, ▤ rest, 📺 ☎ ♿ 🚗 🅿 – 🏛 25 à 350. AE ⓓ E VISA JCB. ✂ rest
Repas ***The Garden*** *(fermé sam. midi et dim.) Lunch 50* - 62 – ☕ 32 – **85 ch** 295/380, 2 suites.

Man Wah, Havenstraat 9, ✉ 1404 EK, ☎ (0 35) 691 06 66, *Fax (0 35) 692 03 29,* Cuisine chinoise – ▤. AE ⓓ E VISA
Repas carte 45 à 60.

CADZAND *Zeeland* C *Oostburg 17 871 h.* 211 F 14 et 908 B 7.

Boulevard de Wielingen 44d à Cadzand-Bad, ✉ 4506 JK, ☎ (0 117) 39 12 98, Fax (0 117) 39 25 60.

Amsterdam 218 – Brugge 29 – Middelburg (bac) 21 – Gent 53 – Knokke-Heist 12.

à Cadzand-Bad *NO : 3 km* C *Oostburg :*

De Blanke Top, Boulevard de Wielingen 1, ✉ 4506 JH, ☎ (0 117) 39 20 40, *Fax (0 117) 39 14 27,* ← mer et dunes, – rest, – 25 à 70. AE VISA.
fermé 11 janv.-10 fév. – **Repas** 70/92 – **32 ch** 135/355 – ½ P 155/243.

Strandhotel, Boulevard de Wielingen 49, ✉ 4506 JK, ☎ (0 117) 39 21 10, *Fax (0 117) 39 15 35,* ←, – rest, – 25 à 40. AE VISA.
fermé 22 nov.-20 déc. – **Repas** *(fermé après 20 h 30)* 60/90 – **37 ch** 118/230 – ½ P 123/150.

De Wielingen, Kanaalweg 1, ✉ 4506 KN, ☎ (0 117) 39 15 11, *Fax (0 117) 39 16 30,* ←, – rest, – 25 à 40. VISA
Repas *(fermé après 20 h 30)* 45 – **31 ch** 110/240 – ½ P 110/160.

Noordzee, Noordzeestraat 2, ✉ 4506 KM, ☎ (0 117) 39 18 10, *Fax (0 117) 39 18 17,* ←, – rest, – 30. AE VISA
Repas *(fermé après 20 h 30)* Lunch 43 – carte 58 à 73 – **34 ch** 98/246 – ½ P 125/160.

De Schelde, Scheldestraat 1, ✉ 4506 KL, ☎ (0 117) 39 17 20, *Fax (0 117) 39 22 24,* – 30. AE VISA JCB
Repas 55/68 – **29 ch** 125/220 – ½ P 105/145.

CALLANTSOOG *Noord-Holland* C *Zijpe 11 272 h.* 210 N 5 et 908 F 3.

Jewelweg 8, ✉ 1759 HA, ☎ (0 224) 58 15 41, Fax (0 224) 58 15 40.

Amsterdam 67 – Alkmaar 27 – Den Helder 22.

Landgoed de Horn, Previnaireweg 4a, ✉ 1759 GX, ☎ (0 224) 58 12 42, ←, – 25. VISA.
Repas (dîner pour résidents seult) – **30 ch** 120/185 – ½ P 110/150.

CAMPERDUIN *Noord-Holland* 210 M 6 et 908 E 3 – *voir à Schoorl.*

CAPELLE AAN DEN IJSSEL *Zuid-Holland* 211 M 11 - ⑩ N et 908 E 6 - ㉕ N – *voir à Rotterdam, environs.*

CASTRICUM *Noord-Holland* 210 M 7 et 908 E 4 – *22 675 h.*

Amsterdam 32 – Alkmaar 11 – Haarlem 20.

Le Moulin, Dorpsstraat 96, ✉ 1901 EN, ☎ (0 251) 65 15 00, « Rustique » – AE VISA.
fermé lundi et mardi – **Repas** (dîner seult) 63.

CHAAM *Noord-Brabant* C *Alphen-Chaam 9 343 h.* 211 O 13 et 908 F 7.

Amsterdam 112 – Breda 16 – Eindhoven 65 – 's-Hertogenbosch 54 – Antwerpen 56 – Turnhout 65.

Huis Ten Bosch, Bredaseweg 72 (NO : 2 km), ✉ 4861 TD, ☎ (0 161) 49 12 75, *Fax (0 161) 49 31 81,* – . AE VISA JCB
fermé du 1er au 11 mars, du 6 au 16 sept., 31 déc.-1er janv., lundi et mardi – **Repas** 45/75.

CHAMPS DE FLEURS – *voir Bollenvelden.*

De COCKSDORP *Noord-Holland* 210 O 4 et 908 F 2 – *voir à Waddeneilanden (Texel).*

COEVORDEN *Drenthe* 210 Z 7 et 908 L 4 – *14 946 h.*

Haven 2, ✉ 7741 JV, ☎ (0 524) 52 51 50, Fax (0 524) 51 19 23.

Amsterdam 163 – Assen 54 – Enschede 72 – Groningen 75 – Zwolle 53.

Gasterie Het Kasteel, Kasteel 29, ✉ 7741 GC, ☎ (0 524) 51 21 70, *Fax (0 524) 51 57 80,* « Dans une cave voûtée » – AE VISA JCB.
fermé lundi et 15 fév.-1er mars – **Repas** Lunch 30 – 45/80.

DALFSEN *Overijssel* 210 W 7 et 908 J 4 – *17 425 h.*

Prinsenstraat 18, ✉ 7721 AJ, ☎ (0 529) 43 37 11, Fax (0 529) 43 46 27.
Amsterdam 130 – Assen 64 – Enschede 64 – Zwolle 20.

XXX **Pien,** Kerkplein 23, ✉ 7721 AD, ☎ (0 529) 43 44 44, *Fax (0 529) 43 47 44,* – AE E VISA
fermé dim., lundi, 25 juil.-16 août et 27 déc.-3 janv. – **Repas** (dîner seult) 85.

De – *voir au nom propre.*

DEIL *Gelderland* *Geldermalsen 23 316 h.* 211 Q 11 et 908 G 6.
Amsterdam 63 – Arnhem 56 – Gorinchem 28 – 's-Hertogenbosch 25 – Utrecht 36.

X **de Os en het Paard** avec ch, Deilsedijk 73, ✉ 4158 EG, ☎ (0 345) 65 16 13, *Fax (0 345) 65 22 87,* – TV ☎ P. AE O E VISA. ch
fermé dern. sem. juil.-2 prem. sem. août – **Repas** *(fermé dim.)* Lunch 53 – 75/95 – **4 ch** 145/200 – ½ P 153.

DELDEN *Overijssel* *Stad Delden 7 382 h.* 210 Z 9, 211 Z 9 et 908 L 5.
à Bornerbroek NO : 5 km, Almelosestraat 17, ✉ 7495 TG, ☎ (0 74) 384 11 67, Fax (0 74) 384 10 67.
Langestraat 29, ✉ 7491 AA, ☎ (0 74) 376 63 63, Fax (0 74) 376 63 64.
Amsterdam 144 – Zwolle 60 – Apeldoorn 59 – Enschede 17.

Carelshaven, Hengelosestraat 30, ✉ 7491 BR, ☎ (0 74) 376 13 05, *Fax (0 74) 376 12 91,* , « Terrasse et jardin fleuri » – TV ☎ P – 40. AE O E VISA JCB. ch
fermé 28 déc.-9 janv. – **Repas** 63/75 – 23 – **20 ch** 118/180 – ½ P 165/185.

De Zwaan, Langestraat 2, ✉ 7491 AE, ☎ (0 74) 376 12 06, *Fax (0 74) 376 44 45,* – TV ☎ P – 75. AE O E VISA JCB. rest
fermé fin déc.-début janv. – **Repas** 45/70 – **9 ch** 125/150 – ½ P 98.

XXX **In den Drost van Twenthe** avec ch, Hengelosestraat 8, ✉ 7491 BR, ☎ (0 74) 376 40 55, *Fax (0 74) 376 54 12,* , , – TV ☎ P. AE O E VISA JCB
fermé dim. et 27 déc.-9 janv. – **Repas** Lunch 55 – 65/125 – **6 ch** 100/175 – ½ P 150/200.

XX **In den Weijenborg,** Spoorstraat 16, ✉ 7491 CK, ☎ (0 74) 376 30 79, *Fax (0 74) 376 30 79,* – AE O E VISA JCB
fermé du 14 au 26 fév., du 8 au 20 août et merc. – **Repas** (dîner seult) 43/83.

à Deldenerbroek *N : 3 km sur la rte de Bornerbroek* *Ambt Delden 5 417 h :*

XX **'t Schaafje,** Almelosestraat 23, ✉ 7495 TG, ☎ (0 74) 384 12 30, *Fax (0 74) 384 12 30,* – P. AE E VISA
fermé jeudi, 1 sem. en fév. et vacances bâtiment – **Repas** Lunch 57 – carte 75 à 98.

DELDENERBROEK *Overijssel* – *voir à Delden.*

DELFT *Zuid-Holland* 211 L 10 - ⑲ N et 908 E 5 - ㉔ N – *94 030 h.*

Voir *Nouvelle Église★ (Nieuwe Kerk) : mausolée de Guillaume le Taciturne★, de la tour* ★ CDY – *Vieux canal★ (Oude Delft)* CYZ – *Pont de Nieuwstraat* ★ CY – *Porte de l'Est★ (Oostpoort)* DZ – *Promenade sur les canaux★* CZ – *Centre historique et canaux★★.*
Musées : *Prinsenhof★* CY – *"Huis Lambert van Meerten"★ : collection de carreaux de faïence★* CY **M**³ – *royal de l'Armée des Pays-Bas★ (Koninklijk Nederlands Legermuseum)* CZ **M**².
à Bergschenhoek E : 12 km, Rottebandreef 40, ✉ 2661 JK, ☎ (0 10) 522 07 03, Fax (0 10) 521 93 50.
Markt 85, ✉ 2611 GS, ☎ (0 15) 212 61 00, Fax (0 15) 215 86 95.
Amsterdam 58 ④ – Den Haag 13 ④ – Rotterdam 15 ② – Utrecht 62 ④.

Plans pages suivantes

Museumhotel en Residence sans rest, Oude Delft 189, ✉ 2611 HD, ☎ (0 15) 214 09 30, *Fax (0 15) 214 09 35,* « Collection de céramiques contemporaines » – TV ☎. AE O E VISA JCB CY a
fermé 23 déc.-2 janv. – 20 – **49 ch** 230/270, 2 suites.

De Kok sans rest, Houttuinen 14, ✉ 2611 AJ, ☎ (0 15) 212 21 25, *Fax (0 15) 212 21 25* – TV ☎ – 25. AE O E VISA. CZ e
28 ch 135/155.

Leeuwenbrug sans rest, Koornmarkt 16, ✉ 2611 EE, ☎ (0 15) 214 77 41, *Fax (0 15) 215 97 59* – TV ☎ – 40. AE O E VISA JCB. CZ b
fermé 2ᵉ quinz. déc. – **38 ch** 137/164.

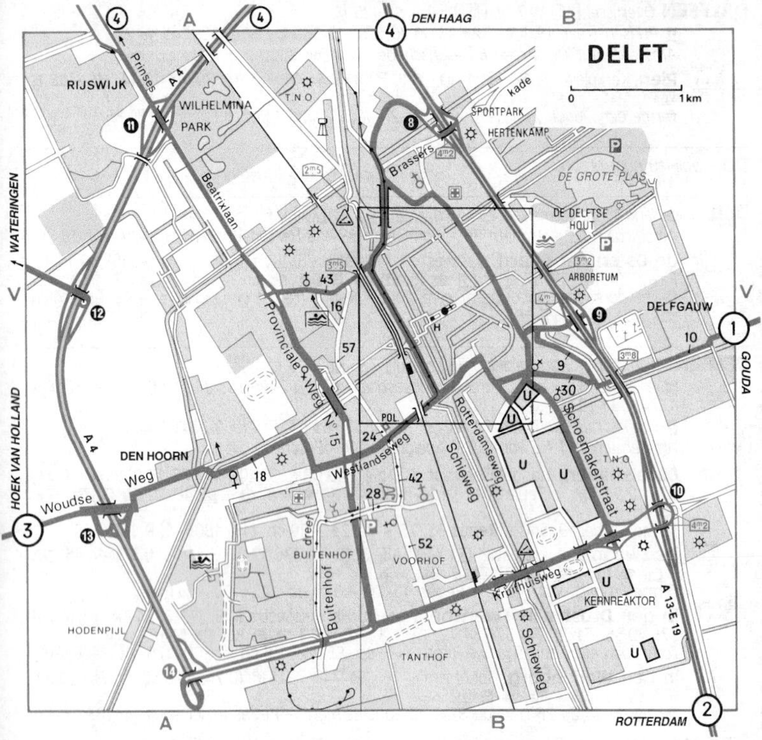

Delftgauwseweg	BV	9	Krakeelpolderweg	BV	24	Ruys de Beerenbrouckstr.	AV	43
Delftsestraatweg	BV	10	Martinus Nijhofflaan	BV	28	Voorhofdreef	BV	52
Hof van Delftlaan	AV	16	Nassaulaan	BV	30	Westplantsoen	AV	57
Hoornseweg	AV	18	Papsouwselaan	BV	42			

Herberg de Emauspoort, Vrouwenregt 11, ✉ 2611 KK, ☎ (0 15) 219 02 19, *Fax (0 15) 214 82 51,* – TV ☎ P. AE E VISA JCB. rest DY V
Repas *(fermé dim., lundi, mardi et merc.)* 45 – **13 ch** 100/175 – ½ P 140/215.

De Vlaming sans rest, Vlamingstraat 52, ✉ 2611 KZ, ☎ (0 15) 213 21 27, *Fax (0 15) 212 20 06* – TV ☎. AE E VISA JCB DY f
12 ch 160/190.

Special De Kok sans rest, Hugo de Grootstraat 145, ✉ 2613 VS, ☎ (0 15) 214 18 95, *Fax (0 15) 214 18 95* – TV ☎. AE E VISA. CZ s
9 ch 95/145.

Juliana sans rest, Maerten Trompstraat 33, ✉ 2628 RC, ☎ (0 15) 256 76 12, *Fax (0 15) 256 57 07* – TV ☎. AE E VISA DZ d
27 ch 110/145.

De Ark sans rest, Koornmarkt 65, ✉ 2611 EC, ☎ (0 15) 215 79 99, *Fax (0 15) 214 49 97* – TV ☎ P. AE E VISA JCB CZ c
fermé 20 déc.-3 janv. – **36 ch** 175/235.

De Zwethheul, Rotterdamseweg 480 (SE : 5 km), ✉ 2629 HJ, ☎ (0 10) 470 41 66, *Fax (0 10) 470 65 22,* « Au bord de l'eau avec ≤ trafic de péniches » – P. AE E VISA BV
fermé sam. midi, dim. midi, lundi et 25 déc.-1er janv. – **Repas** Lunch 80 – 75/110, carte 98 à 134
Spéc. Raviolis de poulet de Bresse aux langoustines sautées. Éventail d'agneau aux beignets d'ail et jus au basilic. Boudins de homard sur lit de poireaux à la crème truffée.

DELFT

Street	Grid	No.
Brabantse Turfmarkt	DZ	3
Breestraat	CZ	4
Camaretten	CY	6
Choorstraat	CY	7
Doelenstraat	CY	12
Havenstraat	CZ	13
Hippolytusbuurt	CY	15
Jacob Gerritstr.	CYZ	19
Koornmarkt	CZ	22
Lange Geer	CDZ	25
Markt	CY	27
Nassaulaan	DZ	30
Nieuwe Langendijk	DY	33
Nieuwstraat	CY	34
Noordeinde	CY	36
Oostpoortweg	DZ	37
Oude Kerkstraat	CY	39
Oude Langendijk	CYZ	40
Schoemakerstraat	DZ	45
Schoolstraat	CY	46
Sint Agathaplein	CY	48
Sint Jorisweg	DY	49
Stalpaert v. d. Wieleweg	DY	50
Voldersgracht	CY	51
Voorstraat	CY	54
Westlandseweg	CZ	55
Wijnhaven	CYZ	58

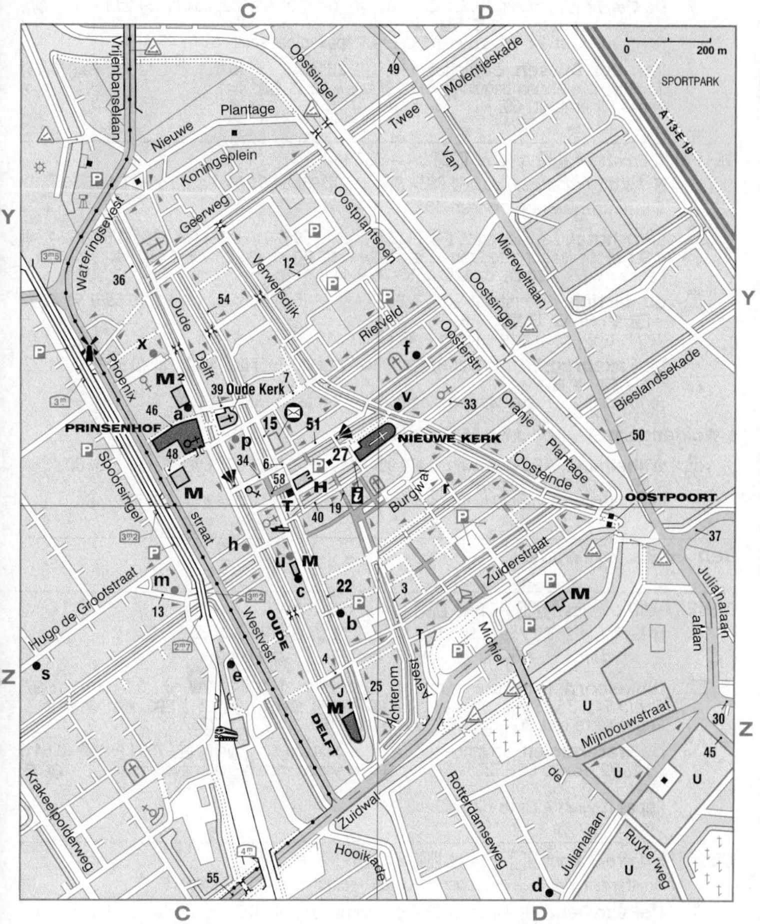

XX **L'Orage,** Oude Delft 111b, ✉ 2611 BE, ☎ (0 15) 212 36 29, *Fax (0 15) 214 19 34,* – AE ⓓ E VISA CZ h
fermé lundi – **Repas** (dîner seult) 59/75. CZ h

XX **Le Vieux Jean,** Heilige Geestkerkhof 3, ✉ 2611 HP, ☎ (0 15) 213 04 33, *Fax (0 15) 214 67 20* – AE ⓓ E VISA CY p
fermé dim., lundi et 2 dern. sem. juil.-prem. sem. août – **Repas** 53/93.

XX **De Klikspaan,** Koornmarkt 85, ✉ 2611 ED, ☎ (0 15) 214 15 62, *Fax (0 15) 214 15 62* – AE E VISA JCB CZ u
fermé lundi, mardi, prem. sem. avril et 2 prem. sem. sept. – **Repas** (dîner seult jusqu'à 23 h 30) carte 70 à 83.

XX **De Prinsenkelder,** Schoolstraat 11 (dans le musée Prinsenhof), ✉ 2611 HS, ℘ (0 15) 212 18 60, *Fax (0 15) 213 33 13,* 🏠 – AE (D) E VISA CY
fermé dim. et 27 déc.-1er janv. – **Repas** 53/75.

XX **Bastille,** Havenstraat 6, ✉ 2613 VK, ℘ (0 15) 213 23 90, *Fax (0 15) 214 65 31* – Ⓟ. AE (D) E VISA JCB CZ m
Repas Lunch 50 – carte 66 à 80.

X **De Dis,** Beestenmarkt 36, ✉ 2611 GC, ℘ (0 15) 213 17 82, *Fax (0 15) 215 77 46,* 🏠, Cuisine hollandaise – AE E VISA. ✻ DY r
fermé merc. et 24, 25, 26 et 31 déc. – **Repas** (dîner seult) carte 45 à 60.

X **Van der Dussen,** Bagijnhof 118, ✉ 2611 AS, ℘ (0 15) 214 72 12, *Fax (0 15) 215 95 01,* « Ancien béguinage du 13e s. » – AE E VISA. ✻ CY x
Repas (dîner seult) 69.

DELFZIJL *Groningen* 210 AA 3 et 908 L 1 – *30 546 h.*

J. v.d. Kornputplein 1a, ✉ 9934 EA, ℘ (0 596) 61 81 04, Fax (0 596) 61 65 50.

Amsterdam 213 – Groningen 30.

Eemshotel, Zeebadweg 2, ✉ 9933 AV, ℘ (0 596) 61 26 36, *Fax (0 596) 61 96 54,* ≤, « Sur pilotis au bord de l'eau », – ▤ rest, TV ☎ Ⓟ. AE (D) E VISA. ✻
Repas 43/58 – **20 ch** ☕ 125/165 – ½ P 111.

du Bastion, Waterstraat 78, ✉ 9934 AX, ℘ (0 596) 61 87 71, *Fax (0 596) 61 71 47* – TV ☎. AE (D) E VISA JCB
Repas Lunch 30 – carte env. 50 – **40 ch** ☕ 118/133 – ½ P 125.

X **De Kakebrug,** Waterstraat 8, ✉ 9934 AV, ℘ (0 596) 61 71 22, *Fax (0 596) 61 71 22,* 🏠 – AE (D) E VISA
fermé dim. et 3 sem. vacances bâtiment – **Repas** 45/58.

à Woldendorp *SE : 7 km par N 362* C *Delfzijl :*

Wilhelmina, A.E. Gorterweg 1, ✉ 9946 PA, ℘ (0 596) 60 16 41, *Fax (0 596) 60 15 21* – TV ☎ Ⓟ. AE E VISA. ✻ ch
Repas *(fermé après 20 h 30)* carte env. 45 – **9 ch** ☕ 105/120 – ½ P 125/150.

Den – *voir au nom propre.*

DENEKAMP *Overijssel* 210 AB 8 et 908 M 4 – *12 362 h.*

Kerkplein 2, ✉ 7591 DD, ℘ (0 541) 35 12 05, Fax (0 541) 35 57 42.

Amsterdam 169 – Zwolle 77 – Apeldoorn 85 – Enschede 19.

Dinkeloord, Denekamperstraat 48 (SO : 2 km), ✉ 7588 PW, ℘ (0 541) 35 13 87, *Fax (0 541) 35 38 75,* 🏠, – |♦| TV ☎ Ⓟ – 25 à 200. VISA. ✻ rest
Repas carte env. 70 – ☕ 27 – **55 ch** 125/185 – ½ P 175/203.

X **De Watermolen,** Schiphorstdijk 4 (près château Singraven), ✉ 7591 PS, ℘ (0 541) 35 13 72, *Fax (0 541) 35 51 50,* ≤, 🏠, « Ancien moulin à eau avec musée » – Ⓟ. E. ✻
Repas Lunch 35 – carte 62 à 80.

DEURNE *Noord-Brabant* 211 T 14 et 908 I 7 – *31 912 h.*

Amsterdam 136 – 's-Hertogenbosch 51 – Eindhoven 25 – Venlo 33.

XX **Hof van Deurne,** Haageind 29, ✉ 5751 BB, ℘ (0 493) 31 21 41, *Fax (0 493) 31 21 41,* 🏠, « Ancienne ferme » – ▤ Ⓟ – 40 à 125. AE (D) E VISA
fermé lundi, carnaval et vacances bâtiment – **Repas** Lunch 48 – 58/95.

Les Bonnes Tables

Gourmets...

Nous distinguons à votre intention
certains hôtels (🏠 ... 🏨) et restaurants (X ... XXXXX)
par **Repas** 🙂, ✿, ✿✿ ou ✿✿✿.

DEVENTER *Overijssel* 210 W 9, 211 W 9 et 908 J 5 – *69 131 h.*

Voir *Ville*★.

à Diepenveen N : 4 km par Laan van Borgele, Golfweg 2, ✉ 7431 PR, ☎ (0 570) 59 32 69, Fax (0 570) 59 32 69.

Keizerstraat 22, ✉ 7411 JH, ☎ (0 570) 61 31 00, Fax (0 570) 64 33 38.

Amsterdam 106 ④ – Arnhem 44 ④ – Apeldoorn 16 ⑤ – Enschede 59 ④ – Zwolle 38 ②.

DEVENTER

Amstellaan	X 3	Henri Dunantlan	W 30	van Oldenielstr	W 58
Brinkgreverweg	W 13	Herman Boerhaavelaan	W 31	Oosterwechelsweg	W 60
Deensestraat	X 18	Joh. van Vlotenlaan	W 37	Snipperlingsdijk	X 66
Europaplein	W 21	Lebuinuslaan	W 48	Zamenhoffplein	W 76
		Margijnenenk	W 51	Zutphenselaan	X 79
		Mr. H. F. de Boerlaan	X 54	Zutphenseweg	X 81

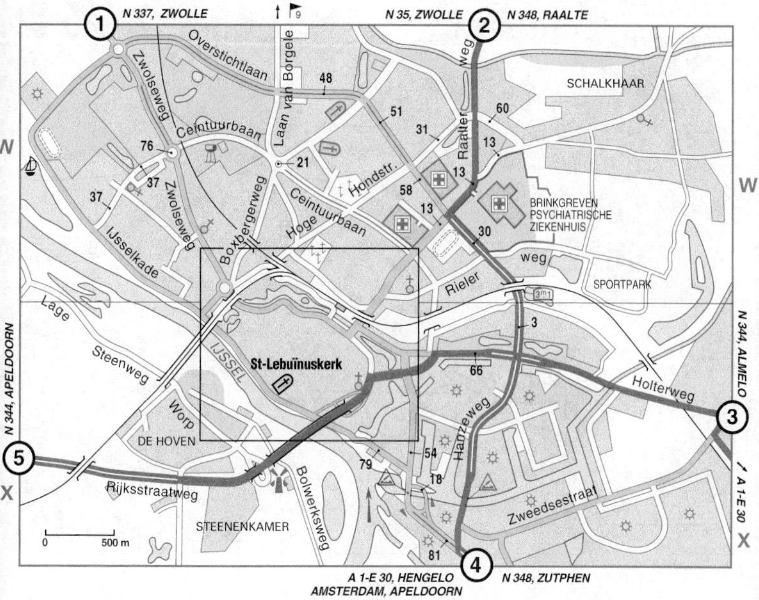

Postiljon, Deventerweg 121 (par ④ : 2 km près A 1), ✉ 7418 DA, ☎ (0 570) 62 40 22, *Fax (0 570) 62 53 46,* – – 25 à 250. AE ① E VISA. rest
Repas (buffets) – 20 – **99 ch** 138/180 – ½ P 100/125.

't Diekhuus, Bandijk 2 (O : 6 km par Lage Steenweg, à Terwolde), ✉ 7396 NB, ☎ (0 571) 27 39 68, *Fax (0 571) 27 04 07,* ≤, – P. AE ① E VISA W
fermé lundi, sam. midi et 3 prem. sem. janv. – **Repas** Lunch 50 bc – carte env. 85.

de Bistro, Golstraat 6, ✉ 7411 BP, ☎ (0 570) 61 95 08, *Fax (0 570) 64 44 33,* « Cadre rustique » – AE ① E VISA. Z c
Repas carte 56 à 69.

da Mario, Vleeshouwerstraat 6, ✉ 7411 JN, ☎ (0 570) 61 93 93, *Fax (0 570) 64 44 33,* , Cuisine italienne – . AE ① E VISA. Z b
fermé lundi – **Repas** (dîner seult) 45.

à Diepenveen *N : 5 km – 10 437 h.*

De Roetertshof, Kerkplein 6, ✉ 7431 EE, ☎ (0 570) 59 25 28, *Fax (0 570) 59 32 60,* – AE ① E VISA JCB
fermé mardi, merc. et 20 juil.-2 août – **Repas** Lunch 58 – 70/78.

DEVENTER

Street	Square	Street	Square	Street	Square
Bagijnenstraat	Y 3	Grote Kerkhof	Z 25	Noordenbergstr	Z 57
Bergkerkplein	Z 6	Grote Overstraat	Z 27	Ossenweerdstraat	Y 61
Binnensingel	Y 9	Grote Poot	Z 28	Pontsteeg	Z 63
Bokkingshang	Z 10	Hofstraat	Z 33	Roggestraat	Z 64
Brink	Z	Hoge Hondstraat	Y 34	Sijzenbaanpl	Y 65
Brinkporrtstr	Y 15	Industrieweg	Z 36	Snipperlingsdijk	Z 66
Broederenstr	Z 16	Kapjeswelle	Y 39	Spijkerboorsteeg	Z 67
Engestraat	Z 19	Kleine Overstr	Z 40	Stromarkt	Z 69
Gedampte Gracht	Y 22	Kleine Poot	Z 42	T. G. Gibsonstraat	Y 71
Golstraat	Z 23	Korte Bisschopstr	Z 45	van Twickelostraat	Y 72
Graven	Z 24	Lange Bisschopstr	Z 46	Verlengde Kazernestr	Z 73
		Leeuwenbrug	Y 49	Verzetslaan	Y 75
		Menstraat	Z 52	Waalstraat	Z
		Nieuwstraat	YZ	Zandpoort	Z 78

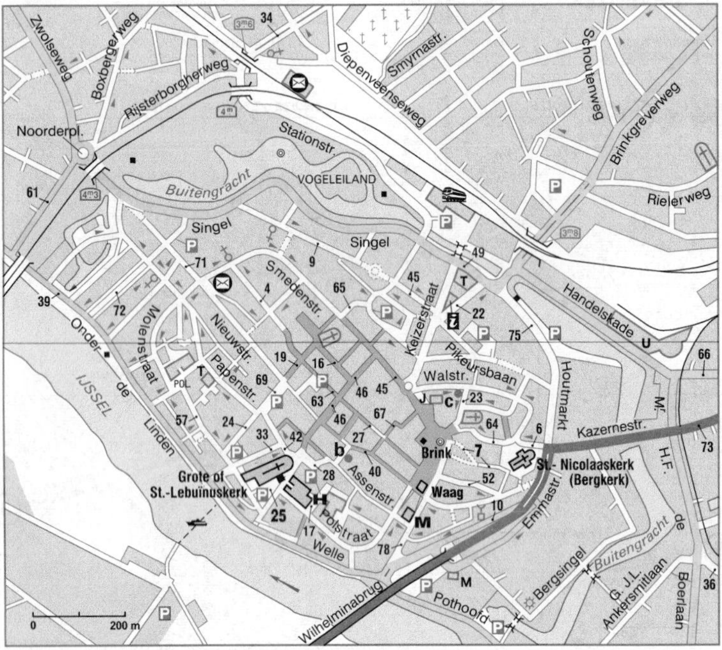

*To locate a **Belgian** or **Dutch** town refer to the indexes of places which accompany the **Michelin Maps** 408 and 409*

DIEPENVEEN *Overijssel* 210 V 9 et 908 J 5 – *voir à Deventer.*

DIEVER *Drenthe* C *Westerveld 3 821 h* 210 W 5 et 908 J 3.
Amsterdam 159 – Assen 27 – Groningen 52 – Leeuwarden 69 – Zwolle 49.

X **De Walhof** avec ch, Hezenes 6, ✉ 7981 LC, ☎ (0 521) 59 17 93, *Fax (0 521) 59 25 57*, , « Environnement boisé » – TV ☎ P. AE ① E VISA. *fermé janv.* – **Repas** *(fermé après 20 h 30)* Lunch 49 – 55/63 – **9 ch** 100/135 – ½ P 145/188.

DIFFELEN *Overijssel* 210 Y 7 – *voir à Hardenberg.*

DIGUE DU NORD – *voir Afsluitdijk.*

DOENRADE *Limburg* 211 U 17 – *voir à Sittard.*

DOETINCHEM *Gelderland* 211 W 11 et 908 J 6 – *44 551 h.*

à Hoog-Keppel NO : 8 km, Oude Zutphenseweg 15, ✉ 6997 CH, ☏ (0 314) 38 14 16, Fax (0 57) 546 43 99.

IJsselkade 30, ✉ 7001 AP, ☏ (0 314) 32 33 55, Fax (0 314) 34 50 27.

Amsterdam 130 – Arnhem 33 – Apeldoorn 43 – Enschede 60.

de Graafschap, Simonsplein 12, ✉ 7001 BM, ☏ (0 314) 32 45 41, *Fax (0 314) 32 58 63,* – – 25 à 70. AE E VISA. rest
Repas carte env. 50 – **26 ch** 90/190 – ½ P 113/118.

DOKKUM *Fryslân* C *Dongeradeel 24 451 h.* 210 V 3 et 908 I 2.

Env. *O : Hoogebeintum, 16 armoiries funéraires★ dans l'église.*

Op de Fetze 13, ✉ 9101 LE, ☏ (0 519) 29 38 00, Fax (0 519) 29 80 15.

Amsterdam 163 – Leeuwarden 24 – Groningen 58.

De Abdij van Dockum, Markt 30, ✉ 9101 LS, ☏ (0 519) 22 04 22, *Fax (0 519) 22 04 14,* – – 45. AE E VISA JCB
Repas (dîner seult jusqu'à 20 h 30) *(fermé mardi d'oct. à mai)* 55/85 – 25 – **13 ch** 85/150, 3 suites – ½ P 113/138.

Old Inn, Aalsumerpoort 21, ✉ 9101 JK, ☏ (0 519) 29 23 08, *Fax (0 519) 22 03 51,* – E VISA
fermé dim. – **Repas** carte 55 à 75.

Den DOLDER *Utrecht* 211 Q 10 et 908 G 5 – *voir à Zeist.*

DOMBURG *Zeeland* C *Veere 22 100 h.* 211 F 13 et 908 B 7 – *Station balnéaire.*

Schelpweg 26, ✉ 4357 BP, ☏ (0 118) 58 61 08, Fax (0 118) 58 61 09.

Schuitvlotstraat 32, ✉ 4357 EB, ☏ (0 118) 58 13 42, Fax (0 118) 58 35 45.

Amsterdam 190 – Middelburg 16 – Rotterdam 111.

Badhotel M, Domburgseweg 1a, ✉ 4357 BA, ☏ (0 118) 58 88 88, *Fax (0 118) 58 88 99,* , , , – – 25 à 120. AE E VISA. rest
Repas (dîner seult) *(fermé 2 janv.-10 fév.)* 50 – **111 ch** 260/350, 3 suites – ½ P 200/223.

The Wigwam, Herenstraat 12, ✉ 4357 AL, ☏ (0 118) 58 12 75, *Fax (0 118) 58 25 25* – . E VISA.
10 fév.-6 nov. ; fermé 20 fév.-19 mars – **Repas** (dîner pour résidents seult) – **31 ch** 112/232 – ½ P 91/138.

Duinvliet sans rest, Domburgseweg 44, ✉ 4357 NH, ☏ (0 118) 58 39 21, *Fax (0 118) 58 39 22,* « Ancienne demeure dans un parc », – . AE E VISA
7 ch 125/250.

Wilhelmina sans rest, Noordstraat 20, ✉ 4357 AP, ☏ (0 118) 58 12 62, *Fax (0 118) 58 41 10,* – . AE E VISA
16 ch 140/270, 4 suites.

Strandhotel Duinheuvel sans rest, Badhuisweg 2, ✉ 4357 AV, ☏ (0 118) 58 12 82, *Fax (0 118) 58 33 45* – . AE E VISA JCB
20 ch 135/245.

De Burg, Ooststraat 5, ✉ 4357 BE, ☏ (0 118) 58 13 37, *Fax (0 118) 58 20 72* – . AE E VISA
11 fév.-10 nov. – **Repas** carte 45 à 58 – **22 ch** 55/140 – ½ P 80/95.

In den Walcherschen Dolphijn, Markt 9, ✉ 4357 BG, ☏ (0 118) 58 28 39, *Fax (0 118) 58 66 00* – AE E VISA JCB
fermé merc. et janv. – **Repas** Lunch 53 – carte env. 80.

Mondriaan, Ooststraat 6, ✉ 4357 BE, ☏ (0 118) 58 44 34, *Fax (0 118) 58 44 34* – . AE E VISA JCB
fermé mardi et 3 sem. en janv. – **Repas** (dîner seult) carte env. 55.

DOORWERTH *Gelderland* C *Renkum 32 278 h.* 211 T 11 et 908 I 6.

Amsterdam 98 – Arnhem 9.

Kasteel Doorwerth, Fonteinallee 4, ✉ 6865 ND, ☏ (0 26) 333 34 20, *Fax (0 26) 333 81 16,* , « Dans les dépendances du château » – . AE E VISA
Repas (dîner seult) 75/118.

de Valkenier, Oude Oosterbeekseweg 8 (Heveadorp), ✉ 6865 VS, ☏ (0 26) 333 64 23, *Fax (0 26) 339 04 98,* – . AE E VISA JCB
fermé lundi et 27 déc.-7 janv. – **Repas** 53.

DORDRECHT *Zuid-Holland* 211 N 12 et 908 F 6 – 117 258 *h.*

Voir *La Vieille Ville★ – Grande Église ou église Notre-Dame★ (Grote- of O.L. Vrouwekerk) : stalles★, de la tour* ≤★★ CV **R** – *Groothoofdspoort : du quai* ≤★ DV.

Musée : *Mr. Simon van Gijn★* CV **M²**.

⛳18 *Baanhoekweg 50,* ✉ *3313 LP,* ☎ *(0 78) 621 12 21, Fax (0 78) 616 10 36* – ⛳18 *à Numansdorp SO : 20 km, Veerweg 26,* ✉ *3281 LX,* ☎ *(0 186) 65 44 55, Fax (0 186) 65 46 81.*

✈ *à Rotterdam-Zestienhoven NO : 23 km par* ④ ☎ *(0 10) 446 34 44.*

ℹ *Stationsweg 1,* ✉ *3311 JW,* ☎ *(0 78) 613 28 00, Fax (0 78) 613 17 83.*

Amsterdam 95 ① – *Den Haag 53* ④ – *Arnhem 106* ① – *Breda 29* ② – *Rotterdam 23* ④ – *Utrecht 58* ①.

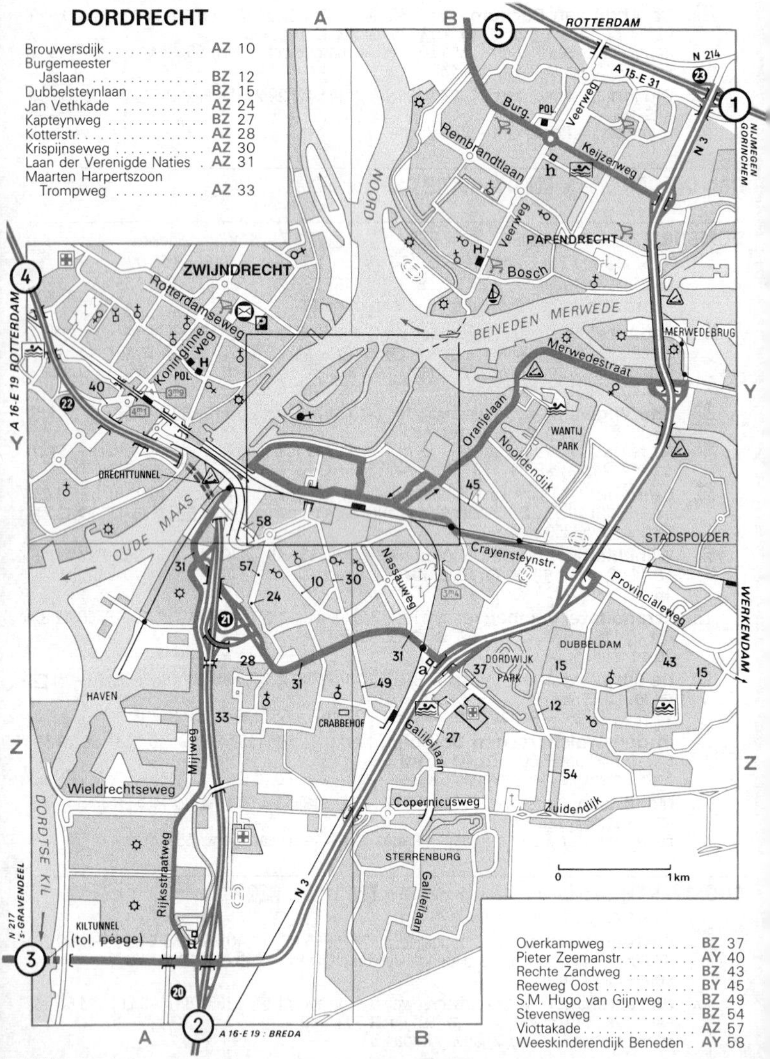

DORDRECHT

Achterhakkers . . . . CX 3
Aert de Gelderstr. . . . . CX 4
Bagijnhof . . . . DV 6
Blauwpoortspl. . . . . CV 7
Bleijenhoek . . . . DV 9
Dubbeldamseweg . . . . DX 13
Groenmarkt . . . . CV 16
Groothoofd . . . . DV 18
Grote Kerksbuurt . . . . CV 19
Grote Spuistr. . . . . CV 21
Hoogstratensingel . . . . DVX 22
Johan de Wittstr. . . . . DX 25
Museumstr. . . . . DV 34
Oranjelaan . . . . DX 36
Papeterspad . . . . CX 39
Prinsenstr. . . . . CV 42
Riedijk . . . . DV 46
Scheffersp l. . . . . CDV 48
Spuiweg CX
Stationsweg . . . . DX 51
Steegoversloot . . . . DV 52
Twintighuizen . . . . CX 55
Visstr. . . . . CV 57
Voorstr. . . . . CDV
Vriesestr. . . . . DV
Wilgenbos . . . . CX 60
Wolwevershaven . . . . CV 61

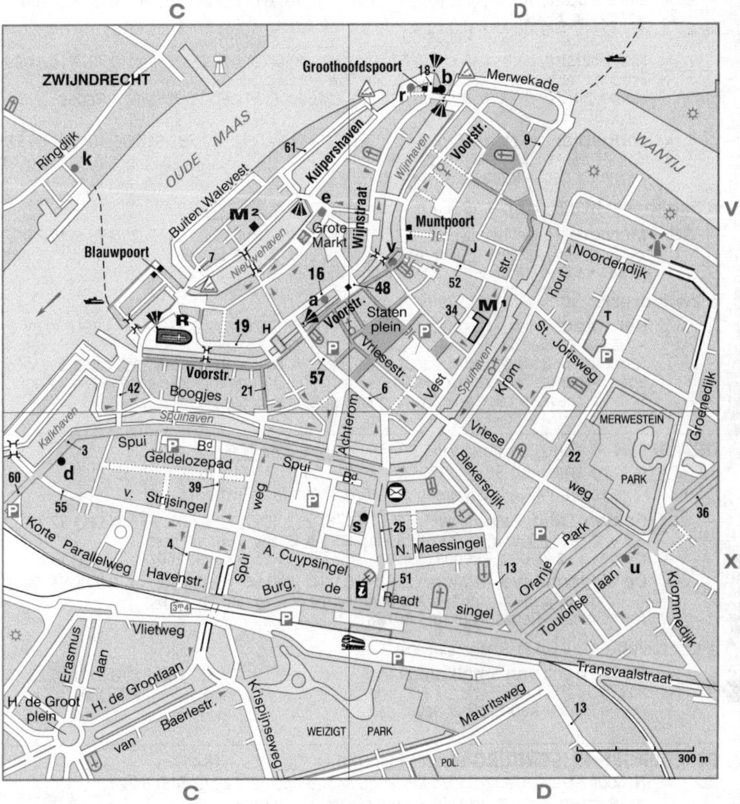

Bellevue, Boomstraat 37, ✉ 3311 TC, ☎ (0 78) 613 79 00, *Fax (0 78) 613 79 21,* ≤ confluent de rivières et port de plaisance, 🍽 – ▤ rest, TV ☎ – 🏛 25 à 50. AE ⓓ E VISA DV b
Repas (ouvert jusqu'à 23 h) *Lunch 38* – carte 50 à 77 – **26 ch** ☕ 130/160, 1 suite – ½ P 115/195.

Dordrecht, Achterhakkers 72, ✉ 3311 JA, ☎ (0 78) 613 60 11, *Fax (0 78) 613 74 70,* 🍽 – TV ☎ P. AE ⓓ E VISA JCB CX d
fermé Noël et Nouvel An – **Repas** (dîner seult) *(fermé vend., sam. et dim.)* carte 45 à 85 – **21 ch** ☕ 130/190 – ½ P 175/260.

Postiljon, Rijksstraatweg 30 ('s-Gravendeel), ✉ 3316 EH, ☎ (0 78) 618 44 44, *Fax (0 78) 618 79 40* – |ǂ| ⇸, ▤ rest, TV ☎ P – 🏛 25 à 500. AE ⓓ E VISA AZ u
Repas (buffets) – ☕ 20 – **96 ch** 155/201 – ½ P 100/125.

Bastion, Laan der Verenigde Naties 363, ✉ 3318 LA, ☎ (0 78) 651 15 33, *Fax (0 78) 617 81 63* – TV ☎ P. AE ⓓ E VISA. ✂ BZ a
Repas (grillades, ouvert jusqu'à 23 h) 45 – ☕ 15 – **40 ch** 115.

Klarenbeek, Joh. de Wittstraat 35, ✉ 3311 KC, ☎ (0 78) 614 41 33, *Fax (0 78) 614 08 61,* 🍽 – |ǂ| TV ☎. ✂ rest DX s
Repas (dîner pour résidents seult) – **23 ch** ☕ 100/130 – ½ P 118/128.

Le Mouton, Toulonselaan 12, ✉ 3312 ET, ☎ (0 78) 613 50 09, *Fax (0 78) 631 57 37,* DX u
fermé sam. midi, dim. midi et lundi – **Repas** Lunch 45 – carte 70 à 87.

Bonne Bouche, Groenmarkt 8, ✉ 3311 BE, ☎ (0 78) 614 05 00, *Fax (0 78) 631 25 36* – AE E VISA JCB. CV a
fermé mardi, 3 sem. vacances bâtiment et Noël-début janv. – **Repas** 53/95.

De Stroper, Wijnbrug 1, ✉ 3311 EV, ☎ (0 78) 613 00 94, Produits de la mer – AE E VISA DV v
fermé 24 et 31 déc. – **Repas** 30.

Marktzicht, Varkenmarkt 17, ✉ 3311 BR, ☎ (0 78) 613 25 84, *Fax (0 78) 613 61 69,* Produits de la mer – AE E VISA. CV e
fermé dim., lundi, dern. sem. juil.-2 prem. sem. août, 31 déc. et 1er janv. – **Repas** Lunch 53 – 63/80.

Jongepier 1er étage, Groothoofd 8, ✉ 3311 AG, ☎ (0 78) 613 06 16, *Fax (0 78) 631 77 33,* – AE E VISA DV r
fermé 31 déc. – **Repas** Lunch 34 – 47/65.

à Papendrecht *NE : 4 km – 28 504 h.*

Mercure, Lange Tiendweg 2, ✉ 3353 CW, ☎ (0 78) 615 20 99, *Fax (0 78) 615 85 97,* – rest, – 25 à 200. AE E VISA BY h
Repas carte 47 à 66 – 30 – **76 ch** 195/225 – ½ P 254/284.

à Zwijndrecht *NO : 4 km – 42 129 h.*

Hermitage (Klein), Veerplein 16, ✉ 3331 LE, ☎ (0 78) 612 84 89, *Fax (0 78) 619 23 11* – AE E VISA. CV k
fermé dim., lundi, 25 juil.-16 août et 27 déc.-10 janv. – **Repas** 90/115, carte env. 105
Spéc. Asperges poêlées aux morilles (20 avril-20 juin). Homard grillé et son jus (avril-août). Selle de chevreuil rôtie aux champignons et sauce au sureau.

DRACHTEN *Fryslân C Smallingerland 50 618 h.* 210 V 4 et 908 J 2.

Burg. Wuiteweg 56, ✉ 9203 KL, ☎ (0 512) 51 77 71, Fax (0 512) 53 24 13.
Amsterdam 147 – Leeuwarden 27 – Groningen 36 – Zwolle 85.

Golden Tulip, Zonnedauw 1, ✉ 9202 PE, ☎ (0 512) 52 07 05, *Fax (0 512) 52 32 32,* – – 25 à 200. AE E VISA JCB. rest
fermé 25 et 26 déc. – **Repas** Lunch 30 – 45/75 – 25 – **48 ch** 140/160 – ½ P 105/125.

De Wilgenhoeve, De Warren 2, ✉ 9203 HT, ☎ (0 512) 51 25 10, *Fax (0 512) 53 14 19,* Ouvert jusqu'à minuit, « Ancienne ferme » – AE E VISA
fermé lundi – **Repas** Lunch 50 – 60/88.

à Rottevalle *N : 4 km C Smallingerland :*

De Herberg van Smallingerland, Muldersplein 2, ✉ 9221 SP, ☎ (0 512) 34 20 64, *Fax (0 512) 34 22 39,* « Auberge du 18e s. » – – 25 à 40. E VISA
fermé lundi – **Repas** (dîner seult) carte env. 70.

DRIEBERGEN-RIJSENBURG *Utrecht* 211 Q 10 et 908 G 5 – *18 417 h.*

Hoofdstraat 87a, ✉ 3971 KE, ☎ (0 343) 51 31 62, Fax (0 343) 53 24 11.
Amsterdam 54 – Utrecht 16 – Amersfoort 22 – Arnhem 49.

De Koperen Ketel sans rest, Welgelegenlaan 28, ✉ 3971 HN, ☎ (0 343) 51 61 74, *Fax (0 343) 53 24 65,* « Terrasse » – AE E VISA.
15 ch 95/180.

Lai Sin, Arnhemse Bovenweg 46, ✉ 3971 MK, ☎ (0 343) 51 68 58, *Fax (0 343) 51 71 97,* Cuisine chinoise – AE E VISA.
fermé du 23 au 27 fév., 20 juil.-7 août, sam. midi, dim. et lundi – **Repas** Lunch 80 – 110/155, carte env. 113
Spéc. St-Pierre vapeur aux dattes. Ravioles de Szu-ch'uan au bouillon épicé. Emincé de gigot d'agneau sauté aux carottes et pousses de bambou.

La Provence, Hoofdstraat 109, ✉ 3971 KG, ☎ (0 343) 51 29 20, *Fax (0 343) 52 08 33,* – AE E VISA
fermé lundi, 1 sem. en juil. et 2 sem. en août – **Repas** 58.

DRONRIJP (DRONRYP) *Fryslân C Menaldumadeel 13 613 h.* 210 S 3 et 908 H 2.

Amsterdam 138 – Leeuwarden 15 – Sneek 23 – Zwolle 110.

Op Hatsum, Hatsum 13 (S : 2 km), ✉ 9035 VK, ☎ (0 517) 23 16 88, *Fax (0 517) 23 21 63,* Anguilles – AE E VISA JCB
fermé prem. sem. janv. – **Repas** (dîner seult) carte env. 70.

DRONTEN *Flevoland* 210 T 7 et 908 I 4 - *31 840 h.*

Amsterdam 72 - Apeldoorn 51 - Leeuwarden 94 - Lelystad 23 - Zwolle 31.

Het Galjoen, De Rede 50, ✉ 8251 EW, ☎ (0 321) 31 70 30, *Fax (0 321) 31 58 22* - 25 à 300. AE VISA JCB
Repas Lunch 40 - carte 55 à 78 - 19 - **18 ch** 70/110 - ½ P 120/145.

à Ketelhaven *N : 8 km* C *Dronten :*

Lands-End, Vossemeerdijk 23, ✉ 8251 PM, ☎ (0 321) 31 33 18, ≤, - . E VISA
fermé lundi et 25 janv.-17 fév. - **Repas** carte 51 à 84.

DRUNEN *Noord-Brabant* C *Heusden 41 825 h.* 211 P12 et 908 G 6.

Amsterdam 101 - 's-Hertogenbosch 15 - Breda 34 - Rotterdam 73.

de Duinrand M, Steegerf 2 (S : 2 km), ✉ 5151 RB, ☎ (0 416) 37 24 98, *Fax (0 416) 37 49 19*, ≤, , « Élégants pavillons à l'orée du bois », , - rest, - 25 à 40. AE E VISA
fermé 2 sem. carnaval et 31 déc. - **Repas** Lunch 60 - 80/130 - 25 - **10 ch** 195/225, 5 suites - ½ P 250/375.

Royal, Raadhuisplein 13, ✉ 5151 JH, ☎ (0 416) 37 23 81, *Fax (0 416) 37 88 63*, - . AE E VISA JCB. rest
fermé carnaval, 31 déc. et 1er janv. - **Repas** carte env.70 - **15 ch** 105/150 - ½ P 135.

Gelagkamer Busio, Grotestraat 148a, ✉ 5151 BN, ☎ (0 416) 37 33 93, *Fax (0 416) 37 33 93*, , Taverne-rest - . AE E VISA
fermé du 14 au 23 fév., du 2 au 17 août et mardi - **Repas** Lunch 45 - 60/80.

MICHELIN NEDERLAND N.V., Bedrijvenpark Groenewoud II, Huub van Doorneweg 2 - ✉ 5151 DT, ☎ (0 416) 38 41 00, Fax (0 416) 38 41 26

In this guide,
a symbol or a character, printed in red or ***black***, *in* ***bold*** *or light type, does not have the same meaning.*

Please read the explanatory pages carefully.

DUIVEN *Gelderland* 211 V 11 et 908 J 6 - *voir à Arnhem.*

DWINGELOO *Drenthe* C *Westerveld 4 000 h.* 210 X 5 et 908 K 3.

Brink 46, ✉ 7991 CJ, ☎ (0 521) 59 13 31, Fax (0 521) 59 37 11.

Amsterdam 158 - Assen 30 - Groningen 50 - Leeuwarden 70 - Zwolle 50.

Wesseling, Brink 26, ✉ 7991 CH, ☎ (0 521) 59 15 44, *Fax (0 521) 59 25 87*, - - 25. AE E VISA
fermé du 1er au 15 janv. - **Repas** *(fermé après 20 h 30)* Lunch 29 - 45/88 - **23 ch** 98/155 - ½ P 123.

De Brink, Brink 30, ✉ 7991 CH, ☎ (0 521) 59 13 19, *Fax (0 521) 59 25 87*, -
fermé 15 janv.-15 mars et nov.-15 déc. - **Repas** *(fermé après 20 h 30)* 50 - **6 ch** 80/130 - ½ P 85.

à Lhee *SO : 1,5 km* C *Westerveld :*

De Börken, Lhee 76, ✉ 7991 PJ, ☎ (0 521) 59 72 00, *Fax (0 521) 59 72 87*, , - - 25 à 100. AE E VISA. rest
Repas 60/90 - **35 ch** 125/185.

EARNEWÂLD *Fryslân - voir Eernewoude.*

EDAM *Noord-Holland* C *Edam-Volendam 26 505 h.* 210 P 7 et 908 G 4.

Damplein 1, ✉ 1135 BK, ☎ (0 299) 31 51 25, Fax (0 299) 37 42 36.

Amsterdam 22 - Alkmaar 28 - Leeuwarden 116.

De Fortuna, Spuistraat 3, ✉ 1135 AV, ☎ (0 299) 37 16 71, *Fax (0 299) 37 14 69*, , « Maisonnettes typiques dans un jardin fleuri » - . AE E VISA JCB.
Repas (dîner seult) 50 - **26 ch** 148/198.

EDE *Gelderland* 211 S 10 et 908 I 5 – *100 927 h.*

Env. *Parc National de la Haute Veluwe★★★ (Nationaal Park de Hoge Veluwe) : Parc★★★, Musée national (Rijksmuseum) Kröller-Müller★★★ – Parc à sculptures★★ (Beeldenpark) NE : 13 km.*

Achterdoelen 36, ✉ 6711 AV, ☎ (0 318) 61 44 44, Fax (0 318) 65 03 35.

Amsterdam 81 – Arnhem 23 – Apeldoorn 32 – Utrecht 43.

De Reehorst, Bennekomseweg 24, ✉ 6717 LM, ☎ (0 318) 64 11 88, *Fax (0 318) 64 13 49* – |‡| TV ☎ ♿ P – 25 à 600. AE ① E VISA
Repas *Lunch 38* – carte 48 à 61 – ☕ 15 – **90 ch** 133/170.

La Façade, Notaris Fischerstraat 31, ✉ 6711 BB, ☎ (0 318) 61 62 54, *Fax (0 318) 61 62 54*, – ▤. AE ① E VISA
fermé mardi, 2 prem. sem. fév. et dern. sem. août – **Repas** (dîner seult) 58.

Het Pomphuis, Klinkenbergerweg 41, ✉ 6711 MJ, ☎ (0 318) 65 31 33, *Fax (0 318) 65 39 24*, , « Terrasse » – P. AE E VISA
fermé dim., lundi et 2 dern. sem. janv. – **Repas** *Lunch 48* – 55.

EERBEEK *Gelderland* C *Brummen 21 386 h.* 211 V 10 et 908 J 5.

Amsterdam 107 – Arnhem 26 – Apeldoorn 23 – Enschede 71.

Landgoed Het Huis te Eerbeek , Prof. Weberlaan 1, ✉ 6961 LX, ☎ (0 313) 65 91 35, *Fax (0 313) 65 41 75*, « Parc », – TV ☎ P – 25 à 80. AE ① E VISA JCB.
Repas *(fermé après 20 h)* carte env. 65 – **39 ch** ☕ 140/235.

EERNEWOUDE (EARNEWÂLD) *Fryslân* C *Tytsjerksteradiel 31 177 h.* 210 U 4 et 908 I 2.

Amsterdam 148 – Drachten 18 – Groningen 50 – Leeuwarden 17.

Princenhof , P. Miedemaweg 15, ✉ 9264 TJ, ☎ (0 511) 53 92 06, *Fax (0 511) 53 93 19*, ≤, , – |‡| TV ☎ ♿ P – 25 à 120. AE ① E VISA.
15 mars-oct. – **Repas** *Lunch 35* – carte 52 à 73 – **43 ch** ☕ 105/190 – ½ P 115/130.

EERSEL *Noord-Brabant* 211 Q 14 et 908 G 7 – *18 236 h.*

Markt 30a, ✉ 5521 AN, ☎ (0 497) 51 31 63, Fax (0 497) 51 41 32.

Amsterdam 136 – 's-Hertogenbosch 47 – Antwerpen 72 – Eindhoven 16.

de Acht Zaligheden, Markt 3, ✉ 5521 AJ, ☎ (0 497) 51 28 11, *Fax (0 497) 53 05 09*, – ▤. AE ① E VISA JCB.
fermé du 14 au 20 fév., 25 juil.-14 août, dim. et lundi – **Repas** *Lunch 53* – 75/95.

De Linde, Markt 21, ✉ 5521 AK, ☎ (0 497) 51 71 74, *Fax (0 497) 51 72 95*, – AE ① E VISA JCB.
fermé merc., 18 juil.-5 août et 29 déc.-2 janv. – **Repas** *Lunch 48* – 65.

Ereslo, Markt 14, ✉ 5521 AL, ☎ (0 497) 51 77 77, *Fax (0 497) 51 85 28*, – AE ① E VISA
fermé merc. – **Repas** *Lunch 40* – 45/73.

Aub. La Cave, Markt 3, ✉ 5521 AJ, ☎ (0 497) 53 05 10, *Fax (0 497) 53 05 09*, – AE ① E VISA JCB.
fermé du 14 au 20 fév., du 1er au 8 juil. et lundi – **Repas** *Lunch 55* – carte env. 60.

EES *Drenthe* 210 Z 5 – *voir à Borger.*

EGMOND AAN ZEE *Noord-Holland* C *Egmond 11 490 h.* 210 M 7 et 908 E 4.

Voorstraat 82a, ✉ 1931 AN, ☎ (0 72) 506 13 62, Fax (0 72) 506 50 54.

Amsterdam 41 – Alkmaar 10 – Haarlem 34.

Bellevue, Strandboulevard A 7, ✉ 1931 CJ, ☎ (0 72) 506 10 25, *Fax (0 72) 506 11 16*, ≤, – |‡|, ▤ rest, TV ☎ – 40 à 60. AE ① E VISA. rest
Repas *Lunch 30* – 50/65 – **53 ch** ☕ 84/221 – ½ P 119/170.

De Boei, Westeinde 2, ✉ 1931 AB, ☎ (0 72) 506 93 93, *Fax (0 72) 506 24 54*, – |‡| TV ☎ – 40. E VISA JCB
Repas *Lunch 25* – 45 – ☕ 15 – **37 ch** 85/148 – ½ P 110/118.

Golfzang, Boulevard Ir. de Vassy 19, ✉ 1931 CN, ☎ (0 72) 506 15 16, *Fax (0 72) 506 22 22* – TV ☎. AE E VISA.
fermé 15 déc.-15 janv. – **Repas** (dîner pour résidents seult) – **24 ch** ☕ 90/150 – ½ P 90/98.

De Vassy sans rest, Boulevard Ir. de Vassy 3, ✉ 1931 CN, ☎ (0 72) 506 15 73, *Fax (0 72) 506 53 06* – TV ☎. E VISA.
25 mars-1er nov. et 25 déc.-9 janv. – **17 ch** ☕ 95/160.

La Châtelaine, Smidstraat 7, ✉ 1931 EX, ☎ (0 72) 506 23 55, *Fax (0 72) 506 69 26*, « Rustique » – AE ① E VISA
fermé merc. et janv. – **Repas** (dîner seult) 50/60.

EIBERGEN *Gelderland* 211 Y 10 et 908 K 5 – *16 450 h.*

Amsterdam 146 – Apeldoorn 60 – Arnhem 71 – Enschede 24.

De Greune Weide, Lutterweg 1 (S : 2 km), 7152 CC, (0 545) 47 16 92, *Fax (0 545) 47 74 15*, « Cadre champêtre », – – 25. AE E VISA.
Repas *Lunch 38* – carte 70 à 85 – **18 ch** 93/155 – ½ P 98/113.

Belle Fleur, J.W. Hagemanstraat 85, 7151 AE, (0 545) 47 21 49, *Fax (0 545) 47 59 53*, – . E VISA.
fermé du 1er au 19 août, 27 déc.-12 janv., sam. midi, dim. midi et lundi – **Repas** *Lunch 45* – 65.

Die im Michelin-Führer
*verwendeten Zeichen und Symbole haben - **fett** oder dünn gedruckt, in Rot oder **Schwarz** - jeweils eine andere Bedeutung.*
Lesen Sie daher die Erklärungen aufmerksam durch.

EINDHOVEN *Noord-Brabant* 211 S 14 et 908 H 7 – *197 766 h.* – *Casino* BY, *Heuvel Galerie 134, 5611 DK, (0 40) 243 54 54, Fax (0 40) 243 81 38.*

Musée : *Van Abbe★ (Stedelijk Van Abbemuseum)* BZ **M¹**.

Ch. Roelslaan 15, 5644 HX, (0 40) 252 09 62, Fax (0 40) 221 38 99 - Welschapsedijk 164, 5657 BB, (0 40) 251 57 97, Fax (0 40) 252 92 97 - à Valkenswaard par ④ : 11 km, Eindhovenseweg 300, 5533 VB, (0 40) 201 27 13, Fax (0 40) 204 40 38 - à Veldhoven O : 5 km, Locht 140, 5504 RP, (0 40) 253 44 44, Fax (0 40) 254 97 47.

5 km par Noord Brabantlaan AV *(0 40) 251 61 42.*

Stationsplein 1, 5611 AC, 0 900-112 23 63, Fax (0 40) 243 31 35.

Amsterdam 122 ⑦ – 's-Hertogenbosch 35 ⑦ – Antwerpen 86 ④ – Duisburg 99 ③ – Maastricht 86 ③ – Tilburg 36 ⑥.

Plan page suivante

Holiday Inn, Veldm. Montgomerylaan 1, 5612 BA, (0 40) 243 32 22, *Fax (0 40) 244 92 35*, – – 40 à 200. AE E VISA JCB. rest — BY t
Repas (dîner seult) *(fermé mi-juil.-mi-août)* carte 50 à 78 – **199 ch** 299/338.

Dorint, Vestdijk 47, 5611 CA, (0 40) 232 61 11, *Fax (0 40) 244 01 48*, – – 25 à 450. AE E VISA JCB — BY h
Repas *Lunch 28* – 45 – **184 ch** 315/380, 4 suites – ½ P 215/350.

Mandarin Park Plaza, Geldropseweg 17, 5611 SC, (0 40) 212 50 55 et 212 12 25 (rest), *Fax (0 40) 212 15 55 et 211 66 67 (rest)*, – – 30 à 120. AE E VISA JCB. — BZ y
Repas ***Mandarin Garden*** (cuisine chinoise, dîner seult jusqu'à 23 h) 80/120 – ***Mei Ling*** (cuisine asiatique, ouvert jusqu'à 23 h) *Lunch 25* - 45/65 – ***Momoyama*** (cuisine japonaise, dîner seult jusqu'à 23 h) 69/110 – 33 – **100 ch** 295/615, 2 suites – ½ P 335/655.

Pierre, Leenderweg 80, 5615 AB, (0 40) 212 10 12, *Fax (0 40) 212 12 61* – rest, – – 25 à 150. AE E VISA. rest — BX n
Repas (dîner seult) *(fermé vend.)* 45/75 – 20 – **60 ch** 160/180 – ½ P 170/210.

Tulip Inn, Markt 35, 5611 EC, (0 40) 245 45 45, *Fax (0 40) 243 56 45* – . AE E VISA JCB. — BY f
Repas (dîner seult) carte 45 à 63 – **75 ch** 190/215.

Motel Eindhoven, Aalsterweg 322 (par ④ : 3 km), 5644 RL, (0 40) 211 60 33, *Fax (0 40) 212 52 05*, – – 25 à 500. AE E VISA
Repas (ouvert jusqu'à minuit) *Lunch 18* – carte 48 à 63 – 13 – **177 ch** 110 – ½ P 148.

Campanile, Noord-Brabantlaan 309 (près A 2 - sortie ㉛), 5657 GB, (0 40) 254 54 00, *Fax (0 40) 254 44 10*, – – 40. AE E VISA JCB
Repas (brasserie) 45 – 14 – **83 ch** 102/110 – ½ P 150.

Parkzicht, Alb. Thijmlaan 18, 5615 EB, (0 40) 211 41 00, *Fax (0 40) 211 41 00*, – – 30 à 60. AE E VISA JCB. rest — BZ c
Repas *(fermé 25 et 26 déc.)* 30 – **44 ch** 120/155.

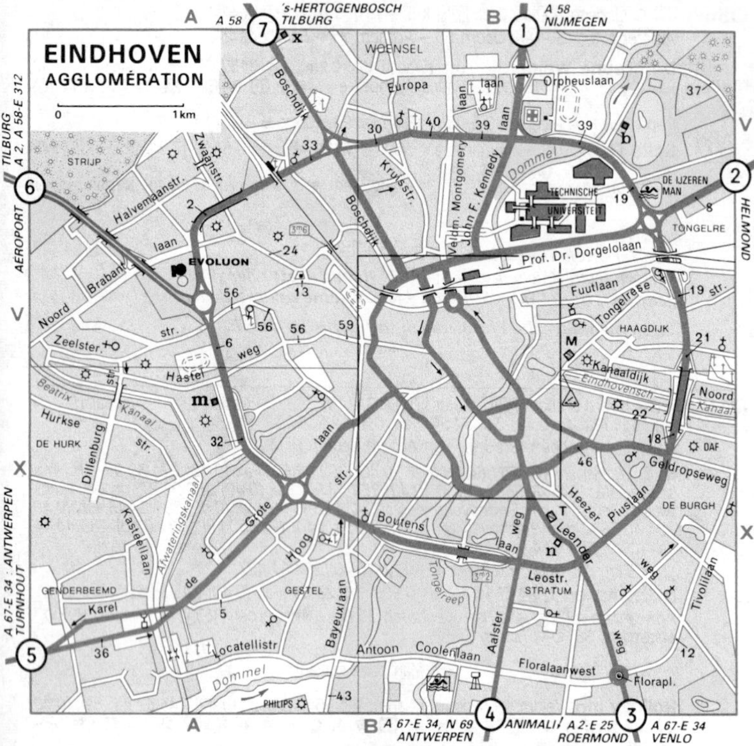

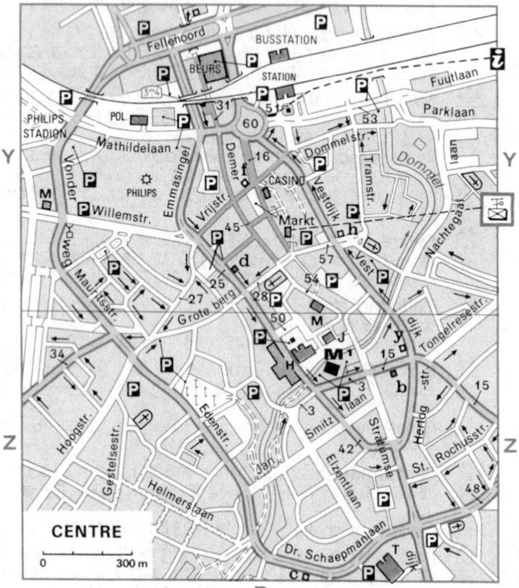

- Beukenlaan . . . . AV 2
- Bilderdijklaan . . . . BZ 3
- Blaarthemseweg . . . . AX 5
- Botenlaan . . . . AV 6
- Demer . . . . BY
- Eisenhowerlaan . . . . . BV 8
- Floralaan Oost . . . . . . BX 12
- Frederiklaan . . . . AV 13
- Geldropseweg . . . . . . BZ 15
- Hermanus Boexstr. . . . BY 16
- Hugo van der Goeslaan . . . . BX 18
- Insulindelaan . . . . BV 19
- Jeroen Boschlaan . . . . BV 21
- Kanaaldijk Zuid . . . . . BX 22
- Kastanjelaan . . . . AV 24
- Keizersgracht . . . . BY 25
- Kerkstr. . . . . BY 28
- Kleine Berg . . . . BY 27
- Kronehoefstr. . . . . BV 30
- Lardinoisstr. . . . . Y 31
- Limburglaan . . . . AX 32
- Marconilaan . . . . AV 33
- Mecklenburgstr. . . . . . BZ 34
- Meerveldhovenseweg AX 36
- v. Oldenbarneveltlaan . BV 37
- Onze Lieve Vrouwstr. . BV 39
- Pastoriestr. . . . . BV 40
- P. C. Hooftlaan . . . . . . BZ 42
- Prof. Holstlaan . . . . . . AX 43
- Rechtestr. . . . . BY 45
- St. Jorislaan . . . . BZ 48
- Stadhuispl. . . . . BZ 50
- Stationspl. . . . . BY 51
- Stationsweg . . . . BY 53
- Stratumseind . . . . BY 54
- Strijpsestr. . . . . AV 56
- Ten Hagestr. . . . . BY 57
- Vrijstr. . . . . BY
- Willemstr. . . . . AV 59
- 18 Septemberpl. . . . . BY 60

XXXX **De Karpendonkse Hoeve,** Sumatralaan 3, ✉ 5631 AA, ☎ (0 40) 281 36 63, Fax (0 40) 281 11 45, ☂, « Terrasse avec ≤ parc et lac » – P. AE ⓓ E VISA. ✂ BV b
fermé du 16 au 18 fév., 2 avril, 24 et 31 déc. et dim. et lundis non fériés – **Repas** Lunch 80 – 110/155, carte 103 à 133
Spéc. Croustade de pomme de terre farcie d'escargots, sauce aux herbes légèrement aillée. Filet de dorade grillé sur sa peau et fondue d'échalotes. Blanc de barbue à la vapeur farci de pistou.

XXX **De Luytervelde,** Jo Goudkuillaan 11 (à Acht, NO : 7 km par ⑦), ✉ 5626 GC, ☎ (0 40) 262 31 11, Fax (0 40) 262 20 90, ☂, « Terrasses et jardin fleuri » – P. AE ⓓ E VISA. ✂
fermé dim., vacances bâtiment et 27 déc.-2 janv. – **Repas** Lunch 40 – 75/90.

XX **Bali,** Keizersgracht 13, ✉ 5611 GC, ☎ (0 40) 244 56 49, Cuisine indonésienne – ▤. AE ⓓ E VISA BY d
Repas 46.

XX **De Blauwe Lotus,** Limburglaan 20, ✉ 5652 AA, ☎ (0 40) 251 48 76, Fax (0 40) 251 15 25, Cuisine asiatique, « Décor oriental » – ▤. AE ⓓ E VISA. ✂ AX m
fermé sam. midi et dim. midi – **Repas** Lunch 40 – 50/95.

X **De Waterkers,** Geldropseweg 4, ✉ 5611 SH, ☎ (0 40) 212 49 99 – ▤. AE ⓓ E VISA JCB BZ b
fermé du 13 au 23 fév., 25 juil.-17 août, 27 déc.-4 janv., dim. et lundi – **Repas** (dîner seult) carte 70 à 85.

X **Djawa,** Keldermansstraat 58, ✉ 5622 PJ, ☎ (0 40) 244 37 86, Fax (0 40) 245 48 07, Cuisine indonésienne – ▤. ✂ AV x
fermé merc. et 12 juil.-11 août – **Repas** (dîner seult) 45/55.

à l'aéroport O : 5 km :

Novotel, Anthony Fokkerweg 101, ✉ 5657 EJ, ☎ (0 40) 252 65 75, Fax (0 40) 252 28 50, ☂, ⛱ – ⇅ ✂ ▤ TV ☎ ♿ P – 🏛 25 à 200. AE ⓓ E VISA JCB
Repas Lunch 20 – carte env. 70 – **92 ch** ☕ 120/235.

à Veldhoven O : 5 km – 40 828 h.

XX **The Fisherman,** Kruisstraat 23, ✉ 5502 JA, ☎ (0 40) 254 58 38, Fax (0 40) 254 58 57, ☂, Produits de la mer – P. AE ⓓ E VISA JCB. ✂
fermé 2 dern. sem. juil. et 24 déc.-2 janv. – **Repas** Lunch 45 – 78.

Die Preise — Einzelheiten über die in diesem Führer angegebenen Preise finden Sie in der Einleitung.

ELSLOO Limburg C Stein 26 507 h. 211 T 17 et 908 I 9.
Amsterdam 205 – Maastricht 20 – Eindhoven 70.

Kasteel Elsloo, Maasberg 1, ✉ 6181 GV, ☎ (0 46) 437 76 66, Fax (0 46) 437 75 70, ☂, « En bordure de parc », ✂ – TV ☎ P – 🏛 25 à 90. AE ⓓ E VISA JCB. ✂ rest
fermé 27 déc.-4 janv. – **Repas** (fermé sam. midi et dim. midi) Lunch 55 – 63/75 – **24 ch** ☕ 130/215 – ½ P 135/168.

EMMELOORD Flevoland C Noordoostpolder 41 095 h. 210 T 6 et 908 I 3.
ℹ De Deel 25a, ✉ 8302 EK, ☎ (0 527) 61 20 00, Fax (0 527) 61 44 57.
Amsterdam 89 – Zwolle 36 – Groningen 94 – Leeuwarden 66.

X **Le Mirage** 2e étage, Beursstraat 2, ✉ 8302 CW, ☎ (0 527) 69 91 04, Fax (0 527) 69 80 35 – ▤. AE ⓓ E VISA. ✂
Repas Lunch 53 – 50/58.

EMMEN Drenthe 210 AA 6 et 908 L 3 – 94 528 h.
Voir Hunebed d'Emmerdennen★ (dolmen) – Jardin zoologique★ (Noorder Dierenpark).
Env. Noordsleen : Hunebed★ (dolmen) O : 6,5 km – Orvelte★ NO : 18 km.
18 à Aalden O : 12 km, Gebbeveenweg 1, ✉ 7854 TD, ☎ (0 591) 37 17 84, Fax (0 591) 37 24 22.
ℹ Marktplein 9, ✉ 7811 AM, ☎ (0 591) 61 30 00, Fax (0 591) 64 41 06.
Amsterdam 180 – Assen 44 – Groningen 57 – Leeuwarden 97 – Zwolle 70.

Tulip Inn Ten Cate, Noordbargerstraat 44, ✉ 7812 AB, ☎ (0 591) 61 76 00, *Fax (0 591) 61 84 32*, – TV ☎ P – 35 à 65. AE ⓓ E VISA JCB. ch
Repas carte 68 à 81 – 13 – **33 ch** 88/140 – ½ P 115/165.

De Giraf, Van Schaikweg 55, ✉ 7811 HN, ☎ (0 591) 64 20 02, *Fax (0 591) 64 69 54*, – TV ☎ P – 25 à 1000. AE E VISA. rest
Repas *Lunch 20* – carte env. 50 – **43 ch** 120/195 – ½ P 120/195.

Boerland sans rest, Hoofdstraat 57, ✉ 7811 ED, ☎ (0 591) 61 37 46, *Fax (0 591) 61 65 25* – TV ☎ P. – **14 ch** 95/128.

La Couronne, Zuidbargerstraat 108 (S : 3 km à Zuidbarge), ✉ 7812 AK, ☎ (0 591) 63 08 13, *Fax (0 591) 63 04 38*, « Terrasse » – P – 25. AE E VISA JCB
fermé lundi, vacances bâtiment et 27 déc.-3 janv. – **Repas** *Lunch 50* – 55.

ENGELEN *Noord-Brabant* 211 Q 12 et 908 G 6 – *voir à 's-Hertogenbosch.*

ENKHUIZEN *Noord-Holland* 210 Q 6 et 908 G 3 – *16 263 h.*

Voir *La vieille ville★ – Jubé★ dans l'église de l'Ouest ou de St-Gommaire (Wester- of St.Gomaruskerk)* AB *– Drommedaris★ : du sommet ★, du quai ★* B.

Musée : *du Zuiderzee★ (Zuiderzeemuseum) : Binnenmuseum★ en Buitenmuseum★★* B.

vers Stavoren : Rederij Naco B.V., De Ruyterkade, Steiger 7 à Amsterdam ☎ (0 20) 626 24 66, Fax (0 20) 624 40 61. Durée de la traversée : 1 h 25. Prix AR : 16,50 Fl, bicyclette : 9,50 Fl. - vers Urk : Rederij F.R.O. à Urk ☎ (0 527) 68 34 07, Fax (0 527) 68 47 82. Durée de la traversée : 1 h 30. Prix AR : 18,50 Fl, bicyclette : 10,50 Fl.

Tussen Twee Havens 1, ✉ 1601 EM, ☎ (0 228) 31 31 64.

Amsterdam 62 ① – Leeuwarden 113 ① – Hoorn 19 ②.

ENKHUIZEN

Bocht	B 3	Melkmarkt	B 12	Venedie	B 25
Driebanen	B 4	Nieuwstraat	B 13	Vijzelstr.	B
Hoornseveer	A 6	Noorder Havendijk	B 15	Waagstraat	B 27
Kaasmarkt	B 7	Oosterhavenstr.	B 16	Wegje	B 28
Karnemelksluis	B 9	St. Janstraat	B 19	Westerstraat	AB
Klopperstraat	A 10	Spijtbroeksburgwal	A 21	Zuider Boerenvaart	A 30
		Staeleversgracht	B 22	Zuider Havendijk	B 31
		Sijbrandsplein	B 24	Zuiderspui	B 33
				Zwaanstraat	B 34

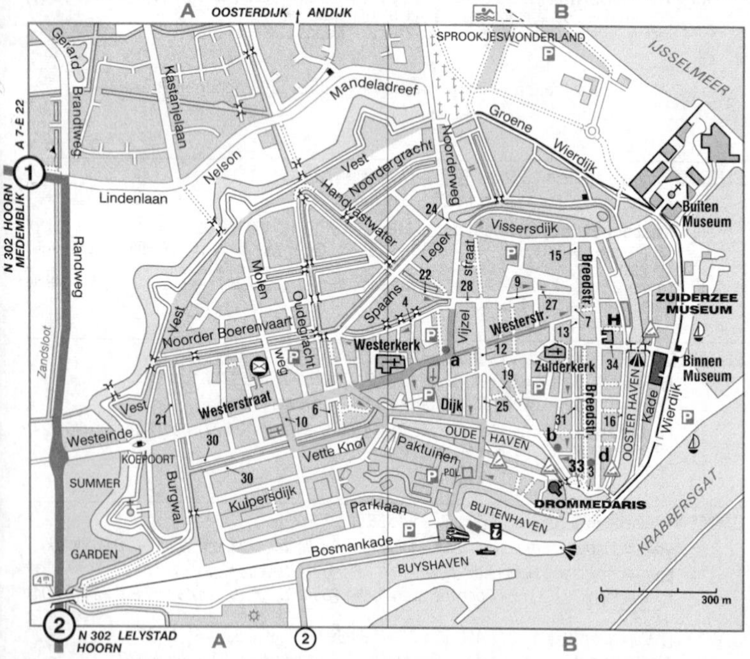

XX **Die Drie Haringhe,** Dijk 28, ✉ 1601 CJ, ☎ (0 228) 31 86 10, *Fax (0 228) 32 11 35,* ≤, terrasse, « Entrepôt du 17e s. » – AE ① E VISA. ✻ B b
fermé lundi d'oct. à mars, mardi, sam. midi et dim. midi – **Repas** Lunch 53 – 58/85.

XX **d'Alsace,** Westerstraat 116, ✉ 1601 AM, ☎ (0 228) 31 52 25, *Fax (0 228) 31 52 25,* terrasse, « Terrasse fleurie » – AE E VISA JCB B a
fermé prem. sem. janv. – **Repas** Lunch 55 – carte 81 à 95.

X **De Smederij,** Breedstraat 158, ✉ 1601 KG, ☎ (0 228) 31 46 04, *Fax (0 228) 32 30 79,* « Rustique » – AE ① E VISA JCB B d
fermé merc. sauf en juil.-août ; nov.-mars ouvert week-end seult – **Repas** (dîner seult) carte env. 65.

Au moment de chercher un hôtel ou un restaurant, soyez efficace.
Sachez utiliser les noms des localités soulignés en rouge
*sur les **cartes Michelin** nos 908 et 909*
Mais ayez une carte à jour.

When looking for a hotel or restaurant use the most efficient method.
Look for the names of towns underlined in red
*on the **Michelin Maps** 908 and 909*
But make sure you have an up-to-date map !

ENSCHEDE *Overijssel* 210 AA 9, 211 AA 9 et 908 L 5 – *147 912 h.*

Musée : *de la Twente★ (Rijksmuseum Twenthe)* V.

à Hengelo par ③ : 9 km, Enschedesestraat 381, ✉ 7552 CV, ☎ (0 74) 250 84 66 - par ① : Veendijk 100, ✉ 7525 PZ, ☎ (0 541) 53 03 31, Fax (0 541) 53 16 90.

Twente ☎ (0 53) 486 22 22.

Oude Markt 31, ✉ 7511 GB, ☎ (0 53) 432 32 00, Fax (0 53) 430 41 62.

Amsterdam 160 ⑤ – Zwolle 73 ⑥ – Düsseldorf 141 ④ – Groningen 148 ① – Münster 64 ②.

Plan page suivante

De Broeierd Ⓜ, Hengelosestraat 725 (par ⑥ : 3 km), ✉ 7521 PA, ☎ (0 53) 435 98 82, *Fax (0 53) 434 05 02,* terrasse, « Terrasse » – ascenseur TV ☎ P. AE ① E VISA JCB. ✻
Repas Lunch 50 – carte env. 80 – **30 ch** ☕ 175/225 – ½ P 138.

Dish, Boulevard 1945 nr 2, ✉ 7511 AE, ☎ (0 53) 486 66 66, *Fax (0 53) 435 31 04* – ascenseur, rest, TV ☎ P – 25 à 250. AE ① E VISA. ✻ Z b
Repas *(fermé dim. midi)* Lunch 30 – carte 60 à 120 – ☕ 34 – **76 ch** 150, 4 suites – ½ P 275/355.

Amadeus sans rest, Oldenzaalsestraat 103, ✉ 7511 DZ, ☎ (0 53) 435 74 86, *Fax (0 53) 430 43 83* – TV ☎ P. AE ① E VISA JCB Y c
12 ch ☕ 125/155.

XXX ✿ **Het Koetshuis Schuttersveld** (Böhnke), Hengelosestraat 111, ✉ 7514 AE, ☎ (0 53) 432 28 66, *Fax (0 53) 433 39 57,* terrasse – P. AE ① E VISA. ✻ V r
fermé sam. midi, dim. midi, lundi, 26 juil.-10 août et 24 déc.-6 janv. – **Repas** Lunch 80 – 110/135, carte 91 à 112
Spéc. Faisan braisé et confit à la choucroute, sauce aux truffes (oct.-janv.). Tian de homard aux asperges régionales et champignons à la vinaigrette de truffes (avril-juin). Langoustines sautées et St-Jacques grillées aux crevettes grises à la vinaigrette de crustacés.

XX **La Petite Bouffe,** Deurningerstraat 11, ✉ 7514 BC, ☎ (0 53) 435 85 91, terrasse – rest. AE ① E VISA Y u
fermé lundi, mardi et du 9 au 24 août – **Repas** (dîner seult) 70/88.

à Boekelo *par ④ : 8 km* C *Enschede :*

Bad Boekelo ⛺, Oude Deldenerweg 203, ✉ 7548 PM, ☎ (0 53) 428 30 05, *Fax (0 53) 428 30 35,* terrasse, « Environnement boisé », piscine, piscine couverte, parc, tennis – TV ☎ P – 25 à 220. AE ① E VISA. ✻
Repas Lunch 23 – 45 – **76 ch** ☕ 134/188, 2 suites.

à Usselo *par ④ : 4 km* C *Enschede :*

XXX **Hanninkshof,** Usselerhofweg 5, ✉ 7548 RZ, ☎ (0 53) 428 31 29, *Fax (0 53) 428 21 29,* terrasse – P. ① E VISA. ✻
Repas 45/80.

ENSCHEDE

Achter't Hofje	Z	3
Bisschopstr.	X	4
Blijdensteinlaan	V	6
Brammelerstr.	Y	7
Gronausestr.	X	9
Haverstraatpassage	Z	10
Hendrik Jan van Heekpl.	Z	12
Hengelosestr.	V	
Hofpassage	Z	13
Kalanderstr.	Z	16
Klokkenplas	YZ	18
Korte Haaksbergerstr.	YZ	19
Korte Hengelosestr.	Y	21
Langestr.	Z	22
Lochemstr.	Y	24
van Loenshof	Z	25
Marktstr.	Y	27
Minkaatstr.	V	28
Nijverheidstr.	Z	31
Piet Heinstr.	Y	33
Pijpenstr.	Z	34
Raadhuisstr.	Z	36
Schouwinkstr.	V	37
Stadsgravenstr.	Y	39
Visserijstr.	Y	40
Volksparksingel	X	42
Walstr.	YZ	43
Windbrugstr.	Z	46

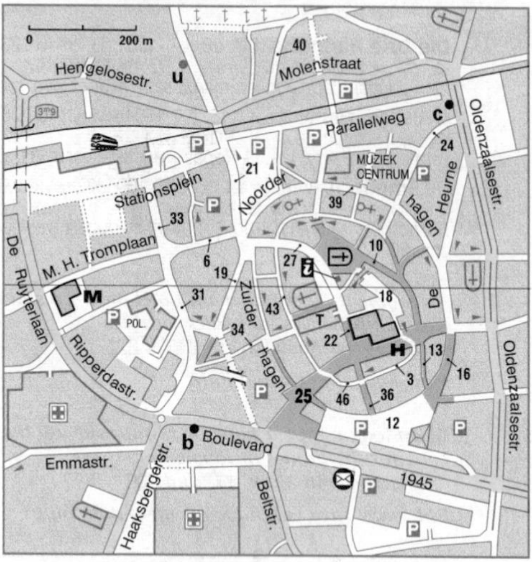

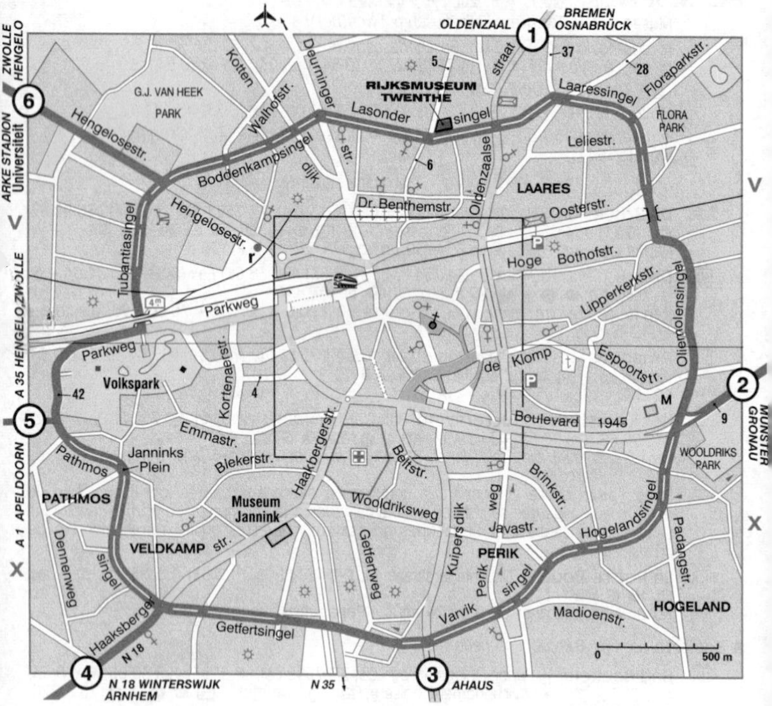

Bediening en belasting

In België, in Luxemburg en in Nederland zijn bediening en belasting bij de prijzen inbegrepen.

ENTER *Overijssel* C *Wierden 22 784 h.* 210 Y 9, 211 Y 9 et 908 K 5.
Amsterdam 131 – Zwolle 45 – Apeldoorn 45 – Enschede 33.

Bistro T-Bone, Dorpsstraat 154, ✉ 7468 CS, ✆ (0 547) 38 12 59, *Fax (0 547) 38 12 59,* , Grillades – P. AE ⓓ E VISA.
fermé mardi, merc. et 21 juil.-13 août – **Repas** (dîner seult) 45.

EPE *Gelderland* 210 U 8, 211 U 8 et 908 I 4 – *33 329 h.*
Past. Somstraat 6, ✉ 8162 AK, ✆ (0 578) 61 26 96, Fax (0 578) 61 55 81.
Amsterdam 97 – Arnhem 44 – Apeldoorn 21 – Zwolle 25.

Golden Tulip , Dellenweg 115, ✉ 8161 PW, ✆ (0 578) 61 28 14, *Fax (0 578) 61 54 93,* , , , – , rest, TV ☎ P – 25 à 275. AE ⓓ E VISA.
Repas (ouvert jusqu'à 23 h) *Lunch 28* – 45 – **138 ch** 215/255 – ½ P 255/275.

Dennenheuvel, Heerderweg 27 (N : 2 km), ✉ 8161 BK, ✆ (0 578) 61 23 26, *Fax (0 578) 67 76 99,* , – rest, TV ☎ P – 25 à 50. AE ⓓ E VISA
fermé 27 déc.-4 janv. – **Repas** *Lunch 45* – carte 64 à 78 – **34 ch** 105/180 – ½ P 103/110.

't Soerel, Soerelseweg 22 (O : 7 km, direction Nunspeet), ✉ 8162 PB, ✆ (0 578) 68 82 76, *Fax (0 578) 68 82 86,* , « Environnement boisé » – P. AE ⓓ E VISA
fermé du 2 au 14 fév., du 5 au 17 oct. et lundi – **Repas** *Lunch 53* – 65.

EPEN *Limburg* C *Wittem 7 853 h.* 211 U 18 et 908 I 9.
Voir *Route de Epen à Slenaken* ≤★.
Julianastraat 15, ✉ 6285 AG, ✆ (0 43) 455 13 46, Fax (0 43) 455 24 33.
Amsterdam 235 – Maastricht 24 – Aachen 15.

Zuid Limburg, Julianastraat 23a, ✉ 6285 AH, ✆ (0 43) 455 18 18, *Fax (0 43) 455 24 15,* ≤, , , , , – TV ☎ P – 25 à 60. AE ⓓ E VISA JCB. rest
Repas *(fermé après 20 h 30) Lunch 28* – carte env. 60 – **47 ch** 185/270 – ½ P 165/213.

Creusen , Wilhelminastraat 50, ✉ 6285 AW, ✆ (0 43) 455 12 15, *Fax (0 43) 455 21 01,* ≤, – , rest, TV ☎ P. AE E VISA JCB.
mars-nov. – **Repas** (résidents seult) – **18 ch** 123/188.

Ons Krijtland, Julianastraat 22, ✉ 6285 AJ, ✆ (0 43) 455 15 57, *Fax (0 43) 455 21 45,* ≤ – TV ☎ P – 30. E.
Repas *(fermé lundi, après 20 h et 20 déc.-27 janv.) Lunch 35* – 45 – **32 ch** 120/180.

Alkema, Kap. Houbenstraat 12, ✉ 6285 AB, ✆ (0 43) 455 13 35, *Fax (0 43) 455 27 44* – TV ☎ P. E VISA
fermé janv.-fév. – **Repas** (dîner pour résidents seult) – **16 ch** 100/210, 2 suites.

Os Heem M, Wilhelminastraat 19, ✉ 6285 AS, ✆ (0 43) 455 16 23, *Fax (0 43) 455 22 85* – , rest, TV ☎ P. AE ⓓ E VISA JCB. rest
Repas (dîner pour résidents seult) – **24 ch** 108/285 – ½ P 130/163.

Schoutenhof , Molenweg 1, ✉ 6285 NJ, ✆ (0 43) 455 20 02, *Fax (0 43) 455 26 0[…],* ≤ campagne vallonnée, – TV ☎ P. AE ⓓ E VISA.
Repas (dîner seult) 45 – **10 ch** 123/195 – ½ P 130/148.

Berg en Dal, Roodweg 18, ✉ 6285 AA, ✆ (0 43) 455 13 83, *Fax (0 43) 455 27 05,* , – TV ☎ P. E VISA JCB.
Repas *(fermé après 20 h) Lunch 28* – 45 – **35 ch** 125/145 – ½ P 80/95.

De Kroon, Wilhelminastraat 8, ✉ 6285 AV, ✆ (0 43) 455 21 20, *Fax (0 43) 455 26 25* – TV ☎ P. AE ⓓ E VISA.
fermé 29 déc.-2 janv. – **Repas** (dîner seult jusqu'à 20 h 30) *(fermé lundi)* carte 45 à 65 – **18 ch** 95/140 – ½ P 100/110.

ESCAUT ORIENTAL (Barrage de l'), Stormvloedkering – *voir Oosterscheldedam, Stormvloedkering.*

ETTEN-LEUR *Noord-Brabant* 211 M 13 et 908 E 7 – *35 089 h.*
Amsterdam 115 – 's-Hertogenbosch 63 – Antwerpen 59 – Breda 13 – Rotterdam 56.

De Zwaan, Markt 7, ✉ 4875 CB, ✆ (0 76) 501 26 96, *Fax (0 76) 501 73 59,* « Collection de tableaux » – . AE ⓓ E VISA JCB
fermé sam. midi, dim. midi, lundi, 3 prem. sem. août et fin déc. – **Repas** *Lunch 80* – 110/143 bc, carte env. 115
Spéc. Barbue grillée mousseline au safran et fenouil. Suprême de canard sauvage et son boudin au céleri et truffe d'été (mi-août-oct.). Soufflé de chocolat blanc et framboises (juin-sept.).

EXLOO *Drenthe* 210 AA 5 et 908 L 3 – *voir à Odoorn.*

FRANEKER *Fryslân* *Franekeradeel 20 278 h.* **210** S 3 et **908** H 2.

Voir *Hôtel de Ville★ (Stadhuis) – Planetarium★.*

Amsterdam 122 – Leeuwarden 17.

Tulip Inn De Valk, Hertog van Saxenlaan 78, ✉ 8802 PP, ☎ (0 517) 39 80 00, *Fax (0 517) 39 31 11,* – 25 à 350. AE ⓓ E VISA
Repas carte env. 50 – **42 ch** 115/160 – ½ P 115/140.

FREDERIKSOORD *Drenthe* *Westerveld 4 061 h.* **210** W 5 et **908** J 3.

Amsterdam 154 – Assen 37 – Groningen 62 – Leeuwarden 62 – Zwolle 44.

Frederiksoord, Maj. van Swietenlaan 20, ✉ 8382 CG, ☎ (0 521) 38 55 55, *Fax (0 521) 38 15 24,* . AE ⓓ E VISA JCB.
fermé 27 déc.-4 janv. et lundi d'oct. à mars – **Repas** *Lunch 30* – carte env. 75 – **11 ch** 80/140 – ½ P 100/110.

GARDEREN *Gelderland* *Barneveld 46 334 h.* **211** T 9 et **908** I 5.

Amsterdam 72 – Arnhem 47 – Apeldoorn 20 – Utrecht 54.

Résidence Groot Heideborgh M, Hogesteeg 50 (S : 1,5 km), ✉ 3886 MA, ☎ (0 577) 46 27 00, *Fax (0 577) 46 28 00,* « Bois et landes de bruyères », – 25 à 300. AE ⓓ E VISA. rest
fermé 30 déc.-2 janv. – **Repas** *Lunch 48* – carte env. 75 – 36 – **84 ch** 235/295 – ½ P 195/255.

't Speulderbos, Speulderbosweg 54, ✉ 3886 AP, ☎ (0 577) 46 15 46, *Fax (0 577) 46 11 24,* « Dans les bois », – 25 à 250. AE ⓓ E VISA. rest
Repas *Lunch 48* – carte 68 à 91 – 28 – **100 ch** 188/245, 2 suites – ½ P 180/205.

Anastasius, Speulderweg 40, ✉ 3886 LB, ☎ (0 577) 46 12 54, *Fax (0 577) 46 21 76,* – 25. AE ⓓ E VISA JCB
Repas 45/70 – **14 ch** 78/155 – ½ P 108.

Camposing, Oud Milligenseweg 7, ✉ 3886 MB, ☎ (0 577) 46 22 88, *Fax (0 577) 46 22 88,* Cuisine chinoise – . E VISA
fermé lundi d'oct. à juin – **Repas** 55/65.

GASSELTE *Drenthe* *Aa en Hunze 4 260 h.* **210** Z 5 et **908** L 3.

à Gasselternijveen NE : 4 km, Nieuwe Dijk 1, ✉ 9514 BX, ☎ (0 599) 56 53 53, Fax (0 599) 56 46 61.

Amsterdam 206 – Assen 25 – Groningen 34.

Gasterie De Wiemel, Gieterweg 2 (N : 1 km), ✉ 9462 TD, ☎ (0 599) 56 47 25, *Fax (0 599) 56 44 43,* – . AE ⓓ E VISA JCB
fermé 31 déc. et 1er janv. – **Repas** *Lunch 38* – 50.

GEERTRUIDENBERG *Noord-Brabant* **211** O 13 et **908** F 6 – *20 902 h.*

à Hank N : 6 km, Kurenpolderweg 33, ✉ 4273 LA, ☎ (0 162) 40 28 20.

Amsterdam 90 – Breda 20 – Rotterdam 55 – 's-Hertogenbosch 36.

't Weeshuys, Markt 52, ✉ 4931 BT, ☎ (0 162) 51 36 98, *Fax (0 162) 51 60 02,* « Dans une chapelle du 14e s. » – AE ⓓ E VISA.
fermé sam. midi, dim. midi et du 10 au 23 juil. – **Repas** carte env. 65.

GEERVLIET *Zuid-Holland* *Bernisse 12 534 h.* **211** K 11 - ㊳ S et **908** D 6 - ㉓ S.

Amsterdam 93 – Den Haag 41 – Rotterdam 20.

In de Bernisse Molen, Spuikade 1, ✉ 3211 BG, ☎ (0 181) 66 12 92, *Fax (0 181) 64 14 46,* « Moulin du 19e s. » – . AE ⓓ E VISA
fermé dim., lundi, 19 juil.-9 août et 28 déc.-3 janv. – **Repas** *Lunch 58* – carte 79 à 98.

GELDROP *Noord-Brabant* **211** S 14 et **908** H 7 – *27 118 h.*

Amsterdam 137 – 's-Hertogenbosch 49 – Aachen 106 – Eindhoven 6 – Venlo 48.

Golden Tulip, Bogardeind 219 (près A 67), ✉ 5664 EG, ☎ (0 40) 286 75 10, *Fax (0 40) 285 57 64,* – 25 à 200. AE ⓓ E VISA JCB. rest
Repas *Lunch 35* – **131 ch** 135/323.

De Gouden Leeuw sans rest, Korte Kerkstraat 46, ✉ 5664 HH, ☎ (0 40) 286 23 93, *Fax (0 40) 285 69 41* – – 25 à 60. AE E VISA.
18 ch 75/145.

GELEEN *Limburg* **211** U 17 et **908** I 9 - *33 947 h.*
Amsterdam 202 - Maastricht 23 - Eindhoven 74 - Aachen 33.

Normandie sans rest, Wolfstraat 7, ✉ 6162 BB, ✆ (0 46) 474 58 83, *Fax (0 46) 475 33 88* - TV ☎. AE ⓓ E VISA. ✂
26 ch ☕ 88/118.

Bastion, Rijksweg Zuid 301, ✉ 6161 BN, ✆ (0 46) 474 75 17, *Fax (0 46) 474 89 33* - TV ☎ P. AE ⓓ E VISA. ✂
Repas (grillades, ouvert jusqu'à 23 h) 45 - ☕ 15 - **40 ch** 100.

XXX **De Lijster,** Rijksweg Zuid 172, ✉ 6161 BV, ✆ (0 46) 474 39 57, *Fax (0 46) 474 38 38,* 🏠 - P. AE ⓓ E VISA
fermé mardi, sam. midi, dim. midi et du 12 au 18 fév. - **Repas** *Lunch 55* - carte 63 à 95.

XX **Chez Jean,** Rijksweg Centrum 24, ✉ 6161 EE, ✆ (0 46) 474 22 63 - ▤. AE ⓓ E VISA
fermé lundi et du 14 au 21 fév. - **Repas** (dîner seult) 48/68.

GEMERT *Noord-Brabant* © *Gemert-Bakel 27 026 h.* **211** T 13 et **908** I 7.
Amsterdam 111 - Eindhoven 25 - Nijmegen 54.

XX **Kastanjehof,** Heuvel 4, ✉ 5421 CN, ✆ (0 492) 36 19 12, *Fax (0 492) 36 81 00,* 🏠 - P. AE ⓓ E VISA. ✂
fermé du 13 au 19 fév., du 12 au 29 juil. et merc. - **Repas** (en août dîner seult) *Lunch 50* - carte 70 à 94.

à Handel *NE : 3,5 km* © *Gemert-Bakel :*

Handelia, Past. Castelijnsstraat 1, ✉ 5423 SP, ✆ (0 492) 32 12 90, *Fax (0 492) 32 38 41,* ⛱, 🏠, ✂ - TV ☎ P. ✂
fermé mardi soir et 25 déc.-1er janv. - **Repas** (résidents seult) - **9 ch** ☕ 95/140 - ½ P 95/120.

GEYSTEREN *Limburg* **211** V 13 et **908** J 7 - *voir à Wanssum.*

GIETHOORN *Overijssel* © *Brederwiede 12 235 h.* **210** V 6 et **908** J 3.
Voir *Village lacustre★★.*
🅘 *(bateau) Beulakerweg 114a, ✉ 8355 AM, ✆ (0 521) 36 12 48, Fax (0 521) 36 22 81.*
Amsterdam 135 - Zwolle 28 - Assen 63 - Leeuwarden 63.

De Pergola, Ds. T.O. Hylkemaweg 7, ✉ 8355 CD, ✆ (0 521) 36 13 21, *Fax (0 521) 36 24 08,* 🏠 - TV ☎ P
Repas (Taverne-rest) *(avril-oct. ; fermé jeudi et après 20 h 30)* 31/48 - **15 ch** *(m... 15 sept.)* ☕ 122.

XX **De Lindenhof** (Kruithof), Beulakerweg 77 (N : 1,5 km), ✉ 8355 AC, ✆ (0 521) 36 14 44, *Fax (0 521) 36 14 44,* 🏠 - P. AE ⓓ E VISA JCB. ✂
fermé jeudi, 2 prem. sem. mars et 2 dern. sem. oct. - **Repas** (dîner seult) 89/125, carte env. 125
Spéc. Feuilles de turbot chaud aux asperges vertes et jus au gingembre. Sandre cuit sur sa peau croustillante d'ail et mie de pain. Pain perdu au rhum, cannelle et glace vanille.

à Wanneperveen *S : 6 km* © *Brederwiede :*

Marina ⛵, Veneweg 292 (Beulaeke Haven), ✉ 7946 LX, ✆ (0 522) 28 18 15, *Fax (0 522) 28 17 01,* ←, ⛹, ≘s, ⛱, 🏠, ✂, ⚓ - TV ☎ P. AE E VISA JCB. ✂ ch
☕ 13 - **15 ch** 110/148 - ½ P 140.

GILZE *Noord-Brabant* © *Gilze en Rijen 23 803 h.* **211** O 13 et **908** F 7.
⛳18 *Bavelseweg 153, ✉ 5126 NM, ✆ (0 161) 43 15 31, Fax (0 76) 565 78 71.*
Amsterdam 105 - Breda 15 - 's-Hertogenbosch 37 - Tilburg 10.

Gilze-Rijen, Klein Zwitserland 8 (près A 58), ✉ 5126 TA, ✆ (0 161) 45 49 51, *Fax (0 161) 45 21 71,* 🏠, ⛹, ≘s, ⛱, ✂ - 🛗 TV ☎ P - 🏛 25 à 450. AE ⓓ E VISA
Repas (ouvert jusqu'à 23 h) *Lunch 18* - carte 52 à 74 - ☕ 15 - **132 ch** 125, 5 suites.

GINNEKEN *Noord-Brabant* **211** N 13 et **908** F 7 - *voir à Breda.*

GLIMMEN *Groningen* **210** Y 4 et **908** K 2 - *voir à Haren.*

GOEDEREEDE *Zuid-Holland* 211 I 12 et 908 C 6 – *10 992 h.*
Amsterdam 118 – Den Haag 66 – Middelburg 76 – Rotterdam 49.

✕ **De Gouden Leeuw,** Markt 11, ✉ 3252 BC, ☎ (0 187) 49 13 71, *Fax (0 187) 49 39 41* – AE E
fermé lundi et 3 dern. sem. janv. – **Repas** 53.

GOES *Zeeland* 211 I 13 et 908 C 7 – *34 328 h.*
18 9 Golfpark 52, ✉ 4465 BH, ☎ (0 113) 22 95 56, Fax (0 113) 22 95 54.
Stationsplein 3, ✉ 4461 HP, ☎ 0 900-168 16 66, Fax (0 113) 25 13 50.
Amsterdam 165 ② – Middelburg 22 ③ – Antwerpen 68 ② – Breda 78 ② – Rotterdam 87 ①.

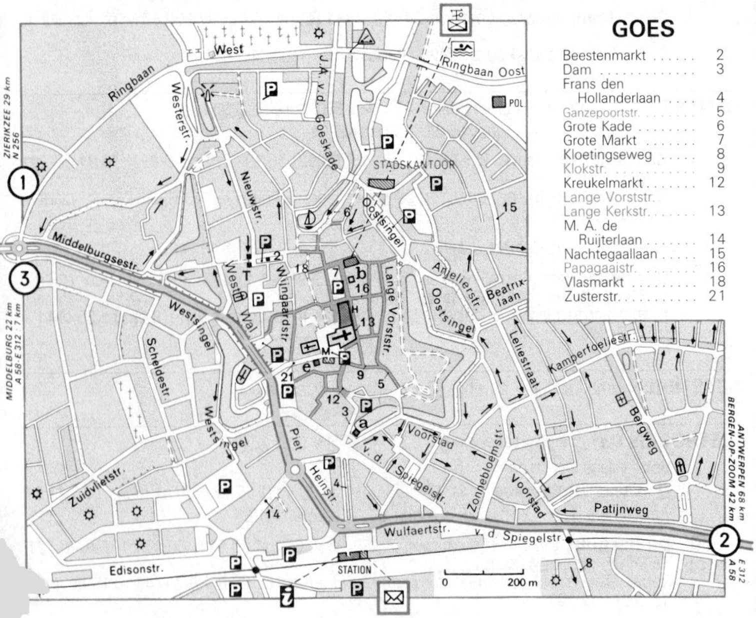

Bolsjoi, Grote Markt 28, ✉ 4461 AJ, ☎ (0 113) 23 23 23, *Fax (0 113) 25 17 55,* – TV ☎ P – 25 à 60. AE O E VISA b
Repas (Taverne-rest) *Lunch 30* – carte 45 à 63 – **12 ch** ☐ 125/145 – ½ P 150.

De Stadsschuur, Schuttershof 32, ✉ 4461 DZ, ☎ (0 113) 21 23 32, *Fax (0 113) 25 02 29,* , « Grange aménagée avec terrasse ombragée » – AE O E VISA e
fermé sam. midi, dim. midi et 31 déc.-2 janv. – **Repas** 55/73.

Bon Vivant, Dam 2, ✉ 4461 HV, ☎ (0 113) 23 00 66, *Fax (0 113) 23 00 66,* , « Terrasse au bord de l'eau » – . AE O E VISA JCB a
fermé dim. midi, lundi et 27 déc.-13 janv. – **Repas** 60/98.

GOIRLE *Noord-Brabant* 211 P 13 et 908 G 7 – *voir à Tilburg.*

GORINCHEM *Zuid-Holland* 211 O 11 et 908 F 6 – *32 573 h.*
Grote Markt 17, ✉ 4201 EB, ☎ (0 183) 63 15 25, Fax (0 183) 63 40 40.
Amsterdam 74 – Den Haag 68 – Breda 41 – 's-Hertogenbosch 40 – Rotterdam 42 – Utrecht 41.

Gorinchem, Van Hogendorpweg 10 (échangeur A 27/A 15, sortie ㉗), ✉ 4204 XW, ☎ (0 183) 62 24 00, *Fax (0 183) 62 29 48,* – TV ☎ P – 25 à 250. AE O E VISA JCB
Repas (*fermé sam. soir et dim.*) 45 – ☐ 15 – **25 ch** 110/125.

Campanile, Franklinweg 1 (sur A 15, sortie ㉘), ✉ 4207 HX, ☎ (0 183) 62 58 77, *Fax (0 183) 62 95 36,* – TV ☎ ♿ P – 25. AE O E VISA
Repas (avec buffet) *Lunch 15* – 45 – ☐ 14 – **53 ch** 98 – ½ P 137.

XX **Solo,** Zusterhuis 1, ✉ 4201 EH, ☎ (0 183) 63 77 90, *Fax (0 183) 63 77 91* – ▤ – 🏛 35. AE ⦿ E VISA
fermé sam. midi, dim. midi et 2 sem. vacances bâtiment – **Repas** 46/73.

X **Bistro de Poort,** Eind 19, ✉ 4201 CP, ☎ (0 183) 66 05 22, *Fax (0 183) 66 09 91*, ☂, « Terrasse sur écluse, ≤ Merwede » – AE ⦿ E VISA
fermé lundi et 24 déc.-1er janv. – **Repas** (dîner seult) carte env. 60.

In deze « Guide » komt geen betaalde reclame voor.

GOUDA *Zuid-Holland* 211 N 10 et 908 F 5 – *71 486 h.*

Voir *Le Cœur de la ville*★ – *Hôtel de Ville*★ *(Stadhuis)* BY **H¹** – *Vitraux*★★★ *de l'église St-Jean*★ *(St. Janskerk)* BY **A.**

Musée : *Het Catharina Gasthuis*★ BY **M¹.**

Env. *Étangs de Reeuwijk*★ *(Reeuwijkse Plassen) par* ① – *de Gouda à Oudewater route de digue* ≤★ *par Goejanverwelledijk* BZ.

ℹ *Markt 27,* ✉ *2801 JJ,* ☎ *(0 182) 51 36 66, Fax (0 182) 58 32 10.*
Amsterdam 53 ④ – *Den Haag 30* ④ – *Rotterdam 23* ③ – *Utrecht 36* ④.

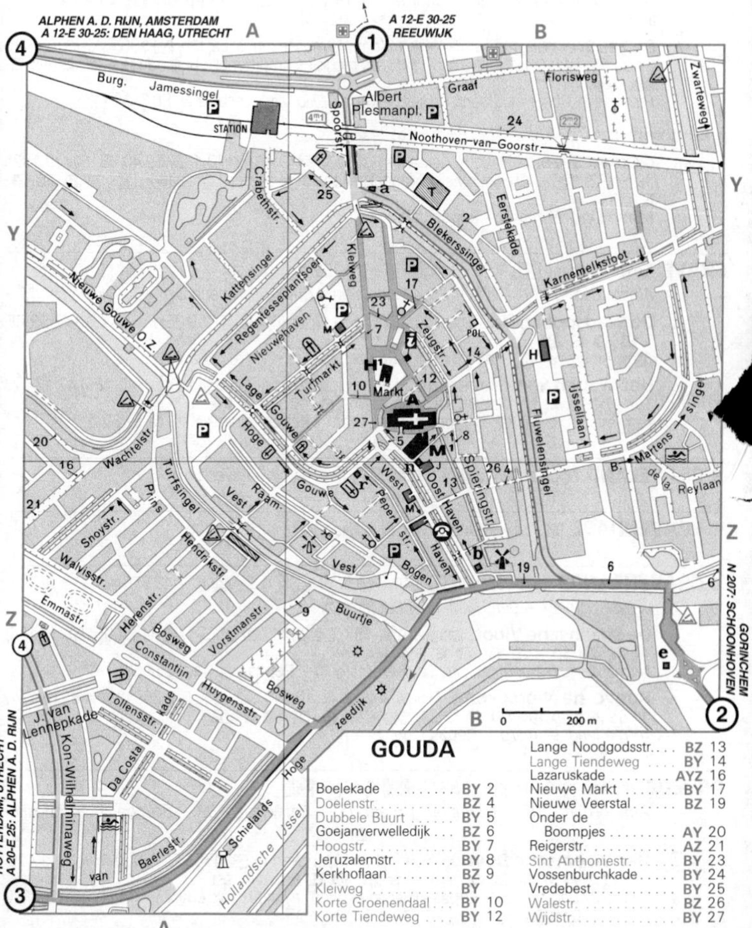

GOUDA

Boelekade	BY	2	Lange Noodgodsstr.	BZ	13
Doelenstr.	BZ	4	Lange Tiendeweg	BY	14
Dubbele Buurt	BY	5	Lazaruskade	AYZ	16
Goejanverwelledijk	BZ	6	Nieuwe Markt	BY	17
Hoogstr.	BY	7	Nieuwe Veerstal	BZ	19
Jeruzalemstr.	BY	8	Onder de Boompjes	AY	20
Kerkhoflaan	BZ	9	Reigerstr.	AZ	21
Kleiweg	BY		Sint Anthoniestr.	BY	23
Korte Groenendaal	BY	10	Vossenburchkade	BY	24
Korte Tiendeweg	BY	12	Vredebest	BY	25
			Walestr.	BZ	26
			Wijdstr.	BY	27

Campanile, Kampenringweg 39 (par ④ : 3 km près A 12), ✉ 2803 PE, ☎ (0 182) 53 55 55, *Fax (0 182) 57 15 75,* – TV ☎ & P – 30. AE ⓓ E VISA JCB AY
Repas (avec buffet) *(fermé 24 déc. soir)* Lunch 15 – 45 – ☐ 14 – **74 ch** 98 – ½ P 132.

Rôtiss. l'Etoile, Blekerssingel 1, ✉ 2806 AA, ☎ (0 182) 51 22 53, *Fax (0 182) 51 22 53,* – ▤ – 80. AE ⓓ E VISA BY a
fermé dim., lundi et 27 déc.-6 janv. – **Repas** Lunch 55 – 58/73.

Jean Marie, Oude Brugweg 4, ✉ 2808 NP, ☎ (0 182) 51 62 62, – P. AE ⓓ E VISA BZ e
fermé dim., lundi et fin juil.-début août – **Repas** Lunch 50 – carte env. 75.

Brunel, Hoge Gouwe 23, ✉ 2801 LA, ☎ (0 182) 51 89 79, *Fax (0 182) 58 60 08,* – AE ⓓ E VISA. BZ r
fermé 24 déc. – **Repas** (dîner seult) 60.

La Grenouille, Oosthaven 20, ✉ 2801 PC, ☎ (0 182) 51 27 31, *Fax (0 182) 51 27 31* – ▤. AE ⓓ E VISA JCB BZ n
fermé lundi et dern. sem. juil. 2 -prem. sem. août – **Repas** (dîner seult) carte 76 à 89.

De Mallemolen, Oosthaven 72, ✉ 2801 PG, ☎ (0 182) 51 54 30, *Fax (0 182) 51 54 30,* – ▤. AE ⓓ E VISA BZ b
fermé mardi en juil.-août, lundi et du 14 au 26 sept. – **Repas** Lunch 40 – carte 72 à 85.

De Zes Sterren, Achter de Kerk 14 (dans le musée municipal **M**¹), ✉ 2801 JX, ☎ (0 182) 51 60 95, *Fax (0 182) 51 97 27,* , Avec cuisine traditionelle hollandaise – ▤. AE ⓓ E VISA JCB BY
fermé dim., lundi et 3 sem. en juil. – **Repas** Lunch 40 – carte env. 80.

à Reeuwijk *par ① : 6 km – 12 791 h.*

d'Ouwe Stee, 's Gravenbroekseweg 80, ✉ 2810 AB, ☎ (0 182) 39 40 08, *Fax (0 182) 39 51 92,* , « Intérieur vieil hollandais et terrasse au bord de l'eau », – ▤ P. AE ⓓ E VISA
fermé lundi et mardi – **Repas** carte env. 85.

GRAVE *Noord-Brabant* 211 T 12 et 908 I 6 – *12 265 h.*

Amsterdam 115 – Arnhem 33 – Eindhoven 47 – 's-Hertogenbosch 33 – Nijmegen 15.

De Stadspoort, Maasstraat 22, ✉ 5361 GG, ☎ (0 486) 47 59 75, *Fax (0 486) 47 59 75* – AE ⓓ E VISA
fermé mardi et du 9 au 23 fév. – **Repas** Lunch 43 – carte 55 à 70.

Het Wapen van Grave, Arnoud van Gelderweg 61, ✉ 5361 CV, ☎ (0 486) 42 17 17, *Fax (0 486) 42 17 18,* , Taverne-rest – P. AE ⓓ E VISA
fermé lundi, carnaval et 2 prem. sem. sept. – **Repas** (dîner seult) carte 52 à 75.

'S-GRAVELAND *Noord-Holland* 211 P 9 et 908 G 5 – *voir à Hilversum.*

'S-GRAVENHAGE P *Zuid-Holland – voir Den Haag.*

'S-GRAVENZANDE *Zuid-Holland* 211 J 10 - ㊳ N et 908 D 5 - ㉓ N – *18 856 h.*

Amsterdam 77 – Den Haag 17 – Rotterdam 30.

De Spaansche Vloot, Langestraat 137, ✉ 2691 BD, ☎ (0 174) 41 24 95, *Fax (0 174) 41 71 24,* – P. AE ⓓ E VISA JCB
fermé 19 juil.-2 août et dim. sauf en mai-juin – **Repas** Lunch 45 – 53/78.

Hoeve de Viersprong, Nieuwlandsedijk 10 (SO : 1 km), ✉ 2691 KW, ☎ (0 174) 41 33 22, *Fax (0 174) 41 77 24,* – ▤ P. AE ⓓ E VISA
fermé lundi et mardi – **Repas** Lunch 45 – 60.

GROEDE *Zeeland* C *Oostburg 17 871 h.* 211 G 14 et 908 B 7.

Amsterdam 209 – Middelburg (bac) 12 – Antwerpen 89 – Brugge 33 – Knokke-Heist 22.

Het Vlaemsche Duyn , Gerard de Moorsweg 4, ✉ 4503 PD, ☎ (0 117) 37 12 10, *Fax (0 117) 37 17 28,* , – ☎ P. ⓓ E VISA. rest
fermé 27 déc.-1er fév. – **Repas** (dîner seult) *(fermé lundi)* carte env. 75 – **14 ch** ☐ 110/140 – ½ P 100/105.

GRONINGEN 🅿 210 Y 3 et 908 K 2 – *168 688 h. – Casino* Z, *Gedempte Kattendiep 150,* ✉ *9711 PV,* ☎ *(0 50) 312 34 00, Fax (0 50) 312 98 31.*

Voir *Goudkantoor*★ Z **B** – *Tour*★ *(Martinitoren) de l'église St-Martin (Martinikerk)* Z.

Musée : *maritime du Nord*★ *(Noordelijk Scheepvaartmuseum)* Z **M²** – *Groninger Museum*★ Z **M¹**.

Env. *Les églises rurales*★ *par* ② *: Loppersum (fresques*★ *dans l'église) – par* ② *: Zeerijp (coupoles*★ *dans l'église) – par* ⑦ *: Uithuizen : château Menkemaborg*★★ *– par* ⑥ *Leens : buffet d'orgues*★ *dans l'église St-Pierre (Petruskerk).*

Exc. *par* ② *à Garmerwolde : église*★.

18 *à Glimmen (Haren) par* ④ *: 12 km, Pollselaan 5,* ✉ *9756 CJ,* ☎ *(0 50) 406 20 04, Fax (0 50) 406 19 22.*

✈ *à Eelde par* ④ *: 12 km* ☎ *(0 50) 309 34 00.*

ℹ *Gedempte Kattendiep 6,* ✉ *9711 PN,* ☎ *0 900-202 30 50, Fax (0 50) 311 02 58.*

Amsterdam 181 ⑤ *– Bremen 181* ③ *– Leeuwarden 59* ⑥.

GRONINGEN

Asingastraat . . . . X 6
Emmaviaduct . . . . X 13
Europaweg . . . . X 16
Helperbrink . . . . X 19
Helperzoom . . . . X 21
Hoendiep . . . . X 24
van Iddekingeweg . . . . . X 25
Ieperlaan . . . . X 27
Julianaplein . . . . X 28
Julianaweg . . . . X 30
Kastanjelaan . . . . X 31
Metaallaan . . . . X 36
Noorderstationsstr. . . . . X 40
Oosterhamriklaan . . . . . X 42
Overwinningsplein . . . . X 48
Paterswoldseweg . . . . . X 49
Pleiadenlaan . . . . X 52
Prof. Dr. J. C. Kapteijnlaan . . . X 54
Sontweg . . . . X 61
Sumatralaan . . . . X 64
Weg der Verenigde Naties . . . X 69
Winsumerweg . . . . X 73
Zonnelaan . . . . X 75

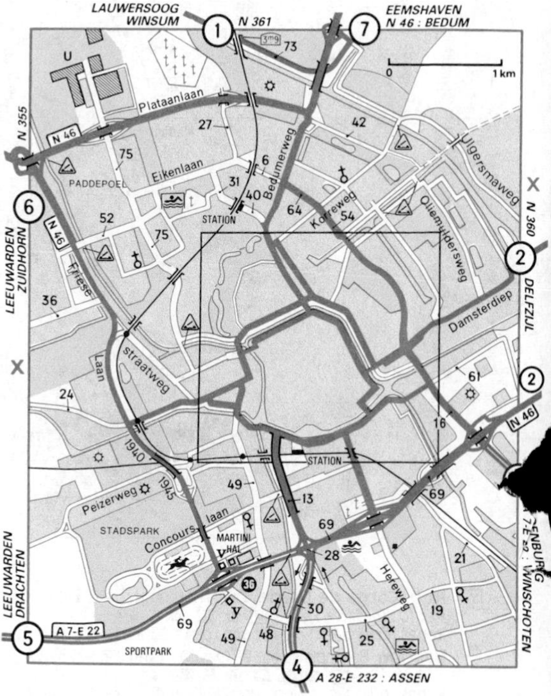

Mercure, Expositielaan 7 (S : 2 km près N 7), ✉ 9727 KA, ☎ (0 50) 525 84 00, *Fax (0 50) 527 18 28,* – – 🅿 – 30 à 60. AE ⓓ E VISA. ✻ rest X v
Repas *Lunch 30* – carte 59 à 79 – ☕ 25 – **155 ch** 168/215, 2 suites.

Hotel de Ville Ⓜ, Oude Boteringestraat 43, ✉ 9712 GD, ☎ (0 50) 318 12 22, *Fax (0 50) 318 17 77,* – ♿. AE ⓓ E VISA Z r
Repas ***Bistro 't Gerecht*** (dîner seult jusqu'à 23 h) *(fermé 31 déc.)* 58 – ☕ 20 – **45 ch** 205/290.

Schimmelpenninck Huys, Oosterstraat 53, ✉ 9711 NR, ☎ (0 50) 318 95 02, *Fax (0 50) 318 31 64,* , « Maison classée » – – 25 à 70. AE ⓓ E VISA. ✻ rest Z h
Repas *Lunch 55* – 65 – ☕ 25 – **38 ch** 180/270 – ½ P 145/190.

Martini, Donderslaan 156 (S : 2 km près N 7), ✉ 9728 KX, ☎ (0 50) 525 20 40, *Fax (0 50) 526 21 09,* – , rest, 🅿 – 25 à 200. AE E VISA. ✻ ch X y
Repas carte env. 50 – **58 ch** ☕ 147/199.

GRONINGEN

A-Kerkhof	Z	3
A-Straat	Z	4
de Brink	Z	7
Brugstraat	Z	9
Eeldersingel	Z	10
Eendrachtskade	Z	12
Emmaviaduct	Z	13
Gedempte Zuiderdiep	Z	18
Grote Markt	Z	
Herestraat	Z	
Lopende Diep	Y	33
Martinikerkhof	Z	34
Noorderhaven N. Z.	Y	37
Noorderhaven Z. Z.	Z	39
Oosterstraat	Z	
Ossenmarkt	Y	43
Oude Boteringestr.	Z	45
Oude Ebbingestr.	Y	46
Paterswoldseweg	Z	49
Rademarkt	Z	55
Radesingel	Z	57
Schuitendiep	Z	58
St. Jansstraat	Z	60
Spilsluizen	Y	63
Verlengde Oosterstr.	Z	66
Vismarkt	Z	67
Westerhaven	Z	70
Westersingel	Z	72
Zuiderpark	Z	76

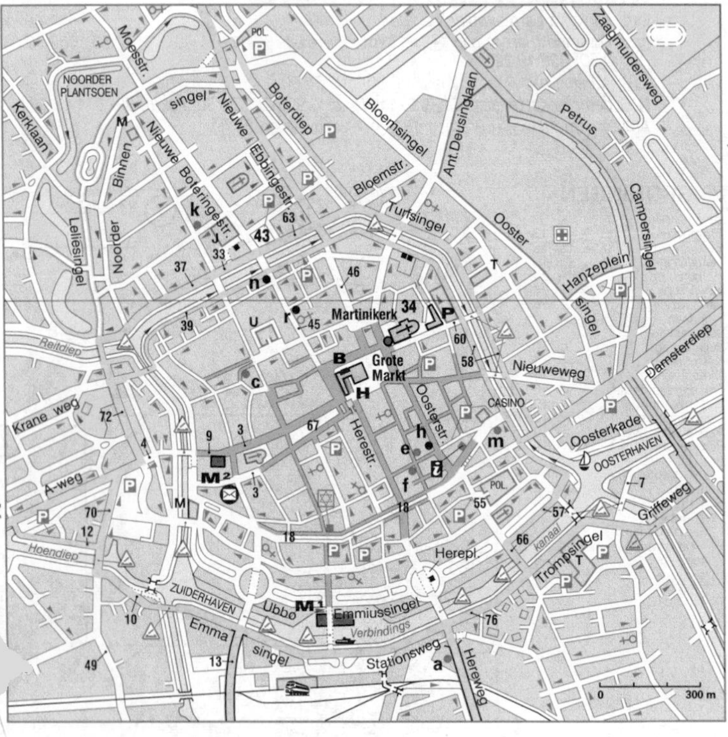

Aub. Corps de Garde, Oude Boteringestraat 74, ✉ 9712 GN, ☎ (0 50) 314 54 37, *Fax (0 50) 313 63 20* – AE VISA Y n
Repas (dîner seult) *(fermé dim.)* carte 63 à 83 – 15 – **32 ch** 150/185 – ½ P 215/270.

Bastion, Bornholmstraat 99 (par ③ : 5 km), ✉ 9723 AW, ☎ (0 50) 541 49 77, *Fax (0 50) 541 30 12* – AE VISA.
Repas (grillades, ouvert jusqu'à 23 h) 45 – 15 – **40 ch** 115.

Muller (Hengge), Grote Kromme Elleboog 13, ✉ 9712 BJ, ☎ (0 50) 318 32 08, *Fax (0 50) 312 58 76* – AE VISA Z c
fermé du 2 au 23 août, 27 déc.-10 janv., dim. et lundi – **Repas** (dîner seult) 75/130
Spéc. Ballottine de foie d'oie et de canard. Saumon à la choucroute (oct.-mars). Selle d'agneau en croûte de sel (avril-juil.).

De Pauw, Gelkingestraat 52, ✉ 9711 NE, ☎ (0 50) 318 13 32, *Fax (0 50) 313 34 63* – AE VISA JCB Z e
fermé 27 déc.-6 janv. et lundi et mardi en juil.-août – **Repas** (dîner seult) 60/70. Z e

Passe Pierre, Gedempte Kattendiep 23, ✉ 9711 PL, ☎ (0 50) 314 39 86, *Fax (0 50) 314 39 86* – AE VISA JCB. Z m
fermé dim., lundi, 3 sem. vacances bâtiment et 27 déc.-8 janv. – **Repas** (dîner seult) carte env. 95.

Ni Hao, Hereweg 1, ✉ 9726 AA, ☎ (0 50) 318 14 00, *Fax (0 50) 313 11 37*, Cuisine chinoise – AE VISA. Z a
Repas Lunch 30 – 40/70.

De Benjamin, Kleine Leliestraat 33, ✉ 9712 TD, ✆ (0 50) 314 00 98, *Fax (0 50) 313 15 13*, – AE E VISA. – Y k
fermé dim., lundi et vacances bâtiment – **Repas** (dîner seult) 53/65.

Ganga, Carolieweg 11, ✉ 9711 LP, ✆ (0 50) 313 32 20, *Fax (0 50) 313 34 80*, Cuisine indienne – AE E VISA – Z f
Repas (dîner seult jusqu'à 23 h) carte env. 45.

à Aduard *par ⑧ : 6 km* C *Zuidhorn 17 957 h :*

Aduard, Friesestraatweg 13 (sur N 355), ✉ 9831 TB, ✆ (0 50) 403 14 00, *Fax (0 50) 403 12 16*, – TV P – 80. AE E VISA.
Repas Lunch 28 – 35 – **22 ch** 53/150 – ½ P 78/123.

Herberg Onder de Linden (Slenema) avec ch, Burg. van Barneveldweg 3, ✉ 9831 RD, ✆ (0 50) 403 14 06, *Fax (0 50) 403 18 14*, « Auberge typique frisonne du 18e s. avec jardin » – TV P. AE E VISA JCB
fermé du 20 au 27 juil., 27 déc.-4 janv., dim. et lundi – **Repas** *(fermé sam. midi, dim. et lundi)* Lunch 85 – 110, carte env. 115 – **5 ch** 135/165 – ½ P 185/195
Spéc. Homard aux 3 façons. Dégustation de délicatesses d'agneau (fin mars-fin sept.). Salade de tomates aux crevettes et tartare de turbot.

à Paterswolde *S : 5 km par Paterswoldseweg X* C *Haren 18 670 h :*

't Familiehotel, Groningerweg 19, ✉ 9765 TA, ✆ (0 50) 309 54 00, *Fax (0 50) 309 11 57*, – TV P – 25 à 150. AE E VISA JCB. rest
Repas Lunch 48 – 58 – **71 ch** 170/310, 2 suites.

GRONSVELD *Limburg* C *Eijsden 11 860 h.* 211 T 18 et 908 I 9.
Amsterdam 217 – Maastricht 8 – Aachen 31.

De Keizerskroon, Europapark 1, ✉ 6247 AX, ✆ (0 43) 408 15 32, *Fax (0 43) 408 35 55*, « Terrasse avec ≤ jardin fleuri » – P. AE E VISA.
fermé lundi, 24 déc. et 1er janv. – **Repas** 55/95.

GULPEN *Limburg* 211 U 18 et 908 I 9 – *7 900 h.*
18 *à Mechelen SE : 6 km, Dalbissenweg 22, ✉ 6281 NC, ✆ (0 43) 455 13 97, Fax (0 43) 455 15 76.*
Amsterdam 229 – Maastricht 16 – Aachen 16.

De Oude Geul, Oude Rijksweg 20, ✉ 6271 AA, ✆ (0 43) 450 39 88, *Fax (0 43) 450 38 44*, – TV P – 25 à 40. AE E VISA. rest
Repas Lunch 30 – 45/75 – **22 ch** 95/150 – ½ P 90.

Le Sapiche, Rijksweg 12, ✉ 6271 AE, ✆ (0 43) 450 38 33, *Fax (0 43) 450 20 97*, – AE E VISA.
fermé lundi, mardi, 1 sem. en fév. et 2 sem. en août – **Repas** (dîner seult) carte 70 à 91.

Chez Q, Markt 9, ✉ 6271 BD, ✆ (0 43) 450 44 90, – E VISA.
fermé carnaval – **Repas** (dîner seult) carte env. 70.

DEN HAAG

P *Zuid-Holland* 211 K 10 - ① ② *et* 908 D 5 - *442 159 h.*

Amsterdam 55 ② *- Bruxelles 182* ④ *- Rotterdam 24* ④ *- Delft 13* ④.

Plans de Den Haag
- **Agglomération** .... p. 2 et 3
- **Den Haag – Plan général** .... p. 4 et 5
- **Den Haag Centre** .... p. 6
- **Scheveningen** .... p. 7

Liste alphabétique des hôtels et des restaurants .... p. 8 et 9

Nomenclature des hôtels et des restaurants
- **Den Haag** .... p. 10 et 11
- **Scheveningen** .... p. 11 et 12
- **Périphérie et environs** .... p. 12 et 13

RENSEIGNEMENTS PRATIQUES

Kon. Julianaplein 30. ✉ *2595 AA.* ☎ *0 900-340 35 05, Fax (070) 347 21 02.*

✈ *Amsterdam-Schiphol NE : 37 km* ☎ *(020) 601 91 11 – Rotterdam-Zestienhoven SE : 17 km* ☎ *(010) 446 34 44.*

18 *Delftweg 58* ✉ *2289 AL à Rijswijk* (CR) ☎ *(070) 319 24 24, Fax (070) 319 50 40 –* 18 *Groot Haesebroekseweg 22* ✉ *2243 EC à Wassenaar NE : 11 km* ☎ *(070) 517 96 07, Fax (070) 514 01 71 –* 18 *Hoge klei 1* ✉ *2243 XZ à Wassenaar NE : 11 km* ☎ *(070) 511 78 46, Fax (070) 511 93 02 –* 18 *Elzenlaan 31* ✉ *2267 AT à Leidschendam* (CQ) ☎ *(070) 399 10 96, Fax (070) 399 86 15.*

CURIOSITÉS

Voir *Binnenhof★ : salle des Chevaliers★ (Ridderzaal)* JY *– Étang de la Cour (Hofvijver)* ≤★ HJY *– Lange Voorhout★* HJX *– Madurodam★★* ET *– Scheveningen★★.*

Musées : *Mauritshuis★★★* JY *– Galerie de peintures Prince Guillaume V★ (Schilderijengalerij Prins Willem V)* HY **M²** *– Panorama Mesdag★* HX *– Musée Mesdag★* EU *– Municipal★★ (Gemeentemuseum)* DEU *– Bredius★* JY.

RÉPERTOIRE DES RUES DU PLAN DE DEN HAAG

Alexanderstr. . . . . . . p. 6 HX
van Alkemadelaan . . p. 3 BQ
Amaliastr. . . . . p. 6 HX 3
Amsterdamse Veerkade . . . . p. 6 JZ 4
Anna Paulownastr. . p. 5 FU 6
Annastr. . . . . p. 6 HY 7
Ary van der Spuyweg . p. 4 ETU 9
Badhuiskade . . . . . . p. 7 DS 10
Badhuisweg . . . . p. 7 ES
Bankastr. . . . . p. 5 FTU
Beatrixlaan . . . . p. 5 GU
Beeklaan . . . . p. 4 DUV
Belgischepl. . . . . p. 7 ES
Benoordenhoutseweg . p. 5 GTU
Binckhorstlaan . . . . . p. 5 GV
Bleijenburg . . . . p. 6 JY 12
Boekhorststr. . . . . . . p. 6 HZ
van Boetzelaerlaan . . . p. 4 DU
Breedstr. . . . . p. 6 HY
Buitenhof . . . . p. 6 HY
Buitenom . . . . p. 5 FV
Burg. de Monchyplein . p. 5 FU 15
Burg. Patijnlaan . . . . p. 5 FU
Carnegielaan . . . . . . p. 4 EU 18
Conradkade . . . . p. 4 DEU
Delftselaan . . . . p. 4 EV
Denneweg . . . . p. 6 JX
Dierenselaan . . . . . . p. 4 EV
Dr. Lelykade . . . . p. 7 DT
Dr. de Visserpl. . . . . p. 7 DS 21
Doornstr. . . . . p. 7 DT
Drie Hoekjes . . . . . . p. 6 HY 22
Duinstr. . . . . p. 7 DT
Duinweg . . . . p. 7 ET
Dunne Bierkade . . . . p. 6 JZ
Eisenhowerlaan . . . . p. 4 DET
Elandstr. . . . . p. 4 EUF
Erasmusweg . . . . p. 2 AR
Escamplaan . . . . p. 2 AR
Fahrenheitstr. . . . . . p. 4 DUV
Fluwelen Burgwal . . p. 6 JY 24
Frankenslag . . . . p. 7 DT
Fred. Hendriklaan . . p. 7 DT
Geest . . . . p. 6 HY
Gentsestr. . . . . p. 7 ES
Gevers Deynootplein . p. 7 ES 27
Gevers Deynootweg . p. 7 DES
Goeverneurlaan . . . . p. 3 BR
Goudenregenstr. . . . p. 4 DV
Groen van Prinstererlaan p. 2 AR 30
Groene Wegje . . . . . p. 6 JZ 31
Groenmarkt . . . . p. 6 HZ
Groot Hertoginnelaan . . p. 4 DEU
Grote Marktstr. . . . . p. 6 HJZ
Haringkade . . . . p. 7 EST
Harstenhoekweg . . . p. 7 ES
Herengracht . . . . . . p. 6 JY
Hobbemastr. . . . . . . p. 5 FV
Hoefkade . . . . p. 5 FV
Hofweg . . . . p. 6 HJY
Hofzichtlaan . . . . . . p. 3 CQ
van Hogenhoucklaan . p. 5 FT
Hogewal . . . . p. 6 HX
Hoogstr. . . . . p. 6 HY
Hooikade . . . . p. 6 JX 33
Houtmarkt . . . . p. 6 JZ
Houtrustweg . . . . . . p. 4 DU
Houtwijklaan . . . . . . p. 2 AR 34
Houtzagerssingel . . . p. 5 FV
Hubertusviaduct . . . p. 5 FT
Huygenspark . . . . . . p. 6 JZ
Jacob Catslaan . . . . p. 4 EU
Jacob Catsstr. . . . . . p. 5 FV
Jacob Pronkstr. . . . . p. 7 DS 36
Jan Hendrikstr. . . . . p. 6 HZ
Jan van den Heydenstr. . p. 3 BR 39
Jan van Nassaustr. . p. 5 FU
Javastr. . . . . p. 5 FU
Johan de Wittlaan . . p. 4 ETU 40
Jozef Israëlslaan . . . p. 5 GU
Juliana van Stolberglaan . p. 5 GU 42
Jurrian Kokstr. . . . . . p. 7 S

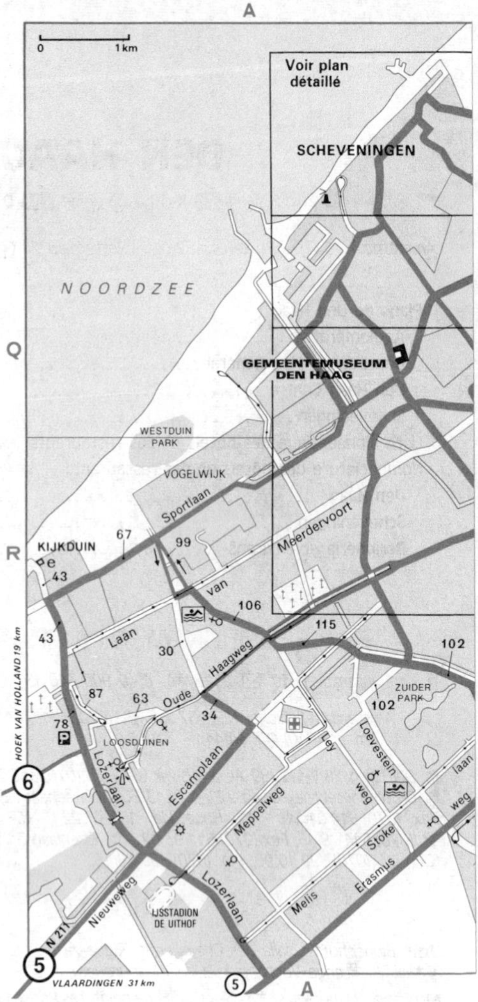

Kalvermarkt . . . . p. 6 JY
Kanaalweg . . . . p. 7 ET
Kazernestr. . . . . p. 6 HJ
Keizerstr. . . . . p. 7 DS
Kempstr. . . . . p. 4 EV
Kijkduinsestr. . . . . . . p. 2 AR 43
Kneuterdijk . . . . p. 6 HY 45
Koningin Emmakade . . . . . . p. 4 EUV
Koningin Julianaplein . p. 5 GU 48
Koningin Marialaan . . p. 5 GU 51
Koninginnegracht . . . p. 5 FTU
Koningspl. . . . . p. 4 EU
Koningstr. . . . . p. 5 FV
Korte olenstr. . . . . . . p. 6 HY 52
Korte Poten . . . . p. 6 JY 54
Korte Vijverberg . . . . p. 6 JY 55
Kranenburgweg . . . . . p. 4 DU
Laan Copes van Cattenburch . . p. 5 FU 57
Laan van Eik en Duinen . p. 4 DV
Laan van Meerdervoort . . p. 4 DVE
Laan van Nieuw Oost Indie . . . . p. 5 GU
Lands-cheidingsweg . . . . p. 3 BQ
Lange Houtstr. . . . . . p. 6 JY
Lange Poten . . . . p. 6 JY
Lange Vijverberg . . . . p. 6 HJY 60
Lange Voorhout . . . . p. 6 JX
Leidsestraatweg . . . . p. 3 BCQ
Lekstr. . . . . p. 5 GV
Leyweg . . . . p. 2 AR
Lisztstr. . . . . p. 2 AR 63
Loevesteinlaan . . . . . p. 2 AR
Loosduinsekade . . . . p. 4 DEV
Lozerlaan . . . . p. 2 AR
Lutherse Burgwal . . . p. 6 HZ 64

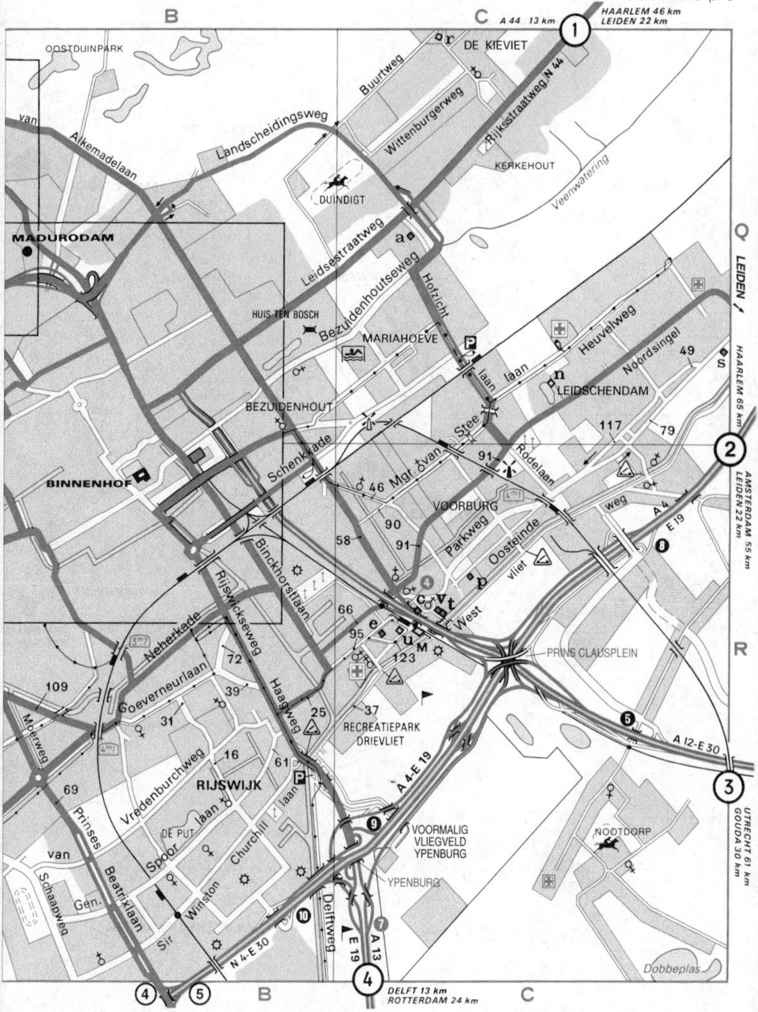

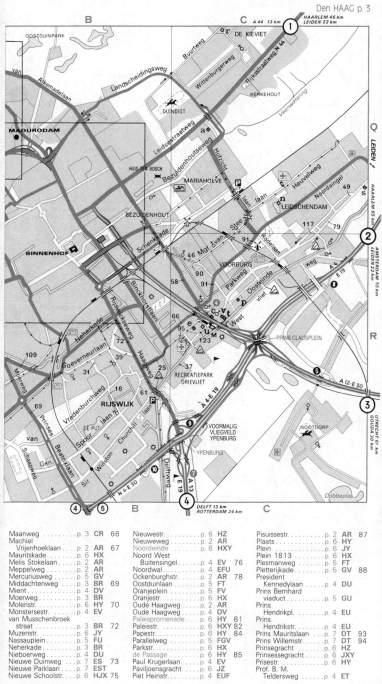

Maanweg . . . . p. 3 **CR** 66
Machiel Vrijenhoeklaan . . . . p. 2 **AR** 67
Mauritskade . . . . p. 6 **HX**
Melis Stokelaan . . . . . p. 2 **AR**
Meppelweg . . . . p. 2 **AR**
Mercuriusweg . . . . . . p. 5 **GV**
Middachtenweg . . . . p. 3 **BR** 69
Mient . . . . p. 4 **DV**
Moerweg . . . . p. 3 **BR**
Molenstr. . . . . p. 6 **HY** 70
Monstersestr. . . . . . . p. 4 **EV**
van Musschenbroek straat . . . . p. 3 **BR** 72
Muzenstr. . . . . p. 6 **JY**
Nassauplein . . . . p. 5 **FU**
Neherkade . . . . p. 3 **BR**
Nieboerweg . . . . p. 4 **DU**
Nieuwe Duinweg . . . p. 7 **ES** 73
Nieuwe Parklaan . . . . p. 7 **EST**
Nieuwe Schoolstr. . . . p. 6 **HJX** 75
Nieuwestr. . . . . p. 6 **HZ**
Nieuweweg . . . . p. 2 **AR**
Noordeinde . . . . p. 6 **HXY**
Noord West Buitensingel . . . . . . p. 4 **EV** 76
Noordwal . . . . p. 4 **EFU**
Ockenburghstr. . . . . . p. 2 **AR** 78
Oostduinlaan . . . . p. 5 **FT**
Oranjeplein . . . . p. 5 **FV**
Oranjestr. . . . . p. 6 **HX**
Oude Haagweg . . . . . p. 2 **AR**
Oude Haagweg . . . . . p. 4 **DV**
Paleispromenade . . . . p. 6 **HY** 81
Paleisstr. . . . . p. 6 **HXY** 82
Papestr. . . . . p. 6 **HY** 84
Parallelweg . . . . p. 5 **FGV**
Parkstr. . . . . p. 6 **HX**
de Passage . . . . p. 6 **HY** 85
Paul Krugerlaan . . . . . p. 4 **EV**
Paviljoensgracht . . . . p. 6 **JZ**
Piet Heinstr. . . . . p. 4 **EUF**
Pisuissestr. . . . . p. 2 **AR** 87
Plaats . . . . p. 6 **HY**
Plein . . . . p. 6 **JY**
Plein 1813 . . . . p. 6 **HX**
Plesmanweg . . . . p. 5 **FT**
Pletterijkade . . . . p. 5 **GV** 88
President Kennedylaan . . . . . p. 4 **DU**
Prins Bernhard viaduct . . . . p. 5 **GU**
Prins Hendrikpl. . . . . p. 4 **EU**
Prins Hendrikstr. . . . . . . p. 4 **EU**
Prins Mauritslaan . . . p. 7 **DT** 93
Prins Willemstr. . . . . p. 7 **DT** 94
Prinsegracht . . . . p. 6 **HZ**
Prinsessegracht . . . . p. 6 **JXY**
Prisestr. . . . . p. 6 **HY**
Prof. B. M. Teldersweg . . . . . p. 4 **ET**

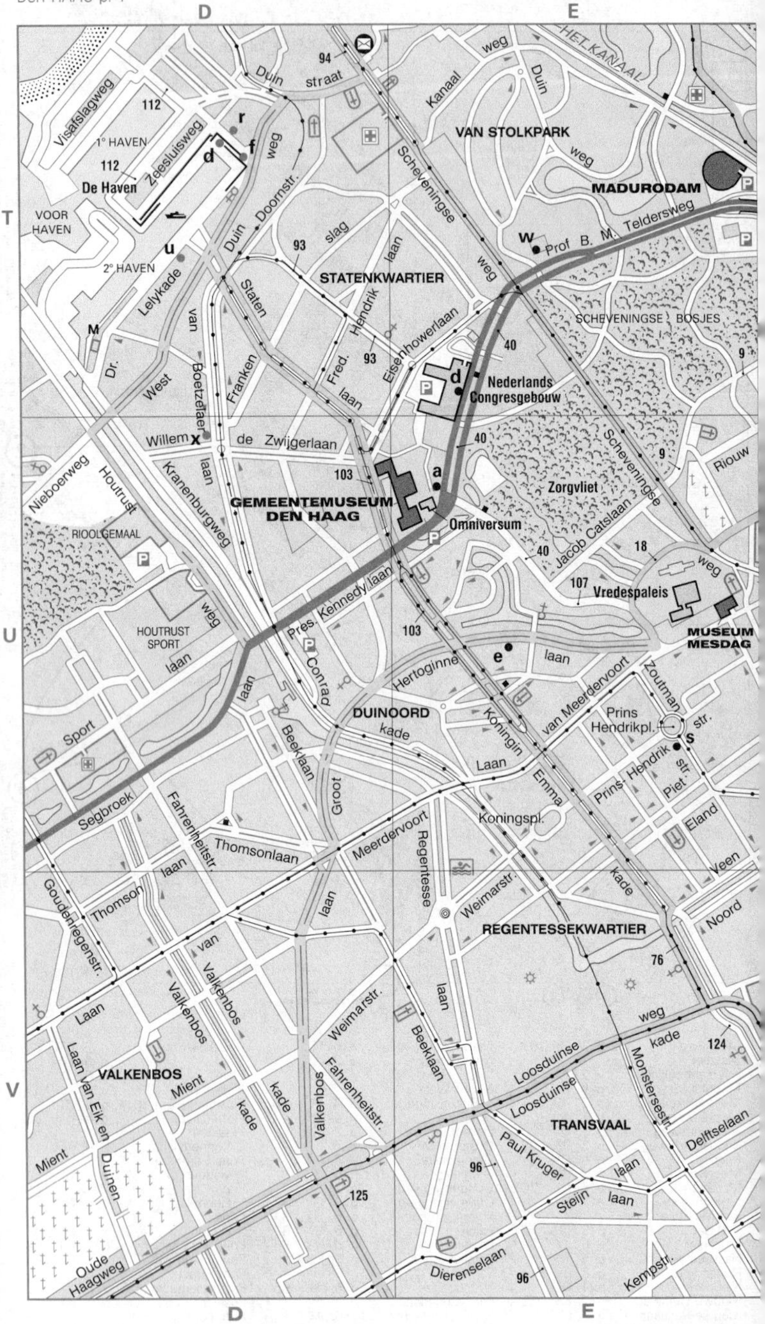
D
E
T
U
V
Visafslagweg
1° HAVEN
Zeesluisweg
De Haven
VOOR HAVEN
2° HAVEN
Lelykade
Duin straat
Duin weg
Doornstr.
Kanaal
weg
Duin
HET KANAAL
VAN STOLKPARK
MADURODAM
Scheveningse weg
Prof B. M. Teldersweg
SCHEVENINGSE BOSJES
STATENKWARTIER
slag
Fred. Hendrik laan
Eisenhowerlaan
Nederlands Congresgebouw
Staten
Franken
van Boetzelaer
Dr.
West
Willem de Zwijgerlaan
Kranenburgweg
laan
Nieboerweg
Houtrust
RIOOLGEMAAL
HOUTRUST SPORT
weg
laan
GEMEENTEMUSEUM DEN HAAG
Omniversum
Zorgvliet
Jacob Catslaan
Scheveningse
Riouw
Vredespaleis
MUSEUM MESDAG
Pres. Kennedy laan
Conrad
Hertoginne laan
DUINOORD
kade
Koningin Emma
van Meerdervoort
Zoutman str.
Prins Hendrikpl.
Prins Hendrik str.
Piet
Eland
Veen
Noord
Sport
laan
Beeklaan
Groot
Laan
Koningspl.
Segbroek
Fahrenheitstr.
Thomsonlaan
Meerdervoort
Regentesse laan
Weimarstr.
REGENTESSEKWARTIER
Goudenregenstr.
Thomson laan
Laan
van Valkenbos kade
Valkenbos
laan
Weimarstr.
Beeklaan
weg
kade
Loosduinse
Monstersestr.
Laan van Eik en Duinen
VALKENBOS
Mient
kade
Valkenbos
Fahrenheitstr.
TRANSVAAL
Delftselaan
Paul Kruger laan
Steijn laan
Mient
Oude Haagweg
Dierenselaan
Kempstr.
112
94
93
40
9
103
18
107
76
124
96
125
r
f
d
u
M
x
w
a
e
s

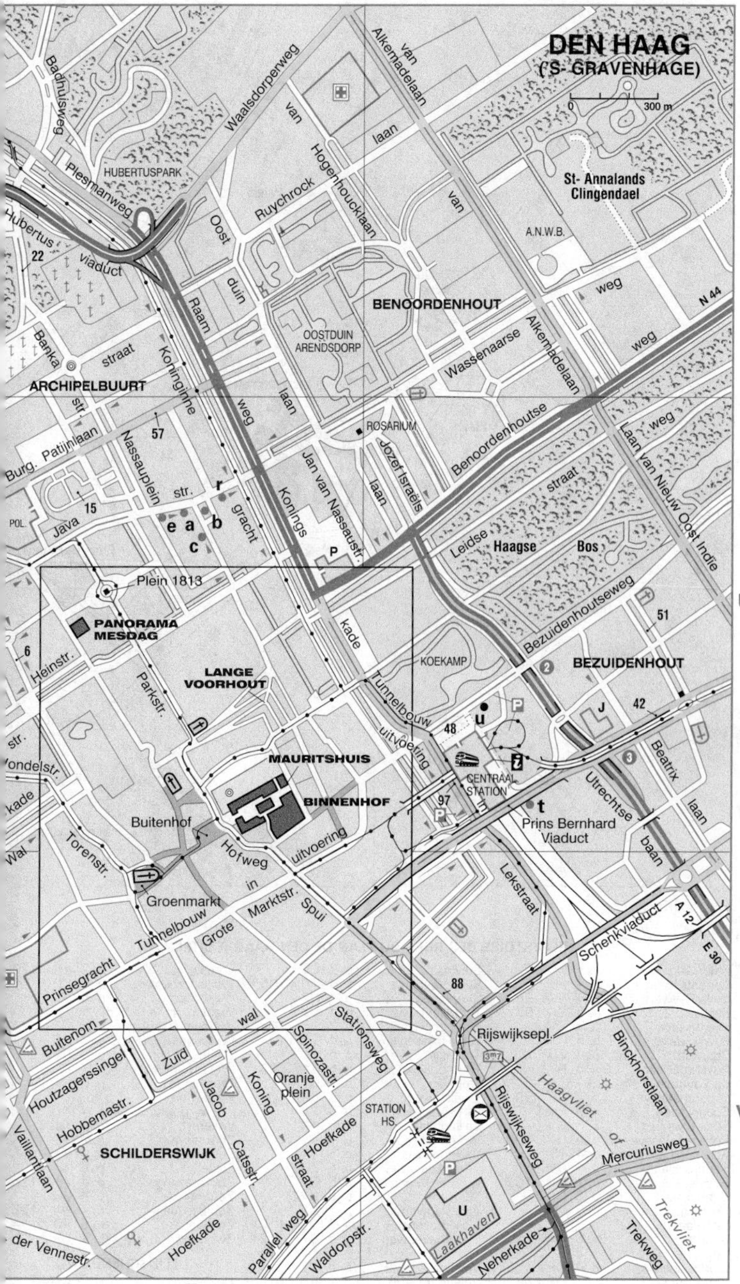
DEN HAAG
('S- GRAVENHAGE)
0
300 m
F
G
T
U
V
HUBERTUSPARK
BENOORDENHOUT
OOSTDUIN ARENDSDORP
ARCHIPELBUURT
RØSARIUM
St- Annalands Clingendael
A.N.W.B.
Haagse Bos
BEZUIDENHOUT
KOEKAMP
Plein 1813
PANORAMA MESDAG
LANGE VOORHOUT
MAURITSHUIS
BINNENHOF
Buitenhof
Groenmarkt
CENTRAAL STATION
Prins Bernhard Viaduct
SCHILDERSWIJK
STATION HS.
Rijswijksepl.
Schenkviaduct
Waalsdorperweg
Plesmanweg
Badhuisweg
Hubertus viaduct
Raamweg
Koninginnegracht
Oostduinlaan
Ruychrock
van Hogenhoucklaan
van Alkemadelaan
Wassenaarseweg
Benoordenhoutseweg
Leidsestraat
Laan van Nieuw Oost Indie
Bezuidenhoutseweg
Jan van Nassaustr.
Jozef Israëlslaan
Koningskade
Tunnelbouw uitvoering
Nassauplein
Burg. Patijnlaan
Javastr.
Bankastr.
Heinstr.
Parkstr.
Vondelstr.
Torenstr.
Hofweg
Spui
Grote Marktstr.
Prinsegracht
Buitenom
Zuidwal
Stationsweg
Spinozastr.
Oranje plein
Koning
Jacob Catsstr.
Hoefkade
Houtzagerssingel
Hobbemastr.
Vaillantlaan
der Vennestr.
Parallel weg
Waldorpstr.
Laakhaven
Neherkade
Rijswijkseweg
Binckhorstlaan
Haagvliet
Mercuriusweg
Trekvliet
Trekweg
Lekstraat
Utrechtsebaan
Beatrixlaan
A 12
E 30
N 44
POL.
22
57
15
6
51
42
48
97
88
J
U
e a b c r
u t

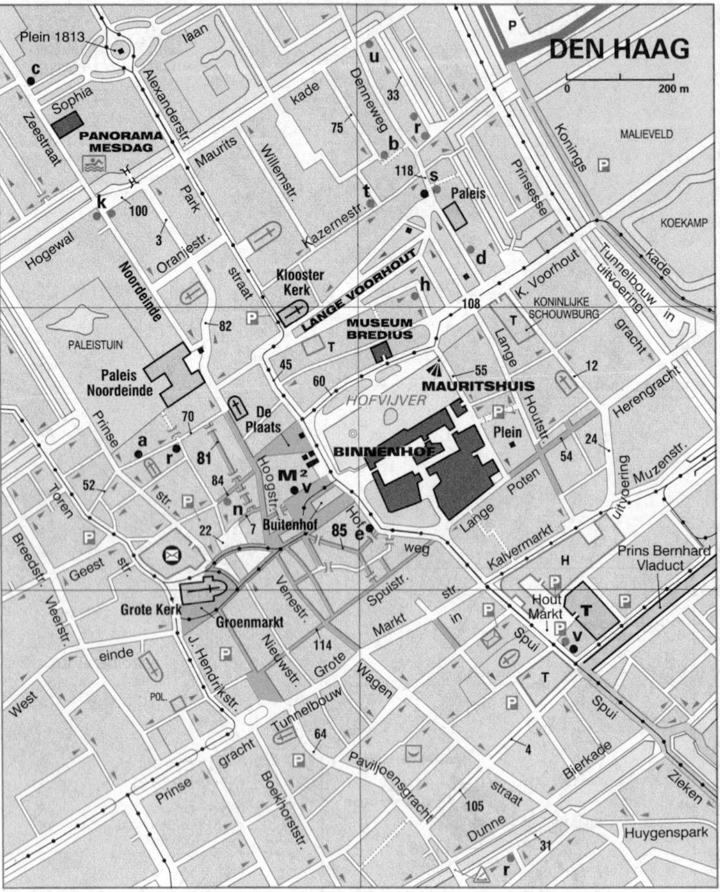

RÉPERTOIRE DES RUES DU PLAN DE DEN HAAG (SUITE)

Raamweg . . . . p. 5 **FTU**
Regentesselaan . . . . p. 4 **EUV**
de la Reyweg . . . . . p. 4 **EV** 96
Rijnstr. . . . . p. 5 **GU** 97
Rijswijksepl. . . . . . . p. 5 **GV**
Rijwijkseweg . . . . . . p. 5 **GV**
Riouwstr. . . . . p. 4 **EUF**
Ruychrocklaan . . . . . p. 5 **FGT**
de Savornin
Lohmanlaan . . . . . p. 2 **AR** 99
Schenkkade . . . . p. 3 **BCR**
Schenkviaduct . . . . . p. 5 **GV**
Scheveningseveer . . p. 6 **HX** 100
Scheveningseweg . . p. 4 **TEU**
Segbroeklaan . . . . . p. 4 **DU**
Soestdijksekade . . . . p. 2 **AR** 102
Sophialaan . . . . p. 6 **HX**
Spinozastr. . . . . p. 5 **FV**
Sportlaan . . . . p. 2 **AR**
Spuistr. . . . . p. 6 **JYZ**
Spui . . . . p. 6 **JZ**
Stadhouderslaan . . . p. 4 **DEU** 103
Statenlaan . . . . p. 7 **DT**
Stationsweg . . . . . . p. 5 **FGV**
Steijnlaan . . . . p. 4 **EV**
Stevinstr. . . . . p. 7 **ES**
Stille Veerkade . . . . p. 6 **JZ** 105
Strandweg . . . . p. 7 **DS**
Thomsonlaan . . . . . . p. 4 **DUV**
Thorbeckelaan . . . . . p. 2 **AR** 106
Tobias Asserlaan . . . p. 4 **EU** 107
Torenstr. . . . . p. 6 **HY**
Tournooiveld . . . . . . p. 6 **JXY** 108
Trekweg . . . . p. 5 **GV**
Troelstrakade . . . . . . p. 3 **BR** 109
Utrechtsebaan . . . . . p. 5 **GUV**
Vaillantlaan . . . . p. 5 **FV**
Valkenboskade . . . . . p. 4 **DV**
Valkenboslaan . . . . . p. 4 **DV**
Veenkade . . . . p. 4 **EUV**
van der Vennestr. . . p. 5 **FV**
Venestr. . . . . p. 6 **HYZ**
Visafslagweg . . . . . . p. 7 **DT**
Visserhavenstr . . . . . p. 7 **DS** 110
Visserhavenweg . . . p. 7 **DT** 112
Vlamingstr. . . . . p. 6 **HZ** 114
Vleerstr. . . . . p. 6 **HZ**
Volendamlaan . . . . . p. 2 **AR** 115
Vondelstr. . . . . p. 5 **FU**
Vos in Tuinstr. . . . . . p. 6 **JX** 118
Vreeswijkstr. . . . . . . p. 2 **AR** 120
Waalsdorperweg . . . p. 5 **FT**
Wagenstr. . . . . p. 6 **JZ**
Waldorpstr. . . . . p. 5 **FGV**
Wassenaarseweg . . . p. 5 **GT**
Wassenaarsestr. . . . p. 7 **DS** 121
Weimarstr. . . . . p. 4 **DEV**
West Duinweg . . . . . p. 7 **DT**
Westeinde . . . . p. 6 **HZ**
Willem de
Zwijgerlaan . . . . . p. 4 **DU**
Willemstr. . . . . p. 6 **HX**
Zeesluisweg . . . . . . p. 7 **DT**
Zeestr. . . . . p. 6 **HX**
Zieken . . . . p. 6 **JZ**
Zoutkeetsingel . . . . . p. 4 **EV** 124
Zoutmanstr. . . . . p. 4 **EU**
Zuidparklaan . . . . . . p. 4 **DV** 125
Zuidwal . . . . p. 5 **FV**
Zwolsestr. . . . . p. 7 **ES**

LEIDSCHENDAM

Heuvelweg . . . . p. 3 **CQ**
Koningin
Julianaweg . . . . . p. 3 **CQ** 49

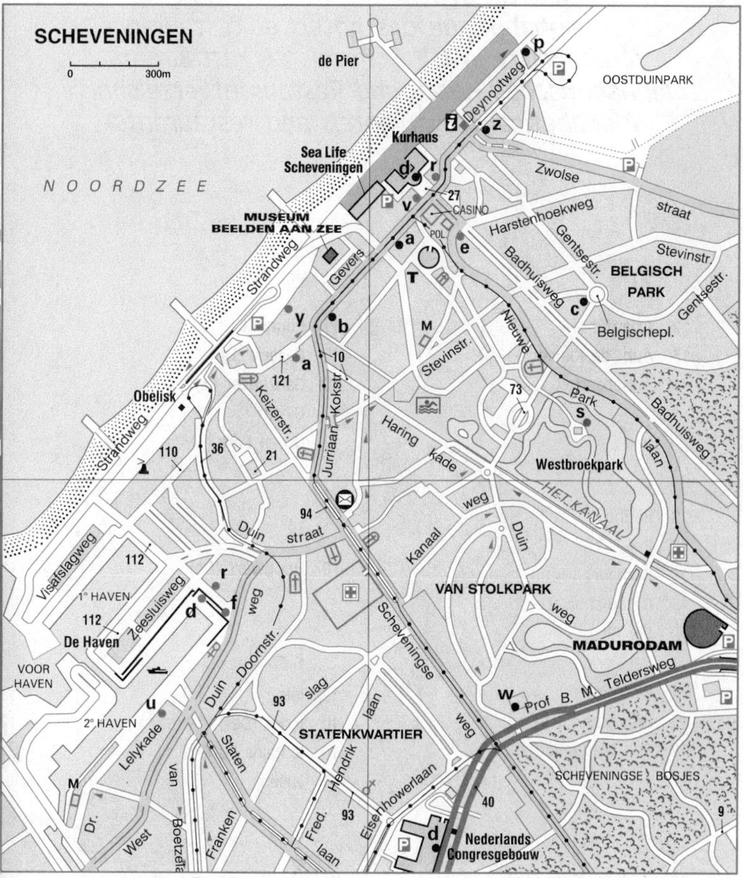

RÉPERTOIRE DES RUES DU PLAN DE DEN HAAG (FIN)

Noordsingel . . . . p. 3 **CQ**
Oude Trambaan . . . p. 3 **CQ** 79
Voorburgseweg . . . p. 3 **CQ** 117
Westvlietweg . . . . . . p. 3 **CR**

RIJSWIJK

Burg. Elsenlaan . . . . p. 3 **BR** 16
Delftweg . . . . p. 3 **BR**
Geestbrugweg . . . . . p. 3 **BR** 25
Gen. Spoorlaan . . . . p. 3 **BR**
Haagweg . . . . p. 3 **BR**

Jan Thijssenweg . . . . p. 3 **CR** 37
Lindelaan . . . . p. 3 **BR** 61
Prinses
Beatrixlaan . . . . p. 3 **BR**
Schaapweg . . . . p. 3 **BR**
Sir Winston
Churchilllaan . . . . . p. 3 **BR**

VOORBURG

Koningin
Julianalaan . . . . . . p. 3 **CR** 46

Laan van Nieuw
Oost Einde . . . . . . p. 3 **CR** 58
Mgr. van Steelaan . . p. 3 **CQR**
Oosteinde . . . . p. 3 **CR**
Parkweg . . . . p. 3 **CR**
Potgieterlaan . . . . . . p. 3 **CR** 90
Prins Bernhardlaan . p. 3 **CR** 91
Prinses
Mariannelaan . . . . p. 3 **CR** 95
Rodelaan . . . . p. 3 **CR**
Westeinde . . . . p. 3 **CR** 123

De taal die u ziet op de borden langs de wegen,
is de taal van de streek waarin u zich bevindt.
In deze gids zijn de plaatsen vermeld onder hun officiële naam :
Liège voor Luik, **Huy** voor Hoei.

Liste alphabétique des hôtels et restaurants
Alfabetische lijst van hotels en restaurants
Alphabetisches Hotel- und Restaurantverzeichnis
Alphabetical list of hotels and restaurants

A

12 Atlantic
13 Aub. de Kieviet
10 Aubergerie

B

12 Badhotel
12 Bali
13 Barbaars (De)
13 Barquichon (Le)
10 Bel Air
12 Bel Park
11 Bistro-mer
11 Bistroquet (Le)
12 Bon Mangeur (Le)

C

10 Carlton Ambassador
11 Carlton Beach
11 Chez Eliza
11 Chez Pierrette
12 China Delight
10 Corona
10 Crowne Plaza Promenade

D – E

10 Da Roberto
11 Djawa
10 Dorint
13 Duinoord
11 Europa

F – G

11 Fouquet
12 Galleria (La)
10 Ganzenest ('t)
12 Ginza
12 Green Park

H

10 Hoogwerf (De)

I – J

12 Ibis
10 Indes (Des)
10 It Rains Fishes
11 Julien

K

12 Kandinsky (H. Kurhaus)
11 Kurhaus

M

10 Mercure Central
12 Mero
11 Mouton (Le)
13 Mövenpick

N – O

10 Novotel
11 Ombrelles (Les)

P

10 Paleis
13 Papermoon
10 Parkhotel
10 Petit

R

12 Radèn Mas
11 Raffles (The)
12 Rederserf
11 Roma
11 Rousseau

S – T

11 Sapphire Tower
11 Saur
13 Savelberg
10 Sebel
12 Seinpost
11 Shirasagi
10 Sofitel
11 Trudot

V – W

13 Villa la Ruche
12 Villa Rozenrust
12 Westbroekpark

Quartiers du Centre - *plans p. 5 et 6 sauf indication spéciale :*

Des Indes, Lange Voorhout 54, ✉ 2514 EG, ℘ (0 70) 363 29 32, *Fax (0 70) 345 17 21*, « Demeure fin 19e s. » – 25 à 75. AE ⓞ E VISA JCB. rest
Repas ***Le Restaurant*** Lunch 55 - 75/113 – 38 – **71 ch** 295/540, 5 suites. JX s

Crowne Plaza Promenade, van Stolkweg 1, ✉ 2585 JL, ℘ (0 70) 352 51 61, *Fax (0 70) 354 10 46*, ≤, « Collection de peintures néerlandaises modernes », – 25 à 400. AE ⓞ E VISA JCB plan p. 4 ET w
Repas ***The Gallery*** carte 60 à 80 – ***Trattoria del'Arte*** (cuisine italienne, ouvert jusqu'à minuit) *(fermé sam. midi et dim. midi)* Lunch 43 - carte 70 à 86 – 38 – **91 ch** 435/455, 4 suites.

Dorint M, Johan de Wittlaan 42, ✉ 2517 JR, ℘ (0 70) 416 91 11, *Fax (0 70) 416 91 00*, – ch, – 25 à 2000. AE ⓞ E VISA JCB. rest plan p. 4 ET d
Repas (ouvert jusqu'à 23 h) carte env. 70 – 30 – **214 ch** 325/385, 2 suites.

Carlton Ambassador M, Sophialaan 2, ✉ 2514 JP, ℘ (0 70) 363 03 63, *Fax (0 70) 360 05 35*, « Aménagement de style hollandais ou anglais » – 25 à 150. AE ⓞ E VISA JCB. HX c
Repas ***Henricus*** 53/73 – 40 – **71 ch** 405/475, 8 suites – ½ P 308/361.

Sofitel, Koningin Julianaplein 35, ✉ 2595 AA, ℘ (0 70) 381 49 01, *Fax (0 70) 382 59 27* – 25 à 150. AE ⓞ E VISA JCB GU u
Repas Lunch 50 – 85 – 33 – **143 ch** 315/375.

Bel Air, Johan de Wittlaan 30, ✉ 2517 JR, ℘ (0 70) 352 53 54, *Fax (0 70) 352 53 53*, – ch, – 25 à 250. AE ⓞ E VISA JCB plan p. 4 EU a
Repas Lunch 35 – 65/75 – 28 – **350 ch** 265/280 – ½ P 328.

Mercure Central sans rest, Spui 180, ✉ 2511 BW, ℘ (0 70) 363 67 00, *Fax (0 70) 363 93 98* – 25 à 130. AE ⓞ E VISA JCB JZ v
25 – **156 ch** 210/225, 3 suites.

Corona, Buitenhof 42, ✉ 2513 AH, ℘ (0 70) 363 79 30, *Fax (0 70) 361 57 85*, – rest, – 30 à 100. AE ⓞ E VISA JCB HY v
Repas ***Brasserie Buitenhof*** Lunch 50 - 55/63 – 25 – **26 ch** 180/320 – ½ P 178/255.

Parkhotel sans rest, Molenstraat 53, ✉ 2513 BJ, ℘ (0 70) 362 43 71, *Fax (0 70) 361 45 25* – 25 à 100. AE ⓞ E VISA JCB HY a
114 ch 190/390.

Novotel, Hofweg 5, ✉ 2511 AA, ℘ (0 70) 364 88 46, *Fax (0 70) 356 28 89*, – rest, – 25 à 100. AE ⓞ E VISA JCB. rest HJY e
Repas (ouvert jusqu'à 23 h) carte 45 à 59 – 24 – **106 ch** 235.

Paleis sans rest, Molenstraat 26, ✉ 2513 BL, ℘ (0 70) 362 46 21, *Fax (0 70) 361 45 33*, – AE ⓞ E VISA JCB HY r
23 – **20 ch** 155/219.

Petit sans rest, Groot Hertoginnelaan 42, ✉ 2517 EH, ℘ (0 70) 346 55 00, *Fax (0 70) 346 32 57* – AE ⓞ E VISA JCB plan p. 4 EU e
20 ch 110/180.

Sebel sans rest, Zoutmanstraat 40, ✉ 2518 GR, ℘ (0 70) 345 92 00, *Fax (0 70) 345 58 55* – AE ⓞ E VISA JCB. plan p. 4 EU s
fermé Noël – **27 ch** 125/160.

De Hoogwerf, Zijdelaan 20, ✉ 2594 BV, ℘ (0 70) 347 55 14, *Fax (0 70) 381 95 96*, « Ferme du 17e s., jardin » – AE ⓞ E VISA JCB. plan p. 3 CQ a
fermé dim. et jours fériés sauf Noël – **Repas** Lunch 55 – carte 73 à 102.

Da Roberto, Noordeinde 196, ✉ 2514 GS, ℘ (0 70) 346 49 77, *Fax (0 70) 362 52 86*, Cuisine italienne – AE ⓞ E VISA HX k
fermé dim. – **Repas** Lunch 58 – carte 88 à 103.

Aubergerie, Nieuwe Schoolstraat 19, ✉ 2514 HT, ℘ (0 70) 364 80 70, *Fax (0 70) 360 73 38*, – AE ⓞ E VISA JX b
fermé dim. et lundi – **Repas** Lunch 48 – 63/98.

't Ganzenest (Visbeen), Groenewegje 115 (transfert prévu Delftweg 58 à Rijswijk), ✉ 2515 LP, ℘ (0 70) 414 06 42, *Fax (0 70) 414 07 05* – AE ⓞ E VISA. JZ r
fermé sam. midi, dim., lundi, Pâques, Pentecôte, fin juil.-début août et prem. sem. janv. – **Repas** 55/75, carte 80 à 100
Spéc. Paupiette de thon mariné et gambas poêlées. Aubergine marinée et chèvre frais, vinaigrette de tomates. Waterzooï d'agneau au ravioli de ses ris et truffes (mai-août).

It Rains Fishes, Noordeinde 123, ✉ 2514 GG, ℘ (0 70) 365 25 98, *Fax (0 70) 365 25 22*, Avec cuisine asiatique – AE ⓞ E VISA HX k
fermé sam. midi, dim. midi et lundi – **Repas** Lunch 50 – carte 80 à 122.

XX **Chez Eliza,** Hooikade 14, ✉ 2514 BH, ☎ (0 70) 346 26 03, *Fax (0 70) 346 26 03,* ☂, Ouvert jusqu'à 23 h, « Rustique » – AE ⓓ E VISA JCB JX r
fermé lundi et 26 déc.-4 janv. – **Repas** *Lunch 50* – 70.

XX **Le Bistroquet,** Lange Voorhout 98, ✉ 2514 EJ, ☎ (0 70) 360 11 70, *Fax (0 70) 360 55 30,* ☂ – ▤. AE ⓓ E VISA JCB JX d
fermé sam., dim., jours fériés et 24 déc.-2 janv. – **Repas** *Lunch 55* – 85.

XX **Rousseau,** Van Boetzelaerlaan 134, ✉ 2581 AX, ☎ (0 70) 355 47 43, ☂ – AE ⓓ E VISA plan p. 4 DU x
fermé sam. midi, dim. midi, lundi, 22 fév.-1er mars et du 2 au 16 août – **Repas** *Lunch 45* – 55/98.

XX **Julien,** Vos in Tuinstraat 2a, ✉ 2514 BX, ☎ (0 70) 365 86 02, *Fax (0 70) 365 31 47,* « Décor Art Nouveau » – AE ⓓ E VISA JX s
fermé dim. – **Repas** *Lunch 45* – 50/88.

XX **Roma,** Papestraat 22, ✉ 2513 AW, ☎ (0 70) 346 23 45, Cuisine italienne – AE ⓓ E VISA JCB. ✻ HY n
fermé mardi et du 1er au 22 août – **Repas** (dîner seult) carte 45 à 80.

XX **The Raffles,** Javastraat 63, ✉ 2585 AG, ☎ (0 70) 345 85 87, Cuisine indonésienne – ▤. AE ⓓ E VISA JCB FU r
fermé dim. et fin juil.-début août – **Repas** (dîner seult) 55/78.

XX **Le Mouton,** Kazernestraat 62, ✉ 2514 CV, ☎ (0 70) 364 32 63 – ▤. AE E VISA JCB. ✻ JX t
fermé dim., 3 prem. sem. août et 27 déc.-12 janv. – **Repas** *Lunch 45* – 59/69.

XX **Sapphire Tower** 25e étage, Jan van Riebeekstraat 571, ✉ 2595 TZ, ☎ (0 70) 383 67 67, *Fax (0 70) 347 50 54,* ✻ ville, Cuisine chinoise – |‡| ▤ P. AE E VISA. ✻ GU t
fermé sam. midi et dim. midi – **Repas** *Lunch 40* – 50/100.

XX **Shirasagi,** Spui 170, ✉ 2511 BW, ☎ (0 70) 346 47 00, *Fax (0 70) 346 26 01,* Cuisine japonaise avec Teppan-Yaki – ▤. AE ⓓ E VISA JCB. ✻ JZ v
fermé sam. midi, dim. midi, lundi midi et 31 déc.-2 janv. – **Repas** *Lunch 35* – 65/135.

X **Saur,** Lange Voorhout 47, ✉ 2514 EC, ☎ (0 70) 346 25 65, *Fax (0 70) 365 86 14,* ☂ – ▤. AE ⓓ E VISA JCB. ✻ JX h
fermé dim. et jours fériés – **Repas** *Lunch 50* – 60/70.

X **Trudot,** Mauritskade 95, ✉ 2514 HH, ☎ (0 70) 365 49 49, *Fax (0 70) 355 66 65* – ▤.
ⓞⓞ AE E VISA. ✻ JX u
fermé lundi – **Repas** (dîner seult jusqu'à 23 h) 45/75.

X **Les Ombrelles,** Hooistraat 4a, ✉ 2514 BM, ☎ (0 70) 365 87 89, *Fax (0 15) 364 01 21,* ☂, Produits de la mer, ouvert jusqu'à 23 h – P. AE ⓓ E VISA JX r
fermé 25, 26 et 31 déc. et 1er janv. – **Repas** *Lunch 44* – carte 54 à 83.

X **Fouquet,** Javastraat 31a, ✉ 2585 AC, ☎ (0 70) 360 62 73, *Fax (0 70) 386 55 92,* ☂
ⓞⓞ – AE ⓓ E VISA JCB FU a
fermé 25, 26 et 31 déc. et 1er janv. – **Repas** (dîner seult) 45.

X **Bistro-mer,** Javastraat 9, ✉ 2585 AB, ☎ (0 70) 360 73 89, *Fax (0 70) 360 73 89,* Produits de la mer, ouvert jusqu'à 23 h – AE ⓓ E VISA JCB. ✻ FU e
Repas 50.

X **Chez Pierrette,** Frederikstraat 56, ✉ 2514 LL, ☎ (0 70) 360 61 67, *Fax (0 70) 360 61 67,* Bistrot, ouvert jusqu'à minuit – ▤. AE ⓓ E VISA JCB FU c
fermé dim. et 27 déc.-10 janv. – **Repas** *Lunch 40* – carte 53 à 75.

X **Djawa,** Mallemolen 12a, ✉ 2585 XJ, ☎ (0 70) 363 57 63, *Fax (0 70) 362 30 80,* ☂, Cuisine indonésienne – ▤. AE ⓓ E VISA JCB FU b
Repas (dîner seult) carte 48 à 65.

à Scheveningen - *plan p. 7 - C 's-Gravenhage – Station balnéaire★★ – Casino* ES, *Kurhausweg 1, ✉ 2587 RT, ☎ (0 70) 306 77 77, Fax (0 70) 306 78 88.*
ℹ Gevers Deijnootweg 1134, ✉ 2586 BX, ☎ 0 900-340 35 05, Fax (0 70) 352 04 26

Kurhaus, Gevers Deijnootplein 30, ✉ 2586 CK, ☎ (0 70) 416 26 36, *Fax (0 70) 416 26 46,* ≤, ☂, « Ancienne salle de concert fin 19e s. », Fø – |‡| ✻ TV ☎ ♿ P – 🔏 35 à 480. AE ⓓ E VISA JCB ES d
Repas voir rest ***Kandinsky*** ci-après – ***Kurzaal*** (buffets) 45/68 – ☕ 45 – **247 ch** 400/560, 8 suites – ½ P 480.

Europa, Zwolsestraat 2, ✉ 2587 VJ, ☎ (0 70) 416 95 95, *Fax (0 70) 416 95 55,* ☂, Fø, ≘s, 🏊 – |‡| ✻ TV ☎ 🚗 – 🔏 25 à 460. AE ⓓ E VISA JCB. ✻ ES z
Repas (ouvert jusqu'à 23 h) *Lunch 38* – 60/70 – ☕ 30 – **173 ch** 300, 1 suite – ½ P 339/410.

Carlton Beach, Gevers Deijnootweg 201, ✉ 2586 HZ, ☎ (0 70) 354 14 14, *Fax (0 70) 352 00 20,* ≤, Fø, ≘s, 🏊 – |‡| ✻ TV ☎ P – 🔏 25 à 250. AE ⓓ E VISA JCB ES p
Repas (ouvert jusqu'à minuit) *Lunch 33* – carte env. 65 – ☕ 28 – **183 ch** 270/395 – ½ P 245/430.

Badhotel, Gevers Deijnootweg 15, ✉ 2586 BB, ✆ (0 70) 351 22 21, *Fax (0 70) 355 58 70* – ⎈ ⇔ TV ☎ P – 25 à 150. AE ⓓ E VISA JCB. ✂ rest DS b
Repas (dîner seult) 45/90 – ☐ 20 – **90 ch** 180/210 – ½ P 235/248.

Ibis, Gevers Deijnootweg 63, ✉ 2586 BJ, ✆ (0 70) 354 33 00, *Fax (0 70) 352 39 16* – ⎈ ⇔ TV ☎ P – 25 à 80. AE ⓓ E VISA ES a
Repas (dîner seult) carte env. 45 – ☐ 18 – **87 ch** 135/165.

Bel Park sans rest, Belgischeplein 38, ✉ 2587 AT, ✆ (0 70) 350 50 00, *Fax (0 70) 352 32 42* – TV ☎. AE ⓓ E VISA. ✂ ES c
12 ch ☐ 125/175.

Kandinsky - H. Kurhaus, Gevers Deijnootplein 30, ✉ 2586 CK, ✆ (0 70) 416 26 34, *Fax (0 70) 416 26 46*, ≤, – ▤ P. AE ⓓ E VISA JCB. ✂ ES d
fermé sam. midi et dim. – **Repas** (dîner seult en juil.-août) *Lunch 63* – 93/108.

Seinpost, Zeekant 60, ✉ 2586 AD, ✆ (0 70) 355 52 50, *Fax (0 70) 355 50 93*, ≤, Produits de la mer – ▤. AE ⓓ E VISA DS y
fermé sam. midi, dim. et jours fériés – **Repas** *Lunch 63* – carte env. 100.

Radèn Mas, Gevers Deijnootplein 125, ✉ 2586 CR, ✆ (0 70) 354 54 32, *Fax (0 70) 350 60 42*, Avec cuisine indonésienne – ▤. ✂ ES v
Repas *Lunch 30* – 50/95.

Rederserf, Schokkerweg 37, ✉ 2583 BH, ✆ (0 70) 350 50 23, *Fax (0 70) 350 84 54*, ≤, – ▤. AE ⓓ E VISA JCB. ✂ DT d
fermé 27 déc.-1er janv. – **Repas** *Lunch 60* – carte 80 à 112.

China Delight, Dr Lelykade 116, ✉ 2583 CN, ✆ (0 70) 355 54 50, *Fax (0 70) 354 66 52*, Cuisine chinoise – ⓓ E VISA JCB DT u
Repas *Lunch 25* – carte 50 à 83.

Ginza, Dr Lelykade 28b, ✉ 2583 CM, ✆ (0 70) 358 96 63, *Fax (0 70) 358 55 48*, Cuisine japonaise avec Teppan-Yaki, ouvert jusqu'à minuit – ▤. AE ⓓ E VISA JCB. ✂ DT f
Repas carte env. 60.

Bali avec ch, Badhuisweg 1, ✉ 2587 CA, ✆ (0 70) 350 24 34, *Fax (0 70) 354 03 63*, , Cuisine indonésienne – TV ☎ P. AE ⓓ E VISA. ✂ ES e
fermé 31 déc. – **Repas** (dîner seult) 53/70 – **18 ch** ☐ 125/160.

Mero, Schokkerweg 50, ✉ 2583 BJ, ✆ (0 70) 352 36 00, Produits de la mer – ▤. AE ⓓ E VISA JCB DT r
fermé sam. midi et dim. midi – **Repas** *Lunch 60* – carte 76 à 93.

Westbroekpark, Kapelweg 35, ✉ 2587 BK, ✆ (0 70) 354 60 72, *Fax (0 70) 354 85 60*, ≤, , « Parc, parterres de roses » – P. AE ⓓ E VISA. ✂ ES s
fermé lundi et 22 déc.-3 janv. – **Repas** 50.

Le Bon Mangeur, Wassenaarsestraat 119, ✉ 2586 AM, ✆ (0 70) 355 92 13 – AE ⓓ E VISA. ✂ DS a
fermé dim., lundi, 20 juil.-10 août et dern. sem. déc. – **Repas** (dîner seult) carte env. 70.

La Galleria, Gevers Deijnootplein 105, ✉ 2586 CP, ✆ (0 70) 352 11 56, *Fax (0 70) 350 19 99*, , Cuisine italienne, ouvert jusqu'à minuit – ▤. AE ⓓ E VISA JCB ES r
Repas carte 45 à 65.

à Kijkduin *O : 4 km - plan p. 2 - C 's-Gravenhage :*

Atlantic, Deltaplein 200, ✉ 2554 EJ, ✆ (0 70) 448 24 82, *Fax (0 70) 368 67 21*, ≤, , , – ⎈ ⇔ TV ☎ P – 25 à 300. AE ⓓ E VISA JCB AR e
Repas (buffet) *Lunch 40* – 48 – ☐ 33 – **118 ch** 230 – ½ P 303.

Environs

à Leidschendam *- plan p. 3 – 34 547 h.*

Green Park, Weigelia 22, ✉ 2262 AB, ✆ (0 70) 320 92 80, *Fax (0 70) 327 49 07*, ≤, – ⎈ ⇔ TV ☎ P – 25 à 250. AE ⓓ E VISA JCB CQ n
Repas *The Greenery* *Lunch 48* - carte 68 à 83 – **92 ch** ☐ 300/325, 3 suites – ½ P 148/205.

Villa Rozenrust, Veursestraatweg 104, ✉ 2265 CG, ✆ (0 70) 327 74 60, *Fax (0 70) 327 50 62*, , « Terrasse » – P. AE ⓓ E VISA CQ s
fermé dim., 25 et 31 déc. et 1er janv. – **Repas** *Lunch 60* – 98/120, carte env. 115
Spéc. Emincé de homard chaud, sauce aux pistaches. Fricassée de lapin aux escargots et grenouilles. Enveloppe de langoustines, St-Jacques et huîtres au Porto blanc.

à Voorburg - *plan p. 3* - *39 357 h.*

Mövenpick [M], Stationsplein 8, ✉ 2275 AZ, ℘ (0 70) 337 37 37, *Fax (0 70) 337 37 00*, – |‡| ⇔ ▤ [TV] ☎ ♿ – 🎤 25 à 160. AE ⓞ E VISA JCB CR u
Repas (buffets) *Lunch 30* – 40 – ☕ 20 – **125 ch** 220.

Savelberg 🐌 avec ch, Oosteinde 14, ✉ 2271 EH, ℘ (0 70) 387 20 81, *Fax (0 70) 387 77 15*, ⩽, « Maison du 17e s. avec terrasse sur parc public » – |‡| ⇔ [TV] ☎ P – 🎤 35. AE ⓞ E VISA JCB CR p
fermé 27 déc.-4 janv. – **Repas** *(fermé dim. et lundi)* *Lunch 62* – 85/95, carte env. 135 – ☕ 33 – **14 ch** 250 – ½ P 248
Spéc. Salade de homard Savelberg. Turbot grillé, sauce aux pommes de terre et à la truffe. Pigeon de Bresse à la sauge.

Villa la Ruche, Prinses Mariannelaan 71, ✉ 2275 BB, ℘ (0 70) 386 01 10, *Fax (0 70) 386 50 64* – ▤. AE ⓞ E VISA CR e
fermé dim., jours fériés et 24 déc.-8 janv. – **Repas** *Lunch 53* – carte 80 à 116.

De Barbaars, Kerkstraat 52, ✉ 2271 CT, ℘ (0 70) 386 29 00, *Fax (0 70) 386 29 00*, Ouvert jusqu'à 23 h, « Maisons classées du 19e s. » – ▤. AE ⓞ E VISA CR t
fermé 31 déc. – **Repas** 50/88.

Papermoon, Herenstraat 175, ✉ 2271 CE, ℘ (0 70) 387 31 61, *Fax (0 70) 386 80 36*, – ▤. VISA. ⚔ CR c
fermé lundi – **Repas** (dîner seult) 45/60. CR c

Le Barquichon, Kerkstraat 6, ✉ 2271 CS, ℘ (0 70) 387 11 81, – ▤. AE E VISA JCB CR v
fermé merc., 3 prem. sem. juil., Noël, 31 déc. et 1er janv. – **Repas** (dîner seult) carte env. 75.

à Wassenaar *NE : 11 km* – *26 195 h.*

Aub. de Kieviet 🐌, Stoeplaan 27, ✉ 2243 CX, ℘ (0 70) 511 92 32, *Fax (0 70) 511 09 69*, « Terrasse fleurie » – |‡| ▤ [TV] ☎ ♿ P – 🎤 25 à 90. AE ⓞ E VISA plan p. 3 CQ r
Repas *Lunch 50* – carte 84 à 110 – ☕ 33 – **23 ch** 185/385, 1 suite – ½ P 192/283.

Duinoord, Wassenaarseslag 26 (O : 3 km), ✉ 2242 PJ, ℘ (0 70) 511 93 32, *Fax (0 70) 511 22 10*, ⩽, « Dans les dunes » – [TV] ☎ P – 🎤 25. AE E VISA
Repas *(fermé lundi midi, 31 déc. et 1er janv.)* 55 – **20 ch** ☕ 90/168 – ½ P 108/125.

Wenn Sie eine Stadt in den ***Niederlanden*** *oder* ***Belgien*** *suchen, hilft Ihnen das alphabetische Ortsverzeichnis der* ***Michelin-Karten*** 408 *und* 409

HAARLEM [P] *Noord-Holland* 210 M 8, 211 M 8 et 908 E 4 – *147 437 h.*

Voir *Grand-Place★ (Grote Markt)* BY – *Grande église ou église St-Bavon★★ (Grote- of St. Bavokerk) : grille★ du chœur, grandes orgues★, tour-lanterne★* BCY – *Hôtel de Ville★ (Stadhuis)* BY **H** – *Halle aux viandes★ (Vleeshal)* BY.
Musées : *Frans Hals★★★* BZ – *Teylers★ : dessins★★* CY **M**3.

Env. *Champs de fleurs★★ par ③ : 7,5 km – Parc de Keukenhof★★ (fin mars à mi-mai), passerelle du moulin ⩽★★ par ③ : 13 km – Ecluses★ d'IJmuiden N : 16 km par ⑦.*

18 9 *à Velsen-Zuid par ⑦ : 10 km, Recreatieoord Spaarnwoude, Het Hoge Land 2, ✉ 1981 LT, ℘ (0 23) 538 27 08, Fax (0 23) 538 72 74.*

✈ *à Amsterdam-Schiphol SE : 14 km par ⑤ ℘ (0 20) 601 91 11.*

i *Stationsplein 1, ✉ 2011 LR, ℘ 0 900-616 16 00, Fax (0 23) 534 05 37.*

Amsterdam 24 ⑥ – Den Haag 59 ⑤ – Rotterdam 79 ⑤ – Utrecht 54 ⑤.

Plans pages suivantes

Carlton Square, Baan 7, ✉ 2012 DB, ℘ (0 23) 531 90 91, *Fax (0 23) 532 98 53*, – |‡| ⇔, ▤ ch, [TV] ☎ – 🎤 25 à 200. AE ⓞ E VISA JCB BZ d
Repas carte env. 60 – ☕ 30 – **106 ch** 185.

Lion d'Or, Kruisweg 34, ✉ 2011 LC, ℘ (0 23) 532 17 50, *Fax (0 23) 532 95 43* – |‡|, ▤ ch, [TV] ☎ – 🎤 25 à 100. AE ⓞ E VISA JCB. ⚔ BCX d
Repas *Lunch 40* – 50 – **36 ch** ☕ 185/275 – ½ P 155/177.

Haarlem Zuid, Toekanweg 2, ✉ 2035 LC, ℘ (0 23) 536 75 00, *Fax (0 23) 536 79 80*, Fō, ≘s – |‡| [TV] ☎ ♿ P – 🎤 25 à 500. AE ⓞ E VISA AV b
Repas (ouvert jusqu'à 23 h 30) *Lunch 28* – carte env. 50 – ☕ 29 – **286 ch** 105 – ½ P 171.

De Componist, Korte Veerstraat 1, ✉ 2011 CL, ℘ (0 23) 532 88 53, *Fax (0 23) 532 73 00*, « Décor style Art Nouveau » – ▤. AE ⓞ E VISA CZ c
fermé 31 déc. – **Repas** (dîner seult) 58/80.

HAARLEM

Amerikaweg	AV	3
Amsterdamse Vaart	AU	4
Anegang	BCY	
Bakenessergracht	CY	6
Barrevoetestr.	BY	7
Barteljorisstr.	BY	9
Binnenweg	AV	10
Bloemendaalseweg	ATU	12
Botermarkt	BYZ	13
Cesar Francklaan	AV	15
Cruquiusweg	AV	16
Damstr.	CY	18
Donkere Spaarne	CY	19
Duinlustweg	AU	21
Europaweg	AV	22
Fonteinlaan	AV	24
Frans Halsstr.	CX	25
Friese Varkenmarkt	CXY	27
Gasthuisvest	BZ	28
Ged. Voldersgracht	BY	30
Gierstr.	BZ	31
Groot Heiligland	BZ	33
Grote Houtstr.	BYZ	
Hagestr.	CZ	34
Hartenlustlaan	AT	36
Hoge Duin en Daalseweg	AT	37
Hoogstr.	CZ	39
Jacobstr.	BY	40
Julianapark	AT	42
Kamperlaan	AV	43
Keizerstr.	BY	45
Kennemerweg	AT	46
Klokhuispl.	CY	48
Koningstr.	BY	49
Kruisstr.	BY	
Lanckhorstlaan	AV	51
van Merlenlaan	AV	52
Nassaustr.	BY	54
Nieuwe Groenmarkt	BY	55
Ostadestr.	BX	57
Oude Groenmarkt	BCY	58
Paviljoenslaan	AV	60
Prins Bernhardlaan	AU	61
Raadhuisstr.	AV	63
Schoterweg	AU	64
Smedestr.	BY	66
Spaarndamseweg	CX	67
Spaarnwouderstr.	CZ	69
Spanjaardslaan	AV	70
Tuchthuisstr.	BZ	72
Verspronckweg	AU	73
Verwulft	BYZ	75
Westergracht	AU	76
Zandvoortselaan	AV	78
Zijlsingel	BY	79
Zijlstr.	BY	
Zijlweg	AU	81
Zomerzorgerlaan	AT	82
Zuiderhoutlaan	AV	84

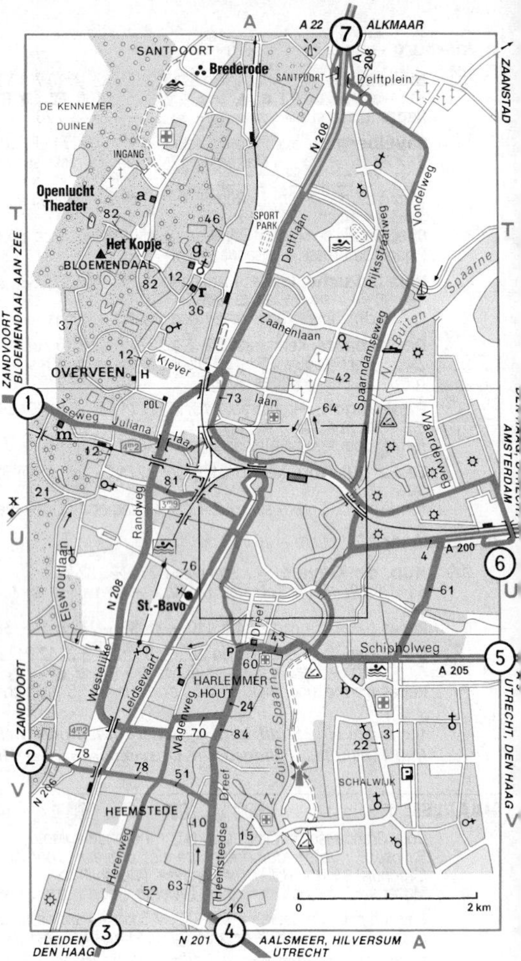

XX **Peter Cuyper,** Kleine Houtstraat 70, ✉ 2011 DR, ✆ (0 23) 532 08 85, *Fax (0 23) 534 33 85*, 🍽, « Demeure du 17ᵉ s. » – AE ① E VISA — BZ s
fermé dim., lundi, 2 dern. sem. juil. et fin déc.-début janv. – **Repas** 55.

XX **Water en Vuur,** Gravinnesteeg 9, ✉ 2011 DG, ✆ (0 23) 531 05 07, *Fax (0 23) 534 35 27* – AE E VISA — BCZ n
fermé du 9 au 16 août, 28 déc.-4 janv. et dim. – **Repas** *Lunch 50* – 53/85.

XX **de Eetkamer van Haarlem,** Lange Veerstraat 45, ✉ 2011 DA, ✆ (0 23) 531 22 61, 🍽 – AE ① E VISA — CY h
fermé mardi – **Repas** (dîner seult jusqu'à 23 h) carte env. 60.

X **Wisma Hilda,** Wagenweg 214, ✉ 2012 NM, ✆ (0 23) 531 28 71, *Fax (0 23) 532 86 28*, 🍽, Cuisine indonésienne – ▤. E VISA — AV f
fermé lundi – **Repas** (dîner seult) carte env. 50.

X **Napoli,** Houtplein 1, ✉ 2012 DD, ✆ (0 23) 532 44 19, *Fax (0 23) 532 02 38*, 🍽, Cuisine italienne, ouvert jusqu'à 23 h – AE ① E VISA — BZ e
fermé 24 et 31 déc. – **Repas** 53/105.

X **Haarlem aan Zee,** Oude Groenmarkt 10, ✉ 2011 HL, ✆ (0 23) 531 48 84, *Fax (0 23) 573 03 36*, 🍽, Produits de la mer – AE ① E VISA — BCY r
fermé dim. midi et 31 déc. – **Repas** *Lunch 45* – 88.

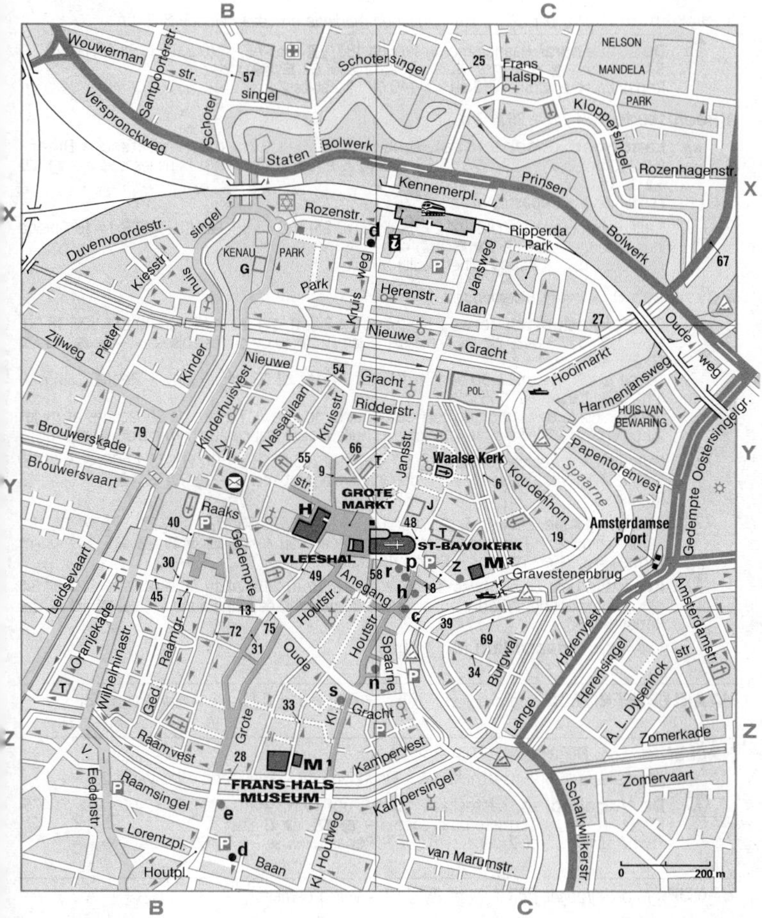

X **Herberg De Waag,** Damstraat 29, ✉ 2011 HA, ☎ (0 23) 531 16 40, *Fax (0 23) 534 33 56*, 🏠, « Poids public du 16e s. » CY z
fermé merc., fin août-début sept., 5, 24, 25 et 31 déc. et 1er janv. – **Repas** (dîner seult) 56/83.

X **De Keuken,** Lange Veerstraat 4, ✉ 2011 DB, ☎ (0 23) 534 53 43, *Fax (0 23) 532 94 80* – AE ⓓ E VISA JCB CY p
fermé 27 déc.-7 janv. – **Repas** (dîner seult) 50.

à Bloemendaal *NO : 4 km – 16 845 h.*

XX **Chapeau !,** Hartenlustlaan 2, ✉ 2061 HB, ☎ (0 23) 525 29 25, *Fax (0 23) 525 53 19*, 🏠 – Ⓟ. AE ⓓ E VISA JCB AT r
fermé dim., lundi, 2 prem. sem. août et 1 sem. fin déc. – **Repas** Lunch 55 – 63.

X **Terra Cotta,** Kerkplein 16a, ✉ 2061 JD, ☎ (0 23) 527 79 11, *Fax (0 23) 525 13 32*, 🏠 – ▤. AE E VISA JCB. ✂ AT g
fermé mardi et merc. – **Repas** 55/75.

X **Le Gourmand,** Brederodelaan 80, ✉ 2061 JS, ☎ (0 23) 525 11 07, *Fax (0 23) 526 05 09*, 🏠 – E VISA AT a
fermé lundi et mardi – **Repas** (dîner seult) 55.

à Haarlemmerliede *par ⑥ : 5 km* 🄲 *Haarlemmerliede en Spaarnwoude 5 230 h :*

De Zoete Inval, Haarlemmerstraatweg 183, ✉ 2065 AE, ✆ (0 23) 533 91 19, *Fax (0 23) 540 01 85* – |‡| ▤ 📺 ☎ 🅟 – 🎤 25 à 250. AE E VISA. ✂
Repas carte env. 50 – **55 ch** ☕ 140/160, 2 suites.

à Heemstede *S : 4 km – 26 277 h.*

Landgoed Groenendaal, Groenendaal 3 (1,5 km par Heemsteedse Dreef), ✉ 2104 WP, ✆ (0 23) 528 15 55, *Fax (0 23) 529 18 41,* ☂, « Dans les bois » – 🅟. AE ⓓ E VISA. ✂
fermé lundi – **Repas** *Lunch 43* – 45/63.

Sari, Valkenburgerlaan 48, ✉ 2103 AP, ✆ (0 23) 528 45 36, *Fax (0 23) 528 14 16,* Cuisine indonésienne – ▤. AE ⓓ E VISA. ✂
fermé 31 déc. – **Repas** (dîner seult) 50.

à Overveen *O : 4 km* 🄲 *Bloemendaal 16 845 h :*

De Bokkedoorns, Zeeweg 53 (par ① : 2 km), ✉ 2051 EB, ✆ (0 23) 526 36 00, *Fax (0 23) 527 31 43,* ☂, « Terrasse, ≤ lac au milieu de dunes boisées » – ▤ 🅟. AE ⓓ E VISA. ✂
fermé lundi, sam. midi, 30 avril midi, 5 et 24 déc. et 28 déc.-3 janv. – **Repas** *Lunch 80* – 110/155, carte env. 155
Spéc. Roulade de jambon de cerf au homard (nov.-fév.). Tartare de St-Jacques et mulet au poivre noir. Filet d'agneau poché à l'huile d'olive, sauce au thym citron (avril-sept.).

Pyramides, Zeeweg 80 (par ① : 7 km), ✉ 2051 EC, ✆ (0 23) 573 17 00, *Fax (0 23) 573 18 40,* Avec brasserie, « ≤ dominant plage et mer » – 🅟. AE E VISA
Repas 90.

Amazing Asia, Zeeweg 3, ✉ 2051 EB, ✆ (0 23) 525 60 57, *Fax (0 23) 525 34 32,* ☂, Cuisine chinoise, « Terrasse sur jardin avec pièce d'eau » – 🅟. AE ⓓ E VISA. ✂ AU m
fermé 24 déc. et 1er janv. – **Repas** 45/125.

Kraantje Lek, Duinlustweg 22, ✉ 2051 AB, ✆ (0 23) 524 12 66, *Fax (0 23) 524 82 54,* ☂, Avec crêperie, « Petite auberge historique adossée à une dune » – 🅟. AE ⓓ E VISA
Repas 63/83. AU x

Voir aussi : **Spaarndam** *NE : 11 km*

HAARLEMMERLIEDE *Noord-Holland* 210 N 8, 211 N 8 et 908 F 4 – *voir à Haarlem.*

HAELEN *Limburg* 211 U 15 et 908 I 8 – *9 846 h.*
Amsterdam 176 – Maastricht 54 – Eindhoven 48 – Roermond 10 – Venlo 23.

De Vogelmolen, Kasteellaan 15, ✉ 6081 AN, ✆ (0 475) 59 42 00, *Fax (0 475) 59 52 00,* ☂, « Terrasse ombragée » – 🅟. AE ⓓ E VISA
fermé sam. midi et 2 dern. sem. juil. – **Repas** *Lunch 58* – 67/100.

HANDEL *Noord-Brabant* 211 T 13 et 908 I 7 – *voir à Gemert.*

HARDENBERG *Overijssel* 210 Y 7 et 908 K 4 – *34 835 h.*
🅸 *Badhuisweg 2, ✉ 7772 XA, ✆ (0 523) 26 20 00, Fax (0 523) 26 65 95.*
Amsterdam 149 – Zwolle 39 – Assen 59 – Enschede 58.

à Diffelen *SO : 7 km* 🄲 *Hardenberg :*

De Gloepe, Rheezerweg 84a, ✉ 7795 DA, ✆ (0 523) 25 12 31, ☂, « Ancienne ferme typique » – 🅟. E VISA JCB
fermé lundi, mardi et 2 prem. sem. fév. – **Repas** carte env. 65.

à Heemse *O : 1 km* 🄲 *Hardenberg :*

Herberg De Rustenbergh, Hessenweg 7, ✉ 7771 CH, ✆ (0 523) 26 15 04, *Fax (0 523) 26 74 73,* ☂ – |‡| 📺 ☎ 🅟 – 🎤 25 à 150. AE ⓓ E VISA JCB. ✂ ch
fermé 28 déc.-2 janv. – **Repas** voir rest ***De Bokkepruik*** ci-après – ***Brasserie*** *(fermé dim.)* 48/65 – **23 ch** ☕ 115/160 – ½ P 118/160.

De Bokkepruik (Istha) - H. Herbergh De Rustenbergh, Hessenweg 7, ✉ 7771 CH, ✆ (0 523) 26 15 04, *Fax (0 523) 26 74 73,* ☂, « Jardin fleuri » – 🅟. AE ⓓ E VISA JCB. ✂
fermé dim., lundi et 28 déc.-2 janv. – **Repas** (dîner seult) 65/110, carte env. 110
Spéc. St-Jacques mi-cuites à la fondue de poireaux. Chevreuil régional maison (janv.-15 mars et mai-15 sept.). Saumon écossais de notre fumoir.

HARDERWIJK *Gelderland* 210 S 8, 211 S 8 et 908 H 4 – *37 975 h.*

Voir *Dolfinarium*★.

Exc. *Polders de l'Est et Sud Flevoland*★ *(Oostelijk en Zuidelijk Flevoland).*

O : à Zeewolde, Golflaan 1, 3896 LL, (0 36) 522 20 73, Fax (0 36) 522 41 00 et Pluvierenweg 7, 3898 LL, (0 320) 28 81 16, Fax (0 320) 28 80 09.

Havendam 58, 3841 AA, (0 341) 42 66 66, Fax (0 341) 42 77 13.

Amsterdam 72 – Arnhem 71 – Apeldoorn 32 – Utrecht 54 – Zwolle 42.

Baars, Smeepoortstraat 52, 3841 EJ, (0 341) 41 20 07, *Fax (0 341) 41 87 22,* – – 25 à 40. AE E VISA
Repas *(fermé dim. d'oct. à avril)* 53 – **43 ch** 155/180 – ½ P 108/160.

Klomp, Markt 8, 3841 CE, (0 341) 41 30 32, *Fax (0 341) 41 32 30,* – . AE E VISA
Repas ***Marktzicht*** (Taverne-rest) 46/52 – 10 – **26 ch** 89/144 – ½ P 76/100.

Olivio, Vischmarkt 57a, 3841 BE, (0 341) 41 52 90, *Fax (0 341) 43 35 10,* – AE E VISA
fermé lundi, 21 juil.-8 août et 27 déc.-10 janv. – **Repas** Lunch 60 – 73

't Nonnetje, Vischmarkt 38, 3841 BG, (0 341) 41 58 48, *Fax (0 341) 42 25 78,* – AE E VISA JCB
fermé mardi, 2 prem. sem. fév., 2 prem. sem. oct. et 31 déc. – **Repas** (dîner seult) carte 63 à 87.

Zeezicht, Strandboulevard West 2, 3841 CS, (0 341) 41 20 58, *Fax (0 341) 42 14 90,* – AE E VISA
Repas carte env. 45.

HARDINXVELD-GIESSENDAM *Zuid-Holland* 211 N 12 et 908 F 6 – *17 562 h.*

Amsterdam 78 – Den Haag 58 – Arnhem 87 – Breda 45 – Rotterdam 32.

Kampanje, Troelstrastraat 5, 3371 VJ, (0 184) 61 26 13, *Fax (0 184) 61 19 53,* , – – 25 à 250. AE E VISA
fermé lundi en juil.-août, sam. midi et dim. – **Repas** Lunch 58 – 45/100.

HAREN *Groningen* 210 Y 3 et 908 K 2 – *18 670 h.*

à Glimmen S : 2 km, Pollselaan 5, 9756 CJ, (0 50) 406 20 04, Fax (0 50) 406 19 22.

Amsterdam 207 – Groningen 8 – Zwolle 99.

Postiljon, Emmalaan 33 (SO : 1 km sur A 28), 9752 KS, (0 50) 534 70 41, *Fax (0 50) 534 01 75,* – – 25 à 450. AE E VISA
Repas (buffets) – 20 – **97 ch** 135/185 – ½ P 100/125.

Rôtiss. de Rietschans, Meerweg 221 (O : 2 km), 9752 XC, (0 50) 309 13 65, *Fax (0 50) 309 39 34,* , , « Terrasse au bord du lac », – . AE E VISA
fermé sam. midi, dim., lundi et 24 déc.-11 janv. – **Repas** 60/75.

à Glimmen *S : 2 km* Haren :

Le Grillon, Rijksstraatweg 10, 9756 AE, (0 50) 406 13 92, *Fax (0 50) 406 31 69,* , « Terrasse » – . AE E VISA JCB
fermé du 7 au 22 août, du 8 au 22 janv., sam. midi, dim. et jours fériés sauf Noël – **Repas** Lunch 45 – carte 66 à 92.

HARICH *Fryslân* 210 S 5 – *voir à Balk.*

HARLINGEN *Fryslân* 210 R 3 et 908 H 2 – *15 274 h.*

Voir *Noorderhaven★ (bassin portuaire).*

vers Terschelling : Rederij Doeksen, Willem Barentszkade 21 à West-Terschelling (0 562) 44 21 41, Fax (0 562) 44 32 41. Durée de la traversée : 1 h 45. Prix AR : 42,00 Fl, voiture : 22,00 Fl par 0,50 m de longueur. Il existe aussi un service rapide (pour passagers uniquement). Durée de la traversée : 50 min.

vers Vlieland : Rederij Doeksen, Willem Barentszkade 21 à West-Terschelling (0 562) 44 21 41, Fax (0 562) 44 32 41. Durée de la traversée : 1 h 45. Prix AR : 37,50 Fl, bicyclette : 17,45 Fl. Il existe aussi un service rapide. Durée de la traversée : 45 min.

Amsterdam 113 – Leeuwarden 28.

Zeezicht, Zuiderhaven 1, ✉ 8861 CJ, (0 517) 41 25 36, *Fax (0 517) 41 90 01,* – TV ☎ P – 50. AE ① E VISA
fermé déc. – **Repas** carte 48 à 98 – **24 ch** 128/173 – ½ P 155/190.

Anna Casparii, Noorderhaven 69, ✉ 8861 AL, (0 517) 41 20 65, *Fax (0 517) 41 45 40,* – TV ☎ P – 40. AE ① E VISA JCB
fermé 24 déc.-5 janv. – **Repas** carte 45 à 59 – **17 ch** 105/130 – ½ P 145.

De Gastronoom, Voorstraat 38, ✉ 8861 BM, (0 517) 41 21 72, *Fax (0 517) 41 39 26,* , Taverne-rest – AE ① E VISA JCB
fermé lundi soir d'oct. à avril – **Repas** Lunch 53 – carte 56 à 75.

HARMELEN *Utrecht* 211 O 10 et 908 F 5 – *8 045 h.*

à Vleuten N : 7 km, Parkweg 5, ✉ 3451 RH, (0 30) 677 28 60, Fax (0 30) 677 39 03.

Amsterdam 44 – Utrecht 11 – Den Haag 54 – Rotterdam 49.

Kloosterhoeve, Kloosterweg 2, ✉ 3481 XC, (0 348) 44 40 40, *Fax (0 348) 44 42 35,* , « Ancienne ferme du 18e s. » – P – 25 à 150. AE ① E VISA JCB
fermé 31 déc. et 1er janv. – **Repas** Lunch 80 – 110/118.

HATTEM *Gelderland* 210 V 8 et 908 J 4 – *11 689 h.*

Veenwal 11, ✉ 8051 AS, (0 38) 444 19 09.

Amsterdam 116 – Assen 83 – Enschede 80 – Zwolle 7.

Herberg Molecaten avec ch, Molecaten 7, ✉ 8051 PN, (0 38) 444 69 59, *Fax (0 38) 444 68 49,* , « Auberge du 19e s. avec moulin à eau, dans les bois » – TV ☎ P. AE ① E VISA JCB.
fermé 31 déc.-23 janv. – **Repas** Lunch 53 – 60/80 – **6 ch** 125/165 – ½ P 110/145.

Mistelle, Kerkstraat 2, ✉ 8051 GL, (0 38) 444 88 20, *Fax (0 38) 444 88 26,* – AE ① E VISA JCB
fermé dim., lundi et 2 prem. sem. vacances bâtiment – **Repas** Lunch 50 – carte 70 à 85.

à Hattemerbroek *O : 4 km* C *Oldebroek 21 142 h :*

Host. Vogelesangh, Hanesteenseweg 50, ✉ 8094 PM, (0 38) 376 16 14, *Fax (0 38) 376 25 04,* , « Pavillon dans sapinière » – P. AE ① E VISA JCB
Repas Lunch 45 – carte 65 à 85.

HATTEMERBROEK *Gelderland* – *voir à Hattem.*

HAUTE VELUWE (Parc National de la) – *voir Hoge Veluwe.*

HAZERSWOUDE-RIJNDIJK *Zuid-Holland* C *Rijnwoude 19 487 h.* 211 M 10 et 908 E 5.

Amsterdam 48 – Den Haag 25 – Rotterdam 22 – Utrecht 47.

Groenendijk, Rijndijk 96 (sur N 11), ✉ 2394 AJ, (0 71) 341 90 06, *Fax (0 71) 341 38 02,* – TV ☎ P – 25 à 150. AE ① E VISA JCB
Repas *(fermé 25 déc.)* Lunch 30 – carte 45 à 60 – **49 ch** 110/145 – ½ P 97/130.

HEELSUM *Gelderland* C *Renkum 32 278 h.* 211 T 11 et 908 I 6.

Amsterdam 90 – Arnhem 13 – Utrecht 52.

Klein Zwitserland , Klein Zwitserlandlaan 5, ✉ 6866 DS, (0 317) 31 91 04, *Fax (0 317) 31 39 43,* – TV ☎ P – 25 à 200. AE ① E VISA. rest
Repas voir rest ***De Kromme Dissel*** ci-après – ***De Kriekel*** 45/63 – 40 – **71 ch** 240/340 – ½ P 155/195.

De Kromme Dissel - H. Klein Zwitserland, Klein Zwitserlandlaan 5, ✉ 6866 DS, (0 317) 31 31 18, *Fax (0 317) 31 39 43,* , « Ancienne ferme saxonne, intérieur rustique » – P. AE ① E VISA JCB.
fermé sam. midi, dim. et lundi – **Repas** Lunch 75 – 98/148, carte 118 à 175
Spéc. Crémeuse de fenouil avec sandre et truffes (mi-nov.-mars). Pigeon fermier en salade d'épinards sauvages et d'artichauts. Waterzooï de pintade à notre façon.

HEEMSE *Overijssel* 210 Y 7 et 908 K 4 – *voir à Hardenberg.*

HEEMSKERK *Noord-Holland* 210 N 7 et 908 F 4 – *35 007 h.*

18 Communicatieweg 18, ✉ 1967 PR, ℘ (0 251) 25 00 88, Fax (0 251) 24 16 27.
Amsterdam 30 – Alkmaar 18 – Haarlem 18.

XX **De Vergulde Wagen,** Rijksstraatweg 161 (N : 1,5 km, direction Castricum), ✉ 1969 LE, ℘ (0 251) 23 24 17, *Fax (0 251) 25 35 94,* – AE ⓓ E VISA.
fermé dim. et fin mi-juin-début juil. – **Repas** 60.

HEEMSTEDE *Noord-Holland* 210 M 8, 211 M 8 et 908 E 4 – *voir à Haarlem.*

HEERENVEEN *Fryslân* 210 U 5 et 908 I 3 – *39 491 h.*

9 Heidemeer 2, ✉ 8445 SB, ℘ (0 513) 63 65 19.
Van Kleffenslaan 6, ✉ 8442 CW, ℘ (0 513) 62 55 55, Fax (0 513) 65 06 09.
Amsterdam 129 – Leeuwarden 30 – Groningen 58 – Zwolle 62.

De Heide, Golflaan 1 (S : 3 km), ✉ 8445 SR, ℘ (0 513) 63 02 00, *Fax (0 513) 63 02 01,* – 25 à 200. AE E VISA
Repas *Lunch 23* – 45/53 – **41 ch** 140/235 – ½ P 123.

Postiljon, Schans 65 (N : 2 km sur A 7), ✉ 8441 AC, ℘ (0 513) 61 86 18, *Fax (0 513) 62 91 00* – – 25 à 300. AE ⓓ E VISA
Repas (buffets) – 20 – **55 ch** 120/160 – ½ P 100/125.

XX **Sir Sèbastian,** Herenwal 186, ✉ 8441 BG, ℘ (0 513) 65 04 08, *Fax (0 513) 65 05 62,* – AE ⓓ E VISA JCB
fermé lundi et 2 prem. sem. vacances bâtiment – **Repas** (dîner seult) 58/78.

à Katlijk *E : 8 km* C *Heerenveen :*

XX **De Grovestins,** W.A. Nyenhuisweg 7, ✉ 8455 JS, ℘ (0 513) 54 19 93, *Fax (0 513) 54 18 84,* « Ancienne ferme » – P. AE ⓓ E VISA.
fermé lundi, 31 déc. et 1er janv. – **Repas** 75/105.

à Oranjewoud *S : 4 km* C *Heerenveen :*

Tjaarda M, Koningin Julianaweg 98, ✉ 8453 WH, ℘ (0 513) 63 62 51, *Fax (0 513) 63 12 44,* « Dans les bois », – 25 à 450. AE ⓓ E VISA
Repas (dîner seult) carte 70 à 85 – 23 – **70 ch** 175/250 – ½ P 120/164.

HEERHUGOWAARD *Noord-Holland* 210 O 6 et 908 F 3 – *voir à Alkmaar.*

HEERLEN *Limburg* 211 U 17 et 908 I 9 – *96 143 h.*

9 (3 parcours) à Brunssum N : 7 km, Rimburgerweg 50, ✉ 6445 PA, ℘ (0 45) 527 09 68, Fax (0 45) 525 12 80 - 18 à Voerendaal SO : 5 km, Hoensweg 17, ✉ 6367 GN, ℘ (0 45) 575 44 88, Fax (0 45) 575 09 00.
Honigmanstraat 100, ✉ 6411 LM, ℘ (0 45) 571 62 00, Fax (0 45) 571 83 83.
Amsterdam 214 – Maastricht 25 – Roermond 47 – Aachen 18.

Grand H., Groene Boord 23, ✉ 6411 GE, ℘ (0 45) 571 38 46, *Fax (0 45) 574 10 99,* – rest, – 25 à 180. AE ⓓ E VISA JCB. rest
Repas *Lunch 35* – carte 63 à 87 – **106 ch** 175/240, 10 suites – ½ P 210/250.

Motel Heerlen, Terworm 10 (O : 3 km sur ring N 281), ✉ 6411 RV, ℘ (0 45) 571 94 50, *Fax (0 45) 571 51 96,* – rest, – 25 à 500. AE ⓓ E VISA. ch
Repas (ouvert jusqu'à minuit) carte env. 50 – 13 – **147 ch** 100/120.

de la Station, Stationstraat 16, ✉ 6411 NH, ℘ (0 45) 571 90 63, *Fax (0 45) 571 18 82,* – – 60. AE ⓓ E VISA.
Repas 45/75 – **40 ch** 123/190 – ½ P 148/163.

Bastion, In de Cramer 199 (sur N 281 sortie Heerlen-Noord), ✉ 6412 PM, ℘ (0 45) 575 45 40, *Fax (0 45) 575 45 44,* – P. AE ⓓ E VISA.
Repas (grillades, ouvert jusqu'à 23 h) 45 – 15 – **40 ch** 100.

XX **De Boterbloem,** Laanderstraat 27, ✉ 6411 VA, ℘ (0 45) 571 42 41, *Fax (0 45) 574 37 73,* – P. AE ⓓ E VISA.
fermé du 13 au 23 fév., 2 sem. en août et dim. – **Repas** 58/85.

XX **Geleenhof,** Valkenburgerweg 54, ✉ 6419 AV, ℘ (0 45) 571 80 00, *Fax (0 45) 571 80 86,* « Ferme du 18e s. » – P. AE ⓓ E.
fermé sam. midi, dim. midi, lundi, dern. sem. juil.-prem. sem. août et 26 déc.-1er janv. – **Repas** *Lunch 63* – 55/125.

à Welten *S : 2 km* © *Heerlen :*

XX **In Gen Thún,** Weltertuynstraat 31, ✉ 6419 CS, ☎ (0 45) 571 16 16, *Fax (0 45) 571 09 74,* – ▤. AE ⓓ E VISA. ✻
fermé vacances bâtiment – **Repas** (dîner seult) 50/100.

HEEZE *Noord-Brabant* © *Heeze-Leende 15 335 h.* 211 S 14 et 908 H 7.
Amsterdam 139 – 's-Hertogenbosch 50 – Eindhoven 11 – Roermond 42 – Venlo 50.

XX **Host. Van Gaalen** avec ch, Kapelstraat 48, ✉ 5591 HE, ☎ (0 40) 226 35 15, *Fax (0 40) 226 38 76,* , « Terrasse et jardin » – ▤ rest, TV ☎ P – 25. AE ⓓ E VISA. ✻
fermé sem. carnaval, 27 juil.-9 août et 28 déc.-6 janv. – **Repas** *(fermé sam. midi, dim. et lundi) Lunch 50* – 60/110 – ☕ 30 – **13 ch** 160/185, 1 suite – ½ P 150/160.

XX **D'n Doedelaer,** Jan Deckersstraat 7, ✉ 5591 HN, ☎ (0 40) 226 32 32, *Fax (0 40) 226 50 77,* – AE E VISA JCB
fermé mardi, merc., carnaval et 2 prem. sem. vacances bâtiment – **Repas** *Lunch 45* – 55/85.

HEILIG LAND-STICHTING *Gelderland* 211 U 12 – *voir à Nijmegen.*

HEILLE *Zeeland* 211 F 15 – *voir à Sluis.*

HEILOO *Noord-Holland* 210 N 7 et 908 F 4 – *21 240 h.*
Amsterdam 34 – Alkmaar 5 – Haarlem 27.

Golden Tulip, Kennemerstraatweg 425, ✉ 1851 PD, ☎ (0 72) 505 22 44, *Fax (0 72) 505 37 66,* , – ▤ rest, TV ☎ P – 40 à 800. AE ⓓ E VISA
Repas 38 – **42 ch** ☕ 120/165 – ½ P 155.

XX **De Loocatie,** 't Loo 20 (dans centre commercial), ✉ 1851 HT, ☎ (0 72) 533 33 52, *Fax (0 72) 533 93 48,* – E VISA
fermé sam. midi, dim. midi, lundi et mardi – **Repas** carte env. 70.

HELDEN *Limburg* 211 V 15 et 908 I 8 – *18 985 h.*
Amsterdam 174 – Maastricht 68 – Eindhoven 46 – Roermond 24 – Venlo 15.

XX **Antiek** avec ch, Mariaplein 1, ✉ 5988 CH, ☎ (0 77) 307 13 52, *Fax (0 77) 307 75 99* – TV ☎ P. AE ⓓ E VISA. ✻
fermé dim., 25 juil.-9 août et 27 déc.-5 janv. – **Repas** *Lunch 49* – 91 – **12 ch** ☕ 88/155.

Den HELDER *Noord-Holland* 210 N 5 et 908 F 3 – *60 387 h.*
à Julianadorp S : 7 km, Van Foreestweg, ✉ 1787 PS, ☎ (0 223) 64 01 25, Fax (0 223) 64 01 26.
vers Texel : Rederij Teso, Pontweg 1 à Den Hoorn (Texel) ☎ (0 222) 36 96 00, Fax (0 222) 36 96 59. Durée de la traversée : 20 min. Prix AR : 8,25 Fl (en hiver) et 10,00 Fl (en été), voiture : 40,50 Fl (en hiver) et 48,50 Fl (en été).
Bernhardplein 18, ✉ 1781 HH, ☎ (0 223) 62 55 44, Fax (0 223) 61 48 88.
Amsterdam 79 – Alkmaar 40 – Haarlem 72 – Leeuwarden 90.

Forest 1er étage, Julianaplein 43, ✉ 1781 HA, ☎ (0 223) 61 48 58, *Fax (0 223) 61 81 41* – |‡| TV ☎ – 25. AE ⓓ E VISA. ✻
Repas (dîner seult) *(fermé sam.)* carte 45 à 73 – **25 ch** ☕ 143/195 – ½ P 138/152.

Lands End, Havenplein 1, ✉ 1781 AB, ☎ (0 223) 62 15 70, *Fax (0 223) 62 85 40,* ≤, – |‡| TV ☎. AE ⓓ E VISA
Repas carte 45 à 77 – **24 ch** ☕ 104/139 – ½ P 174.

à Huisduinen *O : 2 km* © *Den Helder :*

Beatrix , Badhuisstraat 2, ✉ 1783 AK, ☎ (0 223) 62 40 00, *Fax (0 223) 62 73 24,* ≤, , , – |‡|, ▤ rest, TV ☎ P – 25 à 100. AE ⓓ E VISA JCB. ✻
Repas (ouvert jusqu'à 23 h) *Lunch 50* – carte 77 à 100 – **46 ch** ☕ 145/195 – ½ P 185.

HELLENDOORN *Overijssel* 210 X 8 et 908 K 4 – *35 621 h.*
Amsterdam 142 – Zwolle 35 – Enschede 42.

De Uitkijk , Hellendoornsebergweg 8, ✉ 7447 PA, ☎ (0 548) 65 41 17, *Fax (0 548) 65 40 26,* , « Dans les bois » – TV ☎ P – 70. AE ⓓ E VISA. ✻ rest
Repas *Lunch 18* – carte env. 55 – **20 ch** ☕ 75/135 – ½ P 95/113.

HELLEVOETSLUIS *Zuid-Holland* 211 J 12 - ㊳ S et 908 D 6 - ㉓ S - *36 900 h.*

Env. *Barrage du Haringvliet*★★ *(Haringvlietdam) O : 10 km.*

Amsterdam 101 - Den Haag 51 - Breda 74 - Rotterdam 33.

XX **Hazelbag,** Rijksstraatweg 151, ✉ 3222 KC, ☎ (0 181) 31 22 10, *Fax (0 181) 31 26 77,* - . AE ⓓ E VISA JCB.
fermé lundi, mardi et fév. - **Repas** (dîner seult) 50.

HELMOND *Noord-Brabant* 211 T 14 et 908 I 7 - *74 984 h.*

Voir *Château*★ *(Kasteel).*

Markt 211, ✉ 5701 RJ, ☎ (0 492) 54 31 55, Fax (0 492) 54 68 66.

Amsterdam 124 - 's-Hertogenbosch 39 - Eindhoven 13 - Roermond 47.

West-Ende, Steenweg 1, ✉ 5707 CD, ☎ (0 492) 52 41 51, *Fax (0 492) 54 32 95,* - - 25 à 100. AE ⓓ E VISA JCB. rest
Repas *(fermé dim.)* Lunch 30 - 45 - **28 ch** 150/200.

XXX **De Hoefslag,** Warande 2 (NO : 1 km), ✉ 5707 GP, ☎ (0 492) 53 63 61, *Fax (0 492) 52 26 15,* , « Terrasse avec ≤ parc et étang » - . AE ⓓ E VISA.
fermé sam. midis et dim. non fériés et 18 juil.-1er août - **Repas** Lunch 70 - 75/110.

XX **de Raymaert,** Mierloseweg 130, ✉ 5707 AR, ☎ (0 492) 54 18 18, *Fax (0 492) 50 75 05,* , « Terrasse » - . E VISA.
fermé lundi et 2 prem. sem. août - **Repas** (dîner seult) 45/65.

X **de Steenoven,** Steenovenweg 21, ✉ 5708 HN, ☎ (0 492) 50 75 05, *Fax (0 492) 54 77 93,* - . E VISA JCB.
fermé merc. soir, dim. et 2 dern. sem. juil. - **Repas** Lunch 40 - 45/57.

X **Prins Heerlijk,** Deurneseweg 7 (E : 4 km sur N 270), ✉ 5709 AH, ☎ (0 492) 51 37 37, *Fax (0 492) 51 53 74* - . AE ⓓ E VISA JCB.
fermé lundi, mardi et dern. sem. juil.-2 prem. sem. août - **Repas** Lunch 43 - 48/65.

HELVOIRT *Noord-Brabant* C *Haaren 13 980 h.* 211 Q 13 et 908 G 7.

Amsterdam 98 - 's-Hertogenbosch 9 - Eindhoven 36 - Tilburg 13.

XX **De Helvoirtse Hoeve,** Margrietweg 9 (NO : 5,5 km), ✉ 5268 LW, ☎ (0 411) 64 16 61, *Fax (0 411) 64 38 67,* - . AE ⓓ E VISA.
fermé lundi, mardi et 24 et 31 déc. - **Repas** Lunch 49 - carte env. 90.

X **De Zwarte Leeuw,** Oude Rijksweg 20, ✉ 5268 BT, ☎ (0 411) 64 12 66, *Fax (0 411) 64 22 51,* - . AE ⓓ E VISA.
fermé mardi, merc., dim. midi et 2e quinz. juil. - **Repas** Lunch 33 - 48/85.

HENGELO *Overijssel* 210 Z 9, 211 Z 9 et 908 L 5 - *77 499 h.* - *Ville industrielle.*

Enschedesestraat 381, ✉ 7552 CV, ☎ (0 74) 250 84 66.

à Enschede-Twente NE : 6 km ☎ (0 53) 486 22 22.

Molenstraat 26, ✉ 7551 DC, ☎ (0 74) 242 11 20, Fax (0 74) 242 17 80.

Amsterdam 149 - Zwolle 61 - Apeldoorn 62 - Enschede 9.

Hengelo, Bornsestraat 400 (près A 1, direction Borne), ✉ 7556 BN, ☎ (0 74) 255 50 55, *Fax (0 74) 255 50 10,* - - 25 à 1000. AE ⓓ E VISA
Repas (ouvert jusqu'à 23 h) Lunch 18 - carte env. 45 - 23 - **135 ch** 115, 1 suite - ½ P 82/103.

X **De Bourgondiër,** Langestraat 29, ✉ 7551 DX, ☎ (0 74) 243 31 33, *Fax (0 74) 243 32 63,* - . AE ⓓ E VISA JCB
fermé lundi - **Repas** 48/58.

HENGEVELDE *Overijssel* C *Ambt Delden 5 417 h.* 211 Y 9 et 908 K 5.

Amsterdam 135 - Apeldoorn 53 - Arnhem 32 - Enschede 18 - Zwolle 63.

Pierik, Goorsestraat 25 (sur N 347), ✉ 7496 AB, ☎ (0 547) 33 30 00, *Fax (0 547) 33 36 56,* - . AE ⓓ E VISA.
fermé mi-déc.-début janv. - **Repas** (ouvert jusqu'à 23 h) Lunch 32 - 63 - **30 ch** 93/135 - ½ P 90/110.

HERKENBOSCH *Limburg* 211 V 16 et 908 J 8 - *voir à Roermond.*

HERTME *Overijssel* 210 Z 9 et 211 Z 9 - *voir à Borne.*

's-HERTOGENBOSCH ou **Den BOSCH** [P] *Noord-Brabant* **211** Q 12 et **908** G 6 – *126 516 h.*

Voir *Cathédrale St-Jean★★ (St. Janskathedraal) : retable★* Z.

Musée : *du Brabant Septentrional★ (Noordbrabants Museum)* Z **M**¹.

Env. *NE : 3 km à Rosmalen, collection de véhicules★ dans le musée du transport Autotron – O : 25 km à Kaatsheuvel, De Efteling★ (parc récréatif).*

⛳ à St-Michielsgestel par ④ : 10 km, Zegenwerp 12, ✉ 5271 NC, ☎ (0 73) 551 23 16, Fax (0 73) 551 91 68 - ⛳ à Kerkdriel N : 8 km, Piekenwaardweg 3, ☎ (0 418) 63 48 03, Fax (0 418) 63 46 30.

✈ *à Eindhoven-Welschap par ④ : 32 km ☎ (0 40) 251 61 42.*

🚗 *lignes directes France, Suisse, Italie, Autriche, Yougoslavie et Allemagne ☎ 0 900-92 96.*

ℹ *Markt 77, ✉ 5211 JX, ☎ 0 900-112 23 34, Fax (0 73) 612 89 30.*

Amsterdam 83 ⑦ – Eindhoven 35 ④ – Nijmegen 47 ② – Tilburg 23 ⑤ – Utrecht 51 ⑦.

Central, Burg. Loeffplein 98, ✉ 5211 RX, ☎ (0 73) 692 69 26, *Fax (0 73) 614 56 99* – |♦|, ⊟ rest, TV ☎ 🚗 – 🏛 25 à 325. AE E VISA. ✂ Z c
Repas ***Leeuwenborgh*** Lunch 40 - 53 – ☕ 20 – **123 ch** 140/235, 1 suite – ½ P 150.

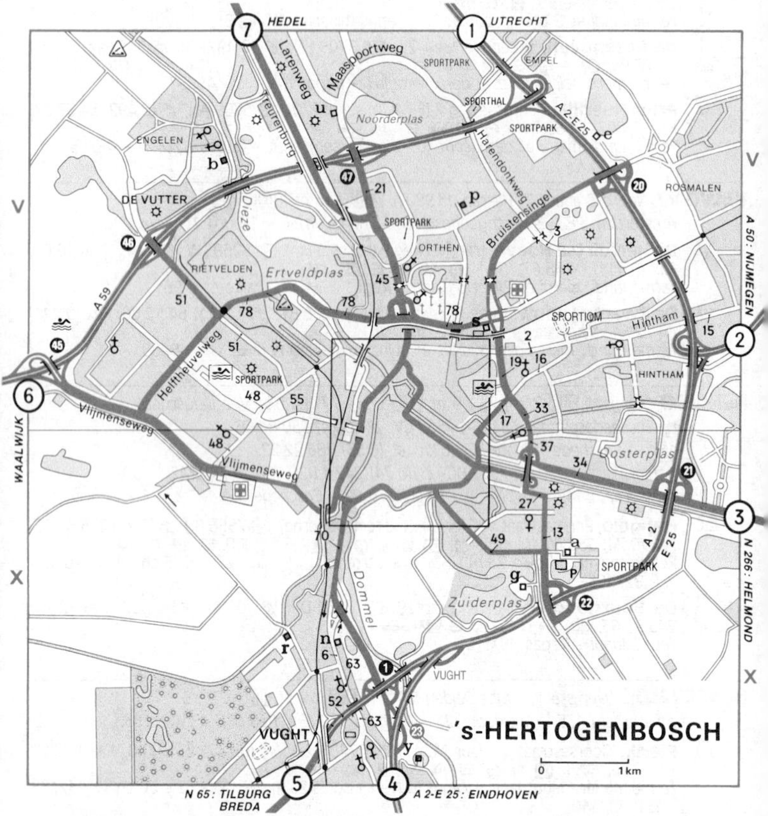

Aartshertogenlaan .... V 2
Balkweg .... V 3
Bosscheweg .... X 6
Gestelseweg .... X 13
Graafsebaan .... V 15
Graafseweg .... V 16
van Grobbendoncklaan ... V 19
Hambakenweg .... V 21
Jacob v. Maerlantstr. ..... X 27
Lagelandstr. .... V 33
Maastrichtseweg .... X 34
Merwedelaan .... X 37
Orthen .... V 45
Oude Vlijmenseweg ...... VX 48
Pettelaarseweg .... X 49
Rietveldenweg .... V 51
Rijksweg-West .... X 52
Simon Stevinweg .... V 55
Taalstr. .... X 63
Vughterweg .... X 70
Zandzuigerstr. .... V 78

's-HERTOGENBOSCH

Bethaniestr.	Z	4
de Bossche Pad	Z	7
Burg. Loeffpl.	YZ	9
Emmaplein	Y	10
Geert van Woustr.	Y	12
Graafseweg	Y	16
Havensingel	Y	22
Hinthamereinde	Z	24
Hinthamerstr.	Z	
Hoge Steenweg	Z	25
Jan Heinsstr.	Y	28
Kerkstr.	Z	30
Koninginnenlaan	Y	31
Maastrichtseweg	Z	34
Muntelbolwerk	Y	39
van Noremborghstr.	Y	40
Oostwal	Z	42
Oranje Nassaulaan	Z	43
Orthenstr.	Y	46
Schapenmarkt	Z	54
Sint-Jacobstr.	Z	57
Sint-Josephstr.	Z	58
Spinhuiswal	Z	60
Stationsweg	YZ	61
Torenstr.	Z	66
Visstraat	Z	67
Vlijmenseweg	Z	69
Vughterstr.	Z	
Vughterweg	Z	70
van der Weeghensingel	Y	73
Wilhelminaplein	Z	75
Willemsplein	Z	76

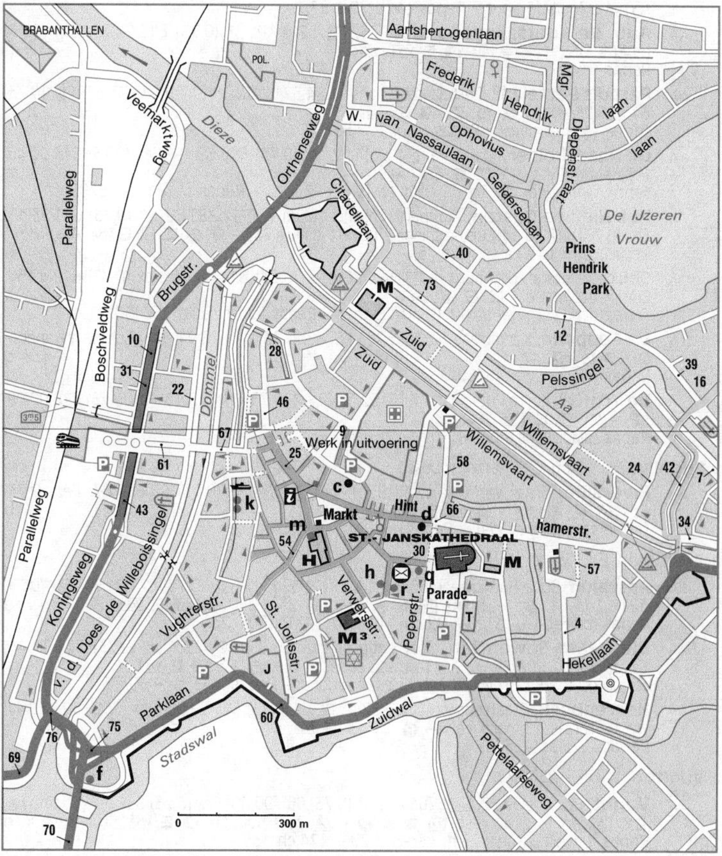

Mövenpick, Pettelaarpark 90, ✉ 5216 PH, ☎ (0 73) 687 46 74, *Fax (0 73) 687 46 35,* ≤, ⛱, ≘ - |♦| ⇌ TV ☎ ♿ P - 🏛 25 à 85. AE ⊙ E VISA JCB. ✂ rest X a
Repas (Taverne-rest) *Lunch 25* - carte env. 50 - ☕ 23 - **92 ch** 185 - ½ P 240.

Eurohotel sans rest, Hinthamerstraat 63, ✉ 5211 MC, ☎ (0 73) 613 77 77, *Fax (0 73) 612 87 95* - |♦| TV ☎ 🚗 - 🏛 25 à 150. AE ⊙ E VISA. ✂ Z d
fermé 24 déc.-2 janv. - **42 ch** ☕ 90/150.

Campanile, Goudsbloemvallei 21 (Maaspoortweg), ✉ 5237 MH, ☎ (0 73) 642 25 25, *Fax (0 73) 641 00 48,* ⛱ - TV ☎ P - 🏛 25 à 40. AE ⊙ E VISA JCB V u
Repas (avec buffet) *Lunch 15* - 39 - ☕ 14 - **46 ch** 98/106.

Bark, Zandzuigerstraat 101, ✉ 5231 XW, ☎ (0 73) 644 14 00, *Fax (0 73) 644 13 37,* ⛱ - TV ☎ P. AE ⊙ E VISA JCB. ✂ V s
Repas (avec cuisine espagnole) carte 45 à 60 - **40 ch** ☕ 114/129.

XXX **Chalet Royal** (Greveling), Wilhelminaplein 1, ✉ 5211 CG, ✆ (0 73) 613 57 71, *Fax (0 73) 614 77 82*, « Terrasse, ≤ campagne et douves » - 🅿 - 25. AE ⓓ E VISA JCB Z f
fermé dim., lundi, 25 juil.-10 août et 27 déc.-4 janv. - **Repas** *Lunch 88 bc* - 130/165 bc, carte 112 à 148
Spéc. Cannelloni de homard et gambas, sauce aux truffes. Homard au cidre, curry et son beurre. Foie d'oie poêlé aux nouilles d'asperges et Gewürztraminer (avril-juin).

XX **de Veste,** Uilenburg 2, ✉ 5211 EV, ✆ (0 73) 614 46 44, *Fax (0 73) 612 49 34*, - AE ⓓ E VISA Z k
fermé 27 juil.-15 août - **Repas** carte 70 à 87.

XX **Aub. De Koets,** Korte Putstraat 23, ✉ 5211 KP, ✆ (0 73) 613 27 79, *Fax (0 73) 614 62 52*, - ▤. AE ⓓ E VISA. Z h
Repas 53/85.

XX **Paradis-Pettelaar,** Pettelaarseschans 1, ✉ 5216 CG, ✆ (0 73) 613 73 51, *Fax (0 73) 613 56 05*, - ▤ 🅿. AE ⓓ E VISA. X g
fermé sem. carnaval - **Repas** *Lunch 45* - 58/80.

XX **De Raadskelder,** Markt 1a, ✉ 5211 JV, ✆ (0 73) 613 69 19, *Fax (0 73) 613 00 46*, « Cave du 16e s. » - AE E VISA. Z m
fermé dim., lundi, 18 juil.-15 août et 19 déc.-2 janv. - **Repas** *Lunch 25* - 45/90.

X **Het Nieuwe Oosten,** Rompert(winkel)centrum 7, ✉ 5233 RG, ✆ (0 73) 641 23 15, *Fax (0 73) 642 26 24*, Cuisine chinoise, ouvert jusqu'à 23 h - ▤ 🅿. AE ⓓ E VISA JCB. V p
Repas *Lunch 15* - carte 45 à 75.

X **Shiro** 1er étage, Uilenburg 4, ✉ 5211 EV, ✆ (0 73) 614 46 44, *Fax (0 73) 612 49 34*, Cuisine japonaise - AE E VISA JCB Z k
fermé dim., carnaval et du 1er au 15 août - **Repas** (dîner seult) 75/150.

X **Da Peppone,** Kerkstraat 77, ✉ 5211 KE, ✆ (0 73) 614 78 94, Cuisine italienne - AE ⓓ E VISA. Z q
Repas (dîner seult) 45/60.

X **De Truffel,** Korte Putstraat 14, ✉ 5211 KP, ✆ (0 73) 614 27 42, *Fax (0 73) 612 02 09*, - AE ⓓ E VISA JCB. Z r
Repas (dîner seult) 45/58.

à Engelen *NO : 3 km* Ⓒ *'s-Hertogenbosch :*

XX **Riverside,** Graaf van Solmsweg 85, ✉ 5221 BM, ✆ (0 73) 631 16 07, *Fax (0 73) 631 16 07*, ≤, - AE ⓓ E VISA. V b
fermé sam. midi et dim. - **Repas** *Lunch 55* - 65/80.

à Rosmalen *E : 3 km* Ⓒ *'s-Hertogenbosch :*

Postiljon, Burg. Burgerslaan 50 (près A 2), ✉ 5245 NH, ✆ (0 73) 521 91 59, *Fax (0 73) 521 62 15*, ≤, - 🅿 - 25 à 250. AE ⓓ E VISA V e
Repas (buffets) - 20 - **82 ch** 140/250 - ½ P 100/125.

XXX **Die Heere Sewentien,** Sparrenburgstraat 9, ✉ 5244 JC, ✆ (0 73) 521 77 44, *Fax (0 73) 521 00 75*, « Terrasse et jardin » - 🅿. AE ⓓ E VISA
fermé du 8 au 22 fév., 26 juil.-15 août et lundi - **Repas** *Lunch 50* - 60/75.

XX **Heerenbeek,** Graafsebaan 42, ✉ 5242 JN, ✆ (0 73) 521 22 06, *Fax (0 73) 521 99 41*, « Terrasse ombragée » - 🅿. AE ⓓ E VISA.
Repas *Lunch 55* - 63/95.

à Vught *S : 4 km - 25 102 h.*

Vught, Bosscheweg 2, ✉ 5261 AA, ✆ (0 73) 657 90 40, *Fax (0 73) 656 81 20*, - ▤ rest, 🅿 - 25 à 500. AE ⓓ E VISA. X n
Repas (ouvert jusqu'à 23 h) 45 - 25 - **124 ch** 135.

XX **Kasteel Maurick,** Maurick 3 (sur N 2), ✉ 5261 NA, ✆ (0 73) 657 91 08, « Terrasse et jardin » - 🅿 - 25 à 200. AE ⓓ E VISA JCB. X y
fermé dim. et du 14 au 21 fév. - **Repas** *Lunch 49* - carte 83 à 107.

XX **Ons Kabinet,** Kampdijklaan 80, ✉ 5263 CK, ✆ (0 73) 657 17 10, *Fax (0 73) 656 41 75*, - 🅿 - 25 à 70. AE ⓓ E VISA JCB X t
fermé du 15 au 22 fév., 26 juil.-9 août, sam. midi, dim. midi et lundi - **Repas** *Lunch 45* - 50/85.

HEUSDEN *Noord-Brabant* 211 P 12 et 908 G 6 - *41 825 h.*

Pelsestraat 17, ✉ 5256 AT, ✆ (0 416) 66 21 00, Fax (0 416) 66 33 80.
Amsterdam 96 - 's-Hertogenbosch 19 - Breda 43 - Rotterdam 67.

XXX **In den Verdwaalde Koogel** avec ch, Vismarkt 1, ✉ 5256 BC, ✆ (0 416) 66 19 33, *Fax (0 416) 66 12 95*, « Maison du 17e s. » - ▤ rest, - 30. E VISA
fermé dim. de nov. à mars et fin déc. - **Repas** *Lunch 55* - carte env. 75 - **12 ch** 130/155 - ½ P 130/155.

HEIJEN *Limburg* © *Gennep 16 868 h.* 211 U 12 et 908 I 6.
Amsterdam 140 – Eindhoven 67 – Maastricht 115 – Nijmegen 26 – Venlo 38.

XXX **Mazenburg,** Boxmeerseweg 61 (SO : 3 km, Zuidereiland), ✉ 6598 MX, ☎ (0 485) 51 71 71, *Fax (0 485) 51 87 87,* ≤, 🍽, ⚓ – ▤ P. AE ① E VISA. ✗
fermé 2e quinz. oct., merc. d'oct. à avril, sam. midi et dim. midi – **Repas** *Lunch 60* – 75/110.

HILLEGERSBERG *Zuid-Holland* 211 M 11 - ⑩ N et 908 E 6 - ㉕ N – *voir à Rotterdam, périphérie.*

HILLEGOM *Zuid-Holland* 210 M 9, 211 M 9 et 908 E 5 – *20 328 h.*
ℹ *Mariastraat 4,* ✉ *2181 CT,* ☎ *(0 252) 51 57 72, Fax (0 252) 52 29 46.*
Amsterdam 30 – Den Haag 33 – Haarlem 12.

Flora, Hoofdstraat 55, ✉ 2181 EB, ☎ (0 252) 51 51 00, *Fax (0 252) 52 93 14* – |♦| [TV] ☎ P – 🏛 25 à 250. AE ① E VISA JCB. ✗
Repas *(fermé dim. midi, 24 et 25 déc. et 31 déc.-4 janv.)* 45/70 – **26 ch** *(fermé 24, 25 et 26 déc. et 31 déc.-4 janv.)* ☕ 80/205 – ½ P 110.

HILVARENBEEK *Noord-Brabant* 211 P 14 et 908 G 7 – *14 393 h.*
Amsterdam 120 – 's-Hertogenbosch 31 – Eindhoven 30 – Tilburg 12 – Turnhout 33.

Herberg Sint Petrus, Gelderstraat 1, ✉ 5081 AA, ☎ (0 13) 505 21 66, *Fax (0 13) 505 46 19,* 🍽 – [TV] ☎. AE ① E VISA. ✗
fermé 24 déc.-2 janv. – **Repas** 45/53 – **7 ch** ☕ 75/110 – ½ P 95/115.

XX **De Egelantier,** Vrijthof 26, ✉ 5081 CB, ☎ (0 13) 505 45 04, *Fax (0 13) 505 39 82,* 🍽, « Patio » – P. AE E VISA JCB. ✗
fermé lundi et mardi – **Repas** (dîner seult) 60/90.

XX **Aub. Het Kookhuys,** Vrijthof 27, ✉ 5081 CB, ☎ (0 13) 505 14 33, *Fax (0 13) 505 49 23,* 🍽, « Terrasse » – ▤. E VISA. ✗
fermé lundi et 1 sem. carnaval – **Repas** (dîner seult) carte env. 80.

XX **Pieter Bruegel,** Gelderstraat 7, ✉ 5081 AA, ☎ (0 13) 505 17 58, *Fax (0 13) 505 46 77* – ▤. AE ① E VISA. ✗
fermé lundi et mardi – **Repas** (dîner seult) carte 70 à 92.

HILVERSUM *Noord-Holland* 211 Q 9 et 908 G 5 – *82 607 h.*
Voir *Hôtel de ville★ (Raadhuis)* Y **H** – *Le Gooi★ (Het Gooi).*
Env. *Étangs de Loosdrecht★★ (Loosdrechtse Plassen) par ④ : 7 km.*
⛳18 *Soestdijkerstraatweg 172,* ✉ *1213 XJ,* ☎ *(0 35) 685 86 88, Fax (0 35) 685 38 13.*
ℹ *Noordse Bosje 1,* ✉ *1211 BD,* ☎ *(0 35) 624 17 51, Fax (0 35) 623 74 60.*
Amsterdam 34 ⑤ – Apeldoorn 65 ① – Utrecht 20 ③ – Zwolle 87 ①.

Plan page suivante

Lapershoek, Utrechtseweg 16, ✉ 1213 TS, ☎ (0 35) 623 13 41, *Fax (0 35) 628 43 60,* 🍽 – |♦| ⇆ [TV] ☎ P – 🏛 25 à 600. AE ① E VISA. ✗ rest — X e
Repas 58/80 – **80 ch** ☕ 250/270.

Hilfertsom 🐎, Koninginneweg 30, ✉ 1217 LA, ☎ (0 35) 623 24 44, *Fax (0 35) 623 49 76* – |♦| [TV] ☎ P – 🏛 25 à 110. AE ① E VISA JCB. ✗ — Y c
fermé 28 déc.-4 janv. – **Repas** (dîner seult) 45 – **46 ch** ☕ 135/175 – ½ P 165.

Ravel sans rest, Emmastraat 35, ✉ 1213 AJ, ☎ (0 35) 621 06 85, *Fax (0 35) 624 37 77* – [TV] ☎. AE ① E VISA JCB — Z d
19 ch ☕ 125/205.

XX **Spandershoeve** (Mme Boerenkamp), Bussumergrintweg 46, ✉ 1217 BS, ☎ (0 35) 621 11 30, *Fax (0 35) 623 51 53,* 🍽, Cuisine indonésienne – ▤ P. AE ① E VISA. ✗
✿ *fermé sem. Noël* – **Repas** *Lunch 48* – 65, carte 54 à 96
Spéc. Filet de cabillaud façon Bali. Suprême de pintadeau, sauce javanaise sucrée. Filet de bœuf, sauce douce au ketjap. — V s

X **Nusantara** 1er étage, Vaartweg 15a, ✉ 1211 JD, ☎ (0 35) 623 23 67, *Fax (0 35) 623 70 72,* Cuisine indonésienne – ▤. AE ① E VISA. ✗ — Z f
fermé 25, 26 et 31 déc. et 1er janv. – **Repas** (dîner seult) carte 45 à 85.

X **Joffers,** Vaartweg 33, ✉ 1211 JD, ☎ (0 35) 621 45 56, *Fax (0 35) 624 41 21,* 🍽 – AE ① E VISA — Z b
fermé sam. midi et dim. – **Repas** *Lunch 50* – carte env. 75.

à 's-Graveland *par ④ : 7 km – 9 396 h.*

XX **Berestein,** Zuidereinde 208, ✉ 1243 KR, ☎ (0 35) 656 10 30, *Fax (0 35) 656 98 44* – AE E VISA JCB
fermé lundi – **Repas** (dîner seult) 55.

HILVERSUM

Achterom . . . . Z 2
Berkenlaan . . . . X 3
Bosdrift . . . . X 4
Bussumergrintweg V 7
Eikenlaan . . . . X 8
Geert van
Mesdagweg . . . . V 9
van Ghentlaan . . . . X 12
Godelindeweg . . . . V 13
Groest . . . . Z
Havenstr. . . . . Z
Hilvertsweg . . . . X 14
Hoge Naarderweg . Y 17
Insulindelaan . . . . . . V 18
Jan
van der Heijdenstr. V 19
Kerkstr. . . . . YZ
Kolhornseweg . . . . . X 22
Krugerweg . . . . V 23
Lage Naarderweg . . V 24
Langestr. . . . . Z 26
Larenseweg . . . . . . V 27
Leeuwenstr. . . . . . . Y 28
Loosdrechtse bos . . X 29
Loosdrechtseweg . . X 32
Minckelersstr. . . . . . V 34
Noorderweg . . . . . . Y 37
Oostereind . . . . X 38
Oosterengweg . . . . X 39
Prins Bernhardstr. . . Z 42
Prof. Kochstr. . . . . . Y 43
Schapenkamp . . . . YZ 44
Schoutenstr. . . . . . . Y 47
Soestdijkers-
traatweg . . . . X 48
Spoorstr. . . . . Z 49
Stationsstr. . . . . Y 52
Vaartweg . . . . V 53
Veerstr. . . . . Z 54
Vreelandseweg . . . . X 57
Zuiderweg . . . . YZ 58

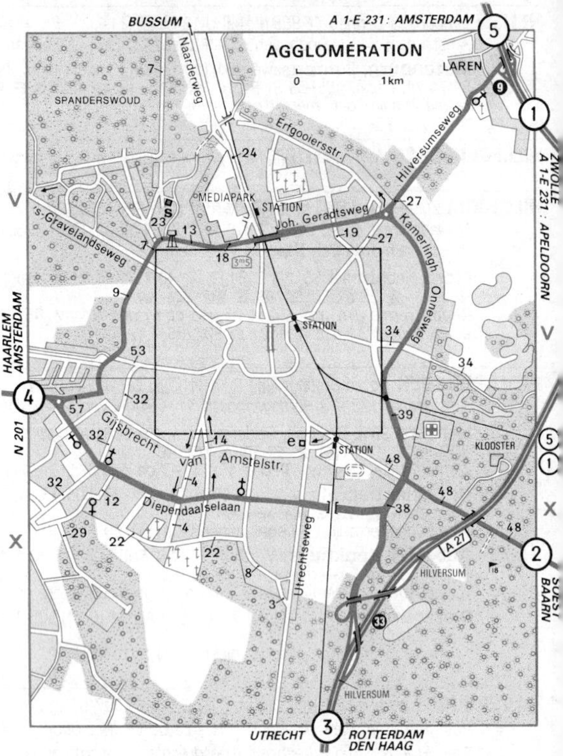

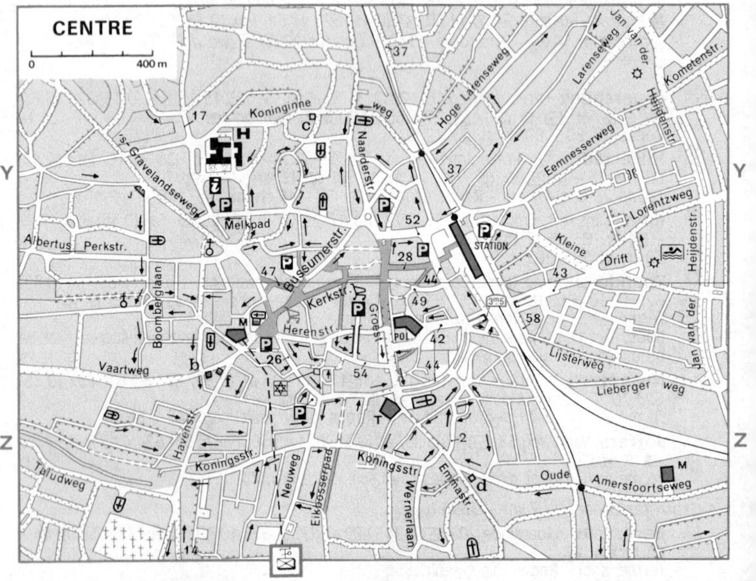

HINDELOOPEN (HYLPEN) *Fryslân* C *Nijefurd 10 458 h.* 210 R 5 et 908 H 3.

Amsterdam 118 – Leeuwarden 47 – Zwolle 86.

XX **De Gasterie,** Kalverstraat 13, ✉ 8713 KV, ☎ (0 514) 52 19 86, *Fax (0 514) 52 20 53,* – AE ⓓ E VISA
avril-oct. ; fermé lundis non fériés – **Repas** (dîner seult) 55.

HOEK VAN HOLLAND *Zuid-Holland* C *Rotterdam 589 987 h.* 211 J 11 - ㊳ N et 908 O 6 - ㉓ N.

vers Harwich : Stena Line, Stationsweg 10, ☎ (0 174) 38 93 33, Fax (0 174) 38 70 47. Prix AR : de 180,00 Fl à 200,00 Fl, avec voiture de 500,00 Fl à 930,00 Fl.

Amsterdam 80 – Den Haag 24 – Rotterdam 26.

XX **Het Jagershuis,** Badweg 1 (O : 1 km), ✉ 3151 HA, ☎ (0 174) 38 22 51, *Fax (0 174) 38 27 67,* – P. AE ⓓ E VISA JCB
Repas *Lunch 50* – carte 67 à 87.

XX **Sand,** Zeekant 125, Strand (O : 1,5 km), ✉ 3151 HW, ☎ (0 174) 38 25 03, *Fax (0 174) 31 02 47,* , « ≤ estuaire et trafic maritime » – AE E VISA JCB
fermé lundi – **Repas** 69.

HOENDERLOO *Gelderland* C *Apeldoorn 151 703 h.* 211 U 10 et 908 I 5.

Amsterdam 88 – Arnhem 21 – Apeldoorn 14.

Buitenlust, Apeldoornseweg 30, ✉ 7351 AB, ☎ (0 55) 378 13 62, *Fax (0 55) 378 17 29* – P. VISA.
fermé 21 déc.-janv. – **Repas** *(fermé après 20 h 30) Lunch 31* – carte 46 à 75 – **15 ch** 110/140 – ½ P 100/110.

HOEVELAKEN *Gelderland* 211 R 9 et 908 H 5 – *8 765 h.*

à Voorthuizen E : 10 km, Hunnenweg 16, ✉ 3781 NN, ☎ (0 342) 47 38 32, Fax (0 342) 47 38 34.

Amsterdam 50 – Arnhem 57 – Amersfoort 8 – Apeldoorn 42 – Zwolle 66.

De Klepperman, Oosterdorpsstraat 11, ✉ 3871 AA, ☎ (0 33) 253 41 20, *Fax (0 33) 253 74 34,* , – , rest, TV ☎ & P – 25 à 225. AE ⓓ E VISA JCB. rest
Repas voir rest ***De Gasterie*** ci-après – ***Eethuys 't Backhuys*** (dîner seult) 55 – 29 – **79 ch** 150/280.

XXX **De Gasterie** - H. De Klepperman, Oosterdorpsstraat 11, ✉ 3871 AA, ☎ (0 33) 253 41 20, *Fax (0 33) 253 74 34,* – P. AE ⓓ E VISA JCB.
Repas carte 77 à 98.

De HOGE VELUWE (Nationaal Park) (Parc National de la HAUTE VELUWE) ★★★ : *Musée Kröller-Müller★★★ Gelderland* 211 U 10 et 908 I 5 *G. Hollande.*

HOLLUM *Fryslân* 210 S 2 et 908 H 1 – *voir à Waddeneilanden (Ameland).*

HOLTEN *Overijssel* 210 X 9, 211 X 9 et 908 K 5 – *8 769 h.*

Voir *Musée (Bos Museum)★ sur le Holterberg.*

Dorpsstraat 27, ✉ 7451 BR, ☎ (0 548) 36 15 33, Fax (0 548) 36 69 54.

Amsterdam 124 – Zwolle 40 – Apeldoorn 40 – Enschede 42.

AC Hotel, Langstraat 22 (sur A 1, sortie Struik), ✉ 7451 ND, ☎ (0 548) 36 26 80, *Fax (0 548) 36 45 50,* – TV ☎ & P – 25 à 300. AE ⓓ E VISA
Repas (avec buffet) *Lunch 38* – carte 45 à 74 – 18 – **58 ch** 125, 2 suites.

sur le Holterberg :

't Lösse Hoes , Holterbergweg 14, ✉ 7451 JL, ☎ (0 548) 36 33 33, *Fax (0 548) 36 47 90,* , « Dans les bois » – TV ☎ P – 25. AE ⓓ E VISA. rest
fermé 27 déc.-7 janv. – **Repas** (dîner seult) carte env. 85 – **28 ch** 85/170 – ½ P 100/115.

XX **Hoog Holten** avec ch, Forthaarsweg 7, ✉ 7451 JS, ☎ (0 548) 36 13 06, *Fax (0 548) 36 30 75,* , « Dans les bois », , – TV ☎ P – 30. AE ⓓ E VISA. rest
Repas 63 – 18 – **19 ch** 125/150 – ½ P 125/170.

X **Bistro de Holterberg,** Forthaarsweg 1, ✉ 7451 JS, ☎ (0 548) 36 38 49, *Fax (0 548) 36 51 12,* , « Intérieur convivial, terrasse avec ≤ » – P. AE ⓓ E VISA JCB.
fermé lundi, mardi, 2 prem. sem. août et 2 prem. sem. janv. – **Repas** (dîner seult) 52/62.

HOOFDDORP *Noord-Holland* © *Haarlemmermeer 108 224 h.* 210 N 9, 211 N 9 et 908 F 5.

Raadhuisplein 5, ✉ 2131 TZ, ☎ (0 23) 563 33 90, Fax (0 23) 562 77 59.

Amsterdam 21 – Den Haag 45 – Haarlem 12 – Rotterdam 62 – Utrecht 42.

Crowne Plaza Amsterdam-Schiphol, Planeetbaan 2, ✉ 2132 HZ, ☎ (0 23) 565 00 00, *Fax (0 23) 565 05 21*, – 25 à 350. AE ⓓ E VISA JCB. rest
Repas ***La Vie en Rose*** *Lunch 55* - carte 54 à 87 – 36 – **233 ch** 465/560, 10 suites.

Barbizon Schiphol, Kruisweg 495 (près A 4 - De Hoek), ✉ 2132 NA, ☎ (0 20) 655 05 50, *Fax (0 20) 655 34 99*, – 30 à 250. AE ⓓ E VISA JCB. rest
Repas carte 64 à 88 – 33 – **323 ch** 460/560.

Schiphol A 4, Rijksweg A 4 nr 3 (S : 4 km - Den Ruygen Hoek), ✉ 2132 MA, ☎ (0 252) 67 53 35, *Fax (0 252) 68 69 78*, – 25 à 1500. AE ⓓ E VISA
Repas (ouvert jusqu'à 23 h) *Lunch 15* – carte env. 50 – 35 – **278 ch** 150 – ½ P 125/200.

De Beurs, Kruisweg 1007, ✉ 2131 CR, ☎ (0 23) 563 42 34, *Fax (0 23) 561 68 00*, – rest, – 200. AE ⓓ E VISA.
Repas *Lunch 25* – carte 51 à 74 – 15 – **44 ch** 160/195 – ½ P 165.

Bastion Airport, Vuursteen 1 (près A 4 - De Hoek), ✉ 2132 LZ, ☎ (0 20) 653 26 11, *Fax (0 20) 653 34 78* – AE ⓓ E VISA.
Repas (grillades, ouvert jusqu'à 23 h) 45 – 15 – **80 ch** 140.

Bastion Schiphol, Adrianahoeve 8 (O : 5 km près N 201), ✉ 2131 MN, ☎ (0 23) 562 36 32, *Fax (0 23) 562 28 48* – AE ⓓ E VISA.
Repas (grillades, ouvert jusqu'à 23 h) 45 – 15 – **40 ch** 125.

Marktzicht, Marktplein 31, ✉ 2132 DA, ☎ (0 23) 561 24 11, *Fax (0 23) 563 72 91*, – AE ⓓ E VISA.
Repas *Lunch 55* – carte 78 à 102.

HOOFDPLAAT *Zeeland* © *Oostburg 17 871 h.* 211 G 14 et 908 C 7.

Amsterdam 225 – Middelburg 14 – Brugge 50 – Terneuzen 18.

De Kromme Watergang, Slijkplaat 6 (O : 4 km, Slijkplaat), ✉ 4513 KK, ☎ (0 117) 34 86 96, *Fax (0 117) 34 86 96*, « Dans les polders » – E VISA
fermé lundi, 2 dern. sem. sept. et 28 déc.-8 janv. – **Repas** *Lunch 65* – 93/120.

HOOGELOON *Noord-Brabant* © *Bladel 1 851 h.* 211 Q 14 et 908 G 7.

Amsterdam 141 – Antwerpen 73 – Eindhoven 21 – 's-Hertogenbosch 52.

De Landorpse Hoeve, Landrop 2 (S : 2 km), ✉ 5528 RA, ☎ (0 497) 38 37 07, *Fax (0 497) 38 46 13*, « Cadre champêtre » – AE ⓓ E VISA
fermé du 1er au 16 fév., du 2 au 18 août et lundi – **Repas** *Lunch 55* – 62/75.

HOOGERHEIDE *Noord-Brabant* © *Woensdrecht 20 668 h.* 211 K 14 et 908 E 7.

Amsterdam 148 – 's-Hertogenbosch 96 – Antwerpen 33 – Bergen op Zoom 10 – Breda 46.

La Castelière, Nijverheidsstraat 28, ✉ 4631 KS, ☎ (0 164) 61 26 12, *Fax (0 164) 62 00 71*, « Cadre de verdure » – E VISA.
fermé dim. et lundi – **Repas** (dîner seult) carte env. 85.

HOOGEVEEN *Drenthe* 210 X 6 et 908 K 3 – *46 654 h.*

à Tiendeveen NE : 7 km, Haarweg 22, ✉ 7936 TP, ☎ (0 528) 33 15 58, Fax (0 528) 33 14 77.

Hoofdstraat 13, ✉ 7902 EA, ☎ (0 528) 26 83 73, Fax (0 528) 22 11 35.

Amsterdam 155 – Assen 34 – Emmen 32 – Zwolle 45.

Hoogeveen, Mathijsenstraat 1 (SO : 2 km sur A 28), ✉ 7909 AP, ☎ (0 528) 26 33 03, *Fax (0 528) 26 49 25*, – rest, – 25 à 300. AE ⓓ E VISA
Repas carte env. 65 – **39 ch** 130/145 – ½ P 98.

De Herberg, Hoogeveenseweg 27 (N : 2 km, Fluitenberg), ✉ 7931 TD, ☎ (0 528) 27 59 83, *Fax (0 528) 22 07 30*, – AE ⓓ E VISA
fermé lundi et vacances bâtiment – **Repas** *Lunch 55* – 60/85.

Spaarbankhoeve avec ch, Hoogeveenseweg 5 (N : 2 km, Fluitenberg), ✉ 7931 TD, ☎ (0 528) 26 21 89, *Fax (0 528) 27 58 12*, – rest, – 25 à 120. AE ⓓ E VISA JCB
Repas *(fermé lundi et après 20 h 30)* 45/53 – **4 ch** 100/125 – ½ P 160.

HOOG-SOEREN *Gelderland* 211 *U 9 et* 908 *I 5 – voir à Apeldoorn.*

HOORN *Noord-Holland* 210 *P 7 et* 908 *G 4 – 62 313 h.*

Voir *Le vieux quartier★ YZ – Rode Steen★ Z – Façade★ du musée de la Frise Occidentale (Westfries Museum) Z* **M**¹ *– Veermanskade★ Z.*

9 à Westwoud NE : 8 km, Zittend 19, ✉ 1617 KS, ℘ (0 228) 56 31 28, Fax (0 228) 56 31 28.

ℹ Veemarkt 4, ✉ 1621 JC, ℘ 0 900-403 10 55, Fax (0 229) 21 50 23.

Amsterdam 43 ② – Alkmaar 26 ② – Enkhuizen 19 ① – Den Helder 52 ③.

HOORN

Achterstraat .... Y 2
Berkhouterweg .... X 3
Bierkade .... Z 5
Breed .... Y
Breestraat .... Z 6
van Dedemstraat .... X 8
Gedempte Turfhaven .... Y 9
Gouw .... Y
Grote Noord .... YZ
Hoge Vest .... Y 10
Joh. Messchaerstr. ...... Y 12
Joh. Poststraat .... X 14
Keern .... Y 15
Kerkplein .... Z 17
Kerkstraat .... Z 18
Koepoortsplein .... Y 20
Koepoortsweg .... X 21
Korenmarkt .... Z 23
Korte Achterstr. .... Y 24
Lange Kerkstraat .... Z 26
Liornestraat .... X 27
Muntstraat .... Y 29
Nieuwendam .... Z 30
Nieuwsteeg .... Y 32
Nieuwstraat .... YZ 33
Noorderstraat .... Y 35
Noorderveemarkt .... Y 36
Onder de Boompjes ..... Y 38
Oude Doelenkade .... Z 39
Scharloo .... Y 41
Slapershaven .... Z 42
Spoorsingel .... Y 44
Stationweg .... Y 45
Veermanskade .... Z 47
Westerdijk .... Z 48
Wijdebrugsteen .... Z 50
Zon .... Z 51
Zwaagmergouw .... X 53

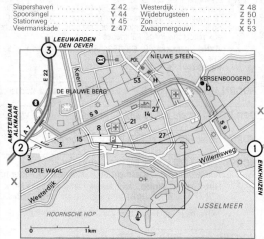

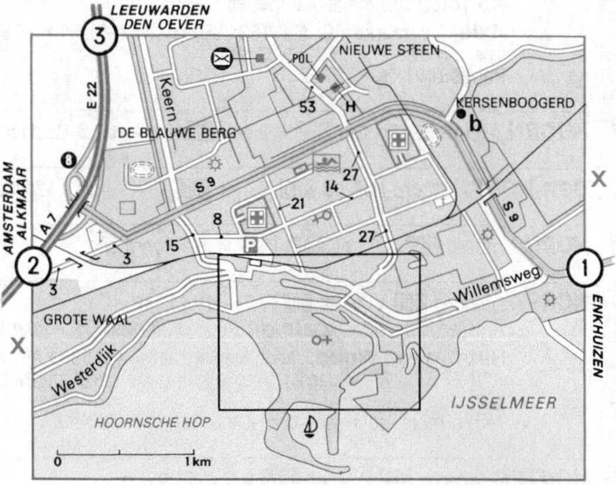

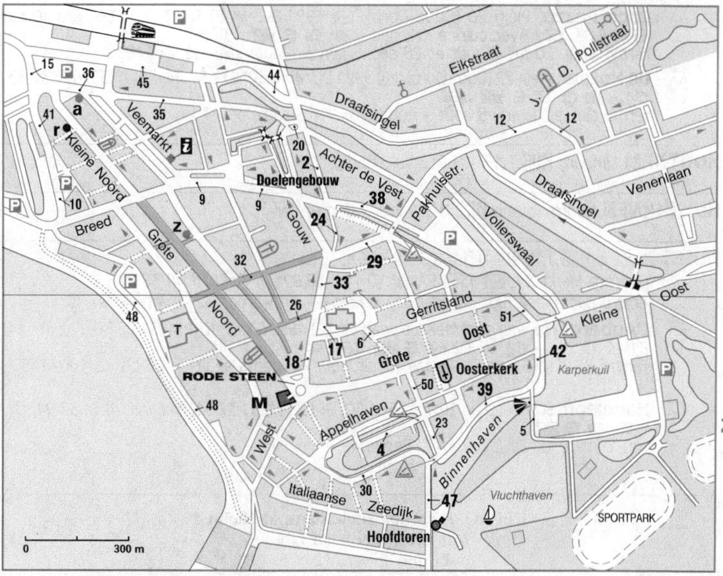

Petit Nord, Kleine Noord 53, ✉ 1621 JE, ℘ (0 229) 21 27 50, *Fax (0 229) 21 57 45* – |$| ⅍ 📺 ☎ – 🔺 25 à 80. AE ⓞ E VISA Y r
Repas (Taverne-rest) *Lunch 20* – 40/52 – **33 ch** ☐ 135/195.

Hoorn, Lepelaar 1, ✉ 1628 CZ, ℘ (0 229) 24 98 44, *Fax (0 229) 24 95 40* – 📺 ☎ Ⓟ. AE ⓞ E VISA. ⅍ X b
Repas (Taverne-rest) (dîner seult) carte env. 50 – ☐ 13 – **40 ch** 99/139 – ½ P 136.

L'Oasis de la Digue, De Hulk 16, ✉ 1622 DZ, ℘ (0 229) 55 33 44, *Fax (0 229) 55 31 64*, ≤, 🌂 – Ⓟ. AE E VISA par Westerdijk X
fermé dim. – **Repas** *Lunch 48* – 55/90.

De Oude Rosmolen (Fonk), Duinsteeg 1, ✉ 1621 ER, ℘ (0 229) 21 47 52, *Fax (0 229) 21 49 38* – ▤. AE ⓞ E VISA Y z
fermé jeudi, 2 sem. en fév., 8 août-1er sept. et 27 déc.-5 janv. – **Repas** (dîner seult, nombre de couverts limité - prévenir) 75/165 bc, carte 102 à 120
Spéc. Profiteroles à la mousse de foie gras. Biscuit de brochet et queues de langoustines aux macaronis longs. Pâtisseries maison.

Azië, Veemarkt 49, ✉ 1621 JB, ℘ (0 229) 21 85 55, *Fax (0 229) 24 96 04*, Cuisine chinoise – ▤. AE ⓞ E VISA Y a
Repas *Lunch 25* – 39/67.

HOORN (HOARNE) *Fryslân* 210 R 2 et 908 H 1 – *voir à Waddeneilanden (Terschelling).*

Den HOORN *Noord-Holland* 210 N 4 et 908 F 2 – *voir à Waddeneilanden (Texel).*

HORN *Limburg* 211 U 15 et 908 I 8 – *voir à Roermond.*

HORST *Limburg* 211 V 14 et 908 J 7 – *19 431 h.*
Amsterdam 160 – Maastricht 86 – Eindhoven 53 – Roermond 41 – Venlo 13.

Het Groene Woud, Jacob Merlostraat 6, ✉ 5961 AB, ℘ (0 77) 398 38 20, *Fax (0 77) 398 77 55*, 🌂, « Jardin avec expositions permanentes de sculptures » – AE ⓞ E VISA
fermé merc. et 1 sem. carnaval – **Repas** 55/90.

HOUTEN *Utrecht* 211 P 10 et 908 G 5 – *31 480 h.*
Amsterdam 38 – Rotterdam 63 – Utrecht 13.

Coco Pazzo, Plein 20 (Oude Dorp), ✉ 3991 DL, ℘ (0 30) 637 14 03, *Fax (0 30) 637 14 03*, 🌂, Avec cuisine italienne – ▤. AE E VISA
fermé lundi, 20 juil.-4 août et 28 déc.-6 janv. – **Repas** *Lunch 58* – 53/63.

De Hofnar, Plein 22 (Oude Dorp), ✉ 3991 DL, ℘ (0 30) 637 37 44, *Fax (0 30) 637 32 33*, 🌂 – ▤ Ⓟ. AE E VISA JCB
fermé dim. et 10 juil.-8 août – **Repas** *Lunch 50* – carte env. 75.

HOUTHEM *Limburg* 211 T 17 – *voir à Valkenburg.*

HUISDUINEN *Noord-Holland* 210 N 5 – *voir à Den Helder.*

HULST *Zeeland* 211 J 15 et 908 D 8 – *19 341 h.*
ℹ Grote Markt 21, ✉ 4561 EA, ℘ (0 114) 38 92 99, Fax (0 114) 38 91 35.
Amsterdam (bac) 183 – Middelburg (bac) 52 – Antwerpen 32 – Sint-Niklaas 16.

L'Aubergerie, van der Maelstedeweg 4a, ✉ 4561 GT, ℘ (0 114) 31 98 30, *Fax (0 114) 31 14 31*, 🌂 – 📺 ☎. AE ⓞ E VISA JCB. ⅍ rest
fermé 23 déc.-5 janv. – **Repas** (dîner pour résidents seult) – **26 ch** ☐ 100/145 – ½ P 103.

Napoleon, Stationsplein 10, ✉ 4561 GC, ℘ (0 114) 31 37 91, *Fax (0 114) 31 37 91*, 🌂 – AE ⓞ E VISA
fermé merc. et 21 juin-2 juil. – **Repas** 48.

HUMMELO *Gelderland* C *Hummelo en Keppel 4 411 h.* 211 W 10 et 908 J 5.

à Hoog-Keppel O : 3 km, Oude Zutphenseweg 15, ✉ 6997 CH, ☏ (0 314) 38 14 16, Fax (0 57) 546 43 99.

Amsterdam 126 – Arnhem 29 – Apeldoorn 37.

De Gouden Karper, Dorpsstraat 9, ✉ 6999 AA, ☏ (0 314) 38 12 14, *Fax (0 314) 38 22 38,* – TV ☎ P – 25 à 250. AE E VISA
Repas carte 59 à 74 – **15 ch** 75/150.

HYLPEN *Fryslân – voir Hindeloopen.*

IJ... – *voir à Y.*

JOURE (DE JOUWER) *Fryslân* C *Skarsterlân 26 353 h.* 210 T 5 et 908 I 3.

à Sint Nicolaasga S : 7,5 km, Legemeersterweg 16, ✉ 8527 DS, ☏ (0 513) 49 94 66, Fax (0 513) 49 97 77.

Douwe Egbertsplein 6, ✉ 8501 AB, ☏ (0 513) 41 60 30, Fax (0 513) 41 52 82.

Amsterdam 122 – Leeuwarden 37 – Sneek 14 – Zwolle 67.

't Plein, Douwe Egbertsplein 1a, ✉ 8501 AB, ☏ (0 513) 41 70 70, *Fax (0 513) 41 72 21,* – . AE ① E VISA JCB
fermé du 25 au 30 oct., du 1er au 23 janv., sam. midi et dim. – **Repas** Lunch 28 – 55/73.

à Sint Nicolaasga (St. Nyk) *S : 7,5 km* C *Skarsterlân :*

De IJsvogel , Legemeersterweg 1a (à Legemeer), ✉ 8527 DS, ☏ (0 513) 43 29 99, *Fax (0 513) 43 28 76,* ←, – TV ☎ P – 30. AE ① E VISA. rest
fermé 31 déc. et 1er janv. – **Repas** Lunch 40 – carte 67 à 89 – **13 ch** 140/170, 1 suite – ½ P 100/125.

KAAG *Zuid-Holland* C *Alkemade 14 430 h.* 211 M 9.

Amsterdam 42 – Den Haag 25 – Haarlem 22.

Tante Kee, Julianalaan 14 (par bac), ✉ 2159 LA, ☏ (0 252) 54 42 06, *Fax (0 252) 54 52 90,* ←, , « Terrasse au bord de l'eau », – P. AE E VISA
Repas Lunch 45 – 58/88.

KAART *Fryslân* 210 Q 2 – *voir à Waddeneilanden (Terschelling).*

KAATSHEUVEL *Noord-Brabant* C *Loon op Zand 22 501 h.* 211 3 et 908 G 7.

Voir *De Efteling*★.

Veldstraat 6, ✉ 5176 NB, ☏ (0 416) 28 83 99, Fax (0 416) 28 84 39.

Amsterdam 107 – Breda 25 – 's-Hertogenbosch 26 – Tilburg 12.

Efteling M, Horst 31, ✉ 5171 RA, ☏ (0 416) 28 20 00, *Fax (0 416) 28 15 15,* – , ch, TV ☎ & P – 25 à 200. AE ① E VISA.
Repas Lunch 30 – 55 – **120 ch** 185/250.

de viersprong, Horst 1, ✉ 5171 RA, ☏ (0 416) 27 45 84, – P. AE ① E VISA JCB.
fermé mardi – **Repas** carte env. 75.

KAMPEN *Overijssel* 210 U 7 et 908 I 4 – *32 398 h.*

Voir *Rive droite de l'IJssel* ←★ Y – *Ancien hôtel de ville (Oude Raadhuis) : cheminée★ dans la salle des échevins★ (Schepenzaal)* Y **H** – *Hanap★ dans le musée municipal (Stedelijk Museum)* Y **M.**

Botermarkt 5, ✉ 8261 GR, ☏ (0 38) 331 35 00, Fax (0 38) 332 89 00.

Amsterdam 115 ③ – Zwolle 14 ② – Leeuwarden 86 ①.

Plan page suivante

De Stadsherberg, IJsselkade 48, ✉ 8261 AE, ☏ (0 38) 331 26 45, *Fax (0 38) 332 78 14,* ← – TV ☎ – 25 à 200. AE ① E VISA Y a
Repas Lunch 30 – carte env. 55 – 13 – **16 ch** 70/120 – ½ P 117.

Van Dijk sans rest, IJsselkade 30, ✉ 8261 AC, ☏ (0 38) 331 49 25, *Fax (0 38) 331 65 08* – TV ☎ – 25 à 80. AE E VISA JCB Y r
20 ch 110/133.

De Bottermarck, Broederstraat 23, ✉ 8261 GN, ☏ (0 38) 331 95 42, *Fax (0 38) 332 89 95* – AE ① E VISA JCB Y s
fermé lundi de mars à août, dim., 1 sem. carnaval et vacances bâtiment – **Repas** Lunch 50 – carte 78 à 93.

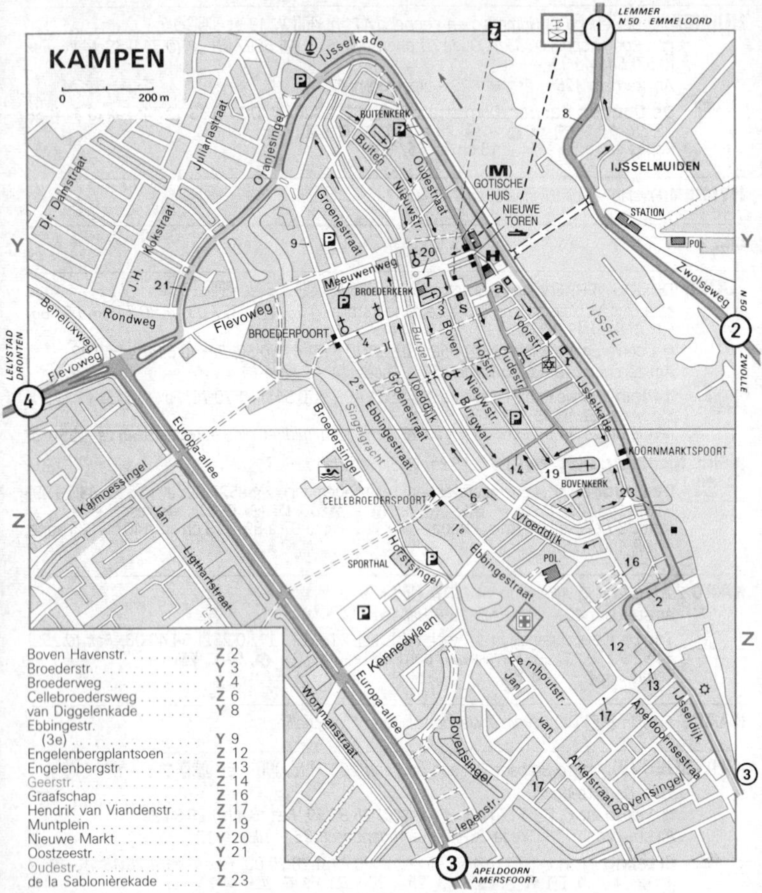

Boven Havenstr.	Z	2
Broederstr.	Y	3
Broederweg	Y	4
Cellebroedersweg	Z	6
van Diggelenkade	Y	8
Ebbingestr. (3e)	Y	9
Engelenbergplantsoen	Z	12
Engelenbergstr.	Z	13
Geerstr.	Z	14
Graafschap	Z	16
Hendrik van Viandenstr.	Z	17
Muntplein	Z	19
Nieuwe Markt	Y	20
Oostzeestr.	Y	21
Oudestr.	Y	
de la Sablonièrekade	Z	23

Ga handig te werk wanneer u een hotel of een restaurant zoekt.

Weet hoe u gebruik kunt maken van de rood onderstreepte plaatsnamen op de ***Michelinkaarten*** *nrs.* 908 *en* 909*. Maar zorg dat u de nieuwste kaart heeft !*

KATLIJK *Fryslân* 210 V 5 – *voir à Heerenveen.*

KATWIJK AAN ZEE *Zuid-Holland* C *Katwijk 40 598 h.* 211 L 9 et 908 E 5.

Vuurbaakplein 11, ✉ 2225 JB, ☎ (0 71) 407 54 44, Fax (0 71) 407 63 42.
Amsterdam 44 – Den Haag 19 – Haarlem 34.

Noordzee, Boulevard 72, ✉ 2225 AC, ☎ (0 71) 401 57 42, *Fax (0 71) 407 51 65*, ≤, – ch
fermé 20 déc.-15 janv. – **Repas** Lunch 23 – carte 45 à 93 – **46 ch** 110/235 – ½ P 113/153.

Zeezicht Parlevliet sans rest, Boulevard 50, ✉ 2225 AD, ☎ (0 71) 401 40 55, *Fax (0 71) 407 58 52*, –
15 mars-oct. – **26 ch** 70/150.

De Zwaan, Boulevard 111, ✉ 2225 HC, ☎ (0 71) 401 20 64, *Fax (0 71) 407 48 86*, ≤, – AE VISA
fermé lundi – **Repas** Lunch 45 – 65.

KERKRADE *Limburg* 211 V 17 et 908 J 9 - *52 445 h.*

Voir *Abbaye de Rolduc★ (Abdij Rolduc) : chapiteaux★ de la nef.*

Van Beethovenstraat 9, ✉ 6461 AD, ☎ (0 45) 535 48 45, Fax (0 45) 535 51 91.

Amsterdam 225 - Maastricht 33 - Heerlen 12 - Aachen 12.

Brughof ⛺, Kerkradersteenweg 4, ✉ 6468 PA, ☎ (0 45) 546 13 33, *Fax (0 45) 546 07 48,* « Ferme du 18e s. », - TV ☎ P - 25 à 230. AE O E VISA
Repas voir rest ***Kasteel Erenstein*** ci-après - 30 - **44 ch** 190/415 - ½ P 230/250.

Kasteel Erenstein - H. Brughof, Oud Erensteinerweg 6, ✉ 6468 PC, ☎ (0 45) 546 13 33, *Fax (0 45) 546 07 48,* , « Château du 14e s. dans un parc » - P. AE O E VISA.
fermé sam. midi - **Repas** Lunch 50 - 75/115.

Anstelvallei, Brughofweg 31, ✉ 6468 PB, ☎ (0 45) 545 60 79, *Fax (0 45) 545 60 79,* - AE O E VISA.
fermé du 8 au 18 fév., 16 août-3 sept., sam. midi, dim. midi et lundi - **Repas** Lunch 45 - 55/80.

à Landgraaf *NO : 6 km - 41 566 h.*

Winseler Hof ⛺, Tunnelweg 99, ✉ 6372 XH, ☎ (0 45) 546 43 43, *Fax (0 45) 535 27 11,* , « Ferme du 16e s. » - TV ☎ P - 25 à 120. AE O E VISA JCB
Repas ***Pirandello*** (cuisine italienne) *(fermé sam. midi)* Lunch 95 bc - 78/120 - 30 - **49 ch** 175/360 - ½ P 210/230.

KESSEL *Limburg* 211 V 15 et 908 J 8 - *4 123 h.*

Amsterdam 178 - Maastricht 65 - Eindhoven 50 - Roermond 21 - Venlo 14.

De Neerhof avec ch, Kasteelhof 1, ✉ 5995 BX, ☎ (0 77) 462 28 98, *Fax (0 77) 462 29 56,* ←, , « Dans les ruines d'un château du 12e s., en bord de Meuse (Maas) » - P. AE E VISA.
fermé sam. midi, dim. midi, 2 sem. carnaval et 27 déc.-3 janv. - **Repas** Lunch 53 - carte env. 85 - **6 ch** 130/275 - ½ P 145.

KETELHAVEN *Flevoland* 210 T 7 et 908 I 4 - *voir à Dronten.*

KEUKENHOF ★★ *Zuid-Holland* 211 M 9 et 908 E 5 *G. Hollande.*

KINDERDIJK (Molens van) (Moulins de KINDERDIJK) ★★ *Zuid-Holland* 211 M 11 et 908 E 6 *G. Hollande.*

De KOOG *Noord-Holland* 210 N 4 et 908 F 2 - *voir à Waddeneilanden (Texel).*

KORTENHOEF *Noord-Holland* C *'s-Graveland 9 396 h.* 211 P 9 et 908 G 5.

Amsterdam 25 - Hilversum 7.

De Nieuwe Zuwe 1er étage, Zuwe 20 (O : 2 km sur N 201), ✉ 1241 NC, ☎ (0 35) 656 33 63, *Fax (0 35) 656 40 41,* ←, - P. AE O E VISA
fermé lundi et 27 déc.-4 janv. - **Repas** Lunch 50 - 63/73.

KORTGENE *Zeeland* C *Noord-Beveland 6 914 h.* 211 H 13 et 908 C 7.

Amsterdam 165 - Goes 11 - Middelburg 26 - Rotterdam 82.

De Korenbeurs, Kaaistraat 12, ✉ 4484 CS, ☎ (0 113) 30 13 42, *Fax (0 113) 30 23 94,* - rest, TV ☎ - 25 à 100. AE O E VISA
Repas 50 - **7 ch** 100/190 - ½ P 110/175.

KOUDEKERKE *Zeeland* 211 G 14 et 908 B 7 - *voir à Vlissingen.*

KOUDUM *Fryslân* C *Nijefurd 10 458 h.* 210 R 5 et 908 H 3.

Amsterdam 129 - Bolsward 22 - Leeuwarden 50 - Zwolle 76.

Galamadammen ⛺, Galamadammen 1, ✉ 8723 CE, ☎ (0 514) 52 13 46, *Fax (0 514) 52 24 01,* ←, , « Au bord du lac avec port de plaisance privé », , , , - TV ☎ P - 25 à 200. AE O E VISA JCB
Repas carte env. 80 - **48 ch** 115/170 - ½ P 130/158.

KRAGGENBURG *Flevoland* ☐ *Noordoostpolder 41 095 h.* **210** U 7 et **908** I 4.
Amsterdam 96 – Zwolle 32 – Emmeloord 16.

Van Saaze, Dam 16, ✉ 8317 AV, ☏ (0 527) 25 23 53, *Fax (0 527) 25 25 59* – TV ☎ P – 40 à 200. AE E VISA JCB
Repas carte 45 à 58 – **9 ch** ☐ 85/125 – ½ P 90/118.

KRALINGEN *Zuid-Holland* **908** ㉕ N – *voir à Rotterdam, périphérie.*

KRIMPEN AAN DEN IJSSEL *Zuid-Holland* **211** M 11 - ㊵ N et **908** E 6 - ㉕ N – *voir à Rotterdam, environs.*

KRÖLLER-MÜLLER (Musée) ★★★ *Gelderland* **211** U 10 et **908** I 5 *G. Hollande.*

Die im ***Michelin-Führer***
verwendeten Zeichen und Symbole haben - ***fett*** *oder dünn*
gedruckt, in Rot oder ***Schwarz*** *- jeweils eine andere Bedeutung.*
Lesen Sie daher die Erklärungen aufmerksam durch.

KRUININGEN *Zeeland* ☐ *Reimerswaal 20 499 h.* **211** J 14 et **908** D 7.
18 *à Rilland Bath SE : 13 km, Grensweg 21,* ✉ *4411 ST,* ☏ *(0 113) 55 12 65, Fax (0 113) 55 12 64.*
vers Perkpolder : Prov. Stoombootdiensten Zeeland ☏ *(0 113) 38 14 66. Durée de la traversée : 20 min. Prix passager : gratuit, voiture : 12,00 FL (en hiver) et 16,50 Fl (en été).*
Amsterdam 169 – Middelburg 34 – Antwerpen 56 – Breda 67.

Le Manoir ⑤, Zandweg 2 (O : 1 km), ✉ 4416 NA, ☏ (0 113) 38 17 53, *Fax (0 113) 38 17 63,* ≤, – TV ☎ P. AE ⓓ E VISA JCB
fermé prem. sem. oct. et 3 sem. en janv. – **Repas** voir rest ***Inter Scaldes*** ci-après – ☐ 30 – **10 ch** 335/460, 2 suites.

XXXX ✿✿ **Inter Scaldes** (Mme Boudeling) - H. Le Manoir, Zandweg 2 (O : 1 km), ✉ 4416 NA, ☏ (0 113) 38 17 53, *Fax (0 113) 38 17 63,* , « Terrasse-véranda ouvrant sur un jardin anglais » – P. AE ⓓ E VISA JCB
fermé lundi, mardi, 1 sem. en oct. et 3 sem. en janv. – **Repas** *Lunch 90* – 153/190, carte env. 200
Spéc. Homard fumé, sauce au caviar. Huîtres chaudes de Zélande, vinaigrette à la rose (sept.-mai). Turbot en robe de truffes et son beurre.

KUDELSTAART *Noord-Holland* **211** N 9 – *voir à Aalsmeer.*

KIJKDUIN *Zuid-Holland* **211** K 10 - 1 et **908** D 5 – *voir à Den Haag.*

LAAG-KEPPEL *Gelderland* ☐ *Hummelo en Keppel 4 411 h.* **211** W 11 et **908** J 6.
9 *à Hoog-Keppel NO : 2 km, Oude Zutphenseweg 15,* ✉ *6997 CH,* ☏ *(0 314) 38 14 16, Fax (0 57) 546 43 99.*
Amsterdam 125 – Arnhem 27 – Doetinchem 5.

De Gouden Leeuw, Rijksweg 91, ✉ 6998 AG, ☏ (0 314) 38 21 41, *Fax (0 314) 38 16 55* – |‡|, ▤ rest, TV ☎ P – 25 à 100. AE E VISA JCB
fermé 27 déc.-8 janv. – **Repas** *(fermé après 20 h 30)* carte 56 à 84 – **20 ch** ☐ 98/155 – ½ P 98/113.

LAGE-VUURSCHE *Utrecht* **211** Q 9 et **908** G 5 – *voir à Baarn.*

LANDGRAAF *Limburg* **211** V 17 et **908** J 9 – *voir à Kerkrade.*

LANDSMEER *Noord-Holland* **210** O 8 - ㉙ N et **908** F 4 - ㉘ N – *voir à Amsterdam, environs.*

LANGWEER (LANGWAR) *Fryslân* ☐ *Skarsterlân 26 353 h.* **210** T 5 et **908** I 3.
Amsterdam 122 – Leeuwarden 51 – Sneek 13 – Zwolle 68.

XX **'t Jagertje,** Buorren 7, ✉ 8525 EB, ☏ (0 513) 49 92 97, *Fax (0 513) 49 95 26,* – ▤. AE ⓓ E VISA JCB
fermé 2 sem. en fév. et mardi et merc. de nov. à fév. – **Repas** *Lunch 48* – carte 69 à 87.

LAREN Noord-Holland **211** Q 9 et **908** G 5 – 11 890 h.

Env. O : Le Gooi★ (Het Gooi).

☝ à Hilversum SO : 6 km, Soestdijkerstraatweg 172, ☒ 1213 XJ, ℰ (0 35) 685 86 88, Fax (0 35) 685 38 13.

Amsterdam 29 – Apeldoorn 61 – Hilversum 6 – Utrecht 25.

🏨 **De Witte Bergen**, Rijksweg 2 (S : 2 km sur A 1), ☒ 3755 MV Eemnes, ℰ (0 35) 538 67 54, Fax (0 35) 531 38 48, 😭 – 📳 📺 ☎ 🅿 – 🔏 25 à 300. 🕮 ⓞ 🗲 ⱱⓘⓈⒶ
Repas (ouvert jusqu'à 23 h) Lunch 25 – carte env. 45 – ⊒ 15 – **112 ch** 115.

🍴🍴 **De Vrije Heere**, Naarderstraat 46, ☒ 1251 BD, ℰ (0 35) 538 68 58, Fax (0 35) 538 95 88, 😭 – 🅿. 🕮 ⓞ 🗲 ⱱⓘⓈⒶ. 🛇
fermé lundi, 24 déc. et 1er janv. – **Repas** (dîner seult) 55.

🍴 **Le Mouton**, Krommepad 5, ☒ 1251 HP, ℰ (0 35) 531 04 27, Fax (0 35) 531 04 27 – 🕮 🗲 ⱱⓘⓈⒶ ⱼⒸⒷ. 🛇
fermé lundi – **Repas** (dîner seult) carte env. 85.

LATTROP Overijssel **210** AA 8 et **908** L 4 – voir à Ootmarsum.

LEEK Groningen **210** X 3 et **908** K 2 – 18 511 h.

Amsterdam 170 – Groningen 18 – Leeuwarden 52.

🏨 **Leek**, Euroweg 1, ☒ 9351 EM, ℰ (0 594) 51 88 00, Fax (0 594) 51 74 55, 😭 – 📺 ☎
🅿 – 🔏 25 à 200. 🕮 ⓞ 🗲 ⱱⓘⓈⒶ
Repas Lunch 30 – 45 – **35 ch** ⊒ 105/143 – ½ P 121.

LEENDE Noord-Brabant ⒸHeeze-Leende 15 335 h. **211** S 14 et **908** H 7.

☝ Maarheezerweg N. 11, ☒ 5595 ZG, ℰ (0 40) 206 18 18.

Amsterdam 139 – 's-Hertogenbosch 51 – Eindhoven 12 – Roermond 38 – Venlo 54.

🍴🍴 **in den Muzerick**, Dorpstraat 42, ☒ 5595 CH, ℰ (0 40) 206 17 31, Fax (0 40) 206 19 15, 😭, « Terrasse » – 🅿. 🕮 🗲 ⱱⓘⓈⒶ ⱼⒸⒷ
fermé du 8 au 23 juin, 28 déc.-6 janv., mardi et merc. – **Repas** 53/80.

🍴🍴 **Jagershorst**, Valkenswaardseweg 44 (près A 2, sortie ㉞), ☒ 5595 XB, ℰ (0 40) 206 13 86, Fax (0 40) 206 27 55, 😭, « Environnement boisé » – 🅿 – 🔏 25 à 60. 🕮 ⓞ 🗲 ⱱⓘⓈⒶ
Repas Lunch 53 – 78/125.

🍴🍴 **Herberg De Scheuter**, Dorpstraat 52, ☒ 5595 CJ, ℰ (0 40) 206 16 86, Fax (0 40) 206 14 24, 😭 – 🍽 – 🔏 25 à 80. 🕮 ⓞ 🗲 ⱱⓘⓈⒶ
Repas Lunch 35 – 60/75.

LEENS Groningen Ⓒ De Marne 10 949 h. **210** X 2 et **908** K 1.

Amsterdam 196 – Assen 51 – Groningen 25 – Leeuwarden 52.

🍴🍴 **Het Schathoes Verhildersum**, Wierde 42, ☒ 9965 TB, ℰ (0 595) 57 22 04, Fax (0 595) 57 26 07, 😭, « Ancienne ferme » – 🅿. 🕮 ⓞ 🗲 ⱱⓘⓈⒶ
fermé 27 déc.-6 janv. et lundi et mardi de sept. à mai – **Repas** 50/90.

LEEUWARDEN 🅿 Fryslân **210** T 3 et **908** I 2 – 88 525 h.

Musées : Frison★★ (Fries Museum/Verzetsmuseum) CY – Het Princessehof, Musée néerlandais de la céramique★★ (Nederlands Keramiek Museum) BY.

☝ par ①, Woelwijk 101, ☒ 8926 XD, ℰ (0 511) 43 22 99.
🇧 Stationsplein 1, ☒ 8911 AC, ℰ 0 900-202 40 60, Fax (0 58) 215 35 93.
Amsterdam 139 ④ – Groningen 59 ① – Sneek 24 ③.

Plan page suivante

🏨🏨 **het Stadhouderlijk Hof** sans rest, Hofplein 29, ☒ 8911 HJ, ℰ (0 58) 216 21 80, Fax (0 58) 216 38 90, 😭, « Ancienne résidence des gouverneurs frisons », 🛲 – 📳 📺 ☎ 🕭 🅿 – 🔏 25 à 60. 🕮 ⓞ 🗲 ⱱⓘⓈⒶ ⱼⒸⒷ
⊒ 25 – **25 ch** 185/225, 4 suites. BY v

🏨🏨 **Oranje**, Stationsweg 4, ☒ 8911 AG, ℰ (0 58) 212 62 41, Fax (0 58) 212 14 41 – 📳 ⇔, 🍽 rest, 📺 ☎ ⇔ – 🔏 25 à 350. 🕮 ⓞ 🗲 ⱱⓘⓈⒶ ⱼⒸⒷ. 🛇 rest BZ a
fermé du 24 déc. soir au 26 déc. – **Repas** (ouvert jusqu'à 23 h) Lunch 48 – 45/73 – ⊒ 28 – **76 ch** 195/283 – ½ P 195/335.

🏨🏨 **Wyswert** ⓢ (Établissement d'application hôtelière), Rengerslaan 8, ☒ 8917 DD, ℰ (0 58) 215 77 15, Fax (0 58) 212 32 11 – ⇔ 📺 ☎ 🕭 🅿. 🕮 ⓞ 🗲 ⱱⓘⓈⒶ ⱼⒸⒷ. 🛇 AV d
fermé week-end et vacances scolaires – **Repas** Lunch 30 – 33/48 – ⊒ 15 – **28 ch** 105/125 – ½ P 115/150.

LEEUWARDEN

Bagijnestr.	BYZ	3
Blokhuispl.	CZ	4
de Brol	CZ	6
Drachtsterweg	AX	7
Druifstreek	CZ	9
Europaplein	AV	10
Franklinstr.	AX	12
Groningerstraatweg	CY	13
Harlingersingel	BY	15
Harlingerstraatweg	BY	16
Hoeksterend	CY	18
Julianastr.	AX	19
Kleine Kerkstr.	BY	21
Monnikemuurstr.	CY	22
Naauw	CZ	24
Nieuwe Kade	CY	25
Nieuwestad	BZ	
Over de Kelders	CYZ	27
Peperstr.	CZ	28
Pieter Stuysevantweg	AX	30
Prins Hendrikstr.	BZ	31
Prof. M. Gerbrandweg	AV	33
Schoenmakersperk	BY	34
St. Jacobsstr.	CY	36
Sophialaan	BZ	37
Speelmansstr.	CY	39
Stephenson viaduct	AX	40
Tesselschadestr.	BZ	42
Torenstr.	BY	43
Tuinen	CY	44
Turfmarkt	CY	45
Tweebaksmarkt	CZ	46
Voorstreek	CY	
Waagplein	CZ	48
Westerplantage	BYZ	49
W. Lodewijkstr.	CZ	51
Wirdumerdijk	CZ	53

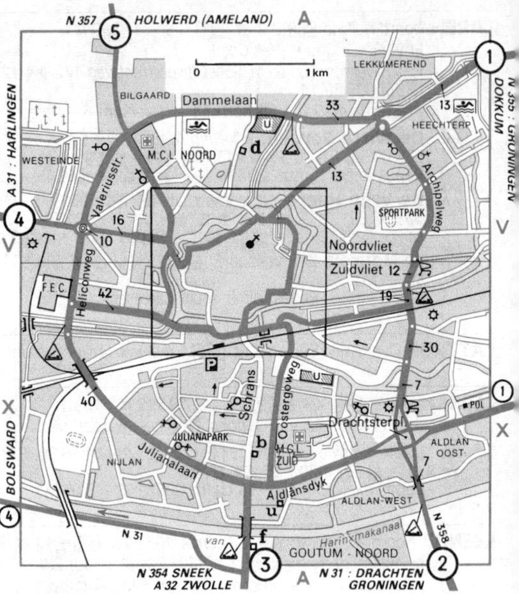

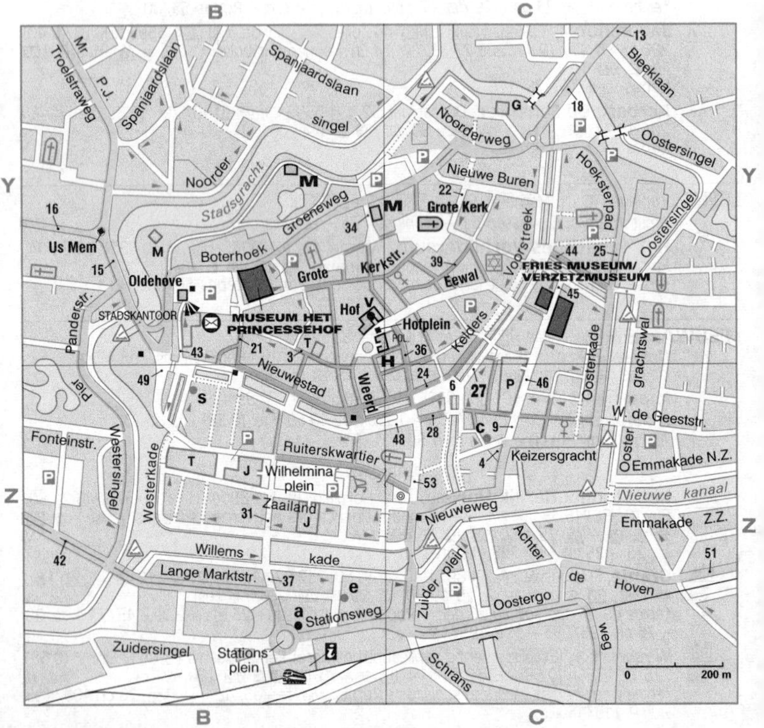

Campanile, Wergeasterdijk 1 (Goutum), ✉ 9084 AS, ☎ (0 58) 288 06 05, *Fax (0 58) 288 06 35,* – 35. rest AX f
Repas (avec buffet) 45 – 14 – **43 ch** 98.

Bastion, Legedijk 6, ✉ 8935 DG, ☎ (0 58) 289 01 12, *Fax (0 58) 289 05 12* – AX u
Repas (grillades, ouvert jusqu'à 23 h) 45 – 15 – **40 ch** 100.

Van den Berg State avec ch, Verlengde Schrans 87, ✉ 8932 NL, ☎ (0 58) 280 05 84, *Fax (0 58) 288 34 22,* « Gentilhommière fin 19e s. » – 25 à 40. AX b
fermé 31 déc. et 1er janv. – **Repas** *(fermé sam. midi et dim. midi)* Lunch 58 – carte 75 à 92 – 23 – **6 ch** 145/195 – ½ P 210/233.

De Mulderij, Baljeestraat 19, ✉ 8911 AK, ☎ (0 58) 213 48 02 – BZ e
fermé dim. et 3 sem. vacances bâtiment – **Repas** carte 67 à 107.

Van Essen, Oude Oosterstraat 7, ✉ 8911 LD, ☎ (0 58) 216 14 03 – CZ c
fermé lundi – **Repas** 58/85.

Kota Radja, Groot Schavernek 5, ✉ 8911 BW, ☎ (0 58) 213 35 64, *Fax (0 58) 213 72 83,* Cuisine asiatique – BZ s
Repas Lunch 13 – carte env. 45.

à Oudkerk (Aldtsjerk) *par ① : 12 km Tytsjerksteradiel 31 177 h :*

De Klinze , Van Sminiaweg 32, ✉ 9064 KC, ☎ (0 58) 256 10 50, *Fax (0 58) 256 10 60,* « Demeure du 17e s. dans un parc », – 25 à 250. rest
Repas (avec cuisine italienne, dîner seult) carte 70 à 98 – 25 – **26 ch** 225/350, 1 suite – ½ P 160/350.

LEIDEN *Zuid-Holland* 211 L 10 et 908 E 5 – *117 041 h.*

Voir *La vieille ville et ses Musées★★ – Rapenburg★* CZ.

Musées : *National d'Ethnologie★★ (Rijksmuseum voor Volkenkunde)* CY **M4** – *Municipal (Stedelijk Museum) De Lakenhal★★* DY **M5** – *National des Antiquités★★ (Rijksmuseum van Oudheden)* CYZ **M3** – *Boerhaave★* DY **M1**.

Env. *Champs de fleurs★★ par ⑥ : 10 km.*

Exc. *par ③ Alphen aan den Rijn : Archeon★ (parc à thèmes archéologiques).*

Stationsplein 210, ✉ 2312 AR, ☎ 0 900-222 23 33, Fax (0 71) 512 53 18.

Amsterdam 41 ⑤ – Den Haag 19 ② – Haarlem 32 ⑥ – Rotterdam 34 ②.

Plans pages suivantes

Holiday Inn, Haagse Schouwweg 10 (près A 44), ✉ 2332 KG, ☎ (0 71) 535 55 55, *Fax (0 71) 535 55 53,* – ch, – 25 à 2000. rest AU u
Repas (buffets) – 30 – **189 ch** 310 – ½ P 310/385.

Golden Tulip, Schipholweg 3, ✉ 2316 XB, ☎ (0 71) 522 11 21, *Fax (0 71) 522 66 75* – – 25 à 40. rest CX c
Repas (dîner seult) carte 59 à 78 – **47 ch** 195/305, 4 suites.

Mayflower sans rest, Beestenmarkt 2, ✉ 2312 CC, ☎ (0 71) 514 26 41, *Fax (0 71) 512 85 16* – CY e
18 ch 170.

De Doelen sans rest, Rapenburg 2, ✉ 2311 EV, ☎ (0 71) 512 05 27, *Fax (0 71) 512 84 53* – CYZ k
fermé 23 déc.-4 janv. – – **15 ch** 100/180.

Bastion, Voorschoterweg 8, ✉ 2324 NE, ☎ (0 71) 576 88 00, *Fax (0 71) 531 80 03* – AV b
Repas (grillades, ouvert jusqu'à 23 h) 45 – 15 – **40 ch** 100.

Engelbertha Hoeve, Hoge Morsweg 140, ✉ 2332 HN, ☎ (0 71) 576 50 00, *Fax (0 71) 532 37 80,* « Ferme du 18e s. avec terrasse au bord de l'eau », –
fermé sam. midi, dim. midi et lundi – **Repas** Lunch 45 – 75. AV s

La Cloche, Kloksteeg 3, ✉ 2311 SK, ☎ (0 71) 512 30 53, *Fax (0 71) 514 60 51* – CDZ m
fermé 31 déc. – **Repas** (dîner seult) 55/85.

Oudt Leyden, Steenstraat 53, ✉ 2312 BV, ☎ (0 71) 513 31 44, *Fax (0 71) 512 08 21* – CY q
fermé dim. midi, lundi et 25 et 26 déc. – **Repas** Lunch 50 – carte env. 70.

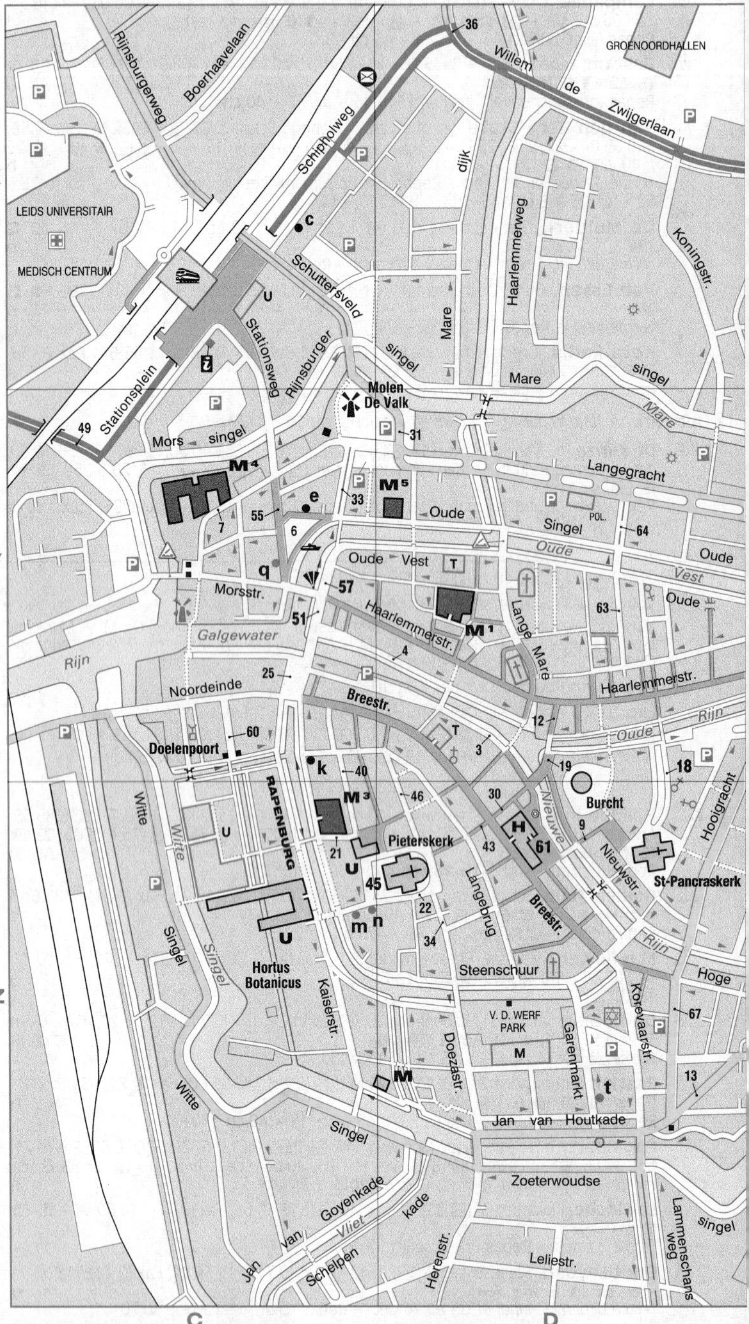
C
D
X
Y
Z
GROENOORDHALLEN
Willem de Zwijgerlaan
Rijnsburgerweg
Boerhaavelaan
Schipholweg
LEIDS UNIVERSITAIR
MEDISCH CENTRUM
Schuttersveld
Stationsweg
Rijnsburger singel
Stationsplein
Koningstr.
Haarlemmerweg
dijk
Mare
singel
Molen De Valk
Mors singel
Langegracht
Oude Singel
POL.
Oude Vest
Morsstr.
Galgewater
Rijn
Noordeinde
Haarlemmerstr.
Lange Mare
Breestr.
Oude Rijn
Doelenpoort
RAPENBURG
Witte Singel
Burcht
Nieuwe
Pieterskerk
St-Pancraskerk
Nieuwstr.
Hooigracht
Langebrug
Hortus Botanicus
Steenschuur
Hoge
Kaiserstr.
V. D. WERF PARK
Doezastr.
Garenmarkt
Korevaarstr.
Jan van Houtkade
Zoeterwoudse singel
Jan van Goyenkade
Vliet
Schelpen kade
Herenstr.
Leliestr.
Lammenschans weg
M⁴
M⁵
M¹
M³
M
U
T
P
H
c
e
q
k
m
n
t
36
49
31
33
55
7
6
57
51
4
64
63
25
60
40
46
21
45
22
34
3
12
19
18
30
43
61
9
67
13

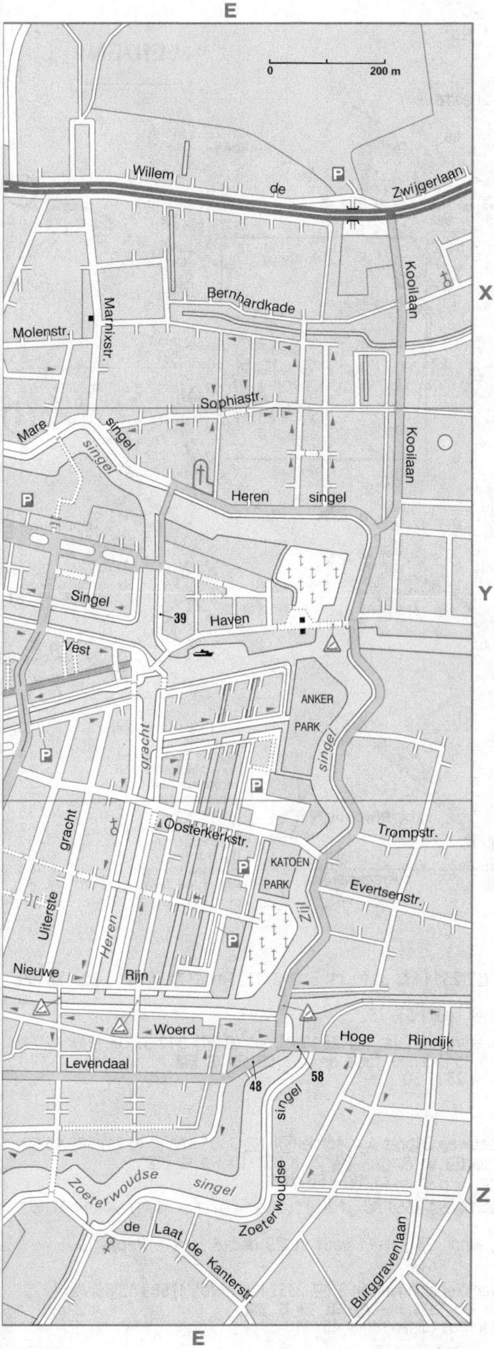

LEIDEN

Aalmarkt . . . . **DY** 3
Apothekersdijk . . . . **DY** 4
Beestenmarkt . . . . **CY** 6
Bernhardkade . . . . **EX**
Binnenvestgracht . . . . **CY** 7
Boerhaavelaan . . . . **CX**
Breestraat . . . . **DYZ**
Burggravenlaan . . . . **EZ**
Burgsteeg . . . . **DZ** 9
Doezastr. . . . . **DZ**
Donkersteeg . . . . **DY** 12
Evertsenstr. . . . . **EZ**
Garenmarkt . . . . **DZ**
Geregracht . . . . **DZ** 13
Haarlemmerstr. . . . . **DEY**
Haarlemmerweg . . . . **DX**
Haven . . . . **EY**
Herensingel . . . . **EY**
Herenstr. . . . . **DZ**
Hogerijndijk . . . . **EZ**
Hogewoerd . . . . **DEZ**
Hooglandse
Kerkgracht . . . . **DYZ** 18
Hoogstraat . . . . **DY** 19
Hooigracht . . . . **DZ**
Houtstraat . . . . **CZ** 21
Jan van Goyenkade . . . . **CZ**
Jan van Houtkade . . . . **DZ**
Kaiserstr. . . . . **CZ**
Kloksteeg . . . . **DZ** 22
Koningstr. . . . . **DX**
Kooilaan . . . . **EXY**
Korevaarstr. . . . . **DZ**
Kort Rapenburg . . . . **CY** 25
de Laat
de Kanterstr. . . . . **EZ**
Lammenschansweg . . . . **DZ**
Langebrug . . . . **DZ**
Langegracht . . . . **DY**
Langemare . . . . **DY**
Leiliestr. . . . . **DZ**
Levendaal . . . . **EZ**
Maarsmansteeg . . . . **CYZ** 30
Maredijk . . . . **DX**
Maresingel . . . . **DEX**
Marnixstr. . . . . **EX**
Molenstr. . . . . **EX**
Molenwerf . . . . **CDY** 31
Morssingel . . . . **CY**
Morsstr. . . . . **CY**
Nieuwe
Beestenmarkt . . . . **CY** 33
Nieuwerijn . . . . **EZ**
Nieuwsteeg . . . . **DZ** 34
Nieuwstr. . . . . **DZ**
Noordeinde . . . . **CY**
Oegstgeesterweg . . . . **DX** 36
Ooesterkerkstr. . . . . **EZ**
Oude Herengracht . . . . **EY** 39
Oudesingel . . . . **DEY**
Oudevest . . . . **DEY**
Papengracht . . . . **CYZ** 40
Pieterskerkchoorsteeg . . . . . . **DZ** 43
Pieterskerkhof . . . . **CDZ** 45
Pieterskerkstr. . . . . **DYZ** 46
Plantagelaan . . . . **EZ** 48
Plesmanlaan . . . . **CY** 49
Prinsessekade . . . . **CY** 51
Rapenburg . . . . **CZ**
Rijnsburgersingel . . . . **CDX**
Rijnsburgerweg . . . . **CX**
Schelpenkade . . . . **CZ**
Schipholweg . . . . **CX**
Schuttersveld . . . . **CX**
Sophiastr. . . . . **EX**
Stationsplein . . . . **CX**
Stationsweg . . . . **CX**
Steenschuur . . . . **DZ**
Steenstr. . . . . **CY** 55
Trompstr. . . . . **EZ**
Turfmarkt . . . . **CY** 57
Uiterstegracht . . . . **EZ**
Utrechtsebrug . . . . **EZ** 58
Varkenmarkt . . . . **CY** 60
Vismarkt . . . . **DZ** 61
Vollersgracht . . . . **DY** 63
Volmolengracht . . . . **DY** 64
Watersteeg . . . . **DZ** 67
Willem
de Zwijgerlaan . . . . **DEX**
Wittesingel . . . . **CZ**
Zoeterwoudsesingel . . . . **DEZ**

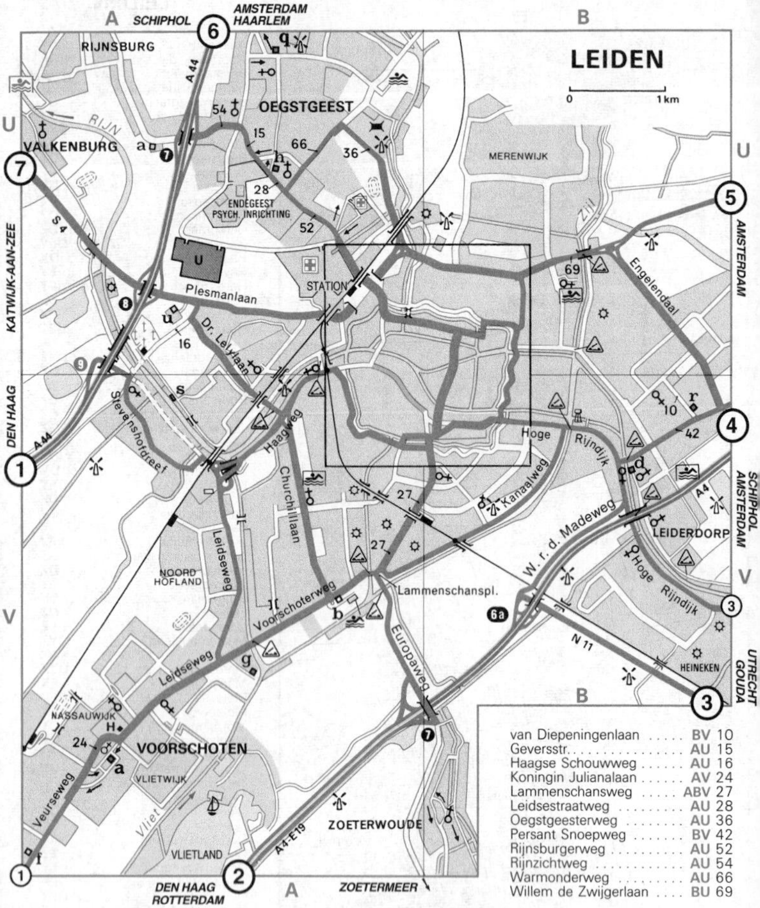

van Diepeningenlaan	BV	10
Geversstr.	AU	15
Haagse Schouwweg	AU	16
Koningin Julianalaan	AV	24
Lammenschansweg	ABV	27
Leidsestraatweg	AU	28
Oegstgeesterweg	AU	36
Persant Snoepweg	BV	42
Rijnsburgerweg	AU	52
Rijnzichtweg	AU	54
Warmonderweg	AU	66
Willem de Zwijgerlaan	BU	69

X **Fabers,** Kloksteeg 13, ✉ 2311 SK, ☎ (0 71) 512 40 12, *Fax (0 71) 513 11 20* – ▤. AE ◑ E VISA — CDZ n
fermé dim. – **Repas** (dîner seult) 53/73.

X **Anak Bandung,** Garenmarkt 24a, ✉ 2311 PJ, ☎ (0 71) 512 53 03, *Fax (0 71) 512 10 49*, terrasse, Cuisine indonésienne, table de riz – AE ◑ E VISA — DZ t
Repas (dîner seult jusqu'à 23 h) 50.

à Leiderdorp *SE : 2 km – 23 610 h.*

AC Hotel, Persant Snoepweg 2 (près A 4, sortie ⑥), ✉ 2353 KA, ☎ (0 71) 589 93 02, *Fax (0 71) 541 56 69* – |‡| TV ☎ ♿ P – 25 à 250. AE ◑ E VISA
Repas (avec buffet) *Lunch 12* – 45 – ☕ 18 – **60 ch** 125.

XX **Elckerlyc,** Hoofdstraat 14, ✉ 2351 AJ, ☎ (0 71) 541 14 07, *Fax (0 71) 541 14 07*, terrasse – AE ◑ E VISA — BV d
fermé sam. midi, dim., lundi, 23 juil.-11 août et 29 déc.-6 janv. – **Repas** *Lunch 60* – 65/80.

XX **In Den Houtkamp,** Van Diepeningenlaan 2, ✉ 2352 KA, ☎ (0 71) 589 12 88, *Fax (0 71) 541 73 15*, terrasse, « Ferme du 19e s. » – P. AE ◑ E VISA — BV r
fermé lundi et mardi – **Repas** (dîner seult) 45/110.

à Oegstgeest *N : 3 km – 20 114 h.*

Bastion, Rijnzichtweg 97, ✉ 2342 AX, ☎ (0 71) 515 38 41, *Fax (0 71) 515 49 81* – TV ☎ P. AE ⓓ E VISA. AU a
Repas (grillades, ouvert jusqu'à 23 h) 45 – ☕ 15 – **40 ch** 85/100.

De Beukenhof, Terweeweg 2, ✉ 2341 CR, ☎ (0 71) 517 31 88, *Fax (0 71) 517 61 69*, « Terrasses et jardin fleuris » – P – 40. AE ⓓ E VISA. AU h
fermé sam. midi, 24 déc. et 27 déc. et 2 janv. – **Repas** Lunch 65 – carte 79 à 109.

De Moerbei, Lange Voort 11 B/E, ✉ 2343 CA, ☎ (0 71) *Fax (0 71) 515 68 98* – AE E VISA JCB AU q
fermé du 1er au 15 fév., 6 avril, 25 mai, du 2 au 16 août et lundi – **Repas** (dîner seult) 50/68. AU q

à Voorschoten *SO : 5 km – 22 906 h.*

Motel De Gouden Leeuw, Veurseweg 180, ✉ 2252 AG, ☎ (0 71) 561 59 16, *Fax (0 71) 561 27 94*, – TV ☎ – 25 à 200. AE ⓓ E VISA. ch AV f
Repas Lunch 15 – carte env. 50 – ☕ 15 – **107 ch** 100/115.

Allemansgeest, Hofweg 55, ✉ 2251 LP, ☎ (0 71) 576 41 75, *Fax (0 71) 531 55 54*, ≤, « Auberge avec terrasse au bord de l'eau », – P. AE E VISA. AV g
fermé sam. midi, dim., lundi et 24 déc.-1er janv. – **Repas** Lunch 60 – 80/97.

De Knip, Kniplaan 22 (4 km par Veurseweg), ✉ 2251 AK, ☎ (0 71) 561 25 73, *Fax (0 71) 561 40 96*, ≤, « Terrasse ombragée au bord de l'eau » – P. E VISA. AV
fermé lundi – **Repas** 55/70.

Gasterij Floris V, Voorstraat 12, ✉ 2251 BN, ☎ (0 71) 561 84 70, *Fax (0 71) 512 88 85*, « Ancienne maison de corporation du 17e s. » – AE ⓓ E VISA JCB AV a
fermé du 1er au 8 mars, du 2 au 16 août, 27 déc.-3 janv., dim. et lundi – **Repas** (dîner seult) 60/75.

LEIDERDORP *Zuid-Holland* 211 M 10 et 908 E 5 – *voir à Leiden.*

LEIDSCHENDAM *Zuid-Holland* 211 L 10 - 2 et 908 E 5 – *voir à Den Haag, environs.*

LEKKERKERK *Zuid-Holland* Ⓒ *Nederlek 14 860 h.* 211 N 11 908 F 6.
Amsterdam 102 – Rotterdam 21 – Utrecht 45.

De Witte Brug, Kerkweg 138, ✉ 2941 BP, ☎ (0 180) 66 33 44, *Fax (0 180) 66 13 35*, – TV ☎ P – 25 à 50. AE ⓓ E VISA JCB. rest
Repas 40/60 – **37 ch** ☕ 150/240 – ½ P 98/125.

LELYSTAD Ⓟ *Flevoland* 210 R 7 et 908 H 4 – *60 557 h.*
Bosweg 98, ✉ 8231 DZ, ☎ (0 320) 23 00 77, Fax (0 320) 23 09 32 - à Zeewolde S : 20 km, Golflaan 1, ✉ 3896 LL, ☎ (0 36) 522 20 73, Fax (0 36) 522 41 00 et Pluvierenweg 7, ✉ 3898 LL, ☎ (0 320) 28 81 16, Fax (0 320) 28 80 09.
Stationsplein 186, ✉ 8232 VT, ☎ (0 320) 24 34 44, Fax (0 320) 28 02 18.
Amsterdam 57 – Arnhem 96 – Amersfoort 55 – Zwolle 49.

Mercure, Agoraweg 11, ✉ 8224 BZ, ☎ (0 320) 24 24 44, *Fax (0 320) 22 75 69*, – ch, TV ☎ – 25 à 150. AE ⓓ E VISA. rest
Repas 43 – ☕ 24 – **86 ch** 115/195 – ½ P 168/241.

Raedtskelder, Maerlant 14 (Centre Commercial), ✉ 8224 AC, ☎ (0 320) 22 23 25, *Fax (0 320) 22 80 32* – AE ⓓ E VISA JCB
fermé dim. et jours fériés – **Repas** Lunch 45 – carte 68 à 100.

LEMMER *Fryslân* Ⓒ *Lemsterland 11 999 h.* 210 T 5 et 908 I 3.
Nieuwburen 1, ✉ 8531 EE, ☎ (0514) 56 16 19, Fax (0 514) 56 16 64.
Amsterdam 106 – Leeuwarden 49 – Zwolle 51.

Iselmar, Plattedijk 16 (NO : 2 km), ✉ 8531 PC, ☎ (0 514) 56 90 96, *Fax (0 514) 56 29 24*, ≤, « Sur port de plaisance », – TV P – 80. AE ⓓ E VISA. ch
Repas carte 52 à 73 – ☕ 18 – **31 ch** 165.

De Connoisseur, Vuurtorenweg 15, ✉ 8531 HJ, ☎ (0 514) 56 55 59, *Fax (0 514) 56 53 49*, – P. AE ⓓ E VISA
fermé lundi et merc. de nov. à mars, mardi et janv.-17 fév. – **Repas** (dîner seult) 70/115.

LEUSDEN *Utrecht* 211 R 10 et 908 H 5 - *28 003 h.*

Appelweg 4, ✉ 3832 RK, ☎ (0 33) 461 69 44, Fax (0 33) 465 29 21.
Amsterdam 62 - Amersfoort 4 - Utrecht 23.

Ros Beyaart, Hamersveldseweg 55, ✉ 3833 GL, ☎ (0 33) 494 31 27, *Fax (0 33) 432 12 48*, - - 25 à 100. AE E VISA
Repas Lunch 50 - 60.

LEUVENUM *Gelderland* C *Ermelo 27 008 h.* 210 T 9, 211 T 9 et 908 I 5.
Amsterdam 80 - Arnhem 46 - Apeldoorn 24 - Zwolle 38.

Het Roode Koper, Jhr. Sandbergweg 82, ✉ 3852 PV Ermelo, ☎ (0 577) 40 73 93, *Fax (0 577) 40 75 61*, « Dans les bois », - TV - 25 à 50. AE E VISA. rest
Repas Lunch 36 - carte 60 à 88 - **26 ch** 133/355 - ½ P 155/233.

LHEE *Drenthe* 210 X 6 et 908 K 3 - *voir à Dwingeloo.*

LIES *Fryslân* 210 Q 2 - *voir à Waddeneilanden (Terschelling).*

LINSCHOTEN *Utrecht* 211 O 10 et 908 F 5 - *voir à Montfoort.*

LISSE *Zuid-Holland* 211 M 9 et 908 E 5 - *21 873 h.*

Voir *Parc de Keukenhof★★★ (fin mars à mi-mai), passerelle du moulin ≤★★.*
Grachtweg 53, ✉ 2161 HM, ☎ (0 252) 41 42 62, Fax (0 252) 41 86 39.
Amsterdam 34 - Den Haag 29 - Haarlem 16.

De Nachtegaal, Heereweg 10 (N : 2 km), ✉ 2161 AG, ☎ (0 252) 43 30 30, *Fax (0 252) 43 30 10*, - rest, TV - 25 à 350. AE E VISA JCB
Repas 45 - 23 - **142 ch** 158/248, 2 suites - ½ P 108/190.

De Duif, Westerdreef 17, ✉ 2161 EN, ☎ (0 252) 41 00 76, *Fax (0 252) 41 09 99* - TV - 50. AE E VISA
Repas (dîner seult) *(fermé lundi)* 50/63 - 23 - **27 ch** 143/195, 12 suites.

Het Lisser Spijshuis, Heereweg 234, ✉ 2161 BR, ☎ (0 252) 41 16 65, *Fax (0 252) 41 97 77*, - . AE E VISA JCB
fermé sam. midi, dim. midi et lundi - **Repas** Lunch 53 - 58.

à Lisserbroek *E : 1 km* C *Haarlemmermeer 108 224 h :*

Het Oude Dykhuys, Lisserdijk 567, ✉ 2165 AL, ☎ (0 252) 41 39 05, *Fax (0 252) 41 89 77*, - . AE E VISA.
fermé 2 prem. sem. août - **Repas** Lunch 65 - carte 74 à 119.

LISSERBROEK *Noord-Holland* 211 M 9 - *voir à Lisse.*

LOCHEM *Gelderland* 211 X 10 et 908 K 5 - *18 831 h.*

Sluitdijk 4, ✉ 7241 RR, ☎ (0 573) 25 43 23, Fax (0 573) 25 84 50.
Tramstraat 4, ✉ 7241 CJ, ☎ (0 573) 25 18 98, Fax (0 573) 25 68 85.
Amsterdam 121 - Arnhem 49 - Apeldoorn 37 - Enschede 42.

De Scheperskamp, Paasberg 3 (SO : 1 km), ✉ 7241 JR, ☎ (0 573) 25 40 51, *Fax (0 573) 25 71 50*, « Environnement boisé », - rest, TV - 25 à 120. AE E VISA.
Repas Lunch 40 - carte 63 à 86 - **50 ch** 185/250 - ½ P 130/165.

't Hof van Gelre, Nieuweweg 38, ✉ 7241 EW, ☎ (0 573) 25 33 51, *Fax (0 573) 25 42 45*, - rest, TV - 25 à 120. AE E VISA.
Repas 68 - **48 ch** 100/250 - ½ P 128/163.

Alpha, Paasberg 2 (SO : 1 km), ✉ 7241 JR, ☎ (0 573) 25 47 51, *Fax (0 573) 25 33 41*, ≤, - TV - 25 à 100. AE E VISA JCB.
Repas (résidents seult) - **36 ch** 120/210 - ½ P 125/150.

de Vijverhof sans rest, Mar. Naefflaan 11, ✉ 7241 GC, ☎ (0 573) 25 10 24, *Fax (0 573) 25 18 50*, - .
fermé 28 déc.-fév. - **14 ch** 105/140.

De Lochemse Berg, Lochemseweg 42 (SO : 2,5 km), ✉ 7244 RS, ☎ (0 573) 25 13 77, *Fax (0 573) 25 82 24*, - TV . E VISA. rest
avril-oct. et 20 déc.-janv. - **Repas** (dîner pour résidents seult) - **15 ch** 90/165.

Kawop, Markt 23, ✉ 7241 AA, ☎ (0 573) 25 33 42, *Fax (0 573) 25 88 60*, - AE E VISA
fermé jeudi, fin sept. et fin janv. - **Repas** (dîner seult) 50/70.

LOENEN *Utrecht* 211 P 9 et 908 G 5 - *8 450 h.*

Amsterdam 22 - Utrecht 23 - Hilversum 14.

X **Tante Koosje,** Kerkstraat 1, ✉ 3632 EL, ✆ (0 294) 23 32 01, *Fax (0 294) 23 46 13,* « Bistrot typique à l'ombre du clocher » - AE ⓓ E VISA
fermé merc. et 31 déc. - **Repas** carte env. 80
Spéc. Salade de canard confit aux copeaux de foie d'oie. Petit braisé au risotto de champignons, sauce aux truffes. Ris de veau croustillant aux gambas et artichauts.

X **'t Amsterdammertje,** Rijksstraatweg 119, ✉ 3632 AB, ✆ (0 294) 23 48 48, - E VISA
Repas (dîner seult) 48.

X **De Proeverij,** Kerkstraat 5a, ✉ 3632 EL, ✆ (0 294) 23 47 74, *Fax (0 294) 23 46 13,* - AE E VISA
fermé lundi, mardi et 31 déc. - **Repas** (dîner seult) carte env. 65.

LOON OP ZAND *Noord-Brabant* 211 P 13 et 908 G 7 - *22 501 h.*

Env. *N : Kaatsheuvel, De Efteling★.*

Amsterdam 104 - Breda 29 - 's-Hertogenbosch 29 - Tilburg 9.

XX **Castellanie,** Kasteellaan 20, ✉ 5175 BD, ✆ (0 416) 36 12 51, « Terrasse et jardin » - Ⓟ. AE ⓓ E VISA.
fermé mardi, merc. et 2 dern. sem. sept. - **Repas** Lunch 35 - 45/80.

à De Moer *E : 5 km* C *Loon op Zand :*

Aub. De Moerse Hoeve, Heibloemstraat 12, ✉ 5176 NM, ✆ (0 13) 515 92 36, *Fax (0 13) 515 95 75,* - TV ☎ ♿ Ⓟ - 25 à 70. AE E VISA. rest
fermé 23 déc.-3 janv. - **Repas** *(fermé sam.)* carte env. 65 - **17 ch** 99/115 - ½ P 127/136.

LOOSDRECHT *Utrecht* 211 P 9 et 908 G 5 - *8 923 h.*

Voir *Étangs★★ (Loosdrechtse Plassen).*

Oud Loosdrechtsedijk 198 à Oud-Loosdrecht, ✉ 1231 NG, ✆ (0 35) 582 39 58, Fax (0 35) 582 72 04.

Amsterdam 27 - Utrecht 27 - Hilversum 7.

à Oud-Loosdrecht C *Loosdrecht :*

Golden Tulip, Oud Loosdrechtsedijk 253, ✉ 1231 LZ, ✆ (0 35) 582 49 04, *Fax (0 35) 582 48 74,* ≤, - TV ☎ Ⓟ - 25 à 50. AE ⓓ E VISA
Repas Lunch 28 - 43 - **68 ch** 260/310.

XX **Host. 't Kompas** avec ch (et annexe - 16 ch), Oud Loosdrechtsedijk 203, ✉ 1231 LW, ✆ (0 35) 582 32 00, *Fax (0 35) 582 45 88,* - TV ☎ Ⓟ - 30. AE ⓓ E VISA
fermé du 25 au 31 déc. - **Repas** Lunch 48 - 65 - 18 - **16 ch** 145/160 - ½ P 148/228.

LOPPERSUM *Groningen* 210 Z 3 et 908 L 2 - *11 076 h.*

Voir *Fresques★ dans l'église.*

Amsterdam 216 - Appingedam 8 - Groningen 21.

XX **'t Regthuys,** Fromaweg 1 (SE : 3 km à Wirdum), ✉ 9917 PK, ✆ (0 596) 57 18 90, *Fax (0 596) 57 30 54,* - Ⓟ. AE ⓓ E VISA JCB.
fermé lundi et 31 déc.-10 janv. - **Repas** Lunch 35 - 50/65.

LUNTEREN *Gelderland* C *Ede 100 927 h.* 211 S 10 et 908 H 5.

Amsterdam 69 - Arnhem 29 - Apeldoorn 43 - Utrecht 46.

Host. De Lunterse Boer, Boslaan 87, ✉ 6741 KD, ✆ (0 318) 48 36 57, *Fax (0 318) 48 55 21,* « Dans les bois », - TV ☎ Ⓟ - 25. AE ⓓ E VISA
Repas carte env. 50 - **16 ch** 105/160 - ½ P 140.

Les hôtels ou restaurants agréables sont indiqués dans le guide par un signe rouge.

Aidez-nous en nous signalant les maisons où, par expérience, vous savez qu'il fait bon vivre.

Votre **guide Michelin** sera encore meilleur.

... XXXXX ... X

De LUTTE *Overijssel* ⓒ *Losser 22 775 h.* 210 AA 9, 211 AA 9 et 908 L 5.

Plechelmusstraat 14, ✉ 7587 AM, ✆ (0 541) 55 17 77, Fax (0 541) 55 22 11.

Amsterdam 165 – Zwolle 78 – Enschede 15.

Bloemenbeek ⛰, Beuningerstraat 6 (NE : 1 km), ✉ 7587 LD, ✆ (0 541) 55 12 24, *Fax (0 541) 55 22 85*, ☂, ≘s, ⛱, ☗, ✂ – |‡| TV ☎ P – ⚑ 25 à 250. AE ⓓ E VISA. ✂ rest
fermé 30 déc.-8 janv. – **Repas** 53/130 – **55 ch** ☕ 205/425, 5 suites – ½ P 138/250.

De Wilmersberg ⛰, Rhododendronlaan 7, ✉ 7587 NL, ✆ (0 541) 58 55 55, *Fax (0 541) 58 55 65*, ≤, ☂, « Terrasses et jardin », ✂ – |‡| TV ☎ P – ⚑ 25 à 180. AE ⓓ E VISA JCB. ✂
Repas Lunch 55 – carte 73 à 100 – ☕ 28 – **66 ch** 275 – ½ P 220/330.

De Lutt, Beuningerstraat 20 (NE : 2 km), ✉ 7587 LD, ✆ (0 541) 55 25 25, *Fax (0 541) 55 22 55*, ☂, « Parc avec pièce d'eau », ≘s, ☗ – |‡| TV ☎ P. AE ⓓ E VISA JCB. ✂
Repas carte 59 à 77 – **25 ch** ☕ 113/275 – ½ P 130/185.

't Kruisselt, Kruisseltlaan 3, ✉ 7587 NM, ✆ (0 541) 55 15 67, *Fax (0 541) 55 18 62*, « Terrasse avec ≤ bois », ≘s, ⛱, ☗ – TV ☎ P – ⚑ 25 à 100. AE ⓓ E VISA. ✂
Repas Lunch 25 – carte 45 à 60 – **43 ch** ☕ 140/195 – ½ P 128/133.

Berg en Dal avec ch, Bentheimerstraat 34, ✉ 7587 NH, ✆ (0 541) 55 12 02, *Fax (0 541) 55 15 54*, ☂, ✂ – TV ☎ P. AE ⓓ E VISA JCB. ✂
fermé du 28 au 31 déc. – **Repas** 45/63 – **12 ch** ☕ 85/130 – ½ P 95/115.

MAARSSEN *Utrecht* 211 P 10 et 908 G 5 – *41 241 h.*

Amsterdam 32 – Utrecht 9.

Carlton President, Floraweg 25 (S : 2 km près A 2), ✉ 3608 BW, ✆ (0 30) 241 41 82, *Fax (0 30) 241 05 42*, ⛹, ≘s, ☗ – |‡| ⚭, ▤ rest, TV ☎ P – ⚑ 25 à 300. AE ⓓ E VISA
Repas carte env. 70 – ☕ 37 – **172 ch** 335/405.

De Wilgenplas (van Groeninge), Maarsseveensevaart 7a (E : 1,5 km), ✉ 3601 CC, ✆ (0 346) 56 15 90, *Fax (0 346) 57 51 40*, ☂ – P. AE ⓓ E VISA. ✂
fermé du 2 au 17 août, 26 déc.-3 janv., sam. midi et dim. – **Repas** 95/135, carte env. 130
Spéc. Salade d'asperges vertes à la moelle, aux truffes et tomate séchée. Dorade cuite sous argile, sauce à l'aneth et poivre rose. Poussin truffé en vessie et ragoût de légumes.

Auguste, Straatweg 144, ✉ 3603 CS, ✆ (0 346) 56 56 66, ☂ – P. AE ⓓ E VISA
fermé lundi – **Repas** (dîner seult) 70/75.

De Prins te Paard, Breedstraat 4, ✉ 3603 BA, ✆ (0 346) 56 37 47, *Fax (0 346) 55 52 36*, « Maison du 17e s. avec cave voûtée » – ▤. AE ⓓ E VISA JCB. ✂
Repas Lunch 53 – 55/88.

MAARTENSDIJK *Utrecht* 211 Q 10 et 908 G 5 – *9 403 h.*

Amsterdam 53 – Apeldoorn 70 – Utrecht 15.

Martinique, Dorpsweg 153, ✉ 3738 CD, ✆ (0 346) 21 26 27, *Fax (0 346) 21 43 20*, ☂ – P. AE ⓓ E VISA
fermé lundis non fériés et 2 prem. sem. mars – **Repas** (dîner seult) 58/75.

MAASBRACHT *Limburg* 211 U 16 et 908 I 8 – *13 765 h.*

Amsterdam 176 – Eindhoven 48 – Maastricht 39 – Venlo 40.

Da Vinci (Mme Reuten), Havenstraat 27 (au port de péniches), ✉ 6051 CS, ✆ (0 475) 46 59 79, *Fax (0 475) 46 66 11*, « Aménagement design » – AE ⓓ E VISA. ✂
fermé lundis et mardis non fériés, sam. midi, 1 sem. carnaval, 3 sem. vacances bâtiment et fin déc. – **Repas** Lunch 80 – 110, carte 93 à 117
Spéc. Saumon mariné au chou-fleur. Turbot à la Margo. Parfait au moka.

MAASDAM *Zuid-Holland* ⓒ *Binnenmaas 18 938 h.* 211 M 12 - ㊳ N et 908 E 6.

Amsterdam 100 – Breda 35 – Dordrecht 14 – Rotterdam 18.

De Hoogt ⛰, Raadhuisstraat 3, ✉ 3299 AP, ✆ (0 78) 676 18 11, *Fax (0 78) 676 47 25*, ☂, ⚓ – ▤ TV ☎ P. AE ⓓ E VISA
fermé 27 déc.-1er janv. et dim. en juil.-août – **Repas** carte 57 à 73 – **10 ch** ☕ 135/165.

MAASSLUIS *Zuid-Holland* 211 K 11 - ㊳ N et 908 D 6 - ㉓ N – *33 102 h.*

vers Rozenburg : van der Schuyt-van den Boom-Stanfries B.V., Burg. v.d. Lelykade 4 ☎ (0 10) 591 22 12, Fax (0 10) 592 85 55. Durée de la traversée : 10 min. Prix : 0,75 Fl, voiture 6,60Fl.

Amsterdam 81 – Den Haag 26 – Rotterdam 19.

XX **De Ridderhof,** Sportlaan 2, ✉ 3141 XN, ☎ (0 10) 591 12 11, *Fax (0 10) 591 37 80,* , « Ferme du 17e s. » – P. AE E VISA
fermé dim. et lundi – **Repas** *Lunch 43* – carte env. 85.

In deze gids
heeft een zelfde letter of teken,
***zwart** of **rood**, dun of **dik** gedrukt*
niet helemaal dezelfde betekenis.

Lees aandachtig de bladzijden met verklarende tekst.

MAASTRICHT P *Limburg* 211 T 17 et 908 I 9 – *118 933 h.*

Voir *La vieille ville★ - Basilique St-Servais★★ (St. Servaasbasiliek) : Portail royal★, chœur★, chapiteaux★, Trésor★★ (Kerkschat)* CY **B** – *Basilique Notre-Dame★ (O. L. Vrouwebasiliek) : chœur★★* CZ **A** – *Remparts Sud★ (Walmuur)* CZ – *Carnaval★ – St. Pietersberg★ S : 2 km* AX.

Musée : *des Bons Enfants★★ (Bonnefantenmuseum)* DZ **M**1.

à Beek par ① : 11 km ☎ (0 43) 358 99 99.

Kleine Staat 1, ✉ 6211 ED, ☎ (0 43) 325 21 21, Fax (0 43) 321 37 46.

Amsterdam 213 ① – Aachen 36 ② – Bruxelles 124 ⑤ – Liège 33 ⑤ – Mönchengladbach 81 ①.

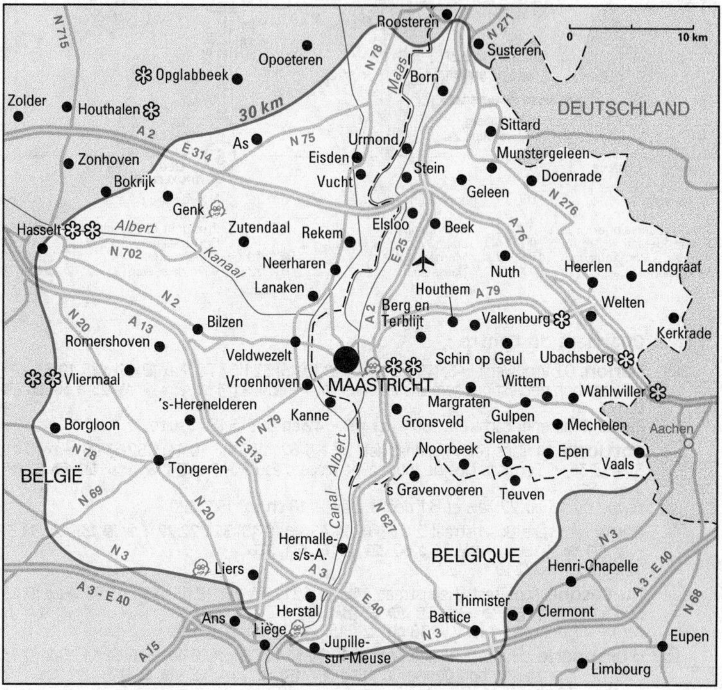

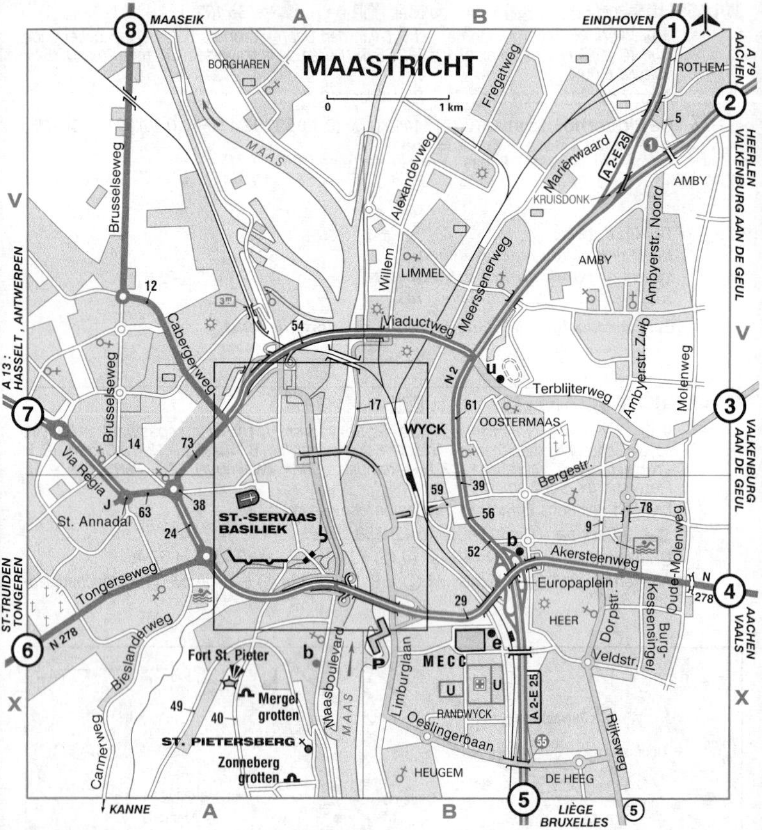

Ambyerweg	BV 5	John Kennedysingel	BX 29	Noorderbrug	AX 54
Burg. Cortenstr.	BX 9	Koningin Emmapl.	AX 38	Oranjepl.	BX 56
Carl Smulderssingel	AV 12	Koningspl.	BX 39	President Rooseveltlaan	BV 61
Dr. van Kleefstr.	AV 14	Luikerweg	AX 40	St. Annalaan	AX 63
Franciscus Romanusweg	ABV 17	Mergelweg	AX 49	Statensingel	AV 73
Hertogsingel	AX 24	Nassaulaan	BX 52	Vijverdalseweg	BX 78

Quartiers du Centre :

Derlon, O.L.Vrouweplein 6, ✉ 6211 HD, ☎ (0 43) 321 67 70, *Fax (0 43) 325 19 33*, « Exposition de vestiges romains en sous-sol » – 25 à 50. AE VISA CZ e
Repas (Brasserie) carte env. 60 – 43 – **42 ch** 395/545, 1 suite.

Botticelli sans rest, Papenstraat 11, ✉ 6211 LG, ☎ (0 43) 352 63 00, *Fax (0 43) 352 63 36*, « Terrasse clos de murs avec pièce d'eau » – . AE VISA JCB. CZ s
fermé du 13 au 22 fév. et 31 déc.-3 janv. – **18 ch** 153/320.

Pauw sans rest, Boschstraat 27, ✉ 6211 AS, ☎ (0 43) 321 22 22, *Fax (0 43) 321 34 32* – – 25 à 60. AE VISA JCB CY g
122 ch 167/219.

Du Casque sans rest, Helmstraat 14, ✉ 6211 TA, ☎ (0 43) 321 43 43, *Fax (0 43) 325 51 55* – . AE VISA JCB CY m
fermé 31 déc. et 1er janv. – **38 ch** 215/285.

d'Orangerie sans rest, Kleine Gracht 4, ✉ 6211 CB, ☎ (0 43) 326 11 11, *Fax (0 43) 326 12 87*, « Maison bourgeoise du 18e s. » – . AE VISA CY d
28 – **32 ch** 145/175.

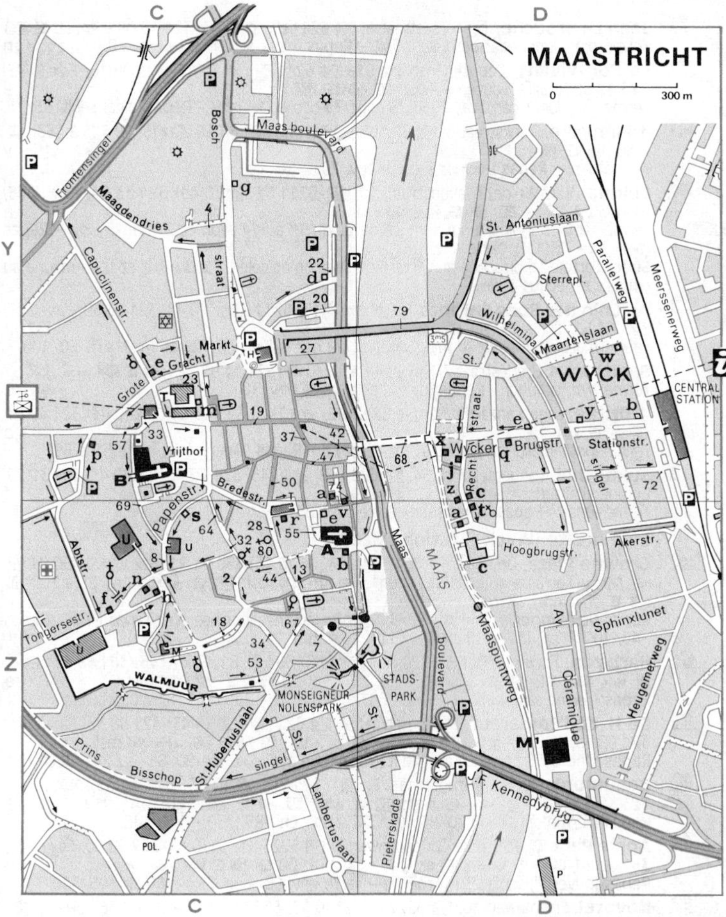

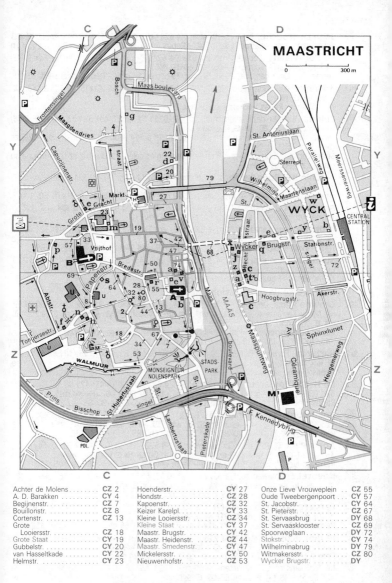

Achter de Molens .... CZ 2	Hoenderstr. .... CY 27	Onze Lieve Vrouweplein .. CZ 55
A. D. Barakken .... CY 4	Hondstr. .... CZ 28	Oude Tweebergenpoort ... CY 57
Begijnenstr. .... CZ 7	Kapoenstr. .... CZ 32	St. Jacobstr. .... CY 64
Bouillonstr. .... CZ 8	Keizer Karelpl. .... CY 33	St. Pieterstr. .... CZ 67
Cortenstr. .... CZ 13	Kleine Looiersstr. ..... CZ 34	St. Servaasbrug .... DY 68
Grote Looiersstr. .... CZ 18	Kleine Staat .... CY 37	St. Servaasklooster .... CZ 69
Grote Staat .... CY 19	Maastr. Brugstr. .... CY 42	Spoorweglaan .... DY 72
Gubbelstr. .... CY 20	Maastr. Heidenstr. ..... CZ 44	Stokstr. .... CY 74
van Hasseltkade .... CY 22	Maastr. Smedenstr. ..... CY 47	Wilhelminabrug .... DY 79
Helmstr. .... CY 23	Mickelersstr. .... CY 50	Witmakersstr. .... CZ 80
	Nieuwenhofstr. .... CZ 53	Wycker Brugstr. .... DY

XXX ✿✿ **Toine Hermsen,** St-Bernardusstraat 2, ✉ 6211 HL, ☎ (0 43) 325 84 00, *Fax (0 43) 325 83 73* – ▤. AE ⓓ E VISA JCB. ✂ CZ b
fermé sam. midi, dim., lundi, 2 sem. carnaval et dern. sem. déc.-prem. sem. janv. – **Repas** *Lunch 60* – 115/140, carte env. 115
Spéc. Salade d'asperges et petits œufs pochés, vinaigrette de truffes d'été (mai-juin). Queues de langoustines grillées, risotto de homard et bisque de homard à ma façon. Perdreau sauvage rôti au naturel (sept.-nov.).

XX **Au Premier** 1er étage, Brusselsestraat 15, ✉ 6211 PA, ☎ (0 43) 321 97 61, *Fax (0 43) 325 59 00*, ☂ – AE ⓓ E VISA JCB CY p
fermé lundi, sam. midi, 2 prem. sem. sept. et 2 prem. sem. janv. – **Repas** *Lunch 55* – 68/98.

XX **Jean La Brouche,** Tongersestraat 9, ✉ 6211 LL, ☎ (0 43) 321 46 09 – ▤. AE E VISA
fermé dim., lundi et 2 dern. sem. juil. – **Repas** (dîner seult) carte env. 70. CZ n

XX **Le Bon Vivant,** Capucijnenstraat 91, ✉ 6211 RP, ☎ (0 43) 321 08 16, *Fax (0 43) 325 37 82*, « Salle voûtée » – ▤. AE ⊙ E VISA CY e
fermé dim., lundi, carnaval, 20 juil.-8 août, 31 déc. et 1er janv. – **Repas** (dîner seult) 55/75.

XX **'t Plenkske,** Plankstraat 6, ✉ 6211 GA, ☎ (0 43) 321 84 56, *Fax (0 43) 325 81 33*, 🏠 – AE ⊙ E VISA CYZ v
fermé dim. – **Repas** Lunch 43 – carte env. 70.

X ✿ **Beluga** (Van Wolde), Havenstraat 19, ✉ 6211 GJ, ☎ (0 43) 321 33 64, *Fax (0 43) 321 33 64*, 🏠 – AE ⊙ E VISA. ✗ CYZ a
fermé sam. midi, dim., lundi, sem. carnaval, du 1er au 14 sept. et 27 déc.-5 janv. – **Repas** Lunch 60 – 75/110, carte env. 100
Spéc. Tartelette briochée au tartare de saumon et céleri. Sandre frit et thon mariné au gingembre et jus à l'ail.

X **Au Coin des Bons Enfants,** Ezelmarkt 4, ✉ 6211 LJ, ☎ (0 43) 321 23 59, *Fax (0 43) 325 82 52*, 🏠 – AE ⊙ E VISA JCB CZ h
fermé mardi, carnaval, 20 juil.-3 août et 29 déc.-11 janv. – **Repas** Lunch 50 – 60/100.

X **Sagittarius,** Bredestraat 7, ✉ 6211 HA, ☎ (0 43) 321 14 92 – AE ⊙ E VISA JCB CZ r
fermé dim. et lundi – **Repas** (dîner seult) carte env. 70.

X **'t Drifke,** Lage Kanaaldijk 22, ✉ 6212 AE, ☎ (0 43) 321 45 81, *Fax (0 43) 321 45 81*, 🏠 – E VISA AX b
fermé lundi, mardi et 3 sem. avant carnaval – **Repas** (dîner seult) carte 50 à 69.

X **Sukhothai,** Tongersestraat 54, ✉ 6211 LP, ☎ (0 43) 321 79 46, *Fax (0 43) 321 39 29*, Cuisine thaïlandaise – AE ⊙ E VISA JCB CZ f
fermé lundi – **Repas** (dîner seult) carte 57 à 81.

Rive droite (Wyck - Station - MECC) :

🏨 **Crowne Plaza,** De Ruiterij 1, ✉ 6221 EW, ☎ (0 43) 350 91 91, *Fax (0 43) 350 91 92*, ←, 🏠, « Terrasse au bord de l'eau » – 🛗 ⇆, ▤ rest, 📺 ☎ ♿ 🅿 – 🏛 25 à 200. AE ⊙ E VISA JCB. ✗ rest DZ c
Repas ***De Mangerie*** Lunch 33 - 53/85 – ***Kobe*** (cuisine japonaise avec Teppan-Yaki) Lunch 35 -45/100 – ☕ 43 – **115 ch** 310/520, 16 suites.

🏨 **Barbizon,** Forum 110, ✉ 6229 GV, ☎ (0 43) 383 82 81, *Fax (0 43) 361 58 62*, 🏋 – 🛗 ⇆, ▤ rest, 📺 ☎ 🚗 🅿 – 🏛 25 à 160. AE ⊙ E VISA. ✗ rest BX e
Repas *(fermé sam. midi)* Lunch 48 – 58/75 – ☕ 28 – **295 ch** 175/370, 2 suites.

🏨 **Gd H. de l'Empereur,** Stationsstraat 2, ✉ 6221 BP, ☎ (0 43) 321 38 38, *Fax (0 43) 321 68 19*, 🏋, 🏊 – 🛗 ▤ 📺 ☎ 🚗 – 🏛 25 à 100. AE ⊙ E VISA JCB. ✗ rest DY b
Repas (dîner seult de mi-juil. à mi-août) *(fermé dim. midi)* Lunch 38 – 50/85 – ☕ 24 – **98 ch** 220.

🏨 **Beaumont,** Wycker Brugstraat 2, ✉ 6221 EC, ☎ (0 43) 325 44 33, *Fax (0 43) 325 36 55*, 🏠 – 🛗 ⇆, ▤ rest, 📺 ☎ 🚗. AE ⊙ E VISA JCB. ✗ DY e
Repas *(fermé dim. midi)* 70/85 – ☕ 23 – **117 ch** 185/250 – ½ P 145.

🏨 **Apple Park** Ⓜ, Pierre de Coubertinweg 3, ✉ 6225 XT, ☎ (0 43) 352 90 00, *Fax (0 43) 352 02 24*, 🏠 – 🛗 ⇆ ▤ 📺 ☎ ♿ 🅿 – 🏛 25 à 100. AE ⊙ E VISA JCB. ✗ rest BV u
Repas (ouvert jusqu'à 23 h) Lunch 28 – carte env. 60 – ☕ 25 – **166 ch** 305/340.

🏨 **Novotel,** Sibemaweg 10, ✉ 6227 AH, ☎ (0 43) 361 18 11, *Fax (0 43) 361 60 44*, 🏠, 🏊 – 🛗 ⇆ ▤ 📺 ☎ ♿ 🅿 – 🏛 25 à 200. AE ⊙ E VISA JCB BX b
Repas Lunch 25 – carte env. 55 – ☕ 24 – **92 ch** 195/215.

🏨 **Bergère,** Stationsstraat 40, ✉ 6221 BR, ☎ (0 43) 325 16 51, *Fax (0 43) 325 54 98* – 🛗 📺 ☎ ♿ 🚗. AE ⊙ E VISA JCB. ✗ ch DY y
Repas *(fermé dim.)* Lunch 40 – carte env. 70 – ☕ 20 – **66 ch** 160/185 – ½ P 150.

🏨 **In den Hoof,** Akersteenweg 218 (par ④ : 5 km), ✉ 6227 AE, ☎ (0 43) 361 06 00, *Fax (0 43) 361 80 40* – 📺 ☎ 🅿 – 🏛 25. AE ⊙ E VISA JCB
Repas *(fermé après 20 h 30)* Lunch 38 – carte 47 à 70 – **24 ch** ☕ 115/190 – ½ P 103/123.

🏨 **Le Roi** sans rest, St-Maartenslaan 1, ✉ 6221 AV, ☎ (0 43) 325 38 38, *Fax (0 43) 321 08 35* – 🛗 📺 ☎ 🚗. AE ⊙ E VISA. ✗ DY w
fermé 30 déc.-2 janv. – – ☕ 19 – **42 ch** 160/225.

XX **'t Pakhoes,** Waterpoort 4, ✉ 6221 GB, ☎ (0 43) 325 70 00, *Fax (0 43) 325 59 61*, 🏠, « Ancien entrepôt » – AE ⊙ E VISA JCB DZ a
fermé dim. et 1 sem. carnaval – **Repas** (dîner seult) 70/85.

X **Mediterraneo,** Rechtstraat 73, ✉ 6221 EH, ☎ (0 43) 325 50 37, *Fax (0 43) 325 74 88*, Avec cuisine italienne – ▤. AE ⊙ E VISA JCB DY c
fermé merc., carnaval, 1 sem. en août et Noël – **Repas** (dîner seult jusqu'à 23 h) 75/110.

X **Chez Jacques,** Rechtstraat 83, ✉ 6221 EH, ☎ (0 43) 351 00 15, *Fax (043) 351 00 81*, 🏠 – ▤. AE ⊙ E VISA. ✗ DZ t
fermé mardi, sam. midi, dim. midi, sem. carnaval et 2 prem. sem. sept. – **Repas** Lunch 55 – carte 72 à 87.

X **Fines Claires,** Cörversplein 9, ✉ 6221 EZ, ☎ (0 43) 325 25 25 – AE ⓓ E VISA DY x
fermé du 14 au 17 fév., du 2 au 16 août, du 1er au 7 janv. et lundi – **Repas** (dîner seult) 60/73.

X **Gadjah Mas,** Rechtstraat 42, ✉ 6221 EK, ☎ (0 43) 321 15 68, *Fax (0 43) 321 15 68*, Cuisine indonésienne – AE ⓓ E VISA. DY j
fermé 1 sem. carnaval – **Repas** (dîner seult) 40/75. DY j

X **Les Marolles,** Rechtstraat 88a, ✉ 6221 EL, ☎ (0 43) 325 04 47 – E VISA DYZ z
Repas (dîner seult) carte 63 à 88.

X **Bon Goût,** Wycker Brugstraat 17, ✉ 6221 EA, ☎ (0 43) 325 02 84, Cuisine au fromage – ▤. DY q
fermé dim. – **Repas** (déjeuner seult) *Lunch 35* – carte 67 à 85.

au Sud : *5 km par Bieslanderweg* :

XXX **Château Neercanne,** Cannerweg 800, ✉ 6213 ND, ☎ (0 43) 325 13 59, *Fax (0 43) 321 34 06*, « Château du 17e s., jardin en terrasses, ≤ vallée et campagne » – P. AE ⓓ E VISA
fermé lundi et sam. midi – **Repas** 115/145, carte 98 à 130
Spéc. Trilogie de foie gras d'oie. Lasagne de queue de bœuf aux champignons des grottes. Parfait glacé à la liqueur de caramel.

X **L'Auberge,** Cannerweg 800 (cour intérieure du château), ✉ 6213 ND, ☎ (0 43) 325 13 59, *Fax (0 43) 321 34 06*, « Ancienne chapelle voûtée » – P. AE ⓓ E VISA JCB
fermé sam. et dim. – **Repas** (déjeuner seult) carte env. 80.

à Beek *par ① : 15 km – 17 295 h.*

Mercure, Vliegveldweg 19 (S : 2,5 km à l'aéroport), ✉ 6191 SB, ☎ (0 43) 364 21 31, *Fax (0 43) 364 46 68*, ≤ – ▤ ch, TV ☎ P – 35 à 100. AE ⓓ E VISA.
Repas 45 – ☕ 23 – **62 ch** 120/195 – ½ P 168/208.

XX **De Bokkeriejer,** Prins Mauritslaan 22, ✉ 6191 EG, ☎ (0 46) 437 13 19, *Fax (0 46) 437 47 47*, – P. AE ⓓ E VISA.
fermé lundi, 2 prem. sem. août et 27 déc.-3 janv. – **Repas** *Lunch 48* – 55/68.

X **Bistro La Bergerie,** Geverikerstraat 42 (SO : 1 km à Geverik), ✉ 6191 RP, ☎ (0 46) 437 47 27, *Fax (0 46) 437 47 27*, – ▤ P. AE ⓓ E VISA.
fermé lundi et mardi – **Repas** *Lunch 54* – carte env. 75.

X **Pasta e Vino,** Brugstraat 2, ✉ 6191 KC, ☎ (0 46) 437 99 94, *Fax (0 46) 436 03 79*, Cuisine italienne – E VISA
fermé mardi, sem. carnaval et vacances bâtiment – **Repas** (dîner seult) carte env. 70.

à Margraten *par ④ : 10 km – 13 806 h.*

Groot Welsden, Groot Welsden 27, ✉ 6269 ET, ☎ (0 43) 458 13 94, *Fax (0 43) 458 23 55*, « Aménagement cossu, jardin avec pièce d'eau » – TV ☎ P. AE E VISA.
fermé carnaval – **Repas** (résidents seult) – ☕ 10 – **14 ch** 128/160 – ½ P 113/133.

Wippelsdaal, Groot Welsden 13, ✉ 6269 ET, ☎ (0 43) 458 18 91, *Fax (0 43) 458 27 15*, « Cadre champêtre » – TV ☎ P. E VISA. rest
fermé 27 déc.-24 janv. – **Repas** (dîner pour résidents seult) – **14 ch** ☕ 90/140 – ½ P 93/95.

MADE *Noord-Brabant* C *Drimmelen 26 467 h.* 211 N 12 et 908 F 6.
Amsterdam 94 – 's-Hertogenbosch 40 – Bergen op Zoom 45 – Breda 13 – Rotterdam 46.

De Korenbeurs, Kerkstraat 13, ✉ 4921 BA, ☎ (0 162) 68 21 50, *Fax (0 162) 68 46 47*, – TV ☎ P – 25 à 350. AE ⓓ E VISA
Repas carte 50 à 74 – **50 ch** ☕ 135/215 – ½ P 167/207.

MARGRATEN *Limburg* 211 T 18 et 908 I 9 – *voir à Maastricht.*

MARKELO *Overijssel* 210 X 9, 211 X 9 et 908 K 5 – *7 055 h.*
☐ *Goorseweg 1, ✉ 7475 BB, ☎ (0 547) 36 15 55, Fax (0 547) 36 38 81.*
Amsterdam 125 – Zwolle 50 – Apeldoorn 41 – Arnhem 59 – Enschede 34.

XX **In de Kop'ren Smorre** avec ch, Holterweg 20, ✉ 7475 AW, ☎ (0 547) 36 13 44, *Fax (0 547) 36 22 01*, « Ancienne ferme, jardins » – TV P. AE ⓓ E VISA.
fermé 24 et 31 déc. et 1er janv. – **Repas** *(fermé dim. midi et lundi) Lunch 35* – 68/90 – **8 ch** ☕ 70/150 – ½ P 110/150.

MASTBOS *Noord-Brabant* 211 N 13 – *voir à Breda.*

MECHELEN *Limburg* [C] *Wittem 7 853 h.* 211 U 18 et 908 I 9.

Dalbissenweg 22, 6281 NC, (0 43) 455 13 97, Fax (0 43) 455 15 76.

Amsterdam 235 – Maastricht 21 – Aachen 14.

Brull, Hoofdstraat 26, 6281 BD, (0 43) 455 12 63, *Fax (0 43) 455 23 00,* – . VISA.
fermé fév.-mi-mars – **Repas** (dîner pour résidents seult) – **26 ch** 90/185 – ½ P 130/143.

MEDEMBLIK *Noord-Holland* 210 P 6 et 908 G 3 – *7 317 h.*

Voir *Oosterhaven*★.

Amsterdam 58 – Alkmaar 36 – Enkhuizen 21 – Hoorn 19.

Tulip Inn Het Wapen van Medemblik, Oosterhaven 1, 1671 AA, (0 227) 54 38 44, *Fax (0 227) 54 23 97* – – 40 à 80. AE E VISA JCB. ch
Repas *(fermé 31 déc. et 1er janv.) Lunch 28* – carte 49 à 70 – **26 ch** 110/190 – ½ P 103/133.

MEERKERK *Zuid-Holland* [C] *Zederik 13 474 h.* 211 O 11 et 908 F 6.

Amsterdam 55 – Arnhem 76 – Breda 46 – Den Haag 80 – Rotterdam 50.

AC Hotel, Energieweg 116 (près A 27, sortie ㉕), 4231 DJ, (0 183) 35 21 98, *Fax (0 183) 35 22 99* – , rest, – 25 à 250. AE E VISA
Repas (avec buffet) 45 – 18 – **64 ch** 125.

MEGEN *Noord-Brabant* [C] *Oss 63 861 h.* 211 S 12 et 908 H 6.

Amsterdam (bac) 103 – Arnhem 45 – 's-Hertogenbosch 30 – Nijmegen 28.

Den Uiver, Torenstraat 3, 5366 BJ, (0 412) 46 25 48, *Fax (0 412) 46 30 41,* , « Grange du 19e s. » – AE E VISA
fermé lundi et carnaval – **Repas** *Lunch 53* – carte 63 à 85.

MEPPEL *Drenthe* 210 W 6 et 908 J 3 – *25 388 h.*

à Havelte : 10 km, Kolonieweg 2, 7970 AA, (0 521) 34 22 00.

Kromme Elleboog 2, 7941 KC, (0 522) 25 28 88, Fax (0 522) 25 96 88.

Amsterdam 135 – Assen 55 – Groningen 82 – Leeuwarden 68 – Zwolle 25.

à De Wijk *E : 7,5 km* [C] *De Wolden 5 221 h :*

Havesathe de Havixhorst avec ch, Schiphorsterweg 34, 7957 NV, (0 522) 44 14 87, *Fax (0 522) 44 14 89,* , « Demeure du 18e s., jardin » – – 25 à 100. AE E VISA JCB.
fermé dim. et lundi – **Repas** (dîner seult) carte 81 à 110 – 23 – **8 ch** 165/245 – ½ P 235/305.

MIDDELBURG [P] *Zeeland* 211 G 14 et 908 B 7 – *44 668 h.*

Voir *Hôtel de ville*★ *(Stadhuis)* AYZ **H** – *Abbaye*★ *(Abdij)* ABY – *Miniatuur Walcheren*★ ABY.

Musée : *de Zélande*★ *(Zeeuws Museum)* AY **M**1.

Nieuwe Burg 40, 4331 AH, (0 118) 65 99 00, Fax (0 118) 65 99 40.

Amsterdam 194 ① – Antwerpen 91 ① – Breda 98 ① – Brugge (bac) 47 ② – Rotterdam 106 ①.

Plan page ci-contre

Arneville, Buitenruststraat 22 (par ①), 4337 EH, (0 118) 63 84 56, *Fax (0 118) 61 51 54,* – – 25 à 250. AE E VISA JCB. rest BZ
fermé 27 déc.-4 janv. – **Repas** *Lunch 25* – 53/63 – **44 ch** 140/190 – ½ P 140/250.

De Nieuwe Doelen, Loskade 3, 4331 HV, (0 118) 61 21 21, *Fax (0 118) 63 66 99,* – . AE E VISA. BZ a
Repas (dîner pour résidents seult) – **26 ch** 125/235 – ½ P 130/160.

Middelburg, Bosschaartsweg 2 (par ① : 2 km), 4336 PB, (0 118) 64 00 44, *Fax (0 118) 64 00 55,* – . AE E VISA JCB.
Repas (Taverne-rest) carte env. 45 – 13 – **40 ch** 99/119.

Le Beau Rivage sans rest, Loskade 19, 4331 HW, (0 118) 63 80 60, *Fax (0 118) 62 96 73,* – . AE E VISA BZ b
9 ch 100/325.

MIDDELBURG

Achter de Houttuinen	AZ 3
Bierkaai	BZ 4
Damplein	BY 6
Groenmarkt	AYZ 7
Hoogstr.	AZ 9
Houtkaai	BZ 10
Koepoortstr.	BY 12
Koestr.	AZ 13
Koorkerkstr.	BZ 15
Korte Burg	AY 16
Korte Delft	BYZ 18
Korte Noordstr.	AY 19
Lange Delft	ABZ
Lange Noordstr.	AY 21
Langeviele	AZ
Londensekaai	BZ 22
Markt	AZ
Nieuwe Burg	AZ 24
Nieuwe Haven	AZ 25
Nieuwe Vlissingseweg	AZ 27
Nieuwstr.	BZ 28
Plein 1940	AZ 30
Rotterdamsekaai	BY 31
Segeerstr.	BZ 33
Sint Pieterstr.	BY 34
Stadhuisstr.	AY 36
Vismarkt	ABZ 37
Vlissingsestr.	AZ 39
Volderijlaagte	AY 40
Wagenaarstr.	AY 42
Walensingel	AYZ 43

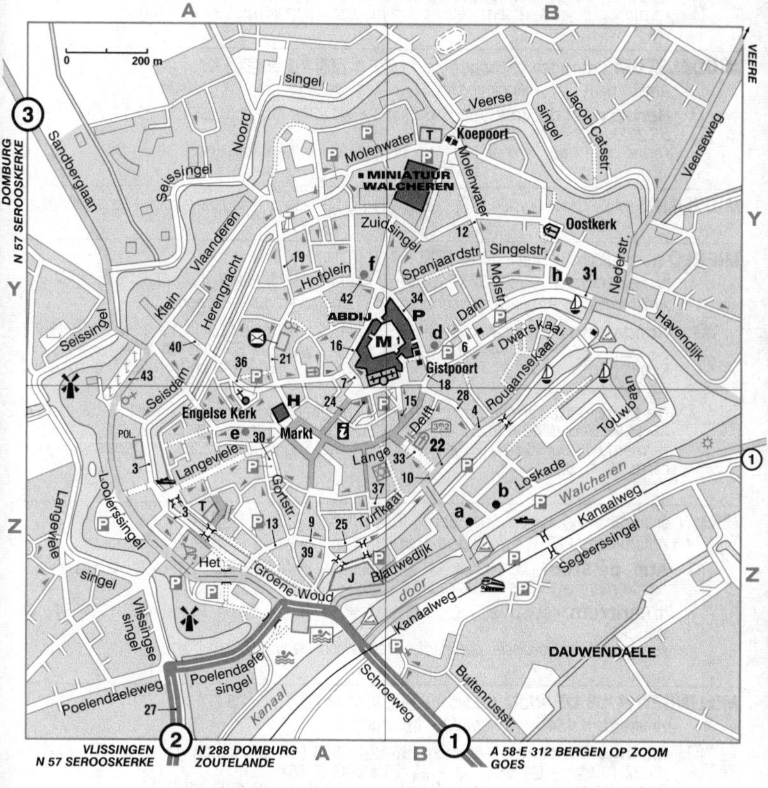

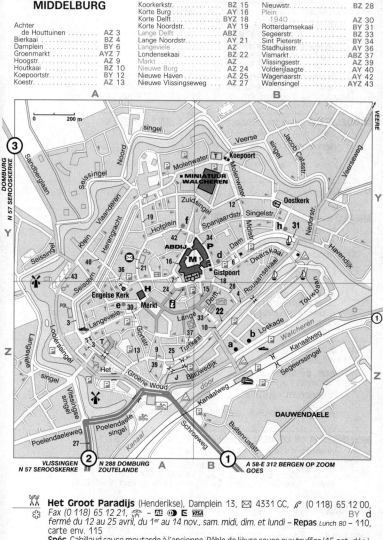

XX **Het Groot Paradijs** (Henderikse), Damplein 13, ✉ 4331 GC, ☎ (0 118) 65 12 00, *Fax (0 118) 65 12 21*, – AE ⓓ E VISA — BY d

fermé du 12 au 25 avril, du 1er au 14 nov., sam. midi, dim. et lundi – **Repas** Lunch 80 – 110, carte env. 115

Spéc. Cabillaud sauce moutarde à l'ancienne. Râble de lièvre sauce aux truffes (15 oct.-déc.). Filets de sole sauce au Champagne et saladelle.

XX **de Gespleten Arent,** Vlasmarkt 25, ✉ 4331 PC, ☎ (0 118) 63 61 22, *Fax (0 118) 63 61 22*, – AE ⓓ E VISA — AZ e

fermé mardi, merc. et sem. carnaval – **Repas** (dîner seult) 50. — AZ e

X **De Eetkamer,** Wagenaarstraat 13, ✉ 4331 CX, ☎ (0 118) 63 56 76 – E VISA. — AY f

fermé lundi et jeudi – **Repas** (dîner seult) carte 75 à 93.

X **Nummer 7,** Rotterdamsekaai 7, ✉ 4331 GM, ☎ (0 118) 62 70 77 – ▤. AE ⓓ E VISA — BY h

fermé lundi et janv. – **Repas** (dîner seult) 40.

MIDDELHARNIS *Zuid-Holland* 211 J 12 et 908 D 6 – *16 482 h.*

Kade 9, ✉ 3241 CE, ☎ (0 187) 48 48 70, Fax (0 187) 48 78 15.

Amsterdam 133 – Den Haag 83 – Breda 65 – Rotterdam 54 – Zierikzee 22.

XXX **De Hooge Heerlijkheid,** Voorstraat 21, ✉ 3241 EE, ☎ (0 187) 48 32 64, *Fax (0 187) 48 53 29*, « Maisonnettes hollandaises du 17e s. avec terrasse » – AE ⊙ E VISA
fermé lundi, mardi, 2 sem. en juin et 2 sem. en janv. – **Repas** (dîner seult) 95/110.

X **Brasserie 't Vingerling,** Vingerling 23, ✉ 3241 EB, ☎ (0 187) 48 33 33, *Fax (0 187) 48 53 29*, ≤, « Entrepôt du 18e s. sur le port de plaisance », VISA
fermé lundi, jeudi, 2 sem. fév. et 2 sem. oct. – **Repas** Lunch 40 – 49/60.

MIDDELSTUM *Groningen* C *Loppersum 11 076 h.* 210 Y 2 et 908 K 1.

Amsterdam 201 – Appingedam 17 – Groningen 20.

X **Herberg "in de Valk",** Burchtstraat 12, ✉ 9991 AB, ☎ (0 595) 55 22 16, *Fax (0 595) 55 22 04*, – P. AE E VISA
fermé du 1er au 14 sept., 29 déc.-18 janv. et lundi – **Repas** (dîner seult) 58.

MIDSLAND (MIDSLÂN) *Fryslân* 210 Q 2 et 908 G 1 – *voir à Waddeneilanden (Terschelling).*

MIERLO *Noord-Brabant* 211 S 14 et 908 H 7 – *10 070 h.*

Heiderschoor 18, ✉ 5731 RG, ☎ (0 492) 66 03 93, Fax (0 492) 66 01 69.

Amsterdam 129 – 's-Hertogenbosch 44 – Eindhoven 12 – Helmond 5.

Holiday Inn Resort, Arkweg 3, ✉ 5731 PD, ☎ (0 492) 67 89 11, *Fax (0 492) 66 48 95*, – rest, TV ☎ P – 25 à 850. AE ⊙ E VISA.
Repas *(fermé 31 déc. et 1er janv.)* Lunch 30 – carte 55 à 80 – **149 ch** *(fermé 27 déc.-2 janv.)* 165/320.

X **De Cuijt,** Burg. Termeerstraat 50 (NO : 1 km, direction Nuenen), ✉ 5731 SE, ☎ (0 492) 66 13 23, *Fax (0 492) 66 57 41*, « Auberge rustique » – P. E VISA.
fermé du 13 au 16 fév., 26 juil.-9 août, 24 déc.-3 janv., dim. et lundi – **Repas** Lunch 45 – carte 46 à 78.

MILL *Noord-Brabant* C *Mill en Sint Hubert 10 938 h.* 211 T 12 et 908 I 6.

Amsterdam 123 – 's-Hertogenbosch 41 – Eindhoven 48 – Nijmegen 25.

XX **Aub. de Stoof,** Kerkstraat 14, ✉ 5451 BM, ☎ (0 485) 45 11 37 – AE E VISA
fermé merc. – **Repas** (dîner seult) 45/58.

X **'t Centrum,** Kerkstraat 4, ✉ 5451 BM, ☎ (0 485) 45 19 04, *Fax (0 485) 45 54 34* – E VISA.
fermé sam. et vacances bâtiment – **Repas** carte env. 60.

MILLINGEN AAN DE RIJN *Gelderland* 211 V 11 et 908 J 6 – *5 771 h.*

Amsterdam 134 – Arnhem 32 – Nijmegen 17.

Millings Centrum, Heerbaan 186, ✉ 6566 EW, ☎ (0 481) 43 12 04, *Fax (0 481) 43 27 19*, – TV ☎ P – 25 à 300. E VISA
Repas *(fermé lundi et après 20 h 30)* 45 – **29 ch** 75/125 – ½ P 95.

De MOER *Noord-Brabant* 211 P 13 – *voir à Loon op Zand.*

MOERDIJK *Noord-Brabant* 211 M 12 et 908 E 6 – *36 428 h.*

Amsterdam 107 – 's-Hertogenbosch 55 – Breda 20 – Rotterdam 35.

Holiday Inn Express sans rest Sebastiaansweg 1 (sur A 17, sortie ㉗), ✉ 4781 PE, ☎ (0 168) 41 66 41, *Fax (0 168) 41 29 10* – TV ☎ P. AE ⊙ E VISA JCB.
62 ch 150.

MONNICKENDAM *Noord-Holland* C *Waterland 17 811 h.* 210 P 8 - ㉙ N et 908 G 4 - ㉘ N.

Env. *Marken★ : village★, costumes traditionnels★ E : 8 km.*

De Zarken 2, ✉ 1141 BL, ☎ (0 299) 65 19 98, Fax (0 299) 65 52 68.

Amsterdam 16 – Alkmaar 34 – Leeuwarden 122.

X **De Roef,** Noordeinde 40, ✉ 1141 AN, ☎ (0 299) 65 18 60, *Fax (0 299) 65 45 41*, Grillades – AE ⊙ E VISA JCB
fermé 3 sem. en janv. et merc. sauf en juil.-août – **Repas** (dîner seult) carte 45 à 61.

MONSTER *Zuid-Holland* 211 K 10 - ㊳ N et 908 D 5 - ㉓ N - *19 806 h.*

Amsterdam 73 - Den Haag 13 - Rotterdam 32.

Elzenduin ⑤, Strandweg 18 (N : 1 km à Terheyde aan Zee), ✉ 2684 VT, ☎ (0 174) 21 42 00, *Fax (0 174) 21 42 04*, ☂ - |♦|, ≡ rest, TV ☎ P - 🏋 30. AE ⓓ E VISA
Repas carte 45 à 95 - ☕ 13 - **27 ch** ☕ 125/150 - ½ P 160.

MONTFOORT *Utrecht* 211 O 10 et 908 F 5 - *13 254 h.*

Amsterdam 33 - Den Haag 52 - Rotterdam 48 - Utrecht 15.

XXX **Kasteel Montfoort** 1er étage, Kasteelplein 1, ✉ 3417 JG, ☎ (0 348) 47 27 27, *Fax (0 348) 47 27 28*, ☂ - ≡ - 🏋 25 à 60. AE ⓓ E VISA JCB
fermé fin déc. - **Repas** *Lunch 55* - carte env. 85.

XX **De Schans,** Willeskop 87 (SO : 4,5 km sur N 228), ✉ 3417 MC, ☎ (0 348) 56 23 09, *Fax (0 348) 56 46 65*, ☂ - ≡ P. AE ⓓ E VISA. ✂
fermé lundi et 20 juil.-3 août - **Repas** 55/85.

à Linschoten *NO : 3 km* C *Montfoort :*

XX **De Burgemeester,** Raadhuisstraat 17, ✉ 3461 CW, ☎ (0 348) 41 40 40, *Fax (0 348) 43 25 95* - P. AE ⓓ E VISA JCB
fermé dim., 25 juil.-8 août et 25 déc.-8 janv. - **Repas** *Lunch 50* - 55/95.

MOOK *Limburg* C *Mook en Middelaar 7 449 h.* 211 U 12 et 908 I 6.

Amsterdam 129 - Arnhem 30 - 's-Hertogenbosch 48 - Maastricht 133 - Nijmegen 12 - Venlo 54.

De Plasmolen, Rijksweg 170 (SE : 3 km sur N 271), ✉ 6586 AB, ☎ (0 24) 696 14 44, *Fax (0 24) 696 22 71*, ☂, « Jardins au bord de l'eau », ≘s, 🎾 - TV ☎ P - 🏋 25 à 100. AE ⓓ E VISA JCB. ✂
Repas *Lunch 43* - 48/60 - **36 ch** ☕ 140/250 - ½ P 128/148.

Motel De Molenhoek, Rijksweg 1 (N : 1 km), ✉ 6584 AA, ☎ (0 24) 358 01 55, *Fax (0 24) 358 21 75*, ☂, ≘s - |♦| TV ☎ P - 🏋 50 à 150. AE ⓓ E VISA. ✂ ch
Repas (ouvert jusqu'à 23 h) carte env. 50 - **56 ch** ☕ 108/168 - ½ P 98/205.

XXX **Jachtslot de Mookerheide** ⑤ avec ch, Heumensebaan 2 (NE : 2 km), ✉ 6584 CL, ☎ (0 24) 358 30 35, *Fax (0 24) 358 43 55*, ☂, « Dans un vaste parc, intérieur Art Nouveau », 🌳, 🎾 - TV ☎ P - 🏋 25 à 150. AE ⓓ E VISA. ✂
Repas *Lunch 58* - 75/125 - ☕ 45 - **15 ch** 175/395, 6 suites - ½ P 195/295.

MUIDEN *Noord-Holland* 210 P 9, 211 P 9 et 908 G 5 - *6 854 h.*

Voir Château★ (Muiderslot).

Amsterdam 13 - Hilversum 22.

XXX **De Doelen,** Sluis 1, ✉ 1398 AR, ☎ (0 294) 26 32 00, *Fax (0 294) 26 48 75*, ☂, « Rustique » - AE ⓓ E VISA. ✂
Repas *Lunch 65* - carte 79 à 112.

XX **De Muiderhof,** Herengracht 75, ✉ 1398 AD, ☎ (0 294) 26 45 07, *Fax (0 294) 26 36 92*, ☂, « Terrasse » - AE E VISA
Repas *Lunch 40* - carte env. 65.

à Muiderberg *E : 3 km* C *Muiden :*

XX **De Muyderbergh,** Graaf Florislaan 2, ✉ 1399 VL, ☎ (0 294) 26 20 42, *Fax (0 294) 26 44 89* - AE ⓓ E VISA. ✂
Repas (dîner seult) 59/70.

MUIDERBERG *Noord-Holland* 210 P 9, 211 P 9 et 908 G 5 - *voir à Muiden.*

MUNSTERGELEEN *Limburg* 211 U 17 - *voir à Sittard.*

NAALDWIJK *Zuid-Holland* 211 K 11 - ㊳ N et 908 D 6 - ㉓ N - *28 548 h.*

Amsterdam 77 - Den Haag 13 - Rotterdam 30.

Carlton, Tiendweg 20, ✉ 2671 SB, ☎ (0 174) 64 01 77, *Fax (0 174) 64 02 21*, ☂ - |♦| ⇆, ≡ rest, TV ☎ P - 🏋 30 à 150. AE ⓓ E VISA JCB
Repas *Lunch 19* - 53/70 - ☕ 25 - **80 ch** 240/270 - ½ P 188.

NAARDEN *Noord-Holland* 210 P 9, 211 P 9 et 908 G 5 – *16 797 h.*

Voir *Fortifications*★.

Adr. Dorstmanplein 1b, ✉ 1411 RC, ☎ (0 35) 694 28 36, Fax (0 35) 694 34 24.

Amsterdam 21 – Apeldoorn 66 – Utrecht 30.

Tulip Inn, IJsselmeerweg 3 (près A 1, sortie ⑥ - Gooimeer), ✉ 1411 AA, ☎ (0 35) 695 15 14, *Fax (0 35) 695 10 89*, – – 25 à 150. AE ⓓ E VISA. rest
Repas *(fermé juil.-août)* Lunch 43 – carte 45 à 67 – 33 – **107 ch** 190/220, 21 suites – ½ P 175/250.

Het Arsenaal, Kooltjesbuurt 1, ✉ 1411 RZ, ☎ (0 35) 694 91 48, *Fax (0 35) 694 03 69*, – AE ⓓ E VISA JCB
fermé 24 déc.-2 janv. – **Repas** Lunch 53 – 73/90.

Aub. Le Bastion, St. Annastraat 3, ✉ 1411 PE, ☎ (0 35) 694 66 05, *Fax (0 35) 694 66 05*, – AE ⓓ E VISA
fermé lundi – **Repas** Lunch 58 – carte env. 75.

Chef's, Cattenhagestraat 9, ✉ 1411 CR, ☎ (0 35) 694 88 03, *Fax (0 35) 694 88 03*, – AE ⓓ E VISA
Repas Lunch 40 – 45/58.

NECK *Noord-Holland* 210 O 7 – *voir à Purmerend.*

NEDERWETTEN *Noord-Brabant* 211 S 14 – *voir à Nuenen.*

NES *Fryslân* 210 T 2 et 908 I 1 – *voir à Waddeneilanden (Ameland).*

NIEUWEGEIN *Utrecht* 211 P 10 et 908 G 5 – *60 032 h.*

Blokhoeve 7, ✉ 3438 LC, ☎ (0 30) 604 07 69, Fax (0 30) 604 21 92.

Amsterdam 50 – Rotterdam 65 – Utrecht 17.

Mercure, Buizerdlaan 10 (O : 1 km), ✉ 3435 SB, ☎ (0 30) 604 48 44, *Fax (0 30) 603 83 74*, – – 25 à 450. AE ⓓ E VISA
Repas (ouvert jusqu'à 23 h) Lunch 35 – carte 65 à 85 – 25 – **78 ch** 185/250.

De Middenhof, Duetlaan 1, ✉ 3438 TA, ☎ (0 30) 603 37 71, *Fax (0 30) 603 53 02*, – AE ⓓ E VISA
fermé sam. midi, dim. midi et dern. sem. juil.-2 prem. sem. août – **Repas** 43/60.

De Bovenmeester, Dorpsstraat 49 (E : 1,5 km, Vreeswijk), ✉ 3433 CL, ☎ (0 30) 606 66 22, – AE ⓓ E VISA
fermé lundi et 24 déc.-3 janv. – **Repas** Lunch 45 – carte 61 à 80.

NIEUWERKERK AAN DEN IJSSEL *Zuid-Holland* 211 M 11 - ㊵ N et 908 E 6 - ㉕ N – *19 828 h.*

Blaardorpseweg 1, ✉ 2911 BC, ☎ (0 180) 31 71 88, Fax (0 180) 32 19 90.

Amsterdam 53 – Den Haag 42 – Gouda 12 – Rotterdam 11.

Nieuwerkerk a/d IJssel, Parallelweg Zuid 185 (près A 20, sortie ⑰), ✉ 2914 LE, ☎ (0 180) 32 11 03, *Fax (0 180) 32 11 84*, – – 25 à 125. AE ⓓ E VISA
Repas Lunch 28 – carte env. 60 – 23 – **101 ch** 110, 2 suites.

NIEUWESCHANS *Groningen* C *Reiderland 7 054 h.* 210 AC 3 et 908 M 2.

Amsterdam 243 – Assen 60 – Groningen 49.

Fontana, Weg naar de Bron 7, ✉ 9693 GA, ☎ (0 597) 52 77 77, *Fax (0 597) 52 85 85*, – – 30 à 100. AE ⓓ E VISA.
Repas carte 45 à 63 – **67 ch** 130/195 – ½ P 127.

NIEUW-VENNEP *Noord-Holland* C *Haarlemmermeer 108 224 h.* 211 M 9 et 908 E 5.

Amsterdam 28 – Den Haag 36 – Haarlem 17.

De Rustende Jager, Venneperweg 471, ✉ 2153 AD, ☎ (0 252) 62 93 33, *Fax (0 252) 62 93 34*, – rest, – 25 à 300. AE ⓓ E VISA.
Repas 49 – 14 – **42 ch** 120/155 – ½ P 170.

NIEUWVLIET *Zeeland* [C] *Oostburg 17 871 h* 211 F 14 et 908 B 7.
Amsterdam 185 – Brugge 31 – Antwerpen 84 – Middelburg (bac) 17 – Knokke-Heist 21.

à Nieuwvliet-Bad *NO : 3 km* [C] *Oostburg :*

Tulip Inn, Zouterik 2, ✉ 4504 RX, ☎ (0 117) 37 20 20, *Fax (0 117) 37 20 07,* – AE VISA. rest
Repas (dîner seult) 70/80 – **36 ch** 130/185 – ½ P 113/118.

NOORBEEK *Limburg* [C] *Margraten 13 806 h.* 211 T 18 et 908 I 9.
Amsterdam 225 – Maastricht 15 – Aachen 26.

Bon Repos, Bovenstraat 17, ✉ 6255 AT, ☎ (0 43) 457 13 38, *Fax (0 43) 457 16 26,*
Pâques-oct. – **Repas** Lunch 25 – carte env. 45 – **26 ch** 150.

NOORDBEEMSTER *Noord-Holland* 210 O 7 – *voir à Purmerend.*

NOORDELOOS *Zuid-Holland* [C] *Giessenlanden 14 110 h.* 211 O 11 et 908 F 6.
Amsterdam 61 – Breda 45 – Den Haag 70 – Rotterdam 43 – Utrecht 31.

De Gieser Wildeman, Botersloot 1, ✉ 4225 PR, ☎ (0 183) 58 25 01, *Fax (0 183) 58 29 44,* « Terrasse et jardin au bord de l'eau » – AE VISA JCB
fermé dim. et 26 juil.-9 août – **Repas** Lunch 58 – carte env. 110.

NOORDEN *Zuid-Holland* [C] *Nieuwkoop 11 072 h.* 211 N 10 et 908 F 5.
Amsterdam 42 – Den Haag 48 – Rotterdam 47 – Utrecht 50.

De Watergeus avec ch, Simon van Capelweg 10, ✉ 2431 AG, ☎ (0 172) 40 83 98, *Fax (0 172) 40 92 15,* « Terrasse au bord de l'eau », – 25. AE VISA
fermé 26 déc.-4 janv. – **Repas** *(fermé lundi)* Lunch 50 – 65 – **9 ch** 110/225, 1 suite – ½ P 160/225.

NOORDGOUWE *Zeeland* [C] *Schouwen-Duiveland 32 493 h.* 211 I 12 et 908 C 6.
Amsterdam 150 – Rotterdam 74 – Zierikzee 10.

Van der Weijde, Brouwerijstraat 1, ✉ 4317 AC, ☎ (0 111) 40 14 91, *Fax (0 111) 40 21 29,* AE VISA
Repas carte 45 à 80 – **7 ch** 75/125 – ½ P 98.

NOORD-SCHARWOUDE *Noord-Holland* 210 N 6 – *voir à Alkmaar.*

NOORDWIJK AAN ZEE *Zuid-Holland* [C] *Noordwijk 25 230 h.* 211 L 9 et 908 E 5 – *Station balnéaire.*
à Noordwijkerhout NE : 5 km, Randweg 25, ✉ *2204 AL,* ☎ *(0 252) 37 37 61, Fax (0 252) 37 00 44.*
De Grent 8, ✉ *2202 EK,* ☎ *0 900-202 04 04, Fax (0 71) 361 69 45.*
Amsterdam 40 ① – Den Haag 26 ① – Haarlem 28 ①.

Plan page suivante

Gd H. Huis ter Duin , Koningin Astrid bd 5, ✉ 2202 BK, ☎ (0 71) 361 92 20, *Fax (0 71) 361 94 01,* « Dominant dunes, plage et mer », – 25 à 1000. AE VISA JCB. rest AX a
Repas voir rest ***Latour*** ci-après – ***la Terrasse*** (ouvert jusqu'à 23 h) Lunch 28 - carte env. 75 – **242 ch** 325/495, 19 suites.

Hotels van Oranje (en annexe Boulevard), Koningin Wilhelmina bd 20, ✉ 2202 GV, ☎ (0 71) 367 68 69 et 367 68 52 (rest), *Fax (0 71) 367 68 00,* rest, – 25 à 1200. AE VISA AX d
Repas voir rest ***De Palmentuin*** ci-après – ***De Orangerie*** Lunch 50 - 55/98 – ***De Harmonie*** (grillades, dîner seult jusqu'à 23 h) carte 45 à 70 – **225 ch** 395/455.

Alexander, Oude Zeeweg 63, ✉ 2202 CJ, ☎ (0 71) 361 89 00, *Fax (0 71) 361 78 82,* rest, – 50 à 200. AE VISA JCB. AX b
Repas Lunch 30 – 45/140 – **62 ch** 170/240 – ½ P 170/180.

Beach, Koningin Wilhelmina bd 31, ✉ 2202 GW, ☎ (0 71) 367 68 69, *Fax (0 71) 367 68 00,* rest, – 25 à 75. AE VISA. rest AX e
Repas ***De Mangerie*** carte env. 65 – **84 ch** 275/445.

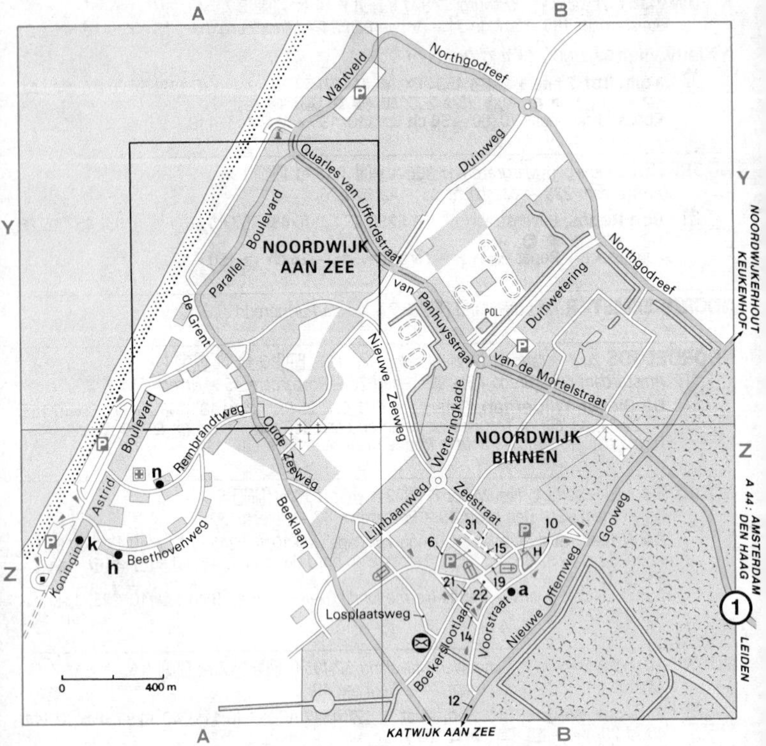

Bomstraat	AX	4
Heilige Geestweg	BZ	10
Herenweg	BZ	12
Hoofdstraat	AX	
Kerkstraat	BZ	15
Kroonsplein (Jan)	AX	17
Limburg Stirumstraat (van)	BZ	19
Lindenhofstraat	BZ	21
Lindenplein	BZ	22
Palaceplein	AX	25
Royenstraat (Abraham van)	AX	27
Tappenbeckweg (Rudolf)	AX	29
Tramsteeg	BZ	31

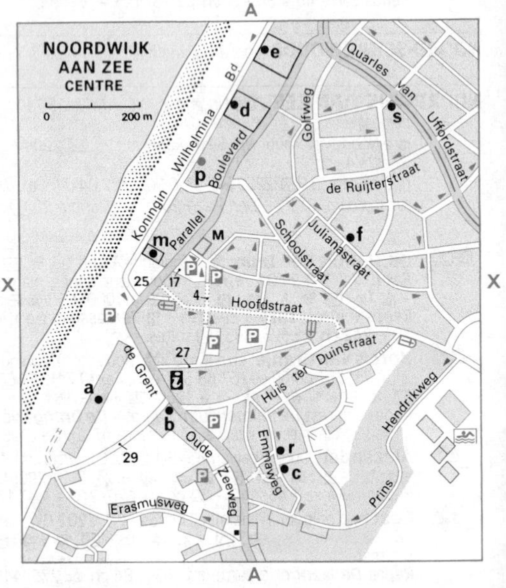

Aux Pays-Bas,
le petit déjeuner est
généralement inclus
dans le prix
de la chambre.

In Nederland
is het ontbijt
in het algemeen
bij de kamerprijs
inbegrepen.

Marie Rose [quiet], Emmaweg 25, ✉ 2202 CP, ℘ (0 71) 361 73 00, *Fax (0 71) 361 73 01* – [lift] [TV] [☎] [P]. [AE] [DC] [E] [VISA]. [no dogs] AX c
fermé 27 déc.-17 janv. – **Repas** (dîner pour résidents seult) – **32 ch** ☕ 125/170.

Prominent Inn, Koningin Wilhelmina bd 4, ✉ 2202 GR, ℘ (0 71) 361 22 53, *Fax (0 71) 361 13 65,* ≤, [terrace], [sauna] – [lift] [TV] [☎] [P] – [seminars] 25. [AE] [DC] [E] [VISA] AX m
Repas *Lunch 33* – carte env. 50 – **26 ch** ☕ 125/210 – ½ P 113/138.

Zonne, Rembrandtweg 17, ✉ 2202 AT, ℘ (0 71) 361 96 00, *Fax (0 71) 362 06 02,* [terrace], [pool], [tennis] – [TV] [☎] [P] – [seminars] 25. [AE] [DC] [E] [VISA]. [no dogs] rest AZ n
fermé 20 déc.-6 janv. – **Repas** *(fermé après 20 h 30) Lunch 33* – carte env. 65 – **28 ch** ☕ 145/200 – ½ P 130/133.

Belvedere [quiet], Beethovenweg 5, ✉ 2202 AE, ℘ (0 71) 361 29 29, *Fax (0 71) 364 60 61* – [lift], [air] rest, [TV] [☎] – [seminars] 35. [AE] [DC] [E] [VISA]. [no dogs] rest AZ h
fermé 15 déc.-janv. – **Repas** (dîner pour résidents seult) – **32 ch** ☕ 115/175 – ½ P 185/215.

De Witte Raaf [quiet], Duinweg 117 (NE : 4,5 km), ✉ 2204 AT, ℘ (0 252) 37 59 84, *Fax (0 252) 37 75 78,* [terrace], [indoor pool], [garden], [tennis] – [lift] [non-smoking] [TV] [☎] [P] – [seminars] 25 à 100. [AE] [DC] [E] [VISA]. [no dogs] BY
fermé 31 déc.-3 janv. – **Repas** *Lunch 60* – 45/65 – **35 ch** ☕ 140/240 – ½ P 130/185.

Fiankema [quiet], Julianastraat 32, ✉ 2202 KD, ℘ (0 71) 362 03 40, *Fax (0 71) 362 03 70,* [fitness], [sauna] – [TV] [☎]. [no dogs] AX f
mi-mars-mi-sept. – **Repas** (dîner pour résidents seult) – **30 ch** ☕ 125/180 – ½ P 85/100.

De Admiraal, Quarles van Uffordstraat 81, ✉ 2202 ND, ℘ (0 71) 361 24 60, *Fax (0 71) 361 68 14,* [sauna] – [lift] [TV] [☎] [P]. [AE] [DC] [E] [VISA]. [no dogs] ch AX s
fermé 15 déc.-10 janv. – **Repas** (dîner seult) carte env. 50 – **26 ch** ☕ 95/155 – ½ P 110/130.

Edelman, Koningin Astrid bd 48, ✉ 2202 BE, ℘ (0 71) 361 31 24, *Fax (0 71) 361 07 73,* ≤, [terrace] – [TV] [☎]. [AE] [DC] [E] [VISA] [JCB] AZ k
Repas carte 45 à 60 – **26 ch** ☕ 117/203 – ½ P 80/130.

Astoria [quiet], Emmaweg 13, ✉ 2202 CP, ℘ (0 71) 361 00 14, *Fax (0 71) 361 66 44* – [lift] [TV] [☎] [P] – [seminars] 30. [AE] [E] [VISA]. [no dogs] AX r
Repas (résidents seult) – **37 ch** ☕ 110/160 – ½ P 85/93.

De Palmentuin - 1er étage H. Boulevard (Hotels van Oranje), Koningin Wilhelmina bd 24, ✉ 2202 GV, ℘ (0 71) 367 68 50, *Fax (0 71) 367 68 00,* ≤, [terrace], « Terrasse face à la mer » – [air] [P]. [AE] [DC] [E] [VISA]. [no dogs] AX d
Repas (de sept. à mai dîner seult) carte 99 à 200.

Latour - H. Gd H. Huis ter Duin, 1er étage, Koningin Astrid bd 5, ✉ 2202 BK, ℘ (0 71) 361 92 20, *Fax (0 71) 361 94 01,* ≤ – [P]. [AE] [DC] [E] [VISA] [JCB]. [no dogs] AX a
fermé début janv. – **Repas** (en juil.-août dîner seult) *Lunch 58* – carte 104 à 195.

Petit Blanc, Koningin Wilhelmina bd 16a, ✉ 2202 GT, ℘ (0 71) 361 48 75, *Fax (0 71) 361 48 75,* [terrace] – [air]. [AE] [DC] [E] [VISA] AX p
fermé merc. et du 1er au 21 janv. – **Repas** *Lunch 45* – 60.

à Noordwijk-Binnen [C] *Noordwijk* :

Het Hof van Holland, Voorstraat 79, ✉ 2201 HP, ℘ (0 71) 361 22 55, *Fax (0 71) 362 06 01,* [terrace] – [air] rest, [TV] [☎] [P] – [seminars] 25 à 100. [AE] [DC] [E] [VISA]. [no dogs] BZ a
fermé 26 déc.-5 janv. – **Repas** *Lunch 35* – 60 – **33 ch** ☕ 250/275, 2 suites – ½ P 250/310.

Cleyburch, Herenweg 225 (S : 2 km), ✉ 2201 AG, ℘ (0 71) 364 84 48, *Fax (0 71) 364 63 66,* [terrace], « Ancienne ferme à fromages » – [P]. [AE] [DC] [E] [VISA] BZ
fermé lundi – **Repas** *Lunch 55* – 68/89.

à Noordwijkerhout *NE : 5 km – 15 269 h.*

Mangerie Zegers, Herenweg 78 (NE : 1,5 km), ✉ 2211 CD, ℘ (0 252) 37 25 88, *Fax (0 252) 37 25 88,* [terrace] – [air] [P]. [AE] [DC] [E] [VISA]
fermé sam. midi, dim. midi, lundi et mardi – **Repas** *Lunch 45* – 50/60.

Joop Fagel's, Dorpsstraat 42, ✉ 2211 GD, ℘ (0 252) 37 65 75
fermé lundi, mardi et Noël – **Repas** (dîner seult) carte 58 à 76.

NOORDWIJK-BINNEN *Zuid-Holland* 211 G 9 et 908 E 5 – *voir à Noordwijk aan Zee.*

NOORDWIJKERHOUT *Zuid-Holland* 211 L 9 et 908 E 5 – *voir à Noordwijk aan Zee.*

NORG *Drenthe* [C] *Noordenveld 7 287 h.* 210 X 4 et 908 K 2.
Amsterdam 197 – Assen 14 – Groningen 24.

Karsten [quiet], Brink 6, ✉ 9331 AA, ℘ (0 592) 61 34 84, *Fax (0 592) 61 22 16,* [terrace] – [TV] [☎] [P] – [seminars] 50 à 100. [AE] [DC] [E] [VISA]. [no dogs] rest
Repas *Lunch 35* – 50 – **21 ch** ☕ 90/190 – ½ P 100/125.

NUENEN *Noord-Brabant* C *Nuenen, Gerwen en Nederwetten 23 215 h.* 211 S 14 et 908 H 7.
Amsterdam 125 – Eindhoven 8 – 's-Hertogenbosch 39.

de Collse Hoeve, Collse Hoefdijk 24 (à Eeneind, S : 3 km), ✉ 5674 VK, ℘ (0 40) 283 81 11, *Fax (0 40) 283 42 55*, – rest, – 25 à 150. AE ① E VISA
fermé 30 déc.-1er janv. – **Repas** *Lunch 50* – 58/113 – **42 ch** 100/185 – ½ P 150/185.

De Lindehof, Beekstraat 1, ✉ 5671 CS, ℘ (0 40) 283 73 36, *Fax (0 40) 284 01 16* – . AE E VISA JCB
fermé mardi, merc., 26 juil.-16 août et 27 déc.-3 janv. – **Repas** (dîner seult) 70/80.

de Zonnewende, Park 63, ✉ 5671 GC, ℘ (0 40) 284 00 60, *Fax (0 40) 284 20 45*, – AE ① E VISA JCB
fermé du 12 au 18 fév., du 9 au 23 juil. et dim. – **Repas** (dîner seult) carte 66 à 87.

à Nederwetten *O : 3 km* C *Nuenen, Gerwen en Nederwetten :*

Heerendonck, Hoekstraat 21, ✉ 5674 NV, ℘ (040) 283 39 27, *Fax (0 40) 284 01 85*, – P. E VISA
fermé mardi, merc., 15 août-9 sept. et 27 déc.-15 janv. – **Repas** (dîner seult) 50/65.

NULAND *Noord-Brabant* C *Maasdonk 11 280 h.* 211 R 12 et 908 H 6.
Amsterdam 94 – 's-Hertogenbosch 12 – Nijmegen 36.

Motel Nuland, Rijksweg 25, ✉ 5391 LH, ℘ (0 73) 534 25 34, *Fax (0 73) 532 28 60*, – , rest, P – 25 à 500. AE ① E VISA JCB
Repas (ouvert jusqu'à minuit) – **129 ch** 113/350 – ½ P 90/375.

NUTH *Limburg* 211 U 17 et 908 I 9 – *16 679 h.*
Amsterdam 207 – Maastricht 19 – Heerlen 8 – Aachen 24.

Pingerhof, Pingerweg 11, ✉ 6361 AL, ℘ (0 45) 524 17 99, *Fax (0 45) 524 20 23*, , « Rustique, terrasse et jardin » – P. AE ① E VISA
fermé merc. – **Repas** 69/93.

NIJKERK *Gelderland* 211 R 9 et 908 H 5 – *27 040 h.*
Amsterdam 60 – Apeldoorn 53 – Utrecht 45 – Zwolle 57.

Het Ampt van Nijkerk, Berencamperweg 4, ✉ 3861 MC, ℘ (0 33) 247 16 16, *Fax (0 33) 247 16 00*, , , – P – 25 à 250. AE ① E VISA
Repas *Lunch 33* – 55 – 25 – **110 ch** 145/295 – ½ P 225.

de Salentein, Putterstraatweg 7 (NE : 1,5 km), ✉ 3862 RA, ℘ (0 33) 245 41 14, *Fax (0 33) 246 20 18*, – P – 25 à 175. AE E VISA
fermé dim. – **Repas** *Lunch 55* – 65.

NIJMEGEN *Gelderland* 211 T 11 et 908 I 6 – *147 206 h.* – *Casino* Y , *Waalkade 68, ✉ 6511 XP, ℘ (0 24) 360 00 00, Fax (0 24) 360 16 02.*
Voir *Poids public★ (Waag)* BC – *Chapelle St-Nicolas★ (St. Nicolaaskapel)* C **R.**
Musée : *Nationaal Fietsmuseum Velorama★* C **M³.**
18 (2 parcours) à Groesbeek SE : 9 km, Postweg 17, ✉ 6561 KJ, ℘ (0 24) 397 66 44, Fax (0 24) 397 69 42.
St-Jorisstraat 72, ✉ 6511 TD, ℘ 0 900-112 23 44, Fax (0 24) 360 14 29.
Amsterdam 119 ① – Arnhem 19 ① – Duisburg 114 ②.

Plan page ci-contre

Mercure, Stationsplein 29, ✉ 6512 AB, ℘ (0 24) 323 88 88, *Fax (0 24) 324 20 90*, , – , ch, P – 25 à 90. AE ① E VISA JCB — B r
Repas 45 – 25 – **104 ch** 220.

Belvoir, Graadt van Roggenstraat 101, ✉ 6522 AX, ℘ (0 24) 323 23 44, *Fax (0 24) 323 99 60*, , – P – 25 à 350. AE ① E VISA. rest — C p
Repas (dîner seult) 45 – 28 – **74 ch** 150/220 – ½ P 208/278.

Bastion, Neerbosscheweg 614, ✉ 6544 LL, ℘ (0 24) 373 01 00, *Fax (0 24) 373 03 73*, – P. AE ① E VISA. — A e
Repas (grillades, ouvert jusqu'à 23 h) 45 – 15 – **40 ch** 125.

Chalet Brakkestein, Driehuizerweg 285, ✉ 6525 PL, ℘ (0 24) 355 39 49, *Fax (0 24) 356 46 19*, ←, , « Demeure du 18e s., parc » – P. AE ① E VISA — A n
fermé carnaval, 31 déc. et 1er janv. – **Repas** (dîner seult) 53/88.

Het Heimwee, Oude Haven 76, ✉ 6511 XH, ℘ (0 24) 322 22 56, *Fax (0 24) 233 98 12*, – . AE ① E VISA — B c
fermé 24 et 31 déc. – **Repas** (dîner seult) carte env. 65.

NIJMEGEN

Almarasweg . . . . A 3
Augustinenstr. . . . . B 4
Barbarossastr. . . . . C 6
van Berchenstr. . . . . B 7
Bloemerstr. . . . . B
Broerstr. . . . . BC
Burchstr. . . . . B
in de Betouwstr. . . . . B 9
Bisschop
Hamerstr. . . . . B 10
van Broeckhuysen
straat . . . . C 12
van Demerbroeck
straat . . . . B 13
Gerard Noodstr. . . . . C 15
Graadt
Roggenstr. . . . . C 16
Groesbeekseweg . . . . B 18
Grote Markt . . . . B 19
Grotestr. . . . . C 21
Heyendaalseweg . . . . A 22
Houtlaan . . . . A 24
Industrieweg . . . . A 25
Jonkerbospl. . . . . A 27
Julianapl. . . . . C 28
Keizer
Traianusplein . . . . C 30
Kelfkenbos . . . . C 31
Kwakkenbergweg . . . . . . A 33
Lange Hezelstr. . . . . B
Molenstr. . . . . B
Mr. Franckenstr. . . . . C 34
Muntweg . . . . A 36
Nassausingel . . . . B 37
Nieuwe
Ubbergseweg . . . . A 39
Nonnenstr. . . . . B 40
van Oldenbarnevelt
straat . . . . B 42
Oude Kleefse Baan . . . . . A 43
Passage
Molenpoort . . . . B 45
Plein 1944 . . . . B
Prins
Bernhardstr. . . . . C 46
Prins
Hendrikstr. . . . . C 48
Regulierstr. . . . . B 49
van Schevichaven straat . . . . C 51
Sionsweg . . . . A 52
Slotemaker
de Brüineweg . . . . A 54
Stationspl. . . . . B 55
Stikke Hezelstr. . . . . B 57
van Triestr. . . . . B 58
Tunnelweg . . . . B 60
Tweede Walstr. . . . . B 61
Weg door
Jonkerbos . . . . A 63
Wilhelminasingel . . . . B 64
Ziekerstr. . . . . BC

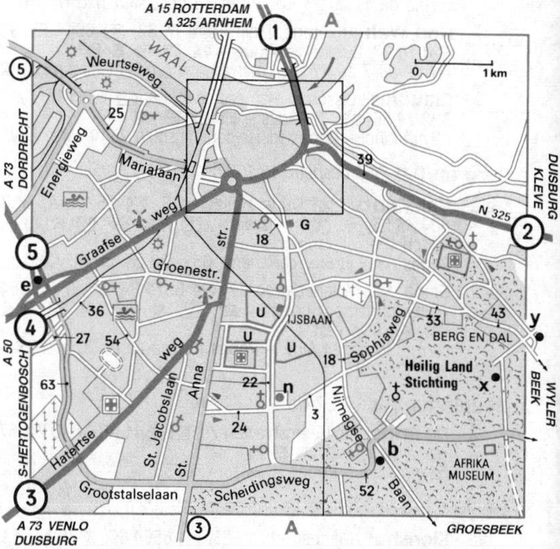

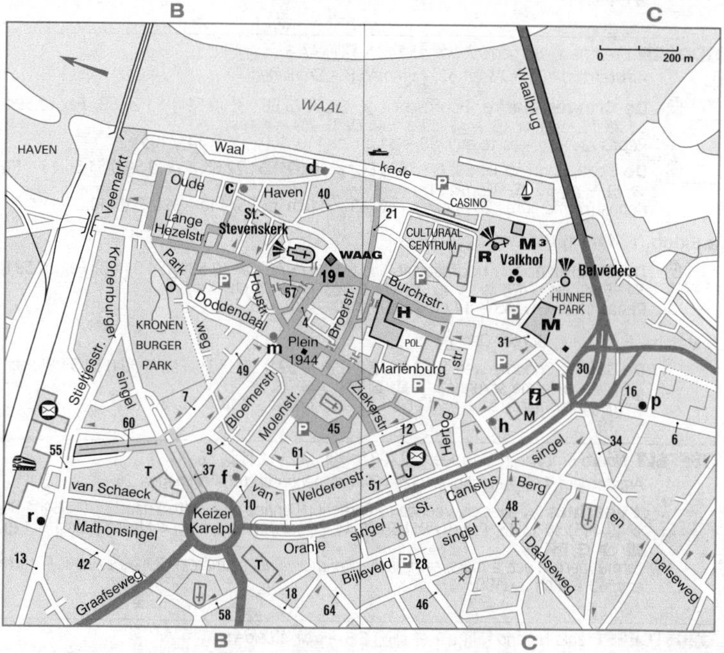

X **De Schat,** Lage Markt 79, ✉ 6511 VK, ☎ (0 24) 322 40 60, *Fax (0 24) 360 88 88* – ▤. AE ⓓ E VISA B d
fermé lundi et du 24 au 31 déc. – **Repas** (dîner seult jusqu'à 23 h) carte env. 80.

X **Het Savarijn,** Van der Brugghenstraat 14, ✉ 6511 SL, ☎ (0 24) 323 26 15, *Fax (0 24) 360 51 67*, ☂ – ▤. AE ⓓ E VISA JCB. ✗ C h
fermé du 17 au 23 juil., 24 et 31 déc., sam. midi et dim. midi – **Repas** *Lunch 48* – 54/63.

X **Hoo Wah** 1er étage, Plein 1944 nr 52, ✉ 6511 JE, ☎ (0 24) 322 01 52, *Fax (0 24) 324 16 97*, Cuisine asiatique – ▤. AE ⓓ E VISA B m
fermé du 7 au 17 juin, mardis non fériés et dim. midi – **Repas** *Lunch 17* – 40/81.

X **Claudius,** Bisschop Hamerstraat 12, ✉ 6511 NB, ☎ (0 24) 322 14 56, *Fax (0 24) 322 14 56*, ☂, Grillades – AE ⓓ E VISA B f
fermé lundi – **Repas** (dîner seult jusqu'à 23 h) carte env. 70.

à Berg en Dal C *Groesbeek 19 102 h* :

🏨 **Val-Monte** ⛰, Oude Holleweg 5, ✉ 6572 AA, ☎ (0 24) 684 20 00, *Fax (0 24) 684 33 53*, ≤, ☂, « Jardin », 🏊, – 🛗 ⇔ TV ☎ P – 🏫 25 à 140. AE ⓓ E VISA. ✗ ch A y
Repas *Lunch 42 bc* – carte env. 65 – **98 ch** ☕ 145/280, 1 suite – ½ P 125/135.

🏨 **Erica** ⛰, Molenbosweg 17, ✉ 6571 BA, ☎ (0 24) 684 35 14, *Fax (0 24) 684 36 13*, « Environnement boisé », ≘, 🏊, ⚑, ✂ – 🛗 TV ☎ ♿ P – 🏫 25 à 250. AE ⓓ E VISA JCB. ✗ rest A x
fermé 30 déc.-3 janv. – **Repas** *(fermé après 20 h) Lunch 29* – 45 – **59 ch** ☕ 130/210 – ½ P 125/143.

à Beuningen *par* ⑤ : *7 km* – *24 322 h.*

X **De Prins,** Van Heemstraweg 79, ✉ 6641 AB, ☎ (0 24) 677 12 17, *Fax (0 24) 677 81 26*, ☂ – ▤ P. AE ⓓ E VISA. ✗
fermé lundi – **Repas** *Lunch 30* – 38/55.

à Heilig Land-Stichting C *Groesbeek 19 102 h* :

🏨 **Sionshof,** Nijmeegsebaan 53, ✉ 6564 CC, ☎ (0 24) 322 77 27, *Fax (0 24) 322 62 23*, ☂ – TV ☎ P – 🏫 25 à 80. AE ⓓ E VISA JCB. ✗ A b
fermé fin déc. – **Repas** *Lunch 30* – carte 45 à 92 – ☕ 19 – **22 ch** 95/215 – ½ P 99/149.

ODOORN *Drenthe* C *Borger-Odoorn 13 147 h.* 210 AA 5 et 908 L 3.

Amsterdam 185 – Assen 32 – Emmen 8 – Groningen 49.

🏠 **De Oringer Marke,** Hoofdstraat 9, ✉ 7873 BB, ☎ (0 591) 51 28 88, *Fax (0 591) 51 28 11* – TV ☎ P – 🏫 30 à 150. AE E VISA. ✗ rest
Repas *Lunch 20* – carte env. 50 – **31 ch** ☕ 110/160 – ½ P 143/193.

🏠 **De Stee,** Hoofdstraat 24, ✉ 7873 BC, ☎ (0 591) 51 22 63, *Fax (0 591) 51 36 18* – TV ☎ P – 🏫 30. E VISA. ✗ ch
Repas *(fermé après 20 h)* carte env. 45 – **11 ch** ☕ 85/140 – ½ P 90/110.

à Exloo *N* : *4 km* C *Borger-Odoorn* :

🏠 **De Meulenhoek,** Hoofdstraat 61, ✉ 7875 AB, ☎ (0 591) 54 91 88, *Fax (0 591) 54 96 49*, ☂ – TV ☎ ♿ P. AE ⓓ E VISA JCB. ✗ ch
Repas carte env. 45 – **14 ch** ☕ 105/170 – ½ P 130/160.

à Valthe *E* : *3 km* C *Borger-Odoorn* :

X **De Gaffel,** Odoornerweg 1, ✉ 7872 PA, ☎ (0 591) 51 35 36, *Fax (0 591) 51 31 85*, ☂, « Ancienne ferme saxonne » – AE E VISA JCB
fermé lundi, mardi, sam. midi et du 16 au 31 août – **Repas** 60/80.

OEFFELT *Noord-Brabant* C *Boxmeer 20 708 h.* 211 U 12 et 908 I 6.

Amsterdam 135 – Eindhoven 52 – 's-Hertogenbosch 62 – Nijmegen 26.

X **'t Veerhuis** ⛰ avec ch, Veerweg 2 (direction Gennep puis 2e rte à gauche), ✉ 5441 PL, ☎ (0 485) 36 13 13, *Fax (0 485) 36 28 14*, ☂, « Terrasse avec ≤ Meuse (Maas) » – P. AE ⓓ E VISA. ✗
fermé merc. d'oct. à mars, sam. midi, dim. midi, lundi et mardi – **Repas** *Lunch 40* – carte env. 60 – **6 ch** ☕ 100/125.

OEGSTGEEST *Zuid-Holland* 211 L 9 et 908 E 5 – *voir à Leiden.*

OHÉ en LAAK *Limburg* C *Maasbracht 13 765 h.* 211 T 16 - U 16 et 908 I 8.
Amsterdam 182 – Eindhoven 56 – Maastricht 29 – Roermond 14.

Lakerhaof, Walburgisstraat 3, ✉ 6109 RE, ☎ (0 475) 55 16 54, *Fax (0 475) 55 21 44,* ⛱, – TV ☎ P. AE ⓓ E VISA. ✱ rest
fermé du 27 au 31 déc. – **Repas** Lunch 35 – carte 45 à 62 – **8 ch** ☕ 80/135 – ½ P 93/115.

OIRSCHOT *Noord-Brabant* 211 Q 13 et 908 G 7 – *17 404 h.*
ℹ St-Odulphusstraat 11, ✉ 5688 ZG, ☎ (0 499) 55 05 99, Fax (0 499) 57 76 33.
Amsterdam 117 – 's-Hertogenbosch 28 – Eindhoven 17 – Tilburg 21.

De Kroon, Rijkesluisstraat 6, ✉ 5688 ED, ☎ (0 499) 57 10 95, *Fax (0 499) 57 57 85,* ⛱ – TV ☎. AE ⓓ E VISA JCB. ✱ ch
fermé fin déc.-début janv. – **Repas** Lunch 35 – 43/93 – **12 ch** ☕ 110/225 – ½ P 140/158.

De Zwaan, Markt 4, ✉ 5688 AJ, ☎ (0 499) 55 14 14, *Fax (0 499) 55 14 15,* ⛱ – ▤. AE ⓓ E VISA. ✱
fermé 24 déc. – **Repas** Lunch 40 – carte 75 à 105.

La Fleurie, Rijkesluisstraat 4, ✉ 5688 ED, ☎ (0 499) 57 41 36, *Fax (0 499) 57 49 68,* ⛱ – AE ⓓ E VISA JCB. ✱
fermé lundi et du 4 au 18 janv. – **Repas** Lunch 40 – 50.

De Meulen, Korenaar 49, ✉ 5688 TS, ☎ (0 499) 57 51 92, *Fax (0 499) 57 50 22,* ⛱, « Moulin du 19e s. » – P. AE ⓓ E VISA JCB. ✱
fermé mardi, merc., 2 sem. carnaval et 2 sem. vacances bâtiment – **Repas** (dîner seult) 60.

OISTERWIJK *Noord-Brabant* 211 Q 13 et 908 G 7 – *25 264 h.*
Voir *Site*★.
ℹ De Lind 57, ✉ 5061 HT, ☎ (0 13) 528 23 45.
Amsterdam 106 – 's-Hertogenbosch 17 – Tilburg 10.

De Swaen, De Lind 47, ✉ 5061 HT, ☎ (0 13) 523 32 33, *Fax (0 13) 528 58 60,* ⛱, « Terrasse et jardin fleuri » – ⎮ ▤ TV ☎ P – 🏛 25 à 200. AE ⓓ E VISA
fermé lundi et mardi de carnaval et 2 sem. en juil. – **Repas** *(fermé lundi)* Lunch 75 – 115/185 – ***Amuserij De Jonge Swaen*** *(fermé mardi)* Lunch 45 - 70/80 – ☕ 33 – **22 ch** 285/325, 2 suites – ½ P 240/340.

Landgoed De Rosep 🐦, Oirschotsebaan 15 (SE : 3 km), ✉ 5062 TE, ☎ (0 13) 528 88 25, *Fax (0 13) 528 56 61,* ⛱, « Terrasse et pièce d'eau », Ⅰ₆, ≘s, 🏊, 🌳, 🎾 – ▤ rest, TV ☎ P – 🏛 25 à 350. AE ⓓ E VISA. ✱ rest
Repas Lunch 58 – carte 73 à 102 – **73 ch** ☕ 188 – ½ P 160/220.

Bos en Ven 🐦, Klompven 26, ✉ 5062 AK, ☎ (0 13) 528 88 56, *Fax (0 13) 528 68 10,* ⩽, ⛱, « Terrasse », 🌳 – ⎮, ▤ rest, TV ☎ P – 🏛 25 à 150. AE ⓓ E VISA
Repas 60/98 – **31 ch** ☕ 245 – ½ P 170/180.

Bosrand, Gemullehoekenweg 60, ✉ 5062 CE, ☎ (0 13) 521 90 15, *Fax (0 13) 528 63 66,* ⛱, 🌳 – TV ☎ P – 🏛 25 à 45. AE ⓓ E VISA JCB. ✱ rest
fermé 28 déc.-4 janv. – **Repas** *(fermé après 20 h 30)* carte 50 à 68 – **25 ch** ☕ 100/150 – ½ P 103/113.

De Blauwe Kei 🐦, Rosepdreef 4 (SE : 3 km), ✉ 5062 TB, ☎ (0 13) 528 23 14, *Fax (0 13) 528 22 21,* ⛱, « Dans les bois » – TV ☎ P. AE E VISA. ✱
fermé 3 prem. sem. janv. et lundi, mardi et merc. de nov. à mars – **Repas** Lunch 38 – 45/85 – **11 ch** ☕ 80/140 – ½ P 90/100.

De Jonge Hertog, Moergestelseweg 123 (SO : 3 km), ✉ 5062 SP, ☎ (0 13) 528 22 20, *Fax (0 13) 528 73 16,* ⛱ – P. AE E VISA. ✱
fermé 27 déc.-1er janv. – **Repas** Lunch 50 – 59/70.

Rasa Senang, Gemullehoekenweg 127, ✉ 5062 CC, ☎ (0 13) 528 60 86, *Fax (0 13) 528 30 40,* ⛱, Cuisine indonésienne – P. AE ⓓ E VISA
fermé lundi d'oct. à mars – **Repas** (dîner seult) 49/88.

De Parel 🐦 avec ch, Scheibaan 17 (SE : 4,5 km), ✉ 5062 TM, ☎ (0 13) 528 25 25, *Fax (0 13) 528 54 14,* ⛱, ≘s, 🏊, 🌳, 🎾 – ▤ rest, TV ☎ P – 🏛 25 à 80. AE ⓓ E VISA. ✱
Repas 55/68 – **7 ch** ☕ 145/250 – ½ P 125.

Roberto, Burg. Verwielstraat 11, ✉ 5061 JA, ☎ (0 13) 528 23 12, ⛱, Cuisine italienne, « Terrasse fleurie » – AE E
fermé lundi – **Repas** (dîner seult) carte env. 55.

Bunga Muda, Gemullehoekenweg 5, ✉ 5061 MA, ☎ (0 13) 521 02 68, *Fax (0 13) 521 01 45,* Cuisine indonésienne – ▤. AE ⓓ E VISA JCB. ✱
fermé lundi – **Repas** (dîner seult) 43.

OLDEBERKOOP *Fryslân* C *Ooststellingwerf 25 088 h.* 210 V 5 et 908 J 3.

Amsterdam 127 – Assen 41 – Groningen 65 – Leeuwarden 50 – Steenwijk 23.

XX **Lunia** avec ch, Molenhoek 2, ✉ 8421 PG, ✆ (0 516) 45 10 57, *Fax (0 516) 45 10 20*, 🏡, 🌳, ✗ – ⇔ ☎ P – 🏛 30. AE E VISA
fermé 25 janv.-11 fév. – **Repas** *(fermé mardi)* 50/85 – **19 ch** ☐ 125 – ½ P 108/125.

XX **Hof van Oldeberkoop,** Oosterwoldseweg 3, ✉ 8421 PA, ✆ (0 516) 45 14 27, *Fax (0 516) 45 14 27*, 🏡 – AE ⓓ E VISA JCB
fermé lundi – **Repas** (dîner seult sauf week-end) 59/69.

OLDENZAAL *Overijssel* 210 AA 9, 211 AA 9 et 908 L 5 – *30 693 h.*

ℹ *St-Plechelmusplein 5, ✉ 7571 EG, ✆ (0 541) 51 40 23, Fax (0 541) 51 75 42.*

Amsterdam 161 – Zwolle 74 – Enschede 11.

🏨 **Ter Stege,** Marktstraat 1, ✉ 7571 ED, ✆ (0 541) 51 21 02, *Fax (0 541) 52 12 08*, 🏡 – TV ☎ – 🏛 25 à 450. AE ⓓ E VISA JCB. ✗
fermé mardi midi et dim. d'oct. à avril – **Repas** (Taverne-rest) *(fermé après 20 h)* carte env. 60 – **14 ch** ☐ 95/140 – ½ P 70/93.

🏨 **De Kroon,** Steenstraat 17, ✉ 7571 BH, ✆ (0 541) 51 24 02, *Fax (0 541) 52 06 30* – |‡| TV ☎ – 🏛 30. AE ⓓ E VISA JCB
Repas (dîner pour résidents seult) – ☐ 18 – **25 ch** 85/135 – ½ P 140.

OLTERTERP *Fryslân* 210 V 4 – *voir à Beetsterzwaag.*

OMMEN *Overijssel* 210 X 7 et 908 K 4 – *16 521 h.*

⛳9 *à Arriën NE : 2 km, Hessenweg Oost 3a, ✉ 7735 KP, ✆ (0 529) 45 59 99, Fax (0 529) 45 57 77.*

ℹ *Markt 1, ✉ 7731 DB, ✆ (0 529) 45 16 38, Fax (0 529) 45 56 75.*

Amsterdam 134 – Zwolle 24 – Assen 59 – Enschede 59.

🏨 **De Herbergier,** Hammerweg 40, ✉ 7731 AK, ✆ (0 529) 45 15 92, *Fax (0 529) 45 51 92*, 🏡, 🏊 – TV ☎ P – 🏛 60
Repas (dîner seult) 45 – **8 ch** ☐ 88/140 – ½ P 108/120.

XXX **De Zon** avec ch, Voorbrug 1, ✉ 7731 BB, ✆ (0 529) 45 55 50, *Fax (0 529) 45 62 35*, ≤, 🏡, « Terrasse en bordure de rivière », ≘s, 🌳 – |‡| TV ☎ P – 🏛 25 à 100. AE ⓓ E VISA. ✗
Repas (ouvert jusqu'à 23 h) *(fermé 1er janv.)* 60/95 – **35 ch** ☐ 140/275 – ½ P 110/180.

OOSTBURG *Zeeland* 211 F 15 et 908 B 8 – *17 871 h.*

⛳18 *Brugsevaart 10, ✉ 4501 NE, ✆ (0 117) 45 34 10, Fax (0 117) 45 55 11.*

Amsterdam (bac) 217 – Brugge 27 – Middelburg (bac) 20 – Knokke-Heist 18.

XXX **De Eenhoorn,** Markt 1, ✉ 4501 CJ, ✆ (0 117) 45 27 28, 🏡 – AE ⓓ E VISA JCB
fermé du 11 au 19 juin, du 1er au 18 janv. et vend. soir et sam. hors saison – **Repas** 85/150.

OOSTERBEEK *Gelderland* C *Renkum 32 278 h.* 211 U 11 et 908 I 6.

ℹ *Raadhuisplein 1, ✉ 6861 GT, ✆ (0 26) 333 31 72.*

Amsterdam 97 – Arnhem 6.

🏨 De Bilderberg 🐦, Utrechtseweg 261, ✉ 6862 AK, ✆ (0 26) 334 08 43, *Fax (0 26) 333 46 51*, 🏡, « Environnement boisé », ≘s, 🏊, ✗ – |‡| TV ☎ P – 🏛 25 à 200. ✗
144 ch.

OOSTEREND (AASTEREIN) *Fryslân* 210 R 2 et 908 H 1 – *voir à Waddeneilanden (Terschelling).*

OOSTEREND *Noord-Holland* 210 S 4 et 908 F 2 – *voir à Waddeneilanden (Texel).*

OOSTERHOUT *Gelderland* C *Valburg 12 985 h.* 211 U 11 et 908 I 6.

Amsterdam 113 – Arnhem 22 – Nijmegen 8.

XX **De Altena,** Waaldijk 38, ✉ 6678 MC, ✆ (0 481) 48 21 96, ≤, 🏡 – ▤ P. AE E VISA. ✗
fermé mardi, sam. midi, dim. midi et 2 prem. sem. janv. – **Repas** Lunch 45 – 55/75.

OOSTERHOUT *Noord-Brabant* 211 O 13 et 908 F 7 – *51 286 h.*

Dukaatstraat 21, ✉ 4903 RN, ☎ (0 162) 45 87 59, Fax (0 162) 43 32 85.
Bouwlingplein 1, ✉ 4901 KZ, ☎ (0 162) 45 44 59, Fax (0 162) 43 10 48.
Amsterdam 92 – Breda 8 – 's-Hertogenbosch 38 – Rotterdam 58.

AC Hotel, Beneluxweg 1 (sur A 27, sortie ⑰), ✉ 4904 SJ, ☎ (0 162) 45 36 43, *Fax (0 162) 43 46 62* – TV ☎ & P – 25 à 250. AE E VISA
Repas (avec buffet) *Lunch 12* – 45 – 18 – **63 ch** 125.

Golden Tulip, Waterlooplein 50, ✉ 4901 EN, ☎ (0 162) 45 20 03, *Fax (0 162) 43 50 03*, – TV ☎ – 25 à 300. AE E VISA. rest
Repas 45 – **50 ch** 120/209, 1 suite – ½ P 113/138.

De Vrijheid, Heuvel 11, ✉ 4901 KB, ☎ (0 162) 43 32 43, *Fax (0 162) 43 37 83* – VISA
fermé lundi – **Repas** 43.

OOSTERSCHELDEDAM, Stormvloedkering (Barrage de l'ESCAUT ORIENTAL) ★★★
Zeeland 211 H 3 et 908 C 7 *G. Hollande.*

OOSTERWOLDE *Fryslân* C *Ooststellingwerf 25 088 h.* 210 W 5 et 908 J 3.
Amsterdam 194 – Leeuwarden 46 – Assen 30.

De Zon, Stationsstraat 1, ✉ 8431 ET, ☎ (0 516) 51 24 30, *Fax (0 516) 51 30 68* – TV ☎ P – 25 à 300. AE E VISA. rest
Repas *(fermé après 20 h) Lunch 28* – 45/68 – 15 – **34 ch** 85/100 – ½ P 95/125.

De Kienstobbe, Houtwal 4, ✉ 8431 EW, ☎ (0 516) 51 55 55, *Fax (0 516) 51 27 76*, « Rustique » – . E.
fermé dim., lundi et dern. sem. juil.-2 prem. sem. août – **Repas** 55/75.

OOSTKAPELLE *Zeeland* C *Veere 22 100 h.* 211 G 13 et 908 B 7.
Amsterdam 186 – Middelburg 12 – Rotterdam 107.

Villa Magnolia sans rest, Oude Domburgseweg 20, ✉ 4356 CC, ☎ (0 118) 58 19 80, « Jardin fleuri » – TV ☎ P.
carnaval-oct. – **16 ch** 105/180.

OOST-VLIELAND *Fryslân* 210 P 3 et 908 G 2 – *voir à Waddeneilanden (Vlieland).*

OOSTVOORNE *Zuid-Holland* C *Westvoorne 13 936 h.* 211 J 11 – ㊲ S et 908 D 6 – ㉒ S.
Amsterdam 106 – Den Haag 43 – Brielle 6 – Rotterdam 41.

Duinoord, Zeeweg 23, ✉ 3233 CV, ☎ (0 181) 48 20 44, *Fax (0 181) 48 57 26* – TV ☎ P. AE E VISA.
Repas carte 53 à 73 – **28 ch** 100/150 – ½ P 110/145.

Parkzicht, Stationsweg 61, ✉ 3233 CS, ☎ (0 181) 48 22 84, *Fax (0 181) 48 56 16* – E VISA
fermé dim., lundi et du 1er au 17 janv. – **Repas** *Lunch 60* – carte env. 90.

OOTMARSUM *Overijssel* 210 AA 8 et 908 L 4 – *4 421 h.*
Voir *Village*★.
Markt 1, ✉ 7631 BW, ☎ (0 541) 29 21 83, Fax (0 541) 29 18 84.
Amsterdam 165 – Zwolle 67 – Enschede 28.

De Wiemsel , Winhofflaan 2 (E : 1 km), ✉ 7631 HX, ☎ (0 541) 29 21 55, *Fax (0 541) 29 32 95*, , « Terrasse avec et jardin fleuris », , , , – TV ☎ & P – 25 à 90. AE E VISA
fermé 27 déc.-14 janv. – **Repas** voir rest ***De Wanne*** ci-après – ***De Gouden Korenaar*** *Lunch 65* - 85/140 – **44 ch** 305/385, 5 suites – ½ P 255/310.

Twents Gastenhoes, Molenstraat 22, ✉ 7631 AZ, ☎ (0 541) 29 30 85, *Fax (0 541) 29 20 67*, – TV ☎ P – 30. AE E VISA JCB.
fermé du 2 au 30 janv. – **Repas** *(fermé après 20 h)* carte env. 45 – **38 ch** 95/209 – ½ P 94/125.

Van der Maas, Grotestraat 7, ✉ 7631 BT, ☎ (0 541) 29 12 81, *Fax (0 541) 29 34 62* – rest, TV ☎ – 30 à 100. AE E VISA. ch
Repas *(fermé après 20 h 30)* carte env. 60 – **20 ch** 88/135.

De Rozenstruik sans rest, Denekamperstraat 15, ✉ 7631 AA, ☎ (0 541) 29 23 21, – TV ☎ & P
10 ch 145.

XXX **De Wanne** - H. De Wiemsel, Winhofflaan 2 (E : 1 km), ✉ 7631 HX, ☎ (0 541) 29 21 55, *Fax (0 541) 29 32 95*, « Terrasse et jardin » – P. AE ⓓ E VISA
fermé du 1er au 22 juil., 27 déc.-14 janv., dim. et lundi – **Repas** (dîner seult) 110/140, carte env. 115
Spéc. Laitue au calamar frit aromatisé de poivre et moutarde. Turbot et pomme de terre poêlés aux truffes. Poussin en croûte de sel, sauce homardine.

à Lattrop *NE : 6 km* C *Denekamp 12 362 h :*

De Holtweijde, Spiekweg 7, ✉ 7635 LP, ☎ (0 541) 22 92 34, *Fax (0 541) 22 94 45*, « Environnement campagnard boisé », – TV ☎ P – 25 à 200. AE ⓓ E VISA.
Repas Lunch 48 – carte env. 70 – 35 – **13 ch** 225/460, 27 suites – ½ P 210/290.

ORANJEWOUD *Fryslân* 210 U 5 et 908 I 3 – *voir à Heerenveen.*

OSS *Noord-Brabant* 211 S 12 et 908 H 6 – *63 861 h.*

à Nistelrode SE : 7 km, Slotenseweg 11, ✉ 5388 RC, ☎ (0 412) 61 19 92, Fax (0 412) 61 28 98.

Spoorlaan 24, ✉ 5348 KB, ☎ (0 412) 63 36 04, Fax (0 412) 65 20 93.

Amsterdam 102 – Arnhem 49 – Eindhoven 51 – 's-Hertogenbosch 20 – Nijmegen 29.

City, Raadhuislaan 43, ✉ 5341 GL, ☎ (0 412) 63 33 75, *Fax (0 412) 62 26 55* – TV ☎ P – 25 à 130. AE ⓓ E VISA JCB.
fermé 31 déc. et 1er janv. – **Repas** Lunch 53 – 45/68 – 23 – **45 ch** 130/160 – ½ P 180.

XXX **De Amsteleindse Hoeve,** Amsteleindstraat 15 (SO : 3 km par Raadhuislaan et Kromstraat), ✉ 5345 HA, ☎ (0 412) 63 26 00, *Fax (0 412) 69 15 07*, « Rustique » – P. AE ⓓ E VISA.
fermé dim. et lundi – **Repas** (dîner seult) 60/75.

X **De Pepermolen,** Peperstraat 22, ✉ 5341 CZ, ☎ (0 412) 62 56 99, *Fax (0 412) 65 69 62* – AE ⓓ E VISA
fermé merc. et 2e quinz. juil. – **Repas** (dîner seult) 50/80.

OTTERLO *Gelderland* C *Ede 100 927 h.* 211 T 10 et 908 I 5.

Voir *Parc National de la Haute Veluwe★★★ (Nationaal Park De Hoge Veluwe) : Musée Kröller-Müller★★★ – Parc à sculptures★★ (Beeldenpark) E : 1 km.*

Amsterdam 79 – Arnhem 33 – Apeldoorn 22.

Sterrenberg, Houtkampweg 1, ✉ 6731 AV, ☎ (0 318) 59 12 28, *Fax (0 318) 59 16 93*, – TV ☎ P – 35. AE ⓓ E VISA JCB.
Repas carte env. 50 – **30 ch** 135/190 – ½ P 115/155.

Carnegie's Cottage, Onderlangs 35, ✉ 6731 BK, ☎ (0 318) 59 12 20, ←, « En bordure du Parc National », – P. ch
fermé janv.-fév. et du 27 au 30 déc. – **Repas** *(fermé après 20 h 30)* carte env. 70 – **12 ch** 140/175 – ½ P 125/140.

't Witte Hoes, Dorpsstraat 35, ✉ 6731 AS, ☎ (0 318) 59 13 92, *Fax (0 318) 59 15 04* – TV P. E VISA.
mars-26 déc. – **Repas** *(fermé après 20 h et lundi de sept. à Pâques)* carte 46 à 63 – **10 ch** 95/150 – ½ P 100/110.

OUDDORP *Zuid-Holland* C *Goedereede 10 992 h.* 211 I 12 et 908 C 6.

Bosweg 2, ✉ 3253 XA, ☎ (0 187) 68 17 89, Fax (0 187) 68 37 83.

Amsterdam 118 – Den Haag 56 – Middelburg 51 – Rotterdam 52.

X **Havenzicht,** Ouddorpse Haven 13 (S : 2 km), ✉ 3253 LM, ☎ (0 187) 68 17 67, *Fax (0 187) 68 22 94*, ←, Avec taverne-rest – P. AE E VISA
fermé jeudi et vend. de sept. à avril, 3 sem. en nov. et 2 sem. en janv. – **Repas** 53.

OUDEMIRDUM (ALDEMARDUM) *Fryslân* C *Gaasterlân-Sleat 9 635 h.* 210 S 5 et 908 H 3.

Amsterdam 119 – Leeuwarden 60 – Lemmer 17 – Sneek 30.

Boschlust, De Brink 3, ✉ 8567 JD, ☎ (0 514) 57 12 70, *Fax (0 514) 57 19 46*, – TV ☎ P – 40. E VISA. ch
fermé Noël, 31 déc.-1er janv. et mardi et merc. de nov. à avril – **Repas** carte env. 50 – **16 ch** 80/160 – ½ P 88/108.

OUDENBOSCH *Noord-Brabant* *Halderberge 29 348 h.* 211 M 13 et 908 E 7.
Amsterdam 119 – Antwerpen 58 – Breda 22 – Roosendaal 9 – Rotterdam 51.

Tivoli, Markt 68, ✉ 4731 HR, ℘ (0 165) 31 24 12, *Fax (0 165) 32 04 44*, «Ancien cloître», – |≡| TV ☎ P – 25 à 400. AE ⦿ E VISA. ✂ rest
Repas Lunch 35 – 45/75 – ☕ 15 – **50 ch** 115/300.

OUDERKERK AAN DE AMSTEL *Noord-Holland* 210 O 9 - ㉙ S, 211 O 9 et 908 F 5 - ㉘ S
– *voir à Amsterdam, environs.*

OUDESCHILD *Noord-Holland* 210 O 4 et 908 F 2 – *voir à Waddeneilanden (Texel).*

OUDKERK (ALDTSJERK) *Fryslân* 210 T 3 et 908 I 2 – *voir à Leeuwarden.*

OUD-LOOSDRECHT *Utrecht* 211 P 9 et 908 G 5 – *voir à Loosdrecht.*

OVERLOON *Noord-Brabant* *Boxmeer 20 708 h.* 211 U 13 et 908 I 7.
Amsterdam 157 – 's-Hertogenbosch 72 – Eindhoven 47 – Nijmegen 42.

Onder de Boompjes (Brienen), Irenestraat 1, ✉ 5825 CA, ℘ (0 478) 64 22 27, *Fax (0 478) 64 26 30*, «Terrasses» – P. AE E VISA. ✂
fermé lundi, mardi, 2 sem. carnaval et 2 sem. en août – **Repas** Lunch 53 – 135, carte 90 à 120
Spéc. Lotte méditerranéenne au croquant de pommes de terre. Filets de sole frits aux tomates séchées piquantes, beurre blanc à la coriandre. Tarte Tatin maison.

OVERVEEN *Noord-Holland* 210 M 8, 211 M 8 et 908 E 4 – *voir à Haarlem.*

PAPENDRECHT *Zuid-Holland* 211 N 12 et 908 F 6 – *voir à Dordrecht.*

PATERSWOLDE *Drenthe* 210 Y 4 et 908 K 2 – *voir à Groningen.*

PHILIPPINE *Zeeland* *Sas van Gent 8 631 h.* 211 H 15 et 908 C 8.
Amsterdam (bac) 204 – Middelburg (bac) 34 – Gent 35 – Sint-Niklaas 43.

Au Port, Waterpoortstraat 1, ✉ 4553 BG, ℘ (0 115) 49 18 55, *Fax (0 115) 49 17 65*, – TV ☎ – 25 à 350. AE ⦿ E VISA
Repas *(fermé mardi, merc., mai et 29 déc.-13 janv.)* 50/57 – **7 ch** *(fermé 22 mai-2 juin et 29 déc.-13 janv.)* ☕ 100/130 – ½ P 110/145.

Aub. des Moules, Visserslaan 3, ✉ 4553 BE, ℘ (0 115) 49 12 65, *Fax (0 115) 49 16 56*, , Produits de la mer – P. AE ⦿ E VISA
fermé lundi, 17 mai-7 juin et 20 déc.-4 janv. – **Repas** 57/73.

De Fijnproever, Visserslaan 1, ✉ 4553 BE, ℘ (0 115) 49 13 13, Moules en saison – P. AE ⦿ E VISA
fermé merc. soir, jeudi et 3 dern. sem. juin – **Repas** Lunch 27 – carte env. 65.

PRINCENHAGE *Noord-Brabant* 211 N 13 et 908 F 7 – *voir à Breda.*

PURMEREND *Noord-Holland* 210 O 7 et 908 F 4 – *65 856 h.*
18 9 *Westerweg 60, ✉ 1445 AD, ℘ (0 299) 48 16 66, Fax (0 299) 64 70 81* - 9 *à Wijdewormer (Wormerland) SO : 5 km, Zuiderweg 68, ✉ 1456 NH, ℘ (0 299) 47 91 23.*
Kerkstraat 9, ✉ 1441 BL, ℘ (0 299) 42 53 65, Fax (0 299) 43 99 39.
Amsterdam 24 – Alkmaar 25 – Leeuwarden 117.

Golden Tulip, Westerweg 60 (E : 3 km direction Volendam), ✉ 1445 AD, ℘ (0 299) 48 16 66, *Fax (0 299) 64 46 91*, ←, «Sur le parcours de golf», – |≡| TV ☎ P – 25 à 200. AE ⦿ E VISA JCB. ✂ rest
Repas Lunch 40 – carte env. 60 – ☕ 20 – **90 ch** 200/240 – ½ P 133/140.

Sichuan Food, Tramplein 9, ✉ 1441 GP, ℘ (0 299) 42 64 50, *Fax (0 20) 627 72 81*, Cuisine chinoise – . AE ⦿ E VISA. ✂
fermé 31 déc. – **Repas** (dîner seult) 50/73.

à Neck *SO : 2 km* *Wormerland 14 604 h :*

Mario avec ch, Dorpstraat 15, ✉ 1456 AA, ℘ (0 299) 42 39 49, – rest, TV ☎ P. AE ⦿ E VISA
fermé lundi et fin déc.-début janv. – **Repas** (cuisine italienne) 55/100 – **4 ch** ☕ 160 – ½ P 135/180.

à **Noordbeemster** *N : 10 km direction Hoorn* Ⓒ *Beemster 8 278 h :*

XX **De Beemster Hofstee,** Middenweg 48, ✉ 1463 HC, ☎ (0 299) 69 05 22, *Fax (0 299) 69 05 04,* 🍽, « Terrasse » – Ⓟ. AE ⓓ E VISA
fermé sam. midi, dim. midi, lundi et du 2 au 16 août – **Repas** carte env. 80.

à **Zuidoostbeemster** *N : 2 km* Ⓒ *Beemster 8 278 h :*

Beemsterpolder, Purmerenderweg 232, ✉ 1461 DN, ☎ (0 299) 43 68 58, *Fax (0 299) 43 69 54,* 🍽 – ▤ rest, TV ☎ Ⓟ – 🎤 25. AE ⓓ E VISA. ✂
Repas carte 45 à 62 – **40 ch** ☕ 105/135 – ½ P 210/220.

XX **La Ciboulette,** Kwadijkerweg 7 (ancienne forteresse), ✉ 1461 DW, ☎ (0 299) 68 35 85, *Fax (0 299) 68 42 54,* 🍽 – Ⓟ. AE ⓓ E VISA
fermé lundi et mardi – **Repas** Lunch 58 – 85/93.

PUTTEN *Gelderland* 210 S 9, 211 S 9 et 908 H 5 – *22 195 h.*
🅱 *Gervenhof 31,* ✉ *3882 AR,* ☎ *(0 341) 35 17 77, Fax (0 341) 35 30 40.*
Amsterdam 66 – Arnhem 57 – Apeldoorn 41 – Utrecht 48 – Zwolle 49.

Postiljon, Strandboulevard 3 (O : 4 km sur A 28), ✉ 3882 RN, ☎ (0 341) 35 64 64, *Fax (0 341) 35 85 16,* ≤, 🍽 – |‡| ⇐, ▤ rest, TV ☎ ♿ Ⓟ – 🎤 25 à 400. AE ⓓ E VISA. ✂ ch
Repas (buffets) – ☕ 20 – **84 ch** 135/200 – ½ P 100/125.

PUTTERSHOEK *Zuid-Holland* Ⓒ *Binnenmaas 18 938 h.* 211 M 12 et 908 E 6.
Amsterdam 103 – Dordrecht 17 – Rotterdam 21.

XX **De Wijnzolder** 1er étage, Schouteneinde 60, ✉ 3297 AV, ☎ (0 78) 676 18 32, *Fax (0 78) 676 35 42* – Ⓟ. AE ⓓ E VISA
fermé lundi – **Repas** (dîner seult) 59/69.

RAALTE *Overijssel* 210 W 8, 211 W 8 et 908 J 4 – *28 286 h.*
🅱 *Varkensmarkt 8,* ✉ *8102 EG,* ☎ *(0 572) 35 24 06, Fax (0 572) 35 23 43.*
Amsterdam 124 – Zwolle 21 – Apeldoorn 35 – Enschede 50.

De Zwaan, Kerkstraat 2, ✉ 8102 EA, ☎ (0 572) 36 37 38, *Fax (0 572) 36 37 39,* 🍽, ≘s, 🏊 – TV ☎ Ⓟ – 🎤 25 à 60. AE ⓓ E VISA JCB. ✂ ch
Repas carte 45 à 73 – **21 ch** ☕ 125/250 – ½ P 105/150.

RAAMSDONKSVEER *Noord-Brabant* Ⓒ *Geertruidenberg 20 902 h.* 211 O 13 et 908 F 6.
Amsterdam 90 – Breda 16 – 's-Hertogenbosch 34 – Rotterdam 42.

XX **d'Omslag,** Maasdijk 20, ✉ 4941 TD, ☎ (0 162) 52 32 55, *Fax (0 162) 51 20 21,* 🍽 – Ⓟ. AE E VISA JCB. ✂
fermé sam. midi, dim. midi et 27 déc. – **Repas** carte env. 60.

RAVENSTEIN *Noord-Brabant* 211 S 12 et 908 H 6 – *8 541 h.*
Amsterdam 110 – Arnhem 36 – 's-Hertogenbosch 31 – Nijmegen 17.

XX **Rôtiss. De Ravenshoeve,** Mgr. Zwijsenstraat 5, ✉ 5371 BS, ☎ (0 486) 41 28 03, *Fax (0 486) 41 28 03,* 🍽, « Ferme du 19e s., terrasse » – Ⓟ. AE E VISA JCB
fermé lundi et 2 prem. sem. août – **Repas** (dîner seult) 55/77.

REEK *Noord-Brabant* Ⓒ *Landerd 14 141 h.* 211 T 12 et 908 I 6.
Amsterdam 120 – Arnhem 34 – Eindhoven 48 – 's-Hertogenbosch 30 – Nijmegen 10.

X **in De Witte Molen,** Rijksweg 76, ✉ 5375 KZ, ☎ (0 486) 47 62 66, *Fax (0 486) 47 62 66,* 🍽, « Moulin à vent du 19e s. » – Ⓟ. AE ⓓ E VISA. ✂
fermé lundi, mardi, du 24 au 26 déc. et 31 déc. soir – **Repas** (dîner seult) carte 58 à 77.

REEUWIJK *Zuid-Holland* 211 N 10 et 908 F 5 – *voir à Gouda.*

RENESSE *Zeeland* Ⓒ *Schouwen-Duiveland 32 493 h.* 211 H 12 et 908 C 6.
🅱 *Zeeanemoonweg 4a,* ✉ *4325 BZ,* ☎ *(0 111) 46 21 20, Fax (0 111) 46 14 36.*
Amsterdam 140 – Middelburg 37 – Rotterdam 68.

De Zeeuwse Stromen, Duinwekken 5, ✉ 4325 GL, ☎ (0 111) 46 20 40, *Fax (0 111) 46 20 65,* 🍽, 🏋, ≘s, 🏊, 🎾 – |‡| ⇐ TV ☎ ♿ Ⓟ – 🎤 25 à 400. AE ⓓ E VISA
Repas Lunch 35 – carte env. 60 – **128 ch** ☕ 125/375 – ½ P 130/220.

RENKUM *Gelderland* 211 T 11 et 908 I 6 – *32 278 h.*
Amsterdam 89 – Arnhem 14 – Utrecht 52.

Campman, Hartenseweg 23 (NO : 1,5 km), ✉ 6871 NB, ☎ (0 317) 31 22 21, *Fax (0 317) 31 74 33*, ☂, « Environnement boisé » – P – 25 à 100. AE O E VISA JCB
fermé 24, 25 et 26 déc. – **Repas** Lunch 44 – 53.

RETRANCHEMENT *Zeeland* 211 F 14 et 908 B 7 – *voir à Sluis.*

REUSEL *Noord-Brabant* C *Reusel-De Mierden 12 390 h.* 211 P 14 et 908 G 7.
Amsterdam 135 – Antwerpen 63 – Eindhoven 25 – 's-Hertogenbosch 45.

De Nieuwe Erven, Mierdseweg 69, ✉ 5541 EP, ☎ (0 497) 64 33 76, *Fax (0 497) 64 33 76*, ☂, « Terrasse fleurie » – P. AE O E VISA.
fermé mardi – **Repas** (dîner seult) 55/79.

RHEDEN *Gelderland* 211 V 10 et 908 J 5 – *44 642 h.*
Amsterdam 110 – Arnhem 11 – Apeldoorn 34 – Enschede 80.

De Roskam, Arnhemsestraatweg 62, ✉ 6991 JG, ☎ (0 26) 495 48 41, *Fax (0 26) 495 29 25*, ☂, ⛹, ≘s, ⛱, – ⇅ TV ☎ ♿ P – 25 à 200. AE O E VISA. rest
fermé vend. soir, sam., dim. et 23 déc.-5 janv. – **Repas** Lunch 35 – carte 65 à 90 – **57 ch** ☕ 200/255.

de Bronckhorst, Arnhemsestraatweg 251, ✉ 6991 JG, ☎ (0 26) 495 22 07, ☂ – ▤ P. AE O E VISA
fermé sam. midi, dim. midi et lundi – **Repas** 50.

RHENEN *Utrecht* 211 S 11 et 908 H 6 – *16 987 h.*
Markt 20, ✉ 3911 LJ, ☎ (0 317) 61 23 33, Fax (0 317) 61 34 10.
Amsterdam 79 – Arnhem 26 – Nijmegen 33 – Utrecht 41.

't Paviljoen, Grebbeweg 103, ✉ 3911 AV, ☎ (0 317) 61 90 03, *Fax (0 317) 61 72 13*, ☂, ≘s – ⇅, ▤ rest, TV ☎ P – 25 à 80. AE O E VISA. rest
fermé 31 déc.-2 janv. – **Repas** Lunch 50 – 65/95 – ☕ 24 – **32 ch** 143/235 – ½ P 133/138.

't Kalkoentje, Utrechtsestraatweg 143 (NO : 2 km), ✉ 3911 TS, ☎ (0 317) 61 23 44, *Fax (0 317) 61 65 00*, ≤, ☂, « Terrasse au bord de l'eau » – P. AE O E VISA
fermé dim. et 3 prem. sem. janv. – **Repas** Lunch 55 – 93.

RHOON *Zuid-Holland* 211 L 11 - (39) S et 908 E 6 - (24) S – *voir à Rotterdam, environs.*

RIIS *Fryslân* – *voir Rijs.*

RINSUMAGEEST (RINSUMAGEAST) *Fryslân* C *Dantumadeel 19 817 h.* 210 U 3 et 908 I 2.
Amsterdam 157 – Dokkum 5 – Groningen 59 – Leeuwarden 18.

Het Rechthuis, Rechthuisstraat 1, ✉ 9105 KH, ☎ (0 511) 42 31 00, ☂ – AE O E VISA JCB *fermé lundi* – **Repas** (dîner seult) 63/73.

ROCKANJE *Zuid-Holland* C *Westvoorne 13 936 h.* 211 J 11 - (37) S et 908 D 6 - (22) S.
Amsterdam 111 – Den Haag 48 – Hellevoetsluis 10 – Rotterdam 46.

Badhotel, Tweede Slag 1 (O : 1 km), ✉ 3235 CR, ☎ (0 181) 40 17 55, *Fax (0 181) 40 39 33*, ☂, ≘s, ⛱, – TV ☎ P – 25 à 75. AE O E VISA JCB
Repas Lunch 30 – carte env. 55 – ☕ 18 – **68 ch** 123/178 – ½ P 142/175.

RODEN *Drenthe* C *Noordenveld 18 717 h.* 210 X 4 et 908 K 2.
Oosteinde 7a, ✉ 9301 ZP, ☎ (0 50) 501 51 03.
Amsterdam 205 – Groningen 15 – Leeuwarden 56 – Zwolle 94.

Langewold, Ceintuurbaan-Noord 1, ✉ 9301 NR, ☎ (0 50) 501 38 50, *Fax (0 50) 501 38 18*, ☂, ≘s – ⇅ TV ☎ ♿ P – 25 à 100. AE O E VISA JCB.
Repas Lunch 35 – 45/90 – ☕ 20 – **31 ch** 170/185 – ½ P 125/165.

ROERMOND *Limburg* 211 V 15 et 908 I 8 – *43 936 h.*
à Herkenbosch SE : 10 km, Stationsweg 100, ✉ 6075 CD, ☎ (0 475) 53 14 58, Fax (0 475) 53 35 80.
à Beek par (4) : 34 km ☎ (0 43) 358 99 99.
Kraanpoort 1, ✉ 6041 EC, ☎ 0 900-202 55 88, Fax (0 475) 33 50 68.
Amsterdam 178 (5) – Maastricht 47 (4) – Dsseldorf 65 (2) – Eindhoven 50 (5) – Venlo 25 (1).

ROERMOND

Bergstr. . . . . Y 2
Brugstr. . . . . Y
Dr. Leursstr. . . . . Z 5
Hamstr. . . . . Z
Julianalaan . . . . Y 6
Kapellerpoort . . . . Z 7
Kloosterwandstr. . . . . Z 9
Kraanpoort . . . . Y 10
Leliestr. . . . . YZ 12
Lindanusstr. . . . . Y 14
Markt . . . . Y
Marktstr. . . . . Y 15
Molenstr. . . . . Z 16
Mgr. Driessenstr. . . . . Z 18
Mgr. Evertsstr. . . . . Z 19
Munsterpl. . . . . Z
Neerstr. . . . . Z
Notenboomlaan . . . . YZ 21
Parédisstr. . . . . Z 22

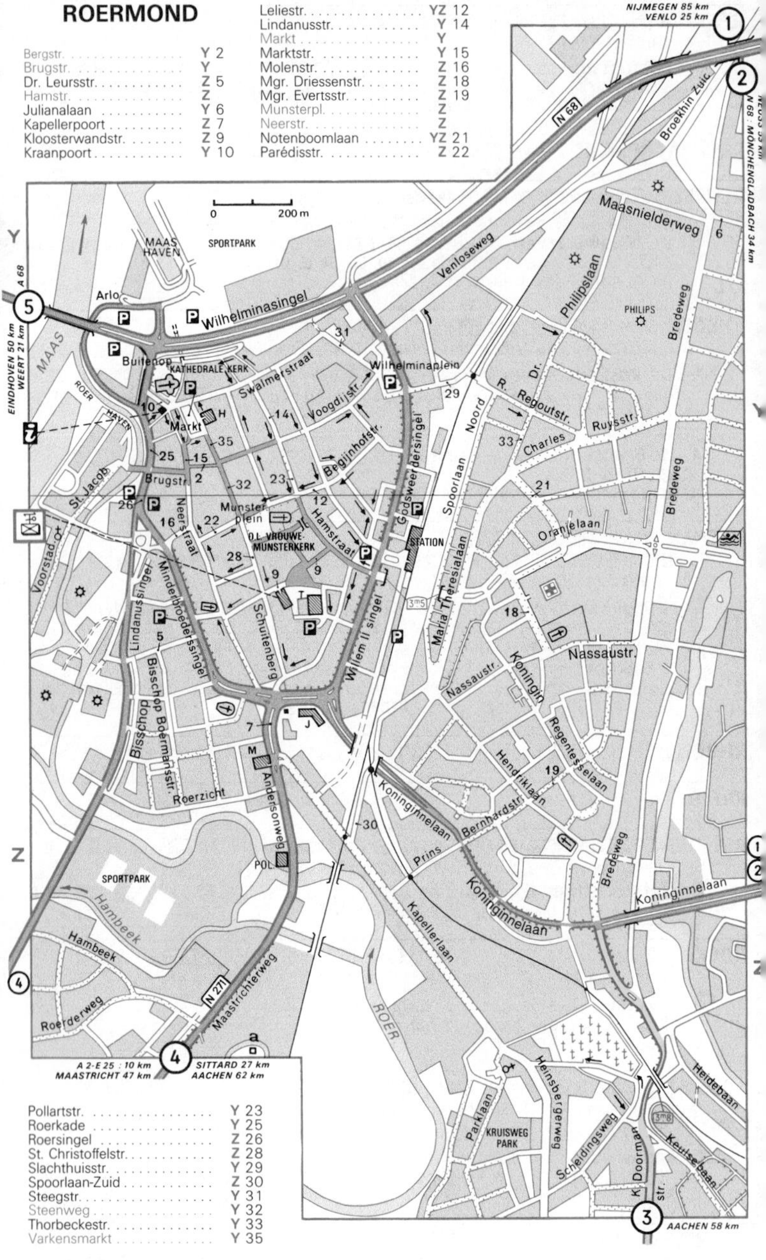

Pollartstr. . . . . Y 23
Roerkade . . . . Y 25
Roersingel . . . . Z 26
St. Christoffelstr. . . . . Z 28
Slachthuisstr. . . . . Y 29
Spoorlaan-Zuid . . . . Z 30
Steegstr. . . . . Y 31
Steenweg . . . . Y 32
Thorbeckestr. . . . . Y 33
Varkensmarkt . . . . Y 35

Die **Michelin-Karten** werden laufend auf dem neuesten Stand gehalten.

Kasteeltje Hattem, Maastrichterweg 25, ✉ 6041 NZ, ✆ (0 475) 31 92 22, *Fax (0 475) 31 92 92*, « Elégante rotonde avec ≤ parc », – TV ☎ P – 40. AE ⓓ E VISA. rest Z a
fermé carnaval, 24 et 31 déc. et 1er janv. – **Repas** *Lunch 70* – 90/115 – **11 ch** 265/320 – ½ P 213/238.

Landhotel Cox, Maalbroek 102 (par ② sur N 68, à la frontière), ✉ 6042 KN, ✆ (0 475) 32 99 66, *Fax (0 475) 32 51 42*, – |♦|, rest, TV ☎ P – 25 à 100. AE ⓓ E VISA JCB. rest
Repas 45/55 – **54 ch** 150/205 – ½ P 118/125.

à Herkenbosch *6 km par Keulsebaan Z* C *Roerdalen 10 449 h :*

Kasteel Daelenbroeck avec ch, Kasteellaan 2, ✉ 6075 EZ, ✆ (0 475) 53 24 65, *Fax (0 475) 53 60 30*, « Château-ferme, douves » – P – 40. AE ⓓ E VISA. rest
fermé sem. carnaval – **Repas** *Lunch 55* – carte 78 à 101 – 20 – **16 ch** 145/275 – ½ P 153/265.

à Horn *par ⑤ : 3 km* C *Haelen 9 846 h :*

De Abdij, Kerkpad 5, ✉ 6085 BA, ✆ (0 475) 58 12 54, *Fax (0 475) 58 31 31*, – TV P – 25. AE ⓓ E VISA JCB.
fermé 24 déc.-5 janv. – **Repas** (dîner pour résidents seult) – **26 ch** 50/150 – ½ P 73/98.

à Vlodrop *8 km par Keulsebaan Z* C *Roerdalen 10 449 h :*

Boshotel, Boslaan 1 (près de la frontière), ✉ 6063 NN, ✆ (0 475) 53 49 59, *Fax (0 475) 53 45 80*, – |♦|, rest, TV ☎ ♿ P – 25 à 300. AE ⓓ E VISA JCB. rest
Repas *Lunch 50* – carte 45 à 75 – **60 ch** 145/195 – ½ P 133/150.

ROOSENDAAL *Noord-Brabant* 211 L 13 et 908 E 7 – *72 953 h.*

Markt 71, ✉ 4701 PC, ✆ (0 165) 55 44 00, Fax (0 165) 56 75 22.
Amsterdam 127 – 's-Hertogenbosch 75 – Antwerpen 44 – Breda 25 – Rotterdam 56.

the Goderië, Stationsplein 5b, ✉ 4702 VX, ✆ (0 165) 55 54 00, *Fax (0 165) 56 06 60* – |♦| TV ☎ ♿ – 25 à 200. AE ⓓ E VISA JCB.
Repas *Lunch 55* – 65/75 – 25 – **49 ch** 155/280 – ½ P 210/250.

Central, Stationsplein 9, ✉ 4702 VZ, ✆ (0 165) 53 56 57, *Fax (0 165) 56 92 94* – rest, TV ☎ – 45. AE ⓓ E VISA.
fermé 1er janv. – **Repas** *Lunch 45* – 59/87 – **20 ch** 140/175, 1 suite – ½ P 130/180.

Bastion, Bovendonk 23 (sur A 58, sortie ㉔), ✉ 4707 ZH, ✆ (0 165) 54 94 19, *Fax (0 165) 54 96 54* – TV ☎ P. AE ⓓ E VISA.
Repas (grillades, ouvert jusqu'à 23 h) 45 – 15 – **40 ch** 100.

Vroenhout, Vroenhoutseweg 21 (O : 4 km sur A 17, sortie ⑲), ✉ 4703 SG, ✆ (0 165) 53 26 32, *Fax (0 165) 53 52 31*, « Ferme du 18e s. » – P. AE ⓓ E VISA
fermé merc., 2 sem. vacances bâtiment et prem. sem. janv. – **Repas** *Lunch 59* – 75/93.

Van der Put, Bloemenmarkt 9, ✉ 4701 JA, ✆ (0 165) 53 35 04, *Fax (0 165) 54 61 61*, – AE E VISA JCB
fermé lundi et 2 sem en août – **Repas** 48/80.

à Bosschenhoofd *NE : 4 km* C *Halderberge 29 348 h :*

De Reiskoffer, Pastoor van Breugelstraat 45, ✉ 4744 AA, ✆ (0 165) 31 63 10, *Fax (0 165) 31 82 00*, « Dans un ancien couvent », – |♦| TV ☎ ♿ P – 25 à 300. AE ⓓ E VISA JCB.
Repas (Taverne-rest) *Lunch 18* – carte 50 à 75 – **55 ch** 155/175 – ½ P 195/225.

ROOSTEREN *Limburg* C *Susteren 13 074 h.* 211 T 16 et 908 I 8.

Amsterdam 186 – Arnhem 32 – Eindhoven 57 – Maastricht 31 – Roermond 18.

De Roosterhoeve, Hoekstraat 29, ✉ 6116 AW, ✆ (0 46) 449 31 31, *Fax (0 46) 449 44 00*, – |♦| TV ☎ P – 25 à 100. AE ⓓ E VISA.
Repas 45/70 – **64 ch** 200 – ½ P 115/140.

ROSMALEN *Noord-Brabant* 211 Q 13 et 908 H 6 – *voir à 's-Hertogenbosch.*

ROTTERDAM

Zuid-Holland 211 L 11 - (39) (40) *et* 908 E 6 - (25) N - *589 987 h.*

Amsterdam 76 ② - *Den Haag 24* ② - *Antwerpen 103* ④ - *Bruxelles 148* ④ - *Utrecht 57* ③.

Plans de Rotterdam

Agglomération .... p. 2 et 3

Rotterdam Centre .... p. 4 et 5

Agrandissement partie centrale .... p. 6

Répertoire des rues .... p. 6 et 7

Nomenclature des hôtels et des restaurants

Ville .... p. 8 et 9

Périphérie et environs .... p. 9 et 10

RENSEIGNEMENTS PRATIQUES

Coolsingel 67, ✉ *3012 AC,* ☎ *0 900-403 40 65, Fax (010) 413 01 24 et Centraal Station, Stationsplein 1,* ✉ *3013 AJ,* ☎ *0 900-403 40 65.*

✈ *Zestienhoven* (BR) ☎ *(010) 446 34 44.*

⛴ *Europoort vers Hull : P and O North Sea Ferries* ☎ *(0181) 25 55 00 (renseignements) et (0181) 25 55 55 (réservations), Fax (0181) 25 52 15.*

Casino JY, *Weena 624,* ✉ *3012 CN,* ☎ *(010) 414 77 99, Fax (010) 414 92 33.*

⛳9 *Kralingseweg 200* ✉ *3062 CG* (D5) ☎ *(010) 452 22 83* - ⛳18 *'s Gravenweg 311* ✉ *2905 LB à Capelle aan den ijssel* (DR) ☎ *(010) 442 21 09, Fax (010) 442 24 85* - ⛳18 *Veerweg 2a* ✉ *3161 EX à Rhoon* (AT) ☎ *(010) 501 80 58.*

CURIOSITÉS

Voir *Lijnbaan★* JY - *Intérieur★ de l'Église St-Laurent (Grote- of St-Laurenskerk)* KY - *Euromast★ (※★★, ≤★)* JZ - *Le port★★ (Haven)* ⛴ KZ - *Willemsbrug★★* HU - *Erasmusbrug★★* KZ - *Delftse Poort (bâtiment)★* JY **C** - *World Trade Centre★* KY **Y** - *Nederlands Architectuur Instituut★* JZ **W** - *Boompjes★* KZ - *Willemswerf (bâtiment)★* KY

Musées : *Historique (Historisch Museum) Het Schielandshuis★* KY **M²** - *Boijmans-van Beuningen★★★* JZ - *Historique « De Dubbelde Palmboom »★* EV.

Env. *Moulins de Kinderdijk★★ par* ④ *: 7 km.*

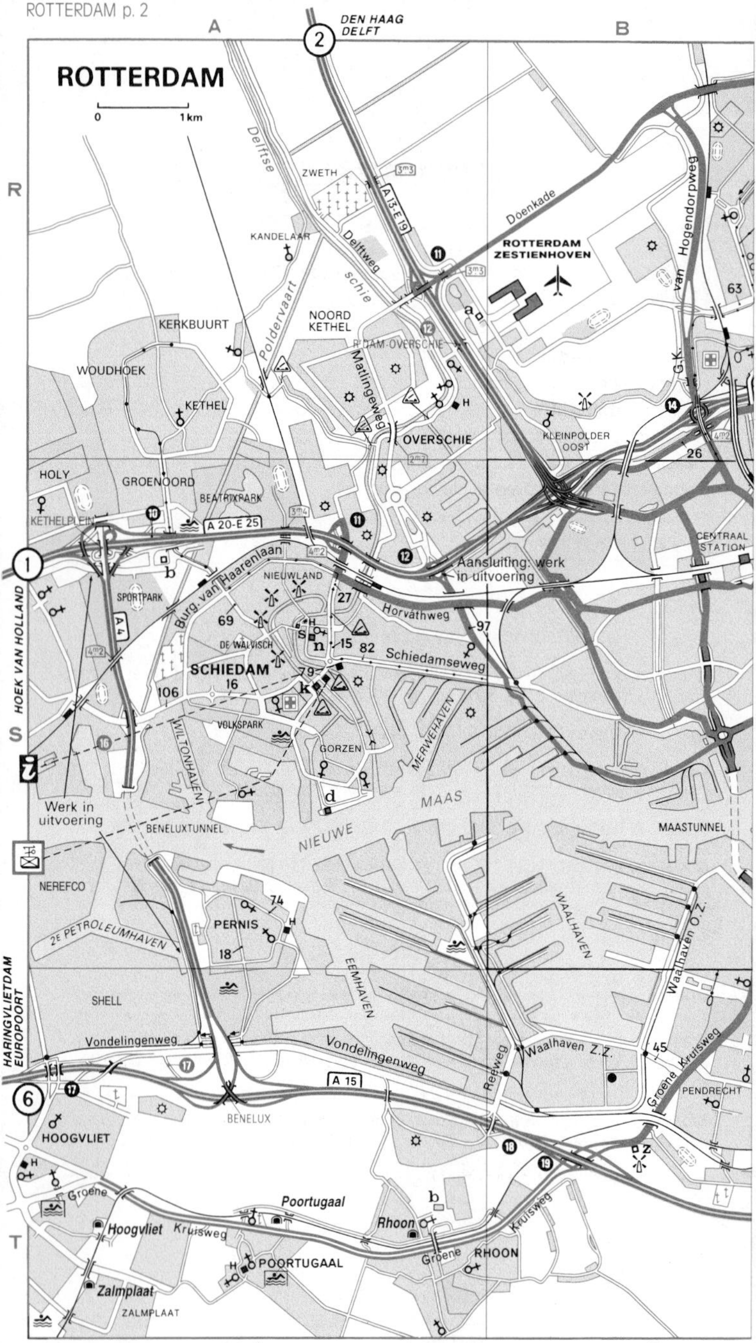
ROTTERDAM
0
1 km
DEN HAAG
DELFT
ZWETH
KANDELAAR
KERKBUURT
WOUDHOEK
KETHEL
NOORD KETHEL
R'DAM-OVERSCHIE
OVERSCHIE
ROTTERDAM ZESTIENHOVEN
Doenkade
van Hogendorpweg
KLEINPOLDER OOST
HOLY
GROENOORD
BEATRIXPARK
KETHELPLEIN
A 20-E 25
A 13-E 19
SPORTPARK
NIEUWLAND
Burg. van Haarenlaan
Horvathweg
Schiedamseweg
SCHIEDAM
DE WALVISCH
VOLKSPARK
GORZEN
WILTONHAVEN
MERWEHAVEN
Aansluiting: werk in uitvoering
CENTRAAL STATION
HOEK VAN HOLLAND
Werk in uitvoering
BENELUXTUNNEL
NIEUWE MAAS
MAASTUNNEL
NEREFCO
2e PETROLEUMHAVEN
PERNIS
EEMHAVEN
WAALHAVEN
Waalhaven O.Z.
HARINGVLIETDAM EUROPOORT
SHELL
Vondelingenweg
A 15
Reeweg
Waalhaven Z.Z.
Groene Kruisweg
PENDRECHT
BENELUX
HOOGVLIET
Poortugaal
Rhoon
Hoogvliet
Kruisweg
Groene
POORTUGAAL
RHOON
Zalmplaat
ZALMPLAAT
A
B
R
S
T

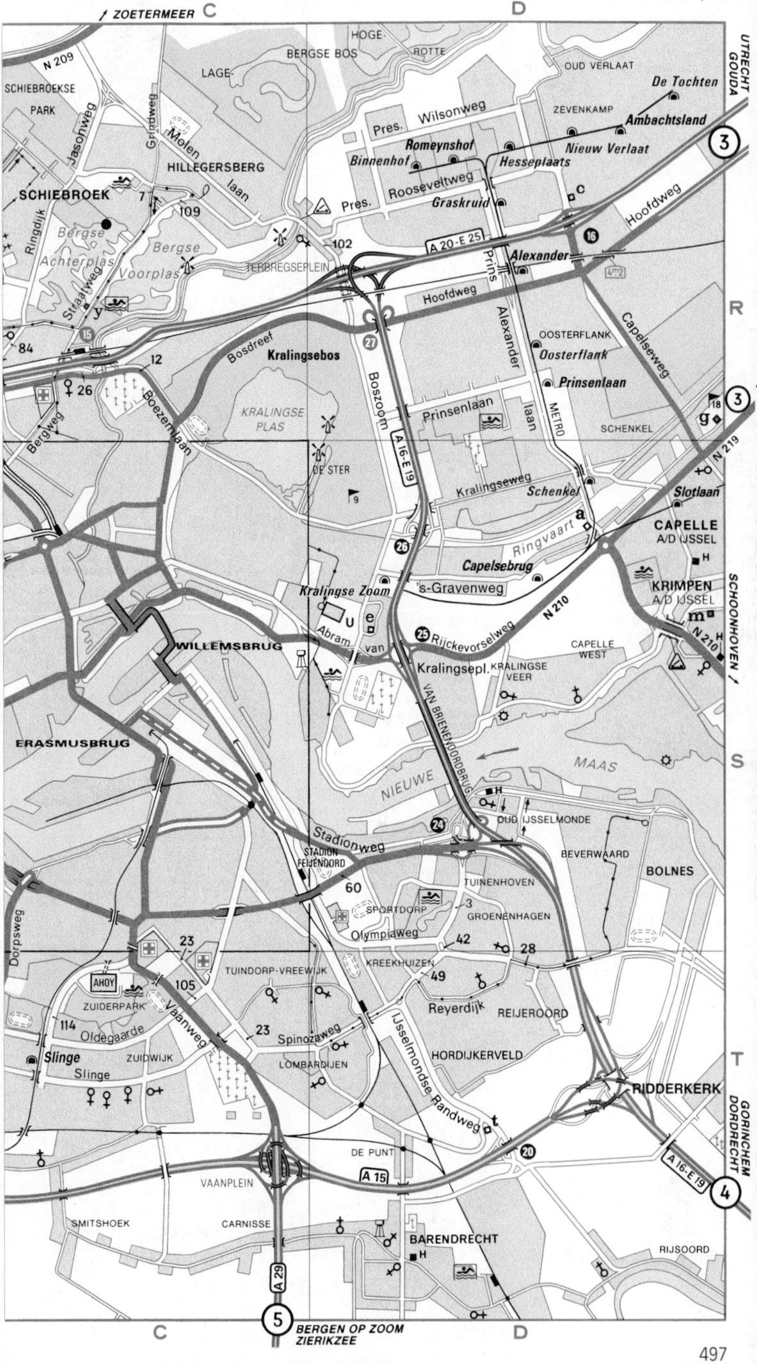
ZOETERMEER
C
D
R
S
T
UTRECHT
GOUDA
3
N 209
SCHIEBROEKSE
PARK
LAGE-
BERGSE BOS
HOGE-
ROTTE
OUD VERLAAT
De Tochten
ZEVENKAMP
Ambachtsland
Pres.
Wilsonweg
Romeynshof
Nieuw Verlaat
Binnenhof
Hesseplaats
Jasonweg
Grindweg
Molen
laan
HILLEGERSBERG
SCHIEBROEK
7
109
Rooseveltweg
Graskruid
Pres.
Hoofdweg
Ringdijk
Bergse
Achterplas
Bergse
Voorplas
102
TERBREGSEPLEIN
A 20-E 25
Prins
Alexander
16
Straatweg
y
Hoofdweg
Alexander
Capelseweg
15
84
Bosdreef
Kralingsebos
27
OOSTERFLANK
Oosterflank
12
26
Boezemlaan
Boszoom
Prinsenlaan
laan
METRO
Prinsenlaan
18
KRALINGSE
PLAS
SCHENKEL
g
Bergweg
DE STER
A 16-E 19
N 219
9
Kralingseweg
Schenkel
Slotlaan
a
CAPELLE
A/D IJSSEL
Ringvaart
26
H
Capelsebrug
Kralingse Zoom
's-Gravenweg
KRIMPEN
A/D IJSSEL
SCHOONHOVEN
N 210
U
e
m
Abram
van
25
Rijckevorselweg
CAPELLE
WEST
N 210
WILLEMSBRUG
Kralingsepl.
KRALINGSE
VEER
VAN BRIENENOORDBRUG
ERASMUSBRUG
MAAS
NIEUWE
H
OUD IJSSELMONDE
24
Stadionweg
STADION
FEIJENOORD
BEVERWAARD
BOLNES
60
TUINENHOVEN
SPORTDORP
3
GROENENHAGEN
Dorpsweg
Olympiaweg
42
23
28
KREEKHUIZEN
AHOY
TUINDORP-VREEWIJK
49
105
ZUIDERPARK
Vaanweg
Reyerdijk
REIJEROORD
114
Oldegaarde
23
Spinozaweg
IJsselmondse Randweg
Slinge
ZUIDWIJK
LOMBARDIJEN
HORDIJKERVELD
Slinge
RIDDERKERK
GORINCHEM
DORDRECHT
t
20
DE PUNT
A 15
A 16-E 19
4
VAANPLEIN
SMITSHOEK
CARNISSE
BARENDRECHT
H
RIJSOORD
A 29
5
BERGEN OP ZOOM
ZIERIKZEE

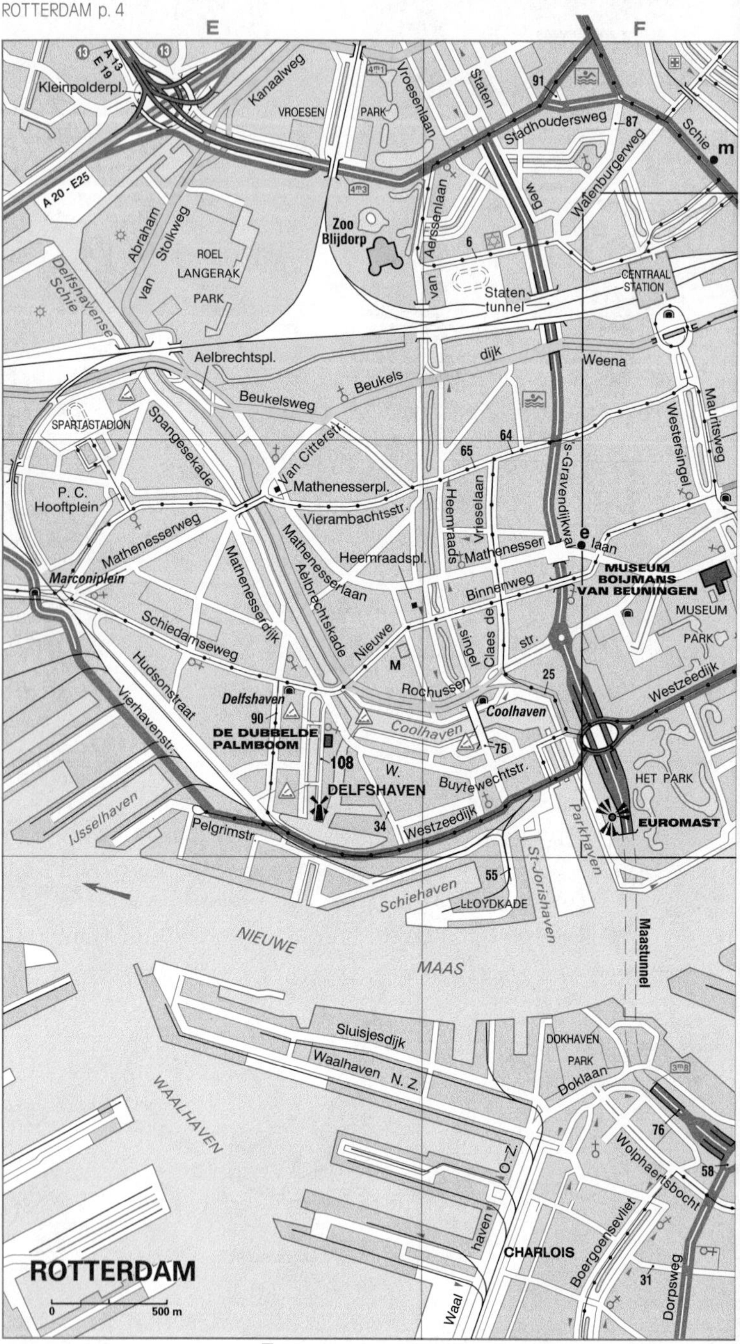
E
F
U
V
X
Kleinpolderpl.
A 13
E 19
A 20 - E25
Kanaalweg
VROESEN
PARK
Vroesenlaan
Staten
Stadhoudersweg
Schie
Walenburgerweg
weg
Zoo
Blijdorp
Aerssenlaan
van
Abraham
van
Stolkweg
ROEL
LANGERAK
PARK
Delfshavense
Schie
CENTRAAL
STATION
Staten
tunnel
Aelbrechtspl.
dijk
Weena
Beukels
Beukelsweg
SPARTASTADION
Spangesekade
Van Citterstr.
Mathenesserpl.
Mauritsweg
Westersingel
's-Gravendijkwal
P. C.
Hooftplein
Mathenesserweg
Vierambachtsstr.
Heemraads
Heemraadspl.
Vrieselaan
Mathenesser
laan
MUSEUM
BOIJMANS
VAN BEUNINGEN
MUSEUM
PARK
Marconiplein
Matheneserdijk
Mathenesserlaan
Aelbrechtskade
Nieuwe
Binnenweg
Claes de
singel
str.
Schiedamseweg
Hudsonstraat
Vierhavenstr.
Rochussen
Delfshaven
Coolhaven
Westzeedijk
DE DUBBELDE
PALMBOOM
108
W.
Buytewechtstr.
HET PARK
DELFSHAVEN
IJsselhaven
Pelgrimstr.
Westzeedijk
Parkhaven
EUROMAST
Schiehaven
LLOYDKADE
St-Jorishaven
NIEUWE
MAAS
Maastunnel
Sluisjesdijk
Waalhaven N. Z.
DOKHAVEN
PARK
Doklaan
WAALHAVEN
O. Z.
Wolphaertsbocht
haven
Waal
CHARLOIS
Boergoensevliet
Dorpsweg
ROTTERDAM
500 m

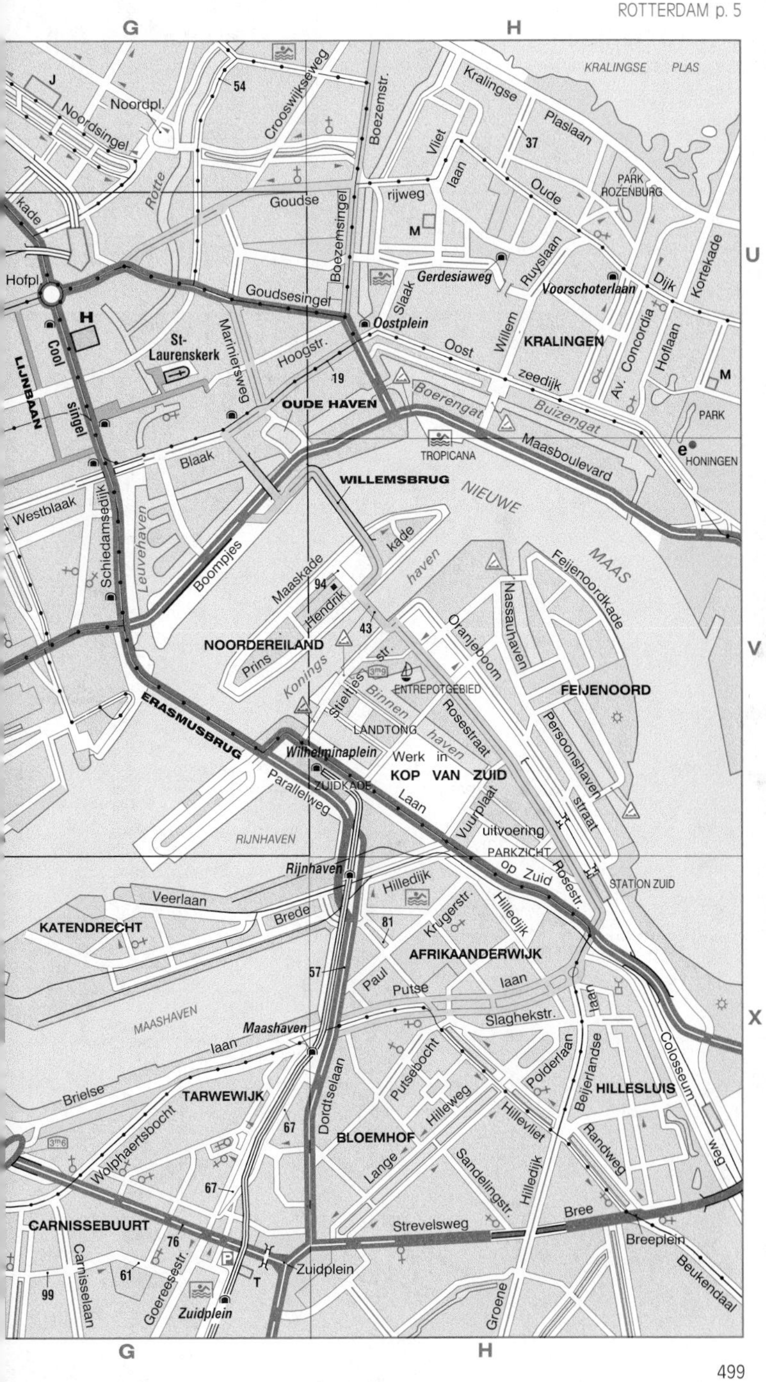
G
H
U
V
X
KRALINGSE PLAS
Kralingse
Plaslaan
37
PARK ROZENBURG
Oude
Dijk
Kortekade
Noordpl.
Noordsingel
54
Crooswijkseweg
Boezemstr.
Vliet
laan
Rotte
Goudse
rijweg
M
Boezemsingel
Gerdesiaweg
Ruyslaan
Voorschoterlaan
kade
Hofpl.
Goudsesingel
Oostplein
Slaak
H
Cool
LIJNBAAN
St-Laurenskerk
Marinierswg
Hoogstr.
19
Oost
Willem
KRALINGEN
Av. Concordia
Hoflaan
zeedijk
singel
OUDE HAVEN
Boerengat
Buizengat
PARK
TROPICANA
Maasboulevard
e
HONINGEN
Blaak
WILLEMSBRUG
NIEUWE
MAAS
Westblaak
Schiedamsedijk
Leuvehaven
Boompjes
kade
haven
Maaskade
94
Hendrik
43
Feijenoordkade
Nassauhaven
Oranjeboom
NOORDEREILAND
Prins
Konings
str.
Stieltjes
Binnen
ENTREPOTGEBIED
FEIJENOORD
ERASMUSBRUG
LANDTONG
Rosestraat
Persoonshaven
haven
Wilhelminaplein
Werk in
KOP VAN ZUID
ZUIDKADE
Parallelweg
Laan
Vuurplaat
uitvoering
straat
RIJNHAVEN
PARKZICHT
op Zuid
Rosestr.
STATION ZUID
Rijnhaven
Hilledijk
Veerlaan
Brede
81
Krugerstr.
Hilledijk
KATENDRECHT
AFRIKAANDERWIJK
57
Paul
Putse
laan
laan
MAASHAVEN
Maashaven
laan
Slaghekstr.
Colosseum
weg
Putsebocht
Polderlaan
Beijerlandse
HILLESLUIS
Brielse
TARWEWIJK
67
Dordtselaan
Hilleweg
Hillevliet
Randweg
Wolphaertsbocht
BLOEMHOF
Lange
Sandelingstr.
Hilledijk
67
Bree
CARNISSEBUURT
Strevelsweg
Breeplein
76
Carnisselaan
Goereesestr.
P
Zuidplein
Beukendaal
61
T
99
Zuidplein
Groene

ROTTERDAM

RÉPERTOIRE DES RUES

Abraham van Stolkweg . . . . . p. 4 EU
Abram van Rijckevorselweg . . . . p. 3 DS
Adriaan Volkerlaan . . . p. 3 DS 3
Aelbrechtskade . . . . . . p. 4 EV
Aelbrechtspl. . . . . p. 4 EU
van Aerssenlaan . . . . . p. 4 FU
Aert van Nesstr. . . . . . p. 6 JKY 4
Beijerlandselaan . . . . . . p. 5 HX
Bentincklaan . . . . p. 4 FU 6
Bergse Dorpsstr. . . . . . p. 3 CR 7
Bergweg . . . . p. 3 CRS
Beukelsdijk . . . . p. 4 EFU
Beukelsweg . . . . p. 4 EU
Beukendaal . . . . p. 5 HX
Beursplein . . . . p. 6 KY 9
Binnenweg . . . . p. 6 JY
Binnenwegpl. . . . . p. 6 JY 10
Blaak . . . . p. 6 KY
Boergoensevliet . . . . . p. 4 FX
Boezembocht . . . . p. 3 CR 12
Boezemlaan . . . . p. 3 CR
Boezemsingel . . . . p. 5 HU
Boezemstr. . . . . p. 5 HU
Boompjes . . . . p. 6 KZ
Boompjeskade . . . . . . p. 6 KZ
Bosdreef . . . . p. 3 CR
Boszoom . . . . p. 3 DR
Botersloot . . . . p. 6 KY 13
Brede Hilledijk . . . . . p. 5 GHX
Bree . . . . p. 5 HX
Breeplein . . . . p. 5 HX
Brielselaan . . . . p. 5 GX
Burg. van Esstr. . . . . p. 2 AS 18
Burg. van Walsumweg . . . . . p. 5 HU 19
Capelseweg . . . . p. 3 DR
Carnisselaan . . . . p. 5 GX
Churchillpl. . . . . p. 6 KY
van Citterstr. . . . . p. 4 EV
Claes de Vrieselaan . p. 4 FV
Colosseumweg . . . . . p. 5 HX
Concordia av. . . . . . . p. 5 HU
Coolsingel . . . . p. 6 JKY
Crooswijkseweg . . . . p. 5 GHU
Delftsepl. . . . . p. 6 JY 21

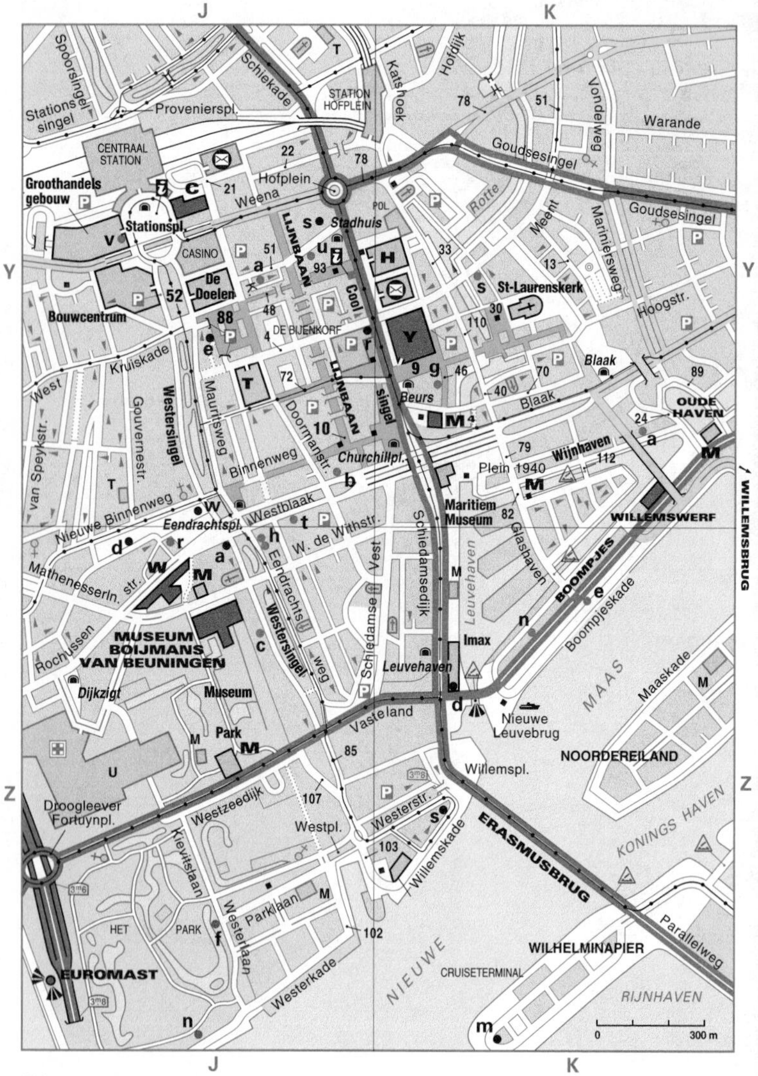

Delftsestr. p.6 JY 22
Delftweg p.2 AR
Doenkade p.2 BR
Doklaan p.4 EX
Dordtselaan p.5 HX
Dordtsestraatweg p.3 CT 23
Dorpsweg p.4 FX
Droogleever Fortuynpl. p.6 JZ
Eendrachtspl. p.6 JZ
Eendrachtsweg p.6 JKZ
Erasmusbrug p.6 KZ
Feijenoordkade p.5 HV
Geldersekade p.6 KY 24
G.J. de Jonghweg p.4 FV 25
G.K. van Hogendorpweg p.2 BR
Gerdesiaweg p.5 HU
Glashaven p.6 KYZ
Goereesestr. p.5 GX
Gordelweg p.2 BCR 26
Goudse Rijweg p.5 GHU
Goudsesingel p.6 KY
Gouvernestr. p.6 JY
's-Gravendijkwal p.6 FV
's-Gravenweg p.3 DS
Grindweg p.3 CR
Groene Hilledijk p.5 HX
Groene Kruisweg p.2 ABT
Groeninx van Zoelenlaan p.3 DST 28
Grotekerkpl. p.6 KY 30
Gruttostr p.4 FX 31
Haagseveer p.6 KY 33
Havenstr. p.4 EV 34
Heemraadsingel p.4 FV
Hilledijk p.5 HX
Hillevliet p.5 HX
Hofdijk p.6 KY
Hoflaan p.5 HU
Hofplein p.6 JY
Hoofdweg p.3 DR
Hoogstr. p.6 KY
Horvàthweg p.2 AS
Hudsonstr. p.4 EV
IJsselmondse Randweg p.3 DT
Jasonweg p.3 CR
Jericholaan p.5 HU 37
Jonker Fransstr. p.6 KY 39
Kanaalweg p.4 EU
Karel Doormanstr. p.6 JY
Katshoek p.6 KY
Keizerstr. p.6 KY 40
Kievitslaan p.6 JZ
Klein Nieuwland p.3 DT 42
Kleinpolderpl. p.4 EU
Koninginnebrug p.5 HV 43
Korperweg p.2 BT 45
Korte Hoogstr. p.6 KY 46
Kortekade p.5 HU
Korte Lijnbaan p.6 JY 48
Kralingse Plaslaan p.5 HU
Kralingse Zoom p.3 DS
Kralingsepl. p.3 DS
Kralingseweg p.3 DS
Kreekhuizenlaan p.3 DT 49
Kruiskade p.6 JKY 51
Kruisplein p.6 JY 52
Laan op Zuid p.5 HVX
Lange Hilleweg p.5 HX
Lijnbaan p.6 JY
Linker Rottekade p.5 GU 54
Lloydstr. p.4 FX 55
Maasboulevard p.5 HU
Maashaven O.Z. p.5 GHY 57
Maaskade p.6 KZ
Maastunnel p.4 FX
Maastunnelpl. p.4 FGX 58
Marathonweg p.3 DS 60
Marconiplein p.4 EV
Mariniersweg p.6 KY
Markerstr. p.5 GX 61
Mathenesserdijk p.4 EV
Mathenesserlaan p.6 JZ
Mathenesserpl. p.4 EV
Mathenesserweg p.4 EV
Matlingeweg p.2 AR
Mauritsweg p.6 JY
Meent p.6 KY
Melanchtonweg p.2 BR 63
Middellandstr. (1e) p.4 FV 64
Middellandstr. (2e) p.4 FV 65
Mijnsherenlaan p.5 GX 67
Molenlaan p.3 CR
Nassauhaven p.5 HV
Nieuwe Binnenweg p.6 JYZ
Nieuwe Leuvebrug p.6 KZ
Nieuwstr. p.6 KY 70
Noordpl. p.5 GU
Noordsingel p.5 GU
Oldegaarde p.3 CT
van Oldenbarneveltplaats p.6 JY 72
Olympiaweg p.3 DS
Oostplein p.5 HU
Oostzeedijk p.5 HU
Oranjeboomstr. p.5 HV
Oudedijk p.5 HU
P.C. Hooftpl. p.4 EV
Parallelweg p.6 KZ
Parklaan p.6 JZ
Pastoriedijk p.2 AS 74
Paul Krugerstr. p.5 HX
Pelgrimstr. p.4 EV
Persoonshaven p.5 HV
Pieter de Hoochweg p.4 FV 75
Plein 1940 p.6 KY
Pleinweg p.4 FGX 76
Polderlaan p.5 HX
Pompenburg p.6 JY 78
Posthoornstr. p.6 KY 79
Pres. Rooseveltweg p.3 DR
Pres. Wilsonweg p.3 DR
Pretorialaan p.5 HX 81
Prins Alexanderlaan p.3 DR
Prins Hendrikkade p.5 HV
Prinsenlaan p.3 DR
Provenierspl. p.6 JY
Putsebocht p.5 HX
Putselaan p.5 HX
Randweg p.5 HX
Reeweg p.2 BT
Regentessebrug p.6 KY 82
Reyerdijk p.3 DT
Ringdijk p.3 CR
Rochussenstr. p.6 JZ
Rosestraat p.5 HVX
Rozenlaan p.3 CR 84
Ruyslaan p.5 HU
Sandelingstr. p.5 HX
Scheepstimmermanslaan p.6 JY 85
Schepenstr. p.4 FU 87
Schiedamsedijk p.6 KYZ
Schiedamsevest p.6 JKZ
Schiedamseweg p.4 EV
Schiekade p.4 FGU
Schouwburgplein p.6 JY 88
Slaak p.5 HU
Slaghekstr. p.5 HX
Slinge p.3 CT
Sluisjesdijk p.4 EX
Spaansekade p.6 KY 89
Spangesekade p.4 EUV
Spanjaardstr. p.4 EV 90
van Speykstr. p.6 JY
Spinozaweg p.3 CDT
Spoorsingel p.6 JY
Stadhouderspl. p.4 EFU 91
Stadhoudersweg p.4 FU
Stadhuispl. p.6 JY 93
Stadionweg p.5 HX
Statentunnel p.4 FU
Statenweg p.4 FU
Stationspl. p.6 JY
Stationssingel p.6 JY
Stieltjesstr. p.5 HV
Straatweg p.3 CR
Strevelsweg p.5 HX
van der Takstr. p.5 HV 94
Terbregseweg p.3 DR 96
Tjalklaan p.2 ABS 97
Utenhagestr. p.5 GX 99
Vaanweg p.3 CT
Vasteland p.6 JKZ
Veerhaven p.6 JKY 102
Veerkade p.6 JKY 103
Vierambachtsstr. p.4 EV
Vierhavenstr. p.4 EV
Vinkenbaan p.3 CT
Vlietlaan p.5 HU
van Vollenhovenstr. p.6 JY 107
Vondelingenweg p.2 AT
Vondelweg p.6 KY
Voorhaven p.4 EV 108
Voorschoterlaan p.5 HU
Vroesenlaan p.4 EFU
Vuurplaat p.5 HV
Waalhaven N.Z. p.4 EX
Waalhaven O.Z. p.4 FX
Waalhaven Z.Z. p.2 BT
Walenburgerweg p.4 FU
Warande p.6 KY
Weena p.6 JY
Weissenbruchlaan p.3 CR 109
West-Kruiskade p.6 JY
Westblaak p.6 JZ
Westerkade p.6 JZ
Westerlaan p.6 JZ
Westersingel p.6 JYZ
Westewagenstr. p.6 KY 110
Westplein p.6 JZ
Westzeedijk p.6 JZ
Wijnbrug p.6 KY 112
Wijnhaven p.6 KY
Willem Buytewechtstr. p.4 FV
Willemsbrug p.5 HV
Willemskade p.6 KZ
Willemspl. p.6 KZ
Witte de Withstr. p.6 JZ
Wolphaertsbocht p.4 FGX
Zuiderparkweg p.3 CT 114
Zuidplein p.5 GHX

SCHIEDAM

Broersvest p.2 AS 15
Burg. van Haarenlaan p.2 AS
Burg. Knappertlaan p.2 AS 16
Churchillweg p.2 ARS
's-Gravelandseweg p.2 AS 27
Nieuwe Damlaan p.2 AS 69
Oranjestr. p.2 AS 73
Rotterdamsedijk p.2 AS 82
Vlaardingerdijk p.2 AS 106

Sur la route :
la signalisation routière est rédigée
dans la langue de la zone linguistique traversée.

Dans ce guide,
les localités sont classées selon leur nom officiel :
Antwerpen pour Anvers, **Mechelen** pour Malines.

Quartiers du Centre - *plan p. 6 sauf indication spéciale :*

🏨🏨🏨🏨🏨 **Parkhotel** M, Westersingel 70, ⊠ 3015 LB, ℘ (0 10) 436 36 11, *Fax (0 10) 436 42 12*, 🏖, Fø, ≘ - |$| ⇆ ▤ TV ☎ P - 🧑 25 à 60. AE ⓓ E VISA JCB. ✂ rest JZ a
Repas *Lunch 48* - carte env. 80 - ☐ 39 - **187 ch** 205/355, 2 suites.

🏨🏨🏨🏨🏨 **Hilton,** Weena 10, ⊠ 3012 CM, ℘ (0 10) 414 40 44, *Fax (0 10) 213 42 63* - |$| ⇆ ▤ TV ☎ ♿ P - 🧑 25 à 365. AE ⓓ E VISA JCB. ✂ JY s
Repas (dîner seult jusqu'à minuit) carte env. 50 - ☐ 37 - **246 ch** 220/325, 8 suites.

🏨🏨🏨🏨 **Golden Tulip,** Aert van Nesstraat 4, ⊠ 3012 CA, ℘ (0 10) 411 04 20, *Fax (0 10) 413 53 20* - |$| ⇆ TV ☎ ♿ 🚗 - 🧑 25 à 325. AE ⓓ E VISA JCB. ✂ JY r
Repas ***Sakura*** (cuisine japonaise, ouvert jusqu'à 23 h) *(fermé sam. midi et dim. midi) Lunch 39* - 45/150 - ☐ 29 - **215 ch** 260/335 - ½ P 324/384.

🏨🏨🏨🏨 **Holiday Inn City Centre,** Schouwburgplein 1, ⊠ 3012 CK, ℘ (0 10) 433 38 00, *Fax (0 10) 206 25 60* - |$| ⇆ TV ☎ 🚗 - 🧑 25 à 300. AE ⓓ E VISA JCB. ✂ JY e
Repas (dîner seult) carte 60 à 83 - ☐ 34 - **100 ch** 325/460.

🏨🏨🏨 **New York,** Koninginnehoofd 1, ⊠ 3072 AD, ℘ (0 10) 439 05 00, *Fax (0 10) 484 27 01*,
∞ ≤, 🏖, « Ancien siège de la compagnie maritime Holland-America Line » - |$| TV ☎ P - 🧑 25 à 120. AE ⓓ E VISA. ✂ ch KZ m
Repas (ouvert jusqu'à 23 h) 45 - ☐ 20 - **71 ch** 160/275.

🏨🏨🏨 **Inntel,** Leuvehaven 80, ⊠ 3011 EA, ℘ (0 10) 413 41 39, *Fax (0 10) 413 32 22*, ≤, Fø,
∞ ≘, 🏊 - |$| ⇆, ▤ rest, TV ☎ P - 🧑 25 à 250. AE ⓓ E VISA. ✂ KZ d
Repas 45 - ☐ 30 - **149 ch** 295/330 - ½ P 368/448.

🏨🏨🏨 **Tulip Inn,** Willemsplein 1, ⊠ 3016 DN, ℘ (0 10) 413 47 90, *Fax (0 10) 412 78 90*, ≤ -
∞ |$| ⇆ TV ☎ - 🧑 25 à 60. AE ⓓ E VISA JCB. ✂ rest KZ s
fermé 24 déc.-4 janv. - **Repas** (dîner seult) 45 - **102 ch** ☐ 160/240 - ½ P 195/245.

🏨🏨🏨 **Van Walsum,** Mathenesserlaan 199, ⊠ 3014 HC, ℘ (0 10) 436 32 75, *Fax (0 10) 436 44 10* - |$| TV ☎ P. AE ⓓ E VISA JCB. ✂ rest FV e
Repas (dîner pour résidents seult) - **25 ch** ☐ 130/170.

🏨🏨🏨 **Pax** sans rest, Schiekade 658, ⊠ 3032 AK, ℘ (0 10) 466 33 44, *Fax (0 10) 467 52 78* - |$| TV ☎ P. AE ⓓ E VISA JCB. ✂ plan p. 4 FU m
45 ch ☐ 145/275.

🏨🏨 **Breitner,** Breitnerstraat 23, ⊠ 3015 XA, ℘ (0 10) 436 02 62, *Fax (0 10) 436 40 91* - |$| TV ☎ 🚗. AE ⓓ E VISA JZ d
Repas (dîner pour résidents seult) - **31 ch** ☐ 80/165.

🏨🏨 **Emma** sans rest, Nieuwe Binnenweg 6, ⊠ 3015 BA, ℘ (0 10) 436 55 33, *Fax (0 10) 436 76 58* - |$| TV ☎ P. AE ⓓ E VISA JCB JY w
24 ch ☐ 145/180.

XXX **Parkheuvel** (Helder), Heuvellaan 21, ⊠ 3016 GL, ℘ (0 10) 436 07 66, *Fax (0 10)*
✿✿ *436 71 40*, 🏖, « Terrasse et ≤ trafic maritime » - P. AE ⓓ E VISA JCB JZ n
fermé sam. midi, dim. et 27 déc.-3 janv. - **Repas** *Lunch 73* - 98/158, carte env. 125
Spéc. Ris de veau braisé aux blinis de pommes de terre, salsifis et truffes. Turbot à la mousseline d'anchois, ragoût de champignons et jus de veau. Râble de lièvre et sa côtelette farcie à la pomme caramélisée.

XXX **Old Dutch,** Rochussenstraat 20, ⊠ 3015 EK, ℘ (0 10) 436 03 44, *Fax (0 10) 436 78 26*, 🏖 - ▤ P. AE ⓓ E VISA. ✂ JZ r
fermé sam. de mi-juin à mi-sept., dim. et jours fériés - **Repas** *Lunch 53* - carte 75 à 103.

XXX **Radèn Mas** 1er étage, Kruiskade 72, ⊠ 3012 EH, ℘ (0 10) 411 72 44, *Fax (0 10) 411 97 11*, Cuisine indonésienne - ▤. AE ⓓ E VISA JCB. ✂ JY a
Repas *Lunch 33* - carte env. 80.

XX **Brasserie La Vilette,** Westblaak 160, ⊠ 3012 KM, ℘ (0 10) 414 86 92, *Fax (0 10)*
☺ *414 33 91* - ▤. AE ⓓ E VISA. ✂ JY t
fermé sam. midi, dim., 19 juil.-8 août et 24 déc.-2 janv. - **Repas** 55/70. JY t

XX **de Castellane,** Eendrachtsweg 22, ⊠ 3012 LB, ℘ (0 10) 414 11 59, *Fax (0 10) 214 08 97*, 🏖, « Terrasse » - AE ⓓ E VISA JZ h
fermé dim., jours fériés, 3 prem. sem. août et 25 déc.-10 janv. - **Repas** *Lunch 53* - carte env. 90.

XX **World Trade Center** 23e étage, Beursplein 37, ⊠ 3011 AA, ℘ (0 10) 405 44 65, *Fax (0 10) 405 51 20*, ✳ ville - |$| ▤ P. AE ⓓ E VISA. ✂ KY g
fermé sam. de juin à août et dim. - **Repas** *Lunch 55* - 75.

XX **Brancatelli,** Boompjes 264, ⊠ 3011 XD, ℘ (0 10) 411 41 51, *Fax (0 10) 404 57 34*, Cuisine italienne, ouvert jusqu'à 23 h - ▤. AE ⓓ E VISA JCB KZ n
fermé 31 déc. - **Repas** *Lunch 63* - carte 77 à 127.

XX **Chalet Suisse,** Kievitslaan 31, ⊠ 3016 CG, ℘ (0 10) 436 50 62, *Fax (0 10) 436 54 62*, ≤, 🏖, « Terrasse sur parc public » - ▤. AE ⓓ E VISA JZ f
fermé dim. - **Repas** *Lunch 50* - 63/75.

X **de Engel** (den Blijker), Eendrachtsweg 19, ✉ 3012 LB, ☎ (0 10) 413 82 56, *Fax (0 10) 412 51 96* – AE ⓓ E VISA JCB JZ h
fermé 24, 25, 26 et 31 déc. – **Repas** (dîner seult) 70/98, carte 85 à 115
Spéc. Velouté de truffes au ris de veau croquant. Carré d'agneau au jus moutardé de dattes et basilic (avril-juil.). Dos de turbot rôti, sauce dijonnaise (oct.-janv.).

X **De Harmonie,** Westersingel 95, ✉ 3015 LC, ☎ (0 10) 436 36 10, *Fax (0 10) 436 36 08*, « Terrasse » – AE ⓓ E VISA JZ c
fermé sam. midi, dim. midi, 31 déc. et 1er janv. – **Repas** Lunch 53 – 63/83.

X **Kip,** Van Vollenhovenstraat 25, ✉ 3016 BG, ☎ (0 10) 436 99 23, *Fax (0 10) 436 27 02*, « Terrasse » – AE ⓓ E VISA JCB
fermé 31 déc. – **Repas** Lunch 45 – 48/70.

X **Brasserie De Tijdgeest,** Oost-Wijnstraat 14, ✉ 3011 TZ, ☎ (0 10) 233 13 11, *Fax (0 10) 433 06 19*, Taverne-rest, ouvert jusqu'à 23 h – 35. AE ⓓ E VISA JCB. KY a
Repas 45.

X **Brasserie Boompjes,** Boompjes 701, ✉ 3011 XZ, ☎ (0 10) 413 60 70, *Fax (0 10) 413 70 87*, ≤ Nieuwe Maas (Meuse), – . AE ⓓ E VISA. KZ e
fermé après 20 h – **Repas** Lunch 53 – carte 68 à 109.

X **Engels,** Stationsplein 45, ✉ 3013 AK, ☎ (0 10) 411 95 50, *Fax (0 10) 413 94 21*, Cuisines de différentes nationalités, ouvert jusqu'à 23 h – – 25 à 800. AE ⓓ E VISA JY v
Repas 45.

X **Anak Mas,** Meent 72a, ✉ 3011 JN, ☎ (0 10) 414 84 87, *Fax (0 10) 412 44 74*, Cuisine indonésienne – . AE ⓓ E VISA JCB KY s
fermé dim. – **Repas** (dîner seult) carte env. 50.

X **Koreana,** Westblaak 27, ✉ 3012 KD, ☎ (0 10) 404 97 44, *Fax (0 10) 412 07 60*, Grill coréen – . AE ⓓ E VISA. JY b
Repas carte env. 70.

X **Fuji-Benkei** en sous-sol, Kruiskade 26, ✉ 3012 EH, ☎ (0 10) 414 33 38, *Fax (0 10) 404 69 09*, Cuisine japonaise – . AE ⓓ E VISA JCB. JY u
fermé dim., lundi et fin juil.-début août – **Repas** Lunch 26 – 68/128.

Périphérie - *plans p. 2 et 3 sauf indication spéciale :*

à l'Aéroport :

Airport, Vliegveldweg 59, ✉ 3043 NT, ☎ (0 10) 462 55 66, *Fax (0 10) 462 22 66*, – – 25 à 425. AE ⓓ E VISA JCB AR a
Repas Lunch 38 – carte env. 75 – 25 – **97 ch** 148/230, 1 suite.

au Sud :

Bastion, Driemanssteenweg 5 (près A 15), ✉ 3084 CA, ☎ (0 10) 410 10 00, *Fax (0 10) 410 31 94* – . AE ⓓ E VISA. BT z
Repas (grillades, ouvert jusqu'à 23 h) 45 – 15 – **80 ch** 140.

à Hillegersberg C *Rotterdam :*

X **Mangerie Lommerrijk,** Straatweg 99, ✉ 3054 AB, ☎ (0 10) 422 00 11, *Fax (0 10) 422 64 96*, ≤, , – – 25 à 250. AE ⓓ E VISA CR y
fermé lundi et 24 déc. – **Repas** carte env. 60.

à Kralingen C *Rotterdam :*

Novotel Brainpark, K.P. van der Mandelelaan 150 (près A 16), ✉ 3062 MB, ☎ (0 10) 453 07 77, *Fax (0 10) 453 15 03*, – – 25 à 400. AE ⓓ E VISA DS e
Repas (ouvert jusqu'à minuit) Lunch 39 – carte 45 à 75 – 24 – **196 ch** 195.

XXX **In den Rustwat,** Honingerdijk 96, ✉ 3062 NX, ☎ (0 10) 413 41 10, *Fax (0 10) 404 85 40*, « Auberge du 16e s. sur jardin fleuri » – . AE ⓓ E VISA JCB.
fermé dim. et 27 déc.-3 janv. – **Repas** Lunch 63 – 83/110. plan p. 5 HV e

Zone Europoort *par ⑥ : 25 km :*

De Beer Europoort, Europaweg 210 (N 15), ✉ 3198 LD, ☎ (0 181) 26 23 77, *Fax (0 181) 26 29 23*, ≤, , , , – – 25 à 180. AE ⓓ E VISA
Repas Lunch 45 – carte 63 à 83 – **78 ch** 150/190 – ½ P 183.

Environs

à Barendrecht - *plan p. 3 – 23 894 h.*

Bastion, Van der Waalsweg 27 (près A 15), ✉ 2991 XN, ☎ (0 10) 479 22 04, *Fax (0 10) 479 23 85* – . AE ⓓ E VISA. DT t
Repas (grillades, ouvert jusqu'à 23 h) 45 – 15 – **40 ch** 125.

à Capelle aan den IJssel - *plan p. 3 - 62 366 h.*

Barbizon [M], Barbizonlaan 2 (près A 20), ✉ 2908 MA, ☎ (0 10) 456 44 55, *Fax (0 10) 456 78 58*, ←, 🍴 - |🛗| ⇋ TV ☎ P - 🎤 30 à 250. AE ⓓ E VISA DR c
Repas *Lunch 55* - 68 - ☕ 33 - **100 ch** 160/450, 1 suite - ½ P 275.

Bastion, Rhijnspoor 300, ✉ 2901 LC, ☎ (0 10) 202 01 04, *Fax (0 10) 202 02 47* - TV ☎ P. AE ⓓ E VISA. ✗ DS a
Repas (grillades, ouvert jusqu'à 23 h) 45 - ☕ 15 - **40 ch** 125.

Johannahoeve, 's Gravenweg 347, ✉ 2905 LB, ☎ (0 10) 450 38 00, *Fax (0 10) 442 07 34*, 🍴, « Ferme du 17e s » - P. AE E VISA DR g
Repas 55.

à Krimpen aan den IJssel - *plan p. 3 - 27 954 h.*

De Schelvenaer, Korenmolen 1, ✉ 2922 BS, ☎ (0 180) 51 29 11, *Fax (0 180) 55 21 32*, 🍴, Ouvert jusqu'à minuit, « Moulin avec terrasse au bord de l'eau », ⚓ - P. AE E VISA DS m
fermé 30 déc.-2 janv. - **Repas** *Lunch 53* - carte env. 80.

à Rhoon - *plan p. 2 -* [C] *Albrandswaard 15 249 h :*

Het Kasteel van Rhoon, Dorpsdijk 63, ✉ 3161 KD, ☎ (0 10) 501 88 96, *Fax (0 10) 506 72 59*, ←, 🍴, « Dans les dépendances du château » - P. AE ⓓ E VISA. ✗ AT b
Repas *Lunch 78* - 68/98.

à Schiedam - *plan p. 2 - 74 889 h.*

ℹ Buitenhavenweg 9, ✉ 3113 BC, ☎ (0 10) 473 30 00, Fax (0 10) 473 66 95

Novotel, Hargalaan 2 (près A 20), ✉ 3118 JA, ☎ (0 10) 471 33 22, *Fax (0 10) 470 06 56*, 🍴, 🏊, 🌳 - |🛗| ⇋ ▤ TV ☎ ♿ P - 🎤 25 à 200. AE ⓓ E VISA AS b
Repas (ouvert jusqu'à minuit) *Lunch 28* - 45 - ☕ 24 - **134 ch** 189 - ½ P 240/252.

La Duchesse, Maasboulevard 9, ✉ 3114 HB, ☎ (0 10) 426 46 26, *Fax (0 10) 473 25 01*, ← Nieuwe Maas (Meuse), 🍴 - P. AE ⓓ E VISA JCB AS d
fermé sam. midi et dim. - **Repas** *Lunch 63* - 75/105.

Le Pêcheur, Nieuwe Haven 97, ✉ 3116 AB, ☎ (0 10) 473 33 41, *Fax (0 10) 273 11 55*, 🍴, « Entrepôt du 19e s. » - AE ⓓ E VISA AS k
fermé 27 déc.-2 janv. et lundi en juil.-août - **Repas** *Lunch 45* - carte 80 à 98.

Bistrot Hosman Frères, Korte Dam 10, ✉ 3111 BG, ☎ (0 10) 426 40 96, *Fax (0 10) 426 90 41*, Ouvert jusqu'à 23 h - ▤. AE ⓓ E VISA AS s
fermé sam. midi, dim. midi et 31 déc. - Repas 50. AS s

Orangerie Duchesse, Maasboulevard 9, ✉ 3114 HB, ☎ (0 10) 426 46 26, *Fax (0 10) 473 25 01*, ← Nieuwe Maas (Meuse), 🍴 - P. AE ⓓ E VISA JCB AS d
fermé dim. et 31 déc. - **Repas** (dîner seult) 55.

Italia, Hoogstraat 118, ✉ 3111 HL, ☎ (0 10) 473 27 56, Cuisine italienne - AE ⓓ E VISA
fermé lundi, 19 juil.-9 août et 27 déc.-11 janv. - **Repas** (dîner seult) 45. AS n

Voir aussi : **Vlaardingen** *par ① : 12 km*

ROTTEVALLE *Fryslân* 210 V 4 - *voir à Drachten.*

RUINEN *Drenthe* [C] *De Wolden 7 262 h.* 210 X 6 et 908 K 3.

ℹ Brink 3, ✉ 7963 AA, ☎ (0 522) 47 17 00, Fax (0 522) 47 30 45.

Amsterdam 154 - Assen 36 - Emmen 51 - Zwolle 41.

De Stobbe, Westerstraat 84, ✉ 7963 BE, ☎ (0 522) 47 12 24, *Fax (0 522) 47 27 47*, 🏠, 🏋 - |🛗|, ▤ rest, TV ☎ ♿. E VISA. ✗
Repas *(fermé après 20 h 30)* 45 - **24 ch** ☕ 95/155 - ½ P 109/119.

RUURLO *Gelderland* 211 X 10 et 908 K 5 - *8 012 h.*

Amsterdam 134 - Apeldoorn 45 - Arnhem 53 - Doetinchem 21 - Enschede 39.

De Herberg 🌿 avec ch, Hengeloseweg 1 (SO : 3 km), ✉ 7261 LV, ☎ (0 573) 45 21 47, *Fax (0 573) 45 21 47*, 🍴, 🌳 - P. E. ✗ ch
fermé 27 déc.-27 janv. - **Repas** (dîner seult) *(fermé lundi et mardi)* carte env. 70 - **9 ch** *(fermé lundi d'oct. à mai)* ☕ 83/115 - ½ P 97.

De RIJP *Noord-Holland* ⓒ *Graft-De Rijp 6 112 h.* 210 O 7 et 908 F 4.
Amsterdam 34 – Alkmaar 17.

XXX **Het Rijper Wapen,** Oosteinde 33, ✉ 1483 AC, ✆ (0 299) 67 15 23, *Fax (0 299) 67 44 16,* – ▤ P. AE ⓓ E VISA
fermé mardi et merc. – **Repas** (dîner seult) 58.

XX **De Blaasbalg,** Grote Dam 2, ✉ 1483 BK, ✆ (0 299) 67 13 50, *Fax (0 299) 67 48 31,* « Rustique » – 25. AE ⓓ E VISA
fermé lundi – **Repas** (dîner seult jusqu'à minuit) carte 82 à 98.

RIJS (RIIS) *Fryslân* ⓒ *Gaasterlân-Sleat 9 635 h.* 210 S 5 et 908 H 3.
Amsterdam 124 – Leeuwarden 50 – Lemmer 18 – Sneek 26.

Jans, Mientwei 1, ✉ 8572 WB, ✆ (0 514) 58 12 50, *Fax (0 514) 58 16 41,* « Cadre champêtre », – TV ☎ P – 25 à 40. AE ⓓ E VISA
fermé 28 déc.-7 janv. et dim. et lundi midi de nov. à avril – **Repas** Lunch 53 – 93 – **21 ch** 108/170 – ½ P 110/125.

RIJSOORD *Zuid-Holland* ⓒ *Ridderkerk 46 657 h.* 211 M 11 - ⑩ N et 908 E 6 - ㉕ S.
Amsterdam 90 – Den Haag 40 – Breda 39 – Rotterdam 14.

XX **'t Wapen van Rijsoord,** Rijksstraatweg 67, ✉ 2988 BB, ✆ (0 180) 42 09 96, *Fax (0 180) 43 33 03,* « Au bord de l'eau » – ▤ P. AE ⓓ E VISA
fermé dim. – **Repas** Lunch 45 – carte 63 à 125.

RIJSSEN *Overijssel* 210 Y 9, 211 Y 9 et 908 K 5 – *25 838 h.*
Oranjestraat 131, ✉ 7461 DK, ✆ (0 548) 52 00 11, Fax (0 548) 52 14 29.
Amsterdam 131 – Zwolle 40 – Apeldoorn 45 – Enschede 36.

Rijsserberg, Burg. Knottenbeltlaan 77 (S : 2 km sur rte de Markelo), ✉ 7461 PA, ✆ (0 548) 51 69 00, *Fax (0 548) 52 02 30,* « Dans les bois », – TV ☎ P – 25 à 150. AE ⓓ E VISA. rest
Repas Lunch 55 – carte env. 80 – 30 – **50 ch** 215/295, 4 suites – ½ P 180.

SANTPOORT *Noord-Holland* ⓒ *Velsen 65 982 h.* 210 M 8, 211 M 8 et 908 E 4.
Amsterdam 26 – Haarlem 7.

De Weyman sans rest, Hoofdstraat 248, ✉ 2071 EP, ✆ (0 23) 537 04 36 – TV ☎. AE ⓓ E VISA JCB
fermé 24 déc.-2 janv. – **20 ch** 125/155.

Bastion, Vlietweg 20, ✉ 2071 KW, ✆ (0 23) 538 74 74, *Fax (0 23) 538 43 34* – TV ☎ P. AE ⓓ E VISA.
Repas (grillades, ouvert jusqu'à 23 h) 45 – 15 – **40 ch** 115.

SASSENHEIM *Zuid-Holland* 211 M 9 et 908 E 5 – *14 663 h.*
Amsterdam 32 – Den Haag 25 – Haarlem 20.

Motel Sassenheim, Warmonderweg 8 (près A 44), ✉ 2171 AH, ✆ (0 252) 21 90 19, *Fax (0 252) 21 68 29,* – TV ☎ P – 25 à 200. AE ⓓ E VISA
Repas 45 – 13 – **72 ch** 113 – ½ P 150/190.

X **de Gelegenheid,** Kastanjelaan 1, ✉ 2171 GJ, ✆ (0 252) 23 10 53, *Fax (0 71) 361 46 29* – AE ⓓ E VISA JCB
fermé mardi, merc. et 2 dern. sem. juil.-prem. sem. août – **Repas** (dîner seult) carte env. 60.

SAS VAN GENT *Zeeland* 211 H 15 et 908 C 8 – *8 631 h.*
Amsterdam (bac) 202 – Middelburg (bac) 49 – Antwerpen 49 – Brugge 46 – Gent 25.

Royal (avec annexes), Gentsestraat 12, ✉ 4551 CC, ✆ (0 115) 45 18 53, *Fax (0 115) 45 17 96,* – ▤ rest, TV ☎. AE ⓓ E VISA JCB
Repas *(fermé sam. et 26 déc.-2 janv.)* 53/83 – **43 ch** 100/165 – ½ P 135/180.

SCHAARSBERGEN *Gelderland* 211 U 10 et 908 I 5 – *voir à Arnhem.*

SCHAGEN *Noord-Holland* 210 N 6 et 908 F 3 – *17 313 h.*
Amsterdam 64 – Alkmaar 19 – Den Helder 23 – Hoorn 29.

Igesz, Markt 22, ✉ 1741 BS, ✆ (0 224) 21 48 24, *Fax (0 224) 21 20 86,* – TV ☎ – 25 à 250. AE ⓓ E VISA.
Repas carte env. 75 – **20 ch** 110/160 – ½ P 125/145.

SCHAIJK *Noord-Brabant* C *Landerd 14 141 h.* 211 S 12 et 908 H 6.
Amsterdam 99 – Arnhem 44 – 's-Hertogenbosch 25 – Nijmegen 22.

XX **De Peppelen,** Schutsboomstraat 43, ✉ 5374 CB, ☎ (0 486) 46 35 48, « Terrasse » – P. AE E VISA
fermé mardi, merc. et 17 fév.-3 mars – **Repas** 61/91.

SCHERPENZEEL *Gelderland* 211 R 10 et 908 H 5 – *9 148 h.*
Amsterdam 64 – Amersfoort 13 – Arnhem 34.

De Witte Holevoet, Holevoetplein 282, ✉ 3925 CA, ☎ (0 33) 277 13 36, *Fax (0 33) 277 26 13*, – TV ☎ P – 25 à 100. AE E VISA JCB.
Repas *(fermé sam. midi et dim.) Lunch 48* – carte 55 à 72 – **22 ch** 145/175.

SCHEVENINGEN *Zuid-Holland* 211 K 10 - ① et 908 D 5 – *voir à Den Haag (Scheveningen).*

SCHIEDAM *Zuid-Holland* 211 L 11 - ㊴ N et 908 E 6 - ㉔ N – *voir à Rotterdam, environs.*

SCHIERMONNIKOOG (Ile de) *Fryslân* 210 W 2 et 908 J 1 – *voir à Waddeneilanden.*

SCHIN OP GEUL *Limburg* C *Valkenburg aan de Geul 18 170 h.* 211 U 17 et 908 I 9.
Amsterdam 217 – Maastricht 19 – Liège 47 – Aachen 21.

Oud Schin, Strucht 21, ✉ 6305 AE, ☎ (0 43) 459 12 92, *Fax (0 43) 459 13 01*, – TV ☎ P. E VISA
mars-oct. – **Repas** *(fermé après 20 h)* carte env. 50 – **12 ch** 63/105 – ½ P 75/85.

SCHIPHOL *Noord-Holland* 210 N 9 - ㉘ S, 211 N 9 et 908 F 5 - ㉗ N – *voir à Amsterdam, environs.*

SCHOONEBEEK *Drenthe* C *Emmen 94 528 h.* 210 AA 7 et 908 L 4.
Amsterdam 165 – Assen 48 – Groningen 73 – Zwolle 56.

De Wolfshoeve, Europaweg 132, ✉ 7761 AL, ☎ (0 524) 53 24 24, *Fax (0 524) 53 12 02* – TV ☎ P – 50 à 300. AE E VISA
Repas *(fermé dim. et après 20 h)* carte 45 à 60 – **21 ch** 50/135 – ½ P 73/88.

SCHOONHOVEN *Zuid-Holland* 211 O 11 et 908 F 6 – *11 852 h.*
Voir *Collection d'horloges murales★ dans le musée d'orfèvrerie et d'horlogerie (Nederlands Goud-, Zilver- en Klokkenmuseum) – route de digue de Gouda à Schoonhoven : parcours★.*
Stadhuisstraat 1, ✉ 2871 BR, ☎ (0 182) 38 50 09, Fax (0 182) 38 74 46.
Amsterdam 62 – Den Haag 55 – Rotterdam 28 – Utrecht 29.

Belvédère, Lekdijk West 4, ✉ 2871 MK, ☎ (0 182) 32 52 22, *Fax (0 182) 32 52 29*, « Sur une digue avec terrasse ombragée » – TV ☎ P – 25 à 80. AE E VISA
Repas *Lunch 45* – 48/70 – **12 ch** 90/170 – ½ P 135.

X **Brasserie de Hooiberg,** Van Heuven Goedhartweg 1 (E : 1 km), ✉ 2871 AZ, ☎ (0 182) 38 36 01, *Fax (0 182) 38 63 40*, – P. AE E VISA
fermé lundi et mardi – **Repas** (dîner seult) 45.

SCHOORL *Noord-Holland* 210 N 6 et 908 F 3 – *6 614 h.*
Duinvoetweg 1, ✉ 1871 EA, ☎ (0 72) 509 15 04, Fax (0 72) 509 10 24.
Amsterdam 49 – Alkmaar 10 – Den Helder 32.

Merlet, Duinweg 15, ✉ 1871 AC, ☎ (0 72) 509 36 44, *Fax (0 72) 509 14 06*, « Terrasse dans un cadre champêtre », – TV ☎ P – 25 à 45. AE E VISA
fermé du 1er au 14 janv. – **Repas** *Lunch 63* – 85, carte env. 105 – **14 ch** 125/175 – ½ P 148/260
Spéc. Turbot braisé au caviar et ciboulette. Asperges marinées au jambon Pata Negra et foie de canard (avril-sept.). Suprême de faisan à la choucroute et foie d'oie fondu (oct.-déc.).

Jan van Scorel, Heereweg 89, ✉ 1871 ED, ☎ (0 72) 509 44 44, *Fax (0 72) 509 29 41*, – TV ☎ P – 25 à 150. AE E VISA.
Repas *Lunch 28* – carte 60 à 85 – 28 – **44 ch** 225, 12 suites – ½ P 125/173.

XXX **De Schoorlse Heeren,** Heereweg 215, ✉ 1871 EG, ☎ (0 72) 509 13 80, *Fax (0 72) 509 42 04*, « Ancienne ferme à toit de chaume » – P. AE E VISA JCB.
fermé lundi et prem. sem. août – **Repas** *Lunch 60* – 65/95.

à Camperduin *NO : 6 km* Ⓒ *Schoorl :*

Strandhotel 🐦, Heereweg 395, ✉ 1871 GL, ☎ (0 72) 509 14 36, *Fax (0 72) 509 41 66*, ≤, 🌳 – TV ☎ P – 🏛 25. AE ⓘ E VISA. ✱ rest
Repas (dîner seult) *(fermé dim., lundi et mardi de nov. à avril)* carte 46 à 65 – **21 ch** ☕ 150/250, 3 suites – ½ P 118/185.

SCHUDDEBEURS *Zeeland* 211 J 15 et 908 C 6 – *voir à Zierikzee.*

SEROOSKERKE *(Schouwen) Zeeland* Ⓒ *Schouwen-Duiveland 32 493 h.* 211 H 12 et 908 C 6.
Amsterdam 137 – Middelburg 54 – Rotterdam 69.

XX **De Waag,** Dorpsplein 6, ✉ 4327 AG, ☎ (0 111) 67 15 70, *Fax (0 111) 67 29 08*, 🏠 – P. AE ⓘ E VISA. ✱
fermé mardi sauf en juil.-août, lundi, 14 juin-1er juil. et 27 déc.-6 janv. – **Repas** *Lunch 65* – 75/99.

SEVENUM *Limburg* 211 V 14 et 908 J 7 – *7 060 h.*
⛳18 *Maasduinenweg 1, ✉ 5977 NP, ☎ (0 77) 467 80 30, Fax (0 77) 467 80 31.*
Amsterdam 172 – Eindhoven 44 – Maastricht 80 – Venlo 12.

AC Hotel, Kleefsedijk 29 (SO : 5 km, près A 67, sortie ㊳), ✉ 5975 NV, ☎ (0 77) 467 20 02, *Fax (0 77) 467 30 85* – |‡| ⇔ TV ☎ ♿ P – 🏛 25 à 250. AE ⓘ E VISA
Repas (avec buffet) carte 45 à 74 – ☕ 18 – **61 ch** 125, 3 suites.

SINT ANNA TER MUIDEN *Zeeland* 211 F 15 et 908 B 8 – *voir à Sluis.*

SINT NICOLAASGA (ST. NYK) *Fryslân* 210 T 5 et 908 I 3 – *voir à Joure.*

SINT-OEDENRODE *Noord-Brabant* 211 R 13 et 908 H 7 – *17 032 h.*
⛳9 *Schootsedijk 18, ✉ 5491 TD, ☎ (0413) 47 92 56, Fax (0 413) 47 92 56.*
Amsterdam 107 – Eindhoven 15 – Nijmegen 48.

XXX ✿ **Wollerich,** Heuvel 23, ✉ 5492 AC, ☎ (0 413) 47 33 33, *Fax (0 413) 49 00 07*, 🏠 – ▤ P. AE ⓘ E VISA. ✱
fermé 31 déc.-12 janv. – **Repas** *Lunch 58* – 88/155 bc, carte env. 110
Spéc. Foie d'oie sauté, compote douce d'échalotes. Mousseline de St-Jacques au witlof et beurre blanc. Filet de plie aux langoustines et jus de homard.

XX **de Rooise Boerderij,** Schijndelseweg 2, ✉ 5491 TB, ☎ (0 413) 47 49 01, *Fax (0 413) 47 65 65*, 🏠 – P. AE ⓘ E VISA. ✱
fermé lundi et 3 sem. vacances bâtiment – **Repas** *Lunch 45* – 50/80.

XX **de Coevering,** Veghelseweg 70 (NE : 2,5 km), ✉ 5491 AJ, ☎ (0 413) 47 71 64, *Fax (0 413) 47 93 30*, 🏠 – P. AE ⓘ E VISA. ✱
fermé lundi, 1 sem. carnaval et 2 sem. en août – **Repas** *Lunch 46* – 60/80.

SITTARD *Limburg* 211 U 17 et 908 I 8 – *48 825 h.*
✈ *à Beek S : 8 km ☎ (0 43) 358 99 99.*
ℹ *Rosmolenstraat 40, ✉ 6131 HZ, ☎ (0 46) 452 41 44, Fax (0 46) 458 05 55.*
Amsterdam 194 – Maastricht 29 – Eindhoven 66 – Roermond 27 – Aachen 36.

De Prins, Rijksweg Zuid 25, ✉ 6131 AL, ☎ (0 46) 451 50 41, *Fax (0 46) 451 46 41* – TV ☎ P – 🏛 25 à 60. AE ⓘ E VISA. ✱ rest
fermé 27 déc.-4 janv. – **Repas** *(fermé dim.)* 40/70 – **23 ch** ☕ 110/180 – ½ P 150/165.

De Limbourg, Markt 22, ✉ 6131 EK, ☎ (0 46) 451 81 51, *Fax (0 46) 452 34 86* – TV ☎ P. AE ⓘ E VISA
Repas (ouvert jusqu'à 23 h) carte env. 55 – **10 ch** ☕ 95/140 – ½ P 110/220.

X **De Koning,** Markt 4, ✉ 6131 EK, ☎ (0 46) 451 68 15, 🏠 – AE ⓘ E VISA JCB. ✱
fermé sam. midi d'oct. à mars et mardi – **Repas** *Lunch 30* – carte 45 à 73.

à Doenrade *S : 6 km par N 276* Ⓒ *Schinnen 13 981 h :*

Kasteel Doenrade 🐦, Limpensweg 20 (Klein-Doenrade), ✉ 6439 BE, ☎ (0 46) 442 41 41, *Fax (0 46) 442 40 30*, 🏠, « Environnement champêtre », ≤, 🎾 – |‡|, ▤ ch, TV ☎ P – 🏛 25 à 50. AE ⓘ E VISA JCB. ✱ rest
Repas *Lunch 55* – 75 – **23 ch** ☕ 170/395, 1 suite – ½ P 185/250.

à Munstergeleen *S : 3 km* *Sittard :*

X **Zelissen,** Houbeneindstraat 4, ✉ 6151 CR, ✆ (0 46) 451 90 27, *Fax (0 46) 411 14 47* – AE E VISA JCB
fermé mardi soir, merc. et 3 dern. sem. juil. – **Repas** 38/53.

SLEAT *Fryslân – voir Sloten.*

SLENAKEN *Limburg* *Wittem 7 853 h.* 211 U 18 et 908 I 9.

Voir *Route de Epen* ≤★.

Amsterdam 230 – Maastricht 19 – Aachen 20.

Klein Zwitserland ⛰, Grensweg 11, ✉ 6277 NA, ✆ (0 43) 457 32 91, *Fax (0 43) 457 32 94,* ≤ campagne, – TV ☎ P. E.
6 mars-déc. – **Repas** (résidents seult) – **24 ch** 143/254.

't Gulpdal, Dorpsstraat 40, ✉ 6277 NE, ✆ (0 43) 457 33 15, *Fax (0 43) 457 33 16,* – TV ☎ P. AE ① E VISA JCB.
fermé janv.-fév. – **Repas** (résidents seult) – **19 ch** 128/198, 5 suites – ½ P 125/167.

Slenaker Vallei, Dorpsstraat 1, ✉ 6277 NC, ✆ (0 43) 457 35 41, *Fax (0 43) 457 26 28,* ≤, – TV ☎ P – 25 à 50. AE ① E VISA JCB. rest
mars-nov. et week-end en déc. – **Repas** 45/115 – **20 ch** 110/170 – ½ P 100/135.

Tulip Inn, Heyenratherweg 4, ✉ 6276 PC, ✆ (0 43) 457 35 46, *Fax (0 43) 457 20 92* – TV ☎ P. AE ① E VISA. rest
Repas (résidents seult) – **52 ch** 128/260 – ½ P 105/145.

Berg en Dal, Dorpsstraat 19, ✉ 6277 NC, ✆ (0 43) 457 32 01, *Fax (0 43) 457 33 53,* – P. AE ① E VISA.
fermé 24 sept.-15 oct. et merc. de nov. à avril – **Repas** *(fermé après 19 h 30)* 45/55 – **18 ch** 60/129 – ½ P 71/83.

SLOTEN (SLEAT) *Fryslân* *Gaasterlân-Sleat 9 635 h.* 210 S 5 et 908 H 3.

Voir *Ville fortifiée*★.

Amsterdam 119 – Groningen 78 – Leeuwarden 50 – Zwolle 63.

X **De Zeven Wouden,** Voorstreek 120, ✉ 8556 XV, ✆ (0 514) 53 12 70, *Fax (0 514) 53 15 96,* – AE ① E VISA JCB
mars-oct. et week-end ; fermé mardi et merc. sauf en juil.-août – **Repas** Lunch 65 – 68.

SLUIS *Zeeland* *Sluis-Aardenburg 6 455 h.* 211 F 15 et 908 B 8.

St-Annastraat 15, ✉ 4524 JB, ✆ (0 117) 46 17 00, Fax (0 117) 46 26 84.

Amsterdam (bac) 225 – Brugge 21 – Middelburg (bac) 29 – Knokke-Heist 9.

XX **Oud Sluis** (Herman), Beestenmarkt 2, ✉ 4524 EA, ✆ (0 117) 46 12 69, *Fax (0 117) 46 30 05,* , Produits de la mer, « Petite auberge typique » – AE ① E VISA
✿✿ *fermé jeudi, vend., 2 sem. en juin, 2 sem. en oct. et dern. sem. déc.* – **Repas** Lunch 80 – 110/185 bc, carte 135 à 165
Spéc. Six préparations d'huîtres de Zélande (sept.-avril). Pot-au-feu de turbot et de homard de Zélande (mai-août). Bar aux langoustines grillées, risotto au citron et fines herbes (mai-oct.).

X **Gasterij Balmoral,** Kaai 16, ✉ 4524 CK, ✆ (0 117) 46 14 98, *Fax (0 117) 46 18 07,* – AE ① E VISA JCB
fermé vend. et janv. – **Repas** 35/46.

X **Lindenhoeve,** Beestenmarkt 4, ✉ 4524 EA, ✆ (0 117) 46 18 10, *Fax (0 117) 46 26 00,* , Taverne-rest – P. AE E VISA
fermé 2 prem. sem. fév. et prem. sem. sept. – **Repas** 35/75.

à Heille *SE : 5 km* *Sluis-Aardenburg :*

XX **De Schaapskooi,** Zuiderbruggeweg 23, ✉ 4524 KH, ✆ (0 117) 49 16 00, *Fax (0 117) 49 22 19,* , « Ancienne bergerie dans cadre champêtre » – P. AE ① E VISA
fermé lundi soir sauf en juil.-août, mardi, 2 sem. en fév. et 2 sem. en oct. – **Repas** carte 89 à 111.

à Retranchement *N : 6 km* *Sluis-Aardenburg :*

X **De Witte Koksmuts,** Kanaalweg 8, ✉ 4525 NA, ✆ (0 117) 39 16 87, ≤, – P. AE E
fermé merc. sauf en juil.-août, jeudi et 8 nov.-2 déc. – **Repas** carte 66 à 84.

à Sint Anna ter Muiden *NO : 2 km* 🄲 *Sluis-Aardenburg :*

XX **De Vijverhoeve,** Greveningseweg 2, ✉ 4524 JK, ✆ (0 117) 46 13 94, 🏰, « Terrasse et jardin dans cadre champêtre » – 🅟. AE ⓓ E VISA
fermé merc. et jeudi – **Repas** Lunch 63 – 88/125.

SNEEK *Fryslân* 210 T 4 et 908 I 2 – *30 052 h.*

Voir *Porte d'eau★ (Waterpoort)* A **A.**

Exc. *Circuit en Frise Méridionale★ : Sloten (ville fortifiée★) par ④.*

🅘 *Marktstraat 18,* ✉ *8601 CV,* ✆ *(0 515) 41 40 96, Fax (0 515) 42 37 03.*

Amsterdam 125 ④ – Leeuwarden 24 ① – Groningen 78 ② – Zwolle 74 ③.

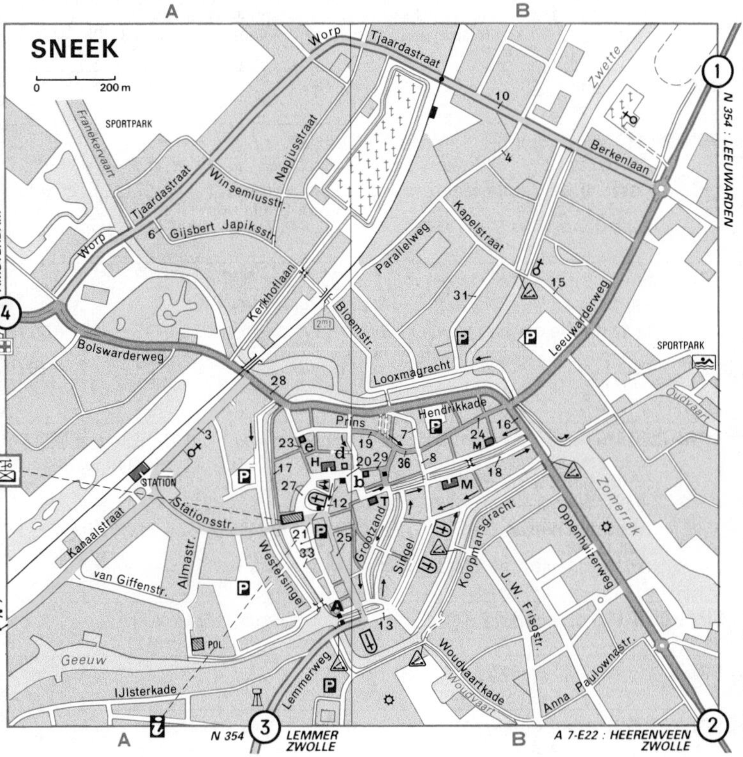

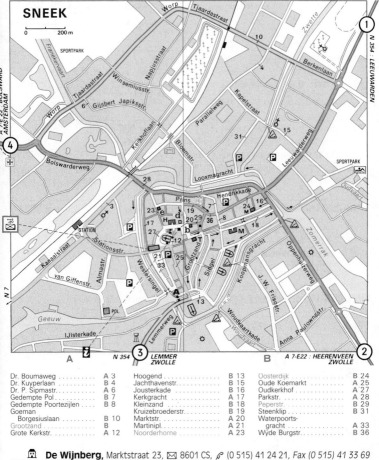

Dr. Boumaweg	A 3	Hoogend	B 13	Oosterdijk	B 24
Dr. Kuyperlaan	B 4	Jachthavenstr.	B 15	Oude Koemarkt	A 25
Dr. P. Sipmastr.	A 6	Jousterkade	B 16	Oudkerkhof	A 27
Gedempte Pol	B 7	Kerkgracht	A 17	Parkstr.	A 28
Gedempte Poortezijlen	B 8	Kleinzand	B 18	Peperstr.	B 29
Goeman Borgesiuslaan	B 10	Kruizebroederstr.	B 19	Steenklip	B 31
Grootzand	B	Marktstr.	A 20	Waterpoortsgracht	A 33
Grote Kerkstr.	A 12	Martinipl.	A 21	Wÿde Burgstr.	B 36
		Noorderhorne	A 23		

🏨 **De Wijnberg,** Marktstraat 23, ✉ 8601 CS, ✆ (0 515) 41 24 21, *Fax (0 515) 41 33 69* – 🍽 rest, 📺 ☎. AE E VISA JCB — A d
Repas Lunch 25 – carte 45 à 88 – **23 ch** ☕ 85/145 – ½ P 88/103.

XX **Hanenburg** avec ch, Wijde Noorderhorne 2, ✉ 8601 EB, ✆ (0 515) 41 25 70, *Fax (0 515) 42 58 95* – 📺 🅟 – 🏛 25 à 60. AE ⓓ E VISA. ✂ — A e
Repas Lunch 45 – carte env. 70 – **20 ch** ☕ 88/185 – ½ P 100/130.

X **Onder de Linden,** Marktstraat 30, ✉ 8601 CV, ✆ (0 515) 41 26 54, *Fax (0 515) 42 77 15* – E VISA – *fermé lundi et 27 déc.-15 janv.* – **Repas** Lunch 28 – 43. — B b

SOEST *Utrecht* 211 Q 9 et 908 G 5 – *43 185 h.*

Steenhoffstraat 9a, ✉ 3764 BH, ☎ (0 35) 601 20 75, Fax (0 35) 602 80 17.

Amsterdam 42 – Utrecht 23 – Amersfoort 7.

Het Witte Huis (avec annexe), Birkstraat 138 (SO : 3 km sur N 221), ✉ 3768 HN, ☎ (0 33) 461 71 47, *Fax (0 33) 465 05 66* – – 25 à 160. AE VISA JCB. ch
fermé 27 déc.-5 janv. – **Repas** carte 46 à 60 – **68 ch** 170/210 – ½ P 125/185.

Van den Brink, Soesterbergsestraat 122, ✉ 3768 EL, ☎ (0 35) 601 27 06, *Fax (0 35) 601 97 18,* – – 25 à 40. AE VISA
fermé 29 déc.-1er janv. – **Repas** Lunch 48 – carte env. 65.

à Soestdijk *Soest :*

't Spiehuis, Biltseweg 45 (sur N 234), ✉ 3763 LD, ☎ (0 35) 666 82 36, *Fax (0 35) 666 84 76,* , « Auberge en lisière des bois » – . AE VISA.
fermé mardi, 21 juil.-11 août et 27 déc.-10 janv. – **Repas** Lunch 58 – 78/105.

SOESTDIJK *Utrecht* 211 Q 9 et 908 G 5 – *voir à Soest.*

SOMEREN *Noord-Brabant* 211 T 14 et 908 I 7 – *18 021 h.*

Amsterdam 151 – 's-Hertogenbosch 52 – Eindhoven 23 – Helmond 13 – Venlo 37.

Gasterij De Zeuve Meeren avec ch, Wilhelminaplein 14, ✉ 5711 EK, ☎ (0 493) 49 27 28, *Fax (0 493) 47 01 12* – . AE VISA JCB. rest
Repas (dîner seult) 55/75 – **5 ch** 85/120 – ½ P 100.

SON *Noord-Brabant Son en Breugel 14 630 h.* 211 R 13 et 908 H 7.

Amsterdam 114 – Eindhoven 8 – Helmond 17 – Nijmegen 53.

la Sonnerie, Nieuwstraat 45, ✉ 5691 AB, ☎ (0 499) 46 02 22, *Fax (0 499) 46 09 75,* , « Ancien cloître » – – 25 à 100. AE VISA JCB.
Repas *(fermé sem. carnaval et 31 déc. soir)* Lunch 55 – carte env. 95 – 20 – **30 ch** 140/165 – ½ P 145/170.

SPAARNDAM *Noord-Holland Haarlemmerliede en Spaarnwoude 5 230 h.* 211 N 8 et 908 F 4.

18 9 *à Velsen-Zuid N : 8 km, Het Hoge Land 2, ✉ 1981 LT, Recreatieoord Spaarnwoude ☎ (0 23) 538 27 08, Fax (0 23) 538 72 74.*

Amsterdam 18 – Alkmaar 28 – Haarlem 11.

Het Stille Water, Oostkolk 19, ✉ 2063 JV, ☎ (0 23) 537 13 94, *Fax (0 23) 537 13 94* – AE VISA
fermé lundi, mardi et fin déc. – **Repas** Lunch 50 – carte env. 70.

SPAKENBURG *Utrecht* 211 R 9 et 908 H 5 – *voir à Bunschoten-Spakenburg.*

SPIER *Drenthe* 210 X 6 et 908 K 3 – *voir à Beilen.*

SPIJKENISSE *Zuid-Holland* 211 K 11 - (39) S et 908 D 6 - (24) S – *71 372 h.*

Amsterdam 92 – Rotterdam 17.

Carlton Oasis, Curieweg 1 (S : 1 km), ✉ 3208 KJ, ☎ (0 181) 62 52 22, *Fax (0 181) 61 10 94,* , , – , ch, – 40 à 250. AE VISA
Repas (ouvert jusqu'à 23 h 30) *(fermé sam. soir)* carte 45 à 65 – 38 – **79 ch** 385/460 – ½ P 452/497.

't Ganzengors, Oostkade 4, ✉ 3201 AM, ☎ (0 181) 61 25 78, *Fax (0 181) 61 77 32,* – . AE VISA JCB
fermé lundi – **Repas** Lunch 43 – 48/76.

Ne confondez pas :

Confort des hôtels : ...
Confort des restaurants : XXXXX ... X
Qualité de la table : , , , **Repas**

STAPHORST *Overijssel* 210 W 7 et 908 J 4 – *15 022 h.*

Voir *Ville typique★ : fermes★, costume traditionnel★.*

Amsterdam 128 – Zwolle 18 – Groningen 83 – Leeuwarden 74.

Waanders, Rijksweg 12, ✉ 7951 DH, ☎ (0 522) 46 18 88, *Fax (0 522) 46 10 93* – |‡|, ▤ rest, TV ☎ P – 25 à 230. AE ⓓ E VISA JCB
Repas (ouvert jusqu'à 23 h) *Lunch 28* – carte 53 à 76 – **24 ch** ☕ 100/150.

Het Boerengerecht, Middenwolderweg 2, ✉ 7951 EC, ☎ (0 522) 46 19 67, *Fax (0 522) 46 11 66,* , « Ferme du 17e s. » – ▤ P. AE ⓓ E VISA
fermé du 1er au 20 août, 29 déc.-3 janv. et lundi – **Repas** *Lunch 45* – 93.

De Molenmeester, Gemeenteweg 364 (E : 3 km), ✉ 7951 PG, ☎ (0 522) 46 31 16, – P. AE E VISA JCB
fermé sam. midi, dim. midi, lundi et mardi – **Repas** 50/58.

STEENWIJK *Overijssel* 210 V 6 et 908 J 3 – *22 106 h.*

Markt 60, ✉ 8331 HK, ☎ (0 521) 51 20 10, Fax (0 521) 51 17 79.

Amsterdam 148 – Zwolle 38 – Assen 55 – Leeuwarden 54.

De Eese , Duivenslaagte 2 (De Bult, N : 5,5 km direction Frederiksoord), ✉ 8346 KH, ☎ (0 521) 51 14 54, *Fax (0 521) 51 13 16,* , , , – |‡|, ▤ rest, TV ☎ P – 80 à 125. AE ⓓ E VISA. ch
Repas 49/65 – **55 ch** ☕ 120/200 – ½ P 130/170.

Patijntje, Scholestraat 15, ✉ 8331 HS, ☎ (0 521) 51 44 25, *Fax (0 521) 51 44 25* – ▤.
fermé lundi, mardi, fév. et 2e quinz. sept. – **Repas** (dîner seult) carte env. 60.

De Gouden Engel avec ch, Tukseweg 1, ✉ 8331 KZ, ☎ (0 521) 51 24 36, *Fax (0 521) 51 32 87* – ▤ rest, TV ☎. AE ⓓ E VISA
Repas carte 45 à 89 – **14 ch** ☕ 95/145 – ½ P 93/103.

STEIN *Limburg* 211 T 17 et 908 I 9 – *26 507 h.*

Amsterdam 197 – Maastricht 21 – Roermond 30 – Aachen 36.

François, Mauritsweg 96, ✉ 6171 AK, ☎ (0 46) 433 14 52 – AE ⓓ E VISA
fermé mardi soir, merc. et carnaval – **Repas** carte 48 à 68.

à Urmond *N : 3 km* C *Stein :*

Motel Stein-Urmond, Mauritslaan 65 (près A 2), ✉ 6129 EL, ☎ (0 46) 433 85 73, *Fax (0 46) 433 86 86,* – |‡| TV ☎ P – 25 à 400. AE ⓓ E VISA
Repas (ouvert jusqu'à minuit) *Lunch 18* – carte env. 50 – ☕ 13 – **165 ch** 100/120.

STEVENSWEERT *Limburg* C *Maasbracht 13 765 h.* 211 U 16 et 908 I 8.

Amsterdam 184 – Eindhoven 58 – Maastricht 37 – Venlo 39.

Herberg Stadt Stevenswaert, Veldstraat Oost 1, ✉ 6107 AS, ☎ (0 475) 55 23 76, *Fax (0 475) 55 23 76,* – AE E VISA
fermé lundi et janv. – **Repas** *Lunch 40* – 50/70.

SUSTEREN *Limburg* 211 U 16 et 908 I 8 – *13 074 h.*

Amsterdam 184 – Maastricht 32 – Eindhoven 58 – Roermond 19 – Aachen 47.

La Source, Oude Rijksweg Noord 21, ✉ 6114 JA, ☎ (0 46) 449 31 50, *Fax (0 46) 449 31 50,* – P. AE ⓓ E VISA.
fermé du 6 au 17 fév., 26 juil.-17 août, lundi et mardi – **Repas** (dîner seult) 53/90.

TEGELEN *Limburg* 211 V 14 et 908 J 7 – *voir à Venlo.*

TERBORG *Gelderland* C *Wisch 19 818 h.* 211 X 11 et 908 K 6.

Amsterdam 135 – Arnhem 37 – Enschede 58.

't Hoeckhuys, Stationsweg 16, ✉ 7061 CT, ☎ (0 315) 32 39 33, *Fax (0 315) 33 04 97,* – P. AE ⓓ E VISA
fermé merc. et 3 sem. en juil. – **Repas** *Lunch 55* – 68/73.

TERNEUZEN *Zeeland* 211 I 14 et 908 C 7 – *34 711 h.*

Markt 11, ✉ 4531 EP, ☎ (0 115) 69 59 76, Fax (0 115) 64 87 70.

Amsterdam (bac) 196 – Middelburg (bac) 39 – Antwerpen 56 – Brugge 58 – Gent 39.

L'Escaut, Scheldekade 65, ✉ 4531 EJ, ☎ (0 115) 69 48 55, *Fax (0 115) 62 09 81,* – |‡| TV ☎ – 25 à 80. AE ⓓ E VISA JCB.
Repas *(fermé sam. midi et dim. midi) Lunch 60* – carte 73 à 95 – ☕ 18 – **31 ch** 135/230 – ½ P 240/260.

Winston Churchill, Churchilllaan 700, 4532 JB, (0 115) 62 11 20, *Fax (0 115) 69 73 93,* 25 à 125. rest
Repas carte 67 à 99 – **48 ch** 160/195 – ½ P 200/285.

Triniteit, Kastanjelaan 2 (angle Axelsestraat), 4537 TR, (0 115) 61 41 50, *Fax (0 115) 61 44 69,*
fermé jours fériés – **Repas** (dîner pour résidents seult) – **16 ch** 110/165 – ½ P 145.

De Kreek, Noteneeweg 28 (Otheense Kreek), 4535 AS, (0 115) 62 08 17, *Fax (0115) 62 08 19,* « Terrasse au bord de l'eau » –
fermé lundi, mardi et fin fév.- début mars – **Repas** *Lunch 50* – carte env. 75.

Michelin brengt bij de hotels en restaurants die zij vermeldt geen reclameborden op de gevels aan.

TERSCHELLING (Ile de) *Fryslân* 210 R 2 et 908 H 1 – *voir à Waddeneilanden.*

TETERINGEN *Noord-Brabant* 211 N 13 et 908 F 7 – *voir à Breda.*

TEXEL (Ile de) *Noord-Holland* 210 N 4 et 908 F 2 – *voir à Waddeneilanden.*

THOLEN *Zeeland* 211 J 13 et 908 D 7 – *23 164 h.*

Amsterdam 133 – Bergen op Zoom 9 – Breda 51 – Rotterdam 56.

Hof van Holland, Kaaij 1, 4691 EE, (0 166) 60 25 90, *Fax (0 166) 60 43 58,* Produits de la mer –
fermé lundis non fériés et janv. – **Repas** (dîner seult) carte 53 à 93.

THORN *Limburg* 211 U 16 et 908 I 8 – *2 634 h.*

Voir *Bourgade*★.
Wijngaard 14, 6017 AG, (0 475) 56 27 61.
Amsterdam 172 – Maastricht 44 – Eindhoven 44 – Venlo 35.

Host. La Ville Blanche, Hoogstraat 2, 6017 AR, (0 475) 56 23 41, *Fax (0 475) 56 23 41,* 25 à 90. rest
fermé 31 déc.-4 janv. et dim. de nov. à fév. – **Repas** *Lunch 45* – carte env. 70 – **23 ch** 125/175 – ½ P 115/135.

Crasborn, Hoogstraat 6, 6017 AR, (0 475) 56 12 81, *Fax (0 475) 56 22 33,*
Repas carte 54 à 70 – 18 – **11 ch** 88/155 – ½ P 178/198.

TIEL *Gelderland* 211 R 11 et 908 H 6 – *35 690 h.*

à Zoelen NO : 4 km, Oost Kanaalweg 1, 4011 LA, (0 344) 62 43 70, Fax (0 344) 61 30 96.
Korenbeursplein 4, 4001 KX, (0 344) 61 64 41, Fax (0 344) 61 56 49.
Amsterdam 80 – Arnhem 44 – 's-Hertogenbosch 38 – Nijmegen 41 – Rotterdam 76.

Motel Tiel, Laan van Westroyen 10 (près A 15, sortie ㉝), 4003 AZ, (0 344) 62 20 20, *Fax (0 344) 61 21 28,* 25 à 2000.
Repas (ouvert jusqu'à 23 h) *Lunch 15* – carte 45 à 60 – **124 ch** 135/150 – ½ P 165.

Lotus, Westluidensestraat 49, 4001 NE, (0 344) 61 57 02, *Fax (0 344) 62 07 65,* Cuisine chinoise –
Repas *Lunch 28* – 45/75.

TILBURG *Noord-Brabant* 211 P 13 et 908 G 7 – *183 002 h.*

Voir *De Pont (Stichting voor Hedendaagse Kunst)*★★ V.
Musée : *Nederlands Textielmuseum*★ V **M¹**.
Env. *Domaine récréatif de Beekse Bergen*★ *SE : 4 km par ②.*
Gilzerbaan 400, 5032 VC, (0 13) 467 23 32, Fax (0 13) 467 78 23- - à Goirle S : 5 km, Nieuwkerksedijk Zuid 50, 5051 DW, (0 13) 534 20 29, Fax (0 13) 534 53 60.
à Eindhoven-Welschap par ② : 32 km (0 40) 251 61 42.
Stadhuisplein 128, 5038 TC, (0 13) 535 11 35, Fax (0 13) 535 37 95.
Amsterdam 110 ① – 's-Hertogenbosch 23 ① – Breda 22 ③ – Eindhoven 36 ②.

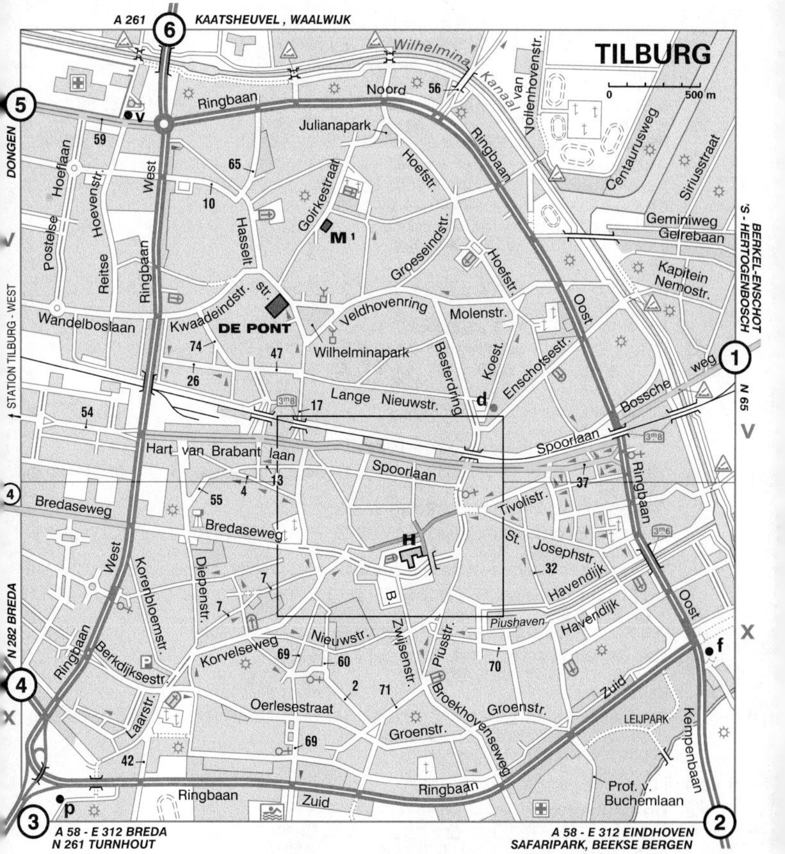

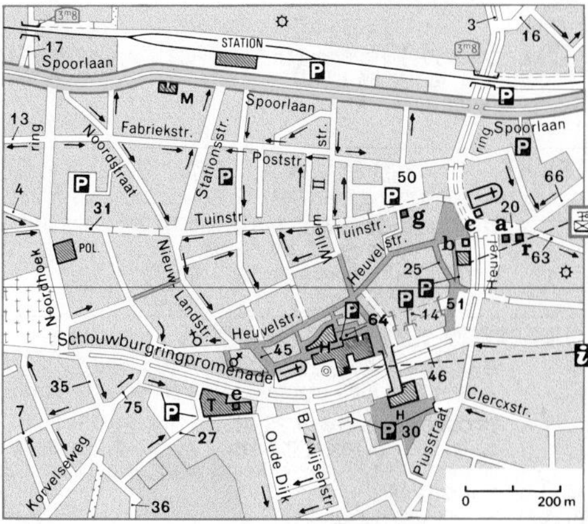

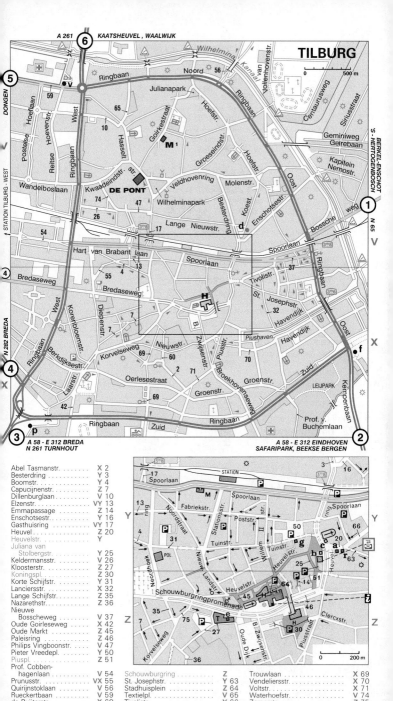

Abel Tasmanstr. . . . . X 2
Besterdring . . . . Y 3
Boomstr. . . . . Y 4
Capucijnenstr. . . . . Z 7
Dillenburglaan . . . . V 10
Elzenstr. . . . . VY 13
Emmapassage . . . . Z 14
Enschotsestr. . . . . Y 16
Gasthuisring . . . . VY 17
Heuvel . . . . Z 20
Heuvelstr. . . . . Y
Juliana van Stolbergstr. . . . . Y 25
Keldermansstr. . . . . V 26
Kloosterstr. . . . . Z 27
Koningspl. . . . . Z 30
Korte Schijfstr. . . . . Y 31
Lanciersstr. . . . . X 32
Lange Schijfstr. . . . . Z 35
Nazarethstr. . . . . Z 36
Nieuwe Bosscheweg . . . . V 37
Oude Goirleseweg . . . . . . X 42
Oude Markt . . . . Z 45
Paleisring . . . . Z 46
Philips Vingboonstr. . . . . V 47
Pieter Vreedepl. . . . . Y 50
Piuspl. . . . . Z 51
Prof. Cobbenhagenlaan . . . . V 54
Prunusstr. . . . . VX 55
Quirijnstoklaan . . . . V 56
Rueckertbaan . . . . V 59
de Ruijterstr. . . . . X 60
Schouwburgring . . . . Z
St. Josephstr. . . . . Y 63
Stadhuisplein . . . . Z 64
Textielpl. . . . . V 65
Tivolistr. . . . . Y 66
Trouwlaan . . . . X 69
Vendeliersstr. . . . . X 70
Voltstr. . . . . X 71
Waterhoefstr. . . . . V 74
Zomerstr. . . . . Z 75

De Postelse Hoeve, Dr. Deelenlaan 10, ✉ 5042 AD, ☎ (0 13) 463 63 35, *Fax (0 13) 463 93 90,* – rest, – 25 à 200. AE ⓓ E VISA V v
Repas Lunch 28 – 58/70 – **35 ch** 140/235 – ½ P 168/213.

Mercure, Heuvelpoort 300, ✉ 5038 DT, ☎ (0 13) 535 46 75, *Fax (0 13) 535 58 75,* – rest, – 25 à 175. AE ⓓ E VISA JCB. Y b
Repas *(fermé 31 déc. soir)* Lunch 27 – 30/50 – 20 – **61 ch** 173, 2 suites – ½ P 200/220.

Aub. du Bonheur, Bredaseweg 441 (par ④ : 3 km), ✉ 5036 NA, ☎ (0 13) 468 69 42, *Fax (0 13) 590 09 59,* – – 25 à 80. AE ⓓ E VISA JCB. ch
Repas Lunch 48 – 58/75 – **26 ch** 175/235.

De Lindeboom sans rest, Heuvelring 126, ✉ 5038 CL, ☎ (0 13) 535 13 55, *Fax (0 13) 536 10 85* – . AE ⓓ E VISA Y c
18 ch 150/175.

Bastion, Kempenbaan 2, ✉ 5018 TK, ☎ (0 13) 544 19 99, *Fax (0 13) 543 89 10* – . AE ⓓ E VISA. X f
Repas (grillades, ouvert jusqu'à 23 h) 45 – 15 – **40 ch** 85.

Ibis, Dr. Hub. van Doorneweg 105, ✉ 5026 RB, ☎ (0 13) 463 64 65, *Fax (0 13) 468 16 24,* – – 25 à 200. AE ⓓ E VISA X p
Repas Lunch 15 – 45 – 15 – **71 ch** 105 – ½ P 130/150.

La Colline, Heuvel 39, ✉ 5038 CS, ☎ (0 13) 543 11 32, *Fax (0 13) 542 54 65,* – . AE ⓓ E VISA JCB Y a
fermé merc. et du 5 au 25 août – **Repas** carte env. 75.

Valentijn, Heuvel 43, ✉ 5038 CS, ☎ (0 13) 543 33 86, *Fax (0 13) 544 14 19* – . AE E VISA Y a
fermé sam. midi et dim. midi – **Repas** Lunch 50 – 55/90.

Schouwburg, Stadhuisplein 42, ✉ 5038 TB, ☎ (0 13) 543 25 15, *Fax (0 13) 543 09 57,* – AE ⓓ E VISA. Z e
fermé lundi et 2 dern. sem. juil.-2 prem. sem. août – **Repas** (dîner seult) carte 72 à 110.

De Proeverij, Heuvel 47, ✉ 5038 CS, ☎ (0 13) 543 81 57, *Fax (0 13) 542 06 21,* – . AE ⓓ E VISA JCB. Y r
fermé lundi et 2 prem. sem. août – **Repas** Lunch 43 – carte env.65.

Het Geheim van de Smit, Tuinstraat 6, ✉ 5038 DC, ☎ (0 13) 580 16 73, *Fax (0 13) 580 16 74* – . AE ⓓ E VISA. Y g
Repas carte env. 65.

Osaka, NS Plein 38, ✉ 5014 DC, ☎ (0 13) 542 11 75, *Fax (0 13) 544 37 24,* Cuisine japonaise avec Teppan-Yaki – AE ⓓ E VISA. V d
Repas (dîner seult) 58.

à Berkel-Enschot *par ① : 5 km* C *Tilburg :*

De Druiventros, Bosscheweg 11, ✉ 5056 PP, ☎ (0 13) 533 91 15, *Fax (0 13) 533 14 35,* – – 25 à 600. AE ⓓ E VISA
Repas 43/75 – 18 – **56 ch** 125/145 – ½ P 168/368.

à Goirle *S : 5 km – 22 096 h.*

De Hovel, Tilburgseweg 37, ✉ 5051 AA, ☎ (0 13) 534 54 74, *Fax (0 13) 534 03 54,* – . AE ⓓ E VISA
fermé lundi – **Repas** 60/90.

TRICHT *Gelderland* C *Geldermalsen 23 316 h.* 211 Q 11 et 908 G 6.

Amsterdam 68 – Arnhem 59 – 's-Hertogenbosch 25 – Rotterdam 68 – Utrecht 33.

De Oude Betuwe, Kerkstraat 19, ✉ 4196 AA, ☎ (0 345) 57 77 00, *Fax (0 345) 57 06 70* – . AE ⓓ E VISA
fermé mardi – **Repas** Lunch 60 – 70/90.

TUBBERGEN *Overijssel* 210 Z 8 et 908 L 4 – *19 648 h.*

Grotestraat 58, ✉ 7651 CK, ☎ (0 546) 62 16 27, Fax (0 546) 60 36 40.
Amsterdam 162 – Zwolle 65 – Enschede 28 – Nordhorn 28.

Droste's, Uelserweg 95 (NE : 2 km), ✉ 7651 KV, ☎ (0 546) 62 12 64, *Fax (0 546) 62 28 28* – rest, – 30. AE ⓓ E VISA JCB. rest
fermé 27 déc.-5 janv. – **Repas *Mangerie*** (dîner seult) 55/95 – **24 ch** 100/175 – ½ P 110/145.

à Albergen *E : 7 km* C *Tubbergen :*

't Elshuis , Gravendijk 6, ✉ 7665 SK, ☎ (0 546) 44 21 61, *Fax (0 546) 44 20 53,* – – 80. AE E VISA.
Repas (dîner seult jusqu'à 23 h) carte 45 à 61 – **16 ch** 88/125 – ½ P 118.

TWELLO *Gelderland* C *Voorst 23 733 h.* 211 V 9 et 908 J 5.

Amsterdam 104 - Arnhem 40 - Apeldoorn 11 - Deventer 7 - Enschede 66.

X **de Statenhoed,** Dorpsstraat 12, ✉ 7391 DD, ☎ (0 571) 27 70 23, *Fax (0 571) 27 03 48,* , Ouvert jusqu'à 23 h - P. AE ⓓ E VISA JCB
fermé lundi - **Repas** carte env. 60.

UBACHSBERG *Limburg* C *Voerendaal 13 118 h.* 211 U 17 et 908 I 9.

Amsterdam 218 - Maastricht 31 - Eindhoven 88 - Aachen 16.

XX ✿ **De Leuf** (van de Bunt), Dalstraat 2, ✉ 6367 JS, ☎ (0 45) 575 02 26, *Fax (0 45) 575 35 08,* , « Ancienne ferme avec décor contemporain, cour intérieure » - P. AE ⓓ E VISA
fermé du 16 au 20 fév., du 10 au 31 juil, sam. midi, dim. et lundi - **Repas** *Lunch 80* - 110/180 bc, carte 98 à 145
Spéc. Saumon fumé minute à notre façon. Langoustines poêlées à la tomate, courgette, poivron et basilic. Selle de chevreuil rôtie, sauce au vin rouge (juin-juil.).

UDEN *Noord-Brabant* 211 S 13 et 908 H 7 - *38 144 h.*

Mondriaanplein 14a, ✉ 5401 HX, ☎ (0 413) 25 07 77, Fax (0 413) 25 52 02.

Amsterdam 113 - 's-Hertogenbosch 28 - Eindhoven 30 - Nijmegen 33.

Arrows M, St. Janstraat 14, ✉ 5401 BB, ☎ (0 413) 26 85 55, *Fax (0 413) 26 16 15* - |, ch, TV ☎ P. AE ⓓ E VISA JCB.
fermé 20 déc.-3 janv. - **Repas** (dîner seult) carte 70 à 87 - **38 ch** 165/205.

XX ✿ **Helianthushof** (Brevet), Boekelsedijk 17 (au Sud par N 264, derrière le parc sportif), ✉ 5404 NK, ☎ (0 413) 26 01 01, *Fax (0 413) 25 18 94,* , « Ferme rustique et terrasse avec tonnelle » - P. AE ⓓ E VISA
fermé lundi, carnaval et 26 juil.-9 août - **Repas** *Lunch 60* - 69/85, carte env. 105
Spéc. Foie gras sauté, purée d'oignons aux clous de girofle. Pigeon fermier en croûte de sel. Soufflé de fromage blanc au citron et vanille.

XX **'t Raadhuis,** Markt 1a (dans la mairie), ✉ 5401 GN, ☎ (0 413) 25 70 00, *Fax (0 413) 25 67 22,* - P. AE ⓓ E VISA JCB
fermé du 13 au 21 fév. et du 12 au 25 juil. - **Repas** *Lunch 40* - 55/70.

XX **de Tweede Kamer,** Kerkstraat 55, ✉ 5401 BD, ☎ (0 413) 25 44 60, *Fax (0 413) 25 28 51* - AE ⓓ E VISA JCB.
fermé lundi, mardi, 2 sem. en fév. et fin août-début sept. - **Repas** *Lunch 50* - carte env. 85.

UDENHOUT *Noord-Brabant* C *Tilburg 183 002 h.* 211 P 13 et 908 G 7.

Amsterdam 103 - 's-Hertogenbosch 18 - Eindhoven 36 - Tilburg 10.

X **L'Abeille,** Kreitenmolenstraat 59, ✉ 5071 BB, ☎ (0 13) 511 36 12, - AE ⓓ E VISA JCB
fermé lundi - **Repas** (dîner seult) 45/79.

UITHOORN *Noord-Holland* 211 N 9 et 908 F 5 - *25 289 h.*

Amsterdam 19 - Den Haag 54 - Haarlem 23 - Utrecht 31.

X **La Musette,** Wilhelminakade 39h, ✉ 1421 AB, ☎ (0 297) 56 09 00 - AE ⓓ E VISA
fermé lundi, mardi et 3 sem. en juil.. - **Repas** (dîner seult jusqu'à 23 h) 45/70.

ULVENHOUT *Noord-Brabant* 211 N 13 - *voir à Breda.*

URK *Flevoland* 210 S 7 et 908 H 4 - *14 935 h.*

Voir *Site*★.

vers Enkhuizen : Rederij F.R.O. ☎ (0 527) 68 34 07, Fax (0 527) 68 47 82. Durée de la traversée : 1 h 30. Prix AR : 18,50 Fl, bicyclette : 10,50 Fl.

Wijk 2 nr 2, ✉ 8321 EP, ☎ (0 527) 68 40 40, Fax (0 527) 68 61 80.

Amsterdam 84 - Zwolle 42 - Emmeloord 12.

X **De Kaap** avec ch, Wijk 1 no 5b, ✉ 8321 EK, ☎ (0 527) 68 15 09, *Fax (0 527) 68 50 09,* ≤, , Produits de la mer - TV. AE E VISA
Repas *(fermé lundi de nov. à mars) Lunch 22* - carte 45 à 69 - **9 ch** 50/100.

X **'t Achterhuis,** Burg. J. Schipperkade 1, ✉ 8321 EH, ☎ (0 527) 68 27 96, *Fax (0 527) 27 18 00,* ≤, Produits de la mer, - P. AE E VISA JCB
fermé dim. - **Repas** *Lunch 20* - carte 45 à 109.

URMOND *Limburg* 211 T 17 et 908 I 9 - *voir à Stein.*

USSELO *Overijssel* 211 Z 9 et 908 L 5 – *voir à Enschede.*

UTRECHT P 211 P 10 et 908 G 5 – *233 951 h.*

Voir *La vieille ville*★★ – *Tour de la Cathédrale*★★ *(Domtoren)* ✻★★ BY – *Ancienne cathédrale*★ *(Domkerk)* BY **D** – *Vieux canal*★ *(Oudegracht)* : ≤★ ABXY – *Bas reliefs*★ *et crypte*★ *dans l'église St-Pierre (Pieterskerk)* BY – *Maison (Huis) Rietveld Schröder*★★ CY.

Musées : *Catharijneconvent*★★ BY – *Central*★★ *(Centraal Museum)* BZ – *Université*★ *(Universiteitsmuseum)* BZ **M**[5] – *Chemin de fer*★ *(Nederlands Spoorwegmuseum)* CY **M**[4].

Env. *Château de Haar : collections*★ *(mobilier, tapisseries, peinture) par* ⑥ *: 10 km.*

18 *à Bosch en Duin par* ② *: 13 km, Amersfoortseweg 1,* ⊠ *3735 LJ,* ☎ *(0 30) 695 52 23, Fax (0 30) 696 37 69 -* 9 *à Vleuten O : 8 km, Parkweg 5,* ⊠ *3451 RH,* ☎ *(0 30) 677 28 60, Fax (0 30) 677 39 03.*

✈ *à Amsterdam-Schiphol par* ⑥ *: 37 km* ☎ *(0 20) 601 91 11.*

ℹ *Vredenburg 90,* ⊠ *3511 BD,* ☎ *0 6-34 03 40 85, Fax (0 30) 233 14 17.*

Amsterdam 36 ⑥ *– Den Haag 61* ⑤ *– Rotterdam 57* ⑤*.*

Plans pages suivantes

Holiday Inn, Jaarbeursplein 24, ⊠ 3521 AR, ☎ (0 30) 297 79 77, *Fax (0 30) 297 79 99*, ≤, Fø, – 🛗 ⇔ ▤ TV ☎ ♿ 🚗 – 🏛 25 à 250. AE ⊙ E VISA JCB. ✗ AY s
Repas (buffets) *Lunch 38* – 53 – ☕ 33 – **275 ch** 350/420, 1 suite.

Park Plaza, Westplein 50, ⊠ 3531 BL, ☎ (0 30) 292 52 00, *Fax (0 30) 292 51 99*, ≦s – 🛗 ⇔ ▤ TV ☎ ♿ P – 🏛 25 à 170. AE ⊙ E VISA JCB AY b
Repas *Lunch 38* – 58/68 – ☕ 36 – **120 ch** 300/380.

Mitland, Ariënslaan 1, ⊠ 3573 PT, ☎ (0 30) 271 58 24, *Fax (0 30) 271 90 03*, ≤, 🏖, ≦s, 🏊, 🎾 – 🛗 ⇔ TV ☎ P – 🏛 25 à 200. AE ⊙ E VISA CX t
Repas *Lunch 25* – 55/63 – **92 ch** ☕ 156/187 – ½ P 138/156.

Malie 🐦 sans rest, Maliestraat 2, ⊠ 3581 SL, ☎ (0 30) 231 64 24, *Fax (0 30) 234 06 61*, 🌳 – 🛗 TV ☎. AE ⊙ E VISA JCB. ✗ CX e
29 ch ☕ 155/230.

Smits, Vredenburg 14, ⊠ 3511 BA, ☎ (0 30) 233 12 32, *Fax (0 30) 232 84 51* – 🛗 ⇔ TV ☎ – 🏛 25 à 55. AE ⊙ E VISA AX c
Repas (dîner seult) *(fermé juil.-août)* 45 – **85 ch** ☕ 195/248 – ½ P 197/235.

Tulip Inn sans rest, Janskerkhof 10, ⊠ 3512 BL, ☎ (0 30) 231 31 69, *Fax (0 30) 231 01 48* – 🛗 TV ☎ P. AE ⊙ E VISA BX k
44 ch ☕ 195/250.

Ibis, Bizetlaan 1, ⊠ 3533 KC, ☎ (0 30) 291 03 66, *Fax (0 30) 294 20 66* – 🛗 ⇔ TV ☎ ♿ P – 🏛 30 à 75. AE ⊙ E VISA. ✗ rest FV r
Repas *Lunch 25* – 45 – ☕ 18 – **80 ch** 150 – ½ P 197.

Bastion, Mauritiuslaan 1 (angle Europalaan), ⊠ 3526 LD, ☎ (0 30) 287 14 00, *Fax (0 30) 287 10 12* – TV ☎ P. AE ⊙ E VISA. ✗ GV a
Repas (grillades, ouvert jusqu'à 23 h) 45 – ☕ 15 – **80 ch** 140.

Jean d'Hubert, Vleutenseweg 228, ⊠ 3532 HP, ☎ (0 30) 294 59 52, *Fax (0 30) 296 48 35* – ▤. AE ⊙ E VISA FU d
fermé sam., dim., dern. sem. juil.-2 prem. sem. août et prem. sem. janv. – **Repas** *Lunch 55* – 85.

Wilhelminapark, Wilhelminapark 65, ⊠ 3581 NP, ☎ (0 30) 251 06 93, *Fax (0 30) 254 07 64*, ≤, 🏖, « Pavillon au milieu d'un parc centenaire » – P. AE ⊙ E VISA CY f
fermé sam. midi, dim., jours fériés, dern. sem. juil.-prem. sem. août et 24 déc.-1er janv. – **Repas** *Lunch 65* – 105.

Juliana, Amsterdamsestraatweg 464, ⊠ 3553 EL, ☎ (0 30) 244 00 32, *Fax (0 30) 244 55 45*, 🏖, Cuisine asiatique – ▤ P. AE ⊙ E VISA. ✗ FU g
Repas carte 45 à 83.

het Grachtenhuys, Nieuwegracht 33, ⊠ 3512 LD, ☎ (0 30) 231 74 94, *Fax (0 30) 236 70 25* – ▤. AE ⊙ E VISA JCB. ✗ BY u
fermé fin déc. – **Repas** (dîner seult) 58/85.

Bistro Chez Jacqueline, Korte Koestraat 4, ⊠ 3511 RP, ☎ (0 30) 231 10 89, *Fax (0 30) 232 18 55* – AE ⊙ E VISA AX n
fermé dim., lundi et 2 dern. sem. juil. – **Repas** *Lunch 25* – carte 59 à 82.

Sardegna, Massegast 1a, ⊠ 3511 AL, ☎ (0 30) 231 15 90, *Fax (0 30) 231 15 90*, 🏖, Cuisine italienne – E. ✗ BY m
fermé dim., 3 dern. sem. juil. et 2 dern. sem. déc. – **Repas** (dîner seult) carte 48 à 83.

Kaatje's, A. van Ostadelaan 67a, ⊠ 3583 AC, ☎ (0 30) 251 11 82, *Fax (0 30) 656 47 22*. E CZ P
fermé sam. et 19 juil.-12 août – **Repas** (dîner seult) 55.

UTRECHT

Ahornsr. . . . . FU 7
Antonius Matthaeuslaan . . GU 9
Biltse Rading . . . . GU 13
Biltsestraatweg . . . . GU 15
Blauwkapelseweg . . . . GU 18
Brailledreef . . . . GU 24
Burg. van Tuyllkade . . . . . . FU 27
Carnegiedreef . . . . GU 28
Cartesiusweg . . . . FU 30
Damstr. . . . . FUV 34
Darwindreef . . . . GU 36
Ds. Martin Luther
Kinglaan . . . . FV 42
't Goy laan . . . . GV 45
Graadt van Roggenweg . . FV 46
Herculeslaan . . . . GV 48
van Hoornekade . . . . FU 51
J. M. de Muinck
Keizerlaan . . . . FU 52
Joseph Haydnlaan . . . . . . FV 58
Koningin Wilhelminalaan . FV 64
Laan van Chartroise . . . . . FU 72
Lessinglaan . . . . FV 81
Marnixlaan . . . . FU 85
Omloop . . . . GU 94
Oudenoord . . . . GU 96
Overste den Oudenlaan . . FV 99
Pieter Nieuwlandstr. . . . . . GU 102
Pijperlaan . . . . FV 105
Prins Bernhardlaan . . . . . . FU 109
Rio Brancodreef . . . . FU 112
Royaards van den
Hamkade . . . . FU 114
Sint Josephlaan . . . . FU 118
Socrateslaan . . . . GV 120
Spinozaweg . . . . FU 121
Sweder van Zuylenweg . . FU 123
Talmalaan . . . . GU 124
Thomas à Kempisweg . . . FU 126
Verlengde Vleutenseweg . FU 132
W. A. Vultostr. . . . . GV 136
Weg der Verenigde
Naties . . . . FV 138
Weg tot de Wetenschap . GV 139
Zamenhofdreef . . . . GU 147

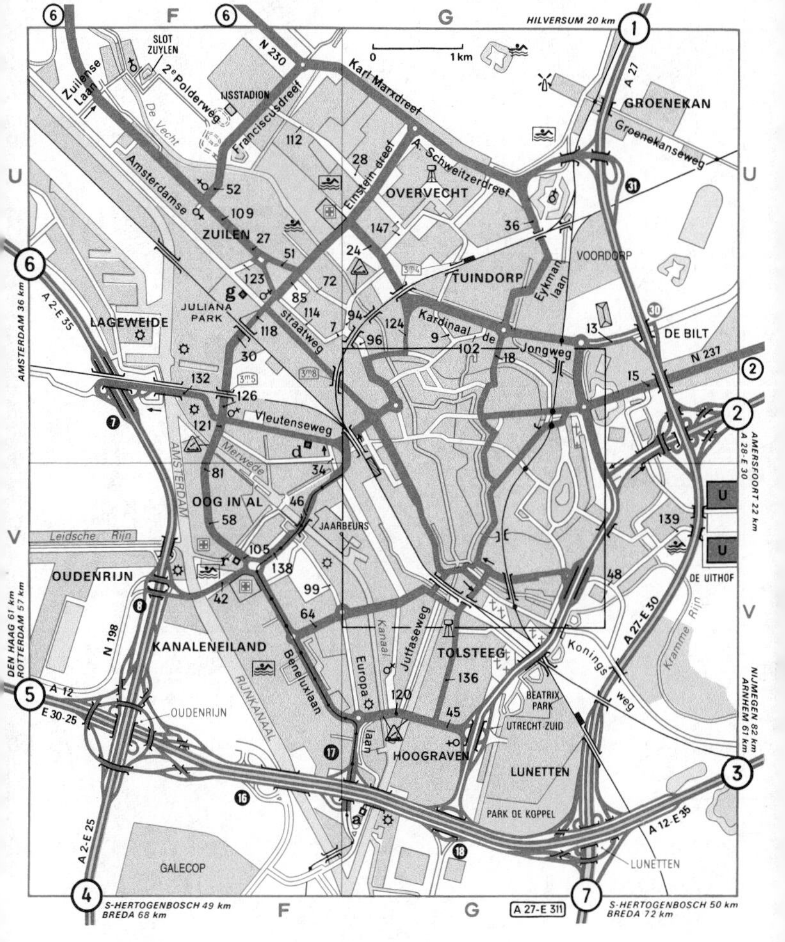

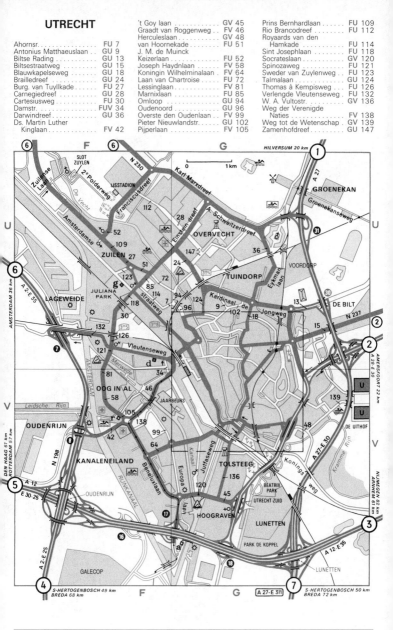

Ne confondez pas :

Confort des hôtels : ...

Confort des restaurants : ...

Qualité de la table : ✿✿✿, ✿✿, ✿, Repas

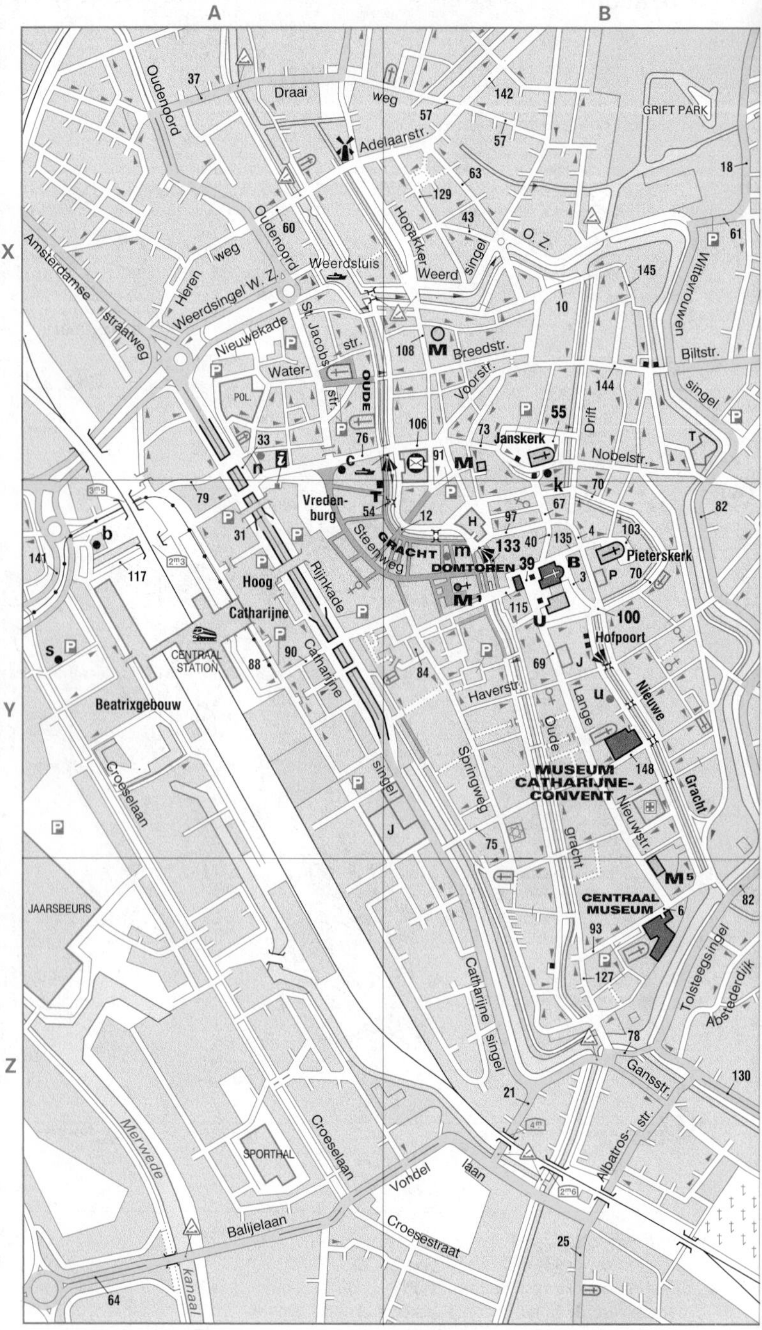
A
B
X
Y
Z
Draai
weg
Oudenoord
Adelaarstr.
GRIFT PARK
Hopakker
Weerd
singel
O. Z.
Amsterdamse
straatweg
Herenweg
Weerdsingel W. Z.
Weerdsluis
Wittevrouwen
Biltstr.
singel
Nieuwekade
St. Jacobs
str.
Water-
str.
POL.
OUDE
Breedstr.
Voorstr.
Drift
Janskerk
Nobelstr.
Vredenburg
Steenweg
GRACHT
DOMTOREN
Pieterskerk
Hoog
Catharijne
Rijnkade
CENTRAAL STATION
Catharijne
Hofpoort
Haverstr.
Springweg
Oude
Lange
Nieuwe
Gracht
MUSEUM CATHARIJNE-CONVENT
Nieuwstr.
gracht
Beatrixgebouw
Croeselaan
singel
CENTRAAL MUSEUM
JAARSBEURS
Tolsteegsingel
Abstederdijk
Catharijne
singel
Gansstr.
Albatros-
str.
Merwede
kanaal
SPORTHAL
Croeselaan
Vondel
laan
Balijelaan
Croesestraat

MICHELIN

	Grand luxe	
	Grand confort	
	Très confortable	
	De bon confort	
	Assez confortable	

La table vaut le voyage
La table mérite un détour
Une très bonne table
"Bib Gourmand" (Repas soignés à prix modérés)
Menu à moins de 850 FB ou 45 FL.

Petit déjeuner

Hôtels agréables
Restaurants agréables
Vue exceptionnelle
Vue intéressante ou étendue
Situation très tranquille, isolée
Situation tranquille

Repas au jardin ou en terrasse
Balnéothérapie, Cure thermale
Salle de remise en forme
Piscine en plein air ou couverte
Jardin de repos – Tennis à l'hôtel
Ponton d'amarrage

Ascenseur
Non-fumeurs
Air conditionné
Téléphone direct
Accessible aux handicapés physiques
Parking – Garage
Salles de conférence, séminaire
Accès interdit aux chiens

MICHELIN

🏨🏨🏨🏨🏨	Zeer luxueus	XXXXX
🏨🏨🏨🏨	Eerste klas	XXXX
🏨🏨🏨	Zeer comfortabel	XXX
🏨🏨	Geriefelijk	XX
🏨	Vrij geriefelijk	X

- ✿✿✿ Uitzonderlijke keuken : de reis waard
- ✿✿ Verfijnde keuken : een omweg waard
- ✿ Een uitstekende keuken
- "Bib Gourmand" (Verzorgde maaltijd voor een schappelijke prijs)
- Menu van minder dan 850 franken of 45 gulden

- Ontbijt

- 🏨🏨🏨🏨🏨 ... 🏨 Aangename hotels
- XXXXX ... X Aangename restaurants
- Prachtig uitzicht
- Interessant of weids uitzicht
- Zeer rustig hotel of afgelegen en rustig hotel
- Rustig hotel

- Maaltijden geserveerd in tuin of op terras
- Balneotherapie, Badkuur
- Fitness
- Zwembad : openlucht, overdekt
- Tuin – Tennis bij het hotel
- Aanlegplaats

- Lift
- Niet-rokers
- Airconditioning
- Telefoon met rechtstreekse buitenlijn
- Toegankelijk voor lichamelijk gehandicapten
- P Parkeerplaats – Garage
- Vergaderzalen
- Honden worden niet toegelaten

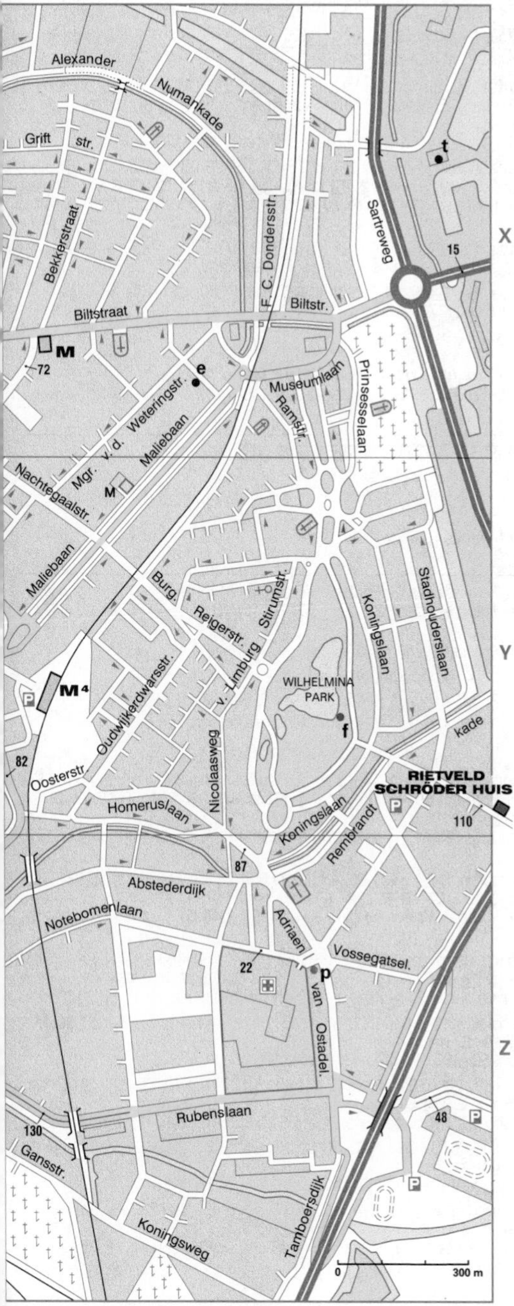

UTRECHT

Achter de Dom ..... BY 3
Achter St.-Pieter .... BY 4
Agnietenstr. .... BZ 6
van Asch
van Wijckskade ... BX 10
Bakkerbrug .... BY 12
Biltsestraatweg ..... CX 15
Blauwkapelseweg ... BX 18
Bleekstr. .... BZ 21
Bosboomstr. .... CZ 22
Briljantlaan .... BZ 25
Catharijnebaan ..... AY 31
Catharijnekade ..... AX 33
Dav. van Mollemstr. . AX 37
Domplein .... BY 39
Domstr. .... BY 40
Duifstr. .... BX 43
Herculeslaan .... CZ 48
Jansbrug .... ABY 54
Janskerkhof .... BX 55
Johannes
de Bekastr. ...... BX 57
Kaatstr. .... AX 60
Kleinesingel .... BX 61
Koekoekstr. .... BX 63
Koningin
Wilhelminalaan ... AZ 64
Korte Jansstr. ...... BY 67
Korte nieuwstr. ..... BY 69
Kromme
Nieuwegracht .... BY 70
Kruisstr. .... CX 72
Lange Jansstr. ...... BX 73
Lange Smeestr. ..... BY 75
Lange Viestr. .... AX 76
Ledig Erf .... BZ 78
Leidseveer .... AXY 79
Maliesingel .... BCYZ 82
Mariaplaats .... BY 84
Mecklenburglaan ... CYZ 87
Moreelselaan ...... AY 88
Moreelsepark ...... AY 90
Nachtegaalstr. ...... CY
Neude .... BXY 91
Nicolaasstr. .... BZ 93
Oudegracht .... BXYZ
Oudkerkhof .... BY 97
Pausdam .... BY 100
Pieterskerkhof ...... BY 103
Potterstr. .... BX 106
Predikherenkerkhof .. BX 108
Prins Hendriklaan ... CY 110
Servetstr. .... BY 115
van
Sijpesteijnkade ... AY 117
Steenweg .... ABY
Twijnstr. .... BZ 127
Valkstr. .... BX 129
Venuslaan .... BCZ 130
Vismarkt .... BY 133
Voetlusstr. .... BY 135
Voorstr. .... BX
Vredenburg .... AY
Westplein .... AY 141
Willem van Noortstr. . BX 142
Wittevrouwenstr. ..... BX 144
Wolvenplein .... BX 145
Zuilenstr. .... BY 148

VAALS *Limburg* **211** V 18 et **908** J 9 – *10 865 h.*

Voir *Drielandenpunt★, ≤★, de la tour Baudouin ☀★ (Boudewijntoren) S : 1,5 km.*

i *Maastrichterlaan 73a, ✉ 6291 EL, ☏ (0 43) 306 29 18, Fax (0 43) 306 44 00.*

Amsterdam 229 – Maastricht 27 – Aachen 4.

Kasteel Bloemendal ⛰, Bloemendalstraat 150, ✉ 6291 CM, ☏ (0 43) 306 66 00, *Fax (0 43) 306 66 12*, ☂, « Château du 18e s. sur jardin », – ⛨ TV ☎ P – 25 à 175. AE ⓞ E VISA. ✂
Repas carte 56 à 78 – ☐ 25 – **73 ch** 145/185, 3 suites – ½ P 120/148.

Vaalsbroek ⛰, Vaalsbroek 1, ✉ 6291 NH, ☏ (0 43) 308 93 08, *Fax (0 43) 308 93 33*, ☂, « Terrasse au bord de l'eau », – ⛨ TV ☎ P – 25 à 150. AE ⓞ E VISA. ✂ rest
Repas (dîner seult sauf sam. et dim.) carte 70 à 90 – ☐ 25 – **45 ch** 210/310, 5 suites – ½ P 180/220.

Ambiente, Lindenstraat 1, ✉ 6291 AE, ☏ (0 43) 306 59 39, ☂ – AE ⓞ E VISA JCB
fermé merc., jeudi et carnaval – **Repas** (dîner seult) carte env. 65.

Schatull, Akenerstraat 31, ✉ 6291 BA, ☏ (0 43) 306 17 40, ☂ – ✂
Repas (dîner seult) carte env. 70.

Aux Pays-Bas
*les soulignés rouges sur les **cartes Michelin** nos **212** et **908***
signalent les localités ou sites qui figurent dans ce guide.

VAASSEN *Gelderland* C *Epe 33 329 h.* **210** U 9, **211** U 9 et **908** I 5.

Amsterdam 98 – Arnhem 36 – Apeldoorn 10 – Zwolle 33.

De Leest, Kerkweg 1, ✉ 8171 VT, ☏ (0 578) 57 13 82, *Fax (0 578) 57 74 88*, ☂ – AE ⓞ E VISA JCB
fermé lundi et mardi – **Repas** Lunch 50 – 55/65.

VALKENBURG *Limburg* C *Valkenburg aan de Geul 18 170 h.* **211** U 17 et **908** I 9 – *Station thermale – Casino Y, Kuurpark Cauberg 28, ✉ 6301 BT, ☏ (0 43) 609 96 00, Fax (0 43) 609 96 99.*

Musée : *de la mine★ (Steenkolenmijn Valkenburg) Z.*

Exc. *Circuit Zuid-Limburg★ (Limbourg Méridional).*

i *Th. Dorrenplein 5, ✉ 6301 DV, ☏ (0 43) 609 86 00, Fax (0 43) 609 86 08.*

Amsterdam 212 ① – Maastricht 15 ① – Liège 40 ③ – Aachen 26 ①.

Plan page ci-contre

Prinses Juliana (annexe Residentie ⛰ - 3 ch et 5 suites), Broekhem 11, ✉ 6301 HD, ☏ (0 43) 601 22 44, *Fax (0 43) 601 44 05*, ☂ – ⛨ TV ☎ ⇔ P – 50. AE ⓞ E VISA JCB Y m
fermé du 1er au 15 janv. – **Repas** voir rest ***Juliana*** ci-après – ☐ 33 – **17 ch** 265/315 – ½ P 245/295.

Grand-Hotel, Walramplein 1, ✉ 6301 DC, ☏ (0 43) 601 28 41, *Fax (0 43) 601 62 45* – ⛨ TV ☎ P – 25 à 100. AE ⓞ E VISA JCB. ✂ rest Z s
fermé 28 déc.-5 janv. – **Repas** ***Voncken*** Lunch 53 - 65/90 – **44 ch** ☐ 140/275, 2 suites – ½ P 145/210.

Parkhotel Rooding, Neerhem 68, ✉ 6301 CJ, ☏ (0 43) 601 32 41, *Fax (0 43) 601 32 40*, ☒, ☂ – ⛨ TV ☎ ⇔ P – 25 à 140. AE ⓞ E VISA JCB. ✂ Z n
avril-oct. – **Repas** *(fermé après 20 h)* 45/70 – **92 ch** ☐ 160/210 – ½ P 110/160.

Tummers, Stationstraat 21, ✉ 6301 EZ, ☏ (0 43) 601 37 41, *Fax (0 43) 601 36 47* – ⛨ TV ☎ ⇔ P. AE ⓞ E VISA. ✂ Y e
Repas 75 – **28 ch** ☐ 250/300, 1 suite – ½ P 118/188.

Walram, Walramplein 37, ✉ 6301 DC, ☏ (0 43) 601 30 47, *Fax (0 43) 601 42 00*, ≘, ☒ – ⛨ TV ☎ P. AE ⓞ E VISA JCB. ✂ Z x
Repas (dîner seult jusqu'à 20 h) carte 45 à 74 – **76 ch** ☐ 105/210 – ½ P 110/145.

Atlanta, Neerhem 20, ✉ 6301 CH, ☏ (0 43) 601 21 93, *Fax (0 43) 601 53 29* – ⛨ TV ☎ P. AE ⓞ E VISA JCB. ✂ Z y
fermé fév. – **Repas** (résidents seult) – **33 ch** ☐ 150 – ½ P 98/113.

Gd H. Monopole, Nieuweweg 22, ✉ 6301 ET, ☏ (0 43) 601 35 45, *Fax (0 43) 601 47 11* – ⛨ TV P. E VISA. ✂ Y b
avril-oct. et 22 nov.-déc. – **Repas** carte env. 55 – **46 ch** ☐ 105/160 – ½ P 75/90.

Kasteelsteeg, Grendelplein 15, ✉ 6301 BS, ☏ (0 43) 609 00 43, *Fax (0 43) 609 00 39*, ☂ – TV. E VISA. ✂ Z z
fermé janv.-fév. – **Repas** carte env. 45 – **13 ch** ☐ 73/125 – ½ P 88/98.

VALKENBURG

Berkelstr. . . . . Z 3
Dr. Erensstr. . . . . Y 4
Emmalaan . . . . Y 6
Grendelpl. . . . . Z 7
Grotestr. . . . . Z 9
Halderstr. . . . . Z 10
Hekerbeekstr. . . . . Y 12
Jan Dekkerstr. . . . . Y 13
Kerkstr. . . . . Z 15
Kloosterweg . . . . Y 16
Louis van der Maessenstr. . . . . Y 18
Muntstr. . . . . Z 19
Oranjelaan . . . . Y 21
Palankastr. . . . . Z 22
Plenkertstr. . . . . YZ
Poststr. . . . . Y 24
Prinses Margrietlaan . . . . Y 25
Sittarderweg . . . . Y 27
Theodoor Dorrenpl. . . . . Y 28
Walrampl. . . . . Z 30
Walravenstr. . . . . Z 31
Wilhelminalaan . . . . YZ

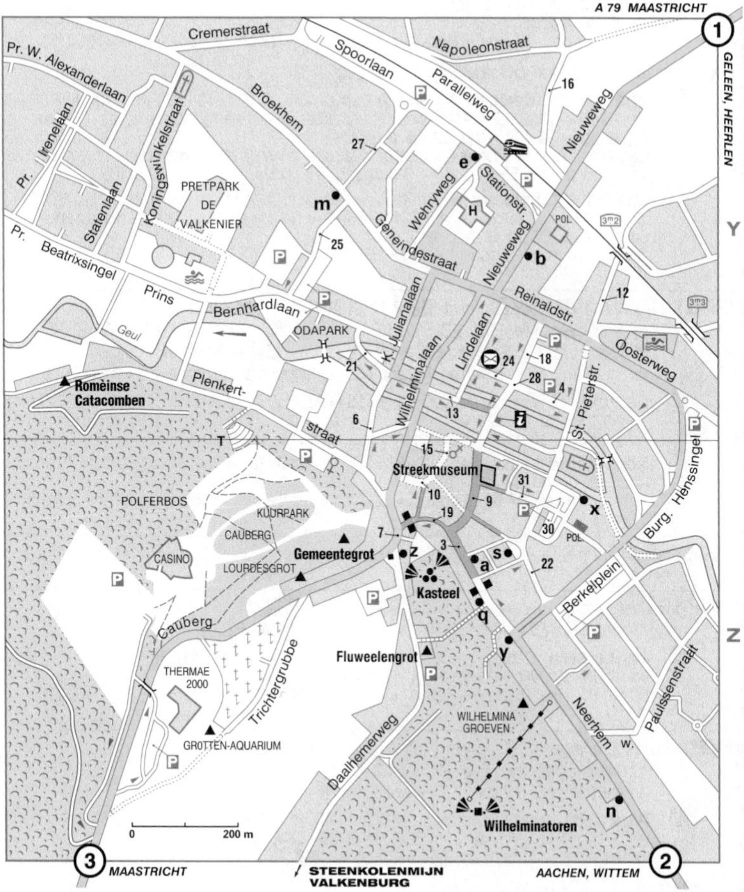

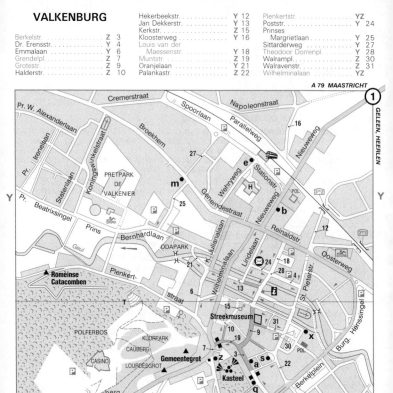

XXXX **Juliana** - H. Prinses Juliana, Broekhem 11, ✉ 6301 HD, ☎ (0 43) 601 22 44, *Fax (0 43) 601 44 05*, « Terrasse et jardin fleuri » – P. AE E VISA JCB. Y m
✿ *fermé sam. midi et du 1er au 15 janv.* – **Repas** Lunch 75 – 100/175, carte env. 135
Spéc. Duo de langoustines Juliana. Carré d'agneau au romarin. Cappuccino de brie de Meaux et de truffes (janv.-mars).

XXX **Lindenhorst,** Broekhem 130 (NO : 2 km), ✉ 6301 HL, ☎ (0 43) 609 03 45, *Fax (0 43) 609 03 46*, – AE E VISA Y
fermé dim. et 2 prem. sem. août – **Repas** (dîner seult) 125 bc/165 bc.

XX **'t Mergelheukske** 1er étage, Berkelstraat 13a, ✉ 6301 CB, ☎ (0 43) 601 63 50, *Fax (0 43) 601 63 50*, – P. AE E VISA Z a
fermé lundi, mardi, 2 sem. après carnaval et 2 sem. en oct. – **Repas** (dîner seult) 55 bc/75.

X **De la Ruïne** avec ch, Neerhem 2, ✉ 6301 CH, ☎ (0 43) 601 29 92, *Fax (0 43) 609 03 77*, TV. E VISA. ch Z q
Repas carte env. 55 – **7 ch** 75/90.

à Berg en Terblijt *O : 5 km* C *Valkenburg aan de Geul :*

Kasteel Geulzicht, Vogelzangweg 2, ✉ 6325 PN, ☎ (0 43) 604 04 32, *Fax (0 43) 604 20 11*, ←, « Atmosphère de vie de château début du siècle », – TV ☎ P. AE O E VISA. rest
Repas (dîner pour résidents seult) – **9 ch** ☐ 365 – ½ P 195/235.

Holland, Rijksweg 65, ✉ 6325 AB, ☎ (0 43) 604 05 25, *Fax (0 43) 604 26 15* – ☎ P. AE E VISA.
fermé 28 déc.-15 janv. – **Repas** carte 45 à 69 – **22 ch** ☐ 100/145 – ½ P 90/93.

à Houthem *O : 3,5 km* C *Valkenburg aan de Geul :*

Château St. Gerlach, Joseph Corneli Allée 1, ✉ 6301 KK, ☎ (0 43) 608 88 88, *Fax (0 43) 604 28 83*, « Anciennes dépendances, ← campagne boisée », , , – TV ☎ P – 25 à 180. AE O E VISA. rest
Repas voir rest ***Les Trois Corbeaux*** ci-après – ***Bistrot de Liège*** *(fermé sam. midi) Lunch 75 bc* - carte env. 55 – ☐ 35 – **32 ch** 310/395, 26 suites – ½ P 295/385.

XXX **Les Trois Corbeaux** - H. Château St. Gerlach, Joseph Corneli Allée 1, ✉ 6301 KK, ☎ (0 43) 608 88 88, *Fax (0 43) 604 28 83*, ←, « Dans le château de style Renaissance avec parc » – P. AE O E VISA.
fermé sam. midi – **Repas** *Lunch 75* – 95/120.

VALKENSWAARD *Noord-Brabant* 211 R 14 et 908 H 7 – *31 284 h.*

Eindhovenseweg 300, ✉ 5553 VB, ☎ (0 40) 201 27 13, Fax (0 40) 204 40 38.
Bakkerstraat 8, ✉ 5554 EE, ☎ (0 40) 201 51 15, Fax (0 40) 204 08 05.
Amsterdam 135 – 's-Hertogenbosch 46 – Eindhoven 9 – Turnhout 41 – Venlo 58.

De Valk, Frans van Beststraat 1, ✉ 5554 EA, ☎ (0 40) 201 23 69, *Fax (0 40) 204 03 65* – TV ☎. AE O E VISA
fermé Noël – **Repas** (dîner pour résidents seult) – **23 ch** ☐ 115/150 – ½ P 113/153.

XXX **Normandie,** Leenderweg 4, ✉ 5554 CL, ☎ (0 40) 201 88 80, *Fax (0 40) 204 75 66*, – . AE O E VISA.
fermé carnaval, 27 juil.-9 août, 24 et 31 déc. et 1er janv. – **Repas** *Lunch 50* – 80/90.

VALTHE *Drenthe* 210 AA 5 et 908 L 3 – *voir à Odoorn.*

VASSE *Overijssel* C *Tubbergen 19 648 h.* 210 AA 8 et 908 L 4.

Amsterdam 163 – Almelo 15 – Oldenzaal 16 – Zwolle 62.

Tante Sien, Denekamperweg 210, ✉ 7661 RM, ☎ (0 541) 68 02 08, *Fax (0 541) 68 02 08*, , – ☎ P – 30 à 200. ch
fermé du 2 au 16 janv. – **Repas** *Lunch 25* – 53 – **16 ch** ☐ 95/155 – ½ P 110/130.

VEENDAM *Groningen* 210 AA 4 et 908 L 2 – *28 639 h.*

Ontspanningslaan 1, ☎ (0 598) 62 70 06, Fax (0 598) 62 52 72.
Amsterdam 213 – Assen 33 – Groningen 29.

Parkzicht, Winkler Prinsstraat 3, ✉ 9641 AD, ☎ (0 598) 62 64 64, *Fax (0 598) 61 90 37*, – TV ☎ P – 25 à 500. AE E VISA JCB. rest
Repas *Lunch 18* – carte 46 à 68 – **50 ch** ☐ 108/160 – ½ P 88/128.

à Wildervank *S : 7 km* C *Veendam :*

de Veenkoloniën, K.J. de Vriezestraat 1, ✉ 9648 HA, ☎ (0 598) 61 84 80, *Fax (0 598) 61 96 58*, , – TV ☎ P. AE O E VISA JCB
fermé 31 déc. et 1er janv. – **Repas** *(fermé dim.)* 58 – **19 ch** ☐ 93/135.

VEENENDAAL *Utrecht* 211 S 10 et 908 H 5 – *56 688 h.*

Kerkewijk 10, ✉ 3901 EG, ☎ (0 318) 52 98 00, Fax (0 318) 55 31 33.
Amsterdam 74 – Arnhem 35 – Utrecht 36.

XXX **De Vendel,** Vendelseweg 69, ✉ 3905 LC, ☎ (0 318) 52 55 06, *Fax (0 318) 52 25 02*, , Ouvert jusqu'à 23 h – P. AE O E VISA
fermé sam. midi et dim. – **Repas** *Lunch 58* – carte env. 85.

VEERE *Zeeland* **211** G 13 et **908** C 7 - *22 100 h.*

Voir *Maisons écossaises★ (Schotse Huizen)* **A** - *Ancien hôtel de ville★ (Oude stadhuis).*

Oudestraat 28, ✉ 4351 AV, ☎ (0 118) 50 13 65, Fax (0 118) 50 17 92.

Amsterdam 181 ② - Middelburg 7 ① - Zierikzee 38 ②.

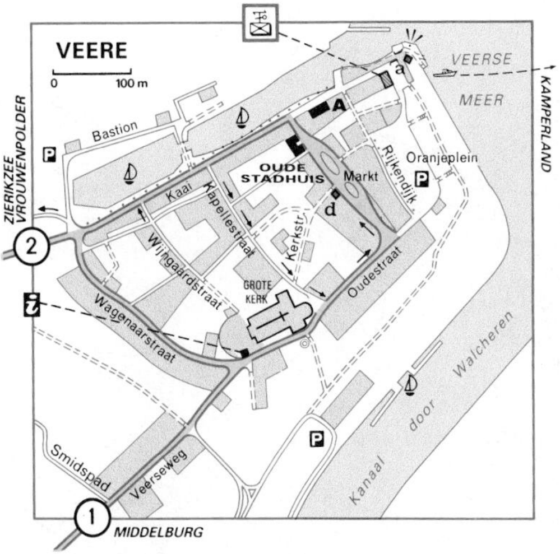

XX **De Campveerse Toren** avec ch en annexe, Kaai 2, ✉ 4351 AA, ☎ (0 118) 50 12 91, *Fax (0 118) 50 16 95*, ≤, 帘, « Bastion du 15e s. » - ☎. AE ⓓ E VISA. ✂ — a
fermé lundis et mardis non fériés de nov. à mars - **Repas** *Lunch 60* - 80 - **14 ch** ☐ 100/250 - ½ P 125/185.

XX **'t Waepen van Veere** avec ch, Markt 23, ✉ 4351 AG, ☎ (0 118) 50 12 31 - TV ☎ Ⓟ. AE ⓓ E VISA — d
fermé janv.-12 fév. et lundi et mardi du 9 nov. au 30 mars - **Repas** *Lunch 50* - 54/73 - **10 ch** ☐ 110/150 - ½ P 105/120.

X **In den Struyskelder,** Kaai 25, ✉ 4351 AA, ☎ (0 118) 50 13 92, *Fax (0 118) 50 19 83*, 帘, Taverne-rest, « Dans une cave » - AE E VISA — A
avril-oct. et week-end - **Repas** 45.

VELDHOVEN *Noord-Brabant* **211** R 14 et **908** H 7 - *voir à Eindhoven.*

VELP *Gelderland* **211** U 10 et **908** I 6 - *voir à Arnhem.*

VELSEN *Noord-Holland* **210** N 8 et **908** E 4 - *voir à IJmuiden.*

VENLO *Limburg* **211** W 14 et **908** J 7 - *64 417 h.*

Voir *Mobilier★ de l'église St-Martin (St. Martinuskerk)* Y.

18 à Geysteren par ⑦ : 30 km, Het Spekt 2, ✉ 5862 AZ, ☎ (0 478) 53 25 92, Fax (0 478) 53 29 63.

Koninginneplein 2, ✉ 5911 KK, ☎ (0 77) 354 38 00, Fax (0 77) 354 06 33.

Amsterdam 181 ⑥ - Maastricht 73 ④ - Eindhoven 51 ⑥ - Nijmegen 65 ⑧.

Plan page suivante

De Bovenste Molen ⛰, Bovenste Molenweg 12, ✉ 5912 TV, ☎ (0 77) 359 14 14, *Fax (0 77) 354 82 57*, 帘, « Terrasse et étang », ≘s, ☒, ⛱, ✂ - ⛶ ⇎ TV ☎ Ⓟ - 🏛 30 à 80. AE ⓓ E VISA. ✂ rest — X v
Repas *Lunch 68* - 85 - ☐ 29 - **74 ch** 210/295, 7 suites - ½ P 185/210.

Motel Venlo, Nijmeegseweg 90 (N : 4 km près A 67), ✉ 5916 PT, ☎ (0 77) 354 41 41, *Fax (0 77) 354 31 33*, 帘 - ⛶ ⇎, ▤ rest, TV ☎ Ⓟ - 🏛 25 à 400. AE ⓓ E VISA — V s
Repas (ouvert jusqu'à 23 h 30) carte 45 à 73 - **88 ch** ☐ 103/130.

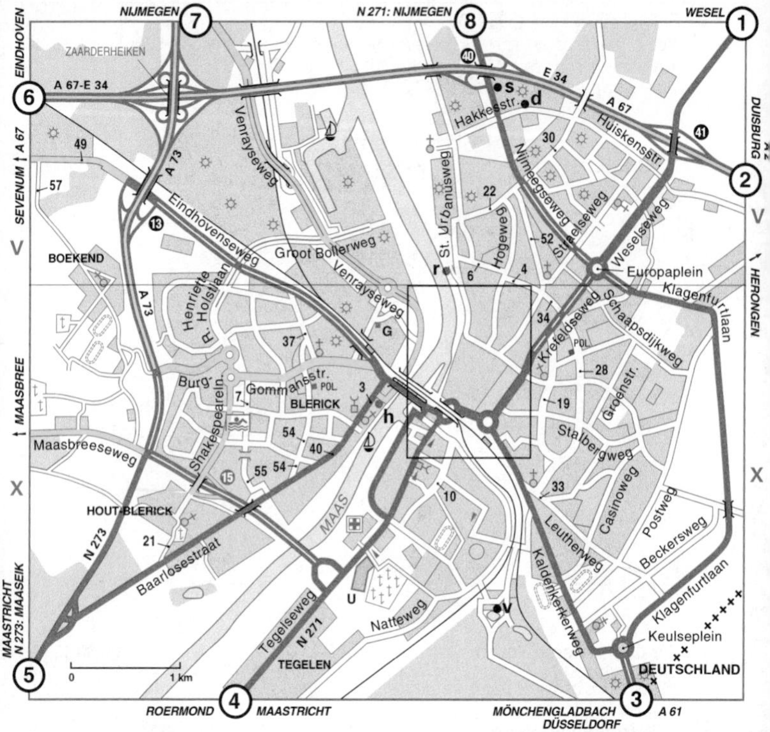

VENLO

Antoniuslaan . . . . X 3
Bisschop Schrijnenstr. . . . . V 4
Dr. Blumenkampstr. . . . . V 6
Drie Decembersingel . . . . X 7
Eindhovenseweg . . . . Z 9
Emmastr. . . . . X 10
Gasthuisstr. . . . . Y 12
Goltziusstr. . . . . Y 13
Grote Beekstr. . . . . Z 15
Grote Kerkstr. . . . . Y 16
Havenkade . . . . Z 18
Hertog Reinoudsingel . . . . X 19
Holleweg . . . . X 21
Karbindersstr. . . . . V 22
Klaastr. . . . . Z 24
Koninginnepl. . . . . Z 25
Koninginnesingel . . . . Z 27
Laaghuissingel . . . . X 28
L. Janszoon Costerstr. . . . . V 30
Lomstr. . . . . Y 31
Maagdenbergweg . . . . X 33
Molenstr. . . . . X 34
Nassaustr. . . . . Z 36
Nieuwborgstr. . . . . X 37
Parade . . . . Z
Peperstr. . . . . Y 39
Pontanusstr. . . . . X 40
Prinsessesingel . . . . Z 42
Prof. Gelissensingel . . . . Z 43
Puteanusstr. . . . . Y 45
Roermondsepoort . . . . Z 46
Roermondsestr. . . . . Z 48
Sevenumseweg . . . . V 49
Sint-Jorisstr. . . . . Y 51
Veldenseweg . . . . V 52
Vleesstr. . . . . Z
Vliegenkampstr. . . . . X 54
Willem de Zwijgerstr. . . . . X 55
2è Romerweg . . . . V 57

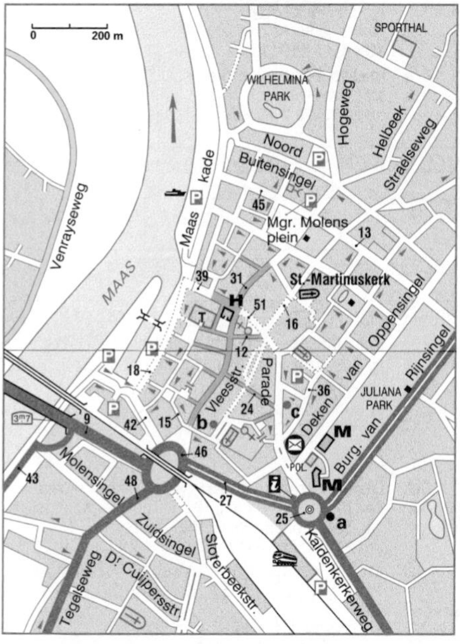

Wilhelmina, Kaldenkerkerweg 1, ✉ 5913 AB, ✆ (0 77) 351 62 51, *Fax (0 77) 351 22 52* – |♦|, ▤ rest, TV ☎ P – 🏡 25 à 150. AE ① E VISA JCB — Z a
Repas *Lunch 48* – carte env. 65 – **40 ch** ▭ 105/130.

Campanile, Noorderpoort 5, ✉ 5916 PJ, ✆ (0 77) 351 05 30, *Fax (0 77) 354 80 57*, ☂ – ✂ TV ☎ ♿ P – 🏡 30. AE ① E VISA JCB — V d
Repas (avec buffet) 45 – **48 ch** ▭ 98/112.

Valuas avec ch, St. Urbanusweg 9, ✉ 5914 CA, ✆ (0 77) 354 11 41, *Fax (0 77) 354 70 22*, ≤, « Terrasse au bord de la Meuse (Maas) » – |♦| TV ☎ P – 🏡 25 à 125. AE ① E VISA. ✂ — V r
fermé dern. sem. juil.-2 prem. sem. août – **Repas** *(fermé sam. midi et dim.) Lunch 58* – 75/93 – **17 ch** ▭ 125/175 – ½ P 185.

La Mangerie, Nieuwstraat 58, ✉ 5911 JV, ✆ (0 77) 351 79 93, *Fax (0 77) 351 72 61* – P. AE ① E VISA. ✂ — Z b
fermé sam. midi, dim., lundi, jours fériés, 1 sem. carnaval et 27 juil.-17 août – **Repas** *Lunch 63* – 58/73.

Chez Philippe, Parade 61, ✉ 5911 CB, ✆ (0 77) 354 89 01, *Fax (0 77) 352 31 77* – AE ① E VISA — Z c
fermé du 3 au 13 mars, 19 juil.-9 août, dim. et lundi – **Repas** *Lunch 40* – carte env. 75.

à Blerick C *Venlo* :

Domaine de Provence, Venrayseweg 16, ✉ 5921 KJ, ✆ (0 77) 382 68 24, *Fax (0 77) 382 19 77* – P. AE E VISA. ✂ — X h
fermé lundi, mardi, carnaval et vacances bâtiment – **Repas** *Lunch 50* – carte env. 85.

à Tegelen *par ④ : 5 km – 19 532 h.*

Château Holtmühle ⛰, Kasteellaan 10 (SE : 1,5 km), ✉ 5932 AG, ✆ (0 77) 373 88 00, *Fax (0 77) 374 05 00*, ≤, « Demeure du 14e s. réaménagée, douves et jardin anglais », ≦s, 🏌, ✂ – |♦| TV ☎ P – 🏡 25 à 120. AE ① E VISA. ✂ rest
fermé 27 déc.-3 janv. – **Repas** voir rest ***Die Alde Heerlickheijt*** ci-après – ▭ 35 – **65 ch** 255/595, 1 suite – ½ P 198/285.

Aubergine, Maashoek 2a (O : 0,5 km, Steijl), ✉ 5935 BJ, ✆ (0 77) 326 03 90, *Fax (0 77) 326 03 91*, ☂ – P. AE ① E VISA
fermé mardi et du 15 au 19 fév. – **Repas** 55/85.

Die Alde Heerlickheijt - H. Château Holtmühle, Kasteellaan 10 (SE : 1,5 km), ✉ 5932 AG, ✆ (0 77) 373 88 00, *Fax (0 77) 374 05 00*, ☂, « Anciennes caves voûtées » – P. AE ① E VISA. ✂
fermé 27 déc.-3 janv. – **Repas** *Lunch 60* – 73.

VENRAY *Limburg* 211 U 13 et 908 I 7 – *36 690 h.*

ℹ *Grote Markt 23, ✉ 5801 BL, ✆ (0 478) 51 05 05, Fax (0 478) 51 27 36.*
Amsterdam 157 – Eindhoven 42 – 's-Hertogenbosch 67 – Nijmegen 47.

Asteria, Maasheseweg 80a (NE : 2 km près A 73 sortie 8), ✉ 5804 AD, ✆ (0 478) 51 14 66, *Fax (0 478) 51 23 00*, ☂ – |♦|, ▤ rest, TV ☎ P – 🏡 25 à 450. AE ① E VISA JCB
Repas carte 54 à 80 – **67 ch** ▭ 115/135 – ½ P 90/128.

de Zwaan, Grote Markt 2a, ✉ 5801 BL, ✆ (0 478) 51 34 00, *Fax (0 478) 51 35 33* – TV ☎. AE ① E VISA. ✂
fermé fin déc.-début janv. – **Repas** *(fermé dim.)* carte env. 60 – **10 ch** ▭ 125/165.

VIANEN *Zuid-Holland* 211 P 11 et 908 G 6 – *19 266 h.*

Amsterdam 48 – Den Haag 66 – Breda 56 – 's-Hertogenbosch 40 – Rotterdam 59 – Utrecht 15.

Vianen, Prins Bernhardstraat 75 (O : 1 km sur A 2), ✉ 4132 XE, ✆ (0 347) 32 59 59, *Fax (0 347) 32 59 60*, ☂ – ▤ rest, TV ☎ P – 🏡 25 à 800. AE ① E VISA
Repas (ouvert jusqu'à minuit) carte env. 50 – **158 ch** ▭ 119/157 – ½ P 106.

de Bruiloft 1er étage, Korte Kerkstraat 27, ✉ 4132 BJ, ✆ (0 347) 37 07 02, *Fax (0 347) 37 04 10*, ☂ – AE ① E VISA JCB
Repas *Lunch 35* – carte env. 60.

De Graaf van Brederode, Voorstraat 26, ✉ 4132 AR, ✆ (0 347) 37 38 34, *Fax (0 347) 37 04 26* – AE ① E VISA
fermé sam. midi, dim. midi, 26 juil.-15 août et 27 déc.-3 janv. – **Repas** *Lunch 55* – carte 70 à 100.

Les **cartes Michelin** sont constamment tenues à jour.

VIERHOUTEN *Gelderland* C *Nunspeet 25 936 h.* 211 T 9 et 908 I 4.
Amsterdam 88 – Arnhem 53 – Apeldoorn 27 – Zwolle 34.

De Mallejan, Nunspeterweg 70, ✉ 8076 PD, ☎ (0 577) 41 12 41, – 25 à 100. AE VISA
Repas Lunch 60 – 63/95 – 28 – **41 ch** 140/180 – ½ P 170/195.

De Foreesten, Gortelseweg 8, ✉ 8076 PS, ☎ (0 577) 41 13 23, *Fax (0 577) 41 17 03,* – 25 à 50. AE VISA.
fermé 27 déc.-6 janv. – **Repas** 53 – **37 ch** 91/150 – ½ P 121.

VINKEVEEN *Utrecht* C *De Ronde Venen 33 840 h.* 211 O 9 et 908 F 5.
à Wilnis SO : 4 km, Bovendijk 16a, ✉ 3648 NM, ☎ (0 297) 28 11 43, Fax (0 297) 27 34 35.
Herenweg 114, ✉ 3645 DT, ☎ (0 297) 21 42 31, Fax (0 297) 21 42 35.
Amsterdam 21 – Utrecht 22 – Den Haag 61 – Haarlem 32.

Résidence Vinkeveen, Groenlandsekade 1 (E : 3 km près A 2), ✉ 3645 BA, ☎ (0 294) 29 30 66, *Fax (0 294) 29 31 01,* ←, – 25 à 120. AE VISA
Repas voir rest ***Le Canard Sauvage*** ci-après – 30 – **59 ch** 195/345.

Le Canard Sauvage - H. Résidence Vinkeveen, Groenlandsekade 1 (E : 3 km près A 2), ✉ 3645 BA, ☎ (0 294) 29 30 66, *Fax (0 294) 29 31 01,* ←, – AE VISA.
Repas Lunch 65 – carte 84 à 106.

Buitenlust, Herenweg 75, ✉ 3645 DG, ☎ (0 297) 26 13 60, « Terrasse » – AE VISA.
fermé lundi et prem. sem. janv. – **Repas** Lunch 50 – 65.

De Lokeend avec ch, Groenlandsekade 61 (E : 3 km près A 2), ✉ 3645 BB, ☎ (0 294) 29 15 44, *Fax (0 294) 29 30 01,* – AE VISA JCB. rest
fermé 15 fév. – 1er mars – **Repas** *(fermé lundi)* 56/88 – 20 – **7 ch** 130/150 – ½ P 160.

VISVLIET *Groningen* C *Zuidhorn 17 957 h.* 210 W 3 et 908 J 2.
Amsterdam 181 – Dokkum 37 – Groningen 27 – Leeuwarden 38.

Aub. Visvliet, Heirweg 13, ✉ 9845 AA, ☎ (0 594) 24 95 55, *Fax (0 594) 24 94 59,* – AE VISA
fermé lundi et 2 dern. sem. janv.-prem. sem. fév. – **Repas** (dîner seult) 50/75.

VLAARDINGEN *Zuid-Holland* 211 L 11 - 39 S et 908 E 6 - 24 S – *74 352 h.*
Watersportweg 100, ✉ 3138 HD, ☎ (0 10) 249 55 55, Fax (0 10) 249 55 79.
Markt 12, ✉ 3131 CR, ☎ (0 10) 434 66 66, Fax (0 10) 435 89 97.
Amsterdam 78 – Den Haag 28 – Rotterdam 12.

Delta, Maasboulevard 15, ✉ 3133 AK, ☎ (0 10) 434 54 77, *Fax (0 10) 434 95 25,* ← Meuse (Maas), – 25 à 150. AE VISA
Repas ***Nautique*** *(fermé sam. midi)* Lunch 53 - 50/70 – 25 – **78 ch** 115/295 – ½ P 160/305.

Campanile, Kethelweg 220 (près A 20, sortie 10), ✉ 3135 GP, ☎ (0 10) 470 03 22, *Fax (0 10) 471 34 30,* – 30. AE VISA
Repas (avec buffet) Lunch 15 – 45 – 14 – **48 ch** 106.

Taveerne D'Ouwe Haven, Westhavenkade 10, ✉ 3131 AB, ☎ (0 10) 435 30 00, *Fax (0 10) 460 10 50,* Ouvert jusqu'à 23 h, – AE VISA JCB
fermé lundi – **Repas** Lunch 58 – 73.

VLEUTEN *Utrecht* C *Vleuten-De Meern 18 103 h.* 211 P 10 et 908 G 5.
NO : 2 km, Parkweg 5, ✉ 3451 RH, ☎ (0 30) 677 28 60, Fax (0 30) 677 39 03.
Amsterdam 32 – Den Haag 63 – Rotterdam 49 – Utrecht 9.

't Claeverblat, Schoolstraat 15, ✉ 3451 AA, ☎ (0 30) 677 47 70, *Fax (0 30) 677 47 24,* – VISA.
fermé lundi, mardi, jours fériés et mi-juil.-prem. sem. août – **Repas** (dîner seult) 50.

VLIELAND (Ile de) *Fryslân* 210 O 3 - et 908 F 2 – *voir à Waddeneilanden.*

VLISSINGEN *Zeeland* 211 G 14 et 908 B 7 – *44 568 h.*
vers Breskens : Prov. Stoombootdiensten Zeeland, Prins Hendrikweg 10 ☎ (0 118) 46 59 05. Durée de la traversée : 20 min. Prix passager : gratuit (en hiver) et 1,50 Fl (en été) ; voiture : 12,00 Fl (en hiver) et 16,50 Fl (en été).
Nieuwendijk 15, ✉ 4381 BV, ☎ (0 118) 41 23 45, Fax (0 118) 41 74 26.
Amsterdam 205 – Middelburg 6 – Brugge (bac) 43 – Knokke-Heist (bac) 32.

Arion, Boulevard Bankert 266, ✉ 4382 AC, ☎ (0 118) 41 05 02, *Fax (0 118) 41 63 62*, ≤, terrasse, piscine – ascenseur, ▤ rest, TV ☎ ♿ P – 25 à 400. AE ① E VISA JCB. ✗ rest
Repas 50/95 – **64 ch** ☐ 155/215 – ½ P 100/155.

De Leugenaar, Boulevard Bankert 132, ✉ 4382 AC, ☎ (0 118) 41 25 00, *Fax (0 118) 41 25 58* – ascenseur TV ☎. AE ① E VISA. ✗ ch
fermé déc.-1er janv. – **Repas** (Taverne-rest) 45 – **15 ch** ☐ 100/178 – ½ P 114/124.

De Bourgondiër, Boulevard Bankert 280, ✉ 4382 AC, ☎ (0 118) 41 38 91, *Fax (0 118) 41 61 85*, ≤, terrasse – AE E VISA JCB
fermé 25, 26 et 31 déc. – **Repas** 68/110.

Valentijn, Nieuwendijk 14, ✉ 4381 BX, ☎ (0 118) 41 64 50, terrasse, « Terrasse avec ≤ port de plaisance » – AE ① E VISA JCB
fermé 2 sem. en fév., fin déc.-mi-janv. et lundi sauf en juil.-août – **Repas** 75/90.

Solskin, Boulevard Bankert 58, ✉ 4382 AC, ☎ (0 118) 41 73 50, *Fax (0 118) 44 00 72*, ≤ – AE E VISA JCB
fermé 2 sem. en janv. – **Repas** carte 52 à 80.

De Gevangentoren 1er étage, Boulevard de Ruyter 1a, ✉ 4381 KA, ☎ (0 118) 41 70 76, « Dans une tour du 15e s. » – AE ① E VISA
fermé fin déc.-2 janv. – **Repas** 45.

à Koudekerke *NO : 3 km* Ⓒ *Veere 22 100 h :*

Westduin ⑤, Westduin 1 (Dishoek), ✉ 4371 PE, ☎ (0 118) 55 25 10, *Fax (0 118) 55 27 76*, fitness, piscine, tennis, ✗ – ascenseur TV ☎ P – 25 à 80. AE ① E VISA. ✗
Repas *(fermé sam. midi et dim. midi)* Lunch 45 – carte 66 à 94 – **90 ch** ☐ 130/210 – ½ P 130/150.

VLODROP *Limburg* **211** V 16 et **908** J 8 – *voir à Roermond.*

VLIJMEN *Noord-Brabant* Ⓒ *Heusden 41 825 h.* **211** Q 12 et **908** G 6.
Amsterdam 94 – 's-Hertogenbosch 8 – Breda 40.

Prinsen ⑤, Julianastraat 21, ✉ 5251 EC, ☎ (0 73) 511 91 31, *Fax (0 73) 511 79 75*, terrasse, « Terrasse et jardin » – ▤ rest, TV ☎ P – 25 à 200. AE E VISA JCB. ✗
Repas carte 64 à 78 – ☐ 16 – **29 ch** 108/138 – ½ P 110/150.

VOLENDAM *Noord-Holland* Ⓒ *Edam-Volendam 26 505 h.* **210** P 8 et **908** G 4.
Voir *Costume traditionnel*★.
ℹ *Zeestraat 37, ✉ 1131 ZD, ☎ (0 299) 36 37 47, Fax (0 299) 36 84 84.*
Amsterdam 21 – Alkmaar 33 – Leeuwarden 121.

Motel Katwoude, Wagenweg 1 (O : 3 km), ✉ 1145 PW, ☎ (0 299) 36 56 56, *Fax (0 299) 36 83 19*, terrasse, piscine, tennis, ✗ – ascenseur TV ☎ P – 40 à 250. AE ① E VISA
Repas (ouvert jusqu'à 23 h) 45/80 – ☐ 11 – **86 ch** 102/113.

Spaander, Haven 15, ✉ 1131 EP, ☎ (0 299) 36 35 95, *Fax (0 299) 36 96 15*, « Collection de tableaux », fitness, piscine, tennis – ascenseur, ▤ rest, TV ☎ P – 25 à 70. AE ① E VISA
Repas Lunch 45 – carte env. 65 – **80 ch** ☐ 95/220 – ½ P 105/150.

Van Den Hogen avec ch, Haven 106, ✉ 1131 EV, ☎ (0 299) 36 37 75, *Fax (0 299) 36 94 98* – ▤ rest, TV. AE ① E VISA JCB. ✗
Repas 45 – **5 ch** ☐ 110/150.

Van Diepen arrière-salle, Haven 35, ✉ 1131 EP, ☎ (0 299) 36 37 05, *Fax (0 299) 36 45 29*, ≤, terrasse – P. AE ① E VISA JCB. ✗
Repas Lunch 45 – carte env. 70.

Les Bonnes Tables

Gourmets...

Nous distinguons à votre intention
certains hôtels (🏠 ... 🏨) et restaurants (✗ ... ✗✗✗✗✗)
par Repas 🙂, ✿, ✿✿ ou ✿✿✿.

VOLLENHOVE *Overijssel* [C] *Brederwiede 12 235 h.* 210 U 6 et 908 I 3.
Amsterdam 103 – Zwolle 26 – Emmeloord 14.

X **Seidel,** Kerkplein 3, ✉ 8325 BN, ☎ (0 527) 24 12 62, *Fax (0 527) 24 42 72,* ☂, « Dans l'ancien hôtel de ville du 17e s. » – ⊕ E VISA
fermé lundi et fév. – **Repas** Lunch 18 – carte 58 à 91.

Sie suchen ein Hotel, ein Restaurant?

Auf den **Michelin-Karten** *im Maßstab 1 : 200 000, 1 : 350 000 und 1 : 400 000 sind die im Roten* **Michelin-Führer** *erwähnten Orte rot unterstrichen.*

VOORBURG *Zuid-Holland* 211 L 10 - 2 908 E 5 – *voir à Den Haag, environs.*

VOORSCHOTEN *Zuid-Holland* 211 L 10 et 908 E 5 – *voir à Leiden.*

VOORST *Gelderland* 211 V 9 et 908 J 5 – *23 733 h.*
Amsterdam 102 – Arnhem 38 – Apeldoorn 14 – Deventer 12 – Enschede 70.

XX **De Middelburg,** Zandwal 1 (Domaine Bussloo, N : 4,5 km), ✉ 7383 RP, ☎ (0 571) 26 19 00, *Fax (0 571) 26 19 38,* ☂, « Ferme du 19e s. » – P. AE ⊕ E VISA JCB. ✻
fermé mardi, dern. sem. juil.-prem. sem. août et fin déc. – **Repas** Lunch 50 – 55.

VORDEN *Gelderland* 211 W 10 et 908 J 5 – *8 462 h.*
à Hengelo S : 6 km, Vierblokkenweg 1, ✉ 7255 MZ, ☎ (0 575) 46 75 33, Fax (0 575) 46 75 62.
Kerkstraat 6, ✉ 7251 BC, ☎ (0 575) 55 32 22, Fax (0 575) 55 22 76.
Amsterdam 117 – Arnhem 41 – Apeldoorn 31 – Enschede 51.

Bakker (annexe), Dorpsstraat 24, ✉ 7251 BB, ☎ (0 575) 55 13 12, *Fax (0 575) 55 37 40,* ☂, ✻ – ▤ rest, TV ☎ P – 🛆 25 à 200. AE E VISA JCB
Repas Lunch 25 – carte 63 à 80 – **12 ch** ☕ 95/155 – ½ P 125/225.

Bloemendaal, Stationsweg 24, ✉ 7251 EM, ☎ (0 575) 55 12 27, *Fax (0 575) 55 38 55,* ≋, ✻ – TV ☎. E VISA. ✻
Repas (dîner pour résidents seult) – **13 ch** ☕ 195 – ½ P 102.

VREELAND *Utrecht* [C] *Loenen 8 450 h.* 211 P 9 et 908 G 5.
Amsterdam 21 – Utrecht 22 – Hilversum 11.

XXX ✿ **De Nederlanden** (de Wit) ✎ avec ch, Duinkerken 3, ✉ 3633 EM, ☎ (0 294) 23 23 26, *Fax (0 294) 23 14 07,* ≤, ☂, « Au bord d'une rivière à côté d'un pont-levis typique », ⚓ – TV ☎ P – 🛆 30. AE ⊕ E VISA. ✻
fermé sam. midi, dim., lundi, 11 juil.-3 août, 31 déc.-1er janv. et 16 janv.-1er fév. – **Repas** Lunch 70 – 105, carte 119 à 145 – **7 ch** ☕ 245/425 – ½ P 325
Spéc. Thon aux épices en mille-feuille de pomme séchée. Rouget-barbet, jus d'échalotes fumées et rouille au jus de carottes. Noix de ris de veau rôties aux ravioles de parmesan, jus parfumé au curry.

VUGHT *Noord-Brabant* 211 Q 13 et 908 G 7 – *voir à 's-Hertogenbosch.*

VIJFHUIZEN *Noord-Holland* [C] *Haarlemmermeer 108 224 h.* 210 N 8, 211 I 8 et 908 F 4.
18 9 Spieringweg (Cruquius), ✉ 2141 EV, ☎ (0 23) 558 31 24, Fax (0 23) 558 15 54.
Amsterdam 22 – Haarlem 5.

XXX **De Ouwe Meerpaal,** Vijfhuizerdijk 3, ✉ 2141 BA, ☎ (0 23) 558 12 89, *Fax (0 23) 558 36 92,* ☂, ⚓ – P. AE ⊕ E VISA JCB
fermé lundi et 28 déc.-15 janv. – **Repas** Lunch 53 – carte 53 à 96.

De WAAL *Noord-Holland* 210 N 4 et 908 F 2 – *voir à Waddeneilanden (Texel).*

WAALRE *Noord-Brabant* 211 R 14 et 908 H 7 – *15 902 h.*
Amsterdam 128 – Eindhoven 7 – Turnhout 47 – Venlo 56.

XXX **De Treeswijkhoeve,** Valkenswaardseweg 14 (sur N 69), ✉ 5582 VB, ☎ (0 40) 221 55 93, *Fax (0 40) 221 75 32,* ☂, « Terrasse et jardin » – P. AE ⊕ E VISA
fermé lundi, sam. midi, 2 avril, 25 mai, fin juil.-début août, 24 déc. et 27 déc.-prem. sem. janv. – **Repas** Lunch 55 – 60/88.

WAALWIJK *Noord-Brabant* 211 P 12 et 908 G 6 - *44 500 h.*

Vredesplein 14, ✉ 5142 RA, ☎ (0 416) 33 22 28, Fax (0 416) 35 13 13.

Amsterdam 100 - 's-Hertogenbosch 18 - Breda 30 - Tilburg 17.

Waalwijk, Burg. van der Klokkenlaan 55, ✉ 5141 EG, ☎ (0 416) 33 60 45, *Fax (0 416) 33 59 68,* - - 25 à 300. AE VISA JCB.
Repas 45 - **62 ch** 150/195 - ½ P 180/190.

De Pepermolen, Olympiaweg 8, ✉ 5143 NA, ☎ (0 416) 33 93 08, *Fax (0 416) 34 34 00,* - - 25 à 200. AE VISA JCB
fermé merc. - **Repas** *Lunch 40* - 45/70.

Het Heerenhuys, Grotestraat 283, ✉ 5141 JT, ☎ (0 416) 65 03 15, *Fax (0 416) 65 16 91,* - AE VISA.
fermé carnaval, Pâques, Pentecôte et 31 déc. - **Repas** *Lunch 43* - 45/75.

WADDENEILANDEN
ILES DES WADDEN★★

210 - N 5 à X 1
908 - F 2 à J 1

● *Les îles des Wadden comprennent Texel (province de Hollande du Nord) et les îles Frisonnes (Vlieland, Terschelling, Ameland et Schiermonnikoog). Elles constituent une réserve naturelle exceptionnelle, peuplée de nombreux oiseaux. Sur Vlieland et Schiermonnikoog, les voitures ne sont pas admises.*

● *Texel (provincie Noord-Holland) en de Friese eilanden (Vlieland, Terschelling, Ameland en Schiermonnikoog) zijn de belangrijkste Nederlandse Waddeneilanden. Samen vormen zij een uitzonderlijk natuurreservaat met ontelbare vogels. Op Vlieland en Schiermonnikoog zijn geen auto's toegelaten.*

● *Die Westfriesischen Inseln mit Texel (Provinz Nordholland) und die Friesischen Inseln (Vlieland, Terschelling, Ameland und Schiermonnikoog) bilden ein außergewöhnliches Naturschutzgebiet, welches von zahlreichen Seevögeln bewohnt wird. Auf Vlieland und Schiermonnikoog sind Autos nicht zugelassen.*

● *The Wadden islands are made up of Texel (province of Northern Holland) and the Frisonnes islands (Vlieland, Terschelling, Ameland and Schiermonnikoog). These islands are areas of outstanding natural beauty, and are home to many different species of birds. Cars are not allowed on Vlieland or Schiermonnikoog.*

WADDENEILANDEN (ILES DES WADDEN) ★★ *Fryslân - Noord-Holland* 210 N 5 à X 1 et 908 F 2 à J 1 *G. Hollande.*

La plupart des hôteliers ne louent qu'à partir de 2 nuitées.
De meeste hotelhouders verhuren maar vanaf 2 overnachtingen.

AMELAND *Fryslân* 210 O 2 - et 908 I 1 - *3 422 h.*

vers Holwerd : Wagenborg Passagiersdiensten B.V., Reeweg 4 à Nes (0 519) 54 61 11. Durée de la traversée : 45 min. Prix AR : 16,55 Fl (en hiver) et 19,65 Fl (en été), voiture 111,40 Fl (en hiver) et 133,70 Fl (en été).

Amsterdam (bac) 169 – Leeuwarden (bac) 30 – Dokkum (bac) 14.

Nes

Rixt van Doniastraat 2, 9163 GR, (0 519) 54 65 46, Fax (0 519) 54 29 32.

Hofker sans rest, Johannes Hofkerweg 1, 9163 GW, (0 519) 54 20 02, *Fax (0 519) 54 28 65*, – 25 à 50.
41 ch 95/165.

Ameland, Strandweg 48 (N : 1 km), 9163 GN, (0 519) 54 21 50, *Fax (0 519) 54 31 06* –
mars-oct. – **Repas** (dîner pour résidents seult) – **21 ch** 100/150 – ½ P 93/96.

Töben sans rest, Strandweg 11, 9163 GK, (0 519) 54 21 63, *Fax (0 519) 54 27 71* –
14 ch 100/145.

De Klimop, Johannes Hofkerweg 2, 9163 GW, (0 519) 54 22 96, « Taverne rustique » – AE E VISA
fermé mardi et janv.-fév. – **Repas** 45.

Ballum

Nobel, Gerrit Kosterweg 16, 9162 EN, (0 519) 55 41 57, *Fax (0 519) 55 45 15*, « Dans un village à architecture typique locale 18e s. », – rest, – 25. AE E VISA.
Repas *Lunch 25* – carte 45 à 69 – **25 ch** 91/216 – ½ P 101/108.

Buren

De Klok, Hoofdweg 11, 9164 KL, (0 519) 54 21 81, *Fax (0 519) 54 24 97*, – – 80. AE E VISA. rest
Repas carte env. 55 – **15 ch** 55/135 – ½ P 70/96.

Hollum

Oosterhiemweg, 9160 AA, (0 519) 55 42 19, Fax (0 519) 55 48 09.

d'Amelander Kaap, Oosterhiemweg 1, 9161 CZ, (0 519) 55 46 46, *Fax (0 519) 55 48 09*, – – 40 à 250. AE E VISA JCB.
Repas carte env. 50 – **40 ch** 123/196 – ½ P 127/137.

SCHIERMONNIKOOG *Fryslân* 210 W 2 et 908 J 1 – *1 005 h.*

Voir *Het Rif★, ★.*

vers Lauwersoog : Wagenborg Passagiersdiensten B.V., Zeedijk 9 à Lauwersoog (0 519) 34 90 50. Durée de la traversée : 45 min. Prix AR : 17,20 Fl (en hiver) et 20,30 Fl (en été), bicyclette : 7,80 Fl (en hiver) et 9,35 Fl (en été).

Amsterdam (bac) 181 – Leeuwarden (bac) 42 – Groningen (bac) 42.

Schiermonnikoog

Reeweg 5, 9166 PW, (0 519) 53 12 33, Fax (0 519) 53 13 25.

Graaf Bernstorff avec appartements, Reeweg 1, 9166 PW, (0 519) 53 20 00, *Fax (0 519) 53 20 50*, – – 70. AE E VISA.
Repas *Lunch 49* – 69 – **17 ch** 217/225.

Duinzicht, Badweg 17, 9166 ND, (0 519) 53 12 18, *Fax (0 519) 53 14 25*, – – 30. E VISA. rest
Repas *Lunch 23 bc* – carte 45 à 70 – **35 ch** 80/170 – ½ P 81/104.

Van der Werff, Reeweg 2, 9166 PX, (0 519) 53 12 03, *Fax (0 519) 53 17 48*, « Évocation de l'histoire touristique locale », – – 25. E VISA. rest
Repas *Lunch 30* – carte 64 à 80 – **56 ch** 83/165 – ½ P 110/120.

TERSCHELLING *Fryslân* 210 R 2 et 908 G 1 - H 1 – *4 801 h.*

Voir *Site★ – De Boschplaat★ (réserve d'oiseaux).*

vers Harlingen : Rederij Doeksen, Willem Barentszkade 21 à West-Terschelling (0 562) 44 21 41, Fax (0 562) 44 32 41. Durée de la traversée : 1 h 45. Prix AR : 36,00 Fl, voiture : 22,00 Fl par 0,50 m de longueur. Il existe aussi un service rapide (pour passagers

Amsterdam (bac) 115 – Leeuwarden (bac) 28 – (distances de West-Terschelling).

West-Terschelling (West-Skylge).

Willem Barentszkade 19a, 8881 BC, (0 562) 44 30 00, Fax (0 562) 44 28 75.

Schylge, Burg. van Heusdenweg 37, 8881 ED, (0 562) 44 21 11, *Fax (0 562) 44 28 00,* « Dominant la Waddenzee et le port de plaisance », rest, – 25 à 200.
fermé 5 janv.-12 fév. – **Repas** carte env. 45 – **96 ch** 119/179, 1 suite – ½ P 174/194.

Nap, Torenstraat 55, 8881 BH, (0 562) 44 32 10, *Fax (0 562) 44 33 15,* –
Repas 45 – **33 ch** 120/196 – ½ P 110/130.

Bornholm, Hoofdweg 6, 8881 HA, (0 562) 44 22 66, *Fax (0 562) 44 22 77* –
Repas (Taverne-rest, dîner seult) 45 – **27 ch** 100/150 – ½ P 105.

Europa, Europalaan 35, 8881 EJ, (0 562) 44 22 11, *Fax (0 562) 44 31 25* – – 25 à 80. ch
fév.-oct. – **Repas** *(fermé après 20 h)* Lunch 20 – carte env. 50 – **66 ch** 85/170 – ½ P 107/114.

Oepkes, De Ruyterstraat 3, 8881 AM, (0 562) 44 20 05, *Fax (0 562) 44 33 45* – – 40. rest
fermé 10 janv.-fév. – **Repas** 45 – **20 ch** 140/180 – ½ P 115/135.

De Brandaris, Boomstraat 3, 8881 BS, (0 562) 44 25 54, Taverne-rest –
fermé 6 janv.-fin fév. et merc. d'oct. à avril – **Repas** 40/55.

Kaart

De Horper Wielen sans rest, Kaart 4, 8883 HD, (0 562) 44 82 00, *Fax (0 562) 44 82 45,* –
12 ch 50/75.

Midsland (Midslân).

Claes Compaen sans rest, Heereweg 36 (Midsland-Noord), 8891 HT, (0 562) 44 80 10, *Fax (0 562) 44 94 49,* – – **7 ch** 148, 2 suites.

Lies

De Walvisvaarder, Lies 23, 8895 KP, (0 562) 44 90 00, –
Repas (résidents seult) – **61 ch** 55/150, 1 suite – ½ P 105/240.

Hoorn (Hoarne).

De Millem, Dorpsstraat 58, 8896 JG, (0 562) 44 84 24, *Fax (0 562) 44 38 14,* « Ancienne ferme régionale » –
fermé lundi et 3 janv.-20 fév. – **Repas** (dîner seult) carte env. 60.

Oosterend (Aasterein).

De Grië, Hoofdstraat 43, 8897 HX, (0 562) 44 84 99, *Fax (0 562) 44 83 22,* –
20 mars-3 janv. ; fermé mardi – **Repas** (dîner seult) carte env. 80
Spéc. Mousseline de poissons et soupe de concombre. Carré de mouton en croûte d'herbes, sauce à la sauge. Parfait de macarons et spekkoek.

TEXEL *Noord-Holland* 210 N 4 et 908 F 2 – *13 345 h.*

Voir *Site★★ – Réserves d'oiseaux★ – De Slufter ★.*

vers Den Helder : Rederij Teso, Pontweg 1 à Den Hoorn (0 222) 36 96 00, Fax (0 222) 36 96 59. Durée de la traversée : 20 min. Prix AR : 8,25 Fl (en hiver) et 10,00 Fl (en été), voiture 40,50 Fl (en hiver) et 48,50 Fl (en été).

Amsterdam (bac) 85 – Haarlem (bac) 78 – Leeuwarden (bac) 96 – (distances de Den Burg).

Den Burg

Emmalaan 66, 1791 AV, (0 222) 31 47 41, Fax (0 222) 31 00 54.

De Smulpot, Binnenburg 5, 1791 CG, (0 222) 31 27 56, *Fax (0 222) 31 27 56* – ch
Repas carte env. 55 – **7 ch** 88/175 – ½ P 128.

XX **Het Vierspan,** Gravenstraat 3, ✉ 1791 CJ, ☎ (0 222) 31 31 76 – AE E VISA
fermé du 14 au 22 juil., du 2 au 9 déc. et merc. – **Repas** (dîner seult) carte 71 à 90.

X **Bij Jef,** Gravenstraat 16, ✉ 1791 CK, ☎ (0 222) 31 52 62, *Fax (0 222) 31 55 98,* – AE ① E VISA
fermé lundi et 3 dern. sem. janv. – **Repas** (dîner seult) carte 63 à 91.

De Cocksdorp

Molenbos M, Postweg 224, ✉ 1795 JT, ☎ (0 222) 31 64 76, *Fax (0 222) 31 63 77,* ≤, « En bordure d'une réserve naturelle » – TV ☎ ♿ P. AE ① E VISA
fermé 1er nov.-16 déc. et 11 janv.-fév. – **Repas** (dîner seult jusqu'à 20 h 30) carte 48 à 91 – **27 ch** 110/200 – ½ P 113/138.

Nieuw Breda, Postweg 134 (SO : 4 km), ✉ 1795 JS, ☎ (0 222) 31 12 37, *Fax (0 222) 31 16 01,* – TV ☎ P – 25. AE ① E VISA.
Repas (résidents seult) – **20 ch** 138/198.

Den Hoorn

XX **Het Kompas,** Herenstraat 7, ✉ 1797 AE, ☎ (0 222) 31 93 60, *Fax (0 222) 31 93 56* – AE ① E VISA.
fermé mardi et 15 janv.-15 fév. – **Repas** (dîner seult) carte env. 70.

De Koog

Opduin M, Ruyslaan 22, ✉ 1796 AD, ☎ (0 222) 31 74 45, *Fax (0 222) 31 77 77,* « En bordure des dunes », – TV ☎ P – 25 à 120. AE ① E VISA. rest
fermé janv.-15 fév. – **Repas** *Lunch 39* – carte 56 à 90 – **100 ch** 168/438, 3 suites – ½ P 200/273.

Boschrand, Bosrandweg 225, ✉ 1796 NA, ☎ (0 222) 31 72 81, *Fax (0 222) 31 72 81,* – TV ☎ P. rest
fermé déc.-janv. – **Repas** (dîner pour résidents seult) – **51 ch** 170 – ½ P 85/110.

Zeerust, Boodtlaan 5, ✉ 1796 BD, ☎ (0 222) 31 72 61, *Fax (0 222) 31 78 39* – TV ☎ P. E.
fermé déc.-janv. – **Repas** (dîner pour résidents seult) – **16 ch** 130 – ½ P 85/88.

Alpha, Boodtlaan 84, ✉ 1796 BG, ☎ (0 222) 31 76 77, *Fax (0 222) 31 72 75* – TV ☎ P. AE ① E VISA. rest
fermé 6 nov.-15 déc. et 15 janv.-15 fév. – **Repas** (dîner pour résidents seult) – **12 ch** 119/129 – ½ P 92/95.

Oosterend

XX **Rôtiss.'t Kerckeplein,** Oesterstraat 6, ✉ 1794 AR, ☎ (0 222) 31 89 50, *Fax (0 222) 32 90 32* – P. AE ① E VISA
fermé lundi et 15 janv.-15 fév. – **Repas** carte 67 à 83.

Oudeschild

X **'t Pakhuus,** Haven 8, ✉ 1792 AE, ☎ (0 222) 31 35 81, *Fax (0 222) 31 04 04,* ≤, Produits de la mer, « Ancien entrepôt » – AE E VISA JCB
Repas carte 48 à 76.

De Waal

Rebecca, Hogereind 39, ✉ 1793 AE, ☎ (0 222) 31 27 45, *Fax (0 222) 31 58 47,* – ☎ P. E. rest
fermé 7 nov.-26 déc. – **Repas** (dîner pour résidents seult) – **20 ch** 91/140 – ½ P 91/95.

De Weal, Hogereind 28, ✉ 1793 AH, ☎ (0 222) 31 32 82, *Fax (0 222) 31 58 37* – TV P. rest
Repas (dîner pour résidents seult) – **18 ch** 100/140 – ½ P 70/88.

VLIELAND *Fryslân* 210 O 3 - et 908 F 2 - G 2 – *1 160 h.*

vers Harlingen : Rederij Doeksen, Willem Barentszkade 21 à West-Terschelling ☎ (0 562) 44 21 41, Fax (0 562) 44 32 41. Durée de la traversée : 1 h 45. Prix AR : 36,00 Fl, bicyclette : 17,45 Fl. Il existe aussi un service rapide. Durée de la traversée : 45 min.
Havenweg 10, ✉ 8899 BB, ☎ (0 562) 45 11 11, Fax (0 562) 45 13 61.
Amsterdam (bac) 115 – Leeuwarden (bac) 28.

Oost-Vlieland

Voir *Phare (Vuurtoren)* ≤★.

Strandhotel Seeduyn avec appartements, Badweg 3 (N : 2 km), ✉ 8899 BV, ☎ (0 562) 45 15 60, *Fax (0 562) 45 11 15,* ≤, « Dominant dunes et mer », – TV ☎ – 25 à 200. AE ① E VISA.
fermé 10 janv.-20 fév. – **Repas** (dîner seult) carte 45 à 62 – **95 ch** 198/328 – ½ P 142/204.

De Wadden, Dorpsstraat 61, 8899 AD, (0 562) 45 26 26, *Fax (0 562) 45 19 55*, « Aménagement cossu », – .
20 ch.

Bruin, Dorpsstraat 88, 8899 AL, (0 562) 45 13 01, *Fax (0 562) 45 13 01*, – – 25 à 100. AE VISA. rest
Repas carte 53 à 70 – **33 ch** 100/190 – ½ P 115/133.

Zeezicht, Havenweg 1, 8899 BB, (0 562) 45 13 24, *Fax (0 562) 45 11 99*, – . ch
avril-oct. – **Repas** carte 45 à 60 – **18 ch** 105/190 – ½ P 110/130.

Het Armhuis, Kerkplein 6, 8899 AW, (0 562) 45 19 35, *Fax (0 562) 45 19 35*, « Refuge du 17e s. » – AE VISA JCB
fermé mi-janv.-fin fév. – **Repas** carte env. 70.

WADDINXVEEN *Zuid-Holland* 211 M 10 et 908 E 5 – *26 129 h.*
Amsterdam 46 – Den Haag 29 – Rotterdam 24 – Utrecht 37.

Bibelot, Limaweg 54, 2743 CD, (0 182) 61 66 95, *Fax (0 182) 63 09 55*, – AE VISA JCB
fermé lundi – **Repas** *Lunch 53* – 58/70.

't Baarsje, Zwarteweg 6 (E : 2 km, direction Reeuwijk), 2741 LC, (0 182) 39 44 60, *Fax (0 182) 39 27 47*, – AE VISA JCB
fermé mardi, sam. midi, dim. midi et 22 juil.-12 août – **Repas** 65/88.

WAGENINGEN *Gelderland* 211 S 11 et 908 I 6 – *33 027 h.*
Stadsbrink 1-G, 6707 AA, (0 317) 41 07 77, Fax (0 317) 42 31 86.
Amsterdam 85 – Arnhem 19 – Utrecht 47.

Nol in't Bosch, Hartenseweg 60 (NE : 2 km), 6704 PA, (0 317) 31 91 01, *Fax (0 317) 31 36 11*, « Dans les bois », – – 25 à 150. AE VISA.
Repas *Lunch 35* – carte env. 55 – **33 ch** 118/200 – ½ P 118/135.

't Gesprek, Grintweg 247, 6704 AN, (0 317) 42 37 01, *Fax (0 317) 41 74 14*, – AE VISA
Repas *Lunch 40* – carte env. 70.

WAHLWILLER *Limburg* 211 U 18 – *voir à Wittem.*

WANNEPERVEEN *Overijssel* 210 V 6 et 908 J 3 – *voir à Giethoorn.*

WANSSUM *Limburg* C *Meerlo-Wanssum 7 327 h.* 211 V 13 et 908 J 7.
Amsterdam 159 – Eindhoven 51 – Maastricht 104 – Nijmegen 48.

Verstraelen, Geysterseweg 7, 5861 BK, (0 478) 53 25 41, *Fax (0 478) 53 26 48* – – 60. AE VISA JCB
fermé 20 déc.-10 janv. – **Repas** *(fermé dim.) Lunch 43* – 45/55 – **15 ch** 139.

De Kooy, De Kooy 15, 5861 EH, (0 478) 53 12 27, *Fax (0 478) 53 26 30*, « Terrasse en bord de Meuse (Maas) » – AE VISA
fermé lundi, mardi et 10 janv.-4 fév. – **Repas** *Lunch 58* – 68/93.

à Geysteren *NE : 3 km* C *Meerlo-Wanssum :*

Eethoeve de Boogaard, Wanssumseweg 1, 5862 AA, (0 478) 53 90 70, *Fax (0 478) 53 90 71*, « Ancienne ferme typique avec cour fleurie » – VISA
fermé 2 sem. en fév. et fin juil.-début août – **Repas** (dîner seult sauf dim.) 48/83.

WARKUM *Fryslân* – *voir Workum.*

WARMOND *Zuid-Holland* 211 M 9 et 908 E 5 – *5 317 h.*
Veerpolder, 2360 AA, (0 71) 305 88 10, Fax (0 71) 315 25 84.
Dorpsstraat 114a, 2361 BP, (0 71) 301 06 31, Fax (0 71) 301 26 99.
Amsterdam 39 – Den Haag 20 – Haarlem 25.

De Stad Rome, De Baan 4, 2361 GH, (0 71) 301 01 44, *Fax (0 71) 301 25 17*, Grillades – AE VISA
fermé lundi et 3 sem. en août – **Repas** (dîner seult) 55/75.

WARNSVELD *Gelderland* 211 W 10 et 908 J 5 – *9 152 h.*
Amsterdam 110 – Arnhem 30 – Apeldoorn 21 – Enschede 59 – Zwolle 58.

't Jachthuis, Vordenseweg 2 (N 319), ✉ 7231 PA, ☎ (0 575) 52 33 28, *Fax (0 575) 52 36 82,* – P. AE ⓓ E VISA
fermé lundi – **Repas** *Lunch 45* – 55/83.

WASPIK *Noord-Brabant* C *Waalwijk 44 500 h.* 211 O 12 et 908 F 6.
Amsterdam 104 – Breda 24 – 's-Hertogenbosch 25 – Tilburg 15.

Crystal Palace, Scharlo 2 (sur A 59, sortie 35), ✉ 5165 NG, ☎ (0 416) 31 38 33, *Fax (0 416) 31 22 59,* Cuisine chinoise – P. AE ⓓ E VISA.
Repas carte env. 50.

WASSENAAR *Zuid-Holland* 211 L 10 et 908 D 5 – *voir à Den Haag, environs.*

WEERT *Limburg* 211 T 15 et 908 I 8 – *42 328 h.*
Laurabosweg 8, ✉ 6006 VR, ☎ (0 495) 51 84 38, Fax (0 495) 51 87 09.
Maasstraat 18, ✉ 6001 EC, ☎ (0 495) 53 68 00, Fax (0 495) 54 14 94.
Amsterdam 156 – Maastricht 57 – Eindhoven 28 – Roermond 21.

Golden Tulip, Driesveldlaan 99, ✉ 6001 KC, ☎ (0 495) 53 96 55, *Fax (0 495) 54 08 07* – – 25 à 300. AE ⓓ E VISA JCB. rest
Repas *(fermé sam. midi et dim. midi)* carte env. 65 – **60 ch** 225 – ½ P 175/240.

De Brookhut, Heugterbroekdijk 2 (N : 3 km à Laar), ✉ 6003 RB, ☎ (0 495) 53 13 91, *Fax (0 495) 54 33 05,* – P – 30. AE ⓓ E VISA. rest
fermé vacances bâtiment – **Repas** *Lunch 40* – carte env. 55 – **8 ch** 150/175 – ½ P 190.

l'Auberge (Mertens) avec ch, Wilhelminasingel 76, ✉ 6001 GV, ☎ (0 495) 53 10 57, *Fax (0 495) 54 45 96,* « Terrasse » – – 25. AE ⓓ E VISA.
fermé dim. et lundi – **Repas** *Lunch 73* – 100/165, carte env. 135 – 35 – **14 ch** 150/225
Spéc. Mosaïque de St-Jacques, truffes, Parmesan et queues de langoustines (oct.-avril). Roulade de foie d'oie fumé au ragoût de cèpes (août-nov.). Lièvre de la région à la royale (oct.-janv.).

WEESP *Noord-Holland* 210 P 9, 211 P 9 et 908 G 5 – *17 999 h.*
Amsterdam 21 – Hilversum 15 – Utrecht 35.

De Tapperij, Achteromstraat 8, ✉ 1381 AV, ☎ (0 294) 41 49 71, « Ancienne brasserie » – AE ⓓ E VISA.
fermé 24 déc.-4 janv. et dim. d'oct. à avril – **Repas** 45/55.

WELL *Limburg* C *Bergen 13 357 h.* 211 V 13 et 908 J 7.
Amsterdam 156 – Maastricht 99 – Eindhoven 50 – Nijmegen 42 – Venlo 24.

Het Ankertje, Grotestraat 38, ✉ 5855 AN, ☎ (0 478) 50 12 34, « Jardin d'hiver » – AE ⓓ E VISA
fermé lundi, carnaval et dern. sem. août – **Repas** *Lunch 49* – 50/85.

De Vossenheuvel, Vossenheuvel 4 (NO : 3,5 km, dans les bois), ✉ 5855 EE, ☎ (0 478) 50 18 89, *Fax (0 478) 50 27 13,* « Jardin d'hiver » – P. AE E VISA
fermé merc. d'oct. à avril – **Repas** *Lunch 55* – carte 64 à 85.

WELLERLOOI *Limburg* C *Bergen 13 357 h.* 211 V 13 et 908 J 7.
Amsterdam 160 – Maastricht 95 – Eindhoven 54 – Nijmegen 46 – Venlo 20.

Host. de Hamert avec ch, Hamert 2 (rte Nijmegen-Venlo), ✉ 5856 CL, ☎ (0 77) 473 12 60, *Fax (0 77) 473 25 03,* « Au bord de l'eau, trafic fluvial (Meuse-Maas) et campagne », – ch, P – 35. AE ⓓ E VISA.
fermé 28 déc.-6 janv. et mardi et merc. de nov. à mars – **Repas** *Lunch 80* – 110/130 – **10 ch** 203/275 – ½ P 245.

WELTEN *Limburg* 211 U 17 – *voir à Heerlen.*

WERKENDAM *Noord-Brabant* 211 O 13 et 908 F 6 – *25 575 h.*
à Almkerk S : 7 km, Hoekje 7b, ✉ 4286 LN, ☎ (0 183) 40 35 92, Fax (0 183) 40 21 65.
Amsterdam 76 – 's-Hertogenbosch 43 – Breda 35 – Rotterdam 46 – Utrecht 43.

De Brabantse Biesbosch, Spieringsluis 6 (SO : 10 km, près Kop van 't Land), ✉ 4251 MR, ☎ (0 183) 50 42 48, *Fax (0 183) 50 56 73,* – P. AE ⓓ E VISA
fermé lundi – **Repas** *Lunch 28* – 45.

WESTKAPELLE *Zeeland* C *Veere 22 100 h.* 211 F 13 et 908 B 7.

Amsterdam 219 – Middelburg 18.

Zuiderduin, De Bucksweg 2 (S : 3 km), ✉ 4361 SM, ☎ (0 118) 56 18 10, *Fax (0 118) 56 22 61*, « En bordure des dunes », – 25 à 240. AE E VISA.
fermé du 4 au 14 janv. – **Repas** carte env. 50 – **67 ch** 118/370 – ½ P 133/230.

Badmotel, Grindweg 2, ✉ 4361 JG, ☎ (0 118) 57 13 58, *Fax (0 118) 57 13 59*, ≤, « Pavillon au bord de l'eau » – P
Pâques-oct. ; fermé lundi et mardi – **Repas** (dîner seult) carte env. 60.

WEST-TERSCHELLING (WEST-SKYLGE) *Fryslân* 210 Q 2 et 908 G 1 – *voir à Waddeneilanden (Terschelling).*

WIERDEN *Overijssel* 210 Y 8 et 908 K 4 – *22 784 h.*

Amsterdam 142 – Almelo 7 – Apeldoorn 54 – Enschede 33 – Zwolle 43.

De Oude Brink, Marktstraat 18, ✉ 7642 AL, ☎ (0 546) 57 12 89, *Fax (0 546) 57 12 89*, Taverne-rest – AE E VISA JCB
fermé lundi et 2 prem. sem. juil. – **Repas** Lunch 31 – 45/74.

WILDERVANK *Groningen* 210 AA 4 et 908 L 2 – *voir à Veendam.*

WILHELMINADORP *Zeeland* C *Goes 34 328 h.* 211 I 13 et 908 C 7.

Amsterdam 163 – Goes 4 – Middelburg 27.

Katseveer, Katseveerweg 2 (NO : 2,5 km près barrage), ✉ 4475 PB, ☎ (0 113) 22 79 55, *Fax (0 113) 23 20 47*, ≤ digue et plages, – P. AE E VISA
fermé lundi et 28 déc.-19 janv. – **Repas** Lunch 53 – carte 73 à 117.

WILLEMSTAD *Noord-Brabant* C *Moerdijk 36 428 h.* 211 L 12 et 908 E 6.

Amsterdam 117 – 's-Hertogenbosch 97 – Bergen op Zoom 29 – Breda 45 – Rotterdam 38.

Het Wapen van Willemstad avec ch, Benedenkade 12 (Vesting), ✉ 4797 AV, ☎ (0 168) 47 34 50, *Fax (0 168) 47 37 05*, – 25 à 60. AE E VISA
fermé 28 déc.-7 janv. – **Repas** Lunch 40 – carte 54 à 73 – **6 ch** 118/155 – ½ P 178.

WINSCHOTEN *Groningen* 210 AB 4 et 908 M 2 – *18 742 h.*

Stationsweg 21a, ✉ 9671 AL, ☎ (0 597) 41 22 55, Fax (0 597) 42 40 62.

Amsterdam 230 – Groningen 36 – Assen 49.

Royal York, Stationsweg 21, ✉ 9671 AL, ☎ (0 597) 41 43 00, *Fax (0 597) 42 32 24* – P – 25 à 60. AE E VISA
Repas (grillades) carte 45 à 79 – **39 ch** 135 – ½ P 95/150.

In den Stallen avec ch, Oostereinde 10 (NE : 3 km, près A 7), ✉ 9672 TC, ☎ (0 597) 41 40 73, *Fax (0 597) 42 26 53*, – P. AE E VISA. ch
fermé 31 déc. et 1er janv. – **Repas** Lunch 28 – 45 – 15 – **10 ch** 110.

WINTERSWIJK *Gelderland* 211 Z 11 et 908 L 6 – *28 500 h.*

Vredenseweg 150, ✉ 7105 AE, ☎ (0 543) 56 25 25.

Markt 17a, ✉ 7101 DA, ☎ (0 543) 51 23 02, Fax (0 543) 52 40 81.

Amsterdam 152 – Arnhem 67 – Apeldoorn 66 – Enschede 43.

De Frerikshof, Frerikshof 2 (NO : 2 km), ✉ 7103 CA, ☎ (0 543) 51 77 55, *Fax (0 543) 52 20 35*, – P – 25 à 200. AE E VISA JCB. rest
Repas 45/85 – 21 – **64 ch** 160/210, 2 suites – ½ P 135/155.

Stad Munster, Markt 11, ✉ 7101 DA, ☎ (0 543) 51 21 21, *Fax (0 543) 52 24 15*, – P. AE E VISA.
fermé 3 prem. sem. janv. – **Repas** *(fermé dim. soir de janv. à mars et dim. midi)* 53/83 – 18 – **20 ch** 75/170 – ½ P 100/130.

De Beukenhorst, Markt 27, ✉ 7101 DA, ☎ (0 543) 52 28 94, *Fax (0 543) 51 35 95*, – AE E VISA
fermé du 2 au 17 août, 29 déc.-12 janv. et mardi – **Repas** Lunch 55 – carte 77 à 107.

WITTEM *Limburg* 211 U 18 et 908 I 9 – *7 853 h.*

à Mechelen S : 2 km, Dalbissenweg 22, ✉ 6281 NC, ☎ (0 43) 455 13 97, Fax (0 43) 455 15 76.

Amsterdam 225 – Maastricht 19 – Aachen 13.

In den Roden Leeuw van Limburg, Wittemer Allee 28, ✉ 6286 AB, ☎ (0 43) 450 12 74, *Fax (0 43) 450 23 62,* – . ch
Repas *(fermé lundi et après 20 h)* 45 – **10 ch** 50/130 – ½ P 80/100.

Kasteel Wittem avec ch, Wittemer Allee 3, ✉ 6286 AA, ☎ (0 43) 450 12 08, *Fax (0 43) 450 12 60,* , « Château du 15e s. avec parc », – – 30.
AE VISA JCB.
Repas (dîner seult sauf les vend., sam. et dim.) *Lunch 80* – 110/145 – 35 – **12 ch** 180/295 – ½ P 225/258.

à Wahlwiller *E : 1,5 km* C *Wittem :*

Der Bloasbalg (Waghemans), Botterweck 3, ✉ 6286 DA, ☎ (0 43) 451 13 64, *Fax (0 43) 451 25 15,* , « Cadre champêtre » – . AE VISA
fermé merc. de sept. à mai, mardi, sam. midi, 2 sem. carnaval et 24 déc. – **Repas** *Lunch 80* – 110/140, carte 108 à 148
Spéc. Tarte de foie d'oie aux prunes confites. Risotto de homard en omelette, sauce au basilic. Agneau régional, sauce provençale.

't Klauwes, Oude Baan 1, ✉ 6286 BD, ☎ (0 43) 451 15 48, *Fax (0 43) 451 22 55,* , « Ferme du 18e s. » – . AE VISA
fermé lundi, sam. midi, carnaval, 24 août-1er sept.et du 1er au 6 janv. – **Repas** 75/85.

WOERDEN *Utrecht* 211 O 10 et 908 F 5 – *37 068 h.*

Molenstraat 40, ✉ 3441 BA, ☎ (0 348) 41 44 74, Fax (0 348) 41 78 43.

Amsterdam 52 – Den Haag 46 – Rotterdam 41 – Utrecht 19.

Tulip Inn sans rest, Utrechtsestraatweg 25, ✉ 3445 AL, ☎ (0 348) 41 25 15, *Fax (0 348) 42 18 53* – . AE VISA JCB.
60 ch 165/205.

WOLDENDORP *Groningen* 210 AB 3 et 908 M 2 – *voir à Delfzijl.*

WOLFHEZE *Gelderland* C *Renkum 32 278 h.* 211 T 10 et 908 I 5.

Amsterdam 93 – Arnhem 10 – Amersfoort 41 – Utrecht 57.

De Buunderkamp , Buunderkamp 8, ✉ 6874 NC, ☎ (0 26) 482 11 66, *Fax (0 26) 482 18 98,* , « Dans les bois », – , rest, – 25 à 120. AE VISA. rest
Repas *Lunch 45* – carte 87 à 108 – 37 – **71 ch** 240/350, 23 suites.

Wolfheze , Wolfhezerweg 17, ✉ 6874 AA, ☎ (0 26) 333 78 52, *Fax (0 26) 333 62 11,* , « Environnement boisé avec 9 », – , rest, – 25 à 120. AE VISA. rest
Repas ***Bistro de Foresterie*** (ouvert jusqu'à 23 h) *(fermé lundi et mardi)* - 50/58 – 30 – **68 ch** 240/290, 2 suites – ½ P 145/199.

WOLPHAARTSDIJK *Zeeland* C *Goes 34 328 h.* 211 H 13 et 908 C 7.

Amsterdam 186 – Middelburg 26 – Goes 6.

't Veerhuis, Wolphaartsdijkseveer 1 (N : 2 km au bord du lac), ✉ 4471 ND, ☎ (0 113) 58 13 26, *Fax (0 113) 58 10 92,* – . AE VISA
fermé jeudi sauf en juil.-août, lundi et 20 déc.-20 janv. – **Repas** *Lunch 58* – 88/125.

WORKUM (WARKUM) *Fryslân* C *Nijefurd 10 458 h.* 210 R 5 et 908 H 3.

Env. *SO : 6 km à Hindeloopen : Musée★ (Hidde Nijland Stichting).*

Noard 5, ✉ 8711 AA, ☎ (0 515) 54 13 00, Fax (0 515) 54 36 05.

Amsterdam 124 – Leeuwarden 41 – Bolsward 12 – Zwolle 83.

De Waegh, Merk 18, ✉ 8711 CL, ☎ (0 515) 54 19 00, *Fax (0 515) 54 25 95,* « Auberge rustique » – AE VISA JCB
fermé lundi et fév. – **Repas** *Lunch 25* – carte env. 65.

To obtain a general view of Benelux,
use the **Michelin Map** 907
Benelux (1 in : 6.30 miles).

WOUDRICHEM *Noord-Brabant* 211 P 12 et 908 G 6 – *13 901 h.*
Amsterdam 79 – Breda 40 – 's-Hertogenbosch 32 – Rotterdam 48 – Utrecht 46.

X **De Gevangenpoort,** Kerkstraat 3, ✉ 4285 BA, ✆ (0 183) 30 20 34, « Tour du 16e s. » – ▤. AE ⓓ E VISA JCB
fermé sam. midi, dim. midi et lundi – **Repas** Lunch 47 – 64/73.

WOUW *Noord-Brabant* C *Roosendaal 72 953 h.* 211 L 13 et 908 E 7.
Amsterdam 130 – Antwerpen 60 – Breda 32 – Rotterdam 53.

XX **Mijn Keuken,** Markt 1, ✉ 4724 BK, ✆ (0 165) 30 22 08, *Fax (0 165) 30 32 95*, 🏱 – AE ⓓ E VISA
fermé lundi, mardi, fin juil. et fin déc. – **Repas** (dîner seult) 70/90.

WIJCHEN *Gelderland* 211 T 12 et 908 I 6 – *36 779 h.*
18 Weg door de Berendonck 40, ✉ 6603 LP, ✆ (0 24) 641 98 38, Fax (0 24) 641 12 54.
Amsterdam 122 – Arnhem 30 – 's-Hertogenbosch 38 – Nijmegen 10.

X **'t Wichlant,** Kasteellaan 16, ✉ 6602 DE, ✆ (0 24) 642 01 01, *Fax (0 24) 645 13 38*, 🏱, « Patio fleuri » – E
fermé lundi – **Repas** carte env. 70.

De WIJK *Drenthe* 210 W 6 et 908 J 3 – *voir à Meppel.*

WIJK AAN ZEE *Noord-Holland* C *Beverwijk 35 651 h.* 210 M 8 et 908 E 4.
Amsterdam 31 – Alkmaar 27 – Haarlem 18.

🏠 **de Klughte** sans rest, Van Ogtropweg 2, ✉ 1949 BA, ✆ (0 251) 37 43 04, *Fax (0 251) 37 52 24*, « Villa début du siècle en bordure des dunes », 🏱 – TV ☎ P. E VISA
17 ch ☕ 115/160.

🏠 **Noordzee,** Julianaweg 27, ✉ 1949 AM, ✆ (0 251) 37 42 04, *Fax (0 251) 37 54 36* – TV ☎. AE ⓓ E VISA. ✻ rest
Repas (dîner pour résidents seult) – **43 ch** ☕ 125 – ½ P 140.

X **Le Cygne,** De Zwaanstraat 8, ✉ 1949 BC, ✆ (0 251) 37 41 32, *Fax (0 251) 37 41 32*, 🏱 – AE ⓓ E VISA JCB
fermé mardi de sept. à mai – **Repas** Lunch 40 – 48/53.

WIJK BIJ DUURSTEDE *Utrecht* 211 R 11 et 908 H 6 – *22 452 h.*
ℹ Markt 24, ✉ 3961 BC, ✆ (0 343) 57 59 95, Fax (0 343) 57 42 55.
Amsterdam 62 – Utrecht 24 – Arnhem 54 – 's-Hertogenbosch 48.

XX **De Oude Lantaarn** (avec ch en annexe), Markt 2, ✉ 3961 BC, ✆ (0 343) 57 13 72, *Fax (0 343) 57 37 96* – TV ☎. AE ⓓ E VISA
Repas *(fermé du 19 au 29 fév., 25, 26 et 31 déc., 1er janv., dim. et lundi)* Lunch 40 – carte 58 à 80 – **18 ch** *(fermé 24 déc.-3 janv.)* ☕ 125/155, 2 suites.

X **Rubenshuis,** Peperstraat 16, ✉ 3961 AS, ✆ (0 343) 57 69 90, *Fax (0 343) 57 81 53* – ▤. AE ⓓ E VISA
fermé lundi, dern. sem. juil.-prem. sem. août et fin déc.-début janv. – **Repas** (dîner seult) carte env. 80.

YERSEKE *Zeeland* C *Reimerswaal 20 499 h.* 211 J 14 et 908 D 7.
ℹ Kerkplein 1, ✉ 4401 ED, ✆ (0 113) 57 18 64, Fax (0 113) 57 43 74.
Amsterdam 173 – Middelburg 35 – Bergen op Zoom 35 – Goes 14.

XXX ✿ **Nolet-Het Reymerswale,** 1er étage, Burg. Sinkelaan 5, ✉ 4401 AL, ✆ (0 113) 57 16 42, *Fax (0 113) 57 25 05*, Produits de la mer et huîtres, « Aquarium avec faune de la mer du Nord » – AE ⓓ E VISA
fermé mardis et merc. non fériés, fév. et du 1er au 18 juin – **Repas** Lunch 80 – 110/125, carte env. 125
Spéc. Homard régional grillé (avril-sept.). Huîtres de Zélande tièdes, sauce vinaigrette (sept.-avril). Turbot grillé dijonnaise.

X **Oesterbeurs,** Wijngaardstraat 2, ✉ 4401 CS, ✆ (0 113) 57 22 11, *Fax (0 113) 57 22 11*, Produits de la mer – E VISA
fermé jeudi – **Repas** Lunch 40 – carte 53 à 70.

X **Nolet,** Lepelstraat 7, ✉ 4401 EB, ✆ (0 113) 57 13 09, *Fax (0 113) 57 43 48*, Produits de la mer et huîtres – AE E VISA JCB
fermé lundis non fériés et juin – **Repas** Lunch 57 – carte 56 à 103.

X **Nolet's Vistro,** Burg. Sinkelaan 6, ✉ 4401 AL, ✆ (0 113) 57 21 01, *Fax (0 113) 57 25 05*, 🏱, Produits de la mer – ▤
fermé du 10 au 21 mai, janv. et lundi sauf en juil.-août – **Repas** 59.

IJMUIDEN *Noord-Holland* C *Velsen 65 982 h.* 210 M 8 et 908 E 4.

Voir *Écluses★.*

à Velsen-Zuid, Het Hoge Land 2, ✉ 1981 LT, Recreatieoord Spaarnwoude ☎ (0 23) 538 27 08, Fax (0 23) 538 72 74.

vers Newcastle : Scandinavian Seaways, Felison Terminal, Sluisplein 33 ☎ (0 255) 53 45 46, Fax (0 255) 53 53 49.

Plein 1945 nr 105, ✉ 1971 GC, ☎ (0 255) 51 56 11, Fax (0 255) 52 42 26.

Amsterdam 29 – Alkmaar 26 – Haarlem 14.

Augusta, Oranjestraat 98 (direction Sluizen), ✉ 1975 DD, ☎ (0 255) 51 42 17, *Fax (0 255) 53 47 03,* « Maison début du siècle » – TV ☎ – 25 à 100. AE E VISA JCB.
Repas *(fermé 25 juil.-13 août et 23 déc.-7 janv.)* Lunch 45 – 55 – **25 ch** 100/190.

Imko's (Binnerts) 3e étage, Halkade 9c (port de pêche), ✉ 1976 DC, ☎ (0 255) 51 75 26, *Fax (0 255) 51 92 64,* ←, Produits de la mer – AE ⓓ E VISA
fermé sam. midi – **Repas** Lunch 55 – 90, carte 67 à 119
Spéc. Saumon mariné comme au barbecue. Salade niçoise maison au thon frais. Turbot grillé, sauce béarnaise.

à Velsen-Zuid *sortie IJmuiden sur A 9* C *Velsen :*

Het Roode Hert, Zuiderdorpstraat 15, ✉ 1981 BC, ☎ (0 255) 51 57 97, *Fax (0 255) 52 31 55,* « Auberge du 17e s. » – ▤. AE ⓓ E VISA.
fermé sam. midi, dim. midi, lundi et 27 déc.-3 janv. – **Repas** Lunch 58 – carte env. 80.

Beeckestijn, Rijksweg 136, ✉ 1981 LD, ☎ (0 255) 51 44 69, *Fax (0 255) 51 12 66,* ←, « Dans les dépendances d'une résidence du 18e s., parc » – P – 80. AE ⓓ E VISA
fermé lundi et mardi – **Repas** carte env. 70.

IJSSELSTEIN *Utrecht* 211 P 10 et 908 G 5 – *23 560 h.*

Amsterdam 47 – Utrecht 14 – Breda 61 – 's-Hertogenbosch 45 – Rotterdam 60.

Epping, Utrechtsestraat 44, ✉ 3401 CW, ☎ (0 30) 688 31 14, *Fax (0 30) 687 01 04* – TV ☎ – 30. AE ⓓ E VISA JCB
fermé 25 et 26 déc. et 1er janv. – **Repas** carte env. 50 – **35 ch** 98/138 – ½ P 93/125.

Les Arcades, Weidstraat 1, ✉ 3401 DL, ☎ (0 30) 688 39 01, *Fax (0 30) 687 15 74,* « Cave voûtée du 16e s. » – AE ⓓ E VISA JCB
fermé sam. midi, dim. et 26 juil.-15 août – **Repas** 58/78.

IJZENDIJKE *Zeeland* C *Oostburg 17 871 h.* 211 G 15 et 908 B 8.

Amsterdam (bac) 218 – Middelburg (bac) 21 – Brugge 40 – Terneuzen 19.

Hof van Koophandel, Markt 23, ✉ 4515 BB, ☎ (0 117) 30 12 34, *Fax (0 117) 30 21 27* – ▤. AE ⓓ E VISA
fermé lundi – **Repas** Lunch 35 – 45/75.

ZAANDAM *Noord-Holland* C *Zaanstad 134 397 h.* 210 N 8 - ㉘ N et 908 F 4 - ㉗ N.

Voir *La région du Zaan★ (Zaanstreek) – La redoute Zanoise★ (De Zaanse Schans).*

à Wijdewormer (Wormerland) N : 5 km, Zuiderweg 68, ✉ 1456 NH, ☎ (0 299) 47 91 23.

Gedempte Gracht 76, ✉ 1506 CJ, ☎ (0 75) 616 22 21, Fax (0 75) 670 53 81.

Amsterdam 16 – Alkmaar 28 – Haarlem 27.

Inntel, Provincialeweg 15, ✉ 1506 MA, ☎ (0 75) 631 17 11, *Fax (0 75) 670 13 79* – ▤ rest, TV ☎ P – 25 à 175. AE ⓓ E VISA. rest
Repas *(fermé 31 déc.)* 45 – 20 – **71 ch** 180.

Bastion, Wibautstraat 278, ✉ 1505 HR, ☎ (0 75) 670 63 31, *Fax (0 75) 670 12 81* – TV ☎ P. AE ⓓ E VISA.
Repas (grillades, ouvert jusqu'à 23 h) 45 – 15 – **40 ch** 125.

De Hoop Op d'Swarte Walvis, Kalverringdijk 15 (Zaanse Schans), ✉ 1509 BT, ☎ (0 75) 616 56 29, *Fax (0 75) 616 24 76,* ←, « Maison du 18e s. dans un village musée », – ▤ P. AE ⓓ E VISA JCB
fermé sam. midi de janv. à mars et dim. – **Repas** Lunch 70 – 98/115.

à Zaandijk *NO : 5 km* C *Zaanstad :*

De Saense Schans, Lagedijk 32, ✉ 1544 BC, ☎ (0 75) 621 19 11, *Fax (0 75) 621 85 61,* ←, « Au bord de la rivière De Zaan » – ▤ ch, TV ☎. AE ⓓ E VISA JCB.
fermé 23 déc.-6 janv. – **Repas** Lunch 75 – 90/98 – 38 – **15 ch** 375.

't Heerenhuis, Zuiderweg 74 (Wijdewormer), ✉ 1456 NH, ☎ (0 75) 616 21 02, – P. E VISA JCB
Repas Lunch 48 – carte env. 55.

ZAANDIJK *Noord-Holland* 210 N 8 - ㉘ N et 908 F 4 - ㉗ N – *voir à Zaandam.*

ZALTBOMMEL *Gelderland* 211 Q 12 et 908 G 6 – *11 032 h.*

Markt 15, ✉ 5301 AL, ☎ (0 418) 51 81 77.

Amsterdam 73 – Arnhem 64 – 's-Hertogenbosch 15 – Utrecht 40.

XX **La Provence,** Gamersestraat 81, ✉ 5301 AR, ☎ (0 418) 51 40 70, *Fax (0 418) 54 10 77*, – P. AE ⓓ E VISA
fermé dim., lundi, vacances bâtiment et fin déc. – **Repas** *Lunch 50* – carte 83 à 105.

ZANDVOORT *Noord-Holland* 210 M 8, 211 H 8 et 908 E 4 – *15 465 h.* – *Station balnéaire★ – Casino* AX, *Badhuisplein 7, ✉ 2042 JB, ☎ (0 23) 574 05 74, Fax (0 23) 574 05 77.*

(3 parcours) par ②, Kennemerweg 78, ✉ 2042 XT, ☎ (0 23) 571 28 36, Fax (0 23) 571 95 20.

Schoolplein 1, ✉ 2042 VD, ☎ (0 23) 571 79 47, Fax (0 23) 571 70 03.

Amsterdam 30 ① – Den Haag 49 ② – Haarlem 11 ①.

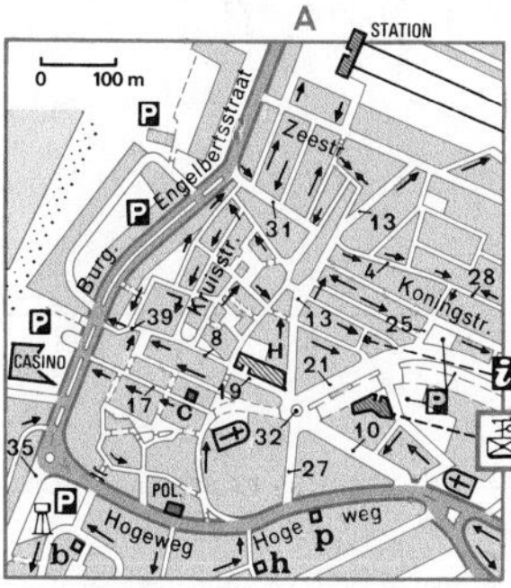

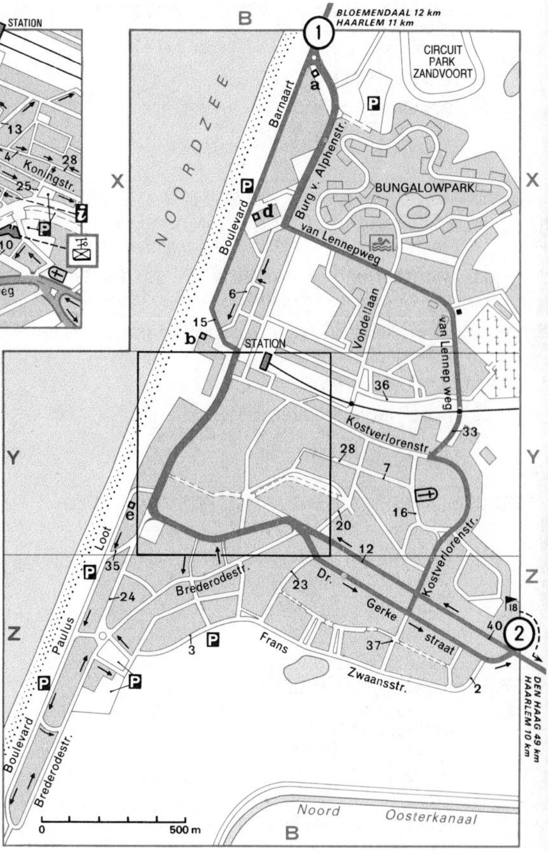

ZANDVOORT

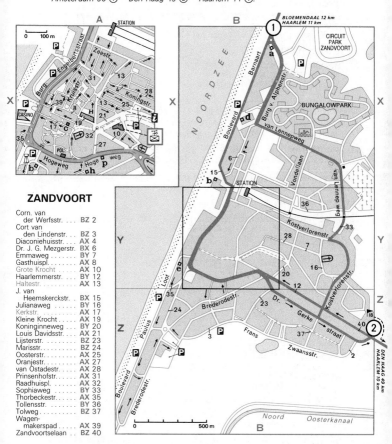

Corn. van der Werfsstr.	BZ	2
Cort van den Lindenstr.	BZ	3
Diaconiehuisstr.	AX	4
Dr. J. G. Mezgerstr.	BX	6
Emmaweg	BY	7
Gasthuispl.	AX	8
Grote Krocht	AX	10
Haarlemmerstr.	BY	12
Haltestr.	AX	13
J. van Heemskerckstr.	BX	15
Julianaweg	BY	16
Kerkstr.	AX	17
Kleine Krocht	AX	19
Koninginneweg	BY	20
Louis Davidsstr.	AX	21
Lijsterstr.	BZ	23
Marisstr.	BZ	24
Oosterstr.	AX	25
Oranjestr.	AX	27
van Ostadestr.	AX	28
Prinsenhofstr.	AX	31
Raadhuispl.	AX	32
Sophiaweg	BY	33
Thorbeckestr.	AX	35
Tollensstr.	BY	36
Tolweg	BZ	37
Wagenmakerspad	AX	39
Zandvoortselaan	BZ	40

Gran Dorado, Trompstraat 2, ✉ 2041 JB, ☎ (0 23) 572 00 00, *Fax (0 23) 573 00 00*, – TV ☎ P – 25 à 1000. AE ⓓ E VISA. BX d
Repas (dîner seult) 45 – **118 ch** 183/248 – ½ P 210/310.

Golden Tulip, Burg. van Alphenstraat 63, ✉ 2041 KG, ☎ (0 23) 571 32 34, *Fax (0 23) 571 90 94*, – TV ☎ P – 25 à 180. AE ⓓ E VISA JCB. rest BX a
Repas *Lunch 33* – 50 – 25 – **197 ch** 230/290, 14 suites.

Palace, Burg. van Fenemaplein 2, ✉ 2042 TA, ☎ (0 23) 571 29 11, *Fax (0 23) 572 01 31*, – TV ☎ P – 140. AE ⓓ E VISA. rest BX b
Repas (Taverne-rest) carte env. 55 – **53 ch** 110/235, 10 suites – ½ P 125.

Triton, Zuiderstraat 3, ✉ 2042 GA, ☏ (0 23) 571 91 05, *Fax (0 23) 571 86 13* – TV ☎ P – 60. AE ① E VISA. rest AX h
Repas (résidents seult) – **22 ch** 115/165.

Hoogland sans rest, Westerparkstraat 5, ✉ 2042 AV, ☏ (0 23) 571 55 41, *Fax (0 23) 571 42 00* – TV ☎. AE ① E VISA JCB. AX b
27 ch 90/190.

Zuiderbad, bd Paulus Loot 5, ✉ 2042 AD, ☏ (0 23) 571 26 13, *Fax (0 23) 571 31 90*, ←, – TV ☎ P. AE E VISA BY e
fermé fév.-15 mars, nov.-27 déc. et 5 janv.-1er fév. – **Repas** (Taverne-rest, dîner seult jusqu'à 20 h) 45 – **26 ch** 135/195 – ½ P 98/255.

Amare sans rest, Hogeweg 70, ✉ 2042 GJ, ☏ (0 23) 571 22 02, *Fax (0 23) 571 43 74* – TV ☎. AE E VISA AX p
15 ch 110/150.

Schut, Kerkstraat 21, ✉ 2042 JD, ☏ (0 23) 571 21 21, *Fax (0 23) 571 21 21*, , Produits de la mer – AE ① E VISA JCB. AX c
fermé merc. d'oct. à mars – **Repas** carte env. 85.

à Bentveld *par ② : 3 km* C *Zandvoort :*

Beaulieu, Zandvoortselaan 363, ✉ 2116 EN, ☏ (0 23) 524 00 29, *Fax (0 23) 524 74 01*, – P. AE ① E VISA.
fermé lundi – **Repas** (dîner seult) carte 69 à 93.

ZEDDAM *Gelderland* C *Bergh 18 200 h.* 211 W 11 et 908 J 6.

Kilderseweg 1, ✉ 7038 BW, ☏ (0 314) 65 14 86, Fax (0 314) 65 14 86.
Amsterdam 129 – Arnhem 29 – Doetinchem 8 – Emmerich 8.

Montferland , Montferland 1, ✉ 7038 EB, ☏ (0 314) 65 14 44, *Fax (0 314) 65 26 75*, , « Dans les bois », – TV ☎ P – 25 à 60. AE ① E VISA JCB.
fermé 28 déc.-25 janv. – **Repas** *(fermé sam. midi et dim. midi)* Lunch 50 – carte 66 à 82 – **8 ch** 125/180 – ½ P 138/173.

à Braamt *N : 3 km* C *Bergh :*

Host. Hettenheuvel, Hooglandseweg 6, ✉ 7047 CN, ☏ (0 314) 65 14 52, *Fax (0 314) 65 12 65*, , – TV ☎ P. AE ① E VISA JCB
Repas Lunch 50 – carte 50 à 75 – **8 ch** 98/155 – ½ P 95.

ZEEGSE *Drenthe* C *Zuidlaren 11 005 h.* 210 Y 4 et 908 K 2.

Amsterdam 203 – Assen 16 – Groningen 21.

Drenthe , Schipborgerweg 8, ✉ 9483 TL, ☏ (0 592) 54 39 00, *Fax (0 592) 54 39 19*, , « Environnement boisé », , , – TV ☎ P – 25 à 250. AE ① E VISA
fermé 29 déc.-2 janv. – **Repas** Lunch 40 – carte 61 à 85 – **51 ch** 185/225, 2 suites – ½ P 148/150.

ZEIST *Utrecht* 211 Q 10 et 908 G 5 – *59 460 h.*

18 *à Bosch en Duin N : 2 km, Amersfoortseweg 1, ✉ 3735 LJ, ☏ (0 30) 695 52 23, Fax (0 30) 696 37 69.*
Het Rond 1, ✉ 3701 HS, ☏ 0 900-109 10 13, Fax (0 30) 692 00 17.
Amsterdam 55 – Utrecht 10 – Amersfoort 17 – Apeldoorn 66 – Arnhem 50.

Figi M, Het Rond 2, ✉ 3701 HS, ☏ (0 30) 692 74 00, *Fax (0 30) 692 74 68*, « Collection de vitraux Art Déco de 1925 » – , rest, TV ☎ – 25 à 500. AE ① E VISA.
Repas Lunch 58 – carte env. 80 – 35 – **96 ch** 300/350, 3 suites.

Oud London, Woudenbergseweg 52 (E : 3 km sur N 224), ✉ 3707 HX, ☏ (0 343) 49 12 45, *Fax (0 343) 49 12 44*, , , , – , rest, TV ☎ P – 25 à 200. AE ① E VISA.
Repas ***La Fine Bouche*** carte env. 75 – 24 – **92 ch** 198/265.

't Kerckebosch , Arnhemse Bovenweg 31 (SE : 1,5 km), ✉ 3708 AA, ☏ (0 30) 691 47 34, *Fax (0 30) 691 31 14*, , « Demeure ancienne », – TV ☎ P – 25 à 135. AE ① E VISA JCB. rest
fermé 27 déc.-4 janv. – **Repas** *(fermé dim. sauf en juil.-août)* Lunch 58 – 70/88 – 29 – **30 ch** 185/450 – ½ P 165/285.

Hermitage, Het Rond 7, ✉ 3701 HS, ☎ (0 30) 693 31 59, *Fax (0 30) 693 39 79,* – P – 25 à 45. AE E VISA
Repas 45/70.

Beyerick, Jagerlaan 1, ✉ 3701 XG, ☎ (0 30) 692 34 05 – . AE E VISA JCB
fermé lundi, mardi, prem. sem. fév. et 3 prem. sem. juil. – **Repas** (dîner seult) 75.

à Bosch en Duin *N : 2 km* C *Zeist :*

de Hoefslag, Vossenlaan 28, ✉ 3735 KN, ☎ (0 30) 225 10 51, *Fax (0 30) 228 58 21,* « Environnement boisé », – , ch, TV ☎ P – 25. AE E VISA
fermé 31 déc. et 1er janv. – **Repas** voir rest ***de Hoefslag*** ci-après – ***Bistro de Ruif*** (dîner seult) 50 – 38 – **26 ch** 330/380, 4 suites.

de Hoefslag, Vossenlaan 28, ✉ 3735 KN, ☎ (0 30) 225 10 51, *Fax (0 30) 228 58 21,* , « Terrasse dans un environnement boisé » – P. AE E VISA
fermé dim., 31 déc. et 1er janv. – **Repas** Lunch 75 – 110, carte env. 140
Spéc. Bouillabaisse de homard à notre façon. Canard sauvage rôti au céleri et à la sauge (sept.-déc.). St-Jacques, mozzarella et tomates au beurre blanc de basilic (janv.-avril et sept.-déc.).

à Den Dolder *N : 7 km* C *Zeist :*

Anak Dèpok, Dolderseweg 85, ✉ 3734 BD, ☎ (0 30) 229 29 15, *Fax (0 30) 228 11 26,* Cuisine indonésienne – . AE E VISA.
fermé mardi – **Repas** (dîner seult) carte 50 à 73.

ZELHEM *Gelderland* 211 X 10 et 908 K 5 – *11 257 h.*
Amsterdam 139 – Arnhem 39 – Enschede 52.

't Wolfersveen, Ruurloseweg 38 (NE : 4 km), ✉ 7021 HC, ☎ (0 314) 62 13 75, – P. AE E VISA
fermé lundi, sam. midi et 31 déc.-8 janv. – **Repas** Lunch 43 – 55/68.

ZEVENAAR *Gelderland* 211 V 11 et 908 J 6 – *27 030 h.*
Amsterdam 114 – Arnhem 15 – Emmerich 21.

Campanile, Hunneveldweg 2a (près A 12), ✉ 6903 ZM, ☎ (0 316) 52 81 11, *Fax (0 316) 33 12 32,* – TV ☎ P – 35. AE E VISA JCB
Repas *(fermé 24 déc. soir et 31 déc. soir)* (avec buffet) 45 – 14 – **52 ch** 98/185 – ½ P 140/160.

ZEVENBERGEN *Noord-Brabant* C *Moerdijk 36 428 h.* 211 M 13 et 908 E 7.
Amsterdam 111 – Bergen op Zoom 30 – Breda 17 – Rotterdam 43.

De 7 Bergsche Hoeve, Schansdijk 3, ✉ 4761 RH, ☎ (0 168) 32 41 66, *Fax (0 168) 32 38 72,* , « Ancienne ferme » – P. AE E VISA JCB
fermé sam. midi, dim. midi, lundi et sem. carnaval – **Repas** 65/125.

La Sirène, Noordhaven 68, ✉ 4761 DB, ☎ (0 168) 32 88 44, *Fax (0 168) 32 44 22* –
fermé lundi, mardi, sem. carnaval, 2 dern. sem. juil.-prem. sem. août et dern. sem. déc.-prem. sem. janv. – **Repas** 77.

ZIERIKZEE *Zeeland* C *Schouwen-Duiveland 32 493 h.* 211 I 13 et 908 C 7.
Voir *Noordhavenpoort★* Z **C.**
Env. *Pont de Zélande★ (Zeelandbrug) par* ③.
Meelstraat 4, ✉ *4301 EC,* ☎ *(0 111) 41 24 50, Fax (0 111) 41 72 73.*
Amsterdam 149 ② *– Middelburg 44* ③ *– Breda 81* ② *– Rotterdam 66* ②.

Plan page suivante

De Drie Morianen, Kraanplein 12, ✉ 4301 CH, ☎ (0 111) 41 29 31, *Fax (0 111) 41 79 36,* – . AE E VISA JCB Z c
fermé mardi d'oct. à avril – **Repas** Lunch 30 – carte env. 65.

à Schuddebeurs *N : 4 km* C *Schouwen-Duiveland :*

Host. Schuddebeurs , Donkereweg 35, ✉ 4317 NL, ☎ (0 111) 41 56 51, *Fax (0 111) 41 31 03,* , « Auberge campagnarde », – TV ☎ P – 25 à 40. AE E VISA
fermé 23 déc.-13 janv. – **Repas** Lunch 55 – 85/100 – **21 ch** 165/275, 3 suites – ½ P 185/295.

ZIERIKZEE

Appelmarkt . . . . Z 2
Basterstr. . . . . Z 3
Dam . . . . Z 5
Fonteine . . . . Z 7
Hoofdpoortstr. . . . . Z 12
Julianastr. . . . . Z 14
Karsteil . . . . Z 16
Kerkhof N.Z. . . . . Z 17
Kerkhof Z.Z. . . . . Z 18
Klokstr. . . . . Z 20
Korte Nobelstr. . . . . Y 22
Lange Nobelstr. . . . . Y 25
Lange St. Janstr. . . . . Z 26
Meelstr. . . . . Z
Melkmarkt . . . . Z 28
Minderbroederstr. . . . . Z 30
Oude Haven . . . . Z 32
P.D. de Vosstr. . . . . Y 34
Poststr. . . . . Z
Ravestr. . . . . Z 36
Schuitaven . . . . Z 38
Schuurbequ
Boeyestr. . . . . Y 39
Verrenieuwstr. . . . . Y 42
Watermolen . . . . Y 44
Wevershoek . . . . Z 45
Zevengetijstr. . . . . Y 48
Zuidwellestr. . . . . Y 50

Les plans de villes sont orientés le Nord en haut.

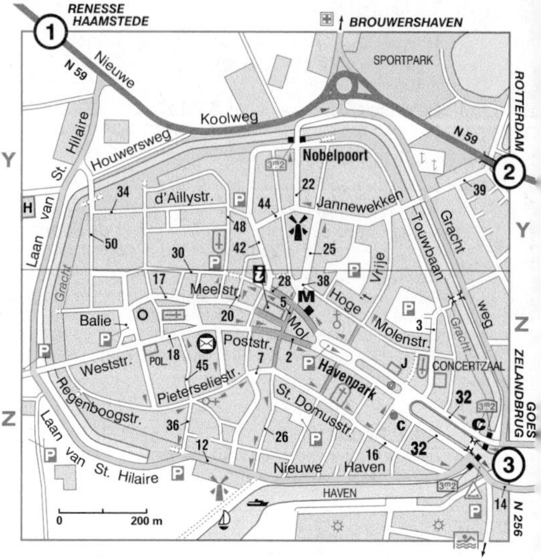

ZOETERMEER *Zuid-Holland* 211 L 10 et 908 E 5 – *107 597 h.*

Heuvelweg 3, ✉ 2716 DZ, ☎ (0 79) 351 35 36, Fax (0 79) 352 13 35.

Zuidwaarts 7, ✉ 2711 HA, ☎ (0 79) 341 55 51, Fax (0 79) 341 53 81.

Amsterdam 64 – Den Haag 14 – Rotterdam 25.

Golden Tulip M, Danny Kayelaan 20 (près A 12, wijk 19), ✉ 2719 EH, ☎ (0 79) 361 02 02, *Fax (0 79) 361 63 49* – 25 à 200. AE VISA JCB. **Repas** *(fermé sam. et dim.) Lunch 39* – 65 – 30 – **104 ch** 195/260 – ½ P 263/273.

Zoetermeer, Boerhaavelaan (près A 12, wijk 13), ✉ 2713 HB, ☎ (0 79) 321 92 28, *Fax (0 79) 321 15 01,* – 30 à 200. AE VISA JCB. rest **Repas** *(fermé sam. et dim.) Lunch 38* – 45 – 18 – **60 ch** 195/210 – ½ P 230/280.

De Sniep, Broekwegschouw 211 (wijk 26), ✉ 2726 LC, ☎ (0 79) 343 66 30, – AE VISA – **Repas** *Lunch 33* – 48/88.

ZOETERWOUDE-RIJNDIJK *Zuid-Holland* C *Zoeterwoude 8 602 h.* 211 M 10 et 908 E 5.

Amsterdam 42 – Den Haag 22 – Leiden 3.

Meerbourgh, Hoge Rijndijk 123 (NE : 4 km sur N 11), ✉ 2382 AD, ☎ (0 71) 589 56 16, *Fax (0 71) 589 54 83,* – AE VISA JCB *fermé merc.* – **Repas** 50/75.

ZOUTELANDE *Zeeland* C *Veere 22 100 h.* 211 F 14 et 908 B 7.

Bosweg 2, ✉ 4374 EM, ☎ (0 118) 56 13 64, Fax (0 118) 56 12 38.

Amsterdam 213 – Middelburg 12 – Vlissingen 13.

De Distel, Westkapelseweg 1, ✉ 4374 BA, ☎ (0 118) 56 20 40, *Fax (0 118) 56 12 22,* – AE VISA. rest **Repas** *(fermé après 20 h 30)* 45 – **31 ch** 135 – ½ P 110/120.

Willebrord, Smidsstraat 17, ✉ 4374 AT, ☎ (0 118) 56 12 15, *Fax (0 118) 56 26 86,* – VISA. *mi-mars-mi-nov., vacances scolaires, vend. et sam. ; fermé janv.* – **Repas** *Lunch 28* – 39/53 – **21 ch** 125/140 – ½ P 90/99.

ZUIDBROEK *Groningen* C *Menterwolde 12 271 h.* 210 AA 3 et 908 L 2.

Amsterdam 200 – Assen 39 – Groningen 24.

Zuidbroek, Burg. Omtaweg 2, ✉ 9636 EM, ☎ (0 598) 45 37 87, *Fax (0 598) 45 38 31,* – 25 à 1200. AE VISA **Repas** *(ouvert jusqu'à minuit)* carte env. 45 – **120 ch** 128/140 – ½ P 166.

ZUIDDORPE *Zeeland* 211 I 15 et 908 C 8 – *voir à Axel.*

ZUIDLAREN *Drenthe* 210 Z 4 et 908 L 2 – *11 005 h.*

Env. *Eexterhalte : Hunebed★ (dolmen) SE : 13 km.*

18 à Glimmen (Haren) NO : 8 km, Pollselaan 5, ✉ 9756 CJ, ℘ (0 50) 406 20 04, Fax (0 50) 406 19 22.

Stationsweg 69, ✉ 9471 GL, ℘ (0 50) 409 23 33, Fax (0 50) 409 23 33.

Amsterdam 207 – Assen 18 – Emmen 42 – Groningen 19.

Tulip Inn Brinkhotel, Brink O.Z. 6, ✉ 9471 AE, ℘ (0 50) 409 12 61, *Fax (0 50) 409 60 11,* – – 30 à 150. AE ⓓ E VISA JCB
Repas *Lunch 27* – 45/60 – **54 ch** 134/192 – ½ P 112/131.

de Vlindertuin, Stationsweg 41, ✉ 9471 GK, ℘ (0 50) 409 45 31, *Fax (0 50) 409 01 71,* , « Ferme du 19e s. » – . AE ⓓ E VISA JCB
fermé dim. et 26 juil.-9 août – **Repas** (dîner seult) 68/98.

Ni Hao Panorama, Stationsweg 11, ✉ 9471 GJ, ℘ (0 50) 409 04 39, *Fax (0 50) 409 67 81,* , Cuisine asiatique – . AE ⓓ E VISA JCB.
fermé lundi midi – **Repas** 45/90.

Ni Hao Buitenpaviljoen, Hondsrugstraat 14, ✉ 9471 GE, ℘ (0 50) 409 67 93, *Fax (0 50) 409 67 81,* , Cuisine japonaise avec Teppan-Yaki et Sushi-bar – AE ⓓ E VISA.
fermé lundi – **Repas** (dîner seult jusqu'à 23 h) 60/115.

ZUIDOOSTBEEMSTER *Noord-Holland* 210 O 7 – *voir à Purmerend.*

ZUIDWOLDE *Drenthe* C *De Wolden 10 144 h.* 210 X 6 et 908 K 3.

Amsterdam 157 – Assen 38 – Emmen 38 – Zwolle 36.

In de Groene Lantaarn, Hoogeveenseweg 17 (N : 2 km), ✉ 7921 PC, ℘ (0 528) 37 29 38, *Fax (0 528) 37 20 47,* , « Ferme du 18e s., jardin fleuri » – . ⓓ E VISA JCB
fermé mardi – **Repas** (dîner seult jusqu'à minuit) 60/69.

ZUTPHEN *Gelderland* 211 W 10 et 908 J 5 – *33 323 h.*

Voir *La vieille ville★ – Bibliothèque★ (Librije) et lustre★ dans l'église Ste-Walburge (St. Walburgskerk) – Drogenapstoren★ – Martinetsingel ≤★.*

Groenmarkt 40, ✉ 7201 HZ, ℘ (0 575) 51 93 55, Fax (0 575) 51 79 28.

Amsterdam 112 – Arnhem 30 – Apeldoorn 21 – Enschede 58 – Zwolle 53.

Museumhotel, 's Gravenhof 6, ✉ 7201 DN, ℘ (0 575) 54 61 11, *Fax (0 575) 54 59 99,* « Demeure du 17e s. » – – 35. AE ⓓ E VISA. rest
fermé 24 déc.-3 janv. – **Repas** (dîner seult) *(fermé dim.)* 53 – 8 – **74 ch** 160/235 – ½ P 178/305.

Inntel, De Stoven 37 (SE : 2 km sur N 348), ✉ 7206 AZ, ℘ (0 575) 52 55 55, *Fax (0 575) 52 96 76,* , , , – , rest, – 25 à 200. AE ⓓ E VISA. rest
Repas *Lunch 25* – 45 – **67 ch** 179/199 – ½ P 114/135.

Galantijn, Stationsstraat 9, ✉ 7201 MC, ℘ (0 575) 51 72 86, *Fax (0 575) 51 19 61* – AE ⓓ E VISA
fermé dim. et lundi – **Repas** *Lunch 53* – 60.

Jan van de Krent, Burg. Dijckmeesterweg 27b, ✉ 7201 AJ, ℘ (0 575) 54 30 98, *Fax (0 575) 54 17 76,* Produits de la mer – . AE ⓓ E VISA
fermé mardi, dern. sem. juil.-prem. sem. août et fin déc.-début janv. – **Repas** 43/58.

André, IJsselkade 22, ✉ 7201 HD, ℘ (0 575) 51 44 36, *Fax (0 575) 54 38 96* – AE ⓓ E VISA
fermé sam., dim. et du 2 au 21 août – **Repas** *Lunch 43* – 48/75.

ZWARTSLUIS *Overijssel* 210 V 7 et 908 J 4 – *4 402 h.*

Amsterdam 123 – Zwolle 16 – Meppel 12.

Zwartewater, De Vlakte 20, ✉ 8064 PC, ℘ (0 38) 386 64 44, *Fax (0 38) 386 62 75,* ≤, , « Terrasse au bord de l'eau », , , , – rest, – 25 à 350. AE ⓓ E VISA
Repas *Lunch 25* – carte 54 à 68 – **51 ch** 95/198 – ½ P 105.

Roskam, Stationsweg 1, ✉ 8064 DD, ℘ (0 38) 386 70 70, *Fax (0 38) 386 63 93,* – . AE ⓓ E VISA JCB.
Repas *(fermé dim.) Lunch 41* – carte 56 à 79 – **10 ch** 80/120 – ½ P 90/105.

ZWEELOO *Drenthe* C *Coevorden 14 946 h.* 210 Z 6 et 908 L 3.

18 *à Aalden SO : 2 km, Gebbeveenweg 1, ✉ 7854 TD, ☎ (0 591) 37 17 84, Fax (0 591) 37 24 22.*

Amsterdam 184 – Assen 34 – Emmen 13 – Groningen 60.

XX ✿ **Idylle** (Zwiep), Kruisstraat 21, ✉ 7851 AE, ☎ (0 591) 37 18 57, *Fax (0 591) 37 24 04*, « Ancienne ferme typique avec jardin » – P. AE ⓓ E VISA JCB
fermé lundis non fériés, 22 fév.-8 mars et 23 août-13 sept. – **Repas** Lunch 55 – 116 bc, carte env. 95
Spéc. Raie meunière et foies de volaille au vinaigre de Sherry. Langoustines et foie de canard à l'anis étoilé. Filet de veau aux raviolis de fromage de chèvre, tomate séchée et romarin, sauce aux truffes.

*Alle im **Michelin-Führer** erwähnten Orte sind auf den **Michelin-Karten** 908 und 909 rot unterstrichen ; die aktuellsten Hinweise gibt nur die neueste Ausgabe.*

ZWOLLE P *Overijssel* 210 V 7 et 908 J 4 – *101 902 h.*

Voir *Hôtel de ville (Stadhuis) sculptures★ du plafond dans la salle des Échevins (Schepenzaal)* BYZ **H.**

Musée : *Stedelijk Museum Zwolle★* BY **M²**.

9 *Zalnéweg 75, ✉ 8026 PZ, ☎ (0 38) 453 42 70 - 1g à Hattem par ④ : 7 km, Veenwal 11, ✉ 8051 AS, ☎ (0 38) 444 19 09.*

Grote Kerkplein 14, ✉ 8011 PK, ☎ 0 900-112 23 75, Fax (0 38) 422 26 79.

Amsterdam 111 ④ – Apeldoorn 44 ④ – Enschede 73 ② – Groningen 102 ① – Leeuwarden 94 ①.

Gd H. Wientjes, Stationsweg 7, ✉ 8011 CZ, ☎ (0 38) 425 42 54, *Fax (0 38) 425 42 60* – – 25 à 200. AE ⓓ E VISA JCB. BZ s
fermé 27 déc.-3 janv. – **Repas *Bon Aparte*** *(fermé dim.) Lunch 55 - carte 84 à 107* – 35 – **57 ch** 125/325 – ½ P 165/250.

Postiljon, Hertsenbergweg 1 (SO : 2 km), ✉ 8041 BA, ☎ (0 38) 421 60 31, *Fax (0 38) 422 30 69* – , rest, – 25 à 450. AE ⓓ E VISA AX a
Repas (buffets) – 20 – **72 ch** 140/185 – ½ P 100/125.

Fidder sans rest, Koningin Wilhelminastraat 6, ✉ 8019 AM, ☎ (0 38) 421 83 95, *Fax (0 38) 423 02 98*, – . AE ⓓ E VISA JCB. AX b
fermé 24 déc.-2 janv. – **24 ch** 145/265.

Campanile, Schuttevaerkade 40, ✉ 8021 DB, ☎ (0 38) 455 04 44, *Fax (0 38) 455 04 44*, – – 25 à 120. AE ⓓ E VISA BY c
Repas (avec buffet) 45 – 14 – **69 ch** 115 – ½ P 100/170.

XXX ✿✿ **De Librije** (Boer), Broerenkerkplein 15, ✉ 8011 TW, ☎ (0 38) 421 20 83, *Fax (0 38) 423 23 29*, « Dans une aile d'un couvent du 15ᵉ s. » – AE ⓓ E VISA CY z
fermé dim., lundi, 3 prem. sem. août et 27 déc.-5 janv. – **Repas** Lunch 60 – 105, carte env. 105
Spéc. Tartare de boœuf régional, mayonnaise à la ciboulette (sept.-mai). Sandre laqué au sirop de pommes (mai-janv.). Pain perdu à l'abricot et glace au parfum de girofle (sept.-janv.).

XX **De Handschoen,** Nieuwe Deventerweg 103 (par ③ : 3,5 km), ✉ 8014 AE, ☎ (0 38) 468 15 00, *Fax (0 38) 468 15 01*, « Ferme du 18ᵉ s. » – P. AE ⓓ E VISA
fermé dim. et 2 prem. sem. vacances bâtiment – **Repas** 68/80.

XX **Tiën,** Eiland 42, ✉ 8011 XR, ☎ (0 38) 421 35 75, *Fax (0 38) 423 17 56*, Avec cuisine asiatique – AE ⓓ E VISA CY d
fermé lundi et prem. sem. janv. – **Repas** 50.

XX **Sainte Barbara,** Ossenmarkt 7, ✉ 8011 MR, ☎ (0 38) 421 19 48, *Fax (0 38) 421 11 28*, Ouvert jusqu'à 23 h 30 – . AE ⓓ E VISA JCB BY e
fermé 27 déc.-2 janv. – **Repas** Lunch 45 – 55.

X **'t Pestengasthuys,** Weversgildeplein 1, ✉ 8011 XN, ☎ (0 38) 423 39 86, *Fax (0 38) 423 26 56*, « Maison historique du 15ᵉ s. » – AE ⓓ E VISA CY k
fermé lundi et 28 déc.-4 janv. – Repas Lunch 40 – 58.

X **Poppe,** Luttekestraat 66, ✉ 8011 LS, ☎ (0 38) 421 30 50, *Fax (0 38) 421 60 74*, « Ancienne forge » – . AE ⓓ E VISA BZ r
fermé lundi et prem. sem. janv. – **Repas** Lunch 43 – 45.

X **Pampus,** Kamperstraat 40, ✉ 8011 LM, ☎ (0 38) 421 30 97, – AE E VISA BY f
fermé lundi et prem. sem. janv. – **Repas** (dîner seult) 43/50.

ZWIJNDRECHT *Zuid-Holland* 211 M 12 et 908 E 6 – *voir à Dordrecht.*

ZWOLLE

Achter de Broeren	BCY	3
Assendorperlure	AX	4
Bagijnesingel	CY	6
Bisschop Willebrandlaan	AX	7
Buitenkant	BY	8
Deventerstraatweg	AX	9
Diezerpoortenplas	CY	10
Diezerstr.	CY	
Grote Kerkplein	BY	12
Hanekamp	AX	13
Harm Smeengekade	BZ	15
Ittersumallee	AX	16
Kamperstr.	BY	18
Luttekestr.	BY	19
Meppelerstraatweg	AX	21
Middelweg	AX	22
Nieuwe Markt	CYZ	24
Oude Vismarkt	BY	25
Potgietersingel	BZ	27
Rhijnvis Feithlaan	AX	28
Roggenstr.	BY	30
Sassenstr.	BYZ	31
Spoolderbergweg	AX	33
Ter Pelkwijkstr.	CY	34
Thomas a Kempisstr.	CY	36
Veerallee	AX	37
Voorsterweg	AX	38
Voorstr.	BY	39
van Wevelinkhovenstr.	CY	40
Wipstrikkerallee	AX	42
Zuidbroek	AX	43

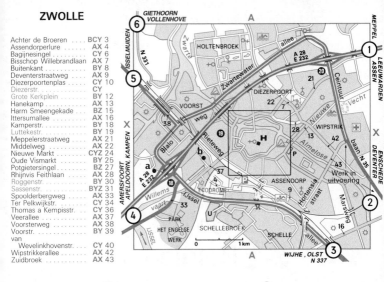

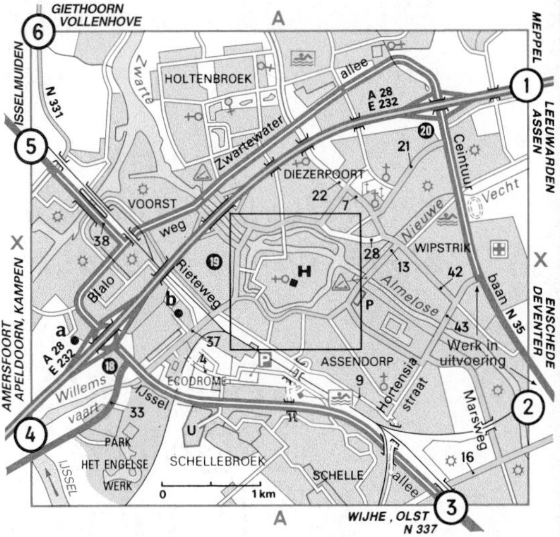

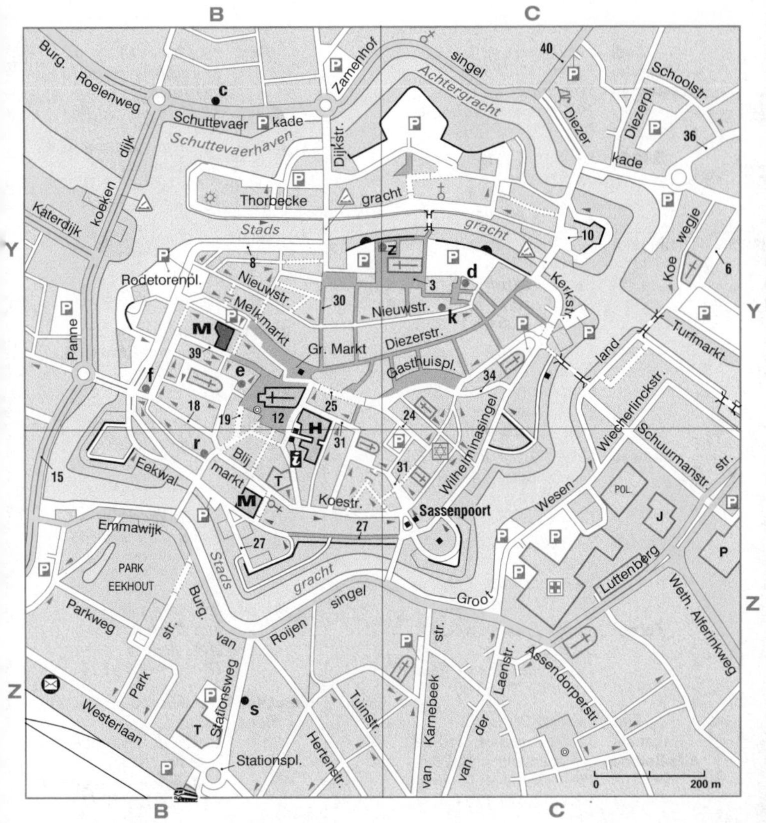

Principales marques automobiles
Belangrijkste auto-importeurs
Wichtigsten Automarken
Main car manufacturers

Belgique
België
Belgien

Audi
Porsche
Volkswagen
S.A. D'Ieteren N.V.
Rue du Mail, 50
Maliestraat, 50
1050 Bruxelles – Brussel
Tél. : 02/536 51 11

B.M.W.
S.A. B.M.W. Belgium N.V.
Lodderstraat, 16
2880 Bornem
Tél. : 03/890 97 11

Chrysler
S.A. Chrysler Import Belgium N.V.
Parc Industriel, 17
1440 Wauthier-Braine
Tél. : 02/366 03 70

Citroën
S.B.A. Citroën
Place de l'Yser, 7
Ijzerplein, 7
1000 Bruxelles – Brussel
Tél. : 02/206 06 11

Daewoo
Daewoo Motor Belgium N.V.
Battelsesteenweg 455 B
2800 Mechelen
Tél. : 015/28 06 11

Daihatsu
S.A. Daihatsu Belgium N.V.
Kipdorp, 57
2000 Antwerpen
Tél. : 03/206 02 02

Ferrari
Garage Francorchamps
Lozenberg, 13
1932 Sint Stevens Woluwe
Tél. : 02/725 67 60

Fiat
Lancia
Alfa-Romeo
S.A. Fiat Belgio N.V.
Bd des Invalides, 210-220
Invalidenlaan, 210-220
1160 Bruxelles – Brussel
Tél. : 02/674 45 11

Ford
Ford Motor CY
Groenenborgerlaan 16
2610 Wilrijk
Tél. : 03/821 20 00

Honda
S.A. Honda Belgium N.V.
Wijngaardveld, 1
9300 Aalst
Tél. : 053/72 51 11

Hyundai
S.A. Korean Motor CY N.V.
Pierstraat, 231
2550 Kontich
Tél. : 03/450 06 11

Jaguar
Jaguar Belgium
Sint Bernardsesteenweg, 534
2660 Antwerpen
Tél. : 03/830 18 80

Kia
N.V. Kia Belgium
Seoelstraat 2-4
2321 Meer-Hoogstraten
Tél. : 03/315 09 19

Lada
S.A. Scaldia-Volga N.V.
Woluwélaan 156-158
1831 Diegem
Tél. : 02/715 08 00

Mazda
Beherman European
Industrieweg, 3
2880 Bornem
Tél. : 03/890 91 11

Mercedes
Benz
S.A. Mercedes-Benz Belgium N.V.
Avenue du Péage, 68
Tollaan, 68
1200 Bruxelles – Brussel
Tél. : 02/724 12 11

Mitsubishi *Moorkens Car Division*
Pierstraat, 229
2550 Kontich
Tél. : 03/450 02 11

Nissan *S.A. Nissan Belgium N.V.*
Boomsesteenweg, 42
2630 Aartselaar
Tél. : 03/870 32 11

Opel *Opel Belgium N.V.*
Marketing Division
Prins Boudewijnlaan 30
2550 Kontich
Tél. : 03/450 63 11

Peugeot *S.A. Peugeot Talbot*
Belgique N.V.
Rue de l'Industrie, 22
1400 Nivelles
Tél. : 067/88 02 11

Renault *S.A. Renault Belgique*
Luxembourg N.V.
Avenue W.A. Mozart, 20
W.A.Mozartlaan, 20
1620 Drogenbos
Tél. : 02/334 76 11

Rover *S.A. Rover Belgium N.V.*
Lozenberg, 11
1932 Sint Stevens Woluwe
Tél. : 02/723 99 11

Saab *Beherman European*
Distribution
Industrieweg 3
2880 Bornem
Tél. : 03/890 91 11

Seat *S.A. Iberauto N.V.*
Boulevard Industriel, 51
Industrielaan, 51
1070 Bruxelles – Brussel
Tél. : 02/521 40 11

Skoda *S.A. Eskadif N.V.*
Avenue A. Giraud 29-35
A. Giraudlaan 29-35
1030 Bruxelles – Brussel
Tél. : 02/215 92 20

Ssangyong *Beherman European*
Industrieweg 3
2880 Bornem
Tél. : 03/890 91 11

Subaru *S.A. Subaru Benelux N.V.*
Mechelsesteenweg, 588 d
1800 Vilvoorde
Tél. : 02/254 75 11

Suzuki *S.A. Suzuki Belgium N.V.*
Satenrozen, 2
2550 Kontich
Tél. : 03/450 04 11

Toyota *S.A. Toyota Belgium N.V.*
Avenue du Japon 51
1420 Braine-l'Alleud
Tél. : 02/386 76 15

Volvo *Volvo Cars Belgium*
Chaussée de Zellik, 30
Zelliksesteenweg, 30
1082 Bruxelles – Brussel
Tél. : 02/464 12 11

Grand-Duché de Luxembourg

Alfa-Romeo *Italcar*
Rte de Longwy 36
Helfent-Bertrange
Tél. : 45 04 13

BMW *Garage Arnold Kontz*
Rte de Thionville 184
Luxembourg
Tél. : 49 19 41

Citroën *Etoile Garage SARL*
Rue Robert Stumper 5
Luxembourg
Tél. : 40 22 66

Chrysler *Garage Norbert Bestgen SA*
Rue de Longwy 8 a
Helfent-Bertrange
Tél. : 45 25 26

Daihatsu *Multi-cars Jastrow*
Rte d'Arlon 23-25
Strassen
Tél. : 45 39 39

Ferrari *Garage Winandy Frères*
Rue de Kalchesbruck 11
Luxembourg
Tél. : 43 63 63

Fiat *New Car Marketing*
Rte d'Arlon 113
Mamer
Tél. : 31 89 91

Ford *Euro Motor S.E.C.S.*
Rue de Labours
Luxembourg
Tél. : 43 30 30

G. M. *Muller Jean SARL*
Rte d'Esch 70
Luxembourg
Tél. : 44 64 61-1

Honda *Garage Puraye Vic*
Rte de Thionville 185
Luxembourg
Tél. : 49 57 25

Hyundai *Garage Costa et Fils*
Rte de Thionville 226
Luxembourg
Tél. : 40 72 27

Jaguar *Gd Garage de la Petrusse SA*
Rue des Jardiniers 13
Luxembourg
Tél. : 44 23 24

Kia *Multi-cars Jastrow*
Rte d'Arlon 23-25
Strassen
Tél. : 45 39 39

Lada *Multi-cars Jastrow*
Rte d'Arlon 23-25
Strassen
Tél. : 45 39 39

Lancia *Garage Intini*
Rte de Longwy 8b
Bertrange
Tél. : 45 00 47

Land Rover *Garage Nuss & Pleimling*
Rte d'Esch 294
Luxembourg
Tél. : 48 71 01

Maserati *Garage Franco Bertoli*
Rue de Luxembourg 87
Bereldange
Tél. : 33 08 13

Mazda *Garage Léon Pirsch SARL*
Rte d'Esch 164
Luxembourg
Tél. : 48 26 32

Mercedes-Benz *Garage Meris & Cie*
Rue de Bouillon 45
Luxembourg
Tél. : 44 21 21

Mitsubishi *Garage Butroni*
Rue de Soleuvre 62
Differdange
Tél. : 58 94 28

Nissan *Garage Paul Lentz*
Rte d'Arlon 257
Luxembourg
Tél. 44 45 45

Peugeot *Garage Rodenbourg*
Rte d'Arlon 54
Strassen
Tél. : 45 20 11-1

Renault *Renault Luxembourg S.A.*
Rue Robert Stumper 2
Luxembourg
Tél. : 40 30 40-1

Rover *Rover Luxembourg*
Rte de Thionville 128
Luxembourg
Tél. : 29 71 74

Saab *Garage Robert et Fils Grun*
Rte d'Arlon 242
Strassen
Tél. : 31 92 57

Subaru *Garage Subaru Luxbg. S.A.*
Rte d'Arlon 1
Strassen
Tél. : 45 09 55

Toyota *Gd Garage de Luxembourg*
Rte d'Arlon 293
Luxembourg
Tél. : 45 57 15 1

V.A.G. *Garage M. Losch*
S.E.C.S.
Rte de Thionville 88
Luxembourg
Tél. : 40 07 07

Volvo *Scancar Luxbg. S.A.*
Rue des Peupliers 18
Luxembourg-Hamm
Tél. : 43 96 96

Nederland
Pays-Bas

BMW *BMW Nederland B.V.*
Einsteinlaan 5
2289 CC Rijswijk
Tél. : 070/395 62 22

Citroën *Citroën Nederland B.V.*
Stadionplein 26-30
1076 CM Amsterdam
Tél. : 020/570 19 11

Chrysler *Chrysler Holland Import B.V.*
Lange Dreef 12
4131 NH Vianen
Tél. 0347/36 34 00

Daewoo *Daewoo Motor Benelux B.V.*
Jupiterstraat 210
2132 HJ Hoofddorp
Tél. : 023/563 17 12

Daihatsu *Daihatsu Holland B.V.*
Witboom 2
4131 PL Vianen ZH
Tél. : 0347/37 05 05

Ferrari *Kroymans B.V.*
Soestdijkerstr. wg. 64
1213 XE Hilversum
Tél. : 035/685 51 51

Fiat *Hullenbergweg 1-3*
Lancia *1101 BW Amsterdam*
Alfa-Romeo *Tél. : 020/652 07 00*

Ford *Ford Nederland B.V.*
Amsteldijk 217
1079 LK Amsterdam
Tél. : 020/540 99 11

Honda *Honda Nederland B.V.*
Nikkelstraat 17
2984 AM Ridderkerk
Tél. : 0180/45 73 33

Hyundai *Greenib Car B.V.*
H. v. Doorneweg 14
2171 KZ Sassenheim
Tél. : 0252/21 33 94

Kia *Kia Motors*
Marconiweg 2
4131 PD Vianen
Tél. : 0347/37 44 54

Lada *Gremi Auto-Import B.V.*
Bornholmstraat 20
9723 AX Groningen
Tél. : 050/368 38 88

Mazda *Autopalace De Binckhorst B.V.*
Binckhorstlaan 312-334
2516 BL Den Haag
Tél. : 070/348 94 00

Mercedes *Mercedes-Benz Nederland B.V.*
Reactorweg 25
3542 AD Utrecht
Tél. : 030/247 19 11

Mitsubishi *Mitsubishi Motor Sales NL B.V.*
Diamantlaan 29
2132 WV Hoofddorp
Tél. : 023/555 52 22

Nissan *Nissan Motor Nederland B.V.*
Vennestraat 13
2161 LE Lisse
Tél. : 0252/43 01 11

Opel *Opel Nederland B.V.*
Baanhoek 188
3361 GN Sliedrecht
Tél. : 078/642 21 00

Peugeot *Peugeot-Talbot Nederland N.V.*
Uraniumweg 25
3542 AK Utrecht
Tél. : 030/247 54 75

Rover *Rover Nederland B.V.*
Sportlaan 1
4131 NN Vianen ZH
Tél. : 0347/36 66 00

Renault *Renault Nederland N.V.*
Wibautstraat 224
1097 DN Amsterdam
Tél. : 020/561 91 91

Saab *A.I.M. B.V.*
Jr. D.S. Tuynmanweg 7
4131 PN Vianen
Tél. : 0347/37 26 04

Seat *Seat Importeur Pon Car B.V.*
Klepelhoek 2
3833 GZ Leusden
Tél. : 033/495 15 50

Ssangyong *Kroymans Automobiel Divisie B.V.*
Meidoornkade 18
3992 AE Houten
Tél. : 030/637 90 31

Suzuki *Nimag B.V. – Reedijk 9*
3274 KE Heinenoord
Tél. : 0186/60 79 11

Toyota *Louwman & Parqui*
Steurweg 8
4941 VR Raamsdonksveer
Tél. : 0162/58 59 00

VW *Pon's Automobielhandel*
Audi *Zuiderinslag 2*
3833 BP Leusden
Tél. : 033/494 99 44

Volvo *Volvo Nederland B.V.*
Stationsweg 2
4153 RD Beesd
Tél. : 0345/68 88 88

Jours fériés en 1999
Feestdagen in 1999
Feiertage im Jahre 1999
Bank Holidays in 1999

Belgique - België - Belgien

1er janvier	*Jour de l'An*
4 avril	*Pâques*
5 avril	*lundi de Pâques*
1er mai	*Fête du Travail*
13 mai	*Ascension*
23 mai	*Pentecôte*
24 mai	*lundi de Pentecôte*
21 juillet	*Fête Nationale*
15 août	*Assomption*
1er novembre	*Toussaint*
11 novembre	*Fête de l'Armistice*
25 décembre	*Noël*

Grand-Duché de Luxembourg

1er janvier	*Jour de l'An*
15 février	*lundi de Carnaval*
4 avril	*Pâques*
5 avril	*lundi de Pâques*
1er mai	*Fête du Travail*
13 mai	*Ascension*
23 mai	*Pentecôte*
24 mai	*lundi de Pentecôte*
23 juin	*Fête Nationale*
15 août	*Assomption*
1er novembre	*Toussaint*
25 décembre	*Noël*
26 décembre	*Saint-Étienne*

Nederland - Pays-Bas

1er janvier	*Jour de l'An*
4 avril	*Pâques*
5 avril	*lundi de Pâques*
30 avril	*Jour de la Reine*
5 mai	*Jour de la Libération*
13 mai	*Ascension*
23 mai	*Pentecôte*
24 mai	*lundi de Pentecôte*
25 décembre	*Noël*
26 décembre	*2e jour de Noël*

Indicatifs Téléphoniques Internationaux

Internationale landnummers

de/van/ von/from — vers/naar nach/to	A	B	CH	CZ	D	DK	E	FIN	F	GB	GR
A Austria		0032	0041	00420	0049	0045	0034	00358	0033	0044	0030
B Belgium	0043		0041	00420	0049	0045	0034	00358	0033	0044	0030
CH Switzerland	0043	0032		00420	0049	0045	0034	00358	0033	0044	0030
CZ Czech Republic	0043	0032	0041		0049	0045	0034	00358	0033	0044	0030
D Germany	0043	0032	0041	00420		0045	0034	00358	0033	0044	0030
DK Denmark	0043	0032	0041	00420	0049		0034	00358	0033	0044	0030
E Spain	0043	0032	0041	00420	0049	0045		00358	0033	0044	0030
FIN Finland	0043	0032	0041	00420	0049	0045	0034		0033	0044	0030
F France	0043	0032	0041	00420	0049	0045	0034	00358		0044	0030
GB United Kingdom	0043	0032	0041	00420	0049	0045	0034	00358	0033		0030
GR Greece	0043	0032	0041	00420	0049	0045	0034	00358	0033	0044	
H Hungary	0043	0032	0041	00420	0049	0045	0034	00358	0033	0044	0030
I Italy	0043	0032	0041	00420	0049	0045	0034	00358	0033	0044	0030
IRL Ireland	0043	0032	0041	00420	0049	0045	0034	00358	0033	0044	0030
J Japan	00143	00132	00141	001420	00149	00145	00134	001358	00133	00144	00130
L Luxembourg	0043	0032	0041	00420	0049	0045	0034	00358	0033	0044	0030
N Norway	0043	0032	0041	00420	0049	0045	0034	00358	0033	0044	0030
NL Netherlands	0043	0032	0041	00420	0049	0045	0034	00358	0033	0044	0030
PL Poland	0043	0032	0041	00420	0049	0045	0034	00358	0033	0044	0030
P Portugal	0043	0032	0041	00420	0049	0045	0034	00358	0033	0044	0030
RUS Russia	81043	81032	81041	810420	81049	81045	*	810358	81033	81044	*
S Sweden	00943	00932	00941	009420	00949	00945	00934	009358	00933	00944	00930
USA	01143	01132	01141	011420	01149	01145	01134	01358	01133	01144	01130

* *Pas de sélection automatique* * *Geen automatische selektie*

Important : pour les communications internationales, le zéro (0) initial de l'indicatif interurbain n'est pas à composer (excepté pour les appels vers l'Italie).
En Belgique et aux Pays-Bas on n'utilise pas le préfixe dans la zone.

Belangrijk: bij internationale telefoongesprekken moet de eerste nul (0) van het netnummer worden weggelaten (behalve als u naar Italië opbelt). In België en Nederland moet men binnen eenzelfde zone geen kengetal draaien of intoetsen.

Internationale Telefon-Vorwahlnummern

International dialling codes

H	I	IRL	J	L	N	NL	PL	P	RUS	S	USA	
0036	0039	00353	0081	00352	0047	0031	0048	00351	007	0046	001	**Austria A**
0036	0039	00353	0081	00352	0047	0031	0048	00351	007	0046	001	**Belgium B**
0036	0039	00353	0081	00352	0047	0031	0048	00351	007	0046	001	**Switzerland CH**
0036	0039	00353	0081	00352	0047	0031	0048	00351	007	0046	001	**Czech Republic CZ**
0036	0039	00353	0081	00352	0047	0031	0048	00351	007	0046	001	**Germany D**
0036	0039	00353	0081	00352	0047	0031	0048	00351	007	0046	001	**Denmark DK**
0036	0039	00353	0081	00352	0047	0031	0048	00351	007	0046	001	**Spain E**
0036	0039	00353	0081	00352	0047	0031	0048	00351	007	0046	001	**Finland FIN**
0036	0039	00353	0081	00352	0047	0031	0048	00351	007	0046	001	**France F**
0036	0039	00353	0081	00352	0047	0031	0048	00351	007	0046	001	**United Kingdom GB**
0036	0039	00353	0081	00352	0047	0031	0048	00351	007	0046	001	**Greece GR**
	0039	00353	0081	00352	0047	0031	0048	00351	007	0046	001	**Hungary H**
0036		00353	0081	00352	0047	0031	0048	00351	*	0046	001	**Italy I**
0036	0039		0081	00352	0047	0031	0048	00351	007	0046	001	**Ireland IRL**
00136	00139	001353		001352	00147	00131	001480	001351	*	00146	0011	**Japan J**
0036	0039	00353	0081		0047	0031	0048	00351	007	0046	001	**Luxembourg L**
0036	0039	00353	0081	00352		0031	0048	00351	007	0046	001	**Norway N**
0036	0039	00353	0081	00352	0047		0048	00351	007	0046	001	**Netherlands NL**
0036	0039	00353	0081	00352	0047	0031		00351	007	0046	001	**Poland PL**
0036	0039	00353	0081	00352	0047	0031	0048		007	0046	001	**Portugal P**
81036	*	*	*	*	*	81031	81048	*		*	*	**Russia RUS**
00936	00939	009353	00981	009352	00947	00931	00948	009351	0097		0091	**Sweden S**
01136	01139	011353	01181	011352	01147	01131	01148	011351	*	01146		**USA**

* *Automatische Vorwahl nicht möglich* * *Direct dialling not possible*

Wichtig: bei Auslandsgesprächen darf die Null (0) der Ortsnetzkennzahl nicht gewählt werden (ausser bei Gesprächen nach Italien).
In Belgien und in den Niederlanden benötigt man keine Vorwahl innerhalb einer Zone.
Note: when making an international call, do not dial the first "0" of the city codes (except for calls to Italy).
The dialling code is not required for local calls in Belgium and the Netherlands.

Distances

Quelques précisions

Au texte de chaque localité vous trouverez la distance de sa capitale d'état et des villes environnantes. Les distances intervilles du tableau les complètent.
La distance d'une localité à une autre n'est pas toujours répétée en sens inverse : voyez au texte de l'une ou de l'autre.
Utilisez aussi les distances portées en bordure des plans.
Les distances sont comptées à partir du centre-ville et par la route la plus pratique, c'est-à-dire celle qui offre les meilleures conditions de roulage, mais qui n'est pas nécessairement la plus courte.

Afstanden

Toelichting

In de tekst bij elke plaats vindt U de afstand tot de hoofdstad en tot de grotere steden in de omgeving. De afstandstabel dient ter aanvulling.
De afstand tussen twee plaatsen staat niet altijd onder beide plaatsen vermeld ; zie dan bij zowel de ene als de andere plaats.
Maak ook gebruik van de aangegeven afstanden rondom de plattegronden.
De afstanden zijn berekend vanaf het stadscentrum en via de gunstigste (niet altijd de kortste) route.

Entfernungen

Einige Erklärungen

Die Entfernungen zur Landeshauptstadt und zu den nächstgrößeren Städten in der Umgebung finden Sie in jedem Ortstext.
Die Kilometerangaben der Tabelle ergänzen somit die Angaben des Ortstextes.
Da die Entfernung von einer Stadt zu einer anderen nicht immer unter beiden Städten zugleich aufgeführt ist, sehen Sie bitte unter beiden entsprechenden Ortstexten nach. Eine weitere Hilfe sind auch die am Rande der Stadtpläne erwähnten Kilometerangaben.
Die Entfernungen gelten ab Stadmitte unter Berücksichtigung der güngstigsten (nicht immer kürzesten) Streckte.

Distances

Commentary

Each entry indicates how far the town or locality is from the capital and other nearby towns. The distances in the table complete those given under individual town headings for calculating total distances.
To avoid excessive repetition some distances have only been quoted once. You may, therefore, have to look under both town headings.
Note also that some distances appear in the margins of the town plans.
Distances are calculated from town centres and along the best roads from a motoring point of view – not necessarily the shortest.

Distances entre principales villes
Afstanden tussen de balangrijkste steden
Entfernungen zwischen den größeren Städten
Distances between major towns

	Amsterdam	Antwerpen	Apeldoorn	Arlon	Arnhem	Bastogne	Breda	Brugge	Bruxelles/Brussel	Charleroi	's-Gravenhage	Dinant	Eindhoven	Enschede	Gent	Groningen	Haarlem	Hasselt	's-Hertogenbosch	Kortrijk	Leeuwarden	Liège	Luxembourg	Maastricht	Mechelen	Middelburg	Mons	Namur	Nijmegen	Oostende	Rotterdam	Tilburg	Tournai	Turnhout	Utrecht
Antwerpen	158																																		
Apeldoorn	92	189																																	
Arlon	370	228	351																																
Arnhem	101	162	35	312																															
Bastogne	329	187	310	40	272																														
Breda	102	54	133	284	116	230																													
Brugge	264	106	294	296	268	255	160																												
Bruxelles/Brussel	211	51	241	188	215	146	107	98																											
Charleroi	270	110	300	174	274	132	166	154	63																										
's-Gravenhage	60	127	136	357	125	304	80	211	180	237																									
Dinant	297	137	314	111	276	82	193	204	97	59	266																								
Eindhoven	124	87	127	240	98	200	64	193	125	183	147	164																							
Enschede	164	256	74	371	99	330	204	360	309	351	208	349	192																						
Gent	217	59	248	254	221	213	113	47	58	113	180	163	148	315																					
Groningen	182	313	140	488	171	447	256	408	365	423	233	451	264	153	371																				
Haarlem	20	172	109	383	115	343	116	254	225	282	46	311	138	181	223	199																			
Hasselt	188	77	191	170	162	130	101	183	81	100	175	104	60	240	139	328	202																		
's-Hertogenbosch	85	100	95	281	66	240	47	204	153	210	109	203	35	160	159	232	99	99																	
Kortrijk	256	98	287	280	260	239	152	52	92	120	225	169	188	354	49	411	270	178	198																
Leeuwarden	138	285	133	481	164	440	229	381	338	395	192	424	248	166	344	63	141	312	209	383															
Liège	244	119	225	128	187	87	143	197	95	95	217	73	115	261	157	362	258	43	155	191	355														
Luxembourg	382	255	363	31	324	73	311	322	215	201	384	139	252	359	282	500	395	203	293	307	493	161													
Maastricht	216	110	198	158	159	117	151	216	114	123	208	121	87	223	172	334	230	34	128	210	327	32	170												
Mechelen	185	25	216	207	189	166	81	112	30	87	154	116	97	283	67	339	199	78	127	106	312	103	234	110											
Middelburg	171	87	233	318	216	276	102	48	140	198	123	227	168	305	133	357	166	162	149	86	303	204	345	195	112										
Mons	276	116	306	207	279	166	171	133	69	47	244	96	190	373	86	430	289	141	217	79	402	128	234	155	94	205									
Namur	263	103	281	132	242	91	158	169	62	40	231	32	131	316	129	417	276	70	170	146	389	60	159	87	81	192	68								
Nijmegen	117	143	53	294	19	253	94	246	195	253	140	257	78	118	201	190	130	142	46	241	183	168	307	141	167	196	255	224							
Oostende	280	122	311	313	284	272	176	32	116	172	249	222	212	378	65	435	294	202	222	67	407	215	340	234	130	68	149	187	265						
Rotterdam	75	100	128	330	116	277	52	178	153	210	27	239	120	199	147	249	70	148	81	199	207	190	357	181	124	99	213	204	119	223					
Tilburg	111	74	124	259	94	219	26	177	126	184	99	212	43	188	132	260	125	90	32	172	238	132	286	130	98	131	186	178	74	196	72				
Tournai	272	114	303	250	276	209	168	84	87	91	241	139	204	370	65	427	286	168	214	29	399	171	277	199	112	202	49	116	257	99	215	188			
Turnhout	136	44	148	229	119	189	40	151	83	141	115	148	45	213	106	285	149	60	56	146	263	102	256	93	55	129	143	113	99	170	88	30	162		
Utrecht	40	124	67	335	61	295	68	220	177	234	68	263	90	139	183	186	53	154	51	222	161	210	348	182	148	168	237	228	76	246	60	77	238	102	
Zwolle	115	213	41	388	72	347	157	308	265	323	160	352	164	73	271	102	132	228	132	311	95	262	401	235	237	257	326	317	90	335	152	160	327	185	91

Gent - Rotterdam

147 km

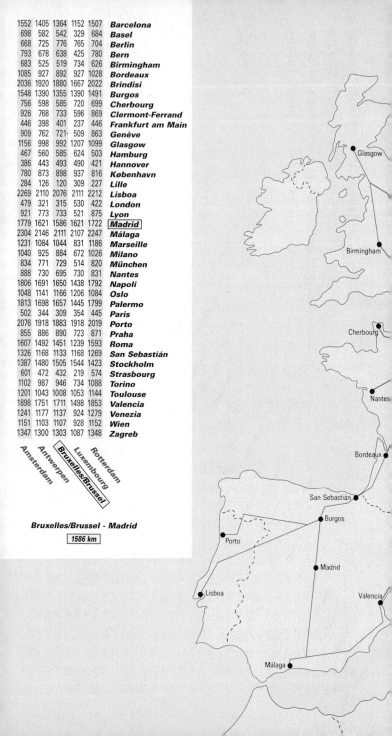

Amsterdam	Antwerpen	Bruxelles/Brussel	Luxembourg	Rotterdam	
1552	1405	1364	1152	1507	***Barcelona***
698	582	542	329	684	***Basel***
668	725	776	765	704	***Berlin***
793	678	638	425	780	***Bern***
683	525	519	734	626	***Birmingham***
1085	927	892	927	1028	***Bordeaux***
2036	1920	1880	1667	2022	***Brindisi***
1548	1390	1355	1390	1491	***Burgos***
756	598	585	720	699	***Cherbourg***
926	768	733	596	869	***Clermont-Ferrand***
446	398	401	237	446	***Frankfurt am Main***
909	762	721	509	863	***Genève***
1156	998	992	1207	1099	***Glasgow***
467	560	585	624	503	***Hamburg***
386	443	493	490	421	***Hannover***
780	873	898	937	816	***København***
284	126	120	309	227	***Lille***
2269	2110	2076	2111	2212	***Lisboa***
479	321	315	530	422	***London***
921	773	733	521	875	***Lyon***
1779	1621	1586	1621	1722	***Madrid***
2304	2146	2111	2107	2247	***Málaga***
1231	1084	1044	831	1186	***Marseille***
1040	925	884	672	1026	***Milano***
834	771	729	514	820	***München***
888	730	695	730	831	***Nantes***
1806	1691	1650	1438	1792	***Napoli***
1048	1141	1166	1206	1084	***Oslo***
1813	1698	1657	1445	1799	***Palermo***
502	344	309	354	445	***Paris***
2076	1918	1883	1918	2019	***Porto***
855	886	890	723	871	***Praha***
1607	1492	1451	1239	1593	***Roma***
1326	1168	1133	1168	1269	***San Sebastián***
1387	1480	1505	1544	1423	***Stockholm***
601	472	432	219	574	***Strasbourg***
1102	987	946	734	1088	***Torino***
1201	1043	1008	1053	1144	***Toulouse***
1898	1751	1711	1498	1853	***Valencia***
1241	1177	1137	924	1279	***Venezia***
1151	1103	1107	928	1152	***Wien***
1347	1300	1303	1087	1348	***Zagreb***

Bruxelles/Brussel - Madrid

1586 km

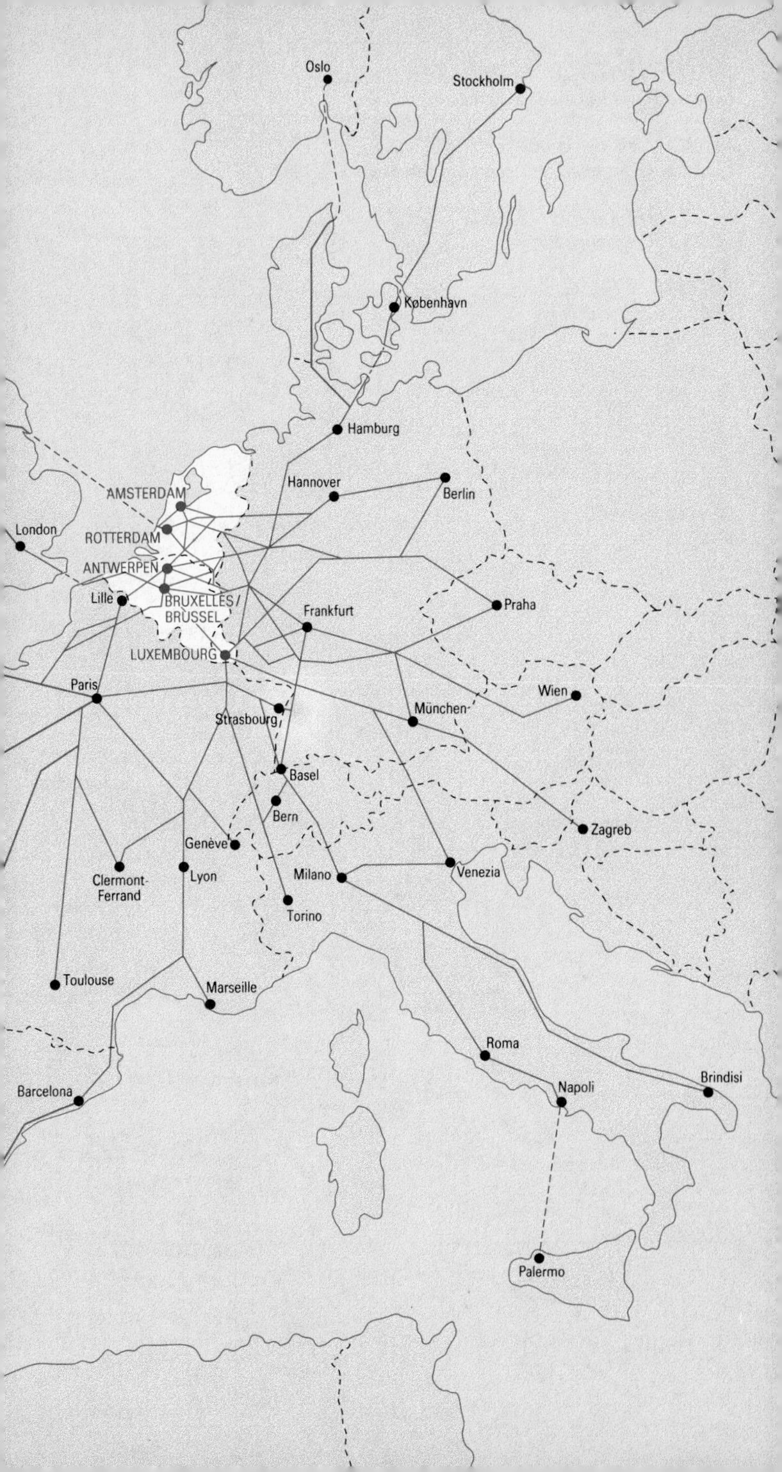

Oslo
Stockholm
København
Hamburg
Hannover
Berlin
AMSTERDAM
ROTTERDAM
London
ANTWERPEN
Lille
BRUXELLES/
BRUSSEL
Frankfurt
Praha
LUXEMBOURG
Paris
Wien
Strasbourg
München
Basel
Bern
Zagreb
Genève
Milano
Venezia
Clermont-
Ferrand
Lyon
Torino
Toulouse
Marseille
Roma
Brindisi
Barcelona
Napoli
Palermo

Principales routes

Carte de voisinage : voir à la ville choisie

Belangrijkste wegen

Kaart van de omgeving in de buurt van grote steden

Hauptverkehrsstrassen

Stadt mit Umgebungskarte

Main roads

Town with a local map

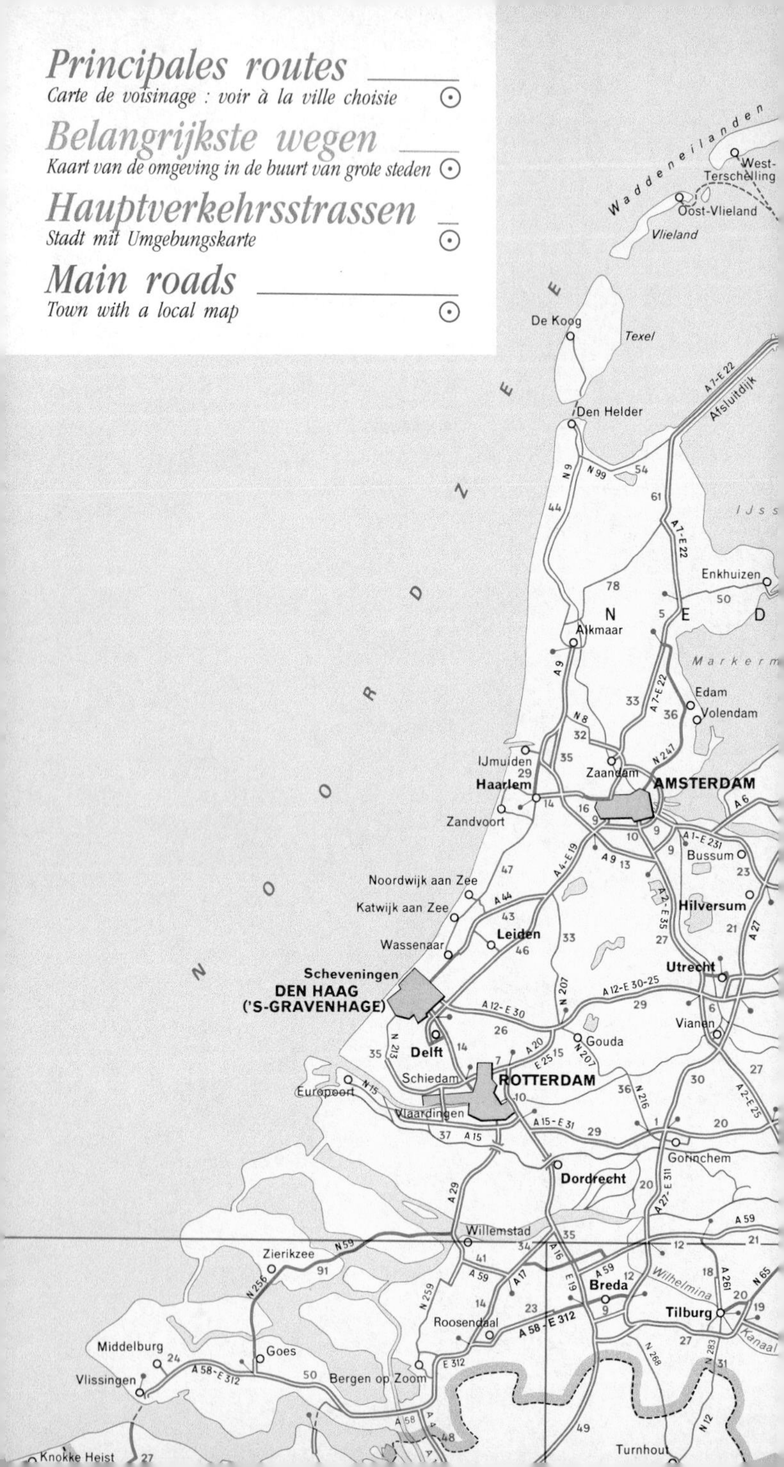

Schiermonnikoog
Ameland
Nes
Terschelling
Holwerd
Dokkum
Lauwersoog
Eemshaven
Delfzijl
Groningen
Leeuwarden
Harlingen
Winschoten
Drachten
Bolsward
Sneek
Assen
Heerenveen
Ter Apel
Ems
Emmen
Steenwijk
Meppel
Hoogeveen
Meppen
Emmeloord
E
R
L
A
N
D
Kampen
Ommen
Vecht
Zwolle
Lelystad
Almelo
Oldenzaal
Harderwijk
Epe
Hengelo
Deventer
Enschede
Apeldoorn
Berkel
Amersfoort
IJssel
Groenlo
Ede
Arnhem
Bocholt
WAAL
RHEIN
Nijmegen
Gennep
Wesel
s-Hertogenbosch
MAAS
Helmond
Duisburg
Essen
Eindhoven
Venlo
Wuppertal
Düsseldorf

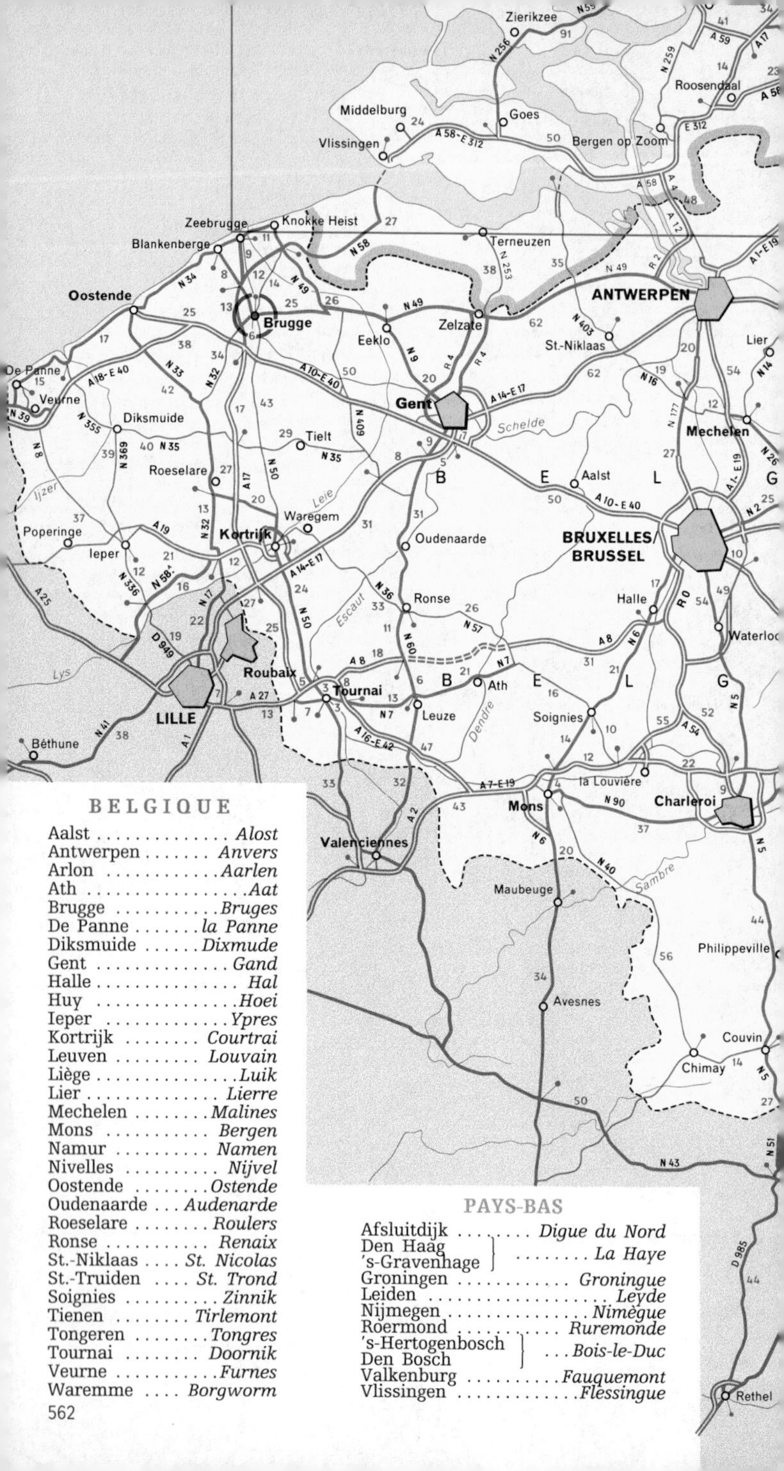

BELGIQUE

Aalst . . . . *Alost*
Antwerpen . . . . *Anvers*
Arlon . . . .*Aarlen*
Ath . . . .*Aat*
Brugge . . . .*Bruges*
De Panne . . . . *la Panne*
Diksmuide . . . . . . *Dixmude*
Gent . . . . *Gand*
Halle . . . . *Hal*
Huy . . . .*Hoei*
Ieper . . . .*Ypres*
Kortrijk . . . . *Courtrai*
Leuven . . . . *Louvain*
Liège . . . .*Luik*
Lier . . . . *Lierre*
Mechelen . . . .*Malines*
Mons . . . . *Bergen*
Namur . . . . *Namen*
Nivelles . . . . *Nijvel*
Oostende . . . .*Ostende*
Oudenaarde . . . *Audenarde*
Roeselare . . . . *Roulers*
Ronse . . . . *Renaix*
St.-Niklaas . . . . *St. Nicolas*
St.-Truiden . . . . . . *St. Trond*
Soignies . . . . *Zinnik*
Tienen . . . . *Tirlemont*
Tongeren . . . .*Tongres*
Tournai . . . . *Doornik*
Veurne . . . .*Furnes*
Waremme . . . . *Borgworm*

PAYS-BAS

Afsluitdijk . . . . *Digue du Nord*
Den Haag / 's-Gravenhage . . . . *La Haye*
Groningen . . . . *Groningue*
Leiden . . . . *Leyde*
Nijmegen . . . .*Nimègue*
Roermond . . . . *Ruremonde*
's-Hertogenbosch / Den Bosch . . . *Bois-le-Duc*
Valkenburg . . . .*Fauquemont*
Vlissingen . . . .*Flessingue*

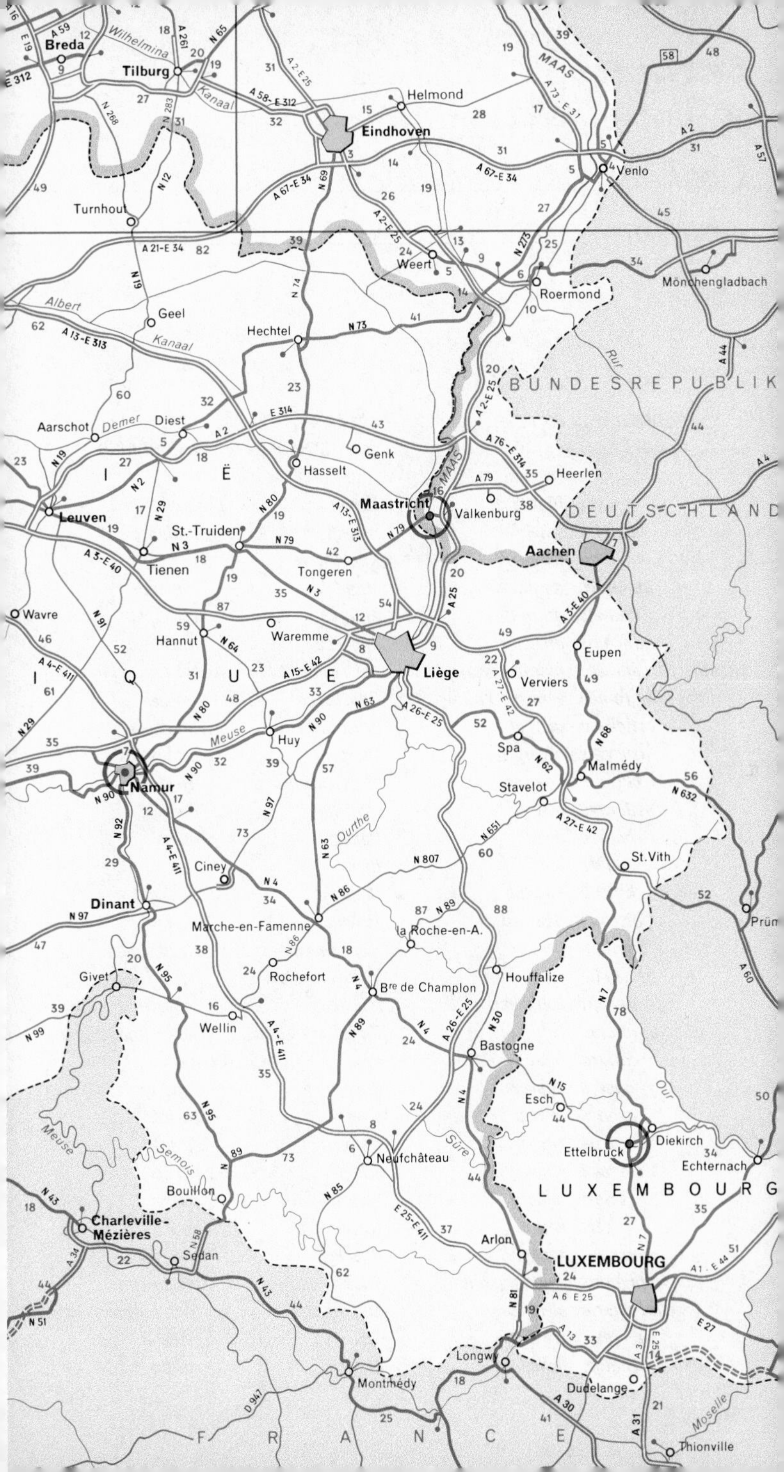

Breda
Tilburg
Wilhelmina
Kanaal
Helmond
Eindhoven
Venlo
MAAS
Turnhout
Weert
Roermond
Mönchengladbach
Albert
Kanaal
Geel
Hechtel
BUNDESREPUBLIK
Rur
Aarschot
Demer
Diest
Genk
Hasselt
Heerlen
Leuven
Maastricht
Valkenburg
DEUTSCHLAND
St.-Truiden
Tienen
Tongeren
Aachen
Wavre
Hannut
Waremme
Liège
Eupen
Verviers
I Q U E
I Ë
Meuse
Huy
Spa
Namur
Malmédy
Stavelot
Ourthe
St.Vith
Ciney
Dinant
Marche-en-Famenne
la Roche-en-A.
Prüm
Rochefort
Houffalize
Givet
Bre de Champlon
Wellin
Bastogne
Esch
Sûre
Our
Meuse
Semois
Neufchâteau
Ettelbruck
Diekirch
Echternach
LUXEMBOURG
Bouillon
Charleville-Mézières
Sedan
Arlon
LUXEMBOURG
Longwy
Dudelange
Montmédy
Moselle
Thionville
F R A N C E

Lexique
Woordenlijst
Lexikon
Lexicon

NOURRITURE et BOISSONS	SPIJZEN en DRANKEN	SPEISEN und GETRÄNKE	FOOD and DRINKS
agneau	*lamsvlees*	*Lamm*	*lamb*
aiglefin	*schelvis*	*Schellfisch*	*haddock*
ail	*knoflook*	*Knoblauch*	*garlic*
amandes	*amandelen*	*Mandeln*	*almonds*
ananas	*ananas*	*Ananas*	*pineapple*
anchois	*ansjovis*	*Anchovis*	*anchovies*
anguille (à l'étuvée)	*paling (gestoofd)*	*Aal (gedünstet)*	*eel (stewed)*
anguille fumée	*gerookte paling*	*Räucheraal*	*smoked eel*
artichaut	*artisjok*	*Artischocke*	*artichoke*
asperges	*asperges*	*Spargel*	*asparagus*
bécasse	*houtsnip*	*Waldschnepfe*	*woodcock*
betterave	*biet*	*rote Rübe*	*beetroot*
beurre	*boter*	*Butter*	*butter*
bière	*bier*	*Bier*	*beer*
bifteck	*biefstuk*	*Beefsteak*	*beefsteak*
biscotte	*beschuit*	*Zwieback*	*rusk*
bouillon	*heldere soep*	*Fleischbrühe*	*clear soup*
brochette	*spies*	*kleiner Bratspieß*	*on a skewer*
café au lait	*koffie met melk*	*Milchkaffee*	*coffee and milk*
café crème	*koffie met room*	*Kaffee mit Sahne*	*coffee and cream*
canard	*eend*	*Ente*	*duck*
câpres	*kappers*	*Kapern*	*capers*
carottes	*wortelen*	*Karotten*	*carrots*
carpe	*karper*	*Karpfen*	*carp*
carrelet	*schol*	*Scholle*	*plaice*
céleri	*selderij*	*Sellerie*	*celery*
cerf	*hert*	*Hirsch*	*deer*
cerises	*kersen*	*Kirschen*	*cherries*
champignons	*champignons*	*Pilze*	*mushrooms*
charcuterie	*vleeswaren*	*Aufschnitt*	*pork-butchers' meats*
chevreuil	*ree*	*Reh*	*venison*
chicorée, endive, chicon	*witlof*	*Endivie*	*endive*

chou	*kool*	*Kraut, Kohl*	*cabbage*
choucroute	*zuurkool*	*Sauerkraut*	*sauerkraut*
chou-fleur	*bloemkool*	*Blumenkohl*	*cauliflower*
choux de Bruxelles	*spruitjes*	*Rosenkohl*	*Brussels sprouts*
citron	*citroen*	*Zitrone*	*lemon*
concombre	*komkommer*	*Gurke*	*cucumber*
confiture	*jam*	*Konfitüre*	*jam*
coquillages	*schelpdieren*	*Schalentiere*	*shell-fish*
côte de porc	*varkenskotelet*	*Schweinekotelett*	*pork chop*
côte de veau	*kalfsrib*	*Kalbskotelett*	*veal chop*
côtelette	*kotelet*	*Kotelett*	*chop, cutlet*
crème	*room*	*Sahne*	*cream*
crème fouettée	*slagroom*	*Schlagsahne*	*whipped cream*
crevettes	*garnalen*	*Garnelen*	*shrimps*
croûtons	*croûtons*	*geröstetes Brot*	*croûtons*
crudités	*rauwkost*	*Rohkost*	*raw vegetables*
cuissot	*...bout*	*...keule*	*haunch (of venison)*
dattes	*dadels*	*Datteln*	*dates*
daurade	*goudbrasem*	*Goldbrassen*	*dory*
dinde	*kalkoen*	*Truthenne*	*turkey*
eau minérale	*mineraalwater*	*Mineralwasser*	*mineral water*
en daube, en sauce	*gestoofd, met saus*	*geschmort, mit Sauce*	*stewed, with sauce*
entrecôte	*tussenrib*	*Rumpsteak*	*rib steak*
épinards	*spinazie*	*Spinat*	*spinach*
escalope panée	*wienerschnitzel*	*Wiener Schnitzel*	*escalope in breadcrumbs*
escargots	*slakken*	*Schnecken*	*snails*
faisan	*fazant*	*Fasan*	*pheasant*
farci	*gevuld*	*gefüllt*	*stuffed*
fèves	*bonen*	*dicke Bohnen*	*broad beans*
filet de bœuf	*ossehaas*	*Filetsteak*	*fillet of beef*
filet de porc	*varkenshaasje*	*Schweinefilet*	*fillet of pork*
foie de veau	*kalfslever*	*Kalbsleber*	*calf's liver*
fraises	*aardbeien*	*Erdbeeren*	*strawberries*
frit	*gebakken*	*gebraten (Pfanne)*	*fried*
fromage	*kaas*	*Käse*	*cheese*
fumé	*gerookt*	*geräuchert*	*smoked*
gâteau	*gebak*	*Kuchen*	*cake*
genièvre	*jenever*	*Wacholderschnaps*	*juniper, gin*
gigot	*lamsbout*	*Lammkeule*	*leg of mutton*
gingembre	*gember*	*Ingwer*	*ginger*
glace	*ijs*	*Speiseeis*	*ice-cream*
grillé	*geroosterd*	*gegrillt*	*grilled*
groseilles	*aalbessen*	*Johannisbeeren*	*currants*
hachis	*gehakt*	*gehackt*	*chopped*
hareng (frais)	*haring (nieuwe)*	*Hering (grün)*	*herring (fresh)*
haricots blancs	*witte bonen*	*weisse Bohnen*	*haricot beans*
haricots verts	*sperziebonen*	*grüne Bohnen*	*French beans*
homard	*kreeft*	*Hummer*	*lobster*

huile	*olie*	*Öl*	*olive oil*
huîtres	*oesters*	*Austern*	*oysters*
jambon (cru ou cuit)	*ham (rauwe of gekookte)*	*Schinken (roh oder gekocht)*	*ham (raw or cooked)*
jus de fruit	*vruchtensap*	*Fruchtsaft*	*fruit juice*
lait	*melk*	*Milch*	*milk*
laitue	*kropsla*	*Kopfsalat*	*lettuce*
langouste	*pantserkreeft – langoest*	*Languste*	*spiny lobster*
langoustines	*doornkreeften*	*Langustinen*	*crayfish*
langue	*tong*	*Zunge*	*tongue*
lapin	*konijn*	*Kaninchen*	*hare, rabbit*
lièvre	*haas*	*Hase*	*hare*
mandarines	*mandarijnen*	*Mandarinen*	*tangerines*
maquereau	*makreel*	*Makrele*	*mackerel*
merlan, colin	*wijting, koolvis*	*Weissling, Kohlfisch*	*whiting, coal fish*
miel	*honing*	*Honig*	*honey*
morue fraîche, cabillaud	*kabeljauw*	*Kabeljau, Dorsch*	*cod*
morue séchée	*stokvis*	*Stockfisch*	*dried cod*
moules	*mosselen*	*Muscheln*	*mussels*
moutarde	*mosterd*	*Senf*	*mustard*
noisettes	*hazelnoten*	*Haselnüsse*	*hazelnuts*
noix	*noten*	*Nüsse*	*walnuts*
oie	*gans*	*Gans*	*goose*
oignons	*uien*	*Zwiebeln*	*onions*
œuf à la coque	*zacht gekookt ei*	*weiches Ei*	*soft-boiled egg*
œuf à la russe	*Russisch ei*	*Russisches Ei*	*Russian egg*
œuf dur	*hard gekookt ei*	*hartes Ei*	*hard-boiled egg*
oranges	*sinaasappels*	*Orangen*	*oranges*
pain	*brood*	*Brot*	*bread*
pâté de foie gras	*ganzeleverpastei*	*Gänseleberpastete*	*goose liver pâté*
pâté en croûte	*pastei in korstdeeg*	*Pastete*	*meat pie*
pâtisseries	*banketgebak*	*Feingebäck, Süßigkeiten*	*pastries*
pêches	*perziken*	*Pfirsiche*	*peaches*
perdrix, perdreau	*patrijs*	*Rebhuhn*	*partridge*
petits pois	*doperwten*	*junge Erbsen*	*green peas*
pigeon	*duif*	*Taube*	*pigeon*
pintade	*parelhoen*	*Perlhuhn*	*guinea-hen*
pistaches	*pistache-nootjes*	*Pistazie*	*pistachio*
poireau	*prei*	*Lauch*	*leek*
poires	*peren*	*Birnen*	*pears*
poivre	*peper*	*Pfeffer*	*pepper*
pommes	*appels*	*Apfel*	*apples*
pommes de terre (sautées)	*aardappelen (gebakken)*	*Kartoffeln (gebraten)*	*potatoes (fried)*
pot-au-feu	*stoofpot*	*Rindfleischsuppe*	*boiled beef*
poulet	*kip*	*Hühnchen*	*chicken*

primeurs	*jonge groenten*	*Frühgemüse*	*early vegetables*
prunes	*pruimen*	*Pflaumen*	*plums*
raie	*rog*	*Rochen*	*skate, ray-fish*
raisin	*druiven*	*Traube*	*grapes*
raisins secs	*rozijnen*	*Rosinen*	*raisins*
ris de veau	*kalfszwezerik*	*Kalbsbries*	*sweetbreads*
riz	*rijst*	*Reis*	*rice*
rognons	*nieren*	*Nieren*	*kidneys*
rôti (au four)	*gebraden (in oven)*	*gebraten (Backofen)*	*roasted (in oven)*
rouget	*knorhaan, rode poon*	*Barbe, Rötling*	*red mullet*
saignant	*kort gebakken*	*englisch gebraten*	*rare*
salade	*sla*	*Salat*	*green salad*
saucisse	*saucijs*	*Würstchen*	*sausage*
saucisson	*worst*	*Wurst*	*salami sausage*
saumon	*zalm*	*Lachs*	*salmon*
sel	*zout*	*Salz*	*salt*
sole	*tong (vis)*	*Seezunge*	*sole*
sucre	*suiker*	*Zucker*	*sugar*
tarte	*taart*	*Torte*	*tart*
thé	*thee*	*Tee*	*tea*
thon	*tonijn*	*Thunfisch*	*tunny-fish*
truffe	*truffel*	*Trüffel*	*truffle*
truite	*forel*	*Forelle*	*trout*
turbot	*tarbot*	*Steinbutt*	*turbot*
vinaigre	*azijn*	*Essig*	*vinegar*
vin blanc sec	*droge witte wijn*	*herber Weisswein*	*dry white wine*
vin rouge, rosé	*rode wijn, rosé wijn*	*Rotwein, Rosé*	*red wine, rosé*

MOTS USUELS	GEBRUIKELIJKE WOORDEN	ALLGEMEINER WORTSCHATZ	COMMON WORDS
acheter	*kopen*	*kaufen*	*to buy*
aéroport	*vliegveld*	*Flughafen*	*airport*
affluent	*zijrivier*	*Nebenfluß*	*tributary*
allumettes	*lucifers*	*Zündhölzer*	*matches*
à louer	*te huur*	*zu vermieten*	*for hire*
ancien, antique	*oud*	*alt, ehemalig*	*old*
annexe	*bijgebouw*	*Nebengebäude*	*annex*
antigel	*anti-vries*	*Frostschutzmittel*	*antifreeze*
août	*augustus*	*August*	*August*
archipel	*archipel*	*Inselgruppe*	*archipelago*
assistance	*hulp*	*Hilfe*	*assistance*
aujourd'hui	*vandaag*	*heute*	*today*
autodrome	*autorenbaan*	*Autorennbahn*	*car racetrack*
automne	*herfst*	*Herbst*	*autumn*
avion	*vliegtuig*	*Flugzeug*	*plane*
avril	*april*	*April*	*April*
bac	*veerboot*	*Fähre*	*ferry*
bagages	*bagage*	*Gepäck*	*luggage*
baie	*baai*	*Bucht*	*bay*
barque, canot	*boot, roeiboot*	*Ruderboot*	*rowing boat*
bateau à vapeur	*stoomboot*	*Dampfer*	*steamer*
bateau d'excursions	*rondvaartboot*	*Ausflugsdampfer*	*pleasure boat*
beau	*mooi*	*schön*	*fine, lovely*
bicyclette	*fiets*	*Fahrrad*	*bicycle*
bien, bon	*goed*	*gut*	*good, well*
billet d'entrée	*toegangsbewijs*	*Eintrittskarte*	*admission ticket*
blanchisserie	*wasserij*	*Wäscherei*	*laundry*
boulevard, avenue	*laan*	*Boulevard, breite Strasse*	*boulevard, avenue*
bouteille	*fles*	*Flasche*	*bottle*
boutique	*winkel*	*Laden*	*shop*
brasserie	*café*	*Gastwirtschaft*	*pub*
bureau de police	*politiebureau*	*Polizeiwache*	*police station*
bureau de tabac	*sigarenwinkel*	*Tabakladen*	*tobacconist*
bureau de voyages	*reisbureau*	*Reisebüro*	*travel bureau*
caisse	*kas*	*Kasse*	*cash desk*
campagne	*platteland*	*Land*	*country*
carte postale	*briefkaart*	*Postkarte*	*postcard*
casino	*Kursaal, casino*	*Kurhaus*	*casino*
chaire	*preekstoel*	*Kanzel*	*pulpit*
change	*wisselkantoor*	*Geldwechsel*	*exchange*
chapelle	*kapel*	*Kapelle*	*chapel*
chasseur	*piccolo*	*Hotelbote*	*pageboy*
château	*kasteel*	*Burg, Schloß*	*castle*
château d'eau	*watertoren*	*Wasserturm*	*water tower*
chœur	*koor*	*Chor*	*choir*

cimetière	*begraafplaats*	*Friedhof*	*cemetery*
cinéma	*bioscoop*	*Kino*	*cinema*
circuit	*rondrit*	*Rundfahrt*	*round tour*
clé	*sleutel*	*Schlüssel*	*key*
coiffeur	*kapper*	*Friseur*	*hairdresser, barber*
collection	*verzameling*	*Sammlung*	*collection*
collégiale	*collegiale kerk*	*Stiftskirche*	*collegiate church*
combien ?	*hoeveel ?*	*wieviel ?*	*how much ?*
commissariat	*hoofdbureau van politie*	*Polizeirevier*	*police headquarters*
côte	*kust*	*Küste*	*coast*
cour	*binnenplaats*	*Hof*	*courtyard*
couverture	*deken*	*Decke*	*blanket*
crevaison	*lekke band*	*Reifenpanne*	*puncture*
décembre	*december*	*Dezember*	*December*
défense de fumer	*verboden te roken*	*Rauchen verboten*	*no smoking*
défense d'entrer	*verboden toegang*	*Zutritt verboten*	*no admittance*
déjeuner, dîner	*lunch, diner*	*Mittag-, Abendessen*	*lunch, dinner*
demain	*morgen*	*morgen*	*tomorrow*
demander	*vragen*	*bitten, fragen*	*to ask for*
dentiste	*tandarts*	*Zahnarzt*	*dentist*
départ	*vertrek*	*Abfahrt*	*departure*
dimanche	*zondag*	*Sonntag*	*Sunday*
docteur	*dokter*	*Arzt*	*doctor*
édifice	*gebouw*	*Bauwerk*	*building*
église	*kerk*	*Kirche*	*church*
en construction	*in aanbouw*	*im Bau*	*under construction*
en cours d'aménagement	*wordt verbouwd*	*im Umbau*	*in course of rearrangement*
en plein air	*in de openlucht*	*im Freien*	*outside*
enveloppes	*enveloppen*	*Briefumschläge*	*envelopes*
environ... km	*ongeveer... km*	*etwa... km*	*approx... km*
environs	*omgeving*	*Umgebung*	*surroundings*
étage	*verdieping*	*Stock, Etage*	*floor*
été	*zomer*	*Sommer*	*summer*
exclus, non compris	*niet inbegrepen*	*nicht inbegriffen*	*excluded*
excursion	*uitstapje*	*Ausflug*	*excursion*
exposition	*tentoonstelling*	*Ausstellung*	*exhibition*
façade	*gevel*	*Fassade*	*façade*
février	*februari*	*Februar*	*February*
flèche	*spits*	*Spitze*	*spire*
fleurs	*bloemen*	*Blumen*	*flowers*
fleuve	*stroom*	*Fluß*	*river*
foire	*jaarbeurs*	*Messe, Markt*	*...show, exhibition*
fontaine	*fontein*	*Brunnen*	*fountain*
fonts baptismaux	*doopvont*	*Taufbecken*	*font*
forêt, bois	*woud, bos*	*Wald, Wäldchen*	*forest, wood*
forteresse	*vesting*	*Festung*	*fortress*

fouilles	*opgravingen*	*Ausgrabungen*	*excavations*
fresques	*fresco's*	*Fresken*	*frescoes*
garçon ! serveuse !	*ober ! juffrouw !*	*Ober ! Fräulein !*	*waiter ! waitress !*
gare	*station*	*Bahnhof*	*station*
gorge	*bergengte, kloof*	*Schlucht*	*gorge*
graissage, lavage	*doorsmeren, wassen*	*Abschmieren, Waschen*	*greasing, car wash*
grand magasin	*warenhuis*	*Kaufhaus*	*department store*
grand'place	*grote markt*	*Hauptplatz*	*main square*
grotte	*grot*	*Höhle*	*cave*
hameau	*gehucht*	*Weiler*	*hamlet*
hebdomadaire	*wekelijks*	*wöchentlich*	*weekly*
hier	*gisteren*	*gestern*	*yesterday*
hiver	*winter*	*Winter*	*winter*
hôpital	*ziekenhuis*	*Krankenhaus*	*hospital*
horloge	*klok*	*Uhr*	*clock*
hôtel de ville	*stadhuis*	*Rathaus*	*town hall*
île	*eiland*	*Insel*	*island*
janvier	*januari*	*Januar*	*January*
jardin, parc	*tuin, park*	*Garten, Park*	*garden, park*
jardin botanique	*botanische tuin*	*botanischer Garten*	*botanical garden*
jeudi	*donderdag*	*Donnerstag*	*Thursday*
jeux	*spelen*	*Spiele*	*games*
jour férié	*feestdag*	*Feiertag*	*holiday*
journal	*krant*	*Zeitung*	*newspaper*
juillet	*juli*	*Juli*	*July*
juin	*juni*	*Juni*	*June*
lac	*meer*	*See*	*lake*
librairie	*boekhandel*	*Buchhandlung*	*bookshop, news agent*
lit	*bed*	*Bett*	*bed*
lit d'enfant	*kinderbed*	*Kinderbett*	*child's bed*
lundi	*maandag*	*Montag*	*Monday*
mai	*mei*	*Mai*	*May*
maison	*huis*	*Haus*	*house*
manoir	*landhuis, ridderhofstede*	*Herrensitz*	*manor house*
mardi	*dinsdag*	*Dienstag*	*Tuesday*
mars	*maart*	*März*	*March*
mauvais	*slecht*	*schlecht*	*bad*
médiéval	*middeleeuws*	*mittelalterlich*	*mediaeval*
mer	*zee*	*Meer*	*sea*
mercredi	*woensdag*	*Mittwoch*	*Wednesday*
môle, quai	*havenhoofd, kade*	*Mole, Kai*	*mole, quay*
monastère	*klooster*	*Kloster*	*monastery*
montée	*helling*	*Steigung*	*hill*
moulin	*molen*	*Mühle*	*windmill*
navire	*schip*	*Schiff*	*ship*
nef	*schip v. e. kerk*	*Kirchenschiff*	*nave*
Noël	*Kerstmis*	*Weihnachten*	*Christmas*
note, addition	*rekening*	*Rechnung*	*bill, check*

novembre	*november*	*November*	*November*
octobre	*oktober*	*Oktober*	*October*
œuvre d'art	*kunstwerk*	*Kunstwerk*	*work of art*
office de tourisme	*dienst voor toerisme, V.V.V.*	*Verkehrsverein*	*tourist information centre*
ombragé	*schaduwrijk*	*schattig*	*shady*
oreiller	*hoofdkussen*	*Kopfkissen*	*pillow*
palais de justice	*gerechtshof*	*Gerichtsgebäude*	*Law Courts*
palais royal	*koninklijk paleis*	*Königsschloß*	*royal palace*
panne	*pech*	*Panne*	*breakdown*
papier à lettres	*briefpapier*	*Briefpapier*	*writing paper*
Pâques	*Pasen*	*Ostern*	*Easter*
parc d'attractions	*pretpark*	*Vergnügungspark*	*amusement park*
patron	*eigenaar*	*Besitzer*	*owner*
pavement	*bevloering*	*Ornament-Fußboden*	*ornamental paving*
payer	*betalen*	*bezahlen*	*to pay*
peintures, tableaux	*schilderijen*	*Malereien, Gemälde*	*paintings*
petit déjeuner	*ontbijt*	*Frühstück*	*breakfast*
phare	*vuurtoren*	*Leuchtturm*	*lighthouse*
pharmacien	*apotheker*	*Apotheker*	*chemist*
piétons	*voetgangers*	*Fußgänger*	*pedestrians*
pinacothèque	*schilderijengalerij*	*Gemäldegalerie*	*picture gallery*
pittoresque	*schilderachtig*	*malerisch*	*picturesque*
place du marché	*marktplein*	*Marktplatz*	*market place*
place publique	*plein*	*Platz*	*square*
plafond	*zoldering*	*Zimmerdecke*	*ceiling*
plage	*strand*	*Strand*	*beach*
plaine verdoyante, pré	*weide*	*grüne Ebene, Wiese*	*green open country, meadow*
pont	*brug*	*Brücke*	*bridge*
port	*haven*	*Hafen*	*harbour*
porteur	*kruier*	*Gepäckträger*	*porter*
poste restante	*poste restante*	*postlagernd*	*poste restante*
potager	*groententuin, moestuin*	*Gemüsegarten*	*kitchen garden*
pourboire	*drinkgeld, fooi*	*Trinkgeld*	*tip*
prêtre	*priester*	*Geistlicher*	*priest*
printemps	*lente*	*Frühling*	*spring (season)*
promenade	*wandeling*	*Spaziergang, Promenade*	*walk, promenade*
proximité	*nabijheid*	*Nähe*	*proximity*
quotidien	*dagelijks*	*täglich*	*daily*
recommandé	*aangetekend*	*Einschreiben*	*registered*
régime	*dieet*	*Diät*	*diet*
remorquer	*wegslepen*	*abschleppen*	*to tow*
renseignements	*inlichtingen*	*Auskünfte*	*information*
réparer	*repareren*	*reparieren*	*to repair*
repas	*maaltijd*	*Mahlzeit*	*meal*
repassage	*strijkerij*	*Büglerei*	*pressing, ironing*

retable	*altaarstuk*	*Altaraufsatz*	*altarpiece, retable*
roches, rochers	*rotsen*	*Felsen*	*rocks*
rôtisserie	*rôtisserie*	*Rotisserie*	*grilled meat restaurant*
rive, bord	*kant, oever*	*Ufer*	*shore*
rivière	*rivier*	*Fluß*	*river*
rue	*straat*	*Straße*	*street*
rustique	*landelijk*	*ländlich*	*rustic*
salle à manger	*eetzaal*	*Speisesaal*	*dining room*
salle de bain	*badkamer*	*Badezimmer*	*bathroom*
samedi	*zaterdag*	*Samstag*	*Saturday*
sanctuaire, mémorial	*heiligdom, gedenkteken*	*Heiligtum, Gedenkstätte*	*shrine, memorial*
sculptures	*beeldhouwkunst*	*Schnitzwerk*	*carvings*
sculptures sur bois	*houtsnijwerk*	*Holzschnitzereien*	*wood carvings*
septembre	*september*	*September*	*September*
service compris	*inclusief bediening*	*Bedienung inbegriffen*	*service included*
site, paysage	*landschap*	*Landschaft*	*site, landscape*
soir	*avond*	*Abend*	*evening*
sortie de secours	*nooduitgang*	*Notausgang*	*emergency exit*
source	*bron*	*Quelle*	*source, stream*
stalles	*koorbanken*	*Chorgestühl*	*choirstalls*
sur demande	*op verzoek*	*auf Verlangen*	*on request*
tapisseries	*wandtapijten*	*Wandteppiche*	*tapestries*
timbre-poste	*postzegel*	*Briefmarke*	*stamp*
toiles originales	*originele doeken*	*Originalgemälde*	*original paintings*
tombeau	*grafsteen*	*Grabmal*	*tomb*
tour	*toren*	*Turm*	*tower*
train	*trein*	*Zug*	*train*
tramway	*tram*	*Straßenbahn*	*tram*
transept	*dwarsschip*	*Querschiff*	*transept*
trésor	*schat*	*Schatz*	*treasure, treasury*
vedette	*motorboot*	*Motorboot*	*motorboat*
vendredi	*vrijdag*	*Freitag*	*Friday*
verre	*glas*	*Glas*	*glass*
verrière, vitrail	*glazen dak ; glas-in-loodraam*	*Kirchenfenster*	*stained glass window*
vignes, vignobles	*wijnranken, wijngaarden*	*Reben, Weinberg*	*vines, vineyard*
village	*dorp*	*Dorf*	*village*
voûte	*gewelf*	*Gewölbe, Wölbung*	*arch*

SUR LA ROUTE	OP DE WEG	AUF DER STRASSE	ON THE ROAD
accès	*toegang*	*Zugang*	*access to...*
à droite	*rechts*	*nach rechts*	*to the right*
à gauche	*links*	*nach links*	*to the left*
à la sortie de...	*aan de uitgang van...*	*am Ausgang von...*	*on the way out from...*
arrêt de tram	*tramhalte*	*Haltestelle*	*tram stop*
attention ! danger !	*let op ! gevaar !*	*Achtung ! Gefahr !*	*caution ! danger !*
autoroute	*autosnelweg*	*Autobahn*	*motorway*
bas-côté non stabilisé	*zachte berm*	*nicht befestigter Seitenstreifen*	*soft shoulder*
bifurcation	*tweesprong*	*Gabelung*	*road fork*
brouillard	*mist*	*Nebel*	*fog*
cédez le passage	*voorrang geven*	*Vorfahrt beachten*	*give way*
chaussée déformée	*slecht wegdek*	*schlechte Wegstrecke*	*road subsidence*
chaussée glissante	*gladde weg*	*Rutschgefahr*	*slippery road*
chemin privé	*eigen weg*	*Privatweg*	*private road*
danger !	*gevaar !*	*Gefahr !*	*danger !*
défense de doubler	*inhaalverbod*	*Überholen verboten*	*no overtaking*
dégâts causés par le gel	*door vorst veroorzaakte schade*	*Frostschäden*	*road damage due to frost*
descente	*afdaling*	*Gefälle*	*steep hill*
descente dangereuse	*gevaarlijke afdaling*	*gefährliches Gefälle*	*dangerous hill*
digue	*dijk*	*Damm*	*dike*
douane	*douane, tol*	*Zoll*	*customs*
en dessous	*lager dan, onder*	*unter*	*below*
entrée	*ingang*	*Eingang*	*entrance*
fermé	*gesloten*	*geschlossen*	*closed*
frontière	*grens*	*Grenze*	*frontier*
gravillons	*steenslag*	*Rollsplitt*	*gravel*
impasse	*doodlopende weg*	*Sackgasse*	*no through road*
interdit	*verboden*	*verboten*	*prohibited*
localité	*plaats*	*Stadt*	*town*
neige	*sneeuw*	*Schnee*	*snow*
ouvert	*geopend*	*offen*	*open*
passage à niveau non gardé	*onbewaakte overweg*	*unbewachter Bahnübergang*	*unattended level crossing*
péage	*tol*	*Mautgebühr*	*toll*
pont étroit	*smalle brug*	*enge Brücke*	*narrow bridge*
poste de secours	*hulppost*	*Unfall-Hilfsposten*	*first aid station*
raccordement	*verbindingsweg*	*Zufahrtsstraße*	*access road*
réservé aux piétons	*alleen voor voetgangers*	*nur für Fußgänger*	*pedestrians only*
roulez prudemment	*voorzichtig rijden*	*vorsichtig fahren*	*drive carefully*
route barrée	*afgesloten rijweg*	*gesperrte Straße*	*road closed*

route mauvaise sur 1 km	*weg in slechte staat over 1 km*	*schlechte Wegstrecke auf 1 km*	*bad road for 1 km*
route nationale	*rijksweg*	*Staatsstraße*	*State road*
route, rue en mauvais état	*weg, straat met slecht wegdek*	*Weg, Straße in schlechtem Zustand*	*road, street in bad condition*
rue de traversée	*doorgaand verkeer*	*Durchgangsverkehr*	*through traffic*
sortie	*uitgang*	*Ausgang*	*exit*
sortie de camions	*uitrit vrachtwagens*	*Lkw-Ausfahrt*	*truck exit*
station d'essence	*benzinestation*	*Tankstelle*	*petrol station*
stationnement interdit	*parkeren verboden*	*Parkverbot*	*no parking*
travaux en cours	*werk in uitvoering*	*Straßenbauarbeiten*	*road works*
traversée de piste cyclable	*overstekende wielrijders*	*Radweg kreuzt*	*cycle track crossing*
virage dangereux	*gevaarlijke bocht*	*gefährliche Kurve*	*dangerous bend*

Notizen
Notes
Appunti